Department of Economic and Social Affairs
Département des affaires économiques et sociales

1997

Demographic Yearbook
Annuaire démographique

Forty-ninth issue/Quarante-neuvième édition

United Nations/Nations Unies
New York, 1999

NOTE

Symbols of United Nations documents are composed of capital letters combined with figures. Mention of such a symbol indicates a reference to a United Nations document.

The designations used in this publication have been provided by the competent authorities. Those designations and the presentation of material in this publication do not imply the expression of any opinion whatsoever on the part of the Secretariat of the United Nations concerning the legal status of any country, territory, city or area or of its authorities, or concerning the delimitation of its frontiers or boundaries.

Where the designation "country or area" appears in the headings of tables, it covers countries, territories, cities or areas.

NOTE

Les cotes des documents de l'Organisation des Nations Unies se composent de lettres majuscules et de chiffres. La simple mention d'une cote dans un texte signifie qu'il s'agit d'un document de l'Organisation.

Les appellations utilisées dans cette publication ont été fournies par les autorités compétentes. Ces appellations et la présentation des données qui figurent dans cette publication n'impliquent de la part du Secrétariat de l'Organisation des Nations Unies aucune prise de position quant au statut juridique des pays, territoires, villes ou zones, ou de leurs autorités, ni quant au trace de leurs frontières ou limites.

L'appellation « pays ou zone » figurant dans les titres des rubriques des tableaux désigne des pays, des territoires, des villes ou des zones.

ST/ESA/STAT/SER.R/28

UNITED NATIONS PUBLICATION
Sales No. E/F.99.XIII.1

PUBLICATION DES NATIONS UNIES
Numéro de vente : E/F.99.XIII.1

Inquiries should be directed to:
PUBLISHING DIVISION
UNITED NATIONS
NEW YORK, NY 10017

Adresser toutes demandes de renseignements à la
DIVISION DES PUBLICATIONS
NATIONS UNIES
NEW YORK, NY 10017

ISBN
92-1-051088-7

Special topics of the Demographic Yearbook series: 1948 – 1997

Sujets spéciaux des diverses éditions de l'Annuaire démographique: 1948 – 1997

Year Année	Sales No. Numéro de vente	Issue—Edition	Special topic—Sujet spécial
1948	49.XIII.1	First—Première	General demography—Démographie générale
1949-50	51.XIII.1	Second—Deuxième	Natality statistics—Statistiques de la natalité
1951	52.XIII.1	Third—Trosième	Mortality statistics—Statistiques de la mortalité
1952	53.XIII.1	Fourth—Quatrième	Population distribution—Répartition de la population
1953	54.XIII.1	Fifth—Cinquième	General demography—Démographie générale
1954	55.XIII.1	Sixth—Sixième	Natality statistics—Statistiques de la natalité
1955	56.XIII.1	Seventh—Septième	Population censuses—Recensement de population
1956	57.XIII.1	Eighth—Huitième	Ethnic and economic characteristics of population—Caractéristiques ethniques et économiques de la population
1957	58.XIII.1	Ninth—Neuvième	Mortality statistics—Statistiques de la mortalité
1958	59.XIII.1	Tenth—Dixième	Marriage and divorce statistics—Statistiques de la nuptialité et de la divortialité
1959	60.XIII.1	Eleventh—Onzième	Natality statistics—Statistiques de la natalité
1960	61.XIII.1	Twelfth—Douzième	Population trends—L'évolution de la population
1961	62.XIII.1	Thirteenth—Treizième	Mortality statistics—Statistiques de la mortalité
1962	63.XIII.1	Fourteenth—Quatorzième	Population census statistics I—Statistiques des recensements de population I
1963	64.XIII.1	Fifteenth—Quinzième	Population census statistics II—Statistiques des recensements de population II
1964	65.XIII.1	Sixteenth—Seizième	Population census statistics III—Statistiques des recensements de population III
1965	66.XIII.1	Seventeenth—Dix—septième	Natality statistics—Statistiques de la natalité
1966	67.XIII.1	Eighteenth—Dix—huitième	Mortality statistics I—Statistiques de la mortalité I
1967	E/F.68.XIII.1	Nineteenth—Dix—neuvième	Mortality statistics II—Statistiques de la mortalité II
1968	E/F.69.XIII.1	Twentieth—Vingtième	Marriage and divorce statistics—Statistiques de la nuptialité et de la divortialité
1969	E/F.70.XIII.1	Twenty—first—Vingt et unième	Natality statistics—Statistiques de la natalité
1970	E/F.71.XIII.1	Twenty—second—Vingt—deuxième	Population trends—L'évolution de la population
1971	E/F.72.XIII.1	Twenty—third—Vingt—troisième	Population census statistics I—Statistiques des recensements de population I
1972	E/F.73.XIII.1	Twenty—fourth—Vingt—quatrième	Population census statistics II—Statistiques des recensements de population II
1973	E/F.74.XIII.1	Twenty—fifth—Vingt—cinquième	Population census statistics III—Statistiques des recensements de population III
1974	E/F.75.XIII.1	Twenty—sixth—Vingt—sixième	Mortality statistics—Statistiques de la mortalité
1975	E/F.76.XIII.1	Twenty—seventh—Vingt—septième	Natality statistics—Statistiques de la natalité
1976	E/F.77.XIII.1	Twenty—eighth—Vingt—huitième	Marriage and divorce statistics—Statistiques de la nuptialité et de la divortialité
1977	E/F.78.XIII.1	Twenty—ninth—Vingt—neuvième	International Migration Statistics—Statistiques des migration internationales
1978	E/F.79.XIII.1	Thirtieth—Trentième	General tables—Tableaux de caractè général
1978	E/F.79.XIII.8	Special issue—Edition spéciale	Historical supplement—Supplément rétrospectif
1979	E/F.80.XIII.1	Thirty—first—Trente et unième	Population census statistics—Statistiques des recensements de population

Special topics of the Demographic Yearbook series: 1948 – 1997

Sujets spéciaux des diverses éditions de l'Annuaire démographique: 1948 – 1997

Year Année	Sales No. Numéro de vente	Issue—Edition	Special topic—Sujet spécial
1980	E/F.81.XIII.1	Thirty—second— Trente—deuxième	Mortality statistics— Statistiques de la mortalité
1981	E/F.82.XIII.1	Thirty—third— Trente—troisième	Natality statistics— Statistiques de la natalité
1982	E/F.83.XIII.1	Thirty—fourth Trente—quatrième	Marriage and divorce statistics— Statistiques de la nuptialité et de la divortialité
1983	E/F.84.XIII.1	Thirty—fifth Trente—cinquième	Population census statistics I— Statistiques des recensements de population I
1984	E/F.85.XIII.1	Thirty—sixth Trente—sixième	Population census statistics II— Statistiques des recensements de population II
1985	E/F.86.XIII.1	Thirty—seventh— Trente—septième	Mortality statistics— Statistiques de la mortalité
1986	E/F.87.XIII.1	Thirty—eighth— Trente—huitième	Natality statistics— Statistiques de la natalité
1987	E/F.88.XIII.1	Thirty—ninth— Trente—neuvième	Household composition — Les éléments du ménage
1988	E/F.89.XIII.1	Fortieth— Quarantième	Population census statistics — Statistiques des recensements de population
1989	E/F.90.XIII.1	Forty—first— Quarante—et—unième	International Migration Statistics—Statistiques des migration internationales
1990	E/F.91.XIII.1	Forty—second— Quarante—deuxième	Marriage and divorce statistics— Statistiques de la nuptialité et de la divortialité
1991	E/F.92.XIII.1	Forty—third Quarante—troisième	General tables— Tableaux de caractè général
1991	E/F.92.XIII.8	Special issue— Edition spéciale	Population ageing and the situation of elderly persons— Vieillissement de la population et situation des personnes agées
1992	E/F.94.XIII.1	Forty—fourth— Quarante—quatriéme	Fertility and mortality statistics— Statistiques de la fecondité et de la mortalité
1993	E/F.95.XIII.1	Forty—fifth— Quarante—cinquième	Population census statistics I— Statistiques des recensements de population I
1994	E/F.96.XIII.1	Forty—sixth— Quarante—sixième	Population census statistics II— Statistiques des recensements de population II
1995	E/F.97.XIII.1	Forty—seventh— Quarante—septième	Household composition — Les éléments du ménage
1996	E/F.98.XIII.1	Forty—eigth— Quarante—hutième	Mortality statistics— Statistiques de la mortalité
1997	E/F.99.XIII.1	Forty—ninth— Quarante—neuvième	General tables— Tableaux de caractè général

CONTENTS – TABLE DES MATIERES

EXPLANATION OF SYMBOLS

Category not applicable... ..

Data not available.. ...

Magnitude zero... —

Magnitude not zero, but less than half of unit employed........................ 0 and/or 0.0

Marked break in series is indicated by a vertical bar............................ |

Provisional.. *

United Nations estimate.. x

Data tabulated by year of registration rather than occurrence................ +

Based on less than specified minimum.. ◆

Relatively reliable data.. Roman type

Data of lesser reliability.. Italics

EXPLICATION DES SIGNES

Sans objet.. ..

Données non disponibles.. ...

Néant.. —

Chiffre inférieur à la moitié de l'unité employée.................................... 0 et/ou 0.0

Un trait vertical dans la colonne indique une discontinuité
   notable dans la série... |

Données provisoires.. *

Estimations des Nations Unies.. x

Données exploitées selon l'année de l'enregistrement et
   non l'année de l'événement... +

Rapport fondé sur un nombre inférieur à celui spécifié............................ ◆

Données relativement sûres... Charactères romains

Données dont l'exactitude est moindre... Italiques

INTRODUCTION

The Demographic Yearbook is a comprehensive collection of international demographic statistics, prepared by the Statistics Division of the United Nations. The Demographic Yearbook 1997 is the forty-ninth in a series published by the United Nations.

Through the co-operation of national statistical services, official demographic statistics are presented for about 229 countries or areas throughout the world. Estimates prepared by the United Nations Population Division, Department of Economic and Social Affairs of the United Nations, have been used in certain instances to supplement official statistics. The use of United Nations estimates has made it possible to present tables giving summary data for all countries or areas of the world using 1997 as a common year of reference.

This volume contains the general tables giving a world summary of basic demographic statistics, followed by tables presenting statistics on the size distribution and trends in population, natality, foetal mortality, infant and maternal mortality, general mortality, nuptiality and divorce. Throughout the Yearbook, data are shown by urban/rural residence in many of the tables.

The Technical Notes on the Statistical Tables are to assist the reader in using the tables. Acumulative index, found at the end of the Yearbook, is a guide to the subject matter, by years covered, in all forty-ninth issues. The sales numbers of previous issues and a listing of the special topics featured in each issue are shown on pages iii and iv.

To commemorate the thirtieth anniversary of the publication of the Demographic Yearbook, a special edition entitled the Demographic Yearbook: Historical Supplement was issued in 1979. The Historical Supplement presents time series on population size, age, sex and urban/rural residence, natality, mortality and nuptiality as well as selected derived measures concerning these components of population change for a 30-year time period, 1948-1978.

The first issue of the Yearbook, the Demographic Yearbook 1948, included many of the same tables showing annual data for the period 1932 to 1947. Therefore, the Historical Supplement, in particular when used jointly with the Demographic Yearbook 1948, can furnish a wealth of historical international demographic data.

In June 1984, the Population and Vital Statistics Report: 1984 Special Supplement was published. The Special Supplement updates several data series presented in the Demographic Yearbook: Historical Supplement; in particular, population estimates and a summary of vital statistics rates, population by age, sex and urban/rural residence as reported in the 1970 and 1980 round of population censuses and age specific birth and death rates. Throughout the Yearbook data are shown by urban/rural residence.

INTRODUCTION

L'Annuaire démographique est un recueil de statistiques démographiques internationales qui est établi par la Division de statistique de l'Organisation des Nations Unies. L'Annuaire de 1997 est le quarante-neuvième d'une série que publie l'ONU.

Grâce à la coopération des services nationaux de statistique, il a été possible de faire figurer dans la présente édition des statistiques démographiques officielles pour environ 229 pays ou zones du monde entier. Dans certains cas, pour compléter les statistiques officielles, on a utilisé des estimations établies par la Division de la population du Département des affaires économiques et sociales de l'ONU. Grâce à ces estimations, on a pu présenter des tableaux contenant des données récapitulatives pour l'ensemble des pays ou zones du monde entier, avec 1997 pour année de référence.

Le présente volume contient les tableaux de caractère général qui donnent un aperçu mondial des statistiques démographiques de base, puis des tableaux qui présentent des statistiques sur la dimension, la répartition et les tendances de la population, la natalité, la mortalité foetale, la mortalité infantile et la mortalité liée à la maternité la mortalité générale, la nuptialité et la divortialité. Dans l' ensemble de l' Annuaire, des donnée classées selon la résidence (urbaine/rurale) sont présentées dans un grand nombre de tableaux.

Les Notes techniques sur les tableaux statistiques sont destinées à aider le lecteur. A la fin de l'Annuaire, un index cumulatif donne des renseignements sur les matières traitées dans chacune des quarante-et-neuvième éditions et sur les années sur lesquelles portent les données. Les numéros de vente des éditions antérieures et une liste des sujets spéciaux traités dans les différentes éditions apparaissent en page iii et iv.

A l'occasion du trentième anniversaire de l'Annuaire démographique, une édition spéciale intitulée Annuaire démographique : Supplément rétrospectif a été publiée en 1979. Ce supplément rétrospectif présente des séries chronologiques sur la dimension de la population, l'âge, le sexe et la résidence urbaine/rurale, la natalité, la mortalité et la nuptialité ainsi que quelques mesures indirectes concernant les changements de population pour une période de 30 années (1948-1978).

L'Annuaire démographique 1948, qui était la première édition, comprenait beaucoup de tableaux semblables présentant des données annuelles couvrant la période 1932-1947. De ce fait, le Supplément rétrospectif, utilisé conjointement avec l'Annuaire de 1948, pourra fournir des données démographiques internationales de grande valeur historique.

En juin 1984, le Rapport sur la population et les statistiques de l'état civil : Supplément spécial de 1984, été publié. Cette édition spéciale est une mise à jour de plusieurs séries présentées dans l'Annuaire démographique : Supplément historique; notament, les estimations concernant la population et une récapitulacion des taux démographiques, la répartition de la population par âge, sexe et résidence urbaine/rurale telle qu'elle ressort des cycles de recensements de population, de 1970 et de 1980, et les taux de natalité et de mortalité par âge. Dans l'ensemble de l'Annuaire, les données présentés sont classées selon la résidence (urbaine/rurale).

The Demographic Yearbook is one of a co-ordinated and interrelated set of publications issued by the United Nations and the specialized agencies and designed to supply basic statistical data for demographers, economists, public-health workers and sociologists. Under the co-ordinated plan, the Demographic Yearbook is the international source of demographic statistics. Some of the data assembled for it are reprinted in the publications of the World Health Orgnization -- in particular in the World Health Statistics Annual -- to make them more readily accessible to the medical and public-health professions.

In addition, the World Health Organization publishes annually compilations of deaths by cause, age and sex, detailed statistics on selected causes of death, information on cases of deaths from notifiable diseases and other data of medical interest, which supplement the Demographic Yearbook tables. Both the Demographic Yearbook and the World Health Organization publications should be used when detailed figures on the full range of internationally assembled statistics on these subjects are required.

Data shown in this issue of the Demographic Yearbook are available on magnetic tape at a cost of $320.00.

A database that runs on microcomputers is under development. Known as the Demographic and Social Statistics Database, it contains data previously published in the Demographic Yearbook. This microcomputer-based system provides fast access to demographic and social time series statistics. The current version runs on an IMB-compatible microcomputer of 80286 or higher with at least 600 Kb of RAM, 10Mb of hard disk and one floppy drive.

The system is menu-driven. It permits users to choose topics, time periods, countries or areas and data sources. Users can select outputs directed to the screen, to paper on to a database in ASCII format. As the development continues, topics will be updated at the completion of their preparation for publication in the Yearbook. Data from this issue are available as follows:

Population by sex	1950 - 1996
Population by age and sex	1950 - 1996
Live births by sex	1950 - 1996
Live births by age of mother/ and sex of child	1950 - 1996
Deaths by sex	1950 - 1996
Deaths by age and sex	1950 - 1996
Expectation of life at exact ages/ by sex	1950 - 1996
Infant deaths by sex	1950 - 1996
Marriages	1950 - 1996
Divorces	1950 - 1996

Users wishing to conduct their own research can do so by obtaining the database on diskette. For further information and ways to obtain the database, users may contact the Director, Statistics Division, United Nations, New York, NY 10017.

L'Annuaire démographique s'intègre dans un ensemble de publications complémentaires que font paraître l'Organisation des Nations Unies et les institutions spécialisées et qui ont pour objet de fournir des statistiques de base aux démographes, aux économistes, aux spécialistes de la santé publique et aux sociologues. Conformément au plan de coordination, l'Annuaire démographique constitue la source internationale des statistiques démographiques. Certaines des données qui y sont rassemblées sont reproduites dans les publications de l'Organisation mondiale de la santé notamment dans l'Annuaire des statistiques sanitaires mondiales -- afin qu'elles soient plus accessibles au corps médical et aux agents de la santé publique.

En outre, l'Organisation mondiale de la santé publie chaque année des statistiques des décès selon la cause, l'âge et le sexe, des séries détaillées sur les décès imputables à certaines causes, des données sur les cas de maladies à déclaration obligatoire et sur les décès dus à ces maladies, ainsi que d'autres statistiques d'intérêt médical qui viennent compléter les tableaux de l'Annuaire démographique. L'Annuaire démographique et les publications de l'Organisation mondiale de la santé doiventêtre consultés concurremment si l'on veut connaître, dans tout leur détail, les statistiques rassemblées dans ces domaines sur le plan international.

Il est possible de se procurer sur bande magnétique, moyennant le paiement d'une somme 320 dollars les données recueillies dans le présent Annuaire démographique.

On met actuellement au point une base de base de données exploitable sur micro-ordinateur. Intitulée Base de données des statistiques demographiques et sociales, celle-ci contient des données déjà publiées dans l'Annuaire démographique. Grâce à ce système informatisé, l'utilisateur pourra avoir rapidement accès aux statistiques chronologiques dans les domaines démographiques et sociales. La version actuelle de la base de données est exploitable sur les micro-ordinateurs compatibles IBM de type 80286 au plus, dotés au minimum de 600 kilo-octets de mémoire vive, d'un disque dur de 10 méga-octets et d'une unité de disque souple.

Grace à ce système, qui est à base de menus, l'utilisateur peut opérer des choix selon les sujets, les séries chronologiques, les pays ou zones et les sources des données, et extraire les données auxquelles il aura ainsi accédé directement sur l'écran, sur papier ou sur un fichier de type ASCII. Au fur et à mésure de la mise au point de cette base de données, les différents sujets seront mis à jour une fois qu'ils aurong été définivement établis aux fins de publication dans l'Annuaire. Les données de cette édition sont disponibles comme suit :

Population selon le sexe	1950 - 1996
Population selon l'âge et le sexe	1950 - 1996
Naissances vivants par sexe	1950 - 1996
Naissances vivants selon l'âge de	1950 - 1996
Décès selon l'âge	1950 - 1996
Décès selon l'âge et le sexe	1950 - 1996
Espérance de vie à un âge donnée pour chaque sexe	1950 - 1996
Décès d'enfants de moins/ d'un an selon le sexe	1950 - 1996
Mariages	1950 - 1996
Divorces	1950 - 1996

Les utilisateurs qui désirent faire leur propre recherche peuvent obtenir la base de données sur disquette. Pour obtenir plus d'information sur les moyens de recevoir la base de données, on peut contacter le directeur de la Division de statistique.

TECHNICAL NOTES ON THE STATISTICAL TABLES

1. GENERAL REMARKS

1.1 Arrangement of Technical Notes

These Technical Notes are designed to give the reader relevant information for using the statistical tables. Information pertaining to the Yearbook in general is presented in sections dealing with various geographical aspects and population and vital statistics data. The following section which refers to individual tables includes a description of the variables, remarks on the reliability of the data, limitations, coverage and information on the presentation of earlier data. When appropriate, details on computation of rates, ratios or percentages are presented.

1.2 Arrangement of tables

This issue contains the general tables only. Since the numbering of the tables does not correspond exactly to those in previous issues, the reader is advised to use the index which appears at the end of this book to find data in earlier issues.

1.3 Source of data

The statistics presented in the Demographic Yearbook are official data unless otherwise indicated. The primary source of data for the Yearbook is a set of questionnaires sent annually and monthly to about 229 national statistical services and other appropriate government offices. Data forwarded on these questionnaires are supplemented, to the extent possible, by data taken from official national publications and by correspondence with the national statistical services. In the interest of comparability, rates, ratios and percentages have been calculated in the Statistics Division of the United Nations, except for the life table functions and a few exceptions in the rate tables, which have been appropriately noted. The methods used by the Statistics Division to calculate these rates and ratios are described in the Technical Notes for each table. The populations used for these computations are those published in this or previous issues of the Yearbook.

In cases when data in this issue of the Demographic Yearbook differ from those published in earlier issues of the Demographic Yearbook or related publications, statistics in this issue may be assumed to reflect revisions received in the Statistics Division of the United Nations by 31 March 1998. It should be noted that, in particular, data shown as provisional are subject to further revision.

1.4 Changes appearing in this issue

1.4.1 Presentation of data

Information regarding recent name changes for various countries or areas is shown in section 2.3.2

NOTES TECHNIQUES SUR LES TABLEAUX STATISTIQUES

1. REMARQUES D'ORDRE GENERAL

1.1 Ordonnance des Notes techniques

Les Notes techniques ont pour but de donner au lecteur tous les renseignements dont il a besoin pour se servir des tableaux statistiques. Les renseignements qui concernent l'Annuaire en général sont présentés dans des sections portant sur diverses considérations géographiques, sur la population et sur les statistiques de natalité et de mortalité. Dans la section suivante, les tableaux sont commentés chacun séparémentet, à propos de chacun d'eux, on trouvera une description des variables ainsi que des indications sur la fiabilité, les insuffisances et la portée des données, et sur les données publiées antérieurement. Des détails sont fournis également, le cas échéant, sur le mode de calcul des taux, quotients ou pourcentages.

1.2 Ordonnance des tableaux

La présente édition contient les tableaux généraux seulement. Comme la numérotation des tableaux ne correspond pas exactement à celle des éditions précédante, il est recommandé au lecteur de se reporter à l'index qui figure à la fin du présent ouvrage pour trouver les données publiées dans les précédentes éditions.

1.3 Origine des données

Sauf indication contraire, les statistiques présentés dans l'Annuaire démographique sont des données officielles. Elles sont fournies essentiellement par des questionnaires qui sont envoyés, annuellement ou mensuellement, à environ 229 services nationaux de statistique et autres services gouvernementaux compétents. Les données communiquées en réponse à ces questionnaires sont complétées, dans toute la mesure possible, par des données tirées de publications nationales officielles et des renseignements communiqués par les services nationaux de statistique dans leur correspondance avec l'ONU. Pour que les données soient comparables, les taux, rapports et pourcentages ont été calculés au Division de statistique de l'ONU, excepté les paramètres des tables de mortalité et quelques cas dans les tableaux relatifs aux taux, qui ont été dûment signalés en note. Les méthodes suivies par la Division pour le calcul des taux et rapports sont décrites dans les Notes techniques relatives à chaque tableau. Les chiffres de population utilisés pour ces calculs sont ceux qui figurent dans la présente édition de l'Annuaire ou qui ont paru dans des éditions antérieures.

Chaque fois que l'on constatera des différences entre les données du présent volume et celles des éditions antérieures de l'Annuaire démographique, ou de certaines publications apparentées, on pourra en conclure que les statistiques publiées cette année sont des chiffres révisés communiqués au Division de statistique avant le 31 mars 1998. On notera en particulier que les chiffres présentés comme provisoires pourront être révisés eux aussi.

1.4 Modifications introduites dans la présente édition

1.4.1 Présentation des données

On trouvera dans la section 2.3.2 des informations sur les changements récemment apportés aux noms de divers pays ou zones.

2. GEOGRAPHICAL ASPECTS

2.1 Coverage

Geographical coverage in the tables of this Yearbook is as comprehensive as possible. Data are shown for as many individual countries or areas as provide them. Table 3 is the most comprehensive in geographical coverage, presenting data on population and surface area for every country or area with a population of at least 50 persons. Not all of these countries or areas appear in subsequent tables. In many cases the data required for a particular table are not available. In general, the more detailed the data required for any table, the fewer the number of countries or areas that can provide them.

In addition, with the exception of three tables, rates and ratios are presented only for countries or areas reporting at least a minimum number of relevant events. The minimums are explained in the Technical Notes for the individual tables. The three exceptions, in which rates for countries or areas are shown regardless of the number of events on which they were based, are tables 4, 9, and 18, presenting a summary of vital statistics rates, crude birth rates and crude death rates respectively.

Except for summary data shown for the world and by mayor areas and regions in tables 1 and 2, all data are presented on the national level.

2.2 Territorial composition

In so far as possible, all data, including time series data, relate to the territory within 1997 boundaries. Exceptions to this are footnoted in individual tables. Additionally, in table 3, recent changes and other relevant clarifications are elaborated.

Data relating to the People's Republic of China generally include those for Taiwan Province in the field of statistics relating to population, surface area, natural resources, natural conditions such as climate, etc. In other fields of statistics, they do not include Taiwan Province unless otherwise stated. Therefore in this publication, the data published under the heading "China" include those for Taiwan Province.

Through accession of the German Democratic Republic to the Federal Republic of Germany with effect from 3 October 1990, the two German States have united to form one sovereign State. As from the date of unification, the Federal Republic of Germany acts in the United Nations under the designation of "Germany". All data shown which pertain to Germany prior to 3 October 1990 are indicated separately for the Federal Republic of Germany and the former German Democratic Republic based on their respect live boundaries at the time indicated.

In 1991, the Union of Soviet Socialist Republics formally dissolved into fifteen individual countries (Armenia, Azerbaijan, Belarus, Estonia, Georgia, Kazakhstan, Kyrgyzstan, Latvia, Lithuania, Republic of Moldova, Russian Federation, Tajikistan, Turkmenistan, Ukraine and Uzbekistan. Whenever possible, data are shown for the individual countries. Otherwise, data are shown for the former USSR.

2. CONSIDERATIONS GEOGRAPHIQUES

2.1 Portée

La portée géographique des tableaux du présent Annuaire est aussi complète que possible. Des données sont présentées sur tous les pays ou zones qui en ont communiquées. Le tableau 3, le plus complet, contient des données sur la population et la superficie de chaque pays ou zone ayant une population d'au moins 50 habitants. Ces pays ou zones ne figurent pas tous dans les tableaux suivants. Dans bien des cas, les données requises pour un tableau particulier n'étaient pas disponibles. En général, le nombre de pays ou zones qui peuvent fournir des données est d'autant plus petit que les données demandées sont plus détaillées.

De plus, sauf dans trois tableaux, les taux et rapports ne sont présentés que pour les pays ou zones ayant communiqué des chiffres correspondant à un nombre minimal de faits considérés. Les minimums sont indiqués dans les Notes techniques relatives à chacun des tableaux. Les trois tableaux faisant exception, où les taux pour les pays ou zones sont présentés quel que soit le nombre de faits sur lequel ils se fondent, sont les tableaux 4, 9 et 18, où figurent respectivement des données récapitulatives sur les taux démographiques, les taux bruts de natalité et les taux bruts de mortalité.

A l'exception des données récapitulatives présentées dans les tableaux 1 et 2 pour le monde, les grandes régions et les régions, toutes les données se rapportent aux pays.

2.2 Composition territoriale

Autant que possible, toutes les données, y compris les séries chronologiques, se rapportent au territoire de 1997. Les exceptions à cette règle sont signalées en note au bas des tableaux. De plus, les changements intervenus récemment et d'autres précisions intéressantes figurent au tableau 3.

Les données relatives à la République populaire de Chine comprennent en général celles de la province de Taiwan concernant la population, la superficie, les ressources naturelles, les conditions naturelles telles que le climat, etc. Dans d'autres domaines statistiques, elles ne comprennent pas les données relatives à la province de Taiwan, sauf indication contraire. Dans la présente publication, les données figurant sous la rubrique "Chine" comprennent donc les données relatives à la province de Taiwan.

En vertu de l'adhésion de la République démocratique allemande à la République fédérale d'Allemagne, prenant effet le 3 octobre 1990, les deux Etats allemands se sont unis pour former un seul Etat souverain. A compter de la date de l'unification, la République fédérale d'Allemagne est désignéeà l'ONU sous le nom d'Allemagne. Toutes les données se rapportant à l'Allemagne avant le 3 octobre figurent dans deux rubriques séparées basées sur les territoires respectifs de la République fédérale d'Allemagne et l'ancienne République démocratique allemande selon la période indiquée.

En 1991, l'Union des républiques socialistes soviétiques s'est séparée en 15 pays distincts (Arménie, Azerbaïdjan, Bélarus, Estonie, Géorgie, Kazakhstan, Kyrgyzstan, Lettonie, Lituanie, la République de Moldova, Fédération Russe, Tadjikistan, Turkménistan, Ukraine, Ouzbékistan). Les données sont présentées pour ces pays pris séparément quand cela est possible. Autrement, les données sont présentées pour l'ancienne URSS.

2.3 Nomenclature

Because of space limitations, the country or area names listed in the tables are generally the commonly employed short titles in use in the United Nations as of 31 March 1998,[1] the full titles being used only when a short form is not available.

2.3.1 Order of presentation

Countries or areas are listed in English alphabetical order within the following continents: Africa, North America, South America, Asia, Europe and Oceania.

The designations employed and the presentation of the material in this publication were adopted solely for the purpose of providing a convenient geographical basis for the accompanying statistical series. The same qualification applies to all notes and explanations concerning the geographical units for which data are presented.

2.4 Surface Area Data

Surface area data, shown in tables 1 and 3, represent the total surface area, comprising land area and inland waters (assumed to consist of major rivers and lakes) and excluding only polar regions and uninhabited islands. The surface area given is the most recent estimate available. All are presented in square kilometres, a conversion factor of 2.589988 having been applied to surface areas originally reported in square miles.

For the first time in the 1990 questionnaires, information on the surface area of cities and urban agglomerations was reported. Data are shown in table 8.

2.4.1 Comparability over time

Comparability over time in surface area estimates for any given country or area may be affected by improved surface area estimates, increases in actual land surface by reclamation, boundary changes, changes in the concept of "land surface area" used or a change in the unit of measurement used. In most cases it was possible to ascertain the reason for a revision but, failing this, the latest figures have nevertheless generally been accepted as correct and substituted for those previously on file.

2.4.2 International comparability

Lack of international comparability between surface area estimates arises primarily from differences in definition. In particular, there is considerable variation in the treatment of coastal bays, inlets and gulfs, rivers and lakes. International comparability is also impaired by the variation in methods employed to estimate surface area. These range from surveys based on modern scientific methods to conjectures based on diverse types of information. Some estimates are recent while others may not be. Since neither the exact method of determining the surface area nor the precise definition of its composition and time reference is known for all countries or areas, the estimates in table 3 should not be considered strictly comparable from one country or area to another.

2.3 Nomenclature

Pour gagner de la place, on a jugé commode de nommer en général dans les tableaux les pays ou zones par les désignations abrégées couramment utilisées par les Nations Unies au 31 mars 1998 [1], les désignations complètes n'étant utilisées que lors qu'il n'existait pas de forme abrégée.

2.3.1 Ordre de présentation

Les pays ou zones sont classés dans l'ordre alphabétique anglais et regroupés par continent comme ci-après : Afrique, Amérique du Nord, Amérique du Sud, Asie, Europe et Océanie.

Les appellations employées dans la présente édition et la présentation des données qui y figurent n'ont d'autre objet que de donner un cadre géographique commode aux séries statistiques. La même observation vaut pour toutes les notes et précisions fournies sur les unités géographiques pour lesquelles des données sont présentées.

2.4 Superficie

Les données relatives à la superficie qui figurent dans les tableaux 1 et 3 représentent la superficie totale, c'est-à-dire qu'elles englobent les terres émergées et les eaux intérieures (qui sont censées comprendre les principaux lacs et cours d'eau) à la seule exception des régions polaires et des îles inhabitées. Les données relatives à la superficie correspondent aux chiffres estimatifs les plus récents.
Les superficies sont toutes exprimées en kilomètres carrés; les chiffres qui avaient été communiqués en miles carrés ont été convertis à l'aide d'un coefficient de 2,589988.

Pour le premier fois dans les questionnaires de 1990, les données relatives à la superficie des villes et des agglomérations urbaines étaient communiquées. Les chiffres sont présentés au tableau 8.

2.4.1 Comparabilité dans le temps

La comparabilité dans le temps des estimations relatives à la superficie d'un pays ou d'une zone donnés peut être affectée par la révision des estimations antérieures de la superficie, par des augmentations effectives de la superficie terrestre dues par exemple à des travaux d'assèchement, par des rectifications de frontières, par des changements d'interprétation du concept de "terres émergées", ou par l'utilisation de nouvelles unités de mesure. Dans la plupart des cas, il a été possible de déterminer la raison de ces révisions; toutefois, lors qu'on n'a pas pu le faire, on a néanmoins remplacé les anciens chiffres par les nouveaux et on a généralement admis que ce sont ces derniers qui sont exacts.

2.4.2 Comparabilité internationale

Le défaut de comparabilité internationale entre les données relatives à la superficie est dû essentiellement à des différences de définition. En particulier, la définition des golfes, baies et criques, lacs et cours d'eau varie sensiblement d'un pays à l'autre. La diversité des méthodes employées pour estimer les superficies nuit elle aussi à la comparabilité internationale. Certaines données proviennent de levés effectués selon des méthodes scientifiques modernes; d'autres ne représentent que des conjectures reposant sur diverses catégories de renseignements. Certains chiffres sont récents, d'autres pas. Comme ni la méthode de calcul de la superficie ni la composition du territoire et la date à laquelle se rapportent les données ne sont connues avec précision pour tous les pays ou zones, les estimations figurant au tableau 3 ne doivent pas être considérées comme rigoureusement comparables d'un pays ou d'une zone à l'autre.

3. POPULATION

Population statistics, that is, those pertaining to the size, geographical distribution and demographic characteristics of the population, are presented in a number of tables of the Demographic Yearbook.

Data for countries or areas include population census figures, estimates based on results of sample surveys (in the absence of a census), postcensal or intercensal estimates and those derived from continuous population registers. In the present issue of the Yearbook, the latest available census figure of the total population of each country or area and mid-year estimates for 1990 and 1997 are presented in table 3. Mid-year estimates of total population for 10 years are shown in table 5 and mid-year estimates of urban and total population by sex for 10 years are shown in table 6. The latest available data on population by age, sex and urban/rural residence are given in table 7. The latest available figures on the population of capital cities and of cities of 100 000 and more inhabitants are presented in table 8.

Summary estimates of the mid-year population of the world, major areas and regions for selected years and of its age and sex distribution in 1995 are set forth in tables 1 and 2, respectively.

The statistics on total population, population by age, sex and urban/rural distribution are used in the calculation of rates in the Yearbook. Vital rates by age and sex were calculated using data which appear in table 7 in this issue or the corresponding tables of previous issues of the Demographic Yearbook.

3.1 Sources of variation of data

The comparability of data is affected by several factors, including (1) the definition of the total population,(2) the definitions used to classify the population into its urban/rural components, (3) difficulties relating to age reporting, (4) the extent of over-enumeration or under-enumeration in the most recent census or other source of bench-mark population statistics and (5) the quality of population estimates. These five factors will be discussed in some detail in sections 3.1.1 to 3.2.4 below. Other relevant problems are discussed in the Technical Notes to the individual tables. Readers interested in more detail, relating in particular to the basic concepts of population size, distribution and characteristics as elaborated by the United Nations, should consult the Principles and Recommendations for Population and Housing Censuses. [2]

3.1.1 Total population

The most important impediment to comparability of total populations is the difference between de facto and dejure population. A de facto population should include all persons physically present in the country or area at the reference date. The de jure population, by contrast, should include all usual residents of the given country or area, whether or not they were physically present there at the reference date. By definition, therefore, a de facto total and a de jure total are not entirely comparable.

3. POPULATION

Les statistiques de la population, c'est-à-dire celles qui se rapportent à la dimension, à la répartition géographique et aux caractéristiques démographiques de la population, sont présentées dans un certain nombre de tableaux de l'Annuaire démographique.

Les données concernant les pays ou les zones représentent les résultats de recensements de population, des estimations fondées sur les résultats d'enquêtes par sondage (s'il n'y a pas eu recensement), des estimations postcensitaires ou intercensitaires, ou des estimations établies à partir de données tirées des registres de population permanents. Dans la présente édition de l'Annuaire, le tableau 3 présente pour chaque pays ou zone le chiffre le plus récent de la population totale au dernier recensement et des estimations établies au milieu de l'année 1990 et de l'année 1997. Le tableau 5 contient des estimations de la population totale au milieu de chaque année pendant 10 ans, et le tableau 6 des estimations de la population urbaine et de la population totale, par sexe, au milieu de chaque année pendant 10 ans. Les dernières données disponibles sur la répartition de la population selon l'âge, le sexe et la résidence (urbaine/rurale) sont présentées dans le tableau 7. Les derniers chiffres disponibles sur la population des capitales et des villes de 100 000 habitants ou plus sont présentés dans le tableau 8.

Les tableaux 1 et 2 présentent respectivement des estimations récapitulatives de la population du monde, des grandes régions et des régions en milieu d'année, pour diverses années, ainsi que des estimations récapitulatives, pour 1995, de cette population répartie selon l'âge et le sexe.

On a utilisé pour le calcul des taux les statistiques de la population totale et de la population répartie selon l'âge, le sexe et la résidence (urbaine/rurale). Les taux démographiques selon l'âge et le sexe ont été calculés à partir des données qui figurent dans le tableau 7 de la présente édition ou dans les tableaux correspondants de précédentes éditions de l'Annuaire démographique.

3.1 Sources de variation des données

Plusieurs facteurs influent sur la comparabilité des données : 1) la définition de la population totale, 2) les définitions utilisées pour distinguer entre population urbaine et population rurale, 3) les difficultés liées aux déclarations d'âge, 4) l'étendue du sur-dénombrement ou du sous-dénombrement dans le recensement le plus récent ou dans une autre source de statistiques de référence sur la population, et 5) la qualité des estimations relatives à la population. Ces cinq facteurs sont analysés en quelques détails dans les sections 3.1.1 à 3.2.4 ci-après. D'autres questions seront traitées dans les Notes techniques relatives à chaque tableau. Pour plus de précisions concernant, notamment, les concepts fondamentaux de dimension, de répartition et de caractéristiques de la population qui ont été élaborés par les Nations Unies, le lecteur est prié de se reporter aux Principes et recommandations concernant les recensements de la population et l'habitation. [2]

3.1.1 Population totale

Le facteur qui fait le plus obstacle à la comparabilité des données relatives à la population totale est la différence qui existe entre population de fait et population de droit. La population de fait comprend toutes les personnes présentes dans le pays ou la zone à la date de référence, tandis que la population de droit comprend toutes les personnes qui résident habituellement dans le pays ou la zone, qu'elles y aient été ou non présentes à la date de référence. La population totale de fait et la population totale de droit ne sont donc pas rigoureusement comparables entre elles par définition.

Comparability of even two ostensibly de facto totals or of two ostensibly de jure totals is often affected by the fact that, simple as the two concepts appear, strict conformity to either of them is rare. To give a few examples, some so-called de facto counts do not include foreign military, naval and diplomatic personnel present in the country or area on official duty, and their accompanying family members and servants; some do not include foreign visitors in transit through the country or area or transients on ships in harbour. On the other hand, they may include such persons as merchant seamen and fishermen who are out of the country or area working at their trade.

The de jure population figure presents even more opportunity for lack of comparability because it depends in the first place on the concept of a "usual resident", which varies from one country or area to another and is, in any case, difficult to apply consistently in a census or survey enumeration. For example, civilian aliens temporarily in a country or area as short-term workers may officially be considered residents after a stay of a specified period of time or they may be considered as non-residents throughout the duration of their stay; at the same time, the same persons may be officially considered as residents or non-residents of the country or area from which they came, depending on the duration and/or purpose of their absence. Furthermore, regardless of the official treatment, individual respondents may apply their own interpretation of residence in responding to the inquiry. In addition, there may be considerable differences in the accuracy with which countries or areas are informed about the number of their residents temporarily out of the country or area.

So far as possible, the population statistics presented in the tables of the Yearbook are de facto. Figures not otherwise qualified may, therefore, be assumed to have been reported by countries or areas as de facto. Those reported as de jure are identified as such. In an effort to overcome, to the extent possible, the effect of the lack of strict conformity to either the de facto or the de jure concept given above, significant exceptions are footnoted when they are known.

It should be remembered, however, that the necessary detailed information has not been available in many cases. It cannot, therefore, be assumed that figures not thus qualified reflect strict de facto or de jure definitions.

A possible source of variation within the statistics of a single country or area may arise from the fact that some countries or areas collect information on both the de facto and the de jure population in, for example, a census, but prepare detailed tabulations for only the de jure population. Hence, even though the total population shown in table 3 is de facto, the figures shown in the tables presenting various characteristics of the population, for example, urban/rural distribution, age and sex, may be de jure. These de jure figures are footnoted when known.

Même lorsqu'on veut comparer deux totaux qui se rapportent manifestement à des populations de fait ou deux totaux qui se rapportent manifestement à des populations de droit, on risque souvent de faire des erreurs pour cette raison que, aussi simples que ces concepts puissent paraître, il est rare qu'ils soient appliqués strictement. Pour citer quelques exemples, certains comptages qui sont censés porter sur la population de fait netiennent pas compte du personnel militaire, naval et diplomatique étranger en fonction dans le pays ou la zone, ni des membres de leurs familles et de leurs domestiques les accompagnant; certains autres ne comprennent pas les visiteurs étrangers de passage dans le pays ou la zone ni les personnes à bord de navires ancrés dans lesports. En revanche, il arrive que l'on compte des personnes, inscrits maritimes et marins pêcheurs par exemple, qui, en raison de leur activité professionnelle, se trouvent hors du pays ou de la zone de recensement.

Les risques de disparités sont encore plus grands quand il s'agit de comparer des populations de droit, car ces comparaisons dépendent au premier chef de la définition de la "résidence habituelle", qui varie d'un pays ou d'une zone à l'autre et qu'il est, de toute façon, difficile d'appliquer uniformément pour le dénombrement lors d'un recensement ou d'une enquête. Par exemple, les civils étrangers qui se trouvent temporairement dans un pays ou une zone comme travailleurs à court terme peuvent officiellement être considérés comme résidents après un séjour d'une durée déterminée, mais ils peuvent aussi être considérés comme non-résidents pendant toute la durée de leur séjour; ailleurs, ces mêmes personnes peuvent être considérées officiellement comme résidents ou comme non-résidents du pays ou de la zone d'où ils viennent, selon la durée et, éventuellement, la raison de leur absence. Qui plus est, quel que soit son statut officiel, chacun des recensés peut, au moment de l'enquête, interpréter à sa façon la notion de résidence. De plus, les autorités nationales ou de zon es ne savent pas toutes avec la même précision combien de leurs résidents se trouvent temporairement à l'étranger.

Les chiffres de population présentés dans les tableaux de l'Annuaire représentent, autant qu'il a été possible, la population de fait. Sauf indication contraire, on peut supposer que les chiffres présentés ont été communiqués par les pays ou les zones comme se rapportant à la population de fait. Les chiffres qui ont été communiqués comme se rapportant à la population de droit sont identifiés comme tels. Lorsqu'on savait que les données avaient été recueillies selon une définition de la population de fait ou de la population de droit qui s'écartait sensiblement de celle indiquée plus haut, on l'a signalé en note, de manière à compenser dans toute la mesure possible les conséquences de cette divergence.

Il ne faut pas oublier néanmoins qu'on ne disposait pas toujours de renseignements détaillés à ce sujet. On ne peut donc partir du principe que les chiffres qui ne sont pas accompagnés d'une note signalant une divergence correspondent exactement aux définitions de la population de fait ou de la population de droit.

Il peut y avoir hétérogénéité dans les statistiques d'un même pays ou d'une même zone dans le cas des pays ou zones qui, bien qu'ils recueillent des données sur la population de droit et sur la population de fait à l'occasion d'un recensement, par exemple, ne font une exploitation statistique détaillée des données que pour la population de droit. Ainsi, tandis que les chiffres relatifs à la population totale qui figurent au tableau 3 se rapportent à la population de fait, ceux des tableaux qui présentent des diverses caractéristiques de la population résidence (urbaine/rurale), âge et sexe, par exemple peuvent ne se rapporter qu'à la population de droit. Lorsqu'on savait que les chiffres se rapportaient à la population de droit, on l'a signalé en note.

3.1.2 Urban/rural classification

International comparability of urban/rural distributions is seriously impaired by the wide variation among national definitions of the concept of "urban". The definitions used by individual countries or areas are shown at the end of table 6, and their implications are discussed in the Technical Notes for that table.

3.1.3 Age distribution

The classification of population by age is a core element of most analysis, estimation and projection of population statistics. Unfortunately, age data are subject to a number of sources of error and non-comparability. Accordingly, the reliability of age data should be of concern to nearly all users of these statistics.

3.1.3.1 Collection and compilation of age data

Age is the estimated or calculated interval of time between the date of birth and the date of the census, expressed in completed solar years.[3] There are two methods of collecting age data. The first is to obtain the date of birth for each member of the population in a census or survey and then to calculate the completed age of the individual by substracting the date of birth from the date of enumeration.[4] The second method is to record the individuals completed age at the time of the census, that is to say, age at last birthday.

The recommended method is to calculate age at last birthday by subtracting the exact date of birth from the date of the census. Some places, however, do not use this method but instead calculate the difference between the year of birth and the year of the census. Classifications of this type are footnoted whenever possible. They can be identified to a certain extent by a smaller than expected population under one year of age. However, an irregular number of births from one year to the next or age selective omission of infants may obscure the expected population under one year of age.

3.1.3.2 Errors in age data

Errors in age data may be due to a variety of causes, including ignorance of correct age; reporting years of age in terms of a calendar concept other than completed solar years since birth,[5] carelessness in reporting and recording age; a general tendency to state age in figures ending in certain digits (such as zero, two, five and eight); a tendency to exaggerate length of life at advanced ages; possibly subconscious aversion to certain numbers and wilful misrepresentations arising from motives of an economic, social, political or purely personal character.

These reasons for errors in reported age data are common to most investigations of age and to most countries or areas, and they may impair comparability to a marked degree.

As a result of the above-mentioned difficulties, the age-sex distribution of population in many countries or areas shows irregularities which may be summarized as follows : (1) a deficiency in number of infants and young children, (2) a concentration at ages ending with zero and five (that is, 5, 10, 15, 20...), (3) a preference for even ages (for example, 10, 12, 14...) over odd ages (for

3.1.2 Résidence (urbaine/rurale)

L'hétérogénéité des définitions nationales du terme "urbain" nuit sérieusement à la comparabilité internationale des données concernant la répartition selon la résidence. Les définitions utilisées par les différents pays ou zones sont reproduites à la fin du tableau 6, et leurs incidences sont examinées dans les Notes techniques relatives à ce même tableau.

3.1.3 Répartition par âge

La répartition de la population selon l'âge est un paramètre fondamental de la plupart des analyses, estimations et projections relatives aux statistiques de la population. Malheureusement, ces données sont sujettes à un certain nombre d'erreurs et difficilement comparables. C'est pourquoi pratiquement tous les utilisateurs de ces statistiques doivent considérer ces répartitions avec la plus grande circonspection.

3.1.3.1 Collecte et exploitation des données sur l'âge

L'âge est l'intervalle de temps déterminé par calcul ou par estimation qui sépare la date de naissance de la date du recensement et qui est exprimé en années solaires révolues.[3] Les données sur l'âge peuvent être recueillies selon deux méthodes: la première consiste à obtenir la date de naissance de chaque personne à l'occasion d'un recensement ou d'un sondage, puis à calculer l'âge en années révolues en soustrayant la date de naissance de celle du dénombrement.[4] La seconde consiste à enregistrer l'âge en années révolues au moment du recensement, c'est-à-dire l'âge au dernier anniversaire.

La méthode recommandée consiste à calculer l'âge au dernier anniversaire en soustrayant la date exacte de la naissance de la date du recensement. Toutefois, on n'a pas toujours recours à cette méthode; certains pays ou zones calculent l'âge en faisant la différence entre l'année du recensement et l'année de la naissance. Lorsque les données sur l'âge ont été établies de cette façon, on l'a signalé chaque fois si possible en note au bas des tableaux. On peut d'ailleurs s'en rendre compte dans une certaine mesure, car les chiffres dans la catégorie des moins d'un an sont plus faibles qu'ils ne devraient l'être. Cependant, un nombre irrégulier de naissances d'une année à l'autre ou l'omission de certains âges parmi les moins d'un an peut fausser les chiffres de la population de moins d'un an.

3.1.3.2 Erreurs dans les données sur l'âge

Les causes d'erreurs dans les données sur l'âge sont diverses : on peut citer notamment l'ignorance de l'âge exact, la déclaration d'années d'âge correspondant à un calendrier différent de celui des années solaires révolues depuis la naissance [5], la négligence dans les déclarations et dans la façon dont elles sont consignées, la tendance générale à déclarer des âges se terminant par certains chiffres tels que 0, 2, 5 ou 8, la tendance, pour les personnes âgées, à exagérer leur âge, une aversion subconsciente pour certains nombres, et les fausses déclarations faites délibérément pour des motifs d'ordre économique, social, politique ou simplement personnel.

Les causes d'erreurs mentionnées ci-dessus, communes à la plupart des enquêtes sur l'âge et à la plupart des pays ou zones, peuvent nuire sensiblement à la comparabilité.

A cause des difficultés indiquées ci-dessus, les répartitions par âge et par sexe de la population d'un grand nombre de pays ou de zones comportent des irrégularités qui sont notamment les suivantes : 1) erreurs par défaut dans les groupes d'âge correspondant aux enfants de moins d'un an et aux jeunes enfants; 2) polarisation des déclarations sur les âges se terminant par les chiffres 0 ou 5 (c'est-à-dire 5, 10,15, 20...); 3) prépondérance des âges pairs (par exemple 10, 12, 14...) au détriment des

example, 11, 13, 15...), (4) unexpectedly large differences between the frequency of males and females at certain ages, and (5) unaccountably large differences between the frequencies in adjacent age groups. Comparison of identical age-sex cohorts from successive censuses, as well as study of the age-sex composition of each census, may reveal these and other inconsistencies, some of which in varying degree are characteristic of even the most modern censuses.

3.1.3.3 Evaluation of accuracy

To measure the accuracy of data by age on the evidence of irregularities in 5-year groups, an index was devised for presentation in the Demographic Yearbook 1949-1950.[6] Although this index was sensitive to various sources of inaccuracy in the data, it could also be affected considerably by real fluctuations in past demographic processes. It could not, therefore, be applied indiscriminately to all types of statistics, unless certain adjustments were made and caution used in the interpretation of results.

The publication of population statistics by single years of age in the Demographic Yearbook 1955 made it possible to apply a simple, yet highly sensitive, index known as Whipple's Index, or the Index of Concentration, [7] the interpretation of which is relatively free from consideration of factors not connected with the accuracy of age reporting. More refined methods for the measurement of accuracy of distributions by single year of age have been devised, but this particular index was selected for presentation in the Demographic Yearbook on the basis of its simplicity and the wide use it has already found in other sources.

Whipple's Index is obtained by summing the age returns between 23 and 62 years inclusive and finding what percentage is borne by the sum of the returns of years ending with 5 and 0 to one-fifth of the total sum.

The results would vary between a minimum of 100, representing no concentration at all, and a maximum of 500, if no returns were recorded with any digits other than the two mentioned.[8]

The index is applicable to all age distributions for which single years are given at least to the age of 62, with the following exceptions: (1) where the data presented are the result of graduation, no irregularity is scored by Whipple's Index, even though the graduated data may still be affected by inaccuracies of a different type; (2) where statistics on age have been derived by reference to the year of birth, and tendencies to round off the birth year would result in an excessive number of ages ending in odd numbers, the frequency of age reporting with terminal digits 5 and 0 is not an adequate measure of their accuracy.

Using statistics for both sexes combined, the index has now been computed for all the single-year age distributions in table 26 of the 1993 Yearbook from censuses held between 1985 and 1993, with the exception of those excluded on the criteria set forth above. The ratings achieved by such distributions can be found on pages 19 to 20 of the Demographic Yearbook 1993.

Although Whipple's Index measures only the effects of preferences for ages ending in 5 and 0, it can be assumed that such digit preference is usually connected with other

âges impairs (par exemple 11, 13, 15...); 4) écart considérable et surprenant entre le rapport masculin/féminin à certains âges; 5) différences importantes et difficilement explicables entre les données concernant des groupes d'âge voisins. En comparant les statistiques fournies par des recensements successifs pour des cohortes identiques d'âge et de sexe et en étudiant la répartition par âge et par sexe de la population à chaque recensement, on peut déceler l'existence de ces incohérences et de quelques autres, un certain nombre d'entre elles se retrouvant à des degrés divers même dans les recensements les plus modernes.

3.1.3.3 Evaluation de l'exactitude

Pour déterminer, sur la base des anomalies relevées dans les groupes d'âge quinquennaux, le degré d'exactitude des statistiques par âge, on avait mis au point un indice spécial [6] pour l'Annuaire démographiqe 1949-1950. Cet indice était sensible à l'influence des différents facteurs qui limitent l'exactitude des données et il n'échappait pas non plus à celle des véritables fluctuations démographiques du passé. On ne pouvait donc l'appliquer indistinctement à tous les types de données à moins d'effectuer les ajustements nécessaires et de faire preuve de prudence dans l'interprétation des résultats.

La publication dans l'Annuaire démographique 1955 de statistiques de la population par année d'âge a permis d'utiliser un indice simple, mais très sensible, connu sous le nom d'indice de Whipple ou indice de concentration,[7] dont l'interprétation échappe pratiquement à l'influence des facteurs sans rapport avec l'exactitude des déclarations d'âge. Il existe des méthodes plus perfectionnées pour évaluer l'exactitude des répartitions de population par année d'âge, mais on a décidé de se servir ici de cet indice à cause de sa simplicité et de la large utilisation dont il a déjà fait l'objet dans d'autres publications.

L'indice de Whipple s'obtient en additionnant les déclarations d'âge comprises entre 23 et 62 ans inclusivement et en calculant le pourcentage des âges déclarés se terminant par 0 ou 5 par rapport au cinquième du nombre total de déclarations.

Les résultats varient entre un minimum de 100, s'il n'y a aucune concentration, et un maximum de 500, si aucun âge déclaré ne se termine par un chiffre autre que 0 et 5.[8]

Cet indice est applicable à toutes les répartitions par âge pour lesquelles les années d'âge sont données au moins jusqu'à 62 ans, sauf dans les cas suivants : 1) lorsque les données présentées ont déjà fait l'objet d'un ajustement, l'indice de Whipple ne révèle aucune irrégularité bien que des inexactitudes d'un type différent puissent fausser ces données; 2) lorsque les statistiques relatives à l'âge sont établies sur la base de l'année de naissance et que la tendance à arrondir l'année de naissance se traduit par une fréquence excessive des âges impairs, on ne peut utiliser la méthode reposant sur les déclarations d'âge se terminant par 5 et 0 pour évaluer l'exactitude des données recueillies.

A partir de chiffres relatifs à l'ensemble des deux sexes, on a calculé cet indice pour toutes les répartitions par année d'âge du tableau de l'édition de 1993 de l'Annuaire démographique sur la base des recensements effectués entre 1985 et 1993, à l'exception de celles que l'on a écartées pour les motifs indiqués plus haut. L'édition de 1993 de l'Annuaire démographique (p. 19 à 20) donne une évaluation de l'exactitude des déclarations d'âge pour les distributions données.

Bien que l'indice de Whipple ne mesure que les effets de la préférence pour les âges se terminant par 50 et 0, il semble que l'on puisse admettre qu'il existe généralement certains liens entre préférence et d'autres

sources of inaccuracy in age statements and the index can be accepted as a fair measure of the general reliability of the age distribution.[9]

sources d'inexactitudes dans les déclarations d'âge, de telle sorte que l'on peut dire qu'il donne une assez bonne idée de l'exactitude de la répartition par âge en général, non seulement dans les données de recensements.[9]

3.2 Methods used to indicate quality of published statistics

To the extent possible, efforts have been made to give the reader an indication of reliability of the statistics published in the Demographic Yearbook. This has been approached in several ways. Any information regarding a possible under-enumeration or over-enumeration, coming from a postcensal survey, for example, has been noted in the footnotes to table 3.[10] Any deviation from full national coverage, a explained in section 2.1 under Geographical Aspects, has also been noted. In addition, national statistical offices have been asked to evaluate the estimates of total population they submit to the Statistics Division of the United Nations.

3.2 Méthodes utilisées pour indiquer la qualité des statistiques publiées

On a cherché dans toute la mesure possible à donner au lecteur une indication du degré de fiabilité des statistiques publiées dans l'Annuaire démographique. On a, pour ce faire, procédé de diverses façons. Chaque fois que l'on savait, grâce par exemple à une enquête postcensitaire, qu'il y avait eu sous-dénombrement ou surdénombrement, on l'a signalé en note au bas du tableau 3[10]. Ainsi qu'on l'a indiqué dans la section 2.1 sous la rubrique "Considérations géographiques", chaque fois que les données ne portaient pas sur la totalité du pays, on l'a également signalé en note. De plus, les services nationaux de statistique ont été priés de fournir une évaluation des estimations de la population totale qu'ils communiquaient au Division de statistique de l'ONU.

3.2.1 Quality code for total population estimates

As early as the second issue of the Yearbook, that is, the Demographic Yearbook 1949-1950, a code was developed to describe the manner in which the estimates of total population were constructed. This code has subsequently been modified and expanded. The present code was instituted in 1958, and it is structured to take into account four elements which have been recognized as affecting the reliability of population estimates: (1) the nature of the base measurement of the population, (2) the time elapsed since the last measurement, (3) the method of time adjustment by which the base figure was brought up to date, and (4) the quality of the time adjustment.

The revised code is thus composed of four parts, namely, the nature of the base data, their recency, the nature of the time adjustment, and its [11] quality.the symbols of the code are listed below:

3.2.1 Codage qualitatif des estimations de la population totale

Dès la deuxième édition de l'Annuaire, c'est-à-dire dans l'Annuaire démographique de 1949-1950, on a introduit un code indiquant la manière dont les estimations de la population totale sont établies. Ce codea, par la suite, été modifié et développé. Le code actuel, établi en 1958, est conçu de manière à tenir compte de quatre éléments dont on a admis qu'ils influent sur la fiabilité des estimations de la population : 1) la nature du chiffre de population qui sert de base; 2) le temps écoulé depuis qu'il a été établi; 3) la méthode d'ajustement chronologique ayant servi à mettre à jour le chiffre de base; 4) la qualité de l'ajustement chronologique.

Le code révisé se compose donc de quatre éléments, à savoir la nature des données de base, leur âge, la méthode d'ajustement chronologique et la qualité de cet ajustement.[11] Voici quels sont les signes conventionnels du code:

Part I. Nature of base data (capital letter)
A Complete census of individuals.
B Sample survey.
C Partial census or partial registration of individuals.
D Conjecture.
...Nature of base data not determined.

Premier élément. Nature des données de base (lettre majuscule)
A Recensement complet.
B Enquête par sondage.
C Recensement ou enregistrement partiel.
D Estimations conjecturales.
...Nature des données de base inconnue.

Part II. Recency of base data (subscript numeral following capital letter) .
Numeral indicates time elapsed (in years) since establishment of base figure.

Deuxième élément. Age des données de base (indice numérique accompagnant la majuscule)
Dans chaque cas, l'indice représente le nombre d'années écoulées depuis l'établissement des données de base.

Part III. Method of time adjustment (lower-case letter)
a Adjustment by continuous population register.
b Adjustment based on calculated balance of births, death and migration.
c Adjustment by assumed rate of population increase.

d No adjustment : base figure held constant at least two consecutive years.
... Method of time adjustment not determined.

Troisième élément. Méthode d'ajustement chronologique (lettre minuscule)
a Ajustement après un registre de population permanent.
b Ajustement d'après l'équation de concordance (balance des naissances, des décès et de la migration nette).
c Ajustement d'après un taux d'accroissement présumé de la population.
d Pas d'ajustement : base constante pour au moins deux années consécutives.
... Méthode d'ajustement inconnue.

Part IV. Quality of adjustment for types a and b (numeral following letter a or b)

Quatrième élément. Qualité de l'ajustement pour les types a et b (chiffres accompagnant la lettre a ou b)

1. Population balance adequately accounted for.
2. Adequacy of accounting for population balance not determined but assumed to be adequate.
3. Population balance not adequately accounted for.

Quality of adjustment for type c (numeral following letter c)
1. Two or more censuses taken at decennial intervals or less.
2. Two or more censuses taken, but latest interval exceeds a decennium.

3. One or no census taken.

In addition to these four points, it would have been desirable to consider the probable error in the base measurement of the population. However, this has not been possible as an indication of it is so rarely available.

3.2.2 Treatment of estimates of total population

On the basis of the quality code assessments, the latest official total population estimates are classified as "reliable" or "less reliable" by the Statistics Division of the United Nations. "Reliable" data are set in roman type while "less reliable" data are set in italics. Two criteria are used in establishing reliability.

To begin with, reliable estimates can be defined in terms of the "nature of base data. Reliable estimates are those having their origin in a population census (codedA); those based on a sample survey representing the majority of the population (coded B); and, provided the total population is under 1,000 persons, those obtained by annual administrative counting of population (coded C).

A second criterion of reliability is the "method of time adjustment". Time adjustment by the population-register method (coded a), or by the balancing equation method (coded b), is considered reliable, provided the components of the adjusting factors are adquately accounted for. Reliable accounting is defined for this purpose as combinations of (a) and (b) with (1) or (2). Less reliable time adjustment includes updating by assumed rates of population growth (coded c), no updating (coded d), and method unknown (coded...).

Population estimates which are considered reliable are those which are classified as reliable according to the nature of the base data and in addition are considered reliable on the basis of the method of time adjustment. These estimates are shown in roman type. Estimates which are considered less reliable are shown in italics.

3.2.3 Treatment of time series of population estimates

When a series of mid-year population estimates are presented, the same indication of quality is shown for the entire series as was determined for the latest estimate. The quality is indicated by the type face employed.

No attempt has been made to split the series even though it is evident that in cases where the data are now considered reliable, in earlier years, many may have been considerably less reliable than the current classification implies. Thus it will be evident that this method over-states the probable reliability of the time series in many cases. It

1. Balance démographique sûre.
2. Balance démographique de qualité inconnue mais supposée sûre.
3. Balance démographique non sûre.

Qualité de l'ajustement pour le type c (chiffre accompagnant la lettre c)
1. Au moins deux recensements, à intervalle de dix ans ou moins.

2. Au moins deux recensements, l'intervalle entre les deux derniers étant de plus de dix ans.

3. Un ou aucun recensement.

En plus de ces quatre éléments, il eut été souhaitable d'étudier la probabilité d'erreur dans le chiffre de population pris pour base. Cela n'a toutefois pas été possible, car il est rare que l'on dispose d'indications à ce sujet.

3.2.2 Traitement des estimations de la population totale

Se fondant sur les évaluations de la qualité des données, la Division de statistique de l'ONU classe les dernières estimations officielles de la population totale comme "sûres" ou "moins sûres". Les "sûres" sont imprimées en caractères romains alors que les données "moins sûres" sont imprimées en italique. Deux critères permettent de déterminer la fiabilité des estimations.

Tout d'abord, les estimations sûres peuvent être définies du point de vue de la "nature des données de base". On peut définir comme sûres les estimations fondées sur un recensement de population (codées A); celles qui reposent sur une enquête par sondage représentant la majorité de la population (codées B); et, à condition que la population totale soit inférieure à 1,000, celles qui résultent d'un comptage administratif annuel de la population (codées C).

Un deuxième critère de fiabilité est la "méthode d'ajustement chronologique". L'ajustement chronologique d'après un registre de population (codé a) ou d'après l'équation de concordance (codéb) est jugé "sûr" à condition toutefois qu'il ait été dûment tenu compte des composantes du facteur d'ajustement. On considère qu'il n'en est ainsi que lorsque les lettres a et b sont combinées avec les chiffres 1 ou 2. L'ajustement chronologique est jugé "moins sûr" dans les cas suivants : ajustement d'après un taux d'accroissement présumé de la population (codé c), pas d'ajustement (codé d) et méthode d'ajustement inconnue (codé...).

Les estimations de la population qui sont considérées comme sûres sont celles qui sont classées comme telles selon la nature des données de base et qui sont en outre considérées comme sûres d'après la méthode d'ajustement chronologique. Ces estimations sont imprimées en caractères romains. Les estimations considérées moins sûres sont imprimées en italique.

3.2.3 Traitement des séries chronologiques d'estimations de la population

En ce qui concerne les séries d'estimations de la population en milieu d'année, on considère que la qualité de la série tout entière est la même que celle de la dernière estimation. La qualité de la série est indiquée par le caractère d'imprimerie utilisé.

On n'a pas cherché à subdiviser les séries, mais il est évident que les données qui sont jugées sûres actuellement n'ont pas toutes le même degré de fiabilité et que, pour les premières années, nombre d'entre elles étaient peut-être bien moins sûres que la classification actuelle ne semble l'indiquer. Ainsi, il apparaît clairement que cette méthode tend, dans bien des cas, à surestimer la fiabilité probable des séries chronologiques. Elle

may also understate the reliability of estimates for years immediately preceding or following a census enumeration.

3.2.4 Treatment of estimated distributions by age and other demographic characteristics

Estimates of the age-sex distribution of population may be constructed by two major methods: (1) by applying the specific components of population change to each age-sex group of the population as enumerated at the time of the census and (2) by distributing the total estimated for a postcensal year proportionately according to the age-sex structure at the time of the census. Estimates constructed by the latter method are not published in the Demographic Yearbook.

Among published, estimated age-sex distributions are categorized as "reliable" or less reliable'' according to the method of construction established for the latest estimate of total mid-year population. Hence, the quality designation of the total figure, as determined by the code, is considered to apply also to the whole distribution by age and sex, and the data are set in italic or roman type, as appropriate, on this basis alone. Further evaluation of detailed age structure data has not been undertaken to date.

peut aussi sous-estimer la fiabilité des estimations pour les années qui précèdent ou qui suivent immédiatement un recensement.

3.2.4 Traitement des séries estimatives selon l'âge et d'autres caractéristiques démographiques

Des estimations de la répartition de la population par âge et par sexe peuvent être obtenues selon deux méthodes principales : 1) en appliquant les composantes spécifiques du mouvement de la population, pour chaque groupe d'âge et pour chaque sexe, à la population dénombrée lors du recensement; et 2) en répartissant proportionnellement le chiffre total estimé pour une année postcensitaire d'après la composition par âge et par sexe au moment du recensement. Les estimations obtenues par la seconde méthode ne sont pas publiées dans l'Annuaire démographique.

Les séries estimatives selon l'âge et le sexe qui sont publiées sont classées en deux catégories, "sûres" ou "moins sûres", selon la méthode retenue pour le plus récent calcul estimatif de la population totale en milieu d'année. Ainsi, l'appréciation de la qualité du chiffre total, telle qu'elle ressort des signes de code, est censée s'appliquer aussi à l'ensemble de la répartition par âge et par sexe, et c'est sur cette seule base que l'on décide si les données figureront en caractères italiques ou romains. On n'a pas encore procédé à une évaluation plus poussée des données détaillées concernant la composition par âge.

4. VITAL STATISTICS

For purposes of the Demographic Yearbook, vital statistics have been defined as statistics of live birth, death, foetal death, marriage and divorce.

In this volume of the 1997 Yearbook, only general tables dealing with natality, nuptiality and divorce are presented. The tables on mortality appear under three headings: Foetal Mortality, Infant and Maternal Mortality and General Mortality.

4.1 Sources of variation of data

Most of the vital statistics data published in this Yearbook come from national civil registration systems. The completeness and the accuracy of the data which these systems produce vary from one country or area to another.[12]

The provision for a national civil registration system is not universal, and in some cases, the registration system covers only certain vital events. For example, in some countries or areas only births and deaths are registered. There are also differences in the effectiveness with which national laws pertaining to civil registration operate in the various countries or areas. The manner in which the law is implemented and the degree to which the public complies with the legislation determine the reliability of the vital statistics obtained from the civil registers.

It should be noted that some statistics for marriage and divorce are obtained from sources other than civil registers. For example, in some countries or areas, the only source for data on marriages is church registers. Divorce statistics, on the other hand, are obtained from court records and/or civil registers according to national practice. The actual compilation of these statistics may be the responsibility of the civil registrar, the national statistical office or other government offices.

As well as these factors, others affecting the international comparability of vital statistics are much the same as those which must be considered in evaluating the variations in other population statistics. Differences in statistical definitions of vital events, differences in geographical and ethnic coverage of the data and diverse tabulation procedures -- all these may influence comparability.

In addition to vital statistics from civil registers, some vital statistics published in the Yearbook are official estimates. These estimates are frequently from sample surveys. As such, their comparability may be affected by the national completeness of reporting in household surveys, non-sampling and sampling errors and other sources of bias. Estimates prepared by the Population Division of the United Nations Secretariat have been used in certain instances to supplement official data. Both official and United Nations estimates are noted when they appear in tables.

Readers interested in more detailed information on standards for vital statistics should consult the Principles and Recommendations for a Vital Statistics System. [13] The Handbook of Vital Statistics Methods Volumes I: Legal, Organizational and Technical Aspects and II: Review of national practices [14] published in connection with it provide

4. STATISTIQUES DE L'ETAT CIVIL

Aux fins de l'Annuaire démographique, on entend par statistiques de l'état civil les statistiques des naissances vivantes, des décès, des morts foetales, des mariages et des divorces.

Dans le présent volume de l'Annuaire 1997, on n'a présenté que les tableaux généraux sur la natalité, la mortalité, la nuptialité et la divortialité. Les tableaux consacrés à la mortalité sont groupés sous les trois rubriques suivantes: mortalité foetale, mortalité infantile et mortalité liée à la maternité, et mortalité générale.

4.1 Sources de variations des données

La plupart des statistiques de l'état civil publiées dans le présent Annuaire sont fournies par les systèmes nationaux d'enregistrement des faits d'état civil. Le degré d'exhaustivité et d'exactitude de ces données varie d'un pays ou d'une zone à l'autre.[12]

Il n'existe pas partout de système national d'enregistrement des faits d'état civil et, dans quelques cas, seuls certains faits sont enregistrés. Par exemple, dans certains pays ou zones, seuls les naissances et les décès sont enregistrés. Il existe également des différences quant au degré d'efficacité avec lequel les lois relatives à l'enregistrement des faits d'état civil sont appliquées dans les divers pays ou zones. La fiabilité des statistiques tirées des registres d'état civil dépend des modalités d'application de la loi et de la mesure dans laquelle le public s'y soumet.

Il est à signaler qu'en certains cas les statistiques de la nuptialité et de la divortialité sont tirées d'autres sources que les registres d'état civil. Dans certains pays ou zones, par exemple, les seules données disponibles sur la nuptialité sont tirées des registres des églises. Les statistiques de la divortialité sont en outre, suivant la pratique suivie par chaque pays, tirées des actes des tribunaux et/ou des registres d'état civil. L'officier de l'état civil, le service national de statistique ou d'autres administrations publiques peuvent être chargés d'établir ces statistiques.

Les autres facteurs qui influent sur la comparabilité internationale des statistiques de l'état civil sont à peu près les mêmes que ceux qu'il convient de prendre en considération pour interpréter les variations observées dans les statistiques de la population. La définition des faits d'état civil aux fins de statistique, la portée des données du point de vue géographique et ethnique ainsi que les méthodes d'exploitation des données sont autant d'éléments qui peuvent influer sur la comparabilité.

En plus des statistisques tirées des registres d'état civil, l'Annuaire présente des statistiques de l'état civil qui sont des estimations officielles nationales, fondés souvent sur les résultats de sondages. Aussi leur comparabilité varie-t-elle en fonction du degré d'exhaustivité des déclarations recueillies lors d'enquêtes sur les ménages, des erreurs d'échantillonnage ou autres, et des distorsions d'origines diverses. Dans certains cas, les données officielles ont été complétées par des estimations établies par la Division de la population du Secrétariat de l'Organisation des Nations Unies. Les estimations officielles nationales et celles établies par l'ONU sont signalées en note au bas des tableaux où elles figurent.

Pour plus de précisions au sujet des pratiques nationales dans le rassemblementétat civil, [13] le lecteur pourra se reporter aux Principes et recommandations pour un système de statistiques de l'état civil. Le Manuel de statistique de l'état civil Volume I: Legal, Organizational and Technical Aspects et Volume II: etude des pratiques nationales [14] qui était publié en liaison avec ce document donne des précisions sur les sources

detailed information on the sources of error in vital statistics data and the application of recommendations to national systems.

The Handbook of Household Surveys[15] provides information in collection and evaluation of data on fertility, mortality and other vital events collected in household surveys.

4.1.1 Statistical definitions of events

An important source of variation lies in the statistical definition of each vital event. The Demographic Yearbook attempts to collect data on vital events, using the standard definitions put forth in paragraph 46 of Principles and Recommendations for a Vital Statistics System. These are as follows:

4.1.1.1 LIVE BIRTH is the complete expulsion or extraction from its mother of a product of conception, irrespective of the duration of pregnancy, which after such separation breathes or shows any other evidence of life such as beating of the heart, pulsation of the umbilical cord, or definite movement of voluntary muscles, whether or not the umbilical cord has been cut or the placenta is attached; each product of such a birth is considered live-born regardless of gestational age.

4.1.1.2 DEATH is the permanent disappearance of all evidence of life at any time after live birth has taken place (postnatal cessation of vital functions without capability of resuscitation). This definition therefore excludes foetal deaths

4.1.1.3 FOETAL DEATH is death prior to the complete expulsion or extraction from its mother of a product of conception, irrespective of the duration of pregnancy; the death is indicated by the fact that after such separation the foetus does not breathe or show any other evidence of life, such as beating of the heart, pulsation of the umbilical cord, or definite movement of voluntary muscles. Late foetal deaths are those of twenty-eight or more completed weeks of gestation. These are synonymous with the events reported under the pre-1950 term stillbirth.

ABORTION is defined, with reference to the woman, as any interruption of pregnancy before 28 weeks of gestation with a dead foetus. There are two major categories of abortion: spontaneous and induced. Induced abortions are those initiated by deliberate action undertaken with the intention of terminating pregnancy; all other abortions are considered as spontaneous.

4.1.1.4 MARRIAGE is the act, ceremony or process by which the legal relationship of husband and wife is constituted. The legality of the union may be established by civil, religious, or other means as recognized by the laws of each country.

4.1.1.5 DIVORCE is a final legal dissolution of a marriage, that is, that separation of husband and wife which confers on the parties the right to remarriage under civil, religious and/or other provisions, according to the laws of each country.

4.1.2 Problems relating to standard definitions

A basic problem affecting international comparability of vital statistics is deviation from standard definitions of

d'erreurs dans les statistiques de l'état civil et sur l'application des recommandations aux systèmes nationaux.

Le "Handbook of Household Surveys" [15] fournit des informations sur la collecte et sur l'évaluation des recueillies au cours des enquêtes sur les familles.

4.1.1 Définition des faits d'état civil aux fins de la statistique

Une cause importante d'hétérogénéité dans les données est le manque d'uniformité des définitions des différents faits d'état civil. Aux fins de l'Annuaire démographique, il est recommandé de recueillir les données relatives aux faits d'état civil en utilisant les définitions établies au paragraphe 46 des Principes et recommandations pour un système de statistiques de l'état civil. Ces définitions sont les suivantes :

4.1.1.1 La NAISSANCE VIVANTE est l'expulsion ou l'extraction complète du corps de la mère, indépendamment de la durée de la gestation, d'un produit de la conception qui, après cette séparation, respire ou manifeste tout autre signe de vie, tel que battement de coeur, pulsation du cordon ombilical ou contraction effective d'un muscle soumis à l'action de la volonté, que le cordon ombilical ait été coupé ou non et que le placenta soit ou non demeuré attaché; tout produit d'une telle naissance est considéré comme "enfant né vivant".

4.1.1.2 Le DECES est la disparition permanente de tout signe de vie à un moment quelconque postérieur à la naissance vivante (cessation des fonctions vitales après la naissance sans possibilité de réanimation). Cette définition ne comprend donc pas les morts foetales.

4.1.1.3 La MORT FOETALE est le décès d'un produit de la conception lorsque ce décès est survenu avant l'expulsion ou l'extraction complète du corps de la mère, indépendamment de la durée de la gestation; le décès est indiqué par le fait qu'après cette séparation le foetus ne respire ni ne manifeste aucun signe de vie, tel que battement de coeur, pulsation du cordon ombilical ou contraction effective d'un muscle soumis à l'action de la volonté. Les morts foetales tardives sont celles qui sont survenues après 28 semaines de gestation ou plus. Il n'y a aucune différence entre ces "morts foetales tardives" et les faits dont l'ensemble était désigné, avant 1950, par le terme mortinalité.

Par référence à la femme, l'AVORTEMENT se définit comme "toute interruption de grossesse qui est survenue avant 28 semaines de gestation et dont le produit est un foetus mort". Il existe deux grandes catégories d'avortement : l'avortement spontané et l'avortement provoqué. L'avortement provoqué a pour origine une action délibérée entreprise dans le but d'interrompre une grossesse. Tout autre avortement est considéré comme spontané.

4.1.1.4 Le MARIAGE est l'acte, la cérémonie ou la procédure qui établit un rapport légal entre mari et femme. L'union peut être rendue légale par une procédure civile ou religieuse, ou par toute autre procédure, conformément à la législation du pays.

4.1.1.5 Le DIVORCE est la dissolution légale et définitive des liens du mariage, c'est-à-dire la séparation de l'époux et de l'épouse qui confère aux parties le droit de se remarier civilement ou religieusement, ou selon toute autre procédure, conformément à la législation du pays.

4.1.2 Problèmes posés par les définitions établies

Les variations par rapport aux définitions établies des faits d'état civil sont le facteur essentiel qui nuit à la comparabilité internationale des

vital events. An example of this can be seen in the cases of live births and foetal deaths. [16] In some countries or areas, an infant must survive for at least 24 hours before it can be inscribed in the live-birth register. Infants who die before the expiration of the 24-hour period are classified as late foetal deaths and, barring special tabulation procedures, they would not be counted either as live births or as deaths. Similarly, in several other countries or areas, those infants who are born alive but who die before registration of their birth are also considered as late foetal deaths.

Unless special tabulation procedures are adopted in such cases, the live-birth and death statistics will both be deficient by the number of these infants, while the incidence of late foetal deaths will be increased by the same amount. Hence the infant mortality rate is under estimated. Although both components (infant deaths and live births) are deficient by the same absolute amount, the deficiency is proportionately greater in relation to the infant deaths, causing greater errors in the infant mortality rate than in the birth rate.

Moreover, the practice exaggerates the late foetal death ratios. Some countries or areas make provision for correcting this deficiency (at least in the total frequencies) at the tabulation stage. Data for which the correction has not been made are indicated by footnote whenever possible.

The definitions used for marriage and divorce also present problems for international comparability. Unlike birth and death, which are biological events, marriage and divorce are defined only in terms of law and custom and as such are less amenable to universally applicable statistical definitions. They have therefore been defined for statistical purposes in general terms referring to the laws of individual countries or areas. Laws pertaining to marriage and particularly to divorce, vary from one country or area to another. With respect to marriage, the most widespread requirement relates to the minimum age at which persons may marry but frequently other requirements are specified.

When known the minimum legal age at which marriage can occur with parental consent is given in Table 24 showing marriages by age of groom and age of bride. Laws and regulations relating to the dissolution of marriage by divorce range from total prohibition, through a wide range of grounds upon which divorces may be granted, to the granting of divorce in response to a simple statement of desire or intention by husbands in accordance with Islamic law in some countries or areas.

4.1.3 Fragmentary geographical or ethnic coverage

Ideally, vital statistics for any given country or area should cover the entire geographical area and include all ethnic groups. In fact, however, fragmentary coverage is not uncommon. In some countries or areas, registration is compulsory for only a small part of the population, limited to certain ethnic groups, for example. In other places there is no national provision for compulsory registration, but only municipal or state ordinances which do not cover the entire geographical area. Still others have developed a registration area which comprises only a part of the country or area, the remainder being excluded because of inaccessibility or because of economic and cultural considerations that make regular registration a practical impossibility.

statistiques de l'état civil. Un exemple en est fourni par le cas des naissances vivantes et celui des morts foetales. [16] Dans certains pays ou zones, il faut que le nouveau-né ait vécu 24 heures pour pouvoir être inscrit sur le registre des naissances vivantes. Les décès d'enfants qui surviennent avant l'expiration des 24 heures sont classés parmi les morts foetales tardives et, en l'absence de méthodes spéciales d'exploitation des données, ne sont comptés ni dans les naissances vivantes ni dans les décès. De même, dans plusieurs autres pays ou zones, les décès d'enfants nés vivants et décédés avant l'enregistrement de leur naissance sont également comptés dans les morts foetales et tardives.

A moins que des méthodes spéciales aient été adoptées pour l'exploitation de ces données, les statistiques des naissances vivantes et des décès ne tiendront pas compte de ces cas, qui viendront en revanche accroître d'autant le nombre des morts foetales tardives. Le résultat le plus important est que le taux de mortalité infantile s'en trouvera sous-estimé. Bien que les éléments constitutifs du taux (décès d'enfants de moins d'un an et naissances vivantes) accusent exactement la même insuffisance en valeur absolue, les lacunes sont proportionnellement plus fortes pour les décès de moins d'un an, ce qui cause des erreurs plus importantes dans les taux de mortalité infantile.

En plus cette pratique augmente les rapports de mortinatalité. Quelques pays ou zones effectuent, au stade de la mise en tableau, les ajustements nécessaires pour corriger ce défaut (du moins dans les fréquences totales). Lorsqu'il n'a pas été effectué d'ajustement, les notes l'indiquent chaque fois que possible.

Les définitions du mariage et du divorce posent aussi un problème du point de vue de la comparabilité internationale. Contrairement à la naissance et au décès, qui sont des faits biologiques, le mariage et le divorce sont uniquement déterminés par la législati on et la coutume et, de ce fait, il est moins facile d'en donner une définition statistique qui ait une application universelle. A des fins statistiques, ces concepts ont donc été définis de manière générale par référence à la législation de chaque pays ou zone. La législation relative au mariage, et en particulier au divorce, varie d'un pays ou d'une zone à l'autre. En ce qui concerne le mariage, l'âge de nubilité est la condition la plus fréquemment requise mais il arrive souvent que d'autres conditions soient exigées.

Lorsqu'il est connu, l'âge minimum auquel le mariage peut avoir lieu avec le consentement des parents est indiqué au tableau 24, où sont présentés les mariages selon l'âge de l'époux et de l'épouse. Les lois et règlements relatifs à la dissolution du mariage par le divorce vont de l'interdiction absolue, en passant par diverses conditions requises pour l'obtention du divorce, jusqu'à la simple déclaration, par l'époux, de son désir ou de son intention de divorcer, requise par la loi islamique en vigueur dans certains pays ou zones.

4.1.3 Portée géographique ou ethnique restreinte

En principe, les statistiques de l'état civil devraient s'étendre à l'ensemble du pays ou de la zone auxquels elles se rapportent et englober tous les groupes ethniques. En fait, il n'est pas rare que les données soient fragmentaires. Dans certains pays ou zones, l'enregistrement n'est obligatoire que pour une petite partie de la population, certains groupes ethniques seulement, par exemple. Dans d'autres, il n'existe pas de disposition qui prescrive l'enregistrement obligatoire sur le plan national, mais seulement des règlements ou décrets des municipalités ou des Etats, qui ne s'appliquent pas à l'ensemble du territoire. Il en est encore autrement dans d'autres pays ou zones où les autorités ont institué une zone d'enregistrement comprenant seulement une partie du territoire, le reste étant exclu en raison des difficultés d'accès ou parce qu'il est pratiquement impossible, pour des raisons d'ordre économique ou culturel, d'y procéder à un enregistrement régulier.

4.1.4 Tabulation procedures

4.1.4.1 By place of occurrence

Vital statistics presented on the national level relate to the de facto, that is, the present-in-area population. Thus, unless otherwise noted, vital statistics for a given country or area cover all the events which occur within its present boundaries and among all segments of the population therein. They may be presumed to include events amongnomadic tribes and aborigines, and among nationals and aliens. When known, deviations from the present-in-area concept are footnoted.

Urban/rural differentials in vital rates for some countries may vary considerably depending on whether the relevant vital events were tabulated on the basis of place of occurrence or place of usual residence. For example, if a substantial number of women residing in rural areas near major urban centres travel to hospitals or maternity homes located in a city to give birth, urban fertility and neo-natal and infant mortality rates will usually be higher (and the corresponding rural rates will usually be lower) if the events are tabulated on the basis of place of occurrence rather than on the basis of place of usual residence. A similar process will affect general mortality differentials if substantial numbers of persons residing in rural areas use urban health facilities when seriously ill.

4.1.4.2 By date of occurrence versus by date of registration

In so far as possible, the vital statistics presented in the Demographic Yearbook refer to events which occurred during the specified year, rather than to those which were registered during that period. However, a considerable number of countries or areas tabulate their vital statistics not by date of occurrence, but by date of registration. Because such statistics can be very misleading, the countries or areas known to tabulate vital statistics by date of registration are identified in the tables by a plus symbol (+). Since complete information on the method of tabulating vital statistics is not available for all countries or areas, tabulation by date of registration may be more prevalent than the symbols on the vital statistics tables would indicate.

Because quality of data is inextricably related to delay in registration, it must always be considered in conjunction with the quality code description in section 4.2.1 below. Obviously, if registration of births is complete and timely (code C), the ill effects of tabulating by date of registration, are, for all practical purposes, nullified. Similarly, with respect to death statistics, the effect of tabulating by date of registration may be minimized in many countries or areas in which the sanitary code requires that a death must be registered before a burial permit can be issued, and this regulation tends to make registration prompt. With respect to foetal death, registration is usually made at once or not at all. Therefore, if registration is prompt, the difference between statistics tabulated by date of occurrence and those tabulated by date of registration may be negligible. In many cases, the length of the statutory time period allowed for registering various vital events plays an important part in determining the effects of tabulation by date of registration on comparability.

4.1.4 Exploitation des données

4.1.4.1 Selon le lieu de l'événement

Les statistiques de l'état civil qui sont présentées pour l'ensemble du territoire national se rapportent à la population de fait ou population présente. En conséquence, sauf indication contraire, les statistiques de l'état civil relatives à un pays ou zone donné portent sur tous les faits survenus dans l'ensemble de la population, à l'intérieur des frontières actuelles du pays ou de la zone en cause. On peut donc considérer qu'elles englobent les faits d'état civil survenus dans les tribus nomades et parmi les aborigènes ainsi que parmi les ressortissants du pays et les étrangers. Des notes signalent les exceptions lorsque celles-ci sont connues.

Pour certains pays, les écarts entre les taux démographiques pour les zones urbaines et pour les zones rurales peuvent varier très sensiblement selon que les faits d'état civil ont été exploités sur la base du lieu de l'événement ou du lieu de résidence habituelle. Par exemple, si un nombre appréciable de femmes résidant dans des zones rurales à de grands centres urbains vont accoucher dans les hôpitaux ou maternités d'une ville, les taux de fé condité ainsi que les taux de mortalité néo-natale et infantile seront généralement plus élevés pour les zones urbaines (et par conséquent plus faibles pour les zones rurales) si les faits sont exploités sur la base du lieu de l'événement et non du lieu de résidence habituelle. Le phénomène sera le même dans le cas de la mortalité générale si un bon nombre de personnes résidant dans des zones rurales font appel aux services de santé des villes lorsqu'elles sont gravement malades.

4.1.4.2 Selon la date de l'événement ou la date de l'enregistrement

Autant que possible, les statistiques de l'état civil figurant dans l'Annuaire démographique se rapportent aux faits survenus pendant l'année considérée et non aux faits enregistrés au cours de ladite année. Bon nombre de pays ou zones, toutefois, exploitent leurs statistiques de l'état civil selon la date de l'enregistrement et non selon la date de l'événement. Comme ces statistiques risquent d'induire gravement en erreur, les pays ou zones dont on sait qu'ils établissent leurs statistiques d'après la date de l'enregistrement sont identifiés dans les tableaux par un signe (+). On ne dispose toutefois pas pour tous les pays ou zones de renseignements complets sur la méthode d'exploitation des statistiques de l'état civil et les données sont peut-être exploitées selon la date de l'enregistrement plus souvent que ne le laisserait supposer l'emploi des signes.

Etant donné que la qualité des données est inextricablement liée aux retards dans l'enregistrement, il faudra toujours considérer en même temps le code de qualité qui est décrit à la section 4.2.1 ci-après. Evidemment, si l'enregistrement des naissances est complet et effectué en temps voulu (code C), les effets perturbateurs de cette méthode seront pratiquement annulés. De même, en ce qui concerne les statistiques des décès, les effets de cette méthode pourront bien souvent être réduits au minimum dans les pays ou zones où le code sanitaire subordonne la délivrance du permis d'inhumer à l'enregistrement du décès, ce qui tend à hâter l'enregistrement. Quant aux morts foetales, elles sont généralement déclarées immédiatement ou ne sont pas déclarées du tout. En conséquence, si l'enregistrement se fait dans un délai très court, la différence entre les statistiques établies selon la date de l'événement et celles qui sont établies selon la date de l'enregistrement peut être négligeable. Dans bien des cas, la durée des délais légaux accordés pour l'enregistrement des faits d'état civil est un facteur dont dépend dans une large mesure l'incidence sur la comparabilité de l'exploitation des données selon la date de l'enregistrement.

With respect to marriage and divorce, the practice of tabulating data by date of registration does not generally pose serious problems. In many countries or areas marriage is a civil legal contract which, to establish its legality, must be celebrated before a civil officer. It follows that for these countries or areas registration would tend to be almost automatic at the time of, or immediately following, the marriage ceremony. Because the registration of a divorce in many countries or areas is the responsibility solely of the court or the authority which granted it, and since the registration record in such cases is part of the records of the court proceedings, it follows that divorces are likely to be registered soon after the decree is granted.

On the other hand, if registration is not prompt vital statistics by date of registration will not produce internationally comparable data. Under the best circumstances, statistics by date of registration will include primarily events which occurred in the immediately preceding year; in countries or areas with less well-developed systems, tabulations will include some events which occurred many years in the past.
Examination of available evidence reveals that delays of up to many years are not uncommon for birth registration, though the majority are recorded between two to four years after birth.

As long as registration is not prompt, statistics by date of registration will not be internationally comparable either among themselves or with statistics by date of occurrence.

It should also be mentioned that lack of international comparability is not the only limitation introduced by date-of-registration tabulation. Even within the same country or area, comparability over time may be lost by the practice of counting registrations rather than occurrences. If the number of events registered from year to year fluctuates because of ad hoc incentives to stimulate registration, or to the sudden need, for example, for proof of (unregistered) birth or death to meet certain requirements, vital statistics tabulated by date of registration are not useful in measuring and analysing demographic levels and trends. All they can give is an indication of the fluctuations in the need for a birth, death or marriage certificate and the work-load of the registrars. Therefore statistics tabulated by date of registration may be of very limited use for either national or international studies.

4.2 Methods used to indicate quality of published vital statistics.

The quality of vital statistics can be assessed in terms of a number of factors. Most fundamental is the completeness of the civil registration system on which the statistics are based. In some cases, the incompleteness of the data obtained from civil registration systems is revealed when these events are used to compute rates. However, this technique applies only where the data are markedly deficient, where they are tabulated by date or occurrence and where the population base is correctly estimated. Tabulation by date of registration will often produce rates which appear correct, simply because the numerator is artificially inflated by the inclusion of delayed registrations and, conversely, rates may be of credible magnitude because the population at risk has been underestimated. Moreover, it should be remembered that

En ce qui concerne le mariage et le divorce, la pratique consistant à exploiter les statistiques selon la date de l'enregistrement ne pose généralement pas de graves problèmes. Le mariage étant, dans de nombreux pays ou zones, un contrat juridique civil qui, pour être légal, doit être conclu devant un officier de l'état civil, il s'ensuit que dans ces pays ou zones l'enregistrement se fait à peu près automatiquement au moment de la cérémonie ou immédiatement après. Comme dans de nombreux pays ou zones le tribunal ou l'autorité qui a prononcé le divorce est seul habilité à enregistrer cet acte, et comme l'acte d'enregistrement figure alors sur les registres du tribunal l'enregistrement suit généralement de peu le jugement.

En revanche, si l'enregistrement n'a lieu qu'avec un certain retard, les statistiques de l'état civil établies selon la date de l'enregistrement ne sont pas comparables sur le plan international. Au mieux, les statistiques par date d'enregistrement prendront surtout en considération des faits survenus au cours de l'année précédente; dans les pays ou zones où le système d'enregistrement n'est pas très développé, il y entrera des faits datant de plusieurs années. Il ressort des documents dont on dispose que des retards de plusieurs années dans l'enregistrement des naissances ne sont pas rares, encore que, dans la majorité des cas, les retards ne dépassent pas deux à quatre ans.

Tant que l'enregistrement se fera avec retard, les statistiques fondées sur la date d'enregistrement ne ser ont comparables sur le plan international ni entre elles ni avec les statistiques établies selon la date de fait d'état civil.

Il convient également de noter que l'exploitation des données selon la date de l'enregistrement ne nuit pas seulement à la comparabilité international le des statistiques. Même à l'intérieur d'un pays ou d'une zone, le procédé qui consiste à compter les enregistrements et non les faits peut compromettre la comparabilité des chiffres sur une longue période. Si le nombre des faits d'état civil enregistrés varie d'une année à l'autre (par suite de l'application de mesures destinées spécialement à encourager l'enregistrement ou par suite du fait que, tout d'un coup, il est devenu nécessaire, par exemple, de produire le certificat d'une naissance ou décès non enregistré pour l'accomplissement de certaines formalités), les statistiques de l'état civil établies d'après la date de l'enregistrement ne permettent pas de quantifier ni d'analyser l'état et l'évolution de la population. Tout au plus peuvent-elles montrer les fluctuations qui se sont produites dans les conditions d'exigibilité du certificat de naissance, de décès ou de mariage et dans le volume de travail des bureaux d'état civil. Les statistiques établies selon la date de l'enregistrement peuvent donc ne présenter qu'une utilité très réduite pour des études nationales ou internationales.

4.2 Méthodes utilisées pour indiquer la qualité des statistiques de l'état civil qui sont publiés

La qualité des statistiques de l'état civil peut être évaluée sur la base de plusieurs facteurs. Le facteur essentiel est la complétude du système d'enregistrement des faits d'état civil d'après lequel les statistiques sont établies. Dans certains cas, on constate que les données tirées de l'enregistrement ne sont pas complètes lorsqu'on les utilise pour le calcul des taux. Toutefois, cette observation est valable uniquement lorsque les statistiques présentent des lacunes évidentes, qu'elles sont exploitées d'après la date de l'événement et que l'estimation du chiffre de population pris pour base est exacte. L'exploitation des données d'après la date de l'enregistrement donne souvent des taux qui paraissent exacts, tout simplement parce que le numérateur est artificiellement gonflé par suite de l'inclusion d'un grand nombre d'enregistrements tardifs; inversement, il arrive que des taux paraissent vraisemblables parce que l'on a sous-évalué la population exposée au risque. Il ne faut pas oublier, en outre, que les renseignements dont on dispose sur les taux de fécondité, de mortalité et

knowledge of what is credible in regard to levels of fertility, mortality and nuptiality is extremely scanty for many parts of the world, and borderline cases, which are the most difficult to appraise, are frequent.

4.2.1 Quality code for vital statistics from registers.

On the Demographic Yearbook annual "Questionnaire on vital statistics" national statistical offices are asked to provide their own estimates of the completeness of the births, deaths, late foetal deaths, marriages and divorces recorded in their civil registers.

On the basis of information from the questionnaires, from direct correspondence and from relevant official publications, it has been possible to classify current national statistics from civil registers of birth, death, infant death, late foetal death, marriage and divorce into three broad quality categories, as follows:

C: Data estimated to be virtually complete, that is, representing at least 90 per cent of the events occurring each year.

U: Data estimated to be incomplete, that is representing less than 90 per cent of the events occurring each year.

...: Data for which no specific information is available regarding completeness.

These quality codes appear in the first column of the tables which show total frequencies and crude rates (or ratios) over a period of years for live births (table 9), late foetal deaths (table 12), infant deaths (table 15), deaths (table 18), marriages (table 23), and divorces (table 25).

The classification of countries or areas in terms of these quality codes may not be uniform. Nevertheless, it was felt that national statistical offices were in the best position to judge the quality of their data. It was considered that even the very broad categories that could be established on the basis of the information at hand would provide useful indicators of the quality of the vital statistics presented in this Yearbook.

In the past, the bases of the national estimates of completeness were usually not available. In connection with the Demographic Yearbook 1977, countries were asked, for the first time, to provide some indication of the basis of their completeness estimates. They were requested to indicate whether the completeness estimates reported for registered live births, deaths, and infant deaths were prepared on the basis of demographic analysis, dual record checks or some other specified method. Relatively few countries or areas have so far responded to this new question; therefore, no attempt has been made to revise the system of quality codes used in connection with the vital statistics data presented in the Yearbook. It is hoped that, in the future, more countries will be able to provide this information so that the system of quality codes used in connection with the vital statistics data presented in the Yearbook may be revised.

4.2.1 Codage qualitatif des statistiques tirées des registress de l'état civil

Dans le "Questionnaire relatif au mouvement de la population" de l'Annuaire démographique qui leur est présenté chaque année, les services nationaux de statistique sont priés de donner leur propre évaluation du degré de complétude des données sur les naissances, les décès, les décès d'enfants de moins d'un an, les morts foetales tardives, les mariages et les divorces figurant dans leurs registres d'état civil.

D'après les renseignements directement fournis par les gouvernements ou tirés des questionnaires ou de publications officielles pertinentes, il a été possible de classer les statistiques courantes de l'enregistrement des faits d'état civil (naissances, décès, décès d'enfants de moins d'un an, morts foetales tardives, mariages et divorces) en trois grandes catégories, selon leur qualité :

C : Données jugées pratiquement complètes, c''est-à-dire représentant au moins 90 p. 100 des faits d'état civil survenant chaque année.

U : Données jugées imcomplètes, c'est-à-dire représentant moins de 90 p. 100 des faits survenant chaque année.

... : Données dont le degré de complétude ne fait pas l'objet de renseignements précis.

Ces codes de qualité figurent dans la première colonne des tableaux qui présentent, pour un nombre d'années déterminé les chiffres absolus et les taux (ou rapports) bruts concernant les décès naissances vivantes (tableau 9), les morts foetales tardives (tableau 12), décès d'enfants de moins d' un an (tableau 15), les décès (tableau 18), les mariages (tableau 23) et les divorces (tableau 25).

La classification des pays ou zones selon ces codes de qualité peut ne pas être uniforme. On a estimé néanmoins que les services nationaux de statistique étaient les mieux placés pour juger de la qualité de leurs données. On a pensé que les catégories que l'on pouvait distinguer sur la base des renseignements disponibles, bien que très larges, donneraient cependant une indication utile de la qualité des statistiques de l'état civil publiées dans l'Annuaire.

Dans le passé, les bases sur lesquelles les pays évaluaient l'exhaustivité de leurs données n'étaient généralement pas connues. Pour l'Annuaire démographique 1977, les pays ont été priés, pour la première fois, de donner des indications à ce sujet. On leur a demandé d'indiquer si leurs estimations du degré d'exhaustivité des données d'enregistrement des naissances vivantes, des décès et de la mortalité infantile reposaient sur une analyse démographique, un double contrôle des registres ou d'autres méthodes qu'ils devaient spécifier. Relativement peu de pays ou zones ont jusqu'à présent répondu à cette nouvelle question; on n'a donc pas cherché à réviser le système de codage qualitatif utilisé pour les statistiques de l'état civil présentées dans l'Annuaire. Il faut espérer qu'à l'avenir davantage de pays pourront fournir ces renseignements afin que le système de codage qualitatif employé pour les statistiques de l'état civil présentées dans l'Annuaire puisse être révisé.

Among the countries or areas indicating that the registration of live births was estimated to be 90 per cent or more complete (and hence classified as C in table 9), the following countries or areas provided information on the basis of this completeness estimate:

(a) Demographic analysis -- Argentina, Australia, Canada, Chile, Cuba, Egypt, French Guiana, Guadeloupe, Guernsey, Iceland, Ireland, Island of Mauritius, Israel, Kuwait, Latvia, Puerto Rico, Rodrigues, Romania, San Marino, Singapore, Switzerland and United States.

(b) Dual record check -- Bahamas, Barbados, Bulgaria, Cook Islands, Cuba, Cyprus, Denmark, Fiji, Finland, France, French Guiana, Greece, Guam, Guadeloupe, Guernsey, Iceland, Isle of Man, Japan, Maldives, New Zealand, Peninsular Malaysia, Northern Marianas, Romania, Saint Kitts and Nevis, Saint Lucia, Singapore, Sri Lanka, Sweden, Switzerland, Tokelau, Uruguay and Venezuela.

(c) Other specified methods -- Belgium, Bermuda, Cayman Islands, Germany, Greenland, Hong Kong SAR, Iceland, Japan, Luxembourg, Netherlands, Norway, Poland, Singapore and Slovenia.

Among the countries or areas indicating that the registration of deaths was estimated to be 90 per cent or more complete (and hence classified as C in table 18), the following countries provided information on the basis of this estimate:

(a) Demographic analysis -- Argentina, Australia, Canada, Chile, Cuba, Egypt, French Guiana, Guadeloupe, Guernsey, Iceland, Ireland, Island of Mauritius, Israel, Kuwait, Latvia, Puerto Rico, Rodrigues, Romania, San Marino, Singapore, Switzerland and United States.

(b) Dual record check -- Bahamas, Bulgaria, Cook Islands, Cuba, Denmark, Fiji, Finland, France, Greece, Greenland, Guam, Guernsey, Iceland, Isle of Man, Maldives, New Zealand, Northern Marianas, Romania, Saint Kitts and Nevis, Saint Lucia, Singapore, Sri Lanka, Sweden, Switzerland, Tokelau and Uruguay.

(c) Other specified methods -- Belgium, Bermuda, Cayman Islands, Germany, Hong Kong SAR, Iceland, Ireland, Japan, Luxembourg, Netherlands, Norway, Poland, Singapore and Slovenia.

Among the countries or areas indicating that the registration of infant deaths was estimated to be 90 per cent or more complete (and hence classified as C in table 15), the following countries or areas provided information on the basis of this estimate:

(a) Demographic analysis -- Argentina, Australia, Canada, Chile, Cuba, Egypt, Iceland, Ireland, Island of Mauritius, Israel, Kuwait, Latvia, Puerto Rico, Rodrigues, Romania, San Marino, Singapore, Sri Lanka, Switzerland and United States.

(b) Dual record check -- Bahamas, Bulgaria, Cook Islands, Cuba, Denmark, Fiji, Finland, France, Greece, Greenland, Guam, Guernsey, Iceland, Isle of Man, Japan, Maldives, New Zealand, Northern Marianas, Romania, Saint Kitts and Nevis, Saint Lucia, Singapore, Sweden, Switzerland, Tokelau and Uruguay.

Sur les pays ou zones qui ont estimé à 90 p. 100 ou plus le degré d'exhaustivité de leur enregistrement des naissances vivantes (classé C dans le tableau 9), les pays ou zones suivants ont fourni les indications ci-après touchant les bases sur lesquelles leur estimation reposait :

(a) Analyse démographique Argentine, Australie, Canada, Chili, Cuba, Egypte, Etats-Unis, Guadeloupe, Guernesey, Guyane française, Ile Maurice, Irlande, Islande, Israël, Koweît, Lettonie, Porto Rico, Rodrigues, Roumanie, Saint-Marin, Singapour, et Suisse.

(b) Double contrôle des registres, Bahamas, Barbade, Bulgarie, Chypre, Cuba, Danemark, Fidji, Finlande, France, Guadeloupe, Guernesey, Guyane française, Guam, Ile de Man, Iles Cook, Iles Mariannes du Nord, Islande, Malaisie péninsulaire, Maldives, Nouvelle-Zélande, Saint-Kitts-et-Nevis, Sainte-Lucie, Romanie, Singapour, Sri Lanka, Suède, Suisse , Tokélaou, Uruguay et Venezuela.

(c) Autre méthode spécifiée , Allemagne, Belgique, Bermudes, Groenland, Hong-kong RAS, Iles Caîmanes, Islande, Japon, Luxembourg, Norvège, Pays-Bas, Pologne, Singapour et Slovénie.

Sur les pays ou zones qui ont estimé à 90 p. 100 ou plus le degré d'exhaustivité de leur enregistrement des décés (classé C dans le tableau 18), les pays ou zones suivants donné des indications touchant la base de cette estimation:

(a) Analyse démographique - Argentine, Australie, Canada, Chili, Cuba, Egypte, Etats-Unis, Guadeloupe, Guernesey, Guyane française, Ile Maurice, Islande, Israël, Koweît, Lettonie, Porto Rico, Rodrigues, Roumanie, Saint-Marin, Singapour, et Suisse.

(b) Double contrôle des registres -- Bahamas, Bulgarie, Cuba, Danemark, Fidji, Finlande, France, Grèce, Groenland, Guadeloupe, Guam, Guernesey, Guyane française, Ile de Man, Iles Mariannes du Nord, Islande, Maldives, Nouvelle Zélande, Saint-Kitts-et-Nevis, Saint-Lucie, Roumanie, Singapour, Sri Lanka, Suède, Suisse, Tokélaou et Uruguay.

(c)Autre méthode spécifiée -- Allemagne, Belgique, Bermudes, Hong Kong RAS, Iles Caîmanes, Islande, Japon, Luxembourg, Norvège, Pays-Bas, Pologne, Singapour et Slovénie.

Sur les pays ou zones qui ont estimé à 90 p. 100 ou plus le degré d'exhaustivité de leur enregistrement des décès à moins d'un an classé C dans le tableau 15), les pays ou zones suivant ont donné des indications touchant la base de cette estimation :

(a) Analyse démographique -- Argentine, Australie, Canada, Chili, Cuba, Egypte, Etats-Unis, Ile Maurice, Irlande, Islande, Israël, Koweît, Lettonie, Porto Rico, Rodrigues, Roumanie, Saint-Marin, Singapour, Sri Lanka et Suisse.

(b) Double contrôle des registres -- Bahamas, Bulgarie, Cuba, Danemark, Fidji, Finlande, France, Grèce, Gröenlandie, Guam, Guernesey, Ile de Man, Iles Cook, Iles Mariannes du Nord, Islande, Japon, Maldives, Nouvelle-Zélande, Roumanie, Saint-Kitts-et-Nevis, Saint-Lucie, Singapour, Suède, Suisse, Tokélaou, et Uruguay.

(c) Other specified methods -- Belgium, Bermuda, Cayman Islands, Germany, Hong Kong SAR, Iceland, Japan, Luxembourg, Netherlands, Norway, Poland, Singapore and Slovenia.

(c)Autre méthode spécifiée -- Allemagne, Belgique, Bermudes, Hong-kong RAS, Iles Caïmanes, Islande, Japon, Luxembourg, Norvège, Pays-Bas, Pologne, Singapour et Slovénie.

4.2.2 Treatment of vital statistics from registers

On the basis of the quality code described above, the vital statistics shown in all tables of the Yearbook are treated as either reliable or unreliable. Data coded C are considered reliable and appear in roman type. Data coded U or ... are considered unreliable and appear in italics. Although the quality code itself appears only in certain tables, the indication of reliability (that is, the use of italics to indicate unreliable data) is shown on all tables presenting vital statistics data.

In general, the quality code for deaths shown in table 18 is used to determine whether data on deaths in other tables appear in roman or italic type. However, some data on deaths by cause are shown in italics in tables 17 and 21 when it is known that the quality, in terms of completeness, differs greatly from the completeness of the registration of the total number of deaths.

In cases when the quality code in table 18 does not correspond with the type face used in tables 17 and 21 relevant information regarding the completeness of cause-of-death statistics is given in a footnote.

The same indication of reliability used in connection with tables showing the frequencies of vital events is also used in connection with tables showing the corresponding vital rates. For example, death rates computed using deaths from a register which is incomplete or of unknown completeness are considered unreliable and appear in italics. Strictly speaking, to evaluate vital rates more precisely, one would have to take into account the accuracy of population data used in the denominator of these rates. The quality of population data is discussed in section 3.2 of the Technical Notes.

It should be noted that the indications of reliability used for infant mortality rates, maternal mortality rates and late foetal death ratios (all of which are calculated using the number of live births in the denominator) are determined on the basis of the quality codes for infant deaths, deaths and late foetal deaths respectively. To evaluate these rates and ratios more precisely, one would have to take into account the quality of the live-birth data used in the denominator of these rates and ratios. The quality codes for live births are shown in table 9 and described more fully in the text of the Technical Notes for that table.

4.2.3 Treatment of time series of vital statistics from registers

The quality of a time series of vital statistics is more difficult to determine than the quality of data for a single year. Since a time series of vital statistics is usually generated only by a system of continuous civil registration, it was decided to assume that the quality of the entire series was the same as that for the latest year's data obtained from the civil register. The entire series is treated as described in section 4.2.2 above. That is, if the quality code for the latest registered data is C, the frequencies and rates for earlier years are also considered reliable and

4.2.2 Traitement des statistiques tirées des registres d'état civil

Dans tous les tableaux de l'Annuaire, on a indiqué le degré de fiabilité des statistiques de l'état civil en se fondant sur le codage qualitatif décrit ci-dessus. Les statistiques codées C, jugées sûres, sont imprimées en caractères romains. Celles qui sont codées U ou ..., jugées douteuses, sont reproduites en italique. Bien que le codage qualitatif proprement dit n' 'apparaisse que dans certains tableaux, l'indication du degré de fiabilité (c'est-à-dire l'emploi des italiques pour désigner les données douteuses) se retrouve dans tous les tableaux présentant des statistiques de l'état civil.

En général, le code de qualité pour les décès indiqué au tableau 18 sert à déterminer si, dans les autres tableaux, les données relatives aux décès apparaissent en caractères romains ou en italique. Toutefois, certaines données sur les décès selon la cause figurent en italique dans les tableaux 17 et 21 lorsqu'on sait que leur degré d'exhaustivité diffère grandement de celui du nombre total des décès.

Dans les cas où le code de qualité du tableau 18 ne correspond pas aux caractères utilisés dans les tableaux 17 et 21, les renseignements concernant l'exhaustivité des statistiques des décès selon la cause sont indiqués en note à la fin du tableau.

On a utilisé la même indication de fiabilité dans les tableaux des taux démographiques et dans ceux des fréquences correspondantes. Par exemple, les taux de mortalité calculés d'après les décès figurant sur un registre incomplet ou d'exhaustivité indéterminée sont jugés douteux et apparaissent en italique. Au sens strict, pour évaluer de façon plus précise les taux démographiques, il faudrait tenir compte de la précision des données sur la population figurant au dénominateur dans les taux. La qualité des données sur la population est étudiée à la section 3.2 des Notes techniques.

Il convient de noter que, pour les taux de mortalité infantile, les taux de mortalité liée à la maternité et les rapports de morts foetales tardives (calculées en utilisant au dénominateur le nombre de naissances vivantes), les indications relatives à la fiabilité sont déterminées sur la base des codes de qualité utilisés pour les décès d'enfants de moins d'un an, les décès totaux et les morts foetales tardives, respectivement. Pour évaluer ces taux et rapports de façon plus précise, il faudrait tenir compte de la qualité des données relatives aux naissances vivantes, utilisées au dénominateur dans leur calcul. Les codes de qualité pour les naissances vivantes figurent au tableau 9 et sont décrits plus en détail dans les Notes techniques se rapportant à ce tableau.

4.2.3 Traitement des séries chronologiques de statistiques tirées des registres d'état civil

Il est plus difficile de déterminer la qualité des séries chronologiques de statistiques de l'état civil que celle des données pour une seule année. Etant donné qu'une série chronologique de statistiques de l'état civil ne peut généralement avoir pour source qu'un système permanent d'enregistrement des faits d'état civil, on a arbitrairement supposé que le degré d'exactitude de la série tout entière était le même que celui de la dernière tranche annuelle de données tirées du registre d'état civil. La série toutentière est traitée de la manière décrite à la section 4.2.2 ci-dessus : lorsque le code de qualité relatif aux données d'enregistrement les plus récentes est C, les fréquences et les taux relatifs aux années antérieures

appear in roman type. Conversely, if the latest registered data are coded as U or ... then data for earlier years are considered unreliable and appear in italics. It is recognized that this method is not entirely satisfactory because it is known that data from earlier years in many of the series were considerably less reliable than the current code implies.

4.2.4 Treatment of estimated vital statistics

In addition to data from vital registration systems, estimated frequencies and rates also appear in the Demographic Yearbook. Estimated rates include both official estimates and those prepared by the Population Division of the United Nations Secretariat. These rates are usually ad hoc estimates which have been derived either from the results of a sample survey or by demographic analysis. Estimated frequencies and rates have been included in the tables because it is assumed that they provide information which is more accurate than that from existing civil registration systems. By implication, therefore, they are also assumed to be reliable and as such they are not set in italics. Estimated frequencies and rates continue to be treated in this manner even when they are interspersed in a time series with data from civil registers.

In tables showing the quality code, the code applies only to data from civil registers. If a series of data for a country or area contains both data from a civil register and estimated data, then the code applies only to the registered data. If only estimated data are shown, then the symbol (..) is shown.

4.3 Cause of death

Statistics on deaths classified according to underlying cause of death are shown in several tables of the Demographic Yearbook. In order to promote international comparability of cause of death statistics, the World Health Organization organizes and conducts an international Conference for the revision of the International Classification of Diseases (ICD) on a regular basis in order to insure that the Classification is kept current with the most recent clinical and statistical concepts. Although revisions provide an up-to-date version of the ICD, such revisions create several problems related to the comparability of cause of death statistics. The first is the lack of comparability over time that inevitably accompanies the use of a new classification. The second problem affects comparability between countries or areas because countries may adopt the new classification at different times. The more refined the classification becomes, the greater is the need for expert clinical diagnosis of cause of death. In many countries or areas few of the deaths occur in the presence of an attendant who is medically trained, i.e. most deaths are certified by a lay attendant. Because the ICD contains many diagnoses that cannot be identified by a non-medical person, the ICD does not always promote international comparability particularly between countries or areas where the level of medical services differs widely.

To provide readers some guidance in the use of statistics on cause of death, the following section gives a brief history of the International Classification of Diseases (ICD), compares classification of the (tenth) revision with that of the 1975 (ninth) revision, compares the tabulation lists used in the Demographic Yearbook from the ninth and tenth revisions and finally presents some of the

sont eux aussi considérés comme sûrs et figurent en caractères romains. Inversement, si les données d'enregistrement les plus récentes sont codées U ou ..., les données des années antérieures sont jugées douteuses et figurent en italique. Cette méthode n'est certes pas entièrement statisfaisante, car les données des premières années de la série sont souvent beaucoup moins sûres que le code actuel ne l'indique.

4.2.4 Traitement des estimations fondées sur les statistiques de l'état civil

En plus des données provenant des systèmes d'enregistrement des faits d'état civil, l'Annuaire démographique contient aussi des estimations fréquences et taux. Les taux estimés sont soit officiels, soit calculés par la Division de la population du Secrétariat de l'ONU. Ils sont en général calculés spécialement à partir des résultats d'un sondage ou par analyse démographique. Si des estimations fréquences et taux figurent dans les tableaux, c'est parce que l'on considère qu'elles fournissent des renseignements plus exacts que les systèmes existants d'enregistrement des faits d'état civil. En conséquence, elles sont également jugées sûres et ne sont donc pas indiquées en italique, et cela même si elles sont entrecoupées, dans une série chronologique de données tirées des registres d'état civil.

Dans les tableaux qui indiquent le code de qualité,ce code ne s'applique qu'aux données tirées des registres d'état civil. Si une série pour un pays ou une zone renferme à la fois des données tirées d'un registre d'état civil et des données estimatives, le code ne s'applique qu'aux données d'enregistrement. Si seules des données estimatives apparaissent, le symbole '..' est utilisé.

4.3 Causes de décès

Plusieurs tableaux de l'Annuaire démographique présentent les décès classés par cause. Pour assurer la comparabilité internationale des statistiques des causes de décès, l'Organisation mondiale de la santé organise régulièrement des conférences internationales de révision de la Classification internationale des maladies (CIM) et veille ainsi à l'aligner, au fur et à mesure, sur les progrès les plus récents de la médecine clinique et de la statistique. Bien que ces révisions aboutissent à l'élaboration d'une version actualisée de la CIM, elle pose plusieurs problèmes de comparabilité des statistiques des causes de décès. Le premier de ces problèmes tient au manque de comparabilité dans le temps, qui accompagne inévitablement la mise en oeuvre d'une classification nouvelle. Le deuxième est celui de la comparabilité entre pays ou zones, car les différents pays peuvent adopter la classification nouvelle à des époques différentes. Plus la classification se précise, plus il faut s'appuyer sur un diagnostic clinique compétent des causes de décès. Dans beaucoup de pays ou zones, il est rare que les décès se produisent en présence d'un témoin possédant une formation médicale, c'est-à-dire que le certificat de décès est le plus souvent établi par un témoin non qualifié médicalement. Comme la CIM offre de nombreux diagnostics qu'il est impossible d'établir si l'a n'a pas de formation en médecine, elle ne favorise pas toujours la comparabilité internationale, notamment entre pays ou zones où la qualité des services médicaux est très différente.

Pour donner au lecteur une certaine idée de l'utilisation des statistiques établies selon la cause de décès, les paragraphes qui suivent donnent un aperçu de la Classification internationale des maladies (CIM), comparent la Classification de (10e révision) avec celle de 1975 (9e révision), comparent les tableaux présentés dans l'Annuaire démographique entre la neuvième révision et la dixième, et exposent enfin un certain nombre de recommandations concernant la mortalité liée à la

recommendations on maternal mortality, perinatal mortality and lay reporting of cause of death.

The history of the International Classification of Diseases may be traced to classifications proposed by William Farr and Marc d'Espine. In 1855, a classification of 138 rubrics proposed by these two authors was adopted by the first International Statistical Congress. According to the main principle for developing this classification, diseases were grouped by anatomical site. Subsequently, Jacques Bertillon revised this classification taking into account the classifications used in England, Germany and Switzerland. The International Statistical Institute (the successor to the International Statistical Congress) adopted it in 1893 and strongly encouraged its use by member countries in order to promote international comparability in cause of death statistics. Under the direction of the French government, the first international Conference for the Revision of the Bertillon, or International, Classification of Causes of Death was held in Paris in 1900.

From then on a revision Conference was held during each decade in order to update this Bertillon classification.

This early work established that the axis of the International Classification of Diseases (ICD), as it has become known, refers to a etiology rather than manifestation. The major goals of the decennial revision of the ICD are to promote international comparability in cause of death statistics while maintaining a classification which uses current levels of medical knowledge as the criteria for including specific detailed codes or rubrics.

Following several revisions, the Sixth Decennial Revision Conference held in 1948 under the auspices of the World Health Organization, which had earlier been given responsibility for the revision of the classification, marked a milestone in international co-operation in vital and health statistics by defining the concept of underlying cause of death, by expanding the content of the classification to include both mortality and morbidity, and by initiating a programme of international co-operation in vital and health statistics. Although subsequent revisions have changed the ICD in a variety of ways, cause of death statistics since the sixth revision are characterized by continuity.

The (tenth) revision is the latest revision of the ICD. In general the changes created in the tenth revision do not create major discrepancies in the cause of death statistics shown in the Demographic Yearbook for several reasons: first, the structure of the classification itself is similar for both the ninth and tenth revision; and secondly, the tabulation list developed from the tenth revision was designed to maximize comparability with the ninth revision.[17]. Each of these are discussed in greater detail below.

maternité, la mortalité périnatale et la déclaration des causes de décès par des personnes non qualifiées.

Le Classification internationale des maladies remonte à celles qui ont été proposées par William Farr et Marc d'Espine. En 1855, ces deux auteurs ont proposé une classification en 138 rubriques, adoptée ensuite par le premier Congrès international de statistique. Cette classification reposait essentiellement sur un regroupement des maladies selon leur site anatomique. Par la suite, Jacques Bertillon l'a modifiée en tenant compte des nomenclatures utilisées en Angleterre, Allemagne et Suisse. L'Institut international de statistique, qui avait succédé au Congrès international de statistique, a adopté la proposition de Bertillon en 1893 et en a vivement encouragé l'usage par les pays membres, afin d'assurer la comparabilité internationale des statistiques des causes de décès. Sous l'égide du Gouvernement français, la première Conférence internationale pour la révision de la Classification internationale des causes de décès, dite Classification Bertillon, s'est tenue à Paris en 1900.

Ensuite, une conférence de révision a eu lieu tous les dix ans afin de mettre à jour la classification Bertillon.

Ces premiers travaux ont fait apparaître que la Classification internationale des maladies (CIM), nom qu'elle portait désormais, s'appuyait sur l'étiologie des maladies plutôt que sur leurs symptômes. Les buts principaux de la révision décennale de la CIM sont de favoriser la comparabilité internationale des statistiques des causes de décès, tout en conservant une classification qui s'appuie sur le niveau contemporain des connaissances médicales comme critère d'inclusion des codes ou de rubriques spécifiques dans la classification.

A la suite de plusieurs révisions, la Sixième conférence décennale de révision, qui s'est tenue en 1948 sous les auspices de l'Organisation mondiale de la santé récemment chargée de réviser la classification --, a marqué une étape historique dans la coopération internationale pour l'établissement des statistiques de l'état civil et de la santé, en définissant le concept de cause initiale du décès, en élargissant la classification à la morbidité, et en inaugurant un programme de coopération internationale dans le domaine des statistiques de l'état civil et de la santé. Bien que les révisions ultérieures aient modifié la CIM à bien des égards, les statistiques des causes de décès sont caractérisées, depuis la sixième révision, par leur continuité.

La deuxième révision, est la dernière qu'ait connue la CIM. En général, les modifications qui y ont été introduites n'influencent pas profondément les statistiques des causes de décès qui figurent dans l'Annuaire démographique, et cela pour plusieurs raisons. En premier lieu, le cadre de la Classification est le même selon la neuvième et la diuxième révision; en second lieu, la présentation statistique résultant de la deuxième révision a été conçue de façon à assurer une comparabilité maximale avec de la neuvième révision[17]. Chacun de ces points est analysé ci-après.

Comparison of the Abbreviated Mortality List from the Ninth and Tenth Revisions of the International Classification of Diseases Used to Code Cause of Death

Ninth Revision (Adapted Mortality List) [18]
All Causes (001-E999)

Tenth Revision (Adapted Mortality List) [19]
All Causes

AM-1 Cholera (001)
AM-2 Typhoid fever (002.0)
AM-3 Other intestinal infectious diseases
(reminder 001-009)
AM-4 Tuberculosis (010-018)
AM-5 Whooping cough (033)
AM-6 Meningococcal infection (036)
AM-7 Tetanus (037)
AM-8 Septicemia (038)
AM-9 Smallpox (050)
AM10 Measles (055)
AM11 Malaria (084)
AM12 All other infectious and parasitic diseases
(reminder of 001-139)
AM13 Malignant neoplasm of stomach (151)
AM14 Malignant neoplasm of colon (153)
AM15 Malignant neoplasm of rectum, rectosigmoid junction
and anus (154)
AM16 Malignant neoplasm of trachea, bronchus and lung (162)
AM17 Malignant neoplasm of female breast (174)
AM18 Malignant neoplasm of cervix uteri (180)
AM19 Leukemia (204-208)
AM20 All other malignant neoplasms
(reminder of 140-208)
AM21 Diabetes mellitus (250)
AM22 Nutritional marasmus (261)
AM23 Other protein-calorie malnutrition (262, 263)
AM24 Anaemias (280-285)
AM25 Meningitis (320-322)
AM26 Acute rheumatic fever (390-392)
AM27 Chronic rheumatic heart disease (393-398)
AM28 Hypertensive disease (401-405)
AM29 Acute myocardial infarction (410)
AM30 Other ischaemic heart diseases (411-414)
AM31 Cerebrovascular disease (430-438)
AM32 Atherosclerosis (440)
AM33 Other diseases of circulatory system
(reminder of 390-459)
AM34 Pneumonia (480-486)
AM35 Influenza (487)
AM36 Bronchitis, emphysema and asthma (490-493)
AM37 Ulcer of stomach and duodenum (531-533)
AM38 Appendicitis (540-543)
AM39 Chronic liver disease and cirrhosis (571)
AM40 Nephritis, nephrotic syndrome and nephrosis
(580-589)
AM41 Hyperplasia of prostate (600)
AM42 Abortion (630-639)
AM43 Direct obstetric causes (640-646, 651-676)
AM44 Indirect obstetric causes (647, 648)
AM45 Congenital anomalies (740-759)
AM46 Birth trauma (767)
AM47 Other conditions originating in the perinatal period
(760-766, 768-779)
AM48 Signs, symptoms and ill-defined conditions (780-799)
AM49 All other diseases (reminder of 001-799)
AM50 Motor vehicle traffic accidents (E810-E819)
AM51 Accidental falls (E880-E888)
AM52 All other accidents, and adverse effects
(reminder of E800-E949)
AM53 Suicide and self-inflicted injury (E950-E959)
AM54 Homicide and injury purposely inflicted by other persons
(E960-E969)
AM55 Other violence (E970-E999)

AM-1 Cholera (A00)
AM-2 Typhoid and paratyphoid fevers (A01)
AM-3 Untabulated intestinal infectious diseases
(A02-A09; A32)
AM-4 Tuberculosis (A15-A19)
AM-5 Whooping cough (A37)
AM-6 Meningococcal infection (A39)
AM-7 Tetanus (A33-A35)
AM-8 Scarlet fever, streptococcal and other septicaemia and
erysipelas (A38; A40-A41; A46)
AM-9 Human immunodeficiency virus (HIV) disease (B20-B24)
AM10 Measles (B05)
AM11 Malaria (B50-B54)
AM12 Untabulated infectious and parasitic diseases[1]
AM13 Malignant neoplasm of stomach (C16)
AM14 Malignant neoplasm of colon (C18)
AM15 Malignant neoplasm of rectosigmoid junction, rectum,
anus and anal canal (C19-C21)
AM16 Malignant neoplasm of trachea, bronchus and lung
(C33-C34)
AM17 Malignant neoplasm of breast (C50)
AM18 Malignant neoplasm of cervix uteri (C53)
AM19 Leukemia (C91-C95)
AM20 Untabulated neoplasms[2]
AM21 Diabetes mellitus (E10-E14)
AM22 Malnutrition (E40-E46)
AM23 Anaemia (D50-D53; D55-D62; D64)
AM24 Inflammatory diseases of the central nervous system
(G00; G03; G04; G06; G08; G09)
AM25 Acute rheumatic fever and chronic rheumatic heart
diseases (I00-I02; I05-I09)
AM26 Hypertensive diseases (I10-I13)
AM27 Acute myocardial infarction (I21-I22)
AM28 Other ischaemic heart disease (I20; I24; I25)
AM29 Cerebrovascular disease (I60-I64; I67; I69)
AM30 Diseases of arteries, arterioles and capillaries (I70-I74;
I77-I78)
AM31 Untabulated diseases of the circulatory system[3]
AM32 Pneumonia (J12-J16; J18)
AM33 Influenza (J10; J11)
AM34 Bronchitis, emphysema, asthma (J40-J46)
AM35 Ulcer disease (K25-K28)
AM36 Chronic liver disease (K70-K76)
AM37 Disorders of kidney and ureter (N00-N07; N10-N15;
N17-N19; N25-N28)
AM38 Hyperplasia of prostate (N40)
AM39 Pregnancy with abortive outcome (O00-O07)
AM40 Direct obstetric causes[4]
AM41 Indirect obstetric causes (O98-O99)
AM42 Congenital malformations[5]
AM43 Conditions originating in the perinatal period[6]
AM44 Symptoms, signs and abnormal findings[7]
AM45 Untabulated diseases and chapters[8]
AM46 Transport accidents (V00-V99; except V90 and V92)
AM47 Accidental falls (W00-W19)
AM48 Untabulated Accidents[9]
AM49 Suicide (X60-X84)
AM50 Homicide (X85-X99; Y00-Y09)
AM51 Untabulated external causes (Y10-Y36;
Y40-Y66; Y69-Y89)

(See notes at the end of Lists)

Comparaison entre les listes abrégées de mortalité de la neuvième et la dixième révision de la classification internationale des maladies, employées pour classer les causes de décès

Liste adaptée de causes de mortalité [18] Neuvième révision
Toutes causes (001-E999)

AM-1 Choléra (001)
AM-2 Fièvre typhoïde (002.0)
AM-3 Autres maladies infectieuses intestinales
(Restant de 001-009)
AM-4 Tuberculose (010-018)
AM-5 Coqueluche (033)
AM-6 Infections à méningocoques (036)
AM-7 Tétanos (037)
AM-8 Septicémie (038)
AM-9 Variole (050)
AM10 Rougeole (055)
AM11 Paludisme (084)
AM12 Autres maladies infectieuses et parasitaires
(Restant de 001-139)
AM13 Tumeur maligne de l' estomac (151)
AM14 Tumeur maligne du gros intestin (153)
AM15 Tumeur maligne du rectum et du canal anal (154)
AM16 Tumeur maligne de la trachée, des bronches et du
poumon (162)
AM17 Tumeur maligne du seine (174)
AM18 Tumeur maligne du col de l'utérus (180)
AM19 Leucémie (204-208)
AM20 Autres tumeurs malignes (Restant de 140-208)
AM21 Diabète sucré (250)
AM22 Marasme nutritionale (261)
AM23 Autres malnutritions protéo-caloriques (262, 263)
AM24 Anémies (280-285)
AM25 Méningites (320-322)
AM26 Rhumatisme articulaire aigu (390-392)
AM27 Cardiopathies rhumatismales chroniques (393-398)
AM28 Maladies hypetensives (401-405)
AM29 Infarctus aigu du myocarde (410)
AM30 Autres myocardiopathies ischémiques (411-414)
AM31 Maladies cérébro-vasculaires (430-438)
AM32 Athérosclérose (440)
AM33 Maladies des autres parties de l'appareil circulatoire
(Restant de 390-459)
AM34 Pneumonie (480-486)
AM35 Grippe (487) (Restant de 390-459)
AM36 Bronchite, emphysème et asthme (490-493)
AM37 Ulcère de l'estomac et du duodénum (531-533)
AM38 Appendicite (540-543)
AM39 Maladies chroniques et cirrhose du foie (571)
AM40 Néphrite, syndrome néphrotique et néphrose
(580-589)
AM41 Hyperplasie de la prostate (600)
AM42 Avortements (630-639)
AM43 Causes obstétricales directes (640-646, 651-676)
AM44 Causes obstétricales indirectes (647-648)
AM45 Anomalies congénitales (740-759)
AM46 Traumatisme obstétrical (767)
AM47 Autres affections dont l'origine se situe dans la période
périnatale (760-766, 768-779)
AM48 Symtômes, signes et états morbides mal définis
(780-799)
AM49 Autres maladies (Restant de 001-799)
AM50 Accident de véhicule à moteur sur la voie publique
(E810-E819)
AM51 Chute accidentelle (E880-E888)
AM52 Autres accidents et effets adverses
(Restant de E800-E949)
AM53 Suicide (E950-E959)
AM54 Homicide (E960-E969)
AM55 Autres violences (E970-E999)

(Voir notes à la fin des listes)

Liste adaptée de causes de mortalité [19] Dixième révision
Toutes causes

AM-1 Choléra (A00)
AM-2 Fièvre typhoïde et paratyphoïde (A01)
AM-3 Maladies infectieuses intestinales non répertoriée
(A02-A09; A32)
AM-4 Tuberculose (A15-A19)
AM-5 Coqueluche (A37)
AM-6 Infections à méningocoques (A39)
AM-7 Tétanos (A33-A35)
AM-8 Scarlatine, maladies à streptocoques et autres
septicemies et erysipèles (A38; A40-A41; A46)
AM-9 Maladies dues au virus de l' immunodeficience (VIH)
(B20-B24)
AM10 Rougeole (B05)
AM11 Paludisme (B50-B54)
AM12 Maladies infectieuses et parasitaires non répertoriée[1]
AM13 Tumeur maligne de l'estomac (C16)
AM14 Tumeur maligne du gros intestin (C18)
AM15 Tumeur maligne du jonction rectosigmoidienne, rectum,
anus et du canal anal (C19-C21)
AM16 Tumeur maligne de la trachée, des bronches et du
poumon (C33-C34)
AM17 Tumeur maligne du seine (C50)
AM18 Tumeur maligne du col de l'utérus (C53)
AM19 Leucémie (C91-C95)
AM20 Tumeurs malignes non répertoriée[2]
AM21 Diabète sucré (E10-E14)
AM22 Malnutritions (E40-E46)
AM23 Anémies (D50-D53; D55-D62; D64)
AM24 Maladies inflammatoires du sytème nerveux centrale
(G00; G03; G04; G06; G08; G09)
AM25 Rhumatisme articulaire aigu et cardiopathies
rhumatismales chroniques (I00-I02; I05-I09)
AM26 Maladies hypetensives (I10-I13)
AM27 Infarctus aigu du myocarde (I21-I22)
AM28 Autres cardiopathies ischémiques (I20; I24; I25)
AM29 Maladies cérébro-vasculaires (I60-I64; I67; I69)
AM30 Maladies des artères, arterioles et capillaires (I70-I74;
I77-I78)
AM31 Maladies de l'appareil circulatoire non répertoriée [3]
AM32 Pneumonie (J12-J16; J18)
AM33 Grippe (J10; J11)
AM34 Bronchite, emphysème et asthme (J40-J46)
AM35 Ulcère (K25-K28)
AM36 Maladies chroniques du foie (K70-K76)
AM37 Aflfection du rein et de l'uretère(N00-N07; N10-N15;
N17-N19; N25-N28)
AM38 Hyperplasie de la prostate (N40)
AM39 Avortements (O00-O07)
AM40 Causes obstétricales directes[4]
AM41 Cause obstétricales indirectes (098-099)
AM42 Malformations[5]
AM43 Affections périnatales[6]
AM44 Symtômes, signes et résultats anormaux[7]
AM45 Maladies et chapitres non répertoriée[8]
AM46 Accident de transport (V00-V99; sauf V90 et V92)
AM47 Chute accidentelle (W00-W19)
AM48 Accidents non répertoriée[9]
AM49 Suicide (X60-X84)
AM50 Homicide (X85-X99; Y00-Y09)
AM51 Causes externes non répertoriée (Y10-Y36; Y40-Y66;
Y69-Y89)

[1] A20-A28; A30-A31; A36; A42-A44; A48-A60; A63-A71; A74-A75; A77-A96; A98-A99; B00-B04; B06-B09; B15-B19; B25-B27; B30; B33-B49; B55-B60; B64-B83; B85-B92; B94; B99

[2] C00-C15; C17; C22-C26; C30-C32; C37-C41; C43-C49; C51-C52; C54-C58; C60-C85; C88; C90; C96-C97; D00-D48

[3] I26-I28; I30-I31; I33-I38; I40; I42; I44-I51; I80-I89; I95; I99

[4] O10-O16; O20-O26; O28-O36; O40-O48; O60-O75; O85-O92; O95

[5] Q00-Q07; Q10-Q18; Q20-Q28; Q30-Q45; Q50-Q56; Q60-Q87; Q89-Q93; Q95-Q99

[6] P00-P04; P05; P07; P08; P10-P15; P20-P29; P35-P39; P50-P61; P70-P72; P74; P76-P78; P80-P81; P83; P90-P96

[7] R00-R07; R09-R23; R25-R27; R29-R36; R39-R64; R68; R70-R87; R89-R96; R98-R99

[8] D65-D76; D80-D84; D86; D89; E00-E07; E15-E16; E20-E32; E34; E50-E56; E58-E61; E63-E68; E70-E80; E83-E88; F01; F03-F07; F09-F25; F28-F34; F38-F45; F48; F50-F55; F59-F66; F68-F73; F78-F84; F88-F95; F98; F99; G10-G12; G20; G21; G23-G25; G30; G31; G35-G37; G40-G41; G43-G45; G47; G50-G52; G54; G56-G58; G60-G62; G64; G70-G72; G80-G83; G90-G93; G95-G96; G98; H00-H02; H04-H05; H10-H11; H15-H18; H20-H21; H25-H27; H30-H31; H33-H35; H40; H43-H44; H46-H47; H49-H55; H57; H60-H61; H65-H66; H68-H74; H80-H81; H83; H90-H93; J00-J06; J20-J22; J30-J39; J47; J60-J70; J80-J82; J84-J86; J90; J92-J94; J96; J98; K00-K14; K20-K22; K29-K31; K35-K38; K40-K46; K50-K52; K55-K63; K65-K66; K80-K83; K85-K86; K90; K92; L00-L05; L08; L10-L13; L20-L30; L40-L44; L50-L53; L55-L60; L63-L68; L70-L75; L80-L85; L87-L95; L97-L98; M00; M02; M05;-M06; M08; M10-M13; M15-M19; M20-M25; M30-M35; M40-M43; M45-M48; M50-M51; M53-M54; M60-M62; M65-M67; M70-M72; M75-M77; M79; M80-M81; M83-M89; M91-M95; M99; N20-N21; N23; N30-N32; N34-N36; N39; N41-N50; N60-N64; N70-N73; N75-N76; N80-N98; O96-O97

[9] V90; V92; W20-W45; W49-W60; W64-W70; W73-W81; W83-W94; W99; X00-X06; X08-X54; X57-X59

The chapters of the tenth revision consist of an alphanumeric coding scheme of one letter followed by three numbers at the four-character level.

The ninth revision contained 17 chapters plus two supplementery classifications, in the tenth revision the number of chapters became 21.

Chapter one contains infectious and parasitic diseases, chapter two refers to all neoplasms, chapter three disorders of the immune mechanism include with diseases of the blood and blood-forming organs; and chapter four to endocrine, nutritional and metabolic diseases. The remaining chapters group diseases according to anatomical site affected except for chapters which refer to mental disorders; complications of pregnancy, childbirth and the puerperium; congenital malformations; and conditions originating in the perinatal period. Finally, an entire chapter is devoted to symptoms, signs, and abnormal findings.

Within chapters, however, the changes vary from minor to major. In the chapters dealing with infectious and parasitic diseases, diseases of the blood and blood forming organs, mental disorders, diseases of the digestive system, diseases of the skin and subcutaneous tissues and congenital anomalies. The changes are minor. Major changes were made in the structure of chapters dealing with the nervous system and sense organs. It had been decided to create three separate chapters: "Diseases of the nervous system", "Diseases of the eye and adnexa" and "Diseases of the ear and mastoid process:.

Also, the chapters on "Diseases of the genitourinary system", "Pregnancy, childbirth and the puerperium, "Certain conditions originating in the perinatal period" and "Congenital malformations, deformations and chromosomal abnormalities" had been brought together as contiguous chapters.

Until 1975 the Manual of the International Statistical Classification of Diseases, Injuries and Cause of Death contained not only the classification scheme used to code cause of death but also tabulation lists derived from the scheme itself. Since cause of death classifications may be needed for a variety of uses, several tabulation lists in varying degrees of detail were recommended. Although frequently criticized for not being flexible, the use of these lists by many countries or areas has served to promote international comparability in the statistics on cause of death.

Les chapitres de la dixième révision se fonde sur un système de codification alphanumérique à une lettre suivie de trois chiffres pour les catégories à quatre caractères.

La neuvième révision comportait 17 chapitres plus deux classifications suplémentaires, dans la dixième révision, le nombre total de chapitres sont 21.

Le chapitre concerne les maladies infectieuses et parasitaires, le chapitre 2 l'ensemble des néoplasmes, le chapitre 3 les troubles du système immunitaire ont été rattachés aux maladies du sang et des organes hématopoïétiques; et chapitre 4 les maladies du système endocrinien, de la nutrition et du métabolisme, les affections immunitaires. Enfin, les autres chapitres groupent les maladies selon leur site anatomique, à l'exception des qui concernent les affections mentales, les complications de la grossesse, de l'accouchement et des suites de couches; les malformations congénitales et les affections de la période périnatale. Enfin, un chapitre entier est consacré aux symptômes, manifestations, et résultats anormaux.

Dans le cadre de chacun des chapitres, par contre, les modifications peuvent être mineures ou importantes. Ainsi, dans les chapitres consacrés aux maladies infectie uses et parasitaires, aux maladies du sang et des organes hématopoïétiques, aux affections mentales, aux maladies du système digestif, aux maladies du tissu cutané et sous-cutané et aux anomalies congénitales, les modifications sont mineures. Les modifications importantes ont été apportées à la présentation des chapitres consacrés au système nerveux et aux organes sensoriels. Il a été décidé de créer trois chapitres distincts: le chapitre "Maladies du système nerveux", "Maladies de l'oeil et de ses annexes et" "les Maladies de l'oreille et de l'apophyse mastoïde".

Par ailleurs, les chapitres "Maladies de l'appareil génito-urinaire", "Grossesse, accouchement et puerpéralité", "Certaines affections dont l'origine se situe dans la période" et "Malformations congénitales et anomalies chromosomiques" ont été regroupés pour constitues autres chapitres.

Jusqu'en 1975, le Manuel de la Classification statistique internationale des maladies, traumatismes et causes de décès contenait non seulement le système de classification utilisé pour coder les causes de décès, mais également des tables construites à partir de ce système. Comme une classification des causes de décès peut se révéler nécessaire à divers usages, le Manuel recommandait plusieurs présentations plus ou moins détaillées. Bien qu'on lui ait fréquemment reproché de manquer de flexibilité, l'utilisation de ces listes par de nombreux pays ou zones a permis de développer la comparabilité internationale des statistiques des causes de décès.

Although great care was taken in the tenth revision to maintain the same structure of the chapters used previously, so as to minimize the discontinuity previously created by revising the ICD, in order to promote flexibility the tabulation lists recommended previously were not adopted. Instead, the Basic Tabulation List (BTL) was adopted with the intention of enabling each country or area to adapt it to its unique needs by adopting an appropriate list of categories. One limitation of the Basic Tabulation List for use in the Demographic Yearbook is that it does not contain a set of mutually exclusive categories whose totals add to the sum of all deaths. Therefore, residual categories do not exist separately. They may be obtained only by subtracting the sum of a group of categories from the total. In order to remedy this shortcoming, the World Health Organization and the United Nations collaborated in developing an abbreviated mortality list of causes of death derived from the three-digit codes in the tenth revision. Known as the Adapted Mortality List, the major objective used in the development of this list was to ensure the greatest degree of comparability with the ninth revision.

The Adapted Mortality List, consisting of 51 and 55 categories, is shown in the preceding pages.

Reflecting the similarity between the ninth and tenth revisions of the ICD itself, the Adapted Mortality List from the tenth revision does not differ extensively from the ninth revision. A comparable level of detail was maintained for certain infectious and parasitic diseases such as cholera, typhoid fever, tuberculosis, whooping cough, meningococcal infection, tetanus, septicemia, measles and malaria. Another area of similarity exists among the following diseases which are listed separately in both revisions: pneumonia; influenza; bronchitis; emphysema and asthma; ulcer of the stomach and duodenum; chronic liver disease and cirrhosis; and hyperplasia of prostate.

However, care should be exercised in comparing trends by cause of death because in some instances the level of detail differs between the revisions.

Finally, signs, symptoms and ill-defined conditions are coded to AM48 and AM44 in the ninth and tenth revisions, respectively. If more than 25 per cent of deaths reported in a country or area are coded to signs, symptoms and ill-defined conditions, the data are considered unreliable for the purposes of the Demographic Yearbook. In such instances, deaths by cause are not included in table 21, since it is not possible to determine whether the distribution of known causes is biased by such a large unknown category.

4.3.1 Maternal mortality

According to the ninth and tenth revisions, "Maternal death" is defined as the death of a woman while pregnant or within 42 days of termination of pregnancy, irrespective of the duration and the site of the pregnancy, from any cause related to or aggravated by the pregnancy or its management but not from accidental or incidental causes.

"Maternal deaths should be subdivided into direct and in direct obstetric deaths. Direct obstetric deaths are those resulting from obstetric complications of the pregnant state (pregnancy, labour and puerperium) from interventions, omissions, incorrect treatment, or from a chain of events resulting from any of the above. Indirect obstetric deaths

Il est exact que l'on s'est efforcé, dans la dixième révision, de conserver aux chapitres la même structure, de façon à réduire au minimum les discontinuités résultant des révisions antérieures, mais les listes recommandées auparavant n'ont pas été adoptées. On a retenu, au contraire, la Liste de base (BTL) dans l'intention de permettre à chaque pays ou zone de l'adapter à ses besoins propres. Or, l'emploi de la Liste de base dans l'Annuaire démographique est limité par une part du fait qu'elle ne contient pas de catégories exclusives. On n'y trouve donc pas de catégories résiduelles. Celles-ci ne peuvent être constituées qu'en retranchant du total la somme d'un groupe de catégories. Pour remédier à cette insuffisance, l'Organisation mondiale de la santé et l'Organisation des Nations Unies ont collaboré à l'élaboration d'une liste abrégé de causes de mortalité, tirée de celle à trois chiffres de la dixième révision. Cette liste, dite adaptée, avait surtout pour but d'assurer la plus grande comparabilité possible avec la liste neuvième révision.

La Liste adaptée des causes de mortalité, composée de 51 et 55 catégories, est donnée à la page précédente.

La Liste adaptée des causes de mortalité, dérivée de la neuvième et dixième révision, ne diffère pas beaucoup dès lors que ces deux révisions sont très semblables l'une à autre. On y a conservé un niveau semblable de détail dans le cas de certaines maladies infectieuses ou parasitaires telles que le choléra, la fièvre typhoïde, la tuberculoses, la coqueluche, les infections à méningocoques, le tétanos, septicemies, la rougeole et le paludisme. On retrouve une même similarité entre les maladies suivantes, qui sont distinguées dans les deux révisions neumonie, grippe, bronchite, emphysème et asthme, ulcères de l'estomac et du duodénum, hépatites chroniques et cirrhoses, enfin hyperplasie de la prostate.

Toutefois, il faut agir avec circonspection lorsque l'on compare les tendances de la mortalité par cause de décès car, dans certains cas, le détail diffère d'une révision à l'autre.

Enfin, les manifestations, symptômes et affections mal définies apparaissent respectivement, dans la huitième et la neuvième révision, sous AM48 et AM44. Si plus de 25 p. 100 des décès signalés dans un pays ou une zone sont codés sous la rubrique manifestations, symptômes et affections mal définies, les données sont considérées comme douteuses dans l'Annuaire démographique. Alors, les décès par cause figurent pas dans le tableau 21, car il n'est pas possible de déterminer si la répartition des causes connues est faussée par l'existence d'une catégorie "inconnue" aussi importante.

4.3.1 Mortalité maternelle

D'après la neuvième et dixième révision de la CIM, "la mortalité maternelle se définit comme le décès d'une femme survenu au cours de la grossesse ou dans une délai de 42 jours après sa terminaison, quelle qu'en soit la durée et la localisation, pour une cause quelconque déterminée ou aggravée par la grossesse ou les soins qu'elle a motivés, mais ni accidentelle ni fortuite".

Les morts maternelles se répartissent en deux groupes:
1)   Décès par cause obstétricale directe ... qui résultent de complications obstétricales (grossesse, travail et suites de couches), d'interventions, d'omissions, d'un traitement incorrect ou d'un enchaînement d'événements de l'un quelconque des facteurs ci-dessus.
2)   Décès par cause obstétricale indirecte ... qui résultent d'une

are those resulting from previous existing disease or disease that developed during pregnancy and which was not due to direct obstetric causes, but which was aggravated by physiologic effects of pregnancy".

Following the definition shown above, the ninth and tenth revision present maternal deaths as the sum of deaths due to abortion (AM42), direct obstetric causes (AM43) and indirect obstetric causes (AM44), for the ninth revision AM39-AM41 for the tenth revision.

A further recommendation by the ninth revision conference proposed that maternal death rates be expressed per 1,000 live births rather than per 1,000 women of childbearing age in order to estimate more accurately the risk of maternal death. Although births do not represent an unbiased estimate of pregnant women, this figure is more reliable than other estimates since it is impossible to determine the number of pregnant women and live births are more accurately registered than live births plus foetal deaths.

4.3.2 Perinatal mortality

The definition of perinatal death was recommended by the Study Group on Perinatal Mortality set up by the World Health Organization. The International Conference for the Eighth Revision of the International Classification of Diseases adopted the recommendation that the perinatal period be defined "as extending from the 28th week of gestation to the seventh day of life". Noting that several countries considered as late foetal deaths any foetal death of 20 weeks or longer gestation, the Conference agreed to accept a broader definition of perinatal death which extends from the 20th week of gestation to the 28th day of life. This alternative definition was believed to promote more complete registration of events between 28 weeks of gestation and the end of the first 6 days of life. In 1975, the Ninth Revision Conference recommended the collection of perinatal mortality statistics by use of a standard perinatal death certificate according to a definition which not only includes a minimum length of gestation but also minimum weight and length criteria.

In table 19 of the 1996 Demographic Yearbook and previous issues of the Yearbook that included perinatal mortality statistics, the definition of perinatal deaths used is the sum of late foetal deaths (foetal deaths of 28 or more weeks of gestation) and infant deaths within the first week of life. In addition, in order to standardize the definition and eliminate differences due to national practice, the figures on perinatal death are calculated in the Statistics Division for inclusion in the Demographic Yearbook. Contrary to the recommendations of the Ninth Revision Conference, the perinatal mortality rate is calculated per 1 000 live births in order to minimize the effect of limited foetal death registration on the magnitude of the denominator.

4.3.3 Medical certification and lay reporting

In many countries or areas a sizeable fraction of the deaths may be registered by non-medical personnel. In order to improve the reporting of cause of death in these cases, the Ninth Revision Conference recommended that:"The World Health Organization should become increasingly involved in the attempts made by the various developing countries for collection of morbidity and mortality statistics through lay or paramedical personnel; organize meetings at regional level for facilitating exchange

maladie préexistante ou d'une affection apparue au cours de la grossesse, sans qu'elles soit due à des causes obstétricales directes, mais qui a été aggravée par les effets physiologiques de la grossesse.

Considérant la définition ci-dessus Sur la base de la neuvième et duxuème révisions, la mortalité maternelle constitue la somme des décès par avortement (AM42), des décès d'origine obstétricale directe (AM43) et des décès d'origine obstétricale indirecte (AM44) pour la neuvième révision et AM39-AM41 pour la dixième révision.

La neuvième révision recommande également que les taux de mortalité maternelle soient exprimés sur la base de 1.000 naissances vivantes plutôt que sur celle de 1.000 femmes en âge de reproduire, afin d'aboutir à une évaluation plus exacte du risque de mortalité maternelle. Bien que les naissances ne permettent pas d'évaluer sans distortion le nombre des femmes enceintes, leur nombre est plus sûr que d'autres estimations car il est impossible d'évaluer le nombre des femmes enceintes, et le nombre des naissances vivantes est plus exactement enregistré que celui des naissances vivantes et des morts foetales.

4.3.2 Mortalité périnatale

La définition de la mortalité périnatale a été recommandée par le Groupe d'étude sur la mortalité périnatale, constitué par l'Organisation mondiale de la santé. La Conférence internationale pour la huitième révision de la Classification internationale des maladies a adopté la recommandation selon laquelle la période périnatale devait être définie comme suit : "période comprise entre la vingt-huitième semaine de gestation et la septième journée de vie". Considérant que plusieurs pays comptaient comme mort foetale tardive toute mort foetale intervenue 20 semaines ou plus après le début de la gestation, la Conférence a décidé d'accepter aussi une définitions plus large de la mortalité périnatale qui s'étend de la vingtième semaine de la gestation à la vingt-huitième journée de vie. Cette deuxième définition devait en principe permettre l'enregistrement plus complet des morts foetales intervenues entre la vingt-huitième semaine de gestation et la fin des six premières journées de la vie. En 1975, la Conférence chargée de la neuvième révision a recommandé que les statistiques de la mortalité périnatale s'appuient sur un certificat de mortalité périnatale standardisé, fondé sur une définition qui prévoit non seulement une durée minimale de gestation, mais également un minimum de poids et de taille.

Dans le tableau 19 de l'Annuaire démographique 1996 et dans les éditions antérieures de l'Annuaire où figuraient des statistiques sur la mortalité périnatale, la définition de mortalité périnatale s'appuie sur la somme des morts foetales tardives (mortalité foetale au terme de 28 semaines de gestation ou plus) et de la mortalité infantile dans la première semaine de vie. De plus, afin de normaliser la définition et d'éliminer les différences dues aux pratiques nationales, les chiffres de la mortalité périnatale sont calculés par la Division de statistique aux fins d'inclusion dans l'Annuaire démographique. Contrairement aux recommandations de la neuvième conférence de révision, le taux de mortalité périnatale avait été calculé sur 1 000 naissances vivantes, afin de minimiser l'effet des insuffisances d'enregistrement des morts foetales sur le dénominateur de la fraction.

4.3.3 Certificats médicaux et déclarations de témoins non qualifiés

Dans bien des pays et zones, une bonne partie des décès sont déclarés par des personnes sans formation médicale. Afin d'améliorer la déclaration des causes de décès dans ces cas, la neuvième conférence de révision a recommandé que l'Organisation mondiale de la santé prenne "une part croissante à l'action entreprise par divers pays en voie de développement pour la collecte de données statistiques de morbidité et de mortalité par du personnel non professionnel ou paramédical", qu'elle organise" au niveau régional des réunions visant à faciliter un échange d'expériences entre les pays qui doivent actuellement faire face à ce

of experiences between the countries currently facing this problem so as to design suitable classification lists with due consideration to national differences in terminology; assist countries in their endeavour to establish or expand the system of collection of morbidity and mortality data through lay or paramedical personnel.[20]

problème, de manière à mettre au point des listes de classification appropriées, compte dûment tenu des différences de terminologie entre les pays" et qu'elle aide" les pays à mettre en place ou à développer le système de collecte de données de morbidité et de mortalité à l'aide d'un personnel non professionnel ou paramédical"[20].

Table 1

Table 1 presents for the world, major areas and regions estimates of the order of magnitude of population size, rates of population increase, crude birth and death rates, surface area and population density.

Description of variables: Estimates of world population by major areas and by regions are presented for 1950, 1960, 1970, 1980 and each fifth year, 1985 to 1995 and 1997. Average annual percentage rates of population growth, the crude birth and crude death rates are shown for the period 1990 to 1995. Surface area in square kilometres and population density estimates relate to 1997.

All population estimates and rates presented in this table were prepared by the Population Division of the United Nations Secretariat and have been published in World Population Prospects: The 1996 Revision.

The scheme of regionalization used for the purpose of making these estimates is described on page 31. Although some continental totals are given, and all can be derived, the basic scheme presents major areas that are so drawn as to obtain greater homogeneity in sizes of population, types of demographic circumstances and accuracy of demographic statistics.

Five of the major areas are further subdivided into 20 regions. These are arranged within major areas: these together with Northern America, which is not subdivided, make a total of 21 regions.

The major areas of Northern America and Latin America were distinguished, rather than the conventional continents of North America and South America, because population trends in the middle American mainland and the Caribbean region more closely resemble those of South America than those of America north of Mexico. Data for the traditional continents of North and South America can be obtained by adding Central America and Caribbean region to Northern America and deducting from Latin America. Latin America has somewhat wider limits than it would be defined only to include the Spanish-speaking, French-speaking and Portuguese-speaking countries.

The average annual percentage rates of population growth were calculated by the Population Division of the United Nations Secretariat, using an exponential rate of increase.

Crude birth and crude death rates are expressed in terms of the average annual number of births and deaths, respectively, per 1,000 mid-year population. These rates are estimated.

Surface area totals were obtained by summing the figures for individual countries or areas shown in table 3.

Computation: Density, calculated by the Statistics Division of the United Nations, is the number of persons in the 1996 total population per square kilometre of total surface area.

Tableau 1

Le tableau 1 donne, pour l'ensemble du monde, les grandes régions géographiques, des estimations de l'ordre de grandeur de la population, les taux d'accroissement démographique, les taux bruts de natalité et demortalité, la superficie et la densité de peuplement.

Description des variables : Des estimations de la population mondiale par "grandes régions" et par 'régions géographiques' sont présentées pour 1950, 1960, 1970, 1980 et à intervalle quinquennal de 1985 à 1995, ainsi que pour 1997. Les taux annuels moyens d'accroissement de la population et les taux bruts de natalité et de mortalité portent sur la période 1990 à 1995. Les indications concernant la superficie exprimée en kilomètres carrés et l'ordre de grandeur de la densité de population se rapportent à 1997.

Toutes les estimations de population et les taux de natalité, taux de mortalité et taux annuels d'accroissement de la population qui sont présentés dans ce tableau ont été établis par la Division de la population du Secrétariat de l'ONU et ont été publiés dans World Population Prospects: The 1996 Revision.

La classification géographique utilisée pour établir ces estimations est exposée à la page 31. Bien que l'on ait donné certains totaux pour les continents (tous les autres pouvant être calculés), on a réparti le monde en huit grandes régions qui ont été découpées de manière à obtenir une plus grande homogénéité du point de vue des dimensions de population, des types de situation démographique et de l'exactitude des statistiques démographiques.

Cinq de ces huit grandes régions ont été subdivisées en 20 régions. Celles-ci ont été classées à l'intérieur de chaque grande région. Avec l'Amérique septentrionale, qui est subdivisée on arrive à un total de 21 regions.

On l'Amérique septentrionale et l'Aérique latine, au lieu des continents classiques (Amérique du Nord et Amérique du Sud), parce que les tendances démographiques dans la partie continentale de l'Amérique centrale et dans la région des Caraïbes se rapprochent davantage de celles de l'Amérique du Sud que de celles del'Amérique au nord du Mexique. On obtient les données pour les continents traditionnels de l'Amérique du Nord et de l'Amérique du Sud en extrayant des données relatives à l'Amérique latine les données concernant l'Amérique centrale et les Caríbes, et les regroupant avec celles relatives à l'Amérique septentionale. L'Amérique latine ainsi définie a par conséquent des limites plus larges que celles des pays ou zones de langues espagnole, portugaise et française qui constituent l'Amérique latine au sens le plus strict du terme.

Les taux annuels moyens d'accroissement de la population ont été calculés par la Division de la population du Secrétariat de l'ONU, qui a appliqué à cette fin un taux d'accroissement exponentiel.

Les taux bruts de natalité et de mortalité représentent respectivement le nombre annuel moyen de naissances et de décès par millier d'habitants en milieu d'année. Ces taux sont estimatifs.

La superficie totale a été obtenue en faisant la somme des superficies des pays ou zones du tableau 3.

Calculs : La densité, calculée par la Division de statistique de l'ONU, est égale au rapport de l'effectif total de la population en 1996 à la superficie totale exprimée en kilomètres carrés.

Composition of macro regions and component regions set forth in table 1
Composition des grandes régions considérés au tableau 1 et des régions qui en font partie

AFRICA-AFRIQUE

Eastern Africa-Afrique orientale

Burundi
Comoros-Comores
Djibouti
Eritrea-Erythrée
Ethiopia
Kenya
Madagascar
Malawi
Mauritius-Maurice
Mozambique
Réunion
Rwanda
Seychelles
Somalia-Somalie
Uganda-Ougande
United Rep. Of Tanzania-
Rép. Unie de Tanzania
Zambia-Zambie
Zimbabwe

Middle Africa-Afrique centrale

Angola
Cameroon-Cameroun
Central African Republic-
République centrafricaine
Chad-Tchad
Congo
Democratic Re. of the Congo
Rep. Democratique du Congo
Equatorial Guinea-
Guinee equatoriale
Gabon
Sao Tome and Principe
Sao Tome-et-Principe

Northern Afica-Afrique septentrionale

Algeria-Algerie
Egypt-Egypte
Libyan Arab Jamahiriya-
Jamahiriya arabe libyenne
Morocco-Maroc
Sudan-Soudan
Tunisia-Tunisie
Western Sahara-
Sahara Occidental

Southern Africa-Afrique méridionale

Botswana
Lesotho
Namibia-Namibie
South Africa-
Afrique du Sud
Swaziland

Western Africa-Afrique occidentale

Benim-Bénim
Burkina Faso
Cape Verde-Cap-Vert
Côte d'Ivoire
Gambia-Gambie
Ghana
Guinea-Guinée
Guinea-Bissau-
Guinée Bissau-
Liberia-Libéria
Mali
Mauritania-Mauritanie
Niger
Nigeria-Nigéria
St. Helena -
Sainte-Hélène
Senegal-Sénégal
Sierra Leone
Togo

LATIN AMERICA-AMERIQUE LATINE

Caribbean-Caraïbes

Anguilla
Antigua and Barbuda-
Antigua-et-Barbuda
Aruba
Bahamas
Barbados-Barbade
British Virgin Islands
Iles Vierges
britanniques
Cayman Islands-
Iles Caïmanes
Cuba
Dominica-Dominique
Dominican Republic-
Republique dominicaine
Grenada-Grenade
Guadalupe
Haiti
Jamaica-Jamaique
Martinique
Monserrat
Netherlands Antilles-
Antilles néerlandaises
Puerto Rico-Porto Rico
St.Kitts-Nevis
Saint-Kitts-et Nevis
Saint Lucia-Sainte-Lucie
Saint Vincent and the
Grenadines-
Saint Vincent-et-Grenadines
Trinidad and Tobago -
Trinité-et-Tobago
Turks and Caicos Islands-
Iles Turques et Caiques
United States Virgin
Islands-Iles Vierges
américaines

Central America-Amérique centrale

Belize
Costa Rica

El Salvador
Guatemala
Honduras
Mexico-Mexique
Nicaragua
Panama

South America-Amérique du Sud

Argentina-Argentine
Bolivia-Bolivie
Brazil-Brésil
Chile-Chili
Colombia-Colombie
Ecuador-Equateur
Falkland Islands (Malvinas)-
Iles Falkland (Malvinas)
French Guiana-
Guyane Française
Guyana
Paraguay
Peru-Pérou
Suriname
Uruguay
Venezuela

NORTHERN AMERICA-AMERIQUE SEPTENTRIONALE

Bermuda-Bermudes
Canada
Greenland-Groenland
St. Pierre and Miquelon-
Saint-Pierre-et-Miquelon
United States-Etats-Unis

ASIA-ASIE

Eastern Asia-Asia Orientale

China-Chine
Hong Kong-Hong-kong SAR-RAS
Japan-Japon
Korea-Corée
Korea, Dem. People's Rep.
of-Corée, rép.
populaire dém. de
Korea, Republic of-
Corée, République de
Macau-Macao
Mongolia-Mongolie

South-central Asia Asie centrale méridionale

Afghanistan
Bangladesh
Bhutan-Bhoutan
India-Inde
Iran (Islamic Republic of-
Rép. Islamique d')
Kazakstan

31

Composition of macro regions and component regions set forth in table 1
Composition des grandes régions considérées au tableau 1 et des régions qui en font partie

Kyrgyzstan-Kirghizistan
Maldives
Nepal-Népal
Pakistan
Sri Lanka
Tajikistan-Tadjikistan
Turkmenistan-Turkménistan
Uzbekistan-Ouzbékistan

South-eastern Asia-
Asie méridionale orientale

Brunei Darussalam-
Brunéi Darussalam
Cambodia-Cambodge
East Timor-Timor oriental
Indonesia-Indonésie
Lao People's Dem. Rep.-
Rép. Dém.
populaire Lao
Malaysia-Malaisie
Myanmar
Philippines
Singapore-Singapour
Thailand-Thailande
Viet Nam

Western Asia-
Asie occidentale

Armenia-Arménie
Azerbaijan-Azerbaïdjan
Bahrain-Bahreïn
Cyprus-Chypre
Georgia-Géorgie
Iraq
Israel-Israël
Jordan-Jordanie
Kuwait-Koweït
Lebanon-Liban
Oman
Palestine (Gaza Strip)-
Palestine (Zone de Gaza)
Qatar
Saudi Arabia-
Arabie saudite
Syrian Arab Republic
République arabe
syrienne
Turkey-Turquie
United Arab Emirates-
Emirats Arabes Unis
Yemen-Yémen

EUROPE

Eastern Europe-Europe orientale

Belarus-Bélarus
Bulgaria-Bulgarie
Czech Republic-
Rép. Tcheque
Hungary-Hongrie
Polad-Pologne
Republic of Moldova-Re. de Moldova
Romania-Roumanie

Russian Federation -
Féderation de Russie
Slovakie-Slovaquie
Ukraine

Northern Europe-Europe septentrionale

Channel Islands-
Iles Anglo-Normandes
Denmark-Danemark
Estonia-Estonie
Faeroe Islands-
Iles Féroé
Finland-Finlande
Iceland-Islande
Ireland-Irlande
Isle of Man-Ile de Man
Latvia-Lettonie
Lithuania-Lithuanie
Norway-Norvège
Sweden-Suède
United Kingdom-Royaume-Uni

Southern Europe-Europe méridionale

Albania-Albanie
Andorra-Andorre
Bosnia-Herzegovina
Bosnia-Herzégovine
Croatia-Croatie
Gibraltar
Greece-Grèce
Holy See-
Saint-Siège
Italy-Italie
Malta-Malte
Portugal
San Marino-Saint-Marin
Slovenia-Slovénie
Spain-Espagne
The former Yugoslav Rep. Of
Macedonia-L'ex Rép.
de Macédoine
Yugoslavia-Yugoslavie

Western Europe-Europe occidentale

Austria-Autriche
Belgium-Belgique
France
Germany-Allemagne
Liechtenstein
Luxembourg
Monaco
Netherlands-Pays-Bas
Switzerland-Suisse

OCEANIA-OCEANIE

Australia and New Zealand -
Australie et Nouvelle-Zélande

Australia-Australie
New Zealand-
Nouvelle-Zélande
Norfolk Island-Ile Norfolk

Melanesia-Melenésie

Fiji-Fidji
New Caledonia-
Nouvelle Calédonie
Papua New Guinea-
Papouasie-Nouvelle-Guinée
Solomon Islands-Iles Salomon
Vanuatu

Micronesia-Micronésie

Federated States of
Micronesia - Etats
Federatives de
Micronesie
Guam
Johnston Island-
Ile Johnston
Kiribati
Marshall Islands-
Iles Marshall
Nauru
Northern Mariana Islands-
Iles Mariannes
Du Nord
Palau-Palaos

Polynesia-Polynésie

American Samoa-
Samoa américaines
Cook Islands-Iles Cook
French Polynesia-
Polynésie francaise
Niue-Nioué
Pitcairn
Samoa
Tokelau-Tokélaou
Tonga
Tuvalu
Wallis and Futuna Islands
Iles Wallis et Futuna

Reliability of data: With the exception of surface area, all data are set in italic type to indicate their conjectural quality.

Limitations: Being derived in part from data in table 3, the estimated orders of magnitude of population and surface area are subject to all the basic limitations set forth in connection with table 3.

Likewise, the rates of population increase and density indexes are affected by the limitations of the original figures. However, it may be noted that, in compiling data for regional and macro region totals, errors in the components may tend to compensate each other and the resulting aggregates may be somewhat more reliable than the quality of the individual components would imply.

Because of their estimated character, many of the birth and death rates shown should also be considered only as orders of magnitude, and not as measures of the true level of natality or mortality. Rates for 1990-1995 are based on the data available as of 1996, the time when the estimates were prepared, and much new information has been taken into account in constructing these new estimates. As a result they may differ from earlier estimates prepared for the same years and published in previous issues of the Yearbook.

It should be noted that the United Nations estimates that appear in this table are from the same series of estimates which also appear in tables 2, 3, 4, 5, 9,15, 18, 21, and 22 of this Yearbook.

The limitations related to surface area data are described in the Technical Notes for table 3. Because surface area totals were obtained by summing the figures for individual countries or areas shown in table 3, they exclude places with a population of less than 50, for example, uninhabited polar areas.

In interpreting the population densities, one should consider that some of the regions include large segments of land that are uninhabitable or barely habitable, and density values calculated as described make no allowance for this, nor for differences in patterns of land settlement.

Coverage: Data for 21 regions are presented.

Table 2

Table 2 presents estimates of population and the percentage distribution, by age and sex and the percentage distribution, by age and sex and sex ratio for all ages, for the world, major areas and regions for 1995.

Description of variables: All population estimates presented in this table were prepared by the Population Division of the United Nations Secretariat. These estimates have been published (using more detailed age groups) in the Sex and Age Distribution of the World Populations: The 1996 Revision

The scheme of regionalization used for the purpose of making these estimates is described on page 35 and discussed in detail in the Technical Notes for table 1. Age groups presented in this table are: under 15 years, 15-64 years and 65 years and over. Sex ratio refers to the number of males per 100 females of all ages.

Fiabilité des données : A l'exception des données concernant la superficie, toutes les données sont reproduites en italique pour en faire ressortir le caractère conjectural.

Insuffisance des données : Les estimations concernant l'ordre de grandeur de la population et la superficie reposent en partie sur les données du tableau 3; elles appellent donc toutes les réserves fondamentales formulées à propos de ce tableau.

Les taux d'accroissement et les indices de densité de la population se ressentent eux aussi des insuffisances inhérentes aux données de base. Toutefois, il est à noter que, lorsqu'on additionne des données par territoire pour obtenir des totaux régionaux et par grandes régions, les erreurs qu'elles comportent arrivent parfois à s'équilibrer, de sorte que les agrégats obtenus peuvent être un peu plus exacts que chacun des éléments dont on est parti.

Vu leur caractère estimatif, un grand nombre des taux de natalité et de mortalité du tableau 1 doivent être considérés uniquement comme des ordres de grandeur et ne sont pas censés mesurer exactement le niveau de la natalité ou de la mortalité. On s'est fondé pour établir les taux de 1990-1995 sur les données dont on disposait en 1996, date à laquelle les nouvelles estimations ont été établies, et beaucoup d'éléments nouveaux sont alors intervenus dans le calcul de celles-ci. C'est pourquoi il se peut qu'elles s'écartent d'estimations antérieures portant sur ces mêmes années et publiées dans de précédentes éditions de l'Annuaire.

Il y a lieu de noter que les estimations du Secrétariat de l'ONU qui sont reproduites dans ce tableau appartiennent à la même série d'estimations que celles qui figurent dans les tableaux 2, 3, 4, 5, 9,15, 18 et 22 de la présente édition de l'Annuaire.

Les Notes techniques relatives au tableau 3 indiquent les insuffisances des données de superficie. Parce que les totaux des superficies ont été obtenus en additionnant les chiffres pour chaque pays ou zones, qui apparaissent dans le tableau 3, ils ne comprennent pas les lieux où la population est de moins de 50 personnes, tels que les régions polaires inhabitées.

Pour interpréter les valeurs de la densité de population, il faut tenir compte du fait qu'il existe dans certaines des régions de vastes étendues de terres inhabitables ou à peine habitables, et que les chiffres calculés selon la méthode indiquée ne tiennent compte ni de ce fait ni des différences de dispersion de la population selon le mode d'habitat.

Portée : Les données présentées concernent 21 régions.

Tableau 2

Ce tableau fournit, pour l'ensemble du monde, les grandes régions et les régions, des estimations de la population pour 1995 ainsi que sa répartition en pourcentage selon l'âge et le sexe, et le rapport de masculinité tous âges.

Description des variables : Toutes les données figurant dans ce tableau ont été établies par la Division de la population du Secrétariat de l'ONU et ont été publiées dans le Sex and Age Distribution of the World Populations: The 1996 Revision.

La classification géographique utilisée pour établir ces estimations est exposée à la page 35 et analysée en détail dans les Notes techniques relatives au tableau 1. Les groupes d'âge présentés dans ce tableau sont définis comme suit : moins de 15 ans, de 15 à 64 ans et 65 ans et plus. Le rapport de masculinité représente le nombre d'individus de sexe masculin pour 100 individus de sexe féminin sans considération d'âge.

Using the Population Division estimates, the percentage distributions and the sex ratios which appear in this table have been calculated by the Statistics Division of the United Nations.

Reliability of data: All data are set in italic type to indicate their conjectural quality.

Limitations: The data presented in this table are from the same series of estimates, prepared by the Population Division of the United Nations Secretariat, presented in table 1. They are subject to the same general limitations as discussed in the Technical Notes for table 1.

In brief, because of their estimated character, these distributions by broad age groups and sex should be considered only as orders of magnitude. However, it may be noted that, in compiling data for regional and macro region totals, errors in the components may tend to compensate each other and the resulting aggregates may be somewhat more reliable than the quality of the individual components would imply.

In addition, data in this table are limited by factors affecting data by age. These factors are described in the Technical Notes for table 7. Because the age groups presented in this table are so broad, these problems are minimized.

It should be noted that the United Nations Secretariat estimates that appear in this table are from the same series of estimated which also appear in tables 1, 3, 4, 5, 9, 15, 18 and 22 of this Yearbook.

Coverage: Data for 21 regions are presented.

Table 3

Table 3 presents for each country or area of the world the total, male and female population enumerated at the latest population census, estimates of the mid-year total population for 1990 and 1997, the average annual exponential rate of increase (or decrease) for the period 1990 to 1997, and the surface area and the population density for 1997.

Description of variables: The total, male and female population is, unless otherwise indicated, the de facto (present-in-area) population enumerated at the most recent census for which data are available. The date of this census is given. Unless otherwise indicated, population census data are the results of a nation-wide enumeration. If, however, a nation-wide enumeration has never taken place, the results of a sample survey, essentially national in character, are presented. Results of of surveys referring to less than 50 percent of the total territory or population are not included.

Mid-year population estimates refer to the de facto population on 1 July. In some areas the mid-year population has been calculated by the Statistics Division of the United Nations as the mean of two year-end official estimates.

Les pourcentages et les rapports de masculinité qui sont présentés dans ce tableau ont été calculés par la Division de statistique de l'ONU d'après des estimations établies par la Division de la population.

Fiabilité des données : Toutes les données figurant dans ce tableau sont reproduites en italique pour en faire ressortir le caractère conjectural.

Insuffisance des données : Les données de ce tableau appartenant à la même série d'estimations, établie par la Division de la population du Secrétariat de l'ONU, que celles qui figurent au tableau 1 appellent également toutes les réserves formulées dans les Notes techniques relatives au tableau 1.

Sans entrer dans le détail, il convient de préciser que les données relatives à la répartition par grand groupe d'âge et par sexe doivent, en raison de leur caractère estimatif, être considérées uniquement comme des ordres de grandeur. Toutefois, il est à noter que, lorsqu'on additionne des données par territoire pour obtenir des totaux régionaux et par grandes régions, les erreurs qu'elles comportent arrivent parfois à s'équilibrer, de sorte que les agrégats obtenus peuvent être un peu plus exacts que chacun des éléments dont on est parti.

En outre, les donnés figurant dans ce tableau présentent un caractère d'insuffisance en raison des facteurs influant sur les données par âge. Ces facteurs sont décrits dans les Notes techniques relatives au tableau 7. Ces problèmes sont cependant minimisés du fait de l'étendue des groupes d'âge présentés dans ce tableau.

Il y a lieu de noter que les estimations du Secrétariat de l'ONU qui sont reproduites dans ce tableau appartiennent à la même série d'estimations que celles qui figurent dans les tableaux 1, 3, 4, 5, 9, 15, 18 et 22 de la présente édition de l'Annuaire.

Portée : Les données présentées concernent 21 régions.

Tableau 3

Ce tableau indique pour chaque pays ou zone du monde la population totale selon le sexe d'après les derniers recensements effectués, les estimations concernant la population totale au milieu de l'année 1990 et de l'année 1997, le taux moyen d'accroissement annuel exponentiel positif ou négatif) pour la période allant de 1990 à 1997, ainsi que la superficie et la densité de population en 1997.

Description des variables : Sauf indication contraire, la population masculine et féminine totale est la population de fait ou population présente dénombrée lors du dernier recensement dont les résultats sont disponibles. La date de ce recensement est indiquée. Sauf indication contraire, les données de recensement fournies résultent d'un dénombrement de population nationale. S'il n'y a jamais eu de dénombrement général, ce sont les résultats d'une enquête par sondage à caractère essentiellement national qui sont indiqués. Il n'est pas présenté de résultats d'enquêtes portant sur moins de 50 p. 100 de l'ensemble du territoire ou de la population.

Les estimations de la population en milieu d'année sont celles de la population de fait au 1er juillet. Dans certains cas, la Division de statistique de l'ONU a obtenu ces estimations en faisant la moyenne des estimations officielles portant sur la fin de deux années successives.

Mid-year estimates, calculated in this manner, are assumed to be sufficiently similar to official estimates for the population on 1 July; they, therefore, have not been footnoted.

Mid-year estimates of the total population are those provided by national estatistical offices, unless otherwise indicated. As needed, these estimates are supplemented by mid-year population estimates prepared by the Population Division of the United Nations Secretariat [21] when for example official mid-year estimates of the total population either are not available or have not been revised to take into account the results of a recent population census or sample survey. The United Nations Secretariat estimates are identified with a superscript (x) and are based on data available in 1996 including census and survey results, taking into account the reliability of base data as well as available fertility, mortality, and migration data.

The policy of using United Nations Secretariat estimates is designed to produce comparable mid-year estimates for population for 1990 and 1997 which are not only in accord with census and survey results shown in this table but also with estimates for prior years shown in table 5. Unrevised official estimates as well as results of censuses or surveys and estimates for dates other than the mid-yearhave been eliminated in favour of the United Nations Secretariat consistend mid-year estimates.

Surface area, expressed in square kilometres, refers to the total surface area, comprising land area and inland waters (assumed to consist of major rivers and lakes) and exluding only polar regions and uninhabited islands. Exceptions to this re noted. Surface areas, originally reported in square miles, have been converted to square kilometres using a conversion factor of 2.589988.

Computation: The annual rate of increase is the average annual percentage rate of population growth between 1990 and 1997, computed using the mid-year estimates (unrounded) presented in this table using an exponential rate of increase.

Although mid-year estimates presented in this table appear only in thousands, unrounded figures, when available, have been used to calculate the rates of population increase. It should be noted that all United Nations Secretariat estimates used to calculate these rates are rounded.

Density is the number of persons in the 1997 total population per square kilometre of total surface area.

Reliability of data: Each country or area has been asked to provide information of the method it has used in preparing the official mid-year population estimates shown in this table. Information referring to the 1995 estimates has been coded and appears in the column entitled "Type". The four elements of the quality code which appear in this column relate to the nature of the base data, the recency of the base data, the method of time adjustment and the quality of that adjustment, respectively. This quality code is explained in detail in section 3.2.1 of the Technical Notes. It should be noted briefly here, hoewever, that the codes (A) and (B) refer to estimates which are based on complete census enumerations and sample surveys, respectively. Code (C) refers to estimates based on a partial census of

Les estimations de la population en milieu d'année ainsi établies sont jugées suffisamment proches des estimations officielles de la population au 1er juillet pour n'avoir pas à faire l'objet d'une note.

Sauf indication contraire, les estimations de la population totale en milieu d'année sont celles qui ont été communiquées par les services nationaux de statistique. On les a complétées le cas échéant par des estimations de la population en milieu d'année établies par la Division de la population du Secrétariat de l'ONU, [21] par exemple lorsque l'on ne possédait pas d'estimations officielles de la population totale en milieu d'année ou lorsque celles dont on disposait n'avaient pas été rectifiées pour tenir compte des résultats d'un récent recensement ou enquête par sondage. Les estimations du Secrétariat de l'ONU, qui sont affectées du signe(x),sont fondées sur les données disponibles en 1996, y compris les résultats de recensements ou d'enquêtes et compte tenu de la fiabilité des données de base ainsi que des données de fécondité, de mortalité et de migration disponibles.

L'utilisation d'estimations établies par le Secrétariat de l'ONU a pour objet d'obtenir pour 1990 et 1997 des estimations de la population en milieu d'année qui se prêtent à la comparaison et qui soient compatibles non seulement avec les résultats de recensements ou d'enquêtes reproduits dans ce tableau, mais aussi avec les estimations relatives aux années précédentes qui figurent au tableau 5. On a renoncé aux estimations officielles non rectifiées, ainsi qu'aux résultats de recensements ou d'enquêtes et aux estimations se rapportant à des dates autres que le milieu de l'année, pour leur substituer les estimations établies de façon homogène pour le milieu de l'année par le Secrétariat de l'ONU.

La superficie -- exprimée en kilomètres carrés -- représente la superficie totale, c'est-à-dire qu'elle englobe les terres émergées et les eaux intérieures (qui sont censées comprendre les principaux lacs et cours d'eau) à la seule exception des régions polaires et de certaines îles inhabitées. Les exceptions à cette règle sont signalées en note. Les indications de superficie initialement fournies en miles carrés ont été transformées en kilomètres carrés au moyen d'un coefficient de conversion de 2,589988.

Calculs : Le taux d'accroissement annuel est le taux annuel moyen de variation (en pourcentage) de la population entre 1990 et 1997, calculé à partir des estimations en milieu d'année (non arrondies) qui figurent dans le tableau utilisant le taux exponentiel d'accroissement.

Bien que les estimations en milieu d'année ne soient exprimées qu'en milliers dans ce tableau, on a utilisé chaque fois qu'on le pouvait des chiffres non arrondis pour calculer les taux d'accroissement de la population. Il convient de signaler que toutes les estimations du Secrétariat de l'ONU qui ont servi à ces calculs ont été arrondies.

La densité est égale au rapport de l'effectif total de la population en 1997 à la superficie totale, exprimée en kilomètres carrés.

Fiabilité des données : Il a été demandé à chaque pays ou zone de donner des indications sur la méthode utilisée pour établir les estimations officielles de la population en milieu d'année, telles qu'elles apparaissent dans ce tableau. Les indications concernant les estimations pour 1994 ont été codées et figurent dans la colonne intitulée "Type". Les quatre éléments de codage qualitatif qui apparaissent dans cette colonne concernent respectivement la nature des données de base, leur caractère plus ou moins récent, la méthode d'ajustement chronologique employée et la qualité de cet ajustement. Ce codage qualitatif est exposé en détail à la section 3.2.1 des Notes techniques. Il faut toutefois signaler brièvement ici que les lettres de code (A) et (B) désignent respectivement des estimations établies sur la base de dénombrements complets et d'enquêtes par sondage. La lettre de code (c) désigne des estimations fondées sur un recensement partiel ou sur un enregistrement partiel des individus,

partial registration of individuals while code (D) refers to conjecture. The figures which appear as the sencond element in the quality code indicate the number of years elapsed since the reference year of the base data.

This quality code is the basis of determining which mid-year estimates are considered reliable. In brief, reliable mid-year population estimates are those which are based on a complete census (or a sample survey) and have been djusted by a continous population register or adjusted on the basis of the calculated balance of births, deaths and migration. Mid-year estimates of this type are considered reliable and appear in roman type. Mid-year estimates which are not calculated on this basis are considered less reliable and are shown in italics. Estimates for years prior to 1997 are considered reliable or less reliable on the basis of the 1997 quality code and appear in roman type or in italics accordingly.

In addition, census data and sample survey results are considered reliable and, therefore, appear in roman type.

Rates of population increase which were calculated using population estimates considered less reliable, as described above, are set in italics rather than roman type.

All surface area data are assumed to be reliable and therefore appear in roman type. Population density data, however, are considered reliable or less reliable on the basis of the reliability of the 1997 population estimates used as the numerator.

Limitations: Statistics on the total population enumerated at the time of the census, estimates of the mid-year total population and surface area data are subject to the same qualifications as have been set forth for population and surface area statistics in sections 3 and 2.4 of the Technical Notes, respectively.

Regarding the limitations of census data, it should be noted that although census data are considered reliable, and therefore appear in roman type, the actual quality of census data varies widely from one country or area to another. When known, an estimate of the extent of ove-enumeration or under-enumeration is given. In the case of sample surveys, a description is given of the population covered.

A most important limitation affecting mid-year population estimates is the variety of ways in which they have been prepared. As described above, the column entitled "Type" presents a quality code which provides information on the method of estimation. The first element of the quality code refers to the type of base data used to prepare estimates. This may give some indication of the confidence which may be placed on these estimates. Other things being equal, estimates made on the basis of codes "A" or "B" are better than estimates made on the basis of codes "C" or "D". However, no distinction has been made with respect to the quality of these base data. Another indicator of quality may be obtained from the second element of the quality code which provides information on the recency of the base data used in preparing estimates.

tandis que la lettre de code (D) indique qu'il s'agit d'estimations conjecturales. Le chiffre qui constitue le deuxième élément du codage qualitatif représente le nombre d'années écoulées depuis l'année de référence des données de base.

Ce codage qualitatif est destiné à servir de base pour déterminer les estimations en milieu d'année qui sont considérées sûres. En résumé, sont sûres les estimations de la population en milieu d'année qui sont fondées sur un recensement complet (ou sur une enquête par sondage) et qui ont été ajustées en fonction des données fournies par un registre de population permanent ou en fonction de la balance établie par le calcul des naissances, des décès et des migrations. Les estimations de ce type sont considérées comme sûres et apparaissent en caractères romains. Les estimations en milieu d'année dont le calcul n'a pas été effectué sur cette base sont considérées comme moins sûres et apparaissent en italique. Les estimations relatives aux années antérieures à 1997 sont jugées plus ou moins sûres en fonction du codage qualitatif de 1997 et indiquées, selon le cas, en caractères romains ou en italique.

En outre, les données de recensements ou les résultats d'enquêtes par sondage sont considérés comme sûrs et apparaissent par conséquent en caractères romains.

Les taux d'accroissement de la population, calculés à partir d'estimations jugées moins sûres d'après les normes décrites ci-dessus, sont indiqués en italique plutôt qu'en caractères romains.

Toutes les données de superficie sont présumées sûres et apparaissent par conséquent en caractères romains. En revanche, les données relatives à la densité de la population sont considérées plus ou moins sûres en fonction de la fiabilité des estimations de 1997 ayant servi de numérateur.

Insuffisance des données : Les statistiques portant sur la population totale dénombrée lors d'un recensement, les estimations de la population totale en milieu d'année et les données de superficie appellent les mêmes réserves que celles qui ont été respectivement formulées aux sections 3 et 2.4 des Notes techniques à l'égard des statistiques relatives à la population et à la superficie.

S'agissant de l'insuffisance des données obtenues par recensement, il convient d'indiquer que, bien que ces données soient considérées comme sûres et apparaissent par conséquent en caractères romains, leur qualité réelle varie considérablement d'un pays ou d'une région à l'autre. Lorsqu'on possédait les renseignements voulus, on a donné une estimation du degré de surdénombrement ou de sous-dénombrement. Dans le cas des enquêtes par sondage, une description de la population considérée est fournie.

Les estimations de la population en milieu d'année appellent une réserve très importante en ce qui concerne la diversité des méthodes employées pour les établir. Comme il a été indiqué précédemment, un codage qualitatif porté dans la colonne intitulée "Type" renseigne sur la méthode d'estimation employée. Le premier élément de codage se rapporte à la nature des données de base utilisées pour établir les estimations. Cela peut donner une idée du degré de confiance qu'on peut accorder à ces estimations. Toutes choses égales d'ailleurs, les estimations assorties des lettres de code "A" ou "B" sont plus sûres que celles qui sont accompagnées des lettres de code "C" ou "D". Il n'a cependant pas été établi de distinction quant à la qualité de ces données de base. On peut également se faire une idée de la valeur des estimations d'après le deuxième élément de codage qualitatif qui renseigne sur le caractère plus ou moins récent des données de base qui ont servi à l'établissement de ces estimations.

It is important to keep in mind that information used to prepare these codes may be inadequate or imcomplete in some cases. These codes, once established, may not always reflect the most current estimating procedures used by individual countries or areas.

It should be emphasized that, as an assesment of the reliability of some of the small populations, the codes are quite inadequate. This is so because some small populations are estimated by methods not easily classificable by the present scheme, and others are disproportionately affected by the frequent arrival and departure of migrants, visitors, and so forth, with consequent relatively large variations between de facto and de jure population.

Because the reliability of the population estimates for any given country or area is based on the quality code for the 1997 estimate, the reliability of estimates prior to 1997 may be overstated.

The mid-year estimates prepared by the Population Division of the United Nations Secretariat, used to supplement official data in this table, have the advantage of being prepared by a consistent methodology. However, it is very important to note that, among countries or areas, the actual amount of data and the quality of those data upon which the estimates were based vary considerably.

Percentage rates of population growth are subject to all the qualifications of the population estimates mentioned above. In some cases, they admittedly reflect simply the rate calculated or assumed in constructing the estimates themselves when adequate measures of natural increase and net migration were not available.[22] For small populations, an error up to approximately 0.5 may be introduced by chance alone. Despite their shortcomings, these rates do provide a useful index for estudying population change and, used with proper precautions, they can be useful also in evaluating the accuracy of vital and migration statistics.

Because no indication in the table is given to show which of the mid-year estimates are rounded and which are not, the rates calculated on the basis of these estimates may be much more precise in some cases than in others.

Which respect to data on population density, it should be emphsized that density values are very rough indexes, in as much as they do not take account of the dispersion or concentration of population within countries or areas nor the proportion of habitable land. They should not be interpreted as reflecting density in the urban sense nor as indicating the supporting power of a territory 's land and resources.

Coverage: Population by sex, rate of population increase, surface area and density are shown for 229 countries or areas with a population of 50 or more.

Il importe de ne pas oublier que les informations utilisées pour le codage sont parfois inexactes ou insuffisantes. Une fois établis, les codes ne reflètent pas toujours les méthodes d'estimation les plus couramment employées dans les différents pays ou zones considérés.

Il convient de souligner que le codage n'offre pas un moyen satisfaisant d'évaluer la fiabilité des données concernant certaines populations peu nombreuses. Il en est ainsi parce que certaines estimations de populations peu nombreuses sont établies par des métho des qui ne se prêtent pas à ce codage et que l'effectif d'autres populations peu nombreuses subit de violentes fluctuations en raison de la fréquence des entrées et sorties de migrants, de visiteurs, etc., ce qui se traduit par des écarts relativement importants entre population de fait et population de droit.

La fiabilité des estimations de la population d'un pays ou zone quelconque reposant sur le codage qualitatif des estimations de 1997, il se peut que la fiabilité des estimations antérieures à 1997 soit surévaluée.

Les estimations en milieu d'année établies par la Division de la population du Secrétariat de l'ONU, utilisées pour suppléer les données officielles aux fins de ce tableau, présentent l'avantage d'avoir été effectuées selon une méthodologie homogène. Il importe cependant de noter que le volume de données effectivement disponibles et la qualité de celles à partir desquelles les estimations ont été établies varient considérablement d'un pays ou d'une zone à l'autre.

Les taux d'accroissement en pourcentage appellent toutes les réserves mentionnées plus haut à propos des estimations concernant la population. Dans certains cas, ils représentent seulement le taux qu'il a fallu calculer ou présumer pour établir les estimations elles-mêmes lorsqu'on ne disposait pas de mesures appropriées de l'accroissement naturel et des migrations nettes[22]. Lorsqu'il s'agit de populations peu nombreuses, l'erreur fortuite peut atteindre à elle seule jusqu'à plus ou moins 0,5. Malgré leurs imperfections, ces taux fournissent des indications intéressantes pour l'étude du mouvement de la population et, utilisés avec les précautions nécessaires, ils peuvent également servir à évaluer l'exactitude des statistiques de l'état civil et des migrations.

Rien dans le tableau ne permettant de déterminer sitelle ou telle estimation en milieu d'année a été arrondie ou non, il se peut que les taux calculés à partir de ces estimations soient beaucoup plus précis dans certains cas que dans d'autres.

En ce qui concerne les données relatives à la densité de population, il convient de souligner que les valeurs de cette densité ne constituent que des indices très approximatifs, car elles ne tiennent compte ni de la dispersion ou de la concentration de la population à l'intérieur des pays ou zones, ni de la proportion du territoire qui est habitable. Il ne faut donc y voir d'indication ni de la densité au sens urbain du terme ni du chiffre de population que seraient capables de supporter les terres et les ressources naturelles du territoire considéré.

Portée : L'effectif de la population par sexe, le taux d'accroissement de la population, la superficie et la densité de population sont indiqués pour 229 pays ou zones ayant une population de 50 habitants au moins.

Table 4

Table 4 presents, for each country or area of the world, basic vital statistics including in the following order: live births, crude birth rate, deaths, crude death rate and rate of natural increase, infants deaths and infant mortality rate, the expectation of life at birth by sex. In addition, the

Tableau 4

Le Tableau 4 présente, pour chaque pays ou zone du monde, des statistiques de base de l'état civil comprenant, dans l'ordre, les naissances vivantes, le taux brut de natalité, les déces, le taux brut de mortalité et le taux d'accroissement naturel de la population, les décès d'enfants de moins d'un an et le taux de mortalité infantile et l'espérance de vie à la

total fertility rate and marriages, the crude marriage rate, divorces and the crude divorce rate are shown.

Description of variables: The vital events and rates shown in this table are defined as follows: [23]

LIVE BIRTH is the complete expulsion or extraction from its mother of a product of conception, irrespective of the duration of pregnancy, which after such separation breathes or shows any other evidence of life such as beating of the heart, pulsation of the umbilical cord, of definite movement of voluntary muscles, whether or not the umbilical cord has been cut or the placenta is attached; each product of such a birth is considered live-born regardless of gestational age.

DEATH is the permanent disappearance of all evidence of life at any time after live birth has taken place (post-natal cessation of vital functions capability of resuscitation). This definition therefore exludes foetal deaths.

Infant deaths are deaths of live-born infants under one year of age.

Expectation of life at birth is defined as the average number of years of life for males and females if they continued to be subject to the same mortality experienced in the year(s) to which these life expectancies refer.

The total fertility rate is the average number of children that would be born alive to a hypothetical cohort of women if, throughout their reproductive years, the age-specific fertility rates for the specified year remained unchanged.

MARRIAGE is the act, ceremony or process by which the legal relationship of husband and wife is constituted. The legality of the union may be established by civil, religious, or other means as recognized by the laws of each country.

DIVORCE is a final dissolution of a marriage, that is, that separation of husband and wife which confers on the parties the right to remarriage under civil, religious and/or other provisions, according to the laws of each country.

Crude birth rates and crude death rates presented in this table are calculated using the number of live births and the number of deaths obtained from civil registers. These civil registration data are used only if they are considered reliable (estimated completeness of 90 per cent or more). If, however, registered birth or deaths for any given country or area are less than 90 per cent complete, then estimated rates are also presented. First priority is given to estimated rates provided by the individual countries or areas. If suitable official estimated rates are not available, or if rates are only available for years prior to 1990, then rates prepared by the Population Division of the United Nations Secretariat [24] are presented. It should be noted that in the case of some small countries or areas for which civil registration is estimated to be less than 90 per cent complete, and for which no estimated rates are available, rates calculated using these data are presented. These rates appear in italics.

naissance par sexe. En outre, l'indice synthetique de fécondité et les marriages, le taux brut de nuptialité, les divorces et le taux brut de divortialité sont indiqué.

Description des variables : Les faits d'état civil utilisés aux fins du calcul des taux présentées dans ce tableau sont définis comme suit: [23]

La NAISSANCE VIVANTE est l'expulsion ou l'extraction complète du corps de la mère, indépendamment de la duré de la gestation, d'un produit de la conception qui après cette séparation, respire ou manifeste tout autre signe de vie, tel que battement de coeur, pulsation du cordon ombilical ou contraction effective d'un muscle soumis à l'action de la volonté, que le cordon ombilical ait été coupé ou non et que le placenta soit ou non demeuré attaché; tout produit d'une telle naissance est considéré comme 'enfant né vivant'.

Le DECES est la disparition permanente de tout signe de vie à un moment quelconque postérieur à la naissance vivante (cessation des fonctions vitales après la naissance sans possibilité de réanimation). Cette définition ne comprend donc pas les morts foetales.

Il convient de préciser que les chiffres relatifs aux décès d'enfants de moins d'un an se rapportent aux naissances vivantes.

L'espérance de vie à la naissance est le nombre moyen d'années de vie que peuvent escompter les individus du sexe masculin et du sexe féminin s'ils continuent d'être soumis aux mêmes conditions de mortalité que celles qui existaient pendant les années auxquelles se rapportent les valeurs indiquées.

L'indice synthétique de fécondité représente le nombre moyen d'enfants que mettrait au monde une cohorte hypothétique de femmes qui seraient soumises, toute au long de leur vie, aux mêmes conditions de fécondité par âge que celles auxquelles sont soumises les femmes, dans chaque groupe d'âge, au cours d'une année ou d'une periode donnée.

Le MARIAGE est l'acte, la cérémonie ou la procédure qui établit un rapport légal entre mari et femme. L'union peut être rendue légale par une procédure civile ou religieuse, ou par toute autre procédure, conformément à la législation du pays.

Le DIVORCE est la dissolution légale et définitive des liens du mariage, c'est-à-dire la séparation de l'époux et de l'épouse qui confère aux parties le droit de se remarier civilement ou religieusement, ou selon toute autre procédure, conformément à la législation du pays.

Les taux bruts de natalité et de mortalité présentés ont été établis sur la base du nombre de naissances vivantes et du nombre de décès inscrits sur les registres de l'état civil. Ces données n'ont été utilisées que lorsqu'elles étaient considérées comme sûres (degré estimatif de complétude égal ou supérieur à 90 p. 100). Toute fois, lorsque les données d'enregistrement relatives aux naissances ou aux décès ne sont pas complètes à 90 p. 100 au moins pour un pays ou zone quelconque, on a fait figurer des taux estimatifs. La priorité est alors accordée aux taux estimatifs fournis par les pays ou zones concernés. A défaut de taux estimatifs officiels appropriés, ou au cas où les taux se rapportent à une anée avant 1990, on a fait figurer des taux estimatifs établis par la Division de la population du Secrétariat de l'ONU. [24] Il y a lieu de noter que, dans le cas de certains petits pays ou zones pour lesquels les données de l'état civil n'étaient pas considérées complètes à 90 p. 100 au moins et pour lesquels on ne disposait pas de taux estimatifs, on a fait figurer des taux établis à partir des données en cause. Ces taux sont indiqués en italique.

Similarly, total fertility rates and infant mortality rates presented in this table are calculated using the number of live births and the number of infant deaths obtained from civil registers. If, however, the registration of births or infant deaths for any given country or area is estimated to be less than 90 per cent complete, then official estimated rates are presented when possible. If no suitable estimated total fertility rates or infant mortality rates are available, rates calculated using unreliable vital statistics are presented and are shown in italics. If available, total fertility rates and infant mortality rates estimated by the Population Division of the United Nations Secretariat [25] are presented in place of unreliable vital rates.

The expectation-of-life values are those provided by the various national statistical offices. If official data are not available or if data are only available for years prior to 1990, then estimates of these values prepared by the United Nations Secretariat [26] are included. These are indicated by footnote.

Marriage and divorce rates presented in this table are calculated using data from civil registers of marriage and statistics obtained from court registers and/or civil registers of divorce according to national practice, respectively.

Rate computation: The crude birth, death, marriage and divorce rates are the annual number of each of these vital events per 1,000 mid-year population.

Total fertility rates are the sum of age-specific fertility rates. The standard method of calculating the total fertility rate is the sum of the age-specific fertility rates. However, if the rates used are fertility rates for 5-year age groups, they must be multiplied by 5. The total fertility rates have been calculated by the Statistics Division of the United Nations unless otherwise noted. When the basic official data with which to calculate these rates have not been available, estimates prepared by the Population Division of the United Nations Secretariat[27] have been included; these are indicated by footnotes.

Infant mortality rates are the annual number of deaths of infants under one year of age per 1,000 live births (as shown in table 9) in the same year.

Rates of natural increase are the difference between the crude birth rate and the crude death rate. It should be noted that the rates of natural increase presented here may differ from the population growth rates presented in table 3 as rates of natural increase do not take net international migration into account while population growth rates do.

Rates which appear in this table have been calculated by the Statistics Division of the United Nations unless otherwise noted. The exceptions include official estimated rates, many of which were based on sample surveys, and rates estimated by the Population Division of the United Nations Secretariat.

Rates calculated by the Statistics Division of the United Nations presented in this table have not been limited to those countries or areas having a minimum number of events in a given year. However, rates based on 30 or fewer live births, infant deaths, marriages or divorces are identified by the symbol. (◊)

De même, les indices synthétiques de fécondité et les taux de mortalité infantile présentés dans ce tableau ont été établis à partir du nombre de naissances vivantes et du nombre de décès d'enfants de moins d'un an inscrits sur les registres de l'état civil. Toutefois, lorsque les données relatives aux naissances ou aux décès d'enfants de moins d'un an pour un pays ou zone quelconque n'étaient pas considérées complètes à 90 p. 100 au moins, on a fait figurer, chaque fois que possible, les taux estimatifs officiels. Lorsque les indices synthétiques estimatifs officiels appropriés ne sont pas disponibles, on a fait figurer en italique des indices établis à partir des statistiques de l'état civil jugées douteuses. A défaut de l'indice synthétique de fécondité et de taux de mortalité infantile estimatifs officiels appropriés, on a fait figurer des taux estimatifs établis par la Division de la population de l'ONU. [25]

Les valeurs de l'espérance de vie ont été fournies par les divers services nationaux de statistique. Toutefois, lorsqu'on ne disposait pas de données officielles ou au cas où les taux données se rapportent à une année avant 1990, on a fait figurer des valeurs estimatives établies par le Secrétariat de l'ONU. Ces valeurs sont signalées en note. [26]

Les taux de nuptialité et de divortialité présentés dans ce tableau ont été respectivement calculés à partir des données des registres de l'état civil pour les mariages et de statistiques fournies par les greffes des tribunaux ou les registres de l'état civil pour les divorces, selon la pratique des différents pays.

Calcul des taux : Les taux bruts de natalité, de mortalité, de nuptialité et de divortialité représentent le nombre annuel de chacun de ces faits d'état civil pour 1.000 habitants au milieu de l'année considérée.

Les indices synthétiques de fécondité sont les sommes des taux de fécondité par âge. La méthode standard de calculer l'indice synthétique de fécondité est l'addition des taux de fecondité par âge simple. Au cas les taux sont des taux de fécondité par groupe d'âge quinquennale il faut les multipliés par 5. Sauf indication contraire, les indices synthétiques de fécondité ont été calculés par la Division de statistique del'ONU. Lorsqu'on ne disposait pas des données officielles de base nécessaires pour les calculer, on a fait figurer les chiffres estimatifs établis par la Division de la population du Secrétariat de l'ONU[27]. Quand tel était le cas, on l'a signalé en note au bas du tableau.

Les taux de mortalité infantile représentent le nombre annuel de décès d'enfants de moins d'un an pour 1.000 naissances vivantes (fréquences du tableau 9) survenues pendant la même année.

Le taux d'accroissement naturel est égal à la différence entre le taux brut de natalité et le taux brut de mortalité. Il y a lieu de noter que les taux d'accroissement naturel indiqués dans ce tableau peuvent différer des taux d'accroissement de la population figurant dans le tableau 3, les taux d'accroissement naturel ne tenant pas compte des taux nets de migration internationale, alors que ceux-ci sont inclus dans les taux d'accroissement de la population.

Sauf indication contraire, les taux figurant dans ce tableau ont été calculés par la Division de statistique de l'ONU. Les exceptions comprennent les taux estimatifs officiels, dont bon nombre ont été établis sur la base d'enquêtes par sondage et les taux estimatifs établis par la Division de la population du Secrétariat de l'ONU.

Les taux calculés par la Division de statistique de l'ONU qui sont présentés dans ce tableau ne se rapportent pas aux seuls pays ou zones où l'on a enregistré un certain nombre minimal d'événements au cours d'une année donnée. Toutefois, les taux qui sont fondés sur 30 naissances vivantes ou moins, décès d'enfants de moins d'un an, décès, mariages ou divorces, sont indentifiés par le signe (◊) .

Reliability of data: Rates calculated on the basis of registered vital statistics which are considered unreliable (estimated to be less than 90 per cent complete) appear in italics. Estimated rates, either those prepared by the individual countries or areas or those prepared by the Population Division of the United Nations Secretariat, have been presented whenever possible in place of rates calculated using unreliable vital statistics.

The designation of vital statistics as being either reliable or unreliable is discussed in general in section 4.2 of the Technical Notes. The Technical Notes for tables 9, 15, 18, 23 and 25 provide specific information on reliability of statistics on live births, infant deaths, deaths, marriages, divorces, respectively.

Rates of natural increase which were calculated using crude birth rates and crude death rates considered unreliable, as described above, are set in italics rather than roman type.

Since the expectation-of-life values shown in this table come either from official life tables or from estimates prepared at the United Nations Secretariat, they are all considered to be reliable.

Limitations: Statistics on marriages, divorces, births, deaths and infant deaths are subject to the same qualifications as have been set forth for vital statistics in general in section 4 of the Technical Notes and in the Technical Notes for individual tables presenting detailed data on these events (table 9, live births; table 15, infant deaths; table 18, deaths, table 23 marriages, table 25 divorces).

In assessing comparability it is important to take into account the reliability of the data used to calculate these rates, as discussed above.

It should be noted that the crude rates are particularly affected by the age-sex structure of the population. Infant mortality rates, and to a much lesser extent crude birth rates and crude death rates, are affected by the variation in the definition of a live birth and tabulation procedures.

Because this table presents data for the latest available year, reference dates vary from one country or area to another. It should also be noted that the reference date within a given country or area may not be the same for all the rates presented. These factors should be kept in mind when making comparisons.

Also, because this table presents data in a summary form, symbols which appear in other tables are not presented here due to lack of space. Provisional data are not so indicated, and rates based on vital events which are tabulated on the basis of date of registration, rather than date of occurrence, are not so designated. For information on these aspects, the reader should consult the more detailed vital statistics tables in this Yearbook.

Coverage: Vital statistics rates, natural increase rates and expectation of life are shown for 224 countries or areas.

Fiabilité des données : Les taux établis sur la base des statistiques de l'état civil enregistrées qui sont jugées douteuses (degré estimatif de complétude inférieur à 90p.100) sont indiqués en italique. Chaque fois que possible, à la place de taux établis sur la base de statistiques de l'état civil jugées douteuses, on a fait figurer des taux estimatifs établis par les pays ou zones concernés ou par la Division de la population du Secrétariat de l'ONU.

Le classement des statistiques de l'état civil en tant que sûres ou douteuses est présenté sur le plan général à la section 4.2 des Notes techniques. Les Notes techniques relatives aux tableaux 9, 12, 15, 18 23 et 25 donnent respectivement des indications spécifiques sur la fiabilité des statistiques des naissances vivantes, décès d'enfants de moins d'un an, des décès des mariages, et des divorces.

Les taux d'accroissement naturel calculés à partir de taux bruts de natalité et de taux bruts de mortalité jugés douteux d'après les normes mentionnées plus haut sont indiqués en italique plutôt qu'en caractères romains.

Etant donné que les valeurs de l'espérance de vie figurant dans ce tableau proviennent soit de tables officielles de mortalité, soit d'estimations établies par le Secrétariat de l'ONU, elles sont toutes présumées sûres.

Insuffisance des données: Les statistiques des mariages, divorces, naissances, décès et décès d'enfants de moins d'un an appellent toutes les réserves qui ont été faites à propos des statistiques de l'état civil en général à la section 4 des Notes techniques et dans les Notes techniques relatives aux différents tableaux présentant des données détaillées sur ces événements (tableau 9, naissances vivantes; tableau 15, décès d'enfants de moins d'un an; tableau 18, décès, tableau 23, mariages et tableau 25, divorces naissances vivantes).

Pour évaluer la comparabilité des divers taux, il importe de tenir compte de la fiabilité des données utilisées pour calculer ces taux, comme il a été indiqué précédemment.

Il y a lieu de noter que la structure par âge et par sexe de la population influe de façon particulière sur les taux bruts. Le manque d'uniformité dans la définition des naissances vivantes et dans les procédures de mise en tableaux influe sur les taux de mortalité infantile et, à moindre degré, sur les taux bruts de natalité et les taux bruts de mortalité.

Les données présentées dans ce tableau correspondant à la dernière année pour laquelle on possède des renseignements, les dates de référence varient d'un pays ou d'une zone à l'autre. Il y a lieu de noter également que la date de référence dans tel ou tel pays ou zone peut ne pas être la même pour tous les taux présentés. Ces facteurs doivent être présents à l'esprit lorsqu'on fait des comparaisons.

De même, comme ce tableau présente des données sous forme résumée, on a omis, en raison du manque de place, les symboles qui apparaissent dans d'autres tableaux. Les données provisoires ne sont pas signalées comme telles, pas plus que les taux établis à partir de faits d'état civil mis en tableaux sur la base de leur date d'enregistrement et non de la date à laquelle ils sont survenus. Pour de plus amples renseignements sur ces aspects, le lecteur est invité à se reporter aux tableaux de statistiques de l'état civil de caractère plus détaillé qui figurent dans le présent Annuaire.

Portée :Les taux démographiques, les taux d'accroissement naturel et les valeurs de l'espérance de vie sont indiqués pour 224 pays ou zones.

Table 5   **Tableau 5**

Table 5 presents estimates of mid-year population for as many years as possible between 1988 and 1997.

Description of variables: Mid-year population estimates refer to the de facto population on 1 July.

Unless otherwise indicated, all estimates relate to the population within present geographical boundaries. Major exceptions to this principle have been explained in footnotes. On the other hand, the disposition of certain major segments of population (such as armed forces) has been indicated, even though this disposition does not strictly constitute disagreement with the standard.

In some cases the mid-year population has been calculated by the Statistics Division of the United Nations as the mean of two year-end official estimates. Mid-year estimates, calculated in this manner, are assumed to be sufficiently similar to official estimates for the population on 1 July; they, therefore, have not been footnoted.

Mid-year estimates of the total population are those provided by national statistical offices, unless otherwise indicated. As needed, these estimates are supplemented by mid-year population estimates prepared by the Population Division of the United Nations Secretariat[28] when for example, official mid-year estimates of the total population are either not available or have not been revised to take in to account the results of a recent population census sample survey. The United Nations Secretariat estimates are identified with a superscript (x) and are based on data available in 1997 including census and survey results, taking into account the reliability of available base data as well as available fertility, mortality, and migration data.

The policy of using United Nations Secretariat estimates is designed to produce comparable mid-year estimates for population for the period 1988 to 1997 which are in accord with census and survey results shown in table 3. Unrevised official estimates as well as results of censuses or surveys and estimates for dates other than the mid-year have been eliminated in favour of the United Nations Secretariat consistent mid-year estimates.

All figures are presented in thousands. The data have been rounded by the Statistics Division of the United Nations.

Reliability of data: Population estimates are considered to be reliable or less reliable on the basis of the quality code for the 1996 estimates shown in table 3. In brief, reliable mid-year population estimates are those which are based on a complete census (or on a sample survey) and have been adjusted by a continuous population register or adjusted on the basis of the calculated balance of births, deaths and migration. Reliable mid-year estimates appear in roman type. Mid-year estimates which are not calculated on this basis are considered less reliable and are shown in italics. Estimates for years prior to 1997 are considered reliable or less reliable on the basis of the 1997 quality code and appear in roman type or in italics accordingly.

Limitations: Statistics on estimates of the mid-year total population are subject to the same qualifications as have

Le tableau 5 présente des estimations de la population en milieu d'année pour le plus grand nombre possible d'années entre 1988 et 1997.

Description des variables : Les estimations de la population en milieu d'année sont celles de la population de fait au 1er juillet.

Sauf indication contraire, toutes les estimations se rapportent à la population présente sur le territoire actuel des pays ou zones considérés. Les principales exceptions à cette règle sont expliquées en note. On a aussi indiqué le traitement de certains groupes importants (tels que les militaires), même si ce traitement ne constitue pas à proprement parler une exception à la règle.

Dans certains cas, la Division de statistique de l'ONU a évalué la population en milieu d'année en faisant la moyenne des estimations officielles portant sur la fin de deux années successives. Les estimations en milieu d'année ainsi établies sont jugées suffisamment proches des estimations officielles de la population au 1er juillet pour ne pas avoir à faire l'objet d'une note.

Sauf indication contraire, les estimations de la population totale en milieu d'année sont celles qui ont été communiquées par les services nationaux de statistique. On les a complétées le cas échéant par des estimations de la population en milieu d'année établies par la Division de la population du Secrétariat de l'ONU,[28] par exemple l'orsqu'on ne possédait pas d'estimations officielles de la population totale en milieu d'année ou lorsque celles dont on disposait n'avaient pas été rectifiées en tenant compte des résultats d'un récent recensement ou enquête par sondage. Les estimations établies par le Secrétariat de l'ONU qui sont précédées du signe (x) sont fondées sur les données disponibles en 1997, y compris les résultats de recensements ou d'enquêtes et compte tenu de la fiabilité des données de base ainsi que des données de fécondité, de mortalité et de migration disponibles.

L'utilisation d'estimations établies par le Secrétariat de l'ONU a pour objet d'obtenir, pour la période allant de 1988 à 1997, des estimations de la population en milieu d'année qui se prêtent à la comparaison et qui soient compatibles avec les résultats de recensements ou d'enquêtes qui figurent au tableau 3. On a renoncé aux estimations officielles non rectifiées ainsi qu'aux résultats de recensements ou d'enquêtes et aux estimations se rapportant à des dates autres que le milieu de l'année, pour leur substituer les estimations établies de façon homogène pour le milieu de l'année par le Secrétariat de l'ONU.

Tous les chiffres sont exprimés en milles. Les données ont été arrondies par la Division de statistique de l'ONU.

Fiabilité des données : Les estimations de la population sont considérées comme sûres ou moins sûres en fonction du codage qualitatif des estimations de 1996 figurant au tableau 3. En résumé, sont sûres les estimations de la population en milieu d'année qui sont fondées sur un recensement complet (ou sur une enquête par sondage) et qui ont été ajustées en fonction des données fournies par un registre de population permanent ou en fonction de la résultante calculée des naissances, décès et migrations. Les estimations en milieu d'année sont considérées comme sûres et apparaissent en caractères romains. Les estimations en milieu d'année dont le calcul n'a pas été effectué sur cette base sont considérées comme moins sûres et apparaissent en italique. Les estimations relatives aux années antérieures à 1997 sont jugées sûres ou moins sûres en fonction du codage qualitatif de 1997 et indiquées, selon le cas, en caractères romains ou en italique.

Insuffisance des données : Les statistiques concernant les estimations de la population totale en milieu d'année appellent toutes les réserves qui ont

been set forth for population statistics in general in section 3 of the Technical Notes.

A most important limitation affecting mid-year population estimates is the variety of ways in which they have been prepared. The quality code for the 1997 estimates, presented in table 3, and the Technical Notes for table 3 deal with the subject in detail. In brief, these estimates are affected by the accuracy and recency of the census, if any, on which estimates are based and by the method of time adjustment. However, the policy of replacing out-of-line estimates and scattered census results by an internally consistent series of mid-year estimates constructed by the Population Division of the United Nations Secretariat should increase comparability.

Because the reliability of the population estimates for any given country or area is based on the quality code for the 1997 estimate, the reliability of estimates prior to 1997 may be overstated.

The mid-year estimates prepared by the Population Division of the United Nations Secretariat, used to supplement official data in this table, have the advantage of being prepared by a consistent methodology. However, it is very important to note that, among countries or areas, the actual amount of data and the quality of those data upon which the estimates were based vary considerably.

International comparability of mid-year population estimates is also affected because some of these estimates refer to the de jure, and not the de facto, population. Individual cases, when known, are footnoted. The difference between the de facto and the de jure population is discussed at length in section 3.1.1 of the Technical Notes.

Coverage: Estimates of the mid-year population are shown for 227 countries or areas, with a population of 1,000 or more.

Earlier data: Estimates of mid-year population have been shown in previous issues of the Demographic Yearbook. For information on specific years covered, readers should consult the Index.

Table 6

Table 6 presents urban and total population by sex for as many years as possible between 1988 and 1997.

Description of variables: Data are from nation-wide population censuses or are estimates, some of which are based on sample surveys of population carried out among all segments of the population. The results of censuses are identified by a (C) following the date in the stub; sample surveys are further identified by footnotes; other data are generally estimates.

Data refer to the de facto population; exceptions are footnoted.

Estimates of urban population presented in this table have been limited to countries or areas for which estimates have been based on the results of a sample survey or have been constructed by the component method from the results of a population census or sample survey.

été faites à la section 3 des Notes techniques à propos des statistiques de la population en général.

Les estimations de la population en milieu d'année appellent aussi une réserve très importante en ce qui concerne la diversité des méthodes employées pour les établir. Le codage qualitatif des estimations de 1997 figurant dans le tableau 3 et les Notes techniques relatives au même tableau éclairent cette question en détail. En résumé, la qualité de ces estimations dépend de l'exactitude et du caractère plus ou moins récent des résultats de recensement sur lesquels elles reposent éventuellement et de la méthode d'ajustement chronologique employée. Quoi qu'il en soit, la méthode consistant à remplacer les estimations divergentes et les données de recensement fragmentaires par des séries cohérentes d'estimations en milieu d'année établies par la Division de la population du Secrétariat des Nations Unies devrait assurer une meilleure comparabilité.

La fiabilité des estimations de la population d'un pays ou zone quelconque reposant sur le codage qualitatif des estimations de 1997, il se peut que la fiabilité des estimations antérieures à 1997 soit surévaluée.

Les estimations en milieu d'année, établies par la Division de la population du Secrétariat de l'ONU, utilisées pour suppléer les données officielles aux fins de ce tableau, ont l'avantage d'avoir été effectuées selon une méthodologie homogène. Il importe cependant de noter que le volume de données effectivement disponibles et la qualité de celles à partir desquelles les estimations ont été établies varient considérablement d'un pays ou d'une région à l'autre.

La comparabilité internationale des estimations de la population en milieu d'année se ressent également du fait que certaines de ces estimations se réfèrent à la population de droit et non à la population de fait. Les cas de ce genre, lorsqu'ils étaient connus, ont été signalés en note. La différence entre la population de fait et la population de droit est expliquée en détail à la section 3.1.1 des Notes techniques.

Portée : Des estimations de la population en milieu d'année sont présentées pour 227 pays ou zones ayant une population de 1.000 habitants ou plus.

Données publiées antérieurement : Des estimations de la population en milieu d'année ont été publiées dans des éditions antérieures de l'Annuaire démographique. Pour plus de précisions concernant les années pour lesquelles ces données ont été publiées, se reporter à l'Index.

Tableau 6

Le tableau 6 présente des données sur la population urbaine et la population totale selon le sexe pour le plus grand nombre possible d'années entre 1988 et 1997.

Description des variables : Les données sont tirées de recensements de la population ou sont des estimations fondées, dans certains cas, sur des enquêtes par sondage portant sur tous les secteurs de la population. Les résultats de recensement sont indiqués par la lettre (C) placée après la date dans la colonne de gauche du tableau; les enquêtes par sondage sont en outre signalées en note; toutes les autres données sont en général des estimations.

Les données se rapportent à la population de fait; les exceptions étant signalées en note.

Les estimations de la population urbaine qui figurent dans ce tableau ne concernent que les pays ou zones pour lesquels les estimations se fondent sur les résultats d'une enquête par sondage ou ont été établies par la méthode des composantes à partir des résultats d'un recensement de la population ou d'une enquête par sondage. Les répartitions selon la

Distributions which result when the estimated total population is distributed by urban/rural residence according to percentages in each group at the time of a census or sample survey are not acceptable and they have not been included in this table.

Urban is defined according to the national census definition. The definition for each country is set forth at the end of this table.

Percentage computation: Percentages urban are the number of persons defined as ''urban'' per 100 total population.

Reliability of data: Estimates which are believed to be less reliable are set in italics rather than in roman type. Classification in terms of reliability is based on the method of construction of the total population estimate as shown in table 3 and discussed in the Technical Notes for that table.

Limitations: Statistics on urban population by sex are subject to the same qualifications as have been set forth for population statistics in general, as discussed in section 3 of the Technical Notes.

The basic limitations imposed by variations in the definition of the total population and in the degree of under-enumeration are perhaps more important in relation to urban/rural than to any other distributions. The classification by urban and rural is affected by variations in defining usual residence for purposes of sub-national tabulations. Likewise, the geographical differentials in the degree of under-enumeration in censuses affect the comparability of these categories throughout the table. The distinction between de facto and de jure population is also very important with respect to urban/rural distributions. The difference between the de facto and the de jure population is discussed at length in section 3.1.1 of the Technical Notes.

A most important and specific limitation, however, lies in the national differences in the definition of urban. Because the distinction between urban and rural areas is made in so many different ways, the definitions have been included at the end of this table. The definitions are necessarily brief and, where the classification as urban involves administrative civil divisions, they are often given in the terminology of the particular country or area. As a result of variations in terminology, it may appear that differences between countries or areas are greater than they actually are. On the other hand, similar or identical terms (for example, town, village, district) as used in different countries or areas may have quite different meanings.

It will be seen from an examination of the definitions that they fall roughly into three major types: (1) classification of certain size localities as urban; (2) classification of administrative centres of minor civil divisions as urban and the remainder of the division as rural; and (3) classification of minor civil divisions on a chosen criterion which may include type of local government, number of inhabitants or proportion of population engaged in agriculture.

The designation of areas as urban or rural is so closely bound up with historical, political, cultural, and administrative considerations that the process of developing

résidence (urbaine/rurale) obtenues en appliquant à l'estimation de la population totale les pourcentages enregistrés pour chaque groupe lors d'un recensement ou d'une enquête par sondage ne sont pas acceptables et n'ont pas été reproduites dans ce tableau.

Le sens donné au terme "urbain" est censé être conforme aux définitions utilisées dans les recensements nationaux. La définition pour chaque pays figure à la fin du tableau.

Calcul des pourcentages : Les pourcentages urbains représentent le nombre de personnes définies comme vivant dans des "régions urbaines" pour 100 personnes de la population totale.

Fiabilité des données : Les estimations considérées comme moins sûres sont indiquées en italique plutôt qu'en caractères romains. Le classement du point de vue de la fiabilité est fondé sur la méthode utilisée pour établir l'estimation de la population totale qui figure dans le tableau 3 (voir explications dans les Notes techniques relatives à ce même tableau).

Insuffisance des données : Les statistiques de la population urbaine selon le sexe appellent toutes les réserves qui ont été faites à la section 3 des Notes techniques à propos des statistiques de la population en général.

Les limitations fondamentales imposées par les variations de la définition de la population totale et par les lacunes du recensement se font peut-être sentir davantage dans la répartition de la population en urbaine et rurale que dans sa répartition suivant toute autre caractéristique. C'est ainsi que la classification en population urbaine ou population rurale est affectée par des différences de définition de la résidence habituelle utilisée pour l'exploitation des données à l'échelon sous-national. Pareillement, les différences de degré de sous-dénombrement suivant la zone géographique, à l'occasion des recensements, influent sur la comparabilité de ces deux catégories dans l'ensemble du tableau. La distinction entre population de fait et population de droit est également très importante du point de vue de la répartition de la population en urbaine et rurale. Cette distinction est expliquée en détail à la section 3.1.1 des Notes techniques.

Toutefois, la difficulté la plus caractérisée provient du fait que les pays ou zones ne sont pas d'accord sur la définition du terme urbain. La distinction entre les régions urbaines et les régions rurale varie tellement que les définitions utilisées ont été reproduites à la fin de ce tableau. Les définitions sont forcément brèves et, lorsque le classement en "zone urbaine" repose sur des divisions administratives, on a souvent identifié celles-ci par le nom qu'elles portent dans le pays ou zone considéré. Par suite des variations dans la terminologie, les différences entre pays ou zones peuvent sembler plus grandes qu'elles ne le sont réellement. Mais il se peut aussi que des termes similaires ou identiques, tels que ville, village ou district, aient des significations très différentes suivant les pays ou zones.

On constatera, en examinant les définitions adoptées par les différents pays ou zones, qu'elles peuvent être ramenées à trois types principaux : 1) classification des localités de certaines dimensions comme urbaines; 2) classification des centres administratifs de petites circonscriptions administratives comme urbains, le reste de la circonscription étant considéré comme rural; 3) classification des petites divisions administratives selon un critère déterminé, qui peut être soit le type d'administration locale, soit le nombre d'habitants, soit le pourcentage de la population exerçant une activité agricole.

La distinction entre régions urbaines et régions rurales est si étroitement liée à des considérations d'ordre historique, politique, culturel et administratif que l'on ne peut progresser que très lentement vers des

uniform definitions and procedures moves very slowly. Not only do the definitions differ one from the other, but, in fact, they may no longer reflect the original intention of distinguishing urban from rural.

The criteria once established on the basis of administrative subdivisions (as most of these are) become fixed and resistant to change. For this reason, comparisons of time-series data may be severely affected because the definitions used become outdated. Special care must be taken in comparing data from censuses with those from sample surveys because the definitions of urban used may differ.

Despite their shortcomings, however, statistics of urban and rural population are useful in describing the diversity within the population of a country or area.
The definition of urban/rural areas is based on both qualitative and quantitative criteria that may include any combination of the following: size of population, population density, distance between built-up areas, predominant type of economic activity, conformity to legal or administrative status and urban characteristics such as specific services and facilities.[29] Although statistics classified by urban/rural areas are widely available, no international standard definition appears to be possible at this time since the meaning differs from one country or area to another. The urban/rural classification of population used here is reported according to the national definition, as indicated in a footnote to this table and described in detail in the Technical Notes for table 2 of the Historical Supplement.[30] Thus, the differences between urban and rural characteristics of the population, though not precisely measured, will tend to be reflected in the statistics.

Coverage: Urban and total population by sex are shown for 124 countries or areas.

Earlier data: Urban and total population by sex have been shown in previous issues of the Demographic Yearbook. For information on specific years covered, readers should consult the Index.

Table 7

Table 7 presents population by age, sex and urban/rural residence for the latest available year between 1988 and 1997.

Description of variables: Data in this table either are from population censuses or are estimates some of which are based on sample surveys. Data refer to the de facto population unless otherwise noted.

The reference date of the census or estimate appears in the stub of the table. The results of censuses are identified by a "(C)" following the date. In general, the estimates refer to mid-year (1 July).

Age is defined as age at last birthday, that is, the difference between the date of birth and the reference date of the age distribution expressed in completed solar years. The age classification used in this table is the following: under 1 year, 1-4 years, 5-year groups through 80-84 years, and 85 years and over and age unknown.

définitions et des méthodes uniformes. Non seulement les définitions sont différentes les unes des autres, mais on n'y retrouve parfois même plus l'intention originale de distinguer les régions rurales des régions urbaines.

Lorsque la classification est fondée, en particulier, sur le critère des circonscriptions administratives (comme la plupart le sont), elle a tendance à devenir rigide avec le temps et à décourager toute modification. Pour cette raison, la comparaison des données appartenant à des séries chronologiques risque d'être gravement faussée du fait que les définitions employées sont désormais périmées. Il faut être particulièrement prudent lorsqu'on compare des données de recensements avec des données d'enquêtes par sondage, car il se peut que les définitions du terme urbain auxquelles ces données se réfèrent respectivement soient différentes.

Malgré leurs insuffisances, les statistiques urbaines et rurales permettent de mettre en évidence la diversité de la population d'un pays ou d'une zone. La distinction urbaine/rurale repose sur une série de critères qualitatifs aussi bien que quantitatifs, dont, en combinaisons variables: effectif de la population, densité de peuplement, distance entre îlots d'habitations, type prédominant d'activité économique, statut juridique ou administratif, et caractéristiques d'une agglomération urbaine, c'est-à-dire services publics et équipements collectifs.[29] Bien que les statistiques différenciant les zones urbaines des zones rurales soient très généralisées, il ne paraît pas possible pour le moment d'adopter une classification internationale type de ces zones, vu la diversité des interprétations nationales. La classification de la population en urbaine ou rurale retenue ici est celle qui correspond aux définitions nationales, comme l'indique une note au tableau, et selon le détail exposé dans les Notes techniques au tableau 2 du Supplément rétrospectif.[30] On peut donc dire que si les contrastes entre la population rurale et la population urbaine ne sont pas mesurés de façon précise ils se reflètent néanmoins dans les statistiques.

Portée : Des statistiques de la population urbaine et de la population totale selon le sexe sont présentées pour 124 pays ou zones.

Données publiées antérieurement : Des statistiques de la population urbaine et de la population totale selon le sexe ont été publiées dans des éditions antérieures de l'Annuaire démographique. Pour plus de précisions concernant les années pour lesquelles ces données ont été publiées, se reporter à l'Index.

Tableau 7

Le tableau 7 présente des données sur la population selon l'âge, le sexe et la résidence (urbaine/rurale) pour la dernière année disponible entre 1988 et 1997.

Description des variables : Les données de ce tableau sont tirées de recensements de la population, ou bien sont des estimations fondées, dans certains cas, sur des enquêtes par sondage. Sauf indication contraire, elles se rapportent à la population de fait.

La date de référence du recensement ou de l'estimation figure dans la colonne de gauche du tableau. Les données de recensement sont identifiées par la lettre 'C' placée après la date. En général, les estimations se rapportent au milieu de l'année (1er juillet).

L'âge désigne l'âge au dernier anniversaire, c'est-à-dire la différence entre la date de naissance et la date de référence de la répartition par âge exprimée en années solaires révolues. La classification par âge utilisée dans ce tableau est la suivante : moins d'un an, 1 à 4 ans, groupes quinquennaux jusqu'à 80 à 84 ans, 85 ans et plus et une catégorie âge inconnu.

The urban/rural classification of population by age and sex is that provided by each country or area; it is presumed to be based on the national census definitions of urban population that have been set forth at the end of table 6.

Estimates of population by age and sex presented in this table have been limited to countries or areas for which estimates have been based on the results of a sample survey or have been constructed by the component method from the results of a population census or sample survey. Distributions which result when the estimated total population is distributed by age and sex according to percentages in each age-sex group at the time of a census or sample survey are not acceptable, and they have not been included in this table.

Reliability of data: Estimates which are believed to be less reliable are set in italics rather than in roman type. Classification in terms of reliability is based on the method of construction of the total population estimate as shown in table 3 and discussed in the Technical Notes for that table. No attempt has been made to take account of age-reporting accuracy, the evaluation of which has been described in section 3.1.3 of the Technical Notes.

Limitations: Statistics on population by age and sex are subject to the same qualifications as have been set forth for population statistics in general and age distributions in particular, as discussed in sections 3 and 3.1.3, respectively, of the Technical Notes.

Comparability of population data classified by age and sex is limited in the first place by variations in the definition of total population, discussed in detail in section 3 of the Technical Notes, and by the accuracy of the original enumeration. Both of these factors are more important in relation to certain age groups than to others. For example, under-enumeration is known to be more prevalent among infants and young children than among older persons. Similarly, the exclusion from the total population of certain groups which tend to be of selected ages (such as the armed forces) can markedly affect the age structure and its comparability with that for other countries or areas. Consideration should be given to the implications of these basic limitations in using the data.

In addition to these general qualifications are the special problems of comparability which arise in relation to age statistics in particular. Age distributions of population are known to suffer from certain deficiencies which have their origin in irregularities in age reporting. Although some of the irregularities tend to be obscured or eliminated when data are tabulated in five-year age groups rather than by single years, precision still continues to be affected, though the degree of distortion is not always readily seen. [31]

Another factor limiting comparability is the age classification employed by the various countries or areas. Age may be based on the year of birth rather than the age at last birthday, in other words, calculated using the day, month and year of birth. Distributions based on the year of birth only are footnoted when known.

La classification par zones urbaines et rurales de la population selon l'âge et le sexe est celle qui est fournie par chaque pays ou zone; cette classification est présumée fondée sur les définitions utilisées dans les recensements nationaux de la population urbaine, qui sont reproduites à la fin du tableau 6.

Les estimations de la population selon l'âge et le sexe qui figurent dans ce tableau ne concernent que les pays ou zones pour lesquels les estimations se fondent sur les résultats d'une enquête par sondage ou ont été établies par la méthode des composantes à partir des résultats d'un recensement de la population ou d'une enquête par sondage. Les répartitions par âge et par sexe obtenues en appliquant à l'estimation de la population totale les pourcentages enregistrés pour les divers groupes d'âge pour chaque sexe lors d'un recensement ou d'une enquête par sondage ne sont pas acceptables et n'ont pas été reproduites dans ce tableau.

Fiabilité des données : Les estimations considérées comme moins sûres sont indiquées en italique plutôt qu'en caractères romains. Le classement du point de vue de la fiabilité est fondé sur la méthode utilisée pour établir l'estimation de la population totale qui figure dans le tableau 3 (voir explications dans les Notes techniques relatives à ce même tableau). On n'a pas tenu compte des inexactitudes dans les déclarations d'âge, dont la méthode d'évaluation est exposée à la section 3.1.3 des Notes techniques.

Insuffisance des données : Les statistiques de la population selon l'âge et le sexe appellent les mêmes réserves que celles qui ont été respectivement formulées aux sections 3 et 3.1.3 des Notes techniques à l'égard des statistiques de la population en général et des répartitions par âge en particulier.

La comparabilité des statistiques de la population selon l'âge et le sexe est limitée en premier lieu par le manque d'uniformité dans la définition de la population totale (voir explications à la section 3 des Notes techniques) et par les lacunes des dénombrements. L'influence de ces deux facteurs varie selon les groupes d'âge. Ainsi, le dénombrement des enfants de moins d'un an et des jeunes enfants comporte souvent plus de lacunes que celui des personnes plus âgées. De même, l'exclusion du chiffre de la population totale de certains groupes de personnes appartenant souvent à des groupes d'âge déterminés, par exemple les militaires, peut influer sensiblement sur la structure par âge et sur la comparabilité des données avec celles d'autres pays ou zones. Il conviendra de tenir compte de ces facteurs fondamentaux lorsqu'on utilisera les données du tableau.

Outre ces difficultés d'ordre général, la comparabilité pose des problèmes particuliers lorsqu'il s'agit des données par âge. On sait que les répartitions de la population selon l'âge présentent certaines imperfections dues à l'inexactitude des déclarations d'âge. Certaines de ces anomalies ont tendance à s'estomper ou à disparaître lorsqu'on classe les données par groupes d'âge quinquennaux et non par années d'âge, mais une certaine imprécision demeure, même s'il n'est pas toujours facile de voir à quel point il y a distorsion [31].

Le degré de comparabilité dépend également de la classification par âge employée dans les divers pays ou zones. L'âge retenu peut être défini par date exacte (jour, mois et année) de naissance ou par celle du dernier anniversaire. Lorsqu'elles étaient connues, les répartitions établies seulement d'après l'année de la naissance ont été signalées en note à la fin du tableau.

The absence of frequencies in the unknown age group does not necessarily indicate completely accurate reporting and tabulation of the age item. It is often an indication that the unknowns have been eliminated by assigning ages to them before tabulation, or by proportionate distribution after tabulation.

As noted in connection with table 5, intercensal estimates of total population are usually revised to accord with the results of a census of population if inexplicable discontinuities appear to exist. Postcensal age-sex distributions, however, are less likely to be revised in this way. When it is known that a total population estimate for a given year has been revised and the corresponding age distribution has not been, the age distribution is shown as provisional. Distributions of this type should be used with caution when studying trends over a period of years though their utility for studying age structure for the specified year is probably unimpaired.

The comparability of data by urban/rural residence is affected by the national definitions of urban and rural used in tabulating these data. When known, the definitions of urban used in national population censuses are presented at the end of table 6. As discussed in detail in the Technical Notes for table 6, these definitions vary considerably from one country or area to another.

Coverage: Population by age and sex is shown for 178 countries or areas. Of these distributions, 46 are census results, and 132 are other types of estimates.

Data are presented by urban/rural residence for 112 countries or areas.

Earlier data: Population by age, sex and urban/rural residence has been shown in previous issues of the Demographic Yearbook. Data included in this table update the series for each available year since 1948 shown in table 3 of the Historical Supplement. In addition, the Population and Vital Statistics Report: 1984 Special Supplement presents population by age and sex for each census reported during the period 1965 and 1983. For information on additional years covered, readers should consult the Index.

Data in machine-readable form: Data shown in this table are available in magnetic tape at a cost of US$150 for all available years as shown below:

Total	1948-1996
Urban/rural	1972-1996

Si aucun nombre ne figure dans la colonne réservée aux âges inconnus, cela ne signifie pas nécessairement que les déclarations d'âge et l'exploitation des données par âge aient été tout à fait exactes. C'est souvent une indication que l'on a attribué un âge aux personnes d'âge inconnu avant la mise en tableau ou que celles-ci ont été réparties proportionnellement entre les différents groupes après cette opération.

Comme on l'a indiqué à propos du tableau 5, les estimations intercensitaires de la population totale sont d'ordinaire rectifiées d'après les résultats des recensements de population si l'on constate des discontinuités inexplicables. Les données postcensitaires concernant la répartition de la population par âge et par sexe ont toutefois moins de chance d'être rectifiées de cette manière. Lorsqu'on savait qu'une estimation de la population totale pour une année donnée avait été rectifiée mais non la répartition par âge correspondante, cette dernière a été indiquée comme ayant un caractère provisoire. Les répartitions de ce type doivent être utilisées avec prudence lorsqu'on étudie les tendances sur un certain nombre d'années, quoique leur utilité pour l'étude de la structure par âge de la population pour l'année visée reste probablement entière.

La comparabilité des données selon la résidence (urbaine/rurale) peut être limitée par les définitions nationales des termes "urbain" et 'rural' utilisées pour la mise en tableaux de ces données. Les définitions du terme "urbain" utilisées pour les recensements nationaux de population ont été présentées à la fin du tableau 6 lorsqu'elles étaient connues. Comme on l'a précisé en détail dans les Notes techniques relatives au tableau 6, ces définitions varient très sensiblement d'un pays ou d'une zone à l'autre.

Portée : Des statistiques de la population selon l'âge et le sexe sont présentées pour 178 pays ou zones. De ces séries de données, 46 sont des résultats de recensement, et 132 sont des estimations postcensitaires.

La répartition selon la résidence (urbaine/rurale) et indiquée pour 112 pays ou zones.

Données publiées antérieurement : Des statistiques de la population selon l'âge, le sexe et la résidence (urbaine/rurale) ont été présentées dans des éditions antérieures de l'Annuaire démographique. Les données présentées dans le tableau 7 mettent à jour les séries existant par année depuis 1948 et qui figurent au tableau 3 du Supplément rétrospectif. En plus, le Rapport de statistiques de la population et de l'état civil : Supplément spécial 1984 présente des données pour la population selon l'âge et le sexe pour chaque recensement entre 1965 et 1983. Les années additionnelles sont indiquées dans l'Index.

Données sur support magnétique: Il est possible de se procurer sur bande magnétique, moyennant de paiement d'une somme $150 les données dans ce tableau pour tous les années disponibles suivantes:

Total	1948-1996
Urban/rural	1972-1996

Table 8

Table 8 presents population of capital cities and cities of 100, 000 and more inhabitants for the latest available year.

Description of variables: Since the way in which cities are delimited differs from one country or area to another, efforts have been made to include in the table not only data for the so-called city proper but also those for the urban agglomeration, if such exists.

City proper is defined as a locality with legally fixed boundaries and an administratively recognized urban status which is usually characterized by some form of local government.

Urban agglomeration has been defined as comprising the city or town proper and also the suburban fringe or thickly settled territory lying outside of, but adjacent to, the city boundaries.

In addition, for some countries or areas, the data relate to entire administrative divisions known, for example, as shi or municipios which are composed of a populated centre and adjoining territory, some of which may contain otherquite separate urban localities or be distinctively rural in character. For this group of countries or areas the type of civil division is given in a footnote, and the figures have been centred in the two columns as an indication that they refer to units which may extend beyond an integrated urban locality but which are not necessarily urban agglomerations.

Where possible the surface area of the city or urban agglomeration is shown at the end of the table.

City names are presented in the original language of the country or area in which the cities are located. In cases where the original names are not in the Roman alphabet, they have been romanized. Cities are listed in English alphabetical order.

Capital cities are shown in the table regardless of their population size. The names of the capital cities are printed in capital letters. The designation of any specific city as a capital city is done solely on the basis of thedesignation as reported by the country or area.

For other cities, the table covers those with a population of 100 000 and more. The 100 000 limit refers to the urban agglomeration, and not to the city proper, which may be smaller.

The reference date of each population figure appears in the stub of the table. Estimates are identified by (E) following the date. Estimates based on results of sample surveys and city censuses as well as those derived from other sources are identified by footnote.

Reliability of data: Specific information is generally not available on the method of constructing population estimates on their reliability for cities or urban agglomerations presented in this table. Nevertheless, the principles used in determining the reliability of the data are the same as those used for the total population figures.

Data from population censuses, sample surveys and city censuses are considered to be reliable and, therefore, set

Tableau 8

Le tableau 8 présente des données sur la population des capitales et des villes de 100 000 habitants et plus pour la dernière année disponible.

Description des variables : Etant donné que les villes ne sont pas délimitées de la même manière dans tous les pays ou zones, on s'est efforcé de donner, dans ce tableau, des chiffres correspondant non seulement aux villes proprement dites, mais aussi, le cas échéant, aux agglomérations urbaines.

On entend par villes proprement dites les localités qui ont des limites juridiquement définies et sont administrativement considérées comme villes, ce qui se caractérise généralement par l'existence d'une autorité locale.

L'agglomération urbaine comprend, par définition, la ville proprement dite ainsi que la proche banlieue, c'est-à-dire la zone fortement peuplée qui est extérieure, mais contiguë aux limites de la ville.

En outre, dans certains pays ou zones, les données se rapportent à des divisions administratives entières, connues par exemple sous le nom de shi ou de municipios, qui comportent une agglomération et le territoire avoisinant, lequel peut englober d'autres agglomérations urbaines tout à fait distinctes ou être de caractère essentiellement rural. Pour ce groupe de pays ou zones, le type de division administrative est indiqué en note, et les chiffres ont été centrés entre les deux colonnes, de manière à montrer qu'il s'agit d'unités pouvant s'étendre au-delà d'une localité urbaine intégrée sans constituer nécessairement pour autant une agglomération urbaine.

On trouvera à la fin du tableau la superficie de la ville ou agglomération urbaine chaque fois que possible.

Les noms des villes sont indiqués dans la langue du pays ou zone où ces villes sont situées. Les noms de villes qui ne sont pas à l'origine libellés en caractères latins ont été romanisés. Les villes sont énumérées dans l'ordre alphabétique anglais.

Les capitales figurent dans le tableau quel que soit le chiffre de leur population et leur nom a été imprimé en lettres majuscules. Ne sont indiquées comme capitales que les villes ainsi désignées par le pays ou zone intéressé.

En ce qui concerne les autres villes, le tableau indique celles dont la population est égale ou supérieure à 100 000 habitants. Ce chiffre limite s'applique à l'agglomération urbaine et non à la ville proprement dite, dont la population peut être moindre.

La date de référence du chiffre correspondant à chaque population figure dans la colonne de gauche du tableau. Les estimations sont indiquées par la lettre (E) placée après la date. Lorsqu'on savait que les estimations étaient fondées sur les résultats d'enquêtes par sondage ou de recensements municipaux ou étaient tirées d'autres sources, on l'a indiqué en note.

Fiabilité des données : On ne possède généralement pas de renseignements précis sur la méthode employée pour établir les estimations de la population des villes ou agglomérations urbaines présentées dans ce tableau ni sur la fiabilité de ces estimations. Toutefois, les critères utilisés pour déterminer la fiabilité des données sont les mêmes que ceux qui ont été appliqués pour les chiffres de la population totale.

Les données provenant de recensements de la population, d'enquêtes par sondage ou de recensements municipaux sont jugées sûres et figurent

in roman type. Other estimates are considered to be reliable or less reliable on the basis of the reliability of the 1996 estimate of the total mid-year population. The criteria for reliability are explained in detail in the Technical Notes for table 3 and in section 3.2.1 of the Technical Notes.

In brief, mid-year population estimates are considered reliable if they are based on a complete census (or a sample survey), and have been adjusted by a continuous population register or adjusted on the basis of the calculated balance of births, deaths, and migration.

Limitations: Statistics on the population of capital cities and cities of 100,000 and more inhabitants are subject to the same qualifications as have been set forth for population statistics in general as discussed in section 3 of the Technical Notes.

International comparability of data on city population is limited to a great extent by variations in national concepts. Although an effort is made to reduce the sources of non-comparability somewhat by presenting the data in the table in terms of both city proper and urban agglomeration, many serious problems of comparability remain.

Data presented in the "city proper" column for some countries represent an urban administrative area legally distinguished from surrounding rural territory, while for other countries these data represent a commune or similar small administrative unit. In still other countries such administrative units may be relatively extensive and thereby include considerable territory beyond the urban centre itself.

City data are also especially affected by whether the data are expressed in terms of the de facto or de jure population of the city as well as variations among countries in how each of these concepts is applied. With reference to the total population, the difference between the de facto and de jure population is discussed at length in section 3.1.1 of the Technical Notes.

Data on city populations based on intercensal estimates present even more problems than census data. Comparability is impaired by the different methods used in making the estimates and by the lack of precision possible in applying any given method. For example, it is far more difficult to apply the component method of estimating population growth to cities than it is to entire countries.

Births and deaths occurring in the cities do not all originate in the population present in or resident of that area. Therefore, the use of natural increase to estimate the probable size of the city population is a potential source of error. Internal migration is a second estimating component which cannot be measured with accuracy in many areas. Because of these factors, estimates in this table may be less valuable in general and in particular limited for purposes of international comparisons.

City data, even when set in roman type, are often not as reliable as estimates for the total population of the country or area.

par conséquent en caractères romains. D'autres estimations sont considérées comme sûres ou moins sûres en fonction du degré de fiabilité attribué aux estimations de la population totale en milieu d'année pour 1996. Ces critères de fiabilité sont expliqués en détail dans les Notes techniques relatives au tableau 3, ainsi qu'à la section 3.2.1 des Notes techniques.

En résumé, sont considérées comme sûres les estimations de la population en milieu d'année qui sont fondées sur un recensement complet (ou une enquête par sondage) et qui ont été ajustées en fonction des données fournies par un registre de population permanent ou en fonction de la balance, établie par le calcul des naissances, des décès et des migrations.

Insuffisance des données : Les statistiques portant sur l a population des capitales et des villes de 100,000 habitants et plus appellent toutes les réserves qui ont été faites à la section 3 des Notes techniques à propos des statistiques de la population en général.

La comparabilité internationale des données portant sur la population des villes est compromise dans une large mesure par la diversité des définitions nationales. Bien que l'on se soit efforcé de réduire les facteurs de non-comparabilité en présentant à la fois dans le tableau les données relatives aux villes proprement dites et celles concernant les agglomérations urbaines, de nombreux et graves problèmes de comparabilité n'en subsistent pas moins.

Pour certain pays, les données figurant dans la colonne intitulée "ville proprement dite" correspondent à une zone administrative urbaine juridiquement distincte du territoire rural environnant, tandis que pour d'autres pays ces données correspondent à une commune ou petite unité administrative analogue. Pour d'autres encore, les unités administratives en cause peuvent être relativement étendues et comporter par conséquent un vaste territoire au-delà du centre urbain lui-même.

L'emploi de données se rapportant tantôt à la population de fait, tantôt à la population de droit, ainsi que les différences de traitement de ces deux concepts d'un pays à l'autre influent particulièrement sur les statistiques urbaines. En ce qui concerne la population totale, la différence entre population de fait et population de droit est expliquée en détail à la section 3.1.1 des Notes techniques.

Les statistiques des populations urbaines qui sont fondées sur des estimations intercensitaires posent encore plus de problèmes que les données de recensement. Leur comparabilité est compromise par la diversité des méthodes employées pour établir les estimations et par le manque possible de précision dans l'application de telle ou telle méthode. La méthode des composantes, par exemple, est beaucoup plus difficile à appliquer envue de l'estimation de l'accroissement de la population lorsqu'il s'agit de villes que lorsqu'il s'agit de pays entiers.

Les naissances et décès qui surviennent dans les villes ne correspondent pas tous à la population présente ou résidente. En conséquence, des erreurs peuvent se produire si l'on établit pour les villes des estimations fondées sur l'accroissement naturel de la population. Les migrations intérieures constituent un second élément d'estimation que, dans bien des régions, on ne peut pas toujours mesurer avec exactitude. Pour ces raisons, les estimations présentées dans ce table au risquent dans l'ensemble d'être peu fiables et leur valeur est particulièrement limitée du point de vue des comparaisons internationales.

Même lorsqu'elles figurent en caractères romains, il arrive souvent que les statistiques urbaines ne soient pas aussi sûres que les estimations concernant la population totale du pays ou zone en cause.

Furthermore, because the sources of these data include censuses (national or city), surveys and estimates, the years to which they refer vary widely. In addition, because city boundaries may alter over time, comparisons of data for different years should be carried out with caution.

Coverage: Cities are shown for 216 countries or areas. Of these 99 show the capital only while 117 show the capital and one or more cities which, according to the latest census or estimate, had a population of 100 000 or more.

Earlier data: Population of capital cities and cities with a population of 100,000 or more have been shown in previous issues of the Demographic Yearbook. For information on specific years covered, readers should consult the Index.

Table 9

Table 9 presents live births and under live-birth rates by urban/rural residence for as many years as possible between 1993 and 1997.

Description of variables: Live birth is defined as the complete expulsion or extraction from its mother of a product of conception, irrespective of the duration of pregnancy, which after such separation, breathes or shows any other evidence of life such as beating of the heart, pulsation of the umbilical cord, or definite movements of voluntary muscles, whether or not the umbilical cord has been cut or the placenta is attached; each product of such a birth is considered live-born regardless of gestational age[32].

Statistics on the number of live births are obtained from civil registers unless otherwise noted. For those countries or areas where civil registration statistics on live births are considered reliable (estimated completeness of 90 per cent or more) the birth rates shown have been calculated on the basis of registered live births. However, for countries or areas where civil registration of live births is non-existent or considered unreliable (estimated completeness of less than 90 per cent or of unknown completeness), estimated rates are presented whenever possible instead of the rates based on the registered births. These estimated rates are identified by a footnote. Officially estimated rates using well-defined estimation procedures and sources whether based on census or sample survey data are given first priority. If such estimates are not available, rates estimated by the Population Division of the United Nations Secretariat are presented.

The urban/rural classification of birth is that provided by each country or area; it is presumed to be based on the national census definitions of urban population that have been set forth at the end of table 6.

Rate computation: Crude live-birth rates are the annual number of live births per 1 000 mid-year population.

De surcroît, comme ces statistiques proviennent aussi bien de recensements (nationaux ou municipaux) que d'enquêtes ou d'estimations, les années auxquelles elles se rapportent sont extrêmement variables. Enfin, comme les limites urbaines varient parfois d'une époque à une autre, il y a lieu d'être prudent lorsque l'on compare des données se rapportant à des années différentes.

Portée : Ce tableau fournit des données sur la population des villes de 216 pays ou zones. Pour 99 d'entre eux, seule est indiquée la population de la capitale, tandis que pour 117 on a indiqué celle de la capitale et d'une ou plusieurs villes comptant, d'après le dernier recensement ou la dernière estimation, 100 000 habitants ou plus.

Données publiées antérieurement : Des statistiques de la population des capitales et des villes de 100 000 habitants ou plus ont été présentées dans des éditions antérieures de l'Annuaire démographique. Pour plus de précisions concernant les années pour les quelles ces données ont été publiées, se reporter à l'Index.

Tableau 9

Le tableau 9 présente des données sur les naissances vivantes et les taux bruts de natalité sexe selon la résidence (urbaine/rurale) pour le plus grand nombre d'années possible entre 1993 et 1997.

Description des variables: La naissance vivante est l'expulsion ou l'extraction complète du corps de la mère, indépendamment de la durée de gestation, d'un produit de la conception qui, après cette séparation, respire ou manifeste tout autre signe de vie, tel que battement de coeur, pulsation du cordon ombilical ou contraction effective d'un muscle soumis à l'action de la volonté, que le cordon ombilical ait été coupé ou non et que le placenta soit ou non demeuré attaché; tout produit d'une telle naissance est considéré comme "enfant né vivant"[32].

Sauf indication contraire, les statistiques du nombre de naissances vivantes sont établies sur la base des rigistres de l'état civil. Pour les pays ou zones où les statistiques tirées de l'enregistrement des naissances vivantes par les services de l'état civil sont jugées sûres (complétude estimée à 90 p.100 ou plus), les taux de natalité indiqués ont été calculés d'après les naissances vivantes enregistrées. En revanche, pour les payès, ou zones où l'enregistrement des naissances vivantes par les services de l'état civil n'existe pas ou est de qualité douteuse (complétude) estimée à moins de 90 p. 100 ou degré de complétude inconnu), on a présenté, autant que possible, des taux estimatifs et non des taux fondés sur les naissances enregistrés. Lorsque tel était le cas, on l'a signalé en note au bas du tableau. On a retenu en priorité les taux estimatifs officiels établis d'après des méthodes d'estimation et des sources bien définies, qu'il s'agisse de donnée de recensement ou de résultats d'enquêtes par sondage,. Lorsqu'on ne disposait pas d'estimations de ce genre, on a présenté les taux estimatifs établis par la Division de la population du Secrétariat de l'ONU.

La classification des naissances selon la résidence (urbaine/rurale) est celle qui a été fournie par chaque pays ou zone; il faut en conclure qu'elle repose sur les définitions de la population urbaine utilisées pour les recensements nationaux telles qu'elles sont reproduites à la fin du tableau 6.

Calcul des taux: Les taux bruts de natalité représentent le nombre annuel de naissances vivantes pour 1 000 habitants ou millieu de l'année.

Rates by urban/rural residence are the annual number of live births, in the appropriate urban or rural category, per 1 000 corresponding mid-year population.

Rates presented in this table have not been limited to those countries or areas having a minimum number of live births in a given year. However, rates based on 30 or fewer live births are identified by the symbol (✦).

These rates, unless otherwise noted, have been calculated by the Statistics Division of the United Nations.

In addition, some rates have been obtained from sample surveys, from analysis of consecutive population results and from the application of the " reverse-survival" method, which consists of increasing the number of children of a given age group recorded in a census or sample survey, by a life-table survival coefficient, so as to estimate the number of births from which these children are survivors. To distinguish them from civil registration data, estimated rates are identified by a footnote.

Reliability of data: Each country or area has been asked to indicate the estimated completeness of the live births recorded in its civil register. These national assessments are indicated by the quality codes (C), (U), and (...) that appear in the first column of this table.

C indicates that the data are estimated to be virtually complete, that is, representing at least 90 per cent of the live births occurring each year, while U indicates that data are estimated to be incomplete, that is, representing less than 90 per cent of the live births occurring each year. The code (...) indicates that no information was provided regarding completeness.

Data from civil registers which are reported as incomplete or of unknown completeness (coded U or ...) are considered unreliable. They appear in italics in this table. When data so coded are used to calculate rates, rates also appear in italics.

These quality codes apply only to data from civil registers. If a series of data for a country or area contains both data from a civil register and estimated data from, for example, a sample survey, then the code applies only to the registered data. If only estimated data are presented, the symbol (..) is shown instead of the quality code. For more information about the quality of vital statistics data in general, and the information available on the basis of the completeness estimates in particular, see section 4.2 of the Technical Notes.

Limitations. Statistics on live births are subject to the same qualifications as have been set forth for vital statistics in general and birth statistics in particular as discussed in section 4 of the Technical Notes.

The reliability of data, an indication of which is described above, is an important factor in considering the limitations. In addition, some live birth are tabulated by date of registration and not by date of occurrence; these have been indicated by a (+). Whenever the lag between the date of occurrence and date of registration is prolonged and, therefore, a large proportion of the live-birth registrations are delayed, birth statistics for any given year may be seriously affected.

Les taux selon la résidence (urbaine/rurale) représentent le nombre annuel de naissances vivantes, classées selon la catégorie urbaine ou rurale appropriée pour 1 000 habitants au milieu de l'année.

Les taux présentés dans ce tableau ne se rapportent pas aux seuls pays ou zones où l'on a enregistré un certain nombre minimal de naissances vivantes au cours d'une année donnée. Toutefois, les taux qui sont fondés sur 30 naissances vivantes ou moins sont identifiés par le signe(✦).

Ces taux, sauf indication contraire, ont été calculés par la Division de statistique de l'ONU.

En outre, certains taux ont été obtenus à partir des résultats d'enquêtes par sondage, par l'analyse des données de recensements consécutifs et par la méthode de la projection rétrospective, qui consiste à accroître le nombre d'enfants d'un groupe d'âge donné enregistré lors d'un recensement ou d'une enquête par sondage, en appliquant le coefficient de survie d'une table de mortalité de manière à estimer le nombre de naissances de la cohorte dont ces enfants sont les survivants. Pour les distinguer des données qui proviennent des registres de l'état civil, ces taux estimatifs ont été identifiés par une note au bas du tableau.

Fiabilité des données: Il a été demandé à chaque pays ou zone d'indiquer le degré estimatif de complétude des donnée sur les morts foetales tardives figurant dans ses registres d'état civil. Ces évaluations nationales sont désignées par les codes de qualité (C), (U) et (...) Qui apparaisent dans la première colonne du tableau.

La lettre (C) indique que les données sont jugées à peu près complète, c'est-à-dire qu'elles représentent au moins 90 p. 100 des morts foetales tardives survenues chaque année; la lettre (U) indique que les données sont jugées incomplètes, c'est-à-dire qu'elles représentent moins de 90 p. 100 des, morts foetales tardives survenues chaque année. Le signe (...) indique qu'aucun renseignement n'a été fourni quant à la complétude des données.

Les données provenant des registres de l'état civil qui sont déclarées incomplètes ou dont le degré de complétude n'est pas connu (et qui sont affectées de la lettre (U) ou de signe (...) sont jugées douteuses. Elles apparaissent en italique dans le présent tableau. Lorsque ces données sont utilisées pour calculer des rapports, ces rapports apparaissent eux aussi en italique.

Ces codes de qualité ne s'appliquent qu'aux données tirées des registres de l'état civil. Si une série de données pour un pays ou une zone contient à la fois des données provenant des registres de l'état civil et des estimations calculées, par exemple sur la base d'enquêtes par sondoge, le code s'applique uniquement aux données d'enregistrement. Si l'on ne présente que des données estimatives, le signe (..) est utilisé à la place du code de qualité. Pour plus de précisions sur la qualité des données reposant sur les statistiques de l'état civil en général, voir la section 4.2 des Notes techniques, qui fournit aussi des renseignements fondés sur les estimations de complétude.

Insuffisance des données: Les statistiques des naissances vivantes appellent toutes les réserves qui ont été faites à propos des statistiques de l'état civil en général et des statistiques des naissances en particulier (voir explications données à la section 4 des Notes techniques).

La fiabilité des données, au sujet de laquelle des indications ont été fournies plus haut, est un facteur important. Il faut également tenir compte du fait que, dans certains cas, les données relatives aux naissances vivantes sont exploitées selon la date de l'enregistrement et non la date de l'événement; ces cas ont été identifiés par le signe (+). Là où le décalage entre l'événement et son enregistrement est grande, c'est-à-dire là où une forte proportion des naissances vivantes fait l'objet d'un enregistrement tardif, les statistiques des naissances vivantes pour une année donnée peuvent être sérieusement faussées.

Another factor which limits international comparability is the practice of some countries or areas not to include in live-birth statistics infants who were born alive but died before the registration of the birth or within the first 24 hours of life, thus underestimating the total number of life births. Statistics of this type are footnoted.

In addition, it should be noted that rates are affected also by the quality and limitations of the population estimates which are used in their computation. The problems of under-enumeration or over-enumeration and, to some extent, the differences in definition of total population have been discussed in section 3 of the Technical Notes dealing with population data in general, and specific information pertaining to individual countries or areas is given in the footnotes to table 3. In the absence of official data on total population, United Nations estimates of mid-year population have been used in calculating some of these rates.

The rates estimated from the results of sample surveys are subject to possibilities of considerable error as a result of omissions in reporting of births, or as a result of erroneous reporting of events which occurred outside the reference period. However, rates estimated from sample surveys do have an outstanding advantage, and that is the availability of a built-in and strictly corresponding population base. The accuracy of the birth rates estimated by the "reverse-survival" method is affected by several factors, the most important of which are the accuracy of the count of children in the age groups used and errors in the survival coefficients.

It should be emphasized that crude birth-rates - like crude death, marriage and divorce rates - may be seriously affected by the age-sex structure of the populations to which they relate. Nevertheless, they do provide a simple measure of the level of and changes in natality.

The comparability of data by urban/rural residence is affected by the national definition of urban and rural used in tabulating these data. It is assumed, in the absence of specific information to the contrary, that the definitions of urban and rural used in connection with the national population census were also used in the compilation of the vital statistics for each country or area. However, the possibility cannot be excluded that, for a given country or area, the same definitions of urban and rural are not used for both the vital statistics data and the population census data. When known, the definitions of urban used in national population census are presented at the end of Table 6. As discussed in detail in the Technical Notes for table 6, these definitions vary considerably from one area or country to another.

In addition to problems of comparability, vital rates classified by urban/rural residence are also subject to certain special types of bias. If, when calculating vital rates, different definitions of urban are used in connection with the vital events and the population data and if this results in a net difference between the numerator and denominator of the rate in the population at risk, then the vital rates would be biased. Urban/rural differentials in vital rates may also be affected by whether the vital events have been tabulated in terms of place of occurrence or place of usual residence. This problem is discussed in more detail in section 4.1.4.1 of the Technical notes.

Un autre facteur qui nuit à la comparabilité internationale est la pratique de certains pays ou zones qui consiste à ne pas inclure dans les statistiques des naissances vivantes les enfants nés vivants mais décédés avant l'enregistrement de leur naissance ou dans les 24 heures qui ont suivi la naissance, pratique qui conduit à sous-estimer le nombre total de naissances vivantes. Quant tel était le cas, on l'a signalé en note au bas du tableau.

Il convient de notre par ailleurs que l'exactitude des taux dépend également de la qualité et des insuffisances des estimations de population qui sont utilisées pour leur calcul. Le problème des erreurs par excès ou par défaut commises lors du dénombrement et, dans une certaine mesure, le problème de l'hétérogénéité des définitions de la population totale ont été examinésà la section 3 des Notes techniques, relative à la population en général; des indications concernant les différents pays ou zones sont données en note au bas du tableau 3. Lorsqu'il n'existait pas de chiffres officiels sur la population totale, ce sont les estimations de la population en milieu d'année, établies par le Secrétariat de l'ONU, qui ont servi pour le calcul des taux.

Les taux estimatifs fondés sur les résultats d'enquêtes par sondage comportent des possibilités d'erreurs considérables dues soit à des omissions dans les déclarations, soit au fait que l'on a déclaré à toart des naissances survenues en réalité hors de la période considéré. Toutefois, les taux estimatifs fondés sur les résultats d'enquêtes par sondage présentent un gros avantage: le chiffre de population utilisé comme base est, par définition, rigoureusement correspondant. L'exactitude des taux de natalité estimés selon la méthode de la projection rétrospective dépend de plusieurs facteurs, dont les principaux sont l'exactitude de dénombrement des enfants des groupes d'âge utilisés et les erreurs dans les coefficients de survie.

Il faut souligner que les taux bruts de natalité, de même que les taux bruts de mortalité, de nuptionalité et de divortialité, peuvent varier très sensiblement selon la structure par âge et par sexe de la population à laquelle ils se rapportent. Ils offrent néanmoins un moyen simple de mesurer le niveau et l'évolution de la natalité.

La comparabilité des données selon la résidence (urbaine/rurale) peut être limitée par les définitions nationales des termes "urbain" et "rural" utilisées pour la mise en tableaux de ces données. En l'absence d'indications contraires, on a supposé que les définitions des termes "urbain" et "rural" pour le recensement national de la population avaient été utilisées pour le recensement national de la population et pour l'établissement des statistiques de l'état civil pour chaque pays ou zone. Toutefois, on ne peut exclure la possibilité que, pour un pays ou zone donné, les mêmes définitions des termes "urbain" et "rural" n'aient pas été utilisées dans les deux cas. Les définitions du terme "urbain" pour les recensements nationaux de population ont été présentées à la fin du tableau 6 lorsqu'elles étaient connues. Comme on l'a précisé en detail dans les Notes techniques relatives au tableau 6, ces définitions varient très sensiblement d'un pays ou d'une zone à l'autre.

Outre ces problèmes de comparabilité, les taux démographiques classés selon la résidence (urbaine/rurale) sont également sujets à certains types particuliers d'erreurs. Si, lors du calcul de ces taux, des définitions différentes du terme "urbain" sont utilisées pour classer les faits d'état civil et les données relatives à la population et s'il en résulte une différence nette entre le numerateur et le dénominateur pour le taux de la population exposée au risque, les taux démographiques s'en trouveront faussés. La différence entre ces taux pour les zones urbaines et rurales pourra ausi être faussée selon que les faits d'état civil auront été classés d'après le lieu de l'événement ou le lieu de résidence habituelle. Ce problème est examiné plus en détail à la section 4.1.4.1 des Notes techniques.

Coverage: Live births are shown for 140 countries or areas. Data are presented by urban/rural residence for 57 countries or areas.

Crude live-birth rates are shown for 213 countries or areas. Rates are presented by urban/rural residence for 44 countries or areas.

Earlier data : Live births have been shown in each issue of the Demographic Yearbook. Data included in this table update the series covering a period of years as follows:

Issue	Years covered
1992	1983-1992
1986	1967-1986
1981	1962-1981
Historical Supplement	1948-1977

For further information on years covered prior to 1948, readers should consult the Index.

Data in machine-readable form: Data shown in this table are available in magnetic tape at a cost of US$150 for all available years as shown below:

Total	1948-1997
Urban/rural	1972-1997

Table 10

Table 10 presents live births by age of mother, sex and urban/rural residence for the latest available year.

Description of variables : Age is defined as age at last birthday, that is, the difference between the date of birth and the date of the occurrence of the event, expressed in completed solar years. The age classification used in this table is the following : under 15 years, 5-year age groups through 45-49 years, 50 years and over, and age unknown.

The urban/rural classification of births is that provided by each country or area; it is presumed to be based on the national census definitions of urban population that have been set forth at the end of table 6.

Reliability of data : Data from civil registers of live births which are reported as incomplete (less than 90 per cent completeness) or of unknown completeness are considered unreliable and are set in italics rather than in roman type. Table 9 and the Technical Notes for that table provided more detailed information on the completeness of live-birth registration. For more information about the quality of vital statistics data in general, and the information available on the basis of the completeness estimates in particular, see section 4.2 of the Technical Notes.

Portée: Le tableau 9 présente des statistiques des naissances vivantes pour 140 pays ou zones. Les répartitions selon la résidence (urbaine/rurale) intéressent 57 pays ou zones.

Le tableau 9 présente des taux bruts de natalité pour 213 pays ou zones. Les taux selon la résidence (urbaine/rural) intéressent 44 pays ou zones.

Données publiées antérieurement : Des données sur les naissances vivantes ont été présentés dans chaque édition de l'Annuaire démographique. Les données présentées dans ce tableau mettent à jour les périodes d'années suivantes :

Edition	Années considérées
1992	1983-1992
1986	1967-1986
1981	1962-1981
Supplément rétrospectif	1948-1977

Pour plus de précisions concernant les années antérieur à 1948, on reportera à l'Index.

Données sur support magnétique: Il est possible de se procurer sur bande magnétique, moyennant de paiement d'une somme $150 les données dans ce tableau pour tous les années disponibles suivantes :

Total	1948-1997
Urbain/rural	1972-1997

Tableau 10

Le tableau 10 présente des données sur les naissances vivantes selon l'âge de la mère, le sexe de l'enfant et la résidence (urbaine/rurale) pour la dernière année disponible.

Description des variables : L'âge désigne l'âge au dernier anniversaire, c'est-à-dire la différence entre la date de naissance et la date de l'événement exprimée en années solaires révolues. La classification par âge utilisée dans ce tableau comprend les catégories suivantes : moins de 15 ans, groupes quinquennaux jusqu'à 45 à 49 ans, 50 ans et plus, et âge inconnu.

La classification des naissances selon la résidence(urbaine/rurale) est celle qui a été fournie par chaque pays ou zone; il faut en conclure qu'elle repose sur les définitions de la population urbaine utilisées pour les recensements nationaux, telles qu'elles sont reproduites à la fin du tableau 6.

Fiabilité des données : Les données sur les naissances vivantes provenant des registres de l'état civil qui sont déclarées incomplètes (degré de complétude inférieur à 90 p. 100) ou dont le degré de complétude n'est pas connu sont jugées douteuses et apparaissent en italique et non en caractères romains. Le tableau 9 et les Notes techniques se rapportant à ce tableau présentent des renseignements plus détaillés sur le degré de complétude de l'enregistrement des naissances vivantes. Pour plus de précisions sur la qualité des données reposant sur les statistiques de l'état civil en général, voir la section 4.2 des Notes techniques, qui fournit aussi des renseignements fondés sur les estimations de complétude.

Limitations : Statistics on live births by age of mother are subject to the same qualifications as have been set forth for vital statistics in general and birth statistics in particular as discussed in section 4 of the Technical Notes.

The reliability of the data, an indication of which is described above, is an important factor in considering the limitations. In addition, some live births are tabulated by date of registration and not by date of occurrence; these have been indicated by a (+). Whenever the lag between the date of occurrence and date of registration is prolonged and, therefore, a large proportion of the live-birth registrations are delayed, birth statistics for any given year may be seriously affected.

Another factor which limits international comparability is the practice of some countries or areas not to include in live-birth statistics infants who were born alive but died before the registration of the birth or within the first 24 hours of life, thus underestimating the total number of live births. Statistics of this type are footnoted.

Because these Statistics are classified according to age, they are subject to the limitations with respect to accuracy or age reporting similar to those already discussed in connection with section 3.1.3 of the Technical Notes. The factors influencing inaccurate reporting may be somewhat dissimilar in vital statistics (because of the differences in the method of taking a census and registering a birth) but, in general, the same errors can be observed.

The absence of frequencies in the unknown age group does not necessarily indicate completely accurate reporting and tabulation of the age item. It is often an indication that the unknowns have been eliminated by assigning ages to them before tabulation, or by proportionate distribution after tabulation.

On the other hand, large frequencies in the unknown age category may indicate that a large proportion of the births are illegitimate, the records for which tend to be in complete in so far as characteristics of the parents are concerned.

Another limitation of age reporting may result from calculating age of mother at birth of child (or at time of registration) from year of birth rather than from day, month and year of birth. Information on this factor is given in footnotes when known.

When birth statistics are tabulated by date of registration rather than by date of occurrence, the age of the mother will almost always refer to the date of registration rather than to the date of birth of the child. Hence, in those countries or areas where registration of births is delayed, possibly for years, statistics on births by age of mother should be used with caution.

In few countries, data by age refer to confinements (deliveries) rather than to live births causing under in the event of a multiple birth. This practice leads to lack of strict comparability, both among countries or areas relying on this practice and between data shown in this table and table 9. A footnote indicates the countries in which this practice occurs.

The comparability of data by urban/rural residence is affected by the national definitions of urban and rural used

Insuffisance des données : Les statistiques des naissances vivantes selon l'âge de la mère appellent toutes les réserves qui ont été faites à propos des statistiques de l'état civil en général et des statistiques de naissances en particulier (voir explications à la section 4 des Notes techniques).

La fiabilité des données, au sujet de laquelle des indications ont été fournies plus haut, est un facteur important. Il faut également tenir compte du fait que, dans certains cas, les données relatives aux naissances vivantes sont exploitées selon la date de l'enregistrement et non la date de l'événement; ces cas ont été identifiés par le signe " + ". Là où le décalage entre l'événement et son enregistrement est grand, c'est-à-dire où une forte proportion des naissances vivantes fait l'objet d'un enregistrement tardif, les statistiques des naissances vivantes pour une année donnée peuvent être sérieusement faussées.

Un autre facteur qui nuit à la comparabilité internationale est la pratique de certains pays ou zones qui consiste à ne pas inclure dans les statistiques des naissances vivantes les enfants nés vivants mais décédés avant l'enregistrement de leur naissance ou dans les 24 heures qui ont suivi la naissance, pratique qui conduit à sous-estimer le nombre total de naissances vivantes. Quand tel était le cas, on l'a signalé en note au bas du tableau.

Comme ces statistiques sont classées selon l'âge, elles appellent les mêmes réserves concernant l'exactitude des déclarations d'âge que celles dont il a déjà été fait mention dans la section 3.1.3 des Notes techniques. Dans le cas des statistiques de l'état civil, les facteurs qui interviennent à cet égard sont parfois un peu différents, étant donné que le recensement et l'enregistrement des naissances se font par des méthodes différentes, mais, d'une manière générale, les erreurs observées sont les mêmes.

Si aucun nombre ne figure dans la colonne réservée aux âges inconnus, cela ne signifie pas nécessairement que les déclarations d'âge et l'exploitation des données par âge aient été tout à fait exactes. C'est souvent une indication que l'on a attribué un âge aux personnes d'âge inconnu avant l'exploitation des données ou que celles-ci ont été réparties proportionnellement entre les différents groupes après cette opération.

D'autre part, lorsque le nombre des personnes d'âge inconnu est important, cela peut signifier que la proportion de naissances illégitimes est élevée, étant donné qu'en pareil cas l'acte de naissance ne contient pas toutes les caractéristiques concernant les parents.

Les déclarations par âge peuvent comporter des distorsions, du fait que l'âge de la mère au moment de la naissance d'un enfant (ou de la déclaration de naissance) est donné par année de naissance et non par date exacte (jour, mois et année). Des renseignements à ce sujet sont fournis en note chaque fois que faire se peut.

Il convient de noter que, lorsque les statistiques de la natalité sont établies selon la date de l'enregistrement et non celle de l'événement, l'âge de la mère représente presque toujours son âge à la date de l'enregistrement et non à la date de la naissance de l'enfant. Ainsi, dans les pays ou zones où l'enregistrement des naissances est tardif le retard atteignant souvent plusieurs années, il faut utiliser avec prudence les statistiques de naissances selon l'âge de la mère.

Dans quelques pays, la classification par âges se réfère aux accouchements, et non aux naissances vivantes, ce qui conduit à un sous-dénombrement en cas de naissances gémellaires. Cette pratique est une cause d'incomparabilité, à la fois entre pays ou zones de ce tableau et les données du tableau 9. Les pays qui la suivent sont indiqués en note.

La comparabilité des données selon la résidence (urbaine/rurale) peut être limitée par les définitions nationales des termes "urbain" et "rural"

in tabulating these data. It is assumed, in the absence of specific information to the contrary, that the definitions of urban and rural used in connection with the national population census were also used in the compilation of the vital statistics for each country or area. However, the possibility cannot be excluded that, for a given country or area, the same definitions of urban and rural are not used for both the vital statistics data and the population census data. When known, the definitions of urban used in national population censuses are presented at the end of table 6. As discussed in detail in the Technical Notes for table 6, these definitions vary considerably from one country or area to another.

Coverage : Live births by age of mother are shown for 113 countries or areas. Cross-classification by sex of child is shown for 85 countries or areas. Data are presented by urban/rural residence for 59 countries or areas.

Earlier data : Live births by age of mother have been shown for the latest available year in each issue of the Yearbook. Data included in this table update the series covering period of years as follows :

Issue	Years covered
1992	1983-1992
1986	1977-1988
1981	1972-1980
Historical Supplement	1948-1977

For further information on years covered prior to 1948, readers should consult the Index.

Data in machine-readable form: Data shown in this table are available in magnetic tape at a cost of US$150 for all available years as shown below:

Total	1948-1996
Urban/rural	1972-1996

Table 11

· Table 11 presents live-birth rates specific for age of mother and urban/rural residence for the latest available year.

Description of variables : Age is defined as age at last birthday, that is, the difference between the date of birth and the date of the occurrence of the event, expressed in completed solar years. The age classification used in this table is the following : under 20 years, 5-year age groups through 40-44 years, and 45 years and over.

The urban/rural classification of births is that provided by each country or area; it is presumed to be based on the national census definitions of urban population that have been set forth at the end of table 6.

utilisés pour la mise en tableaux de ces données. En l'absence d'indications contraires, on a supposé que les définitions des termes urbain et rural pour le recensement national de la population avaient été utilisées aussi pour l'établissement des statistiques de l'état civil pour chaque pays ou zone. Toutefois, on ne peut exclure la possibilité que, pour un pays ou zone donné, les mêmes définitions des termes urbain" et rural n'aient pas été utilisées dans les deux cas. Les définitions du terme "urbain" pour les recensements nationaux de population ont été présentées à la fin du tableau 6 lorsqu'elles étaient connues. Comme on l'a précisé en détail dans les Notes techniques relatives au tableau 6, ces définitions varient très sensiblement d'un pays ou d'une zone à l'autre.

Portée : Le tableau 10 présente des données sur les naissances vivantes classées selon l'âge de la mère pour 113 pays ou zones. Des répartitions selon le sexe de l'enfant sont présentées pour 85 pays ou zones. Les répartitions selon la résidence (urbaine/rurale) intéressent 59 pays ou zones.

Données publiées antérieurement : Des statistiques des naissances vivantes selon l'âge de la mère ont été présentées pour la dernière année disponible dans chaque édition de l'Annuaire démographique. Les données présentées dans ce tableau mettent à jour les périodes d'années suivantes :

Editions	Années considérées
1992	1983-1992
1986	1977-1985
1981	1972-1980
Supplément rétrospectif	1948-1977

Pour plus de précision sur les années antérieur à 1948, on se reportera à l'index.

Données sur support magnétique: Il est possible de se procurer sur bande magnétique, moyennant de paiement d'une somme $150 les données dans ce tableau pour tous les années disponibles suivantes:

Total	1948-1996
Urbain/rural	1972-1996

Tableau 11

Le tableau 11 présente des taux des naissances vivantes selon l'âge de la mère et selon la résidence (urbaine/rurale) pour la dernière année disponible.

Description des variables : L'âge désigne l'âge au dernier anniversaire, c'est-à-dire la différence entre la date de naissance et la date de l'événement, exprimée en années solaires révolues. La classification par âge utilisée dans le tableau 11 comprend les catégories suivantes: moins de 20 ans, groupes quinquennaux jusqu'à 40 à 44 ans, et 45 et plus.

La classification des naissances selon la résidence urbaine/rurale) est celle qui a été fournie par chaque pays ou zone; il faut en conclure qu'elle repose sur les définitions de la population urbaine utilisées pour les recensements nationaux, telles qu'elles sont reproduites à la fin du tableau 6.

Rate computation : Live-birth rates specific for age of mother are the annual number of births in each age group (as shown in table 10) per 1,000 female population in the same age group.

Birth rates by age of mother and urban/rural residence are the annual number of live births that occurred in a specific age-urban/rural group (as shown in table 10) per 1,000 females in the corresponding age-urban/rural group.

Since relatively few births occur to women below 15 or above 50 years of age, birth rates for women under 20 years of age and for those 45 years of age and over are computed on the female population aged 15-19 and 45-49, respectively. Similarly, the rate for women of "All ages" is based on all live births irrespective of age of mother, and is computed on the female population aged 15-49 years. This rate for "All ages" is known as the general fertility rate.

Births to mothers of unknown age have been distributed proportionately in accordance with births to mothers of known age by the Statistics Division of the United Nations prior to calculating the rates.

The population used in computing the rates is estimated or enumerated distributions of females by age. First priority was given to an estimate for the mid-point of the same year (as shown in table 7), second priority to census returns of the year to which the births referred, and third priority to an estimate for some other point of time in the year.

Rates presented in this table have been limited to those for countries or areas having at least a total of 100 live births in a given year. Moreover, rates specific for individual sub-categories based on 30 or fewer births are identified by the symbol (◊).

Reliability of data : Rates calculated using data from civil registers of live births which are reported as incomplete (less than 90 per cent completeness) or of unknown completeness are considered unreliable and are set in italics rather than in roman type. Table 9 and the Technical Notes for that table provide more detailed information on the completeness of live-birth registration.
For more information about the quality of vital statistics data in general, and the information available on the basis of the completeness estimates in particular, see section 4.2 of the Technical Notes.

Limitations : Rates shown in this table are subject to all the same limitations which affect the corresponding frequencies and are set forth in the Technical Notes for table 10.

These include differences in the completeness of registration, the treatment of infants who were born alive but died before the registration of the birth or within the first 24 hours of life, the method used to determine age of mother and the quality of the reported information relating to age of mother. In addition, some rates are based on births tabulated by date of registration and not by date of occurrence; these have been indicated by a (+).

The effect of including delayed registration on the distribution of births by age of mother may be noted in the age-specific fertility rates for women at older ages. In some cases, high age-specific rates for women aged 45 years

Calcul des taux : Les taux des naissances vivantes selon l'âge de la mère représentent le nombre annuel de naissances dans chaque groupe d'âge (fréquences du tableau 10) pour 1.000 femmes des mêmes groupes d'âge.

Les taux de natalité selon l'âge de la mère et la résidence (urbaine/rurale) représentent le nombre annuel de naissances vivantes intervenues dans un groupe d'âge donné dans la population urbaine ou rurale (comme il est indiqué au tableau 10) pour 1.000 femmes du groupe d'âge correspondant dans la population urbaine ou rurale.

Etant donné que le nombre de naissances parmi les femmes de moins de 15 ans ou de plus de 50 ans est relativement peu élevé, les taux de natalité parmi les femmes âgées de moins de 20 ans et celles de 45 ans et plus ont été calculés sur la base des populations féminines âgées de 15 à 19 ans et de 45 à 49 ans, respectivement. De la même façon, le taux pour les femmes de "tous âges" est fondé sur la totalité des naissances vivantes, indépendamment de l'âge de la mère et ce chiffre est rapporté à l'effectif de la population féminine âgée de 15 à 49 ans. Ce taux "tous âges" est le taux global de fécondité.

Les naissances pour lesquelles l'âge de la mère était inconnu ont été réparties par la Division de statistique de l'ONU, avant le calcul des taux, suivant les proportions observées pour celles où l'âge de la mère était connu.

Les chiffres de population utilisés pour le calcul des taux proviennent de dénombrements ou de répartitions estimatives de la population féminine sel on l'âge. On a utilisé de préférence les estimations de la population au milieu de l'année considérée selon les indications du tableau 7; à défaut, on s'est contenté des données censitaires se rapportant à l'année des naissances et, si ces données manquaient également, d'estimations établies pour une autre date de l'année.

Les taux présentés dans ce tableau ne concernent que les pays ou zones où l'on a enregistré un total d'au moins 100 naissances vivantes dans une année donnée. Les taux relatifs à des sous-catégories qui sont fondés sur 30 naissances ou moins sont identifiés par le signe (◊).

Fiabilité des données : Les taux établis à partir de données sur les naissances vivantes provenant des registres de l'état civil qui sont déclarées incomplètes (degré de complétude inférieur à 90 p. 100) ou dont le degré de complétude n'est pas connu sont jugés douteux et apparaissent en italique et non en caractères romains. Le tableau 9 et les Notes techniques se rapportant à ce tableau présentent des renseignements plus détaillés sur le degré de complétude l'enregistrement des naissances vivantes. Pour plus de précisions sur la qualité des données reposant sur les statistiques de l'état civil en général, voir la section 4.2 des Notes techniques, qui fournit aussi des renseignements fondés sur les estimations de complétude.

Insuffisance des données : Les taux du tableau 11 appellent les mêmes réserves que les fréquences correspondantes; voir à ce sujet les explications données dans les Notes techniques relatives au tableau 10.

Leurs imperfections tiennent notamment au degré de complétude de l'enregistrement, au classement des relatives aux enfants nés vivants mais décédés avant l'enregistrement de leur naissance ou dans les 24 heures qui ont suivi la naissance, à la méthode utilisée pour déterminer l'âge de la mère et à l'exactitude des renseignements fournis sur l'âge de la mère. En outre, dans certains cas, les données relatives aux naissances sont exploitées selon la date de l'enregistrement et non selon la date de l'événement; ces cas ont été identifiés par le signe " + ".

On peut se rendre compte, d'après les taux relatifs aux groupes d'âge les plus avancés, des conséquences que peut avoir l'inclusion, dans les statistiques des naissances selon l'âge de la mère, des naissances enregistrées tardivement. Dans certains cas, il se peut que des taux

and over may reflect age of mother at registration of birth and not fertility at these older ages.

The method of distributing the unknown ages is open to some criticism because of the fact that the age-of-mother distribution for legitimate births is known to differ from that for illegitimate births and that the proportion of births for which age of mother is unknown is higher among illegitimate births than it is among legitimate births.

The comparability of data by urban/rural residence is affected by the national definitions of urban and rural used in tabulating these data. It is assumed, in the absence of specific information to the contrary, that the definitions of urban and rural used in connection with the national population census were also used in the compilation of the vital statistics for each country or area. However, the possibility cannot be excluded that, for a given country or area, the same definitions of urban and rural are not used for both the vital statistics data and the population census data. When known, the definitions of urban used in national population censuses are presented at the end of table 6. As discussed in detail in the Technical Notes for table 6, these definitions vary considerably from one country or area to another.

In addition to problems of comparability, vital rates classified by urban/rural residence are also subject to certain special types of bias. If, when calculating vital rates, different definitions of urban are used in connection with the vital events and the population data and if this results in a net difference between the numerator and denominator of the rate in the population at risk, then the vital rates would be biased. Urban/rural differentials in vital rates may also be affected by whether the vital events have been tabulated in terms of place of occurrence or place of usual residence. This problem is discussed in more detail in section 4.1.4.1 of the Technical Notes.

Coverage : Live-birth rates specific for age of mother are shown for 98 countries or areas. Rates are presented by urban/rural residence for 40 countries or areas.

Earlier data : Live-birth rates specific for age of mother have been shown for the latest available year in each issue of the Yearbook. Data included in this table update the series covering a period of years as follows :

Issue	Years covered
1992	1983-1992
1986	1977-1985
1981	1972-1980
Historical Supplement	1948-1977

Table 12

Table 12 presents late foetal deaths and late foetal-death ratios by urban/rural residence for as many years as possible between 1988 and 1996.

élevés pour le groupe d'âge 45 ans et plus traduisent non pas le niveau de la fécondité de ce groupe d'âge, mais l'âge de la mère au moment où la naissances a été enregistrée.

La méthode de répartition des âges inconnus prête, dans une certaine mesure, à la critique, parce qu'on sait que la répartition selon l'âge de la mère est différente pour les naissances légitimes et pour les naissances illégitimes et que la proportion des naissances pour lesquelles l'âge de la mère est inconnu est plus forte dans le cas des naissances illégitimes.

La comparabilité des données selon la résidence (urbaine/rurale) peut être limitée par les définitions nationales des termes "urbain" et "rural" utilisées pour la mise en tableaux de ces données. En l'absence d'indications contraires, on a supposé que les définitions des termes urbain et rural utilisées pour le recensement national de la population avaient été utilisées aussi pour l'établissement de statistiques de l'état civil pour chaque pays ou zone. Toutefois, on ne peut exclure la possibilité que, pour un pays ou zone donné, les mêmes définitions des termes "urbain" et "rural" n'aient pas été utilisées dans deux cas. Les définitions du terme "urbain" utilisées pour les recensements nationaux de population ont été présentées à la fin du tableau 6 lorsqu'elles étaient connues. Comme on l'a précisé en détail dans les Notes techniques relatives au tableau 6, ces définitions varient très sensiblement d'un pays ou d'une zone à l'autre.

Outre ces problèmes de comparabilité, les taux démographiques classés selon la résidence (urbaine/rurale) sont également sujets à certains types particuliers d'erreurs. Si, lors du calcul de ces taux, des définitions différentes du terme "urbain" sont utilisées pour classer les faits d'état civil et les données relatives à la population et s'il en résulte une différence nette entre le numérateur et le dénominateur pour le taux de la population exposée au risque, les taux démographiques s'en trouveront faussés. La différence entre ces taux pour les zones urbaines et rurales pourra aussi être faussée selon que les faits d'état civil auront été classés d'après le lieu de l'événement ou le lieu de résidence habituelle. Ce problème est examiné plus en détail à la section 4.1.4.1 des Notes techniques.

Portée : Le tableau 11 présente des taux des naissances vivantes selon l'âge de la mère pour 98 pays ou zones. Les taux selon la résidence (urbaine/rurale) intéressent 40 pays ou zones.

Données publiées antérieurement : Des taux des naissances vivantes selon l'âge de la mère ont déjà été publiés pour la dernière année disponible dans chaque édition de l'Annuaire démographique. Les données présentées dans ce tableau mettent à jour les périodes d'années suivantes :

Edition	Années considérées
1992	1983-1992
1986	1977-1985
1981	1972-1980
Supplément rétrospectif	1948-1977

Tableau 12

Le tableau 12 présente des données sur les morts foetales tardives selon les sexes et des rapports de mortinatalité selon la résidence (urbaine/rurale) pour le plus grand nombre d'années possible entre 1988 et 1996.

Description of variables : Late foetal deaths are foetal deaths [33] of 28 or more completed weeks of gestation. Foetal deaths of unknown gestational age are included with those 28 or more weeks.

Statistics on the number of late foetal deaths are obtained from civil registers unless otherwise noted.

The urban/rural classification of late foetal deaths is that provided by each country or area; it is presumed to be based on the national census definitions of urban population that have been set forth at the end of table 6.

Ratio computation : Late foetal-death ratios are the annual number of late foetal deaths per 1,000 live births (as shown in table 9) in the same year. The live-birth base was adopted because it is assumed to be more comparable from one country or area to another than the combination of live births and foetal deaths.

Ratios by urban/rural residence are the annual number of late foetal deaths, in the appropriate urban or rural category, per 1,000 corresponding live births (as shown in table 9).

Ratios presented in this table have been limited to those for countries or areas having at least a total of 1,000 late foetal deaths in a given year.

These ratios have been calculated by the Statistics Division of the United Nations.

Reliability of data : Each country or area has been asked to indicate the estimated completeness of the late foetal deaths recorded in its civil register. These national assessments are indicated by the quality codes, C, U and ... that appear in the first column of this table.

C indicates that the data are estimated to be virtually complete, that is, representing at least 90 per cent of the late foetal deaths occurring each year, while U indicates that data are estimated to be incomplete, that is, representing less than 90 per cent of the late foetal deaths occurring each year. The code ... indicates that no information was provided regarding completeness.

Data from civil registers which are reported as incomplete or of unknown completeness (coded U or ...) are considered unreliable. They appear in italics in this table. When data so coded are used to calculate ratios, the ratios also appear in italics.

For more information about the quality of vital statistics data in general, see section 4.2 of the Technical Notes.

Limitations : Statistics on late foetal deaths are subject to the same qualifications as have been set forth for vital statistics in general and foetal-death statistics in particular as discussed in section 4 of the Technical Notes.

The reliability of the data, an indication of which is described above, is a very important factor. Of all vital statistics, the registration of foetal deaths is probably the most incomplete.

Description des variables : Par mort foetale tardive, on entend décès d'un foetus [33] les taux bruts de natalité.[33] survenu après 28 semaines complètes de gestation au moins. Les morts foetales pour lesquelles la durée de la période de gestation n'est pas connue sont comprises dans cette catégorie.

Sauf indication contraire, les statistiques du nombre de morts foetales tardives sont établies sur la base des registres de l'état civil.

La classification des morts foetales tardives selon la résidence (urbaine/rurale) est celle qui a été fournie par chaque pays ou zone; il faut en conclure qu'elle repose sur les définitions de la population urbaine utilisées pour les recensements nationaux, telles qu'elles sont reproduites à la fin du tableau 6.

Calcul des rapports : Les rapports de mortinatalité représentent le nombre annuel de morts foetales tardives pour 1000 naissances vivantes (telles qu'elles sont présentées au tableau 9) survenues pendant la même année. On a pris pour base de calcul les naissances vivantes parce qu'on pense qu'elle sont plus facilement comparables d'un pays ou d'une zone à l'autre que la combinaison des naissances vivantes et des morts foetales.

Les rapports selon la résidence (urbaine/rurale) représentent le nombre annuel de morts foetales tardives, classées selon la catégorie urbaine ou rurale appropriée pour 1000 naissances vivantes (telles qu'elles sont présentées au tableau 9) survenues dans la population correspondante.

Les rapports présentés dans le tableau 38 ne concernent que les pays ou zones où l'on a enregistré un total d'au moins 1000 morts foetales tardives dans une année donnée.

Sauf indication contraire, ces rapports ont été calculés par la Division de statistique de l'ONU.

Fiabilité des données : Il a été demandé à chaque pays ou zone d'indiquer le degré estimatif de complétude des données sur les morts foetales tardives figurant dans ses registres d'état civil. Ces évaluations nationales sont désignées par les codes de qualité "C", "U", et "..." qui apparaissent dans la première colonne du tableau.

La lettre "C" indique que les données sont jugées à peu près complètes, c'est-à-dire qu'elles représentent au moins 90 p. 100 des morts foetales tardives survenues chaque année; la lettre "U" indique que les données sont jugées incomplètes, c'est-à-dire qu'elles représentent moins de 90 p.100 des morts foetales tardives survenues chaque année. Le signe "..." indique qu'aucun renseignement n'a été fourni quant à la complétude des données.

Les données provenant des registres de l'état civil qui sont déclarées incomplètes ou dont le degré de complétude n'est pas connu (et qui sont affectées de la lettre "U" ou du signe "...")sont jugées douteuses. Elles apparaissent en italique dans le présent tableau. Lorsque ces données sont utilisées pour calculer des rapports, ces rapports apparaissent eux aussi en italique.

Pour plus de précisions sur la qualité des données reposant sur les statistiques de l'état civil en général, voir la section 4.2 des Notes techniques.

Insuffisance des données : Les statistiques des morts foetales tardives appellent toutes les réserves qui ont été faites à propos des statistiques de l'état civil en général et des statistiques des morts foetales en particulier (voir explication figurant à la section 4 des Notes techniques).

La fiabilité des données, au sujet de laquelle des indications ont été fournies plus haut, est facteur très important. Les statistiques des morts foetales sont probablement les moins complètes de toutes les statistiques de l'état civil.

Variation in the definition of foetal deaths, and in particular late foetal deaths, also limits international comparability. The criterion of 28 or more completed weeks of gestation to distinguish late foetal deaths is not universally used; some countries or areas use different durations of gestation or other criteria such as size of the foetus. In addition, the difficulty of accurately determining gestational age further reduces comparability. However, to promote comparability, late foetal deaths shown in this table are restricted to those of at least 28 or more completed weeks of gestation. Wherever this is not possible a footnote is provided.

Another factor introducing variation in the definition of late foetal deaths is the practice by some countries or areas of including in late foetal-death statistics infants who were born alive but died before the registration of the birth or within the first 24 hours of life, thus overestimating the total number of late foetal deaths. Statistics of this type are footnoted.

In addition, late foetal-death ratios are subject to the limitations of the data on live births with which they have been calculated. These have been set forth in the Technical Notes for table 9.

Regarding the computation of the ratios, it must be pointed out that when late foetal deaths and live births are both under registered, the resulting ratios may be of quite reasonable magnitude. As a matter of fact, for the countries or areas where live-birth registration is poorest, the late foetal-death ratios may be the largest, effectively masking the completeness of the base data. For this reason, possible variations in birth-registration completeness as well as the reported completeness of late foetal deaths must always be borne in mind in evaluating late foetal-death ratios.

In addition to the indirect effect of live-birth under-registration, late foetal-death ratios may be seriously affected by date-of-registration tabulation of live births. When the annual number of live births registered and reported fluctuates over a wide range due to changes in legislation or to special needs for proof of birth on the part of large segments of the population, then the late foetal-death ratios will fluctuate also, but inversely.
Because of these effects, data for countries or areas known to tabulate live births by date of registration should be used with caution unless it is also known that statistics by date of registration approximate those by date of occurrence.

Finally, it may be noted that the counting of live-born infants as late foetal deaths, because they died before the registration of the birth or within the first 24 hours of life, has the effect of inflating the late foetal-death ratios unduly by decreasing the birth denominator and increasing the foetal-death numerator. This factor should not be overlooked in using data from this table.

The comparability of data by urban/rural residence is affected by the national definitions of urban and rural used in tabulating these data. It is assumed, in the absence of specific information to the contrary, that the definitions of urban and rural used in connection with the national population census were also used in the compilation of the vital statistics for each country or area. However, the possibility cannot be excluded that, for a given country or area, the same definitions of urban and rural are not used

L'hétérogénéité des définitions de la mort foetales et, en particulier, de la mort foetale tardive nuit aussi à la comparabilité internationale des données. Le critère des 28 semaines complètes de gestation au moins n'est pas universellement utilisé; certains pays ou zones utilisent des critères différents pour la durée de la période de gestation ou d'autres critères tels que la taille du foetus. Pour faciliter les comparaisons, les morts foetales tardives considérées ici sont exclusivement celles qui sont survenues au terme de 28 semaines de gestation au moins. Les exceptions sont signalées en note.

Un autre facteur d'hétérogénéité dans la définition de la mort foetale tardive est la pratique de certains pays ou zones qui consiste à inclure dans les statistiques des morts foetales tardives les enfants nés vivants mais décédés avant l'enregistrement de leur naissance ou dans les 24 heures qui ont suivi la naissance, pratique qui conduit à surestimer le nombre total des morts foetales tardives. Quand tel était le cas, on l'a signalé en note au bas du tableau.

Les rapports de mortinatalité appellent en outre toutes les réserves qui ont été fourmulées à propos des statistiques des naissances vivantes qui ont servi à leur calcul. Voir à ce sujet les Notes techniques relatives au tableau 9.

En ce qui concerne le calcul des rapports, il convient de noter que, si l'enregistrement est défectueux à la fois pour les morts foetales tardives et pour les naissances vivantes, les rapports de mortinalité peuvent être tout à fait raisonnables. En fait, c'est parfois pour les pays ou zones où l'enregistrement des naissances vivantes laisse le plus à désirer que les rapports de mortinalité sont les plus élevés, ce qui masque l'incomplétude des données de base. Aussi, pour porter un jugement sur la qualité des rapports demortinalité, il ne faut jamais oublier que la complétude de l'enregistrement des naissances comme celle del'enregistrement des morts foetales tardives peut varier sensiblement.

En dehors des effets indirects des lacunes de l'enregistrement des naissances vivantes, il arrive que les rapports de mortinatalité soient sérieusement faussés lorsque l'exploitation des données relatives aux naissances se fait d'après la date de l'enregistrement. Si le nombre des naissances vivantes enregistrées vient à varier notablement d'une année à l'autre par suite de modifications de la législation ou parce que des groupes importants de la population ont besoin de posséder une attestation de naissance, les rapports demortinalité varient également, mais en sens contraire. Il convient donc d'utiliser avec prudence le données des pays ou zones où les statistiques sont établies d'après la date de l'enregistrement, à moins qu'on ne sache aussi que les données exploitées d'après la date de l'enregistrement diffèrent peu de celles qui sont exploitées d'après la date de l'événement.

Enfin, on notera que l'inclusion parmi les morts foeta les tardives des décès d'enfants nés vivants qui sont décédés avant l'enregistrement de leur naissance ou dans les 24 heures qui ont suivi la naissance conduit à des rapports de mortinatalité exagérés parce que le dénominateur (nombre de naissances) se trouve alors diminué et le numérateur (morts foetales) augmenté. Il importe de ne pas négliger ce facteur lorsqu'on utilise les données du présent tableau.

La comparabilité des données selon la résidence (urbaine/rurale)peut être limitée par les définitions nationales des termes "urbain" et "rural" utilisées pour la mise en tableaux de ces données. En l'absence d'indications contraires, on a supposé que les définitions des termes urbain et "rural" utilisées pour le recensement national de la population avaient été utilisées aussi pour l'établissement des statistiques de l'état civil pour chaque pays ou zone. Toutefois, on ne peut exclure la possibilité que, pour un pays ou zone donné, les mêmes définitions des termes "urbain" et "rural" n'aient pas été utilisées dans les deux cas. Les définitions du

for both the vital statistics data and the population census data. When known, the definitions of urban used in national population censuses are presented at the end of table 6. As discussed in detail in the Technical Notes for table 6, these definitions vary considerably from one country or area to another.

Urban/rural differentials in late foetal-death ratios may also be affected by whether the late foetal deaths and live births have been tabulated in terms of place of occurrence or place of usual residence. This problem is discussed in more detail in section 4.1.4.1 of the Technical Notes.

Coverage : Late foetal deaths are shown for 87 countries or areas. Data are presented by urban/rural residence for 36 countries or areas.

Late-foetal-death ratios shown for 31 countries or areas. Ratios are presented by urban/rural residence of 13 countries or areas.

Earlier data : Late foetal deaths and late foetal-death ratios have been shown in each issue of the Demographic Yearbook beginning with the 1951 issue. For information on specific years covered, readers should consult the index.

Table 13

Table 13 presents legally induced abortions for as many years as possible between 1988 and 1996.

Description of variables: Abortion appears in the International Classification of Diseases, in AM42 for the ninth revision, and AM39 in the tenth revision[34]. It is defined, with reference to the women, as any interruption of pregnancy before 28 weeks of gestation with a dead foetus.[35] There are two major categories of abortion: spontaneous and induced. Induced abortions are those initiated by deliberate pregnancy; all other abortions are those initiated by deliberate action undertaken with the intention of terminating pregnancy; all other abortions are considered as spontaneous.[36]

The induction of abortion is subject to governmental regulation in most, if not all, countries or areas. This regulation varies from complete prohibition in some countries or areas to abortion on request, with services provided by governmental health authorities, in others. More generally, governments have attempted to define the conditions under which pregnancy may lawfully be terminated and have established procedures for authorizing abortion in individual cases.[37]

Legally induced abortions are further classified according to the legal grounds on which induced abortion may be performed. A code shown next to the country or area name indicates the grounds on which induced abortion is legal in that particular country or area, the meanings of which are shown below:

a) Continuance of pregnancy would involve risk to the life of the pregnant woman greater than if the pregnancy were terminated.

terme urbain utilisées pour les recensements nationaux de population ont été présentées à la fin du tableau 6 lorsqu'elles étaient connues. Comme on l'a précisé en détail dans les Notes techniques relatives au tableau 6, ces définitions varient très sensiblement d'un pays ou d'une zone à l'autre.

La différence entre les rapports de mortinatalité pour les zones urbaines et rurales pourra aussi être faussée selon que les morts foetales tardives et les naissances vivantes auront été classées d'après le lieu de l'événement ou le lieu de la résidence habituelle. Ce problème est examiné plus en détail à la section 4.1.4.1 des Notes techniques.

Portée : Ce tableau présente des données sur les morts foetales tardives pour 87 pays ou zones. Les répartitions selon la résidence (urbaine/rurale) intéressent 36 pays ou zones.

Ce tableau présente également des données sur les rapports de mortinatalité pour 31 pays ou zones. Les rapports ventilés selon la résidence (urbaine/rurale) intéressent 13 pays ou zones.

Données publiées antérieurement : Des statistiques des morts foetales tardives et des rapports de mortinatalité ont été publiées dans toutes les éditions de l'Annuaire démographique à partir de celle de 1951. Pour plus de précisions concernant les années pour lesquelles ces données ont été publiées, on se reportera à l'index.

Tableau 13

Ce tableau présente des données sur les avartements provoqué pour des raisons légales pour le plus grand nombre d'années possible entre 1988 et 1996.

Descriptions des variables: Le terme avortement apparaît dans la Classification internationale des maladies, à AM42 dans la neuvième révision and à AM39 dans la dixième révision[34]. Il est défini, en ce qui concerne la femme, comme toute interruption d'une grossesse avant la 28e semaine avec présence d'un foetus mort[35]. L'avortement peut être spontané ou provoqué. L'avortement provoqué est celui qui résulte de manoeuvres délibérées enterprises dans le dessein d'interrompre la grossesse; toutes les autres avartements sont considérés comme spontanés[36].

L'interruption délibérée de la grossesse fait l'objet d'une réglementation officielle dans la plupart des pays ou zones, sinon dans tous. Cette réglementation va de l'interdiction totale à l'autorisation de l'avortement sur demande, pratiqué par des services de santé publique. Le plus souvent, les gouvernements se sont efforcés de définir les circonstances dans lesquelles la grossesse peut être interrompue licitement et de fiser une procédure d'autorisation[37].

Les interruptions légales de grossesse sont également classées selon le motif d'autorisation. Une indication codée, en regard du pays ou de la zone, signale les motifs d'autorisation de l'avortement, comme ci-après:

a) La non-interruption de la grossesse comparterait, pour la vie de la femme enceinte, un risque plus grave que celui de l'avortement.

b) Continuance of pregnancy would involve risk of injury to the physical health of the pregnant woman greater than if the pregnancy were terminated.

c) Continuance of pregnancy would involve risk of injury to the mental health of the pregnant woman greater than if the pregnancy were terminated.

d) Continuance of pregnancy would involve risk of injury to mental or physical health of any existing children of the family greater than if the pregnancy were terminated.

e) There is a substantial risk that if the child were born it would suffer from such physical or mental abnormalities as to be seriously handicapped.

f) Other.

The focus of the present table is on abortion as a social rather than physiological event. Differences among countries or areas in definition and in record-keeping would seem to preclude the collection of abortion data on any internationally comparable basis if abortion were defined solely in physiological terms. By restricting coverage to events that have been induced, the table minimizes any distortion arising either from differences in definition or from differences in accuracy and comprehensiveness of the records kept concerning spontaneous foetal loss. By further restricting coverage to events performed under legal auspices, the table at least reduces (if it does not eliminate altogether) the likelihood of distortion arising from any reluctance to report eha occurrence of such procedure.

Reliability of data: Unlike data on live births and foetal deaths, which are generally collected through systems of vital registration, data on abortion are collected from a variety of sources. Because of this, the quality specification, showing the completeness of civil registers, which is presented for other tables, does not appear here.

Limitations: With regard to the collection of information on abortions, a variety of sources are used, but hospital records are the most common source of information. [38] This obviously implies that most cases which have no contact with hospitals are missed. Data from other sources are probably also incomplete. The data in the present table are limited to legally induced abortions which by their nature, might be assumed to be more complete than data on all induced abortions.

Coverage: Legally induced abortions are shown for 49 countries or areas.

Earlier data: Legally induced abortions have been shown previously in all issues of the Demographic Yearbook since the 1971 issue.

Table 14

Table 14 presents legally induced abortions by age and number of previous live births of women for the latest available year.

b) La non-interruption de la grossesse comporterait, pour la santé physique de la femme enceinte, un risque plus grave que celui de l'avartement.

c) La non-interruption de la grossesse comporterait, pour la santé c) La non-interruption de la grossesse comporterait, po mentale de la femme emceomte, un risque plus grave que celui de l'avortement.

d) La non-interruption de la grossesse comparteriat, pour la santé mentale ou physique d'un enfant déjà né dans la famille, un risque plus grave que celui de l'avortement.

e) L'enfant né à terme courrait un risque substantiel de souffrir d'anomalies physiques ou mentales enteraînant pour lui un grave handicap.

f) Autres motifs.

Ce tableau cherche à présenter l'avartement comme un fait social plutât que physiologique. Etant donné les différences qui existent entre les pays ou zones, quant à la définition du terme "avortement" et au comptage des cas, il paraît impossible, en partant d'une définition purement physiologique, d'obtenir des données permettant la moindre comparaison internationale. Comme la portée du tableau est limitée aux seuls avortements provoqués, on réduit au minimum les déformations qui résulteraient de différences de définition ou d'exhaustivité des enregistrements des pertes foetales spontanées. Comme, de surcroît, il n'est question que des avortements légaux, les possibilités de distorsion qu'entraînerait l'hésitation à déclarer les avortements effectivement pratiqués sont réduites, sinon éliminées.

Fiabilité des données: A la différence des données sur les naissances vivantes et les morts foetales, qui proviennent généralement des registres d'état civil, les données sur l'avortement sont tirées de sources diverses. Aussi ne trouve-t-on pas ici une évaluation de la qualité des données semblable à celle qui indique, pour les autres tableaux, le degré d'exhaustivité des données de l'état civil.

Insuffisances des données: En ce qui concerne les renseignements sur l'avortement, un grant nombre de sources sont utilisées[38], mais les relevés hospitaliers constituent la source la plus fréquente d'information. Il s'ensuit que la plupart des cas qui ne passent pas par les hôpitaux sont ignorés. Les données du tableau 13 se limitent aux avortements provoqués pour raisons légales dont on peut supposer, en raison de leur nature même, que les statistiques sont plus complètes que les données concernant l'ensemble des avortements provoqués.

Portée: Ce tableau présente des données sur les avortements provoqués pour raisons légales concernant 49 pays ou zones.

Données publiées antéreurement: Des statistiques des avortments provoqués pour raisons légales ont déjà été publiées dans toutes les éditions de l'Annuaire démographique depuis celle de 1971.

Tableau 14

Ce tableau présente des données sur les avortements provoqués pour des raisons légales, selon l'âge de la mère et le nombre de naissances vivantes antérieures, pour la dernière année pour laquelle ces données existent.

Description of variables:The Technical Notes for table 13 provide more detailed information on the classification of legally induced abortion.

Age is defined as age at last birthday, that is, the difference between the date of birth and the date of the occurrence of the event, expressed in complete solar years. The age classification used in this table is the following: under 15 years, 5-year age groups through 45-49 years 50 years and over, and age unknown.

Except where otherwise indicated, eight categories are used in classifying the number of previous live births: 0 through 5, 6 or more live births, and, if required, number of live births unknown.

The focus of the present table is an abortion as a social, rather than physiological, event. Differences among countries or areas in definition and in record-keeping would seem to preclude the collection of abortion data on any internationally comparable basis if abortion were defined solely in physiological terms. By restricting coverage to events that have been induced, the table avoids any distortion arising either from differences in definition or from differences in accuracy and comprehensiveness of the records kept concerning spontaneous foetal loss. By further restricting coverage to events performed under legal auspices, the table at least reduces (if it does not eliminate altogether) the likelihood of distortion arising from any reluctance to report the occurrence of such a procedure.

Reliability of data: Unlike data on live births and foetal deaths, which are generally collected through systems of vital registration, data on abortion are collected from a variety of sources. Because of this, the quality specification, showing the completeness of civil registers, which is presented for other tables, does not appear here.

Limitations: With regard to the collection of information on abortions, a variety of sources are used, but hospital records are the most common source of information.[39] This obviously implies that most cases which have no contact with hospitals are missed. Data from other sources are probably also incomplete. The data in the present table are limited to legally induced abortions which, by their nature, might be assumed to be more complete than data on all induced abortions.

In addition, deficiencies in reporting of age and number of previous live births of the woman, differences in the method used for obtaining the age of the woman, and the proportion of abortions for which age or previous live births of the woman are unknown must all be taken into account in using these data.

Coverage: Legally induced abortions by age and number of previous live births of woman are shown for 37 countries or areas.

Earlier data: Legally induced abortions by age and previous live births of women have been shown previously in most issues of the Demographic Yearbook since the 1971 issue. For information on specific years covered, readers should consult the Index.

Descriptions des variables: Les Notes techniques au tableau 13 donnent plus de détails concernant la classification des avortements légaux.

L'âge est l'âge au dernier anniversaire, c'est-à-dire la différence entre la date de naissance et la date de l'avortement, exprimée en années solaires révolues. La classification par âge utilisée dans ce tableau est la suivante: moins de 15 ans, groupes quinquennaux jusqu' à 45 à 49 ans, 50 ans et plus, et âge inconnu.

Souf indication contraire, les naissances vivantes antérieures sont classées dans les huit catégories suivantes: 0 à 5 naissances vivantes, 6 naissances vivantes ou plus et, le cas échéant, nombre de naissances vivantes inconnu.

Le tableau 14 cherche à présenter l'avortement comme un fait social plutôt que physiologique. Etant donné les différences qui existent entre les pays ou zones quant à la définition du terme et au comtage des cas, il paraît impossible, en partant d'une définition purement physiologique, d'obtenir des données permettant la moindre comparaison internationale. Comme la portée du tableau est limitée aux seuls avortements provoqués, on évite les déformations qui résulteraient de différences de définition ou de différences dans la précision ou l'exhaustivité des enregistrements des pertes foetales spontanées. Comme, de surcroît, il n'est question que des avortements l'égaux, les possiblités de distorsion qu'entraînerait l'hésitation à déclarer les avortements effectivement pratiqués sont réduites, sinon éliminées.

Fiabilité des données: A la différence des données sur les naissances vivantes et les morts foetales, qui proviennent généralement des registres d'état civil, les données sur l'avortement sont tirées de sources diverses. Aussi ne trouve-t-on pas ici une évaluation de la qualité des données semblable à celle qui indique, pour les autres tableaux, le degré d'exhaustivité des données de l'état civil.

Insuffisances des données: En ce qui concerne les renseignements sur l'avortement, un grant nombre de sources sont utilisées[39], mais les relevés gisoutakuers cibstutytebt ka siyrce ka okys fréquente d'information. Il s'ensuit que la plupart des cas qui ne passent pas par les hôpitaux sont ignorés. Les données du tableau 14 se limitent aux avortements provoqués pour raisons légales, dont on peut supposer, en raison de leur nature même, que les statistuques sont plus complètes ques les données concernant l'ensemble des avortements provoqués.

En outre, on doit enir compte, lorsqu'on utilise ces données, des erreurs de déclaration de l'âge de la mère et du nombre des naissances vivantes précédentes, de l'hétérogénéité des méthodes de calcul de l'âge de la mère et de la proportion d'avortements pour lesquels l'âge de la mére ou le nombre des naissances vivantes ne sont pas connus.

Portée: Ce tableau présente des données sur les avortements provoqués pour raisons légales, selon l'âge de la mère et le nombre des naissances antérieures, pour 37 pays ou zones.

Données publiées antérieurement: Des statistiques des avortements provoqués pour raisons légales, selon l'âge de la mère et le nombre de naissances vivantes antérieures, figurent déjà dans la plupart des éditions de l'Annuaire démographique depuis celle de 1971. Pour plus de précisions concernant les années pour lesquelles ces données ont été publiées, on se reportera à l'Index.

Table 15

Tableau 15

Table 15 presents infant deaths and infant mortality rates by urban/rural residence for as many years as possible between 1993 and 1997.

Description of variables: Infant deaths are deaths of live-born infants under one year of age.

Statistics on the number of infant deaths are obtained from civil registers unless otherwise noted. Infant mortality rates are, in most instances, calculated from data on registered infant deaths and registered live births where civil registration is considered reliable (estimated completeness of 90 per cent or more). However, for countries or areas where civil registration of infant deaths is non-existent or considered unreliable (estimated completeness of less than 90 per cent or of unknown completeness), estimated rates are presented whenever possible instead of therates based on the registered infant deaths. These estimated rates are identified by a footnote. Rates based on estimates provided by national statistical offices using well-defined estimation procedures and sources, whether based on census or sample survey data, are given first priority. If such rates are not available, rates estimated by the Population Division of the United Nations Secretariat are presented.

The urban/rural classification of infant deaths is that provided by each country or area; it is presumed to be based on the national census definitions of urban population that have been set forth at the end of table 6.

Rate computation: Infant mortality rates are the annual number of deaths of infants under one year of age per 1,000 live births (as shown in table 9) in the same year.

Rates by urban/rural residence are the annual number of infant deaths, in the appropriate urban or rural category, per 1,000 corresponding live births (as shown in table 9).

Rates presented in this table have been limited to those for countries or areas having at least a total of 100 infant deaths in a given year. Moreover, rates specific for individual sub-categories based on 30 or fewer infant deaths are identified by the symbol (◊).

These rates, unless otherwise noted, have been calculated by the Statistics Division of the United Nations.

In addition, some rates have been obtained from other sources, including analytical estimates based on census or survey data. To distinguish them from civil registrationdata, estimated rates are identified by a footnote.

Reliability of data: Each country or area has been asked to indicate the estimated completeness of the infant deaths recorded in its civil register. These national assessments are indicated by the quality codes (C), (U) and (...) that appear in the first column of this table.

C indicates that the data are estimated to be virtually complete, that is, representing at least 90 per cent of the infant deaths occurring each year, while U indicates that data are estimated to be incomplete, that is, representing less than 90 per cent of the infant deaths occurring each

Ce tableau présente des données sur les décès d'enfants de moins d'un an et des taux de mortalité infantile selon la résidence (urbaine/rurale) pour le plus grand nombre d'années possible entre 1993 et 1997.

Description des variables : Les chiffres relatifs aux décès d'enfants de moins d'un an se rapportent aux naissances vivantes.

Sauf indication contraire, les statistiques du nombre de décès d'enfants de moins d'un an sont établies sur la base des registres de l'état civil. Dans la plupart des cas, les taux de mortalité infantile sont calculés à partir des statistiques des décès enregistrés d'enfants de moins d'un an et des naissances vivantes enregistrées où l'enregistrement de l'état civil est jugé sûr (exhaustivité estimée à 90 p. 100 ou plus). En revanche, pour les pays ou zones où l'enregistrement des décès d'enfants de moins d'un an par les servives de l'état civil n'existe pas ou est de qualité douteuse (exhaustivité estimée à moins de 90 p. 100 ou inconnue), on a présenté, autant que possible, des taux estimatifs et non des taux fondés sur les décès d'enfants de moins d'un an enregistrés. Lorsque tel était le cas, on l'a signalé en note au bas du tableau. On a retenu en priorité les estimations officielles établies d'après des méthodes et des sources bien définies, qu'il s'agisse de données de recensement ou de résultats d'enquêtes par sondage. Lorsqu'on ne disposait pas d'estimations de ce genre, on a présenté les taux estimatifs établis par la Division de la population du Secrétariat de l'ONU.

La classification des décès d'enfants de moins d'un an selon la résidence (urbaine/rurale) est celle qui a été fournie par chaque pays ou zone; il faut en conclure qu'elle repose sur les définitions de la population urbaine utilisées pour les recensements nationaux, telles qu'elles sont reproduites à la fin du tableau 6.

Calcul des taux : Les taux de mortalité infantile représentent le nombre annuel de décès d'enfants de moins d'un an pour 1,000 naissances vivantes (fréquences du tableau 9) survenues pendant la même année.

Les taux selon la résidence (urbaine/rurale)représentent le nombre annuel de décès d'enfants de moins d'un an, classés selon la catégorie urbaine ou rurale appropriée pour 1 000 naissances vivantes survenues dans la population correspondante (fréquences du tableau 9).

Les taux présentés dans ce tableau se rapportent aux seuls pays ou zones où l'on a enregistré un total d'au moins 100 décès d'enfants de moins d'unan au cours d'une année donnée. Les taux relatifs à des sous-catégories qui sont fondés sur un nombre égal ou inférieur à 30 décès d'enfants âgés de moins d'un an sont identifiés par le signe (◊).

Sauf indication contraire, ces taux ont été calculés par la Division de statistique de l'ONU.

En outre, des taux ont été obtenus d'autres sources; ils proviennent notamment d'estimations analytiques fondées sur des résultats de recensements ou d'enquêtes. Pour les distinguer des données qui proviennent des registres de l'état civil, ces taux estimatifs ont été identifiés par une note à la fin du tableau.

Fiabilité des données : Il a été demandé à chaque pays ou zone d'indiquer le degré estimatif de complétude des données sur les décès d'enfants de moins d'un an figurant dans ses registres d'état civil. Ces évaluations nationales sont désignées par les codes de qualité (C), (U) et (...)qui apparaissent dans la première colonne du tableau.

La lettre (c) indique que les données sont jugées à peu près complètes, c'est-à-dire qu'elles représentent au moins 90 p. 100 des décès d'enfants de moins d'un an survenus chaque année; la lettre (U)indique que les données sont jugées incomplètes, c'est-à-dire qu'elles représentent moins de 90 p.100 des décès d'enfants de moins d'un an

year. The code (...) indicates that no information was provided regarding completeness.

Data from civil registers which are reported as incomplete or of unknown completeness (coded U or ...) are considered unreliable. They appear in italics in this table. When data so coded are used to calculate rates, the rates also appear in italics.

These quality codes apply only to data from civil registers. If a series of data for a country or area contains both data from a civil register and estimated data from, for example, a sample survey, then the code applies only to the registered data. If only estimated data are presented, there is shown instead of the quality code. For more information about the quality of vital statistics data in general, and the information available on the basis of the completeness estimates in particular, see section 4.2 of the Technical Notes.

Limitations: Statistics on infant deaths are subject to the same qualifications as have been set forth for vital statistics in general and death statistics in particular as discussed in section 4 of the Technical Notes.

The reliability of the data, an indication of which is described above, is an important factor in considering the limitations. In addition, some infant deaths are tabulated by date of registration and not by date of occurrence; these have been indicated by a (+). Whenever the lag between the date of occurrence and date of registration is prolonged and, therefore, a large proportion of the infant-death registrations are delayed, infant-death statistics for any given year may be seriously affected.

Another factor which limits international comparability is the practice of some countries or areas not to include in infant-death statistics infants who were born alive but died before the registration of the birth or within the first 24 hours of life, thus underestimating the total number of infant deaths. Statistics of this type are footnoted.

The method of reckoning age at death for infants may also introduce non-comparability. If year alone, rather than completed minutes, hours, days and months elapsed since birth, is used to calculate age at time of death, many of the infants who died during the eleventh month of life and some of those who died at younger ages will be classified as having completed one year of age and thus be excluded from the data. The effect would be to underestimate the number of infant deaths. Information on this factor is given in footnotes when known. Reckoning of infant age is discussed in greater detail in the Technical Notes for table 16.

In addition, infant mortality rates are subject to the limitations of the data on live births with which they have been calculated. These have been set forth in the Technical Notes for table 9.

Because the two components of the infant mortality rate infant deaths in the numerator and live births in the denominator, are both obtained from systems of civil registration, the limitations which affect live-birth statistics are very similar to those which have been mentioned above in connection with the infant-death statistics. It is important to consider the reliability of the data (the completeness of

survenus chaque année. Le signe (...) indique qu'aucun renseignement n'a été fourni quant à la complétude des données.

Les données provenant des registres de l'état civil qui sont déclarées incomplètes ou dont le degré de complétude n'est pas connu (et qui sont affectées de la lettre (U)ou du signe (...) sont jugées douteuses. Elles apparaissent en italique dans le présent tableau. Lorsque ces données sont utilisées pour calculer des taux, ces taux apparaissent eux aussi en italique.

Ces codes de qualité ne s'appliquent qu'aux données tirées des registres de l'état civil. Si une série de données pour un pays ou une zone contient à la fois des données provenant des registres de l'état civil et des estimations calculées, par exemple, sur la base d'enquêtes par sondage, le code s'applique uniquement aux données d'enregistrement. Sil'on ne présente que des données estimatives, le signe (..) est utilisé à la place du code de qualité. Pour plus de précisions sur la qualité des données reposant sur les statistiques de l'état civil en général, voir la section 4.2 des Notes techniques, qui fournit aussi des renseignements fondés sur les estimations de complétude.

Insuffisance des données : Les statistiques des décès d'enfants de moins d'un an appellent toutes les réserves qui ont été faites à propos des statistiques de l'état civil en général et des statistiques des décès en particulier (voir explications à la section 4 des Notes techniques).

Le fiabilité des données, au sujet de laquelle des indications ont été fournies plus haut, est un facteur important. Il faut également tenir compte du fait que, dans certains cas, les données relatives aux décès d'enfants de moins d'un an sont exploitées selon la date de l'enregistrement et non la date de l'événement; ces cas ont été identifiés par le signe (+). Là où le décalage entre l'événement et son enregistrement est grand, c'est-à-dire où une forte proportion des décès d'enfants de moins d'un an fait l'objet d'un enregistrement tardif, les statistiques des décès d'enfants de moins d'un an pour une année donnée peuvent être sérieusement faussées.

Un autre facteur qui nuit à la comparabilité internationale est la pratique de certains pays ou zones qui consiste à ne pas inclure dans les statistiques des décès d'enfants de moins d'un an les enfants nés vivants mais décédés avant l'enregistrement de leur naissance ou dans les 24 heures qui ont suivi la naissance, pratique qui conduit à sous-estimer le nombre total de décès d'enfants de moins d'un an. Quand tel était le cas, on l'a signalé en note à la fin du tableau.

Les méthodes suivies pour calculer l'âge au moment du décès peuvent également nuire à la comparabilité des données. Si l'on utilise à cet effet l'année seulement, et non pas les minutes, heures, jours et mois qui se sont écoulés depuis la naissance, de nombreux enfants décédés au cours du onzième mois qui a suivi leur naissance et certains enfants décédés encore plus jeunes seront classés comme décédés à un an révolu et donc exclus des données. Cette pratique conduit à sous-estimer le nombre de décès d'enfants de moins d'un an. Les renseignements dont on dispose sur ce facteur apparaissent en note à la fin du tableau. La question du calcul de l'âge au moment du décès est examinée plus en détail dans les Notes techniques se rapportant au tableau 16.

Les taux de mortalité infantile appellent en outre toutes les réserves qui ont été formulées à propos des statistiques des naissances vivantes qui ont servi à leur calcul. Voir à ce sujet les Notes techniques relatives au tableau 9.

Les deux composantes du taux de mortalité infantile décès d'enfants de moins d'un an au numérateur et naissances vivantes au dénominateur étant obtenues à partir des registres de l'état civil, les statistiques des naissances vivantes appellent des réserves presque identiques à celles qui ont été formulées plus haut à propos des statistiques des décès d'enfants de moins d'un an. Il importe de prendre en considération la fiabilité des données (complétude de l'enregistrement) et le mode d'exploitation (selon

registration) and the method of tabulation (by date of occurrence or by date of registration) of live-birth statistics as well as infant-death statistics, both of which are used to calculate infant mortality rates. The quality code and use of italics to indicate unreliable data presented in this table refer only to infant deaths. Similarly, the indication of the basis of tabulation (the use of the symbol (+) to indicate data tabulated by date of registration) presented in this table also refers only to infant deaths. Table 9 provides the corresponding information for live births.

If the registration of infant deaths is more complete than the registration of live births, then infant mortality rates would be biased upwards. If, however, the registration of live births is more complete than registration of infant deaths, infant mortality rates would be biased downwards. If both infant deaths and live births are tabulated by registration, it should be noted that deaths tend to be more promptly reported than births.

Infant mortality rates may be seriously affected by the practice of some countries or areas not to consider infants who were born alive but died before the registration of the birth or within the first 24 hours of life as alive birth and subsequent infant death. Although this practice results in both the number of infant deaths in the numerator and the number of live births in the denominator being underestimated, its impact is greater on the numerator of the infant mortality rate. As a result this practice causes infant mortality rates to be biased downwards.

Infant mortality rates will also be underestimated if the method of reckoning age at death results in an underestimation of the number of infant deaths. This point has been discussed above.

Because all of these factors are important, care should be taken in comparing and rank ordering infant mortality rates.

With respect to the method of calculating infant mortality rates used in this table, it should be noted that no adjustment was made to take account of the fact that a proportion of the infant deaths which occur during a given year are deaths of infants who were born during the preceding year and hence are not taken from the universe of births used to compute the rates. However, unless the number of live births or infant deaths is changing rapidly, the error involved is not important. [40]

Estimated rates based directly on the results of sample surveys are subject to considerable error as a result of omissions in reporting infant deaths or as a result of erroneous reporting of those which occurred outside the period of reference. However, such rates do not have the advantage of having a "built-in" and corresponding base.

The comparability of data by urban/rural residence is affected by the national definitions of urban and rural used in tabulating these data. It is assumed, in the absence of specific information to the contrary, that the definitions of urban and rural used in connection with the national population census were also used in the compilation of the vital statistics for each country or area. However, the

la date de l'événement ou selon la date de l' enregistrement) dans le cas des statistiques des naissances vivantes tout comme dans le cas de celles des décès d'enfants de moins d'un an, puisque les unes et les autres servent au calcul des taux de mortalité infantile. Dans le présent tableau, le code de qualité et l'emploi de caractères italiques pour signaler les données moins sûres ne concernent que les décès d'enfants de moins d'un an. L'indication du mode d'exploitation des données (emploi du signe (+) pour identifier les données exploitées selon la date de l'enregistrement) concerne aussi des enfants de moins d'un an exclusivement. Le tableau 9 fournit les renseignements correspondants pour les naissances vivantes.

Si l'enregistrement des décès d'enfants de moins d'un an est plus complet que l'enregistrement des naissances vivantes, les taux de mortalité infantile seront entachés d'une erreur par excès. En revanche, si l'enregistrement des naissances vivantes est plus complet que l'enregistrement des décès d'enfants de moins d'un an, les taux de mortalité infantile seront entachés d'une erreur par défaut. Si les décès d'enfants de moins d'un an et les naissances vivantes sont exploités selon la date de l'enregistrement, il convient de ne pas perdre de vue que les décès sont, en règle générale, déclarés plus rapidement que les naissances.

Les taux de mortalité infantile peuvent être gravement faussés par la pratique de certains pays ou zones qui consiste à ne pas classer dans les naissances vivantes et ensuite dans les décès d'enfants de moins d'un an les enfants nés vivants mais décédés soit avant l'enregistrement de leur naissance, soit dans les 24 heures qui ont suivi la naissance. Cette pratique conduit à sous-estimer aussi bien le nombre des décès d'enfants de moins d'un an, qui constitue le numérateur, que le nombre des naissances vivantes, qui constitue le dénominateur, mais c'est pour le numérateur du taux de mortalité infantile que la distorsion est la plus marquée. Ce système a pour effet d'introduire une erreur par défaut dans les taux de mortalité infantile.

Les taux de mortalité infantile seront également sous-estimés si la méthode utilisée pour calculer l'âge au moment du décès conduit à sous-estimer le nombre de décès d'enfants de moins d'un an. Cette question a été examinée plus haut.

Tous ces facteurs sont importants et il faut donc en tenir compte lorsqu'on compare et classe les taux de mortalité infantile.

En ce qui concerne la méthode de calcul des taux de mortalité infantile utilisée dans ce tableau, il convient de noter qu'il n'a pas été tenu compte du fait qu'une partie des décès survenus pendant une année donnée sont des décès d'enfants nés l'année précédente et ne correspondent donc pas à l'univers des naissances utilisé pour le calcul des taux. Toutefois, l'erreur n'est pas grave, à moins que le nombre des naissances vivantes ou des décès d'enfants de moins d'un an ne varie rapidement[40].

Les taux estimatifs fondés directement sur les résultats d'enquêtes par sondage comportent des possibilités d'erreurs considérables dues soit à des omissions dans les déclarations de décès d'enfants de moins d'un an, soit au fait que l'on a déclaré à tort des décès survenus en réalité hors de la période considérée. Mais ils présentent aussi un avantage puisque le chiffre des naissances vivantes utilisé comme base est connu par définition et rigoureusement correspondant.

La comparabilité des données selon la résidence (urbaine/rurale) peut être limitée par les définitions nationales des termes "urbain" et "rural" utilisées pour la mise en tableaux de ces données. En l'absence d'indications contraires, on a supposé que les définitions des termes "urbain"et "rural" utilisées pour le recensement national de la population avaient été utilisées aussi pour l'établissement des statistiques de l'état civil pour chaque pays ou zone. Toutefois, on ne peut exclure la possibilité

possibility cannot be excluded that, for a given country or area, the same definitions of urban and rural are not used for both the vital statistics data and the population census data. When known, the definitions of urban used in national population censuses are presented at the end of table 6. As discussed in detail in the Technical Notes for table 6, these definitions vary considerably from one country or area to another.

Urban/rural differentials in infant mortality rates may also be affected by whether the infant deaths and live births have been tabulated in terms of place of occurence or place of usual residence. This problem is discussed in more detail in section 4.1.4.1 of the Technical Notes.

Coverage: Infant deaths are shown for 127 countries or areas. Data are presented by urban/rural residence for 50 countries or areas.

Infant mortality rates are shown for 168 countries or areas. Rates are presented by urban/rural residence for 41 countries or areas.

Earlier data: Infant deaths and infant mortality rates have been shown in previous issues of the Demographic Yearbook.

For information on specific years covered, readers should consult the Index.

Data in machine-readable form: Data shown in this table are available in magnetic tape at a cost of US$150 for all available years as shown below:

| Total | 1948-1997 |
| Urban/rural | 1972-1997 |

Table 16

Table 16 presents infant deaths and infant mortality rates by age, sex and urban/rural residence for latest available year.

Description fo variables: Age is defined as hours, days and months of life completed, based on the difference between the hour, day, month and year of birth and the hour, da, month and year of death. The age classification used in this table is the following: under 1 day, 1-6 days, 7-27 days, 28-364 days and age unknown.

The urban rural classification of infant deaths is that provided by each country or area; it is presumed to be based on the national census definitions of urban population that have been set forth at the end of table 6.

Rate computation: Infant mortality rates by age and sex are the annual number of deaths of infants under one year of age by age and sex per 1,000 live births by sex (as shown in table 9) in the same year.

Infant mortality rates by age, sex and urban/rural residence are the annual number of infant deaths that occurred in a specific age-sex-urban/rural group per 1,000 live births in the corrisponding sex-urban/rural group (as shown in table 9).

que, pour un pays ou zone donné, les mêmes définitions des termes "urbain" et "rural" n'aient pas été utilisées dans les deux cas. Les définitions du terme "urbain" utilisées pour les recensements nationaux de population ont été présentées à la fin du tableau 6 lorsqu'elles étaient connues. Comme on l'a précisé en détail dans les Notes techniques relatives au tableau 6, ces définitions varient très sensiblement d'un pays ou d'une zone à l'autre.

La différence entre les taux de mortalité infantile pour les zones urbaines et rurales pourra aussi être faussée selon que les décès d'enfants de moins d'un an et les naissances vivantes auront été classés d'après le lieu de l'événement ou le lieu de résidence habituelle. Ce problème est examiné plus en détail à la section 4.1.4.1 des Notes techniques.

Portée : Ce tableau présente des données sur les décès d'enfants de moins d'un an pour 127 pays ou zones. Les données sont classées selon la résidence(urbaine/rurale) pour 50 pays ou zones.

Ce tableau présente également des taux de mortalité infantile pour 168 pays ou zones. Les taux sont classés selon la résidence (urbaine/rurale) pour 41 pays ou zones.

Données publiées antérieurement : Des statistiques des décès d'enfants de moins d'un an et des taux de mortalité infantile ont déjà été présentées dans des éditions antérieures de l'Annuaire démographique.

Pour plus de précisions concernant les années pour lesquelles ces données ont été publiées, on se reportera à l'Index.

Données sur support magnétique: Il est possible de se procurer sur bande magnétique, moyennant de paiement d'une somme $150 les données dans ce tableau pour tous les années disponibles suivantes:

| Total | 1948-1997 |
| Urbain/rurale | 1972-1997 |

Tableau 16

Ce tableau présente des données sur des décès d'enfants de moins d'un an et des taux de mortalité infantile selon l'âge, le sexe et la résidence (urbaine/rurale) pour la dernière année disponible.

Description des variables: L'âge est exprimé en heures, jours et mois révolus et est calculé en retranchant la date de la naissance (heure, jour, mois et année) de celle du décès (heure, jour, mois et année). La classification par âge utilisée dans ce tableau est la suivante: moins d'un jour, 1 à 6 jours, 7 à 27 jours, 28 à 364 jours et âge inconnu.

La classification des décès d'enfants de moins d'un an selon la résidence (urbaine/rurale) est celle qui a été fournie par chaque pays ou zone; il faut en conclure qu'elle repose sur les définitions de la population urbaine utilisées dans le cadredes recensements nationaux, telles qu'elles sont reproduites à la fin du tableau 6.

Calcul des taux: Les taux de mortalité infantile selon l'âge et le sexe représentent le nombre annuel de décès d'enfants de moins d'un an selon l'âge et le sexe pour 1,000 naissances vivantes d'enfants du même sexe (frécuences du tableau 9) survenues au cours de l'année considérée.

Les taux de mortalité infantile selon l'âge , le sexe et la résidence (urbaine/rurale) représentent le nombre annuel de décès d'enfants de moins d'un an intervenus dans un groupe d'âge donné dans la population urbaine ou rurale du sexe masculin ou féminin (fréquences du tableau 9) pour 1 000 naissances vivantes intervenues dans la population urbaine ou rurale du même sexe.

The denominator for all these rates, regardless of age of infant at death, is the number of live births by sex (and by urban/rural residence if appropriate).

Infant deaths of unknown age are included only in the rate for under one year of age. Deaths of unstated sex are included in the rate for the total and hence these rates, shown in the first column of the table, should agree with the infant mortality rates shown in table 15. Discrepancies are explained in footnotes.

Rates presented in this table have been limited to those for countries or areas having at least a total of 1,000 deaths in a given year. Moreover, rates specific for individual sub-categories based on 30 or fewer infant deaths are identified by the symbol (◊).

Reliability of data: Data from civil registers of infant deaths which are reported as incomplete (less than 90 percent completeness) or of unknown completeness are considered unreliable and are set in italics rather than in roman type. Rates calculated using these data are also set in italics. Table 9 and the Technical Notes for that table provide more detailed information on the completeness of infant death registration. For more information about the quality of vital statistics data in general, and the information available on the basis of the completeness estimates in particular, see section 4.2 of the Technical Notes.

Limitations: Statistics on infant deaths by age and sex are subject to the same qualifications as have been set forth for vital statistics in general and death statistics in particular as discussed in section 4 of the Technical Notes.

The reliability of the data, an indication of which is described above, is an important factor in considering the limitations. In addition, some infant deaths are tabulated by date of registration and not by date of occurrence; these have been indicated by a (+). Whenever the lag between the date of occurrence and date of registration is prolongued and, therefore, a large proportion of the infant-death registrations are delayed, infant-death statistics for any given year may be seriously affected.

Another factor which limits international comparability is the practice of some countries or areas not to include in infant-death statistics infant who were born alive but died before the registration of the birth or within the first 24 hours of life, thus underestimating the total number of infant deaths. Statistics of this type are footnoted. In this table in particular, this practice may contribute to the lack of comparability among deaths under one year, under 28 days, under one week and under one day.

Variation in the method of reckoning age at the time of death introduces limitations on comparability. Although it is to some degree a limiting factor throughout the age span, it is an especially important consideration with respect to deaths at ages under one day and under one week (early neonatal deaths) and under 28 days (neonatal deaths). As noted above, the recommended method of reckoning infant age at death is to calculate duration of life in minutes, hours and days, as appropriate. This gives age in completed units of time. In some countries or areas, however, infant age is calculated to the nearest day only, that is, age at death for

Le dénominateur de tous ces taux, quel que soit l'âge de l'enfant au moment du décès, est le nombre de naissances vivantes selon le sexe (et selon la résidence (urbaine/rurale), le cas échéant).

Il n'est tenu compte des décès d'enfants d'âge "inconnu" que pour le calcul du taux relatif à l'ensemble des décès de moins d'un an. Les décès d'enfants de sexe inconnu étant compris dans le numérateur des taux concernant le total, ces taux, qui figurent dans la première colonne du tableau 16, devraient concorder avec les taux de mortalité infantile du tableau 15. Les divergences sont expliquées en note.

Les taux présentés dans ce tableau ne concernent que les pays ou zones où l'on a enregistre un total d'au moins 1 000 décès d'enfants de moins d'un an au cours d'une année donnée. Les taux relatifs à des sous-categories qui sont fondés sur un nombre égal ou inférieur à 30 décès d'enfants âgés de moins d'un an sont identifiés par le signe (◊).

Fiabilité des données: Les données sur les décès d'enfants de moins d'un an provenant des registres de l'état civil qui sont déclarées incomplètes (degré de complétude inférieur à 90 p.100) ou dont le degré de complétude n'est pas connu sont jugées douteuses et apparaissent en italique et not en caractères romains. Les taux calculés à partir de ces données apparaissent eux aussi en italique. Le tableau 9 et les Notes techniques se rapportant à ce tableau présentent des renseignements plus détaillés sur le degré de complétude de l'enregistrement des décès d'enfants de moins d'un an. Pour plus de précisions sur la qualité des données reposant sur les statistiques de l'état civil en général, voir la section 4.2 des Notes techniques, qui fournit aussi des renseignements fondés sur les estimations de complétude.

Insuffisance des données: Les statistiques des décès d'enfants de moins d'un an selon l'âge et le sexe appellent toutes les réserves qui ont été formulées à propos des statistiques de l'état civil en général et des statistiques des décès en particulier (voir explications à la section 4 des Notes techniques).

La fiabilité des données, au sujet de laquelle des indications ont été fournies plus haut, est un facteur important. Il faut également tenir compte du fait que, dans certains cas, les données relatives aux décès d'enfants de moins d'un an sont exploitées selon la date de l'enregistrement et non la date de l'événement; ces cas ont été identifiés par le signe (+). Là où le décalage entre l'événement et son enregistrement est grand, c'est-à-dire où une forte proportion des décès d'enfants de moins d'un an fait l'object d'un enregistrement tardif, les statistiques des décès d'enfants de moins d'un an pour une année donnée peuvent être sérieusement faussées.

Un autre facteur qui nuit à la comparabilité internationale est la pratique de certains pays ou zones qui consiste à ne pas inclure dans les statistiques des décès d'enfants de moins d'un an les enfants nés vivants mais décédés soit avant l'enregistrement de leur naissance, soit dans les 24 heures qui ont suivi la naissance, pratique qui conduit à sous-estimer le nombre total de décès d'enfants de moins d'un an. Lorsqu'on savait que ce facteur était intervenu, on l'a signalé en note. Dans ce tableau en particulier, ce système peut contribuer au défaut de comparabilité des données concernant les décès d'enfants de moins d'un an, de moins de 28 jours, de moins d'une semaine et de moins d'un jour.

Le manque d'uniformité des méthodes suivies pour calculer l'âge au moment du décès nuit également à la comparabilité des données. Ce facteur influe dans une certaine mesure sur les données relatives à la mortalité à tous les âges, mais is a des répercussions particulièrement marquées sur les statistiques des décès de moins d'un jour et de moins d'une semaine (mortalité néo-natale). Comme on l'a dit, l'âge d'un enfant de moins d'un an à sont décès est calculé, selon la méthode recommandée, en évaluant la durée de vie en minutes, heures et jours, selon le cas. L'âge est ainsi exprimé en unités de temps révolues. Toutefois, dans certains pays ou zones, l'âge de ces enfants n'est calculé en retranchant la date de la naissance (jour, mois et année) de celle du

an infant is the difference between the day, month and year of birth and the day, month and year of death. The result of this procedure is to classify as deaths at age one day many deaths of infants dying before they have completed 24 hours of life. The under-one-day class is thus understated while the frequency in the 1-6-day age group is inflated.

A special limitation on comparability of neonatal (Under 28 days) deaths is the variation in the classification of infant age used. It is evident from the footnotes in the tables that some countries or areas continue to report infant age in calendar, rather than lunar month (4-week or 28-day), periods.

Failure to tabulate infant deaths under 4 weeks of age in terms of completed days introduces another source of variation between countries or areas. Deaths classified as occurring under one month usually connote deaths within any one calendar month; these frequencies are not strictly comparable with those referring to deaths within 4 weeks or 27 completed days. Other differences in age classification will be evident from the table.

In addition, infant mortality rates by age and sex are subject to the limitations of the data on live births with which they have been calculated. These have been set forth in the Technical Notes for table 9. These limitations have also been discussed in the Technical Notes for table 15.

In addition, it should be noted that infant mortality rates by age are affected by the problems related to the practice of excluding infants who were born alive but died before the registration of the birth or within the first 24 hours of life from both infant-death and live-birth statistics and the problems related to the reckoning of infant age at death. These factors, which have been described above, may affect certain age groups more than others. In so far as the numbers of infant deaths for the various age groups are underestimated or overestimated, the corresponding rates for the various age groups will also be underestimated or overestimated. The youngest age groups are more likely to be underestimated than other age groups; the youngest age group (under one day) is likely to be the most seriously affected.

The comparability of data by urban/rural residence is aff by the national definitions of urban and rural used in tabulating these data. It is assumed, in the absence of specific information to the contrary, that the definitions of urban and rural used in connection with the national population census were also used in the compilation of the vital statistics for each country or area.

However, the possibility cannot be excluded that, for a given country or area, the same definitions of urban and rural are not used for both the vital statistics data and the population census data. When known, the definitions of urban used in national population censuses are presented at the end of table 6. As discussed in detail in the Technical Notes for table 6, these definitions vary considerably from one country or area to another.

Urban/rural differentials in infant mortality rates may also be affected by whether the infant deaths and live births have been tabulated in terms of place of occurrence or place of usual residence. This problem is discussed in more detail in section 4.1.4.1. of the Technical Notes.

décès (jour, mois et année). Il s'ensuit que de nombreux décès survenus dans les vingt-quatre heures qui suivent la naissance sont classés comme décès d'un jour. Dans ces conditions, les données concernant les décès de moins d'un jour sont entachées d'une erreur par défaut et celles qui se rapportent aux décès de 1 à 6 jours d'une erreur par excès.

La comparabilité des données relatives à la mortalité néo-natale (moins de 28 jours) est influencée par un facteur spécial: l'hétérogénéité de la classification par âge utilisée pour les enfants de moins d'un an. Les notes figurant au bas des tableaux montrent que, dans un certain nombre de pays ou zones, on continue d'utiliser le mois civil au lieu du mois lunaire (4 semaines ou 28 jours).

Lorsque les données relatives aux décès de moins de 4 semaines ne sont pas exploitées sur la base de l'âge en jours révolus, il existe une nouvelle cause de non-comparabilité internationale. Les décès de "moins de 1 mois sont généralement ceux qui se produisent au cours d'un mois civil; les taux calculés sur la base de ces données ne sont pas strictement comparables à ceux qui sont établis à partir des données concernant les décès survenus pendant 4 semaines ou 27 jours révolus. Le tableau 10 montre que la classification des âges présente d'autres différences.

Les taux de mortalité infantile selon l'âge et le sexe appellent en outre toutes les réserves qui ont été formulées à propos des statistiques des naissances vivantes qui ont servi à leur calcul. Voir à ce sujet les Notes techniques relatives aux tableaux 9. Ces insuffisances ont également été examinées dans les Notes techniques relatives au tableau 15.

Il convient de signaler aussi que les taux de mortalité infantile selon l'âge se ressentent des problèmes dus à la pratique qui consiste à n'inscrire ni dans les statistiques des décès d'enfants de moins d'un an ni dans celles des naissances vivantes des enfants nés vivants mais décédés soit avant l'enregistrement de leur naissance, soit dans les 24 heures qui ont suivi la naissance, et des problèmes que pose le calcul de l'âge de l'enfant au moment du décès. Ces facteurs, qui ont été décrits plus haut, peuvent fausser plus les statistiques pour certains groupes d'âge que pour d'autres. Si le nombre des décès d'enfants de moins d'un an pour chaque groupe d'âge est sous-estimé (ou surestimé), les taux correspondants pour chacun de ces groupes d'âge seront eux aussi sous-estimé (ou surestimés). Les risques de sous-estimation sont plus grands pour les groupes les plus jeunes; c'est pour le groupe d'âge le plus jeune de tous (moins d'un jour) que les données risquent de présenter les plus grosses erreurs.

La comparabilité des données selon la résidence (urbaine/rurale) peut être limitée par les définitions nationales des termes "urbain" et "rural" utilisées pour la mise en tableaux de ces données. En l'absence d'indications contraires, on a supposé que les définitions des termes "urbaine" et "rural" utilisées pou le recensement national de la population avaient été utilisées aussi pour l'établissement des statistiques de l'état civil pour chaque pays ou zone.

Toutefois, on ne peut exclure la possibilité que, pour un pays ou zone donné, les même définitions des termes "urbains" et "rural" n'aient pas été utilisées dans les deux cas. Les définitions du terme "urbain" utilisées pour les recensements nationaux de population ont été présentées à la fin du tableau 6 lorsqu'elles étaient connues. Comme on l'a précisé en détail dans les Notes techniques relatives au tableau 6, ces définitions varient très sensiblement d'un pays ou d'une zone à l'autre.

La différence entre les taux de mortalité infantile pour les zones urbaines et rurales pourre aussi être faussée selon que les décès d'enfants de moins d'un an et les naissances vivantes auront été classés d'après le lieu de l'événement ou le lieu de résidence habituelle. Ce problème est examiné plus en détail à la section 4.1.4.1 des Notes techniques.

Coverage: Infant mortality by age and sex are shown for 102 countries or areas. Data are presented by urban/rural residence for 2 countries or areas.

Infant mortality rates by age and sex are shown for 47 countries or areas. Rates are presented by urban/rural residence for 2 countries or areas.

Earlier data: Infant deaths and infant mortality rates by age and sex have been shown in previous issues of the Demographic Yearbook. For information on specific years covered, readers should consult the Index.

Table 17

Table 17 presents maternal deaths and maternal mortality rates for as many years as possible between 1987 and 1996.

Description of variables: Maternal deaths are defined for the purposes of the Demographic Yearbook as those caused by deliveries and complications of pregnancy, childbirth and the puerperium. These deaths are those classified as AM42, AM43 and AM44 in the "Adapted Mortality List" of 55 causes derived from the International Classification of Diseases, 1975 (ninth) revision.[41], and as AM 39, AM40 and AM41 in the tenth revision.[42]

For further information on the definition of maternal mortality from the ninth and tenth revisions, see section 4.3 of the Technical Notes.

Statistics on maternal death presented in this table have been limited to countries or areas which meet all of the following three criteria: first, that cause-of-death statistics are either classified by or convertible to the ninth or tenth lists mentioned above; secondly, that at least a total of 1,000 deaths (for all causes combined) occurred in a given year; and thirdly, that within this distribution the total number of deaths classified as due to ill-defined causes as shown in the table in section 4.3 does not exceed 25 per cent of deaths from all causes.

Rate computation: Maternal mortality rates are the annual number of maternal deaths per 100 000 live births (as shown in table 9) in the same year.

As noted above, rates (as well as frequencies) presented in this table have been limited to those countries or areas having a total of at least 1,000 deaths from all causes in a given year and have also been limited to those not having more than 25 per cent of all deaths classified as due to ill-defined causes. Moreover, rates based on 30 or fewer maternal deaths shown in this table are identified by the symbol (◊).

Reliability of data: Data from civil registers of deaths which are reported as incomplete (less than 90 per cent completeness) or of unknown completeness are considered unreliable and are set in italics rather than in roman type. Rates calculated using these data are also set in italics. Table 18 and the Technical Notes for that table provide more detailed information on the completeness of death registration. For more information about the quality of vital

Portée: Ce tableau présente des donné sur les décès d'enfants de moins d'un an selon l'âge et le sexe pour 102 pays ou zones. Les données sont classées selon la résidence (urbaine/rurale) pour 2 pays ou zones.

Ce tableau présente également des taux de mortalité infantile selon l'âge et le sexe pour 47 pays ou zones. Les donneés sont classées selon la residence (urbaine/rurale) pour 2 pays ou zones.

Données publiées antérieurement: Des statistiques des décès d'enfants de moins d'un an et des taux de mortalité infantile selon l'âge et le sexe ont déjà été présentées dans des éditions antérieures de l'Annuaire démographique. Pour plus de précisions concernant les années pour lesquelles ces données on été publiées, on se reportera à l'Index.

Tableau 17

Ce tableau présente des statistiques et des taux de mortalité liée à la maternité pour le plus grand nombre d'années possible entre 1987 et 1996.

Description des variables : Aux fins de l'Annuaire démographique, les décès liés à la maternité s'entendent des décès entraînés par l'accouchement ou les complications de la grossesse, de l'accouchement et des suites de couches. Ces causes de décès sont rangées sous les rubriques AM42, AM43 et AM44 de la Liste adaptée de 55 causes de mortalité, dérivés de la neuvième révision (1975) de la Classification[41], et dans les rubriques AM39, AM40 et AM41 dérivés de la dixième révision. [42]

Pour plus de précisions concernant les définitions de la mortalité liée à la maternité dans les révision neuvième neuvième et dixième, se reporter à la section 4.3 des Notes techniques.

Les statistiques de mortalité liée à la maternité présentées dans ce tableau ne se rapportent qu'aux pays ou zones pour lesquels les trois critères suivants sont réunis : premièrement, le classement des statistiques des décès selon la cause doit être conforme à la liste de neuvième ou à celle de deuxième, mentionnées plus haut, ou convertible aux catégories de cette liste; deuxièmement, le nombre total des décès (pour toutes les causes réunies) intervenus au cours d'une année doit être au moins égal à 1 000; troisièmement, à l'intérieur de cette répartition, le nombre total des décès dus à des causes mal définies selon le tableau de la section 4.3 ne doit pas dépasser 25 p. 100 du nombre des décès pour toutes causes.

Calcul des taux : Les taux de mortalité liée à la maternité représentent le nombre annuel de décès dus à la maternité pour 100 000 naissances vivantes (fréquences du tableau 9) de la même année.

Comme il est indiqué ci-dessus, les taux et les fréquences présentés dans ce tableau ne concernent que les pays ou zones où l'on a enregistré un total d'au moins 1 000 décès pour toutes causes dans l'année, dont 25 p.100 au maximum de décès dus à des causes mal définies. Enfin, les taux fondés sur 30 décès de la maternité ou moins sont identifiés à l'aide du signe (◊).

Fiabilité des données : Les données sur les décès provenant des registres d'état civil qui sont déclarées incomplètes (degré d'exhaustivité inférieur à 90 p. 100) ou dont le degré d'exhaustivité n'est pas connu sont jugées douteuses et apparaissent en italique et non en caractères romains. Les taux calculés à partir de ces données apparaissent eux aussi en italique. Le tableau 18 et les Notes techniques se rapportant à ce tableau présentent des renseignements plus détaillés sur le degré d'exhaustivité de l'enregistrement des décès. Pour plus de précisions sur la qualité des

statistics data in general, and the information available on the basis of the completeness estimates in particular, see section 4.2 of the Technical Notes.

In general the quality code for deaths shown in table 18 is used to determine whether data on deaths in other tables appear in roman or italic type. However, some data on deaths by cause are shown in italics in this table when it is known that the quality, in terms of completeness, differs greatly from the completeness of the registration of the total number of deaths. In cases when the quality code in table 18 does not correspond with the type face used in this table, relevant information regarding the completeness of cause-of-death statistics is given in a footnote.

Limitations: Statistics on maternal deaths are subject to the same qualifications that have been set forth for vital statistics in general and death statistics in particular as discussed in section 4 of the Technical Notes.

The reliability of the data, an indication of which is described above, is an important factor in considering the limitations. In addition, some deaths are tabulated by date of registration and not by date of occurrence; these have been indicated by a (+). Whenever the lag between the date of occurrence and the date of registration is prolonged and a large proportion of the death registrations are, therefore, delayed, death statistics for any given year may be seriously affected.

In addition, maternal-death statistics are subject to all the qualifications relating to cause-of-death statistics. These have been set forth in section 4 of the Technical Notes.

Although cause-of-death statistics may be reported in terms of the ninth revision for some years and in terms of the tenth revision for other years, comparability of maternal-death statistics is not affected because deaths due to abortion (AM42 and AM39) are identical and AM43 and AM44 are equivalent to AM40 and AM41 in the tenth revision.

Maternal mortality rates are subject to the limitations of the data on live births with which they have been calculated. These have been set forth in the Technical Notes for table 9.

The calculation of the maternal mortality rates based on the total number of live births approximates the risk of dying from complications of pregnancy, childbirth or puerperium. Ideally this rate should be based on the number of women exposed to the risk of pregnancy, in other words, the number of women conceiving. Since it is impossible to know how many women have conceived, the total number of live births is used in calculating this rate.

Coverage: Maternal deaths are shown for 84 countries or areas and maternal mortality rates are shown for 78 countries or areas.

Earlier data: Maternal deaths and maternal mortality rates have been shown in previous issues of the Demographic Yearbook. For information on specific years covered, the reader should consult the Index.

statistiques de l'état civil en général, et sur les estimations de l'exhaustivité en particulier, voir la section 4.2 des Notes techniques.

En général, le code de qualité des données sur les décès indiqué au tableau 18 sert à déterminer si, dans les autres tableaux, les données de mortalité apparaissent en caractères romains ou italiques. Toutefois, certaines données sur les décès selon la cause figurent en italique dans le présent tableau lorsqu'on sait que leur exhaustivité diffère grandement de celle des données sur le nombre total des décès. Dans les cas où le code de qualité du tableau 18 ne correspond pas aux caractères utilisés dans le présent tableau, les renseignements concernant le degré d'exhaustivité des statistiques des décès selon la cause sont indiqués en note à la fin du tableau.

Insuffisance des données : Les statistiques de la mortalité liée à la maternité appellent toutes les réserves qui ont été formulées à propos des statistiques de l'état civil en général et des statistiques de mortalité en particulier (voir explications à la section 4 des Notes techniques).

La fiabilité des données, au sujet de laquelle des indications ont été fournies plus haut, est un facteur important en l'occurrence. Il faut également tenir compte du fait que, dans certains cas, les données relatives aux décès sont classées par date d'enregistrement et non par date de décès; ces cas ont été identifiés par le signe(+). Lorsque le décalage entre le décès et son enregistrement est grand, c'est-à-dire qu'une forte proportion des décès fait l'objet d'un enregistrement tardif, les statistiques des décès de l'année peuvent être sérieusement faussées.

En outre, les statistiques de la mortalité à la maternité appellent les mêmes réserves que les statistiques des causes de décès exposées à la section 4 des Notes techniques.

Le fait que les statistiques par causes de décès se réfèrent pour certaines années à la neuvième révision et pour d'autres à la dixième révision n'influe pas sur la comparabilité des statistiques de la mortalité maternelle, puisque les décès consécutifs à un avortement (AM42 et AM39) sont comptés de la même façon et AM43 et AM44 (neuvième) sont èquivalent à AM40 et AM41 dans le dixième révision..

Les taux de mortalité liée à la maternité appellent également toutes les réserves formulées à propos des statistiques des naissances vivantes qui ont servi à leur calcul. Voir à ce sujet les Notes techniques relatives au tableau 9.

En prenant le nombre total des naissances vivantes comme base pour le calcul des taux de mortalité, on obtient une mesure approximative de la probabilité de décès dus aux complications de la grossesse, de l'accouchement et des suites de couches. Idéalement, ces taux devraient être calculés sur la base du nombre de femmes exposées au risque de grossesse, soit, en d'autres termes, sur la base du nombre de femmes qui conçoivent. Etant donné qu'il est impossible de connaître le nombre de femmes ayant conçu, c'est le nombre total de naissances vivantes que l'on utilise pour calculer ces taux.

Portée : Ce tableau présente des statistiques de la mortalité liée à la maternité (nombre de décès) pour 84 pays ou zones et les taux correspondants pour 78 pays ou zones.

Données publiées antérieurement : Des statistiques des décès liés à la maternité (nombre de décès et taux) figurent déjà dans des éditions antérieures de l'Annuaire démographique. Pour plus de précisions concernant les années pour lesquelles ces données ont été publiées, on se reportera à l'Index.

Previous issues of the Demographic Yearbook have shown maternal deaths and maternal death rates. In issues prior to 1975, these rates were calculated using the female population rather than live births. Therefore maternal mortality rates published since 1975 are not comparable to the earlier maternal death rates.

Le même type de statistiques figurait aussi dans des éditions plus anciennes, mais, avant 1975, les taux étaient calculés sur la base de la population féminine et non sur celle du nombre de naissances vivantes. Ils ne sont donc pas comparables à ceux qui figurent dans les cinq dernières éditions.

Table 18

Table 18 presents deaths and crude death rates by urban/rural residence for as many years as possible between 1993 and 1997.

Description of variables: Death is defined as the permanent disappearance of all evidence of life at any time after live birth has taken place (post-natal cessation of vital functions without capability of resuscitation). [43]

Statistics on the number of deaths are obtained from civil registers unless otherwise noted. For those countries or areas where civil registration statistics on deaths are considered reliable (estimated completeness of 90 per cent or more), the death rates shown have been calculated on the basis of registered deaths. However, for countries or areas where civil registration of deaths is non-existent or considered unreliable (estimated completeness of less than 90 per cent or of unknown completeness), estimated rates are presented whenever possible instead of the rates based on the registered deaths.

These estimated rates are identified by a footnote. Rates based on estimates provided by national statistical offices using well-defined estimation procedures and sources, whether based on census or sample survey data, are given first priority. If such rates are not available, rates estimated by the Population Division of the United Nations Secretariat are presented.

The urban/rural classification of deaths is that provided by each country or area; it is presumed to be based on the national census definitions of urban population that have been set forth at the end of table 6.

Rate computation: Crude death rates are the annual number of deaths per 1,000 mid-year population.

Rates by urban/rural residence are the annual number of deaths, in the appropriate urban or rural category, per 1,000 corresponding mid-year population.

Rates presented in this table have not been limited to those countries or areas having a minimum number of deaths in a given year. However, rates based on 30 or fewer deaths are identified by the symbol (◊).

These rates, unless otherwise noted, have been calculated by the Statistics Division of the United Nations. In addition, some rates have been obtained from other sources, including analytical estimates based on census or survey data.

Reliability of data: Each country or area has been asked to indicate the estimated completeness of the deaths recorded in its civil register. These national assessments are indicated by the quality codes C, U and ... that appear in the first column of this table.

Tableau 18

Le tableau 18 présente des données sur le nombre des décès et des taux bruts de mortalité selon la résidence (urbaine/rurale) pour le plus grand nombre d'années possible entre 1993 et 1997.

Description des variables : Le décès est défini comme la disparition permanente de tout signe de vie à un moment quelconque postérieur à la naissance vivante (cessation des fonctions vitales après la naissance sans possibilité de réanimation) [43].

Sauf indication contraire, les statistiques du nombre de décès sont établies sur la base des registres d'état civil. Pour les pays ou zones où les données de l'enregistrement des décès par les services de l'état civil sont jugées sûres (exhaustivité est timée à 90 p. 100 ou plus), les taux de mortalité ont été calculés d'après les décès enregistrés. En revanche, pour les pays ou zones où l'enregistrement des décès par les services de l'état civil n'existe pas ou est de qualité douteuse (exhaustivité estimée à moins de 90 p. 100 ou inconnue), on a présenté, autant que possible, des taux estimatifs et non des taux fondés sur les décès enregistrés. Lorsque tel était le cas, on l'a signalé en note au bas du tableau.

On a retenu en priorité des taux d'après des estimations établies d'après des méthodes et des sources bien définies provenant des services nationaux de statistiques, qu'il s'agisse de données de recensement ou de résultats d'enquêtes par sondage. Lorsqu'on ne disposait pas de taux de ce genre, on a présenté les taux estimatifs établis par la Division de la population du Secrétariat de l'ONU.

La classification (urbaine/rurale) des décès est celle qui a été fournie par chaque pays ou zone; il est donc présumé qu'elle repose sur les définitions de la population urbaine utilisées pour les recensements nationaux, qui sont reproduites à la fin du tableau 6.

Calcul des taux : Les taux bruts de mortalité représentent le nombre annuel de décès pour 1000 habitants en milieu d'année.

Les taux selon la résidence (urbaine/rurale) représentent le nombre annuel de décès, classés selon la catégorie urbaine ou rurale appropriée, pour 1 000 habitants en milieu d'année.

Les taux de ce tableau ne concernent pas seulement les pays ou zones où l'on a enregistré un minimum de décès dans une année donnée. Toutefois, les taux fondés sur 30 décès ou moins sont identifiés à l'aide du signe (◊).

Sauf indication contraire, ces taux ont été calculés par la Division de statistique de l'ONU. En outre, des taux ont été obtenus d'autres sources, notamment à partir d'estimations analytiques fondées sur des résultats de recensements ou de sondages.

Fiabilité des données : Il a été demandé à chaque pays ou zone d'indiquer le degré estimé d'exhaustivité des données sur les décès figurant dans ses registres d'état civil. Ces évaluations nationales sont désignées par les codes de qualité C, U et ... qui apparaissent dans la première colonne du tableau.

C indicates that the data are estimated to be virtually complete, that is, representing at least 90 per cent of the deaths occurring each year, while U indicates that data are estimated to be incomplete, that is, representing less than 90 per cent of the deaths occurring each year. The code (...) indicates that no information was provided regarding completeness.

Data from civil registers which are reported as incomplete or of unknown completeness (code U or ...) are considered unreliable. They appear in italics in this table. When data so coded are used to calculate rates, the rates also appear in italics.

These quality codes apply only to data from civil registers. If a series of data for a country or area contains both data from a civil register and estimated data from, for example, a sample survey, then the code applies only to the registered data. If only estimated data are presented, the simbol is shown instead of the quality code. For more information about the quality of vital statistics data in general, and the information available on the basis of the completeness estimates in particular, see section 4.2 of the Technical Notes.

Limitations: Statistics on deaths are subject to the same qualifications as have been set forth for vital statistics in general and death statistics in particular as discussed in section 4 of the Technical Notes.

The reliability of the data, an indication of which is described above, is an important factor in considering the limitations. In addition, some deaths are tabulated by date of registration and not by date of occurrence; these have been indicated by a (+). Whenever the lag between the date of occurrence and date of registration is prolonged and, therefore, a large proportion of the death registrations are delayed, death statistics for any given year may be seriously affected.

As a rule, however, delays in the registration of deaths are less common and shorter than in the registration of live births.

International comparability in mortality statistics may also be affected by the exclusion of deaths of infants who were born alive but died before the registration of the birth or within the first 24 hours of life. Statistics of this type are footnoted.

In addition, it should be noted that rates are affected also by the quality and limitations of the population estimates which are used in their computation. The problems of under-enumeration or over-enumeration and, to some extent, the differences in definition of total population have been discussed in section 3 of the Technical Notes dealing with population data in general, and specific information pertaining to individual countries or areas is given in the footnotes to table 3. In the absence of official data on total population, United Nations estimates of mid-year population have been used in calculating some of these rates.

La lettre C indique que les données sont jugées à peu près complètes, c'est-à-dire qu'elles représentent au moins 90 p. 100 des décès survenus chaque année; la lettre U indique que les données sont jugées incomplètes, c'est-à-dire qu'elles représentent moins de 90 p. 100 des décès survenus chaque année. Le signe (...) indique qu'aucun renseignements n'a été fourni quant à l'exhaustivité des données.

Les données provenant des registres d'état civil qui sont déclarées incomplètes ou dont le degré d'exhaustivité n'est pas connu (code U ou...) sont jugées douteuses. Elles apparaissent en italique dans le présent tableau. Lorsque ces données sont utilisées pour calculer des taux, ces taux apparaissent eux aussi en italique.

Ce code de qualité ne s'applique qu'aux données tirées des registres d'état civil. Si une série de données pour un pays ou zone contient à la fois des données provenant de ces registres et des estimations calculées, par exemple sur la base d'enquêtes par sondage, le code s'applique uniquement aux données de l'état civil. Si l'on ne présente que des données estimatives, le signe (..) est utilisé à la place du code de qualité. Pour plus de précisions sur la qualité des données d'état civil en général, et sur les estimations de l'exhaustivité en particulier, voir la section 4.2 des Notes techniques.

Insuffisance des données : Les statistiques de la mortalité totale appellent toutes les réserves qui ont été faites à propos des statistiques de l'état civil en général et des statistiques des décès en particulier (voir explications à la section 4 des Notes techniques).

La fiabilité des données, au sujet de laquelle des indications ont été fournies plus haut, est un facteur important en l'occurrence. Il faut également tenir compte du fait que, dans certains cas, les décès sont classés par date d'enregistrement et non par date effective; ces cas ont été identifiés par le signe(+). Lorsque le décalage entre le décès et son enregistrement est grand, c'est-à-dire qu'une forte proportion des décès fait l'objet d'un enregistrement tardif, les statistiques des décès dans l'année peuvent être sérieusement faussées.

En règle générale, toutefois, les décès sont enregistrés beaucoup plus rapidement que les naissances vivantes, et les longs retards sont rares.

Un autre facteur qui nuit à la comparabilité internationale des statistiques de la mortalité est la pratique qui consiste à ne pas y inclure les enfants nés vivants mais décédés avant l'enregistrement de leur naissance ou dans les 24 heures qui ont suivi la naissance. Quand tel était le cas, on l'a signalé en note à la fin du tableau.

Il convient de noter par ailleurs que l'exactitude des taux dépend également de la qualité et des insuffisances des estimations de la population qui sont utilisées pour leur calcul. Le problème des erreurs par excès ou par défaut commises lors du dénombrement et, dans une certains mesure, le problème de l'hétérogénéité des définitions de la population totale ont été examinés à la section 3 des Notes techniques, relative à la population en général; des indications concernant les différents pays ou zones sont données en note au bas du tableau 3. Lorsqu'il n'existait pas de chiffres officiels de la population totale, ce sont les estimations de la population en milieu d'année établies par le Secrétariat de l'ONU qui ont servi pour le calcul des taux.

Estimated rates based directly on the results of sample surveys are subject to considerable error as a result of omissions in reporting deaths or as a result of erroneous reporting of those which occurred outside the period of reference. However, such rates do have the advantage of having a "built-in" and corresponding base.

It should be emphasized that crude death rates -- like crude birth, marriage and divorce rates -- may be seriously affected by the age-sex structure of the populations to which they relate. Nevertheless, they do provide a simple measure of the level and changes in mortality.

The comparability of data by urban/rural residence is affected by the national definitions of urban and rural used in tabulating these data. It is assumed, in the absence of specific information to the contrary, that the definitions of urban and rural used in connection with the national population census were also used in the compilation of the vital statistics for each country or area. However, the possibility cannot be excluded that, for a given country or area, the same definitions of urban and rural are not used for both the vital statistics data and the population census data. When known, the definitions of urban used in national population censuses are presented at the end of table 6. As discussed in detail in the Technical Notes for table 6, these definitions vary considerably from one country or area to another.

In addition to problems of comparability, vital rates classified by urban/rural residence are also subject to certain special types of bias. If, when calculating vital rates, different definitions of urban are used in connection with the vital events and the population data and if this results in a net difference between the numerator and denominator of the rate in the population at risk, then the vital rates would be biased. Urban/rural differentials in vital rates may also be affected by whether the vital events have been tabulated in terms of place of occurrence or place of usual residence. This problem is discussed in more detail in section 4.1.4.1 of the Technical Notes.

Coverage: Deaths are shown for 143 countries or areas. Data are presented by urban/rural residence for 59 countries or areas.

Crude death rates are shown for 209 countries or areas. Rates are presented by urban/rural residence for 38 countries or areas.

Earlier data: Deaths and crude death rates have been shown in each issue of the Demographic Yearbook. Data included in this table update the series covering a period of years as follows :

Issue	Years covered
1996	1987-1996
1992	1983-1992
1985	1976-1985
1980	1971-1980
Historical Supplement	1948-1977

Les taux estimatifs fondés directement sur les résultats d'enquêtes par sondage comportent des possiblités d'erreurs considérables dues soit à des omissions dans les déclarations des décès, soit au fait que l'on a déclaré à tort des décès survenus en réalité hors de la période considérée. Toutefois, ces taux présentent un avant age : le chiffre de population utilisé comme base est connu par définition et rigoureusement correspondant.

Il faut souligner que les taux bruts de mortalité, de même que les taux bruts de natalité, de nuptialité et de divortialité, peuvent varier très sensiblement selon la composition par âge et par sexe de la population à laquelle ils se rapportent. Ils offrent néanmoins un moyen simple de mesurer le niveau et l'évolution de la mortalité.

La comparabilité des données selon la résidence (urbaine/rurale) peut être limitée par les définitions nationales des termes "urbain" et "rural" utilisées pour le classement de ces données. En l'absence d'indications contraires, on a supposé que les définitions des termes "urbain" et "rural" utilisées pour le recensement national de la population l'avaient été aussi pour l'établissement des statistiques de l'état civil dans chaque pays ou zone. Toutefois, on ne peut exclure la possibilité que, pour un pays ou une zone, les mêmes définitions n'aient pas été utilisées dans les deux cas. Les définitions du terme "urbain" utilisées pour les recensements nationaux de population ont été indiquées à la fin du tableau 6 lorsqu'elles étaient connues. Comme on l'a précisé en détail dans les Notes techniques relatives au tableau 6, ces définitions varient très sensiblement d'un pays ou zone à l'autre.

Outre ces problèmes de comparabilité, les taux démographiques classés selon la résidence "urbaine" ou "rurale" sont également sujets à certaines distorsions particulières. Si, lors du calcul de ces taux des définitions différentes du terme "urbain" sont utilisées pour classer les faits d'état civil et les données relatives à la population, et s'il en résulte une différence nette entre le numérateur et le dénominateur pour le taux de la population exposée au risque, les taux démographiques s'en trouveront faussés. La différence entre ces taux pour les zones urbaines et rurales pourra aussi être faussée selon que les faits d'état civil auront été classés d'après le lieu où ils se sont produits ou le lieu de résidence habituelle. Ce problème est examiné plus en détail à la section 4.1.4.1 des Notes techniques.

Portée : Ce tableau présente les statistiques des décès pour 143 pays ou zones. Les répartitions selon la résidence (urbaine/rurale) concernent 59 pays ou zones.

Ce tableau présente également des taux bruts de mortalité pour 209 pays ou zones. Des taux selon la résidence (urbaine/rurale) sont fournis pour 38 pays ou zones.

Données publiées antérieurement : Des statistiques de décès et des taux bruts de mortalité figurent dans chaque édition de l'Annuaire démographique. Les données présentées dans ce tableau mettent à jour les périodes d'années suivantes :

Edition	Années considérées
1996	1987-1996
1992	1983-1992
1985	1976-1985
1980	1971-1980
Supplément rétrospectif	1948-1977

Data in machine-readable form: Data shown in this table are available in magnetic tape at a cost of US$150 for all available years as shown below:

Total	1948-1997
Urban/rural	1972-1997

Table 19

Table 19 presents deaths by age, sex and urban/rural residence for latest available year.

Description of variables: Age is defined as age at last birthday, that is, the difference between the date of birth and the date of the occurrence of the event, expressed in completed solar years. The age classification used in this table is the following: under 1 year, 1-4 years, 5-year age groups through 80-84 years, 85 years and over, and age unknown.

The urban/rural classification of deaths is that provided by each country or area; it is presumed to be based on the national census definitions of urban population that have been set forth at the end of table 6.

Reliability of data: Data from civil registers of deaths which are reported as incomplete (less than 90 per cent completeness) or of unknown completeness are considered unreliable and are set in italics rather than in roman type. Table 18 and the Technical Notes for that table provide more detailed information on the completeness of death registration. For more information about the quality of vital statistics data in general, and the information available on the basis of the completeness estimates in particular, see section 4.2 of the Technical Notes.

Limitations: Statistics on deaths by age and sex are subject to the same qualifications as have been set forth for vital statistics in general and death statistics in particular as discussed in section 4 of the Technical Notes.

The reliability of the data, an indication of which is described above, is an important factor in considering the limitations. In addition, some deaths are tabulated by date of registration and not by date of occurrence; these have been indicated by a (+). Whenever the lag between the date of occurrence and date of registration is prolonged and, therefore, a large proportion of the death registrations are delayed, death statistics for any given year may be seriously affected.

As a rule, however, delays in the registration of deaths are less common and shorter than in the registration of live births.

Another factor which limits international comparability is the practice of some countries or areas not to include in death statistics infants who were born alive but died before the registration of the birth or within the first 24 hours of life, thus underestimating the number of deaths under one year of age. Statistics of this type are footnoted.

Because these statistics are classified according to age, they are subject to the limitations with respect to accuracy of age reporting similar to those already discussed in connection with section 3.1.3 of the Technical Notes. The factors influencing inaccurate reporting may be somewhat dissimilar in vital statistics (because of the differences in

Données sur support magnétique: Il est possible de se procurer sur bande magnétique, moyennant de paiement d'une somme $150 les données dans ce tableau pour tous les années disponibles suivantes:

Total	1948-1997
Urbain/rural	1972-1997

Tableau 19

Le tableau 19 présente des données sur les décès selon l'âge, le sexe et la résidence (urbaine/rurale) pour la année dernière desponible.

Description des variables : L'âge est l'âge au dernier anniversaire, c'est-à-dire la différence entre la date de naissance et la date du décès, exprimée en années solaires révolues. La classification par âge est la suivante : moins d'un an, 1 à 4 ans, groupes quinquennaux jusqu'à 80 à 84 ans, 85 ans et plus, et âge inconnu.

La classification des décès selon la résidence (urbaine/rurale) est celle qui a été fournie par chaque pays ou zone; il est donc présumé qu'elle repose sur les définitions de la population urbaine utilisées pour les recensements nationaux, qui sont reproduites à la fin du tableau 6.

Fiabilité des données : Les données sur les décès provenant des registres d'état civil qui sont déclarées incomplètes (degré d'exhaustivité inférieur à 90 p.100) ou dont le degré d'exhaustivité n'est pas connu sont jugées douteuses et apparaissent en italique et non en caractères romains. Le tableau 18 et les Notes techniques s'y rapportant présentent des renseignements plus détaillés sur le degré d'exhaustivité de l'enregistrement des décès. Pour plus de précisions sur la qualité des statistiques de l'état civil en général, et l'exhaustivité en particulier, voir la section 4.2 des Notes techniques.

Insuffisance des données : Les statistiques des décès selon l'âge et le sexe appellent les mêmes réserves que les statistiques de l'état civil en général et les statistiques de mortalité en particulier (voir explications à la section 4 des Notes techniques).

La fiabilité des données, au sujet de laquelle des indications ont été fournies plus haut, est un facteur important en l'occurrence. Il faut également tenir compte du fait que, dans certains cas, les données relatives aux décès sont classées par date d'enregistrement et par date effective; ces cas ont été identifiés par le signe(+). Lorsque le décalage entre le décès et son enregistrement est grand, c'est-à-dire qu'une forte proportion des décès fait l'objet d'un enregistrement tardif, les statistiques des décès de l'année peuvent être sérieusement faussées.

En règle générale, toutefois, les décès sont enregistrés beaucoup plus rapidement que les naissances vivantes, et les longs retards sont rares.

Un autre facteur qui nuit à la comparabilité internationale est la pratique de certains pays ou zones qui consiste à ne pas inclure dans les statistiques des décès les enfants nés vivants mais décédés avant l'enregistrement de leur naissance ou dans les 24 heures qui ont suivi la naissance, pratique qui conduit à sous-évaluer le nombre de décès à moins d'un an. Quand tel était le cas, on l'a signalé en note à la fin du tableau.

Comme ces statistiques sont classées selon l'âge, elles appellent les mêmes réserves concernant l'exactitude des déclarations d'âge que celles dont il a été fait mention dans la section 3.1.3 des Notes techniques. Dans le cas des données d'état civil, les facteurs qui interviennent à cet égard sont parfois un peu différents, étant donné que le recensement et l'enregistrement des décès se font par des méthodes différentes, mais,

the method of taking a census and registering a death) but, in general, the same errors can be observed.

The absence of frequencies in the unknown age group does not necessarily indicate completely accurate reporting and tabulation of the age item. It is often an indication that the unknowns have been eliminated by assigning ages to them before tabulation, or by proportionate distribution after tabulation.

International comparability of statistics on deaths by age is also affected by the use of different methods to determine age at death. If age is obtained from an item that simply requests age at death in completed years or is derived from information on year of birth and death rather than from information on complete date (day, month and year) of birth and death, the number of deaths classified in the under-one-year age group will tend to be reduced and the number of deaths in the next age group will tend to be somewhat increased.

A similar bias may affect other age groups but its impact is usually negligible. Information on this factor is given in the footnotes when known.

The comparability of data by urban/rural residence is affected by the national definitions of urban and rural used in tabulating these data. It is assumed, in the absence of specific information to the contrary, that the definitions of urban and rural used in connection with the national population census were also used in the compilation of the vital statistics for each country or area. However, the possibility cannot be excluded that, for a given country or area, the same definitions of urban and rural are not used for both the vital statistics data and the population census data. When known, the definitions of urban used in national population censuses are presented at the end of table 6. As discussed in detail in the Technical Notes for table 6, these definitions vary considerably from one country or area to another.

Coverage: Deaths by age and sex are shown for 115 countries or areas. Data are presented by urban/rural residence for 57 countries or areas.

Earlier data: Deaths by age and sex have been shown for the latest available year in each issue of the Yearbook since the 1955 issue. Data included in this table update the series covering a period of years as follows:

Issue	Years covered
1996	1987-1995
1992	1983-1992
1985	1976-1984
1980	1971-1979
Historical Supplement	1948-1977

d'une manière générale, les erreurs observées sont les mêmes.

Si aucun nombre ne figure dans la colonne réservée aux âges inconnus, cela ne signifie pas nécessairement que les déclarations d'âge et le classement par âge sont tout à fait exacts. C'est souvent une indication que les personnes d'âge inconnu se sont vu attribuer un âge avant la répartition où ont été réparties proportionnellement aux effectifs connus après cette opération.

Le manque d'uniformité des méthodes suivies pour obtenir l'âge au moment du décès nuit également à la comparabilité internationale des données. Si l'âge est connu, soit d'après la réponse à une simple question sur l'âge du décès en années révolues, soit d'après l'année de la naissance et l'année du décès, et non d'après des renseignements concernant la date exacte (année, mois et jour) de la naissance et du décès, le nombre de décès classés dans la catégorie 'moins d'un an' sera entaché d'une erreur par défaut et le chiffre figurant dans la catégorie suivante d'une erreur par excès. Les données pour les autres groupes d'âge pourront être entachées d'une distorsion analogue, mais ses répercussions seront généralement négligeables.

Ces imperfections, lorsqu'elles étaient connues, ont été signalées en note à la fin du tableau.

La comparabilité des données selon la résidence (urbaine/rurale) peut être limitée par les définitions nationales des termes 'urbain' et 'rural' utilisées pour le classement de ces données. En l'absence d'indications contraires, on a supposé que les définitions des termes 'urbain' et 'rural' utilisées pour le recensement national de la population l'avaient été aussi pour l'établissement des statistiques de l'état civil dans chaque pays ou zone. Toutefois, on ne peut exclure la possibilité que, pour un pays ou une zone, les mêmes définitions n'aient pas été utilisées dans les deux cas. Les définitions du terme "urbain" utilisées pour les recensements nationaux de population ont été indiquées à la fin du tableau 6 lorsqu'elles étaient connues. Comme on l'a précisé en détail dans les Notes techniques relatives au tableau 6, ces définitions varient très sensiblement d'un pays ou zone à l'autre.

Portée : Ce tableau présente des données sur les décès selon l'âge et le sexe pour 115 pays ou zones. Des données selon la résidence (urbaine/rurale) sont présentées pour 57 pays ou zones.

Données publiées antérieurement : Des statistiques des décès selon l'âge et le sexe ont été présentées, pour la dernière année où il en existait, dans chaque édition de l'Annuaire démographique depuis celle de 1955. Les données présentées dans ce tableau mettent à jour les périodes d'années suivantes :

Edition	Années considérées
1996	1987-1995
1992	1983-1992
1985	1976-1984
1980	1971-1979
Supplément rétrospectif	1948-1977

Data have been presented by urban/rural residence in each regular issue of the Yearbook since the 1967 issue.

Data in machine-readable form: Data shown in this table are available in magnetic tape at a cost of US$150 for all available years as shown below:

Total   1948-1996
Urban/rural   1972-1996

Table 20

Table 20 presents death rates specific for age, sex and urban/rural residence for the latest available year.

Description of variables: Age is defined as age at last birthday, that is, the difference between the date of birth and the date of the occurrence of the event, expressed in completed solar years. The age classification used in this table is the following: under 1 year, 1-4 years, 5-year age groups through 80-84, and 85 years and over.

The urban/rural classification of deaths is that provided by each country or area; it is presumed to be based on the national census definitions of urban population that have been set forth at the end of table 6.

Rate computation: Death rates specific for age and sex are the annual number of deaths in each age-sex group (as shown in table 19) per 1,000 population in the same age-sex group.

Death rates by age, sex and urban/rural residence are the annual number of deaths that occurred in a specific age-sex-urban/rural group (as shown in table 19) per 1 000 population in the corresponding age-sex-urban/rural group.

Deaths at unknown age and the population of unknown age were disregarded except as they formed part of the death rate for all ages combined.

It should be noted that the death rates for infants under one year of age in this table differ from the infant mortality rates shown elsewhere, because the latter are computed per 1 000 live births rather than per 1 000 population.

The population used in computing the rates is estimated or enumerated distributions by age and sex. First priority was given to an estimate for the mid-point of the same year (as shown in table 7), second priority to census returns of the year to which the deaths referred and third priority to an estimate for some other point of time in the year.

Rates presented in this table have been limited to those for countries or areas having at least a total of 1000 deaths in a given year. Moreover, rates specific for individual sub-categories based on 30 or fewer deaths are identified by the symbol (◊).

Reliability of data: Rates calculated using data from civil registers of deaths which are reported as incomplete (less than 90 per cent completeness) or of unknown completeness are considered unreliable and are set in italics rather than in roman type. Table 18 and the Technical

Des données selon la résidence (urbaine/rurale) ont été présentées dans toutes les éditions courantes de l'Annuaire depuis celle de 1967.

Données sur support magnétique: Il est possible de se procurer sur bande magnétique, moyennant de paiement d'une somme $150 les données dans ce tableau pour tous les années disponibles suivantes:

Total   1948-1996
Urbain/rural   1972-1996

Tableau 20

Le tableau 20 présente des taux de mortalité selon l'âge et le sexe et selon la résidence (urbaine/rurale) pour la dernière année disponible.

Description des variables : L'âge est l'âge au dernier anniversaire, c'est-à-dire la différence entre la date de naissance et la date du décès, exprimée en années solaires révolues. La classification par âge est la suivante : moins d'un an, 1 à 4 ans, groupes quinquennaux jusqu'à 80 à 84 ans, et 85 ans et plus.

La classification des décès selon la résidence (urbaine/rurale) est celle qui a été fournie par chaque pays ou zone; il est donc présumé qu'elle repose sur les définitions de la population urbaine utilisées pour les recensements nationaux, qui sont reproduites à la fin du tableau 6.

Calcul des taux : Les taux de mortalité selon l'âge et le sexe représentent le nombre annuel de décès survenus pour chaque sexe et chaque groupe d'âge (fréquences du tableau 19) pour 1000 personnes du même groupe.

Les taux de mortalité selon l'âge, le sexe et la résidence (urbaine/rurale) représentent le nombre annuel de décès intervenus dans un groupe d'âge et de sexe donnés dans la population urbaine ou rurale (fréquences du tableau 19) pour 1 000 personnes du même groupe dans la population urbaine ou rurale.

On n'a pas tenu compte des décès à un âge inconnu ni de la population d'âge inconnu, sauf dans les taux de mortalité pour tous les âges combinés.

Il convient de noter que, dans ce tableau, les taux de mortalité des groupes de moins d'un an sont différents des taux de mortalité infantile qui figurent dans d'autres tableaux, ces derniers ayant été établis pour 1 000 naissances vivantes et non pour 1 000 habitants.

Les chiffres de population utilisés pour le calcul des taux proviennent de dénombrements ou de répartitions estimatives de la population selon l'âge et le sexe. On a utilisé de préférence les estimations de la population en milieu d'année selon les indications du tableau 7; à défaut, on s'est contenté des données censitaires se rapportant à l'année du décès et, si ces données manquaient également, d'estimations établies pour une autre date de l'année.

Les taux présentés dans le tableau 20 ne se rapportent qu'aux pays ou zones où l'on a enregistré un total d'au moins 1000 décès dans l'année. Les taux relatifs à des sous-catégories, qui sont fondés sur 30 décès ou moins, sont identifiés à l'aide du signe (◊).

Fiabilité des données : Les taux calculés à partir de données sur les décès provenant des registres d'état civil qui sont déclarées incomplètes (degré d'exhaustivité inférieur à 90 p. 100)ou dont le degré d'exhaustivité n'est pas connu sont jugés douteux et apparaissent en italique et non en caractères romains. Le tableau 18 et les Notes techniques s'y rapportant

Notes for that table provide more detailed information on the completeness of death registration. For more information about the quality of vital statistics data in general, and the information available on the basis of the completeness estimates in particular, see section 4.2 of the Technical Notes.

Limitations: Rates shown in this table are subject to all the same limitations which affect the corresponding frequencies and are set forth in the Technical Notes for table 19.

These include differences in the completeness of registration, the treatment of infants who were born alive but died before the registration of the birth or within the first 24 hours of life, the method used to determine age at death and the quality of the reported information relating to age at death. In addition, some rates are based on deaths tabulated by date of registration and not by date of occurrence; these have been indicated by a (+).

The problem of obtaining precise correspondence between deaths (numerator) and population (denominator) as regards the inclusion or exclusion of armed forces, refugees, displaced persons and other special groups is particularly difficult where age-specific death rates are concerned. In cases where it was not possible to achieve strict correspondence, the differences in coverage are noted. Male rates in the age range 20 to 40 years may be especially affected by this non-correspondence, and care should be exercised in using these rates for comparative purposes.

It should be added that even when deaths and population do correspond conceptually, comparability of the rates may be affected by abnormal conditions such as absence from the country or area of large numbers of young men in the military forces or working abroad as temporary workers. Death rates may appear high in the younger ages, simply because a large section of the able-bodied members of the age group, whose death rates under normal conditions might be less than the average for persons of their age, is not included.

Also, in a number of cases the rates shown here for all ages combined differ from crude death rates shown elsewhere, because in this table they are computed on the population for which an appropriate age-sex distribution was available, while the crude death rates shown elsewhere may utilize a different total population.
The population by age and sex might refer to a census date within the year rather than to the mid-point, or it might be more or less inclusive as regards ethnic groups, armed forces and so forth. In a few instances, the difference is attributable to the fact that the rates in this table were computed on the mean population whereas the corresponding rates in other tables were computed on an estimate for 1 July. Differences of these types are insignificant but, for convenience, they are not in the table.

The comparability of data by urban/rural residence is affected by the national definitions of urban and rural used in tabulating these data. It is assumed, in the absence of specific information to the contrary, that the definitions of urban and rural used in connection with the national population census were also used in the compilation of the vital statistics for each country or area. However, the possibility cannot be excluded that, for a given country or area, the same definitions of urban and rural are not used

présentent des renseignements plus détaillés sur le degré d'exhaustivité de l'enregistrement des décès. Pour plus de précisions sur la qualité des statistiques de l'état civil en général, et sur les estimations d'exhaustivité en particulier, voir la section 4.2 des Notes techniques.

Insuffisance des données : Les taux de ce tableau appellent les mêmes réserves que les fréquences correspondantes; voir à ce sujet les explications données dans les Notes techniques se rapportant au tableau 19.

Leurs imperfections tiennent notamment aux différences d'exhaustivité de l'enregistrement, au classement des enfants nés vivants mais décédés avant l'enregistrement de leur naissance ou dans les 24 heures qui ont suivi la naissance, à la méthode utilisée pour obtenir l'âge au moment du décès, et à la qualité des déclarations concernant l'âge au moment du décès. En outre, dans certains cas, les données relatives aux décès sont classées par date d'enregistrement et non par date effective; ces cas ont été identifiés par le signe (+).

S'agissant des taux de mortalité par âge, il est particulièrement difficile d'établir une correspondance exacte entre les décès (numérateur) et la population (dénominateur) du fait de l'inclusion ou de l'exclusion des militaires, des réfugiés, des personnes déplacées et d'autres groupes spéciaux. Dans les cas où il n'a pas été possible d'y parvenir tout à fait, des notes indiquent les différences de portée des données de base. Les taux de mortalité pour le sexe masculin dans les groupes d'âge de 20 à 40 ans peuvent être tout particulièrement influencés par ce manque de correspondance, et il importe d'être prudent lorsqu'on les utilise dans des comparaisons.

Il convient d'ajouter que, même lorsque population et décès correspondent, la comparabilité des taux peut être compromise par des conditions anormales telles que l'absence du pays ou de la zone d'un grand nombre de jeunes gens qui sont sous les drapeaux ou qui travaillent à l'étranger comme travailleurs temporaires. Il arrive ainsi que les taux de mortalité paraissent élevés parmi la population jeune simplement parce qu'on a laissé de côté un grand nombre d'hommes valides de ces groupes d'âge pour lesquels le taux de mortalité pourrait être, dans des conditions normales, inférieur à la moyenne observée pour les personnes du même âge.

De même, les taux indiqués pour tous les âges combinés diffèrent dans plusieurs cas des taux bruts de mortalité qui figurent dans d'autres tableaux, parce qu'ils se rapportent à une population pour laquelle on disposait d'une répartition par âge et par sexe appropriée, tandis que les taux bruts de mortalité indiqués ailleurs peuvent avoir été calculés sur la base d'un chiffre de population totale différent. Ainsi, il est possible que les chiffres de population par âge et par sexe proviennent d'un recensement effectué dans l'année et non au milieu de l'année, et qu'ils se différencient des autres chiffres de population en excluant ou incluant certains groupes ethniques, les militaires, etc. Quelquefois, la différence tient à ce que les taux de ce ont été calculés sur la base de la population moyenne, alors que les taux correspondants des autres tableaux reposent sur une estimation au 1er juillet. Les écarts de cet ordre sont insignifiants, mais on les a signalés dans le tableau à toutes fins utiles.

La comparabilité des données selon la résidence (urbaine/rurale) peut être limitée par les définitions nationales des termes 'urbain' et 'rural' utilisées pour le classement de ces données. En l'absence d'indications contraires, on a supposé que les définitions des termes "urbain" et "rural" utilisées pour le recensement national de la population l'avaient été aussi pour l'établissement des statistiques de l'état civil dans chaque pays ou zone. Toutefois, on ne peut exclure la possibilité que, pour un pays ou une zone, les mêmes définitions n'aient pas été utilisées dans les deux cas. Les définitions du terme 'urbain' pour les recensements nationaux de

for both the vital statistics data and the population census data. When known, the definitions of urban used in national population censuses are presented at the end of table 6. As discussed in detail in the Technical Notes for table 6, these definitions vary considerably from one country or area to another.

In addition to problems of comparability, vital rates classified by urban/rural residence are also subject to certain special types of bias. If, when calculating vital rates, different definitions of urban are used in connection with the vital events and the population data and if this results in a net difference between the numerator and denominator of the rate in the population at risk, then the vital rates would be biased. Urban/rural differentials in vital rates may also be affected by whether the vital events have been tabulated in terms of place of occurrence or place of usual residence.

This problem is discussed in more detail in section 4.1.4.1 of the Technical Notes.

Coverage: Death rates specific for age and sex are shown for 88 countries or areas. Rates are presented by urban/rural residence for 39 countries or areas.

Earlier data: Death rates specific for age and sex have been shown for the latest available year in many of the issues of the Yearbook since the 1955 issue. Data included in this table update the series shown in the Yearbook and in the recently issued Population and Vital Statistics Report: Special Supplement covering a period of years as follows:

Issue	Years covered
1996	1987-1995
1992	1983-1992
1985	1976-1984
1980	1971-1979
Historical Supplement	1948-1977

Table 21

Table 21 presents deaths and death rates by cause for the latest available year.

Description of variables: Causes of death are all those diseases, morbid conditions or injuries which either resulted in or contributed to death and the circumstances of the accident or violence which produced any such injuries.[44]

The underlying cause of death, rather than direct or intermediate antecedent cause, is the one recommended as the main cause for tabulation of mortality statistics. It is defined as (a) the disease or injury which initiated the train of events leading directly to death, or (b) the circumstances of the accident or violence which produced the fatal injury. [45]

population ont été indiquées à la fin du tableau 6 lorsqu'elles étaient connues. Comme on l'a précisé en détail dans les Notes techniques relatives au tableau 6, ces définitions varient très sensiblement d'un pays ou zone à l'autre.

Outre ces problèmes de comparabilité, les taux démographiques classés selon la résidence urbaine ou rurale sont également sujets à certaines distorsions particulières. Si, lors du calcul de ces taux, des définitions différentes du terme 'urbain' sont utilisées pour classer les faits d'état civil et les données relatives à la population, et s'il en résulte une différence nette entre le numérateur et le dénominateur pour le taux de la population considérée, les taux démographiques s'en trouveront faussés. La différence entre ces taux pour les zones urbaines et rurales pourra aussi être faussée selon que les faits d'état civil auront été classés d'après le lieu où ils se sont produits ou le lieu de résidence habituelle.

Ce problème est examiné plus en détail à la section 4.1.4.1 des Notes techniques.

Portée : Ce tableau présente des taux de mortalité selon l'âge et le sexe pour 88 pays ou zones. Des taux selon la résidence (urbaine/rurale) sont présentés pour 39 pays ou zones.

Données publiées antérieurement : Des taux de mortalité selon l'âge et le sexe pour la dernière année où ils étaient connus figurent dans beaucoup d'éditions de l'Annuaire depuis celle de 1955. Les données présentées dans ce tableau mettent à jour les séries présentées dans l'Annuaire démographique et dans le Rapport de statistiques de la population et de l'état civil: Supplément spécial 1984 qui couvrent les périodes d'années suivantes :

Edition	Années considérées
1996	1987-1995
1992	1983-1992
1985	1976-1984
1980	1971-1979
Supplément rétrospectif	1948-1977

Tableau 21

Le tableau 21 présente des statistiques et des taux de mortalité selon la cause, pour la dernière année disponible.

Description des variables : Les causes de décès sont toutes les maladies, états morbides ou traumatismes qui ont abouti ou contribué au décès et les circonstances de l'accident ou de la violence qui ont entraîné ces traumatismes [44].

La cause initiale de décès, plutôt que la cause directe du décès, est recommandée pour les statistiques de la mortalité. La cause initiale de décès est définie comme : a) la maladie ou le traumatisme qui a déclenché l'évolution morbide conduisant directement au décès, ou b) les circonstances de l'accident ou de la violence qui ont entraîné le traumatisme mortel [45].

The table is divided into two parts, A and B. Part A shows deaths and death rates classified according to the "Adapted Mortality List" derived from the classification recommended by the International Conference for the Tenth Revision of the International Classification of Diseases[46] The tenth revision is known or assumed to have been used by all of the countries or areas for which data are included in part A. Part B is devoted to data classified according to the "Adapted Mortality List" recommended by the 1975 (ninth) revision Conference. [47] The two-part presentation is used because the ninth revision does not provide a classification which conforms directly to the eighth revision. The use of the tenth revision began during 1996 in a limited number of countries. The classification of cause of death shown in the stub of this table is referred to only in terms of the list numbers due to space limitations.

The full titles of each of the 55 causes of death from the ninth revision and the 51 causes of death used in the tenth revision (and the corresponding numbers and alphanumeric codes from the International Classification of Diseases) appear in the table shown in section 4.3 of the Technical Notes. This section discusses the International Classification of Diseases with particular references to the similarities and differences between the ninth and tenth revisions.

Statistics on cause of death presented in this table have been limited to countries or areas which meet all of the following three criteria: first, that statistics are either classified by, or convertible to, the ninth or tenth Lists mentioned above; secondly, that at least a total of 1,000 deaths (for all causes combined) occurred in a given year; and thirdly, that within this distribution the total number of deaths classified as due to ill-defined causes (AM48, AM44) does not exceed 25 per cent of deaths from all causes. The third criterion is based on the premise that if 25 per cent of the deaths have been coded as due to ill-defined causes, frequencies in the other cause groups in the Classification must be understated to a marked degree. The limit has been placed deliberately high to exclude all poor data. Moreover, it must be admitted that this criterion fails to consider the equally indicative percentages in the residual category, all other diseases (AM49 in the ninth revision or AM45 in the tenth revision), which often accounts for an inordinately large proportion of the whole.

Rate computation: In part A, for cause groups AM1 through AM16, AM19 through AM37, AM42 and AM44 through AM51, rates are the annual number of deaths in each cause group reported for the year per 100,000 corresponding mid-year population.

The other cause groups, for which the population more nearly approximates the population at risk, are specified below: rates for AM17 and AM18 (Malignant neoplasm of female breast and Malignant neoplasm of cervix uteri) are computed per 100,000 female population 15 years and over; rates for AM38 (Hyperplasia of prostate) are computed per 100,000 male population 50 years and over; and rates for AM39, AM40-AM41 (Direct and indirect obstetric causes), and AM43 (conditions originating in the perinatal period) are computed per 100,000 total live births in the same year.

Le tableau est divisé en deux parties, A et B. La Partie A présente le nombre et le taux des décès selon la cause, classés selon la 'Liste adaptée des causes de mortalité' dérivée de la classification recommandée par la Conférence internationale pour la Classification des Maladies [46]. La dixième révision à été utilisé, par tous les pays ou zones pour lasquelles des statistiques présentées dans la Partie A. La Partie B présente des données classées selon la 'Liste adaptée des causes de mortalitée', recommandée par la Conférence de la nuvième révision (1975) [47]. Il a fallu présenter le tableau en deux parties parce que la classification utilisée dans la révision de dixième ne correspond pas exactement à celle de neuvième. Un petit nombre de pays ou zones ont commencé à utiliser la dixième révision en 1996. La nomenclature des causes de décès figurant dans la première colonne du tableau ne reproduit que les numéros de rubrique, faute d'espace.

Le titre complet de chacune des 55 causes de décès de la neuvième révision et des 51 causes retenues dans la dixième révision (ainsi que les numéros et alphanumériques codes de la Classification internationale des maladies) figure dans le tableau incorporé dans la section 4.3 des Notes techniques, où il est question de la Classification internationale et plus particulièrement des similitudes et différences entre les neuvième et dixième révisions.

Les statistiques des causes de décès présentées dans ce tableau ne se rapportent qu'aux pays ou zones pour lesquels les trois critères suivants sont réunis: premièrement, le classement des statistiques des décès selon la cause doit être conforme à la liste de neuvième ou à celle de dixième mentionnées plus haut, ou convertible aux catégories de cette liste; deuxièmement, le nombre total des décès (pour toutes les causes réunies) intervenus au cours d'une année donnée doit être au moins égal à 1 000, et; troisièmement, à l'intérieur de cette répartition, le nombre total des décès dus à des causes mal définies (AM48 ou AM44) ne doit pas dépasser 25 p. 100 du nombre des décès pour toutes les causes. Le troisième critère est fondé sur l'argument suivant : si 25 p. 100 des décès sont classés comme dus à des causes mal définies, les chiffres relatifs aux autres causes de la Liste doivent être sensiblement inférieurs à la réalité. Le seuil a été délibérément placé haut afin d'exclure toutes les données de qualité médiocre. De plus, il faut admettre que ce critère ne s'étend pas aux pourcentages, tout aussi indicatifs, de la catégorie résiduelle 'Toutes autres maladies' (AM49 dans la neuvième révision, AM45 dans la dixième), qui groupe souvent une proportion exceptionnellement forte du nombre total des décès.

Calcul des taux: Dans la Partie A, les taux correspondant aux catégories AM1 à AM16, AM19 à AM37, AM42 et AM44 à AM51 représentent le nombre annuel de décès signalés dans chaque groupe, pour l'année, dans une population de 100 000 personnes en millieu d'années.

Les taux correspondant aux autres catégories de causes correspondent aux populations les plus semblables à la population exposée. Les taux correspondant aux catégories AM17 et AM18 (tumeurs malignes du sein et tumeurs malignes du col de l'utérus) sont calculés sur une population de 100 000 femmes de 15 ans ou plus. Les taux correspondant à la catégorie AM38 (hyperplasie de la prostate) sont calculés sur une population de 100 000 personnes de sexe masculin âgées de 50 ans ou plus, et les taux pour la catégorie AM39 avortements), les catégories AM40 et AM41 (causes obstétricales directes et indirectes), et enfin la catégorie AM43 affections dont l'origine se situe dans la période périnatale) sont calcules sur 100 000 naissances vivantes de la même année.

In part B, for cause groups AM1 through AM16, AM19 through AM40, AM45 and AM48 through AM55, rates are the annual number of deaths in each cause group reported for the year per 100,000 corresponding mid-year population.

The other cause groups, for which the population more nearly approximates the population at risk, are specified below: rates for AM17 and AM18 (Malignant neoplasm of female breast and Malignant neoplasm of cervix uteri) are computed per 100,000 female population 15 years and over; rates for AM41 (Hyperplasia of prostate) are computed per 100,000 male population 50 years and over; and rates for AM42 (Abortion), AM43 or AM44 (Direct and indirect obstetric causes), AM46 (Birth trauma) and AM47 (Other conditions originating in the perinatal period) are computed per 100,000 total live births in the same year.

As noted above, rates (as well as frequencies) presented in this table have been limited to those countries or areas having a total of at least 1,000 deaths from all causes in a given year and have also been limited to those not having more than 25 per cent of all deaths classified as due to ill-defined causes (AM48 orAM44). In certain cases death rates by cause have not been calculated because the population data needed for the denominator are not available. This may arise in either of two situations. First, no data on population at risk are available. Second, cause-of-death statistics are available for only a limited portion of the country and it is not possible to identify births or population at risk for that limited geographic area. The same situation arises when data on deaths by cause are limited to medically certified deaths and when those medically certified deaths do not comprise a substantial portion of all deaths for the country or area, in which case no rates are calculated. Moreover, rates based on 30 or fewer deaths shown in this table are identified by the symbol (◊).

Reliability of data: Data from civil registers of deaths which are reported as incomplete (less than 90 per cent completeness) or of unknown completeness are considered unreliable and are set in italics rather than in roman type. Rates calculated using these data are also set in italics. Table 18 and the Technical Notes for that table provide more detailed information on the completeness of death registration. For more information about the quality of vital statistics data in general, and the information available on the basis of the completeness estimates in particular, see section 4.2 of the Technical Notes.

In general, the quality code for deaths shown in table 18 is used to determine whether data on deaths in other tables appear in roman or italic type. However, some data on deaths by cause are shown in italics in this table when it is known that the quality, in terms of completeness, differs greatly from the completeness of the registration of the total number of deaths. In cases when the quality code in table 18 does not correspond with the type-face used in this table, relevant information regarding the completeness of cause-of-death statistics is given in a footnote.

Limitations: Statistics on deaths by cause are subject to the same qualifications as have been set forth for vital statistics in general and death statistics in particular as discussed in section 4 of the Technical Notes.

Dans la Partie B, les taux correspondant aux catégories AM1 à AM16, AM19 à AM40, AM45 et AM48 à AM55 représentent le nombre annuel de décès signalés dans chaque groupe, pour l'année, dans une population de 100 000 personnes en millieu d'années.

Les taux correspondant aux autres catégories de causes correspondent aux populations les plux semblables à la population exposée. Les taux correspondant aux catégories AM17 et AM18 (tumeurs malignes du sein et tumeurs malignes du col de l'utérus) sont calculés sur une population de 100 000 femmes de 15 ans ou plus. Les taux correspondant à la catégorie AM41 (hyperplasie de la prostate) sont calculés sur une population de 100 000 personnes de sexe masculin âgées de 50 ans ou plus, et les taux pour la catégorie AM42 (avortements), les catégories AM43 et AM44 (causes obstétricales directes et indirectes). la catégorie AM46 (traumatisme obstétrical) et enfin la catégorie AM47 (autres affections dont l'origine se situe dans la période périnatale) sont calculés sur 100 000 naissances vivantes de la même année.

Comme on l'a dit, les taux et les nombres figurant dans ce tableau ne concernent que les pays ou zones où l'on a relevé 1 000 décès de toutes causes dans l'année, ainsi que 25 p. 100 au plus de décès imputés à une cause mal définie (AM48 ou AM44). Dans certains cas, on n'a pas calculé les taux de mortalité selon la cause car l'on ne disposait pas des informations sur la population qui étaient nécessaires pour déterminer le dénominateur. Cela peut se présenter dans deux cas. Dans le premier, on n'a pas d'informations sur la population exposée au risque. Dans le second, il n'existe de statistique selon les causes de décès que pour une partie limitée du pays, et il n'est pas possible de s'informer particulièrement les naissances ou sur la population exposée dans cette région géographique limitée. Le même cas se présente lorsque les données concernant les décès selon la cause ne se rapportent qu'aux décès médicalement certifiés et lorsque ces décès ne représentent pas une fraction importante de l'ensemble des décès dans le pays ou la zone; alors, il n'a pas été calculé de taux. De plus, les taux calculés sur la base de 30 décès ou moins, qui sont indiqués dans le tableau, sont identifiées par le signe (◊).

Fiabilité des données : Les données sur les décès provenant des registres d'état civil qui sont déclarées incomplètes (degré d'exhaustivité inférieur à 90 p.100) ou dont le degré d'exhaustivité n'est pas connu sont jugées douteuses et apparaissent en italique et non en caractères romains. Les taux calculés à partir de ces données apparaissent eux aussi en italique. Le tableau 18 et les Notes techniques se rapportant à ce tableau présentent des renseignements plus détaillés sur le degré d'exhaustivité de l'enregistrement des décès. Pour plus de précisions sur la qualité des statistiques de l'état civil en général, et sur les estimations de l'exhaustivité en particulier, voir la section 4.2 des Notes techniques.

En général, le code de qualité des données sur les décès indiqué au tableau 18 sert à déterminer si, dans les autres tableaux, les données de mortalité apparaissent en caractères romains ou en italique. Toutefois, certaines données sur les décès selon la cause figurent en italique dans le présent tableau lorsqu'on sait que leur exhaustivité diffère grandement de celle des données sur le nombre total des décès. Dans les cas où le code de qualité du tableau 18 ne correspond pas aux caractères utilisés dans le présent tableau, les renseignements concernant le degré d'exhaustivité des statistiques des décès selon la cause sont indiqués en note à la fin du tableau.

Insuffisance des données : Les statistiques des décès selon la cause appellent toutes les réserves qui ont été faites à propos des statistiques de l'état civil en général et des statistiques de mortalité en particulier (voir explications à la section 4 des Notes techniques).

The reliability of the data, an indication of which is described above, is an important factor in considering the limitations. In addition, some deaths are tabulated by date of registration and not by date of occurrence; these have been indicated by a (+). Whenever the lag between the date of occurrence and date of registration is prolonged and, therefore, a large proportion of the death registrations are delayed, death statistics for any given year may be seriously affected.

In considering cause-of-death statistics it is important to take account of the differences among countries or areas in the quality, availability, and efficiency of medical services, certification procedures, and coding practices. In most countries or areas, when a death is registered and reported for statistical purposes, the cause of death is required to be stated. This statement of cause may have several sources: (1) If the death has been followed by an autopsy, presumably the "true" cause will have been discovered; (2) If an autopsy is not performed but the decedent was treated prior to death by a medical attendant, the reported cause of death will reflect the opinion of that physician based on observation of the patient while he was alive; (3) If, on the other hand, the decedent has died without medical attendance, his body may be examined (without autopsy) by a physician who, aided by the questioning of persons who saw the patient before death, may come to a decision as to the probable cause of death; (4) Still another possibility is that a physician or other medically trained person may question witnesses without seeing the decedent and arrive at a diagnosis; (5) Finally, there is the case where witnesses give the cause of death without benefit of medical advice or questioning. These five possible sources of information on cause of death constitute in general five degrees of decreasing accuracy in reporting.

Serious difficulties of comparability may stem also from differences in the form of death certificate being used, an increasing tendency to enter more than one cause of death on the certificate and diversity in the principles by which the primary or underlying cause is selected for statistical use when more than one is entered.[48]

Differences in terminology used to identify the same disease also result in lack of comparability in statistics. These differences may arise in the same language in various parts of one country or area, but they are particularly troublesome between different languages.

They arise even in connection with the medically certified deaths, but they are infinitely more varied and obscure in causes of death reported by lay persons. This problem of terminology and its solution are receiving attention by the World Health Organization.

Coding problems, and problems in interpretation of rules, arise constantly in using the various revisions of the International Statistical Classification of Diseases, Injuries and Causes of Death. Lack of uniformity between countries or areas in these interpretations and in adapting rules to national needs results in lack of comparability which can be observed in the statistics. It is particularly evident in causes which are coded differently according to the age of the decedent, such as pneumonia, diarrhoeal diseases and others. Changing interpretations and new rules can also introduce disparities into the time series for one country or area. Hence, large increases or decreases in deaths

La fiabilité des données, au sujet de laquelle des indications ont été fournies plus haut, est un facteur important en l'occurrence. Il faut également tenir compte du fait que, dans certains cas, les données relatives aux décès sont classées par date d'enregistrement et non par date effective; ces cas ont été identifiés par le signe(+). Lorsque le décalage entre le décès et son enregistrement est grand, c'est-à-dire qu'une forte proportion des décès fait l'objet d'un enregistrement tardif, les statistiques des décès de l'année peuvent être sérieusement faussées.

Lorsqu'on étudie les statistiques des causes de décès, il importe de tenir compte des différences existant entre pays ou zones du point de vue de la qualité, de l'accessibilité et de l'efficacité des services médicaux, ainsi que des méthodes d'établissement des certificats de décès et des procédés de codage. Dans la plupart des pays ou zones, lorsqu'un décès est enregistré et déclaré aux fins de statistique, le bulletin établi doit mentionner la cause du décès. Or, la déclaration de la cause peut émaner de plusieurs sources : 1) si le décès a été suivi d'une autopsie, il est probable qu'on en aura décelé la cause 'véritable'; 2) s'il n'y a pas eu d'autopsie, mais si le défunt avait reçu, avant sa mort, les soins d'un médecin, la déclaration de la cause du décès reflétera l'opinion de ce médecin, fondée sur l'observation de malade alors qu'il vivait encore; 3) si, au contraire, le défunt est mort sans avoir reçu de soins médicaux, il se peut qu'un médecin examine le corps (sans qu'il soit fait d'autopsie), auquel cas il pourra, en questionnant les personnes qui ont vu le malade avant sa mort, se former une opinion sur la cause probable du décès; 4) il se peut encore que, sans voir le corps, un médecin ou une autre personne de formation médicale interroge des témoins et arrive ainsi à un diagnostic; 5) enfin, il y a le cas où de simples témoins indiquent une cause de décès sans l'avis d'un médecin. A ces cinq sources de renseignements possibles correspondent généralement cinq degrés décroissants d'exactitude des données.

La comparabilité est aussi parfois très difficile à assurer par suite des différences existant dans la forme des certificats de décès utilisés, de la tendance croissante à indiquer plus d'une cause de décès sur le certificat, et de la diversité des principes régissant le choix de la cause principale ou initiale à retenir dans les statistiques quand le certificat indique plus d'une cause[48].

Les différences entre les termes utilisés pour désigner la même maladie compromettent aussi la comparabilité des statistiques. On en rencontre parfois d'une région à l'autre d'un même pays ou d'une même zone où toute la population parle la même langue, mais elles sont particulièrement gênantes lorsque plusieurs langues interviennent.

Ces différences soulèvent des difficultés même quand les décès sont certifiés par un médecin, mais elles sont infiniment plus grandes et plus difficiles à éclaircir lorsque la cause du décès est indiquée par de simples témoins. L'Organisation mondiale de la santé s'emploie à étudier et à résoudre ce problème de terminologie.

En outre, des problèmes de codage et d'interprétation des règles se posent constamment lorsqu'on utilise les diverses révisions de la Classification statistique internationale des maladies, traumatismes et causes de décès. Les pays ou zones n'interprètent pas ces règles de manière uniforme et ne les adaptent pas de la même façon à leurs besoins; la comparabilité s'en ressent, comme le montrent les statistiques. Cela est particulièrement vrai pour les causes comme la pneumonie et les maladies diarrhéiques et autres, qui sont codées différemment selon l'âge du défunt. Les changements d'interprétation et l'adoption de nouvelles règles peuvent aussi introduire des divergences dans les séries chronologiques d'un même pays ou d'une même zone. En conséquence, il convient d'examiner attentivement les cas où le nombre de décès attribués à des maladies

reported from specified diseases should be examined carefully for possible explanations in terms of coding practice, before they are accepted as changes in mortality.

Further limitations of statistics by cause of death result from the periodic revision of the International Classification of Diseases. Each country or area reporting cause-of-death statistics in this table used either the ninth or tenth revision, a comparison of which is shown in Section 4.3 of the Technical Notes. In addition to the qualifications explained in footnotes, particular care must be taken in using distributions with relatively large numbers of deaths attributed to ill-defined causes (AM48 or AM44) or the all-other-causes group (AM49 or AM45). Large frequencies in the two categories may indicate that cause of death among whole segments of the population has been undiagnosed, and the distribution of known causes in such cases is likely to be quite unrepresentative of the situation as a whole.

The possibility of error being introduced by the exclusion of deaths of infants who were born alive but died before the registration of the birth or within the first 24 hours of life should not be overlooked. These infant deaths are incorrectly classified as late foetal deaths. In several countries or areas, tabulation procedures have been devised to separate these pseudo-late-foetal deaths from true late foetal deaths and to incorporate them into the total deaths, but even in these cases there is no way of knowing the cause of death. Such distributions are footnoted.

For a further detailed discussion of the development of statistics of causes of death and the problems involved, see chapter II of the Demographic Yearbook 1951.

Coverage: Deaths and death rates by cause are shown for 80 countries or areas (10 in part A and 70 in part B).

Earlier data: Deaths and death rates by cause have been shown in previous issues of the Demographic Yearbook. For information on specific years covered, readers should consult the Index.

Table 22

Table 22 presents expectation of life at specified ages for each sex for the latest available year.

Description of variables: Expectation of life is defined as the average number of years of life which would remain for males and females reaching the ages specified if they continued to be subjected to the same mortality experienced in the year(s) to which these life expectancies refer.

The table shows life expectancy according to an abridged life table or a complete life as reported by the country. Values from complete life tables are shown in this table only when an abridged life table was not available.

Male and female expectations are shown separately for selected ages beginning at birth (age 0) and proceeding with ages 1, 2, 3, 4, 5, 10, 15, 20, 25, 30, 35, 40, 45, 50, 55, 60, 65, 70, 75, 80 and 85 years.

déterminées s'accroît ou diminue fortement, pour s'assurer, avant de conclure à une évolution de la mortalité, que le changement n'est pas dû à la méthode de codage.

D'autres irrégularités statistiques, s'agissant des causes de décès, résultent des révisions périodiques de la Classification internationale des maladies. Tous les pays ou zones qui ont présenté des statistiques reprises dans ce tableau ont utilisé soit la révision de neuvième, soit celle de dixième, qui sont comparées dans la section 4.3 des Notes techniques. Outre les réserves expliquées dans les notes, il faudra interpréter avec beaucoup de prudence les répartitions comportant un nombre relativement élevé de décès attribués à des causes mal définies ou inconnues (AM48 ou AM44) ou au groupe 'Toutes autres maladies' (AM49 ou AM45). Si les chiffres donnés pour ces deux catégories sont importants, c'est sans doute parce que les décès survenus dans des groupes entiers de la population n'ont fait l'objet d'aucun diagnostic; en pareil cas, il est probable que la répartition des causes connues est loin de donner une vue exacte de la situation d'ensemble.

Il ne faut pas négliger non plus le risque d'erreur que peut présenter l'exclusion des enfants nés vivants mais décédés avant l'enregistrement de leur naissance, ou dans les 24 heures qui ont suivi la naissance. Ces décès sont classés à tort dans les morts foetales tardives. Dans plusieurs pays ou zones, les méthodes d'exploitation permettent de différencier ces pseudo-morts foetales tardives des morts foetales tardives véritables et de les ajouter au nombre total des décès, mais, là encore, il est impossible de connaître la cause du décès. Ces répartitions sont signalées en note.

Pour un exposé plus détaillé de l'évolution des statistiques des causes de décès et des problèmes qui se posent, voir le chapitre II de l'Annuaire démographique 1951.

Portée : Ce tableau présente des statistiques des décès selon la cause (nombre et taux) pour 80 pays ou zones 10 dans la Partie A et 70 dans la Partie B).

Données publiées antérieurement : Des statistiques des décès selon la cause (nombre et taux) figurent déjà dans des éditions antérieures de l'Annuaire démographique. Pour plus de précisions concernant les années pour lesquelles ces données ont été publiées, se reporter à l'Index.

Tableau 22

Le tableau 22 présente les espérances de vie à des âges déterminés, pour chaque sexe, pour la dernière année disponible.

Description des variables : L'espérance de vie est le nombre moyen d'années restant à vivre aux personnes du sexe masculin et du sexe féminin atteignant les âges indiqués si elles continuent d'être soumises aux mêmes conditions de mortalité que celles qui existaient pendant les années auxquelles se rapportent les valeurs considérées.

Dans le tableau figurent les espérances de vie calculées selon une table de mortalité abrégé ou une table de mortalité complète, par le pays même. On ne trouve dans le tableau des chiffres calculés à partir de tables de mortalité complètes que lorsqu'il n'en existait pas sur la base de tables de mortalité abrégées.

Les chiffres sont présentés séparément pour chaque sexe à partir de la naissance (âge 0) et pour les âges suivants : 1, 2, 3, 4, 5, 10, 15, 20, 25, 30, 35, 40, 45, 50, 55, 60, 65, 70, 75, 80 et 85 ans.

Life expectancy is shown with two decimals regardless of the number of digits provided in the original computation.

The data come mainly from the official life tables of the countries or areas concerned. Where official data are lacking, estimates of life expectancy at birth, prepared by the Population Division of the United Nations Secretariat, are included. These estimates have been prepared by use of the techniques described in the United Nations Manual on Methods of Estimating Basic Demographic Measures from Incomplete Data [49] and the application of assumed rates of gain in life expectancy based on model life tables [50] and other information. United Nations estimates are identified in the table by footnotes.

Life table computation: From the demographic point of view, a life table is regarded as a theoretical model of a population which is continuously replenished by births and depleted by deaths. The model gives a complete picture of the mortality experience of a population based on the assumption that the theoretical cohort is subject, throughout its existence, to the age-specific mortality rates observed at a particular time. Thus levels of mortality prevailing at the time a life table is constructed are assumed to remain unchanged into the future until all members of the cohort have died.

The starting point for the calculation of life-table values is usually the computation of death rates for the various age groups. From these rates other functions are derived, and from the latter functions survival ratios are derived, expressing the proportion of persons, among those who survive to a given age, who live on and attain the next age level.

The functions of the life table are calculated in the following sequence: (1) mx, the death rate among persons of a given age, x; (2) qx, the probability of dying within a given age interval, (3) lx, the number of survivors to a specific age from an assumed initial number of births; (4) Lx, the number of years lived collectively by those survivors within the given age interval; (5) Tx, person-years lived by a hypothetical cohort from age x and onward; and (6) eox, the expectation of life of an individual of given age.

In all these symbols, the suffix "x" denotes age. It denotes either the lower limit of an age group or the entire age group, depending on the nature of the function. In standard usage a subscript "n" preceeds each of these functions. In a complete life table n is 1 and is frequently omitted. In an abridged life table by five-year age groups, "n" becomes 5.

The life-table death rate, qx, expresses the probability that an individual about to enter an age group will die before reaching the upper limit of that age group. In many instances the value shown is 1 000 qx. For a complete life table, $1\,000q10 = 63.0$ is interpreted to mean that of 1 000 persons reaching age 10, 63 will die before their eleventh birthday. From an abridged life table $1,000q10 = 63$ is interpreted to mean that of 1 000 persons reaching age 10, only 63 die before their fifteenth birthday.

The number of survivors to the given exact age is symbolized by lx, where the suffix "x" indicates the lower limit of each age group. In most life tables, 100 000 births are assumed and the lx function shows how many of the 100 000 reach each age.

Les espérances de vie sont chiffrées à deux décimales, indépendamment du nombre de celles qui figurent dans le calcul initial.

Ces données proviennent surtout des tables officielles de mortalité des pays ou zones auxquels elles se rapportent. Toutefois, là où il n'existait pas de données officielles, on a présenté des estimations concernant l'espérance de vie à la naissance établies par la Division de la population du Secrétariat de l'ONU. Ces estimations ont été calculées à l'aide des techniques mentionnées dans le Manuel des Nations Unies sur les méthodes permettant d'estimer les mesures démographiques fondamentales à partir de données incomplètes [49] et en appliquant des taux hypothétiques de gain d'espérance de vie fondés sur des tables types de mortalité [50] et sur d'autres renseignements. Les estimations de l'ONU sont signalées en note à la fin du tableau.

Calcul des tables de mortalité : Du point de vue démographique, les tables de mortalité sont considérées comme des modèles théoriques représentant une population constamment reconstituée par les naissances et réduite par les décès. Ces modèles donnent un aperçu complet de la mortalité d'une population, reposant sur l'hypothèse que chaque cohorte théoriquement distinguée connaît, pendant toute son existence, la mortalité par âge observée à un moment donné. Les mortalités correspondant à l'époque à laquelle sont calculées les tables de mortalité sont ainsi censées demeurer inchangées dans l'avenir jusqu'au décès de tous les membres de la cohorte.

Le point de départ du calcul des tables de mortalité consiste d'ordinaire à calculer les taux de mortalité des divers groupes d'âges. A partir de ces taux, on détermine d'autres paramètres, puis, à partir de ces paramètres, des quotients de survie mesurant la proportion de personnes, parmi les survivants jusqu'à un âge donné, qui atteignent le palier d'âge suivant.

Les paramètres des tables de mortalité sont calculés dans l'ordre suivant : 1) mx, taux de mortalité des individus d'un âge donné x; 2) qx, probabilité de décès entre deux âges donnés; 3) lx, nombre de survivants jusqu'à un âge donné à partir d'un nombre initial supposé de naissances; 4) Lx, nombre d'années vécues collectivement par les survivants du groupe d'âges considérés; 5) Tx, nombre d'années personne vécues par la cohorte hypothétique à partir de l'âge x, enfin, 6) eox, espérance de vie d'une personne d'âge donné.

Dans tous ces symboles, l'indice (x) désigne l'âge, c'est-à-dire soit la limite inférieure d'une fourchette d'âges, soit le groupe d'âges dans son entier, selon la nature du paramètre. Normalement, un 'n' précède chacun de ces paramètres. Dans les tables de mortalité complètes, n = 1 et on l'omet fréquemment. Dans les tables de mortalité abrégées par groupes quinquennaux, 'n' devient 5.

Le taux de mortalité actuariel, qx exprime la probabilité qu'a un individu sur le point d'accéder à un groupe d'âges de mourir avant d'avoir atteint la limite supérieure de la fourchette des âges de ce groupe. Dans beaucoup de cas, la valeur retenue est 1000 qx. Dans les tables de mortalité complètes, $1000\ q10 = 63,0$ signifie que, sur 1000 personnes atteignant l'âge 10,63 décéderont avant leur onzième anniversaire. Dans les tables de mortalité abrégées, $1\,000\ q10 = 63$ signifie que, sur 1 000 personnes atteignant l'âge 10, 63 seulement décéderont avant leur quinzième anniversaire.

Le nombre de survivants jusqu'à l'âge exact donné est représenté par lx, où l'indice 'x' indique la limite inférieure de chaque groupe d'âges. Dans la plupart des tables de mortalité, on se base sur 100 000 naissances et le paramètre lx indique le nombre de survivants de cette cohorte de 100 000 qui atteint chaque âge.

Expectation of life, ex, is defined as the average number of years of life which would remain for males and females reaching the ages specified if they continued to be subjected to the same mortality experienced in the year(s) to which these life expectancies refer. [51]

Reliability of data: Since the values shown in this table come either from official life tables or from estimates prepared at the United Nations, they are all considered to be reliable. With regard to the values taken from official life tables, it is assumed that, if necessary, the basic data (population and deaths classified by age and sex) have been adjusted for deficiencies before their use in constructing the life tables.

Limitations: Expectation-of-life values are subject to the same qualifications as have been set forth for population statistics in general and death statistics in particular, as discussed in sections 3 and 4, respectively, of the Technical Notes.

Perhaps the most important specific qualifications which can be set forth in connection with expectation-of-life values is that they must be interpreted strictly in terms of the underlying assumption that surviving cohorts are subjected to the age-specific mortality rates of the period to which the life table refers.

Coverage: Expectation of life at specified ages for each sex is shown for 186 countries or areas.

Earlier data: Expectation of life at specified ages for each sex has been shown in previous issues of the Demographic Yearbook. Data included in this table update the series covering a period of years as follows:

Issues	Years covered
Special Issue Historical	1900-1990
Supplement	948-1977
1948	1896-1947

Data in machine-readable form: Data shown in this table are available in magnetic tape at a cost of US$150 for all available years as shown below:

Total	1948-1996

L'espérance de vie ex se définit comme le nombre moyen d'années de survie des hommes et des femmes qui ont atteint les âges indiqués, au cas où leur cohorte continuerait d'être soumise à la même mortalité que dans l'année ou les années auxquelles se réfère l'espérance de vie [51].

Fiabilité des donnés : Etant donné que les chiffres figurant dans ce tableau proviennent soit de tables officielles de mortalité, soit d'estimations établies par l'ONU, elles sont toutes présumées sûres. En ce qui concerne les chiffres tirés de tables officielles de mortalité, on suppose que les données de base (effectif de la population et nombre de décès selon l'âge et le sexe) ont été ajustées, en tant que de besoin, avant de servir à l'établissement de la table de mortalité.

Insuffisance des données : Les espérances de vie appellent les mêmes réserves que celles qui ont été formulées à propos des statistiques de la population en général et des statistiques de mortalité en particulier (voir explications aux sections 3 et 4, respectivement, des Notes techniques).

La principale réserve à faire au sujet des espérances de vie est peut-être que, lorsqu'on interprète les données, il ne faut jamais perdre de vue que, par hypothèse, les cohortes de survivants sont soumises, pour chaque âge, aux conditions de mortalité de la période visée par la table de mortalité.

Portée : Ce tableau présente les espérances de vie à des âges déterminés pour chaque sexe, pour 186 pays ou zones.

Données publiées antérieurement : Des espérances de vie à des âges déterminés pour chaque sexe figurent déjà dans des éditions antérieures de l'Annuaire démographique. Les données présentées dans ce tableau mettent à jour les périodes d'années suivantes :

Editions	Années considérées
Edition spéciale	1900-1990
Supplément rétrospectif	1948-1977
1948	1896-1947

Données sur support magnétique: Il est possible de se procurer sur bande magnétique, moyennant de paiement d'une somme $150 les données dans ce tableau pour tous les années disponibles suivantes:

Total	1948-1996

Table 23

Tableau 23

Table 23 presents number of marriages and crude marriage rates by urban/rural residence for as many years as possible between 1993 and 1997.

Description of variables: Marriage is defined as the act, ceremony or process by which the legal relationship of husband and wife is constituted. The legality of the union may be established by civil, religious, or other means as recognized by the laws of each country.[52]

Le tableau 23 présente des données sur les mariages et les taux bruts de nuptialité selon la résidence (urbaine/rurale) pour le plus grand nombre possible d'années entre 1993 et 1997.

Description des variables : Le mariage désigne l'acte, la cérémonie ou la procédure qui établit un rapport légal entre mari et femme. L'union peut être rendue légale par une procédure civile ou religieuse, ou par toute autre procédure, conformément à la législation du pays[52].

Marriage statistics in this table, therefore, include both first marriages and remarriages after divorce, widowhood or annulment. They do not, unless otherwise noted, include resumption of marriage ties after legal separation. These statistics refer to the number of marriages performed, and not to the number of persons marrying.

Statistics shown are obtained from civil registers of marriage. Exceptions, such as data from church registers, are identified in the footnotes.

The urban/rural classification of marriages is that provided by each country or area; it is presumed to be based on the national census definitions of urban population which have been set forth at the end of table 6.

Rate computation: Crude marriage rates are the annual number of marriages per 1,000 mid-year population.

Rates by urban/rural residence are the annual number of marriages, in the appropriate urban or rural category, per 1,000 corresponding mid-year population.

Rates presented in this table have been limited to those for countries or areas having at least a total of 100 marriages in a given year. Moreover, rates based on 30 or fewer marriages are identified by the symbol (◊).

These rates, unless otherwise noted, have been calculated by the Statistics Division of the United Nations.

Reliability of data: Each country or area has been asked to indicate the estimated completeness of the number of marriages recorded in its civil register. These national assessments are indicated by the quality codes C, U and ... that appear in the first column of this table.

C indicates that the data are estimated to be virtually complete, that is, representing at least 90 per cent of the marriages occurring each year, while U indicates that data are estimated to be incomplete, that is, representing less than 90 per cent of the marriages occurring each year. The code (...) indicates that no information was provided regarding completeness.

Data from civil registers which are reported as incomplete or of unknown completeness (coded U or ...) are considered unreliable. They appear in italics in this table. When data so coded are used to calculate rates, the rates also appear in italics.

These quality codes apply only to data from civil registers. For more information about the quality of vital statistics data in general, see section 4.2 of the Technical Notes.

Limitations: Statistics on marriages are subject to the same qualifications which have been set forth for vital statistics in general and marriage statistics in particular as discussed in section 4 of the Technical Notes.

The fact that marriage is a legal event, unlike birth and death which are biological events, has implications for international comparability of data. Marriage has been defined, for statistical purposes, in terms of the laws of

Les statistiques de la nuptialité présentées dans ce tableau comprennent donc les premiers mariages et les remariages faisant suite à un divorce, un veuvage ou une annulation. Toutefois, sauf indication contraire, elles ne comprennent pas les unions reconstituées après une séparation légale. Ces statistiques se rapportent au nombre de mariages célébrés, non au nombre de personnes qui se marient.

Les statistiques présentées reposent sur l'enregistrement des mariages par les services de l'état civil. Les exceptions (données tirées des registres des églises, par exemple) font l'objet d'une note au bas du tableau.

La classification des mariages selon la résidence (urbaine/rurale) est celle qui a été fournie par chaque pays ou zone; il faut en conclure qu'elle repose sur les définitions de la population urbaine utilisées pour les recensements nationaux telles qu'elles sont reproduites à la fin du tableau 6.

Calcul des taux : Les taux bruts de nuptialité représentent le nombre annuel de mariages pour 1000 habitants au milieu de l'année.

Les taux selon la résidence (urbaine/rurale) représentent le nombre annuel de mariages, classés selon la catégorie urbaine ou rurale appropriée, pour 1000 habitants au milieu de l'année.

Les taux de ce tableau ne se rapportent qu'aux pays ou zones où l'on a enregistré un total d'au moins 100 mariages dans une année donnée. De plus, les taux calculés sur la base de 30 mariages ou moins, qui sont indiqués dans le tableau sont identifiés par le signe (◊).

Sauf indication contraire, ces taux ont été calculés par la Division de statistique de l'ONU.

Fiabilité des données : Il a été demandé à chaque pays ou zone d'indiquer le degré estimatif de complétude des données sur les mariages figurant dans ses registres d'état civil. Ces évaluations nationales sont désignées par les codes de qualité C, U et ... qui apparaissent dans la première colonne du tableau.

La lettre (C) indique que les données sont jugées à peu près complètes, c'est-à-dire qu'elles représentent au moins 90 p. 100 des mariages survenus chaque année; la lettre (U) indique que les données sont jugées incomplètes, c'est-à-dire qu'elles représentent moins de 90 p. 100 des mariages survenus chaque année. Le signe(...) indique qu'aucun renseignement n'a été fourni quant à la complétude des données.

Les données provenant des registres de l'état civil qui sont déclarées incomplètes ou dont le degré de complétude n'est pas connu (et qui sont affectées de la lettre (U) ou du signe (...) sont jugées douteuses. Elles apparaissent en italique dans le présent tableau. Lorsque ces données sont utilisées pour calculer des taux, ces taux apparaissent eux aussi en italique.

Ces codes de qualité ne s'appliquent qu'aux données tirées des registres de l'état civil. Pour plus de précisions sur la qualité des données reposant sur les statistiques de l'état civil en général, voir la section 4.2 des Notes techniques.

Insuffisance des données : Les statistiques des mariages appellent toutes les réserves qui ont été formulées à propos des statistiques de l'état civil en général et des statistiques de la nuptialité en particulier (voir explications figurant à la section 4 des Notes techniques).

Le fait que le mariage soit un acte juridique, à la différence de la naissance et du décès, qui sont des faits biologiques, a des répercussions sur la comparabilité internationale des données. Aux fins de la statistique, le mariage est défini par la législation de chaque pays ou zone. Cette

individual countries or areas. These laws vary throughout the world. In addition, comparability is further limited because some countries or areas compile statistics only for civil marriages although religious marriages may also be legally recognized; in others, the only available records are church registers and, therefore, the statistics do not relate to marriages which are civil marriages only.

Because in many countries or areas marriage is a civil legal contract which, to establish its legality, must be celebrated before a civil officer, it follows that for these countries or areas registration would tend to be almost automatic at the time of, or immediately following, the marriage ceremony. This factor should be kept in mind when considering the reliability of data, described above. For this reason the practice of tabulating data by date of registration does not generally pose serious problems of comparability as it does in the case of birth and death statistics.

As indicators of family formation, the statistics on the number of marriages presented in this table are bound to be deficient to the extent that they do not include either customary unions, which are not registered even though they are considered legal and binding under customary law, or consensual unions (also known as extra-legal or de facto unions). In general, low marriage rates over a period of years are an indication of high incidence of customary or consensual unions. This is particularly evident in Africa and Latin America.

In addition, it should be noted that rates are affected also by the quality and limitations of the population estimates which are used in their computation. The problems of under-enumeration or over-enumeration and, to some extent, the differences in definition of total population havebeen discussed in section 3 of the Technical Notes dealing with population data in general, and specific information pertaining to individual countries or areas is given in the footnotes to table 3. In the absence of official data on total population, United Nations estimates of mid-year population have been used in calculating some of these rates.

As will seen from the footnotes, strict correspondence between the numerator of the rate and the denominator is not always obtained; for example, marriages among civilian and military segments of the population may be related to civilian population. The effect of this may be to increase the rates or, if the population is larger than that from which the marriages are drawn, to decrease them, but, in most cases, it is probably negligible.

It should be emphasized that crude marriage rates like crude birth, death and divorce rates may be seriously affected by age-sex-marital structure of the population to which they relate. Like crude divorce rates they are also affected by the existing distribution of population by marital status. Nevertheless, crude marriage rates do provide a simple measure of the level and changes in marriage.

The comparability of data by urban/rural residence is affected by the national definitions of urban and rural used in tabulating these data. It is asumed, in the absence of specific information to the contrary, that the definitions of urban and rural used in connection with the national population census were also used in the compilation of the vital statistics for each country or area. However, the

législation varie d'un pays à l'autre. La comparabilité est limitée en outre du fait que certains pays ne réunissent des statistiques que pour les mariages civils, bien que les mariages religieux y soient également reconnus par la loi; dans d'autres, les seuls relevés disponibles sont les registres des églises et, en conséquence, les statistiques ne rendent pas compte des mariages exclusivement civils.

Le mariage étant, dans de nombreux pays ou zones, un contrat juridique civil qui, pour être légal, doit être conclu devant un officier d'état civil, il s'ensuit que dans ces pays ou zones l'enregistrement se fait à peu près automatiquement au moment de la cérémonie ou immédiatement après. Il faut tenir compte de cet élément lorsqu'on étudie la fiabilité des données, dont il est question plus haut. C'est pourquoi la pratique consistant à exploiter les données selon la date de l'enregistrement ne pose généralement pas les graves problèmes de comparabilité auxquels on se heurte dans le cas des statistiques des naissances et des décès.

Les statistiques relatives au nombre des mariages présentées dans ce tableau donnent une idée forcément trompeuse de la formation des familles, dans la mesure où elles ne tiennent compte ni des mariages coutumiers, qui ne sont pas enregistrés bien qu'ils soient considérés comme légaux et créateurs d'obligations en vertu du droit coutumier, ni des unions consensuelles (appelées également unions non légalisées ou unions de fait). En général, un faible taux de nuptialité pendant un certain nombre d'années indique une proportion élevée de mariages coutumiers ou d'unions consensuelles. Le cas est particulièrement manifeste en ce qui concerne l'Afrique et l'Amérique latine.

Il convient de noter par ailleurs que l'exactitude des taux dépend également de la qualité et des insuffisances des estimations de population qui sont utilisées pour leur calcul. Le problème des erreurs par excès ou par défaut commises lors du dénombrement et, dans une certaine mesure, le problème de l'hétérogénéité des définitions de la population totale ont été examinés à la section 3 des Notes techniques relative à la population en général; des indications concernant les différents pays ou zones sont données en note au bas du tableau 3. Lorsqu'il n'existait pas de chiffres officiels sur la population totale, ce sont les estimations de la population en milieu d'année, établies par le Secrétariat de l'ONU, qui ont servi pour le calcul des taux.

Comme on le constatera d'après les notes, il n'a pas toujours été possible, pour le calcul des taux, d'obtenir une correspondance rigoureuse entre le numérateur et le dénominateur. Par exemple, les mariages parmi la population civile et les militaires sont parfois rapportés à la population civile. Cela peut avoir pour effet d'accroître les taux; au contraire, si la population de base englobe un plus grand nombre de personnes que celle dans laquelle les mariages ont été comptés, les taux seront plus faibles, mais, dans la plupart des cas, il est probable que la différence sera négligeable.

Il faut souligner que les taux bruts de nuptialité, de même que les taux bruts de natalité, de mortalité et de divortialité, peuvent varier sensiblement selon la structure par âge et par sexe de la population à laquelle ils se rapportent. Tout comme les taux bruts de divortialité, ils dépendent également de la répartition de la population selon l'état matrimonial. Les taux bruts de nuptialité offrent néanmoins un moyen simple de mesurer la fréquence et l'évolution des mariages.

La comparabilité des données selon la résidence (urbaine/rurale) peut être limitée par les définitions nationales des termes 'urbain' et 'rural' utilisées pour la mise en tableaux de ces données. En l'absence d'indications contraires, on a supposé que les définitions des termes 'urbain' et 'rural' utilisées pour le recensement national de la population avaient été utilisées pour l'établissement des statistiques de l'état civil pour chaque pays ou zone. Toutefois, on ne peut exclure la possibilité

possibility cannot be excluded that, for a given country or area, the same definitions of urban and rural are not used for both the vital statistics data and the population census data. When known, the definitions of urban in national population censuses are presented at the end of table 6. As discussed in detail in the Technical Notes for table 6, these definitions vary considerably from one country or area to another.

In addition to problems of comparability, marriage rates classified by urban/rural residence are also subject to certain special types of bias. If, when calculating marriage rates, different definitions of urban are used in connection with the vital events and the population data, and if this results in a net difference between the numerator and denominator of the rate in the population at risk, then the marriage rates would be biased. Urban/rural differentials in marriage rates may also be affected by whether the vital events have been tabulated in terms of place of occurrence or place of usual residence. This problem is discussed in more detail in section 4.1.4.1. of the Technical Notes.

Coverage: Marriages are shown for 127 countries or areas. Data are presented for urban/rural residence for 38 countries or areas.

Crude marriage rates are shown for 122 countries or areas. Rates are presented for urban/rural residence for 32 countries or areas.

Earlier data: Mariages and crude marriage rates have benn shown in each issued of the Demographic Yearbook. For information on specific years covered, readers should consult the Index.

Data in machine-readable form: Data shown in this table are available in magnetic tape at a cost of US$150 for all available years as shown below:

Total	1948-1997
Urban/rural	1972-1997

Table 24

Table 24 presents the marriages by age of groom and age of bride for the latest available year.

Description of variables: Marriages[53] include both first marriages and remarriages after divorce, widowhood or annulment. They do not, unless otherwise noted, include resumption of marriage ties after legal separation.

Age is defined as age at last birthday, that is, the difference between the date of birth and the date of the occurrence of the event, expressed in completed solar years. The age classification used in this table is the following: under 15 years, 5-year age groups through 55-59, 60 years and over, and age unknown. The same classification is used for both grooms and brides.

To aid in the interpretation of data this table also provides information on the legal minimum age for marriage for grooms and the corresponding age for brides. Information is not available for all countries and, even for those for which data are at hand, there is confusion as to what is meant by "minimum age for marriage". In some

que, pour un pays ou zone donné les mêmes définitions des termes 'urbain' et 'rural' n'aient pas été utilisées dans les deux cas. Les définitions du terme 'urbain' pour les recensements nationaux de population ont été présentées à la fin du tableau 6 lorsqu'elles étaient connues. Comme on l'a précisé en détail dans les Notes techniques relatives au tableau 6, ces définitions varient très sensiblement d'un pays ou d'une zone à l'autre.

Outre ces problèmes de comparabilité, les taux de nuptialité classés selon la résidence urbaine ou rurale sont également sujets à certains types particuliers d'erreurs. Si, lors du calcul de ces taux, des définitions différentes du terme "urbain" sont utilisées pour classer les faits d'état civil et les données relatives à la population, et s'il en résulte une différence nette entre le numérateur et le dénominateur pour le taux de la population exposée aurisque, les taux de nuptialité s'en trouveront faussés. La différence entre ces taux pour les zones urbaines et rurales pourra aussi être faussée selon que les faits d'état civil auront été classés d'après le lieu de l'événement ou le lieu de résidence habituelle. Ce problème est examiné plus en détail à la section 4.1.4.1 des Notes techniques.

Portée : Ce tableau présente des données sur le nombre des mariages pour 127 pays ou zones. Les répartitions selon la résidence (urbaine/rurale)intéressent 38 pays ou zones.

Ce tableau présente des taux bruts de nuptialité pour 122 pays ou zones. Les répartitions selon la résidence (urbaine/rurale) intéressent 32 pays ou zones.

Données publiées antérieurement : Des données sur le nombre des mariages ont été présentées dans chaque édition de l'Annuaire démographique. Pour plus de précisions concernant lesannées pour lesquelles des données ont été publiées, se reporter à l'Index.

Données sur support magnétique: Il est possible de se procurer sur bande magnétique, moyennant de paiement d'une somme $150 les données dans ce tableau pour tous les années disponibles suivantes:

Total	1948-1997
Urban/rural	1972-1997

Tableau 24

Le tableau 24 tableau présente des statistiques des mariages classés selon l'âge de l'époux et selon l'âge de l'épouse pour la dernière année disponible.

Description des variables : La notion de mariage [53] recouvre les premiers mariages et les remariages faisant suite à un divorce, un veuvage ou une annulation. Toutefois, sauf indication contraire, elle ne comprend pas les unions reconstituées après une séparation légale.

L'âge désigne l'âge au dernier anniversaire, c'est-à-dire la différence entre la date de naissance et la date de l'événement, exprimée en années solaires révolues. Le classement par âge utilisé dans le tableau 24 comprend les groupes suivants: moins de 15 ans, groupes quinquennaux jusqu'à 55 à 59 ans, 60 ans et plus, et âge inconnu. On a adopté la même classification pour les deux sexes.

Pour faciliter l'interprétation des données, ce tableau indique aussi l'âge minimal légal de nubilité pour le sexe masculin et pour le sexe féminin. On n'a pas à ce sujet de données pour tous les pays et, même lorsqu'on en possède, une certaine confusion subsiste sur ce qu'il faut entendre par "âge minimum du mariage". Dans certains cas, il semble qu'o; s'agisse de l'âge au-dessous duquel mariage n'est pas valide sans

cases, it appears to mean "age below which marriage is not valid without consent of parents or other specified persons"; in others, it is the "age below which valid marriage cannot be performed, irrespective of consent". Beginning in 1986, the countries or areas providing data on marriages by age of bride and groom were requested to specify "the minimum legal age at which marraige with parental consent can occur". The minimum age shown in this table comes primarily from responses to this request.

Reliability of data : Data from civil registers of marriages which are reported as incomplete (less than 90 per cent completeness) or of unknown completeness are considered unreliable and are set in italics rather than in roman type. Table 23 and the Technical Notes for that table provide more detailed information on the completeness of marriage registration. For more information about the quality of vital statistics data in general, see section 4.2 of the Technical Notes.

Limitations : Statistics on marriages by age of groom and age of bride are subject to the same qualifications as have been set forth for vital statistics in general and marriage statistics in particular as discussed in Section 4 of the Technical Notes.

The fact that marriage is a legal event, unlike birth and death which are biological events, has implications for international comparability of data. Marriage has been defined, for statistical purposes, in terms of the laws of individual countries or areas. These laws vary throughout the world. In addition, comparability is further limited because some countries or areas compile statistics only for civil marriages although religious marriages may also be legally recognized; in others, the only available records are church registers and, therefore, the statistics do not relate to marriages which are civil marriages only.

Because in many countries or areas marriage is a civil legal contract which, to establish its legality, must be celebrated before a civil officer, it follows that for these countries or areas registration would tend to be almost automatic at the time of, or immediately following, the marriage ceremony. This factor should be kept in mind when considering the reliability of data, described above. For this reason the practice of tabulating data by date of registration does not generally pose serious problems of comparability as it does in the case of birth and death statistics.

Because these statistics are classified according to age, they are subject to the limitations with respect to accuracy of age reporting similar to those already discussed in connection with Section 3.1.3 of the Technical Notes. It is probable that biases are less pronounced in marriage statistics, because information is obtained from the persons concerned and since marriage is a legal act, the participants are likely to give correct information. However, in some countries or areas, there appears to be an abnormal concentration of marriages at the legal minimum age for marriage and at the age at which valid marriage may be contracted without parental consent, indicating perhaps an overstatment in some cases to comply with the law.

le consentement des parents ou d'autres personnes autorisées'; dans d'autres, ce serait l'âge au-dessous duquel le mariage ne peut être valide, même avec le consentement des personnes responsables'. A partir de 1986, il a été demandé aux pays ou zones qui fournissent des données sur les mariages selon l'âge de l'épouse et de l'époux de préciser l'âge de nubilité, à savoir l'âge minimum auquel le mariage peur avoir lien avec le consentement des parents'. Les chiffres d'âge minimum qui apparaissent dans le tableau proviennent principalement de renseignements communiqués en réponse à cette demande.

Fiabilité des données : Les données sur les mariages provenant des registres de l'état civil qui sont déclarées incomplètes (degré de complétude inférieur à 90 p. 100) ou dont le degré decomplétude n'est pas connu sont jugées douteuses et apparaissent en italique et non en caractères romains. Le tableau 23 et les Notes techniques s'y rapportant présentent des renseignements plus détaillés sur le degré de complétude de l'enregistrement des mariages. Pour plus de précisions sur la qualité des données reposant sur les statistiques de l'état civil en général, voir la section 4.2 des Notes techniques.

Insuffisance des données : Les statistiques des mariages selon l'âge de l'époux et selon l'âge de l'épouse appellent toutes les réserves qui ont été faites à propos des statistiques de l'état civil en général et des statistiques de la nuptialitée en particulier (voir explications à la section 4 des Notes techniques).

Le fait que le mariage soit un acte juridique, à la différence de la naissance et du décès, qui sont des faits biologiques, a des répercussions sur la comparabilité internationale des données. Aux fins de la statistique, le mariage est défini par la législation de chaque pays ou zone. Cette législation varie d'un pays à l'autre. La comparabilité est limitée en outre du fait que certains pays ne réunissent des statistiques que pour les mariages civils, bien que les mari ages religieux y soient également reconnus par la loi; dans d'autres, les seuls relevés disponibles sont les registres des églises et, en conséquence, les statistiques ne rendent pas compte des mariages exclusivement civils.

Le mariage étant, dans de nombreux pays ou zones, un contrat juridique civil qui, pour être légal, doit être conclu devant un officier d'état civil, il s'ensuit que, dans ces pays ou zones, l'enregistrement se fait à peu près automatiquement au moment de la cérémonie ou immédiatement après. Il fait tenir compte de cet élément lorsqu'on étudie la fiabilité des données, dont il est question plus haut. C'est pourquoi la pratique consistant à exploiter les données selon la date de l'enregistrement ne pose généralement pas les graves problèmes de comparabilité auxquels on se heurte dans le cas des statistiques des naissances et des décès.

Comme ces statistiques sont classées selon l'âge, elles appellent les mêmes réserves concernant l'exactitude des déclarations d'âge que celles dont il a déjà été fait mention dans la section 3.1.3 des Notes techniques. Il est probable que les statistiques de la nuptialité sont moins faussées par ce genre d'erreur, car les renseignements sont donnés par les intéressés eux-mêmes, et, comme le mariage et un acte juridique, il y a toutes chances pour que leurs déclarations soient exactes. Toutefois, dans certains pays ou zones, il semble y avoir une concentration anormale des mariages à l'âge minimal légal de nubilité ainsi qu'à l'âge auquel le mariage peut être valablement contracté sans le consentement des parents, ce qui peut indiquer que certains déclarants se vieillissent pour se conformer à la loi.

Aside from the possibility of age misreporting, it should be noted that marriage patterns at younger ages, that is, for ages up to 24 years, are indeed influenced to a large extent by laws regarding the minimum age for marriage. Information on legal minimum age for both grooms and brides is included in this table.

Factors which may influence age reporting particularly at older ages include an inclination to understate the age of bride in order that it may be equal to or less than that of the groom.

The absence of frequencies in the unknown age group does not necessarily indicate completely accurate reporting and tabulation of the age item. It is often an indication that the unknowns have been eliminated by assigning ages to them before tabulation, or by proportionate distribution after tabulation.

Another age-reporting factor which must be kept in mind in using these data is the variation which may result from calculating age at marriage from year of birth rather than from day, month and year of birth. Information on this factor is given in footnotes when known.

Coverage : Marriages by age of groom and age of bride are shown for 92 countries or areas.

Earlier data : Marriages by age of groom and age of bride have been shown for the latest available year in most issues of the Demographic Yearbook. In addition, issues, including those featuring marriage and divorce statistics, have presented data covering a period of years. For information on the years covered, readers should consult the Index.

Table 25

Table 25 presents number of divorces and crude divorce rates for as many years as possible between 1993 and 1997.

Description of variables: Divorce is defined as a final legal dissolution of a marriage, that is, that separation of husband and wife which confers on the parties the right to remarriage under civil, religious and/or other provisions, according to the laws of each country.[54]

Unless otherwise noted, divorce statistics exclude legal separations which do not allow remarriage. These statistics refer to the number of divorces granted, and not to the number of persons divorcing.

Divorce statistics are obtained from court records and/or civil registers according to national practice. The actual compilation of these statistics may be the responsibility of the civil registrar, the national statistical office or other government offices.

Rate computation: Crude divorce rates are the annual number of divorces per 1,000 mid-year population.

Rates presented in this table have been limited to those for countries or areas having at least a total of 100 divorces in a given year.

Outre la possibilité d'erreurs dans les déclarations d'âge, il convient de noter que la législation fixant l'âge minimal de nubilité influe notablement sur les caractéristiques de la nuptialité pour les premiers âges, c'est-à-dire jusqu'à 24 ans. Le tableau 24 indique l'âge minimal légal de nubilité pour les époux et les épouses.

Parmi les facteurs pouvant exercer une influence sur les déclarations d'âge, en particulier celles qui sont faites par des personnes plus âgées, il faut citer la tendance à diminuer l'âge de l'épouse de façon qu'il soit égal ou inférieur à celui de l'époux.

Si aucun nombre ne figure dans la colonne réservée aux âges inconnus, cela ne signifie pas nécessairement que les déclarations d'âge et l'exploitation des données par âge aient été tout à fait exactes. C'est souvent une indication que l'on a attribué un âge aux personnes d'âge inconnu avant l'exploitation des données ou que celles-ci ont été réparties proportionnellement entre les différents groupes après cette opération.

Il importe de ne pas oublier non plus, lorsqu'on utilisera ces données, que l'on calcule parfois l'âge des conjoints au moment du mariage sur la base de l'année de naissance seulement et non d'après la date exacte (jour, mois et année) de naissance. Des renseignements à ce sujet sont fournis en note chaque fois que faire se peut.

Portée : Ce tableau présente des statistiques des mariages selon l'âge de l'époux et selon l'âge de l'épouse pour 92 pays ou zones.

Donnés publiées antérieurement: Des statistiques des mariages selon l'âge de l'époux et selon l'âge de l'épouse ont été présentées pour la dernière année disponible dans la plupart des éditions de l'Annuaire démographique. En outre, des éditions, y compris celles dont le sujet spécial était les statistiques de la nuptialité et de la divorcialité, ont présenté des données qui portaient sur les périodes d'années. Pour plus de précisions concernant les années pour lesquelles ces données ont été publiées, on se reportera à l'Index.

Tableau 25

Le tableau 25 présente des statistiques des divorces pour le plus grand nombre d'années possible entre 1993 et 1997.

Description des variables : Le divorce est la dissolution légale et définitive des liens du mariage, c'est-à-dire la séparation de l'époux et de l'épouse qui confère aux parties le droit de se remarier civilement ou religieusement, ou selon toute autre procédure, conformément à la législation du pays [54].

Sauf indication contraire, les statistiques de la divortialité n'englobent pas les séparations légales qui excluent un remariage. Ces statistiques se rapportent aux jugements de divorce prononcés, non aux personnes divorcées.

Les statistiques de la divortialité sont tirées, selon la pratique suivie par chaque pays, des actes des tribunaux et ou des registres de l'état civil. L'officier d'état civil, les services nationaux de statistique ou d'autres services gouvernementaux peuvent être chargés d'établir ces statistiques.

Calcul des taux : Les taux bruts de divortialité représentent le nombre annuel de divorces enregistrés pour 1000 habitants au milieu de lannée.

Les taux de ce tableau ne se rapportent qu'aux pays ou zones où l'on a enregistré un total d'au moins 100 divorces dans une année donnée.

These rates, unless otherwise noted, have been calculated by the Statistics Division of the United Nations.

Reliability of data: Each country or area has been asked to indicate the estimated completeness of the divorces recorded in its civil register. These national assessments are indicated by the quality codes C, U and ... that appear in the first column of this table.

C indicates that the data are estimated to be virtually complete, that is, representing at least 90 per cent of the divorces occurring each year, while U indicates that data are estimated to be incomplete, that is, representing less than 90 per cent of the divorces occurring each year. The code (...) indicates that no information was provided regarding completeness.

Data from civil registers which are reported as incomplete or of unknown completeness (coded U or ...) are considered unreliable. They appear in italics in this table. When data so coded are used to calculate rates, the rates also appear in italics. These quality codes apply only to data from civil registers. For more information about the quality of vital statistics data in general, see section 4.2 of the Technical Notes.

Limitations: Statistics on divorces are subject to the same qualifications as have been set forth for vital statistics in general and divorce statistics in particular as discussed in section 4 of the Technical Notes.

Divorce, like marriage, is a legal event, and this has implications for international comparability of data. Divorce has been defined, for statistical purposes, in terms of the laws of individual countries or areas. The laws pertaining to divorce vary considerably from one country or area to another. This variation in the legal provision for divorce also affects the incidence of divorce, which is relatively low in countries or areas where divorce decrees are difficult to obtain.

Since divorces are granted by courts and statistics on divorce refer to the actual divorce decree, effective as of the date of the decree, marked year-to-year fluctuations may reflect court delays and clearances rather than trends in the incidence of divorce. The comparability of divorce statistics may also be affected by tabulation procedures. In some countries or areas annulments and/or legal separations may be included. This practice is more common for countries or areas in which the number of divorces is small. Information on this practice is given in the footnotes when known.

Because the registration of a divorce in many countries or areas is the responsibility solely of the court or the authority which granted it, and since the registration recording such cases is part of the records of the court proceedings, it follows that divorces are likely to be registered soon after the decree is granted. For this reason the practice of tabulating data by date of registration does not generally pose serious problems of comparability as it does in the case of birth and death statistics.

As noted briefly above, the incidence of divorce is affected by the relative ease or difficulty of obtaining a divorce according to the laws of individual countries or areas. The incidence of divorce is also affected by the

Sauf indication contraire, ces taux ont été calculés par la Division de statistique de l'ONU.

Fiabilité des données : Il a été demandé à chaque pays ou zone d'indiquer le degré estimatif de complétude des données sur les divorces figurant dans ses registres d'état civil. Ces évaluations nationales sont désignées par les codes de qualité (C),(U) et (...) qui apparaissent dans la première colonne du tableau.

La lettre (C) indique que les données sont jugées à peu près complètes, c'est-à-dire qu'elles représentent au moins 90 p. 100 des divorces survenus chaque année; la lettre (U) indique que les données sont jugées incomplètes, c'est-à-dire qu'elles représentent moins de 90 p. 100 des divorces survenus chaque année. Le signe (...)indique qu'aucun renseignement n'a été fourni quant à la complétude des données.

Les données provenant des registres de l'état civil qui sont déclarées incomplètes ou dont le degré de complétude n'est pas connu (et qui sont affectées de la lettre (U)ou du signe(...) sont jugées douteuses. Elles apparaissent en italique dans le présent tableau. Lorsque ces données sont utilisées pour calculer des taux, ces taux apparaissent eux aussi en italique. Ces codes de qualité ne s'appliquent qu'aux données tirées des registres de l'état civil. Pour plus de précision sur la qualité des données reposant sur les statistiques de l'état civil en général, voir la section 4.2 des Notes techniques.

Insuffisance des données : Les statistiques des divorces appellent toutes les réserves qui ont été formulées à propos des statistiques de l'état civil en général et des statistiques de divortialité en particulier (voir explications figurant à la section 4 des Notes techniques).

Le divorce est, comme le mariage, un acte juridique, et ce fait influe sur la comparabilité internationale des données. Aux fins de la statistique, le divorce est défini par la législation de chaque pays ou zone. La législation sur le divorce varie considérablement d'un pays ou d'une zone à l'autre, ce qui influe aussi sur la fréquence des divorces qui est relativement faible dans les pays ou zones où le jugement de divorce est difficile à obtenir.

Comme les divorces sont prononcés par les tribunaux et que les statistiques de la divortialité se rapportent aux jugements de divorce proprement dits qui prennent effet à la date où ces jugements sont rendus, il se peut que des fluctuations annuelles accusées traduisent le rythme plus ou moins rapide auquel les affaires sont jugées plutôt que l'évolution de la fréquence des divorces. Les méthodes d'exploitation des données peuvent aussi influer sur la comparabilité des statistiques de la divortialité. Dans certains pays ou zones, ces statistiques peuvent comprendre les annulations et ou les séparations légales. C'est fréquemment le cas, en particulier dans les pays ou zones où les divorces sont peu nombreux. Lorsqu'ils sont connus, des renseignements à ce propos sont indiqués dans une note au bas du tableau.

Comme dans de nombreux pays ou zones, le tribunal ou l'autorité qui a prononcé le divorce est seul habilité à enregistrer cet acte, et, comme l'acte d'enregistrement figure alors sur les registres du tribunal, l'enregistrement suit généralement de peu le jugement. C'est pourquoi la pratique consistant à exploiter les données selon la date de l'enregistrement ne pose généralement pas les graves problèmes de comparabilité auxquels on se heurte dans le cas des statistiques des naissances et des décès.

Comme on l'a brièvement mentionné ci-dessus, la fréquence des divorces est fonction notamment de la facilité relative avec laquelle la législation de chaque pays ou zone permet d'obtenir le divorce. La fréquence des divorces dépend également de la capacité des intéressées

ability of individuals to meet financial and other costs of the court procedures. Connected with this aspect is the influence of certain religious faiths on the incidence of divorce. For all these reasons, divorce statistics are not strictly comparable as measures of family dissolution by legal means. Furthermore, family dissolution by other than, legal means, such as separation, is not measured in statistics for divorce.

For certain countries or areas is or was no legal provision for divorce in the sense used here, and therefore no data for these countries or areas appear in this table.

In addition, it should be noted that rates are affected also by the quality and limitations of the population estimates which are used in their computation. The problems of under-enumeration or over-enumeration, and to some extent, the differences in definition of total population, have been discussed in sectin 3 of the Technical Notes dealing with population data in general, and specific information pertaining to individual countries or areas is given in the footnotes to table 3. In the absence of official data on total population, United Nations estimates of mid-year population have been used in claculating some of these rates.

As will be seen from the footnotes, strict correspond between the numerator of the rate and the denominator is not always obtained; for example, divorces among civilian plus military segments of the population may be related to civilian population. The effect of this may be to increase the rates or, if the population is larger than that from which the divorces are drawn, to decrease them but, in most cases, it is probably negligible.

As mentioned above, data for some countries or areas may include annulments and/or legal separations. This practice will affect the comparability of the crude divorce rates. For example, inclusion of annulments in the numerator of the rates produces a negligible effect on the rates, but inclusion of legal separations may have a measurable effect on the level.

It should be emphasized that crude divorce rates like crude birth, death and marriage rates may be seriously affected by age-sex structure of the populations to which they relate. Like crude marriage rates, they also affected by the existing distribution of the population by marital status. Nevertheless, crude divorce rates to provide a simple measure of the level and changes in divorce.

Coverage: Divorces are shown for 106 countries or areas.

Crude divorce rates are shown for 93 countries or areas.

Earlier data: Divorces have been shown in previous issues of the Demographic Yearbook. The earliest data, which were for 1935, appeared in the 1951 issue. For information on specific years covered, readers should consult the Index.

à supporter les frais de procédure. A cet égard, il convient de citer aussi l'influence de certaines religions sur la fréquence des divorces. Pour toutes ces raisons, les statistiques de divorcialité ne sont pas rigoureusement comparables et ne permettent pas de mesurer exactement la fréquence des dissolutions légales de mariages. De plus, les statistiques de la divorcialité ne rendent pas compte des cas de dissolution extrajudiciaire du mariage, comme la séparation.

Dans certains pays ou zones, il n'existe ou il n'existait pas de législation sur le divorce selon l'acceptation retenue aux fins du présent tableau, si bien qu'on n'y trouve aucune indication pour ces pays ou zones.

Il convient de noter par ailleurs que l'exactitude des taux dépend également de la qualité et des insuffisances des estimations de population qui sont utilisées pour leur calcul. Le problème des erreurs par excès ou par défaut commises lors du dénombrement et, dans une certain mesure, le problème de l'hétérogéneité des définitions de la population totale ont été examinés à la section 3 des Notes techniques relatives à la population en général; des indications concernant les différents pays ou zones sont données en note au bas du tableau 3. Lorsqu'il n'existait pas de chiffres officiels sur la population totale, ce sont les estimations de la population en milieu d'année, établies par le Secrétariat de l'ONU, qui ont servi pour le calcul des taux.

Comme on le verra dans les notes, il n'a pas toujours été possible pour le calcul des taux, d'obtenir une correspondance rigoureuse entre le numérateur et le dénominateur. Par exemple, les divorces parmi la population civile et les militaires sont parfois rapportés à la population civile. Cela peut avoir pour effet d'accroître les taux; au contraire, si la population de base englobe un plus grand nombre de personnes que celle dans laquelle les divorces ont été comptés, les taux seront plus faibles, mais, dans la plupart des cas, il est probable que la différence sera négligeable.

Comme il est indiqué plus haut, les données fournies pour certains pays ou zones peuvent comprendre les annulations et/ou les séparations légales. Cette pratique influe sur la comparabilité des taux bruts de divortialité. Par exemple, l'inclusion des annulations dans le numérateur a une influence négligeable, mais l'inclusion des séparations légales peut avoir un effet appréciable sur le niveau du taux.

Il faut souligner que les taux bruts de divortialité, de même que les taux bruts de natalité, de mortalité et de nuptialité, peuvent varier sensiblement selon la structure par âge et par sexe. Comme les taux bruts de nuptialité, ils peuvent également varier du fait de la répartition de la population selon l'état matrimonial. Les taux bruts de divortialité offrent néanmoins un moyen simple de mesurer la fréquence et l'évolution des divorces.

Portée: Ce tableau présente des statistiques des divorces pour 106 pays ou zones.

Ce tableau présente des taux bruts de divortialité pour 93 pays ou zones.

Données publiées antérieurement : Des statistiques des divorces ont déjà été présentées dans des éditions antérieres de l'Annuaire démographique. Les plus anciennes qui portaient sur 1935 ont été publiées dans l'édition de 1951. Pour plus de précisions concernant les années pour lesquelles ces données ont été publiées, on se reportera à l'Index.

FOOTNOTES

1 For a listing of the majority of these, see ''Names of Countries and Adjectives of Nationality'' (United Nations document ST/CS/SER.F/317 and Corr.1-2).

2 United Nations publication, Sales No. E.98.XVII.8.

3 Principles and Recommendations for Population Censuses, para. 2.87 (ST/ESA/STAT/SER.M/67/Rev.1).

4 Alternatively, if a population register is used, complete d ages are calculated by subtracting the date of birth of individuals listed in the register from a reference date to which the age data pertain.

5 A source of non-comparability may result from differences in the method of reckoning age, for example, the Western versus the Eastern or, as it is usually known, the English versus the Chinese system. By the latter, a child is regarded as one year old at birth and his age advances one year at each Chinese New Year. The effect of this system is most obvious at the beginning of the age span, where the frequencies in the under-one-year category are markedly understated. The effect on higher age groups is not so apparent. Distributions constructed on this basis are often adjusted before publication, but the possibility of such aberrations should not be excluded when census data by age are compared.

6 In this index, differences were scored from expected values of ratios between numbers of either sex in the same age group, and numbers of the same sex in adjoining age group. In compounding the score, allowance had to be made for certain factors such as the effects of past fluctuations in birth rates, of heavy war casualties, and of the smallness of the population itself. A detailed description of the index, with results of its application to the data presented in the 1949-1950 and 1951 issues of the Demographic Yearbook, is furnished in Population Bulletin, No. 2 (United Nations publication, Sales No. 52.XIII.4), pp. 59-79. The scores obtained from statistics presented in Demographic Yearbook 1952 are presented in that issue, and the index has also been briefly explained in that issue, as well as those of 1953 and 1954.

7 United States, Bureau of the Census, Thirteenth Census... vol. I (Washington, D.C., U.S. Government Printing Office), pp. 291-292.

8 J.T. Marten, Census of India, 1921, vol. I, part I (Calcutta, 1924), pp. 126-127.

9 United Nations publication, Sales No. E/F.80.XIII.1, p p.13-14.

10 For further discussion, see Demographic Yearbook 1962 (United Nations publication, Sales No. 63.XIII.1). chap. 1.

11 For detailed explanation of the content of each category of the code, see Demographic Yearbook 1964 (United Nations publication, Sales No. 65.XIII.1).

NOTES

1 Pour une liste de la plupart d'entre eux, voir "Names of countries and adjectives of nationality" (document des Nations Unies ST/CS/SER.F/317 et Corr. 1 et 2).

2 Publication des Nations Unies, numéro de vente : F.98.XVII.8.

3 Principes et recommandations concernant les recensements de population par. 2.87 (ST/ESA/STAT/SER.M/67/Rev.1).

4 Lorsqu'on utilise un registre de la population, on peut également calculer l'âge en années révolues en soustrayant la date de naissance de chaque personne inscrite sur le registre de la date de référence à laquelle se rapportent les données sur l'âge.

5 L'emploi de méthodes différentes de calcul de l'âge, par exemple la méthode occidentale et la méthode orientale, ou, comme on les désigne plus communément, la méthode anglaise et la méthode chinoise, représente une cause de non-comparabilité. Selon la méthode chinoise, on considère que l'enfant est âgé d'un an à sa naissance et qu'il avance d'un an à chaque nouvelle année chinoise. Les répercussions de cette méthode sont très apparentes dans les données pour le premier âge : les données concernant les enfants de moins d'un an sont nettement inférieures à la réalité. Les effets sur les chiffres relatifs aux groupes d'âge suivants sont moins visibles. Les séries ainsi établies sont souvent ajustées avant d'être publiées, mais il ne faut pas exclure la possibilité d'aberrations de ce genre lorsqu''on compare des données censitaires sur l'âge.

6 Dans cet indice, on déterminait les différences à partir des rapports prévus de masculinité dans un groupe d'âge et dans les groupes d'âge adjacents. Il fallait pour cela tenir compte de l'influence de facteurs tels que les mouvements passés des taux de natalité, les pertes de guerre élévées et, le cas échéant, le faible effectif de la population. On trouvera dans le Bulletin démographique, no. 2 (publication des Nations Unies, numéro de vente : 52.XIII.4), p. 64 à 87, un exposé détaillé sur cet indice ainsi que les résultats de son application aux données présentées dans les éditions de 1949-1950 et de 1951 de l'Annuaire démographique. On a fait les mêmes calculs sur les statistiques publiées dans l'Annuaire démographique 1952 et les résultats obtenus sont indiqués dans cette édition de l'Annuaire, qui, comme celles de 1953 et de 1954, donne de brèves explications sur l'indice en question.

7 United States Bureau of the Census, Thirteenth Census ..., vol. I (Washington, D.C., U.S. Government Printing Office), p.291 à 292.

8 J.T. Marten, Census of India, 1921, vol. I, partie I (Calcutta, 1924), p. 126 et 127.

9 Publication des Nations Unies, numéro de vente: E/F.80.XIII.1, p.82.

10 Pour plus de détails, voir l'Annuaire démographique 1962 (publication des Nations Unies, numéro de vente : 63.XIII.1), chap. premier.

11 On trouvera des explications plus complètes du contenu de chaque catégorie du code dans l'Annuaire démographique 1964 (publication des Nations Unies, numéro de vente : 65.XIII.1).

12   For an analysis of the regional availability of birth and death statistics, see Population Bulletin of the United Nations, No. 6 (United Nations publication, Sales No. 62.XIII.2), and Population Bulletin of the United Nations, No. 7 (United Nations publication, Sales No. 64.XIII.2).

13   United Nations publication, Sales No. E.73.XVII.9.

14   United Nations publication, Sales No. E.84.XVII.11.

15   United Nations publication, Sales No. E.83.XVII.13.

16   For more information on historical and legal background on the use of differing definitions of live births and foetal deaths, comparisons of definitions used as of 1 January 1950, and evaluation of the effects of these differences on the calculation of various rates, see Handbook of Vital Statistics Methods, chap. IV.

17   World Health Organization, Manual of the International Classification of Diseases, Injuries and Causes of Death, 1975 Revision, vol.I (Geneva, 1977).

18   The Adapted Mortality List is derived from the Basic Tabulation List shown in World Health Organization, Manual of the International Statistical Classification of Diseases, Injuries and Causes of Death, 1975 revision, vol. I (Geneva, 1977), pp. 745-755.

19   The Adapted, Mortality List is derived from the special tabulation List shown in World Health Organization, Manual of the International Statistical Classification of Diseases, Injuries and Causes of Death, Tenth revision, vol. I (Geneva, 1992)pp.1205-1214.

20   World Health Organization, Manual of the International Statistical Classification of Diseases, Injuries and Causes of Death, 1975 Revision, vol. I (Geneva, 1977), p. xix.

21   Source: World Population Prospects: Estimates and Projections as Assessed in 1996.

22   Demographic Yearbook 1956, p. 13.

23   Principles and Recommendations for a Vital Statistics System (United Nations publication, Sales No.E.73.XVII.9),para. 46.

24   Source: World Population Prospects: Estimates and Projections as Assessed in 1996.

25   Ibid.

26   Ibid.

27   Ibid.

28   Ibid.

29   For further information, see Social and Demographic Statistics: Classifications of Size and Type of Locality and Urban/Rural Areas (United Nations publication, E/CN.3/551, 29 July 1980).

12 Pour une analyse des statistiques régionales disponibles sur la natalité et la mortalité, voir le Bulletin démographique des Nations Unies, no. 6 (publication des Nations Unies, numéro de vente: 62.XIII.2), et le Bulletin démographique des Nations Unies, no. 7 (publication des Nations Unies, numéro de vente : 64.XIII.2).

13 Publication des Nations Unies, numéro de vente : F.7 3.XVII.9.

14 Publication des Nations Unies, numéro de vente :E.84.XVII.11.

15 Publication des Nations Unies, numéro de vente : E.83.XVII.13.

16   Pour plus de précisions au sujet des considérations historiques et juridiques auxquelles se rattachent les différentes définitions utilisées des naissances vivantes et des morts foetales, pour une comparaison des définitions utilisées depuis le 1er janvier 1950 et pour une évaluation des effets de ces différences de définition sur le calcul de divers taux, voir le Manuel de statistique de l'état civil, chap. IV.

17   Organisation mondiale de la santé, Manuel de la Classification statistique internationale des maladies, traumatismes et causes de décès, Révision 1975, vol. I (Genève, 1977).

18   Organisation mondiale de la santé, Manuel de la classification statistique internationale des maladies, traumatismes et causes de décès, Révision 1975, vol. I (Genève, 1977).

19   Organization mondiale de la sonté, Manuel de la classification statistique internationale des maladies, traumatismes et cause de décès, Révision dixième, vol. I (Genève, 1992).

20   Organisation mondiale de la santé, Manuel de la classification statistique internationale des maladies, traumatismes et causes de décès, Révision 1975, vol. I (Genève, 1977), p. XVIII.

21 Source: World Population Prospects: Estimates and Projections as Assessed in 1996.

22 Voir Annuaire démographique 1956, p. 74.

23 Principes et recommandations pour un système de statistiques de l'état civil (publication des Nations Unies, numéro de vente : F.73.XVII.9), par. 46.

24 Source :World Population Prospects: Estimates and Projections as Assessed in 1996.

25 Ibid.

26 Ibid.

27 Ibid.

28 Ibid.

29 Pour plus de précisions, voir Statistiques sociales et démographiques : Classification par type et taille de localité et par régions urbaines et rurales (publication des Nations Unies, E/CN.3/551, 29 juillet 1980).

30 Demographic Yearbook: Historical Supplement (United Nations publication, Sales No. E/F.79.XIII.8), pp. 14-20.

31 For further information, see Manual IV: Methods of Estimating Basic Demographic Measures from Incomplete Data (United Nations publication, Sales No. E.67.XIII.2).

32 Principles and Recommendations for a Vital Statistics System, para. 46(1).

33 For definition, see section 4.1.1.3 of the Technical Notes.

34 The definition of legally induced abortion was not altered in the Manual of the International Statistical Classification of Diseases, Injuries and Causes of Death, tenth Revision. For further information about the International Classification of Diseases see section 4.3 of the Technical Notes.

35 World Health Organization, Manual of the International Statistical Classification of Diseases, Injuries and Causes of Death, 1965 Revision, vol. I (Geneva, 1967), p. 243.

36 Principles and Recommendations for a Vital Statistics System, para. 46(3).

37 Ibid.

38 World Health Organization, World Health Statistics Report, vol. 22, No. I (Geneva, 1969), pp. 38-42.

39 World Health Organization, World Health Statistics Report, Vol. 22, No. I (Geneva, 1969), PP. 38-42.

40 For a more detailed discussion of the problem, see W.P.D. Logan, ''The measurement of infant mortality'', Population Bulletin of the United Nations, No. 2 (United Nations publication, Sales No. 53.XII.8), pp. 30-67.

41 The "Adapted Mortality List" is derived from the Basic Tabulation List shown in World Health Organization, Manual of the International Statistical Classification of Diseases, Injuries and Causes of Death, vol. I (Geneva, 1977), pp. 745-755.

42 The Adapted, Mortality List is derived from the special tabulation List shown in World Health Organization, Manual of the International Statistical Classification of Diseases, Injuries and causes of Death, Tenth revision, vol. 1 (Geneva, 1992)pp.1205-1214.

43 Principles and Recommendations for a Vital Statistics System, para. 46(2).

44 The definition recommended for cause of death is identical in World Health Organization, Manual of the International Classification of Diseases, Injuries and Causes of Death, 1975 Revision, vol. I (Geneva, 1967), p. 763, and in World Health Organization, Manual of the International Statistical Classification of Diseases, Injuries and Causes of Death, tenth Revision, vol. I (Geneva, 1992), p. 1235.

45 Ibid.

46 World Health Organization, Manual of the

30 Annuaire démographique, Supplément rétrospectif (publication des Nations Unies, numéro de vente : E/F.79.XIII.8), p. 46 à 53.

31 Pour plus de renseignements, voir Méthodes permettant d'estimer les mesures démographiques fondamentales établies à partir de données incomplètes manuel IV (publication des Nations Unies, numéro de vente: F.67.XIII.2).

32 Principes et recommandations pour un système de statistiques de l'tat civil, par. 46(1).

33 Pour la définition, voir la section 4.1.1.3 des Notes techniques.

34 La définition de l'avortement pour raison légale n'a pas été modifiée dans le Manuel de la Classification statistique internationale des maladies, traumatismes et causes de décès, Révision dixième. Pour plus de détails à ce sujet, voir la section 4.3 des Notes techniques.

35 Organisation mondiale de la santé, Manuel de la Classification statistique internationale des maladies, traumatismes et causes de décès, Révision 1965, vol. I (Genève, 1967), p. 249.

36 Principes et recommandations pour un système de statistiques de l'état civil, par. 46(3).

37 Ibid.

38 Organisation mondiale de la santé, Rapport de statis
tiques sanitaires mondiales, vol. 22, no. 1 (Genève, 1969), p. 38 à 42.

39 Organization mondiale de la santé, Rapport de statistiques sanitaires mondiales, Vol. 22, No. I. (Genève, 1969), P. 38 à 42.

40 Pour un expos critique plus detaille sur le problème, voir W.P.D. Logan, "Mesure de la mortalité infantile", Bulletin démographique des Nations Unies, no. 2 (publication des Nations Unies, numèro de vente : F.52.XIII.8), p. 32 à 72.

41 La liste adaptée de mortalité est dérivée de la Liste de base pour la mise en tableaux présentée dans le Manuel de la Classification internationale des maladies, traumatismes et causes de décès, O.M.S., vol. I (révision de 1975), Genève, 1977, p. 753 à 764.

42 Organization mondiale de la sonté, Manuel de la classification statistique internationale, des maladies, tranmatismes et cause de décès, Révision dixième, vol. I (Genéva, 1992).

43 Principes et recommandations pour un système de statistiques de l'etat civil, par. 46(2).

44 La définition recommandée est la même dans : Organisation mondiale de la santé, Manuel de la Classification statistique internationale des maladies, traumatismes et causes de décès, Révision 1975, vol. I (Genève, 1977), p. 763, et dans : Organisation mondiale de la santé, Manuel de la Classification internationale des maladies, traumatismes et causes de décès, Révision dixième, vol. I (Genève, 1992), p. 1235.

45 Ibid.

46 Organisation mondiale de la santé, Manuel de la Classification

International Classification of Diseases, Injuries and Causes of Death, tenth Revision, vol. I (Geneva, 1992).

47 World Health Organization, Manual of the International Statistical Classification of Diseases, Injuries and Causes of Death, 1975 Revision, vol. I (Geneva, 1977).

48 World Health Organization, Bulletin, Supp. 4, Comparability of Statistics of Causes of Death According to the Fifth and Sixth Revisions of the International List (Geneva, 1952).

49 Manuals on Methods of Estimating Population, Manual IV: Methods of Estimating Basic Demographic Measures from Incomplete Data (United Nations publication, Sales No. 67.XIII.2). See also Indirect Techniques for Demographic Estimation (United Nations publication, Sales No. E.83.XIII.2).

50 Manuals on Methods of Estimating Population, Manual III: Methods for Population Projections by Age and Sex (United Nations publication, Sales No. 56.XIII.3); Coale, A. J. and Demeny, Paul, Regional Model Life Tables and Stable Population, Princeton, Princeton University Press, 1966).

51 For further information on the construction and interpretation of life tables, refer to Manuals on Methods of Estimating Population, Manual III: Methods for Population Projections by Age and Sex (United Nations publication, Sales No. 56.XIII.3).

52 Principles and Recommendations for a Vital Statistics System, para. 46(4).

53 For definition, see section 4.1.1.4 of the Technical Notes

54 Ibid.

statistique internationale des maladies, traumatismes et causes de décès, Révision dixième, vol. I (Genève, 1992).

47 Organisation mondiale de la santé, Manuel de la Classification statistique internationale des maladies, traumatismes et causes de décès, Révision 1975, vol. I (Genève, 1977).

48 Organisation mondiale de la santé, Bulletin, Supplément no.4, Comparabilité des statistiques des causes de décès selon la cinquième et la sixième révision de la Nomenclature internationale (Genève, 1952).

49 Manuels sur les méthodes d'estimation de la population -- Manuel IV (publication des Nations Unies, numéro de vente : 67.XIII.2). Voir aussi Techniques indirectes d'estimation démographique (publication des Nations Unies, numéro de vente : F83.XIII.2).

50 Manuels sur les méthodes d'estimation de la population -- Manuel III, Méthodes de projections démographiques par sexe et par âge (publication des Nations Unies, numéro de vente : 56.XIII.3); Coale, A.J. et Demeny, Paul, Regional Model Life Tables and Stable Population (Princeton, Princeton University Press, 1966).

51 Pour plus de précision concernant l'établissement et l'interprétation des tables de mortalité, voir : Manuels sur les méthodes d'estimation de la population -- Manuel III : méthodes de projections démographiques par sexe et par âge (publication des Nations Unies, numéro de vente : 56.XIII.3).

52 Principes et recommandations pour un système de statistiques de l'état civil, par. 46(4).

53 Pour la définition, voir la section 4.1.1.4 des Notes techniques.

54 Ibid

1. Population, rate of increase, birth and death rates, surface area and density for the world, major areas and regions: selected years
Population, taux d'accroissement, taux de natalité et taux de mortalité, superficie et densité pour l'ensemble du monde, les grandes régions et les régions géographiques: diverses années

(See notes at end of table. – Voir notes à la fin du tableau.)

Major areas and regions Grandes régions et régions	Population Mid–year estimates Estimations au milieu de l'année (millions)								Annual rate of increase Taux d'accrois sement annuel % 1990–95	Birth rate Taux de natalité (0/00) 1990–95	Death rate Taux de mortalité (0/00) 1990–95	Surface area (km²) Super–ficie (km²) (000's) 1997	Density [1] Densité [1] 1997
	1950	1960	1970	1980	1985	1990	1995	1997					
WORLD TOTAL – ENSEMBLE DU MONDE	2 524	3 027	3 702	4 447	4 847	5 282	5 687	5 849	1.5	24	9	135641	43
AFRICA – AFRIQUE	224	282	364	476	548	629	719	758	2.7	41	14	30306	25
Eastern Africa – Afrique orientale	66	83	110	146	168	194	221	234	2.7	45	17	6 356	37
Middle Africa – Afrique centrale	26	32	40	52	60	70	83	88	3.4	46	15	6 613	13
Northern Africa–Afrique septentrionale	53	67	85	110	126	142	158	165	2.1	30	9	8 525	19
Southern Africa–Afrique méridionale	16	20	25	33	38	42	47	49	2.3	32	9	2 675	18
Western Africa – Afrique occidentale	63	80	104	135	156	181	209	222	2.9	45	16	6 138	36
LATIN AMERICA AMERIQUE LATINE	166	217	284	359	398	438	477	492	1.7	25	7	20533	24
Caribbean – Caraïbes	17	20	25	29	31	34	36	37	1.2	23	8	235	157
Central America – Amérique centrale	37	49	67	90	100	112	123	128	2.0	29	6	2 480	52
South America – Amérique du Sud	112	147	191	240	267	293	317	327	1.6	24	7	17819	18
NORTHERN AMERICA [2] – AMERIQUE SEPTENTRIONALE [2]	172	204	232	255	268	282	297	302	1.0	15	9	21517	14
ASIA [3] – ASIE [3]	1 402	1 702	2 147	2 641	2 902	3 184	3 438	3 538	1.5	24	8	31764	111
Eastern Asia – Asie Orientale	671	791	987	1 178	1 258	1 350	1 421	1 447	1.0	18	7	11762	123
South Central Asia – Asie centrale méridionale	499	621	788	990	1 112	1 242	1 367	1 418	1.9	30	10	10776	132
South Eastern Asia – Asie mériodionale orientale	182	225	287	360	401	442	482	498	1.7	26	8	4 495	111
Western Asia [3] – Asie Occidentale [3]	50	66	86	113	131	150	168	175	2.2	30	7	4 731	37
EUROPE [3]	547	605	656	693	707	722	728	729	0.2	12	11	22986	32
Eastern Europe – Europe orientale	219	253	276	295	303	311	311	309	–0.0	12	13	18813	16
Northern Europe – Europe septentrionale	78	82	87	90	91	92	93	94	0.2	13	11	1 749	54
Southern Europe –Europe méridionale	109	118	128	138	141	143	143	144	0.0	11	10	1 316	109
Western Europe – Europe occidentale	141	152	165	170	172	176	181	182	0.6	11	10	1 107	164
OCEANIA [2] – OCEANIE [2]	12.6	15.7	19.3	22.7	24.5	26.4	28.3	29.1	1.4	19	8	8 537	3
Australia and New Zealand – Australie et Nouvelle Zélande	10.1	12.6	15.4	17.7	18.9	20.2	21.4	21.9	1.1	15	8	7 984	3
Melanesia – Melanésie	2.1	2.6	3.3	4.2	4.7	5.2	5.8	6.1	2.2	32	9	541	11
Micronesia – Micronésie	0.2	0.2	0.3	0.3	0.4	0.4	0.5	0.5	2.3	33	6	3	167
Polynesia – Polynésie	0.2	0.3	0.4	0.5	0.5	0.5	0.6	0.6	1.3	25	6	9	67

GENERAL NOTES

Unless otherwise specified all figures are estimates of the order of magnitude and are subject to a substantial margin of error; all data except for surface area are therefore set in italics. For composition of major areas and regions and for method of construction of estimates, see Technical Notes, page 30.

NOTES GENERALES

Sauf indication contraire, tous les chiffres sont des estimations de l'ordre de grandeur comportant une assez grande marge d'erreur; toutes les données à l'exception de celles relatives à la "superficie" sont de ce fait en italique. Pour la composition des grandes régions et la méthodes utilisée afin d'établir les estimations, voir Notes tecniques, page 30.

FOOTNOTES

[1] Population per square kilometre of surface area. Figures are merely the quotients of population divided by surface area and are not to be considered as either reflecting density in the urban sense or as indicating the supporting power of a territory's land and resources.

[2] Hawaii, a state of the United States of America, is included in Northern America rather than Oceania.

[3] The European portion of Turkey is included in Western Asia rather than Europe.

NOTES

[1] Habitants per kilomètre carré. Il s'agit simplement du quotient calculé en divisant la population par la superficie et n'est pas considéré comme indiquant la densité au sens urbain du mot ni l'effectif de population que les terres et les ressources du territoire sont capables de nourrir.

[2] Hawaii, un Etat des Etats–Unis d'Amérique, est compris en Amérique septentrionale plutôt qu'en Océanie.

[3] La partie européenne de la Turquie est comprise en Asie Occidentale plutôt qu'en Europe.

2. Estimates of population and its percentage distribution, by age and sex and sex ratio for all ages for the world, major areas and regions: 1995

(See notes at end of table.)

Major areas and regions	Population (in millions – en millions)											
	Both sexes – Les deux sexes				Male – Masculin				Female – Féminin			
	All ages Tous âges	–15	15–64	65+	All ages Tous âges	–15	15–64	65+	All ages Tous âges	–15	15–64	65+
WORLD TOTAL	5 687	1 781	3 535	371	2 865	914	1 792	159	2 822	867	1 743	212
AFRICA	719	315	382	23	359	159	190	10	361	156	192	12
Eastern Africa	221	102	113	6	110	51	56	3	111	51	57	3
Middle Africa	83	38	42	3	41	19	21	1	42	19	22	1
Northern Africa	158	61	91	6	80	31	46	3	78	30	45	3
Southern Africa	47	18	27	2	24	9	14	1	23	9	13	1
Western Africa	209	96	108	6	104	48	53	2	105	48	55	3
LATIN AMERICA	477	160	292	24	237	81	144	11	240	79	148	13
Caribbean	36	11	23	2	18	6	11	1	18	5	12	1
Central America	123	46	73	5	61	23	36	2	62	22	37	3
South America	317	104	197	17	157	53	97	7	160	51	100	9
NORTHERN AMERICA [1]	297	65	194	37	146	33	98	15	150	32	97	22
ASIA [2]	3 438	1 094	2 161	183	1 758	565	1 109	84	1 680	529	1 052	99
Eastern Asia	1 421	360	965	97	728	188	497	43	693	172	468	53
South Central Asia	1 367	506	802	59	703	261	414	28	664	245	388	30
South Eastern Asia	482	166	295	21	240	85	146	9	242	82	149	12
Western Asia [2]	168	62	99	7	86	31	51	3	82	30	48	4
EUROPE [2]	728	140	488	101	351	71	242	38	377	68	246	63
Eastern Europe	311	65	207	38	147	33	101	13	163	32	106	25
Northern Europe	93	18	61	14	46	9	31	6	48	9	30	9
Southern Europe	143	25	98	21	70	13	49	9	73	12	49	12
Western Europe	181	32	122	27	88	16	62	10	93	16	60	17
OCEANIA [1]	28.3	7.3	18.2	2.7	14.2	3.8	9.3	1.2	14.1	3.6	9.0	1.5
Australia and New Zealand	21.4	4.7	14.2	2.5	10.7	2.4	7.2	1.1	10.7	2.3	7.0	1.4
Melanesia	5.8	2.3	3.4	0.2	3.0	1.2	1.7	0.0	2.8	1.1	1.6	0.0
Micronesia	0.5	0.2	0.3	0.0	0.2	0.0	0.1	0.0	0.2	0.0	0.1	0.0
Polynesia	0.6	0.3	0.3	0.0	0.3	0.1	0.2	0.0	0.3	0.1	0.1	0.0

GENERAL NOTES

All figures are estimates of the order of magnitude and are subject to a substantial margin of error; all data are therefore set in italics. For composition of major areas and regions and for method of construction of estimates, see Technical Notes, page 33.

FOOTNOTES

1 Hawaii, a state of the United States of America, is included in Northern America rather than Oceania.
2 The European portion of Turkey is included with Western Asia rather than Europe.

2. Estimations de la population et pourcentage de répartition selon l'âge et le sexe et rapport de masculinité pour l'ensemble du monde, les grandes régions et les régions géographiques: 1995

(Voir notes à la fin du tableau.)

Both sexes – Les deux sexes				Per cent – Pourcentage — Male – Masculin				Female – Féminin				Sex ratio (Males per 100 females of all ages) Rapport de masculinité (Hommes pour 100 femmes de tous âges)	Grandes régions et régions
All ages Tous âges	−15	15–64	65+	All ages Tous âges	−15	15–64	65+	All ages Tous âges	−15	15–64	65+		
100	31	62	7	100	32	62	6	100	31	62	7	102	**ENSEMBLE DU MONDE**
100	44	53	3	100	44	53	3	100	43	53	3	99	**AFRIQUE**
100	46	51	3	100	46	51	3	100	46	51	3	99	Afrique orientale
100	46	51	4	100	46	51	2	100	45	52	2	98	Afrique centrale
100	39	58	4	100	39	57	4	100	38	58	4	101	Afrique septentrionale
100	38	57	4	100	38	58	4	100	39	56	4	104	Afrique mériodionale
100	46	52	3	100	46	51	2	100	46	52	3	99	Afrique occidentale
100	34	61	5	100	34	61	5	100	33	62	5	99	**AMERIQUE LATINE**
100	30	64	6	100	33	61	6	100	28	67	6	100	Caraïbes
100	37	59	4	100	38	59	3	100	35	60	5	98	Amérique centrale
100	33	62	5	100	34	62	4	100	32	62	6	98	Amérique du Sud
100	22	65	12	100	23	67	10	100	21	65	15	97	**AMERIQUE SEPTENTRIONALE** [1]
100	32	63	5	100	32	63	5	100	31	63	6	105	**ASIE** [2]
100	25	68	7	100	26	68	6	100	25	67	8	105	Asie Orientale
100	37	59	4	100	37	59	4	100	37	58	5	106	Asie méridionale centrale
100	34	61	4	100	35	61	4	100	34	62	5	99	Asie méridionale orientale
100	37	59	4	100	36	59	4	100	37	59	5	105	Asie occidentale [2]
100	19	67	14	100	20	69	11	100	18	65	17	93	**EUROPE** [2]
100	21	67	12	100	22	69	9	100	20	65	15	90	**Europe orientale**
100	19	66	15	100	20	67	13	100	19	62	19	96	**Europe septentrionale**
100	17	69	15	100	18	70	13	100	16	67	16	96	**Europe méridionale**
100	18	67	15	100	18	70	11	100	17	65	18	95	**Europe occidentale**
100	26	64	10	100	27	65	8	100	26	64	11	101	**OCEANIA** [1]
100	22	66	12	100	22	67	10	100	21	66	13	99	Australie et Nouvelle Zélande
100	40	59	3	100	40	57	3	100	39	57	3	106	Melanésie
100	40	57	3	100	39	58	3	100	40	57	3	107	Micronésie
100	47	51	2	100	46	51	2	100	47	51	3	108	Polynésie

NOTES GENERALES

Tous les chiffres sont des estimations de grandeur comportant une assez grande marge d'erreur, toutes les données sont de ce fait en italique. Pour le composition des grandes régions et la méthode utilisée afin d'établir les estimations, voir Notes techniques, page 33.

NOTES

[1] Hawaii, un Etat des Etats–Unis d'Amérique, est compris en Amérique septentrionale plutôt qu'en Océanie.
[2] La partie européenne de la Turquie est comprise en Asie Occidentale plutôt qu'en Europe.

(See notes at end of table. – Voir notes à la fin du tableau.)

Continent and country or area / Continent et pays ou zone	Latest census – dernier recensement (in units – en unités)				Mid – year estimates Estimations au milieu de l'année (in thousand–en milliers)			Annual rate of increase Taux d'accroissement annuel 1990–95 (%)	Surface area Superficie (km²)	Density Densité
	Date	Both sexes Les deux sexes	Male Masculin	Female Féminin	1990	1997	Type [1] 1997		1997	1997 [2]
AFRICA—AFRIQUE										
Algeria – Algérie [3]	20—III—87	23 033 942	...	...	25 022	*29 050	A10 c1	2.1	2 381 741	12
Angola [4]	15—XII—70	5 646 166	2 943 974	2 702 192	10 020	*11 569	A27 c1	2.1	1 246 700	9
Benin – Bénin	15—II—92	4 915 555	2 390 336	2 525 219	4 739	*5 828	A5 c3	3.0	112 622	52
Botswana	21—VIII—91	1 326 796	634 400	692 396	1 300	*1 533	A6 c1	2.4	581 730	3
Burkina Faso	10—XII—85	7 964 705	3 833 237	4 131 468	9 001	x11 087	A12 c3	3.0	274 000	40
Burundi	16—VIII—90	5 139 073	2 473 599	2 665 474	5 458	*6 194	A7 c3	1.8	27 834	223
Cameroon – Cameroun	IV—87	*10 493 655	...	...	x11 484	x13 937	A10 c3	2.8	475 442	29
Cape Verde – Cap-Vert	23—VI—90	341 491	161 494	179 997	x341	x406	A7 c1	2.5	4 033	101
Central African Republic – Rép. centrafricaine	8—XII—88	2 463 616	1 210 734	1 252 882	x2 929	5 *3 245	A9 c3	(6)	622 984	5
Chad – Tchad	8—IV—93	7 6 279 931	...	...	5 687	x6 702	B34 c3	2.3	1 284 000	5
Comoros – Comores	15—IX—91	8 446 817	8 221 152	8 225 665	x523	x651	A6 c3	3.1	2 235	291
Congo	22—XII—84	1 843 421	...	...	x2 232	x2 745	A13 c3	3.0	342 000	8
Côte d'Ivoire	1—III—88	10 815 694	5 527 343	5 288 351	11 717	5x14 300	A9 c3	(6)	322 463	44
Democratic Rep. of the Congo – République démocratique du Congo	1—VII—84	29 916 800	14 543 800	15 373 000	35 562	x48 040	A13 c3	4.3	2 344 858	20
Djibouti	1960—61	81 200	...	...	x517	x634	A37 d	2.9	23 200	27
Egypt – Egypte	19—XI—96	*59 272 382	...	...	53 270	*62 011	A11 c1	2.2	1 001 449	62
Equatorial Guinea – Guinée équatoriale [9]	4—VII—83	300 000	144 760	155 240	348	x420	A14 c3	2.7	28 051	15
Eritrea – Erythrée	9—V—84	2 748 304	1 374 452	1 373 852	x2 881	x3 409	A13 c3	2.4	117 600	29
Ethiopia – Ethiopie	11—X—94	49 218 178	24 564 929	24 653 249	48 360	x60 148	A13 c3	3.1	1 104 300	54
Gabon	31—VII—93	1 014 976	501 784	513 192	935	x1 138	A4 c3	2.8	267 668	4
Gambia – Gambie	13—IV—93	*1 025 867	*514 530	*511 337	x921	x1 169	A14 c1	3.4	11 295	103
Ghana	11—III—84	12 296 081	6 063 848	6 232 233	x15 018	x18 338	A13 c1	2.9	238 533	77
Guinea – Guinée [10]	4—II—83	4 533 240	...	...	x5 755	x7 614	A14 c3	4.0	245 857	31
Guinea–Bissau – Guinée–Bissau	1—XII—91	*983 367	*476 210	*507 157	x964	x1 112	A6 c1	2.0	36 125	31
Kenya	24—VIII—89	21 443 636	10 628 368	10 815 268	5 24 032	*33 144	A8 c2	(6)	580 367	57
Lesotho	12—IV—86	*1 447 000	...	...	x1 783	x2 131	A11 c3	2.5	30 355	70
Liberia – Libéria	1—II—84	*2 101 628	*1 063 127	*1 038 501	2 407	*2 879	A13 c3	2.6	111 369	26
Libyan Arab Jamahiriya – Jamahiriya arabe libyenne	VIII—95	*4 404 986	*2 236 943	*2 168 043	5 4 151	x5 784	A13 c3	(6)	1 759 540	3
Madagascar	1—VIII—93	*12 092 157	*5 991 171	*6 100 986	5 11 197	x15 845	A23 c3	(6)	587 041	27
Malawi	1—IX—87	7 988 507	3 867 136	4 121 371	8 289	*10 441	A14 c3	3.3	118 484	88
Mali	1—IV—87	7 7 696 348	7 3 760 711	7 3 935 637	8 156	11 480	A10 c3	(6)	1 240 192	9
Mauritania – Mauritanie	5—IV—88	11 1 864 236	11 923 175	11 941 061	x2 003	x2 392	A9 c3	2.5	1 025 520	2
Mauritius – Maurice	1—VII—90	1 056 660	527 760	528 900	1 059	*1 148	A7 b1	1.2	2 040	563
Island of Mauritius – Ile Maurice	1—VII—90	1 022 456	510 676	511 780	1 025	1 113		1.2	1 865	597
Rodrigues	1—VII—90	34 204	17 084	17 120	34	35		0.4	104	337
Others – Autres [12]	30—VI—72	366	272	94	...	...		...	71	...
Morocco – Maroc	2—IX—94	*26 073 717	...	...	24 487	*27 310	A3 c2	1.6	446 550	61
Mozambique [10]	1—VIII—80	11 673 725	5 670 484	6 003 241	14 151	x18 265	A17 c1	3.6	801 590	23
Namibia – Namibie	21—X—91	1 409 920	686 327	723 593	x1 352	x1 613	A6 c3	2.5	824 292	2
Niger	20—V—88	*7 248 100	*3 590 070	*3 658 030	x7 731	x9 788	A9 c3	3.4	1 267 000	8
Nigeria – Nigéria	26—XI—91	88 992 220	44 529 608	44 462 612	x96 154	x118 369	A34 c2	3.0	923 768	128
Réunion [3]	15—III—90	597 828	294 256	303 572	601	x673	A7 b3	1.6	2 510	268
Rwanda	15—VIII—91	*7 142 755	...	...	7 181	x5 883	A6 c3	-2.8	26 338	223
St. Helena ex. dep. – Sainte–Hélène sans dép.	22—II—87	5 644	2 769	2 875	6	x6	A10 b3	-0.9	122	49
Ascension	31—XII—78	849	608	241	...	...		...	88	...
Tristan da Cunha	31—XII—88	296	139	157	...	...		...	...	...
Sao Tome and Principe – Sao Tomé–et–Principe	4—VIII—91	116 998	57 837	59 161	115	x138	A6 c1	2.6	964	143
Senegal – Sénégal	27—V—88	6 896 808	3 353 599	3 543 209	7 298	*8 802	A9 c3	2.7	196 722	45
Seychelles	17—VIII—87	68 598	34 125	34 473	70	x75	A10 b2	1.1	455	165
Sierra Leone [10]	15—XII—85	3 515 812	1 746 055	1 769 757	x3 997	x4 428	A12 c1	1.5	71 740	62
Somalia – Somalie	1986—87	*7 114 431	*3 741 664	*3 372 767	x8 623	x10 217	A11 c3	2.4	637 657	16
South Africa – Afrique du Sud [10]	9—X—96	*37 859 000	*18 163 000	*19 696 000	x37 066	x43 336	A6 c1	2.2	1 221 037	35
Sudan – Soudan	15—IV—93	*24 940 683	*12 518 638	*12 422 045	25 752	27 899	A14 c3	1.1	2 505 813	11
Swaziland	25—VIII—86	681 059	321 579	359 480	769	x906	A11 c1	2.3	17 364	52
Togo	22—XI—81	2 703 250	...	...	x3 524	x4 317	A16 c1	2.9	56 785	76

(See notes at end of table. – Voir notes à la fin du tableau.)

Continent and country or area		Latest census – dernier recensement (in units – en unités)			Mid – year estimates Estimations au milieu de l'année (in thousand—en milliers)			Annual rate of increase Taux d' accrois- sement	Surface area Superfi- cie (km^2)	Density Densité
Continent et pays ou zone	Date	Both sexes Les deux sexes	Male Masculin	Female Féminin	1990	1997	Type [1] 1997	annuel 1990–95 (%)	1997	1997 [2]
AFRICA—AFRIQUE (Cont.–Suite)										
Tunisia – Tunisie	20–IV–94	*8 785 711	*4 439 289	*4 346 422	8 154	*9 215 A3 c1		1.7	163 610	56
Uganda – Ouganda	12–I–91	16 671 705	8 185 747	8 485 958	x16 649	*20 438 A6 c1		2.9	241 038	85
United Rep. of Tanzania – Rép.–Unie de Tanzanie	28–VIII–88	23 126 310	11 217 723	11 908 587	25 635	x31 507 A9 c3		2.9	883 749	36
Western Sahara – Sahara Occidental [13]	31–XII–70	76 425	43 981	32 444	x230	x265 A27 c1		2.0	266 000	1
Zambia – Zambie	20–VIII–90	7 383 097	3 617 577	3 765 520	8 073	x8 478 A7 c1		0.7	752 618	11
Zimbabwe	18–VIII–92	10 412 548	5 083 537	5 329 011	9 369	*12 294 A5 c1		3.9	390 757	31
AMERICA,NORTH— AMERIQUE DU NORD										
Anguilla	10–IV–84	6 987	3 428	3 559	x7	x8 A13 b1		1.9	96	83
Antigua and Barbuda – Antigua–et–Barbuda	28–V–91	*62 922	...	...	x64	x67 A6 b1		0.7	442	152
Aruba [3]	6–X–91	*66 687	*32 821	*33 866	64	x71 A6 b1		1.6	193	368
Bahamas	1–V–90	255 095	124 992	130 103	255	*289 A7 b1		1.8	13 878	21
Barbados – Barbade	2–V–90	*257 082	...	...	257	x262 A7 b1		0.3	430	609
Belize	12–V–91	189 774	96 289	93 485	189	*230 A7 c1		2.8	22 696	10
Bermuda – Bermudes	20–V–91	74 837	...	...	[14] 61	[14] *60 A6 b1		–0.1	53	1 138
British Virgin Islands – Iles Vierges britanniques	12–V–91	17 809	...	...	x16	x20 A6 b1		3.2	151	132
Canada [3] [10]	14–V–96	28 846 761	...	...	27 701	*30 004 A6 b1		1.1	9 970 610	3
Cayman Islands – Iles Caïmanes [3]	15–X–89	25 355	12 372	12 983	26	x33 A8 c1		3.2	264	125
Costa Rica [3]	10–VI–84	2 416 809	1 208 216	1 208 593	2 805	*3 464 A13 b2		3.0	51 100	68
Cuba	11–IX–81	9 723 605	4 914 873	4 808 732	10 625	*11 059 A16 b1		0.6	110 861	100
Dominica – Dominique	12–V–91	71 794	35 927	35 867	72	x71 A6 b1		–0.1	751	95
Dominican Republic – Rép. dominicaine	24–IX–93	7 293 390	...	...	7 170	x8 097 A16 c1		1.7	48 511	167
El Salvador	27–IX–92	5 118 599	2 485 613	2 632 986	x5 031	x5 928 A26 b1		2.3	21 041	282
Greenland – Groenland [3]	26–X–76	49 630	26 856	22 774	56	*56 A21 a1		0.1	2 175 600	–
Grenada – Grenade [15]	12–V–91	85 123	41 893	43 230	x91	x93 A16 b1		0.3	344	270
Guadeloupe [3] [16]	15–III–90	387 034	189 187	197 847	385	x437 A7 b1		1.8	1 705	256
Guatemala [10]	17–IV–94	8 322 051	...	...	9 197	*10 517 A3 b2		1.9	108 889	97
Haiti – Haïti [3]	30–VIII–82	5 053 792	2 448 370	2 605 422	6 486	*7 492 A15 c3		2.1	27 750	270
Honduras	29–V–88	4 248 561	2 110 106	2 138 455	5 105	*6 338 A9 c1		3.1	112 088	57
Jamaica – Jamaïque	7–IV–91	2 314 479	1 134 386	1 180 093	2 415	*2 554 A6 b1		0.8	10 990	232
Martinique [3]	15–III–90	359 579	173 878	185 701	362	x388 A7 b1		1.0	1 102	352
Mexico – Mexique [3]	12–III–90	81 249 645	39 873 969	41 355 676	82 589	*96 400 A7 c1		2.2	1 958 201	49
Montserrat	12–V–91	10 639	5 290	5 349	x11	x11 A6 b1		0.0	102	108
Netherlands Antilles– [3] [10] [17] Antilles néerlandaise	27–I–92	189 474	90 707	98 767	188	x197 A5 c1		0.7	800	246
Nicaragua [3]	25–IV–95	4 357 099	2 147 105	2 209 994	3 871	x4 351 A4 b3		1.7	130 000	33
Panama	13–V–90	2 329 329	1 178 790	1 150 539	2 398	*2 719 A7 c1		1.8	75 517	36
Puerto Rico –Porto Rico [3] [18]	1–IV–90	3 522 037	1 705 642	1 816 395	3 527	x3 771 A7 b1		1.0	8 875	425
Saint Kitts and Nevis – Saint–Kitts–et–Nevis	12–V–91	40 618	19 933	20 685	42	x41 A6 b1		–0.3	261	157
Saint Lucia – Sainte–Lucie	12–V–91	135 685	65 988	69 697	x133	x146 A6 b1		1.3	622	235
St. Pierre and Miquelon – Saint–Pierre–et–Miquelon	5–III–90	6 392	...	...	6	x7 A7 d		1.2	242	29
St. Vincent and the Grenadines – Saint– Vincent–et–Grenadines [19]	12–V–91	106 499	53 165	53 334	106	*112 A6 b1		0.8	388	288
Trinidad and Tobago – Trinité–et–Tobago	2–V–90	1 169 572	584 445	585 127	1 215	x1 307 A7 b1		1.0	5 130	255
Turks and Caicos Islands – Is.Turques et Caïques	31–V–90	12 350	6 289	6 061	x12	x15 A7 d		3.2	430	35
United States – Etats–Unis [20]	1–IV–90	248 709 873	121 239 418	127 470 455	249 907	*267 901 A7 b1		1.0	9 363 520	29
United States Virgin Islands – Iles Vierges américaines [3] [18]	1–IV–90	101 809	49 210	52 599	102	x106 A7 c1		0.5	347	305

3. Population by sex, rate of population increase, surface area and density (continued)

Population selon le sexe, taux d'accroissement de la population, superficie et densité (suite)

(See notes at end of table. – Voir notes à la fin du tableau.)

Continent and country or area / Continent et pays ou zone	Date	Both sexes Les deux sexes	Male Masculin	Female Féminin	1990	1997	Type[1] 1997	annual 1990–95 (%)	Surface area Superficie (km²) 1997	Density Densité 1997[2]
AMERICA, SOUTH— AMERIQUE DU SUD										
Argentina – Argentine	15–V–91	32 615 528	15 937 980	16 677 548	32 527	*35 672	A6 c1	1.3	2 780 400	13
Bolivia – Bolivie [10]	3–VI–92	6 420 792	3 171 265	3 249 527	6 573	*7 767	A5 c3	2.4	1 098 581	7
Brazil – Brésil [21]	1–IX–91	[3] 146825 475	[3] 72 485 122	[3] 74 340 353	144 724	*159 884	A6 c1	1.4	8 547 403	19
Chile – Chili	22–IV–92	13 348 401	6 553 254	6 795 147	13 100	*14 622	A5 b1	1.6	756 626	19
Colombia – Colombie	24–X–93	*33 109 840	*16 296 539	*16 813 301	32 300	*36 162	A12 b3	1.6	1 138 914	32
Ecuador – Equateur [22]	25–XI–90	9 648 189	4 796 412	4 851 777	10 264	*11 937	A7 b3	2.2	283 561	42
Falkland Is.(Malvinas)– [23] [24] Iles Falkland (Malvinas)	5–III–91	2 050	1 095	955	x2	x2	A6 d	0.0	12 173	—
French Guiana – Guyane Française [3]	15–III–90	114 808	59 798	55 010	x117	x159	A7 c1	4.4	90 000	2
Guyana	12–V–91	701 704	344 928	356 776	x795	x847	A17 b1	0.9	214 969	4
Paraguay [10]	26–VIII–92	4 152 588	2 085 905	2 066 683	4 219	*5 085	A5 c2	2.7	406 752	13
Peru – Pérou [10] [21]	11–VII–93	22 048 356	10 956 375	11 091 981	21 569	*24 371	A16 c2	1.7	1 285 216	19
Suriname	1–VII–80	355 240	...	...	402	x437	A17 c2	1.2	163 265	3
Uruguay	22–V–96	3 163 763	1 532 288	1 631 475	3 094	*3 221	A12 b3	0.6	175 016	18
Venezuela [21]	20–X–90	18 105 265	9 019 757	9 085 508	19 325	*22 777	A7 c1	2.3	912 050	25
ASIA—ASIE										
Afghanistan	23–VI–79	[25] 13051 358	[25] 6 712 377	[25] 6 338 981	[25] 16121	x22 132	A18 c3	([6])	652 090	34
Armenia – Arménie	12–I–89	[3] 3 304 776	[3] 1 619 308	[3] 1 685 468	3 545	x3 642	A8 b1	0.4	29 800	122
Azerbaijan–Azerbaïdjan	12–I–89	[3] 7 021 178	[3] 3 423 793	[3] 3 597 385	7 153	*7 625	A8 b1	0.9	86 600	88
Bahrain – Bahreïn	16–XI–91	508 037	294 346	213 691	503	*620	A6 c1	3.0	694	894
Bangladesh	11–III–91	111 455 185	57 313 929	54 141 256	x109 765	x122 013	A6 c1	1.5	143 998	847
Bhutan – Bhoutan	XI–69	1 034 774	...	...	x1 645	x1 862	A28 c3	1.8	47 000	40
Brunei Darussalam – [10] [26] Brunéi Darussalam	7–VIII–91	260 482	137 616	122 866	253	x307	A6 c1	2.7	5 765	53
Cambodia – Cambodge [27]	17–IV–62	5 728 771	2 862 939	2 865 832	8 568	x10 516	A35 c3	2.9	181 035	58
China – Chine [28] [29]	1–VII–90	1160 044 618	581 820 407	548 690 231	x1155305	x1243738	A7 c3	1.1	9 596 961	130
Hong Kong SAR – Hong–kong RAS	15–III–96	6 217 556	3 108 107	3 109 449	5 705	*6 502	A6 b2	1.9	[30] 1 075	6048
Cyprus – Chypre	1–X–92	[31] 602 025	[31] 299 614	[31] 302 411	681	x766	A5 b2	1.7	9 251	83
East Timor–Timor oriental	31–X–90	747 750	386 939	360 811	x740	x843	A7 c1	1.9	14 874	57
Georgia – Géorgie	12–I–89	[3] 5 400 841	[3] 2 562 040	[3] 2 838 801	5 460	x5 434	A8 b1	-0.1	69 700	78
India – Inde [32]	1–III–91	846 302 688	439 230 458	407 072 230	834 697	*955 220	A6 c1	1.9	3 287 263	291
Indonesia – Indonésie [33]	31–X–90	179 378 946	89 463 545	89 915 401	179 483	*199 867	A7 c1	1.5	1 904 569	105
Iran (Islamic Republic of – Rép. islamique d')	X–96	60 055 488	30 515 159	29 540 329	54 496	*60 694	A6 c1	1.5	1 633 188	37
Iraq	17–X–87	16 335 199	8 395 889	7 939 310	x18 078	x21 177	A10 c1	2.3	438 317	48
Israel – Israël [3] [34]	4–VI–83	4 037 620	2 011 590	2 026 030	4 660	*5 836	A14 b1	3.2	21 056	277
Japan – Japon [35]	1–X–95	125 570 246	61 574 398	63 995 848	123 478	x125 638	A7 b1	0.2	377 829	333
Jordan – Jordanie [36]	10–XII–94	[37] 4 095 579	[37] 2 135 883	[37] 1 959 696	x4 259	x5 774	A18 b3	4.3	97 740	59
Kazakhstan	12–I–89	16 536 511	8 012 985	8 523 526	16 348	x16 832	A8 b1	0.4	2 724 900	6
Korea, Dem. People's Rep. of – Corée, rép. populaire dém. de	31–XII–93	21 213 378	10 329 699	10 883 679	x20 363	x22 837	A4 c3	1.6	120 538	189
Korea, Republic of– [10] [38] Corée, Rép. de	1–XI–95	44 608 726	22 389 324	22 219 402	42 869	*45 991	A7 c1	1.0	99 268	463
Kuwait – Koweït	20–IV–95	1 575 983	914 324	661 659	2 141	*1 809	A12 c1	-2.4	17 818	102
Kyrgyzstan–Kirghizistan	12–I–89	[3] 4 257 755	[3] 2 077 623	[3] 2 180 132	4 395	*4 635	A8 b1	0.8	199 900	23
Lao People's Dem. Rep. – Rép. dém. populaire Lao	1–III–85	3,584 803	1 757 115	1 827 688	x4 202	x5 194	A12 c3	3.0	236 800	22
Lebanon – Liban [39]	15–XI–70	[40] 2 126 325	[40] 1 080 015	[40] 1 046 310	x2 555	x3 144	B27 c3	3.0	10 400	302
Macau – Macao [41]	30–VIII–91	385 089	...	...	335	*419	A6 c1	3.2	18	23278
Malaysia – Malaisie	14–VIII–91	17 563 420	8 876 829	8 686 591	17 764	*21 667	A6 c2	2.8	329 758	66
Maldives	1995	244 814	124 622	120 192	216	x273	A7 c1	3.4	298	916
Mongolia – Mongolie	5–I–89	*2 043 400	...	...	x2 216	*2 313	A8 c1	0.6	1 566 500	1
Myanmar	31–III–83	[3] 35 307 913	[3] 17 518 255	[3] 17 789 658	x41 354	*46 402	A14 c2	1.6	676 578	69
Nepal – Népal	22–VI–91	18 491 097	9 220 974	9 270 123	18 111	x22 591	A6 c1	3.2	147 181	153
Oman	1–XII–93	2 018 074	...	...	2 000	x2 401	A4 c3	2.6	212 457	11
Pakistan [42]	1–III–81	84 253 644	44 232 677	40 020 967	112 404	*138 150	A16 c1	2.9	796 095	174
Philippines [3]	1–IX–95	68 616 536	34 584 170	34 032 366	61 480	*73 527	A7 c2	2.6	300 000	245
Qatar	1997	*520 500	...	...	486	x569	A11 c3	2.3	11 000	52

3. Population by sex, rate of population increase, surface area and density (continued)

Population selon le sexe, taux d'accroissement de la population, superficie et densité (suite)

(See notes at end of table. – Voir notes à la fin du tableau.)

Continent and country or area / Continent et pays ou zone	Date	Both sexes Les deux sexes	Male Masculin	Female Féminin	1990	1997	Type[1] 1997	annuel 1990–95 (%)	Surface area Superficie (km²) 1997	Density Densité 1997[2]
ASIA—ASIE (Cont.–Suite)										
Saudi Arabia – Arabie saoudite	27–IX–92	16 929 294	9 466 541	7 462 753	14 870	x19 494	A5 c3	3.9	2 149 690	9
Singapore – Singapour	30–VI–90	43 2 705 115	43 1 370 059	43 1 335 056	3 016	*3 737	A7 b2	3.1	618	6 046
Sri Lanka	17–III–81	14 846 750	7 568 253	7 278 497	16 993	*18 552	A16 c1	1.3	65 610	283
Syrian Arab Republic – République arabe syrienne [44]	3–IX–94	*13 812 000	...	...	12 116	x14 951	A3 c1	3.0	185 180	81
Tajikistan – Tadjikistan	12–I–89	3 5 108 576	3 2 537 546	3 2 571 030	5 303	x6 046	A8 b1	1.9	143 100	42
Thailand – Thaïlande	1–IV–90	*54 532 300	*27 031 200	*27 501 100	55 839	*60 602	A7 c1	1.2	513 115	118
Turkey – Turquie	21–X–90	56 473 035	28 607 047	27 865 988	56 098	*63 745	A7 c1	1.8	774 815	82
Turkmenistan – Turkménistan	10–I–95	4 483 251	2 225 331	2 257 920	3 670	x4 235	A8 b1	2.0	488 100	9
United Arab Emirates – Emirats arabes unis [45]	XII–95	*2 377 453	*1 579 743	*797 710	x1 921	*2 580	A17 c3	4.2	83 600	31
Uzbekistan – Ouzbékistan	12–I–89	3 19 810 077	3 9 784 156	3 10 025 921	20 420	*23 667	A8 b1	2.1	447 400	53
Viet Nam	1–IV–89	64 411 713	31 336 568	33 075 145	66 233	x76 548	A8 c3	2.1	331 689	231
West Bank and Gaza Strip [46][47]	9–XII–97	*2 596 617	*1 318 804	*1 277 813	...	...		...	...	...
Yemen – Yémen	16–XII–94	14 587 807	7 473 540	7 114 267	11 279	*16 484	A3 c3	5.4	527 968	31
EUROPE										
Albania – Albanie	12–IV–89	3 182 400	1 638 900	1 543 500	3 256	*3 731	A8 b1	1.9	28 748	130
Andorra – Andorre	XI–54	5 664	...	...	53	x74	A43 c3	4.9	468	158
Austria – Autriche [3]	15–V–91	7 795 786	3 753 989	4 041 797	7 729	*8 072	A6 b1	0.6	83 859	96
Belarus – Bélarus	12–I–89	10 199 709	4 775 835	5 423 874	10 260	*10 215	A8 b1	-0.1	207 600	49
Belgium – Belgique [3]	1–III–91	*9 978 681	...	...	9 967	x10 188	A6 b1	0.3	30 528	334
Bosnia Herzegovina – Bosnie–Herzégovine [3]	31–III–91	4 377 033	2 183 795	2 193 238	4 474	x3 784	A6 b1	-2.4	51 197	74
Bulgaria – Bulgarie	4–XII–92	8 472 724	...	...	8 991	*8 306	A5 b1	-1.1	48 110 912	75
Channel Islands – Iles Anglo–Normandes	10–III–96	143 831	69 638	74 193	x143	x150	A6 b1	0.7	195	769
Guernsey – Guernesey [49]	31–III–96	58 681	28 244	30 437	60	...		...	78	...
Jersey	10–III–96	85 150	41 394	43 756	...	...		...	116	...
Croatia – Croatie [3]	31–III–91	4 784 265	2 318 623	2 465 642	4 778	x4 498	A6 b1	-0.9	56 538	80
Czech Republic – Rép. tchèque [3]	3–III–91	10 302 215	4 999 935	5 302 280	10 363	*10 304	A6 b1	-0.1	78 866	131
Denmark – Danemark [3][50]	1–I–91	5 146 469	2 536 391	2 610 078	5 140	*5 284	A6 a1	0.4	43 094	123
Estonia – Estonie	12–I–89	3 1 565 662	3 731 392	3 834 270	1 571	x1 455	A8 b1	-1.1	45 100	32
Faeroe Islands – Iles Féroé [3]	22–IX–77	41 969	21 997	19 972	47	x48	A20 b1	0.2	1 399	34
Finland – Finlande [3]	31–XII–90	4 998 478	2 426 204	2 572 274	4 986	*5 140	A7 b1	0.4	338 145	15
France [51][52]	5–III–90	53 56 634 299	53 27 553 788	53 29 080 511	56 735	*58 607	A7 b1	0.5	551 500	106
Germany – Allemagne [3][54]	...	...	...	...	79 365	*82 071	..	0.5	357 022	230
Germany, Federal Rep. of – Allemagne, République fédérale d' [3]	25–V–87	61 077 042	29 322 923	31 754 119	63 253	...		...	248 647	...
Former German Democratic Republic – Ancienne République démocratique allemande	31–XII–81	16 705 635	7 849 112	8 856 523	16 247	...		...	108 333	...
Gibraltar [55]	14–X–91	26 703	13 628	13 075	31	x28	A6 b1	-1.4	6	4 667
Greece – Grèce	17–III–91	56 10 259 900	56 5 055 408	56 5 204 492	57 10 161	57 x10 522	A6 b2	0.5	131 957	80
Holy See – Saint–Siège	30–IV–48	890	548	342	1	x1	D9 d	0.0	58 0	2 273
Hungary – Hongrie	1–I–90	10 374 823	4 984 904	5 389 919	10 365	*10 153	A7 b1	-0.3	93 032	109
Iceland – Islande [3]	1–XII–70	204 930	103 621	101 309	255	*271	A27 a1	0.9	103 000	3
Ireland – Irlande	28–IV–96	*3 626 087	*1 800 232	*1 825 855	3 503	*3 661	A6 b2	0.6	70 273	52
Isle of Man – Ile de Man	14–IV–96	71 714	34 797	36 917	x69	*72	A1 b1	0.7	572	127
Italy – Italie	20–X–91	59 103 833	...	...	3 57 661	3 *57 523	A6 b1	-0.0	301 318	191
Latvia – Lettonie	12–I–89	3 2 666 567	3 1 238 806	3 1 427 761	2 671	*2 474	A8 b1	-1.1	64 600	38
Liechtenstein	2–XII–80	25 215	...	...	x29	x32	A17 b1	1.4	160	200
Lithuania – Lituanie	12–I–89	3 3 674 802	3 1 738 953	3 1 935 849	3 722	*3 706	A8 b1	-0.1	65 200	57
Luxembourg [3]	31–III–91	384 634	188 570	196 064	382	x417	A6 b2	1.3	2 586	161
Malta – Malte [59]	16–XI–85	345 418	169 832	175 586	354	*375	A12 b2	0.8	316	1 186

3. Population by sex, rate of population increase, surface area and density (continued)

Population selon le sexe, taux d'accroissement de la population, superficie et densité (suite)

(See notes at end of table. – Voir notes à la fin du tableau.)

Continent and country or area / Continent et pays ou zone	Date	Both sexes Les deux sexes	Male Masculin	Female Féminin	1990	1997	Type [1] 1997	Annual rate of increase Taux d' accrois- sement annuel 1990–95 (%)	Surface area Superfi- cie (km²) 1997	Density Densité 1997 [2]
EUROPE (Cont.–Suite)										
Monaco [3]	23–VII–90	29 972	14 237	15 735	x30	x32 A7 c1		0.9	[60] 1	21477
Netherlands – Pays–Bas [3]	1–I–91	[61] 15010 445	[61] 7 419 501	[61] 7 590 944	14 952	*15 604 A6 a1		0.6	41 526	376
Norway – Norvège	3–XI–90	4 247 546	2 099 881	2 147 665	4 241	*4 406 A7 a1		0.5	323 877	14
Poland – Pologne [62]	6–XII–88	37 878 641	18 464 373	19 414 268	38 119	*38 650 A9 b1		0.2	323 250	120
Portugal [63]	15–IV–91	9 862 540	4 754 632	5 107 908	9 899	x9 802 A6 b1		-0.1	91 982	107
Republic of Moldova – République de Moldova	12–I–89	4 337 592	2 058 160	2 279 432	4 364	*4 312 A8 b1		-0.2	33 851	127
Romania – Roumanie	7–I–92	22 810 035	11 213 763	11 596 272	23 207	*22 565 A5 b2		-0.4	238 391	95
Russian Federation – Féd. de Russie	12–I–89	[3] 147021 869	[3] 68 713 869	[3] 78 308 000	147 913	*147 105 A8 b1		-0.1	17075400	9
San Marino – Saint–Marin	30–XI–76	19 149	9 654	9 495	23	x26 A21 a2		1.7	61	426
Slovakia – Slovaquie [3]	3–III–91	5 274 335	2 574 061	2 700 274	5 298	*5 383 A6 b1		0.2	49 012	110
Slovenia – Slovénie [3]	31–III–91	1 965 986	952 611	1 013 375	1 998	*1 987 A6 b1		-0.1	20 256	98
Spain – Espagne [64]	1–III–91	39 433 942	19 338 083	20 095 859	38 959	*39 323 A6 c1		0.1	505 992	78
Svalbard and Jan Mayen Islands – Svalbard et Ile Jan–Mayen [65]	1–XI–60	3 431	2 545	886	...	... ..		...	62 422	...
Sweden – Suède [3]	1–IX–90	8 587 353	4 242 351	4 345 002	8 559	*8 846 A7 a1		0.5	449 964	20
Switzerland – Suisse	4–XII–90	6 873 687	3 390 212	3 483 475	6 712	*7 089 A7 b1		0.8	41 284	172
The former Yugoslav Rep. of Macedonia – L'ex Rép. youg. de Macédoine	20–VI–94	1 949 644	...	...	2 028	x2 190 A6 b1		1.1	25 713	85
Ukraine	12–I–89	[3] 51 452 034	[3] 23 745 108	[3] 27 706 926	51 839	*50 698 A8 b1		-0.3	603 700	84
United Kingdom–Royaume–Uni [66]	21–IV–91	*56 352 200	...	...	57 561	x58 200 A6 b1		0.2	242 900	240
Yugoslavia – Yougoslavie [3]	31–III–91	10 394 026	5 157 120	5 236 906	10 524	*10 597 A6 b1		0.1	102 173	104
OCEANIA—OCEANIE										
American Samoa – [3] [18] Samoa américaines	1–IV–90	46 773	24 023	22 750	47	58 A7 b1		2.9	199	291
Australia – Australie [10]	6–VIII–91	16 850 540	8 362 815	8 487 725	[3] 17 065	[3]*18 532 A6 b1		1.2	7 741 220	2
Cook Islands – Iles Cook [67]	1–XII–91	18 617	...	...	18	x20 A6 b1		1.3	236	85
Fiji – Fidji	25–VIII–96	*775 077	*393 931	*381 146	731	x809 A11 b1		1.4	18 274	44
French Polynesia – Polynésie française [68]	3–IX–96	219 521	...	...	197	x227 A9 c1		2.0	4 000	57
Guam [3] [18]	1–IV–90	133 152	70 945	62 207	134	*156 A7 b1		2.2	549	285
Kiribati [69]	7–XI–95	77 658	38 478	39 180	x72	x81 A2 c1		1.7	726	112
Marshall Islands – Iles Marshall	13–XI–88	43 380	22 181	21 199	46	x61 A9 c1		3.9	181	336
Micronesia, Federated States of, – Micronésie, Etats fédérés de	18–IX–94	105 506	53 923	51 583	x101	x130 A3 c1		3.7	702	185
Nauru	17–IV–92	9 919	...	...	x10	x11 A5 d		1.4	21	524
New Caledonia – Nouvelle–Calédonie [70]	4–IV–89	164 173	83 862	80 311	170	x193 A8 c1		1.8	18 575	10
New Zealand – Nouvelle–Zélande [71]	5–III–96	3 681 546	1 809 309	1 872 237	3 363	*3 761 A6 b1		1.6	270 534	14
Niue – Nioué	17–VIII–97	2 088	1 053	1 035	x2	x2 A0 d		0.0	260	8
Norfolk Is. – Ile Norfolk	30–VI–86	2 367	1 170	1 197	...	x2 A11 d		...	36	...
Northern Mariana Islands – Iles Mariannes du Nord	1–IV–90	43 345	...	...	x43	x49 A7 c1		1.9	464	106
Palau – Palaos	1995	17 225	...	...	15	x17 A2 c1		1.8	459	37
Papua New Guinea – Papouasie–Nouvelle– Guinée [72]	11–VII–90	3 761 954	...	...	3 699	x4 500 A7 c3		2.8	462 840	10
Pitcairn	31–XII–91	66	...	...	–	...		...	5	...
Samoa	XI–91	161 298	...	...	164	x168 A6 c1		0.4	2 831	59
Solomon Islands – Iles Salomon [73]	23–XI–86	285 176	147 972	137 204	x320	x404 A11 c1		3.3	28 896	14
Tokelau – Tokélaou	91	1 577	...	...	x2	x2 A6 b1		0.0	12	167
Tonga	28–XI–86	94 649	47 611	47 038	96	x99 A11 c1		0.4	747	133
Tuvalu	17–IX–91	9 043	4 376	4 667	x9	x10 A6 c1		1.5	26	385
Vanuatu	16–V–89	142 944	73 674	69 270	144	x178 A8 c1		3.0	12 189	15
Wallis and Futuna Islands – Iles Wallis et Futuna	199	0 13 705	...	...	x14	x15 A7 c1		1.0	200	75

3. Population by sex, rate of population increase, surface area and density (continued)

Population selon le sexe, taux d'accroissement de la population, superficie et densité (suite)

<table>
<tr><td>

GENERAL NOTES

Unless otherwise indicated, figures refer to de facto (present–in–area) population for present territory; surface area estimates include inland waters. For method of evaluation and limitations of data, see Technical Notes, page 34.

FOOTNOTES

* Provisional.
x Estimate prepared by the Population Division of the United Nations.

1 For explanation of code, see page 10.
2 Population per square kilometre of surface area in 1997. Figures are merely the quotients of population divided by surface area and are not to be considered either as reflecting density in the urban sense or as indicating the supporting power of a territory's land and resources.
3 De jure population.
4 Including the enclave of Cabinda.
5 Estimate not in accord with the latest census and/or the latest estimate.

6 Rate not computed because of apparent lack of comparability between estimates shown for 1990 and 1997.
7 Data have been adjusted for underenumeration, estimated at 1.4 per cent.

8 Excluding Mayotte.
9 Comprising Bioko (which includes Pagalu) and Rio Muni (which includes Corisco and Elobeys).
10 Mid–year estimates have been adjusted for under–enumeration. Census data have not been adjusted for under–enumeration, estimated as follows:

</td><td>

NOTES GENERALES

Sauf indication contraire, les chiffres relatifs à la population se rapportent à la population de fait présente du territoire actuel; les estimations de superficie comprennent les eaux intérieures. Pour la méthode d'évaluation et les insuffisances des données, voir Notes techniques, page 34.

NOTES

* Données provisoires.
x Estimation établie par la Division de la population de l'Organisation des Nations Unies.
1 Pour l'explication du code, voir la page 10.
2 Nombre d'habitants au kilomètre carré en 1997. Il s'agit simplement du quotient du chiffre de la population divisé par celui de la superficie: il ne faut pas y voir d'indication de la densité au sens urbain du terme ni de l'effectif de population que les terres et les ressources du territoire sont capables de nourrir.
3 Population de droit.
4 Y compris l'enclave de Cabinda.
5 L'estimation ne s'accorde avec le dernier recensement, et /ou avec la dernière estimation.
6 On n'a pas calculé le taux parce que les estimations pour 1990 et 1997 ne paraissent pas comparables.
7 es données ont été ajustées pour compenser les lacunes de dénombrement, estimées à 1,4 p. 100.
8 Non compris Mayotte.
9 Comprend Bioko (qui comprend Pagalu) et Rio Muni (qui comprend Corisco et Elobeys).
10 Les estimations au milieu de l'année tiennent compte d'un ajustement destiné à compenser les lacunes du dénombrement. Les données de recensement ne tiennent pas compte de cet ajustement. En voici le détail:

</td></tr>
</table>

	Percentage adjustment	Adjusted census total		Ajustement (en pourcentage)	Chiffre de recensement ajusté
Australia	1.9	...	Australie	1,9	...
Bolivia	6.92	...	Bolivie	6,92	...
Brunei Darussalam	1.06	...	Brunéi Darussalam	1,06	...
Canada	...	...	Canada	...	...
Guatemala	13.7	...	Guatemala	13,7	...
Guinea	...	...	Guinée	...	...
Korea, Republic of	1.9	...	Corée, Rép. de	1,9	...
Mozambique	3.8	...	Mozambique	3,8	...
Netherlands Antilles	2.0	...	Antilles néerlandaises	2,0	...
Paraguay	7.40	...	Paraguay	7,40	...
Peru	2.35	...	Pérou	2,35	...
South Africa	6.8	...	Afrique du Sud	6,8	...
Sierra Leone	10.0	*3 002 426	Sierra Leone	10,0	*3 002 426
Uruguay	2.6	...	Uruguay	2,6	...

<table>
<tr><td>

11 Including an estimate of 224 095 for nomad population.
12 Comprising the islands of Agalega and St. Brandon.
13 Comprising the Northern Region (former Saguia el Hamra) and Southern Region (former Rio de Oro).
14 De jure population, but excluding persons residing in institutions.
15 Including Carriacou and other dependencies in the Grenadines.

</td><td>

11 Y compris une estimation de 224 095 personnes pour la population nomade.
12 Y compris les îles Agalega et Saint–Brandon.
13 Comprend la région septentrionale (ancien Saguia–el–Hamra) et la région méridionale (ancien Rio de Oro).
14 Population de droit, mais non compris les personnes dans les institutions.
15 Y compris Carriacou et les autres dépendances du groupe des îles Grenadines.

</td></tr>
</table>

3. Population by sex, rate of population increase, surface area and density

Population selon le sexe, taux d'accroissement de la population, superficie et densité

FOOTNOTES (continued)

16 Including dependencies: Marie–Galante, la Désirade, les Saintes, Petite–Terre, St. Barthélemy and French part of St. Martin.
17 Comprising Bonaire, Curaçao, Saba, St. Eustatius and Dutch part of St. Martin.
18 Including armed forces in the area.
19 Including Bequia and other islands in the Grenadines.
20 De jure population, but excluding civilian citizens absent from country for extended period of time. Census figures also exclude armed forces overseas.

21 Excluding Indian jungle population.
22 Excluding nomadic Indian tribes.
23 Excluding dependencies, of which South Georgia (area 3 755 km2) had an estimated population of 499 in 1964 (494 males, 5 females). The other dependencies namely, the South Sandwich group (surface area 337 km2) and a number of smaller islands, are presumed to be uninhabited.

24 A dispute exists between the governments of Argentina and the United Kingdom of Great Britain and Northern Ireland concerning sovereignty over the Falkland Islands (Malvinas).
25 Excluding nomad population.
26 Excluding transients afloat.
27 Excluding foreign diplomatic personnel and their dependants.

28 For statistical purposes, the data for China do not include those for the Hong Kong Special Administrative Region (Hong Kong SAR) and Taiwan province of China.
29 Census figures for China, as given in the communiqué of the State Statistical Bureau releasing the major figures of the census, includes a population of 6 130 000 for Hong Kong and Macau.

30 Land area only. Total including ocean area within administrative boundaries is 2 916 km2.
31 For government controlled areas.
32 Including data for the Indian–held part of Jammu and Kashmir, the final status of which has not yet been determined.
33 Figures provided by Indonesia including East Timor, shown separately.

34 Including data for East Jerusalem and Israeli residents in certain other territories under occupation by Israeli military forces since June 1967.

35 Comprising Hokkaido, Honshu, Shikoku, Kyushu. Excluding diplomatic personnel outside the country and foreign military and civilian personnel and their dependants stationed in the area.
36 Including military and diplomatic personnel and their families abroad, numbering 933 at 1961 census, but excluding foreign military and diplomatic personnel and their families in the country, numbering 389 at 1961 census. Also including registered Palestinian refugees number 654 092 and 722 687 at 30 June 1963 and 31 May 1967, respectively.

37 Excluding data for Jordanian territory under occupation since June 1967 by Israeli military forces.
38 Excluding alien armed forces, civilian aliens employed by armed forces, foreign diplomatic personnel and their dependants and Korean diplomatic personnel and their dependants outside the country.

39 Excluding Palestinian refugees in camps.
40 Based on results of sample survey.
41 Comprising Macau City and islands of Taipa and Coloane.
42 Excluding data for Jammu and Kashmir, the final status of which has not yet been determined, Junagardh, Manavadar, Gilgit and Baltistan.

NOTES (suite)

16 Y compris les dépendances: Marie–Galante, la Désirade, les Saintes, Petite–Terre, Saint–Barthélemy et la partie française de Saint–Martin.
17 Comprend Bonaire, Curaçao, Saba, Saint–Eustache et la partie néederlandaise de Saint–Martin.
18 Y compris les militaires en garnison sur le territoire.
19 Y compris Bequia et des autres îles dans les Grenadines.
20 Population de droit, mais non compris les civils hors du pays pendant une période prolongée. Les chiffres de recensement ne comprennent pas également les militaires à l'étranger.
21 Non compris les Indiens de la jungle.
22 Non compris les tribus d'Indiens nomades.
23 Non compris les dépendances, parmi lesquelles figure la Georgie du Sud (3 755 km2) avec une population estimée à 499 personnes en 1964 (494 du sexe masculin et 5 du sexe féminin). Les autres dépendances, c'est–à–dire le groupe des Sandwich de Sud (superficie: 337 km2) et certaines petites–îles, sont présumées inhabitées.
24 La souveraineté sur les îles Falkland (Malvinas) fait l'objet d'un différend entre le Gouvernement argentin et le Gouvernement du Royaume–Uni de Grande–Bretagne et d'Irlande du Nord.
25 Non compris la population nomade.
26 Non compris les personnes de passage à bord des navires.
27 Non compris le personnel diplomatique étranger et les membres de leur famille les accompagnant.
28 Pour la présentation des statistiques, les données pour Chine ne comprend pas les Région Administrative Spéciale de Hong–kong (Hong Kong SAR) et Taïwan, province de Chine.
29 Les chiffres du recensement de la Chine, qui figure dans le communiqué du Bureau du statistique de l'Etat publiant les principaux chiffres du recensement, comprennent la population de Hong–kong et Macao qui s'élève à 6 130 000 personnes.
30 Superficie terrestre seulement. La superficie totale, qui comprend la zone maritime se trouvant à l'intérieur des limites administratives, est de 2 916 km2.
31 Pour les zones contrôlées par le Gouvernement.
32 Y compris les données pour la partie du Jammu et du Cachemire occupée par l'Inde dont le statut définitif n'a pas encore été déterminé.
33 Les chiffres fournis par l'Indonesie comprennent le Timor oriental, qui fait l'objet d'une rubrique distincte.
34 Y compris les données pour Jérusalem–Est et les résidents israéliens dans certains autres territoires occupés depuis juin 1967 par les forces armées israéliennes.
35 Comprend Hokkaido, Honshu, Shikoku, Kyushu. Non compris le personnel diplomatique hors du pays, les militaires et agents civils étrangers en poste sur le territoire et les membres de leur famille les accompagnant.
36 Y compris les militaires et le personnel diplomatique à l'étranger et les membres de leur famille les accompagnant, au nombre de 933 personnes au recensement de 1961, mais non compris les militaires et le personnel diplomatique étrangers sur le territoire et les membres de leur famille les accompagnant, au nombre de 389 personnes au recensement de 1961. Y compris également les réfugiés de Palestine immatriculés: 654 092 au 30 juin 1963 et 722 687 au 31 may 1967.
37 Non compris les données pour le territoire jordanien occupé depuis juin 1967 par les forces armées israéliennes.
38 Non compris les militaires étrangers, les civils étrangers employés par les forces armées, le personnel diplomatique étranger et les membres de leur famille les accompagnant et le personnel diplomatique coréen hors du pays et les membres de leur familles les accompagnant.
39 Non compris les réfugiés de Palestine dans les camps.
40 D'après les résultats d'une enquête par sondage.
41 Comprend la ville de Macao et les îles de Taipa et de Colowane.
42 Non compris les données pour le Jammu et le Cachemire, dont le statut définitif n'a pas encore été déterminé, le Junagardh, le Manavadar, le Gilgit et le Baltistan.

3. Population by sex, rate of population increase, surface area and density

Population selon le sexe, taux d'accroissement de la population, superficie et densité

FOOTNOTES (continued)

43 Excluding transients afloat and non–locally domiciled military and civilian services personnel and their dependants and visitors, numbering 5 553, 5 187 and 8 895 respectively at 1980 census.

44 Including Palestinian refugees numbering 193 000 on 1 July 1977.

45 Comprising 7 sheikdoms of Abu Dhabi, Dubai, Sharjah, Ajaman, Umm al Qaiwain, Ras al Khaimah and Fujairah, and the area lying within the modified Riyadh line as announced in October 1955.

46 The figures were received from the Palestinian Authority and refer to the Palestinian population.

47 Census result excludes an estimate for underenumeration estimated at 2.4 per cent.

48 Excluding surface area of frontier rivers.

49 Including dependencies: Alderey, Brechou, Herm, Jethou, Lithou and Sark Island.

50 Excluding Faeroe Islands and Greenland.

51 Excluding Overseas Departments, namely French Guiana, Guadeloupe, Martinique and Réunion, shown separately.

52 De jure population, but excluding diplomatic personnel outside the country and including foreign diplomatic personnel not living in embassies or consulates.

53 Excluding military personnel stationed outside the country who do not have a personal residence in France.

54 All data shown pertaining to Germany prior to 3 October 1990 are indicated separately for the Federal Republic of Germany and the former German Democratic Republic based on their respective territories at the time indicated. See explanatory notes on data pertaining to Germany on page 4.

55 Excluding armed forces.

56 Including armed forces stationed outside the country, but excluding alien armed forces stationed in the area.

57 Including armed forces stationed outside the country, but including alien armed forces stationed in the area.

58 Surface area is 0.44 km2.

59 Including Gozo and Comino Islands and civilian nationals temporarily outside the country.

60 Surface area is 1.49 km2.

61 Based on compilation of continuous accounting and sample surveys.

62 Excluding civilian aliens within the country, but including civilian nationals temporarily outside the country.

63 Including the Azores and Madeira Islands.

64 Including the Balearic and Canary Islands, and Alhucemas, Ceuta, Chafarinas, Melilla and Penon de Vélez de la Gomera.

65 Inhabited only during the winter season. Census data are for total population while estimates refer to Norwegian population only. Included also in the de jure population of Norway.

66 Excluding Channel Islands and Isle of Man, shown separately.

67 Excluding Niue, shown separately, which is part of Cook Islands, but because of remoteness is administered separately.

68 Comprising Austral, Gambier, Marquesas, Rapa, Society and Tuamotu Islands.

69 Including Christmas, Fanning, Ocean and Washington Islands.

70 Including the islands of Huon, Chesterfield, Loyalty, Walpole and Belep Archipelago.

71 Including Campbell and Kermadec Islands (population 20 in 1961, surface area 148 km2) as well as Antipodes, Auckland, Bounty, Snares, Solander and Three Kings island, all of which are uninhabited. Excluding diplomatic personnel and armed forces outside the country, the latter numbering 1 936 at 1966 census; also excluding alien armed forces within the country.

72 Comprising eastern part of New Guinea, the Bismarck Archipelago, Bougainville and Buka of Solomon Islands group and about 600 smaller islands.

73 Comprising the Solomon islands group (except Bougainville and Buka which are included with Papua New Guinea shown separately), Ontong, Java, Rennel and Santa Cruz Islands.

NOTES (suite)

43 Non compris les personnes de passage à bord de navires, les militaires et agents civils non résidents et les membres de leur famille les accompagnant, et les visiteurs, soit: 5 553, 5 187 et 8 895 personnes respectivement au recensement de 1980.

44 Y compris les réfugiés de Palestine au nombre de 193 000 au 1er juillet 1977.

45 Comprend les sept cheikhats de Abou Dhabi, Dabaï, Ghârdja, Adjmân, Oumm–al–Quiwaïn, Ras al Khaïma et Foudjaïra, ainsi que la zone délimitée par la ligne de Riad modifiée comme il a été annoncé en octobre 1955.

46 Les chiffres sont fournis par l'autorité Palestinienne et comprend la population Palestinienne.

47 Les résultats du recensement n'on pas été ajustées pour compenser les lacunes de denombrement, estimées à 2,4 p. 100.

48 Non compris la surface des cours d'eau frontières.

49 Y compris les dépendances: Aurigny, Brecqhou, Herm, Jethou, Lihou et l'île de Sercq.

50 Non compris les îles Féroé et le Groenland.

51 Non compris les départements d'outre–mer, c'est–à–dire la Guyane française, la Guadeloupe, la Martinique et la Réunion, qui font l'objet de rubriques distinctes.

52 Population de droit, non compris le personnel diplomatique hors du pays et y compris le personnel diplomatique étranger qui ne vit pas dans les ambassades ou les consulats.

53 Non compris les militaires en garnison hors du pays et sans résidence personnelle en France.

54 Toutes les données se rapportant à l'Allemagne avant le 3 octobre 1990 figurent dans deux rubriques séparées basées sur les territoires respectifs de la République fédérale d'Allemagne et l'ancienne République démocratique allemande selon la période indiquée. Voir les notes explicatives sur les données concernant l'Allemagne à la page 4.

55 Non compris les militaires.

56 Y compris les militaires en garnison hors du pays, mais non compris les militaires étrangers en garnison sur le territoire.

57 Y compris les militaires en garnison hors du pays, mais y compris les militaires étrangers en garnison sur le territoire.

58 Superficie: 0,44 km2.

59 Y compris les îles de Gozo et de Comino et les civils nationaux temporairement hors du pays.

60 Superficie: 1,49 km2.

61 D'après les résultats des dénombrements et enquêtes par sondage continue.

62 Non compris les civils étrangers dans le pays, mais y compris les civils nationaux temporairement hors du pays.

63 Y compris les Açores et Madère.

64 Y compris les Baléares et les Canaries, Al Hoceima, Ceuta, les îles Zaffarines, Melilla et Penon de Vélez de la Gomera.

65 N'est habitée pendant la saison d'hiver. Les données de recensement se rapportent à la population totale, mais les estimations ne concernent que la population norvégienne, comprise également dans la population de droit de la Norvège.

66 Non compris les îles Anglo–Normandes et l'île de Man, qui font l'objet de rubriques distinctes.

67 Non compris Nioué, qui fait l'objet d'une rubrique distincte et qui fait partie des îles Cook, mais qui, en raison de son éloignement, est administrée séparément.

68 Comprend les îles Australes, Gambier, Marquises, Rapa, de la Société et Tuamotou.

69 Y compris les îles Christmas, Fanning, Océan et Washington.

70 Y compris les îles Huon, Chesterfield, Loyauté et Walpole, et l'archipel Belep.

71 Y compris les îles Campbell et Kermadec (20 habitants en 1961, superficie: 148 km2) ainsi que les îles Antipodes, Auckland, Bounty, Snares, Solander et Three Kings, qui sont toutes inhabitées. Non compris le personnel diplomatique et les militaires hors du pays, ces derniers au nombre de 1 936 au recensement de 1966; non compris également les militaires étrangers dans le pays.

72 Comprend l'est de la Nouvelle–Guinée, l'archipel Bismarck, Bougainville et Buka (ces deux dernières du groupe des Salomon) et environ 600 îlots.

73 Comprend les îles Salomon (à l'exception de Bougainville et de Buka dont la population est comprise dans celle de Papouasie–Nouvelle Guinée qui font l'objet d'une rubrique distincte), ainsi que les îles Ontong, Java, Rennel et Santa Cruz.

(See notes at end of table.)

Continent and country or area / Continent et pays ou zone	Year Année	Live births Naissances vivantes		Deaths Décès		Natural increase Accroisse ment naturel	Year Année	Infant deaths Décès d'enfants de moins d'un an	
		Number Nombre	Rate Taux	Number Nombre	Rate Taux (000s)			Number Nombre	Rate Taux (000s)
AFRICA–AFRIQUE									
1 Algeria – Algérie	1990–95	...	[1] 30.8	...	[1] 6.5	[1] 24.3	1990–95	...	[1] 55.0
2 Angola [1]	1990–95	...	50.8	...	19.1	31.7	1990–95	...	124.2
3 Benin – Bénin [1]	1990–95	...	45.1	...	13.6	31.5	1990–95	...	89.9
4 Botswana	1990–95	...	[1] 37.2	...	[1] 11.0	[1] 26.2	1990–95	...	[1] 55.1
5 Burkina Faso [1]	1990–95	...	47.7	...	18.1	29.6	1990–95	...	103.0
6 Burundi [1]	1990–95	...	45.8	...	19.6	26.2	1990–95	...	119.9
7 Cameroon – Cameroun [1]	1990–95	...	40.5	...	12.8	27.7	1990–95	...	64.9
8 Cape Verde – Cap–Vert	1992	9 671	27.0	2 843	7.9	19.1	1990	629	65.1
Central African Republic –									
9 Rép. centrafricaine [1]	1990–95	...	39.2	...	17.0	22.2	1990–95	...	99.8
10 Chad – Tchad [1]	1990–95	...	43.5	...	18.5	25.0	1990–95	...	123.5
11 Comoros – Comores [1]	1990–95	...	43.1	...	11.6	31.6	1990–95	...	91.4
12 Congo [1]	1990–95	...	44.7	...	14.8	29.9	1990–95	...	88.6
13 Côte d'Ivoire [1]	1990–95	...	38.9	...	13.2	25.7	1990–95	...	91.0
Democratic Rep. of the Congo – République									
14 démocratique du Congo [1]	1990–95	...	48.1	...	14.6	33.5	1990–95	...	95.4
15 Djibouti [1]	1990–95	...	39.0	...	16.2	22.8	1990–95	...	114.9
16 Egypt – Egypte	1994	1 719 971	29.7	414 643	7.2	22.6	1992	54 392	36.3
Equatorial Guinea –									
17 Guinée équatoriale	1990–95	...	[1] 43.5	...	[1] 18.0	[1] 25.5	1990–95	...	[1] 116.6
18 Eritrea – Erythrée [1]	1990–95	...	43.0	...	15.7	27.3	1990–95	...	106.5
19 Ethiopia – Ethiopie [1]	1990–95	...	48.9	...	18.1	30.8	1990–95	...	119.2
20 Gabon [1]	1990–95	...	35.4	...	15.4	20.0	1990–95	...	94.0
21 Gambia – Gambie [1]	1990–95	...	43.3	...	19.2	24.1	1990–95	...	132.0
22 Ghana [1]	1990–95	...	40.3	...	11.6	28.7	1990–95	...	81.1
23 Guinea – Guinée [1]	1990–95	...	50.6	...	20.3	30.3	1990–95	...	134.2
Guinea–Bissau –									
24 Guinée–Bissau [1]	1990–95	...	42.4	...	21.7	20.6	1990–95	...	141.4
25 Kenya	1990–95	...	[1] 37.7	...	[1] 11.8	[1] 25.9	1990–95	...	[1] 71.0
26 Lesotho [1]	1990–95	...	36.9	...	11.3	25.6	1990–95	...	81.1
27 Liberia – Libéria	1990–95	...	[1] 49.0	...	[1] 27.9	[1] 21.1	1990–95	...	[1] 200.0
Libyan Arab Jamahiriya –									
28 Jamahiriya arabe libyenne	1990–95	...	[1] 41.9	...	[1] 8.0	[1] 33.8	1990–95	...	[1] 68.3
29 Madagascar [1]	1990–95	...	43.7	...	11.2	32.4	1990–95	...	93.0
30 Malawi	1987 [2]	329 144	43.9	112 391	15.0	28.9	1977 [2]	34 808	130.0
31 Mali	1987 [2]	375 117	48.7	96 221	12.5	36.2	1987 [2]	26 731	71.3
32 Mauritania – Mauritanie [1]	1990–95	...	39.8	...	14.4	25.4	1990–95	...	100.5
33 Mauritius – Maurice	1997	20 013	17.4	7 987	7.0	10.5	1997	397	19.8
34 Morocco – Maroc [1]	1990–95	...	28.8	...	7.6	21.2	1990–95	...	62.0
35 Mozambique [1]	1990–95	...	45.2	...	18.7	26.4	1990–95	...	118.3
36 Namibia – Namibie [1]	1990–95	...	37.5	...	11.9	25.6	1990–95	...	64.3
37 Niger [1]	1990–95	...	52.5	...	18.9	33.6	1990–95	...	124.1
38 Nigeria – Nigéria [1]	1990–95	...	45.4	...	15.4	30.0	1990–95	...	84.2
39 Réunion	1991	14 107	23.1	3 415	5.6	17.5	1991	103	7.3
40 Rwanda	1990–95	...	[1] 43.9	...	[1] 44.5	[1] –0.7	1990–95	...	[1] 138.9
St. Helena ex. dep. – Sainte–Hélène									
41 sans dép.	1996	59	11.6	44	8.6	2.9	1995	2	♦ 27.8
42 Ascension	1981	15	♦ 14.6	2	♦ 2.0	♦ 12.7	1980	1	♦ 200.0
43 Tristan da Cunha	1996	1	♦ 3.5	4	♦ 14.0	♦ –10.5	1996	1	♦ 1000.0
Sao Tome and Principe –									
44 Sao Tomé–et–Principe	1993	5 254	43.0	1 102	9.0	34.0	1993	267	50.8
45 Senegal – Sénégal [1]	1990–95	...	43.0	...	16.0	27.0	1990–95	...	68.0
46 Seychelles	1996	1 611	21.1	566	7.4	13.7	1996	12	♦ 7.4
47 Sierra Leone [1]	1990–95	...	49.0	...	29.6	19.4	1990–95	...	195.1
48 Somalia – Somalie [1]	1990–95	...	50.2	...	18.5	31.7	1990–95	...	121.7

4. Aperçu des statistiques de l'état civil et espérance de vie à la naissance: dernière année disponible

(Voir notes à la fin du tableau.)

Year(s) Année(s)	Expectation of life at birth / Espérance de vie à la naissance		Year Année	Fertility Fécondité	Marriages Mariages			Divorces			
	Male Masculin	Female Féminin			Year Année	Number Nombre	Rate Taux (000s)	Year Année	Number Nombre	Rate Taux (000s)	
1987	65.75	66.34	1990–95	¹4.300	1994	147 851	5.4	...	...	...	1
1990–95	44.90	48.10	1990–95	7.200	...	...	...	...	...	...	2
1990–95	51.30	56.24	1990–95	6.300	...	...	...	...	...	...	3
1981	52.32	59.70	1990–95	¹4.847	1987	1 862	1.6	...	...	...	4
1990–95	45.38	47.59	1990–95	7.100	...	...	...	...	...	...	5
1990–95	42.96	46.15	1990–95	6.800	...	...	...	...	...	...	6
1990–95	53.28	56.17	1990–95	5.700	...	...	...	...	...	...	7
1990	63.53	71.33	1990	5.450	1994	1 200	3.2	...	...	...	8
1990–95	45.85	50.90	1990–95	5.300	...	...	...	...	...	...	9
1990–95	45.06	48.32	1990–95	5.890	...	...	...	...	...	...	10
1990–95	55.00	56.00	1990–95	6.000	...	...	...	...	...	...	11
1990–95	48.87	54.14	1990–95	6.290	...	...	...	...	...	...	12
1990–95	50.85	53.57	1990–95	5.700	...	...	...	...	...	...	13
1990–95	50.30	53.72	1990–95	6.700	...	...	...	...	...	...	14
1990–95	46.72	50.00	1990–95	5.800	...	...	...	...	...	...	15
1996	65.15	69.00	1992	3.611	1994	451 817	7.8	1994	67 028	1.2	16
1981	44.86	47.78	1990–95	¹5.890	...	...	...	...	...	...	17
1990–95	48.03	51.16	1990–95	5.800	...	...	...	...	...	...	18
1990–95	45.93	49.06	1990–95	7.000	...	...	...	...	...	...	19
1990–95	51.86	55.18	1990–95	5.000	...	...	...	...	...	...	20
1990–95	43.41	46.63	1990–95	5.600	...	...	...	...	...	...	21
1990–95	54.22	57.84	1990–95	5.700	...	...	...	...	...	...	22
1990–95	44.00	45.00	1990–95	7.000	...	...	...	...	...	...	23
1990–95	41.31	44.43	1990–95	5.790	...	...	...	...	...	...	24
1979–89	57.50	61.40	1990–95	¹5.400	...	...	...	...	...	...	25
1990–95	56.38	58.99	1990–95	5.200	...	...	...	...	...	...	26
1971	45.80	44.00	1990–95	¹6.800	...	...	...	...	...	...	27
1990–95	¹61.58	¹65.00	1990–95	¹6.390	1991	21 924	5.1	1991	2 175	0.5	28
1990–95	55.00	58.00	1990–95	6.100	...	...	...	...	...	...	29
1992–97	43.51	46.75	1987²	6.633	...	...	...	...	...	...	30
1987²	55.24	58.66	1987²	6.800	1987²	33 646	4.4	...	...	...	31
1990–95	49.90	53.10	1990–95	5.400	...	...	...	...	...	...	32
1994–96	66.56	74.28	1996	2.123	1997	10 887	9.5	1996	792	0.7	33
1990–95	62.84	66.20	1990–95	3.750	...	...	...	...	...	...	34
1990–95	44.41	47.52	1990–95	6.500	...	...	...	...	...	...	35
1990–95	54.61	57.23	1990–95	5.250	...	...	...	...	...	...	36
1990–95	44.90	48.14	1990–95	7.400	...	...	...	...	...	...	37
1990–95	48.81	52.01	1990–95	6.450	...	...	...	...	...	...	38
1990–95	¹69.38	¹78.76	1990	2.360	1990	3 716	6.2	1990	763	1.3	39
1978	45.10	47.70	1990–95	¹6.550	1982	14 313	2.6	...	...	...	40
...	...	...	...	...	1996	35	6.9	1996	13	♦2.5	41
...	...	...	...	...	1981	3	♦2.9	...	...	...	42
...	...	...	...	...	1996	2	♦7.0	...	...	...	43
...	...	...	...	...	1988	49	0.4	...	...	...	44
1990–95	48.30	50.30	1990–95	6.060	...	...	...	...	...	...	45
1981–85	65.26	74.05	1993	2.590	1996	875	11.5	1996	72	0.9	46
1990–95	32.86	35.91	1990–95	6.500	...	...	...	...	...	...	47
1990–95	45.41	48.60	1990–95	7.000	...	...	...	...	...	...	48

4. Vital statistics summary and expectation of life at birth: latest available year (continued)

(See notes at end of table.)

Continent and country or area / Continent et pays ou zone	Year Année	Live births Naissances vivantes Number Nombre	Rate Taux	Deaths Décès Number Nombre	Rate Taux (000s)	Natural increase Accroissement naturel	Year Année	Infant deaths Décès d'enfants de moins d'un an Number Nombre	Rate Taux (000s)
AFRICA–AFRIQUE(Cont.–Suite)									
South Africa –									
1 Afrique du Sud	1990–95	...	¹31.2	...	¹8.8	¹22.3	1990–95	...	¹52.8
2 Sudan – Soudan ¹	1990–95	...	34.7	...	13.8	20.8	1990–95	...	85.5
3 Swaziland	1990–95	...	¹38.8	...	¹10.7	¹28.1	1990–95	...	¹75.2
4 Togo	1990–95	...	¹44.5	...	¹15.0	¹29.5	1990–95	...	¹90.8
5 Tunisia – Tunisie	1990–95	...	¹25.6	...	¹6.4	¹19.2	1990–95	...	¹43.0
6 Uganda – Ouganda ¹	1990–95	...	50.8	...	21.8	29.0	1990–95	...	122.2
United Rep. of Tanzania –									
7 Rép.–Unie de Tanzanie	1990–95	...	¹43.2	...	¹14.4	¹28.8	1990–95	...	¹86.5
Western Sahara –									
8 Sahara Occidental ¹	1990–95	...	33.5	...	9.8	23.8	1990–95	...	75.4
9 Zambia – Zambie	1990–95	...	¹44.1	...	¹17.7	¹26.3	1990–95	...	¹110.7
10 Zimbabwe	1992 ²	359 286	34.5	98 808	9.5	25.0	1992 ²	20 603	57.3
AMERICA,NORTH– AMERIQUE DU NORD									
11 Anguilla	1993	169	18.4	59	6.4	12.0	1993	5	♦29.6
Antigua and Barbuda –									
12 Antigua–et–Barbuda	1995	1 347	19.9	434	6.4	13.5	1995	23	♦17.1
13 Aruba	1996	1 452	16.9	469	5.5	11.4	...	...	...
14 Bahamas	1996	5 873	20.7	1 537	5.4	15.3	1996	108	18.4
15 Barbados – Barbade	1996	3 519	13.3	2 400	9.1	4.2	1996	50	14.2
16 Belize	1990–95	...	¹34.2	...	¹4.8	¹29.4	1990–95	...	¹32.5
17 Bermuda – Bermudes	1996	833	13.9	414	6.9	7.0	1996	3	♦3.6
British Virgin Islands – Iles Vierges									
18 britanniques	1989	244	19.5	77	6.1	13.3	1988	7	♦29.5
19 Canada	1997	361 785	12.1	216 970	7.2	4.8	1995	2 321	6.1
Cayman Islands –									
20 Iles Caïmanes	1994	531	17.0	149	4.8	12.2	1994	7	♦13.2
21 Costa Rica	1996	79 203	23.3	13 993	4.1	19.2	1996	937	11.8
22 Cuba	1996	148 276	13.5	79 654	7.2	6.2	1997	1 098	7.2
23 Dominica – Dominique	1996	1 419	19.1	575	7.7	11.4	1996	23	♦16.2
Dominican Republic –									
24 République dominicaine	1990–95	...	¹27.0	...	¹5.5	¹21.4	1990–95	...	¹42.0
25 El Salvador	1990–95	...	¹29.9	...	¹6.3	¹23.6	1990–95	...	¹44.1
26 Greenland – Groenland	1996	1 066	19.1	447	8.0	11.1	1996	25	♦23.5
27 Grenada – Grenade	1996	2 096	22.8	782	8.5	14.3	1996	30	♦14.3
28 Guadeloupe	1992	7 310	17.9	2 292	5.6	12.3	1992	76	10.4
29 Guatemala	1995	366 331	36.7	73 096	7.3	29.4	1993	17 085	46.2
30 Haiti – Haïti ¹	1990–95	...	35.3	...	13.0	22.3	1990–95	...	89.3
31 Honduras	1990–95	...	¹37.1	...	¹6.1	¹30.9	1990–95	...	¹43.0
32 Jamaica – Jamaïque	1996	57 370	22.8	14 854	5.9	16.9	1996	464	8.1
33 Martinique	1993	5 900	15.6	2 292	6.1	9.6	1993	23	♦3.9
34 Mexico – Mexique	1990–95	...	¹27.0	...	¹5.2	¹21.8	1990–95	...	¹34.0
35 Montserrat	1986	200	16.8	123	10.3	6.5	1986	1	♦5.0
Netherlands Antilles –									
36 Antilles néerlandaises	1995	3 793	18.5	1 364	6.7	11.9	1989	22	♦6.3
37 Nicaragua	1990–95	...	¹35.8	...	¹6.4	¹29.4	1990–95	...	¹52.3
38 Panama	1990–95	...	¹25.0	...	¹5.3	¹19.7	1990–95	...	¹25.1
39 Puerto Rico – Porto Rico	1996	63 259	16.9	29 871	8.0	8.9	1996	665	10.5
Saint Kitts and Nevis –									
40 Saint–Kitts–et–Nevis	1995	797	18.3	385	8.8	9.5	1995	20	♦25.1
41 Saint Lucia – Sainte–Lucie	1995	3 659	25.2	860	5.9	19.3	1995	66	18.0
St. Pierre and Miquelon –									
42 Saint–Pierre–et–Miquelon	1996	74	11.1	37	5.6	5.6	1981	1	♦9.2
St. Vincent and the Grenadines –									
43 Saint–Vincent–et–Grenadines	1997	2 317	20.7	736	6.6	14.2	1997	41	17.7
Trinidad and Tobago –									
44 Trinité–et–Tobago	1996	17 716	14.0	10 699	8.5	5.6	1996	300	16.9

(Voir notes à la fin du tableau.)

Year(s) Année(s)	Expectation of life at birth Espérance de vie à la naissance		Year Année	Fertility Fécondité	Year Année	Marriages Mariages		Year Année	Divorces		
	Male Masculin	Female Féminin				Number Nombre	Rate Taux (000s)		Number Nombre	Rate Taux (000s)	
1990–95	¹60.01	¹66.00	1990–95	¹4.095	1995	148 148	3.6	1995	31 592	0.8	1
1990–95	49.64	52.43	1990–95	5.000	...	...	...	...	...	...	2
1976	42.90	49.50	1990–95	¹4.856	1989	3 115	4.2	...	...	...	3
1990–95	¹49.46	¹52.59	1990–95	¹6.580	1979	5 753	2.3	...	...	...	4
1995	69.55	73.14	1990–95	¹3.250	1997	57 100	6.2	1996	9 283	1.0	5
1990–95	39.97	42.03	1990–95	7.100	...	...	...	...	...	...	6
1988²	47.00	50.00	1988²	6.500	...	...	...	...	...	...	7
1990–95	57.25	60.55	1990–95	4.450	...	...	...	...	...	...	8
1980	50.70	53.00	1990–95	¹5.980	...	...	...	...	...	...	9
1990	58.00	62.00	1990–95	¹5.200	...	...	...	...	...	...	10
...	...	...	...	...	1993	201	21.8	1985	6	♦ 0.9	11
					1995	1 418	21.0	1987	43	0.7	12
1991	71.10	77.12	1995	2.075	1996	600	7.0	1996	292	3.4	13
1989–91	68.32	75.28	1996	2.269	1996	2 628	9.3	1996	388	1.4	14
1980	67.15	72.46	1988	1.582	1995	3 564	13.5	1995	393	1.5	15
1991	69.95	74.07	1996	3.000	1996	1 274	5.7	1996	87	0.4	16
1991	71.06	77.78	1991	1.676	1996	945	15.7	1996	227	3.8	17
...	...	...	1988	1.932	1988	176	14.2	1988	9	♦ 0.7	18
1992	74.55	80.89	1995	1.638	1995	160 256	5.5	1995	77 636	2.6	19
...	...	...	1990	3.800	1994	237	7.6	1994	69	2.2	20
1990–95	72.89	77.60	1995	2.780	1996	23 574	6.9	1995	4 562	1.4	21
1988	72.89	76.80	1995	1.490	1997	60 220	5.4	1997	41 195	3.7	22
...	...	...	...	...	1996	230	3.1	1996	55	0.7	23
1990–95	¹67.63	¹71.69	1990–95	¹3.094	1994	14 883	1.9	1992	9 409	1.3	24
1985	50.74	63.89	1992	3.518	1994	27 761	5.0	1993	2 542	0.5	25
1992–96	62.75	68.40	1996	2.490	1996	208	3.7	1996	51	0.9	26
...	...	...	...	...	1979	360	3.3	1979	21	♦ 0.2	27
1975–79	66.40	72.40	1992	2.200	1992	1 933	4.7	1992	448	1.1	28
1990	62.41	67.33	1989	5.421	1993	46 789	4.7	1993	1 516	0.2	29
1990–95	52.69	56.07	1990–95	4.790	...	...	...	...	...	...	30
1990–95	¹65.43	¹70.06	1981	5.881	1983	19 875	4.9	1983	1 520	0.4	31
1979–81	69.03	72.37	1982	3.246	1996	18 708	7.4	1996	1 391	0.6	32
1975	67.00	73.50	1992	2.200	1993	1 555	4.1	1993	333	0.9	33
1979	62.10	66.00	1990–95	¹3.120	1996	670 523	6.9	1996	38 545	0.4	34
...	...	...	1982	2.336	1986	40	3.4	...	...	...	35
1981	71.13	75.75	1992	2.450	1995	1 056	5.2	1995	521	2.5	36
1990–95	¹63.53	¹68.70	1990–95	¹4.410	1987	11 703	3.3	1990	866	0.2	37
1995	71.78	76.35	1995	2.620	1995	8 841	3.4	1995	1 400	0.5	38
1990–92	69.60	78.50	1996	2.052	1996	32 572	8.7	1996	13 172	3.5	39
1994	67.41	70.36	1995	2.217	1977	172	3.9	1977	8	♦ 0.2	40
1986	68.00	74.80	1986	3.823	1995	493	3.4	1995	32	0.2	41
...	...	...	...	...	1996	30	♦ 4.5	1996	14	♦ 2.1	42
...	...	...	1996	2.571	1997	516	4.6	1997	58	0.5	43
1990	68.39	73.20	1995	1.800	1996	7 118	5.6	1996	1 458	1.2	44

4. Vital statistics summary and expectation of life at birth: latest available year (continued)

(See notes at end of table.)

Continent and country or area Continent et pays ou zone	Year Année	Live births Naissances vivantes		Deaths Décès		Natural increase Accroisse ment naturel	Year Année	Infant deaths Décès d'enfants de moins d'un an	
		Number Nombre	Rate Taux	Number Nombre	Rate Taux (000s)			Number Nombre	Rate Taux (000s)
AMERICA, NORTH—(Cont.—Suite) **AMERIQUE DU NORD**									
Turks and Caicos Islands – *1* Iles Turques et Caïques	1982	204	25.5	33	4.1	21.4	1982	5	♦ 24.5
2 United States – Etats–Unis	1996	3 914 953	14.8	2 322 256	8.8	6.0	1996	28 237	7.2
United States Virgin Islands – Iles Vierges *3* américaines	1993	2 529	24.3	569	5.5	18.8	1993	31	12.3
AMERICA, SOUTH— **AMERIQUE DU SUD**									
4 Argentina – Argentine	1995	658 735	18.9	268 997	7.7	11.2	1995	14 606	22.2
5 Bolivia – Bolivie	1990–95	...	¹ 35.7	...	¹ 10.2	¹ 25.5	1990–95	...	¹ 75.1
6 Brazil – Brésil	1990–95	...	¹ 21.6	...	¹ 7.3	¹ 14.3	1990–95	...	¹ 47.3
7 Chile – Chili	1996	264 793	18.4	79 123	5.5	12.9	1996	3 095	11.7
8 Colombia – Colombie	1990–95	...	¹ 26.0	...	¹ 5.8	¹ 20.2	1990–95	...	¹ 28.1
9 Ecuador – Equateur	1990–95	...	¹ 28.2	...	¹ 6.2	¹ 22.0	1990–95	...	¹ 49.7
Falkland Islands (Malvinas)– *10* Iles Falkland (Malvinas)	1992	27	♦ 13.5	19	♦ 9.5	♦ 4.0	1978	1	♦ 38.5
French Guiana – *11* Guyane Française	1986	2 392	25.2	491	5.2	20.0	1986	53	22.2
12 Guyana	1978	23 200	28.3	6 000	7.3	21.0	1974	1 208	52.3
13 Paraguay	1990–95	...	¹ 34.1	...	¹ 6.0	¹ 28.1	1990–95	...	¹ 43.3
14 Peru – Pérou	1997 ³	613 500	25.2	157 500	6.5	18.7	1997 ³	43 000	70.1
15 Suriname	1996	9 393	22.7	2 894	7.0	15.7	1994	211	25.1
16 Uruguay	1996	56 928	17.8	30 888	9.6	8.1	1996	1 033	18.1
17 Venezuela	1996	497 975	22.3	93 839	4.2	18.1	1996	10 656	21.4
ASIA—ASIE									
18 Afghanistan ¹	1990–95	...	49.7	...	21.7	28.0	1990–95	...	163.4
19 Armenia – Arménie	1994	51 143	13.7	24 648	6.6	7.1	1994	772	15.1
20 Azerbaijan – Azerbaïdjan	1989	181 631	25.8	44 016	6.3	19.6	1997	2 600	19.7
21 Bahrain – Bahreïn	1990–95	...	¹ 25.5	...	¹ 3.7	¹ 21.8	1990–95	...	¹ 20.0
22 Bangladesh	1990–95	...	¹ 26.7	...	¹ 11.0	¹ 15.7	1990–95	...	¹ 90.7
23 Bhutan – Bhoutan ¹	1990–95	...	41.6	...	15.2	26.4	1990–95	...	116.9
Brunei Darussalam – *24* Brunéi Darussalam	1996	7 633	25.0	1 002	3.3	21.7	1996	64	8.4
25 Cambodia – Cambodge ¹	1990–95	...	38.2	...	14.1	24.1	1990–95	...	115.7
26 China – Chine ⁴	1990–95	...	¹ 18.3	...	¹ 7.2	¹ 11.1	1990–95	...	¹ 44.4
Hong Kong SAR – *27* Hong–kong RAS	1997	60 379	9.3	32 079	4.9	4.4	1997	239	4.0
28 Cyprus – Chypre	1996	9 638	13.1	4 958	6.7	6.3	1996	80	8.3
29 East Timor – Timor oriental	1990–95	...	¹ 36.5	...	¹ 17.4	¹ 19.1	1990–95	...	¹ 149.5
30 Georgia – Géorgie	1996	53 669	9.9	34 414	6.4	3.6	1996	934	17.4
31 India – Inde	1996	...	⁵ 27.3	...	⁵ 8.9	⁵ 18.4	1996	...	⁵ 72.0
32 Indonesia – Indonésie	1990–95	...	¹ 24.6	...	¹ 8.4	¹ 16.2	1990–95	...	¹ 58.1
Iran (Islamic Republic of – *33* Rép. islamique d')	1990–95	...	¹ 37.8	...	¹ 6.8	¹ 31.0	1990–95	...	¹ 43.0
34 Iraq	1990–95	...	¹ 38.4	...	¹ 10.4	¹ 27.9	1990–95	...	¹ 127.1
35 Israel – Israël ⁶	1996	121 333	21.3	34 658	6.1	15.2	1996	767	6.3
36 Japan – Japon	1997	1 190 000	9.5	917 000	7.3	2.2	1996	4 546	3.8
37 Jordan – Jordanie	1990–95	...	¹ 38.8	...	¹ 5.5	¹ 33.4	1990–95	...	¹ 36.0
38 Kazakstan	1996	253 175	15.9	166 028	10.4	5.5	1996	6 564	25.9
Korea, Dem. People's Rep. of – Corée, rép. *39* populaire dém. de ¹	1990–95	...	21.8	...	5.5	16.3	1990–95	...	24.4
Korea, Republic of– *40* Corée, Rép. de	1995 ⁷	704 590	15.6	240 019	5.3	10.3	1990–95	...	¹ 11.0
41 Kuwait – Koweït	1997	42 815	23.7	3 895	2.2	2¹.5	1996	515	11.5
42 Kyrgyzstan – Kirghizistan	1995	117 340	26.0	36 915	8.2	17.8	1995	3 250	27.7
Lao People's Dem. Rep. – Rép. dém. *43* populaire Lao ¹	1990–95	...	45.2	...	15.2	29.9	1990–95	...	97.0
44 Lebanon – Liban ¹	1990–95	...	26.9	...	7.1	19.8	1990–95	...	34.0

4. Aperçu des statistiques de l'état civil et espérance de vie à la naissance: dernière année disponible (suite)

(Voir notes à la fin du tableau.)

	Expectation of life at birth Espérance de vie à la naissance				Marriages Mariages			Divorces			
Year(s) Année(s)	Male Masculin	Female Féminin	Year Année	Fertility Fécondité	Year Année	Number Nombre	Rate Taux (000s)	Year Année	Number Nombre	Rate Taux (000s)	
...	...	...	...	...	1983	43	4.8	1983	4	♦ 0.4	1
1995	72.50	78.90	1995	2.019	1996	2 344 000	8.8	1996	1 150 000	4.3	2
...	...	...	1990	3.028	1993	3 646	35.1	1993	469	4.5	3
1990–91	68.17	73.09	1995	2.619	1996	148 721	4.2	...	...	...	4
1995	59.80	63.16	1990–95	¹ 4.800	1980	26 990	5.0	...	...	...	5
1996	64.12	70.64	1990–95	¹ 2.442	1994	763 129	5.0	1994	95 971	0.6	6
1997	72.13	78.10	1996	2.214	1996	83 547	5.8	1996	6 195	0.4	7
1990–95	66.36	72.26	1990–95	¹ 2.920	1986	70 350	2.3	1994	3 667	0.1	8
1995	67.32	72.49	1990–95	¹ 3.516	1996	72 094	6.2	1996	8 750	0.7	9
...	...	...	1991	1.675	1988	17	♦ 8.5	1988	4	♦ 2.0	10
...	...	...	...	...	1986	332	3.5	1986	34	0.4	11
1990–95	¹ 59.80	¹ 66.41	1970	3.933	...	...	...	...	...	...	12
1990–95	66.30	70.83	1990–95	¹ 4.550	1994	23 649	5.0	...	...	...	13
1995	65.91	70.85	1995 ³	3.200	1993	90 000	4.0	...	...	...	14
1980	64.71	70.99	1995	2.375	1995	2 249	5.5	1993	1 720	4.3	15
1984–86	68.43	74.88	1995	2.250	1996	17 596	5.5	1992	8 499	2.7	16
1995	68.31	74.73	1997	3.040	1996	81 951	3.7	1996	17 627	0.8	17
1990–95	43.00	44.00	1990–95	6.900	...	...	...	1994	3 402	0.9	18
1993–94	67.88	74.36	1995	1.630	1994	17 074	4.6	1994	3 402	0.9	19
1997	66.50	74.00	1997	2.050	1997	47 000	6.2	1997	5 800	0.8	20
1986–91	66.83	69.43	1995	3.750	1995	3 321	5.7	1995	691	1.2	21
1994	58.65	58.25	1981	4.967	1997	1 181 000	9.7	...	...	...	22
1990–95	49.10	52.40	1990–95	5.890	...	...	...	...	...	...	23
1981	70.13	72.69	1992	3.040	1995	1 793	6.1	1992	286	1.1	24
1990–95	50.10	52.90	1990–95	4.895	...	...	...	...	...	...	25
1990	66.85	70.49	1990–95	¹ 1.918	1993	9 121 622	7.6	1993	909 195	0.8	26
1996	76.34	81.82	1996	1.185	1996	37 045	5.9	1997	10 492	1.6	27
1994–95	75.31	79.75	1996	2.081	1996	5 761	7.8	1996	725	1.0	28
1990–95	¹ 44.15	¹ 45.94	1990–95	¹ 4.766	1992	1 267	1.6	...	...	...	29
1989	68.10	75.70	1992	1.790	1996	19 253	3.6	1996	2 269	0.4	30
1989–93	59.00	59.70	1990–95	¹ 3.390	...	...	...	...	...	...	31
1990–95	¹ 61.00	¹ 64.50	1990–95	¹ 2.900	1986	1 249 034	7.4	1986	131 886	0.8	32
1986	58.38	59.70	1990–95	¹ 5.300	1996	479 263	7.8	1996	37 817	0.6	33
1990	77.43	73.22	1990–95	¹ 5.700	1988	145 885	8.6	1981	1 476	0.1	34
1994	75.49	79.38	1995	2.881	1997	32 510	5.6	1994	8 232	1.5	35
1996	77.01	83.59	1996	1.425	1997	781 000	6.2	1997	225 000	1.8	36
1990–95	¹ 66.16	¹ 69.84	1990–95	¹ 5.570	1995	35 501	6.6	1995	6 315	1.2	37
1996	58.47	69.95	1996	2.016	1996	102 558	6.4	1996	40 497	2.5	38
1990–95	67.70	73.90	1990–95	2.100	...	...	...	...	...	...	39
1991	67.66	75.67	1995	1.658	1995	320 395	7.1	1995	53 872	1.2	40
1992–93	71.77	73.32	1996	3.194	1997	9 612	5.3	1997	3 128	1.7	41
1995	61.41	70.38	1995	3.310	1995	26 866	6.0	1995	6 001	1.3	42
1990–95	49.50	52.50	1990–95	6.689	...	...	...	...	...	...	43
1990–95	66.60	70.50	1990–95	3.085	...	...	...	...	...	...	44

Continent and country or area Continent et pays ou zone	Year Année	Live births Naissances vivantes		Deaths Décès		Natural increase Accroisse ment naturel	Year Année	Infant deaths Décès d'enfants de moins d'un an	
		Number Nombre	Rate Taux	Number Nombre	Rate Taux (000s)			Number Nombre	Rate Taux (000s)
ASIA–ASIE(Cont.–Suite)									
1 Macau – Macao	1996	5 468	13.2	1 413	3.4	9.8	1996	26	◆ 4.8
2 Malaysia – Malaisie	1990–95	...	¹ 28.7	...	¹ 5.1	¹ 23.6	1990–95	...	¹ 13.0
3 Maldives	1993	7 780	32.6	1 319	5.5	27.1	1993	266	34.2
4 Mongolia – Mongolie	1990–95	...	¹ 28.9	...	¹ 7.8	¹ 21.1	1990–95	...	¹ 59.4
5 Myanmar	1990–95	...	¹ 28.8	...	¹ 10.9	¹ 17.9	1990–95	...	¹ 90.0
6 Nepal – Népal	1990–95	...	¹ 39.6	...	¹ 12.9	¹ 26.7	1990–95	...	¹ 95.7
7 Oman ¹	1990–95	...	43.7	...	4.7	39.0	1990–95	...	29.7
8 Pakistan ⁸	1993	3 607 157	29.4	932 066	7.6	21.8	1993	367 378	101.8
9 Philippines	1990–95	...	¹ 31.2	...	¹ 6.5	¹ 24.7	1990–95	...	¹ 40.0
10 Qatar	1996	10 317	18.5	1 015	1.8	16.7	1996	124	12.0
11 Saudi Arabia – Arabie saoudite ¹	1990–95	...	35.0	...	4.6	30.4	1990–95	...	28.9
12 Singapore – Singapour	1997	47 371	12.7	15 305	4.1	8.6	1997	179	3.8
13 Sri Lanka	1996	340 606	18.6	118 751	6.5	12.1	1995	5 660	16.5
14 Syrian Arab Republic – République arabe syrienne	1990–95	...	¹ 33.2	...	¹ 5.6	¹ 27.6	1990–95	...	¹ 39.4
15 Tajikistan – Tadjikistan	1994	162 152	28.2	39 943	7.0	21.3	1994	6 880	42.4
16 Thailand – Thaïlande	1990–95	...	¹ 18.1	...	¹ 6.1	¹ 12.0	1990–95	...	¹ 31.7
17 Turkey – Turquie	1997 ⁷	1 377 000	21.6	412 000	6.5	15.1	1997 ⁷	55 000	39.9
18 Turkmenistan – Turkménistan	1989	124 992	34.9	27 609	7.7	27.2	1989	6 847	54.8
19 United Arab Emirates – Emirats arabes unis	1990–95	...	¹ 21.0	...	¹ 2.7	¹ 18.3	1990–95	...	¹ 18.8
20 Uzbekistan – Ouzbékistan	1997	609 563	25.8	137 584	5.8	19.9	1994	18 814	28.6
21 Viet Nam	1990–95	...	¹ 28.9	...	¹ 7.9	¹ 20.9	1990–95	...	¹ 42.0
22 Yemen – Yémen ¹	1990–95	...	48.6	...	12.0	36.6	1990–95	...	91.9
EUROPE									
23 Albania – Albanie	1996	60 696	16.6	17 027	4.7	12.0	1996	1 239	20.4
24 Andorra – Andorre	1994	704	10.9	184	2.8	8.0	1992	8	◆ 11.0
25 Austria – Autriche	1997	83 297	10.3	78 903	9.8	0.5	1997	388	4.7
26 Belarus – Bélarus	1997	89 547	8.8	136 910	13.4	-4.6	1997	1 126	12.6
27 Belgium – Belgique	1997	116 244	11.4	104 190	10.2	1.2	1997	705	6.1
28 Bosnia Herzegovina – Bosnie–Herzégovine	1991	64 769	14.8	31 411	7.2	7.6	1991	952	14.7
29 Bulgaria – Bulgarie	1997	61 094	7.4	119 832	14.4	-7.1	1995	1 065	14.8
30 Channel Islands – Iles Anglo–Normandes	1994	1 818	12.4	1 427	9.7	2.7	1994	5	◆ 2.8
31 Guernsey – Guernesey	1995	633	10.7	617	10.5	0.3	1995	2	◆ 3.2
32 Jersey	1994	1 142	13.5	836	9.9	3.6	1994	2	◆ 1.8
33 Croatia – Croatie	1997	51 820	11.5	51 566	11.5	0.1	1996	433	8.0
34 Czech Republic – Rép. tchèque	1997	90 657	8.8	112 744	10.9	-2.1	1997	531	5.9
35 Denmark – Danemark	1997	67 677	12.8	59 929	11.3	1.5	1996	389	5.7
36 Estonia – Estonie	1997	12 580	8.6	18 637	12.8	-4.2	1996	138	10.4
37 Faeroe Islands – Iles Féroé	1995	638	13.6	361	7.7	5.9	1990	6	◆ 6.4
38 Finland – Finlande	1997	59 300	11.5	49 800	9.7	1.8	1996	242	4.0
39 France	1996	735 300	12.6	536 800	9.2	3.4	1996	3 567	4.9
40 Germany – Allemagne	1997	791 025	9.6	851 256	10.4	-0.7	1996	3 962	5.0
41 Gibraltar	1996	445	16.4	221	8.2	8.3	1976	5	◆ 9.8
42 Greece – Grèce	1996	101 500	9.7	100 740	9.6	0.1	1996	820	8.1
43 Hungary – Hongrie	1997	100 500	9.9	139 500	13.7	-3.8	1997	1 000	10.0
44 Iceland – Islande	1997	4 152	15.3	1 839	6.8	8.5	1997	23	◆ 5.5
45 Ireland – Irlande	1997	52 311	14.3	31 605	8.6	5.7	1997	324	6.2
46 Isle of Man – Ile de Man	1996	835	11.8	948	13.3	-1.6	1996	2	◆ 2.4
47 Italy – Italie	1997	539 541	9.4	562 303	9.8	-0.4	1997	2 909	5.4

4. Aperçu des statistiques de l'état civil et espérance de vie à la naissance: dernière année disponible (suite)

(Voir notes à la fin du tableau.)

| Year(s) Année(s) | Expectation of life at birth Espérance de vie à la naissance | | Year Année | Fertility Fécondité | Year Année | Marriages Mariages | | Year Année | Divorces | | |
	Male Masculin	Female Féminin				Number Nombre	Rate Taux (000s)		Number Nombre	Rate Taux (000s)	
1988	75.01	80.26	1996	1.261	1996	2 106	5.1	1996	320	0.8	1
1996	69.34	74.08	1990–95	[1]3.620	...	...	...	...	...	...	2
1992	67.15	66.60	1990–95	[1]6.800	1995	4 998	19.7	1995	2 731	10.8	3
1990–95	[1]62.28	[1]65.01	1990–95	[1]3.560	1996	14 200	6.0	1989	1 000	0.5	4
1986	57.89	63.14	1990–95	[1]3.600	...	...	...	...	...	...	5
1981	50.88	48.10	1990–95	[1]5.425	...	...	...	...	...	...	6
1990–95	67.70	71.80	1990–95	7.200	...	...	...	...	...	...	7
1976–78	59.04	59.20	1993	5.900	...	...	...	...	...	...	8
1991	63.10	66.70	1994	3.522	1993	474 407	7.1	...	...	...	9
1990–95	[1]68.75	[1]74.20	1986	4.529	1996	1 641	2.9	1996	460	0.8	10
1990–95	68.39	71.41	1990–95	6.370	...	...	...	...	...	...	11
1997	75.00	79.20	1997	1.637	1997	25 667	6.9	1997	4 687	1.3	12
1981	67.78	71.66	1995	2.335	1996	170 444	9.3	1988	2 732	0.2	13
1981	64.42	68.05	1990–95	[1]4.700	1994	115 994	8.4	1994	9 982	0.7	14
1992	65.40	71.10	1993	4.234	1994	38 820	6.8	1994	4 372	0.8	15
1985–86	63.82	68.85	1994	1.715	1995	470 751	7.9	1995	53 560	0.9	16
1989	63.26	66.01	1997	2.480	1996	486 734	7.8	1996	29 552	0.5	17
1989	61.80	68.40	1989	4.271	1989	34 890	9.8	1989	4 940	1.4	18
1990–95	[1]72.95	[1]75.27	1990–95	[1]3.800	1995	6 475	2.8	1994	2 301	1.1	19
1989	66.00	72.10	1989	4.021	1994	176 287	7.9	1994	24 332	1.1	20
1979	63.66	67.89	1990–95	[1]3.400	...	...	...	...	...	...	21
1990–95	54.90	55.90	1990–95	7.600	...	...	...	...	...	...	22
1988–89	69.60	75.50	1990	3.026	1997	25 260	6.8	1991	2 236	0.7	23
...	...	...	...	...	1994	132	2.0	...	...	...	24
1996	73.93	80.19	1996	1.418	1997	41 217	5.1	1996	18 079	2.2	25
1996	62.98	74.29	1996	1.316	1997	69 735	6.8	1997	47 301	4.6	26
1994	73.88	80.61	1992	1.649	1996	50 601	5.0	1995	34 983	3.5	27
1988–89	69.24	74.59	1991	1.731	1991	27 923	6.4	1991	1 590	0.4	28
1993–95	67.11	74.85	1995	1.228	1997	33 661	4.1	1995	10 649	1.3	29
...	...	...	...	...	1993	881	6.2	1991	382	2.7	30
...	...	...	1991	1.585	1995	352	6.0	1994	155	...	31
1972	66.91	73.72	1991	1.425	1994	542	6.4	1991	209	2.5	32
1989–90	68.59	75.95	1996	1.670	1997	22 134	4.9	1997	3 844	0.9	33
1996	70.37	77.27	1996	1.185	1997	57 084	5.5	1997	32 000	3.1	34
1994–95	72.62	77.82	1995	1.807	1997	34 108	6.5	1996	12 773	2.4	35
1996	64.47	75.48	1996	1.301	1997	5 578	3.8	1996	5 657	3.9	36
1981–85	73.30	79.60	1991	2.612	1991	232	4.9	1991	47	1.0	37
1996	73.02	80.52	1996	1.761	1997	23 600	4.6	1997	13 800	2.7	38
1995	73.92	81.86	1996	1.721	1996	280 600	4.8	1996	110 745	1.9	39
1994–96	73.29	79.72	1996	1.316	1997	422 319	5.1	1996	175 550	2.1	40
...	...	...	...	...	1996	722	26.7	1981	93	3.1	41
1995	75.02	80.20	1995	1.319	1996	47 000	4.5	1996	9 000	0.9	42
1996	66.06	74.70	1996	1.460	1997	47 000	4.6	1996	22 560	2.2	43
1995–96	76.20	80.59	1996	2.120	1997	1 460	5.4	1997	500	1.8	44
1990–92	72.30	77.87	1996	1.879	1997	15 631	4.3	...	...	...	45
1996	73.72	79.81	...	...	1996	448	6.3	1996	287	4.0	46
1994	74.34	80.74	1995	1.187	1997	275 381	4.8	1995	27 038	0.5	47

(See notes at end of table.)

Continent and country or area Continent et pays ou zone	Year Année	Live births Naissances vivantes		Deaths Décès		Natural increase Accroisse ment naturel	Year Année	Infant deaths Décès d'enfants de moins d'un an	
		Number Nombre	Rate Taux	Number Nombre	Rate Taux (000s)			Number Nombre	Rate Taux (000s)
EUROPE(Cont.–Suite)									
1 Latvia – Lettonie	1996	19 782	7.9	34 320	13.8	–5.8	1996	315	15.9
2 Liechtenstein	1994	358	11.7	206	6.7	5.0	1989	1	♦ 2.7
3 Lithuania – Lituanie	1997	38 524	10.4	40 986	11.1	–0.7	1997	400	10.4
4 Luxembourg	1996	5 689	13.7	3 895	9.4	4.3	1996	28	♦ 4.9
5 Malta – Malte	1997	4 631	12.4	2 832	7.6	4.8	1997	31	6.7
6 Monaco	1983	529	19.6	448	16.6	3.0	1980	1	♦ 1.9
7 Netherlands – Pays–Bas	1997	192 000	12.3	137 000	8.8	3.5	1997	1 000	5.2
8 Norway – Norvège	1997	59 715	13.6	44 635	10.1	3.4	1996	246	4.0
9 Poland – Pologne	1997	412 800	10.7	380 200	9.8	0.8	1997	4 200	10.2
10 Portugal	1997	111 382	11.4	101 885	10.4	1.0	1996	758	6.9
Republic of Moldova – 11 République de Moldova	1997	49 804	11.5	50 614	11.7	–0.2	1996	1 064	20.4
12 Romania – Roumanie	1997	236 891	10.5	279 316	12.4	–1.9	1997	5 209	22.0
Russian Federation – 13 Fédération Russie	1995	1 363 806	9.2	2 203 811	14.9	–5.7	1995	24 840	18.2
14 San Marino – Saint–Marin	1996	282	11.1	173	6.8	4.3	1996	3	♦ 10.6
15 Slovakia – Slovaquie	1997	59 310	11.0	52 080	9.7	1.3	1996	598	9.9
16 Slovenia – Slovénie	1996	18 788	9.4	18 620	9.4	0.1	1996	89	4.7
17 Spain – Espagne	1996	352 249	9.0	337 321	8.6	0.4	1996	1 650	4.7
18 Sweden – Suède	1997	89 171	10.1	92 674	10.5	–0.4	1996	377	4.0
19 Switzerland – Suisse	1997	79 485	11.2	59 967	8.5	2.8	1997	358	4.5
The former Yugoslav Rep. of Macedonia – L'ex Rép. 20 yougoslavie de Macédoine	1996	31 403	14.4	16 063	7.4	7.1	1996	515	16.4
21 Ukraine	1997	442 600	8.7	754 100	14.9	–6.1	1997	6 300	14.2
22 United Kingdom – Royaume–Uni	1996	733 375	12.5	638 896	10.9	1.6	1996	4 466	6.1
23 Yugoslavia – Yougoslavie	1997	131 841	12.4	111 266	10.5	1.9	1997	1 673	12.7
OCEANIA–OCEANIE									
American Samoa – 24 Samoa américaines	1993	1 998	37.8	223	4.2	33.6	1993	22	♦ 11.0
25 Australia – Australie	1996	253 834	13.9	128 719	7.0	6.8	1996	1 460	5.8
26 Cook Islands – Iles Cook	1988	430	24.3	94	5.3	19.0	1988	4	♦ 9.3
27 Fiji – Fidji	1995	21 000	26.4	4 993	6.3	20.1	1995	271	12.9
French Polynesia – 28 Polynésie française	1990–95	...	[1] 25.6	...	[1] 5.0	[1] 20.6	1990–95	...	[1] 11.4
29 Guam	1995	4 190	28.1	625	4.2	23.9	1995	38	9.1
Marshall Islands – 30 Iles Marshall	1996	1 499	26.1	232	4.0	22.1	1996	39	26.0
31 Nauru	1995	203	18.8	49	4.5	14.3	1995	5	♦ 24.6
New Caledonia – 32 Nouvelle–Calédonie	1994	4 267	23.2	1 060	5.8	17.5	1994	43	10.1
New Zealand – 33 Nouvelle–Zélande	1997	57 736	15.4	27 599	7.3	8.0	1997	379	6.6
34 Niue – Nioué	1987	50	20.9	13	♦ 5.4	♦ 15.5	1986	2	♦ 41.7
35 Norfolk Island – Ile Norfolk	1981	20	♦ 10.8	14	♦ 7.6	♦ 3.2	1971	2	♦ 83.3
Northern Mariana Islands – Iles Mariannes 36 du Nord	1989	989	25.4	122	3.1	22.2	1989	2	♦ 2.0
37 Palau – Palaos	1994	356	22.2	116	7.2	15.0	1994	10	♦ 28.1
Papua New Guinea – Papouasie–Nouvelle– 38 Guinée [1]	1990–95	...	33.4	...	10.7	22.7	1990–95	...	68.3
39 Pitcairn	1990	1	♦ 19.2	1	♦ 19.2	♦ –	1990	1	♦ 1000.0
40 Samoa	1982–83	...	[9] 31.0	...	[9] 7.4	[9] 23.4	1982–83	...	[9] 33.0
Solomon Islands – 41 Iles Salomon	1980–84	...	[2] 42.0	...	[2] 10.0	[2] 32.0	1980–84	...	33.0
42 Tokelau – Tokélaou	1983	35	21.9	8	♦ 5.0	♦ 16.9	1983	1	♦ 28.6
43 Tonga	1994	2 770	28.5	388	4.0	24.5	1994	8	♦ 2.9

4. Aperçu des statistiques de l'état civil et espérance de vie à la naissance: dernière année disponible (suite)

(Voir notes à la fin du tableau.)

Year(s) Année(s)	Expectation of life at birth Espérance de vie à la naissance		Year Année	Fertility Fécondité	Year Année	Marriages Mariages		Year Année	Divorces		
	Male Masculin	Female Féminin				Number Nombre	Rate Taux (000s)		Number Nombre	Rate Taux (000s)	
1996	63.94	75.62	1996	1.158	1996	9 634	3.9	1996	6 051	2.4	1
1980–84	66.07	72.94	1987	1.445	1994	396	12.9	1994	41	1.3	2
1995	63.59	75.19	1996	1.430	1997	18 769	5.1	1997	11 371	3.1	3
1985–87	70.61	77.87	1996	1.772	1996	2 105	5.1	1996	817	2.0	4
1996	74.94	79.81	1996	2.013	1997	2 507	6.7	...	...	...	5
...	...	...	...	...	1983	196	7.3	1983	39	1.4	6
1995–96	74.52	80.20	1996	1.529	1997	85 000	5.4	1997	34 000	2.2	7
1996	75.37	81.07	1996	1.889	1996	23 172	5.3	1996	9 982	2.3	8
1996	68.12	76.57	1996	1.580	1996	203 641	5.3	1996	39 441	1.0	9
1995–96	71.27	78.57	1996	1.438	1997	63 542	6.5	1996	13 429	1.4	10
1994	62.29	69.79	1994	1.952	1996	26 089	6.0	1996	13 439	3.1	11
1993–95	65.70	73.36	1996	1.300	1997	147 105	6.5	1996	35 586	1.6	12
1995	58.27	71.70	1995	1.344	1995	1 075 219	7.3	1995	665 904	4.5	13
1977–86	73.16	79.12	1995	3.587	1996	191	7.5	1996	42	1.7	14
1995	68.40	76.33	1995	1.520	1996	27 484	5.1	1996	9 402	1.7	15
1995–96	70.79	78.25	1996	1.280	1996	7 555	3.8	1996	2 004	1.0	16
1990–91	73.40	80.49	1995	1.170	1996	194 635	5.0	1996	32 571	0.8	17
1996	76.51	81.53	1996	1.606	1996	33 484	3.8	1996	21 377	2.4	18
1995–96	75.70	81.90	1996	1.500	1997	37 575	5.3	1996	16 172	2.3	19
1990–95	[1]69.27	[1]73.65	1992	2.179	1996	14 089	6.5	1996	705	0.3	20
1993–94	62.78	73.15	1995	1.381	1997	345 000	6.8	1997	188 200	3.7	21
1996	74.31	79.48	1996	1.725	1995	322 251	5.5	1995	169 621	2.9	22
1994–95	69.88	74.67	1995	1.875	1997	56 004	5.3	1997	7 211	0.7	23
...	...	...	1990	4.362	1993	325	6.1	1993	27	♦ 0.5	24
1994–96	75.22	81.05	1996	1.796	1996	106 103	5.8	1996	52 466	2.9	25
1974–78	63.17	67.09	...	...	1988	122	6.9	1976	8	♦ 0.4	26
1976	60.72	63.87	1987	3.090	1995	7 903	9.9	1979	410	0.7	27
1990–95	[1]68.25	[1]73.80	1990–95	[1]3.050	1996	1 200	5.4	...	...	...	28
1979–81	69.53	75.59	1992	3.523	1995	1 507	10.1	1995	648	4.3	29
1989	59.06	62.96	1995	3.680	1994	170	3.1	1994	18	♦ 0.3	30
...	...	...	...	...	1995	57	5.3	...	...	...	31
1994	67.70	73.90	1994	2.861	1994	898	4.9	1993	215	1.2	32
1992–94	73.44	79.11	1994	2.040	1996	21 506	6.0	1996	10 009	2.8	33
...	...	...	...	...	1987	10	♦ 4.2	1981	3	♦ 0.9	34
...	...	...	...	...	1995	28	♦ ...	1975	7	♦ 3.7	35
...	...	...	1989	5.110	1989	713	18.3	1986	62	2.9	36
...	...	...	...	...	...	...	...	...	...	...	37
1990–95	55.16	56.68	1990–95	5.050	...	...	...	...	...	...	38
...	...	...	...	...	1992	2	♦ 37.0	...	...	...	39
1976	61.00	64.30	1990–95	[1]4.200	1992	803	5.0	1983	99	0.6	40
1980–84	[2]59.90	[2]61.40	1990–95	[1]5.389	...	...	...	...	...	...	41
...	...	...	...	...	1983	4	♦ 2.5	...	...	...	42
...	...	...	1994	3.780	1994	748	7.7	1994	75	0.8	43

4. Vital statistics summary and expectation of life at birth: latest available year (continued)

(See notes at end of table.)

Continent and country or area / Continent et pays ou zone	Year Année	Live births Naissances vivantes		Deaths Décès		Natural increase Accroisse ment naturel	Year Année	Infant deaths Décès d'enfants de moins d'un an	
		Number Nombre	Rate Taux	Number Nombre	Rate Taux (000s)			Number Nombre	Rate Taux (000s)
OCEANIA−OCEANIE(Cont.−Suite)									
1 Tuvalu	1991	269	29.9	85	9.4	20.4	...	...	...
2 Vanuatu [1]	1990−95	...	35.2	...	7.2	28.0	1990−95	...	47.0
Wallis and Futuna Islands −									
3 Iles Wallis et Futuna	1970	372	43.3	91	10.6	32.7	1978	15	♦ 40.5

GENERAL NOTES

Countries or areas not listed may be assumed to lack vital statistics of national scope. Crude birth, death, marriage, divorce and natural increase rates are computed per 1 000 mid−year population; infant mortality rates are per 1 000 live births and total fertility rates are the sum of the age−specific fertility rates per woman. For method of evaluation and limitations of data, see Technical Notes page 37. For more precise information in terms of coverage, basis of tabulation, etc., see tables 9, 15, 18, 22, 23 and 25.

FOOTNOTES

- ♦ Rates based on 30 or fewer live births.
- 1 Estimate(s) for 1990−1995 prepared by the Population Division of the United Nations.
- 2 Estimate(s) based on results of the population census.
- 3 Including an upward adjustment for under−registration.
- 4 For statistical purposes, the data for China do not include those for the Hong Kong Special Administrative Region (Hong Kong SAR) and Taiwan province of China.

NOTES GENERALES

Les pays ou zones ne figurant pas au tableau n'ont vraisemblablement pas de statistiques de l'état civil de portée nationale. Les taux bruts de natalité, de mortalité, de nuptialité, de divortialité et d'accroissement naturel sont calculés pour 1 000 personnes au millieu de l'année; les taux de mortalité infantile sont calculés pour 1 000 naissances vivantes et les indices synthétiques de fécondité sont la somme des taux de fécondité par âge par femme. Pour la méthode d'évaluation et les insuffisances des données, voir Notes techniques, page 37. Pour plus de détails sur la portée, la base d'exploitation des données, etc., voir tableaux 9, 15, 18, 22, 23 et 25.

NOTES

- ♦ Taux basés sur 30 naissances viv antes ou moins.
- 1 Estimation(s) pour 1990−1995 établie(s) par la Division de la population de l'Organisation des Nations Unies.
- 2 Estimation(s) fondée(s) sur les résultats du recensement de la population.
- 3 Y compris un ajustement pour sous−enregistrement.
- 4 Pour la présentation des statistiques, les données pour Chine ne comprend pas les Région Administrative Spéciale de Hong−kong (Hong Kong SAR) et Taïwan, province de Chine.

4. Aperçu des statistiques de l'état civil et espérance de vie à la naissance: dernière année disponible (suite)

(Voir notes à la fin du tableau.)

Year(s) Année(s)	Expectation of life at birth Espérance de vie à la naissance		Year Année	Fertility Fécondité	Marriages Mariages			Divorces			
	Male Masculin	Female Féminin			Year Année	Number Nombre	Rate Taux (000s)	Year Année	Number Nombre	Rate Taux (000s)	
...	...	...	...	...	...	...	...	...	...	...	1
1990–95	63.48	67.34	1990–95	4.680	...	...	...	...	...	...	2
...	...	...	...	...	...	...	...	...	...	...	3

FOOTNOTE (continued)

5 Based on a Sample Registration Scheme.
6 Including data for East Jerusalem and Israeli residents in certain other territories under occupation by Israeli military forces since June 1967.

7 Based on the results of the Continuous Demographic Sample Survey.
8 Based on the results of the Population Growth Survey.
9 Estimates based on results of sample survey.

NOTES (suite)

5 D'après le Programme d'enregistrement par sondage.
6 Y compris les données pour Jérusalem–Est et les résidents israéliens dans certains autres territoires occupés depuis juin 1967 par les forces armées israéliennes.
7 D'après les résultats d'une enquête démographique par sondage.
8 D'après les résultants de la Population Growth Survey.
9 Estimations fondées sur les résultats d'une enquête par sondage.

5. Estimates of mid–year population: 1988 – 1997

Estimations de la population au milieu de l'année: 1988 – 1997

(See notes at end of table. – Voir notes à la fin du tableau.)

Continent and country or area / Continent et pays ou zone	Population estimates (in thousands) — Estimations (en milliers)									
	1988	1989	1990	1991	1992	1993	1994	1995	1996	1997
AFRICA—AFRIQUE										
Algeria – Algérie [1]	x23 719	x24 324	25 022	25 643	26 271	26 894	27 496	28 060	28 566	*29 050
Angola	x8 700	9 739	10 020	l x9 515	10 609 l	x10 133	x10 466	x10 816	x11 185	x11 569
Benin – Bénin [2]	4 465	4 606	4 739	4 889	5 047	5 075	5 242	5 412	5 594	*5 828
Botswana [1] [2]	1 210	1 245	1 300	1 348	1 358	1 381	1 423	1 456	1 496	1 533
Burkina Faso [2]	8 537	8 766	9 001	9 191	9 433	9 682	9 889	10 200	x10 780	x11 087
Burundi [2]	5 149	5 302	5 458	5 620	5 786	15 769	5 875	5 982	6 088	6 194
Cameroon – Cameroun	x10 858 l	11 540 l	11 484	x11 808	x12 142	x12 483	x12 833	13 277	x13 560	x13 937
Cape Verde – Cap–Vert [2]	x327	x333	x341	x349	x358	x367	x377	x386	x396	x406
Central African Republic – Rép. centrafricaine	2 878	2 989 l	x2 929	x2 997	x3 065	x3 134	x3 203	x3 273	x3 344 l	*3 245
Chad – Tchad	x5 322	5 556	5 687	5 819	5 961	6 098	6 214	x6 335	x6 515	x6 702
Comoros – Comores [2]	x491	x507	x523	x539	x557	x575	x593	x612	x632	x651
Congo	x2 102	x2 166	x2 232	x2 301	x2 372	x2 444	x2 518	x2 593	x2 668	x2 745
Côte d'Ivoire [2]	10 816	11 260	11 717	12 186	12 672	13 175	13 695	14 230	14 781 l	x14 300
Democratic Rep. of the Congo – République démocratique du Congo	33 458	34 491	35 562	36 672 l	x40 568	x42 276	x43 930	x45 453	x46 812	x48 040
Djibouti	x469	x494	x517	x537	x554	x570	x585	x601	x617	x634
Egypt – Egypte [2]	50 267	51 477	53 270	54 531	55 739	56 488	57 851	59 226	60 603	62 011
Equatorial Guinea – [2] Guinée équatoriale	333	340	348	356	x369	x379	x389	x400	x410	x420
Eritrea – Erythrée	x2 811	x2 844	x2 881	x2 921	x2 964	x3 017	x3 084	x3 171	x3 280	x3 409
Ethiopia – Ethiopie [2]	45 449	46 928	48 360	49 947	51 571	53 236	54 938	56 677	58 506	x60 148
Gabon [2]	x881	x908	x935	x962	x990	x1 018	x1 046	x1 076	x1 106	x1 138
Gambia – Gambie	x844	x882	x921	x960	1878	l x1 039	x1 077	x1 111	x1 141	x1 169
Ghana	x14 138	x14 575	x15 018	x15 468	x15 923	x16 385	x16 856	x17 338	x17 832	x18 338
Guinea – Guinée	5 071	x5 527	x5 755	x6 050	x6 398	x6 763	x7 092	x7 349	x7 518	x7 614
Guinea–Bissau – Guinée–Bissau	932	x944	x964	x984	x1 005	x1 026	x1 047	x1 069	x1 091	x1 112
Kenya	23 883	24 872 l	24 032	25 905	25 700 l	28 113	29 292	30 522	31 806	*33 144
Lesotho	x1 692	x1 700	x1 783	x1 830	x1 878	x1 927	x1 977	x2 027	x2 078	x2 131
Liberia – Libéria [2]	2 341	2 401	2 407	2 520	2 580	2 640	2 700	2 760	2 820	*2 879
Libyan Arab Jamahiriya – Jamahiriya arabe libyenne	3 821	3 982	4 151	4 326	4 509	4 700	4 899 l	x5 407	x5 593	x5 784
Madagascar	x11 816	x12 224 l	11 197	11 493 l	x13 504	x13 950	x14 406	x14 874	x15 353	x15 845
Malawi [2]	7 755	8 022	8 289	8 556	8 823	9 135	9 461	9 788	10 114	*10 441
Mali	7 827	7 960	8 156 l	x9 507	x9 816	x10 135	x10 462	x10 795	x11 134	x11 480
Mauritania – Mauritanie	x1 905	x1 953	x2 003	2 036	x2 107	2 148	2 211	2 284	2 351	x2 392
Mauritius – Maurice [2]	1 043	1 051	1 059	1 070	1 084	1 097	1 113	1 122	1 134	*1 148
Morocco – Maroc [2]	23 407	23 951	24 487	25 020	25 547	26 069	26 590	26 386	26 848	*27 310
Mozambique [3]	13 946	13 985	14 151	14 420	14 790	15 583	16 614	17 423	x17 796	x18 265
Namibia – Namibie [2]	x1 280	x1 316	x1 352	x1 388	x1 424	x1 461	x1 499	x1 536	x1 575	x1 613
Niger [2]	x7 257	x7 487	x7 731	x7 991	x8 264	x8 361	x8 846	x9 151	x9 465	x9 788
Nigeria – Nigéria [2]	104 957 l	x93 336	x96 154	x99 087	x102 128	x105 265	x108 468	x111 722	x115 020	x118 369
Réunion	574	590	601	612	x625	632	x645	x655	x664	x673
Rwanda [2]	x6 873	x7 007	7 181 l	x6 670	x6 200	x5 678	x5 296	x5 184	x5 397	x5 883
St. Helena ex. dep. – Sainte–Hélène sans dép.	6	6	6	6	6	6	5	5	5	x6
Sao Tome and Principe – Sao Tomé–et–Principe	111	113	115	x121	120	122	125	127	x135	x138
Senegal – Sénégal [2]	6 913	7 103	7 298	7 499	7 704	7 913	8 127	8 347	8 572	*8 802
Seychelles	69	69	70	71	72	74	75	76	x75	
Sierra Leone	x3 853	x3 933	x3 997	x4 040	x4 066	x4 089	x4 127	x4 195	x4 297	x4 428
Somalia – Somalie	x8 354	x8 489	x8 623	x8 753	x8 884	x9 035	x9 232	x9 491	x9 822	x10 217
South Africa – Afrique du Sud [2] [3]	x35 425	x36 237	x37 066	38 012	38 819	39 628	40 436	41 244	x42 393	x43 336
Sudan – Soudan [2]	24 245	24 989	25 752	26 530	27 323	28 129	28 947 l	x26 707	x27 291	x27 899
Swaziland [2]	717	743	769	796	833	851	879	908	938	l x906
Togo	3 296	x3 418	x3 524	x3 632	x3 743	x3 856	3 928	x4 085	x4 201	x4 317

118

(See notes at end of table. – Voir notes à la fin du tableau.)

Continent and country or area / Continent et pays ou zone	Population estimates (in thousands) — Estimations (en milliers)									
	1988	1989	1990	1991	1992	1993	1994	1995	1996	1997
AFRICA—AFRIQUE (Cont.–Suite)										
Tunisia – Tunisie [2]	7 770	7 910	8 154	8 318	8 490	8 657	8 815	8 958	9 092	*9 215
Uganda – Ouganda [2]	x15 778	x16 182	x16 649	x17 190	x17 796	x18 440	x19 080	19 263	19 848	*20 438
United Rep. of Tanzania– [2] Rép.–Unie de Tanzanie	23 997	24 802	25 635	x26 365	x27 301	x28 253	x29 172	30 337	x30 799	x31 507
Western Sahara – Sahara Occidental	x212	x221	x230	x240	x250	x261	x272	x283	x256	x265
Zambia – Zambie [2]	7 531	7 804	8 073 |	x7 389	x7 555	x7 723	x7 897	x8 081	x8 275	x8 478
Zimbabwe	8 878	9 122	9 369	x10 136	x10 410	10 779	11 150	11 526	11 908	12 294
AMERICA,NORTH— AMERIQUE DU NORD										
Anguilla	x7	x7	x7	x7	x8	9	x8	x8	x8	x8
Antigua and Barbuda – Antigua–et–Barbuda	64	64	x64	64	65	66	66	68	69	x67
Aruba [1]	60	62	64	67	69	75	79	82	86	|x71
Bahamas [2]	246	251	255	260	264	269	274	279	284	*289
Barbados – Barbade	x254	255	257	258	263	264	264	264	264	x262
Belize	180	183	189	194	199	205	211	217	222	230
Bermuda – Bermudes [1 4]	59	60	61	58	59	59	59	60	60	60
British Virgin Islands – Iles Vierges britanniques	12	13	|x16	x17	x17	x18	x18	x19	x19	x20
Canada [1 2]	26 895	27 379	27 791	28 111	28 532	28 896	29 265	29 615	29 959	*30 286
Cayman Islands – Iles Caïmanes	24	25	26	28	29	31	31	x31	x32	x33
Costa Rica [1 2]	2 851	2 922	12 805	2 871	2 938	3 005	3 266	3 333	3 398	*3 464
Cuba [2]	10 412	10 523	10 625	10 744	10 831	10 904	10 950	10 980	11 019	*11 059
Dominica – Dominique	73	72	72	71	72	73	74	x71	74	x71
Dominican Republic – [2] Rép. dominicaine	6 867	7 019	7 170	7 320	7 471	7 620	7 769	7 915	8 052	x8 097
El Salvador [2]	5 090	5 193	x5 031	5 351	5 477	x5 393	x5 528	x5 662	x5 796	x5 928
Greenland – Groenland [1 2]	55	55	56	56	55	55	56	56	56	*56
Grenada – Grenade	x90	x91	x91	x91	x91	x92	x92	x92	x92	x93
Guadeloupe [1]	372	381	385	395	408	x411	x418	x424	x431	x437
Guatemala [2 3]	8 681	8 935	9 197	9 467	9 745	10 030	10 322 |	9 976	10 243	*10 517
Haiti – Haïti [1 2]	6 238	6 362	6 486	6 625	6 764	6 903	7 041	7 180	7 336	*7 492
Honduras [2]	4 802	4 951	5 105	5 265	5 427	5 595	5 770	5 953	6 140	*6 338
Jamaica – Jamaïque [2]	2 360	2 390	2 415	12 366	2 424	2 446	2 473	2 500	2 515	*2 554
Martinique [1]	350	356	362	368	373	377	x376	x380	x384	x388
Mexico – Mexique [1 2]	82 721	84 272 |	82 589 |	87 836	89 538	91 261	93 008 |	90 487	196 578 |	*96 400
Montserrat	x11	x11	x11	x11	x11	x11	x11	x11	x11	x11
Netherlands Antilles – Antilles néerlandaise	187	187	188	189	191	195	200	205	|x195	x197
Nicaragua [2]	3 622	3 745	3 871	3 999	4 131	4 265	4 401	4 539 |	x4 238	x4 351
Panama [2]	2 303	2 350	2 398	2 443	2 488	2 535	2 583	2 631	2 674	*2 719
Puerto Rico – Porto Rico [1 2 5]	3 461	3 497	3 527	3 547	3 580	3 622	3 686	3 719	3 733	x3 771
Saint Kitts and Nevis – Saint–Kitts–et–Nevis	44	42	42	41	43	44	43	44	42	x41
Saint Lucia – Sainte–Lucie	145	148	|x133	x135	x137	x139	x141	145	x144	x146
St. Pierre and Miquelon – Saint–Pierre–et–Miquelon	6	6	6	6	6	7	7	7	7	x7
St. Vincent and the Grenadines – Saint– Vincent–et–Grenadines	104	105	106	106	109	109	110	111	111	*112
Trinidad and Tobago – Trinité–et–Tobago	1 208	1 206	1 215	1 225	1 240	1 247	1 250	1 260	1 264	x1 307
Turks and Caicos Islands – Is. Turques et Caïques	x11	x11	x12	x12	x13	x13	x14	x14	x15	x15

5. Estimates of mid–year population: 1988 – 1997 (continued)

Estimations de la population au milieu de l'année: 1988 – 1997 (suite)

(See notes at end of table. – Voir notes à la fin du tableau.)

Continent and country or area / Continent et pays ou zone	Population estimates (in thousands) — Estimations (en milliers)									
	1988	1989	1990	1991	1992	1993	1994	1995	1996	1997
AMERICA,NORTH— (Cont.–Suite) AMERIQUE DU NORD										
United States – Etats–Unis [1][2][6]	245 021	247 342	249 907	252 618	255 391	258 132	260 602	262 755	265 284	*267 901
United States Virgin Islands – Iles Vierges américaines	103	103	102	x103	x103	x104	x104	x105	x106	x106
AMERICA,SOUTH— AMERIQUE DU SUD										
Argentina – Argentine [2]	31 636	32 081	32 527	32 974	33 421	33 869	34 318	34 768	35 220	*35 672
Bolivia – Bolivie [2][3]	6 293	6 431	6 573	6 733	6 897	7 065	7 237	7 414	7 588	*7 767
Brazil – Brésil [2][7]	139 819	142 307	144 724	147 074	149 358	151 572	153 726	155 822	157 872	*159 884
Chile – Chili [2]	12 748	12 961	13 100	13 320	13 545	13 771	13 994	14 210	14 419	*14 622
Colombia – Colombie [2]	31 141	31 715	32 300	32 841	33 392	33 951	34 520	35 099	35 626	*36 162
Ecuador – Equateur [2][8]	9 794	10 029	10 264	10 502	10 741	10 981	11 221	11 460	11 698	*11 937
Falkland Islands (Malvinas)– Is. Falkland(Malvinas) [2]	x2	x2	x2	x2	x2	x2	x2	x2	x2	x2
French Guiana – Guyane Française	106	111	x117	x123	x129	x135	x141	x147	x153	x159
Guyana	x794	x793	x795	x799	x805	x813	x821	x830	x838	x847
Paraguay [2]	3 963	4 089	4 219	4 334	4 453	4 575	4 700	4 828	4 955	*5 085
Peru – Pérou [2][3][7]	20 684	21 113	21 569	21 998	22 454	x22 739	23 130	23 532	23 947	*24 371
Suriname [2]	395	399	402	402	403	404	405	409	x414	x437
Uruguay [2]	3 060	3 077	3 094	3 112	3 131	3 149	3 167	3 186	3 203	*3 221
Venezuela [2][7]	18 157	18 872	19 325	19 972	20 249	20 712	21 177	21 844	22 311	*22 777
ASIA—ASIE										
Afghanistan	[9]15 513	[9]15 814	[9]16 121	[9]16 433	I x16 276	x17 322	x18 470	x19 661	x20 883	x22 132
Armenia – Arménie [2]	3 453	3 482	3 545	3 612	3 686	3 731	3 746	3 759	3 764	x3 642
Azerbaijan – Azerbaïdjan [2]	6 980	7 038	7 153	7 187	7 297	7 368	7 431	7 487	7 575	*7 625
Bahrain – Bahreïn [2]	473	489	503	508	519	537	557	578	599	*620
Bangladesh	104 532	106 507	x109 765	I 109 880	x113 223	x114 844	x116 493	x118 229	x120 073	x122 013
Bhutan – Bhoutan	x1 573	x1 612	x1 645	x1 672	x1 693	x1 713	x1 738	x1 770	x1 812	x1 862
Brunei Darussalam – Brunéi Darussalam [2][3]	239	246	253	260	268	276	285	296	305	x307
Cambodia – Cambodge [2][10]	x8 172	x8 430	8 568	8 807	9 054	9 308	9 568	9 836	x10 273	x10 516
China – Chine [2][11]	x1 121 980	x 1 139 209	x 1 155 305	x 1 170 038	x 1 183 568	x 1 196 167	x 1 208 278	x 1 220 224	x 1 232 083	x 1 243 738
Hong Kong SAR – Hong–kong RAS	5 628	5 686	5 705	5 752	5 801	5 901	6 035	6 156	6 311	*6 502
Cyprus – Chypre [2]	664	671	681	693	706	718	726	733	738	x766
East Timor–Timor oriental	x709	x725	x740	x756	x771	x785	x800	x814	x829	x843
Georgia – Géorgie [2]	5 419	5 456	5 460	5 464	5 455	5 440	5 426	5 417	5 411	x5 434
India – Inde [2][12]	800 496	817 488	834 697	851 661	867 818	883 910	899 953	915 971	939 540	*955 220
Indonesia – Indonésie [2]	175 589	179 136	I 179 483	181 385	184 491	187 589	190 676	194 755	196 813	*199 867
Iran (Islamic Republic of – Rép. islamique d') [2]	51 909	53 187	54 496	55 837	57 153	58 481	59 778	I x68 365	I 61 128	*60 694
Iraq	16 882	17 428	x18 078	x18 514	x18 898	x19 261	x19 650	x20 095	x20 607	x21 177
Israel – Israël [2][13]	4 442	4 518	4 660	4 949	5 124	5 261	5 399	5 545	5 689	*5 836
Japan – Japon [2][14]	122 578	123 069	123 478	123 964	124 425	124 829	125 178	125 472	125 761	I x125 638
Jordan – Jordanie [15]	x4 064	x4 139	x4 259	x4 433	x4 651	x4 896	x5 143	x5 373	x5 581	x5 774
Kazakhstan [2]	16 362	16 250	16 348	16 451	16 518	16 479	16 297	16 066	15 921	x16 832
Korea, Dem. People's Rep. of – Corée, rép. populaire dém. de [2]	x19 760	x20 054	x20 363	x20 687	x21 025	x21 375	x21 734	x22 097	x22 466	x22 837
Korea, Republic of– [2][16] Corée, Rép. de	42 031	42 449	42 869	43 296	43 748	44 195	44 642	45 093	45 545	*45 991
Kuwait – Koweït	1 969	2 055	2 141	I x2 095	I 1 422	1 461	1 620	1 691	1 754	*1 809
Kyrgyzstan–Kirghizistan [2]	4 250	4 327	4 395	4 453	4 493	4 482	4 473	4 514	4 576	*4 635
Lao People's Dem. Rep. – Rép. dém. populaire Lao	x3 943	x4 072	x4 202	x4 332	x4 463	x4 597	x4 736	x4 882	x5 035	x5 194
Lebanon – Liban [17]	x2 559	x2 540	x2 555	x2 610	x2 698	x2 806	x2 915	x3 009	x3 084	x3 144

(See notes at end of table. – Voir notes à la fin du tableau.)

Continent and country or area / Continent et pays ou zone	Population estimates (in thousands) — Estimations (en milliers)									
	1988	1989	1990	1991	1992	1993	1994	1995	1996	1997
ASIA—ASIE (Cont.–Suite)										
Macau – Macao [1]	316	325	335	352	371	384	397	409	415	*419
Malaysia – Malaisie [2]	16 942	17 354	17 764	18 547	19 043	19 564	20 112	20 689	21 169	*21 667
Maldives [2]	203	209	216	223	231	238	246	x254	x263	x273
Mongolia – Mongolie [2]	2 021	2 070	x2 216	x2 270	x2 319	x2 366	x2 414	2 347	2 380	*2 313
Myanmar	x39 839	x40 601	x41 354	41 552	42 333	43 116	43 922	x45 106	x45 922	*46 402
Nepal – Népal [1] [2]	17 374	17 739	18 111	x19 279	18 879	19 275	x20 898	x21 456	21 127	x22 591
Oman	x1 634	x1 708	12 000	x1 864	x1 945	x2 029	2 096	2 135	x2 302	x2 401
Pakistan [2] [18]	105 970	109 140	112 404	115 766	119 229	122 795	126 467	129 871	134 146	138 150
Philippines [1] [2]	58 721	60 097	61 480	63 692	65 339	66 982	68 624	70 267	71 899	*73 527
Qatar	428	456	486	503	533	559	593	x548	x558	x569
Saudi Arabia – Arabie saoudite	14 016	14 435	14 870	x16 545	x16 964	x17 350	x17 765	x18 255	x18 836	x19 494
Singapore – Singapour	2 850	2 930	3 016	3 090	3 178	3 259	3 364	3 468	3 612	*3 737
Sri Lanka	16 599	16 825	16 993	17 247	17 405	17 619	17 865	18 112	18 315	*18 552
Syrian Arab Republic – République arabe syrienne [2] [19]	11 338	11 719	12 116	12 529	12 958	13 393	13 844	14 186	14 619	x14 951
Tajikistan – Tadjikistan [2]	5 027	5 175	5 303	5 465	5 571	5 638	5 745	5 836	5 919	x6 046
Thailand – Thaïlande [2]	54 326	55 214	55 839	56 574	57 294	58 010	58 716	59 401	60 003	*60 602
Turkey – Turquie [2]	53 715	54 893	56 098	57 305	58 401	59 491	60 576	61 644	62 697	*63 745
Turkmenistan – Turkménistan [2]	3 495	3 578	3 670	3 753	4 032	4 308	4 406	4 509	4 569	x4 235
United Arab Emirates – Emirats arabes unis	x1 789	x1 856	x1 921	x1 983	x2 044	x2 102	x2 157	2 314	2 443	*2 580
Uzbekistan – Ouzbékistan [2]	19 737	20 114	20 420	20 863	21 360	21 853	22 282	22 467	22 912	*23 667
Viet Nam [2]	63 727	64 774	66 233	67 774	69 405	70 983	72 510	x73 793	x75 181	x76 548
Yemen – Yémen [2]	10 608	10 947	11 279	11 613	11 952	12 302	14 859	15 369	15 915	*16 484
EUROPE										
Albania – Albanie [2]	3 138	3 199	3 256	3 255	3 363	3 485	3 547	3 609	3 650	*3 731
Andorra – Andorre	50	51	53	57	60	63	65	x68	x71	x74
Austria – Autriche [1] [2]	7 615	7 659	7 729	7 813	7 914	7 991	8 030	8 046	8 059	*8 072
Belarus – Bélarus [2]	10 167	10 229	10 260	10 271	10 313	10 357	10 308	10 281	10 250	*10 215
Belgium – Belgique [1]	9 902	9 938	9 967	9 979	10 055	10 084	10 116	10 137	x10 159	x10 188
Bosnia Herzegovina – Bosnie–Herzégovine [1] [2]	4 398	4 436	4 474	4 385	4 409	4 434	4 459	4 484	4 510	x3 784
Bulgaria – Bulgarie [2]	8 981	8 989	8 991	8 982	8 540	8 472	8 444	8 406	8 356	*8 306
Channel Islands – Iles Anglo–Normandes	140	142	x143	143	143	142	x147	143	x149	x150
Croatia – Croatie [1] [2]	4 731	4 767	4 778	4 786	4 470	4 641	4 649	4 669	14 494	x4 498
Czech Republic – Rép. tchèque [1] [2]	10 356	10 362	10 363	10 309	10 318	10 331	10 336	10 331	10 315	*10 304
Denmark – Danemark [1] [20]	5 130	5 133	5 140	5 154	5 170	5 189	5 205	5 228	5 262	*5 284
Estonia – Estonie [2]	1 562	1 569	1 571	1 566	1 544	1 517	1 499	1 484	1 469	x1 455
Faeroe Islands – Iles Féroé [1]	47	47	47	47	x47	x47	x47	x47	x47	x48
Finland – Finlande [1] [2]	4 946	4 964	4 986	5 014	5 042	5 066	5 088	5 108	5 125	*5 140
France [1] [2] [21]	56 118	56 423	56 735	57 055	57 374	57 654	57 900	58 139	58 375	*58 607
Germany – Allemagne	78 116	78 677	79 365	79 984	80 570	81 187	81 422	81 661	81 896	*82 071
Gibraltar [22]	30	31	31	28	29	28	27	27	27	x28
Greece – Grèce [2] [23]	10 037	10 090	10 161	10 247	10 322	10 379	10 426	10 454	10 475	x10 522
Holy See – Saint–Siège	1	x1	x1	x1	x1	x1	x1	x1	x1	x1
Hungary – Hongrie [2]	10 443	10 398	10 365	10 346	10 324	10 294	10 261	10 229	10 193	*10 153
Iceland – Islande [1] [2]	250	253	255	258	261	264	266	267	269	*271
Ireland – Irlande [2] [24]	3 538	3 515	3 503	3 526	3 549	3 574	3 586	3 601	3 626	*3 661
Isle of Man – Ile de Man	67	68	x69	70	70	71	71	72	71	*72
Italy – Italie [1]	57 441	57 541	57 661	56 751	56 859	57 049	57 204	57 301	57 380	*57 523
Latvia – Lettonie [2]	2 653	2 670	2 671	2 662	2 632	2 586	2 548	2 516	2 491	*2 474
Liechtenstein	28	28	x29	x29	30	x30	31	x31	x31	x32
Lithuania – Lituanie [2]	3 655	3 691	3 722	3 742	3 742	3 730	3 721	3 715	3 710	*3 706
Luxembourg [1]	374	378	382	387	390	398	404	410	416	x417

5. Estimates of mid–year population: 1988 – 1997 (continued)

Estimations de la population au milieu de l'année: 1988 – 1997 (suite)

(See notes at end of table. – Voir notes à la fin du tableau.)

Continent and country or area Continent et pays ou zone	Population estimates (in thousands) — Estimations (en milliers)									
	1988	1989	1990	1991	1992	1993	1994	1995	1996	1997
EUROPE (Cont.–Suite)										
Malta – Malte [25]	347	351	354	358	361	365	368	371	373	*375
Monaco [1]	x29	x30	x30	x30	x31	x31	x31	x32	x32	x32
Netherlands – Pays–Bas [1,2]	14 758	14 849	14 952	15 070	15 184	15 290	15 383	15 459	15 531	*15 604
Norway – Norvège [1,2]	4 209	4 227	4 241	4 262	4 286	4 312	4 325	4 359	4 381	*4 406
Poland – Pologne [2,26]	37 862	37 963	38 119	38 245	38 365	38 459	38 544	38 588	38 618	*38 650
Portugal [2]	9 968	9 937	9 899	9 871	9 867	9 881	9 902	9 916	9 927 ∣	x9 802
Republic of Moldova – Rép. de Moldova [2]	4 321	4 349	4 364	4 363	4 348	4 348	4 348	4 348	4 327	*4 312
Romania – Roumanie [2]	23 054	23 152	23 207	23 185	22 789	22 755	22 731	22 681	22 608	*22 565
Russian Federation – Féd. de Russie [2]	146 494	147 331	147 913	148 245	148 310	148 146	147 968	147 774	147 739	*147 105
San Marino – Saint–Marin [2]	23	23	23	23	24	24	25	25	25	x26
Slovakia – Slovaquie [2]	5 251	5 276	5 298	5 283	5 307	5 325	5 347	5 364	5 374	*5 383
Slovenia – Slovénie [1]	2 000	1 999	1 998	2 002	1 996	1 991	1 989	1 988	1 991	*1 987
Spain – Espagne [1,2]	38 809	38 888	38 959	38 920	39 008	39 086	39 149	39 210	39 270	*39 323
Sweden – Suède [1,2]	8 437	8 493	8 559	8 617	8 668	8 719	8 781	8 831	8 843	*8 846
Switzerland – Suisse [1,2]	6 593	6 647	6 712	6 800	6 875	6 938	6 994	7 041	7 072	*7 089
The former Yugoslav Rep. of Macedonia – L'ex Rép. yougoslavie de Macédoine [1,2]	2 007	2 018	2 028	2 039	2 056	x2 115	x2 137	1 963	x2 174	x2 190
Ukraine [2]	51 484	51 770	51 839	52 001	52 150	52 179	51 921	51 277	51 094	*50 698
United Kingdom – Royaume–Uni	57 158	57 358	57 561	57 801	58 006	58 191	58 395	58 606	58 801 ∣	x58 200
Yugoslavia–Yougoslavie [1,2]	10 411	10 466	10 524	10 409	10 448	10 482	10 516	10 547	10 574	*10 597
OCEANIA—OCEANIE										
American Samoa – [1,2,5] Samoa américaines	44	46	47	49	51	53	55	56	x56	x58
Australia – Australie [1,3]	16 518	16 814	17 065	17 284	17 489	17 667	17 855	18 072	18 311	*18 532
Cook Islands – Iles Cook	18	18	18	x19	x19	x19	x19	x19	x19	x20
Fiji – Fidji	720	1752	731	741	746	771	784	796	x797	x809
French Polynesia – Polynésie française	188	193	197	202	206	210	x215	x219	x223	x227
Guam [1,2,5]	126	129	134	136	139	143	146	149	153	*156
Kiribati	x70	x71	x72	x74	x75	x76	x77	x79	x80	x81
Marshall Islands – Iles Marshall	43	44	46	48	50	52	54	56	57	x61
Micronesia, Federated States of, – Micronésie Etats fédérés de	x103	x106	x101	x111	x114	x117	1 104	105	x126	x130
Nauru	x9	x9	x10	x10	x10	10	10	11	x11	x11
New Caledonia – Nouvelle–Calédonie [2]	164	167	170	173	177	181	184	186	189	x193
New Zealand – [2,27] Nouvelle–Zélande	3 317	3 330	3 363	3 406	3 443	3 451	3 493	3 542	3 570	*3 761
Niue – Nioué	x2	x2	x2	x2	x2	x2	x2	x2	x2	x2
Northern Mariana Islands – Iles Mariannes du Nord	x34	x39	x43	x46	x47	x47	x48	x48	x49	x49
Palau – Palaos	15	14	15	x15	x16	x16	16	x17	x17	x17
Papua New Guinea – Papouasie–Nouvelle– Guinée	3 557	3 630	3 699	3 772	3 847	3 922	3 997	4 074	x4 400	x4 500
Samoa	162	163	164	x161	161	x162	164	x165	x166	x168
Solomon Islands – Iles Salomon	299	x310	x320	x331	x343	354	x366	x378	x391	x404
Tokelau – Tokélaou	x2	x2	x2	x2	x2	x2	x2	x2	x2	x2
Tonga	95	96	96	96	97	97	97	98	99	x99
Tuvalu	x8	x9	x9	x9	x9	x9	x9	x10	x10	x10
Vanuatu [2]	150 ∣	140	144	148	152	156	x161	x165	x169	x178
Wallis and Futuna Islands – Iles Wallis et Futuna	x13	x13	x14	x14	x14	x14	x14	x14	x15	x15

5. Estimates of mid–year population: 1988 – 1997 (continued)

Estimations de la population au milieu de l'année: 1988 – 1997 (suite)

GENERAL NOTES

For certain countries or areas, there is a discrepancy between the mid–year population estimates shown in this table and those shown in subsequent tables for the same year. Usually this discrepancy arises because the estimates occurring in a given year are revised, although the remaining tabulations are not. Unless otherwise indicated, data are official estimates of population for 1 July, or averages of end–year estimates. For method of evaluation and limitations of data, see Technical Notes, page 41.

Italics: estimates which are less reliable.

> Break in series because estimates for earlier years have not been revised either on the basis of more recent data from a national census or sample survey taken within the period or in accord with later revised official estimates.

FOOTNOTES

* Provisional.
x Estimate prepared by the Population Division of the United Nation.

1 De jure population.
2 For urban population, see table 6.
3 Data have been adjusted for underenumeration, at latest census; for further details, see table 3.
4 Excluding persons residing in institutions.
5 Including armed forces stationes in the area.
6 Excluding civilian citizens absent from country for extended period of time.
7 Excluding Indian jungle population.
8 Excluding nomadic Indian tribes.
9 Excluding nomad population.
10 Excluding foreign diplomatic personnel and their dependants.

11 For statistical purposes, the data for China do not include those for the Hong Kong Special Administrative Region (Hong Kong SAR) and Taiwan province of China.
12 Including data for the Indian–held part of Jammu and Kashmir, the final status of which has not yet been determined.
13 Including data for East Jerusalem and Israeli residents in certain other territories under occupation by Israeli military forces since June 1967.

14 Excluding diplomatic personnel outside the country, and foreign military and civilian personnel and their dependants stationed in the area.

NOTES GENERALES

Pour quelques pays ou zones il y a une discordance entres leestimations au milieu de l'année présentées dans ce tableau et celles présentées dans des tableaux suivants pour la même année. Habituellement ces différences apparaîssent lorsque les estimations pour une certaine année ont été révisées; alors que les autres tabulations ne l'ont pas été. Sauf indication contraire, les données sont des estimations officielles de population au 1er juillet ou des moyennes d'estimations de fin d'année. Pour la méthode d'évaluation et les insuffisances des données, voir Notes techniques, page 41.

Italiques: estimations moins sûres.

> Cette discontinuité dans la série peut résulter du fait que les estimations pour les années antérieures n'ont pas été révisées en fonction des données récentes provenant d'un recensement national ou d'une enquête par sondage effectués durant la période, ou bien du fait qu'elles ne concordent pas avec les dernières estimations officielles révisées.

NOTES

* Données provisoires.
x Estimation établie par la Division de la population de l'Organisation des Nations Unies.
1 Population de droit.
2 Pour la population urbaine, voir le tableau 6.
3 Les données ont été ajustées pour compenser les lacunes du dénombrement lors du dernier recensement; pour plus de détails, voir le tableau 3.
4 Non compris les personnes dans les institutions.
5 Y compris les militaires en garnison sur le territoire.
6 Non compris les civils hors du pays pendant une période prolongée.
7 Non compris les Indiens de la jungle.
8 Non compris les tribus d'Indiens nomades.
9 Non compris la population nomade.
10 Non compris le personnel diplomatique étranger et les membres de leur famille les accompagnant.
11 Pour la présentation des statistiques, les données pour Chine ne comprend pas les Région Administrative Spéciale de Hong–kong (Hong Kong SAR) et Taïwan, province de Chine.
12 Y compris les données pour la partie du Jammu–et–Ca chemire occupée par l'Inde, dont le statut définitif n'a pas encore été déterminé.
13 Y compris les données pour Jérusalem–Est et les résidents israéliens dans certains autres territoires occupés depuis juin 1967 par les forces armées israéliennes.
14 Non compris le personnel diplomatique hors du pays, les mi litaires et agents civils étrangers en poste sur le territoire et les membres de leur famille les accompagnant.

5. Estimates of mid–year population: 1985 – 1994 (continued)

Estimations de la population au milieu de l'année: 1985 – 1994 (suite)

FOOTNOTES (continued)

15 Including registered Palestinian refugees, numbering at mid–year 1965 and 1966, 688 327 and 706 568, respectively, and 722 687 at 31 May l967.

16 Excluding alien armed forces, civilian aliens employed by armed forces, and foreign diplomatic personnel and their dependants and Korean diplomatic personnel and their dependants stationed outside the country.

17 For Lebanese nationals on population register, including those living outside the country. Excluding non–resident foreigners and registered Palestinian refugees, the latter numbering at mid–year 1972, 1973 and 1977, 184 043, 187 529 and 200 000 respectively.

18 Excluding data for Jammu and Kashmir, the final status of which has not yet been determined, Junagardh, Manavadar, Gilgit and Baltistan.

19 Including Palestinian refugees numbering at end–year 1967 and 1968, 163 041 and 149 537, repectively, and at mid–year 1971 and 1977, 163 809 and 193 000, respectively.

20 Excluding Faeroe Islands and Greenland.

21 Excluding diplomatic personnel outside the country and including foreign diplomatic personnel not living in in embassies or consulates.

22 Excluding armed forces.

23 Excluding armed forces stationed outside the country, but including alien armed forces stationed in the area.

24 Estimates are for 15 April of year stated.

25 Including civilian nationals temporarily outside the country.

26 Excluding civilian aliens within the country, and including civilian nationals temporarily outside the country.

27 Excluding diplomatic personnel and armed forces stationed outside the country, the latter numbering 1 936 at 1966 census; also excluding alien armed forces within the country.

NOTES (suite)

15 Y compris les réfugiés de Palestine immatriculés, dont le nombre au milieu de l'année 1965 et 1966 s'établissait comme suit: 688 327 et 706 568, respectivement, et à 722 687 au 31 mai l967.

16 Non compris les militaires étrangers, les civils étrangers employés par les forces armées, le personnel diplomatique étranger et les membres de leur famille les accompagnant, les personnel diplomatique coréen hors du pays et les membres de leur famille les accompagnant.

17 Pour les nationaux libanais inscrits sur le registre de la population, y compris ceux qui vivent hors du pays. Non compris les étrangers non résidents et les réfugiés de Palestine immatriculés; le nombre de ces derniers au milieu de 1972, 1973 et 1977. 184 043, 187 529 et 200 000, respectivement.

18 Non compris les données pour le Jammu–et–Cachemire, dont le statut définitif n'a pas encore été déterminé, le Junagardh, le Manavadar, le Gilgit et le Baltistan.

19 Y compris les réfugiés de Palestine dont le nombre, à la fin de l'année 1967 et 1968, s'établissait comme suit: 163 041 et 149 537, respectivement, et au milieu de l'année 1971 et 1977, 163 809 et 193 000, respectivement.

20 Non compris les îles Féroé et le Groenland.

21 Non compris le personnel diplomatique hors du pays, et y compris le personnel diplomatique étranger qui ne vit pas dans les ambassades ou les consulats.

22 Non compris les militaires.

23 Non compris les militaires en garnison hors du pays, mais y compris les militaires étrangers en garnison sur le territoire.

24 Estimations au 15 avril de l'année considérée.

25 Y compris les civils nationaux temporairement hors du pays.

26 Non compris les civils étrangers dans le pays, mais y compris les civils nationaux temporairement hors du pays.

27 Non compris le personnel diplomatique et les militaires hors du pays, ces derniers au nombre de 1 936 au recensement de 1966; non compris également les militaires étrangers dans le pays.

6. Urban and total population by sex: 1988 – 1997

Population urbaine et population totale selon le sexe: 1988 – 1997

(See notes at end of table. – Voir notes à la fin du tableau.)

Continent, country or area and date / Continent, pays ou zone et date	Both sexes – Les deux sexes Total	Urban – Urbaine Number Nombre	Per cent P. 100	Male – Masculin Total	Urban – Urbaine Number Nombre	Per cent P. 100	Female – Féminin Total	Urban – Urbaine Number Nombre	Per cent P. 100
AFRICA—AFRIQUE									
Benin – Bénin									
15 II 1992(C)	4 915 555	1 756 197	35.7	2 390 336	857 191	35.9	2 525 219	899 006	35.6
1 VII 1993	5 074 561	1 833 946	36.1	2 467 604	891 792	36.1	2 606 957	942 154	36.1
1 VII 1994	5 241 843	1 917 100	36.6	2 548 310	932 172	36.6	2 693 533	984 928	36.6
1 VII 1995	5 412 160	2 003 213	37.0	2 633 479	974 914	37.0	2 778 681	1 028 299	37.0
1 VII 1996	5 594 499	2 095 699	37.5	2 722 854	1 019 981	37.5	2 871 645	1 075 718	37.5
Botswana [1] [2]									
1 VII 1988	1 210 074	279 893	23.1	...	...	...	...	...	...
1 VII 1989	1 244 909	289 980	23.3	...	...	...	...	...	...
1 VII 1990	1 299 705	319 369	24.6	...	...	...	...	...	...
1 VII 1991	1 347 568	341 149	25.3	...	...	...	...	...	...
1 VII 1992	1 358 000	650 000	47.9	...	...	...	...	...	...
1 VII 1994	1 423 000	683 000	48.0	...	...	...	...	...	...
1 VII 1995	1 456 000	700 000	48.1	...	...	...	...	...	...
1 VII 1996	1 495 993	720 783	48.2	720 207	...	...	775 786	...	...
Burkina Faso									
1 VII 1988	8 537 214	1 323 379	15.5	...	...	...	...	...	...
1 VII 1989	8 766 011	1 466 304	16.7	...	...	...	...	...	...
1 VII 1990	9 000 940	1 624 665	18.0	...	...	...	...	...	...
1 VII 1991	9 190 791	1 287 285	14.0	4 492 153	642 285	14.3	4 698 638	645 000	13.7
1 VII 1992	9 433 428	1 345 084	14.3	...	...	...	...	...	...
1 VII 1993	9 682 470	1 405 478	14.5	...	...	...	...	...	...
1 VII 1994	9 888 789	1 469 006	14.9	4 582 412	732 887	16.0	5 306 377	736 119	13.9
1 VII 1995	10 200 453	1 534 524	15.0	4 985 642	...	...	5 214 811	...	...
Burundi									
1 VII 1988	5 149 158	257 458	5.0	...	...	...	...	...	...
1 VII 1989	5 301 573	265 079	5.0	...	...	...	...	...	...
1 VII 1990	5 458 499	272 925	5.0	...	...	...	...	...	...
Cape Verde – Cap–Vert									
23 VI 1990(C)	341 491	150 599	44.1	161 494	71 891	44.5	179 997	78 708	43.7
Comoros – Comores [3]									
15 IX 1991(C)	446 817	127 219	28.5	221 152	64 000	28.9	225 665	63 219	28.0
Côte d'Ivoire									
1 III 1988(C)	10 815 694	4 220 535	39.0	5 527 343	2 181 294	39.5	5 288 351	2 039 241	38.6
1 VII 1988	10 816 000	4 220 000	39.0	5 528 000	2 181 000	39.5	5 288 000	2 039 000	38.6
1 VII 1993	13 175 000	6 008 000	45.6	6 718 000	3 063 000	45.6	6 457 000	2 944 000	45.6
Egypt – Egypte [1]									
1 VII 1988	50 267 000	22 100 000	44.0	...	...	...	...	...	...
1 VII 1989	51 477 000	22 632 000	44.0	...	...	...	...	...	...
1 VII 1990	53 270 397	23 109 051	43.4	27 234 215	11 814 382	43.4	26 036 182	11 294 669	43.4
1 VII 1991	54 531 452	23 581 481	43.2	27 887 491	12 050 137	43.2	26 643 961	11 531 344	43.3
1 VII 1992	55 738 755	24 023 820	43.1	28 542 633	12 315 980	43.1	27 196 122	11 707 840	43.0
1 VII 1993	56 488 000	24 836 000	44.0	28 761 000	...	...	27 727 000	...	...
1 VII 1994	57 851 000	25 435 000	44.0	...	...	...	...	...	...
1 VII 1995	59 226 000	26 039 000	44.0	...	...	...	...	...	...
1 VII 1996	60 603 000	26 645 000	44.0	...	...	...	...	...	...
1 VII 1997*	62 011 000	27 264 000	44.0	...	...	...	...	...	...
Equatorial Guinea – Guinée équatoriale									
1 VII 1991	356 100	131 830	37.0	172 860	66 450	38.4	183 240	65 380	35.7
Ethiopia – Ethiopie									
1 VII 1988	45 449 400	5 728 600	12.6	...	...	...	...	...	...
1 VII 1989	46 927 600	6 189 600	13.2	...	...	...	...	...	...
1 VII 1990	48 359 800	6 629 900	13.7	...	...	...	...	...	...
1 VII 1991	49 947 400	6 994 900	14.0	...	...	...	...	...	...
1 VII 1992	51 570 500	7 378 000	14.3	...	...	...	...	...	...
1 VII 1993	53 236 400	7 789 100	14.6	...	...	...	...	...	...
1 VII 1994	54 938 100	8 222 000	15.0	...	...	...	...	...	...
11 X 1994(C)	49 218 178	6 806 304	13.8	24 564 929	3 261 635	13.3	24 653 249	3 544 669	14.4
1 VII 1995	56 677 100	8 681 400	15.3	...	...	...	...	...	...
1 VII 1996	58 505 800	9 213 300	15.7	...	...	...	...	...	...

6. Urban and total population by sex: 1988 – 1997 (continued)

Population urbaine et population totale selon le sexe: 1988 – 1997 (suite)

(See notes at end of table. – Voir notes à la fin du tableau.)

Continent, country or area and date / Continent, pays ou zone et date	Both sexes – Les deux sexes Total	Urban – Urbaine Number Nombre	Per cent P. 100	Male – Masculin Total	Urban – Urbaine Number Nombre	Per cent P. 100	Female – Féminin Total	Urban – Urbaine Number Nombre	Per cent P. 100
AFRICA—AFRIQUE (Cont.–Suite)									
Gabon									
31 VII 1993(C)	1 014 976	742 296	73.1	501 784	371 622	74.1	513 192	370 674	72.2
Liberia – Libéria									
1 VII 1988	2 340 932	967 305	41.3	...	...	...	...	...	...
1 VII 1989	2 400 758	1 005 101	41.9	...	...	...	...	...	...
1 VII 1990	2 406 584	1 042 896	43.3	...	...	...	...	...	...
1 VII 1991	2 520 410	1 080 691	42.9	...	...	...	...	...	...
1 VII 1992	2 580 236	1 118 486	43.3	...	...	...	...	...	...
1 VII 1993	2 640 062	1 156 282	43.8	...	...	...	...	...	...
1 VII 1994	2 699 888	1 194 077	44.2	...	...	...	...	...	...
1 VII 1995	2 759 714	1 231 872	44.6	...	...	...	...	...	...
1 VII 1996	2 819 540	1 269 668	45.0	...	...	...	...	...	...
1 VII 1997*	2 879 366	1 307 463	45.4	...	...	...	...	...	...
Malawi [4]									
1 VII 1988	7 754 537	1 079 500	13.9	3 773 619	...	...	3 980 918	...	...
1 VII 1989	8 021 742	1 172 700	14.6	3 907 028	...	...	4 114 714	...	...
1 VII 1990	8 288 946	1 265 800	15.3	...	...	...	...	...	...
1 VII 1991	8 556 151	1 359 000	15.9	...	...	...	...	...	...
1 VII 1992	8 823 355	1 452 200	16.5	...	...	...	...	...	...
1 VII 1993	9 134 976	1 576 500	17.3	...	...	...	...	...	...
1 VII 1994	9 461 403	1 711 200	18.1	...	...	...	...	...	...
1 VII 1995	9 787 831	1 845 900	18.9	...	...	...	...	...	...
1 VII 1996	10 114 257	1 980 700	19.6	...	...	...	...	...	...
Mauritius – Maurice									
1 VII 1988	1 043 239	411 567	39.5	...	...	...	...	...	...
1 VII 1989	1 051 260	413 820	39.4	...	...	...	...	...	...
1 VII 1990	1 058 775	415 099	39.2	527 760	206 104	39.1	528 900	208 138	39.4
1 VII 1991	1 070 128	469 620	43.9	...	...	...	...	...	...
1 VII 1992	1 084 401	475 393	43.8	542 917	237 383	43.7	541 484	237 334	43.8
1 VII 1993	1 097 305	479 146	43.7	549 790	240 018	43.7	547 515	239 128	43.7
1 VII 1994	1 112 607	485 550	43.6	556 979	242 907	43.6	555 628	242 643	43.7
1 VII 1995	1 122 118	488 809	43.6	561 505	244 511	43.5	560 613	244 298	43.6
1 VII 1996	1 133 551	492 799	43.5	567 015	246 381	43.5	566 536	246 418	43.5
Morocco – Maroc									
1 VII 1988	23 407 000	10 989 000	46.9	...	...	...	...	...	...
1 VII 1989	23 951 000	11 426 000	47.7	11 723 000	5 652 000	48.2	12 228 000	5 774 000	47.2
1 VII 1990	24 487 000	11 860 000	48.4	11 995 000	5 895 000	49.1	12 492 000	5 965 000	47.8
1 VII 1991	25 020 000	12 298 000	49.2	12 264 000	6 141 000	50.1	12 756 000	6 157 000	48.3
1 VII 1992	25 547 000	12 725 000	49.8	12 529 000	6 378 000	50.9	13 018 000	6 347 000	48.8
1 VII 1993	26 069 000	13 149 000	50.4	12 792 000	6 616 000	51.7	13 277 000	6 533 000	49.2
1 VII 1994	26 590 000	13 576 000	51.1	...	...	...	...	...	...
2 IX 1994(C)	26 073 717	13 407 835	51.4	...	...	...	...	...	...
1 VII 1995	26 386 000	13 684 000	51.9	...	...	...	...	...	...
1 VII 1996	26 848 000	13 494 000	50.3	13 357 000	...	...	13 491 000	...	...
Namibia – Namibie									
21 X 1991(C)	1 409 920	382 680	27.1	686 327	194 479	28.3	723 593	188 201	26.0
Niger									
20 V 1988(C)*	7 248 100	1 105 740	15.3	3 590 070	554 790	15.5	3 658 030	550 950	15.1
Nigeria – Nigéria									
1 VII 1988	104 956 895	16 908 557	16.1	52 028 618	8 538 820	16.4	52 928 277	8 369 737	15.8
Rwanda									
15 VIII 1991(C)*	7 142 755	384 295	5.4	3 268 240	...	...	3 281 720	...	...

(See notes at end of table. – Voir notes à la fin du tableau.)

Continent, country or area and date / Continent, pays ou zone et date	Both sexes – Les deux sexes			Male – Masculin			Female – Féminin		
	Total	Urban – Urbaine		Total	Urban – Urbaine		Total	Urban – Urbaine	
		Number Nombre	Per cent P. 100		Number Nombre	Per cent P. 100		Number Nombre	Per cent P. 100
AFRICA—AFRIQUE (Cont.–Suite)									
Senegal – Sénégal [1]									
27 V 1988(C)	6 896 808	2 653 943	38.5	3 353 599	1 303 775	38.9	3 543 209	1 350 168	38.1
1 VII 1988	6 912 573	2 660 815	38.5	...	...	...	...	...	...
1 VII 1989	7 102 858	2 762 506	38.9	...	...	...	...	...	...
1 VII 1990	7 298 412	2 867 828	39.3	...	...	...	...	...	...
1 VII 1991	7 499 095	2 950 791	39.3	...	...	...	...	...	...
1 VII 1992	7 703 826	2 964 355	38.5	...	...	...	...	...	...
1 VII 1993	7 913 090	3 497 584	44.2	...	...	...	...	...	...
1 VII 1994	8 127 374	3 324 304	40.9	...	...	...	...	...	...
1 VII 1995	8 346 998	3 447 804	41.3	...	...	...	...	...	...
1 VII 1996	8 572 004	3 575 365	41.7	...	...	...	...	...	...
1 VII 1997*	8 802 304	3 618 255	41.1	...	...	...	...	...	...
South Africa – Afrique du Sud [5]									
7 III 1991(C) [5]	30 986 920	17 551 745	56.6	15 479 528	8 914 311	57.6	15 507 392	8 637 434	55.7
9 X 1996(C)* [6]	37 859 000	16 899 000	44.6	18 163 000	7 911 000	43.6	19 696 000	8 988 000	45.6
Sudan – Soudan									
1 VII 1988	24 245 000	5 674 000	23.4	...	...	...	...	...	...
1 VII 1989	24 989 000	5 996 000	24.0	...	...	...	...	...	...
1 VII 1990	25 752 000	6 333 000	24.6	...	...	...	...	...	...
1 VII 1991	26 530 000	6 686 000	25.2	...	...	...	...	...	...
1 VII 1992	27 323 000	7 057 000	25.8	...	...	...	...	...	...
1 VII 1993	28 129 000	7 446 000	26.5	...	...	...	...	...	...
1 VII 1994	28 947 000	7 853 000	27.1	...	...	...	...	...	...
Swaziland									
1 VII 1988	717 346	164 525	22.9	...	...	...	...	...	...
1 VII 1989	742 818	172 261	23.2	...	...	...	...	...	...
1 VII 1990	768 880	180 290	23.4	...	...	...	...	...	...
1 VII 1991	795 534	188 628	23.7	...	...	...	...	...	...
1 VII 1992	832 784	197 250	23.7	...	...	...	...	...	...
1 VII 1993	850 628	206 203	24.2	...	...	...	...	...	...
1 VII 1994	879 081	217 309	24.7	410 924	108 790	26.5	468 157	108 519	23.2
1 VII 1995	908 119	225 074	24.8	...	...	...	...	...	...
1 VII 1996	937 747	237 368	25.3	438 334	118 562	27.0	499 413	118 806	23.8
Tunisia – Tunisie									
20 IV 1994(C)	8 785 711	5 361 927	61.0	4 439 289	2 717 168	61.2	4 346 422	2 644 759	60.8
Uganda – Ouganda									
12 I 1991(C)	16 671 705	1 889 622	11.3	8 185 747	916 646	11.2	8 485 958	972 976	11.5
1 VII 1995	19 262 626	2 587 105	13.4	9 504 221	...	...	9 758 406	...	...
1 VII 1996	19 847 689	2 764 579	13.9	9 802 558	...	...	10 045 131	...	...
1 VII 1997*	20 438 357	2 966 473	14.5	10 104 447	...	...	10 333 910	...	...
United Rep. of Tanzania – Rép.–Unie de Tanzanie									
1 VII 1988	23 997 000	4 670 000	19.5	...	...	...	...	...	...
28 VIII 1988(C)	23 126 310	4 269 462	18.5	11 217 723	2 123 761	18.9	11 908 587	2 145 701	18.0
1 VII 1989	24 802 000	4 991 000	20.1	...	...	...	...	...	...
1 VII 1990	25 635 000	5 333 000	20.8	...	...	...	...	...	...
Zambia – Zambie [2]									
1 VII 1990	8 073 407	3 979 407	49.3	...	...	...	...	...	...
20 VIII 1990(C)	7 383 097	2 905 283	39.4	3 617 577	1 453 816	40.2	3 765 520	1 451 467	38.5
AMERICA,NORTH— AMERIQUE DU NORD									
Bahamas									
1 V 1990(C)	255 095	213 094	83.5	124 992	103 575	82.9	130 103	109 519	84.2

(See notes at end of table. – Voir notes à la fin du tableau.)

Continent, country or area and date Continent, pays ou zone et date	Both sexes – Les deux sexes			Male – Masculin			Female – Féminin		
	Total	Urban – Urbaine		Total	Urban – Urbaine		Total	Urban – Urbaine	
		Number Nombre	Per cent P. 100		Number Nombre	Per cent P. 100		Number Nombre	Per cent P. 100
AMERICA, NORTH— (Cont.–Suite) AMERIQUE DU NORD									
Belize									
1 VII 1990	189 000	88 028	46.6	96 000	43 216	45.0	93 000	44 812	48.2
12 V 1991(C)	189 774	89 761	47.3	96 289	44 136	45.8	93 485	45 625	48.8
1 VII 1991	194 000	90 376	46.6	98 000	44 117	45.0	96 000	46 257	48.2
1 VII 1992	199 000	92 690	46.6	101 000	45 467	45.0	98 000	47 221	48.2
1 VII 1993	205 000	97 430	47.5	104 000	47 951	46.1	101 000	49 479	49.0
1 VII 1994	211 000	106 975	50.7	104 000	52 000	50.0	107 000	54 975	51.4
1 VII 1995	216 500	109 880	50.8	107 500	54 255	50.5	109 000	55 625	51.0
1 VII 1996	222 000	113 640	51.2	111 000	54 440	49.0	111 000	59 200	53.3
1 VII 1997	230 000	115 975	50.4	114 500	55 350	48.3	115 500	60 625	52.5
Canada [1]									
1 VII 1988	26 894 785	20 578 200	76.5	...	...	...	...	...	...
1 VII 1989	27 379 348	20 955 900	76.5	...	...	...	...	...	...
1 VII 1990	27 790 593	21 215 900	76.3	...	...	...	...	...	...
4 VI 1991(C)	27 296 859	20 906 875	76.6	13 454 580	10 175 035	75.6	13 842 280	10 731 635	77.5
1 VII 1995	29 615 325	22 713 600	76.7	14 675 972	...	...	14 939 353	...	...
Costa Rica [1]									
1 VII 1990	2 804 769	1 238 658	44.2	1 512 211	...	...	1 481 465	...	...
1 VII 1991	2 871 085	1 271 495	44.3	1 547 718	...	...	1 515 890	...	...
1 VII 1992	2 938 377	1 303 763	44.4	1 455 016	...	...	1 483 361	...	...
1 VII 1993	3 004 577	1 324 667	44.1	1 497 799	...	...	1 506 778	...	...
1 VII 1994	3 265 920	1 352 375	41.4	1 649 819	661 153	40.1	1 616 101	691 222	42.8
Cuba									
1 VII 1988	10 412 431	7 554 403	72.6	5 242 663	3 728 220	71.1	5 169 768	3 826 183	74.0
1 VII 1989	10 522 796	7 694 443	73.1	5 297 524	3 798 023	71.7	5 225 272	3 896 420	74.6
1 VII 1991	10 743 694	7 955 667	74.0	5 405 363	3 925 667	72.6	5 338 331	4 030 000	75.5
1 VII 1992	10 831 070	8 049 004	74.3	5 447 421	3 973 761	72.9	5 383 649	4 075 243	75.7
1 VII 1993	10 904 466	8 111 613	74.4	5 482 360	4 001 875	73.0	5 422 106	4 109 738	75.8
1 VII 1994	10 950 100	8 145 869	74.4	5 502 852	4 010 950	72.9	5 447 248	4 134 919	75.9
1 VII 1995	10 979 510	8 175 131	74.5	5 514 257	4 022 717	73.0	5 465 253	4 152 414	76.0
Dominican Republic – République dominicaine									
1 VII 1988	6 867 370	3 921 513	57.1	...	...	...	...	...	...
1 VII 1989	7 019 107	4 064 811	57.9	...	...	...	...	...	...
1 VII 1990	7 169 845	4 205 313	58.7	...	...	...	...	...	...
1 VII 1991	7 320 068	4 343 211	59.3	...	...	...	...	...	...
1 VII 1992	7 470 534	4 480 109	60.0	...	...	...	...	...	...
1 VII 1993	7 620 395	4 615 596	60.6	...	...	...	...	...	...
1 VII 1994	7 768 912	4 749 370	61.1	...	...	...	...	...	...
1 VII 1995	7 915 321	4 881 102	61.7	...	...	...	...	...	...
El Salvador									
1 VII 1988	5 089 999	2 272 059	44.6	2 490 269	1 084 846	43.6	2 599 730	1 187 213	45.7
1 VII 1989	5 193 349	2 327 666	44.8	2 547 862	1 112 373	43.7	2 645 487	1 215 293	45.9
27 IX 1992(C)	5 118 599	2 581 834	50.4	2 485 613	1 220 024	49.1	2 632 986	1 361 810	51.7
Greenland – Groenland [1]									
1 VII 1988	54 848	43 628	79.5	43 628	...	...	11 220	...	...
1 VII 1989	55 365	44 147	79.7	44 147	...	...	11 218	...	...
1 VII 1990	55 589	44 455	80.0	44 456	...	...	11 134	...	...
1 VII 1991	55 502	44 498	80.2	44 499	...	...	11 004	...	...
1 VII 1992	55 251	44 366	80.3	29 585	23 551	79.6	25 667	20 816	81.1
1 VII 1993	55 268	44 472	80.5	29 549	23 577	79.8	25 719	20 896	81.2
1 VII 1994	55 576	44 901	80.8	29 665	23 767	80.1	25 911	21 135	81.6
1 VII 1995	55 798	45 227	81.1	29 762	23 930	80.4	26 036	21 298	81.8
1 VII 1996	55 917	45 330	81.1	29 828	23 993	80.4	26 089	21 337	81.8
Guatemala [7]									
1 VII 1989	8 935 286	3 391 221	38.0	4 514 958	1 657 015	36.7	4 420 328	1 734 206	39.2
1 VII 1990	9 197 351	3 500 908	38.1	4 646 726	1 710 527	36.8	4 550 625	1 790 381	39.3
1 VII 1991	9 467 028	3 614 421	38.2	4 782 219	1 765 858	36.9	4 684 809	1 848 563	39.5
1 VII 1992	9 744 627	3 731 791	38.3	4 921 762	1 823 082	37.0	4 822 865	1 908 709	39.6
1 VII 1993	10 029 714	3 853 089	38.4	5 065 077	1 882 207	37.2	4 964 637	1 970 882	39.7

(See notes at end of table. – Voir notes à la fin du tableau.)

Continent, country or area and date Continent, pays ou zone et date	Both sexes – Les deux sexes			Male – Masculin			Female – Féminin		
	Total	Urban – Urbaine		Total	Urban – Urbaine		Total	Urban – Urbaine	
		Number Nombre	Per cent P. 100		Number Nombre	Per cent P. 100		Number Nombre	Per cent P. 100
AMERICA,NORTH— (Cont.–Suite) AMERIQUE DU NORD									
Haiti – Haïti [1]									
1 VII 1988	6 237 558	1 775 510	28.5	...	...	...	...	...	...
1 VII 1989	6 361 803	1 847 289	29.0	...	...	...	...	...	...
1 VII 1990	6 486 048	1 920 830	29.6	...	...	...	...	...	...
1 VII 1991	6 624 897	2 000 547	30.2	...	...	...	...	...	...
1 VII 1992	6 763 746	2 082 204	30.8	...	...	...	...	...	...
1 VII 1993	6 902 596	2 165 805	31.4	...	...	...	...	...	...
1 VII 1994	7 041 445	2 251 351	32.0	...	...	...	...	...	...
1 VII 1995	7 180 294	2 338 842	32.6	...	...	...	...	...	...
1 VII 1996	7 336 028	2 433 878	33.2	...	...	...	...	...	...
1 VII 1997*	7 491 762	2 531 060	33.8	...	...	...	...	...	...
Honduras									
29 V 1988(C)	4 248 561	1 674 944	39.4	2 110 106	793 929	37.6	2 138 455	881 015	41.2
1 VII 1988	4 801 500	2 021 695	42.1	...	...	...	...	...	...
1 VII 1989	4 950 633	2 126 496	43.0	...	...	...	...	...	...
1 VII 1990	5 105 347	2 236 730	43.8	...	...	...	...	...	...
1 VII 1991	5 264 621	2 331 531	44.3	...	...	...	...	...	...
1 VII 1992	5 427 442	2 446 645	45.1	...	...	...	...	...	...
1 VII 1993	5 595 353	2 566 675	45.9	...	...	...	...	...	...
1 VII 1994	5 769 892	2 692 458	46.7	...	...	...	...	...	...
1 VII 1995	5 952 585	2 824 877	47.5	...	...	...	...	...	...
1 VII 1996	6 139 876	2 962 806	48.3	...	...	...	...	...	...
1 VII 1997*	6 338 272	3 109 175	49.1	...	...	...	...	...	...
Jamaica – Jamaïque									
7 IV 1991(C)	2 314 479	1 148 191	49.6	1 134 386	543 108	47.9	1 180 093	605 083	51.3
Mexico – Mexique(1)									
12 III 1990(C)	81 249 645	57 959 721	71.3	39 873 969	28 193 501	70.7	41 355 676	29 766 220	72.0
5 XI 1995 [8]	91 158 290	67 003 515	73.5	...	...	...	...	...	...
Nicaragua									
1 VII 1988	3 621 594	2 142 704	59.2	1 813 451	1 041 732	57.4	1 808 143	1 100 972	60.9
1 VII 1989	3 745 031	2 239 025	59.8	1 876 192	1 090 743	58.1	1 868 839	1 148 282	61.4
1 VII 1990	3 870 820	2 338 019	60.4	...	...	...	...	...	...
1 VII 1991	3 999 231	2 439 898	61.0	...	...	...	...	...	...
1 VII 1992	4 130 707	2 544 858	61.6	...	...	...	...	...	...
1 VII 1993	4 264 845	2 652 586	62.2	...	...	...	...	...	...
1 VII 1994	4 401 244	2 762 756	62.8	...	...	...	...	...	...
25 IV 1995(C)	4 357 099	2 370 810	54.4	2 147 105	...	...	2 209 994	...	...
1 VII 1995	4 539 499	2 875 051	63.3	...	...	...	...	...	...
Panama									
13 V 1990(C)	2 329 329	1 251 555	53.7	1 178 790	607 025	51.5	1 150 539	644 530	56.0
1 VII 1990	2 397 538	1 286 856	53.7	1 214 528	625 346	51.5	1 183 010	661 936	56.0
1 VII 1991	2 442 514	1 318 459	54.0	1 236 818	641 916	51.9	1 205 696	676 543	56.1
1 VII 1992	2 488 333	1 350 002	54.3	1 259 517	657 496	52.2	1 228 816	692 506	56.4
1 VII 1993	2 535 012	1 381 542	54.5	1 282 633	673 074	52.5	1 252 379	708 468	56.6
1 VII 1994	2 582 566	1 413 083	54.7	1 306 173	688 653	52.7	1 276 393	724 430	56.8
1 VII 1995	2 631 013	1 444 622	54.9	1 330 145	704 231	52.9	1 300 868	740 391	56.9
1 VII 1996	2 674 490	1 476 665	55.2	1 351 574	719 973	53.3	1 322 916	756 692	57.2
1 VII 1997*	2 718 686	1 508 703	55.5	1 373 349	735 709	53.6	1 345 337	772 994	57.5
Puerto Rico – Porto Rico									
1 IV 1990(C) [1][9]	3 522 037	2 508 346	71.2	1 705 642	1 198 085	70.2	1 816 395	1 310 261	72.1
United States – Etats–Unis									
1 IV 1990(C) [1][10][11]	248 709 873	187 053 487	75.2	121 239 418	90 386 114	74.6	127 470 455	96 667 373	75.8

6. Urban and total population by sex: 1988 – 1997 (continued)

Population urbaine et population totale selon le sexe: 1988 – 1997 (suite)

(See notes at end of table. – Voir notes à la fin du tableau.)

Continent, country or area and date / Continent, pays ou zone et date	Both sexes – Les deux sexes			Male – Masculin			Female – Féminin		
	Total	Urban – Urbaine		Total	Urban – Urbaine		Total	Urban – Urbaine	
		Number / Nombre	Per cent / P. 100		Number / Nombre	Per cent / P. 100		Number / Nombre	Per cent / P. 100
AMERICA,SOUTH— AMERIQUE DU SUD									
Argentina – Argentine									
1 VII 1990	32 527 095	28 257 078	86.9	15 968 590	13 685 293	85.7	16 558 502	14 571 785	88.0
1 VII 1991	32 973 784	28 736 241	87.1	...	...	...	...	...	...
1 VII 1992	33 421 199	29 226 537	87.4	...	...	...	...	...	...
1 VII 1993	33 869 405	29 723 071	87.8	...	...	...	...	...	...
1 VII 1994	34 318 469	30 220 944	88.1	16 836 555	...	...	17 481 914	...	...
1 VII 1995	34 768 458	30 715 258	88.3	17 055 814	14 889 186	87.3	17 712 643	15 826 072	89.3
1 VII 1996	35 219 612	31 206 336	88.6	...	...	...	...	...	...
1 VII 1997*	35 671 894	31 697 444	88.9	...	...	...	...	...	...
Bolivia – Bolivie									
1 VII 1990	6 572 771	3 589 675	54.6	3 253 723	...	...	3 319 048	...	...
1 VII 1991	6 732 981	3 739 861	55.5	...	...	...	...	...	...
3 VI 1992(C)	6 420 792	3 694 846	57.5	3 171 265	1 793 445	56.6	3 249 527	1 901 401	58.5
1 VII 1992	6 897 096	3 896 331	56.5	3 171 265	...	...	3 249 527	...	...
1 VII 1993	7 065 211	4 059 347	57.5	3 497 470	...	...	3 567 689	...	...
1 VII 1994	7 237 424	4 229 184	58.4	3 582 711	...	...	3 654 713	...	...
1 VII 1995	7 413 834	4 406 126	59.4	3 680 139	...	...	3 733 695	...	...
1 VII 1996	7 588 392	4 573 258	60.3	3 766 795	...	...	3 821 597	...	...
1 VII 1997*	7 767 059	4 746 729	61.1	...	...	...	...	...	...
Brazil – Brésil									
1 IX 1991(C) [1] [12]	146 825 475	110 990 990	75.6	72 485 122	53 854 256	74.3	74 340 353	57 136 734	76.9
Chile – Chili									
1 VII 1988	12 748 207	10 718 888	84.1	6 294 428	5 191 835	82.5	6 453 779	5 527 053	85.6
1 VII 1989	12 961 032	10 931 787	84.3	6 400 207	5 297 921	82.8	6 560 825	5 633 866	85.9
1 VII 1990	13 099 513	10 888 486	83.1	6 471 912	5 281 043	81.6	6 627 601	5 607 443	84.6
1 VII 1991	13 319 726	11 109 294	83.4	6 582 343	5 392 054	81.9	6 737 383	5 717 240	84.9
22 IV 1992(C)	13 348 401	11 140 405	83.5	6 553 254	5 364 760	81.9	6 795 147	5 775 645	85.0
1 VII 1992	13 544 964	11 335 101	83.7	6 695 425	5 505 686	82.2	6 849 539	5 829 415	85.1
1 VII 1993	13 771 187	11 561 902	84.0	6 809 060	5 619 865	82.5	6 962 127	5 942 037	85.3
1 VII 1994	13 994 355	11 785 639	84.2	6 921 150	5 732 505	82.8	7 073 205	6 053 134	85.6
1 VII 1995	14 210 429	12 002 308	84.5	7 029 597	5 841 532	83.1	7 180 832	6 160 776	85.8
1 VII 1996	14 418 864	12 213 866	84.7	7 134 144	5 948 050	83.4	7 284 720	6 265 833	86.0
1 VII 1997*	14 622 354	12 420 510	84.9	7 236 189	...	...	7 386 165	...	...
Colombia – Colombie									
24 X 1993(C)*	33 109 840	23 514 070	71.0	16 296 539	11 211 708	68.8	16 813 301	12 302 362	73.2
Ecuador – Equateur [7] [13]									
1 VII 1988	9 794 477	5 268 062	53.8	4 924 686	...	...	4 869 790	...	...
1 VII 1989	10 028 670	5 474 040	54.6	5 041 991	...	...	4 986 680	...	...
1 VII 1990	10 264 137	5 683 585	55.4	5 159 900	...	...	5 104 237	...	...
25 XI 1990(C)	9 648 189	5 345 858	55.4	4 796 412	2 597 107	54.1	4 851 777	2 748 751	56.7
1 VII 1991	10 501 529	5 912 699	56.3	5 278 737	...	...	5 222 792	...	...
1 VII 1992	10 740 799	6 176 664	57.5	5 398 462	3 007 784	55.7	5 342 337	3 107 789	58.2
1 VII 1993	10 980 972	6 492 485	59.1	5 518 593	3 194 719	57.9	5 462 379	3 297 766	60.4
1 VII 1994	11 221 070	6 717 859	59.9	5 638 647	...	...	5 582 423	...	...
1 VII 1995	11 460 117	6 944 264	60.6	5 758 141	3 418 873	59.4	5 701 976	3 525 391	61.8
1 VII 1996	11 698 496	7 172 397	61.3	5 877 274	3 532 063	60.1	5 821 222	3 640 334	62.5
1 VII 1997*	11 936 858	7 402 918	62.0	5 996 368	3 646 443	60.8	5 940 490	3 756 475	63.2
Falkland Islands (Malvinas)– Iles Falkland (Malvinas)									
5 III 1991(C)	2 050	1 557	76.0	1 095	814	74.3	955	743	77.8
Paraguay									
26 VIII 1992(C) [6]	4 152 588	2 089 684	50.3	2 085 905	1 007 400	48.3	2 066 683	1 082 288	52.4
Peru – Pérou [7] [12]									
1 VII 1988	20 684 244	14 335 022	69.3	10 413 017	7 164 607	68.8	10 271 227	7 170 415	69.8
1 VII 1989	21 112 598	14 738 918	69.8	10 627 341	7 363 932	69.3	10 485 257	7 374 986	70.3
1 VII 1990	21 569 271	14 814 128	68.7	10 846 578	7 568 242	69.8	10 703 744	7 584 023	70.9
1 VII 1991	21 998 261	15 576 912	70.8	11 071 166	7 778 518	70.3	10 927 095	7 798 394	71.4
1 VII 1992	22 453 867	16 010 043	71.3	11 299 736	7 993 254	70.7	11 154 131	8 016 789	71.9
11 VII 1993(C)	22 048 356	15 458 599	70.1	10 956 375	7 606 489	69.4	11 091 981	7 852 110	70.8
1 VII 1995	23 531 701	16 758 691	71.2	11 688 601	8 255 135	70.6	11 843 100	8 503 556	71.8

(See notes at end of table. – Voir notes à la fin du tableau.)

Continent, country or area and date Continent, pays ou zone et date	Both sexes – Les deux sexes			Male – Masculin			Female – Féminin		
	Total	Urban – Urbaine		Total	Urban – Urbaine		Total	Urban – Urbaine	
		Number Nombre	Per cent P. 100		Number Nombre	Per cent P. 100		Number Nombre	Per cent P. 100
AMERICA, SOUTH— (Cont.–Suite) **AMERIQUE DU SUD**									
Suriname									
1 VII 1988	395 050	271 547	68.7	...	...	...	...	...	...
1 VII 1989	399 291	273 991	68.6	...	...	...	...	...	...
1 VII 1990	401 667	280 668	69.9	200 812	...	...	200 855	...	...
1 VII 1991	402 196	282 885	70.3	201 278	...	...	200 918	...	...
1 VII 1992	403 314	283 075	70.2	202 035	...	...	201 279	...	...
1 VII 1993	403 828	284 665	70.5	202 486	...	...	201 342	...	...
1 VII 1994	405 010	286 250	70.7	203 261	...	...	201 749	...	...
1 VII 1995	409 041	287 715	70.3	205 469	...	...	203 572	...	...
1 VII 1996	413 804	289 185	69.9	...	...	...	...	...	...
Uruguay [7]									
1 VII 1988	3 059 545	2 699 888	88.2	1 492 557	1 283 135	86.0	1 566 988	1 416 753	90.4
1 VII 1989	3 076 830	2 724 119	88.5	1 500 470	1 294 880	86.3	1 576 360	1 429 239	90.7
1 VII 1990	3 094 214	2 748 317	88.8	1 508 426	1 306 600	86.6	1 585 788	1 441 717	90.9
1 VII 1991	3 112 303	2 772 808	89.1	1 517 095	1 318 907	86.9	1 595 208	1 453 901	91.1
1 VII 1992	3 130 500	2 797 288	89.4	1 525 815	1 331 199	87.2	1 604 685	1 466 089	91.4
1 VII 1993	3 148 803	2 821 758	89.6	1 534 585	1 343 478	87.5	1 614 218	1 478 280	91.6
1 VII 1994	3 167 212	2 846 219	89.9	1 543 405	1 355 742	87.8	1 623 807	1 490 477	91.8
1 VII 1995	3 185 728	2 870 686	90.1	1 552 275	1 367 998	88.1	1 633 453	1 502 688	92.0
1 VII 1996	3 203 282	2 893 582	90.3	1 560 813	1 379 655	88.4	1 642 469	1 513 927	92.2
1 VII 1997*	3 220 933	2 916 483	90.5	1 569 398	1 391 304	88.7	1 651 535	1 525 178	92.3
Venezuela [7][12]									
1 VII 1988	18 157 389	15 325 337	84.4	...	...	...	...	...	...
1 VII 1989	18 871 904	15 776 913	83.6	...	...	...	...	...	...
1 VII 1990	19 325 222	16 231 254	84.0	9 747 375	8 094 783	83.0	9 577 847	8 136 471	85.0
20 X 1990(C)	18 105 265	15 227 740	84.1	9 019 757	...	...	9 085 508	...	...
1 VII 1991	19 972 039	16 760 616	83.9	10 068 405	8 342 808	82.9	9 903 634	8 417 808	85.0
1 VII 1992	20 248 826	17 235 382	85.1	...	...	...	...	...	...
1 VII 1993	20 712 177	17 709 445	85.5	...	...	...	...	...	...
1 VII 1994	21 177 149	18 183 104	85.9	...	...	...	...	...	...
1 VII 1995	21 844 496	18 656 451	85.4	...	...	...	...	...	...
1 VII 1996	22 311 094	19 137 416	85.8	...	...	...	...	...	...
1 VII 1997*	22 777 152	19 617 876	86.1	11 467 427	9 751 665	85.0	11 309 724	9 666 211	85.5
ASIA—ASIE									
Armenia – Arménie									
1 VII 1988	3 452 800	2 365 700	68.5	1 694 200	1 152 500	68.0	1 758 600	1 213 200	69.0
12 I 1989(C) [1]	3 304 776	2 222 241	67.2	1 619 308	1 077 746	66.6	1 685 468	1 144 495	67.9
1 VII 1989	3 481 800	2 398 100	68.9	1 699 100	1 157 200	68.1	1 782 700	1 240 900	69.6
1 VII 1990	3 544 700	2 456 000	69.3	1 719 400	1 173 900	68.3	1 825 300	1 282 100	70.2
1 VII 1991	3 611 700	2 500 100	69.2	1 751 600	1 193 500	68.1	1 860 100	1 306 600	70.2
1 VII 1992	3 685 600	2 525 700	68.5	1 785 800	1 204 200	67.4	1 899 800	1 321 500	69.6
1 VII 1993	3 731 250	2 534 300	67.9	1 807 100	1 208 500	66.9	1 924 200	1 325 800	68.9
1 VII 1994	3 746 350	2 533 000	67.6	...	...	...	...	...	...
Azerbaijan – Azerbaïdjan									
12 I 1989(C) [1]	7 021 178	3 805 885	54.2	3 423 793	1 867 911	54.6	3 597 385	1 937 974	53.9
1 VII 1989	7 037 900	3 790 000	53.9	...	...	...	...	...	...
1 VII 1991	7 186 600	3 864 900	53.8	...	...	...	...	...	...
1 VII 1992	7 296 900	3 919 900	53.7	...	...	...	...	...	...
1 VII 1993	7 367 900	3 933 200	53.4	...	...	...	...	...	...
1 VII 1994	7 430 700	3 952 800	53.2	...	...	...	...	...	...
1 VII 1995	7 486 900	3 967 100	53.0	...	...	...	...	...	...
Bahrain – Bahreïn									
16 XI 1991(C)	508 037	449 336	88.4	294 346	260 555	88.5	213 691	188 781	88.3
Brunei Darussalam – **Brunéi Darussalam**									
7 VIII 1991(C)	260 482	173 411	66.6	137 616	90 607	65.8	122 866	82 804	67.4
Cambodia – Cambodge [14]									
1 VII 1990	8 567 582	1 081 291	12.6	3 964 497	490 359	12.4	4 603 085	590 932	12.8
20 III 1996	10 702 000	1 540 000	14.4	5 119 000	738 000	14.4	5 583 000	802 000	14.4
China – Chine [15]									
1 VII 1990(C)	1130510 638	296 145 180	26.2	581 820 407	154 178 452	26.5	548 690 231	141 966 728	25.9

(See notes at end of table. – Voir notes à la fin du tableau.)

Continent, country or area and date / Continent, pays ou zone et date	Both sexes – Les deux sexes Total	Urban – Urbaine Number / Nombre	Urban – Urbaine Per cent / P. 100	Male – Masculin Total	Urban – Urbaine Number / Nombre	Urban – Urbaine Per cent / P. 100	Female – Féminin Total	Urban – Urbaine Number / Nombre	Urban – Urbaine Per cent / P. 100
ASIA—ASIE (Cont.–Suite)									
Cyprus – Chypre									
1 X 1992(C) [16]	602 025	407 324	67.7	299 614	201 811	67.4	354 500	205 513	58.0
Georgia – Géorgie									
1 VII 1988	5 418 800	3 004 200	55.4	...	...	...	...	...	...
12 I 1989(C) [1]	5 400 841	2 991 352	55.4	2 562 040	1 401 043	54.7	2 838 801	1 590 309	56.0
1 VII 1989	5 455 500	3 045 700	55.8	...	...	...	...	...	...
1 VII 1990	5 460 100	3 065 600	56.1	...	...	...	...	...	...
1 VII 1991	5 463 500	3 070 600	56.2	...	...	...	...	...	...
1 VII 1992	5 454 900	3 059 300	56.1	...	...	...	...	...	...
1 VII 1993	5 440 300	3 039 500	55.9	...	...	...	...	...	...
1 VII 1994	5 425 600	3 022 600	55.7	...	...	...	...	...	...
1 VII 1995	5 416 900	3 013 600	55.6	...	...	...	...	...	...
India – Inde [17]									
1 III 1991	846 302 688	217 611 012	25.7	439 230 458	114 908 844	26.2	407 072 230	102 702 168	25.2
1 VII 1993	883 910 000	232 203 000	26.3	459 157 000	...	...	424 753 000	...	...
1 VII 1996	939 540 000	256 766 000	27.3	...	...	...	...	...	...
1 VII 1997*	955 220 000	263 955 000	27.6	...	...	...	...	...	...
Indonesia – Indonésie									
31 X 1990(C) [18]	179 378 946	55 502 063	30.9	89 463 545	27 733 632	31.0	89 915 401	27 768 431	30.9
1 VII 1991	181 384 950	57 274 350	31.6	...	...	...	...	...	...
1 VII 1992	184 491 400	60 036 300	32.5	...	...	...	...	...	...
1 VII 1993	187 589 150	62 898 800	33.5	...	...	...	...	...	...
1 VII 1994	190 676 050	65 856 300	34.5	...	...	...	...	...	...
1 VII 1995	194 754 808	69 337 110	35.6	96 929 931	34 722 443	35.8	97 824 877	35 214 667	36.0
1 VII 1996	196 813 000	72 047 500	36.6	...	...	...	...	...	...
1 VII 1997*	199 866 600	75 277 150	37.7	...	...	...	...	...	...
Iran (Islamic Republic of – Rép. islamique d')									
1 VII 1988	51 909 019	28 739 847	55.4	...	...	...	...	...	...
1 VII 1989	53 186 694	29 737 094	55.9	...	...	...	...	...	...
1 VII 1990	54 495 817	30 768 945	56.5	...	...	...	...	...	...
1 X 1991(C)	55 837 163	31 836 598	57.0	28 768 450	16 435 244	57.1	27 068 713	15 401 354	56.9
1 VII 1992	57 153 200	32 583 039	57.0	...	...	...	...	...	...
1 VII 1993	58 480 900	33 626 518	57.5	...	...	...	...	...	...
II 1994	59 648 144	34 645 738	58.1	30 401 041	17 733 254	58.3	29 247 103	16 912 484	57.8
Israel – Israël [1][7][19]									
1 VII 1988	4 441 700	3 943 700	88.8	2 215 200	...	...	2 226 500	...	...
1 VII 1989	4 518 200	4 060 200	89.9	2 253 200	...	...	2 265 000	...	...
1 VII 1990	4 660 200	4 193 400	90.0	2 321 000	2 080 500	89.6	2 339 100	2 113 800	90.4
1 VII 1992	5 123 500	4 604 800	89.9	2 542 900	2 276 300	89.5	2 580 400	2 328 400	90.2
1 VII 1993	5 261 400	4 723 500	89.8	2 609 400	2 333 200	89.4	2 652 000	2 390 300	90.1
1 VII 1994	5 399 300	4 843 800	89.7	2 675 800	2 390 900	89.4	2 723 500	2 453 000	90.1
1 VII 1995	5 544 900	4 970 500	89.6	2 746 500	2 452 000	89.3	2 798 400	2 518 200	90.0
1 VII 1996	5 688 900	5 099 000	89.6	...	...	...	...	...	...
Japan – Japon [20]									
1 X 1990(C)	123 611 167	95 643 521	77.4	60 696 724	47 124 420	77.6	62 914 443	48 519 101	77.1
1 X 1995(C)	125 570 246	98 009 107	78.1	61 574 398	48 210 196	78.3	63 995 848	49 798 911	77.8
Kazakhstan									
1 VII 1988	16 361 700	9 318 000	57.0	7 919 170	4 430 406	55.9	8 442 582	4 887 604	57.9
12 I 1989(C) [1]	16 536 511	9 465 351	57.2	8 012 985	4 511 090	56.3	8 523 526	4 954 261	58.1
1 VII 1989	16 249 500	9 178 800	56.5	8 013 521	4 500 507	56.2	8 523 438	4 957 838	58.2
1 VII 1990	16 348 100	9 266 700	56.7	8 086 627	4 555 346	56.3	8 583 073	5 009 091	58.4
1 VII 1991	16 450 800	9 343 700	56.8	8 159 900	4 602 300	56.4	8 646 500	5 057 200	58.5
1 VII 1992	16 517 600	9 354 800	56.6	8 211 040	4 613 957	56.2	8 691 660	5 070 443	58.3
1 VII 1993	16 479 200	9 232 100	56.0	8 210 471	4 560 033	55.5	8 681 585	5 013 370	57.7
1 VII 1994	16 296 800	9 026 300	55.4	...	...	...	...	...	...
1 VII 1995	16 066 100	8 862 900	55.2	8 036 278	4 391 237	54.6	8 503 251	4 841 676	56.9
1 VII 1996	15 920 897	8 782 513	55.2	7 738 053	4 175 974	54.0	8 182 844	4 606 539	56.3
Korea, Dem. People's Rep. of – Corée, rép. populaire dém. de									
31 XII 1993(C)	21 213 378	12 501 217	58.9	10 329 699	5 951 077	57.6	10 883 679	6 550 140	60.2

(See notes at end of table. – Voir notes à la fin du tableau.)

Continent, country or area and date Continent, pays ou zone et date	Both sexes – Les deux sexes			Male – Masculin			Female – Féminin		
	Total	Urban – Urbaine		Total	Urban – Urbaine		Total	Urban – Urbaine	
	Nombre	Number Nombre	Per cent P. 100		Number Nombre	Per cent P. 100		Number Nombre	Per cent P. 100
ASIA—ASIE (Cont.–Suite)									
Korea, Republic of– [21] Corée, République de									
1 XI 1990(C)	43 410 899	32 308 970	74.4	21 782 154	16 199 493	74.4	21 628 745	16 109 477	74.5
1 XI 1995(C)	44 608 726	35 036 473	78.5	22 389 324	17 621 308	78.7	22 219 402	17 415 165	78.4
Kyrgyzstan – Kirghizistan									
1 VII 1988	4 249 800	1 620 200	38.1	2 073 200	769 400	37.1	2 176 600	850 800	39.1
12 I 1989(C) [1]	4 257 755	1 624 535	38.2	2 077 623	770 066	37.1	2 180 132	854 469	39.2
1 VII 1989	4 326 800	1 651 200	38.2	2 113 400	784 400	37.1	2 213 400	866 800	39.2
1 VII 1990	4 394 700	1 674 000	38.1	2 150 000	796 400	37.0	2 244 700	877 700	39.1
1 VII 1991	4 453 300	1 690 800	38.0	2 182 500	805 500	36.9	2 270 900	885 400	39.0
1 VII 1992	4 493 300	1 688 100	37.6	...	...	...	...	...	...
1 VII 1993	4 482 300	1 633 600	36.4	2 207 400	782 400	35.4	2 274 900	851 200	37.4
1 VII 1994	4 473 000	1 581 500	35.4	...	...	...	...	...	...
1 VII 1995	4 514 300	1 576 600	34.9	2 226 800	759 000	34.1	2 287 500	876 000	38.3
1 VII 1996	4 575 900	1 581 600	34.6	...	...	...	...	...	...
Malaysia – Malaisie									
1 VII 1991	18 547 200	9 470 579	51.1	9 164 113	...	...	9 016 740	...	...
14 VIII 1991(C)	17 563 420	8 898 581	50.7	8 876 829	4 472 970	50.4	8 686 591	4 425 611	50.9
1 VII 1992	19 043 075	9 903 409	52.0	9 678 488	...	...	9 364 587	...	...
1 VII 1993	19 563 728	10 354 587	52.9	9 956 183	...	...	9 607 545	...	...
1 VII 1994	20 111 565	10 825 360	53.8	10 251 030	...	...	9 860 535	...	...
1 VII 1995	20 689 344	11 317 218	54.7	10 563 895	...	...	10 125 449	...	...
Maldives									
8 III 1990(C)	213 215	55 130	25.9	109 336	30 150	27.6	103 879	24 980	24.0
Mongolia – Mongolie									
5 I 1989(C)	2 043 400	1 165 900	57.1	...	...	...	...	...	...
Nepal – Népal									
22 VI 1991(C) [1]	18 491 097	1 695 719	9.2	9 220 974	882 001	9.6	9 270 123	813 718	8.8
Pakistan [22]									
1 VII 1995	129 871 000	41 871 000	32.2	67 051 000	22 376 000	33.4	62 820 000	19 495 000	31.0
Philippines [1] [2]									
1 VII 1988	58 721 307	24 416 144	41.6	29 486 544	...	...	29 234 763	...	...
1 VII 1989	60 096 988	25 321 600	42.1	30 182 591	...	...	29 914 397	...	...
1 V 1990(C)	60 559 116	29 440 153	48.6	30 443 187	14 546 463	47.8	30 115 929	14 893 690	49.5
1 VII 1990	61 480 180	26 245 568	42.7	30 882 646	...	...	30 597 534	...	...
Syrian Arab Republic – République arabe syrienne [23]									
1 VII 1988	11 338 000	5 672 000	50.0	5 793 000	2 932 000	50.6	5 545 000	2 740 000	49.4
1 VII 1989	11 719 000	5 855 000	50.0	5 986 000	3 025 000	50.5	5 733 000	2 830 000	49.4
1 VII 1990	12 116 000	6 087 000	50.2	6 189 000	3 146 000	50.8	5 927 000	2 941 000	49.6
1 VII 1991	12 529 000	6 335 000	50.6	6 400 000	3 274 000	51.2	6 129 000	3 061 000	49.9
1 VII 1992	12 958 000	6 594 000	50.9	6 620 000	3 408 000	51.5	6 338 000	3 186 000	50.3
1 VII 1993	13 393 000	6 815 000	50.9	6 842 000	3 547 000	51.8	6 551 000	3 268 000	49.9
1 VII 1994	13 844 000	7 112 000	51.4	7 071 000	3 702 000	52.4	6 773 000	3 410 000	50.3
1 VII 1995	14 186 000	7 288 000	51.4	7 194 000	3 698 000	51.4	6 992 000	3 590 000	51.3
Tajikistan – Tadjikistan									
1 VII 1988	5 027 000	1 643 600	32.7	...	...	...	...	...	...
1 VII 1989	5 175 000	1 677 600	32.4	2 570 700	...	...	2 604 300	...	...
1 VII 1990	5 303 200	1 685 200	31.8	2 632 500	827 700	31.4	2 670 700	857 500	32.1
1 VII 1991	5 464 500	1 691 600	31.0	2 710 400	826 200	30.5	2 754 100	865 400	31.4
1 VII 1992	5 571 200	1 675 400	30.1	2 764 200	814 500	29.5	2 807 000	860 900	30.7
1 VII 1993	5 637 700	1 643 300	29.1	2 799 200	801 400	28.6	2 838 500	841 900	29.7
1 VII 1994	5 744 700	1 631 300	28.4	...	...	...	...	...	...
Thailand – Thaïlande									
1 IV 1990(C)* [1]	54 532 300	10 206 900	18.7	27 031 200	4 941 000	18.3	27 501 100	5 265 900	19.1

133

(See notes at end of table. – Voir notes à la fin du tableau.)

Continent, country or area and date / Continent, pays ou zone et date	Both sexes – Les deux sexes Total	Urban – Urbaine Number Nombre	Per cent P. 100	Male – Masculin Total	Urban – Urbaine Number Nombre	Per cent P. 100	Female – Féminin Total	Urban – Urbaine Number Nombre	Per cent P. 100
ASIA—ASIE (Cont.–Suite)									
Turkey – Turquie									
1 VII 1988	53 715 000	30 843 215	57.4	27 243 400	...	...	26 471 300	...	...
1 VII 1989	54 893 000	31 899 778	58.1	27 826 800	...	...	27 066 700	...	...
1 VII 1990	56 098 000	33 069 000	58.9	28 417 600	17 035 500	59.9	27 680 500	15 866 700	57.3
21 X 1990(C)	56 473 035	33 326 351	59.0	28 607 047	17 247 553	60.3	27 865 988	16 078 798	57.7
1 VII 1991	57 305 000	34 219 578	59.7	29 027 600	...	...	28 298 200	...	...
1 VII 1992	58 401 000	35 297 711	60.4	29 582 000	...	...	28 819 000	...	...
1 VII 1993	59 491 000	36 388 076	61.2	30 121 000	...	...	29 370 000	...	...
1 VII 1994	60 576 000	37 491 162	61.9	30 653 000	...	...	29 923 000	...	...
1 VII 1995	61 644 000	38 599 342	62.6	31 174 000	...	...	30 470 000	...	...
1 VII 1996	62 697 000	39 713 518	63.3	31 691 000	...	...	31 006 000	...	...
1 VII 1997*	63 745 000	40 839 768	64.1	...	...	...	...	...	...
Turkmenistan – Turkménistan									
12 I 1989(C) [1]	3 522 717	1 591 148	45.2	1 735 179	783 245	45.1	1 787 538	807 903	45.2
Uzbekistan – Ouzbékistan									
12 I 1989(C) [1]	19 810 077	8 040 963	40.6	9 784 156	3 937 149	40.2	10 025 921	4 103 814	40.9
1 VII 1990	20 420 300	8 264 700	40.5	10 093 900	4 049 000	40.1	10 326 400	4 215 700	40.8
1 VII 1991	20 862 500	8 365 800	40.1	10 318 800	4 099 700	39.7	10 543 700	4 266 100	40.5
1 VII 1992	21 359 700	8 473 800	39.7	10 572 300	4 155 000	39.3	10 787 400	4 318 800	40.0
1 VII 1993	21 852 500	8 559 300	39.2	10 824 400	4 199 900	38.8	11 028 100	4 359 400	39.5
1 VII 1994	22 282 400	8 634 700	38.8	11 044 600	4 237 600	38.4	11 237 800	4 397 100	39.1
1 VII 1995	22 689 700	8 711 900	38.4	11 255 900	4 278 100	38.0	11 433 800	4 433 800	38.8
1 VII 1996	23 130 400	8 817 600	38.1	11 487 000	4 335 600	37.7	11 643 100	4 482 000	38.5
1 VII 1997*	23 667 400	8 999 600	38.0	...	...	...	...	...	...
Viet Nam									
1 VII 1988	63 727 350	12 662 000	19.9	31 450 047	...	...	32 277 303	...	...
1 VII 1990	66 233 274	13 281 000	20.1	32 327 260	...	...	33 906 014	...	...
1 VII 1991	67 774 000	13 619 000	20.1	32 994 000	...	...	34 780 000	...	...
1 VII 1992	69 405 200	13 285 000	19.1	33 813 900	...	...	35 591 300	...	...
1 VII 1993	70 982 500	13 647 300	19.2	34 541 300	...	...	36 441 200	...	...
1 VII 1994	72 509 500	14 139 200	19.5	35 386 400	...	...	37 123 100	...	...
Yemen – Yémen									
1 VII 1988	10 608 020	2 002 570	18.9	...	...	...	...	...	...
1 VII 1989	10 947 350	2 205 470	20.1	...	...	...	...	...	...
1 VII 1990	11 279 450	2 415 310	21.4	...	...	...	...	...	...
1 VII 1991	11 612 520	2 632 770	22.7	...	...	...	...	...	...
1 VII 1992	11 952 010	2 858 200	23.9	...	...	...	...	...	...
1 VII 1993	12 301 970	3 091 990	25.1	...	...	...	...	...	...
16 XII 1994(C)	14 587 807	3 423 518	23.5	7 473 540	1 856 602	24.8	7 114 267	1 566 916	22.0
EUROPE									
Albania – Albanie									
1 VII 1988	3 138 100	1 111 400	35.4	1 616 100	563 500	34.9	1 522 000	547 900	36.0
12 IV 1989(C)*	3 182 400	1 129 800	35.5	1 638 900	...	...	1 543 500	...	...
1 VII 1989	3 199 233	1 146 506	35.8	1 646 300	581 544	35.3	1 552 900	564 962	36.4
1 VII 1990	3 255 891	1 176 002	36.1	1 674 321	596 112	35.6	1 581 570	579 890	36.7
1 VII 1991	3 254 995	1 195 226	36.7	1 651 254	...	...	1 603 741	...	...
Austria – Autriche									
15 V 1991(C) [1]	7 795 786	5 032 189	64.6	3 753 989	2 386 002	63.6	4 041 797	2 646 187	65.5
Belarus – Bélarus									
1 VII 1988	10 167 000	6 598 600	64.9	...	...	...	...	...	...
12 I 1989(C) [1]	10 199 709	6 678 585	65.5	4 775 835	3 149 649	65.9	5 423 874	3 528 936	65.1
1 VII 1989	10 228 800	6 736 000	65.9	...	...	...	...	...	...
1 VII 1990	10 259 900	6 840 300	66.7	...	...	...	...	...	...
1 VII 1991	10 270 600	6 916 600	67.3	...	...	...	...	...	...
1 VII 1992	10 313 300	6 988 900	67.8	4 847 300	3 284 800	67.8	5 466 000	3 704 100	67.8
1 VII 1993	10 356 500	7 049 700	68.1	4 867 600	3 313 400	68.1	5 488 900	3 736 300	68.1
1 VII 1994	10 308 318	7 048 784	68.4	4 828 086	3 326 708	68.9	5 480 232	3 722 076	67.9
1 VII 1995	10 280 805	7 066 181	68.7	4 799 416	3 319 964	69.2	5 481 389	3 746 217	68.3
1 VII 1996	10 250 250	7 080 710	69.1	4 784 616	3 324 087	69.5	5 465 634	3 756 623	68.7

(See notes at end of table. – Voir notes à la fin du tableau.)

Continent, country or area and date / Continent, pays ou zone et date	Both sexes – Les deux sexes Total	Urban – Urbaine Number Nombre	Urban – Urbaine Per cent P. 100	Male – Masculin Total	Urban – Urbaine Number Nombre	Urban – Urbaine Per cent P. 100	Female – Féminin Total	Urban – Urbaine Number Nombre	Urban – Urbaine Per cent P. 100
EUROPE (Cont.–Suite)									
Bosnia Herzegovina – Bosnie–Herzégovine									
31 III 1991(C) [1]	4 377 033	1 730 821	39.5	2 183 795	845 571	38.7	2 193 238	885 250	40.4
Bulgaria – Bulgarie									
1 VII 1988	8 981 446	5 990 895	66.7	4 438 638	2 956 276	66.6	4 542 808	3 034 619	66.8
1 VII 1989	8 989 476	6 051 093	67.3	4 438 707	2 984 449	67.2	4 550 769	3 066 644	67.4
1 VII 1990	8 990 741	6 097 047	67.8	4 435 274	3 004 845	67.7	4 555 467	3 092 202	67.9
1 VII 1991	8 982 013	6 119 450	68.1	4 427 289	3 012 981	68.1	4 554 724	3 106 469	68.2
1 VII 1992	8 540 272	5 737 350	67.2	4 199 343	2 811 073	66.9	4 340 929	2 926 277	67.4
1 VII 1993	8 472 313	5 712 671	67.4	4 160 386	2 794 209	67.2	4 311 927	2 918 462	67.7
1 VII 1994	8 443 591	5 718 212	67.7	4 140 802	2 792 807	67.4	4 302 789	2 925 405	68.0
Croatia – Croatie [1]									
1 VII 1989	4 766 857	2 587 755	54.3	2 309 670	1 239 661	53.7	2 457 187	1 348 094	54.9
1 VII 1990	4 777 823	2 593 708	54.3	2 315 308	1 242 687	53.7	2 462 515	1 351 021	54.9
31 III 1991(C)	4 784 265	2 597 205	54.3	2 318 623	1 244 466	53.7	2 465 642	1 352 739	54.9
1 VII 1991	4 786 112	2 597 652	54.3	2 319 139	1 244 743	53.7	2 465 950	1 352 909	54.9
Czech Republic – Rép. tchèque [1]									
1 VII 1988	10 356 359	8 148 865	78.7	...	...	...	...	...	...
1 VII 1989	10 362 257	8 185 883	79.0	...	...	...	...	...	...
1 VII 1990	10 362 740	8 173 907	78.9	...	...	...	...	...	...
3 III 1991	10 302 215	7 745 828	75.2	4 999 935	3 742 716	74.9	5 302 280	4 003 112	75.5
1 VII 1991	10 308 682	7 757 427	75.3	5 003 602	...	...	5 305 082	...	...
1 VII 1992	10 317 607	7 716 753	74.8	5 009 229	...	...	5 308 578	...	...
1 VII 1993	10 330 607	7 719 966	74.7	5 016 950	...	...	5 313 657	...	...
1 VII 1994	10 336 162	7 722 404	74.7	5 021 408	...	...	5 314 754	...	...
1 VII 1995	10 330 759	7 715 655	74.7	5 020 163	...	...	5 310 596	...	...
1 VII 1996	10 315 353	7 701 911	74.7	5 014 667	...	...	5 300 686	...	...
Estonia – Estonie									
1 VII 1988	1 561 900	1 115 275	71.4	727 911	515 170	70.8	831 676	599 479	72.1
12 I 1989(C)	1 565 662	1 118 829	71.5	731 392	517 400	70.7	834 270	601 429	72.1
1 VII 1989	1 568 655	1 121 088	71.5	733 239	518 669	70.7	835 416	602 419	72.1
1 VII 1990	1 571 050	1 122 194	71.4	735 014	519 395	70.7	836 036	602 799	72.1
1 VII 1991	1 566 334	1 116 993	71.3	733 062	516 883	70.5	833 272	600 110	72.0
1 VII 1992	1 544 374	1 095 199	70.9	722 225	506 025	70.1	822 149	589 174	71.7
1 VII 1993	1 516 728	1 068 133	70.4	708 438	492 432	69.5	808 290	575 701	71.2
1 VII 1994	1 499 255	1 051 449	70.1	699 749	483 939	69.2	799 506	567 510	71.0
1 VII 1995	1 483 942	1 037 099	69.9	691 934	476 322	68.8	792 008	560 777	70.8
1 VII 1996	1 469 216	1 022 675	69.6	684 346	468 434	68.4	784 870	554 241	70.6
Finland – Finlande [1]									
1 VII 1988	4 946 481	3 055 944	61.8	2 397 118	...	...	2 549 363	...	...
1 VII 1989	4 964 371	3 063 263	61.7	2 407 064	...	...	2 557 307	...	...
1 VII 1990	4 986 431	3 073 388	61.6	2 419 482	...	...	2 566 949	...	...
31 XII 1990(C)	4 998 478	3 079 763	61.6	2 426 204	1 464 406	60.4	2 572 274	1 615 357	62.8
1 VII 1991	5 013 740	3 089 746	61.6	...	...	...	...	...	...
1 VII 1992	5 041 992	3 127 364	62.0	...	...	...	...	...	...
1 VII 1993	5 066 447	3 243 196	64.0	...	...	...	...	...	...
1 VII 1994	5 088 333	3 266 117	64.2	2 475 923	1 560 508	63.0	2 612 410	1 705 609	65.3
1 VII 1995	5 107 790	3 291 480	64.4	2 486 675	1 573 544	63.3	2 621 115	1 717 936	65.5
1 VII 1996	5 124 573	3 323 247	64.8	2 496 148	1 589 993	63.7	2 628 425	1 733 254	65.9
France [24]									
5 III 1990(C)	56 634 299	41 923 233	74.0	27 553 788	20 194 431	73.3	29 080 511	21 728 802	74.7
1 VII 1992	57 373 641	42 379 585	73.9	27 941 946	...	...	29 431 695	...	...
1 VII 1993	57 654 379	42 553 509	73.8	28 079 021	...	...	29 575 358	...	...
Greece – Grèce									
17 III 1991(C) [25]	10 259 900	6 038 981	58.9	5 055 408	2 914 404	57.6	5 204 492	3 124 577	60.0

(See notes at end of table. – Voir notes à la fin du tableau.)

Continent, country or area and date / Continent, pays ou zone et date	Both sexes — Les deux sexes Total	Urban — Urbaine Number / Nombre	Per cent P. 100	Male — Masculin Total	Urban — Urbaine Number / Nombre	Per cent P. 100	Female — Féminin Total	Urban — Urbaine Number / Nombre	Per cent P. 100
EUROPE (Cont.–Suite)									
Hungary – Hongrie									
1 VII 1988	10 442 541	6 435 275	61.6	...	...	...	...	...	...
1 VII 1989	10 398 261	6 423 099	61.8	...	...	...	...	...	...
1 I 1990(C)	10 374 823	6 417 273	61.9	4 984 904	3 052 894	61.2	5 389 919	3 364 379	62.4
1 VII 1990	10 364 833	6 647 193	64.1	4 978 544	...	...	5 386 289	...	...
1 VII 1991	10 346 039	6 646 076	64.2	4 966 357	...	...	5 379 682	...	...
1 VII 1992	10 323 708	6 642 539	64.3	4 951 970	3 123 691	63.1	5 371 738	3 454 117	64.3
1 VII 1993	10 293 574	6 630 390	64.4	4 933 180	3 113 807	63.1	5 360 394	3 449 975	64.4
1 VII 1994	10 261 323	6 559 745	63.9	4 913 327	3 085 533	62.8	5 347 996	3 435 370	64.2
1 VII 1995	10 228 989	6 479 197	63.3	4 893 810	3 038 844	62.1	5 335 179	3 401 226	63.8
1 VII 1996	10 193 371	6 442 947	63.2	4 873 597	3 037 842	62.3	5 319 774	3 405 105	64.0
Iceland – Islande [1]									
1 VII 1988	249 885	225 305	90.2	125 523	112 293	89.5	124 362	113 012	90.9
1 VII 1989	252 746	228 494	90.4	126 946	113 859	89.7	125 800	114 635	91.1
1 VII 1990	254 788	230 942	90.6	127 895	115 022	89.9	126 893	115 920	91.4
1 VII 1991	257 965	234 453	90.9	129 394	116 728	90.2	128 571	117 725	91.6
1 VII 1992	261 103	237 984	91.1	130 945	...	...	130 158	...	...
1 VII 1993	263 783	240 824	91.3	132 308	120 006	90.7	131 475	120 818	91.9
1 VII 1994	265 851	243 085	91.4	133 332	121 133	90.9	132 519	121 952	92.0
1 VII 1995	267 380	245 027	91.6	134 038	122 044	91.1	133 342	122 983	92.2
1 VII 1996	268 927	246 983	91.8	134 779	123 025	91.3	134 148	123 958	92.4
Ireland – Irlande									
21 IV 1991(C)	3 525 719	2 010 700	57.0	1 753 418	972 111	55.4	1 772 301	1 038 589	58.6
28 IV 1996(C)	3 626 087	2 107 991	58.1	1 800 232	1 018 779	56.6	1 825 855	1 089 212	59.7
Latvia – Lettonie									
1 VII 1988	2 653 434	1 835 289	69.2	...	...	...	...	...	...
12 I 1989(C) [1]	2 666 567	1 888 526	70.8	1 238 806	869 572	70.2	1 427 761	1 018 954	71.4
1 VII 1989	2 669 620	1 849 072	69.3	...	...	...	...	...	...
1 VII 1990	2 670 670	1 850 115	69.3	...	...	...	...	...	...
1 VII 1991	2 662 414	1 841 859	69.2	...	...	...	...	...	...
1 VII 1992	2 631 567	1 813 908	68.9	...	...	...	...	...	...
1 VII 1993	2 586 015	1 783 683	69.0	...	...	...	...	...	...
1 VII 1994	2 547 699	1 761 408	69.1	1 181 408	807 576	68.4	1 366 291	953 832	69.8
1 VII 1995	2 515 602	1 736 315	69.0	1 165 252	794 513	68.2	1 350 350	941 802	69.7
1 VII 1996	2 490 765	1 719 086	69.0	1 153 326	785 853	68.1	1 337 439	933 233	69.8
Lithuania – Lituanie									
1 VII 1988	3 654 674	2 463 115	67.4	1 728 219	1 159 869	67.1	1 926 455	1 303 246	67.6
12 I 1989(C) [1]	3 674 802	2 486 832	67.7	1 738 953	1 171 621	67.4	1 935 849	1 315 211	67.9
1 VII 1989	3 691 153	2 506 485	67.9	1 747 134	1 181 301	67.6	1 944 019	1 325 184	68.2
1 VII 1990	3 722 306	2 542 180	68.3	1 762 611	...	...	1 959 760	...	...
1 VII 1991	3 741 751	2 562 889	68.5	1 771 984	1 209 090	68.2	1 969 767	1 353 799	68.7
1 VII 1992	3 741 671	2 558 169	68.4	1 771 413	1 206 613	68.1	1 970 258	1 351 556	68.6
1 VII 1993	3 730 229	2 541 182	68.1	1 764 848	1 197 614	67.9	1 965 381	1 343 568	68.4
1 VII 1994	3 720 852	2 529 920	68.0	1 758 895	1 190 891	67.7	1 961 957	1 339 029	68.2
1 VII 1995	3 714 795	2 522 400	67.9	1 754 607	1 185 937	67.6	1 960 188	1 336 463	68.2
1 VII 1996	3 709 534	2 526 449	68.1	1 750 813	1 186 256	67.8	1 958 721	1 340 193	68.4
Netherlands – Pays–Bas [1] [2] [26]									
1 VII 1988	14 758 362	13 055 945	88.5	7 294 013	6 430 555	82.2	7 464 556	6 625 390	88.8
1 VII 1989	14 848 768	13 154 499	88.6	7 337 405	6 478 137	88.3	7 511 363	6 676 362	88.9
1 VII 1990	14 951 524	13 265 149	88.7	7 389 006	6 534 277	88.4	7 562 518	6 730 872	89.0
1 VII 1991	15 069 591	13 411 247	89.0	7 449 839	6 609 652	88.7	7 619 752	6 801 595	89.3
1 VII 1992	15 184 138	13 512 348	89.0	7 507 827	6 660 446	88.7	7 676 311	6 851 902	89.3
1 VII 1993	15 290 348	9 257 818	60.5	...	...	...	...	...	...
1 VII 1994	15 382 830	9 316 457	60.6	7 606 682	4 563 873	60.0	7 776 149	4 752 580	61.1
1 VII 1995	15 458 995	9 419 243	60.9	7 644 888	4 616 362	60.4	7 814 107	4 802 881	61.5
1 VII 1996	15 530 509	9 467 677	61.0	7 679 546	4 640 765	60.4	7 850 963	4 826 912	61.5
Norway – Norvège									
3 XI 1990(C) [1]	4 247 546	3 056 194	72.0	2 099 881	1 488 678	70.9	2 147 665	1 567 516	73.0

(See notes at end of table. – Voir notes à la fin du tableau.)

Continent, country or area and date / Continent, pays ou zone et date	Both sexes – Les deux sexes			Male – Masculin			Female – Féminin		
	Total	Urban – Urbaine		Total	Urban – Urbaine		Total	Urban – Urbaine	
		Number Nombre	Per cent P. 100		Number Nombre	Per cent P. 100		Number Nombre	Per cent P. 100
EUROPE (Cont.–Suite)									
Poland – Pologne [27]									
1 VII 1988	37 862 063	22 832 686	60.3	18 466 797	10 934 542	59.2	19 395 266	11 898 144	61.3
6 XII 1988(C)	37 878 641	23 174 726	61.2	18 464 373	11 120 389	60.2	19 414 268	12 054 337	62.1
1 VII 1989	37 962 808	22 977 270	60.5	18 504 503	10 994 679	59.4	19 458 305	11 982 591	61.6
1 VII 1990	38 118 805	23 198 334	60.9	18 577 970	11 103 897	59.8	19 540 835	12 094 437	61.9
1 VII 1991	38 244 503	23 331 385	61.0	18 633 531	11 168 410	59.9	19 610 972	12 162 975	62.0
1 VII 1992	38 364 729	23 817 297	62.1	18 685 863	11 236 993	60.1	19 678 866	12 237 984	62.2
1 VII 1993	38 459 031	23 747 649	61.7	18 726 070	11 293 109	60.3	19 732 961	12 299 224	62.3
1 VII 1994	38 543 577	23 689 765	61.5	18 763 139	11 339 127	60.4	19 780 438	12 350 638	62.4
1 VII 1995	38 587 596	23 873 641	61.9	18 779 284	11 423 370	60.8	19 808 312	12 450 271	62.9
1 VII 1996	38 618 019	23 896 823	61.9	18 789 243	11 429 857	60.8	19 828 776	12 466 966	62.9
1 VII 1997*	38 649 914	23 977 869	62.0	...	...	...	...	...	...
Portugal									
15 IV 1991(C)	9 862 540	4 757 134	48.2	4 754 632	2 264 977	47.6	5 107 908	2 492 157	48.8
Republic of Moldova – République de Moldova									
1 VII 1988	4 320 500	2 006 200	46.4	2 054 500	957 300	46.6	2 266 000	1 048 900	46.3
12 I 1989(C) [1]	4 337 592	2 036 407	46.9	2 058 160	975 479	47.4	2 279 432	1 060 928	46.5
1 VII 1989	4 348 700	2 051 700	47.2	2 070 600	984 100	47.5	2 278 100	1 067 500	46.9
1 VII 1990	4 364 000	2 071 500	47.5	2 079 900	994 400	47.8	2 284 100	1 077 100	47.2
1 VII 1991	4 362 700	2 062 900	47.3	2 081 100	991 100	47.6	2 281 600	1 071 800	47.0
1 VII 1992	4 347 800	2 039 200	46.9	...	...	...	2 272 476	...	...
1 VII 1993	4 348 032	2 021 681	46.5	2 075 556	971 446	46.8	2 272 476	1 050 235	46.2
1 VII 1994	4 348 087	2 018 599	46.4	2 076 475	969 941	46.7	2 271 612	1 048 658	46.2
1 VII 1995	4 348 100	2 018 600	46.4	2 076 500	970 000	46.7	2 271 600	1 048 600	46.2
Romania – Roumanie									
1 VII 1988	23 053 552	11 961 847	51.9	11 374 681	5 885 696	51.7	11 678 871	6 076 151	52.0
1 VII 1989	23 151 564	12 311 803	53.2	11 422 472	6 047 000	52.9	11 729 092	6 264 803	53.4
1 VII 1990	23 206 720	12 608 844	54.3	11 449 147	6 184 787	54.0	11 757 573	6 424 057	54.6
1 VII 1991	23 185 084	12 552 407	54.1	11 435 286	6 146 306	53.7	11 749 798	6 406 101	54.5
7 I 1992(C)	22 810 035	12 391 819	54.3	11 213 763	6 047 785	53.9	11 596 272	6 344 034	54.7
1 VII 1992	22 788 969	12 367 358	54.3	11 200 695	6 018 859	53.7	11 588 274	6 348 499	54.8
1 VII 1993	22 755 260	12 406 240	54.5	11 176 390	6 032 330	54.0	11 578 870	6 373 874	55.0
1 VII 1994	22 730 622	12 427 612	54.7	11 156 807	6 037 065	54.1	11 573 815	6 390 547	55.2
1 VII 1995	22 680 951	12 457 195	54.9	11 123 977	6 047 572	54.4	11 556 974	6 409 623	55.5
1 VII 1996	22 607 620	12 411 174	54.9	11 080 933	6 016 714	54.3	11 526 687	6 394 460	55.5
Russian Federation – Fédération de Russie									
1 VII 1988	146 493 700	107 282 000	73.2	...	...	...	...	...	...
12 I 1989(C)	147 021 869	107 959 002	73.4	68 713 869	50 332 668	73.2	78 308 000	57 626 334	73.6
1 VII 1989	147 330 500	108 336 600	73.5	...	...	...	...	...	...
1 VII 1990	147 913 000	109 052 000	73.7	...	...	...	...	...	...
1 VII 1991	148 244 800	109 270 600	73.7	...	...	...	...	...	...
1 VII 1992	148 310 200	108 833 400	73.4	...	...	...	...	...	...
1 VII 1993	148 145 900	108 234 100	73.1	...	...	...	...	...	...
1 VII 1994	147 967 800	107 948 600	73.0	69 479 594	50 517 227	72.7	78 488 219	57 431 371	73.2
1 VII 1995	147 773 657	107 779 133	72.9	69 387 481	50 405 185	72.6	78 386 176	57 373 948	73.2
San Marino – Saint–Marin									
1 VII 1988	22 634	20 470	90.4	11 143	10 064	90.3	11 491	10 406	90.6
1 VII 1989	22 829	20 647	90.4	11 225	10 138	90.3	11 604	10 509	90.6
1 VII 1992	23 837	21 558	90.4	11 876	10 726	90.3	11 961	10 832	90.6
1 VII 1993	24 360	22 031	90.4	12 118	10 945	90.3	12 242	11 086	90.6
1 VII 1994	24 889	22 505	90.4	12 382	11 194	90.4	12 507	11 311	90.4
1 VII 1995	24 988	22 339	89.4	12 375	11 063	89.4	12 613	11 276	89.4
Slovakia – Slovaquie									
1 VII 1988	5 251 120	3 026 953	57.6	2 571 170	...	...	2 679 950	...	...
1 VII 1989	5 276 186	3 072 101	58.2	2 582 014	1 466 515	56.8	2 694 172	1 605 586	59.6
1 VII 1990	5 297 774	3 110 161	58.7	2 590 571	1 461 674	56.4	2 707 203	1 648 487	60.9
3 III 1991(C)	5 274 335	2 997 353	56.8	2 574 061	1 450 057	56.3	2 700 274	1 547 296	57.3
1 VII 1991	5 283 404	3 040 831	57.6	2 577 971	1 473 891	57.2	2 705 433	1 566 940	57.9
1 VII 1992	5 306 539	3 036 860	57.2	2 587 606	1 471 055	56.9	2 718 933	1 565 805	57.6
1 VII 1993	5 324 632	3 038 834	57.1	2 594 672	1 471 403	56.7	2 729 960	1 567 431	57.4
1 VII 1994	5 347 413	3 045 894	57.0	2 604 937	1 472 177	56.5	2 742 476	1 573 717	57.4
1 VII 1995	5 363 638	3 057 117	57.0	2 612 212	1 476 546	56.5	2 751 426	1 580 571	57.4

6. Urban and total population by sex: 1988 – 1997 (continued)

Population urbaine et population totale selon le sexe: 1988 – 1997 (suite)

(See notes at end of table. – Voir notes à la fin du tableau.)

Continent, country or area and date Continent, pays ou zone et date	Both sexes -- Les deux sexes			Male – Masculin			Female – Féminin		
	Total	Urban – Urbaine		Total	Urban – Urbaine		Total	Urban – Urbaine	
		Number Nombre	Per cent P. 100		Number Nombre	Per cent P. 100		Number Nombre	Per cent P. 100
EUROPE (Cont.–Suite)									
Slovenia – Slovénie [1]									
1 VII 1988	1 999 988	1 019 398	51.0	970 618	...	...	1 029 370	...	...
1 VII 1989	1 999 404	1 004 971	50.3	969 713	...	...	1 029 691	...	...
1 VII 1990	1 998 090	1 010 705	50.6	969 149	...	...	1 028 941	...	...
31 III 1991(C)	1 965 986	993 049	50.5	952 611	473 672	49.7	1 013 375	519 377	51.3
1 VII 1991	2 001 768	1 011 336	50.5	971 398	...	...	1 030 370	...	...
1 VII 1992	1 995 832	1 011 151	50.7	968 257	...	...	1 027 575	...	...
1 VII 1993	1 990 623	1 002 422	50.4	965 175	478 022	49.5	1 025 448	524 400	51.1
1 VII 1994	1 988 850	997 916	50.2	964 113	475 551	49.3	1 024 737	522 365	51.0
Spain – Espagne									
1 III 1991(C)	39 433 942	25 270 359	64.1	19 338 083	12 239 540	63.3	20 095 859	13 030 819	64.8
Sweden – Suède									
1 IX 1990(C) [1]	8 587 353	7 164 769	83.4	4 242 351	3 494 512	82.4	4 345 002	3 670 257	84.5
Switzerland – Suisse [1]									
1 VII 1988	6 593 387	4 564 408	69.2	3 215 388	1 906 472	59.3	3 377 999	2 069 917	61.3
1 VII 1989	6 646 912	4 592 017	69.1	3 243 229	1 915 779	59.1	3 403 683	2 077 758	61.0
1 VII 1990	6 712 273	4 626 223	68.9	3 277 925	1 928 644	58.8	3 434 348	2 087 622	60.8
4 XII 1990(C)	6 873 687	4 737 376	68.9	3 390 212	2 311 240	68.2	3 483 475	2 426 136	69.6
1 VII 1991	6 799 979	4 649 245	68.4	3 319 314	2 243 759	67.6	3 480 665	2 405 486	69.1
1 VII 1992	6 875 364	4 688 090	68.2	3 357 791	2 264 080	67.4	3 517 573	2 424 010	68.9
1 VII 1993	6 938 265	4 717 847	68.0	3 388 890	2 279 166	67.3	3 549 375	2 438 681	68.7
1 VII 1994	6 993 795	4 744 463	67.8	3 416 116	2 292 412	67.1	3 577 679	2 452 051	68.5
1 VII 1995	7 040 687	4 768 417	67.7	3 438 605	2 304 085	67.0	3 602 082	2 464 332	68.4
1 VII 1996	7 071 851	4 783 434	67.6	3 453 232	2 311 082	66.9	3 618 619	2 472 352	68.3
The former Yugoslav Rep. of Macedonia – L'ex Rép. yougoslavie de Macédoine									
31 III 1991(C) [1]	2 033 964	1 181 894	58.1	1 027 352	...	...	1 006 612	...	...
Ukraine									
1 VII 1988	51 484 200	34 163 700	66.4	...	...	...	...	...	...
1 VII 1989	51 770 216	34 716 880	67.1	23 955 650	16 212 532	67.7	27 814 566	18 504 348	66.5
1 VII 1990	51 838 500	34 869 200	67.3	...	...	...	...	...	...
1 VII 1991	52 000 500	35 191 100	67.7	24 126 500	16 471 300	68.3	27 874 000	18 719 800	67.2
1 VII 1992	52 150 366	35 383 932	67.8	24 224 403	16 575 549	68.4	27 925 963	18 808 383	67.4
1 VII 1993	52 179 267	35 435 832	67.9	24 258 971	16 607 359	68.5	27 920 296	18 828 473	67.4
1 VII 1994	51 921 415	35 259 731	67.9	24 151 975	16 525 701	68.4	27 769 440	18 734 030	67.5
1 VII 1995	51 276 558	34 685 200	67.6	23 815 777	16 227 364	68.1	27 460 781	18 457 836	67.2
Yugoslavia – Yougoslavie [1]									
1 VII 1988	10 410 978	4 921 017	47.3	...	...	...	5 265 598	...	...
1 VII 1989	10 466 268	4 954 281	47.3	5 205 444	...	...	5 294 964	...	...
1 VII 1990	10 523 625	4 989 751	47.4	5 234 331	...	...	5 236 906	...	...
31 III 1991(C)	10 394 026	5 321 364	51.2	5 157 120	2 598 070	50.4	5 236 906	2 723 294	52.0
1 VII 1991	10 408 699	5 330 312	51.2	5 164 321	2 602 517	50.4	5 244 378	2 727 795	52.0
1 VII 1992	10 448 018	5 356 280	51.3	5 181 931	2 614 582	50.5	5 266 087	2 741 698	52.1
1 VII 1993	10 481 954	5 378 336	51.3	5 197 455	2 625 096	50.5	5 284 499	2 753 240	52.1
1 VII 1994	10 515 582	5 400 221	51.4	5 214 043	2 635 731	50.6	5 301 539	2 764 490	52.1
1 VII 1995	10 546 983	5 420 604	51.4	5 229 817	2 646 039	50.6	5 317 166	2 774 565	52.2
OCEANIA—OCEANIE									
American Samoa – Samoa américaines									
1 IV 1990(C) [1][9]	46 773	15 599	33.4	24 023	7 931	33.0	22 750	7 668	33.7
Guam [1][9]									
1 VII 1988	126 437	49 959	39.5	66 000	26 156	39.6	60 437	23 803	39.4
1 VII 1989	129 257	51 074	39.5	67 472	26 738	39.6	61 785	24 334	39.4
1 IV 1990(C)	133 152	50 801	38.2	70 945	27 737	39.1	62 207	23 064	37.1
1 VII 1991	136 226	51 974	38.2	72 583	28 378	39.1	63 643	23 596	37.1
1 VII 1992	139 371	53 174	38.2	74 258	29 033	39.1	65 113	24 141	37.1
1 VII 1993	142 589	54 402	38.2	...	...	...	...	...	...
1 VII 1994	145 881	55 658	38.2	...	...	...	...	...	...
1 VII 1995	149 249	56 943	38.2	...	...	...	...	...	...
1 VII 1996	152 694	58 257	38.2	...	...	...	...	...	...
1 VII 1997*	156 200	59 603	38.2	...	...	...	...	...	...

(See notes at end of table. – Voir notes à la fin du tableau.)

Continent, country or area and date Continent, pays ou zone et date	Both sexes – Les deux sexes			Male – Masculin			Female – Féminin		
	Total	Urban – Urbaine		Total	Urban – Urbaine		Total	Urban – Urbaine	
		Number Nombre	Per cent P. 100		Number Nombre	Per cent P. 100		Number Nombre	Per cent P. 100
OCEANIA—OCEANIE(Cont.–Suite)									
New Caledonia – Nouvelle–Calédonie 4 IV 1989	164 173	97 581	59.4	83 862	49 525	59.1	80 311	48 056	59.8
New Zealand – Nouvelle–Zélande 5 III 1991(C) [28] 5 III 1996(C) [1]	3 434 949 3 618 303	2 916 381 3 091 740	84.9 85.4	1 693 050 1 777 461	1 419 993 1 503 444	83.9 84.6	1 741 899 1 840 842	1 496 388 1 588 296	85.9 86.3
Vanuatu 16 V 1989(C)	142 944	26 294	18.4	73 674	13 907	18.9	69 270	12 387	17.9

6. Urban and total population by sex: 1988 – 1997 (continued)

Population urbaine et population totale selon le sexe: 1985 – 1994 (suite)

GENERAL NOTES

(C) after date indicates census data. Percentages urban are the number of persons defined as "urban" per 100 total population. For definitions of "urban", see end of table. For method of evaluation and limitations of data, see Technical Notes, page 42.

Italics: estimates which are less reliable.

FOOTNOTES

* * Provisional.
* 1 De jure population.
* 2 Series not strictly comparable due to differences of definitions of "urban".

* 3 Excluding Mayotte.
* 4 Because of rounding, totals are not in all cases the sum of the parts.

* 5 Excluding Bophuthatswana, Ciskei, Transkei and Venda.
* 6 Data have not been adjusted for under–enumeration; for further details, see table 3.
* 7 Mid–year estimates have been adjusted for under–enumeration. Census data have not been adjusted for this under–enumeration.

* 8 Based on the results of a population count.
* 9 Including armed forces stationed in the area.
* 10 Excluding civilian citizens absent from country for extended period of time.
* 11 Excluding armed forces overseas.
* 12 Excluding Indian jungle population.
* 13 Excluding nomadic Indian tribes.
* 14 Excluding foreign diplomatic presonnel and their dependants.

* 15 Covering only the civilian population of 30 provinces, municipalities and autonomous regions. Excluding Jimmen and Mazhu islands.
* 16 For government controlled areas.
* 17 Including data for the Indian–held part of Jammu and Kashmir, the final status of which has not yet been determined.
* 18 Figures provides by Indonesia including East Timor.
* 19 Including data for East Jerusalem and Israeli residents in certain other territories under occupation by Israeli military forces since June 1967.

* 20 Excluding diplomatic personnel outside the country and foreign military and civilian personnel and their dependants stationed in the area.

* 21 Excluding alien armed forces, civilian aliens employed by armed forces, foreign diplomatic personnel and their dependants and Korean diplomatic personnel and their dependants stationed outside the country.

* 22 Excluding data for Jammu and Kashmir, the final status of which has not yet been fully determined, Junagardh, Manavadar, Gilgit and Baltistan.
* 23 Including Palestinian refugees numbering 173 936 on 30 June 1973.
* 24 De jure population, but excluding diplomatic personnel outside the country and including foreign diplomatic personnel not living in embassies or consulates.

* 25 Including armed forces stationed outside the country, but excluding alien armed forces stationed in the area.
* 26 Data for urban population exclude persons on the Central Register of Population (containing persons belonging to the Netherlands population but having no fixed municipality of residence). Including semi–urban.

* 27 Excluding civilian aliens within the country, but including civilian nationals temporarily outside the country.
* 28 Excluding diplomatic personnel and armed forces outside the country, the latter numbering 1 936 at 1966 census, also excluding alien armed forces within the country.

NOTES GENERALES

La lettre (C) indique qu'il s'agit de données de recensement. Les pourcentages urbains réprésentent le nombre de personnes déffines comme vivant dans des "régions urbaines" pour 100 personnes de la population totale. Pour les définitions des "régions urbaines", se reporter à la fin du tableau. Pour la méthode d'évaluation et les insuffisances des données, voir Notes techniques, page 42.
Italiques: estimations moins sûres.

NOTES

* * Données provisoires.
* 1 Population de droit.
* 2 Les séries ne sont pas strictement comparables en raison des différences existant dans la définition des "régions urbaines".

* 3 Excluding Mayotte.
* 4 Les chiffres étant arrondis, les totaux correspondent pas toujours rigoureusement à la somme des chiffres partiels.
* 5 Non compris Bophuthatswana, Ciskei, Transkei et Venda.
* 6 Les données n'ont pas éeté ajustées pour compenser les lacunes de dénombrement; pour plus de détails, voir le tableau 3.
* 7 Les estimations au milleu de l'année tiennent compte d'une ajustement destiné à compenser les lacunes du dénombrement. Les données de recensement ne tiennent pas compte de cet ajustement.
* 8 D'après les résultats d'un comptage de la population.
* 9 Y compris les militaires en garnison sur le territoire.
* 10 Non compris les civils hors du pays pendant une période prolongée.
* 11 Non compris les militaires à l'étranger.
* 12 Non compris les Indiens de la jungle.
* 13 Non compris les tribus d'Indiens nomades.
* 14 Non compris les personnes diplomatique étranger et les et les membres de leur famille les accompagnant.
* 15 Pour la population civile seulement de 30 provinces, municipalités et régions autonomes. Non compris les îles de Jimmen et Mazhu.
* 16 Pour les zones controlées par le Gouvernement.
* 17 Y compris les données pour la partie du Jammu et Cachemire occupée par l'Inde, dont le statut définitif n'a pas encore été déterminé.
* 18 Les chiffres fournis par l'Indonésie comprennent le Timor oriental.
* 19 Y compris les données pour Jérusalem–Est et les résidents israéliens dans certains autres territoires occupés depuis juin 1967 par les forces armées israéliennes.
* 20 Non compris les personnel diplomatique hors du pays, les militaires et agents civils étrangers en poste sur le territoire et les membres de leur famille les accompagnant.
* 21 Non compris les militaires étrangers, les civils étrangers employés par les forces armées, le personnel diplomatique étranger et les membres de leur famille les accompagnant, le personnel diplomatique coréen hors du pays et les membres de leur famille les accompagnant.
* 22 Non compris les données pour Jammu et Cachemire, dont le statut définitif n'a pas encore été déterminé, le Junagardh, le Manavadar, le Gilgit et le Baltistan.
* 23 Y compris les réfugiés de Palestine, au nombre de 173 936 au 30 juin 1973.
* 24 Population de droit, mais non compris le personnel diplomatique hors du pays et y compris le personnel diplomatique qui ne vit pas dans les ambassades et les consulats.
* 25 Y compris les militaires en garnison hors du pays, mais non compris les militaires étrangers en garnison sur le territoire.
* 26 Les données pour la population urbaine ne comprennent pas les personnes inscrites sur le Registre central de la population (personnes appartenant à la population néerlandaise mais sans résidence fixe dans l'une des municipalités). Y compris semi–urbaine.
* 27 Non compris les civils étrangers dans le pays, mais y compris les civils nationaux temporairement hors du pays.
* 28 Non compris le personnel diplomatique et les militaires hors du pays, ces derniers au nombre de 1 936 au recensement de 1966; non compris également les militaires étrangers dans le pays.

AFRICA

Benin: Not available.
Botswana: Agglomeration of 5 000 or more inhabitants where 75 per cent of the economic activity is of the non–agricultural type.
Burkina Faso: Not available.
Burundi: Commune of Bujumbura.
Cape Verde: Not available.
Comoros: Administrative centres of prefectures and localities of 5 000 or more inhabitants.
Côte d'Ivoire: Not available.
Egypt: Governorates of Cairo, Alexandria, Port Said, Ismailia, Suez, frontier governorates and capitals of other governorates as well as district capitals (Markaz).

Equatorial Guinea: District centres and localities with 300 dwellings and or 1 500 inhabitants or more.
Ethiopia: Localities of 2 000 or more inhabitants.
Gabon: Not available.
Liberia: Localities of 2 000 or more inhabitants.
Malawi: All townships and town planning areas and all district centres.
Mauritius: Towns with proclaimed legal limits.

Morocco: Not available.
Namibia: Not available.
Niger: Not available.
Nigeria: Not available.
Rwanda: Not available.
Senegal: Agglomerations of 10 000 or more inhabitants.
South Africa: Places with some form of local authority.
Sudan: Localities of administrative and/or commercial importance or with population of 5 000 or more inhabitants.
Swaziland: Localities proclaimed as urban.
Tunisia: Population living in communes.
Uganda: Not available.
United Republic of Tanzania: 16 gazetted townships.
Zambia: Localities of 5 000 or more inhabitants, the majority of whom all depend on non–agricultural activities.

AMERICA, NORTH

Bahamas: Not available.
Belize: Not available.
Canada: Places of 1 000 or more inhabitants, having a population density of 400 or more per square kilometre.
Costa Rica: Administrative centres of cantons.
Cuba: Population living in a nucleus of 2 000 or more inhabitants.
Dominican Republic: Administrative centres of municipios and municipal districts, some of which include suburban zones of rural character.
El Salvador: Administrative centres of municipios.
Greenland: Localities of 200 or more inhabitants.
Guatemala: Municipio of Guatemala Department and officially recognized centres of other departments and municipalities.
Haiti: Administrative centres of communes.
Honduras: Localities of 2 000 or more inhabitants, having essentially urban characteristics.
Jamaica: Not available.
Mexico: Localities of 2 500 or more inhabitants.
Nicaragua: Administrative centres of municipios and localities of 1 000 or more inhabitants with streets and electric light.
Panama: Localities of 1 500 or more inhabitants having essentially urban characteristics. Beginning 1970, localities of 1 500 or more inhabitants with such urban characteristics as streets, water supply systems, sewerage systems and electric light.
Puerto Rico: Places of 2 500 or more inhabitants and densely setled urban fringes of urbanized areas.
United States: Places of 2 500 or more inhabitants and urbanized areas.

DEFINITIONS DES "REGIONS URBAINES"

AFRIQUE

Bénin: Définition non communiquée.
Botswana: Agglomération de 5 000 habitants et plus dont 75 p. 100 de l'activité économique n'est pas de type agricole.
Burkina Faso: Définition non communiquée.
Burundi: Commune de Bujumbura.
Cap–Vert: Définition non communiquée.
Comores: Chefs–lieux de préfectures et localités de 5 000 habitants et plus.

Côte d'Ivoire: Définition non communiquée.
Egypt: Chefs–lieux de gouvernements du Caire, d'Alexandrie, de Port Saïd, d'Ismaïlia, de Suez; chefs–lieux de gouvernements frontières, autres chefs–lieux de gouvernements et chefs–lieux de district (Markaz).
Guinée equatoriale: Chef–lieux de district et localités avec 300 maisons et ou 1 500 habitants et plus.
Ethiopia: Localités de 2 000 habitants et plus.
Gabon: Définition non communiquée.
Libérie: Localités de 2 000 habitants et plus.
Malawi: Toutes les villes et zones urbanisées et tous les chefs–lieux de district.
Maurice: Villes ayant des limites officiellement définies.
Maroc: Définition non communiquée.
Namibie: Définition non communiquée.
Nigér: Définition non communiquée.
Nigéria: Définition non communiquée.
Rwanda: Définition non communiquée.
Sénégal: Agglomémations de 10 000 habitants et plus.
Afrique du Sud: Zones avec quelque autorité locale.
Soudan: Localités dont le caractère est principalement administrant et/ou commercial ou localités ayant une population de 5 000 habitants et plus.
Swaziland: Localités déclarées urbaines.
Tunisie: Population vivant dans les communes.
Ouganda: Définition non communiquée.
République–Unie de Tanzanie: 16 villes érigées en communes.
Zambie: Localités de 5 000 habitants et plus dont l'activité économique prédominante n'est pas de type agricole.

AMERIQUE DU NORD

Bahamas: Définition non communiquée.
Belize: Définition non communiquée.
Canada: Agglomérations de 1 000 habitants ou plus, ayant une densité de population de 400 ou plus habitants au kilomètre carrée.
Costa Rica: Chefs–lieux des cantons.
Cuba: Population vivant dans des agglomérations de 2 000 habitants ou plus.
République dominicaine: Chefs–lieux de municipios et districts municpaux, dont certains comprennent des zones suburbaines ayant des caractéristiques rurales.
El Salvador: Chefs–lieux de municipios.
Groenland: Localités de 200 ou plus habitants.
Guatemala: Municipio du départment de Guatemala et centres officiellement reconnues d'autres départments et municipalités.
Haïti: Chefs–lieux de communes.
Honduras: Localités de 2 000 ou plus ayant des caractèristiques essentiellement urbaines.
Jamaïque: Définition non communiquée.
Mexique: Localités de 2 500 et plus.
Nicaragua: Chefs–lieux de municipios et localités de 1 000 habitants ou plus avec rues et éclairage électrique.
Panama: Localités de 1 500 habitants et plus ayant des caractéristiques essentiellement urbaines. A partir de 1970, localités de 1 500 habitants et plus présentant des caractéristiques urbaines, telles que: rues, éclairage électrique, systèmes d'approvisionnement en eau et systèmes d'égouts.
Porto Rico: Localités de 2 500 habitants et plus et courone urbaine à forte densité de population des zones urbainizées.
Etats–Unis: Localités de 2 500 habitants et plus et zones urbanisées.

AMERICA, SOUTH

Argentina: Populated centres with 2 000 or more inhabitants.
Bolivia: Localities of 2 000 or more inhabitants.
Brazil: Urban and suburban zones of administrative centres of municipios and districts.
Chile: Populated centres which have definite urban characteristics such as certain public and municipal services.
Colombia: Not available.
Ecuador: Capitals of provinces and cantons.
Falkland Islands (Malvinas): Town of Stanley.
Paraguay: Cities, towns and administrative centres of departments and districts.
Peru: Populated centres with 100 or more dwellings.
Suriname: Paramaribo town.
Uruguay: Cities.
Venezuela: Centres with a population of 1 000 or more inhabitants.

ASIA

Armenia: Cities and urban–type localities, offficially designated as such, usually according to the criteria of number of inhabitants and predominance of agricultural, or number of non–agricultural workers and their families.
Azerbaijan: Cities and urban–type localities, offficially designated as such, usually according to the criteria of number of inhabitants and predominance of agricultural, or number of non–agricultural workers and their families.
Bahrain: Communes or villages of 2 500 or more inhabitants.
Brunei Darussalam: Not available.
Cambodia: Towns.
China: Not available.
Cyprus: Municipal areas, suburban areas and some villages.
Georgia: Cities and urban–type localities, offficially designated as such, usually according to the criteria of number of inhabitants and predominance of agricultural, or number of non–agricultural workers and their families.
India: Towns (places with municipal corporation, municipal area committee, town committee, notified area committee or cantonment board); also, all places having 5 000 or more inhabitants, a density of not less than 1 000 persons per square mile or 390 per square kilometre, pronounced urban characteristics and at least three fourths of the adult male population employed in pursuits other than agriculture.
Indonesia: Places with urban characteristics.
Iran (Islamic Republic of): All Shahrestan centres, regardless of size, and all places having municipal centres.
Israel: All settlements of more than 2 000 inhabitants, except those where at least one third of households, participating in the civilian labour force, earn their living from agriculture.
Japan: City (shi) having 50 000 or more inhabitants with 60 per cent or more of the houses located in the main built–up areas and 60 per cent or more of the population (including their dependants) engaged in manufacturing, trade or other urban type of business. Alternatively, a shi having urban facilities and conditions as defined by the prefectural order is considered as urban.
Kazakstan: Cities and urban–type localities, officially designated as such, usually according to the criteria of number of inhabitants and predominance of agricultural, or number of non–agricultural workers and their families.
Korea, Dem. People's Rep. of: Not available.
Korea, Republic of: Population living in cities irrespective of size of population.
Kyrgyzstan: Cities and urban–type localities, officially designated as such, usually according to the criteria of number of inhabitants and predominance of agricultural, or number of non–agricultural workers and their families.
Malaysia: Gazetted areas with population of 10 000 more.
Maldives: Malé, the capital.
Mongolia: Capital and district centres.
Nepal: Not available.
Pakistan: Places with municipal corporation, town committee or cantonment.
Philippines: Not available.
Syrian Arab Republic: Cities, Mohafaza centres and Mantika centres, and communities with 20 000 or more inhabitants.

AMERIQUE DU SUD

Argentine: Centres de peuplement de 2 000 habitants et plus.
Bolivie: Localités de 2 000 habitants et plus.
Brésil: Zones urbaines et suburbaines des chefs–lieux des municipios et des distritos.
Chili: Centres de peuplement ayant des charactéristiques nettement urbaines dues à la présence de certains services publics et municipaux.
Colombie: Définition non communiquée.
Equateur: Capitales des provinces et chefs–lieux de canton.
Iles Falkland (Malvinas): Ville de Stanley.
Paraguay: Grandes villes, villes et chefs–lieux des départements et des districts.
Pérou: Centres de peuplement de 100 logements ou plus qui sont occupés.
Suriname: Ville de Paramaribo.
Uruguay: Villes.
Venezuela: Centres de 1 000 habitants et plus.

ASIE

Arménie: Grandes villes et localités de type urbain, officiellement désignées comme telles, généralement sur la base du nombre d'habitants et de la prédominance des travailleurs agricoles ou non agricoles avec leur famille.
Azerbaidjan: Grandes villes et localités de type urbain, officiellement désignées comme telles, généralement sur la base du nombre d'habitants et de la prédominance des travailleurs agricoles ou non agricoles avec leur famille.
Bahrein: Communes ou villages de 2 500 et plus.
Brunéi Darussalam: Définition non communiquée.
Cambodge: Villes.
Chine: Définition non communiquée.
Chypre: Zones municipaux, zones banlieue et quelques villes.
Géorgie: Grandes villes et localités de type urbain, officiellement désignées comme telles, généralement sur la base du nombre d'habitants et de la prédominance des travailleurs agricoles ou non agricoles avec leur famille.
Inde: Villes (localités dotées d'une charte municipale, d'un comité de zone municipal, d'un comité de zone déclarée urbaine ou d'un comité de zone de cantonnement); également toutes les localités qui ont une population de 5 000 habitants au moins, une densité de population d'au moins 1 000 habitants au mille carré ou 390 au kilomètre carré, des caractéristiques urbaines prononcées et où les trois quarts au moins des adultes du sexe masculin ont une occupation agricole.
Indonésie: Localités présentant des caractéristiques urbaines.
Iran (Rép. islamique): Tous les chefs–lieux de Shahrestan, quelle qu'en soit la dimension, et toutes les agglomérations avec centres municipaux.
Israël: Tous les peuplements de plus de 2 000 habitants à l'exception de ceux où le tiers au moins des chefs de ménage faisant partie de la population civile active vivent de l'agriculture.
Japon: Villes (shi), comptant 50 000 habitants ou plus, où 60 p. 100 au moins des habitations sont situées dans les principales zones bâties, et dont 60 p. 100 au moins de population (dépendants compris) vit d'emplois s'exerçant dans les industries manufacturières, le commerce et autres branches d'activités essentiellement urbaines. D'autre part, tout shi possédant les équipements et présentant les caractères definis comme urbains par l'administration préfectorale est considéré comme zone urbaine.
Kazakstan: Grandes villes et localités de type urbain, officiellement désignées comme telles, généralement sur la base du nombre d'habitants et de la prédominance des travailleurs agricoles ou non agricoles avec leur famille.
Corée, rép. populaire dém. de: Définition non communiquée.
Corée, République de: Population vivant dans les villes irrespectivement de la dimension de la population.
Kirghizistan: Grandes villes et localités de type urbain, officiellement désignées comme telles, généralement sur la base du nombre d'habitants et de la prédominance des travailleurs agricoles ou non agricoles avec leur famille.
Malaisie: Zones déclarées telles et comptant au moins 10 000 habitants.
Maldives: Malé, la capitale.
Mongolia: Capitale et chefs–lieux de district.
Népal: Définition non communiquée.
Pakistan: Localités dotées d'une charte municipale, d'un comité municipale au d'un cantonnement.
Philippines: Définition non communiquée.
République arabe syrienne: Villes, centres de district (Mohafaza) et centres de sous–district (Mantika), et communes de 20 000 habitants et plus.

ASIA

Tajikistan: Cities and urban–type localities, offficially designated as such, usually according to the criteria of number of inhabitants and predominance of agricultural, or number of non–agricultural workers and their families.

Thailand: Municipal areas.

Turkey: Population of the localities within the municipality limits of administrative centres of provinces and districts.

Turkmenistan: Cities and urban–type localities, officially designated as such, usually according to the criteria of number of inhabitants and predominance of agricultural, or number of non–agricultural workers and their families.

Uzbekistan: Cities and urban–type localities, officially designated as such, usually according to the criteria of number of inhabitants and predominance of agricultural, or number of non–agricultural workers and their families.

Viet Nam: Cities, towns and districts with 2 000 or more inhabitants.

Yemen: Not available.

EUROPE

Albania: Towns and other industrial centres of more than 400 inhabitants.

Austria: Communes of more than 5 000 inhabitants.

Belarus: Cities and urban–type localities, officially designated as such, usually according to the criteria of number of inhabitants and predominance of agricultural, or number of non–agricultural workers and their families.

Bulgaria: Towns, that is, localities legally established as urban.

Croatia: Not available.

Czech Republic: Localities with 2 000 or more inhabitants.

Estonia: Cities and urban–type localities, officially designated as such, usually according to the criteria of number of inhabitants and predominance of agricultural, or number of non–agricultural workers and their families.

Finland: Urban communes. 1970: Localities.

France: Communes containing an agglomeration of more than 2 000 inhabitants living in contiguous houses or with not more than 200 metres between houses, also communes of which the major portion of the population is part of a multicommunal agglomeration of this nature.

Greece: Population of municipalities and communes in which the largest population centre has 10 000 or more inhabitants. Including also the population of the 18 urban agglomerations, as these were defined at the census of 1991, namely: Greater Athens, Thessaloniki, Patra, Iraklio, Volos, Chania, Irannina, Chalkida, Agrinio, Kalamata, Katerini, Kerkyra, Salamina, Chios, Egio, Rethymno, Ermoupolis, and Sparti.

Hungary: Budapest and all legally designated towns.

Iceland: Localities of 200 or more inhabitants.

Ireland: Cities and towns including suburbs of 1 500 or more inhabitants.

ASIA

Tadjikistan: Grandes villes et localités de type urbain, officiellement désignées comme telles, généralement sur la base du nombre d'habitants et de la prédominance des travailleurs agricoles ou non agricoles avec leur famille.

Thaïlande: Zones municipales.

Turquie: Population des localités contenues à l'intérieur des limites municipaux des chefs–lieux des provinces et des districts.

Turkménistan: Grandes villes et localités de type urbain, officiellement désignées comme telles, généralement sur la base du nombre d'habitants et de la prédominance des travailleurs agricoles ou non agricoles avec leur famille.

Ouzbékistan: Grandes villes et localités de type urbain, officiellement désignées comme telles, généralement sur la base du nombre d'habitants et de la prédominance des travailleurs agricoles ou non agricoles avec leur famille.

Viet–Nam: Grand villes, villes et districts de 2 000 habitants et plus.

Yémen: Définition non communiquée.

EUROPE

Albanie: Villes et autres centres industriels de plus de 400 habitants.

Austrie: Communes de plus de 5 000 habitants.

Bélarus: Grandes villes et localités de type urbain, officiellement désignées comme telles, généralement sur la base du nombre d'habitants et de la prédominance des travailleurs agricoles ou non agricoles avec leur famille.

Bulgarie: Villes, c'est–à–dire localités reconnues comme urbaines.

Croatie: Définition non communiquée.

Rép. tchèque: Localités de 2 000 habitants et plus.

Estonie: Grandes villes et localités de type urbain, officiellement désignées comme telles, généralement sur la base du nombre d'habitants et de la prédominance des travailleurs agricoles ou non agricoles avec leur famille.

Finlande: Communes urbaines. 1970: Localités.

France: Communes comprenant une agglomération de plus de 2 000 habitants vivant dans des habitations contiguës ou qui ne sont pas distantes les unes des autres de plus de 200 mètres et communes où la majeure partie de la population vit dans une agglomération multicommunale de cette nature.

Grèce: Municiplaités et communes de 10 000 habitants et plus pour l'agglomération. Y compris également 18 agglomérations urbaines, selon la définition qui en a été donnée lors du recensement de 1991, a savoir: le Grand Athénes, Thessaloniki, Patra, Iraklio, Volos, Chania, Irannina, Chalkida, Agrinio, Kalamata, Katerini, Kerkyra, Salamina, Chios, Egio, Rethymno, Ermoupolis et Sparti.

Hongrie: Budapest et toutes les autres localités reconnues officiellement comme urbaines.

Islande: Localités de 200 habitants et plus.

Irlande: Villes de toutes dimensions, y compris leur banlieue, comptant 1 500 habitants ou plus.

EUROPE

Latvia: Cities and urban–type localities, officially designated as such, usually according to the criteria of number of inhabitants and predominance of agricultural, or number of non–agricultural workers and their families.

Lithuania: Cities and urban–type localities, officially designated as such, usually according to the criteria of number of inhabitants and predominance of agricultural, or number of non–agricultural workers and their families.

Netherlands: Urban: Municipalities with a population of 2 000 and more inhabitants. Semi–urban: Municipalities with a population of less than 2 000 but with not more than 20 per cent of their economically active male population engaged in agriculture, and specific residential municipalities of commuters.

Norway: Localities of 200 or more inhabitants.

Poland: Towns and settlements of urban type, e.g. workers' settlements, fishermen's settlements, health resorts.

Portugal: Agglomeration of 10 000 or more inhabitants.

Republic of Moldova: Cities and urban–type localities, officially designated as such, usually according to the criteria of number of inhabitants and predominance of agricultural, or number of non–agricultural workers and their families.

Romania: Cities, municipalities and other towns.

Russian Federation: Cities and urban–type localities, officially designated as such, usually according to the criteria of number of inhabitants and predominance of agricultural, or number of non–agricultural workers and their families.

San Marino: Not available.

Slovakia: 138 cities with 5 000 inhabitants or more.

Slovenia: Not available.

Spain: Localities of 200 or more inhabitants.

Sweden: Not available.

Switzerland: Communes of 10 000 or more inhabitants, including suburbs.

The former Yugoslav Rep. of Macedonia: Not available.

Ukraine: Cities and urban–type localities, officially designated as such, usually according to the criteria of number of inhabitants and predominance of agricultural, or number of non–agricultural workers and their families.

Yugoslavia: Not available.

OCEANIA

American Samoa: Places of 2 500 or more inhabitants and urbanized areas.

Guam: Places of 2 500 or more inhabitants and urbanized areas.

New Caledonia: Nouméa and communes of Païta, Dumbéa and Mont–Dore.

New Zealand: All cities, plus boroughs, town districts, townships and country towns with a population of 1 000 or more.

Vanuatu: Luganville centre and Vila urban.

EUROPE

Lettonie: Grandes villes et localités de type urbain, officiellement désignées comme telles, généralement sur la base du nombre d'habitants et de la prédominance des travailleurs agricoles ou non agricoles avec leur famille.

Lituanie: Grandes villes et localités de type urbain, officiellement désignées comme telles, généralement sur la base du nombre d'habitants et de la prédominance des travailleurs agricoles ou non agricoles avec leur famille.

Pays–Bas: Régions urbaines: municipalités de 2 000 habitants et plus. Régions semi–urbaines: municipalités de moins de 2 000 habitants, mais où 20 p. 100 au maximum de la population active du sexe masculin pratiquent l'agriculture, et certaines municipalités de caractère résidentiel dont les habitants travaillent ailleurs.

Norvège: Localités de 200 habitants et plus.

Pologne: Villes et peuplements de type urbain, par exemple groupements de travailleurs ou de pêcheurs et stations climatiques.

Portugal: Agglomérations de 10 000 habitants et plus.

République de Moldova: Grandes villes et localités de type urbain, officiellement désignées comme telles, généralement sur la base du nombre d'habitants et de la prédominance des travailleurs agricoles ou non agricoles avec leur famille.

Roumanie: Grandes villes, municipalités et autres villes.

Fédération de Russie: Grandes villes et localités de type urbain, officiellement désignées comme telles, généralement sur la base du nombre d'habitants et de la prédominance des travailleurs agricoles ou non agricoles avec leur famille.

Saint–Marin: Définition non communiquée.

Slovaquie: 138 villages de 5 000 habitants et plus.

Slovènie: Définition non communiquée.

Espagne: Localités de 200 habitants it plus.

Suède: Définition non communiquée.

Suisse: Communes de 10 000 habitants et plus, et leurs banlieues.

L'ex. Rép. Yougolavie de Macedonie: Définition non communiquée.

Ukraine: Grandes villes et localités de type urbain, officiellement désignées comme telles, généralement sur la base du nombre d'habitants et de la prédominance des travailleurs agricoles ou non agricoles avec leur famille.

Yougoslavie: Définition non communiquée.

OCEANIE

Samoa américaines: Localités de 2 500 et plus et zones urbanizées.

Guam: Localités de 2 500 habitants et plus et zones urbanisées.

Nouvelle–Calédonie: Nouméa et communes de Païta, Dumbéa et Mont–Dore.

Nouvelle–Zélande: Grandes villes, boroughs, chefs–lieux, municipalités et chefs–lieux des comtés de 1 000 habitants et plus.

Vanuatu: Centre Luganville et Vila urbaine.

7. Population by age, sex and urban/rural residence: latest available year, 1988 – 1997

(See notes at end of table.)

Continent, country or area, sex, date and urban/rural residence — Continent, pays ou zone, sexe, date et résidence, urbaine/rurale	All ages Tous âges	−1	1−4	5−9	10−14	15−19	20−24	25−29	30−34
AFRICA—AFRIQUE									
Algeria – Algérie 1 VII 1995* [1]									
1 Total	28 243 000	*—— 3 741	000 ——*	3 688 000	3 634 000	3 212 000	2 746 000	2 400 000	2 023 000
2 Male – Masculin	14 314 000	*—— 1 911	000 ——*	1 887 000	1 854 000	1 642 000	1 403 000	1 210 000	1 022 000
3 Female – Féminin	13 929 000	*—— 1 830	000 ——*	1 801 000	1 780 000	1 570 000	1 343 000	1 190 000	1 001 000
Benin – Bénin 1 VII 1995* [2]									
4 Total	5 408 463	*—— 1 053	000 ——*	907 000	696 000	542 000	424 000	372 000	335 000
5 Male – Masculin	2 630 779	*—— 530	000 ——*	473 000	358 000	275 000	195 000	159 000	142 000
6 Female – Féminin	2 777 684	*—— 523	000 ——*	434 000	338 000	267 000	229 000	213 000	193 000
Botswana 1 VII 1997* [2]									
7 Total	1 533 393	48 262	174 085	194 088	195 552	180 701	154 437	126 042	*———
8 Male – Masculin	739 000	24 293	87 436	96 943	97 164	88 679	74 368	59 200	*———
9 Female – Féminin	794 000	23 969	86 649	97 145	98 388	92 022	80 069	66 842	*———
Burkina Faso 30 VI 1991 [2]									
10 Total	9 190 791	285 640	1 307 084	1 687 532	1 220 940	884 143	610 806	551 108	451 047
11 Male – Masculin	4 492 153	144 800	651 293	849 637	630 542	483 143	304 627	228 221	180 292
12 Female – Féminin	4 698 638	140 840	655 791	837 895	590 398	401 000	306 179	322 887	270 755
Burundi 16 VIII 1990(C)									
13 Total	5 292 793	206 771	784 543	844 741	622 185	493 643	433 976	409 666	363 068
14 Male – Masculin	2 574 126	103 357	390 913	419 743	309 455	243 314	204 321	195 199	175 720
15 Female – Féminin	2 718 667	103 414	393 630	424 998	312 730	250 329	229 655	214 467	187 348
Cape Verde – Cap–Vert 23 VI 1990(C) [2]									
16 Total	341 491	12 322	47 683	51 115	42 403	34 300	32 476	26 353	19 092
17 Male – Masculin	161 494	6 186	23 868	25 660	21 143	17 288	15 833	12 465	8 283
18 Female – Féminin	179 997	6 136	23 815	25 455	21 260	17 012	16 643	13 888	10 809
Central African Republic – République centrafricaine 8 XII 1988(C)* [2]									
19 Total	2 463 614	86 893	338 552	365 099	273 774	253 262	225 105	198 637	152 618
20 Male – Masculin	1 210 732	43 593	169 653	183 662	143 572	121 902	108 575	94 732	74 363
21 Female – Féminin	1 252 882	43 300	168 899	181 437	130 202	131 360	116 530	103 905	78 255
Chad – Tchad 8 IV 1993(C) [2] [3]									
22 Total	6 193 538	*—— 1 125	473 ——*	1 062 740	777 185	611 145	453 417	454 232	354 363
23 Male – Masculin	3 001 371	*—— 565	539 ——*	534 245	400 917	292 416	204 657	197 509	163 792
24 Female – Féminin	3 192 167	*—— 559	934 ——*	528 495	376 268	318 729	248 760	256 723	190 571
Côte d'Ivoire 1 III 1988(C) [2]									
25 Total	10 815 694	411 641	1 709 946	1 719 529	1 217 099	1 024 650	1 020 680	906 249	688 645
26 Male – Masculin	5 527 343	208 054	867 206	877 117	630 003	487 774	499 644	455 010	365 078
27 Female – Féminin	5 288 351	203 587	842 740	842 412	587 096	536 876	521 036	451 239	323 567
Egypt – Egypte 1 VII 1996 [2]									
28 Total	60 603 000	1 795 000	6 596 000	7 705 000	7 387 000	6 261 000	5 458 000	4 751 000	4 103 000
29 Male – Masculin	30 831 000	919 000	3 380 000	3 950 000	3 787 000	3 219 000	2 807 000	2 439 000	2 102 000
30 Female – Féminin	29 772 000	876 000	3 216 000	3 755 000	3 600 000	3 042 000	2 651 000	2 312 000	2 001 000
Equatorial Guinea – Guinée équatoriale 1 VII 1990									
31 Total	348 150	*—— 58	720 ——*	48 550	41 060	35 760	31 250	24 870	19 160
32 Male – Masculin	168 870	*—— 29	570 ——*	24 470	20 670	17 940	15 270	11 540	8 560
33 Female – Féminin	179 280	*—— 29	150 ——*	24 080	20 390	17 820	15 980	13 330	10 600

7. Population selon l'âge, le sexe et la résidence, urbaine/rurale: dernière année disponible, 1988 – 1997

(Voir notes à la fin du tableau.)

Age (en années)

35 – 39	40 – 44	45 – 49	50 – 54	55 – 59	60 – 64	65 – 69	70 – 74	75 – 79	80 – 84	85 +	Unknown Inconnu	
1 562 000	1 260 000	923 000	708 000	663 000	576 000	432 000	303 000	*——— 372 000 ———*			–	1
799 000	649 000	463 000	344 000	318 000	276 000	209 000	146 000	*——— 181 000 ———*			–	2
763 000	611 000	460 000	364 000	345 000	300 000	223 000	157 000	*——— 191 000 ———*			–	3
267 701	200 963	154 650	117 285	91 081	74 388	60 437	43 657	24 689	*— 44 612 —*		–	4
119 005	91 486	72 684	55 229	42 612	34 436	28 054	20 878	12 337	*— 22 058 —*		–	5
148 696	109 477	81 966	62 056	48 469	39 952	32 383	22 779	12 352	*— 22 554 —*		–	6
———	———	———	———	460 226 ———	———	———	———	———	———	——*	–	7
———	———	———	———	210 917 ———	———	———	———	———	———	——*	–	8
———	———	———	———	248 916 ———	———	———	———	———	———	——*	–	9
394 094	343 320	278 304	240 001	269 129	*——— 544 254 ———*						123 389	10
163 644	143 680	126 218	127 115	114 336	*——— 303 508 ———*						41 097	11
230 450	199 640	152 086	112 886	154 793	*——— 240 746 ———*						82 292	12
266 799	183 473	140 614	135 299	95 777	94 097	57 244	61 584	33 658	27 873	28 171	9 611	13
131 248	85 936	65 088	59 199	44 960	40 322	26 288	27 591	16 060	13 527	15 002	6 883	14
135 551	97 537	75 526	76 100	50 817	53 775	30 956	33 993	17 598	14 346	13 169	2 728	15
13 067	6 873	7 124	10 323	9 702	8 801	5 389	4 698	4 612	3 212	1 946	–	16
5 148	2 697	2 654	3 953	4 017	3 951	2 405	2 069	1 901	1 331	642	–	17
7 919	4 176	4 470	6 370	5 685	4 850	2 984	2 629	2 711	1 881	1 304	–	18
119 143	98 258	88 239	76 145	62 111	49 819	32 962	17 947	9 926	5 677	5 141	4 306	19
56 723	46 835	40 803	35 144	29 576	24 181	16 477	9 346	5 277	2 884	2 751	683	20
62 420	51 423	47 436	41 001	32 535	25 638	16 485	8 601	4 649	2 793	2 390	3 623	21
295 276	257 420	173 788	176 935	91 049	127 259	55 406	74 940	*——— 78 654 ———*			24 256	22
137 388	117 788	83 414	81 489	45 345	60 027	28 465	36 932	*——— 41 237 ———*			10 211	23
157 888	139 632	90 374	95 446	45 704	67 232	26 941	38 008	*——— 37 417 ———*			14 045	24
536 118	393 116	340 537	261 321	209 059	144 109	105 669	54 091	31 071	18 981	16 313	6 870	25
289 644	207 631	182 267	141 965	115 200	79 104	58 495	28 585	16 217	8 404	6 398	3 547	26
246 474	185 485	158 270	119 356	93 859	65 005	47 174	25 506	14 854	10 577	9 915	3 323	27
3 530 000	3 019 000	2 554 000	2 136 000	1 717 000	1 340 000	999 000	668 000	*——— 584 000 ———*			–	28
1 804 000	1 538 000	1 297 000	1 066 000	841 000	637 000	467 000	309 000	*——— 269 000 ———*			–	29
1 726 000	1 481 000	1 257 000	1 070 000	876 000	703 000	532 000	359 000	*——— 315 000 ———*			–	30
15 740	14 360	13 730	12 490	10 280	8 300	6 200	4 090	2 340	*— 1 250 —*		–	31
7 040	6 370	6 220	6 010	5 060	3 960	2 850	1 820	1 010	*— 510 —*		–	32
8 700	7 990	7 510	6 480	5 220	4 340	3 350	2 270	1 330	*— 740 —*		–	33

(See notes at end of table.)

Continent, country or area, sex, date and urban/rural residence — Continent, pays ou zone, sexe, date et résidence, urbaine/rurale	All ages Tous âges	Age (in years)							
		– 1	1 – 4	5 – 9	10 – 14	15 – 19	20 – 24	25 – 29	30 – 34
AFRICA—AFRIQUE (Cont.–Suite)									
Ethiopia – Ethiopie 1 VII 1995 [2]									
1 Total	56 677 100	*——10 510	700 ——*	8 863 800	7 931 100	6 480 200	4 904 300	3 494 800	2 581 700
2 Male – Masculin	28 446 200	*—— 5 300	300 ——*	4 484 500	4 069 700	3 359 800	2 554 100	1 771 100	1 228 800
3 Female – Féminin	28 230 900	*—— 5 210	400 ——*	4 379 300	3 861 400	3 120 400	2 350 200	1 723 700	1 352 900
Gabon 31 VII 1993(C)									
4 Total	1 014 976	35 791	118 221	140 487	121 690	100 800	91 511	81 750	69 446
5 Male – Masculin	501 784	17 875	59 101	70 051	60 123	48 841	43 527	40 475	36 149
6 Female – Féminin	513 192	17 916	59 120	70 436	61 567	51 959	47 984	41 275	33 297
Guinea–Bissau – Guinée–Bissau 1 XII 1991(C)*									
7 Total	983 367	32 772	*—— 249 498 ——*		175 755	103 947	*———————————— – 275 213 –		
8 Male – Masculin	476 210	16 338	*—— 125 019 ——*		90 894	50 051	*———————————— – 121 553 –		
9 Female – Féminin	507 157	16 434	*—— 124 479 ——*		84 861	53 896	*———————————— – 153 660 –		
Kenya 24 VIII 1989(C)* [2]									
10 Total	21 448 774	808 008	2 993 251	3 470 208	2 990 744	2 379 466	1 902 300	1 629 914	1 160 612
11 Male – Masculin	10 629 770	406 801	1 504 731	1 744 106	1 504 425	1 178 277	889 679	782 430	583 788
12 Female – Féminin	10 819 004	401 207	1 488 520	1 726 102	1 486 319	1 201 189	1 012 621	847 484	576 824
Libyan Arab Jamahiriya – Jamahiriya arabe libyenne 31 VII 1991 [4]									
13 Total	4 231 600	196 349	684 751	681 400	548 699	455 098	374 199	283 301	216 401
14 Male – Masculin	2 157 200	100 092	348 208	345 500	278 200	231 399	190 700	145 300	111 601
15 Female – Féminin	2 074 400	96 257	336 543	335 900	270 499	223 699	183 499	138 001	104 800
Malawi 1 VII 1991									
16 Total	8 556 200	*—— 1 728 800 ——*		1 330 000	1 074 100	870 500	719 100	592 900	485 700
17 Male – Masculin	4 173 900	*—— 865 400 ——*		663 100	534 300	431 800	354 600	287 000	229 400
18 Female – Féminin	4 382 300	*—— 863 400 ——*		666 900	539 800	438 700	364 500	305 900	256 300
Mauritania – Mauritanie 24 IV 1993*									
19 Total	2 147 778	*—— 390 397 ——*		287 946	294 024	215 166	185 066	156 811	140 238
20 Male – Masculin	1 066 298	*—— 196 530 ——*		146 131	152 069	112 582	90 442	72 641	64 843
21 Female – Féminin	1 081 480	*—— 193 867 ——*		141 815	141 955	102 584	94 624	84 170	75 395
Mauritius – Maurice 1 VII 1996 [2]									
22 Total	1 133 551	20 025	86 905	101 299	98 241	115 229	96 670	95 342	105 121
23 Male – Masculin	567 015	10 084	43 930	51 515	49 965	58 429	49 034	49 301	53 836
24 Female – Féminin	566 536	9 941	42 975	49 784	48 276	56 800	47 636	46 041	51 285
Morocco – Maroc 1 VII 1995* [2]									
25 Total	27 111 000	*——3 282 000 ——*		3 247 000	3 312 000	3 102 000	2 697 000	2 296 000	1 951 000
26 Male – Masculin	13 310 000	*—— 1 676 000 ——*		1 637 000	1 693 000	1 589 000	1 329 000	1 078 000	918 000
27 Female – Féminin	13 801 000	*—— 1 606 000 ——*		1 610 000	1 619 000	1 513 000	1 368 000	1 218 000	1 033 000
Mozambique 1 VII 1995									
28 Total	17 423 275	*—— 3 180 423 ——*		2 549 604	2 277 754	1 837 503	1 536 136	1 198 146	1 011 342
29 Male – Masculin	8 455 842	*—— 1 596 620 ——*		1 276 501	1 136 490	906 294	731 887	538 092	460 179
30 Female – Féminin	8 967 433	*—— 1 583 803 ——*		1 273 103	1 141 264	931 209	804 249	660 054	551 163
Namibia – Namibie 21 X 1991(C) [2]									
31 Total	1 409 920	49 692	169 173	192 619	176 903	165 555	130 735	110 195	86 156
32 Male – Masculin	686 327	24 848	84 253	95 872	87 836	81 386	63 471	52 369	40 531
33 Female – Féminin	723 593	24 844	84 920	96 747	89 067	84 169	67 264	57 826	45 625

7. Population selon l'âge, le sexe et la résidence, urbaine/rurale: dernière année disponible, 1988 – 1997 (suite)

(Voir notes à la fin du tableau.)

Age (en années)

35 – 39	40 – 44	45 – 49	50 – 54	55 – 59	60 – 64	65 – 69	70 – 74	75 – 79	80 – 84	85 +	Unknown Inconnu	
2 266 800	2 163 500	1 960 100	1 616 700	1 255 500	962 400	696 000	465 800	*———— - 523 700 ————*			–	1
1 018 000	979 500	932 500	802 400	631 600	479 200	343 400	230 400	*———— - 260 900 ————*			–	2
1 248 800	1 184 000	1 027 600	814 300	623 900	483 200	352 600	235 400	*———— - 262 800 ————*			–	3
52 254	39 611	32 206	29 714	29 442	24 581	18 091	13 923	8 081	4 317	3 060	–	4
28 364	22 144	16 706	13 976	13 384	10 744	7 882	6 048	3 637	1 699	1 058	–	5
23 890	17 467	15 500	15 738	16 058	13 837	10 209	7 875	4 444	2 618	2 002	–	6
———————— *	* ——————————————					146 182	——————————————————— *				–	7
———————— *	* ——————————————					72 355	——————————————————— *				–	8
———————— *	* ——————————————					73 827	——————————————————— *				–	9
920 984	731 987	574 441	476 514	360 196	318 457	228 716	174 225	127 118	*——— 176 350 ———*		25 283	10
462 963	367 899	281 035	235 851	178 996	150 502	111 698	82 989	66 613	*——— 82 233 ———*		14 754	11
458 021	364 088	293 406	240 663	181 200	167 955	117 018	91 236	60 505	*——— 94 117 ———*		10 529	12
181 701	150 698	123 600	99 900	78 803	60 000	43 800	28 600	*———— - 24 300 ————*			–	13
94 101	78 199	64 100	51 501	40 399	30 600	21 900	14 000	*———— - 11 400 ————*			–	14
87 600	72 499	59 500	48 399	38 404	29 400	21 900	14 600	*———— - 12 900 ————*			–	15
396 600	329 600	274 200	225 300	177 900	135 600	98 100	63 900	35 700	*—— 18 200 —*		–	16
182 700	152 200	127 800	105 900	82 300	61 700	44 300	28 400	15 500	*—— 7 500 —*		–	17
213 900	177 400	146 400	119 400	95 600	73 900	53 800	35 500	20 200	*—— 10 700 —*		–	18
112 705	85 646	68 958	51 822	56 191	27 591	33 265	16 779	*———— - 25 173 ————*			–	19
54 208	42 337	32 675	25 394	26 848	14 406	16 093	8 307	*———— - 10 792 ————*			–	20
58 497	43 309	36 283	26 428	29 343	13 185	17 172	8 472	*———— - 14 381 ————*			–	21
92 374	79 958	65 041	44 336	35 482	29 993	25 344	20 879	11 265	6 330	3 717	–	22
47 237	40 520	32 511	21 247	16 937	14 103	11 438	9 226	4 470	2 271	961	–	23
45 137	39 438	32 530	23 089	18 545	15 890	13 906	11 653	6 795	4 059	2 756	–	24
1 614 000	1 233 000	894 000	795 000	781 000	640 000	481 000	377 000	*———— - 409 000 ————*			–	25
775 000	603 000	419 000	354 000	349 000	296 000	212 000	180 000	*———— - 202 000 ————*			–	26
839 000	630 000	475 000	441 000	432 000	344 000	269 000	197 000	*———— - 207 000 ————*			–	27
888 077	750 266	609 959	492 379	382 945	285 745	194 848	121 483	65 062	*—— 41 603 —*		–	28
425 994	364 036	294 029	233 570	179 022	131 380	86 485	51 974	26 715	*—— 16 574 —*		–	29
462 083	386 230	315 930	258 809	203 923	154 365	108 363	69 509	38 347	*—— 25 029 —*		–	30
66 533	54 815	43 779	38 219	27 895	28 717	23 199	21 704	10 866	6 592	5 985	588	31
32 045	26 757	21 477	18 664	13 881	12 806	10 135	9 704	4 885	2 794	2 241	372	32
34 488	28 058	22 302	19 555	14 014	15 911	13 064	12 000	5 981	3 798	3 744	216	33

(See notes at end of table.)

Continent, country or area, sex, date and urban/rural residence / Continent, pays ou zone, sexe, date et résidence, urbaine/rurale		Age (in years)								
	All ages Tous âges	− 1	1 – 4	5 – 9	10 – 14	15 – 19	20 – 24	25 – 29	30 – 34	

AFRICA—AFRIQUE (Cont.–Suite)

Niger
20 V 1988(C)* [2]

		All ages	− 1	1 – 4	5 – 9	10 – 14	15 – 19	20 – 24	25 – 29	30 – 34
1	Total	7 248 100	*—— 1 540	760 ——*	1 280 220	710 900	645 390	592 310	562 410	425 910
2	Male – Masculin	3 590 070	*—— 776	020 ——*	650 730	380 090	290 790	256 230	245 270	202 220
3	Female – Féminin	3 658 030	*—— 764	740 ——*	629 490	330 810	354 600	336 080	317 140	223 690
	Nigeria – Nigéria 26 XI 1991(C)*									
4	Total	88 991 770	2 134 586	12 209 303	14 500 458	11 148 681	9 335 698	7 671 570	7 311 671	5 913 927
5	Male – Masculin	44 529 608	1 101 442	6 243 012	7 374 314	5 812 538	4 528 721	3 314 303	3 304 739	2 808 629
6	Female – Féminin	44 462 162	1 033 144	5 966 291	7 126 144	5 336 143	4 806 977	4 357 267	4 006 932	3 105 298
	Réunion 1 I 1993 [1]									
7	Total	631 500	14 200	54 000	63 900	61 100	59 700	56 500	59 800	52 400
8	Male – Masculin	311 200	7 200	27 400	32 400	30 800	30 100	27 800	29 500	26 000
9	Female – Féminin	320 300	7 000	26 600	31 500	30 300	29 600	28 700	30 300	26 400
	Rwanda 15 VIII 1991(C) [1]									
10	Total	7 149 215	*—— 1 297	225 ——*	1 183 060	923 245	711 050	585 070	529 435	481 305
11	Male – Masculin	3 482 460	*—— 644	055 ——*	583 400	455 165	348 780	282 230	261 830	239 795
12	Female – Féminin	3 666 755	*—— 653	170 ——*	599 660	468 080	362 270	302 840	267 605	241 510
	St. Helena ex. dep. – **Sainte–Hélène** **sans dép.** 1 VII 1995									
13	Total	6 561	80	312	378	525	496	621	727	532
14	Male – Masculin	3 359	42	160	188	267	235	313	375	253
15	Female – Féminin	3 202	38	152	190	258	261	308	352	279
	Tristan da Cunha 1 VII 1996									
16	Total	286	1	10	14	17	13	17	35	12
17	Male – Masculin	137	1	7	9	9	8	3	17	6
18	Female – Féminin	149	–	3	5	8	5	14	18	6
	Sao Tome and Principe – **Sao Tomé–et–Principe** 4 VIII 1991(C)									
19	Total	117 504	3 918	14 685	19 445	17 055	12 642	9 992	8 178	6 069
20	Male – Masculin	58 040	1 953	7 423	9 820	8 560	6 423	5 005	3 969	2 848
21	Female – Féminin	59 464	1 965	7 262	9 625	8 495	6 219	4 987	4 209	3 221
	Senegal – Sénégal 20 XI 1991 [1] [2]									
22	Total	7 306 366	*—— 1 289	154 ——*	1 244 860	951 083	766 172	557 281	499 156	408 069
23	Male – Masculin	3 524 449	*—— 659	462 ——*	621 752	483 907	370 618	256 440	209 234	178 685
24	Female – Féminin	3 781 917	*—— 629	692 ——*	623 108	467 176	395 554	300 841	289 922	229 384
	Seychelles 1 VII 1996									
25	Total	76 417	*——— – 15 055 ———*			*—— 14 700 ——*		*—— 13 518 ——* *		* ———	
26	Male – Masculin	37 923	*——— – 7 670 ———*			*—— 7 432 ——*		*—— 6 753 ——* *		* ———	
27	Female – Féminin	38 494	*——— – 7 385 ———*			*—— 7 268 ——*		*—— 6 765 ——* *		* ———	
	South Africa – **Afrique du Sud** [5] 7 III 1991(C) [2]									
28	Total	30 986 920	666 821	3 151 740	3 596 812	3 306 221	3 158 990	2 966 754	2 695 491	2 409 874
29	Male – Masculin	15 479 528	332 158	1 593 276	1 813 818	1 663 472	1 587 893	1 494 166	1 372 128	1 234 243
30	Female – Féminin	15 507 392	334 664	1 558 465	1 782 993	1 642 750	1 571 097	1 472 589	1 323 364	1 175 631

7. Population selon l'âge, le sexe et la résidence, urbaine/rurale: dernière année disponible, 1988 – 1997 (suite)

(Voir notes à la fin du tableau.)

					Age (en années)							
35 – 39	40 – 44	45 – 49	50 – 54	55 – 59	60 – 64	65 – 69	70 – 74	75 – 79	80 – 84	85 +	Unknown Inconnu	
335 370	294 590	193 690	190 910	110 190	125 860	60 160	71 580	30 890	*—— 51 750 ——*		25 210	1
171 750	147 510	109 810	102 830	66 530	66 500	35 470	35 540	17 130	*—— 25 700 ——*		9 950	2
163 620	147 080	83 880	88 080	43 660	59 360	24 690	36 040	13 760	*—— 26 050 ——*		15 260	3
4 214 753	3 845 918	2 416 433	2 570 799	1 119 949	1 690 284	763 940	886 302	351 823	480 686	424 989	–	4
2 206 871	1 971 197	1 355 101	1 388 650	638 555	898 711	406 540	492 186	195 455	258 059	230 585	–	5
2 007 882	1 874 721	1 061 332	1 182 149	481 394	791 573	357 400	394 116	156 368	222 627	194 404	–	6
45 400	36 500	28 700	24 800	21 600	16 500	14 000	9 800	6 400	*—— 6 200 ——*		–	7
22 500	18 400	14 500	12 200	10 400	7 700	6 200	4 000	2 300	*—— 1 800 ——*		–	8
22 900	18 100	14 200	12 600	11 200	8 800	7 800	5 800	4 100	*—— 4 400 ——*		–	9
358 200	244 850	175 750	173 205	134 170	126 230	84 070	73 365	*———— 68 985 ————*			–	10
176 375	118 140	77 880	73 080	61 455	55 100	39 400	32 755	*———— 33 020 ————*			–	11
181 825	126 710	97 870	100 125	72 715	71 130	44 670	40 610	*———— 35 965 ————*			–	12
558	466	446	367	259	229	178	151	109	61	66	–	13
300	255	250	219	154	123	76	60	51	21	17	–	14
258	211	196	148	105	106	102	91	58	40	49	–	15
19	14	24	18	22	18	12	22	10	6	2	–	16
10	4	14	8	6	11	5	12	5	1	1	–	17
9	10	10	10	16	7	7	10	5	5	1	–	18
4 771	3 495	2 965	3 385	3 082	2 643	2 115	1 343	864	504	353	–	19
2 152	1 622	1 378	1 669	1 548	1 288	1 028	657	393	185	119	–	20
2 619	1 873	1 587	1 716	1 534	1 355	1 087	686	471	319	234	–	21
351 002	269 225	207 060	205 964	154 479	144 286	90 496	75 978	42 195	*—— 49 906 ——*		–	22
151 064	118 242	94 410	94 118	76 394	71 854	50 319	38 924	24 988	*—— 24 038 ——*		–	23
199 938	150 983	112 650	111 846	78 085	72 432	40 177	37 054	17 207	*—— 25 868 ——*		–	24
12 720 –*	*—— 7 514 ——*		*—— 5 144 ——*		*—— 4 060 ——*		*—— 2 561 ——*		*—— 1 145 ——*		–	25
6 434 –*	*—— 4 025 ——*		*—— 2 484 ——*		*—— 1 770 ——*		*—— 1 033 ——*		*—— 1 145 ——*		–	26
6 286 –*	*—— 3 489 ——*		*—— 2 660 ——*		*—— 2 290 ——*		*—— 1 528 ——*		*—— 322 ——*		–	27
2 004 256	1 660 256	1 346 082	1 118 924	891 048	682 748	493 508	406 143	211 050	135 193	85 006	–	28
1 020 907	843 271	674 435	552 975	432 148	313 535	219 243	171 275	84 373	49 036	27 176	–	29
983 348	816 986	671 648	565 947	458 901	369 214	274 265	234 870	126 677	86 159	57 828	–	30

(See notes at end of table.)

Continent, country or area, sex, date and urban/rural residence / Continent, pays ou zone, sexe, date et résidence, urbaine/rurale	All ages Tous âges	– 1	1 – 4	5 – 9	10 – 14	15 – 19	20 – 24	25 – 29	30 – 34
				Age (in years)					

AFRICA—AFRIQUE (Cont.–Suite)

Sudan – Soudan
15 IV 1993(C)*

1 Total	24 941 000	*—— 4 305	000 ——*	3 786 000	2 627 000	2 445 000	2 255 000	2 026 000	1 624 000
2 Male – Masculin	12 519 000	*—— 2 173	000 ——*	1 911 000	1 285 000	1 247 000	1 158 000	1 028 000	802 000
3 Female – Féminin	12 422 000	*—— 2 132	000 ——*	1 875 000	1 341 000	1 199 000	1 098 000	997 000	822 000

Swaziland
1 VII 1996 [2]

4 Total	937 747	38 602	138 492	152 827	129 984	101 085	75 373	62 301	51 905
5 Male – Masculin	438 334	19 388	69 019	75 717	64 598	47 775	31 836	26 659	22 578
6 Female – Féminin	499 413	19 214	69 473	77 110	65 386	53 310	43 537	35 642	29 327

Tunisia – Tunisie
1 VII 1995 [2]

7 Total	8 957 500	*—— 987	400 ——*	1 076 100	1 054 800	957 300	834 600	758 500	669 600
8 Male – Masculin	4 526 300	*—— 506	700 ——*	549 500	540 500	487 900	420 500	370 700	332 600
9 Female – Féminin	4 431 300	*—— 480	700 ——*	526 600	514 300	469 400	414 100	387 700	337 000

Uganda – Ouganda
12 I 1991(C) [2]

10 Total	16 671 705	674 274	2 478 848	2 506 991	2 220 368	1 802 260	1 525 840	1 283 307	945 587
11 Male – Masculin	8 185 747	334 285	1 231 594	1 246 565	1 130 236	865 780	710 213	610 223	465 672
12 Female – Féminin	8 485 958	339 989	1 247 254	1 260 426	1 090 132	936 480	815 627	673 084	479 915

Zambia – Zambie
20 VIII 1990(C) [2]

13 Total	7 383 097	252 502	946 026	1 117 831	1 028 246	939 395	710 761	532 783	429 349
14 Male – Masculin	3 617 577	125 355	469 808	553 193	511 845	454 345	329 925	248 186	210 486
15 Female – Féminin	3 765 520	127 147	476 218	564 638	516 401	485 050	380 836	284 597	218 863

Zimbabwe
18 VIII 1997* [2]

16 Total	12 293 953	*—— 2 2	42 918 ——*	1 550 728	1 645 744	1 447 791	1 235 185	976 133	700 559
17 Male – Masculin	6 000 009	*—— 1 1	05 961 ——*	770 494	816 887	719 926	608 368	459 533	329 746
18 Female – Féminin	6 293 944	*—— 1 1	36 957 ——*	780 234	828 857	727 865	626 817	516 600	370 813

AMERICA, NORTH—
AMERIQUE DU NORD

Antigua and Barbuda –
Antigua–et–Barbuda
1 VII 1996

19 Total	68 612	*—— 6	259 ——*	6 656	6 625	6 284	5 687	6 158	5 959
20 Male – Masculin	33 080	*—— 3	193 ——*	3 328	3 283	3 163	2 842	3 014	2 823
21 Female – Féminin	35 532	*—— 3	066 ——*	3 328	3 342	3 120	2 845	3 143	3 136

Aruba
1 VII 1995* [1]

22 Total	83 652	*—— 6	845 ——*	6 555	6 132	5 360	5 712	7 295	8 305
23 Male – Masculin	41 591	*—— 3	572 ——*	3 396	3 152	2 741	2 897	3 708	4 191
24 Female – Féminin	42 061	*—— 3	273 ——*	3 159	2 980	2 620	2 815	3 587	4 114

Bahamas
1 VII 1994

25 Total	273 581	6 601	24 340	29 194	27 833	28 939	27 354	27 921	23 115
26 Male – Masculin	133 010	3 345	12 198	14 744	13 939	14 344	13 474	13 667	11 000
27 Female – Féminin	140 571	3 256	12 142	14 450	13 894	14 595	13 880	14 254	12 115

Barbados – Barbade
31 XII 1988

28 Total	255 200	3 694	16 073	20 769	22 593	24 275	25 612	25 062	21 682
29 Male – Masculin	122 300	1 917	8 141	10 404	11 297	12 181	12 855	12 438	10 652
30 Female – Féminin	132 900	1 777	7 932	10 365	11 296	12 094	12 757	12 624	11 030

7. Population selon l'âge, le sexe et la résidence, urbaine/rurale: dernière année disponible, 1988 – 1997 (suite)

(Voir notes à la fin du tableau.)

					Age (en années)						Unknown Inconnu	
35 – 39	40 – 44	45 – 49	50 – 54	55 – 59	60 – 64	65 – 69	70 – 74	75 – 79	80 – 84	85 +		
1 359 000	1 109 000	947 000	766 000	603 000	433 000	298 000	195 000	*——— - 163 000 ———*			—	1
558 000	526 000	453 000	377 000	308 000	229 000	161 000	109 000	*——— - 94 000 ———*			—	2
700 000	582 000	494 000	388 000	295 000	205 000	136 000	85 000	*——— - 73 000 ———*			—	3
43 046	35 551	29 096	23 525	18 603	14 151	10 191	6 702	3 840	1 776	697	—	4
18 891	15 679	12 835	10 345	8 099	6 032	4 167	2 581	1 369	576	190	—	5
24 155	19 872	16 261	13 180	10 504	8 119	6 024	4 121	2 471	1 200	507	—	6
571 500	446 600	313 200	275 600	271 800	256 200	177 100	139 800	78 700	*— 88 700 —*		—	7
287 900	224 200	152 800	135 600	135 700	129 700	92 800	70 900	43 300	*— 44 800 —*		—	8
283 600	222 400	160 400	140 000	136 100	126 400	84 400	68 900	35 300	*— 43 900 —*		—	9
692 512	541 048	457 763	428 172	267 235	283 694	175 442	163 153	85 349	*— 132 320 —*		7 542	10
339 433	260 825	224 675	207 711	137 998	134 321	88 797	79 266	45 258	*— 69 454 —*		3 441	11
353 079	280 223	233 088	220 461	129 237	149 373	86 645	83 887	40 091	*— 62 866 —*		4 101	12
296 650	265 561	214 159	191 983	140 789	115 552	73 898	56 509	30 217	15 941	13 779	11 166	13
146 636	126 510	104 291	92 170	74 276	59 054	40 674	31 313	18 347	8 354	7 247	5 562	14
150 014	139 051	109 868	99 813	66 513	56 498	33 224	25 196	11 870	7 587	6 532	5 604	15
594 811	477 402	352 329	275 816	262 200	163 411	152 954	79 920	*——— - 136 052 ———*			—	16
274 307	223 370	167 950	137 727	122 839	83 753	79 387	38 881	*——— - 60 880 ———*			—	17
320 504	254 032	184 379	138 089	139 361	79 658	73 567	41 039	*——— - 75 172 ———*			—	18
5 370	4 246	3 476	2 630	1 981	1 758	1 679	1 511	1 123	*— 1 212 —*		—	19
2 533	1 980	1 628	1 259	961	804	724	652	463	*— 430 —*		—	20
2 837	2 266	1 848	1 372	1 020	953	955	859	660	*— 782 —*		—	21
8 123	7 080	5 670	4 528	3 682	2 806	1 985	1 379	948	646	600	—	22
4 033	3 501	2 775	2 176	1 739	1 312	919	614	384	260	222	—	23
4 091	3 579	2 895	2 353	1 943	1 493	1 066	765	564	386	379	—	24
17 339	13 472	11 938	9 602	7 341	5 641	4 287	3 834	2 484	1 441	905	—	25
8 242	6 514	5 716	4 506	3 476	2 550	1 861	1 621	998	532	283	—	26
9 097	6 958	6 222	5 096	3 865	3 091	2 426	2 213	1 486	909	622	—	27
17 178	12 616	10 075	9 181	9 022	8 321	8 088	7 842	6 582	*— 6 535 —*		—	28
8 407	5 971	4 626	3 998	3 841	3 537	3 436	3 323	2 728	*— 2 548 —*		—	29
8 771	6 645	5 449	5 183	5 181	4 784	4 652	4 519	3 854	*— 3 987 —*		—	30

7. Population by age, sex and urban/rural residence: latest available year, 1988 – 1997 (continued)

(See notes at end of table.)

Continent, country or area, sex, date and urban/rural residence / Continent, pays ou zone, sexe, date et résidence, urbaine/rurale	All ages Tous âges	Age (in years)							
		− 1	1 – 4	5 – 9	10 – 14	15 – 19	20 – 24	25 – 29	30 – 34
AMERICA, NORTH— (Cont.–Suite) AMÉRIQUE DU NORD									
Belize 1 VII 1997* [2]									
1 Total	230 000	*——— 30	465 ———*	34 815	32 100	26 145	18 250	14 825	15 085
2 Male – Masculin	114 500	*——— 15	145 ———*	17 640	16 630	13 180	9 120	6 490	7 460
3 Female – Féminin	115 500	*——— 15	320 ———*	17 175	15 470	12 965	9 130	8 335	7 625
Bermuda – Bermudes 1 VII 1997* [1] [6]									
4 Total	60 331	*——— 4	020 ———*	4 041	3 822	3 387	4 077	5 502	5 938
5 Male – Masculin	29 210	*——— 1	979 ———*	2 012	1 935	1 689	2 063	2 802	2 952
6 Female – Féminin	31 122	*——— 2	042 ———*	2 028	1 887	1 699	2 015	2 700	2 986
British Virgin Islands – Iles Vierges britanniques 12 V 1991(C)									
7 Total	16 115	355	1 255	1 428	1 346	1 219	1 509	1 854	1 732
8 Male – Masculin	8 262	167	645	728	675	604	741	953	879
9 Female – Féminin	7 853	188	610	700	671	615	768	901	853
Canada 1 VII 1996* [1] [2]									
10 Total	29 963 631	377 927	1 582 935	2 015 826	2 019 552	2 002 858	2 036 326	2 223 536	2 631 235
11 Male – Masculin	14 845 013	193 963	811 943	1 031 303	1 031 869	1 026 310	1 033 470	1 121 457	1 334 035
12 Female – Féminin	15 118 618	183 964	770 992	984 523	987 683	976 548	1 002 856	1 102 079	1 297 200
Cayman Islands – Iles Caïmanes 15 X 1989(C) [1]									
13 Total	25 355	422	1 595	1 925	1 816	2 053	2 274	2 867	2 711
14 Male – Masculin	12 372	209	803	945	942	966	1 158	1 404	1 297
15 Female – Féminin	12 983	213	792	980	874	1 087	1 116	1 463	1 414
Costa Rica 1 VII 1996* [1] [2]									
16 Total	3 202 440	*——— 334	219 ———*	363 560	361 686	320 151	262 271	251 040	*———
17 Male – Masculin	1 604 305	*——— 176	760 ———*	182 982	188 009	166 231	134 468	124 373	*———
18 Female – Féminin	1 598 135	*——— 157	459 ———*	180 578	173 677	153 920	127 803	126 667	*———
Cuba 1 VII 1995 [2]									
19 Total	10 979 510	146 168	647 668	886 142	758 321	769 652	1 059 368	1 140 700	1 065 025
20 Male – Masculin	5 514 257	75 681	333 236	455 498	388 620	393 322	536 778	575 222	531 852
21 Female – Féminin	5 465 253	70 487	314 432	430 644	369 701	376 330	522 590	565 478	533 173
Dominica – Dominique 31 XII 1994									
22 Total	74 750	*——— 12	597 ———*	8 368	7 778	7 491	6 568	5 908	4 521
23 Male – Masculin	38 671	*——— 6	362 ———*	4 189	3 808	4 266	3 660	3 332	2 803
24 Female – Féminin	36 079	*——— 6	235 ———*	4 179	3 970	3 225	2 908	2 576	1 718
Dominican Republic – République dominicaine 1 VII 1995 [2]									
25 Total	7 915 321	*——— 996	573 ———*	967 749	904 707	801 256	748 440	711 809	631 345
26 Male – Masculin	4 023 015	*——— 507	476 ———*	492 012	459 734	407 795	381 701	363 168	321 798
27 Female – Féminin	3 892 306	*——— 489	097 ———*	475 737	444 973	393 461	366 739	348 641	309 547
El Salvador 27 IX 1992(C) [2]									
28 Total	5 118 599	122 388	535 831	646 366	675 761	590 005	483 270	394 450	325 038
29 Male – Masculin	2 485 613	61 717	272 991	330 236	345 974	289 109	222 909	182 278	152 015
30 Female – Féminin	2 632 986	60 671	262 840	316 130	329 787	300 896	260 361	212 172	173 023

(Voir notes à la fin du tableau.)

35 – 39	40 – 44	45 – 49	50 – 54	55 – 59	60 – 64	65 – 69	70 – 74	75 – 79	80 – 84	85 +	Unknown Inconnu	
13 065	10 410	7 925	5 965	5 430	4 250	3 790	3 020	1 695	1 590	1 275	–	1
6 245	5 200	4 055	2 750	3 010	2 030	2 025	1 605	710	780	525	–	2
6 820	5 210	3 870	3 215	2 420	2 220	1 765	1 415	985	810	750	–	3
5 600	4 866	4 140	3 333	2 821	2 629	2 154	1 691	1 109	*—— 1 199 ——*		–	4
2 766	2 316	2 009	1 597	1 335	1 250	967	702	426	*—— 409 ——*		–	5
2 834	2 549	2 131	1 736	1 487	1 378	1 188	989	684	*—— 790 ——*		–	6
1 390	1 099	771	536	368	353	314	237	174	88	85	2	7
713	593	420	280	196	182	176	129	89	46	44	2	8
677	506	351	256	172	171	138	108	85	42	41	–	9
2 666 380	2 387 502	2 159 498	1 672 200	1 332 586	1 213 101	1 129 255	979 902	704 329	467 611	361 072	–	10
1 343 878	1 191 790	1 084 776	838 231	661 929	596 190	536 197	432 814	289 212	174 877	110 769	–	11
1 322 502	1 195 712	1 074 722	833 969	670 657	616 911	593 058	547 088	415 117	292 734	250 303	–	12
2 357	1 717	1 327	1 126	878	686	521	412	307	191	170	–	13
1 105	874	659	577	431	336	257	175	108	71	55	–	14
1 252	843	668	549	447	350	264	237	199	120	115	–	15
481 950 –*	*—— 337 576 ——*		*—— 207 626 ——*		*—— 150 954 ——*		*——————— 127 191 ———————*				4 216	16
230 865 –*	*—— 163 565 ——*		*—— 100 841 ——*		*—— 72 890 ——*		*——————— 60 921 ———————*				2 400	17
251 085 –*	*—— 174 011 ——*		*—— 106 785 ——*		*—— 78 064 ——*		*——————— 66 270 ———————*				1 816	18
712 561	711 592	647 642	575 033	475 555	373 253	*—— 574 964 ——*		*—— 333 460 ——*		102 406	–	19
353 866	352 987	319 069	285 473	236 846	186 420	*—— 283 838 ——*		*—— 158 578 ——*		46 971	–	20
358 695	358 605	328 573	289 560	238 709	186 833	*—— 291 126 ——*		*—— 174 882 ——*		55 435	–	21
3 950	3 189	2 575	2 089	2 009	2 056	1 940	1 417	999	532	320	443	22
2 119	1 587	1 266	995	896	933	900	602	457	172	99	225	23
1 831	1 602	1 309	1 094	1 113	1 123	1 040	815	542	360	221	218	24
511 345	400 507	319 318	249 286	204 709	163 452	133 491	79 588	*——— 91 746 ———*			–	25
260 956	205 055	163 488	127 076	103 490	81 041	66 557	38 926	*——— 42 742 ———*			–	26
250 389	195 452	155 830	122 210	101 219	82 411	66 934	40 662	*——— 49 004 ———*			–	27
265 000	229 341	183 914	163 379	125 329	122 912	86 786	69 169	44 174	30 137	25 349	–	28
123 135	108 873	87 323	76 260	57 639	58 177	40 044	32 672	20 274	13 477	10 510	–	29
141 865	120 468	96 591	87 119	67 690	64 735	46 742	36 497	23 900	16 660	14 839	–	30

7. Population by age, sex and urban/rural residence: latest available year, 1988 – 1997 (continued)

(See notes at end of table.)

Continent, country or area, sex, date and urban/rural residence / Continent, pays ou zone, sexe, date et résidence, urbaine/rurale	All ages Tous âges	– 1	1 – 4	5 – 9	10 – 14	15 – 19	20 – 24	25 – 29	30 – 3
AMERICA,NORTH— (Cont.–Suite) AMERIQUE DU NORD									
Greenland – Groenland 1 I 1997 [1][2]									
1 Total	55 971	1 024	4 415	5 439	4 566	3 628	3 214	5 003	6 37
2 Male – Masculin	29 839	516	2 244	2 736	2 341	1 871	1 663	2 660	3 40
3 Female – Féminin	26 132	508	2 171	2 703	2 225	1 757	1 551	2 343	2 96
Guadeloupe 1 I 1992 [1][7]									
4 Total	368 796	*—— 33	171 ——*	32 611	31 476	38 154	31 712	32 906	29 32
5 Male – Masculin	178 422	*—— 16	639 ——*	16 379	15 894	19 494	15 307	16 051	14 45
6 Female – Féminin	190 374	*—— 16	532 ——*	16 232	15 582	18 660	16 405	16 855	14 86
Guatemala 1 VII 1995* [2]									
7 Total	10 621 226	*—— 1 788	431 ——*	1 559 703	1 359 797	1 168 448	951 342	774 712	641 19
8 Male – Masculin	5 362 510	*—— 912	306 ——*	795 010	692 250	594 105	481 682	390 463	321 30
9 Female – Féminin	5 258 716	*—— 876	125 ——*	764 693	667 547	574 343	469 660	384 249	319 89
Haiti – Haïti 1 VII 1996 [1][2]									
10 Total	7 336 030	231 146	869 699	977 225	867 195	757 802	667 578	575 003	495 92
11 Male – Masculin	3 602 956	117 283	439 729	492 326	436 405	380 788	332 178	282 508	239 65
12 Female – Féminin	3 733 074	113 863	429 970	484 899	430 790	377 014	335 400	292 495	256 26
Honduras 29 V 1988(C) [2]									
13 Total	4 248 561	153 352	580 896	684 034	571 575	446 949	347 053	300 492	248 03
14 Male – Masculin	2 110 106	78 394	296 914	349 055	290 189	219 858	163 623	142 319	120 49
15 Female – Féminin	2 138 455	74 958	283 982	334 979	281 386	227 091	183 430	158 173	127 53
Jamaica – Jamaïque 1 VII 1995 [2]									
16 Total	2 500 025	57 214	223 088	262 257	263 395	245 600	244 851	226 473	203 54
17 Male – Masculin	1 242 510	29 132	113 087	131 828	131 307	123 188	122 414	112 102	102 33
18 Female – Féminin	1 257 515	28 082	110 001	130 429	132 088	122 412	122 437	114 371	101 20
Martinique 1 I 1992 [1][7]									
19 Total	370 756	*—— 31	450 ——*	29 990	28 351	32 600	33 178	34 662	31 73
20 Male – Masculin	178 697	*—— 15	775 ——*	15 105	14 459	16 655	16 325	16 777	15 582
21 Female – Féminin	192 059	*—— 15	675 ——*	14 885	13 892	15 945	16 853	17 885	16 14
Mexico – Mexique 5 XI 1995 [1][2][8]									
22 Total	91 158 290	2 002 677	8 721 423	10 867 563	10 670 048	10 142 071	9 397 424	7 613 090	6 564 60
23 Male – Masculin	44 900 499	1 022 008	4 427 348	5 515 644	5 404 261	5 022 243	4 538 686	3 652 995	3 152 46
24 Female – Féminin	46 257 791	980 669	4 294 075	5 351 919	5 265 787	5 119 828	4 858 738	3 960 095	3 412 14
Netherlands Antilles – Antilles néerlandaises 1 VII 1994 [1]									
25 Total	199 659	3 929	15 808	17 214	16 043	14 159	13 058	15 593	19 17
26 Male – Masculin	95 527	1 978	7 991	8 649	8 042	7 186	6 494	7 416	8 94
27 Female – Féminin	104 132	1 951	7 818	8 564	8 001	6 974	6 563	8 178	10 23
Nicaragua 1 VII 1989 [2]									
28 Total	3 745 031	143 237	530 429	570 796	479 624	408 688	341 100	281 808	231 237
29 Male – Masculin	1 876 192	73 079	270 150	290 112	243 397	206 746	170 964	140 306	114 297
30 Female – Féminin	1 868 839	70 158	260 279	280 684	236 227	201 942	170 136	141 502	116 94
Panama 1 VII 1997* [2]									
31 Total	2 718 686	60 406	243 382	298 457	282 470	263 765	254 577	240 277	214 286
32 Male – Masculin	1 373 349	30 867	124 543	152 551	143 817	134 012	128 710	120 937	107 368
33 Female – Féminin	1 345 337	29 539	118 840	145 906	138 654	129 755	125 868	119 340	106 918

7. Population selon l'âge, le sexe et la résidence, urbaine/rurale: dernière année disponible, 1988 – 1997 (suite)

(Voir notes à la fin du tableau.)

					Age (en années)							
35 – 39	40 – 44	45 – 49	50 – 54	55 – 59	60 – 64	65 – 69	70 – 74	75 – 79	80 – 84	85 +	Unknown Inconnu	
5 436	4 135	3 210	3 133	2 178	1 639	1 230	684	390	191	80	–	1
3 009	2 352	1 893	1 872	1 283	866	595	306	143	65	17	–	2
2 427	1 783	1 317	1 261	895	773	635	378	247	126	63	–	3
25 375	22 614	18 055	14 841	14 042	12 032	11 044	8 553	5 947	3 883	3 060	–	4
11 881	10 690	8 721	7 098	6 584	5 526	5 022	3 874	2 420	1 487	903	–	5
13 494	11 924	9 334	7 743	7 458	6 506	6 022	4 679	3 527	2 396	2 157	–	6
522 454	437 760	339 770	274 351	232 656	201 570	155 504	104 318	59 826	*—— 49 386 ——*		–	7
260 585	217 523	169 016	136 366	115 660	99 214	75 980	50 446	28 330	*—— 22 267 ——*		–	8
261 869	220 237	170 754	137 985	116 996	102 356	79 524	53 872	31 496	*—— 27 119 ——*		–	9
412 238	341 933	279 789	231 271	190 326	152 890	115 120	81 394	51 081	*—— 38 420 ——*		–	10
195 277	159 491	129 694	107 512	88 604	71 040	53 184	37 184	23 015	*—— 17 081 ——*		–	11
216 961	182 442	150 095	123 759	101 722	81 850	61 936	44 210	28 066	*—— 21 339 ——*		–	12
204 490	157 746	132 576	110 346	91 220	70 709	55 162	35 683	26 989	17 805	13 448	–	13
99 623	77 319	65 328	54 369	44 554	35 010	27 125	17 645	13 254	8 720	6 309	–	14
104 867	80 427	67 248	55 977	46 666	35 699	28 037	18 038	13 735	9 085	7 139	–	15
165 672	122 401	94 490	81 551	69 041	61 252	57 038	42 880	*——— 79 277 ———*			–	16
81 225	61 037	47 363	41 689	35 375	30 685	27 670	19 764	*——— 32 307 ———*			–	17
84 447	61 364	47 127	39 862	33 666	30 567	29 368	23 116	*——— 46 970 ———*			–	18
25 855	21 953	18 275	16 163	15 760	14 147	12 251	9 243	6 973	4 534	3 641	–	19
12 163	10 228	8 664	7.510	7 451	6 634	5 575	4 093	2 906	1 680	1 115	–	20
13 692	11 725	9 611	8 653	8 309	7 513	6 676	5 150	4 067	2 854	2 526	–	21
5 820 178	4 434 317	3 612 452	2 896 049	2 231 897	1 941 953	1 425 809	1 079 803	666 196	434 120	407 716	14 046	22
2 804 296	2 173 041	1 763 505	1 418 508	1 083 293	929 650	674 004	521 069	317 553	193 923	177 663	5 137	23
3 015 882	2 261 276	1 848 947	1 477 541	1 148 604	1 012 303	751 805	558 734	348 643	240 197	230 053	8 909	24
17 958	15 887	13 035	9 577	7 895	6 201	4 858	3 587	2 718	1 765	1 206	–	25
8 394	7 407	6 076	4 547	3 721	2 965	2 151	1 521	1 083	624	343	–	26
9 564	8 482	6 958	5 030	4 175	3 235	2 706	2 067	1 636	1 139	865	–	27
187 618	137 728	108 614	90 610	73 857	59 637	43 807	28 493	*——— 27 748 ———*			–	28
92 232	67 985	53 376	44 275	35 338	28 100	20 568	13 192	*——— 12 075 ———*			–	29
95 386	69 743	55 238	46 335	38 519	31 537	23 239	15 301	*——— 15 673 ———*			–	30
183 620	152 899	126 364	103 800	83 301	65 031	51 982	39 910	28 328	*—— 25 828 ——*		–	31
91 575	76 468	63 723	52 682	42 217	32 905	26 204	19 474	13 541	*—— 11 756 ——*		–	32
92 045	76 431	62 641	51 118	41 084	32 126	25 778	20 436	14 787	*—— 14 072 ——*		–	33

7. Population by age, sex and urban/rural residence: latest available year, 1988 – 1997 (continued)

(See notes at end of table.)

Continent, country or area, sex, date and urban/rural residence / Continent, pays ou zone, sexe, date et résidence, urbaine/rurale	All ages Tous âges	– 1	1 – 4	5 – 9	10 – 14	15 – 19	20 – 24	25 – 29	30 – 34
AMERICA,NORTH— (Cont.–Suite) AMERIQUE DU NORD									
Puerto Rico – Porto Rico 1 VII 1996 [1] [2] [9]									
1 Total	3 733 326	68 232	253 709	303 834	318 429	341 123	326 809	286 487	268 872
2 Male – Masculin	1 802 649	35 295	129 956	154 574	162 286	173 253	164 964	139 795	127 127
3 Female – Féminin	1 930 677	32 937	123 753	149 260	156 143	167 870	161 845	146 692	141 745
Saint Kitts and Nevis – Saint–Kitts–et–Nevis 1 VII 1996*									
4 Total	42 280	*—— 4 280 ——*		4 350	4 390	4 240	3 660	3 290	3 350
5 Male – Masculin	21 290	*—— 2 150 ——*		2 260	2 230	2 110	1 840	1 700	1 670
6 Female – Féminin	20 990	*—— 2 130 ——*		2 090	2 160	2 130	1 820	1 590	1 680
Saint Lucia – Sainte–Lucie 12 V 1991(C)*									
7 Total	133 308	3 099	12 578	17 250	16 045	14 766	12 954	11 502	8 992
8 Male – Masculin	64 645	1 552	6 217	8 573	8 068	7 291	6 375	5 579	4 209
9 Female – Féminin	68 663	1 547	6 361	8 677	7 977	7 475	6 579	5 923	4 783
St. Vincent and the Grenadines – Saint–Vincent–et–Grenadines 1 VII 1996									
10 Total	111 214	2 404	10 265	14 418	14 325	12 763	10 157	9 882	8 019
11 Male – Masculin	55 518	1 222	5 223	7 217	7 273	6 422	5 213	5 041	4 143
12 Female – Féminin	55 696	1 182	5 042	7 201	7 052	6 341	4 944	4 841	3 876
Trinidad and Tobago – Trinité–et–Tobago 1 VII 1996									
13 Total	1 263 618	16 357	79 397	122 316	134 932	123 387	110 284	104 898	104 304
14 Male – Masculin	635 318	8 315	40 433	62 257	68 385	64 024	57 025	53 149	50 941
15 Female – Féminin	628 300	8 042	38 964	60 059	66 547	59 363	53 259	51 749	53 363
Turks and Caicos Islands – Iles Turques et Caïques 31 V 1990(C)*									
16 Total	11 465	259	1 016 *—— 2 412 ——*			*—— 2 082 ——* *			*————
17 Male – Masculin	5 837	134	509 *—— 1 215 ——*			*—— 1 042 ——* *			*————
18 Female – Féminin	5 628	125	507 *—— 1 197 ——*			*—— 1 040 ——* *			*————
United States – Etats–Unis 1 VII 1997* [2] [10] [11]									
19 Total	267 636 061	3 796 593	15 353 002	19 738 398	19 039 670	19 067 918	17 511 806	18 868 641	20 740 870
20 Male – Masculin	131 017 669	1 942 523	7 858 303	10 104 334	9 756 558	9 826 506	8 979 345	9 470 009	10 340 361
21 Female – Féminin	136 618 392	1 854 070	7 494 699	9 634 064	9 283 112	9 241 412	8 532 461	9 398 632	10 400 509
United States Virgin Islands – Iles Vierges américaines 1 IV 1990(C) [1] [9]									
22 Total	101 809	1 644	7 586	10 072	10 142	9 623	7 103	7 353	7 324
23 Male – Masculin	49 210	868	3 800	5 040	5 125	4 830	3 452	3 489	3 435
24 Female – Féminin	52 599	776	3 786	5 032	5 017	4 793	3 651	3 864	3 889
AMERICA,SOUTH— AMERIQUE DU SUD									
Argentina – Argentine 1 VII 1995 [2]									
25 Total	34 768 457	*—— 3 423 256 ——*		3 339 853	3 284 542	3 349 962	2 815 425	2 470 850	2 330 870
26 Male – Masculin	16 976 701	*—— 1 693 242 ——*		1 692 161	1 662 448	1 683 418	1 407 920	1 234 773	1 157 905
27 Female – Féminin	17 609 936	*—— 1 637 451 ——*		1 638 391	1 612 543	1 646 642	1 383 976	1 220 298	1 163 366

7. Population selon l'âge, le sexe et la résidence, urbaine/rurale: dernière année disponible, 1988 – 1997 (suite)

(Voir notes à la fin du tableau.)

Age (en années)											Unknown Inconnu	
35 – 39	40 – 44	45 – 49	50 – 54	55 – 59	60 – 64	65 – 69	70 – 74	75 – 79	80 – 84	85 +		
251 680	233 565	222 626	189 903	157 277	134 885	116 373	100 826	72 590	50 472	35 634	—	1
116 679	107 729	102 470	88 247	72 431	61 335	52 504	45 188	32 335	22 173	14 308	—	2
135 001	125 836	120 156	101 656	84 846	73 550	63 869	55 638	40 255	28 299	21 326	—	3
2 920	2 490	1 810	1 330	1 140	1 060	1 090	1 020	770	500	590	—	4
1 400	1 290	920	720	620	540	530	490	380	220	220	—	5
1 520	1 200	890	610	520	520	560	530	390	280	370	—	6
7 061	5 626	4 679	3 715	3 270	3 080	3 041	2 314	1 612	909	815	—	7
3 419	2 719	2 311	1 701	1 473	1 402	1 320	1 048	755	370	263	—	8
3 642	2 907	2 368	2 014	1 797	1 678	1 721	1 266	857	539	552	—	9
5 686	4 222	3 339	3 094	2 725	2 681	2 503	1 949	1 354	*—— 1 428 ——*		—	10
2 834	2 170	1 654	1 503	1 293	1 271	1 063	873	581	*—— 522 ——*		—	11
2 852	2 052	1 685	1 591	1 432	1 410	1 440	1 076	773	*—— 906 ——*		—	12
101 262	86 589	70 816	54 773	42 115	32 972	26 157	21 978	17 012	*—— 14 069 ——*		—	13
50 918	44 246	35 605	27 496	20 025	16 594	12 277	9 920	7 445	*—— 6 263 ——*		—	14
50 344	42 343	35 211	27 277	22 090	16 378	13 880	12 058	9 567	*—— 7 806 ——*		—	15
– 4 327 ——————*			*——	– 795 ——————*		*——		574 ——————————*			—	16
– 2 317 ——————*			*——	– 368 ——————*		*——		252 ——————————*			—	17
– 2 010 ——————*			*——	– 427 ——————*		*——		322 ——————————*			—	18
22 624 677	21 373 251	18 469 622	15 163 012	11 757 221	10 055 769	9 762 494	8 736 056	7 063 405	4 642 308	3 871 348	—	19
11 286 336	10 596 489	9 073 571	7 383 195	5 645 965	4 744 625	4 461 389	3 807 434	2 915 372	1 713 444	1 111 910	—	20
11 338 341	10 776 762	9 396 051	7 779 817	6 111 256	5 311 144	5 301 105	4 928 622	4 148 033	2 928 864	2 759 438	—	21
7 173	7 866	6 990	5 294	3 980	3 180	2 524	1 763	1 173	*—— 605 ——*		414	22
3 151	3 730	3 379	2 559	1 948	1 563	1 166	808	498	*—— 227 ——*		142	23
4 022	4 136	3 611	2 735	2 032	1 617	1 358	955	675	*—— 378 ——*		272	24
2 198 005	*2 076 119*	*1 851 125*	*1 612 720*	*1 431 429*	*1 313 614*	*1 173 708*	*921 042*	*637 312*	*—— 538 624 ——*		—	25
1 072 637	*1 016 579*	*923 726*	*786 132*	*683 301*	*610 232*	*527 186*	*391 559*	*249 995*	*—— 183 487 ——*		—	26
1 118 988	*1 054 840*	*943 144*	*824 657*	*746 669*	*702 282*	*645 792*	*529 012*	*386 978*	*—— 354 907 ——*		—	27

(See notes at end of table.)

Continent, country or area, sex, date and urban/rural residence / Continent, pays ou zone, sexe, date et résidence, urbaine/rurale	All ages Tous âges	Age (in years)							
		– 1	1 – 4	5 – 9	10 – 14	15 – 19	20 – 24	25 – 29	30 –
AMERICA, SOUTH— (Cont.–Suite)									
AMERIQUE DU SUD									
Bolivia – Bolivie									
1 VII 1997* [2]									
1 Total	7 767 058	*—— 1 168	658 ——*	1 038 277	914 391	813 561	722 410	606 925	497 3
2 Male – Masculin	3 859 026	*—— 595	969 ——*	528 261	463 385	409 636	360 611	300 494	244 5
3 Female – Féminin	3 908 032	*—— 572	689 ——*	510 017	451 006	403 927	361 799	306 429	252 7
Brazil – Brésil									
1 VII 1996 [2] [12]									
4 Total	157 871 380	3 011 089	12 322 314	16 528 933	17 252 191	16 396 111	14 681 538	13 953 675	13 313 32
5 Male – Masculin	77 928 701	1 528 071	6 238 586	8 360 863	8 724 030	8 273 016	7 396 513	6 952 214	6 495 5
6 Female – Féminin	79 942 679	1 483 018	6 083 728	8 168 070	8 528 161	8 123 095	7 285 025	7 001 461	6 817 77
Chile – Chili									
1 VII 1997* [2]									
7 Total	14 622 354	*—— 1 456	068 ——*	1 443 653	1 344 384	1 239 352	1 214 936	1 222 629	1 221 19
8 Male – Masculin	7 236 189	*—— 741	288 ——*	734 553	683 722	628 928	614 244	615 363	612 02
9 Female – Féminin	7 386 165	*—— 714	780 ——*	709 100	660 662	610 424	600 692	607 266	609 16
Colombia – Colombie [2]									
1 VII 1995									
10 Total	35 098 737	*—— 3 908	679 ——*	3 835 382	3 879 386	3 618 612	3 161 945	3 405 512	2 959 27
1 VII 1994									
11 Male – Masculin	17 113 934	*—— 1 989	333 ——*	1 958 231	1 957 945	1 788 343	1 598 466	1 675 020	1 408 82
12 Female – Féminin	17 406 252	*—— 1 910	302 ——*	1 885 309	1 895 939	1 749 554	1 591 883	1 699 300	1 460 96
Ecuador – Equateur									
1 VII 1997* [2] [13]									
13 Total	11 936 858	298 100	1 160 992	1 404 150	1 358 817	1 285 683	1 161 142	1 023 080	882 09
14 Male – Masculin	5 996 368	152 060	590 886	713 743	689 836	651 742	587 440	516 227	443 73
15 Female – Féminin	5 940 490	146 040	570 105	690 406	668 982	633 941	573 702	506 855	438 35
Falkland Islands (Malvinas)–									
Iles Falkland (Malvinas)									
5 III 1991(C) [2]									
16 Total	2 050	*——	125 ——*	137	160	149	140	175	18
17 Male – Masculin	1 095	*——	70 ——*	61	83	79	77	88	9
18 Female – Féminin	955	*——	55 ——*	76	77	70	63	87	9
French Guiana –									
Guyane Française									
15 III 1990(C) [1]									
19 Total	114 808	684	11 830	14 173	11 628	10 666	9 895	10 774	10 35
20 Male – Masculin	59 798	371	6 004	7 168	5 934	5 364	5 230	5 740	5 48
21 Female – Féminin	55 010	313	5 826	7 005	5 694	5 302	4 665	5 034	4 86
Paraguay									
1 VII 1994 [2]									
22 Total	4 699 855	*—— 715	014 ——*	654 658	586 281	470 439	411 468	372 517	329 18
23 Male – Masculin	2 368 072	*—— 364	150 ——*	332 801	297 813	238 954	208 846	189 181	166 90
24 Female – Féminin	2 331 783	*—— 350	864 ——*	321 857	288 468	231 485	202 622	183 336	162 28
Peru – Pérou									
1 VII 1996 [2] [12] [14]									
25 Total	23 946 779	590 015	2 312 160	2 844 440	2 736 024	2 612 306	2 330 368	2 016 409	1 741 70
26 Male – Masculin	11 887 773	300 806	1 175 375	1 443 238	1 386 507	1 318 560	1 163 737	989 299	845 12
27 Female – Féminin	12 059 006	289 209	1 136 785	1 401 202	1 349 517	1 293 746	1 166 631	1 027 110	896 58
Suriname									
1 VII 1993									
28 Total	403 828	8 871	37 417	46 746	42 466	40 505	42 019	41 152	35 108
29 Male – Masculin	202 486	4 496	18 928	23 587	21 429	20 632	21 580	21 100	17 809
30 Female – Féminin	201 342	4 375	18 489	23 159	21 038	19 873	20 439	20 053	17 299

7. Population selon l'âge, le sexe et la résidence, urbaine/rurale: dernière année disponible, 1988 – 1997 (suite)

(Voir notes à la fin du tableau.)

					Age (en années)						Unknown Inconnu	
35 – 39	40 – 44	45 – 49	50 – 54	55 – 59	60 – 64	65 – 69	70 – 74	75 – 79	80 – 84	85 +		
421 984	361 793	303 655	245 384	202 899	167 267	131 728	*——— —— 170 783 ——————*				—	1
206 112	175 300	146 426	117 867	96 510	78 325	60 613	*——— —— 74 964 ——————*				—	2
215 873	186 495	157 228	127 517	106 390	88 943	71 116	*——— —— 95 819 ——————*				—	3
11 409 460	9 258 363	7 394 010	5 877 280	5 031 834	3 900 997	3 108 757	2 115 833	1 280 474	*— 1 035 197 —*		—	4
5 519 472	4 453 229	3 561 945	2 802 877	2 403 556	1 830 829	1 433 336	961 730	557 020	*—— 435 864 ——*		—	5
5 889 988	4 805 134	3 832 065	3 074 403	2 628 278	2 070 168	1 675 421	1 154 103	723 454	*—— 599 333 ——*		—	6
1 123 900	946 732	782 581	656 920	531 686	436 630	362 444	272 438	187 882	*—— 178 929 ——*		—	7
560 675	469 848	385 130	319 044	253 778	202 398	162 036	116 230	74 516	*—— 62 412 ——*		—	8
563 225	476 884	397 451	337 876	277 908	234 232	200 408	156 208	113 366	*—— 116 517 ——*		—	9
2 440 582	2 012 375	1 553 490	1 145 342	900 703	730 290	579 236	438 366	275 549	*—— 254 014 ——*		—	10
1 142 343	927 199	711 682	529 741	414 783	332 409	261 948	193 410	119 016	*—— 105 241 ——*		—	11
1 217 132	1 003 719	763 399	564 731	458 042	380 169	306 292	231 660	148 724	*—— 139 136 ——*		—	12
745 602	633 661	493 492	381 243	315 821	257 268	200 690	146 678	98 551	59 163	30 632	—	13
373 735	316 124	245 178	188 434	155 001	125 032	96 249	68 938	44 600	25 527	11 881	—	14
371 867	317 536	248 314	192 809	160 821	132 238	104 441	77 741	53 951	33 636	18 751	—	15
183	154	141	131	98	85	63	54	39	*—— 32 ——*		—	16
107	80	73	83	57	42	42	28	20	*—— 15 ——*		—	17
76	74	68	48	41	43	21	26	19	*—— 17 ——*		—	18
9 164	7 152	5 139	3 877	2 701	2 126	1 688	1 252	856	483	366	—	19
4 829	3 940	2 836	2 081	1 492	1 149	826	613	390	206	140	—	20
4 335	3 212	2 303	1 796	1 209	977	862	639	466	277	226	—	21
284 549	246 627	151 622	128 128	105 906	76 980	63 014	45 379	31 578	*—— 26 510 ——*		—	22
144 628	126 630	77 050	64 973	51 990	34 849	27 121	19 310	12 945	*—— 9 931 ——*		—	23
139 921	119 997	74 572	63 155	53 916	42 131	35 893	26 069	18 633	*—— 16 579 ——*		—	24
1 451 729	1 214 036	988 597	805 995	679 563	559 349	423 247	296 210	191 128	106 846	46 653	—	25
702 816	591 708	485 261	395 930	331 957	270 444	200 851	137 238	85 266	45 547	18 109	—	26
748 913	622 328	503 336	410 065	347 606	288 905	222 396	158 972	105 862	61 299	28 544	—	27
23 301	17 314	14 351	13 315	12 442	10 443	7 580	5 171	2 602	*—— 3 024 ——*		—	28
11 544	8 492	6 893	6 289	5 993	5 067	3 627	2 401	1 210	*—— 1 410 ——*		—	29
11 757	8 822	7 458	7 026	6 448	5 377	3 954	2 770	1 392	*—— 1 614 ——*		—	30

(See notes at end of table.)

Continent, country or area, sex, date and urban/rural residence / Continent, pays ou zone, sexe, date et résidence, urbaine/rurale	All ages Tous âges	– 1	1 – 4	5 – 9	10 – 14	15 – 19	20 – 24	25 – 29	30 –
AMERICA, SOUTH— (Cont.–Suite) AMERIQUE DU SUD									
Uruguay 22 V 1996(C) [2]									
1 Total	3 163 763	54 380	213 811	265 885	259 795	261 467	244 489	217 230	217 3
2 Male – Masculin	1 532 288	27 635	108 359	135 124	131 488	132 931	123 067	107 769	106 9
3 Female – Féminin	1 631 475	26 745	105 452	130 761	128 307	128 536	121 422	109 461	110 40
Venezuela 1 VII 1996 [2] [12]									
4 Total	22 311 094	*—— 2 771	124 ——*	2 706 973	2 512 233	2 308 723	1 994 535	1 859 031	1 729 28
5 Male – Masculin	11 235 137	*—— 1 415	269 ——*	1 381 474	1 280 419	1 174 777	1 012 078	939 139	869 89
6 Female – Féminin	11 075 957	*—— 1 355	855 ——*	1 325 499	1 231 814	1 133 946	982 457	919 892	859 38
ASIA—ASIE									
Afghanistan 1 VII 1988 [2] [15]									
7 Total	15 513 267	675 423	2 362 304	2 320 586	1 788 262	1 460 045	1 253 734	1 037 438	866 33
8 Male – Masculin	7 962 397	325 293	1 156 002	1 183 222	946 113	776 377	646 215	514 309	412 6
9 Female – Féminin	7 550 870	350 130	1 206 302	1 137 364	842 149	683 668	607 519	523 129	453 6
Armenia – Arménie 1 VII 1992 [2]									
10 Total	3 685 600	73 164	303 766	389 504	343 977	306 846	283 631	307 217	346 28
11 Male – Masculin	1 785 809	37 513	156 431	199 320	176 001	155 930	144 446	147 529	165 06
12 Female – Féminin	1 899 791	35 651	147 335	190 184	167 976	150 916	139 185	159 688	181 2
Azerbaijan – Azerbaïdjan 1 VII 1995* 12 I 1989(C) [1] [2]									
13 Total	7 420 100	*—— 858	700 ——*	844 100	761 700	660 300	625 300	650 800	671 80
14 Male – Masculin	3 423 793	91 429	352 401	389 636	348 627	365 213	330 419	335 599	271 53
15 Female – Féminin	3 597 385	85 284	332 824	369 196	332 612	328 503	356 726	370 765	289 32
Bahrain – Bahreïn 1 VII 1996									
16 Total	598 625	*—— 69	570 ——*	62 853	54 125	42 323	53 779	73 896	77 51
17 Male – Masculin	349 213	*—— 35	974 ——*	32 251	27 527	21 534	29 388	44 972	51 14
18 Female – Féminin	249 412	*—— 33	596 ——*	30 602	26 598	20 789	24 391	28 924	26 36
Bangladesh 11 III 1991(C)* [2]									
19 Total	111 455 000	*—— 18 6	95 000 ——*	18 391 000	13 443 000	*—— 18 8	64 000 ——*	*—— 16 2	69 000 —
20 Male – Masculin	57 314 000	*—— 9 4	82 000 ——*	9 505 000	7 175 000	*—— 9 1	75 000 —*	*—— 8 0	32 000 —
21 Female – Féminin	54 141 000	*—— 9 2	13 000 ——*	8 886 000	6 267 000	*—— 9 6	90 000 ——*	*—— 8 2	36 000 —
Brunei Darussalam – Brunéi Darussalam 1 VII 1992 [2]									
22 Total	267 800	*—— 34	800 ——*	30 700	26 800	23 000	25 200	27 600	27 70
23 Male – Masculin	141 300	*—— 18	000 ——*	15 800	13 800	11 800	12 900	14 500	14 90
24 Female – Féminin	126 500	*—— 16	800 ——*	14 900	13 000	11 200	12 300	13 100	12 80
China – Chine [16] 1 VII 1996 [2]									
25 Total	1246243 000	17 267 000	67 121 000	127556000	110387000	89 523 000	103737000	127431000	12383900
26 Male – Masculin	633 347 000	9 279 000	36 747 000	67 262 000	57 256 000	46 193 000	51 448 000	63 325 000	62 379 00
27 Female – Féminin	612 896 000	7 988 000	30 374 000	60 294 000	53 131 000	43 330 000	52 289 000	64 106 000	61 460 00
Hong Kong SAR – Hong–kong RAS 1 VII 1997*									
28 Total	6 502 100	66 800	302 700	389 400	417 500	437 800	469 900	526 400	648 200
29 Male – Masculin	3 271 300	34 800	157 600	202 400	214 600	225 400	233 700	249 300	309 300
30 Female – Féminin	3 230 800	32 000	145 100	187 000	202 900	212 400	236 200	277 100	338 900

(Voir notes à la fin du tableau.)

				Age (en années)								
35 – 39	40 – 44	45 – 49	50 – 54	55 – 59	60 – 64	65 – 69	70 – 74	75 – 79	80 – 84	85 +	Unknown Inconnu	
211 019	191 636	172 040	158 037	147 679	144 091	135 641	105 760	75 322	50 172	37 948	–	1
103 041	93 306	83 498	76 376	69 908	66 890	60 868	45 533	29 948	17 735	11 858	–	2
107 978	98 330	88 542	81 661	77 771	77 201	74 773	60 227	45 374	32 437	26 090	–	3
1 447 498	1 237 083	1 014 674	767 690	575 009	463 459	374 958	259 179	166 484	*—— 123	157 ——*	–	4
725 809	619 789	508 938	382 050	281 857	224 373	178 358	118 864	72 596	*—— 49	449 ——*	–	5
721 689	617 294	505 736	385 640	293 152	239 086	196 600	140 315	93 888	*—— 73	708 ——*	–	6
763 350	660 267	573 754	484 934	390 502	301 044	217 124	149 205	95 406	*—— 113	553 ——*	–	7
364 551	334 199	304 002	267 777	221 781	173 015	125 398	86 925	55 902	*—— 68	648 ——*	–	8
398 799	326 068	269 752	217 157	168 721	128 029	91 726	62 280	39 504	*—— 44	905 ——*	–	9
277 329	203 166	116 393	174 196	163 485	159 283	110 639	45 025	37 158	26 726	17 814	–	10
129 763	95 600	53 860	81 078	75 861	74 360	48 450	16 325	12 921	8 996	6 359	–	11
147 566	107 566	62 533	93 118	87 624	84 923	62 189	28 700	24 237	17 730	11 455	–	12
562 100	384 100	238 400	197 200	314 800	244 000	183 000	*———— —— 223 800 ——————*				–	13
188 995	112 057	123 350	169 845	137 175	97 038	39 643	24 552	23 341	12 169	10 729	42	14
200 158	120 253	133 389	185 944	148 573	119 993	68 626	51 803	47 059	27 786	28 510	55	15
58 929	35 659	20 767	15 760	11 386	8 945	5 682	3 682	*——— – 3 754 ———*			–	16
40 522	24 887	13 379	9 297	6 460	4 830	3 066	1 996	*——— – 1 984 ———*			–	17
18 407	10 772	7 388	6 463	4 926	4 115	2 616	1 686	*——— – 1 770 ———*			–	18
—— 10 8 83 000 —		*———— 8 865 000 ————*					*——— —— 6 045 000 ———*				–	19
—— 5 886 000 —		*———— 4 761 000 ————*					*——— —— 3 298 000 ———*				–	20
—— 4 9 97 000 —		*———— 4 104 000 ————*					*——— —— 2 748 000 ———*				–	21
22 600	15 900	9 300	7 500	5 300	4 000	2 700	2 000	1 200	900	600	–	22
12 600	9 100	5 300	4 000	2 700	2 100	1 400	1 100	600	400	300	–	23
10 000	6 800	4 000	3 500	2 600	1 900	1 300	900	600	500	300	–	24
79 649 000	93 921 000	71 338 000	53 981 000	48 509 000	45 541 000	35 125 000	24 930 000	15 061 000	7 840 000	3 487 000	–	25
40 563 000	47 466 000	36 213 000	27 503 000	24 744 000	23 141 000	17 531 000	11 637 000	6 597 000	2 943 000	1 120 000	–	26
39 086 000	46 455 000	35 125 000	26 478 000	23 765 000	22 400 000	17 594 000	13 293 000	8 464 000	4 897 000	2 367 000	–	27
690 600	579 800	479 300	298 600	256 200	265 300	241 100	185 600	124 800	74 400	47 700	–	28
346 500	296 200	251 700	164 200	139 800	139 600	120 700	87 000	54 900	29 200	14 400	–	29
344 100	283 600	227 600	134 400	116 400	125 700	120 400	98 600	69 900	45 200	33 300	–	30

(See notes at end of table.)

Continent, country or area, sex, date and urban/rural residence Continent, pays ou zone, sexe, date et résidence, urbaine/rurale	Age (in years)								
	All ages Tous âges	– 1	1 – 4	5 – 9	10 – 14	15 – 19	20 – 24	25 – 29	30 – 34
ASIA—ASIE (Cont.–Suite)									
Cyprus – Chypre 1 VII 1996 [1] [2] [17]									
1 Total	648 100	*——— 51	600 ——*	53 700	54 200	48 700	43 900	46 300	49 400
2 Male – Masculin	323 200	*——— 26	600 ——*	27 800	28 000	25 000	22 200	23 400	24 900
3 Female – Féminin	324 900	*——— 25	000 ——*	25 900	26 200	23 700	21 700	22 900	24 500
Georgia – Géorgie 1 I 1993 [2]									
4 Total	5 404 552	71 624	352 415	451 835	424 793	409 945	397 069	414 793	448 946
5 Male – Masculin	2 575 814	36 689	181 505	230 458	216 564	209 523	206 111	199 188	216 161
6 Female – Féminin	2 828 738	34 935	170 910	221 377	208 229	200 422	190 958	215 605	232 785
India – Inde [18] 1 VII 1997* [2]									
7 Total	955 220 000	*– 116 778	000 ——*	125 104 000	113 750 000	94 292 000	83 657 000	77 557 000	68 323 000
8 Male – Masculin	495 212 000	*— 59 585	000 ——*	64 445 000	59 928 000	50 045 000	42 848 000	38 682 000	34 638 000
9 Female – Féminin	460 008 000	*— 57 193	000 ——*	60 659 000	53 822 000	44 247 000	40 809 000	38 875 000	33 685 000
Indonesia – Indonésie 1 VII 1995 [2]									
10 Total	194 754 808	3 737 959	16 713 572	21 788 313	23 708 682	20 279 390	17 150 776	16 308 191	14 981 632
11 Male – Masculin	96 929 931	1 923 285	8 551 447	11 129 571	12 038 132	10 272 910	8 037 270	7 797 699	7 262 497
12 Female – Féminin	97 824 877	1 814 674	8 162 125	10 658 742	11 670 550	10 006 480	9 113 506	8 510 492	7 719 135
Iran (Islamic Republic of – Rép. islamique d') X–XI 1996(C)*									
13 Total	60 055 000	*— 6 163	000 ——*	8 482 000	9 081 000	7 116 000	5 222 000	4 709 000	3 980 000
	1 VII 1994* [2]								
14 Male – Masculin	30 401 041	672 925	3 098 995	4 584 041	4 352 596	3 334 559	2 717 644	2 303 758	1 971 002
15 Female – Féminin	29 247 103	662 629	2 882 374	4 429 195	4 209 691	3 297 496	2 795 068	2 233 748	1 874 635
Iraq 1 VII 1988* [2]									
16 Total	17 250 267	*— 2 976	073 ——*	2 512 933	2 189 068	1 980 216	1 621 499	1 323 537	1 016 723
17 Male – Masculin	8 864 163	*— 1 524	947 ——*	1 285 715	1 132 146	1 026 243	839 589	684 619	526 334
18 Female – Féminin	8 386 104	*— 1 451	126 ——*	1 227 218	1 056 922	953 973	781 910	638 918	490 389
Israel – Israël [19] 1 VII 1995 [1] [2]									
19 Total	5 544 900	115 800	451 300	545 500	526 000	506 000	477 100	406 800	373 600
20 Male – Masculin	2 746 500	59 400	231 500	279 500	270 400	259 500	242 100	204 900	188 300
21 Female – Féminin	2 798 400	56 300	219 800	266 000	255 700	246 400	234 800	201 800	185 300
Japan – Japon 1 X 1996 [2] [20]									
22 Total	125 864 000	1 195 000	4 778 000	6 375 000	7 337 000	8 243 000	9 813 000	9 315 000	8 009 000
23 Male – Masculin	61 687 000	614 000	2 448 000	3 266 000	3 756 000	4 228 000	5 010 000	4 721 000	4 054 000
24 Female – Féminin	64 177 000	581 000	2 330 000	3 110 000	3 581 000	4 016 000	4 804 000	4 593 000	3 955 000
Jordan – Jordanie [21] 1 VII 1995 [2] [22]									
25 Total	4 291 000	*——— 638	790 ——*	587 300	548 870	499 840	470 520	393 660	281 340
26 Male – Masculin	2 240 000	*——— 327	040 ——*	300 160	282 240	259 840	253 120	217 280	150 080
27 Female – Féminin	2 051 000	*——— 311	750 ——*	287 140	266 630	240 000	217 400	176 380	131 260
Kazakhstan 1 VII 1996 [2]									
28 Total	15 920 897	258 629	1 192 081	1 707 020	1 619 032	1 456 838	1 327 547	1 176 602	1 252 998
29 Male – Masculin	7 738 053	132 831	611 885	868 711	818 032	730 920	672 416	620 026	623 158
30 Female – Féminin	8 182 844	125 798	580 196	838 309	801 000	725 918	655 131	556 576	629 840

7. Population selon l'âge, le sexe et la résidence, urbaine/rurale: dernière année disponible, 1988 – 1997 (suite)

(Voir notes à la fin du tableau.)

Age (en années)												
35 – 39	40 – 44	45 – 49	50 – 54	55 – 59	60 – 64	65 – 69	70 – 74	75 – 79	80 – 84	85 +	Unknown Inconnu	
50 700	44 900	41 600	36 300	28 900	25 800	22 800	19 000	13 800	*—— 16 500 ——*		—	1
25 600	22 600	20 700	18 200	14 100	12 200	10 200	8 600	6 200	*—— 6 900 ——*		—	2
25 100	22 300	20 900	18 100	14 800	13 600	12 600	10 400	7 600	*—— 9 600 ——*		—	3
387 541	340 277	217 172	328 866	304 566	291 213	234 442	128 197	92 743	66 298	41 817	—	4
185 762	162 732	102 861	151 460	143 309	132 232	97 907	42 479	28 611	20 375	11 887	—	5
201 779	177 545	114 311	177 406	161 257	158 981	136 535	85 718	64 132	45 923	29 930	—	6
58 993 000	49 608 000	41 738 000	34 254 000	27 187 000	22 828 000	16 925 000	11 957 000	5 406 000	*— 6 863 000 —*		—	7
30 869 000	26 371 000	22 216 000	18 268 000	14 267 000	11 769 000	8 697 000	6 247 000	2 751 000	*— 3 586 000 —*		—	8
28 124 000	23 237 000	19 522 000	15 986 000	12 920 000	11 059 000	8 228 000	5 710 000	2 655 000	*— 3 277 000 —*		—	9
14 118 929	11 102 533	8 250 962	7 120 397	6 194 884	5 182 513	3 555 578	2 448 501	*—— 2 111 996 ——*			—	10
7 052 169	5 818 536	4 173 425	3 779 176	2 933 826	2 301 391	1 697 909	1 191 162	*—— 969 526 ——*			—	11
7 066 760	5 283 997	4 077 537	3 341 221	3 261 058	2 881 122	1 857 669	1 257 339	*—— 1 142 470 ——*			—	12
3 572 000	2 812 000	2 013 000	1 529 000	1 367 000	1 383 000	1 074 000	847 000	364 000	146 000	161 000	34 000	13
1 711 963	1 316 610	905 607	756 114	743 760	726 874	534 963	426 652	112 840	61 362	68 774	—	14
1 701 256	1 254 835	903 135	726 873	647 803	622 270	425 005	347 582	101 309	53 537	78 659	—	15
832 326	640 925	506 649	426 267	352 740	283 136	208 936	159 309	112 224	*—— 107 706 ——*		—	16
431 587	332 916	262 961	218 509	177 221	139 417	101 901	77 017	53 540	*—— 49 501 ——*		—	17
400 739	308 009	243 688	207 758	175 519	143 719	107 035	82 292	58 684	*—— 58 205 ——*		—	18
363 100	358 500	317 100	199 500	199 300	176 900	168 700	149 200	90 600	74 600	45 500	—	19
178 800	176 700	154 800	97 100	94 600	81 700	74 300	64 200	38 900	30 900	19 100	—	20
184 400	181 900	162 300	102 300	104 600	95 300	94 400	85 100	51 700	43 700	26 500	—	21
7 767 000	8 599 000	11 191 000	8 489 000	8 116 000	7 617 000	6 556 000	4 993 000	3 383 000	2 380 000	1 704 000	—	22
3 922 000	4 325 000	5 615 000	4 210 000	3 988 000	3 682 000	3 085 000	2 120 000	1 283 000	851 000	510 000	—	23
3 848 000	4 274 000	5 576 000	4 278 000	4 129 000	3 934 000	3 470 000	2 873 000	2 101 000	1 530 000	1 194 000	—	24
197 380	145 895	130 590	118 095	94 400	72 945	*———— 107 085 ————*					4 290	25
103 040	76 160	64 960	62 720	49 280	38 080	*———— 53 760 ————*					2 240	26
94 340	69 735	65 630	55 375	45 120	34 865	*———— 53 325 ————*					2 050	27
1 265 185	1 032 535	840 018	458 467	773 986	464 104	471 075	292 589	144 466	111 051	76 674	—	28
627 159	502 639	401 960	214 324	353 622	203 977	185 524	90 571	39 474	25 350	15 474	—	29
638 026	529 896	438 058	244 143	420 364	260 127	285 551	202 018	104 992	85 701	61 200	—	30

(See notes at end of table.)

Continent, country or area, sex, date and urban/rural residence / Continent, pays ou zone, sexe, date et résidence, urbaine/rurale	Age (in years)								
	All ages Tous âges	– 1	1 – 4	5 – 9	10 – 14	15 – 19	20 – 24	25 – 29	30 – 3
ASIA—ASIE (Cont.–Suite)									
Korea, Dem. People's Rep. of – Corée, rép. populaire dém. de 31 XII 1993(C) [2]									
1 Total	20 522 351	416 088	1 672 420	1 866 583	1 767 112	1 528 298	1 862 989	2 019 525	1 607 92
2 Male – Masculin	9 677 663	213 149	858 805	957 583	904 764	708 790	765 479	987 095	791 11
3 Female – Féminin	10 844 688	202 939	813 615	909 000	862 348	819 508	1 097 510	1 032 430	816 81
Korea, Republic of– Corée, République de 1 XI 1995(C) [1] [2] [23]									
4 Total	44 553 710	655 707	2 771 702	3 096 115	3 711 980	3 863 491	4 304 378	4 137 913	4 230 23
5 Male – Masculin	22 357 352	349 050	1 472 300	1 626 922	1 913 801	1 987 044	2 237 940	2 078 417	2 146 35
6 Female – Féminin	22 196 358	306 657	1 299 402	1 469 193	1 798 179	1 876 447	2 066 438	2 059 496	2 083 88
Kuwait – Koweït 1 VII 1996									
7 Total	1 753 981	*—— 183	169 ——*	184 198	144 812	116 271	151 313	227 957	220 69
8 Male – Masculin	1 077 314	*—— 93	735 ——*	94 041	73 494	60 124	87 332	153 399	150 97
9 Female – Féminin	676 667	*—— 89	434 ——*	90 157	71 318	56 147	63 981	74 558	69 71
Kyrgyzstan – Kirghizistan 1 I 1997* [2]									
10 Total	4 574 121	106 090	450 111	599 549	549 594	455 224	402 311	345 696	330 99
11 Male – Masculin	2 258 248	54 371	230 452	305 242	277 218	229 235	202 146	179 327	163 15
12 Female – Féminin	2 315 873	51 719	219 659	294 307	272 376	225 989	200 165	166 369	167 84
Macau – Macao 1 VII 1996 [1]									
13 Total	415 407	*—— 30	832 ——*	42 955	33 971	22 904	27 636	36 810	42 26
14 Male – Masculin	199 952	*—— 16	106 ——*	20 072	17 990	12 050	12 141	13 635	17 30
15 Female – Féminin	215 455	*—— 14	726 ——*	22 883	15 981	10 854	15 495	23 175	24 95
Malaysia – Malaisie 1 VII 1996 [2]									
16 Total	21 169 048	506 567	2 033 555	2 499 466	2 358 941	2 116 066	1 997 802	1 803 301	1 677 01
17 Male – Masculin	10 823 484	260 939	1 049 240	1 287 454	1 210 789	1 089 876	1 037 110	926 465	855 49
18 Female – Féminin	10 345 564	245 628	984 315	1 212 012	1 148 152	1 026 190	960 692	876 836	821 52
Maldives 1 VII 1993 [2]									
19 Total	238 363	*—— 42	435 ——*	37 496	31 640	24 648	21 105	17 992	14 17
20 Male – Masculin	122 045	*—— 21	724 ——*	19 164	16 170	12 594	10 352	8 700	7 08
21 Female – Féminin	116 318	*—— 20	711 ——*	18 332	15 470	12 054	10 753	9 292	7 09

7. Population selon l'âge, le sexe et la résidence, urbaine/rurale: dernière année disponible, 1988 – 1997 (suite)

(Voir notes à la fin du tableau.)

Age (en années)

35 – 39	40 – 44	45 – 49	50 – 54	55 – 59	60 – 64	65 – 69	70 – 74	75 – 79	80 – 84	85 +	Unknown Inconnu	
1 386 454	990 787	1 243 077	1 208 802	1 063 657	748 594	506 061	339 533	187 260	81 332	25 753	97	1
682 990	482 309	603 230	582 990	487 276	301 764	174 925	102 975	49 324	19 005	4 090	3	2
703 464	508 478	639 847	625 812	576 381	446 830	331 136	236 558	137 936	62 327	21 663	94	3
4 133 864	3 071 101	2 464 295	2 063 768	1 913 461	1 495 082	1 043 979	762 544	455 673	246 191	131 818	409	4
2 103 016	1 579 850	1 261 509	1 028 887	923 625	673 719	420 873	293 696	160 498	71 267	28 370	217	5
2 030 848	1 491 251	1 202 786	1 034 881	989 836	821 363	623 106	468 848	295 175	174 924	103 448	192	6
187 339	129 984	81 840	50 395	34 108	18 889	10 855	*———— 12 156 ————*				–	7
131 045	91 525	57 768	35 178	23 542	11 942	6 442	*———— 6 769 ————*				–	8
56 294	38 459	24 072	15 217	10 566	6 947	4 413	*———— 5 387 ————*				–	9
317 780	242 306	178 661	83 198	142 607	117 818	110 624	70 858	33 532	21 184	15 982	–	10
157 047	118 550	86 234	41 009	67 470	54 130	47 358	25 831	9 912	5 568	3 997	–	11
160 733	123 756	92 427	42 189	75 137	63 688	63 266	45 027	23 620	15 616	11 985	–	12
46 692	38 854	26 735	15 230	10 387	10 240	10 260	7 307	*——— 12 334 ———*			–	13
22 636	20 975	15 199	8 913	5 586	4 860	4 544	3 413	*——— 4 524 ———*			–	14
24 056	17 879	11 536	6 317	4 801	5 380	5 716	3 894	*——— 7 810 ———*			–	15
1 481 708	1 220 053	957 279	708 935	581 459	449 608	323 766	213 461	*——— 240 068 ———*			–	16
756 419	624 848	492 519	365 018	293 148	220 110	153 258	97 302	*——— 103 497 ———*			–	17
725 289	595 205	464 760	343 917	288 311	229 498	170 508	116 159	*——— 136 571 ———*			–	18
10 601	7 433	6 320	6 905	5 900	4 659	3 410	1 839	*——— 1 806 ———*			–	19
5 335	3 878	3 284	3 580	3 225	2 731	2 022	1 097	*——— 1 109 ———*			–	20
5 266	3 555	3 036	3 325	2 675	1 928	1 388	742	*——— 697 ———*			–	21

(See notes at end of table.)

Continent, country or area, sex, date and urban/rural residence / Continent, pays ou zone, sexe, date et résidence, urbaine/rurale	All ages Tous âges	−1	1 – 4	5 – 9	10 – 14	15 – 19	20 – 24	25 – 29	30 –
ASIA—ASIE (Cont.–Suite)									
Mongolia – Mongolie 1 VII 1997* [2]									
1 Total	2 312 800	*——— 268	300 ——*	*——— 611	800 ———*	*——			
Myanmar 1 VII 1997*									
2 Total	46 402 000	*— 5 786	000 ——*	4 959 000	4 708 000	4 593 000	4 299 000	3 952 000	3 555 0
3 Male – Masculin	23 039 000	*— 2 879	000 ——*	2 558 000	2 440 000	2 343 000	2 165 000	1 961 000	1 745 0
4 Female – Féminin	23 363 000	*— 2 907	000 ——*	2 401 000	2 268 000	2 250 000	2 134 000	1 991 000	1 810 0
Nepal – Népal 1 VII 1996 [1] [2]									
5 Total	21 126 636	*— 3 460	837 ——*	3 023 301	2 614 423	2 155 707	1 815 677	1 526 376	1 305 6
6 Male – Masculin	10 599 478	*— 1 784	680 ——*	1 560 524	1 356 053	1 099 358	902 282	708 494	601 7
7 Female – Féminin	10 527 158	*— 1 676	157 ——*	1 462 777	1 258 370	1 056 349	913 395	817 882	703 9
Pakistan [24] 1 VII 1995 [2]									
8 Total	129 871 000	*— 21 165	000 ——*	16 874 000	15 505 000	12 500 000	10 466 000	9 707 000	8 506 0
9 Male – Masculin	67 051 000	*— 10 891	000 ——*	8 502 000	7 890 000	6 420 000	5 478 000	4 675 000	8 506 0
10 Female – Féminin	62 820 000	*— 10 274	000 ——*	8 372 000	7 615 000	6 080 000	4 988 000	4 675 000	4 078 0
Philippines 1 IX 1995(C) [1] [2]									
11 Total	68 616 536	1 878 319	7 483 799	8 893 430	8 040 658	7 465 451	6 270 557	5 752 631	4 861 1
12 Male – Masculin	34 584 170	970 072	3 857 196	4 566 569	4 081 676	3 726 799	3 119 589	2 879 753	2 454 5
13 Female – Féminin	34 032 366	908 247	3 626 603	4 326 861	3 958 982	3 738 652	3 150 968	2 872 878	2 406 5
Singapore – Singapour 1 VII 1997* [25]									
14 Total	3 103 500	*——— 243	000 ——*	252 400	208 600	204 000	227 900	262 100	300 3
15 Male – Masculin	1 559 400	*——— 125	800 ——*	130 200	108 100	105 200	113 900	128 800	149 5
16 Female – Féminin	1 544 100	*——— 117	200 ——*	122 200	100 500	98 800	114 000	133 300	150 8
Sri Lanka 1 VII 1996									
17 Total	18 315 000	*— 2 288	000 ——*	2 076 000	2 083 000	1 978 000	1 883 000	1 573 000	1 389 0
18 Male – Masculin	9 336 000	*— 1 165	000 ——*	1 056 000	1 063 000	1 003 000	945 000	787 000	703 0
19 Female – Féminin	8 979 000	*— 1 123	000 ——*	1 020 000	1 020 000	975 000	938 000	786 000	686 0
Syrian Arab Republic – République arabe syrienne 1 VII 1995 [1] [2] [26]									
20 Total	14 186 000	405 000	1 695 000	2 178 000	2 064 000	1 638 000	1 290 000	1 077 000	879 0
21 Male – Masculin	7 194 000	209 000	863 000	1 108 000	1 050 000	827 000	640 000	540 000	439 0
22 Female – Féminin	6 992 000	196 000	832 000	1 070 000	1 014 000	811 000	650 000	537 000	440 0
Tajikistan – Tadjikistan 1 VII 1993* [2]									
23 Total	5 621 727	184 774	766 931	850 331	662 636	556 944	508 529	442 462	407 67
24 Male – Masculin	2 799 853	94 831	391 834	430 324	334 838	280 895	253 281	214 034	201 35
25 Female – Féminin	2 821 874	89 943	375 097	420 007	327 798	276 049	255 248	228 428	206 31
Thailand – Thaïlande 1 VII 1997* [1] [2]									
26 Total	60 602 000	*— 5 355	000 ——*	5 387 000	5 590 000	5 791 000	5 777 000	5 527 000	5 125 0
27 Male – Masculin	30 245 000	*— 2 712	000 ——*	2 727 000	2 837 000	2 943 000	2 939 000	2 809 000	2 578 0
28 Female – Féminin	30 357 000	*— 2 643	000 ——*	2 660 000	2 753 000	2 848 000	2 838 000	2 718 000	2 547 0
Turkey – Turquie 1 VII 1997* [2]									
29 Total	63 745 000	1 357 000	5 269 000	6 535 000	6 723 000	6 742 000	6 251 000	5 436 000	5 053 0
30 Male – Masculin	32 206 000	691 000	2 680 000	3 344 000	3 444 000	3 443 000	3 192 000	2 765 000	2 571 0
31 Female – Féminin	31 539 000	666 000	2 589 000	3 193 000	3 278 000	3 298 000	3 059 000	2 671 000	2 482 0

7. Population selon l'âge, le sexe et la résidence, urbaine/rurale: dernière année disponible, 1988 – 1997 (suite)

(Voir notes à la fin du tableau.)

Age (en années)

35 – 39	40 – 44	45 – 49	50 – 54	55 – 59	60 – 64	65 – 69	70 – 74	75 – 79	80 – 84	85 +	Unknown Inconnu	
	1 345 100 ———————————					*	* ————		87 600 ———		*	—	1
3 060 000	2 594 000	2 131 000	1 747 000	1 466 000	1 202 000	* ————		2 350 000 ———		*	—	2
1 496 000	1 263 000	1 035 000	842 000	695 000	561 000	* ————		1 056 000 ———		*	—	3
1 564 000	1 331 000	1 096 000	905 000	771 000	641 000	* ————		1 294 000 ———		*	—	4
1 115 854	952 458	802 030	664 685	525 594	416 546	328 334	223 789	123 049	*—— 72	281 ——*	—	5
539 995	467 408	392 672	329 685	270 732	215 212	163 982	110 617	60 821	*—— 35	211 ——*	—	6
575 859	485 050	409 358	335 000	254 862	201 334	164 352	113 172	62 228	*—— 37	070 ——*	—	7
7 221 000	6 497 000	5 600 000	4 444 000	3 635 000	2 880 000	2 126 000	1 392 000	794 000	*—— 559	000 ——*	—	8
3 790 000	3 409 000	2 947 000	2 332 000	1 913 000	1 514 000	1 100 000	709 000	405 000	*—— 291	000 ——*	—	9
3 431 000	3 088 000	2 653 000	2 112 000	1 722 000	1 366 000	1 026 000	683 000	389 000	*—— 268	000 ——*	—	10
4 318 168	3 402 813	2 734 379	2 063 363	1 715 069	1 322 088	955 878	654 459	410 024	252 035	142 299	—	11
2 195 627	1 729 637	1 384 973	1 032 912	844 164	641 970	448 557	299 990	184 175	107 048	58 893	—	12
2 122 541	1 673 176	1 349 406	1 030 451	870 905	680 118	507 321	354 469	225 849	144 987	83 406	—	13
310 300	281 900	228 700	144 400	127 200	95 300	79 200	56 200	37 800	*—— 44	200 ——*	—	14
157 600	143 900	116 000	72 800	62 800	46 700	37 900	26 500	16 600	*—— 17	100 ——*	—	15
152 700	138 000	112 700	71 600	64 400	48 600	41 300	29 700	21 200	*—— 27	100 ——*	—	16
1 035 000	862 000	752 000	665 000	522 000	420 000	310 000	223 000	131 000	*—— 125	000 ——*	—	17
520 000	444 000	381 000	351 000	275 000	226 000	164 000	120 000	69 000	*—— 64	000 ——*	—	18
515 000	418 000	371 000	314 000	247 000	194 000	146 000	103 000	62 000	*—— 61	000 ——*	—	19
674 000	546 000	405 000	348 000	277 000	284 000	* ————		426 000 ———		*	—	20
338 000	280 000	209 000	173 000	144 000	144 000	* ————		230 000 ———		*	—	21
336 000	266 000	196 000	175 000	133 000	140 000	* ————		196 000 ———		*	—	22
288 358	207 948	117 936	144 526	141 142	124 190	91 521	52 809	31 647	22 997	18 372	—	23
142 831	102 260	61 378	75 203	69 598	59 376	41 320	19 600	11 305	8 403	7 185	—	24
145 527	105 688	56 558	69 323	71 544	64 814	50 201	33 209	20 342	14 594	11 187	—	25
4 678 000	4 114 000	3 275 000	2 607 000	2 284 000	1 883 000	1 357 000	866 000	*—— - 986	000 ——*		—	26
2 339 000	2 041 000	1 611 000	1 268 000	1 097 000	893 000	636 000	400 000	*—— - 415	000 ——*		—	27
2 339 000	2 073 000	1 664 000	1 339 000	1 187 000	990 000	721 000	466 000	*—— - 571	000 ——*		—	28
4 491 000	3 706 000	2 983 000	2 300 000	1 918 000	1 810 000	1 513 000	878 000	*—— - 783	000 ——*		—	29
2 299 000	1 895 000	1 513 000	1 142 000	913 000	872 000	722 000	388 000	*—— - 338	000 ——*		—	30
2 191 000	1 810 000	1 471 000	1 160 000	1 005 000	939 000	792 000	488 000	*—— - 445	000 ——*		—	31

(See notes at end of table.)

Continent, country or area, sex, date and urban/rural residence — Continent, pays ou zone, sexe, date et résidence, urbaine/rurale	All ages Tous âges	Age (in years)							
		−1	1−4	5−9	10−14	15−19	20−24	25−29	30−3
ASIA—ASIE (Cont.–Suite)									
Turkmenistan – Turkménistan 10 I 1995(C) [2]									
1 Total	4 483 251	*—— 674	693 ——*	619 381	516 995	455 727	414 632	366 538	351 85
2 Male – Masculin	2 225 331	*—— 344	429 ——*	315 453	263 071	231 593	204 256	181 317	173 92
3 Female – Féminin	2 257 920	*—— 330	264 ——*	303 928	253 924	224 134	210 376	185 221	177 92
Uzbekistan – Ouzbékistan 12 I 1989(C) [1][2]									
4 Total	19 810 077	669 297	2 547 112	2 611 040	2 255 753	2 004 739	1 832 462	1 785 410	1 392 66
5 Male – Masculin	9 784 156	341 103	1 289 953	1 318 918	1 138 237	1 003 102	910 718	890 752	696 14
6 Female – Féminin	10 025 921	328 194	1 257 159	1 292 122	1 117 516	1 001 637	921 744	894 658	696 51
Viet Nam 31 XII 1992 [2]									
7 Total	69 175 080	2 001 535	7 434 032	9 417 737	8 506 356	7 549 286	6 360 986	5 385 675	5 134 97
8 Male – Masculin	33 312 978	1 020 783	3 905 228	4 845 729	4 412 810	3 725 455	2 902 592	2 286 311	2 427 88
9 Female – Féminin	35 862 102	980 752	3 528 804	4 572 008	4 093 546	3 823 831	3 458 394	3 099 364	2 707 09
Yemen – Yémen 1 VII 1997* [2]									
10 Total	16 484 000	712 000	2 446 000	2 384 000	2 203 000	2 024 000	1 426 000	957 000	878 00
11 Male – Masculin	8 227 000	363 000	1 247 000	1 213 000	1 129 000	1 047 000	717 000	456 000	405 00
12 Female – Féminin	8 257 000	349 000	1 199 000	1 171 000	1 074 000	977 000	709 000	501 000	473 00
EUROPE									
Andorra – Andorre 31 XII 1994 [2]									
13 Total	64 311	*—— 3	314 ——*	3 243	3 513	3 943	5 312	7 000	7 13
14 Male – Masculin	34 083	*—— 1	725 ——*	1 697	1 795	2 074	2 726	3 608	3 82
15 Female – Féminin	30 228	*—— 1	589 ——*	1 546	1 718	1 869	2 586	3 392	3 30
Austria – Autriche 1 VII 1996* [1][2]									
16 Total	8 059 385	87 641	375 898	464 937	474 950	462 885	532 814	684 745	722 68
17 Male – Masculin	3 910 197	44 929	192 627	238 541	242 848	238 101	268 002	348 916	371 918
18 Female – Féminin	4 149 188	42 712	183 271	226 396	232 102	224 784	264 812	335 829	350 763
Belarus – Bélarus 1 I 1997 [2]									
19 Total	10 236 127	94 863	451 873	765 259	842 501	760 862	726 564	675 349	772 053
20 Male – Masculin	4 777 735	48 831	231 297	390 609	425 978	382 926	364 131	332 817	381 417
21 Female – Féminin	5 458 392	46 032	220 576	374 650	416 523	377 936	362 433	342 532	390 636
Belgium – Belgique 31 XII 1995 [1]									
22 Total	10 430 437	114 494	489 705	612 169	600 642	618 511	664 667	742 293	812 328
23 Male – Masculin	4 958 785	58 539	250 491	313 759	307 721	315 306	337 166	377 701	412 993
24 Female – Féminin	5 184 262	55 955	239 214	298 410	292 921	303 205	327 501	364 592	399 335
Bosnia Herzegovina – Bosnie–Herzégovine 1 VII 1991* [1]									
25 Total	4 449 412	*—— 351	180 ——*	343 206	354 583	364 250	373 041	415 963	388 163
26 Male – Masculin	2 218 224	*—— 180	412 ——*	176 066	181 481	187 299	192 482	214 382	202 944
27 Female – Féminin	2 231 188	*—— 170	768 ——*	167 140	173 102	176 951	180 559	201 581	185 219
Bulgaria – Bulgarie 31 XII 1996 [2]									
28 Total	8 340 936	70 943	319 380	498 275	548 929	603 683	620 552	580 795	536 176
29 Male – Masculin	4 077 501	36 557	163 614	255 408	281 504	310 115	315 546	295 832	269 965
30 Female – Féminin	4 263 435	34 386	155 766	242 867	267 425	293 568	305 006	284 963	266 211

170

7. Population selon l'âge, le sexe et la résidence, urbaine/rurale: dernière année disponible, 1988 – 1997 (suite)

(Voir notes à la fin du tableau.)

Age (en années)

35 – 39	40 – 44	45 – 49	50 – 54	55 – 59	60 – 64	65 – 69	70 – 74	75 – 79	80 – 84	85 +	Unknown Inconnu	
281 039	204 313	126 864	97 136	114 232	91 473	73 263	43 818	22 707	15 942	9 785	2 857	1
138 462	99 575	62 244	48 330	54 283	43 379	32 176	15 709	7 301	5 060	2 972	1 794	2
142 577	104 738	64 620	48 806	59 949	48 094	41 087	28 109	15 406	10 882	6 813	1 063	3
1 013 369	572 375	625 531	651 050	561 358	483 693	269 629	184 229	165 734	100 456	83 816	361	4
503 602	286 366	317 673	322 719	265 666	215 661	97 157	60 068	57 981	37 436	30 728	171	5
509 767	286 009	307 858	328 331	295 692	268 032	172 472	124 161	107 753	63 020	53 088	190	6
3 627 005	2 452 443	2 180 257	1 944 942	1 912 388	1 776 884	1 401 409	916 907	647 829	333 454	190 978	—	7
1 689 916	1 145 069	991 028	862 243	827 661	821 777	611 955	385 883	257 607	123 517	69 531	—	8
1 937 089	1 307 374	1 189 229	1 082 699	1 084 727	955 107	789 454	531 024	390 222	209 937	121 447	—	9
821 000	645 000	495 000	385 000	297 000	238 000	198 000	149 000	*———— 226 000 ————*			—	10
377 000	302 000	240 000	188 000	146 000	113 000	99 000	74 000	*———— 111 000 ————*			—	11
444 000	343 000	255 000	197 000	151 000	125 000	99 000	75 000	*———— 115 000 ————*			—	12
6 160	5 058	4 296	3 441	2 659	2 589	2 267	1 816	1 095	815	659	—	13
3 394	2 840	2 389	1 845	1 417	1 375	1 181	911	565	423	296	—	14
2 766	2 218	1 907	1 596	1 242	1 214	1 086	905	530	392	363	—	15
641 772	540 601	525 733	474 324	480 432	360 578	368 408	348 271	210 607	170 205	131 903	—	16
329 627	274 281	266 296	236 114	236 396	171 026	165 971	127 768	70 949	51 975	33 912	—	17
312 145	266 320	259 437	238 210	244 036	189 552	202 437	220 503	139 658	118 230	97 991	—	18
877 622	762 395	666 638	401 972	593 697	537 465	523 938	384 072	172 766	124 577	101 661	—	19
433 188	370 913	319 481	187 012	262 338	224 109	205 715	117 776	48 749	29 121	21 327	—	20
444 434	391 482	347 157	214 960	331 359	313 356	318 223	266 296	124 017	95 456	80 334	—	21
789 216	732 349	705 340	545 196	542 480	548 055	518 782	460 395	260 143	218 389	167 893	—	22
400 306	371 177	357 334	273 207	266 646	263 155	238 345	198 318	101 551	72 697	42 373	—	23
388 910	361 172	348 006	271 989	275 834	284 900	280 437	262 077	158 592	145 692	125 520	—	24
345 271	278 127	208 337	260 916	245 856	200 749	128 326	67 581	57 647	42 263	23 953	—	25
178 555	141 781	102 973	127 312	118 853	94 574	49 895	24 700	20 471	14 380	9 664	—	26
166 716	136 346	105 364	133 604	127 003	106 175	78 431	42 881	37 176	27 883	14 289	—	27
565 412	590 538	612 170	530 193	470 015	514 718	461 040	404 428	215 759	*—— 197 930 ——*		—	28
282 221	291 575	300 014	257 072	224 149	240 725	210 448	175 170	90 247	*—— 77 339 ——*		—	29
283 191	298 963	312 156	273 121	245 866	273 993	250 592	229 258	125 512	*—— 120 591 ——*		—	30

7. Population by age, sex and urban/rural residence: latest available year, 1988 – 1997 (continued)

(See notes at end of table.)

Continent, country or area, sex, date and urban/rural residence — Continent, pays ou zone, sexe, date et résidence, urbaine/rurale	All ages Tous âges	− 1	1 – 4	5 – 9	10 – 14	15 – 19	20 – 24	25 – 29	30 – 34
EUROPE (Cont.–Suite)									
Channel Islands – Iles Anglo–Normandes Guernsey – Guernesey 31 III 1996(C)									
1 Total	58 681	599	2 781	3 624	3 339	3 351	4 075	4 659	4 691
2 Male – Masculin	28 244	300	1 436	1 813	1 727	1 682	1 935	2 202	2 301
3 Female – Féminin	30 437	299	1 345	1 811	1 612	1 669	2 140	2 457	2 390
Jersey 10 III 1996(C)									
4 Total	85 150	951	3 942	4 868	4 356	4 278	5 637	7 821	8 074
5 Male – Masculin	41 394	505	2 037	2 486	2 231	2 134	2 706	3 806	3 961
6 Female – Féminin	43 756	446	1 905	2 382	2 125	2 144	2 931	4 015	4 113
Croatia – Croatie 1 VII 1996 [1] [2]									
7 Total	4 493 581	51 382	221 326	304 711	316 498	306 789	304 307	328 296	352 070
8 Male – Masculin	2 159 527	26 400	113 407	156 215	161 820	157 014	154 226	164 621	177 535
9 Female – Féminin	2 334 054	24 982	107 919	148 496	154 678	149 775	150 081	163 675	174 535
Czech Republic – Rép. tchèque 31 XII 1996 [1] [2]									
10 Total	10 309 137	90 014	441 852	639 846	670 967	810 858	894 289	703 160	698 186
11 Male – Masculin	5 012 085	46 217	226 809	327 739	343 334	414 974	456 377	359 334	356 067
12 Female – Féminin	5 297 052	43 797	215 043	312 107	327 633	395 884	437 912	343 826	342 119
Denmark – Danemark [27] 1 VII 1996 [1]									
13 Total	5 261 503	68 550	275 849	308 613	274 395	309 563	374 518	393 384	418 109
14 Male – Masculin	2 597 989	35 475	141 319	158 454	140 119	158 261	190 103	201 546	214 525
15 Female – Féminin	2 663 514	33 075	134 530	150 159	134 276	151 302	184 415	191 838	203 584
Estonia – Estonie 1 VII 1996 [2]									
16 Total	1 469 216	13 223	61 558	108 917	110 307	104 829	103 991	104 058	102 275
17 Male – Masculin	684 346	6 785	31 575	55 747	55 913	53 333	52 735	54 471	51 157
18 Female – Féminin	784 870	6 438	29 983	53 170	54 394	51 496	51 256	49 587	51 118
Faeroe Islands – Iles Féroé 1 VII 1991 [1]									
19 Total	47 372	*—— 4	232 ——*	3 550	3 817	3 942	3 692	3 582	3 446
20 Male – Masculin	24 659	*—— 2	164 ——*	1 853	1 977	2 103	1 986	1 938	1 817
21 Female – Féminin	22 713	*—— 2	068 ——*	1 698	1 841	1 839	1 706	1 645	1 629
Finland – Finlande 1 VII 1996 [1] [2]									
22 Total	5 124 573	61 630	260 890	318 808	328 837	326 230	307 839	340 849	378 756
23 Male – Masculin	2 496 149	31 518	132 884	162 949	168 185	166 547	157 548	173 780	193 491
24 Female – Féminin	2 628 425	30 112	128 009	155 863	160 655	159 686	150 295	167 074	185 270
France 1 I 1993 [2] [28]									
25 Total	57 526 521	730 146	3 009 036	3 804 760	3 918 608	3 938 648	4 338 607	4 331 986	4 321 569
26 Male – Masculin	28 017 601	373 794	1 539 365	1 945 821	2 006 411	2 013 000	2 193 942	2 171 374	2 154 548
27 Female – Féminin	29 508 920	356 352	1 469 671	1 858 939	1 912 197	1 925 648	2 144 665	2 160 612	2 167 021
Germany – Allemagne 31 XII 1996									
28 Total	82 012 162	796 261	3 193 461	4 662 467	4 535 057	4 486 762	4 561 173	6 408 208	7 300 838
29 Male – Masculin	39 954 835	409 150	1 638 509	2 393 292	2 327 435	2 304 455	2 335 429	3 312 685	3 786 050
30 Female – Féminin	42 057 327	387 111	1 554 952	2 269 175	2 207 622	2 182 307	2 225 744	3 095 523	3 514 788

				Age (en années)								
35 – 39	40 – 44	45 – 49	50 – 54	55 – 59	60 – 64	65 – 69	70 – 74	75 – 79	80 – 84	85 +	Unknown Inconnu	
4 342	4 044	4 610	3 309	3 250	2 798	2 621	2 329	1 810	1 349	1 100	—	1
2 125	2 057	2 282	1 669	1 642	1 360	1 210	1 031	727	468	277	—	2
2 217	1 987	2 328	1 640	1 608	1 438	1 411	1 298	1 083	881	823	—	3
7 109	6 269	6 374	4 876	4 654	3 981	3 441	2 994	2 209	1 833	1 483	—	4
3 527	3 103	3 195	2 419	2 377	2 003	1 635	1 360	850	654	405	—	5
3 582	3 166	3 179	2 457	2 277	1 978	1 806	1 634	1 359	1 179	1 078	—	6
352 391	311 071	236 228	283 595	297 613	273 709	217 788	119 157	109 511	73 147	33 992	—	7
181 654	156 153	113 924	135 995	139 917	123 008	82 238	43 255	38 389	24 138	9 618	—	8
170 737	154 918	122 304	147 600	157 696	150 701	135 550	75 902	71 122	49 009	24 374	—	9
656 710	789 299	827 336	707 126	522 387	468 859	474 900	419 023	231 158	153 666	109 501	—	10
333 010	396 290	412 009	346 173	249 674	215 150	204 924	163 150	83 112	48 853	28 889	—	11
323 700	393 009	415 327	360 953	272 713	253 709	269 976	255 873	148 046	104 813	80 612	—	12
377 189	370 379	390 170	381 683	283 394	242 038	221 216	204 096	163 495	115 061	89 801	—	13
192 565	188 130	197 452	193 586	141 038	117 355	103 851	90 092	66 771	41 874	25 473	—	14
184 624	182 249	192 718	188 097	142 356	124 683	117 365	114 004	96 724	73 187	64 328	—	15
108 753	105 388	98 143	76 895	92 240	78 868	75 129	55 166	29 665	23 117	16 694	—	16
53 108	50 549	45 992	35 121	40 576	33 145	29 140	16 933	8 486	5 986	3 594	—	17
55 645	54 839	52 151	41 774	51 664	45 723	45 989	38 233	21 179	17 131	13 100	—	18
3 243	3 302	2 802	2 187	1 923	1 957	1 819	1 595	1 147	682	458	—	19
1 711	1 783	1 569	1 176	1 030	980	864	758	509	286	161	—	20
1 533	1 519	1 233	1 011	893	977	955	837	638	396	298	—	21
382 463	403 655	432 640	326 999	276 700	240 477	236 104	197 839	138 583	96 813	68 444	—	22
194 906	205 067	220 292	164 627	135 589	114 270	105 255	77 427	46 607	28 513	16 717	—	23
187 561	198 592	212 352	162 376	141 113	126 210	130 853	120 415	91 980	68 303	51 731	—	24
4 268 566	4 356 906	3 543 748	2 761 077	2 897 242	2 945 176	2 678 261	2 082 475	1 322 042	1 286 783	990 885	—	25
2 125 547	2 191 274	1 790 890	1 383 631	1 414 807	1 392 596	1 206 403	891 681	512 648	443 994	265 875	—	26
2 143 019	2 165 632	1 752 858	1 377 446	1 482 435	1 552 580	1 471 858	1 190 794	809 394	842 789	725 010	—	27
6 630 015	5 852 637	5 331 281	4 636 822	6 061 548	4 698 853	4 034 926	3 380 231	2 276 240	1 698 163	1 467 219	—	28
3 412 644	2 979 773	2 702 305	2 340 993	3 027 752	2 290 637	1 856 400	1 253 798	742 946	485 275	355 307	—	29
3 217 371	2 872 864	2 628 976	2 295 829	3 033 796	2 408 216	2 178 526	2 126 433	1 533 294	1 212 888	1 111 912	—	30

(See notes at end of table.)

Continent, country or area, sex, date and urban/rural residence / Continent, pays ou zone, sexe, date et résidence, urbaine/rurale	All ages Tous âges	– 1	1 – 4	5 – 9	10 – 14	15 – 19	20 – 24	25 – 29	30 –
EUROPE (Cont.–Suite)									
Gibraltar 14 X 1991(C) [29]									
1 Total	26 703	349	1 316	1 715	1 862	1 851	1 804	2 035	1 9
2 Male – Masculin	13 628	173	682	887	1 000	920	894	1 044	1 0
3 Female – Féminin	13 075	176	634	828	862	931	910	991	9
Greece – Grèce 1 VII 1995 [2] [30]									
4 Total	10 454 019	101 701	414 412	563 965	681 066	764 861	789 063	800 938	756 4
5 Male – Masculin	5 160 409	52 652	213 705	289 680	350 189	393 176	403 493	404 786	377 6
6 Female – Féminin	5 293 610	49 049	200 707	274 285	330 877	371 685	385 570	396 152	378 8
Hungary – Hongrie 1 VII 1996 [2]									
7 Total	10 193 371	107 645	467 415	613 577	630 623	789 225	827 442	702 469	604 2
8 Male – Masculin	4 873 597	55 296	239 577	313 748	322 329	403 532	424 001	358 319	305 3
9 Female – Féminin	5 319 774	52 349	227 838	299 829	308 294	385 693	403 441	344 150	298 9
Iceland – Islande 1 VII 1996 [1]									
10 Total	268 927	4 316	17 971	22 049	20 576	21 232	21 015	19 609	21 3
11 Male – Masculin	134 779	2 231	9 222	11 379	10 470	10 818	10 666	9 843	10 7
12 Female – Féminin	134 148	2 085	8 749	10 670	10 106	10 414	10 349	9 766	10 6
Ireland – Irlande 28 IV 1996(C) [2]									
13 Total	3 626 087	48 854	201 540	282 943	326 087	339 536	293 354	259 045	260 9
14 Male – Masculin	1 800 232	25 231	103 509	145 335	167 377	173 950	149 143	129 363	127 7
15 Female – Féminin	1 825 855	23 623	98 031	137 608	158 710	165 586	144 211	129 682	133 1
Isle of Man – Ile de Man 14 IV 1996(C) [1]									
16 Total	71 714	766	3 380	4 278	4 200	4 179	4 515	4 898	5 2
17 Male – Masculin	34 797	412	1 719	2 180	2 132	2 171	2 251	2 452	2 6
18 Female – Féminin	36 917	354	1 661	2 098	2 068	2 008	2 264	2 446	2 5
Italy – Italie 1 VII 1996*									
19 Total	57 396 987	527 899	2 205 438	2 786 279	2 960 650	3 444 846	4 319 753	4 638 980	4 663 1
20 Male – Masculin	27 855 384	271 540	1 133 319	1 427 562	1 513 464	1 758 695	2 198 980	2 349 650	2 343 2
21 Female – Féminin	29 541 603	256 359	1 072 120	1 358 720	1 447 186	1 686 151	2 120 775	2 289 330	2 319 9
Latvia – Lettonie 1 VII 1996 [2]									
22 Total	2 490 765	20 368	106 881	184 259	189 204	165 546	168 114	176 735	180 38
23 Male – Masculin	1 153 326	10 566	54 635	94 401	96 284	83 923	85 577	91 161	90 5
24 Female – Féminin	1 337 439	9 802	52 246	89 858	92 920	81 623	82 537	85 574	89 87
Lithuania – Lituanie 1 VII 1996 [2]									
25 Total	3 709 534	39 730	188 149	287 045	279 609	261 301	275 066	280 522	299 79
26 Male – Masculin	1 750 813	20 308	96 473	146 629	142 395	132 481	139 434	143 784	151 33
27 Female – Féminin	1 958 721	19 422	91 676	140 416	137 214	128 820	135 632	136 738	148 46
Luxembourg 1 VII 1996 [1]									
28 Total	415 550	5 574	22 322	25 856	23 248	22 769	25 465	32 920	36 76
29 Male – Masculin	204 000	2 891	11 452	13 218	11 964	11 613	12 848	16 701	18 71
30 Female – Féminin	211 550	2 683	10 870	12 638	11 284	11 156	12 617	16 219	18 05
Malta – Malte 31 XII 1996 [31]									
31 Total	373 958	*——— 24	944 ———*		27 861	28 332	28 722	27 127	22 969	24 92
32 Male – Masculin	185 319	*——— 12	883 ———*		14 229	14 679	14 820	13 988	11 837	12 73
33 Female – Féminin	188 639	*——— 12	061 ———*		13 632	13 653	13 902	13 139	11 132	12 19

7. Population selon l'âge, le sexe et la résidence, urbaine/rurale: dernière année disponible, 1988 – 1997 (suite)

(Voir notes à la fin du tableau.)

					Age (en années)							
35 – 39	40 – 44	45 – 49	50 – 54	55 – 59	60 – 64	65 – 69	70 – 74	75 – 79	80 – 84	85 +	Unknown Inconnu	
2 017	2 065	1 712	1 689	1 469	1 276	1 158	1 004	653	462	302	—	1
1 082	1 191	998	949	804	644	482	402	259	132	69	—	2
935	874	714	740	665	632	676	602	394	330	233	—	3
732 806	692 011	659 351	595 941	633 634	638 734	574 843	411 621	280 798	208 041	153 740	—	4
365 228	347 274	329 645	294 459	307 108	307 813	269 415	183 741	120 099	86 322	63 982	—	5
367 578	344 737	329 706	301 482	326 526	330 921	305 428	227 880	160 699	121 719	89 758	—	6
692 945	845 971	733 840	631 664	563 829	530 117	501 300	431 154	241 281	170 654	107 940	—	7
345 773	417 940	357 692	300 068	253 359	230 590	208 456	165 493	86 106	55 638	30 319	—	8
347 172	428 031	376 148	331 596	310 470	299 527	292 844	265 661	155 175	115 016	77 621	—	9
20 919	19 044	16 684	13 423	10 108	9 984	9 756	7 917	5 907	3 877	3 201	—	10
10 631	9 706	8 580	6 835	5 033	4 876	4 735	3 703	2 639	1 551	1 152	—	11
10 288	9 338	8 104	6 588	5 075	5 108	5 021	4 214	3 268	2 326	2 049	—	12
255 676	240 441	225 400	186 647	153 807	137 946	126 809	112 542	84 097	55 771	34 663	—	13
126 140	120 064	113 816	94 818	77 809	68 690	60 256	50 124	35 228	21 074	10 570	—	14
129 536	120 377	111 584	91 829	75 998	69 256	66 553	62 418	48 869	34 697	24 093	—	15
4 945	4 612	5 461	4 532	4 015	3 516	3 409	3 377	2 612	2 093	1 674	—	16
2 417	2 313	2 745	2 259	2 023	1 728	1 539	1 480	1 040	786	496	—	17
2 528	2 299	2 716	2 273	1 992	1 788	1 870	1 897	1 572	1 307	1 178	—	18
4 098 440	3 783 585	3 960 394	3 396 650	3 589 106	3 279 608	3 101 339	2 692 552	1 582 763	1 367 296	998 246	—	19
2 050 500	1 883 155	1 964 182	1 669 927	1 738 958	1 552 371	1 417 710	1 151 438	627 052	498 265	305 365	—	20
2 047 942	1 900 431	1 996 214	1 726 724	1 850 149	1 727 238	1 683 631	1 541 115	955 713	869 031	692 882	—	21
189 880	168 890	156 864	139 974	163 833	135 951	129 324	95 626	50 290	39 889	28 754	—	22
93 040	80 698	73 390	63 277	72 000	56 377	49 485	27 206	14 243	10 026	6 527	—	23
96 840	88 192	83 474	76 697	91 833	79 574	79 839	68 420	36 047	29 863	22 227	—	24
286 036	238 301	214 098	207 806	206 075	191 309	170 000	122 607	62 735	53 108	46 240	—	25
140 565	115 060	100 218	94 976	90 843	80 366	65 125	41 292	19 926	14 930	14 672	—	26
145 471	123 241	113 880	112 830	115 232	110 943	104 875	81 315	42 809	38 178	31 568	—	27
34 636	31 700	28 660	24 119	22 295	20 402	20 172	14 924	9 873	7 847	5 999	—	28
17 562	16 138	14 947	12 376	11 055	9 846	9 404	5 687	3 518	2 580	1 488	—	29
17 074	15 562	13 713	11 743	11 240	10 556	10 768	9 237	6 355	5 267	4 511	—	30
29 004	28 107	29 713	24 366	17 352	17 089	14 318	12 306	8 467	4 784	3 568	—	31
14 634	14 269	14 888	11 964	8 197	7 854	6 276	5 390	3 632	1 862	1 183	—	32
14 370	13 838	14 825	12 402	9 155	9 235	8 042	6 916	4 835	2 922	2 385	—	33

(See notes at end of table.)

Continent, country or area, sex, date and urban/rural residence / Continent, pays ou zone, sexe, date et résidence, urbaine/rurale	Age (in years)								
	All ages Tous âges	– 1	1 – 4	5 – 9	10 – 14	15 – 19	20 – 24	25 – 29	30 – 34
EUROPE (Cont.–Suite)									
Monaco 23 VII 1990(C) [1]									
1 Total	29 972	*————	————	3 694	————*	*——	3 071	——* *————————	
2 Male – Masculin	14 237	*————	————	1 875	————*	*——	1 544	——* *————————	
3 Female – Féminin	15 735	*————	————	1 819	————*	*——	1 527	——* *————————	
Netherlands – Pays–Bas 1 VII 1996 [1][2]									
4 Total	15 530 509	190 472	786 366	970 504	907 256	924 893	1 053 638	1 293 433	1 321 153
5 Male – Masculin	7 679 546	97 736	402 212	496 252	463 540	473 168	533 634	660 405	676 481
6 Female – Féminin	7 850 963	92 736	384 154	474 252	443 716	451 725	520 004	633 028	644 672
Norway – Norvège 1 VII 1996 [1][2]									
7 Total	4 381 338	60 519	242 653	293 592	261 982	265 954	310 452	343 577	332 696
8 Male – Masculin	2 166 451	31 172	124 720	150 430	134 440	136 019	157 633	175 219	170 671
9 Female – Féminin	2 214 896	29 348	117 934	143 163	127 545	129 937	152 821	168 360	162 025
Poland – Pologne 1 VII 1996 [2][32]									
10 Total	38 618 019	427 513	1 947 106	2 833 022	3 356 162	3 240 827	2 924 713	2 480 654	2 566 770
11 Male – Masculin	18 789 243	220 079	997 482	1 453 051	1 713 649	1 654 478	1 489 749	1 267 444	1 299 898
12 Female – Féminin	19 828 776	207 434	949 624	1 379 971	1 642 513	1 586 349	1 434 964	1 213 210	1 266 872
Portugal 1 VII 1996 [2]									
13 Total	9 927 440	107 980	445 300	545 430	631 960	762 800	844 810	771 460	728 340
14 Male – Masculin	4 780 550	56 080	228 560	278 530	323 250	387 360	425 200	387 880	359 540
15 Female – Féminin	5 146 890	51 900	216 740	266 900	308 710	375 440	419 610	383 580	368 800
Republic of Moldova – République de Moldova 1 VII 1994 [2]									
16 Total	4 348 087	63 263	284 495	428 328	399 251	363 897	303 545	283 637	347 808
17 Male – Masculin	2 076 475	32 466	145 450	217 979	202 186	184 244	151 977	139 950	167 455
18 Female – Féminin	2 271 612	30 797	139 045	210 349	197 065	179 653	151 568	143 687	180 353
Romania – Roumanie 1 VII 1996 [2]									
19 Total	22 607 620	233 315	977 070	1 660 092	1 629 272	1 931 368	1 865 679	1 966 330	1 253 426
20 Male – Masculin	11 080 933	120 059	501 167	846 622	831 109	985 747	955 079	994 591	634 625
21 Female – Féminin	11 526 687	113 256	475 903	813 470	798 163	945 621	910 600	971 739	618 801
Russian Federation – Fédération de Russie 1 VII 1995 [2]									
22 Total	147 773 657	1 392 301	6 494 163	11 653 397	11 822 429	10 829 347	10 241 502	9 518 320	11 687 622
23 Male – Masculin	69 387 481	713 720	3 333 605	5 949 649	6 007 464	5 493 675	5 254 686	4 872 946	5 885 518
24 Female – Féminin	78 386 176	678 581	3 160 558	5 703 748	5 814 965	5 335 672	4 986 816	4 645 374	5 802 104
San Marino – Saint–Marin 31 XII 1995									
25 Total	25 058	242	1 015	1 180	1 269	1 503	1 761	2 187	2 377
26 Male – Masculin	12 214	130	517	610	673	762	879	1 039	1 137
27 Female – Féminin	12 844	112	498	570	596	741	882	1 148	1 240
Slovakia – Slovaquie 3 III 1991(C)									
28 Total	5 274 335	77 062	322 472	442 586	471 841	443 893	370 865	390 814	413 503
29 Male – Masculin	2 574 061	39 556	164 458	226 147	240 964	226 160	188 969	198 048	209 901
30 Female – Féminin	2 700 274	37 506	158 014	216 439	230 877	217 733	181 896	192 766	203 602
Slovenia – Slovénie 1 VII 1996 [1][2]									
31 Total	1 991 169	18 380	79 859	121 130	135 184	151 199	146 717	144 951	156 415
32 Male – Masculin	969 114	9 481	40 995	62 067	69 177	77 940	75 027	73 048	78 876
33 Female – Féminin	1 022 055	8 899	38 864	59 063	66 007	73 259	71 690	71 903	77 539

7. Population selon l'âge, le sexe et la résidence, urbaine/rurale: dernière année disponible, 1988 – 1997 (suite)

(Voir notes à la fin du tableau.)

					Age (en années)								
35 – 39	40 – 44	45 – 49	50 – 54	55 – 59	60 – 64	65 – 69	70 – 74	75 – 79	80 – 84	85 +	Unknown Inconnu		
8 301 ——* *———				8 135 ——* *———				6 576 ——*			195	1
4 091 ——* *———				3 938 ——* *———				2 712 ——*			77	2
4 210 ——* *———				4 197 ——* *———				3 864 ——*			118	3
1 247 452	1 159 692	1 183 369	945 135	781 210	693 581	630 155	551 779	405 965	275 615	208 841	—	4
634 191	588 512	603 537	482 602	393 397	339 370	293 150	237 582	157 936	91 998	53 843	—	5
613 261	571 180	579 832	462 533	387 813	354 211	337 005	314 197	248 029	183 617	154 998	—	6
318 719	309 830	308 832	266 177	197 430	174 950	179 994	181 927	153 659	102 018	76 400	—	7
162 879	158 011	158 531	135 386	98 248	85 161	85 000	81 253	62 612	36 930	22 154	—	8
155 841	151 821	150 304	130 791	99 182	89 792	94 997	100 674	91 047	65 089	54 247	—	9
3 122 907	3 222 495	2 787 316	1 741 478	1 808 265	1 785 172	1 642 679	1 270 959	666 608	469 575	323 798	—	10
1 571 690	1 606 091	1 372 931	836 660	844 249	806 265	698 353	481 149	238 849	147 621	89 555	—	11
1 551 217	1 616 404	1 414 385	904 818	964 016	978 907	944 326	789 810	427 759	321 954	234 243	—	12
696 580	657 510	632 900	565 370	536 020	533 940	491 560	414 120	279 430	177 920	104 010	—	13
340 740	318 990	306 280	267 770	251 610	244 800	218 600	176 820	112 590	64 690	31 260	—	14
355 840	338 520	326 620	297 600	284 410	289 140	272 960	237 300	166 840	113 230	72 750	—	15
354 816	331 901	199 016	205 447	215 086	180 712	161 644	113 316	54 362	40 506	17 057	—	16
171 715	159 412	93 151	93 496	95 952	77 788	64 337	41 950	18 920	13 399	4 648	—	17
183 101	172 489	105 865	111 951	119 134	102 924	97 307	71 366	35 442	27 107	12 409	—	18
1 559 567	1 659 872	1 453 442	1 127 421	1 281 600	1 240 664	1 084 498	838 592	389 509	291 297	164 606	—	19
782 465	826 401	718 108	547.250	605 672	576 398	489 098	352 525	146 590	107 035	60 392	—	20
777 102	833 471	735 334	580 171	675 928	664 266	595 400	486 067	242 919	184 262	104 214	—	21
12 829 740	11 798 915	9 345 513	5 799 511	9 708 424	6 953 815	7 618 502	4 357 326	2 450 327	2 105 620	1 166 883	—	22
6 380 945	5 785 316	4 499 834	2 667 863	4 296 680	2 909 878	2 859 230	1 209 717	609 267	447 604	209 884	—	23
6 448 795	6 013 599	4 845 679	3 131 648	5 411 744	4 043 937	4 759 272	3 147 609	1 841 060	1 658 016	956 999	—	24
1 993	1 771	1 783	1 482	1 434	1 351	1 152	1 049	679	503	327	—	25
987	881	887	737	721	653	556	473	289	187	96	—	26
1 006	890	896	745	713	698	596	576	390	316	231	—	27
428 131	360 630	276 730	249 077	243 867	238 211	218 462	113 534	107 608	68 729	34 847	1 473	28
215 439	179 463	132 878	117 142	112 511	106 151	92 880	46 404	41 706	24 027	10 465	792	29
212 692	181 167	143 852	131 935	131 356	132 060	125 582	67 130	65 902	44 702	24 382	681	30
156 337	162 160	141 764	108 854	110 287	105 261	94 885	71 986	36 253	29 248	20 299	—	31
79 285	84 086	72 982	54 068	53 833	48 095	39 645	24 437	11 770	8 985	5 317	—	32
77 052	78 074	68 782	54 786	56 454	57 166	55 240	47 549	24 483	20 263	14 982	—	33

(See notes at end of table.)

Continent, country or area, sex, date and urban/rural residence — Continent, pays ou zone, sexe, date et résidence, urbaine/rurale	All ages Tous âges	− 1	1 − 4	5 − 9	10 − 14	15 − 19	20 − 24	25 − 29	30 − 34
EUROPE (Cont.–Suite)									
Spain – Espagne 1 VII 1997* [1]									
1 Total	39 323 320	383 242	1 535 365	1 985 531	2 303 687	2 911 139	3 308 531	3 262 080	3 164 013
2 Male – Masculin	19 235 274	198 019	792 874	1 021 559	1 180 890	1 490 058	1 687 381	1 659 560	1 597 536
3 Female – Féminin	20 088 046	185 223	742 491	963 972	1 122 797	1 421 081	1 621 150	1 602 520	1 566 477
Sweden – Suède 31 XII 1996 [1][2]									
4 Total	8 844 499	94 983	456 507	599 413	510 522	503 473	565 649	609 045	646 933
5 Male – Masculin	4 369 717	48 505	233 911	307 728	262 609	257 849	288 308	310 768	332 562
6 Female – Féminin	4 474 782	46 478	222 596	291 685	247 913	245 624	277 341	298 277	314 371
Switzerland – Suisse 1 VII 1996 [1][2]									
7 Total	7 071 851	41 215	334 925	425 182	407 186	401 361	427 690	531 298	615 884
8 Male – Masculin	3 453 232	21 179	171 726	218 542	209 031	206 482	214 676	261 611	310 007
9 Female – Féminin	3 618 619	20 036	163 199	206 640	198 155	194 879	213 014	269 687	305 877
The former Yugoslav Rep. of Macedonia – L'ex Rép. yougoslavie de Macédoine 20 VI 1994(C)* [1][2]									
10 Total	1 935 034	28 626	122 661	162 672	166 993	161 947	152 720	150 545	147 733
11 Male – Masculin	968 931	14 688	63 281	83 649	85 716	82 731	77 984	76 309	74 873
12 Female – Féminin	966 103	13 938	59 380	79 023	81 277	79 216	74 736	74 236	72 860
Ukraine 1 I 1995 [2]									
13 Total	51 473 707	515 880	2 434 086	3 774 793	3 807 399	3 653 554	3 650 229	3 318 782	3 873 359
14 Male – Masculin	23 905 325	264 999	1 247 175	1 923 967	1 935 061	1 848 070	1 864 689	1 662 519	1 913 551
15 Female – Féminin	27 568 382	250 881	1 186 911	1 850 826	1 872 338	1 805 484	1 785 540	1 656 263	1 959 808
United Kingdom – Royaume–Uni 1 VII 1996									
16 Total	58 801 465	719 094	3 044 344	3 905 281	3 689 635	3 522 276	3 802 792	4 577 590	4 842 576
17 Male – Masculin	28 855 641	369 216	1 560 099	2 002 186	1 894 505	1 809 664	1 950 076	2 339 288	2 465 502
18 Female – Féminin	29 945 824	349 878	1 484 245	1 903 095	1 795 130	1 712 612	1 852 716	2 238 302	2 377 074
Yugoslavia – Yougoslavie 1 VII 1995 [1][2]									
19 Total	10 546 983	139 006	563 520	774 018	793 666	807 725	777 362	737 919	720 643
20 Male – Masculin	5 229 817	72 290	291 591	397 012	405 967	413 600	397 052	375 451	364 830
21 Female – Féminin	5 317 166	66 716	271 929	377 006	387 699	394 125	380 310	362 468	355 813
OCEANIA—OCEANIE									
American Samoa – Samoa américaines 1 IV 1990(C) [1][2] °									
22 Total	46 773	1 132	5 820	5 640	5 229	4 718	4 664	4 161	3 399
23 Male – Masculin	24 023	575	3 023	2 924	2 812	2 396	2 301	1 986	1 737
24 Female – Féminin	22 750	557	2 797	2 716	2 417	2 322	2 363	2 175	1 662
Australia – Australie 30 VI 1995* [1]									
25 Total	18 053 989	256 572	1 033 841	1 286 338	1 290 860	1 269 142	1 445 953	1 380 912	1 458 443
26 Male – Masculin	8 990 481	131 579	530 226	659 788	662 205	651 818	736 706	693 177	727 859
27 Female – Féminin	9 063 508	124 993	503 615	626 550	628 655	617 324	709 247	687 735	730 584
French Polynesia – Polynésie française 6 IX 1988(C)									
28 Total	188 814	*—— 25	405 ——*	21 961	20 528	20 473	19 166	16 360	14 556
29 Male – Masculin	98 345	*—— 12	999 ——*	11 265	10 537	10 550	10 081	8 611	7 660
30 Female – Féminin	90 469	*—— 12	406 ——*	10 696	9 991	9 923	9 085	7 749	6 896

7. Population selon l'âge, le sexe et la résidence, urbaine/rurale: dernière année disponible, 1988 – 1997 (suite)

(Voir notes à la fin du tableau.)

					Age (en années)							
35 – 39	40 – 44	45 – 49	50 – 54	55 – 59	60 – 64	65 – 69	70 – 74	75 – 79	80 – 84	85 +	Unknown Inconnu	
2 928 874	2 586 958	2 414 475	2 258 680	1 921 174	2 088 144	2 009 043	1 687 162	1 205 697	777 749	591 776	—	1
1 467 638	1 291 065	1 200 286	1 113 025	932 552	990 520	928 157	741 928	482 933	274 974	184 319	—	2
1 461 236	1 295 893	1 214 189	1 145 655	988 622	1 097 624	1 080 886	945 234	722 764	502 775	407 457	—	3
583 167	588 796	631 626	636 967	470 829	403 293	394 774	387 594	340 141	234 130	186 657	—	4
297 919	299 716	319 835	324 247	236 566	196 743	185 579	175 650	144 701	89 299	57 222	—	5
285 248	289 080	311 791	312 720	234 263	206 550	209 195	211 944	195 440	144 831	129 435	—	6
573 955	518 914	503 379	479 240	385 027	345 341	305 491	269 877	208 841	155 581	141 464	—	7
291 561	262 665	253 758	241 875	190 171	165 938	138 657	115 069	84 371	55 961	39 952	—	8
282 394	256 249	249 621	237 365	194 856	179 403	166 834	154 808	124 470	99 620	101 512	—	9
145 144	136 590	109 351	99 300	95 419	88 511	67 323	50 502	20 709	17 372	7 638	112	10
74 150	68 684	53 715	48 653	46 243	42 203	31 107	22 826	9 552	8 030	3 439	1 098	11
70 994	67 906	55 636	50 647	49 176	46 308	36 216	27 676	11 157	9 342	4 311	2 068	12
3 916 574	3 681 888	2 932 763	2 727 885	3 727 593	2 474 563	2 851 500	1 813 570	962 636	883 070	473 583	—	13
1 911 531	1 772 394	1 380 129	1 241 056	1 663 676	1 058 584	1 083 544	550 680	262 835	216 416	104 449	—	14
2 005 043	1 909 494	1 552 634	1 486 829	2 063 917	1 415 979	1 767 956	1 262 890	699 801	666 654	369 134	—	15
4 289 272	3 803 542	4 129 737	3 465 915	2 986 370	2 772 244	2 646 245	2 412 035	1 823 768	1 301 575	1 067 174	—	16
2 166 124	1 906 308	2 064 945	1 726 587	1 478 284	1 354 592	1 242 151	1 068 326	732 008	452 963	272 817	—	17
2 123 148	1 897 234	2 064 792	1 739 328	1 508 086	1 417 652	1 404 094	1 343 709	1 091 760	848 612	794 357	—	18
740 505	795 778	683 005	520 928	599 914	609 347	536 722	380 360	160 277	125 936	80 352	—	19
374 021	402 023	341 239	256 156	289 766	289 445	244 334	161 731	66 346	52 846	34 117	—	20
366 484	393 755	341 766	264 772	310 148	319 902	292 388	218 629	93 931	73 090	46 235	—	21
2 721	2 246	1 779	1 522	1 093	923	667	424	290	125	106	114	22
1 359	1 178	974	835	598	467	324	223	137	55	49	70	23
1 362	1 068	805	687	495	456	343	201	153	70	57	44	24
1 416 148	1 325 792	1 256 845	972 554	805 414	700 891	691 990	591 992	406 269	274 050	189 983	—	25
706 837	661 701	637 551	496 795	409 242	348 852	336 623	269 755	170 567	102 499	56 701	—	26
709 311	664 091	619 294	475 759	396 172	352 039	355 367	322 237	235 702	171 551	133 282	—	27
11 490	9 579	8 045	6 567	5 104	3 745	2 351	1 725	1 062	506	191	—	28
6 081	5 186	4 351	3 575	2 747	1 944	1 165	815	516	188	74	—	29
5 409	4 393	3 694	2 992	2 357	1 801	1 186	910	546	318	117	—	30

7. Population by age, sex and urban/rural residence: latest available year, 1988 – 1997 (continued)

(See notes at end of table.)

Continent, country or area, sex, date and urban/rural residence Continent, pays ou zone, sexe, date et résidence, urbaine/rurale	All ages Tous âges	– 1	1 – 4	5 – 9	10 – 14	15 – 19	20 – 24	25 – 29	30 – 34
OCEANIA—OCEANIE(Cont.–Suite)									
Marshall Islands – Iles Marshall 1 VII 1995									
1 Total	55 575	*—— 10 346 ——*		9 016	7 961	6 484	4 588	3 559	3 117
2 Male – Masculin	28 413	*—— 5 320 ——*		4 629	4 051	3 343	2 388	1 748	1 527
3 Female – Féminin	27 162	*—— 5 026 ——*		4 387	3 910	3 141	2 200	1 811	1 590
Micronesia, Federated States of, – Micronésie Etats fédérés de 18 IX 1994(C)									
4 Total	105 506	3 150	12 704	15 330	14 749	12 251	8 828	7 063	6 598
New Caledonia – Nouvelle–Calédonie 1 VII 1994 [2]									
5 Total	183 759	4 269	17 234	17 333	18 333	17 537	18 572	15 032	13 775
6 Male – Masculin	93 570	2 206	8 949	8 925	9 355	8 859	9 424	7 639	6 766
7 Female – Féminin	90 189	2 063	8 285	8 408	8 978	8 678	9 148	7 393	7 009
New Zealand – Nouvelle–Zélande 5 III 1996(C) [2] [33]									
8 Total	3 618 303	*—— 279 600 ——*		288 294	264 186	262 980	271 761	273 303	293 484
9 Male – Masculin	1 777 461	*—— 144 111 ——*		147 723	135 663	133 575	134 835	132 453	142 452
10 Female – Féminin	1 840 842	*—— 135 489 ——*		140 571	128 523	129 405	136 926	140 850	151 032
Papua New Guinea – Papouasie–Nouvelle–Guinée 1 VII 1990*									
11 Total	3 727 250	*—— 565 240 ——*		493 280	446 040	418 110	368 760	285 450	239 480
12 Male – Masculin	1 928 120	*—— 288 050 ——*		250 740	231 470	217 230	194 460	157 030	125 780
13 Female – Féminin	1 799 130	*—— 277 190 ——*		242 540	214 570	200 880	174 300	128 420	113 700
Pitcairn 31 XII 1993									
14 Total	53	1	2	6	5	4	2	–	5
15 Male – Masculin	25	1	1	3	1	3	2	–	1
16 Female – Féminin	28	–	1	3	4	1	–	–	4
Tonga 31 XII 1994									
17 Total	97 331	*—— 12 109 ——*		12 335	12 442	10 583	10 060	9 367	6 049
18 Male – Masculin	49 357	*—— 6 229 ——*		6 343	6 400	5 496	5 286	4 854	3 028
19 Female – Féminin	47 973	*—— 5 880 ——*		5 992	6 042	5 087	4 773	4 513	3 021
Tuvalu 17 XI 1991(C)									
20 Total	9 043	*—— 1 294 ——*		1 059	782	601	736	840	753
21 Male – Masculin	4 376	*—— 696 ——*		576	395	312	381	403	329
22 Female – Féminin	4 667	*—— 598 ——*		483	387	289	355	437	424
Vanuatu 1 VII 1989* [2]									
23 Total	150 165	*—— 27 254 ——*		22 384	18 807	15 521	13 347	11 037	9 156
24 Male – Masculin	78 338	*—— 14 142 ——*		11 679	9 806	8 114	6 993	5 791	4 819
25 Female – Féminin	71 826	*—— 13 112 ——*		10 705	9 001	7 407	6 354	5 245	4 337

7. Population selon l'âge, le sexe et la résidence, urbaine/rurale: dernière année disponible, 1988 – 1997 (suite)

(Voir notes à la fin du tableau.)

					Age (en années)							
35 – 39	40 – 44	45 – 49	50 – 54	55 – 59	60 – 64	65 – 69	70 – 74	75 – 79	80 – 84	85 +	Unknown Inconnu	
2 710	2 304	1 677	1 067	731	603	534	432	*———— -	446 ————*		–	1
1 363	1 231	880	570	394	309	264	198	*———— -	198 ————*		–	2
1 347	1 073	797	497	337	294	270	234	*———— -	248 ————*		–	3
6 079	5 071	3 579	2 219	2 105	1 985	1 395	1 229	*———— -	1 171 ————*		–	4
12 166	10 669	9 904	7 877	6 477	5 039	3 743	*— 4 043 —*		*— 1 756 —*		–	5
6 088	5 504	5 368	4 072	3 396	2 555	1 835	*— 1 913 —*		*— 716 —*		–	6
6 078	5 165	4 536	3 805	3 081	2 484	1 908	*— 2 130 —*		*— 1 040 —*		–	7
285 216	255 039	241 191	186 717	158 601	135 264	132 972	113 664	82 287	55 281	38 463	–	8
139 293	125 439	120 249	93 351	78 783	67 419	65 184	51 762	33 561	20 412	11 196	–	9
145 923	129 600	120 942	93 366	79 818	67 845	67 788	61 902	48 726	34 869	27 267	–	10
200 090	190 400	131 000	124 670	91 410	82 140	51 380	29 340	*———— -	10 460 ————*		–	11
102 530	94 560	67 120	63 530	46 750	41 790	25 990	15 500	*———— -	5 590 ————*		–	12
97 560	95 840	63 880	61 140	44 660	40 350	25 390	13 840	*———— -	4 870 ————*		–	13
8	3	1	3	2	3	4	2	1	–	1	–	14
6	1	–	–	1	2	1	1	1	–	–	–	15
2	2	1	3	1	1	3	1	–	–	1	–	16
4 270	3 613	3 040	2 962	2 860	2 649	2 118	1 355	*———— -	1 518 ————*		–	17
2 034	1 636	1 385	1 389	1 362	1 319	1 091	722	*———— -	786 ————*		–	18
2 237	1 976	1 656	1 574	1 499	1 330	1 027	632	*———— -	732 ————*		–	19
629	486	353	357	321	294	267	156	*———— -	115 ————*		–	20
263	220	150	157	129	140	128	64	*———— -	33 ————*		–	21
366	266	203	200	192	154	139	92	*———— -	82 ————*		–	22
7 493	6 157	5 103	4 158	3 295	2 536	1 807	1 198	*———— -	912 ————*		–	23
3 914	3 200	2 670	2 182	1 724	1 323	931	609	*———— -	441 ————*		–	24
3 579	2 957	2 433	1 976	1 571	1 213	876	589	*———— -	471 ————*		–	25

(See notes at end of table.)

Continent, country or area, sex, date and urban/rural residence / Continent, pays ou zone, sexe, date et résidence, urbaine/rurale		All ages Tous âges	– 1	1 – 4	5 – 9	10 – 14	15 – 19	20 – 24	25 – 29	30 – 34
AFRICA—AFRIQUE										
Benin – Bénin Urban – Urbaine 15 II 1992(C)										
1	Urban – Urbaine	1 756 197	51 996	226 619	291 645	223 784	184 544	163 827	148 394	112 435
2	Male – Masculin	857 191	26 171	114 449	145 750	110 826	92 194	79 268	68 531	53 311
3	Female – Féminin	899 006	25 825	112 170	145 895	112 958	92 350	84 559	79 863	59 124
	Rural – Rurale 15 II 1992(C)									
4	Rural – Rurale	3 159 358	110 037	519 155	621 463	342 113	252 504	215 974	226 720	179 866
5	Male – Masculin	1 533 145	55 149	261 125	325 715	191 139	123 389	84 408	89 232	77 119
6	Female – Féminin	1 626 213	54 888	258 030	295 748	150 974	129 115	131 566	137 488	102 747
Botswana Urban – Urbaine 21 VIII 1991(C)										
7	Urban – Urbaine	606 239	18 975	59 752	74 630	68 501	71 029	71 998	62 080	48 312
8	Male – Masculin	285 340	9 403	29 579	35 086	29 501	30 319	33 843	29 771	23 305
9	Female – Féminin	320 899	9 572	30 173	39 544	39 000	40 710	38 155	32 309	25 007
	Rural – Rurale 21 VIII 1991(C)									
10	Rural – Rurale	720 557	22 997	91 941	121 984	114 982	81 496	44 885	37 768	32 321
11	Male – Masculin	349 060	11 477	46 217	62 477	60 386	42 793	20 418	15 637	13 315
12	Female – Féminin	371 497	11 520	45 724	59 507	54 596	38 703	24 467	22 131	19 006
Burkina Faso Urban – Urbaine 30 VI 1991										
13	Urban – Urbaine	1 287 285	32 008	146 807	212 917	186 873	157 186	119 163	94 570	72 155
14	Male – Masculin	642 285	16 568	74 616	103 298	91 310	82 541	64 778	44 886	34 930
15	Female – Féminin	645 000	15 440	72 191	109 619	95 563	74 645	54 385	49 684	37 225
	Rural – Rurale 30 VI 1991									
16	Rural – Rurale	7 903 506	253 632	1 160 277	1 474 615	1 034 067	726 957	491 643	456 538	378 892
17	Male – Masculin	3 849 868	128 232	576 677	746 339	539 232	400 602	239 849	183 335	145 362
18	Female – Féminin	4 053 638	125 400	583 600	728 276	494 835	326 355	251 794	273 203	233 530
Cape Verde – Cap–Vert Urban – Urbaine 23 VI 1990(C)										
19	Urban – Urbaine	150 599	5 193	19 852	22 138	19 381	15 667	14 848	13 114	9 694
20	Male – Masculin	71 891	2 621	9 950	11 055	9 576	7 559	7 322	6 448	4 612
21	Female – Féminin	78 708	2 572	9 902	11 083	9 805	8 108	7 526	6 666	5 082
	Rural – Rurale 23 VI 1990(C)									
22	Rural – Rurale	190 892	7 129	27 831	28 977	23 022	18 633	17 628	13 239	9 398
23	Male – Masculin	89 603	3 565	13 918	14 605	11 567	9 729	8 511	6 017	3 671
24	Female – Féminin	101 289	3 564	13 913	14 372	11 455	8 904	9 117	7 222	5 727
Central African Republic – République centrafricaine Urban – Urbaine 8 XII 1988(C)*										
25	Urban – Urbaine	913 439	32 871	123 912	134 898	111 841	106 761	91 910	74 044	54 871
26	Male – Masculin	452 808	16 635	62 181	67 319	57 743	52 714	45 502	35 544	26 837
27	Female – Féminin	460 631	16 236	61 731	67 579	54 098	54 047	46 408	38 500	28 034
	Rural – Rurale 8 XII 1988(C)*									
28	Rural – Rurale	1 550 175	54 022	214 640	230 201	161 933	146 501	133 195	124 593	97 747
29	Male – Masculin	757 924	26 958	107 472	116 343	85 829	69 188	63 073	59 188	47 526
30	Female – Féminin	792 251	27 064	107 168	113 858	76 104	77 313	70 122	65 405	50 221
Chad – Tchad Urban – Urbaine 1 VII 1992										
31	Urban – Urbaine	1 901 000	*—— 277 000 ——*		222 000	200 000	185 000	182 000	174 000	152 000
32	Male – Masculin	980 000	*—— 139 000 ——*		111 000	102 000	100 000	101 000	92 000	79 000
33	Female – Féminin	921 000	*—— 138 000 ——*		111 000	98 000	85 000	81 000	82 000	73 000

(voir notes à la fin du tableau.)

					Age (en années)							
35 – 39	40 – 44	45 – 49	50 – 54	55 – 59	60 – 64	65 – 69	70 – 74	75 – 79	80 – 84	85 +	Unknown Inconnu	
88 836	65 337	47 551	39 869	25 449	27 969	16 186	15 934	7 272	7 947	8 786	1 817	1
42 182	31 758	23 083	18 909	12 355	12 280	7 243	7 178	3 346	3 358	3 970	1 029	2
46 654	33 579	24 468	20 960	13 094	15 689	8 943	8 756	3 926	4 589	4 816	788	3
152 732	114 743	87 401	78 548	45 582	63 572	34 861	41 799	18 633	24 178	27 960	1 517	4
67 365	52 685	40 824	36 568	21 982	29 407	16 920	21 788	10 001	12 401	15 278	650	5
85 367	62 058	46 577	41 980	23 600	34 165	17 941	20 011	8 632	11 777	12 682	867	6
37 184	24 281	17 743	13 899	10 583	7 681	6 143	4 411	3 188	1 877	3 972	–	7
18 436	12 823	9 383	7 270	5 139	3 491	2 495	1 827	1 258	732	1 679	–	8
18 748	11 458	8 360	6 629	5 444	4 190	3 648	2 584	1 930	1 145	2 293	–	9
29 044	23 917	21 306	19 812	17 166	15 075	13 700	10 318	7 053	4 367	10 425	–	10
12 051	10 374	9 170	8 922	7 607	6 994	6 193	5 030	3 375	1 951	4 673	–	11
16 993	13 543	12 136	10 890	9 559	8 081	7 507	5 288	3 678	2 416	5 752	–	12
61 937	*48 105*	*37 961*	*28 103*	*31 326*	*———————*	*—— 52 1 65*	*—————————*			*	6 009	13
30 190	*23 682*	*17 244*	*16 123*	*12 768*	*———————*	*—— 26 4 53*	*—————————*			*	2 898	14
31 747	*24 423*	*20 717*	*11 980*	*18 558*	*———————*	*—— 25 7 12*	*—————————*			*	3 111	15
332 157	*295 215*	*240 343*	*211 898*	*237 803*	*———————*	*—— 492 0 89*	*—————————*			*	117 380	16
133 454	*119 998*	*108 974*	*110 992*	*101 568*	*———————*	*—— 277 0 55*	*—————————*			*	38 199	17
198 703	*175 217*	*131 369*	*100 906*	*136 235*	*———————*	*—— 215 0 34*	*—————————*			*	79 181	18
6 523	3 402	3 195	4 133	3 652	2 993	1 877	1 584	1 585	1 085	683	–	19
2 989	1 539	1 350	1 681	1 528	1 242	725	598	542	371	183	–	20
3 534	1 863	1 845	2 452	2 124	1 751	1 152	986	1 043	714	500	–	21
6 544	3 471	3 929	6 190	6 050	5 808	3 512	3 114	3 027	2 127	1 263	–	22
2 159	1 158	1 304	2 272	2 489	2 709	1 680	1 471	1 359	960	459	–	23
4 385	2 313	2 625	3 918	3 561	3 099	1 832	1 643	1 668	1 167	804	–	24
42 028	33 080	27 793	23 700	18 736	14 983	9 547	5 068	2 780	1 653	1 384	1 579	25
20 607	16 541	13 337	11 181	9 011	7 172	4 683	2 587	1 446	751	684	333	26
21 421	16 539	14 456	12 519	9 725	7 811	4 864	2 481	1 334	902	700	1 246	27
77 115	65 178	60 446	52 445	43 375	34 836	23 415	12 879	7 146	4 024	3 757	2 727	28
36 116	30 294	27 466	23 963	20 565	17 009	11 794	6 759	3 831	2 133	2 067	350	29
40 999	34 884	32 980	28 482	22 810	17 827	11 621	6 120	3 315	1 891	1 690	2 377	30
129 000	*106 000*	*88 000*	*70 000*	*50 000*	*———————*	*—— 66 0 00*	*—————————*			*	–	31
68 000	*53 000*	*42 000*	*34 000*	*26 000*	*———————*	*—— 33 0 00*	*—————————*			*	–	32
61 000	*53 000*	*46 000*	*36 000*	*24 000*	*———————*	*—— 33 0 00*	*—————————*			*	–	33

183

Data by urban/rural residence

(See notes at end of table.)

Continent, country or area, sex, date and urban/rural residence / Continent, pays ou zone, sexe, date et résidence, urbaine/rurale	All ages Tous âges	− 1	1 – 4	5 – 9	10 – 14	15 – 19	20 – 24	25 – 29	30 – 34
AFRICA—AFRIQUE (Cont.–Suite)									
Chad – Tchad									
Rural – Rurale									
1 VII 1992									
1 Rural – Rurale	4 070 000	*—— 708	000 ——*	587 000	486 000	393 000	350 000	305 000	257 000
2 Male – Masculin	1 900 000	*—— 357	000 ——*	289 000	237 000	184 000	157 000	138 000	116 000
3 Female – Féminin	2 170 000	*—— 351	000 ——*	298 000	249 000	209 000	193 000	167 000	141 000
Côte d'Ivoire									
Urban – Urbaine									
1 III 1988(C)									
4 Urban – Urbaine	4 220 535	146 140	604 188	625 561	522 348	492 232	449 783	400 685	306 505
5 Male – Masculin	2 181 294	74 233	308 510	309 990	251 872	236 379	221 762	205 018	173 136
6 Female – Féminin	2 039 241	71 907	295 678	315 571	270 476	255 853	228 021	195 667	133 369
Rural – Rurale									
1 III 1988(C)									
7 Rural – Rurale	6 595 159	265 501	1 105 758	1 093 968	694 751	532 418	570 897	505 564	382 140
8 Male – Masculin	3 346 049	133 821	558 696	567 127	378 131	251 395	277 882	249 992	191 942
9 Female – Féminin	3 249 110	131 680	547 062	526 841	316 620	281 023	293 015	255 572	190 198
Egypt – Egypte									
Urban – Urbaine									
1 VII 1991									
10 Urban – Urbaine	23 983 000	*— 3 589	000 ——*	3 085 000	2 756 000	2 471 000	2 166 000	1 822 000	1 535 000
11 Male – Masculin	12 282 000	*— 1 849	000 ——*	1 576 000	1 422 000	1 300 000	1 168 000	964 000	767 000
12 Female – Féminin	11 701 000	*— 1 740	000 ——*	1 509 000	1 334 000	1 171 000	998 000	858 000	768 000
Rural – Rurale									
1 VII 1991									
13 Rural – Rurale	30 705 000	*— 4 595	000 ——*	3 949 000	3 529 000	3 164 000	2 773 000	2 332 000	1 965 000
14 Male – Masculin	15 725 000	*— 2 367	000 ——*	2 017 000	1 820 000	1 664 000	1 496 000	1 234 000	983 000
15 Female – Féminin	14 980 000	*— 2 228	000 ——*	1 932 000	1 709 000	1 500 000	1 277 000	1 098 000	982 000
Ethiopia – Ethiopie									
Urban – Urbaine									
1 VII 1995									
16 Urban – Urbaine	8 681 400	*— 1 642	000 ——*	1 280 400	965 600	902 400	883 400	708 900	476 400
17 Male – Masculin	4 214 800	*—— 826	300 ——*	652 900	500 200	451 100	419 600	319 300	207 900
18 Female – Féminin	4 466 600	*—— 815	700 ——*	627 500	465 400	451 300	463 800	389 600	268 500
Rural – Rurale									
1 VII 1995									
19 Rural – Rurale	47 995 700	*— 8 868	700 ——*	7 583 400	6 965 500	5 577 800	4 020 900	2 785 900	2 105 300
20 Male – Masculin	24 231 400	*— 4 474	000 ——*	3 831 600	3 569 500	2 908 700	2 134 500	1 451 800	1 020 900
21 Female – Féminin	23 764 300	*— 4 394	700 ——*	3 751 800	3 396 000	2 669 100	1 886 400	1 334 100	1 084 400
Kenya									
Urban – Urbaine									
24 VIII 1989(C)*									
22 Urban – Urbaine	3 539 888	123 244	399 447	416 404	341 967	360 649	495 481	464 938	300 332
23 Male – Masculin	1 933 437	62 270	200 876	205 270	162 406	165 503	262 926	271 659	189 612
24 Female – Féminin	1 606 451	60 974	198 571	211 134	179 561	195 146	232 555	193 279	110 720
Rural – Rurale									
24 VIII 1989(C)*									
25 Rural – Rurale	17 908 886	684 764	2 593 804	3 053 804	2 648 777	2 018 817	1 406 819	1 164 976	860 280
26 Male – Masculin	8 696 333	344 531	1 303 855	1 538 836	1 342 019	1 012 774	626 753	510 771	394 176
27 Female – Féminin	9 212 553	340 233	1 289 949	1 514 968	1 306 758	1 006 043	780 066	654 205	466 104
Mauritius – Maurice									
Urban – Urbaine									
1 VII 1990(C)									
28 Urban – Urbaine	414 242	7 994	28 734	37 393	39 595	33 524	37 667	42 075	37 861
29 Male – Masculin	206 104	4 080	14 637	19 074	20 086	16 902	18 943	21 363	19 426
30 Female – Féminin	208 138	3 914	14 097	18 319	19 509	16 622	18 724	20 712	18 435
Rural – Rurale									
1 VII 1990(C)									
31 Rural – Rurale	642 418	12 758	47 233	66 089	73 678	63 678	64 997	63 507	55 728
32 Male – Masculin	321 656	6 410	23 693	33 427	37 085	32 336	33 483	32 326	28 288
33 Female – Féminin	320 762	6 348	23 540	32 662	36 593	31 342	31 514	31 181	27 440

7. Population selon l'âge, le sexe et la résidence, urbaine/rurale: dernière année disponible, 1988 – 1997 (suite)

Données selon la résidence urbaine/rurale

Voir notes à la fin du tableau.)

35 – 39	40 – 44	45 – 49	50 – 54	55 – 59	60 – 64	65 – 69	70 – 74	75 – 79	80 – 84	85 +	Unknown Inconnu	
215 000	182 000	150 000	122 000	101 000	*		214 0 00			*	—	1
95 000	83 000	69 000	53 000	41 000	*		81 0 00			*	—	2
120 000	99 000	81 000	69 000	60 000	*		133 0 00			*	—	3
225 537	143 237	107 775	73 873	50 162	30 288	19 646	9 670	5 521	3 044	2 246	2 094	4
134 832	85 598	65 130	44 963	30 178	17 411	10 764	5 195	2 905	1 376	863	1 179	5
90 705	57 639	42 645	28 910	19 984	12 877	8 882	4 475	2 616	1 668	1 383	915	6
310 581	249 879	232 762	187 448	158 897	113 821	86 023	44 421	25 550	15 937	14 067	4 776	7
154 812	122 033	117 137	97 002	85 022	61 693	47 731	23 390	13 312	7 028	5 535	2 368	8
155 769	127 846	115 625	90 446	73 875	52 128	38 292	21 031	12 238	8 909	8 532	2 408	9
1 365 000	1 217 000	988 000	825 000	704 000	550 000	415 000	273 000	*	222 000	*	—	10
677 000	610 000	491 000	400 000	335 000	263 000	204 000	141 000	*	115 000	*	—	11
688 000	607 000	497 000	425 000	369 000	287 000	211 000	132 000	*	107 000	*	—	12
1 747 000	1 559 000	1 265 000	1 057 000	902 000	704 000	531 000	349 000	*	284 000	*	—	13
866 000	781 000	629 000	512 000	429 000	338 000	261 000	180 000	*	148 000	*	—	14
881 000	778 000	636 000	545 000	473 000	366 000	270 000	169 000	*	136 000	*	—	15
367 000	359 900	320 200	230 000	165 000	134 600	97 500	66 800	*	81 300	*	—	16
159 700	162 700	150 800	115 900	84 700	62 000	41 100	27 200	*	33 400	*	—	17
207 300	197 200	169 400	114 100	80 300	72 600	56 400	39 600	*	47 900	*	—	18
1 899 800	1 803 600	1 639 900	1 386 700	1 090 500	827 800	598 500	399 000	*	442 400	*	—	19
858 300	816 800	781 700	686 500	546 900	417 200	302 300	203 200	*	227 500	*	—	20
1 041 500	986 800	858 200	700 200	543 600	410 600	296 200	195 800	*	214 900	*	—	21
209 120	143 757	95 381	68 087	37 911	27 251	16 392	11 466	7 201	* 9 908 *		10 952	22
134 210	96 570	64 785	46 254	24 742	15 390	9 205	5 803	3 794	* 4 288 *		7 874	23
74 910	47 187	30 596	21 833	13 169	11 861	7 187	5 663	3 407	* 5 620 *		3 078	24
711 864	588 230	479 060	408 427	322 285	291 206	212 324	162 759	119 917	* 166 442 *		14 331	25
328 753	271 329	216 250	189 597	154 254	135 112	102 493	77 186	62 819	* 77 945 *		6 880	26
383 111	316 901	262 810	218 830	168 031	156 094	109 831	85 573	57 098	* 88 497 *		7 451	27
33 012	24 840	19 051	16 999	14 757	14 028	*		26 674		*	38	28
16 788	12 288	9 242	8 253	7 153	6 711	*		11 142		*	16	29
16 224	12 552	9 809	8 746	7 604	7 317	*		15 532		*	22	30
48 197	35 595	25 659	21 039	17 406	16 818	*		30 002		*	34	31
24 496	17 838	12 666	10 209	8 535	8 047	*		12 803		*	14	32
23 701	17 757	12 993	10 830	8 871	8 771	*		17 199		*	20	33

7. Population by age, sex and urban/rural residence: latest available year, 1988 – 1997 (continued)

Data by urban/rural residence

(See notes at end of table.)

Continent, country or area, sex, date and urban/rural residence / Continent, pays ou zone, sexe, date et résidence, urbaine/rurale	Age (in years)								
	All ages Tous âges	– 1	1 – 4	5 – 9	10 – 14	15 – 19	20 – 24	25 – 29	30 – 34
AFRICA—AFRIQUE (Cont.–Suite)									
Morocco – Maroc									
Urban – Urbaine									
1 VII 1995*									
1 Urban – Urbaine	13 993 000	*—— 1 360	000 ——*	1 412 000	1 506 000	1 602 000	1 606 000	1 437 000	1 183 000
2 Male – Masculin	7 084 000	*—— 690	000 ——*	718 000	787 000	861 000	843 000	730 000	583 000
3 Female – Féminin	6 909 000	*—— 670	000 ——*	694 000	719 000	741 000	763 000	707 000	600 000
Rural – Rurale									
1 VII 1995*									
4 Rural – Rurale	13 118 000	*—— 1 922	000 ——*	1 835 000	1 806 000	1 500 000	1 091 000	859 000	768 000
5 Male – Masculin	6 233 000	*—— 986	000 ——*	919 000	906 000	728 000	486 000	348 000	335 000
6 Female – Féminin	6 885 000	*—— 936	000 ——*	916 000	900 000	772 000	605 000	511 000	433 000
Namibia – Namibie									
Urban – Urbaine									
21 X 1991(C)									
7 Urban – Urbaine	382 680	12 575	33 600	37 601	36 413	41 832	47 364	46 106	35 607
8 Male – Masculin	194 479	6 291	16 593	18 306	17 500	19 705	23 756	23 766	18 542
9 Female – Féminin	188 201	6 284	17 007	19 295	18 913	22 127	23 608	22 340	17 065
Rural – Rurale									
21 X 1991(C)									
10 Rural – Rurale	1 027 240	37 117	135 573	155 018	140 490	123 703	83 371	64 089	50 549
11 Male – Masculin	491 848	18 557	67 660	77 566	70 336	61 661	39 715	28 603	21 989
12 Female – Féminin	535 392	18 560	67 913	77 452	70 154	62 042	43 656	35 486	28 560
Niger									
Urban – Urbaine									
20 V 1988(C)*									
13 Urban – Urbaine	1 105 740	*—— 224	790 ——*	188 730	125 920	109 950	96 550	86 870	65 760
14 Male – Masculin	554 790	*—— 113	170 ——*	93 350	63 620	57 430	45 780	39 460	32 240
15 Female – Féminin	550 950	*—— 111	620 ——*	95 380	62 300	52 520	50 770	47 410	33 520
Rural – Rurale									
20 V 1988(C)*									
16 Rural – Rurale	6 142 360	*—— 1 315	970 ——*	1 091 490	584 980	535 440	495 760	475 540	360 150
17 Male – Masculin	3 035 280	*—— 662	850 ——*	557 380	316 470	233 360	210 450	205 810	169 980
18 Female – Féminin	3 107 080	*—— 653	120 ——*	534 110	268 510	302 080	285 310	269 730	190 170
Senegal – Sénégal									
Urban – Urbaine									
27 V 1988(C) [1]									
19 Urban – Urbaine	2 653 943	*—— 460	994 ——*	398 540	331 388	300 783	252 105	216 159	166 996
20 Male – Masculin	1 303 775	*—— 233	091 ——*	195 049	161 576	144 119	121 670	103 918	83 129
21 Female – Féminin	1 350 168	*—— 227	903 ——*	203 491	169 812	156 664	130 435	112 241	83 867
Rural – Rurale									
27 V 1988(C) [1]									
22 Rural – Rurale	4 242 865	*—— 858	917 ——*	729 108	487 647	409 405	307 912	315 874	212 181
23 Male – Masculin	2 049 824	*—— 429	725 ——*	359 127	247 137	189 349	138 396	135 670	97 882
24 Female – Féminin	2 193 041	*—— 429	192 ——*	369 981	240 510	220 056	169 516	180 204	114 299
South Africa – Afrique du Sud [5]									
Urban – Urbaine									
7 III 1991(C)									
25 Urban – Urbaine	17 551 745	330 112	1 387 224	1 657 453	1 555 292	1 686 616	1 758 272	*—— 3 2 97 507	——*
26 Male – Masculin	8 914 310	164 518	688 162	836 891	782 927	854 954	903 118	*—— 1 7 12 441	——*
27 Female – Féminin	8 637 435	165 594	699 062	820 562	772 365	831 662	855 154	*—— 1 5 85 066	——*
Rural – Rurale									
7 III 1991(C)									
28 Rural – Rurale	13 435 175	336 709	1 794 517	1 939 359	1 750 929	1 472 374	1 208 483	*—— 1 8 07 859	——*
29 Male – Masculin	6 565 217	167 640	905 115	976 928	880 544	732 938	591 048	*—— 893 931	——*
30 Female – Féminin	6 869 958	169 069	889 402	962 431	870 385	739 436	617 435	*—— 913 928	——*
Swaziland									
Urban – Urbaine									
1 VII 1996									
31 Urban – Urbaine	237 368	10 178	28 060	28 348	25 050	26 695	26 805	23 293	18 741
32 Male – Masculin	118 562	3 914	13 935	13 697	11 737	11 800	13 030	12 034	10 072
33 Female – Féminin	118 806	6 264	14 125	14 651	13 313	14 895	13 775	11 259	8 669

7. Population selon l'âge, le sexe et la résidence, urbaine/rurale: dernière année disponible, 1988 – 1997 (suite)

Données selon la résidence urbaine/rurale

(voir notes à la fin du tableau.)

Age (en années)												
35 – 39	40 – 44	45 – 49	50 – 54	55 – 59	60 – 64	65 – 69	70 – 74	75 – 79	80 – 84	85 +	Unknown Inconnu	
954 000	711 000	493 000	415 000	394 000	328 000	241 000	181 000	*————	170 000	————*	–	1
469 000	361 000	238 000	191 000	179 000	158 000	112 000	83 000	*————	81 000	————*	–	2
485 000	350 000	255 000	224 000	215 000	170 000	129 000	98 000	*————	89 000	————*	–	3
660 000	522 000	401 000	380 000	387 000	312 000	240 000	196 000	*————	239 000	————*	–	4
306 000	242 000	181 000	163 000	170 000	138 000	107 000	97 000	*————	121 000	————*	–	5
354 000	280 000	220 000	217 000	217 000	174 000	133 000	99 000	*————	118 000	————*	–	6
26 279	18 988	13 684	10 664	6 840	5 065	3 504	2 742	1 829	1 040	717	230	7
14 327	10 755	7 888	6 055	3 838	2 593	1 668	1 280	764	424	258	170	8
11 952	8 233	5 796	4 609	3 002	2 472	1 836	1 462	1 065	616	459	60	9
40 254	35 827	30 095	27 555	21 055	23 652	19 695	18 962	9 037	5 552	5 268	378	10
17 718	16 002	13 589	12 609	10 043	10 213	8 467	8 424	4 121	2 370	1 983	222	11
22 536	19 825	16 506	14 946	11 012	13 439	11 228	10 538	4 916	3 182	3 285	156	12
54 310	41 560	29 480	23 830	14 620	12 840	6 760	7 200	3 380	*— 5 940 —*		7 250	13
27 600	21 880	16 740	13 300	8 710	6 350	3 860	3 200	1 650	*— 2 200 —*		4 250	14
26 710	19 680	12 740	10 530	5 910	6 490	2 900	4 000	1 730	*— 3 740 —*		3 000	15
281 060	253 030	164 210	167 080	95 570	113 020	53 400	64 380	27 510	*— 45 810 —*		17 960	16
144 150	125 630	93 070	89 530	57 820	60 150	31 610	32 340	15 480	*— 23 500 —*		5 700	17
136 910	127 400	71 140	77 550	37 750	52 870	21 790	32 040	12 030	*— 22 310 —*		12 260	18
136 107	88 516	78 057	62 069	54 184	37 101	28 823	*———— ———		42 121	————*	–	19
67 165	44 154	38 590	31 031	26 769	18 934	14 627	*———— ———		19 953	————*	–	20
68 942	44 362	39 467	31 038	27 415	18 167	14 196	*———— ———		22 168	————*	–	21
203 607	130 405	141 204	102 154	105 747	71 306	69 148	*———— ———		98 250	————*	–	22
91 573	61 144	67 596	52 522	52 762	39 529	37 063	*———— ———		50 349	————*	–	23
112 034	69 261	73 608	49 632	52 985	31 777	32 085	*———— ———		47 901	————*	–	24
— 2 451 897 ——*		*— 1 621 981 ——*		567 772	428 887	*————————		808 731	—————*		–	25
— 1 283 682 ——*		*— 837 179 ——*		286 088	208 086	*————————		356 264	—————*		–	26
— 1 168 215 ——*		*— 784 802 ——*		281 684	220 801	*————————		452 467	—————*		–	27
— 1 212 614 ——*		*— 843 025 ——*		323 277	253 861	*————————		492 168	—————*		–	28
— 580 495 ——*		*— 390 231 ——*		146 059	105 449	*————————		194 839	—————*		–	29
— 632 119 ——*		*— 452 794 ——*		177 218	148 412	*————————		297 330	—————*		–	30
14 847	11 588	8 168	6 022	4 065	2 516	1 471	790	472	195	64	–	31
8 340	6 682	4 761	3 581	2 303	1 334	740	339	179	64	20	–	32
6 507	4 906	3 407	2 441	1 762	1 182	731	451	293	131	44	–	33

(See notes at end of table.)

Continent, country or area, sex, date and urban/rural residence / Continent, pays ou zone, sexe, date et résidence, urbaine/rurale	All ages Tous âges	Age (in years)							
		– 1	1 – 4	5 – 9	10 – 14	15 – 19	20 – 24	25 – 29	30 – 34

AFRICA—AFRIQUE (Cont.–Suite)

Swaziland
Rural – Rurale
1 VII 1996

1 Rural – Rurale	700 379	28 424	110 432	124 479	104 934	74 390	48 568	39 008	33 164
2 Male – Masculin	319 772	15 474	55 084	62 020	52 861	35 975	18 806	14 625	12 506
3 Female – Féminin	380 607	12 950	55 348	62 459	52 073	38 415	29 762	24 383	20 658

Tunisia – Tunisie
Urban – Urbaine
20 IV 1994(C)

4 Urban – Urbaine	5 361 927	104 855	447 380	608 233	605 460	546 290	497 919	479 111	443 690
5 Male – Masculin	2 717 168	53 856	229 089	309 289	307 625	280 017	254 409	237 120	223 004
6 Female – Féminin	2 644 759	50 999	218 291	298 944	297 835	266 273	243 510	241 991	220 686

Rural – Rurale
20 IV 1994(C)

7 Rural – Rurale	3 423 784	72 336	343 745	447 125	429 186	392 776	320 799	264 792	212 925
8 Male – Masculin	1 722 121	37 367	176 568	229 630	222 553	198 601	158 054	126 483	103 168
9 Female – Féminin	1 701 663	34 969	167 177	217 495	206 633	194 175	162 745	138 309	109 757

Uganda – Ouganda
Urban – Urbaine
12 I 1991(C)

10 Urban – Urbaine	1 889 622	81 593	254 889	241 666	221 853	227 046	245 673	206 724	137 134
11 Male – Masculin	916 646	40 740	125 691	114 061	98 227	94 680	116 303	105 624	74 445
12 Female – Féminin	972 976	40 853	129 198	127 605	123 626	132 366	129 370	101 100	62 689

Rural – Rurale
12 I 1991(C)

13 Rural – Rurale	14 782 083	592 681	2 223 959	2 265 325	1 998 515	1 575 214	1 280 167	1 076 583	808 453
14 Male – Masculin	7 269 101	293 545	1 105 903	1 132 504	1 032 009	771 100	593 910	504 599	391 227
15 Female – Féminin	7 512 982	299 136	1 118 056	1 132 821	966 506	804 114	686 257	571 984	417 226

Zambia – Zambie
Urban – Urbaine
20 VIII 1990(C)

16 Urban – Urbaine	2 905 283	100 486	356 571	432 631	412 076	388 592	311 360	235 840	196 079
17 Male – Masculin	1 453 816	49 901	177 030	211 645	198 001	184 382	147 068	112 767	100 267
18 Female – Féminin	1 451 467	50 585	179 541	220 986	214 075	204 210	164 292	123 073	95 812

Rural – Rurale
20 VIII 1990(C)

19 Rural – Rurale	4 477 814	152 016	589 455	685 200	616 170	550 803	399 401	296 943	233 270
20 Male – Masculin	2 163 761	75 454	292 778	341 548	313 844	269 963	182 857	135 419	110 219
21 Female – Féminin	2 314 053	76 562	296 677	343 652	302 326	280 840	216 544	161 524	123 051

Zimbabwe
Urban – Urbaine
18 VIII 1992(C)

22 Urban – Urbaine	3 187 720	100 169	340 958	397 861	318 062	362 520	423 662	324 096	260 389
23 Male – Masculin	1 636 352	49 860	169 277	194 201	152 498	158 750	208 363	168 079	139 619
24 Female – Féminin	1 551 368	50 309	171 681	203 660	165 564	203 770	215 299	156 017	120 770

Rural – Rurale
18 VIII 1992(C)

25 Rural – Rurale	7 224 828	236 447	907 117	1 255 927	1 138 689	885 718	566 235	388 112	345 976
26 Male – Masculin	3 447 185	117 692	452 134	627 118	572 407	456 978	258 474	167 634	140 447
27 Female – Féminin	3 777 643	118 755	454 983	628 809	566 282	428 740	307 761	220 478	205 529

AMERICA,NORTH—
AMERIQUE DU NORD

Belize
Urban – Urbaine
12 V 1991(C)

28 Urban – Urbaine	90 005	*—— 13 045 ——*		*—— 23 389 ——*		*—— 18 457 ——*		*—— 13 501 ——*	
29 Male – Masculin	44 412	*—— 6 662 ——*		*—— 11 991 ——*		*—— 8 882 ——*		*—— 6 662 ——*	
30 Female – Féminin	45 593	*—— 6 383 ——*		*—— 11 398 ——*		*—— 9 575 ——*		*—— 6 839 ——*	

Données selon la résidence urbaine/rurale

(voir notes à la fin du tableau.)

					Age (en années)							
35 – 39	40 – 44	45 – 49	50 – 54	55 – 59	60 – 64	65 – 69	70 – 74	75 – 79	80 – 84	85 +	Unknown Inconnu	
28 199	23 963	20 928	17 503	14 538	11 635	8 720	5 912	3 368	1 581	633	–	1
10 551	8 997	8 074	6 764	5 796	4 698	3 427	2 242	1 190	512	170	–	2
17 648	14 966	12 854	10 739	8 742	6 937	5 293	3 670	2 178	1 069	463	–	3
376 253	291 220	203 611	169 597	161 533	150 315	102 677	79 962	44 044	33 199	16 578	–	4
192 213	150 579	101 390	84 240	80 938	75 525	52 738	38 819	22 951	15 977	7 389	–	5
184 040	140 641	102 221	85 357	80 595	74 790	49 939	41 143	21 093	17 222	9 189	–	6
184 094	146 673	103 538	100 760	105 207	101 048	71 178	57 215	33 158	25 394	11 835	–	7
90 084	69 210	48 450	48 765	52 216	51 754	38 304	30 742	19 595	14 268	6 309	–	8
94 010	77 463	55 088	51 995	52 991	49 294	32 874	26 473	13 563	11 126	5 526	–	9
86 299	55 758	38 906	31 831	16 224	15 972	8 761	7 775	3 914	*—— 6 169 ——*		1 435	10
47 960	31 472	22 036	16 884	8 969	7 200	4 205	3 194	1 800	*—— 2 423 ——*		732	11
38 339	24 286	16 870	14 947	7 255	8 772	4 556	4 581	2 114	*—— 3 746 ——*		703	12
606 213	485 290	418 857	396 341	251 011	267 722	166 681	155 378	81 435	*—— 126 151 ——*		6 107	13
291 473	229 353	202 639	190 827	129 029	127 121	84 592	76 072	43 458	*—— 67 031 ——*		2 709	14
314 740	255 937	216 218	205 514	121 982	140 601	82 089	79 306	37 977	*—— 59 120 ——*		3 398	15
138 259	109 025	76 793	56 829	35 038	22 919	13 061	8 171	4 055	1 992	1 803	3 703	16
75 119	63 214	46 379	34 390	21 565	13 310	7 684	4 669	2 445	963	871	2 146	17
63 140	45 811	30 414	22 439	13 473	9 609	5 377	3 502	1 610	1 029	932	1 557	18
158 391	156 536	137 366	135 154	105 751	92 633	60 837	48 338	26 162	13 949	11 976	7 463	19
71 517	63 296	57 912	57 780	52 711	45 744	32 990	26 644	15 902	7 391	6 376	3 416	20
86 874	93 240	79 454	77 374	53 040	46 889	27 847	21 694	10 260	6 558	5 600	4 047	21
201 785	133 062	98 222	77 762	49 289	38 618	19 056	15 613	*——— – 14 429 ———*			12 167	22
114 928	79 156	61 580	49 571	32 763	25 093	10 989	8 267	*——— – 6 211 ———*			7 147	23
86 857	53 906	36 642	28 191	16 526	13 525	8 067	7 346	*——— – 8 218 ———*			5 020	24
287 130	230 713	190 656	202 838	132 153	141 105	83 048	105 145	*——— – 106 000 ———*			21 819	25
114 432	95 110	83 857	83 690	61 950	70 417	40 213	50 012	*——— – 45 815 ———*			8 805	26
172 698	135 603	106 799	119 148	70 203	70 688	42 835	55 133	*——— – 60 185 ———*			13 014	27
—— 8 100 ——*		*—— 4 501 ——*		*—— 4 055 ——*		*——————— 4 957 ———————*					–	28
—— 3 997 ——*		*—— 2 221 ——*		*—— 1 776 ——*		*——————— 2 221 ———————*					–	29
—— 4 103 ——*		*—— 2 280 ——*		*—— 2 279 ——* *		*——————— 2 736 —————*					–	30

7. Population by age, sex and urban/rural residence: latest available year, 1988 – 1997 (continued)

Data by urban/rural residence

(See notes at end of table.)

Continent, country or area, sex, date and urban/rural residence — Continent, pays ou zone, sexe, date et résidence, urbaine/rurale	All ages Tous âges	Age (in years)							
		− 1	1 – 4	5 – 9	10 – 14	15 – 19	20 – 24	25 – 29	30 – 34
AMERICA, NORTH— (Cont.–Suite) **AMÉRIQUE DU NORD**									
Belize Rural – Rurale 12 V 1991(C)									
1 Rural – Rurale	99 387	*——— 17 370 ———*		*——— 29 297 ———*		*——— 19 358 ———*		*——— 13 440 ———*	
2 Male – Masculin	51 913	*——— 8 825 ———*		*——— 15 055 ———*		*——— 9 863 ———*		*——— 7 268 ———*	
3 Female – Féminin	47 474	*——— 8 545 ———*		*——— 14 242 ———*		*——— 9 495 ———*		*——— 6 172 ———*	
Canada Urban – Urbaine IV 1992 [1]									
4 Urban – Urbaine	19 319 193	292 405	1 056 764	1 262 342	1 247 266	1 269 000	1 514 886	1 725 637	1 786 861
5 Male – Masculin	9 467 387	150 137	545 245	644 063	638 630	645 760	766 809	861 844	885 007
6 Female – Féminin	9 851 806	142 268	511 518	618 278	608 637	623 240	748 077	863 793	901 853
Rural – Rurale IV 1992 [1]									
7 Rural – Rurale	7 089 977	110 084	442 555	557 022	560 448	511 929	399 618	509 961	601 551
8 Male – Masculin	3 575 159	54 393	224 371	287 859	288 892	265 850	205 437	257 082	299 574
9 Female – Féminin	3 514 818	55 691	218 185	269 163	271 557	246 080	194 182	252 879	301 980
Costa Rica Urban – Urbaine 1 VII 1996* [1]									
10 Urban – Urbaine	1 392 892	*——— 126	550 ———*	131 067	139 311	145 021	121 379	113 100	*———
11 Male – Masculin	678 747	*——— 67	192 ———*	64 485	73 449	73 011	62 284	55 478	*———
12 Female – Féminin	714 145	*——— 59	358 ———*	66 582	65 862	72 010	59 095	57 622	*———
Rural – Rurale 1 VII 1996* [1]									
13 Rural – Rurale	1 809 548	*——— 207	669 ———*	232 493	222 375	175 130	140 892	137 940	*———
14 Male – Masculin	925 558	*——— 109	568 ———*	118 497	114 560	93 220	72 184	68 895	*———
15 Female – Féminin	883 990	*——— 98	101 ———*	113 996	107 815	81 910	68 708	69 045	*———
Cuba Urban – Urbaine 1 VII 1995									
16 Urban – Urbaine	8 175 131	103 002	461 962	638 798	550 912	549 003	760 821	832 692	814 168
17 Male – Masculin	4 022 717	53 337	237 649	327 929	281 049	278 318	380 767	411 675	398 618
18 Female – Féminin	4 152 414	49 665	224 313	310 869	269 863	270 685	380 054	421 017	415 550
Rural – Rurale 1 VII 1995									
19 Rural – Rurale	2 804 379	43 166	185 706	247 344	207 409	220 649	298 547	308 008	250 857
20 Male – Masculin	1 491 540	22 344	95 587	127 569	107 571	115 004	156 011	163 547	133 234
21 Female – Féminin	1 312 839	20 822	90 119	119 775	99 838	105 645	142 536	144 461	117 623
Dominican Republic – **République dominicaine** Urban – Urbaine 1 VII 1995									
22 Urban – Urbaine	4 881 102	*——— 588	141 ———*	584 911	537 560	455 435	449 740	450 014	414 605
23 Male – Masculin	2 411 347	*——— 298	800 ———*	295 943	270 978	225 757	223 909	221 671	203 401
24 Female – Féminin	2 469 755	*——— 289	341 ———*	288 968	266 582	229 678	225 831	228 343	211 204
Rural – Rurale 1 VII 1995									
25 Rural – Rurale	3 034 219	*——— 408	432 ———*	382 838	367 148	345 821	298 700	261 795	216 740
26 Male – Masculin	1 611 668	*——— 208	676 ———*	196 069	188 757	182 038	157 792	141 497	118 397
27 Female – Féminin	1 422 551	*——— 199	756 ———*	186 769	178 391	163 783	140 908	120 298	98 343
El Salvador Urban – Urbaine 27 IX 1992(C)									
28 Urban – Urbaine	2 581 834	53 874	235 964	282 829	307 872	294 492	263 635	227 682	184 624
29 Male – Masculin	1 220 024	27 119	120 036	144 154	155 742	139 820	118 858	103 751	84 504
30 Female – Féminin	1 361 810	26 755	115 928	138 675	152 130	154 672	144 777	123 931	100 120

7. Population selon l'âge, le sexe et la résidence, urbaine/rurale: dernière année disponible, 1988 – 1997 (suite)

Données selon la résidence urbaine/rurale

(Voir notes à la fin du tableau.)

					Age (en années)							
35 – 39	40 – 44	45 – 49	50 – 54	55 – 59	60 – 64	65 – 69	70 – 74	75 – 79	80 – 84	85 +	Unknown Inconnu	
	7 951		4 970	3 501					3 500		–	1
	4 153		2 596	2 077					2 076		–	2
	3 798		2 374	1 424					1 424		–	3
1 648 657	1 496 301	1 253 209	987 027	865 212	832 817	746 183	554 912	408 603	253 123	117 988	–	4
816 552	726 277	632 079	474 110	427 076	396 411	337 388	229 208	155 154	93 055	42 582	–	5
832 105	770 022	621 131	512 918	438 137	436 405	408 794	325 705	253 450	160 068	75 407	–	6
591 242	552 191	424 426	351 527	321 552	312 486	289 125	238 393	170 730	96 064	49 073	–	7
299 215	281 468	220 304	177 358	159 535	158 513	139 201	111 415	80 699	44 192	19 801	–	8
292 029	270 723	204 123	174 168	162 016	153 972	149 922	126 977	90 032	51 872	29 267	–	9
217 140		161 937	98 936		75 004			62 081			1 366	10
103 617		74 880	45 035		31 553			27 092			671	11
113 523		87 057	53 901		43 451			34 989			695	12
264 810		175 639	108 690		75 950			65 110			2 850	13
127 248		88 685	55 806		41 337			33 829			1 729	14
137 562		86 954	52 884		34 613			31 281			1 121	15
540 012	546 772	501 899	444 461	366 546	284 593	442 865		258 137		78 488	–	16
262 024	264 979	242 380	215 595	176 856	136 516	207 371		114 571		33 083	–	17
277 988	281 793	259 519	228 866	189 690	148 077	235 494		143 566		45 405	–	18
172 549	164 820	145 743	130 572	109 009	88 660	132 099		75 323		23 918	–	19
91 842	88 008	76 689	69 878	59 990	49 904	76 467		44 007		13 888	–	20
80 707	76 812	69 054	60 694	49 019	38 756	55 632		31 316		10 030	–	21
334 141	258 532	205 582	166 209	138 491	109 207	87 565	45 173	55 796			–	22
162 580	125 072	99 004	80 001	66 113	50 777	41 569	20 948	24 824			–	23
171 561	133 460	106 578	86 208	72 378	58 430	45 996	24 225	30 972			–	24
177 204	141 975	113 736	83 077	66 218	54 245	45 926	34 414	35 950			–	25
98 376	79 983	64 484	47 075	37 377	30 264	24 988	17 977	17 918			–	26
78 828	61 992	49 252	36 002	28 841	23 981	20 938	16 437	18 032			–	27
147 546	124 433	98 132	86 484	67 188	65 697	47 169	37 299	24 408	17 301	15 205	–	28
67 343	57 758	45 602	38 493	29 025	28 961	20 234	16 000	10 146	6 894	5 584	–	29
80 208	66 675	52 530	47 991	38 163	36 736	26 935	21 299	14 262	10 407	9 616	–	30

(See notes at end of table.)

Continent, country or area, sex, date and urban/rural residence / Continent, pays ou zone, sexe, date et résidence, urbaine/rurale	All ages Tous âges	– 1	1 – 4	5 – 9	10 – 14	15 – 19	20 – 24	25 – 29	30
AMERICA,NORTH— (Cont.–Suite) **AMÉRIQUE DU NORD**									
El Salvador Rural – Rurale 27 IX 1992(C)									
1 Rural – Rurale	2 536 765	68 514	299 867	363 537	367 889	295 513	219 635	166 768	140
2 Male – Masculin	1 265 589	34 598	152 955	186 082	190 232	149 289	104 051	78 527	67
3 Female – Féminin	1 271 176	33 916	146 912	177 455	177 657	146 224	115 584	88 241	72
Greenland – Groenland Urban – Urbaine 1 I 1997 [1]									
4 Urban – Urbaine	45 351	801	3 466	4 323	3 602	2 936	2 582	4 014	5
5 Male – Masculin	23 993	412	1 769	2 189	1 842	1 481	1 317	2 117	2
6 Female – Féminin	21 358	389	1 697	2 134	1 760	1 455	1 265	1 897	2
Rural – Rurale 1 I 1997 [1]									
7 Rural – Rurale	10 620	223	949	1 116	964	692	632	989	1
8 Male – Masculin	5 846	104	475	547	499	390	346	543	
9 Female – Féminin	4 774	119	474	569	465	302	286	446	
Guatemala Urban – Urbaine 31 XII 1989									
10 Urban – Urbaine	3 391 221	*——— 520	515 ———*	452 837	403 412	369 531	320 423	275 787	226
11 Male – Masculin	1 657 015	*——— 265	509 ———*	229 679	201 345	181 507	154 625	132 909	108
12 Female – Féminin	1 734 206	*——— 255	006 ———*	223 158	202 067	188 024	165 798	142 878	117
Rural – Rurale 31 XII 1989									
13 Rural – Rurale	5 544 065	*——— 1 053	553 ———*	894 336	749 168	583 404	460 297	367 729	298
14 Male – Masculin	2 857 943	*——— 536	914 ———*	456 553	384 859	302 361	240 156	191 281	154
15 Female – Féminin	2 686 122	*——— 516	639 ———*	437 783	364 309	281 043	220 141	176 448	144
Haiti – Haïti Urban – Urbaine 1 VII 1996 [1]									
16 Urban – Urbaine	2 433 878	62 744	227 987	285 582	320 946	330 115	306 761	241 735	177
17 Male – Masculin	1 096 796	33 176	117 568	136 829	142 144	137 196	137 424	109 167	78
18 Female – Féminin	1 337 082	29 568	110 419	148 753	178 802	192 919	169 337	132 568	99
Rural – Rurale 1 VII 1996 [1]									
19 Rural – Rurale	4 902 152	168 402	641 712	691 643	546 249	427 687	360 817	333 268	318
20 Male – Masculin	2 506 160	84 106	322 161	355 497	294 261	243 592	194 754	173 341	161
21 Female – Féminin	2 395 992	84 296	319 551	336 146	251 988	184 095	166 063	159 927	157
Honduras Urban – Urbaine 29 V 1988(C)									
22 Urban – Urbaine	1 674 944	52 306	199 220	241 527	208 490	191 848	160 384	137 464	111
23 Male – Masculin	793 929	26 665	101 762	122 650	102 557	87 161	69 899	61 148	51
24 Female – Féminin	881 015	25 641	97 458	118 877	105 933	104 687	90 485	76 316	60
Rural – Rurale 29 V 1988(C)									
25 Rural – Rurale	2 573 617	101 046	381 676	442 507	363 085	255 101	186 669	163 028	136
26 Male – Masculin	1 316 177	51 729	195 152	226 405	187 632	132 697	93 724	81 171	68
27 Female – Féminin	1 257 440	49 317	186 524	216 102	175 453	122 404	92 945	81 857	67
Jamaica – Jamaïque Urban – Urbaine 7 IV 1991(C)									
28 Urban – Urbaine	1 148 191	*——— 128	941 ———*	127 988	124 408	125 389	122 195	111 499	90
29 Male – Masculin	543 108	*——— 65	350 ———*	64 072	61 312	60 005	56 587	50 603	40
30 Female – Féminin	605 083	*——— 63	591 ———*	63 916	63 096	65 384	65 608	60 896	49
Rural – Rurale 7 IV 1991(C)									
31 Rural – Rurale	1 166 288	*——— 145	767 ———*	148 358	138 364	123 062	101 405	89 005	72
32 Male – Masculin	591 278	*——— 73	171 ———*	75 256	70 486	63 632	52 015	45 032	37
33 Female – Féminin	575 010	*——— 72	596 ———*	73 102	67 878	59 430	49 390	43 973	35

7. Population selon l'âge, le sexe et la résidence, urbaine/rurale: dernière année disponible, 1988 – 1997 (suite)

Données selon la résidence urbaine/rurale

(Voir notes à la fin du tableau.)

Age (en années)											Unknown Inconnu	
35 – 39	40 – 44	45 – 49	50 – 54	55 – 59	60 – 64	65 – 69	70 – 74	75 – 79	80 – 84	85 +		
117 449	104 908	85 782	76 895	58 141	57 215	39 617	31 870	19 766	12 836	10 149	—	1
55 792	51 115	41 721	37 767	28 614	29 216	19 810	16 672	10 128	6 583	4 926	—	2
61 657	53 793	44 061	39 128	29 527	27 999	19 807	15 198	9 638	6 253	5 223	—	3
4 491	3 440	2 684	2 598	1 753	1 325	983	540	313	158	71	—	4
2 458	1 932	1 558	1 526	1 035	703	470	234	112	51	14	—	5
2 033	1 508	1 126	1 072	718	622	513	306	201	107	57	—	6
945	695	526	535	425	314	247	144	77	33	9	—	7
551	420	335	346	248	163	125	72	31	14	3	—	8
394	275	191	189	177	151	122	72	46	19	6	—	9
182 446	140 640	111 910	100 336	88 324	71 107	53 201	33 766	22 235	*—— 18 401 ——*		—	10
87 339	66 665	52 763	47 133	40 950	32 322	23 741	14 987	9 670	*—— 7 388 ——*		—	11
95 107	73 975	59 147	53 203	47 374	38 785	29 460	18 779	12 565	*—— 11 013 ——*		—	12
252 935	198 968	167 558	142 928	125 218	97 826	66 059	41 642	23 745	*—— 19 919 ——*		—	13
130 207	103 033	87 172	74 745	65 312	51 441	35 060	21 769	12 543	*—— 10 068 ——*		—	14
122 728	95 935	80 386	68 183	59 906	46 385	30 999	19 873	11 202	*—— 9 851 ——*		—	15
117 428	94 316	63 266	62 551	46 384	36 760	25 767	17 243	10 561	*—— 6 068 ——*		—	16
49 823	37 541	26 458	27 751	20 433	16 938	11 434	7 003	4 569	*—— 2 709 ——*		—	17
67 605	56 775	36 808	34 800	25 951	19 822	14 333	10 240	5 992	*—— 3 359 ——*		—	18
294 810	247 617	216 523	168 720	143 942	116 130	89 353	64 151	40 520	*—— 32 352 ——*		—	19
145 454	121 950	103 236	79 761	68 171	54 102	41 750	30 181	18 447	*—— 14 372 ——*		—	20
149 356	125 667	113 287	88 959	75 771	62 028	47 603	33 970	22 073	*—— 17 980 ——*		—	21
88 512	64 855	51 889	43 044	35 103	27 094	21 626	14 196	*——— 25 443 ———*			—	22
41 259	30 391	24 207	19 874	15 855	12 008	9 478	6 256	*——— 10 962 ———*			—	23
47 253	34 464	27 682	23 170	19 248	15 086	12 148	7 940	*——— 14 481 ———*			—	24
115 978	92 891	80 687	67 302	56 117	43 615	33 536	21 487	*——— 32 799 ———*			—	25
58 364	46 928	41 121	34 495	28 699	23 002	17 647	11 389	*——— 17 321 ———*			—	26
57 614	45 963	39 566	32 807	27 418	20 613	15 889	10 098	*——— 15 478 ———*			—	27
67 954	52 872	41 422	33 269	27 856	26 533	22 194	16 958	13 169	8 395	6 643	—	28
31 319	25 155	19 731	15 837	12 946	12 037	9 687	7 390	5 388	3 022	2 148	—	29
36 635	27 717	21 691	17 432	14 910	14 496	12 507	9 568	7 781	5 373	4 495	—	30
54 880	44 786	40 373	36 256	33 645	34 538	31 760	26 334	21 353	13 502	10 098	—	31
28 192	23 505	21 480	18 592	16 834	17 207	15 589	12 822	10 465	6 167	3 811	—	32
26 688	21 281	18 893	17 664	16 811	17 331	16 171	13 512	10 888	7 335	6 287	—	33

Data by urban/rural residence

(See notes at end of table.)

Continent, country or area, sex, date and urban/rural residence / Continent, pays ou zone, sexe, date et résidence, urbaine/rurale	All ages Tous âges	− 1	1 – 4	5 – 9	10 – 14	15 – 19	20 – 24	25 – 29	30 –
AMERICA, NORTH— (Cont.–Suite) **AMÉRIQUE DU NORD**									
Mexico – Mexique Urban – Urbaine 5 XI 1995 [1][8]									
1 Urban – Urbaine	67 003 515	*—— 7 495	348 ——*	7 503 498	7 377 953	7 350 973	7 240 884	5 952 706	5 180 6
2 Male – Masculin	32 720 158	*—— 3 810	682 ——*	3 810 579	3 725 234	3 609 893	3 475 706	2 839 953	2 469 9
3 Female – Féminin	34 283 357	*—— 3 684	666 ——*	3 692 919	3 652 719	3 741 080	3 765 178	3 112 753	2 710 0
Rural – Rurale 5 XI 1995 [1][8]									
4 Rural – Rurale	24 154 775	*—— 3 228	752 ——*	3 364 065	3 292 095	2 791 098	2 156 540	1 660 384	1 383 4
5 Male – Masculin	12 180 341	*—— 1 638	674 ——*	1 705 065	1 679 027	1 412 350	1 062 980	813 042	682 5
6 Female – Féminin	11 974 434	*—— 1 590	078 ——*	1 659 000	1 613 068	1 378 748	1 093 560	847 342	701 4
Nicaragua Urban – Urbaine 1 VII 1989									
7 Urban – Urbaine	2 239 025	80 496	299 390	328 923	287 195	254 721	209 886	170 391	139 3
8 Male – Masculin	1 090 743	41 457	153 950	167 479	143 347	124 195	100 698	81 680	65 5
9 Female – Féminin	1 148 282	39 039	145 440	161 444	143 848	130 526	109 188	88 711	73 4
Rural – Rurale 1 VII 1989									
10 Rural – Rurale	1 506 006	62 741	231 039	241 873	192 429	153 967	131 214	111 417	91 8
11 Male – Masculin	785 449	31 622	116 200	122 633	100 050	82 551	70 266	58 626	48 4
12 Female – Féminin	720 557	31 119	114 839	119 240	92 379	71 416	60 948	52 791	43 5
Panama Urban – Urbaine 1 VII 1997*									
13 Urban – Urbaine	1 508 703	29 877	119 652	146 680	142 359	142 100	146 374	143 497	131 4
14 Male – Masculin	735 709	15 317	61 224	74 886	72 259	70 966	71 053	68 777	62 4
15 Female – Féminin	772 994	14 560	58 427	71 795	70 100	71 135	75 321	74 720	68 5
Rural – Rurale 1 VII 1997*									
16 Rural – Rurale	1 209 983	30 529	123 732	151 778	140 111	121 668	108 202	96 780	83 2
17 Male – Masculin	637 640	15 550	63 319	77 668	71 558	63 047	57 655	52 160	44 8
18 Female – Féminin	572 343	14 979	60 413	74 110	68 554	58 621	50 545	44 620	38 3
Puerto Rico – Porto Rico Urban – Urbaine 1 IV 1990(C) [1][9]									
19 Urban – Urbaine	2 508 346	38 703	170 778	218 573	234 752	229 240	205 084	193 282	181 6
20 Male – Masculin	1 198 085	19 694	87 077	111 547	118 983	115 710	100 122	91 336	83 9
21 Female – Féminin	1 310 261	19 009	83 701	107 026	115 769	113 530	104 962	101 946	97 7
Rural – Rurale 1 IV 1990(C) [1][9]									
22 Rural – Rurale	1 013 691	16 900	75 792	97 900	104 821	97 477	82 143	77 280	72 6
23 Male – Masculin	507 557	8 538	38 450	49 781	53 724	49 922	40 876	37 674	35 2
24 Female – Féminin	506 134	8 362	37 342	48 119	51 097	47 555	41 267	39 606	37 3
United States – Etats–Unis Urban – Urbaine 1 IV 1990(C) [10][11]									
25 Urban – Urbaine	187 053 487	2 476 749	11 512 411	13 288 047	12 273 417	13 188 758	15 371 060	16 898 657	16 779 7
26 Male – Masculin	90 386 114	1 265 656	5 888 104	6 786 574	6 266 694	6 703 124	7 773 590	8 475 923	8 333 2
27 Female – Féminin	96 667 373	1 211 093	5 624 307	6 501 473	6 006 723	6 485 634	7 597 470	8 422 734	8 446 5
Rural – Rurale 1 IV 1990(C) [10][11]									
28 Rural – Rurale	61 656 386	740 563	3 624 720	4 811 132	4 840 802	4 565 287	3 649 252	4 414 388	5 083 0
29 Male – Masculin	30 853 304	379 145	1 859 504	2 475 953	2 500 443	2 399 604	1 902 006	2 220 013	2 543 6
30 Female – Féminin	30 803 082	361 418	1 765 216	2 335 179	2 340 359	2 165 683	1 747 246	2 194 375	2 539 4

7. Population selon l'âge, le sexe et la résidence, urbaine/rurale: dernière année disponible, 1988 – 1997 (suite)

Données selon la résidence urbaine/rurale

(Voir notes à la fin du tableau.)

35 – 39	40 – 44	45 – 49	50 – 54	55 – 59	60 – 64	65 – 69	70 – 74	75 – 79	80 – 84	85 +	Unknown Inconnu	
4 552 193	3 450 032	2 735 616	2 158 073	1 622 134	1 392 714	*——————— 2 848 050 ———————*					142 729	1
2 177 187	1 676 399	1 321 911	1 040 931	770 327	645 151	*——————— 1 277 431 ———————*					68 812	2
2 375 006	1 773 633	1 413 705	1 117 142	851 807	747 563	*——————— 1 570 619 ———————*					73 917	3
1 267 985	984 285	876 836	737 976	609 763	549 239	*——————— 1 179 640 ———————*					72 124	4
627 109	496 642	441 594	377 577	312 966	284 499	*——————— 611 918 ———————*					34 398	5
640 876	487 643	435 242	360 399	296 797	264 740	*——————— 567 722 ———————*					37 726	6
113 343	83 384	66 228	55 801	46 126	37 908	28 343	18 776	*——— 18 745 ———*			—	7
52 985	38 960	30 636	25 515	20 463	16 386	12 077	7 769	*——— 7 186 ———*			—	8
60 358	44 424	35 592	30 286	25 663	21 522	16 266	11 007	*——— 11 559 ———*			—	9
74 275	54 344	42 386	34 809	27 731	21 729	15 464	9 717	*——— 9 003 ———*			—	10
39 247	29 025	22 740	18 760	14 875	11 714	8 491	5 423	*——— 4 889 ———*			—	11
35 028	25 319	19 646	16 049	12 856	10 015	6 973	4 294	*——— 4 114 ———*			—	12
113 144	94 005	76 775	60 693	46 496	35 544	28 352	22 046	15 695	*—— 14 389 ——*		—	13
53 783	44 948	36 732	29 117	22 119	16 708	13 063	9 827	6 710	*—— 5 737 ——*		—	14
59 361	49 057	40 043	31 576	24 377	18 836	15 289	12 219	8 985	*—— 8 652 ——*		—	15
70 476	58 894	49 589	43 107	36 805	29 487	23 630	17 864	12 633	*—— 11 439 ——*		—	16
37 792	31 520	26 991	23 565	20 098	16 197	13 141	9 647	6 831	*—— 6 019 ——*		—	17
32 684	27 374	22 598	19 542	16 707	13 290	10 489	8 217	5 802	*—— 5 420 ——*		—	18
169 463	162 122	139 863	118 297	104 519	92 907	83 500	63 053	49 055	29 619	23 871	—	19
77 533	73 975	64 511	54 498	47 635	42 138	37 706	28 256	21 675	12 485	9 271	—	20
91 930	88 147	75 352	63 799	56 884	50 769	45 794	34 797	27 380	17 134	14 600	—	21
67 046	63 848	54 121	43 577	36 433	31 945	29 218	23 626	18 767	11 381	8 794	—	22
32 907	31 377	26 887	21 490	18 066	15 740	14 647	12 067	9 844	5 891	4 384	—	23
34 139	32 471	27 234	22 087	18 367	16 205	14 571	11 559	8 923	5 490	4 410	—	24
14 944 849	13 013 170	10 070 112	8 208 772	7 657 284	7 801 852	7 520 892	5 981 647	4 625 077	3 021 594	2 419 344	—	25
7 368 671	6 358 595	4 883 234	3 929 356	3 608 813	3 564 943	3 295 344	2 483 734	1 750 709	1 006 221	643 585	—	26
7 576 178	6 654 575	5 186 878	4 279 416	4 048 471	4 236 909	4 225 548	3 497 913	2 874 368	2 015 373	1 775 759	—	27
5 018 268	4 602 616	3 802 461	3 141 741	2 874 472	2 814 315	2 590 843	2 013 176	1 496 292	912 145	660 821	—	28
2 533 572	2 333 389	1 927 363	1 585 382	1 425 557	1 382 104	1 236 963	925 572	649 059	359 873	214 113	—	29
2 484 696	2 269 227	1 875 098	1 556 359	1 448 915	1 432 211	1 353 880	1 087 604	847 233	552 272	446 708	—	30

7. Population by age, sex and urban/rural residence: latest available year, 1988 – 1997 (continued)

Data by urban/rural residence

(See notes at end of table.)

Continent, country or area, sex, date and urban/rural residence / Continent, pays ou zone, sexe, date et résidence, urbaine/rurale	All ages Tous âges	−1	1 – 4	5 – 9	10 – 14	15 – 19	20 – 24	25 – 29	30 –
AMERICA,SOUTH— AMERIQUE DU SUD									
Argentina – Argentine									
Urban – Urbaine									
1 VII 1995									
1 Urban – Urbaine	30 556 905	*—— 2 854	157 ——*	2 860 036	2 838 921	2 943 654	2 479 244	2 182 440	2 070 9
2 Male – Masculin	14 820 662	*—— 1 451	866 ——*	1 452 476	1 436 025	1 473 952	1 235 279	1 085 594	1 021 1
3 Female – Féminin	15 736 243	*—— 402	291 ——*	1 407 560	1 402 896	1 469 702	1 243 965	1 096 846	1 049 8
Rural – Rurale									
1 VII 1995									
4 Rural – Rurale	4 029 732	*—— 476	536 ——*	470 516	436 070	386 406	312 652	272 631	250 2
5 Male – Masculin	2 156 039	*—— 241	376 ——*	239 685	226 423	209 466	172 641	149 179	136 7
6 Female – Féminin	1 873 693	*—— 235	160 ——*	230 831	209 647	176 940	140 011	123 452	113 5
Bolivia – Bolivie									
Urban – Urbaine									
1 VII 1997*									
7 Urban – Urbaine	4 746 728	*—— 661	439 ——*	613 924	564 527	522 916	487 395	403 652	326 7
8 Male – Masculin	2 306 827	*—— 334	166 ——*	308 442	278 638	257 623	236 306	193 932	156 1
9 Female – Féminin	2 439 901	*—— 327	273 ——*	305 479	285 889	265 292	251 088	209 720	170 5
Rural – Rurale									
1 VII 1997*									
10 Rural – Rurale	3 020 331	*—— 507	219 ——*	424 354	349 863	290 646	235 015	203 274	170 5
11 Male – Masculin	1 552 200	*—— 261	803 ——*	219 816	184 747	152 014	124 304	106 563	88 3
12 Female – Féminin	1 468 131	*—— 245	416 ——*	204 537	165 116	138 633	110 711	96 710	82 1
Brazil – Brésil									
Urban – Urbaine									
1 IX 1991(C) [1] [12]									
13 Urban – Urbaine	110 990 990	2 269 662	9 444 387	12 451 064	12 382 184	11 157 641	10 485 477	9 990 122	8 849 8
14 Male – Masculin	53 854 256	1 152 579	4 790 472	6 301 508	6 178 215	5 410 056	5 085 607	4 786 206	4 247 3
15 Female – Féminin	57 136 734	1 117 083	4 653 915	6 149 556	6 203 969	5 747 585	5 399 870	5 203 916	4 602 4
Rural – Rurale									
1 IX 1991(C) [1] [12]									
16 Rural – Rurale	35 834 485	931 152	3 875 913	4 969 095	4 664 975	3 859 831	3 079 401	2 647 956	2 213 6
17 Male – Masculin	18 630 866	470 525	1 966 074	2 534 760	2 407 293	2 050 434	1 626 828	1 388 753	1 159 4
18 Female – Féminin	17 203 619	460 627	1 909 839	2 434 335	2 257 682	1 809 397	1 452 573	1 259 203	1 054 2
Chile – Chili									
Urban – Urbaine									
1 VII 1997*									
19 Urban – Urbaine	12 420 506	*—— 1 229	508 ——*	1 223 168	1 142 810	1 051 740	1 036 487	1 046 080	1 048 4
20 Male – Masculin	6 052 039	*—— 625	356 ——*	620 362	577 262	526 961	514 356	518 038	518 7
21 Female – Féminin	6 368 467	*—— 604	152 ——*	602 806	565 548	524 779	522 131	528 042	529 7
Rural – Rurale									
1 VII 1997*									
22 Rural – Rurale	2 201 848	*—— 226	560 ——*	220 485	201 574	187 612	178 449	176 549	172 7
23 Male – Masculin	1 184 150	*—— 115	932 ——*	114 191	106 460	101 967	99 888	97 325	93 2
24 Female – Féminin	1 017 698	*—— 110	628 ——*	106 294	95 114	85 645	78 561	79 224	79 4
Colombia – Colombie									
Urban – Urbaine									
24 X 1993(C)									
25 Urban – Urbaine	23 514 070	428 832	2 060 730	2 533 072	2 598 400	2 316 196	2 302 417	2 242 535	2 061 3
26 Male – Masculin	11 211 708	218 599	1 045 612	1 280 393	1 289 824	1 077 176	1 053 570	1 032 450	967 2
27 Female – Féminin	12 302 362	210 233	1 015 118	1 252 679	1 308 576	1 239 020	1 248 847	1 210 085	1 094 1
Rural – Rurale									
24 X 1993(C)									
28 Rural – Rurale	9 595 770	226 335	1 038 973	1 283 598	1 242 232	985 240	854 113	734 998	631 8
29 Male – Masculin	5 084 831	116 658	533 522	662 982	657 432	537 011	454 684	387 848	336 5
30 Female – Féminin	4 510 939	109 677	505 451	620 616	584 800	448 229	399 429	347 150	295 3
Ecuador – Equateur									
Urban – Urbaine									
1 VII 1992 [13]									
31 Urban – Urbaine	6 115 572	*—— 743	838 ——*	708 543	689 434	670 549	631 365	571 998	489 2
32 Male – Masculin	3 007 784	*—— 380	192 ——*	358 040	343 142	326 120	307 864	280 532	241 4
33 Female – Féminin	3 107 789	*—— 363	646 ——*	350 502	346 293	344 428	323 503	291 466	247 8

7. Population selon l'âge, le sexe et la résidence, urbaine/rurale: dernière année disponible, 1988 – 1997 (suite)

Données selon la résidence urbaine/rurale

(Voir notes à la fin du tableau.)

Age (en années)											Unknown Inconnu	
35 – 39	40 – 44	45 – 49	50 – 54	55 – 59	60 – 64	65 – 69	70 – 74	75 – 79	80 – 84	85 +		
1 960 731	1 853 152	1 669 726	1 438 415	1 280 730	1 178 113	1 055 243	829 576	574 790	*—— 486 980 ——*		—	1
946 918	896 513	813 793	688 315	598 896	534 302	462 065	343 192	219 340	*—— 160 988 ——*		—	2
1 013 813	956 639	855 933	750 100	681 834	643 811	593 178	486 384	355 450	*—— 325 992 ——*		—	3
230 894	218 267	197 144	172 374	149 240	134 401	117 735	90 995	62 183	*—— 51 414 ——*		—	4
125 719	120 066	109 933	97 817	84 405	75 930	65 121	48 367	30 655	*—— 22 499 ——*		—	5
105 175	98 201	87 211	74 557	64 835	58 471	52 614	42 628	31 528	*—— 28 915 ——*		—	6
269 459	222 247	178 964	140 016	112 320	89 599	68 856	*———— 84 642 ————*				—	7
128 858	105 865	84 418	65 061	51 467	40 133	30 542	*———— 35 188 ————*				—	8
140 601	116 382	94 546	74 952	60 853	49 467	38 316	*———— 49 454 ————*				—	9
152 527	139 547	124 691	105 369	90 579	77 667	62 871	*———— 86 142 ————*				—	10
77 253	69 436	62 009	52 807	45 041	38 191	30 071	*———— 39 777 ————*				—	11
75 273	70 113	62 684	52 564	45 537	39 476	32 801	*———— 46 365 ————*				—	12
7 569 934	6 180 512	4 748 445	3 972 620	3 267 297	2 805 779	2 116 335	1 437 918	988 058	532 768	340 911	—	13
3 618 320	2 994 134	2 276 855	1 897 676	1 510 742	1 271 178	951 468	630 876	415 921	214 110	120 952	—	14
3 951 614	3 186 378	2 471 590	2 074 944	1 756 555	1 534 601	1 164 867	807 042	572 137	318 658	219 959	—	15
1 893 829	1 654 202	1 376 243	1 192 508	974 827	831 079	659 725	452 000	302 160	159 149	96 823	—	16
979 504	866 784	717 930	628 905	506 752	444 423	356 875	241 548	159 817	80 517	43 740	—	17
914 325	787 418	658 313	563 603	468 075	386 656	302 850	210 452	142 343	78 632	53 083	—	18
966 161	811 862	668 377	559 314	444 555	363 214	300 975	224 368	155 940	*—— 147 476 ——*		—	19
474 648	395 763	322 314	265 309	205 865	162 196	128 742	90 569	57 961	*—— 47 590 ——*		—	20
491 513	416 099	346 063	294 005	238 690	201 018	172 233	133 799	97 979	*—— 99 886 ——*		—	21
157 739	134 870	114 204	97 606	87 131	73 416	61 469	48 070	31 942	*—— 31 453 ——*		—	22
86 027	74 085	62 816	53 735	47 913	40 202	33 294	25 661	16 555	*—— 14 822 ——*		—	23
71 712	60 785	51 388	43 871	39 218	33 214	28 175	22 409	15 387	*—— 16 631 ——*		—	24
1 666 555	1 293 477	959 787	810 259	614 592	560 005	385 937	292 756	187 273	115 289	84 586	—	25
769 837	623 693	456 546	381 569	284 877	257 531	176 277	131 927	83 108	48 381	33 091	—	26
896 718	669 784	503 241	428 690	329 715	302 474	209 660	160 829	104 165	66 908	51 495	—	27
553 195	442 449	364 028	329 242	240 673	238 229	153 779	124 729	73 150	46 672	32 237	—	28
290 516	240 992	193 573	177 949	128 961	131 329	84 128	69 474	40 800	24 726	15 649	—	29
262 679	201 457	170 455	151 293	111 712	106 900	69 651	55 255	32 350	21 946	16 588	—	30
402 104	300 685	223 755	182 532	148 681	117 355	88 975	64 144	44 838	*—— 37 567 ——*		—	31
198 741	147 838	109 553	87 944	70 217	54 230	40 278	28 147	18 938	*—— 14 604 ——*		—	32
203 363	152 847	114 202	94 589	78 464	63 126	48 697	35 996	25 901	*—— 22 963 ——*		—	33

Data by urban/rural residence

(See notes at end of table.)

Continent, country or area, sex, date and urban/rural residence / Continent, pays ou zone, sexe, date et résidence, urbaine/rurale		All ages Tous âges	– 1	1 – 4	5 – 9	10 – 14	15 – 19	20 – 24	25 – 29	30 – 3
							Age (in years)			
	AMERICA,SOUTH— (Cont.–Suite) AMERIQUE DU SUD									
	Ecuador – Equateur Rural – Rurale 1 VII 1992 [13]									
1	Rural – Rurale	4 625 227	*—— 677	075 ——*	655 521	602 253	498 355	400 671	319 564	266 2!
2	Male – Masculin	2 390 678	*—— 342	858 ——*	334 796	312 071	265 953	213 896	169 111	138 4!
3	Female – Féminin	2 234 548	*—— 334	217 ——*	320 725	290 183	232 403	186 774	150 453	127 7!
	Falkland Islands (Malvinas)– Iles Falkland (Malvinas) Urban – Urbaine 5 III 1991(C)									
4	Urban – Urbaine	1 557	*——	101 ——*	91	124	108	109	130	1!
5	Male – Masculin	814	*——	56 ——*	41	63	48	61	66	2
6	Female – Féminin	743	*——	45 ——*	50	61	60	48	64	
	Rural – Rurale 5 III 1991(C)									
7	Rural – Rurale	493	*——	24 ——*	46	36	41	31	45	!
8	Male – Masculin	281	*——	14 ——*	20	20	31	16	22	
9	Female – Féminin	212	*——	10 ——*	26	16	10	15	23	
	Paraguay Urban – Urbaine 26 VIII 1992(C)									
10	Urban – Urbaine	2 089 688	54 555	216 256	262 086	242 292	207 202	191 354	172 849	159 1!
11	Male – Masculin	1 007 400	27 665	109 958	131 958	119 058	96 993	88 600	81 176	77 0!
12	Female – Féminin	1 082 288	26 890	106 298	130 128	123 234	110 209	102 754	91 673	82 !
	Rural – Rurale 26 VIII 1992(C)									
13	Rural – Rurale	2 062 900	63 637	274 758	332 197	279 322	186 018	155 905	138 104	126 8!
14	Male – Masculin	1 078 505	32 359	140 113	170 367	146 231	99 059	82 883	72 829	67 9!
15	Female – Féminin	984 395	31 278	134 645	161 830	133 091	86 959	73 022	65 275	58 9!
	Peru – Pérou Urban – Urbaine 1 VII 1995 [12] [14]									
16	Urban – Urbaine	16 758 691	*— 1 837	122 ——*	1 856 358	1 852 197	1 906 439	1 716 914	1 498 586	1 299 4
17	Male – Masculin	8 255 135	*—— 936	781 ——*	955 156	927 808	946 871	843 397	723 201	621 9!
18	Female – Féminin	8 503 556	*—— 900	341 ——*	901 202	924 389	959 568	873 517	775 385	677 5
	Rural – Rurale 1 VII 1995 [12] [14]									
19	Rural – Rurale	6 773 014	*— 1 065	215 ——*	979 342	862 475	675 448	560 999	470 703	397 1
20	Male – Masculin	3 433 469	*—— 539	161 ——*	483 548	447 945	356 103	293 410	242 354	202 1
21	Femaie – Féminin	3 339 545	*—— 526	054 ——*	495 794	414 530	319 345	267 589	228 349	195 0
	Uruguay Urban – Urbaine 22 V 1996(C)									
22	Urban – Urbaine	2 872 077	49 594	193 198	241 946	236 874	237 851	221 910	196 346	196 9!
23	Male – Masculin	1 366 092	25 222	97 909	122 778	119 429	119 143	109 767	95 894	95 2
24	Female – Féminin	1 505 985	24 372	95 289	119 168	117 445	118 708	112 143	100 452	101 7
	Rural – Rurale 22 V 1996(C)									
25	Rural – Rurale	291 686	4 786	20 613	23 939	22 921	23 616	22 579	20 884	20 3
26	Male – Masculin	166 196	2 413	10 450	12 346	12 059	13 788	13 300	11 875	11 7
27	Female – Féminin	125 490	2 373	10 163	11 593	10 862	9 828	9 279	9 009	8 6
	Venezuela Urban – Urbaine 1 VII 1996 [12]									
28	Urban – Urbaine	19 137 416	*— 2 3	11 903 ——*	2 272 885	2 109 961	1 972 964	1 719 310	1 620 884	1 529 4
29	Male – Masculin	9 514 592	*— 1 1	76 286 ——*	1 153 587	1 063 662	985 805	859 259	807 688	760 1
30	Female – Féminin	9 622 824	*— 1 1	35 617 ——*	1 119 298	1 046 299	987 159	860 051	813 196	769 3

7. Population selon l'âge, le sexe et la résidence, urbaine/rurale: dernière année disponible, 1988 – 1997 (suite)

Données selon la résidence urbaine/rurale

(Voir notes à la fin du tableau.)

Age (en années)

35–39	40–44	45–49	50–54	55–59	60–64	65–69	70–74	75–79	80–84	85 +	Unknown Inconnu	
242 374	203 826	168 900	146 702	124 696	102 614	80 170	59 135	41 882	*——— 35 230 ——*		–	1
124 075	104 063	85 777	74 989	64 086	52 803	41 149	29 940	20 527	*——— 16 094 ——*		–	2
118 299	99 764	83 123	71 714	60 610	49 811	39 021	29 195	21 355	*——— 19 136 ——*		–	3
140	112	95	94	69	67	54	47	36	*——— 31 ——*		–	4
86	58	46	61	37	31	34	23	18	*——— 14 ——*		–	5
54	54	49	33	32	36	20	24	18	*——— 17 ——*		–	6
43	42	46	37	29	18	9	7	3	*——— 1 ——*		–	7
21	22	27	22	20	11	8	5	2	*——— 1 ——*		–	8
22	20	19	15	9	7	1	2	1	*——— - ——*		–	9
132 610	102 913	81 277	68 228	48 192	48 431	35 682	26 428	19 303	12 155	8 677	–	10
64 666	50 941	39 647	32 593	22 528	21 949	15 667	10 979	8 202	4 830	2 985	–	11
67 944	51 972	41 630	35 635	25 664	26 482	20 015	15 449	11 101	7 325	5 692	–	12
107 441	87 269	70 973	62 879	45 034	44 829	31 395	24 082	15 945	9 436	6 793	–	13
56 827	47 397	37 008	33 667	23 667	24 010	16 350	12 478	8 032	4 408	2 839	–	14
50 614	39 872	33 965	29 212	21 367	20 819	15 045	11 604	7 913	5 028	3 954	–	15
1 080 608	896 690	705 146	565 452	467 416	376 216	280 596	195 237	125 512	*——— 98 705 ——*		–	16
518 683	436 134	347 527	278 392	226 806	179 783	130 834	88 327	54 243	*——— 39 279 ——*		–	17
561 925	460 556	357 619	287 060	240 610	196 433	149 762	106 910	71 269	*——— 59 426 ——*		–	18
324 629	279 941	249 326	217 896	197 412	167 794	127 649	90 390	59 234	*——— 47 392 ——*		–	19
163 077	139 013	122 104	106 925	98 177	83 327	62 822	43 958	28 105	*——— 21 300 ——*		–	20
161 552	140 928	127 222	110 971	99 235	84 467	64 827	46 432	31 129	*——— 26 092 ——*		–	21
191 882	173 276	154 515	141 905	132 106	129 797	123 857	97 531	69 834	46 974	35 697	–	22
92 104	82 678	73 045	66 482	60 402	57 892	53 632	40 657	26 839	16 115	10 867	–	23
99 778	90 598	81 470	75 423	71 704	71 905	70 225	56 874	42 995	30 859	24 830	–	24
19 137	18 360	17 525	16 132	15 573	14 294	11 784	8 229	5 488	3 198	2 251	–	25
10 937	10 628	10 453	9 894	9 506	8 998	7 236	4 876	3 109	1 620	991	–	26
8 200	7 732	7 072	6 238	6 067	5 296	4 548	3 353	2 379	1 578	1 260	–	27
1 280 338	1 102 088	905 439	667 046	490 286	386 733	321 916	216 946	138 027	*——— 91 256 ——*		–	28
635 322	546 614	449 085	326 634	234 981	182 021	148 922	94 789	56 763	*——— 33 064 ——*		–	29
645 016	555 474	456 354	340 412	255 305	204 712	172 994	122 157	81 264	*——— 58 192 ——*		–	30

(See notes at end of table.)

Continent, country or area, sex, date and urban/rural residence / Continent, pays ou zone, sexe, date et résidence, urbaine/rurale	All ages Tous âges	Age (in years)							
		– 1	1 – 4	5 – 9	10 – 14	15 – 19	20 – 24	25 – 29	30

AMERICA,SOUTH— (Cont.–Suite)
AMERIQUE DU SUD

Venezuela
  Rural – Rurale
  1 VII 1996 [12]

1 Rural – Rurale	3 173 678	*—— 459	221 ——*	434 088	402 272	335 759	275 225	238 147	19...
2 Male – Masculin	1 720 545	*—— 238	983 ——*	227 887	216 757	188 972	152 819	131 451	10...
3 Female – Féminin	1 453 133	*—— 220	238 ——*	206 201	185 515	146 787	122 406	106 696	9...

ASIA—ASIE

Afghanistan
  Urban – Urbaine
  1 VII 1988 [15]

4 Urban – Urbaine	2 752 024	134 298	384 223	420 656	340 743	281 630	233 579	187 824	15...
5 Male – Masculin	1 417 760	65 340	192 645	214 567	176 464	144 375	116 753	93 418	7...
6 Female – Féminin	1 334 264	68 958	191 578	206 089	164 279	137 255	116 826	94 406	7...

  Rural – Rurale
  1 VII 1988 [15]

7 Rural – Rurale	12 761 340	541 125	1 978 081	1 900 160	1 447 624	1 178 966	1 020 431	849 712	71...
8 Male – Masculin	6 544 634	259 953	963 357	968 747	769 700	632 147	529 502	420 935	33...
9 Female – Féminin	6 216 706	281 172	1 014 724	931 413	677 924	546 819	490 929	428 777	37...

Armenia – Arménie
  Urban – Urbaine
  1 VII 1992

10 Urban – Urbaine	2 525 700	45 769	194 738	257 221	239 588	214 893	188 213	199 018	24...
11 Male – Masculin	1 204 196	23 271	100 272	131 033	122 453	109 008	93 327	91 864	108...
12 Female – Féminin	1 321 504	22 498	94 466	126 188	117 135	105 885	94 886	107 154	131...

  Rural – Rurale
  1 VII 1992

13 Rural – Rurale	1 159 900	27 395	109 028	132 283	104 389	91 953	95 418	108 199	10...
14 Male – Masculin	581 613	14 242	56 159	68 287	53 548	46 922	51 119	55 665	5...
15 Female – Féminin	578 287	13 153	52 869	63 996	50 841	45 031	44 299	52 534	4...

Azerbaijan – Azerbaïdjan
  Urban – Urbaine
  12 I 1989(C) [1]

16 Urban – Urbaine	3 805 885	86 454	349 050	395 196	342 739	349 244	353 651	389 837	332...
17 Male – Masculin	1 867 911	44 610	179 605	203 382	176 353	193 100	174 085	187 138	161...
18 Female – Féminin	1 937 974	41 844	169 445	191 814	166 386	156 144	179 566	202 699	170...

  Rural – Rurale
  12 I 1989(C) [1]

19 Rural – Rurale	3 215 293	90 259	336 175	363 636	338 500	344 472	333 494	316 527	228...
20 Male – Masculin	1 555 882	46 819	172 796	186 254	172 274	172 113	156 334	148 461	109...
21 Female – Féminin	1 659 411	43 440	163 379	177 382	166 226	172 359	177 160	168 066	118...

Bangladesh
  Urban – Urbaine
  1 I 1988

22 Urban – Urbaine	15 081 913	*—— 1 601	736 ——*	1 983 928	1 865 240	1 722 147	1 621 026	1 408 439	1 138...
23 Male – Masculin	8 163 604	*—— 812	285 ——*	1 009 213	967 441	923 785	877 906	760 958	649...
24 Female – Féminin	6 918 309	*—— 789	451 ——*	974 715	897 799	798 362	743 120	647 481	489...

  Rural – Rurale
  1 I 1988

25 Rural – Rurale	89 640 975	*——12 745	269 ——*	14 699 213	11 360 422	8 242 301	7 471 314	6 812 133	5 390...
26 Male – Masculin	45 677 770	*—— 6 440	488 ——*	7 445 808	5 947 701	4 186 065	3 505 436	3 370 386	2 641...
27 Female – Féminin	43 963 205	*—— 6 304	781 ——*	7 253 405	5 412 721	4 056 236	3 965 878	3 441 747	2 749...

Brunei Darussalam –
Brunéi Darussalam
  Urban – Urbaine
  7 VIII 1991(C)

28 Urban – Urbaine	173 411	4 490	18 622	19 581	16 842	14 852	17 614	18 999	18...
29 Male – Masculin	90 607	2 351	9 655	9 926	8 721	7 688	8 864	9 700	9...
30 Female – Féminin	82 804	2 139	8 967	9 655	8 121	7 164	8 750	9 299	8...

7. Population selon l'âge, le sexe et la résidence, urbaine/rurale: dernière année disponible, 1988 – 1997 (suite)

Données selon la résidence urbaine/rurale

(Voir notes à la fin du tableau.)

Age (en années)

35 – 39	40 – 44	45 – 49	50 – 54	55 – 59	60 – 64	65 – 69	70 – 74	75 – 79	80 – 84	85 +	Unknown Inconnu	
167 160	134 995	109 235	100 644	84 723	76 726	53 042	42 233	28 457	*——	31 901 ——*	–	1
90 487	73 175	59 853	55 416	46 876	42 352	29 436	24 075	15 833	*——	16 385 ——*	–	2
76 673	61 820	49 382	45 228	37 847	34 374	23 606	18 158	12 624	*——	15 516 ——*	–	3
129 270	109 873	93 038	77 247	62 232	48 786	35 883	24 880	15 868	*——	18 952 ——*	–	4
65 984	57 664	50 384	43 017	35 623	28 411	20 945	14 589	9 405	*——	11 371 ——*	–	5
63 286	52 209	42 654	34 230	26 609	20 375	14 938	10 291	6 463	*——	7 581 ——*	–	6
633 938	550 225	480 510	407 479	328 104	252 149	181 179	124 287	79 513	*——	94 573 ——*	–	7
298 593	276 491	253 528	224 649	186 066	144 547	104 420	72 315	46 484	*——	57 257 ——*	–	8
335 345	273 734	226 982	182 830	142 038	107 602	76 759	51 972	33 029	*——	37 316 ——*	–	9
202 329	156 593	89 884	124 317	107 606	103 014	74 791	32 675	26 119	15 454	13 287	–	10
90 862	72 151	41 769	57 822	49 389	47 681	33 017	12 131	9 282	5 193	5 054	–	11
111 467	84 442	48 115	66 495	58 217	55 333	41 774	20 544	16 837	10 261	8 233	–	12
75 000	46 573	26 509	49 879	55 879	56 269	35 848	12 350	11 039	11 272	4 527	–	13
38 901	23 449	12 091	23 256	26 472	26 679	15 433	4 194	3 639	3 803	1 305	–	14
36 099	23 124	14 418	26 623	29 407	29 590	20 415	8 156	7 400	7 469	3 222	–	15
249 973	154 545	153 510	190 774	149 953	125 844	63 034	45 691	39 647	20 668	13 289	52	16
122 168	75 223	74 564	91 161	70 750	54 582	22 296	14 541	12 731	6 057	3 701	22	17
127 805	79 322	78 946	99 613	79 203	71 262	40 738	31 150	26 916	14 611	9 588	30	18
139 180	77 765	103 229	165 015	135 795	91 187	45 235	30 664	30 753	19 287	25 950	45	19
66 827	36 834	48 786	78 684	66 425	42 456	17 347	10 011	10 610	6 112	7 028	20	20
72 353	40 931	54 443	86 331	69 370	48 731	27 888	20 653	20 143	13 175	18 922	25	21
874 210	704 973	543 600	473 735	259 274	279 273 *————			344 459 ————*			261 098	22
492 984	419 769	319 184	266 661	154 725	162 495 *————			212 600 ————*			133 955	23
381 226	285 204	224 416	207 074	104 549	116 778 *————			131 859 ————*			127 143	24
4 865 614	4 030 297	3 176 773	2 833 878	1 752 776	1 902 929 *————			2 672 056 ————*			1 685 237	25
2 508 658	2 102 187	1 687 545	1 473 223	996 588	1 050 300 *————			1 466 321 ————*			856 027	26
2 356 956	1 928 110	1 489 228	1 360 655	756 188	852 629 *————			1 205 735 ————*			829 210	27
14 989	9 892	5 429	4 146	2 992	2 081	1 536	1 065	693	451	297	34	28
8 253	5 692	3 066	2 205	1 453	1 085	769	558	324	202	141	21	29
6 736	4 200	2 363	1 941	1 539	996	767	507	369	249	156	13	30

Data by urban/rural residence

(See notes at end of table.)

Continent, country or area, sex, date and urban/rural residence / Continent, pays ou zone, sexe, date et résidence, urbaine/rurale	Age (in years)								
	All ages Tous âges	– 1	1 – 4	5 – 9	10 – 14	15 – 19	20 – 24	25 – 29	30 – 3
ASIA—ASIE (Cont.–Suite)									
Brunei Darussalam – Brunéi Darussalam Rural – Rurale 7 VIII 1991(C)									
1 Rural – Rurale	87 071	2 153	8 844	10 100	9 125	7 929	8 546	8 510	8 13
2 Male – Masculin	47 009	1 104	4 610	5 221	4 710	4 100	4 492	4 872	4 67
3 Female – Féminin	40 062	1 049	4 234	4 879	4 415	3 829	4 054	3 638	3 45
China – Chine [16] Urban – Urbaine 1 VII 1996									
4 Urban – Urbaine	375 343 000	4 369 000	16 565 000	29 281 000	27 676 000	23 811 000	30 462 000	39 045 000	41 022 00
5 Male – Masculin	187 887 000	2 305 000	8 972 000	15 230 000	14 206 000	12 180 000	14 634 000	18 995 000	20 686 00
6 Female – Féminin	187 456 000	2 064 000	7 593 000	14 051 000	13 470 000	11 631 000	15 828 000	20 050 000	20 336 00
Rural – Rurale 1 VII 1996									
7 Rural – Rurale	870 900 000	12 898 000	50 556 000	98 275 000	82 711 000	65 712 000	73 275 000	88 386 000	82 817 00
8 Male – Masculin	445 460 000	6 974 000	27 775 000	52 032 000	43 050 000	34 013 000	36 814 000	44 330 000	41 693 00
9 Female – Féminin	425 440 000	5 924 000	22 781 000	46 243 000	39 661 000	31 699 000	36 461 000	44 056 000	41 124 00
Cyprus – Chypre Urban – Urbaine 1 X 1992(C) [1] [17]									
10 Urban – Urbaine	407 324	6 967	26 768	34 529	32 793	28 619	30 299	32 030	34 58
11 Male – Masculin	201 811	3 515	13 783	17 837	16 896	14 570	15 071	15 820	17 03
12 Female – Féminin	205 513	3 452	12 985	16 692	15 897	14 049	15 228	16 210	17 54
Rural – Rurale 1 X 1992(C) [1] [17]									
13 Rural – Rurale	194 701	3 584	13 247	17 394	16 497	13 603	13 060	13 883	14 50
14 Male – Masculin	97 803	1 880	6 912	8 969	8 486	6 998	6 828	7 204	7 58
15 Female – Féminin	96 898	1 704	6 335	8 425	8 011	6 605	6 232	6 679	6 92
Georgia – Géorgie Urban – Urbaine 1 I 1993									
16 Urban – Urbaine	3 004 412	39 387	193 206	243 305	233 597	224 298	234 622	233 254	260 67
17 Male – Masculin	1 413 195	20 336	99 369	123 984	119 227	113 957	122 281	107 272	120 38
18 Female – Féminin	1 591 217	19 051	93 837	119 321	114 370	110 341	112 341	125 982	140 29
Rural – Rurale 1 I 1993									
19 Rural – Rurale	2 400 140	32 237	159 209	208 530	191 196	185 647	162 447	181 539	188 2.
20 Male – Masculin	1 162 619	16 353	82 136	106 474	97 337	95 566	83 830	91 916	95 78
21 Female – Féminin	1 237 521	15 884	77 073	102 056	93 859	90 081	78 617	89 623	92 49
India – Inde [17] Urban – Urbaine 1 VII 1993									
22 Urban – Urbaine	232 203 000	*– 26 838 000 ———*		*— 48 8 24 000 —*		*———	74 165 000	———*	*——
23 Male – Masculin	122 362 000	*– 13 668 000 ———*		*— 24 9 01 000 —*		*———	39 609 000	———*	*——
24 Female – Féminin	109 841 000	*– 13 170 000 ———*		*— 23 9 23 000 —*		*———	34 556 000	———*	*——
Rural – Rurale 1 VII 1993									
25 Rural – Rurale	651 707 000	*– 83 680 000 ———*		*— 151 9 13 000 —*		*———	176 452 000	———*	*——
26 Male – Masculin	336 795 000	*– 43 428 000 ———*		*— 79 1 05 000 —*		*———	91 692 000	———*	*——
27 Female – Féminin	314 912 000	*– 40 252 000 ———*		*— 72 8 08 000 —*		*———	84 760 000	———*	*——
Indonesia – Indonésie Urban – Urbaine 1 VII 1995									
28 Urban – Urbaine	69 937 110	1 282 950	5 457 624	6 919 379	7 988 101	8 211 252	7 307 909	6 501 381	5 737 0.
29 Male – Masculin	34 722 443	668 488	2 806 260	3 520 101	3 991 725	4 048 054	3 469 377	3 170 881	2 784
30 Female – Féminin	35 214 667	614 462	2 651 364	3 399 278	3 996 376	4 163 198	3 838 532	3 330 500	2 952 14
Rural – Rurale 1 VII 1995									
31 Rural – Rurale	124 817 698	2 455 009	11 255 948	14 868 934	15 720 581	12 058 138	9 842 867	9 806 810	9 244 60
32 Male – Masculin	62 207 488	1 254 797	5 745 187	7 609 470	8 046 407	6 224 856	4 567 893	4 626 818	4 477 6.
33 Female – Féminin	62 610 210	1 200 212	5 510 761	7 259 464	7 674 174	5 843 282	5 274 974	5 179 992	4 766 94

Données selon la résidence urbaine/rurale

(Voir notes à la fin du tableau.)

	35 – 39	40 – 44	45 – 49	50 – 54	55 – 59	60 – 64	65 – 69	70 – 74	75 – 79	80 – 84	85 +	Unknown Inconnu	
Age (en années)													
	6 661	4 657	3 173	2 608	2 110	1 506	1 109	709	512	347	275	67	1
	3 831	2 608	1 830	1 399	1 058	841	622	407	282	158	139	52	2
	2 830	2 049	1 343	1 209	1 052	665	487	302	230	189	136	15	3
	29 326 000	31 495 000	23 105 000	17 197 000	17 060 000	16 182 000	11 982 000	8 175 000	4 780 000	2 589 000	1 221 000	–	4
	14 993 000	15 702 000	11 517 000	8 465 000	8 367 000	8 068 000	6 153 000	3 898 000	2 153 000	974 000	389 000	–	5
	14 333 000	15 793 000	11 588 000	8 732 000	8 693 000	8 114 000	5 829 000	4 277 000	2 627 000	1 615 000	832 000	–	6
	50 323 000	62 426 000	48 233 000	36 784 000	31 449 000	29 359 000	23 143 000	16 755 000	10281000	5 251 000	2 266 000	–	7
	25 570 000	31 764 000	24 696 000	19 038 000	16 377 000	15 073 000	11 378 000	7 739 000	4 444 000	1 969 000	731 000	–	8
	24 753 000	30 662 000	23 537 000	17 746 000	15 072 000	14 286 000	11 765 000	9 016 000	5 837 000	3 282 000	1 535 000	–	9
	30 944	29 337	26 789	20 666	17 740	15 254	13 085	9 993	7 600	5 338	3 131	862	10
	15 314	14 455	13 385	10 298	8 763	7 067	6 085	4 611	3 310	2 241	1 259	497	11
	15 630	14 882	13 404	10 368	8 977	8 187	7 000	5 382	4 290	3 097	1 872	365	12
	13 264	11 887	10 356	9 065	8 681	8 549	8 102	6 689	5 711	4 100	2 298	230	13
	7 010	6 067	5 219	4 301	3 958	3 792	3 777	3 140	2 674	1 834	1 042	131	14
	6 254	5 820	5 137	4 764	4 723	4 757	4 325	3 549	3 037	2 266	1 256	99	15
	229 963	210 050	132 789	185 343	161 444	146 942	118 738	64 297	46 153	29 786	16 567	–	16
	106 385	98 482	62 213	83 636	74 582	64 533	47 438	20 913	14 292	9 214	4 701	–	17
	123 578	111 568	70 576	101 707	86 862	82 409	71 300	43 384	31 861	20 572	11 866	–	18
	157 578	130 227	84 383	143 523	143 122	144 271	115 704	63 900	46 590	36 512	25 250	–	19
	79 377	64 250	40 648	67 824	68 727	67 699	50 469	21 566	14 319	11 161	7 186	–	20
	78 201	65 977	43 735	75 699	74 395	76 572	65 235	42 334	32 271	25 351	18 064	–	21
	44 206 00 0 ————* *————			25 093 000 ————* *————————— —				13 077 000 ————————————*				–	22
	24 215 00 0 ————* *————			13 472 000 ————* *————————— —				6 497 000 ————————————*				–	23
	19 991 00 0 ————* *————			11 621 000 ————* *————————— —				6 580 000 ————————————*				–	24
	116 528 00 0 ————* *————			76 572 000 ————* *————————— —				46 562 000 ————————————*				–	25
	59 310 00 0 ————* *————			39 212 000 ————* *————————— —				24 048 000 ————————————*				–	26
	57 218 00 0 ————* *————			37 360 000 ————* *————————— —				22 514 000 ————————————*				–	27
	5 074 583	4 065 840	2 829 151	2 482 257	2 052 141	1 581 027	1 095 323	706 410 *———— – 644 755 ————*				–	28
	2 578 069	2 113 059	1 434 482	1 292 289	994 613	701 283	534 878	328 241 *———— – 285 764 ————*				–	29
	2 496 514	1 952 781	1 394 669	1 189 968	1 057 528	879 744	560 445	378 169 *———— – 358 991 ————*				–	30
	9 044 346	7 036 693	5 421 811	4 638 140	4 142 743	3 601 486	2 460 255	1 742 091 *———— 1 467 241 ————*				–	31
	4 474 100	3 705 477	2 738 943	2 486 887	1 939 213	1 600 108	1 163 031	862 921 *———— – 683 762 ————*					32
	4 570 246	3 331 216	2 682 868	2 151 253	2 203 530	2 001 378	1 297 224	879 170 *———— – 783 479 ————*				–	33

(See notes at end of table.)

Continent, country or area, sex, date and urban/rural residence / Continent, pays ou zone, sexe, date et résidence, urbaine/rurale	All ages Tous âges	− 1	1 − 4	5 − 9	10 − 14	15 − 19	20 − 24	25 − 29	30 −
ASIA—ASIE (Cont.–Suite)									
Iran (Islamic Republic of – Rép. islamique d')									
Urban – Urbaine 1 VII 1994									
1 Urban – Urbaine	34 645 738	661 805	3 137 708	4 983 926	4 897 855	3 687 083	3 137 295	2 906 672	2 499 3
2 Male – Masculin	17 733 254	333 991	1 641 953	2 561 972	2 484 961	1 851 161	1 515 522	1 483 399	1 286 9
3 Female – Féminin	16 912 484	327 814	1 495 754	2 421 953	2 412 892	1 835 922	1 621 773	1 423 272	1 212 4
Rural – Rurale 1 VII 1994									
4 Rural – Rurale	25 002 406	673 748	2 843 663	4 029 312	3 664 433	2 944 972	2 375 416	1 630 833	1 346 2
5 Male – Masculin	12 667 787	338 933	1 457 042	2 022 069	1 867 634	1 483 400	1 202 123	820 360	684 0
6 Female – Féminin	12 334 619	334 815	1 386 621	2 007 243	1 796 799	1 461 573	1 173 294	810 475	662 2
Iraq									
Urban – Urbaine 1 VII 1988*									
7 Urban – Urbaine	12 589 533	*— 2 1	71 928 —*	1 833 903	1 597 719	1 445 315	1 183 485	966 002	742 0
8 Male – Masculin	6 528 691	*— 1 1	23 164 —*	946 963	833 855	755 855	618 380	504 240	387 6
9 Female – Féminin	6 060 842	*— 1 0	48 764 —*	886 940	763 864	689 460	565 105	461 762	354 4
Rural – Rurale 1 VII 1988*									
10 Rural – Rurale	4 660 734	*— 804	145 —*	679 030	591 349	534 901	438 014	357 535	274 6
11 Male – Masculin	2 335 472	*— 401	783 —*	338 752	298 291	270 388	221 209	180 379	138 6
12 Female – Féminin	2 325 262	*— 402	362 —*	340 278	293 058	264 513	216 805	177 156	135 9
Israel – Israël [19]									
Urban – Urbaine 1 VII 1995 [1]									
13 Urban – Urbaine	4 970 500	*— 498	200 —*	479 900	464 300	443 900	426 100	366 800	337 2
14 Male – Masculin	2 452 000	*— 255	500 —*	245 700	238 100	226 500	215 600	183 900	169 9
15 Female – Féminin	2 518 500	*— 242	700 —*	234 200	226 200	217 400	210 500	182 900	167 3
Rural – Rurale 1 VII 1995 [1]									
16 Rural – Rurale	574 700	*— 68	900 —*	65 500	61 700	61 800	50 900	40 100	36 5
17 Male – Masculin	294 600	*— 35	400 —*	33 700	32 300	33 000	26 600	21 100	18 4
18 Female – Féminin	280 100	*— 33	500 —*	31 800	29 400	28 900	24 300	19 000	18 1
Japan – Japon									
Urban – Urbaine 1 X 1995(C) [20]									
19 Urban – Urbaine	98 009 107	951 238	3 765 095	5 003 897	5 661 829	6 738 126	8 273 486	7 335 287	6 622 3
20 Male – Masculin	48 210 196	486 730	1 928 417	2 562 634	2 898 318	3 451 428	4 229 560	3 727 174	3 365 2
21 Female – Féminin	49 798 911	464 508	1 836 678	2 441 263	2 763 511	3 286 698	4 043 926	3 608 113	3 257 0
Rural – Rurale 1 X 1995(C) [20]									
22 Rural – Rurale	27 561 139	240 340	1 038 581	1 536 774	1 815 976	1 819 832	1 621 515	1 452 854	1 504 0
23 Male – Masculin	13 364 202	122 486	532 382	787 193	928 650	934 347	811 668	724 951	748 5
24 Female – Féminin	14 196 937	117 854	506 199	749 581	887 326	885 485	809 847	727 903	755 5
Jordan – Jordanie [21]									
Urban – Urbaine 1 VII 1994 [22]									
25 Urban – Urbaine	3 182 435	*— 467	740 —*	427 348	401 829	368 297	347 573	293 822	216 0
26 Male – Masculin	1 649 985	*— 239	848 —*	218 319	205 462	190 099	183 708	159 575	114 1
27 Female – Féminin	1 532 450	*— 227	892 —*	209 029	196 367	178 198	163 865	134 247	101 88
Rural – Rurale 1 VII 1994 [22]									
28 Rural – Rurale	928 186	*— 148	308 —*	138 464	126 748	112 201	97 432	78 437	52 7
29 Male – Masculin	486 431	*— 76	001 —*	71 128	65 467	58 495	52 412	43 752	28 22
30 Female – Féminin	441 755	*— 72	307 —*	67 336	61 281	53 706	45 020	34 685	24 5
Kazakhstan									
Urban – Urbaine 1 VII 1996									
31 Urban – Urbaine	8 782 513	119 302	551 663	845 055	794 852	737 164	778 006	716 955	723 34
32 Male – Masculin	4 175 974	61 279	282 624	430 588	400 836	360 170	370 659	365 402	353 40
33 Female – Féminin	4 606 539	58 023	269 039	414 467	394 016	376 994	407 347	351 553	369 93

7. Population selon l'âge, le sexe et la résidence, urbaine/rurale: dernière année disponible, 1988 – 1997 (suite)

Données selon la résidence urbaine/rurale

(Voir notes à la fin du tableau.)

Age (en années)											Unknown Inconnu	
35 – 39	40 – 44	45 – 49	50 – 54	55 – 59	60 – 64	65 – 69	70 – 74	75 – 79	80 – 84	85 +		
2 231 277	1 674 074	1 153 526	901 900	803 474	754 054	523 842	436 537	120 254	56 008	79 070	—	1
1 136 229	880 897	602 915	470 718	437 772	403 592	283 749	234 329	63 010	25 534	34 594	—	2
1 095 047	793 179	550 612	431 182	365 703	350 465	240 095	202 207	57 244	30 475	44 477	—	3
1 181 943	897 371	655 216	581 087	588 088	595 090	436 123	337 698	93 898	58 891	68 362	—	4
575 734	435 715	302 693	285 395	305 988	323 284	251 215	192 323	49 832	35 829	34 181	—	5
606 209	461 656	352 523	295 692	282 102	271 806	184 910	145 374	44 066	23 062	34 180	—	6
607 499	467 807	369 797	311 090	257 380	206 553	152 410	116 199	81 846	*—— 78 525 ——*		—	7
317 875	245 201	193 678	160 938	130 528	102 684	75 053	56 725	39 434	*—— 36 459 ——*		—	8
289 624	222 606	176 119	150 152	126 852	103 869	77 357	59 474	42 412	*—— 42 066 ——*		—	9
224 827	173 118	136 852	115 177	95 360	76 583	56 526	43 110	30 378	*—— 29 181 ——*		—	10
113 712	87 715	69 283	57 571	46 693	36 733	26 848	20 292	14 106	*—— 13 042 ——*		—	11
111 115	85 403	67 569	57 606	48 667	39 850	29 678	22 818	16 272	*—— 16 139 ——*		—	12
326 200	320 600	286 400	180 300	*—— 348 400 ——*		*—— 298 000 ——*		*——— 194 200 ———*			—	13
160 500	157 200	138 800	87 200	*—— 162 100 ——*		*—— 129 100 ——*		*——— 81 900 ———*			—	14
165 700	163 400	147 600	93 100	*—— 186 300 ——*		*—— 168 900 ——*		*——— 112 300 ———*			—	15
37 000	37 900	30 700	19 200	*—— 28 000 ——*		*—— 20 000 ——*		*——— 16 400 ———*			—	16
18 300	19 400	16 000	9 900	*—— 14 200 ——*		*—— 9 300 ——*		*——— 6 900 ———*			—	17
18 700	18 500	14 800	9 300	*—— 13 700 ——*		*—— 10 700 ——*		*——— 9 500 ———*			—	18
6 122 780	6 958 048	8 375 780	7 123 036	6 218 576	5 651 465	4 657 595	3 356 768	2 336 124	1 628 388	1 100 945	128 268	19
3 093 354	3 484 404	4 177 381	3 527 304	3 064 803	2 740 721	2 187 663	1 387 405	893 004	584 572	333 259	86 774	20
3 029 426	3 473 644	4 198 399	3 595 732	3 153 773	2 910 744	2 469 932	1 969 363	1 443 120	1 043 816	767 686	41 494	21
1 699 441	2 048 024	2 242 586	1 798 882	1 734 904	1 823 644	1 738 483	1 338 399	952 943	672 377	478 800	2 705	22
852 455	1 042 948	1 150 954	894 483	841 818	871 227	811 043	554 153	367 407	239 920	145 827	1 732	23
846 986	1 005 076	1 091 632	904 399	893 086	952 417	927 440	784 246	585 536	432 457	332 973	973	24
149 354	110 135	101 702	90 993	72 587	52 911	33 449	22 250	10 945	7 467	5 559	2 434	25
77 373	56 328	50 070	48 689	38 290	27 344	17 847	10 132	5 554	3 190	2 584	1 413	26
71 981	53 807	51 632	42 304	34 297	25 567	15 602	12 118	5 391	4 277	2 975	1 021	27
37 565	30 106	24 817	22 999	18 465	14 806	8 641	7 291	3 526	2 764	1 980	891	28
19 617	16 034	12 418	12 299	9 608	7 713	4 861	3 455	1 936	1 412	1 131	463	29
17 948	14 072	12 399	10 700	8 857	7 093	3 780	3 836	1 590	1 352	849	428	30
751 122	631 019	523 148	265 470	442 057	267 105	276 951	173 789	84 771	62 646	38 095	—	31
365 721	303 319	247 121	122 916	196 735	113 732	104 686	52 306	22 598	14 353	7 525	—	32
385 401	327 700	276 027	142 554	245 322	153 373	172 265	121 483	62 173	48 293	30 570	—	33

(See notes at end of table.)

Continent, country or area, sex, date and urban/rural residence / Continent, pays ou zone, sexe, date et résidence, urbaine/rurale	All ages Tous âges	– 1	1 – 4	5 – 9	10 – 14	15 – 19	20 – 24	25 – 29	30 –
ASIA—ASIE (Cont.–Suite)									
Kazakhstan Rural – Rurale 1 VII 1996									
1 Rural – Rurale	7 138 384	139 327	640 418	861 965	824 180	719 674	549 541	459 647	529 6
2 Male – Masculin	3 562 079	71 552	329 261	438 123	417 196	370 750	301 757	254 624	269 2
3 Female – Féminin	3 576 305	67 775	311 157	423 842	406 984	348 924	247 784	205 023	259 4
Korea, Dem. People's Rep. of – Corée, rép. populaire dém. de Urban – Urbaine 31 XII 1993(C)									
4 Urban – Urbaine	12 501 217	228 730	955 496	1 102 774	1 081 711	957 833	1 158 144	1 256 838	1 002
5 Male – Masculin	5 951 077	117 280	490 788	565 845	554 589	450 199	493 090	630 044	498
6 Female – Féminin	6 550 140	111 450	464 708	536 929	527 122	507 634	665 054	626 794	503
Rural – Rurale 31 XII 1993(C)									
7 Rural – Rurale	8 021 134	187 358	716 924	763 809	685 401	570 465	704 845	762 687	605 8
8 Male – Masculin	3 726 586	95 869	368 017	391 738	350 175	258 591	272 389	357 051	292 4
9 Female – Féminin	4 294 548	91 489	348 907	372 071	335 226	311 874	432 456	405 636	312
Korea, Republic of– Corée, République de Urban – Urbaine 1 XI 1995(C) [1] [2] [3]									
10 Urban – Urbaine	34 991 964	547 347	2 287 750	2 514 837	2 956 665	3 083 565	3 509 790	3 473 377	3 517
11 Male – Masculin	17 595 723	291 276	1 215 282	1 325 013	1 533 376	1 589 448	1 758 084	1 725 122	1 774
12 Female – Féminin	17 396 241	256 071	1 072 468	1 189 824	1 423 289	1 494 117	1 751 706	1 748 255	1 742
Rural – Rurale 1 XI 1995(C) [1] [2] [3]									
13 Rural – Rurale	9 561 746	108 360	483 952	581 278	755 315	779 926	794 588	664 536	712
14 Male – Masculin	4 761 629	57 774	257 018	301 909	380 425	397 596	479 856	353 295	371
15 Female – Féminin	4 800 117	50 586	226 934	279 369	374 890	382 330	314 732	311 241	340
Kyrgyzstan – Kirghizistan Urban – Urbaine 1 I 1997*									
16 Urban – Urbaine	1 568 341	27 934	118 215	171 192	157 471	138 670	144 893	147 605	123
17 Male – Masculin	754 196	14 310	60 604	87 385	79 965	67 968	65 937	76 247	59
18 Female – Féminin	814 145	13 624	57 611	83 807	77 506	70 702	78 956	71 358	63
Rural – Rurale 1 I 1997*									
19 Rural – Rurale	3 005 780	78 156	331 896	428 357	392 123	316 554	257 418	198 091	207
20 Male – Masculin	1 504 052	40 061	169 848	217 857	197 253	161 267	136 209	103 080	103
21 Female – Féminin	1 501 728	38 095	162 048	210 500	194 870	155 287	121 209	95 011	104
Malaysia – Malaisie Urban – Urbaine 14 VIII 1991(C)									
22 Urban – Urbaine	8 848 016	208 905	839 821	1 022 736	905 979	893 083	870 350	856 031	790
23 Male – Masculin	4 435 344	107 388	433 255	525 626	462 609	444 487	423 396	416 889	393
24 Female – Féminin	4 412 672	101 517	406 566	497 110	443 370	448 596	446 954	439 142	396
Rural – Rurale 14 VIII 1991(C)									
25 Rural – Rurale	8 650 075	229 593	955 330	1 220 930	1 053 537	847 278	691 177	662 248	600
26 Male – Masculin	4 393 236	118 335	490 841	626 383	538 512	428 772	353 466	338 048	303
27 Female – Féminin	4 256 839	111 258	464 489	594 547	515 025	418 506	337 711	324 200	296
Maldives Urban – Urbaine 8 III 1990(C)									
28 Urban – Urbaine	55 130	1 308	5 748	7 263	6 528	8 381	6 518	4 968	3
29 Male – Masculin	30 150	642	2 935	3 693	3 422	4 722	3 687	2 770	1
30 Female – Féminin	24 980	666	2 813	3 570	3 106	3 659	2 831	2 198	1

7. Population selon l'âge, le sexe et la résidence, urbaine/rurale: dernière année disponible, 1988 – 1997 (suite)

Données selon la résidence urbaine/rurale

35 – 39	40 – 44	45 – 49	50 – 54	55 – 59	60 – 64	65 – 69	70 – 74	75 – 79	80 – 84	85 +	Unknown Inconnu	
514 063	401 516	316 870	192 997	331 929	196 999	194 124	118 800	59 695	48 405	38 579	–	1
261 438	199 320	154 839	91 408	156 887	90 245	80 838	38 265	16 876	10 997	7 949	–	2
252 625	202 196	162 031	101 589	175 042	106 754	113 286	80 535	42 819	37 408	30 630	–	3
901 104	638 616	786 240	754 557	635 339	437 753	275 918	177 353	95 721	41 691	13 234	54	4
440 315	306 319	377 375	361 150	290 490	187 062	101 045	53 214	23 326	8 893	1 908	2	5
460 789	332 297	408 865	393 407	344 849	250 691	174 873	124 139	72 395	32 798	11 326	52	6
485 350	352 171	456 837	454 245	428 318	310 841	230 143	162 180	91 539	39 641	12 519	43	7
242 675	175 990	225 855	221 840	196 786	114 702	73 880	49 761	25 998	10 112	2 182	1	8
242 675	176 181	230 982	232 405	231 532	196 139	156 263	112 419	65 541	29 529	10 337	42	9
3 428 662	2 519 966	1 951 493	1 516 333	1 264 170	905 622	612 437	437 794	255 966	137 645	70 675	177	10
1 731 271	1 295 738	1 004 316	774 968	626 873	413 690	242 461	159 518	83 390	36 561	14 468	98	11
1 697 391	1 224 228	947 177	741 365	637 297	491 932	369 976	278 276	172 576	101 084	56 207	79	12
705 202	551 135	512 802	547 435	649 291	589 460	431 542	324 750	199 707	108 546	61 143	232	13
371 745	284 112	257 193	253 919	296 752	260 029	178 412	134 178	77 108	34 706	13 902	119	14
333 457	267 023	255 609	293 516	352 539	329 431	253 130	190 572	122 599	73 840	47 241	113	15
122 349	98 993	78 867	36 072	57 989	43 077	42 005	29 185	14 382	9 937	6 133	–	16
58 576	47 337	37 241	17 379	26 510	19 114	16 771	9 944	4 573	2 729	1 722	–	17
63 773	51 656	41 626	18 693	31 479	23 963	25 234	19 241	9 809	7 208	4 411	–	18
195 431	143 313	99 794	47 126	84 618	74 741	68 619	41 673	19 150	11 247	9 849	–	19
98 471	71 213	48 993	23 630	40 960	35 016	30 587	15 887	5 339	2 839	2 275	–	20
96 960	72 100	50 801	23 496	43 658	39 725	38 032	25 786	13 811	8 408	7 574	–	21
648 273	502 865	336 306	293 876	211 185	169 548	110 240	86 502	49 811	33 044	19 452	–	22
327 078	258 779	175 629	150 376	104 071	80 073	50 392	38 167	22 187	13 822	7 632	–	23
321 195	244 086	160 677	143 500	107 114	89 475	59 848	48 335	27 624	19 222	11 820	–	24
515 433	430 147	332 444	313 110	237 123	204 187	133 269	107 203	51 119	39 284	25 917	–	25
259 920	217 054	169 994	156 495	117 799	100 627	65 725	52 431	25 689	17 969	11 230	–	26
255 513	213 093	162 450	156 615	119 324	103 560	67 544	54 772	25 430	21 315	14 687	–	27
2 631	1 742	1 884	1 490	1 140	813	485	268	138	84	56	143	28
1 563	1 001	1 076	845	687	478	281	139	78	53	33	95	29
1 068	741	808	645	453	335	204	129	60	31	23	48	30

Data by urban/rural residence

(See notes at end of table.)

Continent, country or area, sex, date and urban/rural residence / Continent, pays ou zone, sexe, date et résidence, urbaine/rurale	Age (in years)								
	All ages Tous âges	– 1	1 – 4	5 – 9	10 – 14	15 – 19	20 – 24	25 – 29	30 – 34
ASIA—-ASIE (Cont.–Suite)									
Maldives									
Rural – Rurale									
8 III 1990(C)									
1 Rural – Rurale	158 085	6 851	25 523	27 271	19 476	13 705	12 905	10 506	8 360
2 Male – Masculin	79 186	3 491	13 062	13 857	10 011	6 237	5 562	4 962	3 954
3 Female – Féminin	78 899	3 360	12 461	13 414	9 465	7 468	7 343	5 544	4 406
Mongolia – Mongolie									
Urban – Urbaine									
5 I 1989(C)									
4 Urban – Urbaine	1 165 900	*——— 173	600 ———*	146 700	136 800	136 300	118 100	112 600	85 800
Rural – Rurale									
5 I 1989(C)									
5 Rural – Rurale	877 500	*——— 151	100 ———*	127 900	118 900	85 200	78 200	66 900	49 500
Nepal – Népal									
Urban – Urbaine									
1 VII 1996 [1]									
6 Urban – Urbaine	2 315 277	*——— 312	754 ———*	284 550	280 661	272 309	255 165	203 113	162 753
7 Male – Masculin	1 209 007	*——— 161	862 ———*	148 864	147 998	147 281	138 643	101 627	82 324
8 Female – Féminin	1 106 270	*——— 150	892 ———*	135 686	132 663	125 028	116 522	101 486	80 429
Rural – Rurale									
1 VII 1996 [1]									
9 Rural – Rurale	18 811 359	*——— 3 148	083 ———*	2 738 751	2 333 762	1 883 398	1 560 512	1 323 263	1 142 942
10 Male – Masculin	9 390 471	*——— 1 622	818 ———*	1 411 660	1 208 055	952 077	763 639	606 867	519 428
11 Female – Féminin	9 420 888	*——— 1 525	265 ———*	1 327 091	1 125 707	931 321	796 873	716 396	623 514
Pakistan [24]									
Urban – Urbaine									
1 VII 1995									
12 Urban – Urbaine	41 871 000	*——— 7 165	000 ———*	5 545 000	5 869 000	4 250 000	3 339 000	2 952 000	2 637 000
13 Male – Masculin	22 376 000	*——— 3 798	000 ———*	2 793 000	3 028 000	2 247 000	1 818 000	1 618 000	1 459 000
14 Female – Féminin	19 495 000	*——— 3 367	000 ———*	2 752 000	2 841 000	2 003 000	1 521 000	1 334 000	1 178 000
Rural – Rurale									
1 VII 1995									
15 Rural – Rurale	88 000 000	*——14 000	000 ———*	11 329 000	9 636 000	8 250 000	7 127 000	6 755 000	5 869 000
16 Male – Masculin	44 675 000	*——— 7 093	000 ———*	5 709 000	4 862 000	4 173 000	3 660 000	3 414 000	2 969 000
17 Female – Féminin	43 325 000	*——— 6 907	000 ———*	5 620 000	4 774 000	4 077 000	3 467 000	3 341 000	2 900 000
Philippines									
Urban – Urbaine									
1 V 1990(C) [1]									
18 Urban – Urbaine	29 440 153	842 551	2 991 867	3 620 722	3 399 925	3 254 804	3 028 003	2 611 458	2 234 000
19 Male – Masculin	14 546 463	432 237	1 541 995	1 854 549	1 711 151	1 555 357	1 450 959	1 267 259	1 103 739
20 Female – Féminin	14 893 690	410 314	1 449 872	1 766 173	1 688 774	1 699 447	1 577 044	1 344 199	1 130 261
Rural – Rurale									
1 V 1990(C) [1]									
21 Rural – Rurale	31 118 963	974 719	3 657 836	4 440 286	4 065 807	3 385 847	2 740 322	2 333 793	1 967 026
22 Male – Masculin	15 896 724	497 404	1 870 880	2 270 860	2 088 257	1 765 504	1 415 248	1 192 004	1 007 052
23 Female – Féminin	15 222 239	477 315	1 786 956	2 169 426	1 977 550	1 620 343	1 325 074	1 141 789	959 974
Syrian Arab Republic – République arabe syrienne									
Urban – Urbaine									
1 VII 1994 [1] [26]									
24 Urban – Urbaine	7 112 000	249 000	1 011 000	1 187 000	960 000	698 000	553 000	441 000	402 000
25 Male – Masculin	3 702 000	129 000	524 000	617 000	502 000	366 000	285 000	225 000	210 000
26 Female – Féminin	3 410 000	120 000	487 000	570 000	458 000	332 000	268 000	216 000	192 000
Rural – Rurale									
1 VII 1994 [1] [26]									
27 Rural – Rurale	6 732 000	257 000	1 091 000	1 174 000	884 000	625 000	460 000	335 000	307 000
28 Male – Masculin	3 369 000	131 000	555 000	602 000	465 000	306 000	239 000	146 000	131 000
29 Female – Féminin	3 363 000	126 000	536 000	572 000	419 000	319 000	221 000	189 000	176 000

Données selon la résidence urbaine/rurale

(Voir notes à la fin du tableau.)

					Age (en années)							
35 – 39	40 – 44	45 – 49	50 – 54	55 – 59	60 – 64	65 – 69	70 – 74	75 – 79	80 – 84	85 +	Unknown Inconnu	
5 683	4 226	5 435	5 138	4 065	3 675	1 985	1 324	585	462	367	543	1
2 761	2 124	2 678	2 681	2 370	2 184	1 231	782	389	303	243	304	2
2 922	2 102	2 757	2 457	1 695	1 491	754	542	196	159	124	239	3
59 700	44 300	38 600	29 700	25 500	18 500	15 600	*———— 24 100 ————*				-	4
32 600	26 100	29 700	25 700	24 700	17 700	15 900	*———— 27 400 ————*				-	5
131 846	104 054	83 113	64 208	49 966	36 701	31 340	21 820	13 074	*—— 7 850 ——*		-	6
68 077	56 275	43 616	32 993	25 609	18 883	14 867	10 335	6 135	*—— 3 618 ——*		-	7
63 769	47 779	39 497	31 215	24 357	17 818	16 473	11 485	6 939	*—— 4 232 ——*		-	8
984 008	848 404	718 917	600 477	475 628	379 845	296 994	201 969	109 975	*—— 64 431 ——*		-	9
471 918	411 133	349 056	296 692	245 123	196 329	149 115	100 282	54 686	*—— 31 593 ——*		-	10
512 090	437 271	369 861	303 785	230 505	183 516	147 879	101 687	55 289	*—— 32 838 ——*		-	11
2 235 000	1 977 000	1 616 000	1 382 000	921 000	736 000	486 000	419 000	342 000	*—— - ——*		-	12
1 236 000	1 079 000	887 000	778 000	527 000	408 000	278 000	232 000	190 000	*—— - ——*		-	13
999 000	898 000	729 000	604 000	394 000	328 000	208 000	187 000	152 000	*—— - ——*		-	14
4 986 000	4 520 000	3 984 000	3 062 000	2 714 000	2 144 000	1 640 000	973 000	452 000	*—— 559 000 ——*		-	15
2 554 000	2 330 000	2 060 000	1 554 000	1 386 000	1 106 000	822 000	477 000	215 000	*—— 291 000 ——*		-	16
2 432 000	2 190 000	1 924 000	1 508 000	1 328 000	1 038 000	818 000	496 000	237 000	*—— 268 000 ——*		-	17
1 839 870	1 442 630	1 082 001	921 215	684 758	533 380	372 989	256 677	179 540	88 302	55 461	-	18
919 281	724 979	538 312	450 337	328 875	252 211	166 602	113 278	76 700	36 442	22 200	-	19
920 589	717 651	543 689	470 878	355 883	281 169	206 387	143 399	102 840	51 860	33 261	-	20
1 661 751	1 311 213	1 139 487	984 613	754 645	594 501	434 631	308 662	206 104	96 521	61 199	-	21
849 251	664 876	575 033	494 500	376 771	294 797	210 175	151 703	99 980	44 563	27 866	-	22
812 500	646 337	564 454	490 113	377 874	299 704	224 456	156 959	106 124	51 958	33 333	-	23
375 000	310 000	228 000	163 000	134 000	132 000	89 000	83 000	*———— - 97 000 ————*			-	24
201 000	170 000	123 000	85 000	72 000	64 000	43 000	39 000	*———— - 47 000 ————*			-	25
174 000	140 000	105 000	78 000	62 000	68 000	46 000	44 000	*———— - 50 000 ————*			-	26
324 000	268 000	220 000	172 000	126 000	152 000	98 000	102 000	*———— - 137 000 ————*			-	27
149 000	132 000	110 000	87 000	66 000	74 000	52 000	53 000	*———— - 71 000 ————*			-	28
175 000	136 000	110 000	85 000	60 000	78 000	46 000	49 000	*———— - 66 000 ————*			-	29

(See notes at end of table.)

Continent, country or area, sex, date and urban/rural residence / Continent, pays ou zone, sexe, date et résidence, urbaine/rurale	All ages Tous âges	– 1	1 – 4	5 – 9	10 – 14	15 – 19	20 – 24	25 – 29	30 – 34
ASIA—ASIE (Cont.–Suite)									
Tajikistan – Tadjikistan									
Urban – Urbaine									
1 VII 1993*									
1 Urban – Urbaine	1 630 259	40 106	178 075	216 453	173 587	154 090	159 737	128 423	126 932
2 Male – Masculin	802 998	20 635	91 008	109 526	87 552	78 932	87 175	62 552	60 776
3 Female – Féminin	827 261	19 471	87 067	106 927	86 035	75 158	72 562	65 871	66 156
Rural – Rurale									
1 VII 1993*									
4 Rural – Rurale	3 991 468	144 668	588 856	633 878	489 049	402 854	348 792	314 039	280 742
5 Male – Masculin	1 996 855	74 196	300 826	320 798	247 286	201 963	166 106	151 482	140 581
6 Female – Féminin	1 994 613	70 472	288 030	313 080	241 763	200 891	182 686	162 557	140 161
Thailand – Thaïlande									
Urban – Urbaine									
1 IV 1990(C) [1]									
7 Urban – Urbaine	10 206 900	*——— 664	700 ———*	777 200	901 000	1 151 600	1 268 500	1 159 600	1 017 700
8 Male – Masculin	4 941 000	*——— 340	900 ———*	403 800	464 900	540 700	583 700	553 800	490 200
9 Female – Féminin	5 265 900	*——— 323	800 ———*	373 400	436 100	610 900	684 800	605 800	527 500
Rural – Rurale									
1 IV 1990(C) [1]									
10 Rural – Rurale	44 325 400	*—— 3 8	01 900 ——*	4 610 600	4 954 900	4 509 200	4 530 500	3 970 800	3 644 500
11 Male – Masculin	22 090 200	*—— 1 9	59 500 ——*	2 325 200	2 531 000	2 279 800	2 393 300	1 938 600	1 783 700
12 Female – Féminin	22 235 200	*—— 1 8	42 400 ——*	2 285 400	2 423 900	2 229 400	2 137 200	2 032 200	1 860 800
Turkey – Turquie									
Urban – Urbaine									
21 X 1990(C)									
13 Urban – Urbaine	33 326 351	*———	7 097 583	———*	3 972 393	3 689 095	3 285 082	3 104 440	2 677 610
14 Male – Masculin	17 247 553	*———	3 646 919	———*	2 099 079	1 980 295	1 763 122	1 592 682	1 391 487
15 Female – Féminin	16 078 798	*———	3 450 664	———*	1 873 314	1 708 800	1 521 960	1 511 758	1 286 123
Rural – Rurale									
21 X 1990(C)									
16 Rural – Rurale	23 146 684	*———	5 756 370	———*	2 919 006	2 527 374	1 810 422	1 708 687	1 408 699
17 Male – Masculin	11 359 494	*———	2 946 745	———*	1 461 821	1 184 766	818 031	843 083	705 412
18 Female – Féminin	11 787 190	*———	2 809 625	———*	1 457 185	1 342 608	992 391	865 604	703 287
Turkmenistan – Turkménistan									
Urban – Urbaine									
12 I 1989(C) [1]									
19 Urban – Urbaine	1 591 148	*——— 220	066 ———*	187 070	165 896	158 492	148 152	150 257	127 553
20 Male – Masculin	783 245	*——— 111	834 ———*	94 746	83 937	84 163	75 738	74 127	62 601
21 Female – Féminin	807 903	*——— 108	232 ———*	92 324	81 959	74 329	72 414	76 130	64 952
Rural – Rurale									
12 I 1989(C) [1]									
22 Rural – Rurale	1 931 569	*——— 339	575 ———*	274 898	240 900	207 798	178 485	171 482	124 988
23 Male – Masculin	951 934	*——— 171	717 ———*	138 510	120 678	103 723	85 595	83 636	61 335
24 Female – Féminin	979 635	*——— 167	858 ———*	136 388	120 222	104 075	92 890	87 846	63 653
Uzbekistan – Ouzbékistan									
Urban – Urbaine									
12 I 1989(C) [1]									
25 Urban – Urbaine	8 040 963	224 226	867 161	908 443	803 514	811 727	754 538	745 251	628 983
26 Male – Masculin	3 937 149	114 568	439 544	460 228	406 329	416 155	388 807	371 552	310 444
27 Female – Féminin	4 103 814	109 658	427 617	448 215	397 185	395 572	365 731	373 699	318 539
Rural – Rurale									
12 I 1989(C) [1]									
28 Rural – Rurale	11 769 114	445 071	1 679 951	1 702 597	1 452 239	1 193 012	1 077 924	1 040 159	763 680
29 Male – Masculin	5 847 007	226 535	850 409	858 690	731 908	586 947	521 911	519 200	385 701
30 Female – Féminin	5 922 107	218 536	829 542	843 907	720 331	606 065	556 013	520 959	377 979

Données selon la résidence urbaine/rurale

(Voir notes à la fin du tableau.)

	35 – 39	40 – 44	45 – 49	50 – 54	55 – 59	60 – 64	65 – 69	70 – 74	75 – 79	80 – 84	85 +	Unknown Inconnu	
	101 141	79 581	45 662	54 095	51 033	42 695	33 770	18 809	12 670	8 345	5 055	—	1
	48 758	37 810	22 419	26 162	23 940	18 867	13 001	6 118	3 774	2 529	1 464	—	2
	52 383	41 771	23 243	27 933	27 093	23 828	20 769	12 691	8 896	5 816	3 591	—	3
	187 217	128 367	72 274	90 431	90 109	81 495	57 751	34 000	18 977	14 652	13 317	—	4
	94 073	64 450	38 959	49 041	45 658	40 509	28 319	13 482	7 531	5 874	5 721	—	5
	93 144	63 917	33 315	41 390	44 451	40 986	29 432	20 518	11 446	8 778	7 596	—	6
	818 400	610 300	467 600	413 700	309 300	243 400	149 600	111 900	68 400	*—— 74 000 ——*		—	7
	395 100	299 600	225 300	206 500	150 700	112 600	68 800	48 100	29 500	*—— 26 800 ——*		—	8
	423 300	310 700	242 300	207 200	158 600	130 800	80 800	63 800	38 900	*—— 47 200 ——*		—	9
	3 016 200	2 434 500	2 070 600	1 858 200	1 595 900	1 235 100	828 400	553 700	357 800	*—— 352 600 ——*		—	10
	1 474 400	1 195 900	1 010 500	894 100	762 300	601 000	392 500	254 000	153 800	*—— 140 600 ——*		—	11
	1 541 800	1 238 600	1 060 100	964 100	833 600	634 100	435 900	299 700	204 000	*—— 212 000 ——*		—	12
	2 274 882	1 756 242	1 303 615	1 111 583	1 009 056	823 497	*——————— 1 193 932 ———————*					27 341	13
	1 183 398	920 971	677 912	550 854	516 623	388 269	*——————— 518 630 ———————*					17 312	14
	1 091 484	835 271	625 703	560 729	492 433	435 228	*——————— 675 302 ———————*					10 029	15
	1 215 182	1 032 182	897 544	907 385	931 465	791 796	*——————— 1 223 431 ———————*					17 141	16
	600 723	497 813	433 201	429 261	476 779	380 278	*——————— 572 512 ———————*					9 069	17
	614 459	534 369	464 343	478 124	454 686	411 518	*——————— 650 919 ———————*					8 072	18
	101 113	58 471	56 499	60 551	47 580	43 417	24 442	17 720	14 115	6 364	3 390	—	19
	49 445	28 821	27 761	29 259	21 927	17 874	8 385	5 479	4 375	1 843	930	—	20
	51 668	29 650	28 738	31 292	25 653	25 543	16 057	12 241	9 740	4 521	2 460	—	21
	84 193	47 632	52 068	53 535	49 660	40 655	23 932	16 101	12 920	6 657	6 090	—	22
	41 216	23 729	26 369	27 132	24 421	19 040	9 149	5 956	5 091	2 552	2 085	—	23
	42 977	23 903	25 699	26 403	25 239	21 615	14 783	10 145	7 829	4 105	4 005	—	24
	498 389	300 712	302 174	315 878	258 356	237 217	131 050	98 663	81 929	44 706	27 836	210	25
	244 560	147 409	148 068	150 881	118 719	96 784	44 056	30 306	25 468	14 199	8 978	94	26
	253 829	153 303	154 106	164 997	139 637	140 433	86 994	68 357	56 461	30 507	18 858	116	27
	514 980	271 663	323 357	335 172	303 002	246 476	138 579	85 566	83 805	55 750	55 980	151	28
	259 042	138 957	169 605	171 838	146 947	118 877	53 101	29 762	32 513	23 237	21 750	77	29
	255 938	132 706	153 752	163 334	156 055	127 599	85 478	55 804	51 292	32 513	34 230	74	30

(See notes at end of table.)

Continent, country or area, sex, date and urban/rural residence / Continent, pays ou zone, sexe, date et résidence, urbaine/rurale	Age (in years)								
	All ages Tous âges	– 1	1 – 4	5 – 9	10 – 14	15 – 19	20 – 24	25 – 29	30 – 34
ASIA—ASIE (Cont.–Suite)									
Viet Nam Urban – Urbaine 31 XII 1992									
1 Urban – Urbaine	13 485 405	380 372	1 476 562	1 850 121	1 619 359	1 437 113	1 233 318	1 132 6P1	978 248
2 Male – Masculin	6 510 756	198 134	796 303	946 795	831 098	700 936	545 113	552 042	455 218
3 Female – Féminin	6 974 649	182 238	680 259	903 326	788 261	736 177	688 205	580 639	523 030
Rural – Rurale 31 XII 1992									
4 Rural – Rurale	55 689 675	1 621 163	5 957 470	7 567 616	6 886 997	6 112 173	5 127 668	4 252 994	4 156 729
5 Male – Masculin	26 802 222	822 649	3 108 925	3 898 934	3 581 712	3 024 519	2 357 479	1 734 269	1 972 665
6 Female – Féminin	28 887 453	798 514	2 848 545	3 668 682	3 305 285	3 087 654	2 770 189	2 518 725	2 184 064
Yemen – Yémen Urban – Urbaine 16 XII 1994(C)									
7 Urban – Urbaine	3 423 518	98 756	372 120	535 411	492 788	401 317	316 136	257 640	219 905
8 Male – Masculin	1 856 602	50 872	189 919	272 246	260 979	220 977	185 604	142 812	123 317
9 Female – Féminin	1 566 916	47 884	182 201	263 165	231 809	180 340	130 532	114 828	96 588
Rural – Rurale 16 XII 1994(C)									
10 Rural – Rurale	11 164 289	375 963	1 548 133	2 200 439	1 710 096	1 085 438	673 870	656 502	560 619
11 Male – Masculin	5 616 938	195 053	779 965	1 132 171	925 252	564 150	328 553	290 838	247 349
12 Female – Féminin	5 547 351	180 910	768 168	1 068 268	784 844	521 288	345 317	365 664	313 270
EUROPE									
Andorra – Andorre Urban – Urbaine 1 VII 1991									
13 Urban – Urbaine	54 285	241	2 193	2 986	3 396	3 916	4 961	6 249	5 927
14 Male – Masculin	28 866	123	1 150	1 533	1 750	2 049	2 630	3 385	3 279
15 Female – Féminin	25 419	118	1 043	1 453	1 646	1 867	2 331	2 864	2 648
Rural – Rurale 1 VII 1991									
16 Rural – Rurale	3 273	21	113	151	188	172	228	355	338
17 Male – Masculin	1 841	13	61	85	90	90	128	204	198
18 Female – Féminin	1 432	8	52	66	98	82	100	151	140
Austria – Autriche Urban – Urbaine 15 V 1991(C) [1]									
19 Urban – Urbaine	5 032 189	55 643	216 195	269 646	255 606	296 392	416 665	456 351	403 786
20 Male – Masculin	2 386 002	28 716	111 343	138 469	131 971	151 093	209 291	231 995	203 961
21 Female – Féminin	2 646 187	26 927	104 852	131 177	123 635	145 299	207 374	224 356	199 825
Rural – Rurale 15 V 1991(C) [1]									
22 Rural – Rurale	2 763 597	36 043	145 401	192 089	186 183	206 057	231 834	242 428	220 729
23 Male – Masculin	1 367 987	18 540	74 257	98 104	96 043	105 782	121 781	127 101	115 613
24 Female – Féminin	1 395 610	17 503	71 144	93 985	90 140	100 275	110 053	115 327	105 116
Belarus – Bélarus Urban – Urbaine 1 I 1997									
25 Urban – Urbaine	7 089 869	65 505	315 301	547 061	607 604	571 568	548 214	515 389	579 553
26 Male – Masculin	3 326 815	33 715	161 429	279 650	307 062	284 117	269 670	250 972	277 888
27 Female – Féminin	3 763 054	31 790	153 872	267 411	300 542	287 451	278 544	264 417	301 665
Rural – Rurale 1 I 1997									
28 Rural – Rurale	3 146 258	29 358	136 572	218 198	234 897	189 294	178 350	159 960	192 500
29 Male – Masculin	1 450 920	15 116	69 868	110 959	118 916	98 809	94 461	81 845	103 529
30 Female – Féminin	1 695 338	14 242	66 704	107 239	115 981	90 485	83 889	78 115	88 971

7. Population selon l'âge, le sexe et la résidence, urbaine/rurale: dernière année disponible, 1988 – 1997 (suite)

Données selon la résidence urbaine/rurale

(oir notes à la fin du tableau.)

					Age (en années)							
35 – 39	40 – 44	45 – 49	50 – 54	55 – 59	60 – 64	65 – 69	70 – 74	75 – 79	80 – 84	85 +	Unknown Inconnu	
690 239	466 578	414 748	410 614	392 739	340 055	266 498	174 183	122 944	63 082	35 951	—	1
315 472	212 297	183 127	180 576	181 080	152 727	112 991	70 182	45 891	20 499	10 275	—	2
374 767	254 281	231 621	230 038	211 659	187 328	153 507	104 001	77 053	42 583	25 676	—	3
2 936 766	1 985 865	1 765 509	1 534 328	1 519 649	1 436 829	1 134 911	742 724	524 885	270 372	155 027	—	4
1 374 444	932 772	807 901	681 667	646 581	669 050	498 964	315 701	211 716	103 018	59 256	—	5
1 562 322	1 053 093	957 608	852 661	873 068	767 779	635 947	427 023	313 169	167 354	95 771	—	6
192 980	134 608	107 327	88 698	50 432	57 530	28 131	30 560	12 541	13 648	12 457	533	7
108 179	77 669	62 215	49 044	28 990	31 440	15 841	15 868	6 990	6 582	6 596	462	8
84 801	56 939	45 112	39 654	21 442	26 090	12 290	14 692	5 551	7 066	5 861	71	9
546 209	400 322	307 100	295 101	157 157	227 201	106 747	141 439	50 747	67 107	53 583	516	10
249 582	189 388	150 292	144 592	80 382	118 494	56 820	73 962	27 431	33 839	28 499	326	11
296 627	210 934	156 808	150 509	76 775	108 707	49 927	67 477	23 316	33 268	25 084	190	12
4 897	4 034	3 308	2 442	2 399	2 163	1 852	1 314	960	603	422	22	13
2 701	2 207	1 788	1 292	1 248	1 147	935	665	484	305	181	14	14
2 196	1 827	1 520	1 150	1 151	1 016	917	649	476	298	241	8	15
260	269	217	161	177	188	153	127	73	49	29	4	16
146	164	112	92	112	96	87	79	40	25	17	2	17
114	105	105	69	65	92	66	48	33	24	12	2	18
343 091	357 589	340 319	322 977	236 975	255 270	263 309	171 325	168 145	124 773	78 132	—	19
170 197	178 014	168 687	159 947	113 971	116 326	99 282	60 917	55 842	36 849	19 131	—	20
172 894	179 575	171 632	163 030	123 004	138 944	164 027	110 408	112 303	87 924	59 001	—	21
186 072	171 823	138 312	162 660	140 192	142 540	129 317	78 198	73 894	50 745	29 080	—	22
97 390	90 121	70 921	81 912	69 228	68 770	52 046	29 318	26 085	16 625	8 350	—	23
88 682	81 702	67 391	80 748	70 964	73 770	77 271	48 880	47 809	34 120	20 730	—	24
667 667	589 548	513 764	281 785	382 197	284 956	257 959	184 443	81 113	53 976	42 266	—	25
318 273	277 790	240 379	131 974	170 023	119 044	101 285	58 027	23 812	13 262	8 443	—	26
349 394	311 758	273 385	149 811	212 174	165 912	156 674	126 416	57 301	40 714	33 823	—	27
209 955	172 847	152 874	120 187	211 500	252 509	265 979	199 629	91 653	70 601	59 395	—	28
114 915	93 123	79 102	55 038	92 315	105 065	104 430	59 749	24 937	15 859	12 884	—	29
95 040	79 724	73 772	65 149	119 185	147 444	161 549	139 880	66 716	54 742	46 511	—	30

7. Population by age, sex and urban/rural residence: latest available year, 1988 – 1997 (continued)

Data by urban/rural residence

(See notes at end of table.)

Continent, country or area, sex, date and urban/rural residence / Continent, pays ou zone, sexe, date et résidence, urbaine/rurale	All ages Tous âges	− 1	1 – 4	5 – 9	10 – 14	15 – 19	20 – 24	25 – 29	30 – 34
EUROPE (Cont.–Suite)									
Bulgaria – Bulgarie									
Urban – Urbaine									
31 XII 1996									
1 Urban – Urbaine	5 634 602	50 004	217 740	342 028	388 580	445 136	467 897	420 699	388 003
2 Male – Masculin	2 741 483	25 901	111 516	175 042	198 893	226 479	234 301	210 677	190 697
3 Female – Féminin	2 893 119	24 103	106 224	166 986	189 687	218 657	233 596	210 022	197 306
Rural – Rurale									
31 XII 1996									
4 Rural – Rurale	2 706 334	20 939	101 640	156 247	160 349	158 547	152 655	160 096	148 173
5 Male – Masculin	1 336 018	10 656	52 098	80 366	82 611	83 636	81 245	85 155	79 268
6 Female – Féminin	1 370 316	10 283	49 542	75 881	77 738	74 911	71 410	74 941	68 905
Croatia – Croatie									
Urban – Urbaine									
31 III 1991(C) [1]									
7 Urban – Urbaine	2 597 205	28 887	120 304	174 784	189 361	179 686	172 678	187 086	208 692
8 Male – Masculin	1 244 466	14 814	61 964	89 664	96 736	91 377	85 213	90 089	99 609
9 Female – Féminin	1 352 739	14 073	58 340	85 120	92 625	88 309	87 465	96 997	109 083
Rural – Rurale									
31 III 1991(C) [1]									
10 Rural – Rurale	2 187 060	25 572	105 293	139 913	142 065	146 604	147 544	155 302	157 264
11 Male – Masculin	1 074 157	13 101	53 709	71 719	72 782	75 532	77 400	82 651	85 689
12 Female – Féminin	1 112 903	12 471	51 584	68 194	69 283	71 072	70 144	72 651	71 575
Czech Republic – Rép. tchèque									
Urban – Urbaine									
31 XII 1996 [1]									
13 Urban – Urbaine	7 694 761	66 321	326 665	480 533	499 863	602 598	666 008	532 087	534 091
14 Male – Masculin	3 719 889	33 866	167 736	245 818	255 829	308 196	336 913	268 194	269 820
15 Female – Féminin	3 974 872	32 455	158 929	234 715	244 034	294 402	329 095	263 893	264 271
Rural – Rurale									
31 XII 1996 [1]									
16 Rural – Rurale	2 614 376	23 693	115 187	159 313	171 104	208 260	228 281	171 073	164 095
17 Male – Masculin	1 292 196	12 351	59 073	81 921	87 505	106 778	119 464	91 140	86 247
18 Female – Féminin	1 322 180	11 342	56 114	77 392	83 599	101 482	108 817	79 933	77 848
Estonia – Estonie									
Urban – Urbaine									
1 VII 1996									
19 Urban – Urbaine	1 022 675	8 452	38 642	71 323	74 024	71 291	72 015	73 508	71 493
20 Male – Masculin	468 434	4 330	19 911	36 549	37 433	36 153	35 996	38 450	34 792
21 Female – Féminin	554 241	4 122	18 731	34 774	36 591	35 138	36 019	35 058	36 701
Rural – Rurale									
1 VII 1996									
22 Rural – Rurale	446 541	4 771	22 916	37 594	36 283	33 538	31 976	30 550	30 782
23 Male – Masculin	215 912	2 455	11 664	19 198	18 480	17 180	16 739	16 021	16 365
24 Female – Féminin	230 629	2 316	11 252	18 396	17 803	16 358	15 237	14 529	14 417
Finland – Finlande									
Urban – Urbaine									
1 VII 1996 [1]									
25 Urban – Urbaine	3 323 247	40 779	166 560	194 547	197 270	204 510	220 543	246 405	258 337
26 Male – Masculin	1 589 993	20 828	84 680	99 395	100 586	102 662	109 706	124 194	131 169
27 Female – Féminin	1 733 254	19 951	81 883	95 157	96 687	101 853	110 841	122 215	127 172
Rural – Rurale									
1 VII 1996 [1]									
28 Rural – Rurale	1 801 326	20 850	94 330	124 258	131 567	121 719	87 295	94 442	120 419
29 Male – Masculin	906 156	10 690	48 206	63 555	67 599	63 887	47 845	49 586	62 323
30 Female – Féminin	895 171	10 161	46 127	60 706	63 970	57 836	39 455	44 860	58 098
France									
Urban – Urbaine									
5 III 1990(C) [28]									
31 Urban – Urbaine	41 923 233	93 616	2 285 183	2 818 563	2 745 971	3 111 599	3 391 708	3 385 448	3 206 024
32 Male – Masculin	20 194 431	47 685	1 171 702	1 441 222	1 407 888	1 579 953	1 688 377	1 682 098	1 582 390
33 Female – Féminin	21 728 802	45 931	1 113 481	1 377 341	1 338 083	1 531 646	1 703 331	1 703 350	1 623 634

214

7. Population selon l'âge, le sexe et la résidence, urbaine/rurale: dernière année disponible, 1988 – 1997 (suite)

Données selon la résidence urbaine/rurale

ir notes à la fin du tableau.)

Age (en années)

35 – 39	40 – 44	45 – 49	50 – 54	55 – 59	60 – 64	65 – 69	70 – 74	75 – 79	80 – 84	85 +	Unknown Inconnu	
419 688	444 070	454 341	368 462	296 401	294 440	254 976	207 058	102 594	*—— 72 485 ——*		—	1
203 809	214 476	219 665	178 273	142 024	136 930	115 785	89 211	42 193	*—— 25 611 ——*		—	2
215 879	229 594	234 676	190 189	154 377	157 510	139 191	117 847	60 401	*—— 46 874 ——*		—	3
145 724	146 468	157 829	161 731	173 614	220 278	206 064	197 370	113 165	*—— 125 445 ——*		—	4
78 412	77 099	80 349	78 799	82 125	103 795	94 663	85 959	48 054	*—— 51 728 ——*		—	5
67 312	69 369	77 480	82 932	91 489	116 483	111 401	111 411	65 111	*—— 73 717 ——*		—	6
221 888	207 577	154 013	166 076	159 143	134 945	104 968	55 502	48 393	31 567	15 409	36 246	7
108 272	101 383	74 882	82 151	77 730	61 164	40 391	20 609	17 016	10 057	4 101	17 244	8
113 616	106 194	79 131	83 925	81 413	73 781	64 577	34 893	31 377	21 510	11 308	19 002	9
153 203	137 889	105 836	138 351	152 259	144 003	114 498	64 174	61 249	41 662	18 618	35 761	10
83 931	75 245	54 582	67 912	71 453	65 283	42 887	22 965	21 501	14 161	5 551	16 103	11
69 272	62 644	51 254	70 439	80 806	78 720	71 611	41 209	39 748	27 501	13 067	19 658	12
494 684	596 741	622 784	540 604	391 178	343 830	345 175	303 154	165 581	107 851	75 013	—	13
248 058	296 223	305 546	261 283	186 437	157 207	148 749	118 056	58 889	33 722	19 347	—	14
246 626	300 518	317 238	279 321	204 741	186 623	196 426	185 098	106 692	74 129	55 666	—	15
162 026	192 558	204 552	166 522	131 209	125 029	129 725	115 869	65 577	45 815	34 488	—	16
84 952	100 067	106 463	84 890	63 237	57 943	56 175	45 094	24 223	15 131	9 542	—	17
77 074	92 491	98 089	81 632	67 972	67 086	73 550	70 775	41 354	30 684	24 946	—	18
77 613	76 928	71 970	54 088	67 619	56 333	54 644	38 268	19 497	14 456	10 511	—	19
36 704	35 611	32 626	23 629	28 820	23 113	21 118	11 635	5 688	3 747	2 129	—	20
40 909	41 317	39 344	30 459	38 799	33 220	33 526	26 633	13 809	10 709	8 382	—	21
31 140	28 460	26 173	22 807	24 621	22 535	20 485	16 898	10 168	8 661	6 183	—	22
16 404	14 938	13 366	11 492	11 756	10 032	8 022	5 298	2 798	2 239	1 465	—	23
14 736	13 522	12 807	11 315	12 865	12 503	12 463	11 600	7 370	6 422	4 718	—	24
248 213	259 898	281 778	215 665	176 932	151 098	146 888	123 045	86 849	60 826	43 087	—	25
125 038	128 879	139 571	105 979	84 312	69 357	62 637	45 953	28 140	17 114	9 819	—	26
123 178	131 022	142 211	109 690	92 624	81 744	84 256	77 095	58 711	43 716	33 274	—	27
134 249	143 756	150 860	111 333	99 766	89 379	89 214	74 793	51 733	35 985	25 359	4	28
69 869	76 190	80 721	58 650	51 279	44 914	42 620	31 474	18 467	11 402	6 903	—	29
64 385	67 570	70 142	52 687	48 492	44 468	46 598	43 321	33 271	24 588	18 460	—	30
3 147 292	3 230 068	2 251 866	2 148 077	2 184 924	2 060 655	1 889 968	1 138 866	1 181 640	917 813	733 952	—	31
1 545 192	1 610 925	1 128 379	1 063 144	1 055 509	953 282	823 255	473 025	446 859	305 356	188 190	—	32
1 602 100	1 619 143	1 123 487	1 084 933	1 129 415	1 107 373	1 066 713	665 841	734 781	612 457	545 762	—	33

(See notes at end of table.)

Continent, country or area, sex, date and urban/rural residence / Continent, pays ou zone, sexe, date et résidence, urbaine/rurale	All ages Tous âges	– 1	1 – 4	5 – 9	10 – 14	15 – 19	20 – 24	25 – 29	30 – 3
EUROPE (Cont.–Suite)									
France									
Rural – Rurale									
5 III 1990(C) [28]									
1 Rural – Rurale	14 711 066	26 892	737 663	1 042 763	1 039 430	1 108 832	877 824	914 111	1 070 7(
2 Male – Masculin	7 359 357	14 151	382 504	528 919	533 627	574 056	477 193	460 621	541 6(
3 Female – Féminin	7 351 709	12 741	355 159	513 844	505 803	534 776	400 631	453 490	529 0(
Greece – Grèce									
Urban – Urbaine									
17 III 1991(C) [34]									
4 Urban – Urbaine	6 038 981	77 191	255 859	397 632	455 237	464 251	501 987	452 956	460 9(
5 Male – Masculin	2 914 404	39 600	131 529	204 227	233 335	234 198	244 794	217 333	219 3(
6 Female – Féminin	3 124 577	37 591	124 330	193 405	221 902	230 053	257 193	235 623	241 5(
Rural – Rurale									
17 III 1991(C) [34]									
7 Rural – Rurale	4 220 919	48 629	175 308	265 802	299 209	302 354	289 425	268 795	268 0(
8 Male – Masculin	2 141 004	24 840	90 174	136 851	154 385	160 449	155 027	142 020	141 8(
9 Female – Féminin	2 079 915	23 789	85 134	128 951	144 824	141 905	134 398	126 775	126 1(
Hungary – Hongrie									
Urban – Urbaine									
1 VII 1996									
10 Urban – Urbaine	6 442 947	64 347	284 307	374 414	393 633	522 983	532 610	453 284	377 7(
11 Male – Masculin	3 037 842	33 187	145 732	191 299	200 650	264 559	269 214	227 813	186 4(
12 Female – Féminin	3 405 105	31 160	138 575	183 115	192 983	258 424	263 396	225 471	191 3(
Rural – Rurale									
1 VII 1996									
13 Rural – Rurale	3 750 424	43 298	183 108	239 163	236 990	266 242	294 832	249 185	226 5(
14 Male – Masculin	1 835 755	22 109	93 845	122 449	121 679	138 973	154 787	130 506	118 9(
15 Female – Féminin	1 914 669	21 189	89 263	1:6 714	115 311	127 269	140 045	118 679	107 6(
Ireland – Irlande									
Urban – Urbaine									
28 IV 1996(C)									
16 Urban – Urbaine	2 107 991	29 896	118 528	157 226	175 127	194 941	197 224	173 299	165 2(
17 Male – Masculin	1 018 779	15 513	61 039	80 627	89 533	98 329	95 289	83 739	79 3:
18 Female – Féminin	1 089 212	14 383	57 489	76 599	85 594	96 612	101 935	89 560	85 9(
Rural – Rurale									
28 IV 1996(C)									
19 Rural – Rurale	1 518 096	18 958	83 012	125 717	150 960	144 595	96 130	85 746	95 6(
20 Male – Masculin	781 453	9 718	42 470	64 708	77 844	75 621	53 854	45 624	48 3(
21 Female – Féminin	736 643	9 240	40 542	61 009	73 116	68 974	42 276	40 122	47 2(
Latvia – Lettonie									
Urban – Urbaine									
1 VII 1996									
22 Urban – Urbaine	1 719 086	12 484	65 293	117 409	125 302	113 672	118 875	124 773	124 4(
23 Male – Masculin	785 853	6 469	33 332	60 299	63 792	57 159	59 093	66 192	60 5(
24 Female – Féminin	933 233	6 015	31 961	57 110	61 510	56 513	59 782	58 581	63 9(
Rural – Rurale									
1 VII 1996									
25 Rural – Rurale	771 679	7 884	41 588	66 850	63 902	51 874	49 239	51 962	55 8(
26 Male – Masculin	367 473	4 097	21 303	34 102	32 492	26 764	26 484	24 969	29 9(
27 Female – Féminin	404 206	3 787	20 285	32 748	31 410	25 110	22 755	26 993	25 9(
Lithuania – Lituanie									
Urban – Urbaine									
1 VII 1996									
28 Urban – Urbaine	2 526 449	25 354	121 224	191 578	193 404	183 245	190 906	200 976	218 9(
29 Male – Masculin	1 186 256	13 024	62 082	97 825	98 448	92 034	95 269	102 022	107 6(
30 Female – Féminin	1 340 193	12 330	59 142	93 753	94 956	91 211	95 637	98 954	111 2(
Rural – Rurale									
1 VII 1996									
31 Rural – Rurale	1 183 085	14 376	66 925	95 467	86 205	78 056	84 160	79 546	80 8.
32 Male – Masculin	564 557	7 284	34 391	48 804	43 947	40 447	44 165	41 762	43 6(
33 Female – Féminin	618 528	7 092	32 534	46 663	42 258	37 609	39 995	37 784	37 1(

7. Population selon l'âge, le sexe et la résidence, urbaine/rurale: dernière année disponible, 1988 – 1997 (suite)

Données selon la résidence urbaine/rurale

(Voir notes à la fin du tableau.)

Age (en années)											Unknown Inconnu	
35 – 39	40 – 44	45 – 49	50 – 54	55 – 59	60 – 64	65 – 69	70 – 74	75 – 79	80 – 84	85 +		
1 135 276	1 129 335	708 861	726 927	828 182	878 633	828 242	453 616	504 963	398 481	300 328	—	1
591 982	599 759	369 188	371 106	413 426	434 643	399 008	210 470	214 422	152 585	90 032	—	2
543 294	529 576	339 673	355 821	414 756	443 990	429 234	243 146	290 541	245 896	210 296	—	3
431 655	422 434	334 355	371 246	354 844	343 755	238 586	180 369	147 352	92 013	56 344	—	4
209 719	206 416	163 966	177 913	171 918	158 297	105 887	75 400	62 021	37 362	21 163	—	5
221 936	216 018	170 389	193 333	182 926	185 458	132 699	104 969	85 331	54 651	35 181	—	6
249 661	250 817	225 608	286 069	300 420	301 109	215 269	163 654	148 800	100 044	61 921	—	7
132 359	130 033	114 623	141 342	150 698	150 196	104 261	75 227	67 382	44 074	25 226	—	8
117 302	120 784	110 985	144 727	149 722	150 913	111 008	88 427	81 418	55 970	36 695	—	9
426 996	550 319	481 401	418 065	351 654	320 000	302 858	259 025	149 573	109 056	70 658	—	10
205 486	262 059	227 607	196 080	157 190	138 604	126 041	97 857	52 837	35 533	19 634	—	11
221 510	288 260	253 794	221 985	194 464	181 396	176 817	161 168	96 736	73 523	51 024	—	12
265 949	295 652	252 439	213 599	212 175	210 117	198 442	172 129	91 708	61 598	37 282	—	13
140 287	155 881	130 085	103 988	96 169	91 986	82 415	67 636	33 269	20 105	10 685	—	14
125 662	139 771	122 354	109 611	116 006	118 131	116 027	104 493	58 439	41 493	26 597	—	15
149 768	135 108	125 882	105 304	88 442	77 165	68 099	58 341	41 905	27 877	18 578	—	16
72 677	65 555	61 577	51 683	43 004	36 701	30 401	24 103	15 784	9 143	4 746	—	17
77 091	69 553	64 305	53 621	45 438	40 464	37 698	34 238	26 121	18 734	13 832	—	18
105 908	105 333	99 518	81 343	65 365	60 781	58 710	54 201	42 192	27 894	16 085	—	19
53 463	54 509	52 239	43 135	34 805	31 989	29 855	26 021	19 444	11 931	5 824	—	20
52 445	50 824	47 279	38 208	30 560	28 792	28 855	28 180	22 748	15 963	10 261	—	21
135 542	124 383	116 900	98 251	116 817	92 875	90 552	65 884	33 008	24 698	17 883	—	22
64 190	57 339	52 752	43 161	50 208	37 863	34 792	18 852	9 650	6 315	3 825	—	23
71 352	67 044	64 148	55 090	66 609	55 012	55 760	47 032	23 358	18 383	14 058	—	24
54 338	44 507	39 964	41 723	47 016	43 076	38 772	29 742	17 282	15 191	10 871	—	25
28 850	23 359	20 638	20 116	21 792	18 514	14 693	8 354	4 593	3 711	2 702	—	26
25 488	21 148	19 326	21 607	25 224	24 562	24 079	21 388	12 689	11 480	8 169	—	27
213 244	178 518	157 936	143 243	135 792	116 520	101 886	67 572	33 267	27 649	25 212	—	28
101 772	83 347	71 878	64 576	59 485	49 352	39 890	22 570	10 519	7 471	7 055	—	29
111 472	95 171	86 058	78 667	76 307	67 168	61 996	45 002	22 748	20 178	18 157	—	30
72 792	59 783	56 162	64 563	70 283	74 789	68 114	55 035	29 468	25 459	21 028	—	31
38 793	31 713	28 340	30 400	31 358	31 014	25 235	18 722	9 407	7 459	7 617	—	32
33 999	28 070	27 822	34 163	38 925	43 775	42 879	36 313	20 061	18 000	13 411	—	33

Data by urban/rural residence

(See notes at end of table.)

Continent, country or area, sex, date and urban/rural residence / Continent, pays ou zone, sexe, date et résidence, urbaine/rurale	All ages Tous âges	– 1	1 – 4	5 – 9	10 – 14	15 – 19	20 – 24	25 – 29	30 –
EUROPE (Cont.–Suite)									
Netherlands – Pays–Bas									
Urban – Urbaine									
1 VII 1996 [1][35]									
1 Urban – Urbaine	9 467 677	114 186	465 598	566 807	524 525	539 469	686 127	851 851	837 2
2 Male – Masculin	4 640 765	58 564	238 357	289 390	267 488	274 047	338 973	433 081	430 0
3 Female – Féminin	4 826 912	55 622	227 241	277 417	257 037	265 422	347 154	418 770	407 2
Rural – Rurale									
1 VII 1996 [1][35]									
4 Rural – Rurale	6 062 805	76 286	320 769	403 702	382 734	385 415	367 506	441 582	483 8
5 Male – Masculin	3 038 775	39 172	163 858	206 865	196 053	199 114	194 657	227 328	246 4
6 Female – Féminin	3 024 030	37 114	156 911	196 837	186 681	186 301	172 849	214 254	237 4
Norway – Norvège									
Urban – Urbaine									
3 XI 1990(C) [1]									
7 Urban – Urbaine	3 056 194	38 185	162 639	181 849	184 950	218 659	245 861	246 879	237 6
8 Male – Masculin	1 488 678	19 545	83 301	93 193	94 549	111 045	123 364	125 082	120 3
9 Female – Féminin	1 567 516	18 640	79 338	88 656	90 401	107 614	122 497	121 797	117 3
Rural – Rurale									
3 XI 1990(C) [1]									
10 Rural – Rurale	1 166 347	13 114	59 680	74 203	77 049	91 115	88 379	75 881	77 1
11 Male – Masculin	597 622	6 747	30 659	38 070	39 748	47 083	47 927	40 723	40 6
12 Female – Féminin	568 725	6 367	29 021	36 133	37 301	44 032	40 452	35 158	36 4
Poland – Pologne									
Urban – Urbaine									
1 VII 1996 [32]									
13 Urban – Urbaine	23 896 823	229 832	1 055 064	1 615 567	2 038 412	2 053 071	1 813 480	1 491 738	1 568 9
14 Male – Masculin	11 429 857	118 477	541 164	828 875	1 041 239	1 042 333	910 014	741 192	766 2
15 Female – Féminin	12 466 966	111 355	513 900	786 692	997 173	1 010 738	903 466	750 546	802 6
Rural – Rurale									
1 VII 1996 [32]									
16 Rural – Rurale	14 721 196	197 681	892 042	1 217 455	1 317 750	1 187 756	1 111 233	988 916	997 8
17 Male – Masculin	7 359 386	101 602	456 318	624 176	672 410	612 145	579 735	526 252	533 6
18 Female – Féminin	7 361 810	96 079	435 724	593 279	645 340	575 611	531 498	462 664	464 1
Portugal									
Urban – Urbaine									
15 IV 1991(C)									
19 Urban – Urbaine	4 757 134	49 795	198 003	292 657	365 389	403 983	365 088	356 627	352 2
20 Male – Masculin	2 264 977	25 415	101 605	150 360	185 615	203 402	180 962	173 283	169 5
21 Female – Féminin	2 492 157	24 380	96 398	142 297	179 774	200 581	184 126	183 344	182 7
Rural – Rurale									
15 IV 1991(C)									
22 Rural – Rurale	5 105 406	58 471	237 858	353 291	416 195	441 236	399 782	369 680	342 0
23 Male – Masculin	2 489 655	29 924	121 639	180 864	212 827	224 669	205 504	186 112	171 2
24 Female – Féminin	2 615 751	28 547	116 219	172 427	203 368	216 567	194 278	183 568	170 7
Republic of Moldova – République de Moldova									
Urban – Urbaine									
1 VII 1994									
25 Urban – Urbaine	2 018 599	24 878	121 343	186 379	171 565	167 619	171 616	153 488	179 4
26 Male – Masculin	969 941	12 712	62 100	94 968	87 264	83 160	86 807	76 715	85 1
27 Female – Féminin	1 048 658	12 166	59 243	91 411	84 301	84 459	84 809	76 773	94 3
Rural – Rurale									
1 VII 1994									
28 Rural – Rurale	2 329 488	38 385	163 152	241 949	227 686	196 278	131 929	130 149	168 3
29 Male – Masculin	1 106 534	19 754	83 350	123 011	114 922	101 084	65 170	63 235	82 3
30 Female – Féminin	1 222 954	18 631	79 802	118 938	112 764	95 194	66 759	66 914	86 0
Romania – Roumanie									
Urban – Urbaine									
1 VII 1996									
31 Urban – Urbaine	12 411 174	110 006	470 488	941 555	974 156	1 120 547	1 000 476	1 174 371	801 5
32 Male – Masculin	6 016 714	56 820	241 862	480 079	496 474	568 521	494 334	553 853	379 8
33 Female – Féminin	6 394 460	53 186	228 626	461 476	477 682	552 026	506 142	620 518	421 7

7. Population selon l'âge, le sexe et la résidence, urbaine/rurale: dernière année disponible, 1988 – 1997 (suite)

Données selon la résidence urbaine/rurale

(Voir notes à la fin du tableau.)

				Age (en années)							Unknown Inconnu	
35 – 39	40 – 44	45 – 49	50 – 54	55 – 59	60 – 64	65 – 69	70 – 74	75 – 79	80 – 84	85 +		
766 612	699 444	702 961	545 962	456 536	408 505	383 211	346 548	259 438	177 663	134 952	—	1
390 116	353 292	357 204	276 995	227 597	196 664	174 933	146 484	98 549	56 867	32 124	—	2
376 496	346 152	345 757	268 967	228 939	211 841	208 278	200 064	160 889	120 796	102 828	—	3
480 841	460 249	480 410	399 175	324 663	285 059	246 950	205 225	146 528	97 955	73 885	—	4
244 069	235 220	246 337	205 606	165 803	142 701	118 221	91 097	59 383	35 132	21 716	—	5
236 772	225 029	234 073	193 569	158 860	142 358	128 729	114 128	87 145	62 823	52 169	—	6
227 852	232 501	189 606	144 559	130 880	138 344	144 304	126 546	95 297	62 784	46 803	—	7
115 145	118 577	95 871	71 344	63 108	65 710	65 723	53 651	36 378	20 436	12 267	—	8
112 707	113 924	93 735	73 215	67 772	72 634	78 581	72 895	58 919	42 348	34 536	—	9
77 843	80 878	66 900	54 962	51 993	56 690	62 428	58 686	46 808	31 144	21 429	—	10
41 429	42 842	35 149	28 702	27 181	28 996	30 702	27 759	21 480	13 419	8 307	—	11
36 414	38 036	31 751	26 260	24 812	27 694	31 726	30 927	25 328	17 725	13 122	—	12
2 020 846	2 193 869	1 917 898	1 170 284	1 155 198	1 095 386	961 101	720 856	358 354	255 225	181 725	—	13
976 067	1 052 537	921 175	554 860	530 314	488 454	405 123	267 942	122 757	74 900	46 200	—	14
1 044 779	1 141 332	996 723	615 424	624 884	606 932	555 978	452 914	235 597	180 325	135 525	—	15
1 102 061	1 028 626	869 418	571 194	653 067	689 786	681 578	550 103	308 254	214 350	142 073	—	16
595 623	553 554	451 756	281 800	313 935	317 811	293 230	213 207	116 092	72 721	43 355	—	17
506 438	475 072	417 662	289 394	339 132	371 975	388 348	336 896	192 162	141 629	98 718	—	18
345 744	344 470	302 457	279 141	268 867	246 522	209 700	147 867	116 432	71 196	40 912	—	19
164 933	165 389	145 775	133 414	124 996	110 711	91 224	60 443	43 717	23 356	10 814	—	20
180 811	179 081	156 682	145 727	143 871	135 811	118 476	87 424	72 715	47 840	30 098	—	21
315 037	289 688	266 840	279 867	292 863	286 469	260 134	196 771	154 551	94 293	50 365	—	22
156 722	142 098	125 741	132 043	138 124	134 289	120 679	88 736	66 058	36 393	15 949	—	23
158 315	147 590	141 099	147 824	154 739	152 180	139 455	108 035	88 493	57 900	34 416	—	24
182 023	169 412	103 841	90 497	91 553	65 229	61 536	38 825	19 115	13 656	6 584	—	25
86 340	81 027	50 143	43 554	42 023	28 512	24 279	13 177	6 295	4 090	1 655	—	26
95 683	88 385	53 698	46 943	49 530	36 717	37 257	25 648	12 820	9 566	4 929	—	27
172 793	162 489	95 175	114 950	123 533	115 483	100 108	74 491	35 247	26 850	10 473	—	28
85 375	78 385	43 008	49 942	53 929	49 276	40 058	28 773	12 625	9 309	2 993	—	29
87 418	84 104	52 167	65 008	69 604	66 207	60 050	45 718	22 622	17 541	7 480	—	30
1 052 152	1 115 962	872 027	582 314	593 544	520 897	435 967	317 346	148 987	111 473	67 307	—	31
503 889	552 345	438 711	287 254	283 905	240 611	194 452	128 055	53 214	39 545	22 955	—	32
548 263	563 617	433 316	295 060	309 639	280 286	241 515	189 291	95 773	71 928	44 352	—	33

7. Population by age, sex and urban/rural residence: latest available year, 1988 – 1997 (continued)

Data by urban/rural residence

(See notes at end of table.)

Continent, country or area, sex, date and urban/rural residence — Continent, pays ou zone, sexe, date et résidence, urbaine/rurale	All ages Tous âges	– 1	1 – 4	5 – 9	10 – 14	15 – 19	20 – 24	25 – 29	30 – 34
EUROPE (Cont.–Suite)									
Romania – Roumanie									
Rural – Rurale									
1 VII 1996									
1 Rural – Rurale	10 196 446	123 309	506 582	718 537	655 116	810 821	865 203	791 959	451 827
2 Male – Masculin	5 064 219	63 239	259 305	366 543	334 635	417 226	460 745	440 738	254 790
3 Female – Féminin	5 132 227	60 070	247 277	351 994	320 481	393 595	404 458	351 221	197 037
Russian Federation – Fédération de Russie									
Urban – Urbaine									
1 VII 1995									
4 Urban – Urbaine	107 779 133	944 744	4 384 040	8 118 593	8 340 843	7 935 387	7 867 606	7 168 946	8 655 835
5 Male – Masculin	50 405 185	484 428	2 251 627	4 148 095	4 241 911	3 980 469	4 005 869	3 693 949	4 290 479
6 Female – Féminin	57 373 948	460 316	2 132 413	3 970 498	4 098 932	3 954 918	3 861 737	3 474 997	4 365 356
Rural – Rurale									
1 VII 1995									
7 Rural – Rurale	39 994 524	447 557	2 110 123	3 534 804	3 481 586	2 893 960	2 373 896	2 349 374	3 031 787
8 Male – Masculin	18 982 296	229 292	1 081 978	1 801 554	1 765 553	1 513 206	1 248 817	1 178 997	1 595 039
9 Female – Féminin	21 012 228	218 265	1 028 145	1 733 250	1 716 033	1 380 754	1 125 079	1 170 377	1 436 748
Slovenia – Slovénie									
Urban – Urbaine									
1 VII 1994 [1]									
10 Urban – Urbaine	997 916	8 919	40 025	62 686	72 117	74 594	67 878	74 217	79 738
11 Male – Masculin	475 551	4 561	20 631	32 057	36 869	38 194	34 154	35 380	38 212
12 Female – Féminin	522 365	4 358	19 394	30 629	35 248	36 400	33 724	38 837	41 526
Rural – Rurale									
1 VII 1994 [1]									
13 Rural – Rurale	990 934	10 547	44 799	63 573	70 960	75 849	73 896	75 945	73 490
14 Male – Masculin	488 562	5 404	22 929	32 565	36 499	39 009	37 997	39 121	38 461
15 Female – Féminin	502 372	5 143	21 870	31 008	34 461	36 840	35 899	36 824	35 029
Sweden – Suède									
Urban – Urbaine									
1 XI 1990(C) [1]									
16 Urban – Urbaine	7 164 769	87 774	359 021	395 112	406 125	474 959	532 669	531 675	481 054
17 Male – Masculin	3 494 512	45 191	184 339	202 694	208 390	241 643	270 382	273 903	246 244
18 Female – Féminin	3 670 257	42 583	174 682	192 418	197 735	233 316	262 287	257 772	234 810
Rural – Rurale									
1 XI 1990(C) [1]									
19 Rural – Rurale	1 422 584	18 934	82 827	92 573	88 158	88 156	67 960	83 461	95 673
20 Male – Masculin	747 839	9 533	42 410	47 766	44 969	46 647	37 253	42 796	49 465
21 Female – Féminin	674 745	9 401	40 417	44 807	43 189	41 509	30 707	40 665	46 208
Switzerland – Suisse									
Urban – Urbaine									
4 XII 1990(C) [1]									
22 Urban – Urbaine	4 737 376	49 324	201 403	241 767	239 686	280 766	378 975	428 450	390 680
23 Male – Masculin	2 311 240	25 266	103 165	123 942	122 735	143 004	193 625	222 425	202 876
24 Female – Féminin	2 426 136	24 058	98 238	117 825	116 951	137 762	185 350	206 025	187 804
Rural – Rurale									
4 XII 1990(C) [1]									
25 Rural – Rurale	2 136 311	27 786	118 584	143 805	136 085	142 368	156 983	176 601	174 474
26 Male – Masculin	1 078 972	14 088	60 585	73 762	69 818	75 108	83 421	91 893	91 358
27 Female – Féminin	1 057 339	13 698	57 999	70 043	66 267	67 260	73 562	84 708	83 116
The former Yugoslav Rep. of Macedonia – L'ex Rép. yougoslavie de Macédoine									
Urban – Urbaine									
20 VI 1994(C)* [1]									
28 Urban – Urbaine	1 156 297	15 006	65 521	91 559	97 231	93 395	87 496	87 079	89 325
29 Male – Masculin	574 461	7 678	33 772	47 127	49 572	47 311	44 132	42 986	44 130
30 Female – Féminin	581 836	7 328	31 749	44 432	47 659	46 084	43 364	44 093	45 195

7. Population selon l'âge, le sexe et la résidence, urbaine/rurale: dernière année disponible, 1988 – 1997 (suite)

Données selon la résidence urbaine/rurale

(Voir notes à la fin du tableau.)

35 – 39	40 – 44	45 – 49	50 – 54	55 – 59	60 – 64	65 – 69	70 – 74	75 – 79	80 – 84	85 +	Unknown Inconnu	
507 415	543 910	581 415	545 107	688 056	719 767	648 531	521 246	240 522	179 824	97 299	—	1
278 576	274 056	279 397	259 996	321 767	335 787	294 646	224 470	93 376	67 490	37 437	—	2
228 839	269 854	302 018	285 111	366 289	383 980	353 885	296 776	147 146	112 334	59 862	—	3
9 624 641	9 089 023	7 388 435	4 391 401	7 068 914	4 787 056	5 224 846	3 011 140	1 666 341	1 375 761	735 581	—	4
4 691 639	4 370 128	3 501 505	2 006 570	3 092 074	1 962 418	1 964 196	840 785	430 291	309 981	138 771	—	5
4 933 002	4 718 895	3 886 930	2 384 831	3 976 840	2 824 638	3 260 650	2 170 355	1 236 050	1 065 780	596 810	—	6
3 205 099	2 709 892	1 957 078	1 408 110	2 639 510	2 166 759	2 393 656	1 346 186	783 986	729 859	431 302	—	7
1 689 306	1 415 188	998 329	661 293	1 204 606	947 460	895 034	368 932	178 976	137 623	71 113	—	8
1 515 793	1 294 704	958 749	746 817	1 434 904	1 219 299	1 498 622	977 254	605 010	592 236	360 189	—	9
85 018	86 108	65 369	62 438	55 402	52 495	42 991	31 712	14 001	14 292	7 916	—	10
41 357	42 867	31 995	30 037	26 734	23 397	16 883	11 191	4 754	4 419	1 859	—	11
43 661	43 241	33 374	32 401	28 668	29 098	26 108	20 521	9 247	9 873	6 057	—	12
74 737	74 846	57 489	58 552	55 114	55 393	45 961	34 959	16 034	18 560	10 230	—	13
39 623	39 844	30 537	30 289	26 910	25 504	18 295	11 664	5 304	5 805	2 802	—	14
35 114	35 002	26 952	28 263	28 204	29 889	27 666	23 295	10 730	12 755	7 428	—	15
485 246	548 045	515 542	389 494	341 125	345 551	361 861	324 320	266 841	188 285	130 070	—	16
244 747	274 294	260 738	194 981	166 420	162 705	165 180	141 321	106 735	67 334	37 271	—	17
240 499	273 751	254 804	194 513	174 705	182 846	196 681	182 999	160 106	120 951	92 799	—	18
99 956	106 919	97 664	77 973	74 699	78 967	82 530	71 739	55 294	35 372	23 729	—	19
53 811	58 939	53 510	41 316	39 095	41 781	44 097	38 017	29 081	17 484	9 869	—	20
46 145	47 980	44 154	36 657	35 604	37 186	38 433	33 722	26 213	17 888	13 860	—	21
355 814	363 483	344 751	285 418	261 410	231 271	205 799	158 232	141 104	104 561	74 482	—	22
180 146	182 304	172 715	141 073	127 061	106 838	89 694	66 506	53 468	34 702	19 695	—	23
175 668	181 179	172 036	144 345	134 349	124 433	116 105	91 726	87 636	69 859	54 787	—	24
159 529	153 789	133 264	108 444	103 383	96 509	91 908	73 907	63 416	44 520	30 956	—	25
84 931	81 802	70 367	55 383	51 330	45 988	42 688	33 498	26 636	16 754	9 562	—	26
74 598	71 987	62 897	53 061	52 053	50 521	49 220	40 409	36 780	27 766	21 394	—	27
94 448	94 134	74 941	64 263	59 768	52 236	38 531	27 771	10 415	8 587	3 900	691	28
47 380	47 158	36 941	31 747	29 374	24 720	17 705	12 443	4 565	3 792	1 672	256	29
47 068	46 976	38 000	32 516	30 394	27 516	20 826	15 328	5 850	4 795	2 228	435	30

Data by urban/rural residence

(See notes at end of table.)

Continent, country or area, sex, date and urban/rural residence / Continent, pays ou zone, sexe, date et résidence, urbaine/rurale	All ages Tous âges	– 1	1 – 4	5 – 9	10 – 14	15 – 19	20 – 24	25 – 29	30 – 34
EUROPE (Cont.–Suite)									
The former Yugoslav Rep. of Macedonia – L'ex Rép. yougoslavie de Macédoine Rural – Rurale 20 VI 1994(c)* [1]									
1 Rural – Rurale	778 737	13 620	57 140	71 113	69 762	68 552	65 224	63 466	58 408
2 Male – Masculin	394 470	7 010	29 509	36 522	36 144	35 420	33 852	33 323	30 743
3 Female – Féminin	384 267	6 610	27 631	34 591	33 618	33 132	31 372	30 143	27 665
Ukraine Urban – Urbaine 1 I 1995									
4 Urban – Urbaine	34 828 350	324 773	1 596 409	2 558 865	2 611 343	2 586 705	2 635 711	2 338 358	2 810 394
5 Male – Masculin	16 298 622	167 100	819 572	1 305 380	1 329 428	1 295 000	1 337 510	1 150 592	1 363 306
6 Female – Féminin	18 529 728	157 673	776 837	1 253 485	1 281 915	1 291 705	1 298 201	1 187 766	1 447 088
Rural – Rurale 1 I 1995									
7 Rural – Rurale	16 645 357	191 107	837 677	1 215 928	1 196 056	1 066 849	1 014 518	980 424	1 062 965
8 Male – Masculin	7 606 703	97 899	427 603	618 587	605 633	553 070	527 179	511 927	550 245
9 Female – Féminin	9 038 654	93 208	410 074	597 341	590 423	513 779	487 339	468 497	512 720
Yugoslavia – Yougoslavie Urban – Urbaine 1 VII 1995 [1]									
10 Urban – Urbaine	5 420 604	72 353	289 611	374 958	402 589	411 153	388 203	371 665	383 265
11 Male – Masculin	2 646 039	37 399	148 859	190 685	204 435	208 501	195 109	182 240	185 063
12 Female – Féminin	2 774 565	34 954	140 752	184 273	198 154	202 652	193 094	189 425	198 202
Rural – Rurale 1 VII 1995 [1]									
13 Rural – Rurale	5 126 379	66 653	273 909	399 060	391 077	396 572	389 159	366 254	337 378
14 Male – Masculin	2 583 778	34 891	142 732	206 327	201 532	205 099	201 943	193 211	179 767
15 Female – Féminin	2 542 601	31 762	131 177	192 733	189 545	191 473	187 216	173 043	157 611
OCEANIA—OCEANIE									
American Samoa – Samoa américaines Urban – Urbaine 1 IV 1990(C) [1] [9]									
16 Urban – Urbaine	15 599	364	1 922	1 938	1 704	1 556	1 588	1 434	1 222
17 Male – Masculin	7 931	173	1 001	1 001	912	771	777	691	596
18 Female – Féminin	7 668	191	921	937	792	785	811	743	626
Rural – Rurale 1 IV 1990(C) [1] [9]									
19 Rural – Rurale	31 174	768	3 898	3 702	3 524	3 162	3 076	2 727	2 291
20 Male – Masculin	16 092	402	2 022	1 923	1 900	1 615	1 539	1 295	1 211
21 Female – Féminin	15 082	366	1 876	1 779	1 624	1 547	1 537	1 432	1 080
New Caledonia – Nouvelle–Calédonie Urban – Urbaine 4 IV 1989(C)									
22 Urban – Urbaine	97 581	*——— 9	471 ———*		8 943	9 510	11 230	9 175	8 399	7 662
23 Male – Masculin	49 525	*——— 4	934 ———*		4 523	4 788	5 695	4 731	4 066	3 740
24 Female – Féminin	48 056	*——— 4	537 ———*		4 420	4 722	5 535	4 444	4 333	3 922
Rural – Rurale 4 IV 1989(C)									
25 Rural – Rurale	66 592	*——— 8	823 ———*		8 599	8 210	7 220	5 681	5 189	4 338
26 Male – Masculin	34 337	*——— 4	506 ———*		4 441	4 137	3 761	2 789	2 643	2 332
27 Female – Féminin	32 255	*——— 4	317 ———*		4 158	4 073	3 459	2 892	2 546	2 006

Données selon la résidence urbaine/rurale

(Voir notes à la fin du tableau.)

35 – 39	40 – 44	45 – 49	50 – 54	55 – 59	60 – 64	65 – 69	70 – 74	75 – 79	80 – 84	85 +	Unknown Inconnu	
50 696	42 456	34 410	35 037	35 651	36 275	28 792	22 731	10 294	8 785	3 850	2 475	1
26 770	21 526	16 774	16 906	16 869	17 483	13 402	10 383	4 987	4 238	1 767	842	2
23 926	20 930	17 636	18 131	18 782	18 792	15 390	12 348	5 307	4 547	2 083	1 633	3
2 884 775	2 749 294	2 173 251	1 787 065	2 428 982	1 447 380	1 688 042	981 310	536 197	455 131	234 365	—	4
1 381 203	1 302 623	1 017 401	820 664	1 087 613	629 037	662 594	303 341	155 636	118 196	52 426	—	5
1 503 572	1 446 671	1 155 850	966 401	1 341 369	818 343	1 025 448	677 969	380 561	336 935	181 939	—	6
1 031 799	932 594	759 512	940 820	1 298 611	1 027 183	1 163 458	832 260	426 439	427 939	239 218	—	7
530 328	469 771	362 728	420 392	576 063	429 547	420 950	247 339	107 199	98 220	52 023	—	8
501 471	462 823	396 784	520 428	722 548	597 636	742 508	584 921	319 240	329 719	187 195	—	9
410 561	455 108	396 500	283 243	317 814	298 225	244 770	169 310	65 738	53 533	32 005	—	10
198 518	220 680	191 578	137 068	153 074	142 720	111 539	73 860	28 093	22 609	14 009	—	11
212 043	234 428	204 922	146 175	164 740	155 505	133 231	95 450	37 645	30 924	17 996	—	12
329 944	340 670	286 505	237 685	282 100	311 122	291 952	211 050	94 539	72 403	48 347	—	13
175 503	181 343	149 661	119 088	136 692	146 725	132 795	87 871	38 253	30 237	20 108	—	14
154 441	159 327	136 844	118 597	145 408	164 397	159 157	123 179	56 286	42 166	28 239	—	15
969	782	593	487	322	266	191	107	90	35	29	—	16
486	407	337	266	177	131	84	56	40	14	11	—	17
483	375	256	221	145	135	107	51	50	21	18	—	18
1 752	1 464	1 186	1 035	771	657	476	317	201	90	77	—	19
873	771	637	569	414	336	240	167	99	41	38	—	20
879	693	549	466	357	321	236	150	102	49	39	—	21
7 119	6 667	5 485	4 093	3 146	2 274	1 607	1 173	931	449	247	—	22
3 620	3 597	2 847	2 172	1 620	1 182	763	565	436	162	84	—	23
3 499	3 070	2 638	1 921	1 526	1 092	844	608	495	287	163	—	24
3 596	3 082	2 626	2 428	2 089	1 729	1 191	820	594	251	126	—	25
1 989	1 675	1 385	1 283	1 091	880	617	379	276	105	48	—	26
1 607	1 407	1 241	1 145	998	849	574	441	318	146	78	—	27

Age (en années)

(See notes at end of table.)

Continent, country or area, sex, date and urban/rural residence / Continent, pays ou zone, sexe, date et résidence, urbaine/rurale	Age (in years)								
	All ages Tous âges	– 1	1 – 4	5 – 9	10 – 14	15 – 19	20 – 24	25 – 29	30 – 34
OCEANIA—OCEANIE(Cont.–Suite)									
New Zealand – Nouvelle–Zélande Urban – Urbaine 5 III 1991(C) [33]									
1 Urban – Urbaine	2 866 731	49 506	181 800	205 665	207 279	247 770	240 210	234 582	228 825
2 Male – Masculin	1 395 495	25 158	92 895	105 231	105 324	124 290	118 746	113 778	111 780
3 Female – Féminin	1 471 236	24 345	88 902	100 434	101 952	123 486	121 458	120 795	117 042
Rural – Rurale 5 III 1991(C) [33]									
4 Rural – Rurale	507 198	9 132	36 708	45 507	48 039	37 224	30 891	37 770	43 524
5 Male – Masculin	267 060	4 614	18 822	23 472	24 948	20 718	17 229	19 308	21 945
6 Female – Féminin	240 138	4 518	17 883	22 038	23 097	16 503	13 656	18 462	21 585
Vanuatu Urban – Urbaine 16 V 1989(C)									
7 Urban – Urbaine	25 870	988	3 143	2 843	2 589	2 939	3 059	2 924	2 222
8 Male – Masculin	13 670	528	1 612	1 520	1 309	1 429	1 571	1 519	1 114
9 Female – Féminin	12 200	460	1 531	1 323	1 280	1 510	1 488	1 405	1 108
Rural – Rurale 16 V 1989(C)									
10 Rural – Rurale	116 549	4 012	15 837	18 531	14 807	10 875	9 438	8 479	6 769
11 Male – Masculin	59 714	2 073	8 269	9 740	7 744	5 586	4 512	3 974	3 144
12 Female – Féminin	56 835	1 939	7 568	8 791	7 063	5 289	4 926	4 505	3 625

(Voir notes à la fin du tableau.)

					Age (en années)							
35 – 39	40 – 44	45 – 49	50 – 54	55 – 59	60 – 64	65 – 69	70 – 74	75 – 79	80 – 84	85 +	Unknown Inconnu	
205 386	198 303	156 597	133 536	116 064	120 078	110 886	88 707	69 294	43 287	28 968	—	1
100 095	97 701	77 583	65 982	57 639	58 965	51 513	37 836	27 534	15 258	8 175	—	2
105 285	100 599	79 008	67 554	58 425	61 110	59 373	50 868	41 763	28 026	20 793	—	3
41 484	38 958	30 234	26 190	22 062	20 838	15 876	10 524	6 783	3 450	2 007	—	4
21 843	20 571	16 092	13 848	11 883	11 640	8 691	5 562	3 453	1 635	777	—	5
19 644	18 390	14 148	12 336	10 179	9 195	7 182	4 959	3 324	1 827	1 212	—	6
1 725	1 079	858	458	402	239	180	96	78	22	26	—	7
1 013	641	531	283	235	146	102	49	46	10	12	—	8
712	438	327	175	167	93	78	47	32	12	14	—	9
6 211	4 732	4 420	2 891	2 522	2 297	1 822	1 131	761	425	589	—	10
3 096	2 356	2 419	1 507	1 360	1 253	1 024	625	466	243	323	—	11
3 115	2 376	2 001	1 384	1 162	1 044	798	506	295	182	266	—	12

7. Population by age, sex and urban/rural residence: latest available year, 1988 – 1997 (continued)

GENERAL NOTES

(C) after date indicates data are results of a census. Unless otherwise specified, age is defined as age at last birthday (completed years). For definitions of urban , see Technical Notes for table 6. For method of evaluation and limitations of data, see Technical Notes, page 44.

Italics: estimates which are less reliable.

FOOTNOTES

* Provisional.
1 De jure population.
2 For classification by urban/rural residence, see end of table.
3 Data have not been adjusted for underenumeration, estimated at 1.4 per cent.

4 For Libyan population only.
5 Excluding Bophuthatswana, Ciskei, Traskei and Venda. Data have been adjusted for underenumeration.
6 Excluding institutional population.
7 Age classification based on year of birth rather than on completed years of age.

8 Based on the results of a population count.
9 Including armed forces stationed in the area.
10 De jure population, but excluding civilian citizens absent from country for extended period of time.
11 Excluding armed forces overseas.
12 Excluding Indian jungle population.
13 Excluding nomadic Indian tribes.
14 Data have been adjusted for underenumeration, at latest census.

15 Excluding nomads.
16 For statistical purposes, the data for China do not include those for the Hong Kong Special Administrative Region (Hong Kong SAR) and Taiwan province of China.
17 For government controlled areas.
18 Including data for the Indian–held part of Jammu and Kashmir, the final status of which has not yet been determined.
19 Including data for East Jerusalem and Israeli residents in certain other territories under occupation by Israeli military forces since June 1967.

20 Excluding diplomatic personnel outside the country, and foreign military and civilian personnel and their dependants stationed in the area.

21 Excluding data for Jordanian territory under occupation since June 1967 by Israeli military forces.
22 Including military and diplomatic personnel and their families abroad, numbering 933 at 1961 census, but excluding foreign military and diplomatic personnel and their families in the country, numbering 389 at 1961 census. Also including registered Palestinian refugees numbering 722 687 on 31 May 1967.

NOTES GENERALES

(C) après la date indique qui'il s'agit des données de recensement. Sauf indication contraire, l'âge désigne l'âge au dernier anniversaire (années révolues). Pour les définitions de "zones urbaines", voir les Notes techniques relatives au tableau 6. Pour la méthode d'évaluation et les insuffisances des données, voir Notes techniques, page 44.
Italiques: estimations moins sûres.

NOTES

* Données provisoires.
1 Population de droit.
2 Pour le classement selon la résidence, urbaine/rurale, voir la fin du tableau.
3 Les données n'ont pas été ajustées pour compenser les lacunes de dénombrement, estimées à 1,4 p. 100.
4 Pour la population libyenne seulement.
5 Non compris Bophuthatswana, Ciskei, Transkei et Venda. Les données ont pas été ajustées pour compenser les lacunes du dénombrement.
6 Non compris la population dans les institutions.
7 La classification par âge est fondées sur l'année de naissance et non sur l'âge en années révolues.
8 D'après les résultats d'un comptage de la population
9 Y compris les militaires en garnison sur le territoire.
10 Population de droit, mais non compris les civils hors du pays pendant une période prolongée.
11 Non compris les militaires à l'étranger.
12 Non compris les Indiens de la jungle.
13 Non compris les tribus d'Indiens nomades.
14 Les données ont été ajustées pour compenser les lacunes du dénombrement lors du dernier recensement.
15 Non compris les nomades.
16 Pour la présentation des statistiques, les données pour Chine ne comprend pas les Région Administrative Spéciale de Hong–kong (Hong Kong SAR) et Taïwan, province de Chine.
17 Pour les zones controlées par le Gouvernement.
18 Y compris les données pour la partie du Jammu–et–Cachemire occupée par l'Inde, dont le statut définitif n'a pas encore été déterminé.
19 Y compris les données pour Jérusalem–Est et les résidents israéliens dans certains autres territoires occupés depuis juin 1967 par les forces armées israéliennes.
20 Non compris le personnel diplomatique hors du pays, les militaires et agents civils étrangers en poste sur le territoire et les membres de leur famille les accompagnant.
21 Non compris les données pour le territoire jordanien occupé depuis juin 1967 par les forces armées israéliennes.
22 Y compris les militaires, les personnel diplomatique à l'étranger et les membres de leur famille les accompagnant au nombre de 933 personnes au recensement de 1961, mais non compris les militaires, le personnel diplomatique étranger en poste dans le pays et les membres de leur famille les accompagnant au nombre de 389 personnes au recensement de 1961. Y compris également les réfugiés de Palestine immatriculés, au nombre de 722 687 au 31 mai 1967.

7 Population selon l'âge, le sexe et la résidence, urbaine/rurale: dernière année disponible, 1988 – 1997 (suite)

FOOTNOTES (continued)

23 Excluding alien armed forces, civilian aliens employed by armed forces, and foreign diplomatic personnel and their dependants and Korean diplomatic personnel and their dependants stationed outside the country.

24 Excluding data for Jammu and Kashmir, the final status of which has not yet been determined, Junagardh, Manavadar, Gilget and Baltistan.

25 Excluding transients afloat and non—locally domiciled military and civilian services personnel and their dependants and visitors.

26 Including Palestinian refugees.

27 Excluding the Faeroe Islands and Greenland.

28 De jure population but excluding diplomatic personnel outside the country and including foreign diplomatic personnel not living in embassies or consulates.

29 Excluding armed forces.

30 Excluding armed forces stationed outside the country, but including alien armed forces stationed in the area.

31 Including civilian nationals temporarily outside the country.

32 Excluding civilian aliens within the country, and including civilian nationals temporarily outside the country.

33 Excluding diplomatic personnel and armed forces stationed outside the country, the latter numbering 1 936 at 1966 census; also excluding alien armed forces within the country.

34 Including armed forces stationed outside country, but excluding alien armed forced stationed in the area.

35 Excluding persons on the Central Register of Population (containing persons belonging to the Netherlands population but having no fixed municipality of residence).

NOTES (suite)

23 Non compris les militaires étrangers, les civils étrangers employés par les forces armées, le personnel diplomatique étranger et les membres de leur famille les accompagnant, le personnel diplomatique coréen hors du pays et les membres de leur famille les accompagnant.

24 Non compris les données pour le Jammu—et—Cachemire, dont le statut définitif n'a pas encire été déterminé, le Jungardh, le Manavadar, le Gilgit et le Baltistan.

25 Non compris les personnes de passage à bord de navires, les militaires et agents civils non résidents et les membres de leur famille les accompagnant et les visiteurs.

26 Y compris les réfugiés de Palestine.

27 Non compris les îles Féroé et le Groenland.

28 Population de droit, non compris le personnel diplomatique hors du pays, mais y compris le personnel diplomatique étranger qui ne vit pas dans les ambassades ou les consulats.

29 Non compris les militaires.

30 Non compris les militaires en garnison hors du pays, mais y compris les militaires étrangers en garnison sur le territoire.

31 Y compris les civils nationaux temporairement hors du pays.

32 Non compris les civils étrangers dans le pays, mais y compris les civils nationaux temporairement hors du pays.

33 Non compris le personnel diplomatique et les militaires hors du pays, ces derniers au nombre de 1 936 au recensement de 1966; non compris également les militaires étrangers dans le pays.

34 Y compris les militaires en garnison hors du pays, mais non compris les militaires étrangers en garnison sur le territoire.

35 Non compris les personnes inscrites sur le Registre central de la population (personnes appartenant à la population néerlandaise mais sans résidence fixe dans l'une des municipalités).

8. Population of capital cities and cities of 100 000 and more inhabitants: latest available year

Population des capitales et des villes de 100 000 habitants et plus: dernière année disponible

(See notes at end of table. – Voir notes à la fin du tableau.)

Continent, country or area, city and date / Continent, pays ou zone, ville et date	Population City proper Ville proprement dite	Population Urban agglomeration Agglomération urbaine	Continent, country or area, city and date / Continent, pays ou zone, ville et date	Population City proper Ville proprement dite	Population Urban agglomeration Agglomération urbaine
AFRICA—AFRIQUE			Cape Verde – Cap–Vert		
Algeria – Algérie			23 VI 1990		
			PRAIA	61 644	...
20 III 1987 [1]			Central African Republic – République centrafricaine		
ALGER	1 507 241	1 507 241			
Annaba	222 518	228 385	31 XII 1984(E)		
Bechar	107 311	108 376	BANGUI	473 817	...
Batna	183 377	184 069			
Bejaia	117 162	120 104	Chad – Tchad		
Biskra	128 281	128 924			
Blida	127 284	132 266	1972(E)		
Chlef	96 794	104 805	N'DJAMENA	179 000	...
Constantine	443 727	450 738			
Mostaganem	115 212	116 571	Comoros – Comores		
Oran	609 823	610 382			
Setif	179 055	186 642	15 IX 1980		
			MORONI	17 267	...
Sidi–bel–Abbès	153 106	156 141			
Skikda	128 747	130 880	Congo		
Tiaret	100 118	106 562			
Tebessa	112 007	112 007	22 XII 1984		
Tlemoen	110 242	...	BRAZZAVILLE	596 200	...
			Pointe–Noire	298 014	...
Angola					
			Côte d'Ivoire		
15 XII 1970					
LUANDA	...	475 328	1 III 1988		
			Abidjan	1 929 079	1 929 079
Benin – Bénin			Bouake	329 850	362 192
			Daloa	121 842	127 923
15 II 1992			Korhogo	109 445	112 888
Cotonou	536 827	...	YAMOUSSOUKRO	106 786	126 191
Djougou	134 099	...			
Parakou	103 577	...	Democratic Rep. of the Congo – République démocratique du Congo		
PORTO–NOVO	179 138	...			
			1 VII 1984(E)		
Botswana			Boma	197 617	...
			Bukavu	167 950	...
21 VIII 1991			Kananga	298 693	...
GABORONE	133 468	286 779	Kikwit	149 296	...
			KINSHASA	2 664 309	...
1 VII 1997(E)			Kisangani	317 581	...
GABORONE	183 487	...	Kolwezi	416 122	...
			Likasi (Jadotville)	213 862	...
Burkina Faso			Lubumbashi	564 830	...
			Matadi	138 798	...
30 VI 1991(E)			Mbandaka	137 291	...
Bobo Dioulasso	268 926	...	Mbuji–Mayi	486 235	...
OUAGADOUGOU	634 479	...			
			Djibouti		
Burundi					
			1970(E)		
16 VIII 1990			DJIBOUTI	...	[2] 62 000
BUJUMBURA	235 440	...			
			Egypt – Egypte		
Cameroon – Cameroun					
			1 VII 1992(E)		
VIII 1983(E)			Alexandria	3 380 000	...
Douala	...	708 000	Assyût	321 000	...
			Aswan	220 000	...
30 VI 1986(E)			Banha	136 000	...
Douala	1 029 731	...	Beni–Suef	179 000	...
Maroua	...	103 653	Banha	136 000	...
Nkongsamba	...	123 149	CAIRO	6 800 000	...
			Damanhûr	222 000	...
VIII 1983(E)			El–Mahalla El–Kubra	408 000	...
YAOUNDE	...	485 184	Faiyûm	250 000	...
30 VI 1986(E)					
YAOUNDE	653 670	...			

8. Population of capital cities and cities of 100 000 and more inhabitants: latest available year (continued)

Population des capitales et des villes de 100 000 habitants et plus: dernière année disponible (suite)

(See notes at end of table. – Voir notes à la fin du tableau.)

Continent, country or area, city and date / Continent, pays ou zone, ville et date	Population		Continent, country or area, city and date / Continent, pays ou zone, ville et date	Population	
	City proper Ville proprement dite	Urban agglomeration Agglomération urbaine		City proper Ville proprement dite	Urban agglomeration Agglomération urbaine
AFRICA—AFRIQUE (Cont.–Suite)			AFRICA—AFRIQUE (Cont.–Suite)		
Egypt – Egypte			Guinea – Guinée		
1 VII 1992(E)			21 V 1967(E)		
Giza	2 144 000	...	CONAKRY	...	197 267
Ismailia	255 000	...			
Kafr–El–Dwar	226 000	...	Guinea–Bissau – Guinée–Bissau		
Kena	141 000	...			
Luxer	146 000	...	30 IV 1979		
Mansûra	371 000	...	BISSAU	109 214	...
Menia	208 000	...			
Port Said	460 000	...	Kenya		
Shebin–El–Kom	158 000	...			
Shubra–El–Khema	834 000	...	24 VIII 1979		
Sohag	156 000	...	Kisumu	152 643	...
Suez	388 000	...			
Tanta	380 000	...	1 VII 1985(E)		
			Mombasa	442 369	...
Zagazig	287 000	...	NAIROBI	1 162 189	...
Equatorial Guinea – Guinée équatoriale			Lesotho		
4 VII 1983			31 I 1972(E)		
MALABO	30 418	...	MASERU	13 312	29 049
Eritrea – Erythrée			Liberia – Libéria		
1 VII 1990(E)			1 II 1984		
ASMARA	358 100	...	MONROVIA	421 053	...
Ethiopia – Ethiopie			Libyan Arab Jamahiriya – Jamahiriya arabe libyenne		
11 X 1994			31 VII 1973 [1]		
ADDIS ABABA	2 084 588	...	BENGHAZI [6]	282 192	...
			Misurata	103 302	...
1 VII 1994(E)			TRIPOLI [6]	551 477	...
Bahir Dar	115 531	...			
Debrezit	105 963	...	Madagascar		
Dessie	117 268	...			
			1 I 1971(E)		
11 X 1994			ANTANANARIVO	347 466	[7] 377 600
Diredawa	164 851	...			
Gondar	112 249	...	Malawi		
1 VII 1994(E)			1 IX 1987		
Harar	122 932	...	Blantyre–Limbe	331 588	...
Jimma	119 717	...	LILONGWE	233 973	...
Mekele	119 779	...			
			Mali		
11 X 1994					
Nazerit	127 842	...	7 IV 1987		
			BAMAKO	658 275	...
Gabon					
			1 VII 1996(E)		
1 VII 1967(E)			BAMAKO	...	809 552
LIBREVILLE	...	57 000			
			Mauritania – Mauritanie		
Gambia – Gambie					
			22 XII 1976		
1 VII 1980(E)			NOUAKCHOTT	134 986	...
BANJUL	49 181	[3] 109 986			
			Mauritius – Maurice		
Ghana					
			1 VII 1996(E)		
1 III 1970			PORT LOUIS	145 797	...
ACCRA	564 194	[4] 738 498			
Kumasi	260 286	345 117			
Sekondi–Takoradi [5]	91 874	160 868			

(See notes at end of table. – Voir notes à la fin du tableau.)

Continent, country or area, city and date — Continent, pays ou zone, ville et date	Population — City proper Ville proprement dite	Population — Urban agglomeration Agglomération urbaine	Continent, country or area, city and date — Continent, pays ou zone, ville et date	Population — City proper Ville proprement dite	Population — Urban agglomeration Agglomération urbaine
AFRICA—AFRIQUE (Cont.–Suite)			Ogbomosho	*432 000*	...
			Onitsha	*220 000*	...
Morocco – Maroc			Oshogbo	*282 000*	...
			Oyo	*152 000*	...
1 VII 1993(E)			Port Harcourt	*242 000*	...
Agadir	...	137 000	Zaria	*224 000*	...
Béni–Mellal	...	139 000			
Casablanca	...	2 943 000	Réunion		
El Jadida	...	125 000			
Fez	...	564 000	15 III 1990		
Kénitra	...	234 000	SAINT–DENIS	*———— [B] 121 999 ————*	
Khouribga	...	190 000			
Marrakech	...	602 000	Rwanda		
Meknès	...	401 000			
Mohammedia	...	156 000	15 VIII 1978		
Oujda	...	331 000	KIGALI	116 227	...
RABAT	...	1 220 000			
Safi	...	278 000	St. Helena – Sainte–Hélène		
Sale	...	521 000	22 II 1987		
Tanger	...	307 000	JAMESTOWN	1 332	...
Tétouan	...	272 000			
			Sao Tome and Principe – Sao Tomé–et–Principe		
Mozambique					
			15 XII 1960		
1 VIII 1986(E)			SAO TOME	5 714	...
Beira	264 202	...			
MAPUTO	882 601	...	Senegal – Sénégal		
Nampula	182 505	...			
			1 VII 1994(E)		
Namibia – Namibie			DAKAR	*1 641 358*	...
			Kaolack	*193 115*	...
21 X 1991			Saint–Louis	*132 499*	...
WINDHOEK	147 056	...	Thies	*216 381*	...
			Zinqunichor	*161 680*	...
Niger					
			Seychelles		
20 VII 1977					
NIAMEY	225 314	...	17 VIII 1987		
			VICTORIA	...	24 324
Nigeria – Nigéria					
			Sierra Leone		
1 VII 1975(E)					
Aba	177 000	...	15 XII 1985		
Abeokuta	253 000	...	FREETOWN	469 776	...
ABUJA	...	...			
Ado–Ekiti	213 000	...	Somalia – Somalie		
Benin	136 000	...			
Calabar	103 000	...	VII 1972(E)		
Ede	182 000	...	MOGADISHU	*230 000*	...
Enugu	187 000	...			
Ibadan	847 000	...	South Africa – Afrique du Sud		
Ife	176 000	...			
Ikere–Ekiti	145 000	...	7 III 1991		
Ila	155 000	...	Alexandra	124 586	...
Ilesha	224 000	...	6 V 1970		
Ilorin	282 000	...	Benoni	...	151 294
1 VII 1971(E)			7 III 1991		
Iseyin	115 083	...	Benoni	113 501	...
1 VII 1975(E)			5 III 1985		
Iwo	214 000	...	Bloemfontein	104 381	232 984
Kaduna	202 000	...	7 III 1991		
Kano	399 000	...	Bloemfontein	126 867	...
1 VII 1971(E)			6 V 1970		
Katsina	109 424	...	Boksburg	...	106 126
1 VII 1975(E)					
Lagos	1 060 848	...			
Maiduguri	189 000	...			
Mushin	197 000	...			

(See notes at end of table. – Voir notes à la fin du tableau.)

Continent, country or area, city and date / Continent, pays ou zone, ville et date	Population		Continent, country or area, city and date / Continent, pays ou zone, ville et date	Population	
	City proper Ville proprement dite	Urban agglomeration Agglomération urbaine		City proper Ville proprement dite	Urban agglomeration Agglomération urbaine
AFRICA—AFRIQUE (Cont.–Suite)			7 III 1991		
			PRETORIA [9]	525 583	...
South Africa – Afrique du Sud			Sandton	101 197	...
			Roodepoort	162 632	...
7 III 1991			5 III 1985		
Boksburg	119 890	...	Sasolburg	...	540 142
Botshabelo	177 926	...			
			7 III 1991		
5 III 1985			Sasolburg	33 305	...
CAPE TOWN [9]	776 617	1 911 521	Soweto	596 632	...
7 III 1991			6 V 1970		
CAPE TOWN [9]	854 616	...	Springs	...	142 812
Dareyton	151 659	...			
Diepmeadow	241 099	...	7 III 1991		
			Springs	72 647	...
5 III 1985			Tembisa	209 238	...
Durban	634 301	982 075			
			6 V 1970		
7 III 1991			Umlazi	...	123 495
Durban	715 669	...			
			7 III 1991		
6 V 1970			Umlazi	299 275	...
East London	119 727	124 763			
			6 V 1970		
7 III 1991			Vereeniging	...	172 549
East London	102 325	...			
East Rand	...	1 378 791	7 III 1991		
Evaton	201 026	...	Vereeniging	71 255	...
			West Rand	...	870 066
6 V 1970					
Germiston	...	221 972	Sudan – Soudan		
7 III 1991			15 IV 1993		
Germiston	134 005	...	Al–Fasher	141 884	...
Ibhayi	257 054	...	Al–Gadarif	191 164	...
Khayelitsa	189 586	...	Al–Gezira	211 362	...
Kwamashu	156 679	...	Al–Obeid	229 425	...
			Juba	114 980	...
5 III 1985			Kassala	234 622	...
Johannesburg	632 369	1 609 408	Kosti	173 599	...
			KHARTOUM	947 483	...
7 III 1991			Khartoum North	700 887	...
Johannesburg	712 507	...	Nyala	227 183	...
Kathlehong	201 785	...	Omdurman	1 271 403	...
			Port Sudan	308 195	...
6 V 1970					
Kimberley	...	105 258	Swaziland		
5 III 1985			25 VIII 1986		
Kayamnandi	220 548	...	MBABANE	38 290	...
7 III 1991			Togo		
Lekoa	217 582	...			
Mamelodi	154 845	...	30 IV 1970		
Kempton Park	106 606	...	LOME	148 156	...
Ntuzuma	102 310	...			
Mangaung	125 545	...	Tunisia – Tunisie		
			20 IV 1994		
6 V 1970			Ariana	152 694	...
Pietermaritzburg	114 822	160 855	Ettadhamen	149 196	...
			Kairouan	102 634	...
7 III 1991					
Pietermaritzburg	156 473	...	30 III 1984		
			Sfax	231 911	334 702
5 III 1985					
Port Elizabeth	272 844	651 993	20 IV 1994		
			Sfax	230 855	...
7 III 1991			Sousse	124 990	...
Port Elizabeth	303 353	...			
			30 III 1984		
5 III 1985			TUNIS	596 654	1 394 749
PRETORIA [9]	443 059	822 925			

(See notes at end of table. – Voir notes à la fin du tableau.)

Continent, country or area, city and date / Continent, pays ou zone, ville et date	Population		Continent, country or area, city and date / Continent, pays ou zone, ville et date	Population	
	City proper Ville proprement dite	Urban agglomeration Agglomération urbaine		City proper Ville proprement dite	Urban agglomeration Agglomération urbaine
AFRICA—AFRIQUE (Cont.–Suite)			AFRICA—AFRIQUE (Cont.–Suite)		
Tunisia – Tunisie			Zimbabwe		
20 IV 1994			18 VIII 1992		
TUNIS	674 142	...	Bulawayo	621 742	...
Uganda – Ouganda			Chitungwiza	274 912	...
			HARARE	1 189 103	...
18 VIII 1969					
KAMPALA	...	330 700	AMERICA,NORTH— AMERIQUE DU NORD		
United Rep. of Tanzania – Rép.–Unie de Tanzanie			Antigua and Barbuda – Antigua–et–Barbuda		
1 VII 1985(E)			28 V 1991		
Dar es Salaam	1 096 000	...	ST.JOHN'S	22 342	...
DODOMA	85 000	...			
Mbeya	194 000	...	Bahamas		
Mwanza	252 000	...			
Tabora	214 000	...	1 V 1990		
Tanga	172 000	...	NASSAU	...	172 196
Zanzibar	133 000	...			
Western Sahara – Sahara Occidental			Barbados – Barbade		
			12 V 1980		
30 II 1974(E)			BRIDGETOWN	7 466	...
EL AAIUN	20 010	...	Belize		
Zambia – Zambie			1 VII 1997(E)		
25 VIII 1980			BELMOPAN	6 785	...
Chingola	130 872	130 872	Bermuda – Bermudes		
20 VIII 1990			20 V 1991 [1] [10]		
Chingola	162 954	...	HAMILTON	1 100	...
25 VIII 1980			British Virgin Islands – Iles Vierges britanniques		
Kabwe	127 422	136 006			
20 VIII 1990			7 IV 1960		
Kabwe	166 519	...	ROAD TOWN	891	...
25 VIII 1980			Canada [1]		
Kitwe	283 962	320 320	4 VI 1991		
20 VIII 1990			Brampton	234 445	...
Kitwe	338 207	...	Burlington	129 575	...
25 VIII 1980			Burnaby	158 858	...
Luanshya	110 907	113 420	Calgary	710 677	754 033
20 VIII 1990			1 VII 1996(E)		
Luanshya	146 275	...	Calgary	...	853 711
25 VIII 1980			Chicoutimi–Jonquière	...	167 854
LUSAKA	498 837	535 830	4 VI 1991		
20 VIII 1990			East York	102 696	...
LUSAKA	982 362	...	Edmonton	616 741	839 924
25 VIII 1980			1 VII 1996(E)		
Mufulira	135 535	138 824	Edmonton	...	890 771
20 VIII 1990			4 VI 1991		
Mufulira	152 944	...	Etobicoke	309 993	...
25 VIII 1980			Gloucester	101 677	...
Ndola	250 490	281 315	Halifax	114 455	320 501
20 VIII 1990			1 VII 1996(E)		
Ndola	376 311	...	Halifax	...	344 135

(See notes at end of table. – Voir notes à la fin du tableau.)

Continent, country or area, city and date / Continent, pays ou zone, ville et date	Population		Continent, country or area, city and date / Continent, pays ou zone, ville et date	Population	
	City proper Ville proprement dite	Urban agglomeration Agglomération urbaine		City proper Ville proprement dite	Urban agglomeration Agglomération urbaine
AMERICA,NORTH— (Cont.–Suite) AMERIQUE DU NORD			AMERICA,NORTH— (Cont.–Suite) AMERIQUE DU NORD		
Canada [1]			Canada [1]		
4 VI 1991			4 VI 1991		
Hamilton	318 499	599 760	Saskatoon	186 058	210 023
1 VII 1996(E)			1 VII 1996(E)		
Hamilton	...	657 230	Saskatoon	...	223 524
4 VI 1991			Sherbrooke	...	148 925
Kelowna	...	111 846	Sudbury	...	166 661
Kingston	...	136 401	4 VI 1991		
Kitchener	168 282	356 421	Surrey	245 173	...
1 VII 1996(E)			Sydney Glace Bay		116 100
Kitchener	...	404 216	Thunder Bay	113 946	124 427
4 VI 1991			1 VII 1996(E)		
Laval	314 398	...	Thunder Bay	...	130 006
London	341 322	381 522	4 VI 1991		
1 VII 1996(E)			Toronto	635 395	3 893 046
London	...	420 614	1 VII 1996(E)		
4 VI 1991			Toronto	...	4 410 269
Longueuil	129 874	...	Trois–Rivières	...	142 028
Markham	153 811	...	4 VI 1991		
Matsqui	...	113 562	Vancouver	471 844	1 602 502
Mississauga	463 388	...	1 VII 1996(E)		
Moncton	...	106 503	Vancouver	...	1 883 679
Montréal	1 017 666	3 127 424	4 VI 1991		
1 VII 1996(E)			Vaughan	111 359	...
Montréal	...	3 365 160	1 VII 1996(E)		
4 VI 1991			Victoria	...	315 168
Nepean	107 627	...	4 VI 1991		
North York	562 564	...	Windsor	191 435	262 075
Oakville	114 670	...	1 VII 1996(E)		
Oshawa	129 344	240 104	Windsor	...	294 063
1 VII 1996(E)			4 VI 1991		
Oshawa	...	281 922	Winnipeg	616 790	652 354
4 VI 1991			1 VII 1996(E)		
OTTAWA	313 987	920 857	Winnipeg	...	680 285
1 VII 1996(E)			4 VI 1991		
OTTAWA	...	1 039 307	York	140 525	...
4 VI 1991			Cayman Islands – Iles Caïmanes		
Québec	167 517	645 550			
1 VII 1996(E)			1 VII 1988(E)		
Québec	...	699 035	GEORGE TOWN	13 700	...
4 VI 1991			Costa Rica		
Regina	179 178	191 692	1 I 1996(E) [1]		
1 VII 1996(E)			Alajuela	175 129	...
Regina	...	199 243	Cartago	120 420	...
4 VI 1991					
Richmond	126 624	...			
St. Catharines	129 300	364 556			
1 VII 1996(E)					
St. Catharines	...	391 086			
St. John's	...	175 249			
Saint John	...	129 380			...

(See notes at end of table. – Voir notes à la fin du tableau.)

Continent, country or area, city and date / Continent, pays ou zone, ville et date	Population		Continent, country or area, city and date / Continent, pays ou zone, ville et date	Population	
	City proper Ville proprement dite	Urban agglomeration Agglomération urbaine		City proper Ville proprement dite	Urban agglomeration Agglomération urbaine
AMERICA,NORTH— (Cont.–Suite) AMERIQUE DU NORD			AMERICA,NORTH— (Cont.–Suite) AMERIQUE DU NORD		
Costa Rica			Guatemala		
1 I 1996(E) [1]			1 VII 1990(E)		
Puntarenas	102 291	...	GUATEMALA	1 675 589	...
SAN JOSE	324 011	[11] 1 220 412	31 XII 1989(E)		
Cuba			Esquintra	...	105 842
31 XII 1995(E)			1 VII 1990(E)		
Bayamo	140 900	...	Quezal Tenango	101 168	...
Camagüey	296 601	...	Haiti – Haïti		
Cienfuegos	132 000	...			
Guantánamo	204 903	...	1 VII 1996(E) [1]		
Holguín	243 240	...	Cap–Haitien	102 233	...
LA HABANA	2 184 990	...	Carrefour	290 204	...
Las Tunas	324 011	1 220 412	Delmas	240 429	...
Matanzas	122 886	...	PORT–AU–PRINCE	884 472	...
Pinar del Río	137 200	...	Honduras		
Santa Clara	206 900	...			
Santiago de Cuba	432 396	...	31 VII 1985(E)		
Dominica – Dominique			La Ceiba	103 600	...
12 V 1991			30 VI 1986(E)		
ROSEAU	16 243	...	San Pedro Sula	397 201	...
Dominican Republic – République dominicaine			TEGUCIGALPA	597 512	...
			Jamaica – Jamaïque		
24 IX 1993			7 IV 1991		
Santiago de los Caballeros	690 548	...	KINGSTON	103 962	538 144
SANTO DOMINGO	2 134 779	...	Martinique		
El Salvador			15 III 1990 [1]		
27 IX 1992 [12]			FORT–DE–FRANCE	100 072	133 920
Apopa	*——— 100 763 ———*		Mexico – Mexique		
Ciudad Delgado	104 790		12 III 1990 [1]		
Mejicanos	131 972		Acapulco	515 374	...
Nueva San Salvador	116 575		Aguascalientes	455 234	...
SAN SALVADOR	415 346		Ahome	303 558	...
Santa Ana	139 389		Benito Juarez–Cancun–Q.Ro	176 765	...
San Miguel	127 696		Cajeme	311 443	...
Soyapango	261 122		Campeche	150 518	...
Greenland – Groenland			Celaya	214 856	...
			Centro	386 776	...
1 I 1997(E) [1]			Chihuahua	530 783	...
NUUK (GODTHAB)	12 909	...	Chilpacingo	114 244	...
Grenada – Grenade			Ciudad Juárez	798 499	...
			Ciudad Lopez Mateos	315 059	...
30 IV 1981			Ciudad Madero	160 331	...
ST. GEORGE'S	4 788	...	Ciudad Obregon	219 980	...
Guadeloupe			Ciudad Victoria	207 923	...
			Coatzacoalcos	432 944	...
16 X 1967 [1]			Cordoba	153 959	...
BASSE–TERRE	29 522	...	Cuernavaca	281 294	539 425
			Culiacán	415 046	...
			Durango	348 036	...
			Colimas	154 347	...
			Cuatlas	162 117	...

8. Population of capital cities and cities of 100 000 and more inhabitants: latest available year (continued)

Population des capitales et des villes de 100 000 habitants et plus: dernière année disponible (suite)

(See notes at end of table. – Voir notes à la fin du tableau.)

Continent, country or area, city and date / Continent, pays ou zone, ville et date	Population	
	City proper Ville proprement dite	Urban agglomeration Agglomération urbaine
AMERICA, NORTH— (Cont.–Suite) **AMERIQUE DU NORD**		
Mexico – Mexique		
12 III 1990 [1]		
Ecatepec	1 218 135	...
Ensenada	169 426	...
Gomez Palacio	164 092	...
Guadalajara	...	2 870 417
Guadalupe	535 332	
Guaynas	123 438	...
Hermosillo	448 966	...
Irapuato	265 042	...
Jalapa	300 041	...
La Paz	137 641	...
Leon	758 279	...
Los Mochis	162 659	...
Matamoros	266 055	...
Mazatlán	262 705	...
Mérida	600 620	...
Mexicali	438 377	...
MEXICO, CIUDAD DE	8 235 744	15 047 685
Minatitlan	142 060	...
Monclova	240 056	...
Monterrey	1 069 238	2 562 531
Morelia	428 486	...
Naucalpan	772 483	...
Netzahualcoyotl	1 255 456	...
Nogales	107 936	...
Nuevo Laredo	219 468	...
Oaxaca de Juárez	294 961	...
Orizaba	225 739	...
Pachuca	180 630	...
Poza Rica de Hidalgo	172 232	...
Puebla de Zaragoza	1 007 170	1 266 258
Querétaro	416 340	...
Reynosa	282 667	...
Salamanca	123 190	...
Saltillo	457 716	...
San Luis Potosí	658 712	...
Tampico	433 021	...
Tapachula	138 858	...
Tehuacan	155 563	...
Tepic	206 967	...
Tijuana	747 381	...
Tlalnepantla	702 270	...
Tlalpan	484 866	...
Tlaquepaque	328 031	...
Toluca	487 612	819 915
Tlaxcala	185 555	...
Torreon	675 510	...
Tuxtlan Gutiérrez	295 608	...
Uruapan	187 623	...
Veracruz Llave	472 657	...
Villahermosa	261 231	...
Xochimilco	271 151	...
Zacatecas	154 989	...
Zamora de Hidalgo	145 597	...
Zapopan	668 323	...
Montserrat		
12 V 1980 PLYMOUTH	1 478	...
Netherlands Antilles – **Antilles néerlandaises**		
27 I 1992 [1] WILLEMSTAD	2 345	...

Continent, country or area, city and date / Continent, pays ou zone, ville et date	Population	
	City proper Ville proprement dite	Urban agglomeration Agglomération urbaine
Nicaragua		
1 VII 1979(E) MANAGUA	*608 020*	...
Panama		
1 VII 1997(E)* PANAMA	[13] 464 928	...
San Miguelito	307 230	...
Puerto Rico – Porto Rico [1][14]		
1 VII 1984(E) Aguadilla	...	155 500
1 VII 1994(E) Aguadilla	65 304	...
1 VII 1984(E) Arecibo	...	163 300
1 VII 1994(E) Arecibo	96 174	...
1 VII 1996(E) Bayamon	228 809	...
1 IV 1990 Caguas	133 447	191 103
1 VII 1996(E) Caguas	138 279	...
Carolina	185 960	...
Guaynabo	103 553	...
1 IV 1990 Mayagüez	100 371	110 764
1 VII 1994(E) Mayagüez	104 190	...
1 IV 1990 Ponce	187 749	[15] 190 636
1 VII 1996(E) Ponce	187 500	...
1 IV 1990 SAN JUAN	437 745	[16] 1 222 316
1 VII 1996(E) SAN JUAN	428 025	...
Saint Kitts and Nevis – **Saint–Kitts–et–Nevis**		
12 V 1980 BASSETERRE	14 161	...
Saint Lucia – Sainte–Lucie		
12 V 1991 CASTRIES	1 991	51 994
St. Pierre and Miquelon – **Saint–Pierre–et–Miquelon**		
9 III 1982 SAINT–PIERRE	5 416	...

(See notes at end of table. – Voir notes à la fin du tableau.)

Continent, country or area, city and date / Continent, pays ou zone, ville et date	Population		Continent, country or area, city and date / Continent, pays ou zone, ville et date	Population	
	City proper Ville proprement dite	Urban agglomeration Agglomération urbaine		City proper Ville proprement dite	Urban agglomeration Agglomération urbaine
AMERICA,NORTH— (Cont.–Suite) AMERIQUE DU NORD			Canton	...	402 928
			Cedar Rapids	113 482	179 411
St. Vincent and the Grenadines – Saint–Vincent–et–Grenadines			Champaign	...	[38] 167 392
			Chandler(Ar.)	142 918	...
			Charleston(S.C.)	...	495 143
12 V 1991			Charleston(W.Va.)	...	254 575
KINGSTOWN	15 466	...	Charlotte	441 297	[39] 1 321 068
			Charlottesville	...	144 815
Trinidad and Tobago – Trinité–et–Tobago			Chattanooga	150 425	446 096
			Chesapeake	192 342	([40])
1 VII 1996			Chicago	2 721 547	[41] 8 599 774
PORT–OF–SPAIN	43 396	...	Chico	...	192 507
Turks and Caicos Islands – Iles Turques et Caïques			Chula Vista	151 963	([42])
			Cincinnati	345 818	[43] 1 920 931
31 V 1990			Clarksville	...	[44] 186 368
GRAND TURK	3 691	...	Clearwater	100 132	...
			Cleveland	498 246	[45] 2 913 430
United States – Etats–Unis			Colorado Springs	345 127	472 924
			Columbia(Mo.)	...	125 676
1 VII 1996(E) [17] [18]			Columbia(S.C.)	112 773	488 207
Abilene	108 476	122 130	Columbus (Ga.)	182 828	272 273
Akron	216 882	([19])	Columbus (Oh.)	657 053	1 447 646
Albany(Ga.)	...	117 286	Concord	114 850	([30])
Albany(N.Y.)	103 564	[20] 878 527	Coral Springs	105 275	...
Albuquerque	419 681	670 092			
Alexandria(La.)	...	126 290	Corpus Christi	280 260	384 056
Alexandria(Va.)	117 586	([21])	Corona	100 208	...
Allentown	102 211	[22] 614 304	Cumberland	...	100 600
Altoona	...	131 450	Costa Mesa	100 938	...
Amarillo	169 588	206 015	Dallas	1 053 292	[46] 4 574 561
Anaheim	288 945	([23])	Danville	...	109 246
Anchorage	250 505	250 505	Davenport	...	[47] 357 800
			Dayton	172 947	[48] 950 661
Ann Arbor	108 758	([24])	Daytona Beach	...	456 464
Anniston	...	113 511	Decatur (Al.)	...	139 979
Appleton	...	[25] 340 564	Decatur (Il.)	...	115 416
Arlington(Tx.)	294 816	([26])	Denver	497 840	[49] 2 277 401
Arlington(Va.)	175 334	([21])	Des Moines	193 422	427 436
Asheville	...	210 042	Detroit	1 000 272	[50] 5 284 171
Athens	...	137 204	Dothan	...	132 945
Atlanta	401 907	3 541 230	Dover (De.)	...	122 244
Augusta	...	453 612	Duluth	...	239 465
Aurora(Co.)	252 341	([27])	Durham	149 799	([51])
Aurora(Il.)	116 405	([28])	Eau Claire	...	143 245
Austin	541 278	1 041 330	Elizabeth	110 149	([34])
			Elkhart	...	[52] 168 941
Bakersfield	205 508	622 729	El Monte	110 026	([23])
Baltimore	675 401	([21])	El Paso	599 865	684 446
Barnstable(Ma)	...	145 867	Erie	105 270	280 570
Baton Rouge	215 882	567 388	Escondido	116 184	([42])
Beaumont	111 224	[29] 375 795	Eugene	123 718	[53] 306 862
Bellingham	...	152 512	Evansville	123 456	288 735
Benton Harbor	...	161 434	Fargo	...	[54] 165 191
Berkeley	103 243	([30])	Fayetteville(Ark.)	...	[55] 260 940
Billings	...	125 966	Fayetteville(N.C.)	...	284 800
Biloxi	...	[31] 343 184	Flagstaff	...	118 011
Binghamton	...	254 053	Flint	134 881	([24])
Birmingham	258 543	894 702	Florence(Alab.)	...	136 083
Bloomington(Il.)	...	[32] 139 133	Florence(S.C.)	...	123 365
Bloomington(In.)	...	116 176	Fontana (Ca.)	104 124	([23])
Boise City	152 737	372 587	Fort Collins	104 196	[56] 221 725
Boston	558 394	[33] 5 563 475	Fort Lauderdale	151 805	([57])
Bridgeport	137 990	([34])	Fort Myers	...	[58] 380 001
Brownsville	132 091	[35] 315 015	Fort Pierce	...	287 255
Bryan	...	[36] 131 904	Fort Smith	...	191 482
Buffalo	310 548	[37] 1 175 240	Fort Walton Beach	...	165 873
Burlington(Vt.)	...	162 776	Fort Wayne	184 783	475 299
			Fort Worth	479 716	([26])
			Fremont	187 800	([30])
			Fresno	396 011	861 753
			Fullerton	120 188	([23])
			Gadsden	...	102 129

(See notes at end of table. – Voir notes à la fin du tableau.)

Continent, country or area, city and date / Continent, pays ou zone, ville et date	Population		Continent, country or area, city and date / Continent, pays ou zone, ville et date	Population	
	City proper Ville proprement dite	Urban agglomeration Agglomération urbaine		City proper Ville proprement dite	Urban agglomeration Agglomération urbaine
AMERICA,NORTH— (Cont.–Suite) AMERIQUE DU NORD			Lexington—Fayette	239 942	441 073
			Lima	...	155 499
United States – Etats–Unis			Lincoln	209 192	231 765
			Little Rock	175 752	[75] 548 352
1 VII 1996(E) [17] [18]			Livonia	105 099	([24])
Gainesville	...	196 525	Long Beach	421 904	([23])
Garden Grove	149 208	([23])	Longview	...	[76] 206 732
Garland	190 055	([26])	Los Angeles	3 553 638	[77] 15 495 155
Gary	110 975	([28])	Louisville	260 689	991 765
Glendale(Az.)	182 219	([59])	Lowell	100 973	...
Glendale(Ca.)	184 321	([23])	Lubbock	193 565	232 035
Glen Falls	...	122 267	Lynchburg	...	205 559
Goldsboro	...	111 581			
Grand Forks	...	103 883	Macon	113 352	[78] 312 689
Grand Junction	...	108 371	Madison	197 630	395 366
Grand Prairie(Tx.)	109 231	([26])	Manchester	100 967	...
Grand Rapids	188 242	1 015 099	Mansfield	...	175 441
Green Bay	102 076	213 072	McAllen	103 352	495 594
			Medford	...	168 609
Greensboro	195 426	[60] 1 141 238	Melbourne	...	[79] 453 998
Greenville(N.C)	...	119 064	Memphis	596 725	1 078 151
Greenville(S.C)	...	[61] 896 679	Merced	...	192 311
Hampton	138 757	([40])	Mesa	344 764	([59])
Harrisburg	...	[62] 614 755	Miami	365 127	[80] 3 514 403
Hartford	133 086	[63] 1 144 574	Mesquite	111 947	([26])
Hattiesburg	...	107 897			
Hayward	121 631	([30])	Milwaukee	590 503	[81] 1 642 658
Hialeah	204 684	([57])	Minneapolis	358 785	[82] 2 765 116
Hickory	...	314 965	Mobile	202 581	518 975
Hollywood(Fl.)	127 894	([57])	Modesto	178 559	415 786
Honolulu	423 475	871 766	Monroe	...	147 302
			Montgomery	196 363	314 955
Henderson	122 339	...	Moreno Valley	140 932	([23])
Houma	...	[64] 189 869	Muncie	...	118 600
Houston	1 744 058	[65] 4 253 428	Myrtle Beach(S.C.)	...	163 856
Huntington	...	[66] 316 641	Naples	...	188 187
Huntington Beach	190 751	([23])	Naperville	107 001	...
Huntsville	170 424	330 153	Nashville—Davidson	511 263	1 117 178
Independence	110 303	([67])	Newark	268 510	([34])
Indianapolis	746 737	1 492 297	New Haven	124 665	([34])
Inglewood	111 040	([23])	New London	...	[83] 286 719
Irving (Tx.)	176 993	([26])	New Orleans	476 625	1 312 890
Jackson (Mich.)	...	154 563	Newport News	176 122	([40])
Irvine	127 873	...	New York	7 380 906	[84] 19 938 492
Iowa	...	101 609	Norfolk	233 430	[85] 1 540 252
Jackson (Miss.)	192 923	421 068	Norwalk	100 209	...
Jacksonville(Fl.)	679 792	1 008 633	Oceanside	145 941	([42])
Jamestown	...	[68] 140 800	Oakland	367 230	([30])
Jacksonville(N.C.)	...	144 533	Ocala	...	230 068
Janesville	...	[69] 150 584	Odessa	...	239 414
Jersey City	229 039	([34])	Oklahoma City	469 852	1 026 657
Johnson City	...	[70] 458 229	Omaha	364 253	681 698
Johnstown	...	239 017	Overland Park	131 053	([67])
Joplin	...	145 716	Ontario	144 854	([23])
Kalamazoo	...	444 428	Orange	119 890	([23])
Kansas City (Ka.)	142 654	([67])	Orlando	173 902	1 417 291
Kansas City (Mo.)	441 259	1 690 343	Oxnard	151 009	([23])
Killeen	...	[71] 296 896	Palmdale	106 540	([23])
Knoxville	167 535	649 277	Panama City(Fl.)	...	144 637
Kokomo	...	100 579	Parkersburg	...	[86] 151 597
Lafayette(Ind.)	...	[72] 171 200	Pasadena(Ca.)	134 116	([23])
Lafayette(La.)	104 899	368 635	Pasadena(Tx.)	131 620	([87])
Lake Charles	...	178 881	Paterson	150 270	([34])
Lakeland	...	[73] 440 954	Pembroke Pines	100 662	...
Lakewood	134 999	([27])	Pensacola	...	385 820
Lancaster(Pa.)	115 675	450 834	Peoria	112 306	346 501
Lansing	125 736	[74] 447 538	Philadelphia	1 478 002	[88] 5 973 463
Laredo	164 899	176 792	Phoenix	1 159 014	2 746 703
Las Cruces	...	163 849	Pittsburgh	350 363	2 379 411
Las Vegas	376 906	1 201 073	Plano	192 280	([26])
La Crosse	...	121 544	Pomona	134 706	([23])
Lawton	...	111 171	Portland(Me.)	...	228 916
			Portland(Or.)	480 824	[89] 2 078 357

(See notes at end of table. – Voir notes à la fin du tableau.)

Continent, country or area, city and date / Continent, pays ou zone, ville et date	Population City proper Ville proprement dite	Population Urban agglomeration Agglomération urbaine	Continent, country or area, city and date / Continent, pays ou zone, ville et date	Population City proper Ville proprement dite	Population Urban agglomeration Agglomération urbaine
AMERICA,NORTH— (Cont.–Suite) **AMERIQUE DU NORD**			Tacoma	179 114	([108])
			Tallahassee	136 812	259 380
United States – Etats–Unis			Tampa	285 206	[109] 2 199 231
			Tempe	162 701	([59])
1 VII 1996(E) [17] [18]			Terre Haute	...	149 671
Portsmouth(Va.)	101 308	([40])	Texarkana	...	[110] 123 919
Providence	152 558	[90] 1 124 044	Thousand Oaks	113 368	([23])
Provo	...	[91] 319 694	Toledo	317 606	611 417
Pueblo	...	131 217	Topeka	119 658	164 938
Punta Gorda(Fla.)	...	130 426	Torrance	136 183	([23])
Raleigh	243 835	[92] 1 025 253	Tucson	449 002	767 873
Rancho Cucamonga	116 613	([23])	Tulsa	378 491	756 493
Reading	...	352 353			
Redding	...	161 740	Tuscaloosa	...	158 779
Reno	155 499	298 787	Tyler	...	165 002
Richland	...	[93] 179 949	Utica	...	[111] 302 405
Richmond	198 267	[94] 935 174	Vallejo	109 593	([30])
Riverside	255 069	([23])	Virginia Beach	430 385	([40])
			Visalia	...	[112] 349 922
Roanoke	...	229 105	Waco	108 412	201 775
Rochester (Mn.)	...	113 182	Warren	138 078	([24])
Rochester (N.Y.)	221 594	1 088 037	WASHINGTON D.C.	543 213	7 164 519
Rockford	143 531	352 369	Waterbury	106 412	([34])
Rocky Mountain (S.C.)	...	144 157	Waterloo	...	[113] 122 806
Sacramento	376 243	[95] 1 632 133	Wausau	...	121 791
Saginaw	...	[96] 403 301			
St. Cloud	...	160 326	West Covina	101 526	([23])
St. Louis	351 565	2 548 238	West Palm Beach	...	[114] 992 840
St. Paul	259 606	([97])	Wheeling	...	155 808
St. Petersburg	235 988	([98])	Wichita	320 395	512 965
Salem	122 566	([99])	Wichita Falls	100 138	136 311
			Williamsport	...	119 083
Salinas	111 757	[100] 339 047	Wilmington	...	206 738
Salt Lake City	172 575	[101] 1 217 842	Winston–Salem	153 541	([115])
San Angelo	...	102 580	Worcester	166 350	([116])
San Antonio	1 067 816	1 490 111	Yakima	...	216 234
San Bernardino	183 474	([23])	Yonkers	190 316	([34])
San Diego	1 171 121	2 655 463	York	...	368 332
San Francisco	735 315	[102] 6 605 428	Youngstown	...	[117] 598 582
San Jose	838 744	([30])	Yuba City	...	136 555
San Luis Obispo	...	229 437	Yuma	...	125 142
Santa Ana	302 419	([23])			
Santa Clarita	125 153	([23])	**United States Virgin**		
Santa Barbara	...	[103] 385 573	**Islands – Iles Vierges** **américaines**		
Santa Fe	...	137 223	1 IV 1980 [1] [14]		
Santa Rosa	121 879	([30])	**CHARLOTTE AMALIE**	11 842	...
Sarasota	...	528 803			
Savannah	136 262	282 610	**AMERICA,SOUTH—**		
Scottsdale	179 012	([59])	**AMERIQUE DU SUD**		
Scranton	...	[104] 628 073			
Seattle	524 704	[105] 3 320 829	**Argentina – Argentine**		
Sharon	...	122 155			
Sheboygan	...	109 705	15 V 1991		
Shreveport	191 558	379 596	Avellaneda	344 024	...
Sherman–Denison	...	100 589	Bahia Blanca	260 096	...
Simi Valley	106 974	([23])	**BUENOS AIRES**	2 965 403	11 298 030
Sioux City	...	121 108	Catamarca	109 882	132 626
Sioux Falls	113 223	156 598	Comodoro Rivadavia	124 104	...
South Bend	102 100	[106] 257 740	Concordia	116 485	...
Spokane	186 562	404 920	Cordoba	1 157 507	1 208 554
Springfield (Ill.)	112 921	204 130	Corrientes	258 103	...
Springfield (Ma.)	149 948	576 561	Formosa	147 636	...
Springfield (Mo.)	143 407	296 345	General San Martin	406 809	...
Stamford	110 056	([34])	La Matanza	1 120 088	...
State College	...	131 489	Lanus	468 561	...
Sterling Heights	118 698	([24])			
Steubenville	...	[107] 138 315	La Plata	521 936	642 979
Stockton	232 660	533 392	Lomas de Zamora	574 330	...
Sumter	...	107 161	Mar del Plata	512 880	...
Sunnyvale	125 156	([30])			
Syracuse	155 865	745 691			

(See notes at end of table. – Voir notes à la fin du tableau.)

Continent, country or area, city and date / Continent, pays ou zone, ville et date	City proper Ville proprement dite	Urban agglomeration Agglomération urbaine	Continent, country or area, city and date / Continent, pays ou zone, ville et date	City proper Ville proprement dite	Urban agglomeration Agglomération urbaine
AMERICA,SOUTH— (Cont.–Suite)			Bragança	*———— 102 224 ————*	
AMERIQUE DU SUD			Botucatu	101 503	
			Bragança Paulista	107 243	
Argentina – Argentine			BRASILIA	1 737 813	
			Cabo	134 411	
15 V 1991			Cachoeiro de		
Mendoza	121 620	773 113	Itapemirim	153 097	
Moron	643 553	...	Camacari	127 882	
Neuquén	167 296	183 579	Camaragibe	101 248	
Paraná	207 041	211 936	Campina Grande	351 606	
Posadas	201 273	210 755	Campinas	906 593	
Quilmes	511 234	...	Campo Grande	601 661	
Resistencia	229 212	292 287			
Rio Cuarto	134 355	138 853	Campos dos Goytacazes	392 931	
Rosario	907 718	1 118 905	Canoas	287 505	
Salta	367 550	370 904	Carapicuíba	315 199	
San Fernando	141 063	...	Cariacica	302 073	
San Isidro	299 023	...	Caruaru	226 966	
San Juan	119 423	352 691	Cascavel	209 843	
			Castanhal	113 939	
San Miguel de Tucumán	470 809	622 324	Caucaia	187 982	
San Nicolas	119 302	...	Caxias	152 242	
San Salvador de Jujuy	178 748	180 102	Caxias do Sul	313 210	
Santa Fé	353 063	406 388	Codo	112 935	
Santiago del Estero	189 947	263 471	Colatina	101 647	
Vicente Lopez	289 505	...			
			Colombo	135 458	
Bolivia – Bolivie			Contagem	504 098	
			Criciúma	160 806	
1 VII 1995(E)			Cuiabá	465 107	
Cochabamba	457 881	...	Curitiba	1 408 534	
El Alto	527 436	...	Diadema	329 986	
LA PAZ [118]	739 453	...	Divinopolis	162 464	
Oruro	194 258	...	Dourados	147 265	
Potosí	118 154	...	Duque de Caxias	697 478	
Santa Cruz	833 307	...	Embu	175 391	
SUCRE [118]	149 097	...	Feira de Santana	443 497	
Tarija	104 147	...	Florianopolis	277 156	
			Fortaleza	1 917 236	
Brazil – Brésil			Foz do Iguaçu	211 182	
			Franca	260 206	
1 VII 1995(E) [1] [12]			Garanhuns	108 596	
Abaeteluba	*———— 109 235 ————*		Goiânia	989 285	
Alagoinhas	123 455		Governador Valadares	241 615	
Alvorada	158 377		Gravatai	206 085	
Americana	164 102		Guarapuava	150 577	
Ananindeua	273 525		Guarujá	229 250	
Anápolis	258 512		Guarulhos	870 105	
Aortolandia	101 112		Hortolandia	101 112	
Aparecida de Goiania	222 283		Ilhéus	253 500	
Apucarana	102 074		Imperatriz	310 894	
Aracaju	437 543		Inoaiatuba	115 360	
Araçatuba	161 876		Ipatinga	189 657	
Arapiraca	177 957		Itaboraí	178 279	
			Itabuna	198 517	
Araraquara	175 635		Itaguaí	120 446	
Bacabal	103 863		Itaituba	112 264	
Bage	113 619		Itajaí	130 323	
Barbacena	103 536		Itapetininga	108 309	
Barueri	148 676		Itapevi	125 554	
Barra Mansa	168 797		Itaquaquecetuba	194 577	
Barreiras	103 581		Itu	117 986	
Barretos	101 642		Jaboatao dos Guarapes	537 630	
Bauru	285 109		Jacareí	179 385	
Belém	1 167 841		Jau	100 259	
			Jequié	153 766	
1 VII 1994(E) [1] [12]			Ji–Paraná	114 226	
Belford Roxo	374 632		Joao Pessoa	551 640	
			Joinville	389 538	
1 VII 1995(E) [1] [12]			Juazeiro	139 845	
Belo Horizonte	2 097 311		Juazeiro do Norte	185 798	
Betim	198 896		Juiz de Fora	411 290	
Blumenou	229 678		Jundiaí	299 088	
Boa Vista	174 092				

(See notes at end of table. – Voir notes à la fin du tableau.)

Continent, country or area, city and date / Continent, pays ou zone, ville et date	Population City proper Ville proprement dite	Population Urban agglomeration Agglomération urbaine	Continent, country or area, city and date / Continent, pays ou zone, ville et date	Population City proper Ville proprement dite	Population Urban agglomeration Agglomération urbaine
AMERICA, SOUTH— (Cont.–Suite)			Sao Gonçalo	*———— 832 849 ————*	
AMERIQUE DU SUD			Sao Joao de Meriti	434 458	
			Sao José	156 150	
Brazil – Brésil			Sao José do		
			Rio Prêto	314 434	
1 VII 1995(E) [1] [12]			Sao José dos Campos	492 285	
Lages	*———— 157 964 ————*		Sao José dos Pinhais	145 770	
Limeira	226 211		Sao Leopoldo	190 249	
Linhares	124 036		Sao Luís	775 965	
Londrina	418 590		Sao Paolo	10 017 821	
Luziania	214 324		Sao Vicente	292 991	
Macae	112 068		Sapucaia do Sul	113 110	
Macapá	189 080				
Maceio	703 096		Serra	267 148	
Magé	170 573		Sete Lagoas	157 999	
Manaus	1 138 198		Sobral	135 134	
Marabá	151 374		Sorocaba	414 197	
Maracanau	195 591		Sumaré	166 061	
Marília	173 841		Susano	177 464	
			Taboao da Serra	180 207	
Maringá	263 517		Taubaté	219 117	
Mauá	323 769		Teresina	670 669	
Moji das Cruzes	297 424		Teresopolis	127 802	
Moji–Guaçu	111 030		Teofilo Otoni	144 703	
Montes Claros	273 513		Timon	118 088	
Mossoro	212 031				
Natal	668 119		Uberaba	215 892	
Nilopolis	160 188		Uberlandia	407 707	
Niteroi	448 736		Uruguaiana	125 823	
Nova Friburgo	181 170		Várzea Grande	189 447	
Nova Iguaçu	811 326		Viamao	197 783	
Novo Hamburgo	227 962		Vila Velha	285 628	
			Vitoria	275 227	
Olinda	360 473		Vitoria da Conquista	242 647	
Osasco	598 422		Vitoria de Santo Antao	111 246	
Paranagua	115 959		Volta Redonda	232 123	
Parnaíba	131 748				
Passo Fundo	151 147		Chile – Chili		
Patos de Minas	108 369				
Paulista	241 422		1 VII 1997(E)*		
Pelotas	307 273		Antofagasta	243 038	...
Petrolina	183 662		Arica	178 457	...
Petropolis	263 838		Calama	121 326	...
Pindamonhangaba	112 539		Chillán	162 969	...
Piracicaba	300 714		Concepcion	362 589	...
Pocos de Caldas	117 585		Copiapo	114 615	...
Ponta Grossa	249 242		Coquimbo	126 886	...
Porto Alegre	1 295 940		Iquique	159 815	...
Porto Velho	318 859		La Serena	123 166	...
Praia Grande	142 020		Los Angeles	109 606	...
Presidente Prudente	174 715		Osorno	126 645	...
Queimados	103 803		Puente Alto	363 012	...
Recife	1 329 768				
Ribeirao das Neves	168 542		Puerto Montt	128 945	...
Ribeirao Preto	468 467		Punta Arenas	120 148	...
Rio Branco	207 307		Quilpué	114 617	...
Rio Claro	147 278		Rancagua	202 067	...
Rio de Janeiro	5 606 497		San Bernardo	223 055	...
Rio Grande	180 902		SANTIAGO [1] [19]	4 640 635	...
Rio Verde	100 871		Talca	174 858	...
Rondonopolis	137 980		Talcahuano	269 265	...
Salvador	2 262 731		Temuco	253 451	...
Santa Barbara D'Oeste	167 392		Valdivia	122 166	...
Santa Luzia (Minas Gerais)	162 945		Valparaiso	283 489	...
Santa Luzia (Maranhao)	127 460		Viña del Mar	330 736	...
Santa Maria	226 787				
Santa Rita	100 758		Colombia – Colombie		
Santarém	288 628				
Santo André	637 594		24 X 1993		
Santos	421 292		Armenia	223 284	282 426
Sao Bernardo do Campo	612 435		Barrancabermeja	157 433	...
Sao Caetano do Sul	145 147		Barranquilla	993 759	1 328 833
Sao Carlo	170 688				

(See notes at end of table. – Voir notes à la fin du tableau.)

Continent, country or area, city and date / Continent, pays ou zone, ville et date	Population City proper Ville proprement dite	Population Urban agglomeration Agglomération urbaine	Continent, country or area, city and date / Continent, pays ou zone, ville et date	Population City proper Ville proprement dite	Population Urban agglomeration Agglomération urbaine
AMERICA,SOUTH— (Cont.–Suite) AMÉRIQUE DU SUD			**Falkland Islands (Malvinas)– Iles Falkland (Malvinas)**		
Colombia – Colombie			5 III 1991		
			STANLEY	1 557	...
24 X 1993					
Bello	264 009	...	**French Guiana – Guyane Française**		
Bucaramanga	414 365	759 651			
Buenaventura	227 478	...	5 III 1990		
Buga	107 036	...	CAYENNE	*———— [8] 41 164 ————*	
Cali	1 666 488	2 063 867			
Cartagena	656 632	...	**Guyana**		
Cartago	105 234	...			
Cienaga	130 610	...	1 VII 1976(E)		
Cúcuta	482 490	597 719	GEORGETOWN	72 049	187 056
Dos Quebradas	139 839	...			
Envigado	115 484	...	**Paraguay**		
Floridablanca	192 856	...			
Ibagué	365 136	...	11 VII 1982		
			ASUNCION	454 881	[120] 718 690
Itagüi	180 354	...			
Lorica	100 543	...	1 VII 1994(E)		
Magangue	102 155	...	ASUNCION	546 637	...
Manizales	327 663	361 511			
Medellín	1 630 009	2 556 357	26 VIII 1992		
Monteria	275 952	...	Ciudad del Este	133 881	...
Neiva	250 838	...	San Lorenzo	133 395	...
Palmira	234 166	...			
Pasto	294 024	...	**Peru – Pérou**		
Popayan	187 519	...			
Pereira	354 625	582 699	11 VII 1993		
Quibdo	102 003	...	Arequipa	619 156	642 478
			Ayacucho	105 918	110 745
SANTA FE DE BOGOTA	4 945 448	5 398 998	Cajamarca	92 447	101 627
Santa Marta	283 711	...	Chiclayo	411 536	566 027
Sincelejo	174 345	...	Chimbote	268 979	309 435
Soacha	230 335	...	Cuzco	255 568	257 543
Soledad	238 153	...	Huancayo	258 209	342 843
Sogamoso	109 115	...	Huánuco	118 814	125 686
Tulua	145 531	...	Ica	122 667	161 406
Tumaco	115 674	...	Iquitos	274 759	287 429
Tunja	107 807	...	Juliaca	142 576	145 724
Valledupar	248 525	...	LIMA	5 681 941	[121] 6 321 173
Villavicencio	253 780	...			
			Piura	277 964	...
Ecuador – Equateur			Pucallpa	172 286	180 664
			Sullana	147 361	206 706
1 VII 1997(E)*			Tacna	174 336	177 058
Ambato	160 302	...	Trujillo	509 312	588 638
Cuenca	255 028	...			
			Suriname		
1 VII 1996(E)					
Eloy Alfaro	127 832	...	1 VII 1995(E)		
			PARAMARIBO	216 000	265 000
1 VII 1997(E)*					
Esmeraldas	117 722	...	**Uruguay**		
Guayaquil	1 973 880	...			
Loja	117 365	...	22 V 1996		
Machala	197 350	...	MONTEVIDEO	1 303 182	...
Manta	156 981	...			
Milagro	119 371	...	**Venezuela**		
Portoviejo	167 956	...			
Quevedo	120 640	...	21 X 1990		
			Acarigua–Araure	188 607	208 070
1 VII 1996(E)					
QUITO	1 444 363	...	1 VII 1996(E)		
Riobamba	114 322	...	Acarigua–Araure	258 276	...
1 VII 1997(E)*			21 X 1990		
Santo Domingo de los Colorados	183 219	...	Barcelona	222 466	243 361
			Barcelona–Pto. La Cruz	384 208	405 103
1 VII 1996(E)					
Ybarra	113 791	...			

(See notes at end of table. – Voir notes à la fin du tableau.)

Continent, country or area, city and date / Continent, pays ou zone, ville et date	Population City proper Ville proprement dite	Population Urban agglomeration Agglomération urbaine	Continent, country or area, city and date / Continent, pays ou zone, ville et date	Population City proper Ville proprement dite	Population Urban agglomeration Agglomération urbaine
AMERICA,SOUTH— (Cont.–Suite) AMERIQUE DU SUD			San Cristobal	235 753	257 399
			Turmero	50 801	175 350
Venezuela			Valencia	910 582	914 561
			Valera	97 931	110 395
1 VII 1996(E)					
Barcelona–Pto. La Cruz	534 763	...	ASIA—ASIE		
21 X 1990			Afghanistan		
Barinas	163 034	176 336			
Barquisimeto	662 372	691 102	1 VII 1988(E)		
			Herat	*177 300*	...
1 VII 1996(E)			KABUL	*1 424 400*	...
Barquisimeto	953 900	...	Kandahar (Quandahar)	*225 500*	...
			Mazar–i–Sharif	*130 600*	...
21 X 1990					
Baruta	189 166	249 115	Armenia – Arménie		
Cabimas	166 038	197 966			
			1 VII 1990(E)		
1 VII 1996(E)			Kirovakan	...	170 200
Cabimas	290 224	...	Leninakan	...	206 600
			YEREVAN	...	1 254 400
21 X 1990					
Catia la Mar	103 247	103 247	Azerbaijan – Azerbaïdjan		
CARACAS	1 823 222	2 784 042			
			1 I 1990(E)		
1 VII 1996(E)			BAKU	1 149 000	...
CARACAS	3 672 779	...	Giyandja	281 000	...
			Sumgait	235 000	...
21 X 1990					
Carupano	100 794	100 794	Bahrain – Bahreïn		
Ciudad Bolivar	230 001	230 001			
			16 XI 1991		
1 VII 1996(E)			MANAMA	127 578	136 999
Ciudad Bolivar	309 278	...			
			1 VII 1992(E)		
21 X 1990			MANAMA	*140 401*	...
Ciudad Guayana	465 738	465 738			
			Bangladesh		
1 VII 1996(E)					
Ciudad Guayana	590 189	...	12 III 1991		
			Barisal	...	163 481
21 X 1990			Chittagong	...	1 363 998
Ciudad Losada	134 501	134 501	Comilla	...	143 282
			DHAKA	...	3 397 187
1 VII 1996(E)			Dinajpur	...	126 189
Ciudad Losada	500 738	...	Jamalpur	...	101 242
			Jessore	...	160 198
21 X 1990			Khulna	...	545 849
Coro	125 183	136 379	Mymensingh	...	185 517
Cumaná	222 116	246 247	Naogaon	...	100 794
			Narayanganj	...	268 952
1 VII 1996(E)			Nawabganj	...	121 205
Cumaná	288 212	...			
			Pabna	...	104 479
21 X 1990			Rajshahi	...	299 671
Departamento Vargas	280 439	280 439	Rangpur	...	203 931
Guanare	98 597	120 118	Saidpur	...	102 030
Guarenas	135 755	135 755	Tangail	...	104 387
			Tongi	...	154 175
1 VII 1996(E)					
Guarenas	295 528	...	Bhutan – Bhoutan		
21 X 1990			1 VII 1977(E)		
Lagunillas	31 066	109 212	THIMPHU	*8 922*	...
La Victoria	83 330	131 839			
Los Teques	147 055	179 062	Brunei Darussalam – Brunéi Darussalam		
Maracaibo	1 220 980	1 220 980			
Maracay	354 040	356 166	26 VIII 1981		
Maturín	218 011	267 876	BANDAR SERI BEGAWAN	49 902	...
Mérida	176 200	178 580			
Petare	338 880	500 868			
Puerto Cabello	137 067	144 666			
Punto Fijo	106 649	154 015			

(See notes at end of table. – Voir notes à la fin du tableau.)

Continent, country or area, city and date / Continent, pays ou zone, ville et date	Population		Continent, country or area, city and date / Continent, pays ou zone, ville et date	Population	
	City proper Ville proprement dite	Urban agglomeration Agglomération urbaine		City proper Ville proprement dite	Urban agglomeration Agglomération urbaine
ASIA—ASIE (Cont.–Suite)			Datong	1 277 310	...
			Daxian	326 886	...
Cambodia – Cambodge			Dayomg	408 466	...
			Dengzhou	1 391 056	...
17 IV 1962			Deyang	762 215	...
PHNOM PENH	393 995	...	Dezhou	321 381	...
			Dingzhou	1 024 953	...
China – Chine [123]			Dongchuan	279 456	...
			Dongguan	1 741 731	...
1 VII 1990			Dongsheng	147 026	...
Acheng	606 483	...	Dongtai	1 162 792	...
Akesu	383 038	...	Dongyang	700 064	...
Aletay	176 772	...			
Anda	454 706	...	Dongying	644 494	...
Ankang	859 165	...	Dujiangyan	538 795	...
Anlu	557 742	...	Dujun	417 154	...
Anqing	493 238	...	Dunhua	477 127	...
Anshan	1 442 220	...	Dunhuang	114 907	...
Anshun	673 677	...	Enshi	712 574	...
Anyang	616 803	...	Ermei	396 445	...
Atushi	167 851	...	Erzhou	906 426	...
Baicheng	335 043	...	Fengcheng	1 090 020	...
			Fenghua	465 665	...
Baise	302 517	...	Feshan	629 410	...
Baiyin	382 654	...	Fuan	525 580	...
Baoding	605 087	...			
Baoji	452 286	...	Fujin	416 203	...
Baoshan	728 950	...	Fulin	1 018 146	...
Baotou	1 248 391	...	Fushun	1 388 011	...
Bazhou	486 900	...	Fuxin	743 165	...
Beian	450 600	...	Fuyang	232 349	...
Beihai	229 907	...	Fuyu	944 932	...
BEIJING (PEKING)	7 362 426	...	Fuzhou (Fujian Sheng)	1 402 584	...
Beipiao	620 782	...	Ganzhou	391 454	...
Bele	160 753	...	Gaocheng	685 592	...
			Gejiu	384 569	...
Bengfu	704 256	...	Gongzhuling	987 908	...
Benxi	937 805	...	Guanghan	524 449	...
Binzhou	563 064	...	Guangshui	817 331	...
Boutou	494 656	...	Guangyuan	859 991	...
Cangzhou	330 677	...	Guangzhou	3 935 193	...
Changchun	2 192 320	...	Guichi	571 068	...
Changde	1 231 549	...	Guikong	1 387 939	...
Changji	258 592	...	Guilin	561 371	...
Changsha	1 376 403	...	Guiyang	1 664 709	...
Changshu	1 036 733	...	Guijao	173 022	...
Changzhi	552 255	...	Haerbin	2 990 921	...
Changzhou	731 182	...	Haicheng	1 036 430	...
Chaohu	759 557	...	Haikou	410 050	...
Chaoyang	368 967	...	Hailaer	205 744	...
Chaozhou	1 293 737	...	Hailuen	764 548	...
Chengde	369 388	...	Haining	617 623	...
Chengdu	2 954 872	...	Hami	290 143	...
Chenzhou	233 917	...	Hancheng	345 502	...
			Handan	1 151 858	...
31 VIII 1997(E)			Hangzhou	1 476 211	...
Chiayi	263 085	...	Hanzhong	441 706	...
			Haozhou	1 222 018	...
1 VII 1990			Hebi	377 346	...
Chifeng	987 301	...	Hechi	289 844	...
Chongqing	3 127 178	...	Hefei	1 110 778	...
Chuozhou	469 903	...	Hegang	674 425	...
Chuxiong	410 530	...	Heihe	145 616	...
Chuzhou	416 926	...	Hengshui	329 781	...
Cixi	948 528	...	Hengyang	711 004	...
Daan	403 897	...	Heshan	135 071	...
Dali	432 235	...	Hetian	139 603	...
Dalian	2 483 776	...	Heyuan	553 164	...
Dandong	660 518	...	Heze	1 154 798	...
Dangyang	470 795	...	Honghu	822 516	...
Danjiangkou	460 413	...			
			1 VII 1997(E)*		
Danyang	797 869	...	Hong Kong SAR	6 502 000	...
Daqing	1 025 949	...			

(See notes at end of table. – Voir notes à la fin du tableau.)

Continent, country or area, city and date / Continent, pays ou zone, ville et date	Population		Continent, country or area, city and date / Continent, pays ou zone, ville et date	Population	
	City proper Ville proprement dite	Urban agglomeration Agglomération urbaine		City proper Ville proprement dite	Urban agglomeration Agglomération urbaine
ASIA—ASIE (Cont.–Suite)			**ASIA—ASIE (Cont.–Suite)**		
China – Chine [123]			China – Chine [123]		
1 VII 1990			1 VII 1990		
Houma	178 480	...	Kashi	215 437	...
31 VIII 1997(E)			31 VIII 1997(E)		
Hsinchu	349 150	...	Keelung	376 710	...
1 VII 1990			1 VII 1990		
Huadian	452 505	...	Kelamayi	210 064	...
Huaian	1 132 716	...	Kuerle	246 982	...
Huaibei	568 904	...	Kuitun	226 104	...
Huaihua	488 343	...	Kunming	1 611 969	...
Huainan	1 239 952	...	Kunshan	568 994	...
Huaiyin	441 595	...	Laiwu	1 105 473	...
Huanghua	428 856	...	Laiyang	896 055	...
Huangshan	379 569	...	Laizhou	871 153	...
Huangshi (Hubei)	546 290	...	Langfang	597 080	...
Huangshi (Zhejiang)	888 631	...	Lanxi	622 437	...
Huaying	339 371	...	Lanzhou	1 617 761	...
Huhehaote	947 677	...	Laohekou	454 362	...
Huichun	183 755	...	Lasa	139 822	...
Huixian	717 448	...	Leiyang	1 112 470	...
Huizhou	274 689	...	Leling	607 781	...
Hunjiang	721 841	...	Lengshuijiang	316 362	...
Huozhou	248 163	...	Lengshuitan	403 684	...
Huzhou	1 027 570	...	Leshan	1 070 095	...
Jiageda	132 222	...	Lianyuan	1 006 665	...
Jiamusi	659 730	...	Lianyungang	551 524	...
Jian (Jiangxi)	288 501	...	Liaocheng	838 309	...
Jian (Jilin)	224 158	...	Liaoyang	639 553	...
Jiangmen	294 713	...	Liaoyuan	411 073	...
Jiangshan	519 929	...	Lichuan	764 267	...
Jiangyin	1 108 406	...	Liling	936 626	...
Jiangyou	825 521	...	Linchuan	872 657	...
Jiaojiang	396 499	...	Linfen	588 171	...
Jiaolong	479 135	...	Linhai	980 883	...
Jiaozhou	707 536	...	Linhe	433 654	...
Jiaozuo	604 504	...	Linqing	672 759	...
Jiaxing	741 110	...	Linxia	168 714	...
Jiayvguan	109 987	...	Linyi	1 590 160	...
Jieshou	642 474	...	Lishui	323 933	...
Jilin	1 320 208	...	Liuan	198 179	...
Jimo	1 018 709	...	Liupanshui	350 287	...
Jinan	2 403 946	...	Liuzhou	829 966	...
Jinchang	159 579	...	Longjing	279 611	...
Jincheng	677 045	...	Longkou	599 386	...
Jingdezhen	377 723	...	Longyan	438 162	...
Jingmen	1 042 987	...	Loudi	300 428	...
Jinhua	305 448	...	Luohe	187 792	...
Jining (Shandong)	871 170	...	Luoyang	1 202 192	...
Jining (Inner Mongolia)	193 085	...	Luzhou	412 211	...
Jinshi	240 658	...	Maanshan	445 354	...
Jinxi	829 280	...	Macheng	1 062 888	...
Jinzhou	736 297	...	Manzhaoli	137 790	...
Jishou	230 621	...	Maoming	532 715	...
Jiujiang	442 015	...	Meihekou	569 052	...
Jiuquan	300 947	...	Meixian	234 350	...
Jiutai	788 550	...	Mianyang	907 675	...
Jixi	835 496	...	Miluo	667 275	...
Jiyuan	574 878	...	Mishan	422 480	...
Kaifeng	700 435	...	Mudanjiang	722 220	...
Kaili	382 026	...	Nanchang	1 369 171	...
Kaiyuan (Yunnan)	248 303	...	Nanchong	279 178	...
Kaiyuan (Iaoning)	587 530	...	Nangong	429 588	...
31 VIII 1997(E)			Nanjing	2 678 363	...
Kaohsiung	*——— [124] 1 435 133 ———*		Nanning	1 163 948	...
			Nanping	466 995	...
			Nantong	473 686	...
			Nanyang	374 600	...

(See notes at end of table. – Voir notes à la fin du tableau.)

Continent, country or area, city and date / Continent, pays ou zone, ville et date	Population City proper Ville proprement dite	Population Urban agglomeration Agglomération urbaine	Continent, country or area, city and date / Continent, pays ou zone, ville et date	Population City proper Ville proprement dite	Population Urban agglomeration Agglomération urbaine
ASIA—ASIE (Cont.–Suite)			Tacheng	128 680	...
			Taian	1 412 799	...
China – Chine [123]					
			31 VIII 1997(E)		
1 VII 1990			Taichung	891 931	...
Neijiang	1 289 184	...	Tainan	715 033	...
NIngbo	1 142 429	...	Taipei	*——— [124] 2 593 181———*	
Ningde	364 324	...			
Panjin	439 786	...	1 VII 1990		
Panzhihua	631 752	...	Taiyuan	2 051 558	...
Pingdingshan	700 039	...	Taizhou	255 114	...
Pingdu	1 296 815	...	Tangshan	1 517 758	...
Pingliang	386 325	...	Taonan	511 239	...
Pingxiang	1 388 427	...	Tengzhou	1 398 871	...
Puqi	458 500	...	Tianjin	5 855 044	...
Putian	311 336	...	Tianmen	1 506 568	...
Puyang	302 077	...	Tianshui	1 039 750	...
Qianjiang	950 158	...	Tiefa	206 689	...
			Tieli	402 428	...
Qidong	1 136 421	...	Tieling	326 942	...
Qingdao	2 101 808	...	Tongchuan	414 031	...
Qingtongxia	221 131	...			
Qingyuan	974 612	...	Tonghua	406 172	...
Qingzhou	855 115	...	Tongjiang	137 737	...
Qinhuangdao	521 142	...	Tongliao	688 764	...
Qinyang	399 079	...	Tongling	282 416	...
Qinzhou	1 005 999	...	Tongren	284 344	...
Qiqihaer	1 424 858	...	Tulufan	218 354	...
Qitaihe	445 216	...	Tumen	122 579	...
Quanzhou	493 442	...	Wafangdian	1 001 360	...
Qufu	594 486	...	Wanxian	314 392	...
			Weifang	1 151 762	...
Qujing	824 137	...	Weihai	262 790	...
Quzhou	233 139	...	Weihui	439 565	...
Renqiu	701 411	...			
Rizhao	1 027 724	...	Weinan	766 268	...
Rongcheng	754 286	...	Wendeng	716 211	...
Ruian	1 046 030	...	Wenzhou	604 389	...
Ruichang	375 171	...	Wuan	635 293	...
Ruzhou	848 588	...	Wugang	296 653	...
Sanmenxia	198 569	...	Wuhai	314 148	...
Sanming	266 855	...	Wuhan	4 040 113	...
Sanya	370 244	...	Wuhu	563 815	...
Saoxing	293 404	...	Wulanhaote	229 136	...
Shahe	420 980	...	Wulumuqi	1 217 316	...
Shanghai	8 214 384	...	Wuwe	876 073	...
Shangqiu	244 581	...	Wuxi	1 013 606	...
Shangrao	167 570	...	Wuxue	654 948	...
Shangzhi	585 386	...	Wuyishan	206 620	...
Shangzhou	511 326	...	Wuzhong	252 017	...
Shantou	884 543	...	Wuzhou	298 915	...
Shanwei	344 348	...	Xiamen	662 270	...
Shaoguan	444 714	...	Xian	2 872 539	...
Shaowu	298 694	...	Xiangfan	554 046	...
Shaoyang	525 644	...	Xiangtan	588 967	...
Shashi	372 216	...	Xiangxiang	852 789	...
Shenyang	4 669 737	...	Xianning	458 810	...
Shenzhen	875 175	...	Xiantao	1 371 150	...
Shihezi	530 724	...	Xianyang	736 869	...
Shijiazhuang	1 390 206	...	Xiaogan	1 302 061	...
Shishi	273 047	...	Xiaoshan	1 130 592	...
Shishou	579 415	...	Xichang	481 196	...
Shiyan	400 823	...	Xifeng	270 435	...
Shizuishan	283 470	...	Xilinhaote	126 908	...
Shuangcheng	738 722	...	Xingcheng	520 854	...
Shuangyasha	504 223	...	Xinghua	1 497 111	...
Sipin	407 186	...	Xingtai	398 431	...
Suihua	769 958	...	Xingyi	593 451	...
Suining	1 259 604	...	Xining	697 780	...
Suizhou	1 439 770	...	Xinji	582 131	...
Suqian	1 076 793	...	Xintai	1 306 476	...
Suzhou (Anhui)	257 705	...	Xinxiang	613 357	...
Suzhou (Jiangsu)	882 677	...	Xinyang	273 175	...
			Xinyi	883 650	...

(See notes at end of table. – Voir notes à la fin du tableau.)

Continent, country or area, city and date / Continent, pays ou zone, ville et date	Population City proper Ville proprement dite	Population Urban agglomeration Agglomération urbaine	Continent, country or area, city and date / Continent, pays ou zone, ville et date	Population City proper Ville proprement dite	Population Urban agglomeration Agglomération urbaine
ASIA—ASIE (Cont.–Suite)			Zixing	360 813	...
			Zunyi	435 146	...
China – Chine [123]					
			Cyprus – Chypre		
1 VII 1990					
Xinyu	677 464	...	1 X 1992		
Xinzhou	434 062	...	Limassol	87 136	136 741
Xuchang	295 890	...			
Xuzhou	949 267	...	31 XII 1996(E)		
Yaan	297 590	...	Limassol	*151 200*	151 200
Yakeshi	416 043	...			
Yanan	317 313	...	1 X 1992		
Yancheng	1 366 779	...	NICOSIA	47 036	177 451
Yangjiang	885 817	...			
Yangquan	574 832	...	31 XII 1996(E)		
Yangzhou	456 295	...	NICOSIA	*193 000*	193 000
Yanji	293 069	...			
Yantai	847 285	...	East Timor – Timor oriental		
Yibin	699 420	...	15 XII 1960		
Yichang	492 286	...	DILI	52 158	...
Yichun (Jiangxi)	836 105	...			
Yichun (Heilongjiang)	882 236	...	Georgia – Géorgie		
Yima	110 974	...			
Yinchuan	502 080	...	1 I 1990		
Yingcheng	600 598	...	Batumi	137 000	...
Yingkou	571 513	...	Kutaisi	236 000	...
Yingtan	135 222	...	Rustavi	160 000	...
Yining	271 288	...	Sukhumi	122 000	...
Yiwu	609 246	...	TBILISI	1 268 000	...
Yixing	1 074 623	...			
			India – Inde [125]		
Yiyang	417 667	...			
Yizhen	561 827	...	1 III 1991		
Yizhou	778 419	...	Abohar	107 163	...
Yongan	318 791	...	Adoni	136 182	...
Yongzhou	543 395	...	Agartala	157 358	...
Yuanjiang	716 492	...	Agra	891 790	948 063
Yuci	467 127	...	Ahmedabad	2 954 526	3 312 216
Yueyang	529 843	...	Ahmednagar	181 339	222 088
Yulin (Shaanxi)	369 335	...	Aizawl	155 240	...
Yulin (Guangxi)	1 323 410	...	Ajmer	402 700	...
Yumen	193 911	...	Akola	328 034	...
Yuncheng	492 291	...	Aligarh	480 520	...
Yutian	321 271	...	Alipurduar	...	102 815
Yuyao	794 359	...	Allahabad	806 486	844 546
Yuzhou	1 072 960	...			
Zaozhuang	1 793 103	...	Allappuzha	227 716	264 969
Zhalantun	415 498	...	Alwar	205 086	210 146
Zhangjiagang	815 125	...	Ambala	[126] 119 338	139 889
Zhangjiakou	720 814	...	Amravati	421 576	...
Zhangshu	489 178	...	Amritsar	708 835	...
Zhangye	433 569	...	Amroha	137 061	...
Zhangzhou	346 707	...	Anand	131 104	174 480
Zhanjiang	1 399 569	...	Arcot	...	114 760
Zhaodong	797 432	...	Arrah	157 082	...
Zhaoqing	355 173	...	Asansol	262 188	763 939
Zhaotong	619 521	...	Aurangabad	573 272	592 709
Zhaoyang	978 310	...	Baharampur	117 647	126 400
Zhengzhou	1 796 843	...			
Zhenjiang	495 277	...	Bahraich	135 400	...
Zhicheng	384 703	...	Baleshwar	...	101 829
Zhongshan	1 237 432	...	Bally	184 474	...
Zhoukou	254 651	...	Balurghat	119 796	126 225
Zhoushan	672 267	...	Bangalore	2 660 088	4 130 288
Zhucheng	1 030 658	...	Bankura	114 876	...
Zhuhai	334 179	...	Baranagar	224 821	...
Zhuji	977 864	...	Barddhaman	245 079	...
Zhumadian	249 162	...	Bareilly	590 661	617 350
Zhuozhou	495 362	...	Barrackpur	142 557	...
Zhuzhou	585 253	...	Basirhat	101 409	...
Zibo	2 484 206	...	Batala	86 006	103 367
Zigong	977 147	...			

(See notes at end of table. – Voir notes à la fin du tableau.)

Continent, country or area, city and date / Continent, pays ou zone, ville et date	Population City proper Ville proprement dite	Population Urban agglomeration Agglomération urbaine	Continent, country or area, city and date / Continent, pays ou zone, ville et date	Population City proper Ville proprement dite	Population Urban agglomeration Agglomération urbaine
ASIA—ASIE (Cont.–Suite)			Firozabad	261 584	270 536
			Gadag–Betgeri	134 051	...
India – Inde [125]			Gandhidham	104 585	...
			Gandhinagar	123 359	...
1 III 1991			Ganganagar	161 482	...
Bathinda	159 042	...	Gaya	291 675	294 427
Beawar	105 363	106 721	Ghaziabad	454 156	511 759
Belgaum	369 177	402 412	Godhra	96 813	100 662
Bellary	245 391	...	Gondiya	109 470	...
Bhadravati	...	146 257	Gorakhpur	505 566	...
Bhagalpur	253 225	260 119	Gudivada	101 656	...
Bharatpur	150 042	156 880	Gulbarga	304 099	310 920
Bharuch	...	139 029			
Bhatpara	315 976	...	Guna	100 490	...
Bhavnagar	402 338	405 225	Guntakal	107 592	...
Bheemaravam	121 314	...	Guntur	471 051	...
Bhilai Nagar	395 360	685 474	Gurgaon	121 486	135 884
Bhilwara	183 965	...	Guruvayur	...	118 632
			Guwahati	584 342	...
Bhind	109 755	...	Gwalior	690 765	717 780
Bhiwandi	379 070	392 214	Habra	100 223	196 970
Bhiwani	121 629	...	Haldia	100 347	...
Bhopal	1 062 771	...	Haldwani–cum–Kathgodam	104 195	...
Bhubaneswar	411 542	...	Hapur	146 262	...
Bhuj	104 303	121 009	Hathras	113 285	...
Bhusawal	145 143	159 799			
Bid	112 434	...	Hardwar	149 011	187 392
Bidar	108 016	132 408	Hassan	90 803	108 706
Bihar Sharif	201 323	...	Hindupur	104 651	...
Bijapur	186 939	193 131	Hisar	172 677	181 255
Bikaner	416 289	...	Hospet	114 154	134 799
			Hoshiarpur	122 705	...
Bilaspur	192 396	229 615	Houghly–Chinsura	160 976	...
Bokaro Steel City	333 683	398 890	Howrah	950 435	...
Bombay	9 925 891	12 596 243	Hubli–Dharwad	648 298	...
Brahmapur	210 418	...	Hyderabad	3 058 093	4 344 437
Budaun	116 695	...	Ichalakaranji	214 950	235 979
Bulandshahr	127 201	...	Imphal	198 535	202 839
Burhanpur	172 710	...	Indore	1 091 674	1 109 056
Calcutta	4 399 819	[127] 11 021 918	Jabalpur	764 586	888 916
Chandan Nagar	120 378	...	Jaipur	1 458 483	1 518 235
Chandigarh	510 565	575 829	Jalgaon	242 193	...
Chandrapur	226 105	...	Jalna	174 985	...
Chapra	136 877	...	Jamnagar	350 544	381 646
Cherthala	43 326	132 883	Jamshedpur	478 950	829 171
Chiral	108 467	142 778	Jaunpur	136 062	...
Chittoor	133 462	...	Jhansi	313 491	368 154
Chitradurga	...	103 435	Jodhpur	666 279	...
Coimbatore	816 321	1 100 746	Jorhat	105 364	112 030
Cuddalore	144 561	...	Jalandhar	509 510	...
Cuddapah	140 660	215 866	Junagadh	151 207	167 110
Cuttack	403 418	440 295	Kakinada	298 050	327 541
Dabgram	147 217	...	Kalyan	1 014 557	...
Damoh	95 661	105 043	Kamarhati	266 889	...
Darbhanga	218 391	...	Kamptee	...	127 151
Davangere	266 082	287 233	Kanchipuram	144 955	171 129
Dehradun	270 159	368 053	Kanchrapara	111 602	...
Dewas	164 364	...	Kanhangad	...	118 214
Delhi	7 206 704	[128] 8 419 084	Kannur	...	463 962
Dhanbad	151 789	815 005	Kanpur	1 879 420	2 029 889
Dhule	278 317	...	Karur	...	113 669
Dibrugarh	120 127	125 667	Karaikkudi	...	110 926
Dindigul	182 477	...	Karimnagar	148 583	...
Durg	166 932	...	Karnal	173 751	176 131
Durgapur	425 836	...	Katihar	154 367	...
Eluru	212 866	...	Khammam	127 992	149 077
English Bazar	139 204	177 164	Khandwa	145 133	...
Erode	159 232	361 755	Kharagpur	177 989	264 842
Etawah	124 072	...	Kochi	582 588	1 140 605
Faizabad	124 437	176 922	Kolar Gold Fields	...	156 746
Faridabad	617 717	...	Kolhapur	406 370	418 538
Farrukhabad Cum Fategarh	194 567	208 727	Kollam	221 007	362 572
Fatehpur	117 675	...	Korba	124 501	229 615

(See notes at end of table. – Voir notes à la fin du tableau.)

Continent, country or area, city and date / Continent, pays ou zone, ville et date	Population		Continent, country or area, city and date / Continent, pays ou zone, ville et date	Population	
	City proper Ville proprement dite	Urban agglomeration Agglomération urbaine		City proper Ville proprement dite	Urban agglomeration Agglomération urbaine
ASIA—ASIE (Cont.–Suite)			Proddatur	133 914	...
			Pune	1 566 651	2 493 987
India – Inde [125]			Puri	125 199	...
			Purnia	114 912	136 918
1 III 1991			Rae Bareli	129 904	...
Kota	537 371	...	Raichur	157 551	170 577
Kottayam	63 155	166 552	Raiganj	151 045	159 266
Kothagudem	80 440	102 137	Raipur	438 639	462 694
Kozhikode	456 618	801 190	Rajahmundry	355 934	401 397
Krishnanagar	121 110	...	Rajapalaiyam	114 202	–
Kumbakonam	139 483	150 540	Rajkot	612 458	654 490
Kurnool	236 800	275 360	Rajnandgaon	125 371	...
Latur	197 408	...			
Lucknow	1 619 115	1 669 204	Ramagundam	214 384	...
Ludhiana	1 042 740	...	Rampur	243 742	...
Machilipatnam	159 110	...	Ranchi	599 306	614 795
Madras	3 841 396	5 421 985	Ranaghat	...	127 035
Madurai	940 989	1 085 914	Raniganj	61 997	155 823
			Ratlam	183 375	195 776
Mahbubnagar	116 833	...	Rewa	128 981	...
Mahesana	...	109 950	Rohtak	216 096	...
Malegaon	342 595	...	Raurkela	233 058	398 864
Malappuram	49 692	142 204	Sagar	219 984	257 119
Mandya	120 265	...	Saharanpur	374 945	...
Mangalore	281 167	426 341	Salem	366 712	578 291
Masulipatnam	159 110	...			
Mathura	226 691	235 922	Sambhal	150 869	...
Maunath Bhanjan	136 697	...	Sambalpur	134 824	193 297
Medinipur	125 498	...	Santipur	109 956	...
Meerut	753 778	849 799	Sangli	226 510	363 751
Mirzapur–cum–Vindhyachal	169 336	...	Satna	156 630	160 500
			Serampore	137 028	...
Moga	108 304	110 958	Shahjahanpur	241 393	260 403
Modinagar	101 660	123 279	Shillong	131 719	223 366
Moradabad	429 214	443 701	Shimla	102 186	110 360
Morena	147 124	...	Shimoga	179 258	193 028
Morvi	90 357	120 117	Shivapuri	108 277	...
Munger	150 112	...	Sikar	148 272	...
Murwara (Katni)	163 431	...	Silchar	115 483	...
Muzaffarnagar	240 609	247 624	Siliguri	216 950	...
Muzaffarpur	241 107	...	Sirsa	112 841	...
Mysore	606 755	653 345	Sitapur	121 842	...
Nabadwip	125 037	155 905	Sivakasi	...	102 175
Nadiad	167 051	170 217	Solapur	604 215	620 846
Nagercoil	190 084	...	Sonipat	143 922	...
Nagpur	1 624 752	1 664 006	South Dum Dum	232 811	...
Naihati	132 701	...	Srinagar	586 038	606 002
Nanded	275 083	309 316	Surat	1 505 872	1 518 950
Nandyal	119 813	...	Tenali	143 726	...
Nashik	656 925	725 341	Thalassery	103 579	...
Navsari	144 249	190 946	Thanjavur	202 013	...
Nellore	316 606	...	Thane	803 389	...
NEW DELHI	[129] 301 297	...	Tiruchchirappalli	387 223	711 862
Neyveli	118 080	126 889	Tirunelveli	135 825	366 869
Nizamabad	241 034	...	Tirupati	174 369	188 904
Noida	146 514	...	Tiruppur	235 661	306 237
Ongole	100 836	128 648	Titagarh	114 085	...
Ondal	...	211 670	Tiruvannamalai	109 196	...
Palakkad	139 136	180 033	Thrissur	74 604	275 053
Pali	136 842	...	Thiruvananthapuram	699 872	826 225
Panihati	275 990	...	Tonk	100 079	100 235
Panipat	191 212	...	Tumkur	138 903	179 877
Parbhani	190 255	...	Tuticorin	199 854	280 091
Patan	...	120 178	Udaipur	308 571	...
Pathankot	123 930	128 198	Udupi	...	117 674
Patiala	238 368	253 706	Ujjain	362 266	362 633
Patna	956 417	1 099 647	Unnao	107 425	–
Patratu	...	109 822	Ulhasnagar	369 077	...
Phusro	...	142 585	Vadakara	72 434	102 430
Pilibhit	106 605	...	Vadodara	1 061 598	1 126 824
Pollachi	...	127 132	Valparai	106 523	...
Pondicherry	203 065	401 437	Valsad	57 909	111 775
Porbandar	134 139	160 167	Varanasi	932 399	1 030 863

(See notes at end of table. – Voir notes à la fin du tableau.)

Continent, country or area, city and date / Continent, pays ou zone, ville et date	Population	
	City proper Ville proprement dite	Urban agglomeration Agglomération urbaine
ASIA—ASIE (Cont.–Suite)		
India – Inde [125]		
1 III 1991		
Vellore	175 061	310 776
Vijayawada	708 316	845 756
Visakhapatnam	752 037	1 057 118
Vizianagarm	161 331	177 022
Wardha	102 985	...
Wadhwan	...	166 466
Warangal	461 123	467 757
Yamunanagar	144 346	219 754
Yavatmal	108 578	121 816
Indonesia – Indonésie		
1 VII 1995(E)		
Ambon	249 312	311 974
Balikpapan	338 752	412 581
Bandjarmasin	482 931	533 976
Bandung	2 356 120	2 356 120
Bogor	285 114	285 114
Cirebon	254 406	261 574
Jambi	385 201	408 111
JAKARTA	9 112 652	9 112 652
Kediri	253 760	260 575
Kotabaru	87 143	380 734
Madiun	171 532	171 532
Magelang	123 800	123 800
Malang	716 862	762 150
Manado	332 288	382 567
Medan	1 843 919	1 901 935
Padang	534 474	719 344
Pakalongan	301 504	320 789
Pakan Baru	438 638	552 046
Palembang	1 222 764	1 346 399
Pematang Siantar	203 056	229 888
Pontianak	409 632	447 632
Probolinggo	120 770	189 250
Samarinda	399 175	530 215
Semarang	1 104 405	1 346 352
Sukabumi	125 766	125 766
Surabaya	2 663 820	2 694 554
Surakarta	516 594	516 594
Tegal	289 744	289 744
Tjirebon	680 332	826 396
Ujung Pandang	1 060 257	1 086 121
Yogyakarta	418 944	418 944
Iran (Islamic Republic of – Rép. islamique d')		
1 X 1994(E)		
Ahwaz	828 380	...
Amol	154 796	...
Arak	378 597	...
Ardabil	329 869	...
Babol	152 536	...
Bandar–e–Abbas	383 515	...
Birjand	114 944	...
Bojnurd	125 661	...
Borujerd	212 056	...
Bushehr	140 615	...
Dezful	202 004	...
Esfahan	1 220 595	...
Gorgan	178 080	...
Hamadan	406 070	...
Ilam	136 759	...
Islam Shahr (Qasemabad)	239 716	...

Continent, country or area, city and date / Continent, pays ou zone, ville et date	Population	
	City proper Ville proprement dite	Urban agglomeration Agglomération urbaine
Karaj	588 287	...
Kashan	166 080	...
Kerman	349 626	...
Kermanshah	665 636	...
Khomeini shahr	127 415	...
Khoramabad	277 370	...
Khoy	153 473	...
Malayer	149 774	...
Maraqeh	128 717	...
Mashhad	1 964 489	...
Masjed Soleyman	109 224	...
Mehrshahr	413 299	...
Najafabad	182 028	...
Neyshabur	154 511	...
Orumiyeh	396 392	...
Qaem shahr	133 216	...
Qazvin	298 705	...
Qom	780 453	...
Rajai shahr	192 912	...
Rasht	374 475	...
Sabzewar	160 755	...
Sanandaj	271 314	...
Sari	185 899	...
Shiraz	1 042 801	...
Sirjan	120 224	...
Tabriz	1 166 203	...
TEHRAN	6 750 043	...
Yazd	306 268	...
Zahedan	419 886	...
Zanjan	280 691	...
Iraq		
17 X 1987		
Adhamiyah	464 151	...
Amara	208 797	...
BAGHDAD	[130] 3 841 268	...
Basra	406 296	...
Diwaniya	196 519	...
Erbil	485 968	...
Hilla	268 834	...
Kadhimain	521 444	...
Karradah Sharqiyah	235 554	...
Kerbala	296 705	...
Kirkuk	418 624	...
Kut	183 183	...
Majnoon	244 545	...
Mosul	664 221	...
Najaf	309 010	...
Nasariya	265 937	...
Ramadi	192 556	...
Sulamaniya	364 096	...
Israel – Israël		
1 VII 1995(E) [1]		
Ashdod	124 300	...
Bat Yam	142 300	...
Be'er Sheva	150 300	...
Bene Beraq	127 900	...
Haifa	250 600	459 600
Holon	163 800	...
JERUSALEM [131]	[132] 585 100	...
Netanya	146 700	...
Petah Tiqwa	152 500	...
Ramat Gan	122 000	...
Rishon Leziyyon	162 700	...
Tel Aviv–Yafo	355 600	1 919 700

(See notes at end of table. – Voir notes à la fin du tableau.)

Continent, country or area, city and date / Continent, pays ou zone, ville et date	Population		Continent, country or area, city and date / Continent, pays ou zone, ville et date	Population	
	City proper Ville proprement dite	Urban agglomeration Agglomération urbaine		City proper Ville proprement dite	Urban agglomeration Agglomération urbaine
ASIA—ASIE (Cont.–Suite)			Itami	*——— 190 194 ———*	
			Iwaki	360 994	
Japan – Japon			Iwakuni	106 998	
			Iwatsuki	109 808	
1 X 1996(E) [133] [134]			Izumi (Miyagi)	162 559	
Abiko	*——— 125 997 ———*		Joetsu	132 960	
Ageo	207 444		Kadoma	140 096	
Aizuwakamatsu	119 779		Kagoshima	548 392	
Akashi	289 284		Kakamigahara	131 979	
Akishima	107 223		Kakogawa	264 104	
Akita	313 289		Kamakura	168 569	
Amagasaki	485 113		Kanazawa	455 222	
Anjo	151 168				
Aomori	295 425		Kariya	126 612	
Asahikawa	364 084		Kashihara	123 417	
Asaka	112 747		Kashiwa	319 334	
Ashikaga	165 434		Kasugai	280 301	
Atsugi	210 008		Kasukabe	201 077	
			Kawachinagano	118 833	
Beppu	127 640		Kawagoe	325 607	
Chiba	859 520		Kawaguchi	449 998	
Chigasaki	214 364		Kawanishi	147 907	
Chofu	199 571		Kawasaki	1 209 212	
Daito	129 738		Kiryu	119 455	
Ebetsu	116 745		Kisarazu	123 037	
Ebina	115 027				
Fuchyu	218 501		Kishiwada	195 968	
Fuji	230 480		Kitakyushu [135]	1 017 733	
Fujieda	126 199		Kitami	110 643	
Fujinomiya	119 463		Kobe	1 419 825	
Fujisawa	370 331		Kochi	323 681	
			Kodaira	174 004	
Fukaya	101 012		Kofu	200 340	
Fukui	255 201		Koganei	110 499	
Fukuoka	1 295 832		Kokubanji	106 447	
Fukushima	286 643		Komaki	138 225	
Fukuyama	375 799		Komatsu	108 241	
Funabashi	543 561		Koriyama	328 701	
Gifu	407 375		Koshigaya	299 636	
Habikino	118 287		Kumagaya	156 656	
Hachinohe	243 364		Kumamoto	654 161	
Hachioji	507 368		Kurashiki	423 908	
Hakodate	297 552		Kure	207 656	
Hamamatsu	564 422		Kurume	235 026	
Handa	107 309		Kusatsu	103 820	
Hatano	165 395		Kushiro	198 771	
Higashihiroshima	117 222		Kuwana	104 552	
Higashikurume	111 395		Kyoto	1 463 822	
Higashimurayama	134 867		Machida	361 241	
Higashiosaka	518 301		Maebashi	284 380	
Hikone	104 528		Matsubara	134 738	
Himeji	473 177		Matsudo	460 873	
Hino	167 122		Matsue	148 587	
Hirakata	402 012		Matsumoto	206 335	
Hiratsuka	254 342		Matsusaka	123 018	
Hirosaki	177 917		Matsuyama	463 730	
Hiroshima	1 114 641		Minoo	127 467	
Hitachi	198 035		Misato	133 296	
Hitachinaka	147 205		Mishima	108 969	
Hofu	118 847		Mitaka	166 503	
Hoya	100 245		Mito	246 383	
Ibaraki	259 523		Miyakonojo	133 218	
Ichihara	278 360		Miyazaki	302 731	
Ichikawa	440 627		Moriguchi	156 445	
Ichinomiya	269 291		Morioka	287 318	
Iida	106 886		Muroran	109 826	
Ikeda	103 723		Musashino	134 119	
Ikoma	109 054		Nagano	359 905	
Imabari	119 694		Nagaoka	191 756	
Iruma	145 663		Nagareyama	146 792	
Ise	102 322		Nagasaki	436 081	
Isezaki	121 816		Nagoya	2 151 084	
Ishinomaki	121 106		Naha	300 809	

(See notes at end of table. – Voir notes à la fin du tableau.)

Continent, country or area, city and date / Continent, pays ou zone, ville et date	Population		Continent, country or area, city and date / Continent, pays ou zone, ville et date	Population	
	City proper Ville proprement dite	Urban agglomeration Agglomération urbaine		City proper Ville proprement dite	Urban agglomeration Agglomération urbaine
ASIA—ASIE (Cont.–Suite)			Tsukuba	*———— 158 382 ————*	
			Tsuruoka	100 765	
Japan – Japon			Ube	175 415	
			Ueda	123 940	
1 X 1996(E) [133] [134]			Uji	186 196	
Nara	*———— 361 924 ————*		Urawa	461 355	
Narashino	153 156		Urayasu	125 218	
Neyagawa	258 127		Utsunomiya	438 235	
Niigata	496 047		Wakayama	392 655	
Niihama	127 537		Yachiyo	156 181	
Niiza	146 375		Yaizu	116 733	
Nishinomiya	390 792		Yamagata	255 155	
Nobeoka	126 129				
Noda	120 496		Yamaguchi	136 992	
Numazu	211 425		Yamato	206 808	
Obihiro	173 105		Yao	276 875	
Odawara	200 290		Yatsushiro	107 736	
Ogaki	150 248		Yokkaichi	287 183	
			Yokohama	3 319 815	
Oita	430 842		Yokosuka	431 325	
Okayama	619 883		Yonago	135 614	
Okazaki	325 530		Zama	120 285	
Okinawa	116 429				
Ome	138 339		Jordan – Jordanie		
Omiya	438 370				
Omuta	144 237		31 XII 1991(E)		
Osaka	2 599 642		AMMAN	965 000	...
Ota	143 819		Irbid	216 000	...
Otaru	157 082		Russiefa	115 500	...
Otsu	279 318		Zarqa	359 000	...
Oyama	151 473				
			Kazakhstan		
Saga	170 691				
Sagamihara	579 636		1 I 1997(E)		
Sakai	800 803		Akmola	270 400	275 100
Sakata	101 463		Aktau	156 400	174 500
Sakura	165 774		Aktjubinsk	253 100	279 800
Sapporo	1 774 344		ALMATY	1 064 300	1 064 300
Sasebo	244 360		Atirau	142 700	195 300
Sayama	162 100		Dzhezkazgan(Zhezkazgan)	105 700	183 100
Sendai	980 952		Ekibastuz	139 500	170 100
Seto	130 073		Karaganda	452 700	452 800
Shimizu	239 823		Koktchetav	131 900	143 400
Shimonoseki	258 497		Kustanai	222 600	222 600
Shizuoka	473 695		Kyzylorda	156 500	182 800
Soka	221 032		Pavloar	326 500	347 300
Suita	344 771				
Suzuka	181 942		Petropavlovsk (Severo–		
Tachikawa	157 861		Kazakhstanskaya oblast)	223 100	223 900
Tajimi	102 400		Rudni	120 500	135 300
Takamatsu	331 919		Semipalatinsk	292 800	326 800
Takaoka	174 234		Shimkent	393 400	443 300
Takarazuka	203 781		Taldykorgan	109 600	130 400
Takasaki	238 902		Taraz	301 800	301 800
Takatsuki	362 021		Temirtau	186 800	198 700
Tama	147 205		Uralsk	214 700	241 000
Tokorozawa	323 306		Ust–Kamenogorsk	311 100	319 400
Tokushima	269 315				
Tokuyama	107 822		1 I 1996(E)		
			Zhezkazgan	107 300	112 100
1 X 1995 [133]					
TOKYO [136]	7 967 614	11 680 296	Korea, Dem. People's Rep. of – Corée, rép. populaire dém. de		
1 X 1996(E) [133] [134]					
Tomakomai	*———— 171 041 ————*		31 XII 1993		
Tondabayashi	123 700		Chongjin	582 480	...
Tottori	146 886		Haeju	229 172	...
Toyama	325 915		Hamhung	709 730	...
Toyohashi	356 306		Hyesan	178 020	...
Toyokawa	115 024		Kaesong	334 433	...
Toyonaka	396 673		Kanggye	223 410	...
Toyota	342 881		Nampho	731 448	...
Tsu	164 178		Phyongsong	272 934	...
Tsuchiura	132 986				

(See notes at end of table. – Voir notes à la fin du tableau.)

Continent, country or area, city and date — Continent, pays ou zone, ville et date	Population City proper Ville proprement dite	Population Urban agglomeration Agglomération urbaine	Continent, country or area, city and date — Continent, pays ou zone, ville et date	Population City proper Ville proprement dite	Population Urban agglomeration Agglomération urbaine
ASIA—ASIE (Cont.–Suite)			ASIA—ASIE (Cont.–Suite)		
Korea, Dem. People's Rep. of – Corée, rép. populaire dém. de			Kyrgyzstan – Kirghizistan		
			1 I 1997(E)		
31 XII 1993			BISHKEK	589 400	...
PYONGYANG	2 741 260	...	Osh	222 700	...
Sariwon	254 146	...	Lao People's Dem. Rep. – Rép. dém. populaire Lao		
Sinuiji	326 011	...			
Wonsan	300 148	...	1966(E)		
			VIENTIANE	132 253	...
Korea, Republic of – Corée, Rép. de			Lebanon – Liban		
1 XI 1995 [1]			15 XI 1970 [137]		
Andong	188 443	...	BEIRUT	474 870	938 940
Ansan	510 314	...	Tripoli	127 611	...
Anyang	591 106	...			
Changweon	481 694	...	Macau – Macao		
Chechon	137 070	...			
Cheju	258 511	...	15 XII 1970		
Cheonan	330 259	...	MACAU	[138] 241 413	...
Cheongju	531 376	...			
Chinhae	125 997	...	Malaysia – Malaisie Peninsular Malaysia – Malaisie Péninsulaire		
Chinju	329 886	...			
Chonchu (Jeonju)	563 153	...	14 VIII 1991		
Chuncheon	234 528	...	Alor Star	124 412	164 444
			George Town	219 603	219 603
Chungju	205 206	...	Ipoh	382 853	468 841
Eujeongbu	276 111	...	Johore Bharu	328 436	441 703
Hanam	115 812	...	Klang	243 355	368 379
Inchon (Incheon)	2 308 188	...	Kota Bahru	219 582	234 581
Iri	322 685	...	KUALA LUMPUR	1 145 342	1 145 342
Jeongju	139 111	...	Kuala Terengganu	228 119	228 119
Kangnung (Gangreung)	220 403	...	Kuantan	199 484	202 445
Kumi (Gumi)	311 431	...	Petaling Jaya	254 350	350 995
Kunsan (Gunsan)	266 569	...	Seleyang Baru	124 228	134 197
Kwang myong	350 914	...	Seremban	182 869	193 237
Kwangchu (Gwangju)	1 257 636	...			
Kimhae	256 370	...	Shah Alam	102 019	117 027
			Sungai Petani	114 763	116 977
Kyong ju (Gyeongju)	272 968	...	Taiping	183 261	200 324
Kuri	142 173	...			
Kunpo	235 233	...	Sabah		
Masan	441 242	...			
Mogpo	247 452	...	14 VIII 1991		
Pohang	508 899	...	KOTA KINABALU	76 120	160 184
Puchon (Bucheon)	779 412	...	Sandakan	125 841	156 675
Pusan (Busan)	3 814 325	...			
Seongnam	869 094	...	Sarawak		
SEOUL	10 231 217	...			
Shihung	133 443	...	14 VIII 1991		
Suncheon	249 263	...	KUCHING	148 059	277 905
Suwon (Puwan)	755 550	...	Sibu	126 381	133 479
Taebaek	59 397	...			
Taegu (Daegu)	2 449 420	...	Maldives		
Taejon (Daejeon)	1 272 121	...			
Ulsan	967 429	...	31 XII 1977		
Wonju	237 460	...	MALE	29 522	...
Yosu	183 596	...			
			Mongolia – Mongolie		
Kuwait – Koweït					
			1 I 1987(E)		
20 IV 1975			ULAANBAATAR	515 100	...
Hawalli	130 565	...			
20 IV 1995					
KUWAIT CITY	28 859	...			
20 IV 1975					
Salmiya	113 943	...			

(See notes at end of table. – Voir notes à la fin du tableau.)

Continent, country or area, city and date / Continent, pays ou zone, ville et date	Population		Continent, country or area, city and date / Continent, pays ou zone, ville et date	Population	
	City proper Ville proprement dite	Urban agglomeration Agglomération urbaine		City proper Ville proprement dite	Urban agglomeration Agglomération urbaine
ASIA—ASIE (Cont.–Suite)			Calbayog	129 216	...
			Caloocan	1 023 159	...
Myanmar			Cebu	662 299	...
			Cotabato	146 779	...
31 III 1983			Dagupan	126 214	...
Bassein	144 096	...	Davao	1 008 640	...
Mandalay	532 949	...	General Santos	327 173	...
Monywa	106 843	...	Iligan	273 004	...
Moulmein	219 961	...	Iloilo	334 539	...
Pegu	150 528	...	Lapu–Lapu	173 744	...
Sittwe	107 621	...	Legaspi	141 657	...
Taunggyi	108 231	...	Lipa	177 894	...
YANGON	2 513 023	...			
			Lucena City	177 750	...
Nepal – Népal			Makati	484 176	...
			Mandaue	194 745	...
22 VI 1991 [1]			Mandaluyong	286 870	...
Biratnagar	129 388	...			
KATHMANDU	421 258	...	1 VII 1994(E) [1]		
Lalitpur	115 865	...	MANILA	...	8 594 150
Oman			1 IX 1995 [1]		
			MANILA	1 654 761	...
1960(E)			Marawi	114 389	...
MUSCAT	5 080	6 208	Muntinlupa	399 846	...
			Naga	126 972	...
Pakistan [139]			Olongapo	179 754	...
			Ormoc	144 003	...
1 III 1981			Ozamis	101 944	...
Bahawalpur	...	180 263	Pagadian	125 182	...
Chiniot	...	105 559	Pasay	408 610	...
Dera Ghazi Khan	...	102 007	Pasig	471 075	...
Faisalabad(Lyallpur)	...	1 104 209	Puerto Princesa	129 577	...
Gujranwala	...	658 753	Quezon City	1 989 419	...
Gujrat	...	155 058			
Hyderabad	...	751 529	Roxas	118 715	...
ISLAMABAD	...	204 364	San Carlos(Negros Occ.)	101 429	...
Jhang	...	195 558	San Carlos(Pangasinan)	134 039	...
Karachi	...	5 180 562	San Pablo	183 757	...
Kasur	...	155 523	Silay	122 748	...
Lahore	...	2 952 689	Surigao	104 909	...
			Tacloban	167 310	...
Larkana	...	123 890	Toledo	121 469	...
Mardan	...	147 977	Zamboanga	511 139	...
Mirpur Khas	...	124 371			
Multan	...	732 070	Qatar		
Nawabshah	...	102 139			
Okara	...	153 483	16 III 1986		
Peshawar	...	566 248	DOHA	217 294	...
Quetta	...	285 719			
Rahimyar Khan	...	119 036	Saudi Arabia – Arabie saoudite		
Rawalpindi	...	794 843			
Sahiwal	...	150 954	14 IX 1974		
Sargodha	...	291 362	Dammam	127 844	...
			Hufuf	101 271	...
Sheikhu Pura	...	141 168	Jeddah	561 104	...
Sialkote	...	302 009	Makkah	366 801	...
Sukkur	...	190 551	Medina	198 186	...
Wah Cantonment	...	141 168	RIYADH	666 840	...
			Ta'if	204 857	...
Philippines					
			Singapore – Singapour		
1 IX 1995 [1]					
Angeles	234 011	...	30 VI 1997(E)*		
Bacolod	402 345	...	SINGAPORE	*———— 3 737 000 ————*	
Bago	132 338	...			
Baguio	226 883	...	Sri Lanka		
Batangas	211 879	...			
Butuan	247 074	...	1 VII 1990(E)		
Cabanatuan	201 033	...	COLOMBO	615 000	...
Cadiz	125 943	...	Dehiwala–Mount Lavinia	196 000	...
Cagayan de Oro	428 314	...			

(See notes at end of table. – Voir notes à la fin du tableau.)

Continent, country or area, city and date / Continent, pays ou zone, ville et date	Population		Continent, country or area, city and date / Continent, pays ou zone, ville et date	Population	
	City proper Ville proprement dite	Urban agglomeration Agglomération urbaine		City proper Ville proprement dite	Urban agglomeration Agglomération urbaine
ASIA—ASIE (Cont.–Suite)			ASIA—ASIE (Cont.–Suite)		
Sri Lanka			Turkey – Turquie		
1 VII 1986(E)			1 VII 1997(E)		
Galle	109 000	...	Antalya	564 914	...
1 VII 1990(E)			1 VII 1994(E)		
Jaffna	129 000	...	Aydin	121 200	425 400
Kandy	104 000	...	1 VII 1997(E)		
Kotte	109 000	...	Aydin	128 651	...
Moratuwa	170 000	...			
			1 VII 1994(E)		
Syrian Arab Republic – République arabe syrienne			Balikesir	187 600	513 100
			1 VII 1997(E)		
1 VII 1994(E)			Balikesir	196 382	...
Aleppo	1 542 000	...			
Al–Kamishli	113 000	...	1 VII 1994(E)		
Al–Rakka	138 000	...	Batman	182 800	238 000
DAMASCUS	1 549 000	...	1 VII 1997(E)		
Deir El–Zor	133 000	...	Batman	203 793	...
Hama	273 000	...			
Homs	558 000	...	1 VII 1994(E)		
Lattakia	303 000	...	Bursa	996 600	1 381 300
			1 VII 1997(E)		
Tajikistan – Tadjikistan			Bursa	1 095 842	...
			Ceyhan	102 412	...
1 VII 1993(E)					
DUSHANBE	528 600	...	1 VII 1994(E)		
			Denizli	234 500	379 300
1 I 1990(E)			1 VII 1997(E)		
Khodzhent	163 000	...	Denizli	253 848	...
Thailand – Thaïlande			1 VII 1994(E)		
			Diyarbakir	448 300	707 700
1 IV 1990 [1]			1 VII 1997(E)		
BANGKOK	*————— 5	582 000 —————*	Diyarbakir	479 884	...
Buri Ram		173 000			
Chaiyaphum		111 000	1 VII 1994(E)		
Chiang Mai		354 000	Elazig	222 800	291 800
Chon Buri		410 000	1 VII 1997(E)		
Khon Kaen		279 000	Elazig	228 815	...
Nakhon Ratchasima		445 000			
Nakhon Sawan		221 000	1 VII 1994(E)		
Nakhon Si Thammarat		118 000	Edirne	115 500	233 200
Nanthaburi		394 000	1 VII 1997(E)		
Saraburi		154 000	Edirne	123 383	...
Songkhla		289 000			
			1 VII 1994(E)		
Ubon Ratchathani		242 000	Erzurum	250 100	425 700
Turkey – Turquie			1 VII 1997(E)		
			Erzurum	246 535	...
1 VII 1994(E)					
Adana	1 047 300	1 519 800	1 VII 1994(E)		
1 VII 1997(E)			Eskisehir	451 000	520 000
Adana	1 131 198	...	1 VII 1997(E)		
			Eskisehir	470 781	...
1 VII 1994(E)					
Adiyaman	128 000	279 200	1 VII 1994(E)		
			Gaziantep	716 000	973 800
1 VII 1997(E)					
Adiyaman	141 529	...	1 VII 1997(E)		
Afyon	103 984	...	Gaziantep	789 056	...
Aksaray	102 681	...	Gebze	264 170	...
ANKARA [140]	2 937 524	3 258 026			
1 VII 1994(E)					
Antalya	497 200	789 600			

8. Population of capital cities and cities of 100 000 and more inhabitants: latest available year (continued)

Population des capitales et des villes de 100 000 habitants et plus: dernière année disponible (suite)

(See notes at end of table. – Voir notes à la fin du tableau.)

Continent, country or area, city and date / Continent, pays ou zone, ville et date	Population		Continent, country or area, city and date / Continent, pays ou zone, ville et date	Population	
	City proper Ville proprement dite	Urban agglomeration Agglomération urbaine		City proper Ville proprement dite	Urban agglomeration Agglomération urbaine
ASIA—ASIE (Cont.–Suite)			ASIA—ASIE (Cont.–Suite)		
Turkey – Turquie			Turkey – Turquie		
1 VII 1994(E) Hatay	...	572 700	1 VII 1994(E) Kütahya	140 700	263 300
1 VII 1997(E) Hatay	143 982	...	1 VII 1997(E) Kütahya	144 761	...
1 VII 1994(E) Corum	134 300	282 900	1 VII 1994(E) Malatya	319 700	425 200
1 VII 1997(E) Corum	145 495	...	1 VII 1997(E) Malatya	330 312	...
21 X 1990(E) Içel	422 357	787 284	1 VII 1994(E) Manisa	187 500	661 200
1 VII 1997(E) Içel Iskenderun	587 212 153 022	... ...	1 VII 1997(E) Manisa	207 148	...
1 VII 1994(E) Isparta	120 900	261 400	1 VII 1994(E) Ordu	121 300	396 800
1 VII 1997(E) Isparta	121 911	...	1 VII 1997(E) Ordu Osmaniye	133 642 146 003	... ...
1 VII 1994(E) Istanbul [141]	7 615 500	7 784 100	1 VII 1994(E) Sakarya	...	329 500
1 VII 1997(E) Istanbul [141]	8 274 921	...	1 VII 1997(E) Sakarya	190 641	...
1 VII 1994(E) Izmir [142]	1 985 300	2 411 500	1 VII 1994(E) Samsun	326 900	569 700
1 VII 1997(E) Izmir [142]	2 130 359	...	1 VII 1997(E) Samsun Siirt	339 871 246 642	... ...
1 VII 1994(E) Kahramanmaras	242 200	443 200	1 VII 1994(E) Sivas	240 100	426 400
1 VII 1997(E) Kahramanmaras Karabuk	245 772 118 285	... ...	1 VII 1997(E) Sultanbeyli Tarsus Tekirda	211 068 246 206 106 077	... ...
1 VII 1994(E) Kayseri	454 000	665 000	1 VII 1994(E) Trabzon	145 400	327 700
1 VII 1997(E) Kayseri Kilis	475 657 118 245	... ...	1 VII 1997(E) Trabzon	138 234	...
1 VII 1994(E) Kirikkale	170 300	233 600	1 VII 1994(E) Urfa	357 900	689 100
1 VII 1997(E) Kirikkale	142 044	...	1 VII 1997(E) Urfa	405 905	...
1 VII 1994(E) Kocaeli	...	693 100	1 VII 1994(E) Usak	119 900	164 300
1 VII 1997(E) Kocaeli	210 068	...	1 VII 1997(E) Usak	128 162	...
1 VII 1994(E) Konya	576 000	1 069 400	1 VII 1994(E) Van	194 600	312 000
1 VII 1997(E) Konya	628 364	...	1 VII 1997(E) Van	219 319	...

(See notes at end of table. – Voir notes à la fin du tableau.)

Continent, country or area, city and date / Continent, pays ou zone, ville et date	Population		Continent, country or area, city and date / Continent, pays ou zone, ville et date	Population	
	City proper Ville proprement dite	Urban agglomeration Agglomération urbaine		City proper Ville proprement dite	Urban agglomeration Agglomération urbaine
ASIA—ASIE (Cont.–Suite)			1 IV 1989 Da Nang	369 734	369 734
Turkey – Turquie			1 VII 1992(E) Da Nang	382 674	...
1 VII 1994(E) Zonguldak	115 900	430 800	1 IV 1989 Haiphong	449 747	1 447 523
1 VII 1997(E) Zonguldak	111 542	...	1 VII 1992(E) Haiphong	783 133	...
Turkmenistan – Turkménistan			1 IV 1989 HANOI	1 089 760	3 056 146
1 I 1990(E) ASHKHABAD	407 000	...	1 VII 1992(E) HANOI	1 073 760	...
Chardzhou	164 000	...			
Tashauz	114 000	...	1 IV 1989 Ho Chi Minh [143]	2 899 753	3 924 435
United Arab Emirates – Emirats arabes unis			1 VII 1992(E) Ho Chi Minh [143]	3 015 743	...
15 XII 1980 ABU DHABI	242 975	...	1 IV 1989 Hon Gai	123 102	129 394
Al–Aïn	101 663	...	1 VII 1992(E) Hon Gai	127 484	...
Dubai	265 702	...			
Sharjah	125 149	...	1 IV 1989 Hué	211 718	260 489
Uzbekistan – Ouzbékistan			1 VII 1992(E) Hué	219 149	...
1 I 1990(E) Almalyk	116 000	...	1 IV 1989 Longxuyen	128 817	214 037
Andizhan	297 000	...			
Angren	133 000	...	1 VII 1992(E) Longxuyen	132 681	...
Bukhara	228 000	...			
Chirchik	159 000	...	1 IV 1989 Mytho	104 724	149 203
Djizak	108 000	...			
Fergana	198 000	...	1 VII 1992(E) Mytho	108 404	...
Karshi	163 000	...			
Kokand	176 000	...	1 IV 1989 Namdinh	165 629	219 615
Namangan	312 000	...			
Navoi	110 000	...	1 VII 1992(E) Namdinh	171 699	...
Nukus	175 000	...			
Samarkand	370 000	...	1 IV 1989 Nhatrang	213 460	263 093
TASHKENT	2 094 000	...			
Urgentch	129 000	...	1 VII 1992(E) Nhatrang	221 331	...
Viet Nam			1 IV 1989 Quang Ngai	34 402	89 232
1 IV 1989 Bac Lieu	83 482	115 900	Qui Nhon	159 852	201 972
Bien Hoa	97 044	228 519	1 VII 1992(E) Qui Nhon	163 385	...
Buonmathuot	273 879	313 816			
1 VII 1992(E) Buonmathuot	282 095	...	1 IV 1989 Rach Gia	137 784	151 362
1 IV 1989 Campha	105 336	127 408	1 VII 1992(E) Rach Gia	141 132	...
1 VII 1992(E) Campha	209 086	...			
1 IV 1989 Cantho	208 078	284 306			
1 VII 1992(E) Cantho	215 587	...			
1 IV 1989 Dalat	102 583	115 959			
1 VII 1992(E) Dalat	106 409	...			

8. Population of capital cities and cities of 100 000 and more inhabitants: latest available year (continued)

Population des capitales et des villes de 100 000 habitants et plus: dernière année disponible (suite)

(See notes at end of table. – Voir notes à la fin du tableau.)

Continent, country or area, city and date / Continent, pays ou zone, ville et date	Population	
	City proper Ville proprement dite	Urban agglomeration Agglomération urbaine
ASIA—ASIE (Cont.–Suite)		
Viet Nam		
1 IV 1989		
Thai Nguyen	124 871	171 815
1 VII 1992(E)		
Thai Nguyen	127 643	...
1 IV 1989		
Thanhhoa	84 951	126 942
Viettri	73 347	116 084
Vinh	110 793	175 167
1 VII 1992(E)		
Vinh	112 455	...
1 IV 1989		
Vungtau	123 528	133 558
1 VII 1992(E)		
Vungtau	145 145	...
Yemen – Yémen		
1 VII 1993(E)		
Aden	...	400 783
Hodeidah	...	246 068
SANA'A	...	926 595
Taiz	...	290 107
EUROPE		
Albania – Albanie		
1 VII 1990(E)		
TIRANA	244 153	...
Andorra – Andorre		
30 IX 1986(E)		
ANDORRA LA VELLA	16 151	...
Austria – Autriche		
15 V 1991 [1]		
Graz	237 810	271 017
Innsbruck	118 112	136 516
Linz	203 044	281 566
Salzburg	143 973	162 908
WIEN	1 539 848	1 806 737
1 VII 1992(E) [1]		
WIEN	1 560 471	...
Belarus – Bélarus		
1 I 1997(E)		
Baranovichi	172 207	...
Bobruisk	226 681	...
Borisov	153 443	...
Brest	294 620	...
1 I 1996(E)		
Gomel	500 617	511 600
1 I 1997(E)		
Gomel	500 986	...
Grodno	303 606	...
Lida	100 734	...

Continent, country or area, city and date / Continent, pays ou zone, ville et date	Population	
	City proper Ville proprement dite	Urban agglomeration Agglomération urbaine
EUROPE (Cont.–Suite)		
Belarus – Bélarus		
1 I 1996(E)		
MINSK	1 671 600	1 700 223
1 I 1997(E)		
MINSK	...	1 708 308
Mogilev	367 710	...
Mozir	108 457	...
1 I 1996(E)		
Orsha	124 676	138 900
1 I 1997(E)		
Orsha	124 300	...
Pinsk	131 129	...
Soligorsk	101 251	...
1 I 1996(E)		
Vitebsk	356 400	356 417
1 I 1997(E)		
Vitebsk	356 007	...
Belgium – Belgique [1] [144]		
1 I 1990(E)		
Antwerpen (Anvers)	470 349	668 125
1 I 1991(E)		
Antwerpen (Anvers)	467 875	...
Brugge	117 100	117 100
BRUXELLES (BRUSSEL)	136 488	960 324
1 I 1990(E)		
Charleroi	206 779	294 962
1 I 1991(E)		
Charleroi	206 928	...
1 I 1990(E)		
Genk/Hasselt	...	127 437
Gent (Gand)	230 543	250 666
1 I 1991(E)		
Gent (Gand)	230 446	...
1 I 1990(E)		
Kortrijk	76 081	114 371
La Louvière	76 138	115 739
Liège (Luik)	196 825	484 518
1 I 1991(E)		
Liège (Luik)	195 201	...
1 I 1990(E)		
Mons	91 867	175 290
1 I 1991(E)		
Namur	103 935	103 935
Bosnia Herzegovina Bosnie—Herzégovina [1]		
1 VII 1991(E)		
Banja Luka	195 994	...
Doboj	102 624	...
Mostar	127 034	...
Prijedor	112 635	...
31 III 1971		
SARAJEVO	243 980	271 126

(See notes at end of table. – Voir notes à la fin du tableau.)

Continent, country or area, city and date / Continent, pays ou zone, ville et date	Population		Continent, country or area, city and date / Continent, pays ou zone, ville et date	Population	
	City proper Ville proprement dite	Urban agglomeration Agglomération urbaine		City proper Ville proprement dite	Urban agglomeration Agglomération urbaine
EUROPE (Cont.–Suite)			EUROPE (Cont.–Suite)		
Bosnia Herzegovina Bosnie–Herzégovina			Faeroe Islands – Iles Féroé		
1 VII 1991(E)			1 I 1992(E) [1]		
SARAJEVO	529 021	...	THORSHAVN	14 671	16 218
Tuzla	131 866	...			
Zenica	145 837	...	Finland – Finlande [1]		
			31 XII 1996(E)		
Bulgaria – Bulgarie			Espoo	196 260	...
			HELSINKI	532 053	905 555
31 XII 1996(E)					
Bourgas	199 470	214 830	1 VII 1995(E)		
Dobritch	103 532	103 532	Jyvaskyla	...	111 761
Plévène	125 029	154 140	Lahti	...	115 412
Plovdiv	344 326	344 326	Oulu	109 094	151 220
Roussé	168 051	184 445			
Shoumen	97 230	111 272	31 XII 1996(E)		
Slivène	107 011	144 492	Oulu	111 556	...
SOFIA	1 116 823	1 192 735			
Stara Zagora	149 666	174 688	1 VII 1995(E)		
Varna	301 421	307 394	Tampere	182 742	250 867
			31 XII 1996(E)		
Channel Islands – Iles Anglo–Normandes Jersey			Tampere	186 026	...
			1 VII 1995(E)		
23 III 1986			Turku	164 744	256 382
ST. HELIER	27 012	46 329			
			31 XII 1996(E)		
10 III 1996			Turku	166 929	...
ST. HELIER	27 523	...	Vantaa	168 778	...
Croatia – Croatie			France [143] [146]		
31 III 1991 [1]			5 III 1990		
Osijek	129 792	...	Aix–en–Provence	123 778	1 230 871
Rijeka	167 964	...	Amiens	131 880	156 140
Split	200 459	...	Angers	141 354	208 222
ZAGREB	867 717	...	Besançon	113 835	122 633
			Bordeaux	210 467	696 819
Czech Republic – Rép. tchèque			Boulogne–Billancourt [147]	101 569	...
			Brest	147 888	201 442
31 XII 1997(E)			Caen	112 872	191 505
Brno	385 866	...	Clermont–Ferrand	136 180	254 451
			Dijon	146 723	230 469
31 XII 1996(E)			Grenoble	150 815	404 837
Hradec Králové	100 280	...	Le Havre	195 932	253 675
31 XII 1997(E)			Le Mans	145 439	189 032
Liberec	100 049	...	Lille	172 149	[148] 959 433
Olomouc	103 840	...	Limoges	133 469	170 072
Ostrava	323 177	...	Lyon	415 479	[149] 1 262 342
Pizen	169 391	...	Marseille	800 309	1 230 871
PRAHA	1 200 458	...	Metz	119 598	193 160
			Montpellier	208 103	248 429
Denmark – Danemark			Mulhouse	108 358	223 878
			Nantes	244 514	495 229
1 I 1996(E) [1]			Nice	342 903	517 291
Alborg	...	159 980	Nimes	128 549	138 610
Arhus	...	279 759	Orléans	105 099	243 137
KOBENHAVN	632 246	1 362 264			
Odense	...	183 564	PARIS	2 152 329	[150] 9 319 367
			Perpignan	105 869	157 755
Estonia – Estonie			Reims	180 611	206 446
			Rennes	197 497	244 998
1 VII 1996(E)			Rouen	102 722	380 220
TALLINN	423 990	...	Saint–Etienne	199 528	313 467
Tartu	102 663	...	Strasbourg	252 274	[148] 388 466
			Toulon	167 788	437 825

(See notes at end of table. – Voir notes à la fin du tableau.)

Continent, country or area, city and date / Continent, pays ou zone, ville et date	Population City proper Ville proprement dite	Population Urban agglomeration Agglomération urbaine	Continent, country or area, city and date / Continent, pays ou zone, ville et date	Population City proper Ville proprement dite	Population Urban agglomeration Agglomération urbaine
EUROPE (Cont.–Suite)			Mainz	184 752	...
			Mannheim	312 216	...
France			Moers	107 099	...
			Mönchengladbach	266 873	...
5 III 1990			Mülheim an der Ruhr	176 000	...
Toulouse	358 598	650 311	München	1 225 809	...
Tours	129 506	282 193	Münster (Westf.)	265 748	...
			Neuss	149 006	...
4 III 1982			Nürnberg	492 864	...
Trappes	...	142 000	Oberhausen	223 884	...
Troyes	...	125 000	Offenbach am Main	116 610	...
Valence	...	104 000	Oldenburg	152 846	...
Valenciennes	...	[148] 337 000			
			Osnabrück	167 326	...
5 III 1990			Paderborn	135 362	...
Villeurbanne	116 851	262 342	Pforzheim	118 703	...
			Potsdam	134 773	...
Germany – Allemagne			Recklinghausen	126 789	...
			Regensburg	125 318	...
31 XII 1996(E) [1]			Remscheid	121 592	...
Aachen	247 792	...	Reutlingen	109 113	...
Augsburg	258 457	...	Rostock	221 029	...
Bergisch Gladbach	105 901	...	Saarbrücken	187 599	...
BERLIN	3 458 763	...	Salzgitter	116 865	...
Bielefeld	324 132	...	Schwerin	111 029	...
Bochum	398 467	...			
Bonn	302 873	...	Siegen	110 952	...
Bottrop	121 051	...	Solingen	165 087	...
Braunschweig	251 320	...	Stuttgart	585 540	...
Bremen	548 826	...	Ulm	116 021	...
Bremerhaven	128 944	...	Wiesbaden	267 669	...
Chemnitz	259 187	...	Witten	104 267	...
			Wolfsburg	124 655	...
Cottbus	120 812	...	Wuppertal	379 820	...
Darmstadt	138 442	...	Würzburg	126 970	...
Dortmund	597 024	...	Zwickau	102 752	...
Dresden	461 303	...			
Duisburg	532 701	...	**Gibraltar**		
Düsseldorf	571 475	...			
Erfurt	208 179	...	14 X 1991		
Erlangen	100 842	...	GIBRALTAR	28 074	...
Essen	611 827	...			
Frankfurt am Main	647 304	...	**Greece – Grèce**		
Freiburg im Breisgau	200 393	...			
Fürth	108 260	...	17 III 1991 [151]		
			ATHINAI	772 072	3 072 922
Gelsenkirchen	289 023	...	Calithèa	114 233	([152])
Gera	121 156	...	Iraclion	116 178	132 117
Göttingen	126 451	...	Larissa	113 090	([152])
Hagen	210 950	...	Patrai	153 344	170 452
Halle	276 624	...	Pésterion	137 288	([152])
Hamburg	1 707 986	...	Piraiévs	182 671	([152])
Hamm	182 213	...	Salonika	...	749 048
Hannover	522 574	...	Volos	383 967	116 031
Heidelberg	138 869	...			
Heilbronn	121 556	...	**Holy See –**		
Herne	178 718	...	**Saint–Siège**		
Hildesheim	106 098	...			
Ingolstadt	112 929	...	30 VI 1988(E)		
Jena	100 278	...	VATICAN CITY	766	...
Kaiserslautern	101 549	...			
Karlsruhe	277 191	...	**Hungary – Hongrie**		
Kassel	200 927	...			
Kiel	243 728	...	1 VII 1996(E)		
Koblenz	109 332	...	BUDAPEST	1 896 507	...
Köln	964 346	...	Debrecen	209 296	...
Krefeld	247 772	...	Györ	127 417	...
Leipzig	457 173	...	Kecskemét	105 107	...
Leverkusen	162 977	...	Miskolc	178 975	...
Lübeck	215 673	...	Nyiregyháza	113 313	...
Lüdwigshafen am Rhein	167 098	...	Pécs	161 617	...
Magdeburg	251 031	...	Szeged	166 663	...

(See notes at end of table. – Voir notes à la fin du tableau.)

Continent, country or area, city and date / Continent, pays ou zone, ville et date	City proper Ville proprement dite	Urban agglomeration Agglomération urbaine	Continent, country or area, city and date / Continent, pays ou zone, ville et date	City proper Ville proprement dite	Urban agglomeration Agglomération urbaine
EUROPE (Cont.–Suite)			Salerno	...	143 58
			Sassari	...	121 45
Hungary – Hongrie			Siracusa	...	127 34
			Taranto	...	212 38
1 VII 1996			Terni	...	108 52
Székesfehérvár	106 977	...	Torino	...	921 48
Iceland – Islande			20 X 1991		
			Torre del Greco	...	101 45
1 VII 1996(E) [1]					
REYKJAVIK	104 959	160 134	1 VII 1995(E)		
			Trento	...	103 26
Ireland – Irlande					
			20 X 1991		
28 IV 1996			Treviso	...	101 34
Cork	127 187	179 954			
DUBLIN	481 854	952 692	1 VII 1995(E)		
			Trieste	...	222 58
Isle of Man – Ile de Man			Venezia	...	297 74
			Verona	...	254 14
6 IV 1986			Vicenza	...	108 041
DOUGLAS	19 724	...			
			Latvia – Lettonie		
Italy – Italie					
			1 VII 1995(E)		
20 X 1991			Daugavpils	119 341	..
Ancona	...	101 179			
			1 VII 1996(E)		
1 VII 1995(E)			Liepaja	118 016	..
Bari	...	335 647	RIGA	821 180	..
Bergamo	...	117 096			
Bologna	...	385 813	**Liechtenstein**		
Brescia	...	190 059			
Cagliari	...	173 564	31 XII 1982(E) [1]		
Catania	...	341 685	VADUZ	4 904	..
Ferrara	...	134 703			
Firenze	...	381 762	**Lithuania – Lituanie**		
Foggia	...	156 327			
Forli	...	107 909	1 I 1997(E)		
Genova	...	655 704	Kaunas	418 707	...
			Klaipeda	203 269	...
20 X 1991			Panevezhis	133 347	...
La Spezia	...	101 701	Shauliai	146 996	...
			VILNIUS	580 099	...
1 VII 1995(E)					
Latina	...	111 047	**Luxembourg**		
20 X 1991			1 I 1996(E) [1]		
Lecco	...	100 233	LUXEMBOURG–VILLE	77 400	..
1 VII 1995(E)			**Malta – Malte**		
Livorno	...	164 371			
Messina	...	262 524	31 XII 1980(E) [153]		
Milano	...	1 305 591	VALLETTA	...	14 020
Modena	...	174 686			
Monza	...	119 420	31 XII 1996(E) [153]		
Napoli	...	1 046 987	VALLETTA	7 172	...
Novara	...	102 327			
Padova	...	213 072	**Monaco**		
Palermo	...	689 349			
Parma	...	167 685	4 III 1982 [1]		
Perugia	...	152 379	MONACO	27 063	...
Pescara	...	118 473			
			Netherlands – Pays–Bas		
20 X 1991					
Piacenza	...	102 252	1 VII 1996(E) [1] [154]		
			Almere	115 809	...
1 VII 1995(E)			Amersfoort	116 409	...
Prato	...	168 683	AMSTERDAM	716 576	1 102 323
Ravenna	...	137 129	Apeldoorn	151 309	...
Reggio di Calabria	...	179 829	Arnhem	134 993	315 516
Reggio nell'Emilia	...	136 675	Breda	129 885	166 960
Rimini	...	129 720			
ROMA	...	2 648 843			

(See notes at end of table. – Voir notes à la fin du tableau.)

Continent, country or area, city and date / Continent, pays ou zone, ville et date	Population		Continent, country or area, city and date / Continent, pays ou zone, ville et date	Population	
	City proper Ville proprement dite	Urban agglomeration Agglomération urbaine		City proper Ville proprement dite	Urban agglomeration Agglomération urbaine
EUROPE (Cont.–Suite)			EUROPE (Cont.–Suite)		
Poland – Pologne			Gorzow Wielkopolski	124 953	...
			Jastrzebie – Zdroj	103 206	...
1 VII 1996(E)			Kalisz	106 713	...
Bialystok	279 059	...	Katowice	351 126	...
Bielsko – Biala	180 461	...	Kielce	213 794	...
Bydgoszcz	386 035	...	Koszalin	111 417	...
Bytom	226 416	...	Krakow	744 781	...
Chorzow	124 410	...	Legnica	108 173	...
Czestochowa	259 112	...	Lodz	820 350	...
Dabrowa Gornicza	131 789	...	Lublin	354 886	...
Elblag	128 794	...	Olsztyn	168 295	...
Gdansk	462 709	...	Opole	130 158	...
Gdynia	251 942	...			
Gliwice	213 127	...	Plock	127 584	...
Grudziadz	103 021	...	Poznan	580 828	...
			Radom	232 657	...
Netherlands – Pays–Bas			Ruda Slaska	165 528	...
			Rybnik	144 727	...
1 VII 1996(E) [1] [154]			Rzeszow	160 526	...
Dordrecht	116 727	...	Slupsk	102 571	...
Eindhoven	197 570	399 756	Sosnowiec	247 448	...
Enschede	147 872	254 639	Szczecin	417 885	...
Geleen/Sittard	...	186 972	Tarnow	121 881	...
Groningen	169 158	209 051	Torun	205 025	...
Haarlem	147 527	211 124	Tychy	133 678	...
Haarlemmermeer	107 160	...	Walbrzych	138 847	...
Heerlen/Kerkrade	...	271 156			
Hilversum	...	101 280	WARSZAWA	1 632 534	...
Leiden	116 633	196 828	Wloclawek	123 118	...
Maastricht	118 726	164 977	Wroclaw	642 084	...
Nijmegen	147 360	251 176	Zabrze	201 110	...
Rotterdam	591 366	1 077 818	Zielona Gora	116 627	...
's–Gravenhage	442 331	695 815	Portugal		
's–Hertogenbosch	...	203 236			
Tilburg	164 705	239 057	1 VII 1996(E)		
Utrecht	234 103	549 773	Amadora	187 380	...
Velsen/Beverwijk	...	136 469	Funchal	115 870	...
Zaanstad	134 107	...			
Zaanstreek	...	148 651	15 IV 1991		
Zoetermeer	107 089	...	LISBOA	663 394	[155] 2 561 225
Zwijndrecht	...	216 587			
Zwolle	101 369	...	1 VII 1996(E)		
			LISBOA	581 920	...
Norway – Norvège [1]					
			15 IV 1991		
1 VII 1996(E)			Porto	302 467	[156] 1 174 461
Bergen	223 773	...			
			1 VII 1996(E)		
1 I 1993(E)			Porto	279 170	...
OSLO	473 454	758 949	Setubal	104 280	...
1 VII 1996(E)					
OSLO	491 726	...			
Stavanger	105 000	...			
Trondheim	144 250	...			

(See notes at end of table. – Voir notes à la fin du tableau.)

Continent, country or area, city and date / Continent, pays ou zone, ville et date	Population City proper Ville proprement dite	Population Urban agglomeration Agglomération urbaine	Continent, country or area, city and date / Continent, pays ou zone, ville et date	Population City proper Ville proprement dite	Population Urban agglomeration Agglomération urbaine
EUROPE (Cont.–Suite)			Cherkessk	118 701	...
			Chita	318 414	318 850
Republic of Moldova – République de Moldova			Dimitrovgrad	135 085	...
			Dzerzhinsk (Novgorodskaya oblast)	284 607	295 500
1 VII 1992(E)			Ekaterinburg	1 276 659	1 321 950
Beltsy	159 000	...	Elektrostal	149 642	...
Bendery	132 700	...	Elets	117 458	...
			Engels	187 604	221 050
1 VII 1994(E)			Glazov	106 773	...
KISHINEV	655 940	...	Ioshkap–Ola	250 736	278 000
			Irkutsk	581 918	...
1 VII 1992(E)					
Tiraspol	186 200	...	Ivanovo	470 402	...
			Izhevsk	654 010	...
Romania – Roumanie			Kaliningrad (Kaliningradskaya oblast	420 013	...
			Kaliningrad		
1 VII 1996(E)			(Moskovskaya oblast)	134 469	162 000
Arad	185 475	...	Kaluga	345 534	362 850
Bacau	208 565	...	Kamensk–Uralsky	194 884	196 600
Baia Mare	149 307	...	Kamyshin	128 880	...
Botosani	129 019	...	Kansk	109 531	...
Braila	235 243	...	Kazan	1 076 004	1 077 750
Brasov	319 908	...	Kemerovo	499 613	538 750
BUCURESTI	2 037 278	...			
Buzau	149 293	...	Khabarovsk	614 246	...
Cluj–Napoca	332 297	...	Khimki	135 160	136 350
Constanta	346 830	...	Kineshma	102 114	...
Craiova	310 838	...	Kirov		
Drobeta Turnu–Severin	118 114	...	(Azerbaidzhanskaya SSR)	463 901	500 350
			Kiselevsk	114 778	120 750
Focsani	100 314	...	Kislovodsk	112 034	116 600
Galati	327 975	...	Kolomna	153 768	...
Iasi	346 613	...	Kolpino	143 747	...
Oradea	223 680	...	Komsomolsk–na–Amure	307 970	...
Piatra Neamt	125 803	...	Kostroma	284 507	287 450
Pitesti	185 693	...	Kovrov	162 966	...
Ploiesti	253 623	...	Krasnodar	645 797	763 600
Rimnicu Vilcea	118 539	...	Krasnoyarsk	869 743	...
Satu–Mare	130 271	...	Kurgan	361 155	367 650
Sibiu	169 460	...	Kursk	437 816	...
Suceava	117 571	...	Kuznetsk	100 791	100 950
Timisoara	332 277	...	Leninsk–Kuznetsky	119 500	159 700
			Lipetsk	472 259	513 850
Tirgu–Mures	166 099	...	Lyubertsy	166 240	...
			Maikop	164 720	176 500
Russian Federation – Fédération de Russie			Magadan	126 192	135 500
			Magnitogorsk	424 875	425 350
1 VII 1995(E)			Makhachkala	340 154	387 050
Abakan	160 939	...	Mezhdurechensk	104 393	...
Achinsk	122 183	123 600	Miass	166 632	180 000
Almetievsk	139 703	148 600	Michurinsk	121 093	...
Angarsk	267 385	272 350	MOSKVA	8 368 449	8 598 896
Anzhero–Sudzhensk	99 881	105 900	Murmansk	402 100	...
Arkhangelsk	374 159	381 800	Murom	124 262	143 500
Armavir	162 699	179 550	Mytishchi	153 185	...
Arzamas	111 554	...	Naberezhnye Tchelny	530 554	533 800
Astrakhan	482 850	...	Nakhodka	161 960	191 550
Balakovo	208 225	208 950	Naltchik	233 488	253 150
Balashikha	134 164	...	Neftekamsk	118 416	125 700
Barnaul	591 640	654 500	Nevinnomyssk	131 105	...
			Nizhnekamsk	212 821	...
Belgorod	322 188	...	Nizhenvartovsk	240 283	...
Berezniki	184 304	186 550	Nizhny Tagil	407 935	...
Biisk	226 846	238 900	Nizhny Novgorod	1 375 570	1 380 100
Blagoveshchensk (Amurskaya oblast)	213 361	216 800	Noginsk	118 670	...
Bratsk	258 511	284 550	Norilsk	162 433	262 950
Bryansk	458 447	480 800	Novgorod	231 256	239 450
Cheboksary	451 170	464 700	Novocheboksarsk	124 359	124 700
Chelyabinsk	1 084 242	1 111 000	Novocherkassk	188 168	202 100
Cherepovets	319 550	...	Novokuybishevsk	115 113	117 350
			Novokuznetsk	572 380	586 900

(See notes at end of table. – Voir notes à la fin du tableau.)

Continent, country or area, city and date / Continent, pays ou zone, ville et date	Population City proper Ville proprement dite	Population Urban agglomeration Agglomération urbaine	Continent, country or area, city and date / Continent, pays ou zone, ville et date	Population City proper Ville proprement dite	Population Urban agglomeration Agglomération urbaine
EUROPE (Cont.–Suite)			Vladikavkaz		
			Osetinskaya ASSR)	311 107	324 600
Russian Federation –			Vladimir	336 173	357 650
Fédération de Russie			Vladivostok	626 315	654 150
			Volgodonsk	183 696	191 400
1 VII 1995(E)			Volgograd	998 856	1 029 800
Novomoskovsk			Vologda	296 505	305 350
(Tulskaya oblast)	142 727	...	Volzhsky	286 813	295 800
Novorossiysk	203 377	245 300	Vorkuta	102 770	191 500
Novoshakhtinsk	105 358	122 000	Voronezh	903 334	978 200
Novosibirsk	1 367 596	1 398 350	Votkinsk	103 854	...
Novotroitsk	110 155	117 450	Yakutsk	192 464	224 200
Obninsk	108 300	...			
Odintsovo	129 810	...	Yaroslave	623 798	...
Oktyabrsky	110 195	...	Zelenogorsk	101 908	...
Omsk	1 161 486	1 785 000	Zelenograd	195 180	...
Orekhovo–Zuevo	125 553	...	Zheleznodorozhny	100 466	106 150
Orel	343 952	...	Zlatoust	202 230	204 600
Orenburg	529 481	548 350			
Orsk	275 433	280 600	San Marino – Saint–Marin		
Penza	529 268	529 650	31 XII 1995(E)		
Perm	1 030 866	1 040 950	SAN MARINO	2 779	4 357
Pervouralsk	136 297	164 750			
Petropavlovsk–Kamchatsky	210 483	221 850	Slovakia – Slovaquie		
Petrozavodsk	281 797	281 800			
Podolsk	199 442	...	1 VII 1996(E)		
Prokopyevsk	248 786	249 150	BRATISLAVA	452 278	...
Pskov	206 800	...	Kosice	241 163	...
Pyatigorsk	128 751	184 900			
Rybinsk	248 164	...	Slovenia – Slovénie [1]		
Rostov–na–Donu	1 013 635	...			
Rubtsovsk	169 407	...	1 VII 1996(E)		
			LJUBLJANA	273 000	...
Ryazan	533 261	536 450	Marebor	100 000	...
Salavat	157 748	...			
Samara			Spain – Espagne		
(Samarskaya oblast)	1 183 821	1 215 050			
Saransk	320 149	348 750	1 V 1996(E)		
Sarapyul	108 402	109 000	Albacete	*———— 143 799 ————*	
Saratov	891 018	898 250	Alcalá de Henares	163 386	
Sergiev Posad	113 130	...	Alcorcon	141 465	
Serov	100 027	102 450	Algeciras	101 907	
Serpukhov	138 710	...	Alicante	274 577	
Severodvinsk	245 078	247 750	Almería	170 503	
Shakhty	227 922	258 600	Badajoz	122 510	
Shchelkovo	107 044	...	Badalona	210 987	
Smolensk	352 164	...	Baracaldo	100 474	
Sochi	330 512	386 850	Barcelona	1 508 805	
Solikamsk	107 621	...	Bilbao	358 875	
St. Petersburg	4 232 105	4 786 990	Burgos	163 156	
Starsy Oskol	199 165	200 100			
Stavropol	341 620	341 700	Cádiz	145 595	
Sterlitamak	260 140	...	Cartagena	170 483	
Surgut	266 972	...	Castellon	135 729	
Syktivkar	228 820	245 350	Cordoba	306 248	
Syzran	176 853	186 850	Elche	191 660	
Taganrog	290 536	...	Fuenlabrada	163 567	
Tambov	315 853	...	Getafe	143 153	
Tolyatti	704 668	717 500	Gijon	264 381	
Tomsk	470 966	...	Granada	245 640	
Tula	526 980	575 750	Hospitalet de Llobregat	255 050	
Tver	451 249	455 100	Huelva	140 675	
Tyumen	493 663	546 000	Jaén	104 776	
Ufa	1 092 975	1 098 150			
Uhta	107 970	136 800	Jérez de la Frontera	182 269	
Ulan–Ude	677 397	698 850	La Coruña	243 785	
Ulyanovsk	366 453	389 450	La Laguna	121 769	
Usolie Sibirskoye	105 547	...	Leganés	174 593	
Ussuriisk	160 678	...	Leon	145 242	
Ust–Ulimsk	110 871	...	Lleida	112 035	
Uzno–Sakhalinsk	177 365	186 500	Logroño	123 841	
Velikie Luky	115 660	...			

8. Population of capital cities and cities of 100 000 and more inhabitants: latest available year (continued)

Population des capitales et des villes de 100 000 habitants et plus: dernière année disponible (suite)

(See notes at end of table. – Voir notes à la fin du tableau.)

Continent, country or area, city and date / Continent, pays ou zone, ville et date	City proper Ville proprement dite	Urban agglomeration Agglomération urbaine	Continent, country or area, city and date / Continent, pays ou zone, ville et date	City proper Ville proprement dite	Urban agglomeration Agglomération urbaine
EUROPE (Cont.–Suite)			1 XI 1990 Orebro	102 020	120 889
Spain – Espagne			31 XII 1996(E) Orebro	120 774	
1 V 1996(E) MADRID	*——— 2 866 850 ———*		1 XI 1990 STOCKHOLM	674 680	880 096
Málaga	549 135		31 XII 1996(E) STOCKHOLM	718 462	...
Mataro	102 018		Umea	102 487	...
Mostoles	196 173				
Murcia	345 759		1 XI 1990 Uppsala	143 120	167 260
Orense	107 060				
Oviedo	200 049		3 1 XII 1996(E) Uppsala	184 507	...
Las Palma de Gran Canaria	355 563				
Palma de Mallorca	304 250		1 XI 1990 Västeras	112 800	119 780
Pamplona	166 279				
Sabadell	185 798		31 XII 1996(E) Västeras	124 084	...
Salamanca	159 225				
San Sebastián	176 908		Switzerland – Suisse [1]		
Santa Coloma de Gramanet	123 175		1 VII 1996(E) Bâle	173 396	404 418
Santa Cruz de Tenerife	203 787				
Santander	185 410		1 VII 1994(E) BERNE	128 872	321 932
Sevilla	697 487				
Tarragona	112 176		1 VII 1996(E) BERNE	...	319 292
Tarrasa	163 862		Genève	172 885	446 217
Valencia	746 683		Lausanne	115 135	284 707
Valladolid	319 805		Luzern	...	181 015
Vigo	286 774		Winterthur	...	117 328
Vitoria–Gateiz	214 234		Zürich	342 400	929 070
Zaragoza	601 674		The former Yugoslav Rep. of Macedonia – L'ex Rép. yougoslavie de Macédoine		
Sweden – Suède [1]			20 VI 1994 [1] SKOPLJE	429 964	...
1 XI 1990 Boras	88 695	101 686	Ukraine		
31 XII 1992(E) Boras	102 840	...	1 I 1996(E) Alchevsk	124 000	
			Alexandriya	103 000	...
1 XI 1990 Göteborg	398 682	433 020	Belaya Tserkov	216 000	...
			Berdyansk	135 000	...
31 XII 1996(E) Göteborg	454 016	...	Cherkassy	312 000	...
			Chernigov	312 000	...
1 XI 1990 Helsingborg	103 627	109 273	Chernovtsy	261 000	...
			Dneprodzerzhinsk	281 000	...
31 XII 1996(E) Helsingborg	114 866	...	Dnepropetrovsk	1 147 000	...
			Donetsk (Donestkaya oblast)	1 088 000	
1 XI 1990 Jönköping	100 590	111 476	Evpatoriya	115 000	
31 XII 1996(E) Jönköping	115 636	...	Gorlovka	322 000	
			Ivano–Frankovsk	237 000	...
1 XI 1990 Linköping	108 668	122 153	Kamenetz–Podolsky	108 000	...
			Kertch	175 000	...
31 XII 1996(E) Linköping	131 898	...	Kharkov	1 555 000	...
			Kherson	363 000	...
1 XI 1990 Malmö	233 870	254 840	Khmelnitsky	259 000	...
			KIEV	2 630 000	...
31 XII 1996(E) Malmö	248 007	...			
1 XI 1990 Norrköping	108 841	120 478			
31 XII 1996(E) Norrköping	123 531	...			

(See notes at end of table. – Voir notes à la fin du tableau.)

Continent, country or area, city and date / Continent, pays ou zone, ville et date	Population		Continent, country or area, city and date / Continent, pays ou zone, ville et date	Population	
	City proper Ville proprement dite	Urban agglomeration Agglomération urbaine		City proper Ville proprement dite	Urban agglomeration Agglomération urbaine
EUROPE (Cont.–Suite)			Broadland	113 896	...
			Bromley [158]	295 584	...
Ukraine			Broxtowe	111 429	...
			Bury	181 873	...
1 I 1996(E)			Calderdale	192 844	...
Kirovograd	276 000	...	Cambridge	116 701	...
Konstantinovka	102 000	...	Camden [158]	189 119	...
Krasny Lutch	109 000	...	Canterbury	136 481	...
Kramatorsk	197 000	...	Cardiff [160]	315 040	...
Krementchug	246 000	...	Cheltenham	106 692	...
Krivoi Rog	720 000	...	Carlisle	103 102	...
Lisichask	123 000	...	Charnwood	155 724	...
Lugansk	487 000	...			
Lutsk	219 000	...	Chelmsford	156 601	...
Lvov	802 000	...	Cherwell	132 687	...
Makeyevka	409 000	...	Chester	119 221	...
Mariupol	510 000	...	Chesterfield	100 673	...
Melitopol	174 000	...	Chichester	104 112	...
			Colchester	154 176	...
Nikolaev			Coventry	306 503	...
(Nikolaevskaya oblast)	509 000	...	Crewe & Nantwich	113 670	...
Nikopol	157 000	...	Croydon [158]	333 787	...
Odessa	1 046 000	...	Dacorum	134 733	...
Pavlograd	134 000	...	Darlington	101 257	...
Poltava	321 000	...	Derby	233 708	...
Rovno	246 000	...			
Sevastopol	365 000	...	Derry	104 400	...
Severodonetsk	132 000	...	Doncaster	291 804	...
Simferopol	348 000	...	Dover	107 398	...
Slavyansk	133 000	...	Dudley	312 194	...
Stakhanov	109 000	...	Dumfries and Galloway	147 600	...
			Dundee	150 250	...
Sumy	304 000	...	Ealing [158]	297 033	...
Ternopol	235 000	...	East Ayrshire	122 350	...
Uzhgorod	126 000	...	East Devon	123 105	...
Vinnitsa	388 000	...	East Dunbartonshire	110 750	...
Yenakievo	114 000	...	East Hampshire	110 761	...
Zaporozhye	879 000	...	East Hertfordshire	123 553	...
Zhitomir	300 000	...	Eastleigh	111 732	...
			East Lindsey	123 058	...
United Kingdom – Royaume–Uni			East Staffordshire	100 421	...
			Edinburgh	448 850	...
1 VII 1996(E) [157]			Elmbridge	124 539	...
Aberdeen	227 430	...	Enfield [158]	262 613	...
Amber Valley	115 224	...	Erewash	106 818	...
Angus	110 780	...	Epping Forest	119 512	...
Arun	137 978	...	Exeter	107 729	...
Ashfield	108 558	...	Falkirk	143 040	...
Aylesbury Vale	154 927	...	Fareham	103 748	...
Barking and Dagenham [158]	153 715	...	Gateshead	200 968	...
Barnet [158]	319 353	...	Gedling	112 194	...
Barnsley	227 213	...	Glasgow [161]	616 430	...
Basildon	163 280	...	Greenwich [158]	212 073	...
Basingstoke & Deane	147 914	...	Guildford	124 567	...
Bassetlaw	106 303	...	Gloucester	106 834	...
			Hackney [158]	193 843	...
Bedford	137 451	...	Halton	123 038	...
Belfast [159]	297 300	...	Hammersmith		
Bexley [158]	219 311	...	and Fulham [158]	156 718	...
Birmingham	1 020 589	...	Haringey [158]	216 111	...
Blackburn	139 491	...	Harrogate	147 635	...
Blackpool	152 459	...	Harrow [158]	210 670	...
Bolton	265 449	...	Havant and Waterloo	117 341	...
Bournemouth	160 749	...	Havering [158]	230 909	...
Bracknell Forest	110 092	...	Highland	208 700	...
Bradford	483 422	...	Hillingdon [158]	247 718	...
Braintree	126 236	...	Horsham	118 569	...
Breckland	113 654	...	Hounslow [158]	205 798	...
			Huntingdonshire	152 742	...
Brent [158]	247 525	...	Ipswich	113 642	...
Brighton	156 124	...	Islington [158]	175 990	...
Bristol	399 633	...	Kensington		
			and Chelsea [158]	159 039	...

(See notes at end of table. – Voir notes à la fin du tableau.)

Continent, country or area, city and date / Continent, pays ou zone, ville et date	Population		Continent, country or area, city and date / Continent, pays ou zone, ville et date	Population	
	City proper Ville proprement dite	Urban agglomeration Agglomération urbaine		City proper Ville proprement dite	Urban agglomeration Agglomération urbaine
EUROPE (Cont.–Suite)			Sefton	289 739	...
			Sedgemoor	101 866	...
United Kingdom – Royaume–Uni			Sevenoaks	110 476	...
			Sheffield	530 375	...
1 VII 1996(E) [157]			Slough	110 462	...
Kings Lynn & West Norfolk	131 214	...	Solihull	203 922	...
Kingston upon Hull	266 775	...	Southampton	214 859	...
Kingston upon Thames [158]	141 837	...	Southend on Sea	172 266	...
Kirklees	388 807	...	South Bedfordshire	110 949	...
Knowsley	154 053	...	South Lanarkshire	307 450	...
Lambeth [158]	264 727	...	South Cambridgeshire	128 422	...
Lancaster	136 948	...	South Kesteven	119 951	...
Leeds	726 939	...			
Leicester	294 830	...	South Lakeland	100 889	...
Lewisham [158]	241 495	...	South Norfolk	105 778	...
Lisburn	108 400	...	South Oxfordshire	124 637	...
Liverpool	467 995	...	South Ribble	103 020	...
			South Somerset	150 710	...
LONDON [162]	7 074 265	...	South Staffordshire	103 284	...
Luton	181 468	...	South Tyneside	156 078	...
Macclesfield	152 604	...	Southwark [158]	229 871	...
Maidstone	140 664	...	Stafford	124 531	...
Manchester	430 818	...	Stockport	291 080	...
Mansfield	101 355	...	Stockton–on–Tees	179 009	...
Merton [158]	182 291	...	Stoke on Trent	254 438	...
Middlesborough	146 778	...			
Mid Bedfordshire	118 945	...	Stratford–on–Avon	111 211	...
Mid Sussex	125 329	...	Stroud	108 022	...
Milton Keynes	197 131	...	Suffolk Coastal	118 681	...
Newark and Sherwood	104 464	...	Sunderland	294 261	...
			Sutton [158]	175 527	...
Newbury	143 727	...	Swale	117 562	...
Newcastle–under–Lyme	122 314	...	Swansea	230 180	...
Newcastle upon Tyne	282 338	...	Tameside	220 722	...
Newham [158]	228 857	...	Teignbridge	116 743	...
Newport	136 789	...	Tendring	132 265	...
New Forest	169 513	...	Test Valley	107 182	...
Northampton	192 382	...	Thamesdown	174 598	...
North Ayrshire	139 520	...	Thanet	125 543	...
North Hertfordshire	114 941	...	The Wrekin	144 154	...
North Tyneside	193 619	...	Thurrock	132 283	...
North Wiltshire	121 747	...	Tonbridge and Malling	104 991	...
North Lanarkshire	325 940	...	Torbay	123 413	...
Norwich	126 221	...	Tower Hamlets [158]	176 635	...
Nottingham	283 969	...	Trafford	218 893	...
Nuneaton & Bedworth	118 340	...	Tunbridge Wells	102 616	...
Oldham	220 172	...	Vale of White Horse	112 545	...
Oxford	137 343	...	Vale Royal	115 233	...
Perth and Kinross	132 570	...	Wakefield	317 342	...
Peterborough	158 674	...	Walsall	262 593	...
Plymouth	255 826	...	Waltham Forest [158]	220 249	...
Poole	139 226	...	Wandsworth [158]	266 169	...
Portsmouth	190 370	...	Warrington	189 012	...
Preston	134 818	...	Warwick	122 506	...
Reading	142 851	...	Waveney	107 731	...
Redbridge [158]	230 578	...	Waverley	114 133	...
Reigate and Banstead	119 307	...	Wealden	138 030	...
Renfrewshire	178 550	...	West Lancashire	109 763	...
Richmond upon Thames [158]	179 877	...	West Wiltshire	108 889	...
Rochdale	207 563	...	Westminster, City of [156]	204 063	...
Rochester–upon–Medway	144 478	...	Wigan	309 786	...
Rotherham	255 342	...	Winchester	106 007	...
Rushcliffe	103 500	...	Windsor and Maidenhead	141 548	...
St. Albans	130 267	...	Wirral	329 179	...
St. Helens	179 483	...	Wlothian	150 770	...
Salford	229 179	...	Wolverhampton	244 453	...
Salisbury	112 534	...	Wokingham	142 361	...
Scottish Borders	106 100	...	Wrexham Maelor	123 308	...
Sandwell	292 196	...	Wychavon	108 009	...
Scarborough	108 258	...	Wycombe	164 045	...
			Wyre	104 348	...
			York	175 095	...

8. Population of capital cities and cities of 100 000 and more inhabitants: latest available year (continued)

Population des capitales et des villes de 100 000 habitants et plus: dernière année disponible (suite)

(See notes at end of table. – Voir notes à la fin du tableau.)

Continent, country or area, city and date / Continent, pays ou zone, ville et date	Population City proper Ville proprement dite	Population Urban agglomeration Agglomération urbaine	Continent, country or area, city and date / Continent, pays ou zone, ville et date	Population City proper Ville proprement dite	Population Urban agglomeration Agglomération urbaine
EUROPE (Cont.–Suite)			OCEANIA—OCEANIE(Cont.–Suite)		
Yugoslavia – Yougoslavie			Australia – Australie [1] [163]		
31 III 1991 [1]			6 VIII 1991		
BEOGRAD	1 168 454	1 338 856	Newcastle	262 331	427 824
Kragujevac	147 305	147 305	30 VI 1993(E)		
Nis	175 391	179 570	Newcastle	454 800	...
Novi Sad	179 626	214 914	6 VIII 1991		
Podgorica	117 875	120 761	Perth	1 018 702	1 143 249
Pristina	155 496	155 496			
Subotica	100 386	107 761	30 VI 1993(E)		
			Perth	1 221 200	...
OCEANIA—OCEANIE			Sunshine Coast	133 600	...
American Samoa – Samoa américaines			6 VIII 1991		
			Sydney	3 097 956	3 538 749
1 IV 1990 [1] [14]			30 VI 1993(E)		
PAGO PAGO	3 519	...	Sydney	3 713 500	...
Australia – Australie [1] [163]			6 VIII 1991		
			Townsville	101 398	187 288
6 VIII 1991			30 VI 1993(E)		
Adelaide	957 480	1 023 597	Townsville	121 700	...
30 VI 1993(E)			Cook Islands – Iles Cook		
Adelaide	1 071 100	...	1 XII 1986		
6 VIII 1991			RAROTONGA	9 281	...
Brisbane	1 145 537	1 334 017	Fiji – Fidji		
30 VI 1993(E)			31 VIII 1986		
Brisbane	1 421 600	...	SUVA	69 665	141 273
6 VIII 1991			French Polynesia – Polynésie française		
CANBERRA	276 162	280 095	8 II 1971		
30 VI 1993(E)			PAPEETE	25 342	[164] 36 784
CANBERRA	298 200	...	6 IX 1988		
6 VIII 1991			PAPEETE	23 555	...
Central Coast	197 128	...	Guam		
Geelong	126 306	145 325	1 IV 1990 [1] [14]		
30 VI 1993(E)			AGANA	1 139	...
Geelong	151 900	...	Kiribati		
6 VIII 1991			12 XII 1978		
Gold Coast	225 773	157 857	TARAWA	...	17 921
30 VI 1993(E)			New Caledonia – Nouvelle–Calédonie		
Gold Coast	300 200	...	4 IV 1989		
6 VIII 1991			NOUMEA	65 110	97 581
Greater Wollongong	211 417	735 966	New Zealand – Nouvelle–Zélande		
30 VI 1993(E)			31 III 1993(E)		
Greater Wollongong	249 500	...	Auckland	321 100	910 200
6 VIII 1991			31 III 1995(E)		
Hobart	127 134	181 832	Auckland	336 500	...
30 VI 1993(E)					
Hobart	193 200	...			
6 VIII 1991					
Melbourne	2 761 995	3 022 439			
30 VI 1993(E)					
Melbourne	+ 3 189 200	...			

8. Population of capital cities and cities of 100 000 and more inhabitants: latest available year (continued)

Population des capitales et des villes de 100 000 habitants et plus: dernière année disponible (suite)

(See notes at end of table. – Voir notes à la fin du tableau.)

Continent, country or area, city and date / Continent, pays ou zone, ville et date	Population		Continent, country or area, city and date / Continent, pays ou zone, ville et date	Population	
	City proper / Ville proprement dite	Urban agglomeration / Agglomération urbaine		City proper / Ville proprement dite	Urban agglomeration / Agglomération urbaine
OCEANIA—OCEANIE(Cont.–Suite)			Papua New Guinea – Papouasie–Nouvelle–Guinée		
New Zealand – Nouvelle–Zélande			22 IX 1980 PORT MORESBY	118 424	123 624
31 III 1993(E) Christchurch	297 600	312 600	1 VII 1990(E) PORT MORESBY	173 500	...
31 III 1995(E) Christchurch	308 800	...	Pitcairn		
31 III 1993(E) Dunedin	118 400	111 200	31 XII 1993 ADAMSTOWN	53	...
31 III 1995(E) Dunedin	121 100	...	Samoa		
31 III 1993(E) Hamilton	103 600	151 800	3 XI 1976 APIA	...	32 099
31 III 1995(E) Hamilton Manukau	106 700 243 400	... (165)	Solomon Islands – Iles Salomon		
31 III 1993(E) Napier–Hastings	...	110 800	23 XI 1986 HONIARA	30 413	...
31 III 1995(E) Northshore Waitakere	163 600 147 500	... ...	Tonga		
			30 XI 1976 NUKU'ALOFA	...	18 312
31 III 1993(E) WELLINGTON	150 800	326 900	Vanuatu		
31 III 1995(E) WELLINGTON	153 800	...	22 I 1986 VILA	...	14 184
			15 V 1989 VILA	18 095	...

GENERAL NOTES

The capital city of each country is shown in capital letters. (E) after date indicates estimated data (including results of sample surveys); all other data are national or municipal census results. Figures in italics are estimates of questionable reliablity. For definition of city proper and urban agglomeration, method of evaluation and limitations of data, see Technical Notes, page 47.

FOOTNOTES

* Provisional.
1 De jure population.
2 For "cercle".
3 Including Kombo St. Mary.
4 For "Accra–Tema Metropolitan area".
5 Including Sekondi (population 33 713) and Takoradi population (58 161). Data for urban agglomeration refer to the Sekondi–Takoradi Municipal Council.
6 Dual capitals.
7 For the urban commune of Antananarivo.

NOTES GENERALES

Le nom de la capitale de chaque pays est imprimé en majuscules. Le signe (E) après la date indique qu'il s'agit de données estimatives (y compris les résultats des enquête par sondage); toutes les autres données proviennent des résultats de recensements nationaux ou municipaux. Les chiffres en italiques sont des estimations de qualité douteuse. Pour la définition de la ville proprement dite et de l'agglomération urbaine, et pour les méthodes d'évaluation et les insuffisances des données, voir Notes techniques, page 47.

NOTES

* Données provisoires.
1 Population de droit.
2 Pour "cercle".
3 Y compris Kombo St. Mary.
4 Pour la "zone métropolitaine d'Accra–Tema".
5 Y compris Sekondi (33 713 personnes) et Takoradi (58 161 personnes). Les données concernant l'agglomération urbaine se rapportent au Conseil municipal de Sekondi–Takoradi.
6 Le pays a deux capitales.
7 Pour la commune urbaine de Antananarivo.

8. Population of capital cities and cities of 100 000 and more inhabitants: latest available year (continued)

Population des capitales et des villes de 100 000 habitants et plus: dernière année disponible (suite)

8. Population of capital cities and cities of 100 000 and more inhabitants: latest available year (continued)

Population des capitales et des villes de 100 000 habitants et plus: dernière année disponible (suite)

FOOTNOTES (continued)

40 Included in urban agglomeration of Norfolk.
41 Chicago–Gary–Kenosha "standard consolidated statistical area", comprising "standard metropolitan statistical area" of Chicago, Gary, Kankakee and Kenosha.
42 Included in urban agglomeration of San Diego.
43 Cincinnati–Hamilton "standard consolidated statistical area", comprising "standard metropolitan statistical area" of Cincinnati and Hamilton–Middletown.
44 Clarksville–Hopkinsville "standard metropolitan statistical area".
45 Cleveland–Akron "standard consolidated statistical area", comprising "standard metropolitan statistical area" of Akron and Cleveland–Lorain–Elyria.
46 Dallas–Fort Worth "standard consolidated statistical area", comprising "standard metropolitan statistical area" of Dallas and Fort Worth–Arlington.
47 Davenport–Rock Island–Moline, Iowa–Illinois "standard metropolitan statistical area".
48 Dayton–Springfield "standard metropolitan statistical area".
49 Denver–Boulder–Greeley "standard consolidated statistical area", comprising "standard metropolitan statistical area" of Boulder–Longmont, Denver and Greeley.
50 Detroit–Ann Arbor–Flint "standard consolidated statistical area", comprising "standard metropolitan statistical area" of Detroit, Ann Arbor and Flint.
51 Included in urban agglomeration of Raleigh.
52 Elkhart–Goshen "standard metropolitan statistical area".
53 Eugene–Springfield "standard metropolitan statistical area".
54 Fargo–Moorehead, North Dakota–Minnesota "standard metropolitan statistical area".
55 Fayetteville–Springdale "standard metropolitan statistical area".
56 Fort Collins–Loveland "standard metropolitan statistical area".
57 Included in urban agglomeration of Miami.
58 Fort Myers–Cape Coral "standard metropolitan statistical area".
59 Included in urban agglomeration of Phoenix.
60 Greensboro–Winston–Salem–High Point, North Carolina "standard metropolitan statistical area".
61 Greenville–Spartanburg "standard metropolitan statistical area".
62 Harrisburg–Lebanon–Carlisle "standard metropolitan statistical area".
63 Hartford–New Britain–Middletown "standard consolidated statistical area", comprising "standard metropolitan statistical area" of Hartford, Bristol, Middletown and New Britain.
64 Houma–Thibodaux "standard metropolitan area".
65 Houston–Galveston–Brazoria "standard consolidated statistical area", comprising "standard metropolitan statistical area" of Houston, Galveston–Texas City and Brazoria.
66 Huntington–Ashland, West Virginia–Kentucky–Ohio "standard metropolitan statistical area".
67 Included in urban agglomeration of Kansas City, Mo.

NOTES (suite)

40 Comprise dans l'agglomération urbaine de Norfolk.
41 "Zone statistique officielle unifiée" de Chicago–Gary–Kenosha, comprenant la "Zone métropolitaine" de Chicago, de Gary, de Kankakee et de Kenosha.
42 Comprise dans l'agglomération urbaine de San Diego.
43 Zone statistique officielle unifiée" de Cincinnati comprenant la "Zone métropolitaine statistique officielle" de Cincinnati et de Hamilton–Middletown.
44 "Zone métropolitaine statistique officielle" de Clarksville–Hopkinsville.
45 "Zone statistique officielle unifiée" de Cleveland–Akron comprenant la "Zone métropolitaine statistique officielle" de Akron et de Cleveland–Lorain–Elyria.
46 "Zone statistique officielle unifiée" de Dallas–Fort Worth, comprenant la "Zone métropolitaine statistique officielle" de Dallas et de Fort Worth–Arlington.
47 "Zone métropolitaine statistique officielle" de Davenport–Rock Island–Moline (Iowa–Illinois).
48 "Zone métropolitaine statistique officielle" de Dayton–Springfield.
49 "Zone statistique officielle unifiée" de Denver–Boulder–Greeley, comprenant la "Zone métropolitaine statistique officielle" de Boulder–Longmont, de Denver et de Greeley.
50 "Zone statistique officielle unifiée" de Detroit–Ann Arbor– Flint comprenant la "Zone métropolitaine statistique officielle" de Detroit, de Ann Arbor et de Flint.
51 Comprise dans l'agglomération urbaine de Raleigh.
52 "Zone métropolitaine statistique officielle" de Elkhart–Goshen.
53 "Zone métropolitaine statistique officielle" de Eugene–Springfield.
54 "Zone métropolitaine statistique officielle" de Fargo–Moorehead (Dakota du Nord–Minnesota).
55 "Zone métropolitaine statistique officielle" de Fayetteville–Springfield.
56 "Zone métropolitaine statistique officielle" de Fort Collins–Loveland.
57 Comprise dans l'agglomération urbaine de Miami.
58 "Zone métropolitaine statistique officielle" de Fort Myers–Cape Coral.
59 Comprise dans l'agglomération urbaine de Phoenix.
60 "Zone métropolitaine statistique officielle" de Greensboro–Winston–Salem–High Point (Caroline du Nord).
61 "Zone métropolitaine statistique officielle" de Greenville–Spartanburg.
62 "Zone métropolitaine statistique officielle" de Harrisburg–Lebanon–Carlisle.
63 "Zone statistique officielle unifiée" de Hartford–New Britain–Middletown, comprenant la "Zone métropolitaine statistique officielle" de Hartford, de Bristol, de Middletown et de New Britain.
64 "Zone métropolitaine statistique officielle" de Houma–Thibodaux.
65 "Zone statistique officielle unifiée" de Houston–Galveston–Brazoria, comprenant la "Zone métropolitaine statistique officielle" de Houston, de Galveston–Texas City et de Brazoria.
66 "Zone métropolitaine statistique officielle" de Huntington–Ashland (Virginie occidentale–Kentucky–Ohio).
67 Comprise dans l'agglomération urbaine de Kansas City (Mo.).

FOOTNOTES (continued)

68 Jamestown–Dunkirk, New York "standard metropolitan statistical area".

69 Janesville–Beloit "standard metropolitan statistical area".
70 Johnson City–Kingsport–Bristol "standard metropolitan statistical area".
71 Killeen–Temple "standard metropolitan statistical area".
72 Lafayette–West Lafayette "standard metropolitan statistical area".
73 Lakeland–Winter Haven "standard metropolitan statistical area".
74 Lansing–East Lansing "standard metropolitan statistical area".
75 Little Rock–North Little Rock "standard metropolitan statistical area".

76 Longview–Marshall "standard metropolitan statistical area".
77 Los Angeles–Riverside–Orange County "standard consolidated statistical area" of Los Angeles–Long Beach, Orange County, Ventura and Riverside–San Bernardino.
78 Macon–Warner Robins "standard metropolitan statistical area".
79 Melbourne–Titusville–Palm Bay "standard metropolitan statistical area".
80 Miami–Fort Lauderdale "standard consolidated statistical area", comprising "standard metropolitan statistical area" of Miami and Fort Lauderdale.
81 Milwaukee–Racine "standard consolidated statistical area", comprising "standard metropolitan statistical area" of Milwaukee–Waukesha and Racine.

82 Minneapolis–St. Paul, Minnesota "standard metropolitan statistical area".

83 New London–Norwich, Connecticut "standard metropolitan statistical area".

84 New York–Northern New Jersey–Long Island "standard consolidated statistical area", comprising "standard metropolitan statistical area" of New York, Bergen–Passaic, Bridgeport, Danbury, Jersey City, Dutchess County, New Haven–Meriden, Middlesex–Somerset–Hunterdon, Monmouth–Ocean, Newburgh, Nassau–Suffolk, Newark, Stamford–Norwalk, Trenton and Waterbury.

85 Norfolk–Virginia Beach–Newport News "standard metropolitan statistical area".
86 Parkersburg–Marietta "standard metropolitan statistical area".
87 Included in urban agglomeration of Houston.
88 Philadephia–Wilmington–Atlantic City "standard consolidated statistical area", comprising "standard metropolitan statistical area" of Philadelphia, Atlantic–Cape May, Wilmington–Newark and Vineland–Milville–Bridgeton.

89 Portland–Salem "standard consolidated statistical area", comprising "standard metropolitan statistical area" of Portland–Vancouver and Salem.
90 Providence–Fall River–Warwick "standard consolidated statistical area", comprising "standard metropolitan statistical area" of Fall River Warwick and Providence.
91 Provo–Orem, Utah "standard metropolitan statistical area".
92 Raleigh–Durham "standard metropolitan statistical area".
93 Richland–Kennewick–Pasco "standard metropolitan statistical area".

NOTES (suite)

68 "Zone métropolitaine statistique officielle" de Jamestown–Dunkirk (New York).
69 "Zone métropolitaine statistique officielle" de Janesville–Beloit.
70 "Zone métropolitaine statistique officielle" de Johnson City–Kingsport–Bristol.
71 "Zone métropolitaine statistique officielle" de Killeen–Temple.
72 "Zone métropolitaine statistique officielle" de Lafayette–West Lafayette
73 "Zone métropolitaine statistique officielle" de Lakeland–Winter Haven.
74 "Zone métropolitaine statistique officielle" de Lansing–East Lansing.
75 "Zone métropolitaine statistique officielle" de Little Rock–North Little Rock (Arkansas).
76 "Zone métropolitaine statistique officielle" de Longview–Marshall.
77 "Zone statistique officielle unifiée" de Los Angeles–Riverside–Orange County comprenant la "Zone métropolitaine statistique officielle" de Los Angeles–Long Beach, de Orange County, de Ventura et de Riverside–San Bernardino.
78 "Zone métropolitaine statistique officielle" de Macon–Warner Robins.
79 "Zone métropolitaine statistique officielle" de Melbourne–Titusville–Palm Bay.
80 "Zone statistique officielle unifiée" de Miami–Fort Lauderdale, comprenant la "Zone métropolitaine statistique officielle" de Miami et de Fort Lauderdale.
81 "Zone statistique officielle unifiée" de Milwaukee–Racine, comprenant la "Zone métropolitaine statistique officielle" de Milwaukee–Waukesha et de Racine.
82 "Zone métropolitaine statistique officielle" de Minneapolis–St. Paul (Minnesota).
83 "Zone métropolitaine statistique officielle" de New London–Norwich (Connecticut).
84 "Zone statistique officielle unifiée" de New York–New Jersey–Long Island, comprenant la "Zone métropolitaine statistique officielle" de New York, de Bergen–Passaic, de Bridgeport, de Danbury, de Jersey City, de Dutchess County, de New Haven–Meriden, Dutchess County, de New Haven–Meriden, de Middlesex–Somerset–Hunterdon, de Monmouth–Ocean, de Nassau–Suffolk, de Trenton, de Newark, de Waterbury, de Newburgh et de Stamford–Norwalk.
85 "Zone métropolitaine statistique officielle" de Norfolk–Virginia Beach–Newport News.
86 "Zone métropolitaine statistique officielle" de Parkersburg–Marietta.
87 Comprise dans l'agglomération urbaine de Houston.
88 "Zone statistique officielle unifiée" de Philadelphie–Wilmington–Trenton, comprenant la "Zone métropolitaine officielle" de Philadelphie, de Wilmington, Del.–N.J.–Md., Atlantic–Cape May, de Wilmington–Newark et de Vineland–Milville–Bridgeton.
89 "Zone statistique oficielle unifiée" de Portland–Salem, comprenant la "Zone métropolitaine statistique officielle" de Portland–Vancouver et de Salem.
90 "Zone statistique officielle unifiée" de Providence–Fall River–Warwick, comprenant la "Zone métropolitaine statistique officielle" de Fall River de Warwick et de Providence.
91 "Zone métropolitaine statistique officielle" de Provo–Orem (Utah).
92 "Zone métropolitaine statistique officielle" de Raleigh–Durham.
93 "Zone métropolitaine statistique officielle" de Richland–Kennewick–Pasco.

FOOTNOTES (continued)

94 Richmond–Petersburg "standard metropolitan statistical area".
95 Sacramento–Yolo "standard consolidated statistical area", comprising "standard metropolitan statistical area" of Sacramento and Yolo.
96 Saginaw–Bay City–Midland "standard metropolitan statistical area".
97 Included in urban agglomeration of Minneapolis.
98 Included in urban agglomeration of Tampa.
99 Included in urban agglomeration of Portland.
100 Salinas–Seaside–Monterey, California "standard metropolitan statistical area".
101 Salt Lake City–Ogden "standard metropolitan statistical area".
102 San Francisco–Oakland–San Jose "standard consolidated statistical area", comprising "standard metropolitan statistical area" of Oakland, San Francisco, San Jose, Santa Cruz–Watsonville, Santa Rosa, Santa Cruz–Watsonville, Santa Rosa and Vallejo–Fairfield–Napa.
103 Santa Barbara–Santa Maria–Lompoc "standard metropolitan statistical area".
104 Scranton–Wilkes–Barre "standard metropolitan statistical area".
105 Seattle–Tacoma–Bremerton "standard consolidated statistical area", comprising "standard metropolitan statistical area" of Bremerton, Olympia, Seattle–Bellevue–Everett and Tacoma.
106 South Bend–Mishawaka "standard metropolitan statistical area.
107 Steubenville–Weirton, Ohio–West Virginia "standard metropolitan statistical area.
108 Included in urban agglomeration of Seattle.
109 Tampa–St. Petersburg, Florida "standard metropolitan statistical area".
110 Texarkana, Texas–Arkansas "standard metropolitan statistical area".
111 Utica–Rome, New York "standard metropolitan statistical area".
112 Visalia–Tulare–Porterville "standard metropolitan statistical area".
113 Waterloo–Cedar Falls "standard metropolitan statistical area".
114 West Palm Beach–Boca Raton–Delray Beach "standard metropolitan statistical Raton".
115 Included in urban agglomeration of Greensboro.
116 Included in urban agglomeration of Boston.
117 Youngstown–Warren, Ohio "standard metropolitan statistical area".
118 La Paz is the actual capital and the seat of the Government but Sucre is the legal capital and the seat of the judiciary.
119 "Metropolitan area" (Gran Santiago).
120 "Metropolitan area", comprising Asuncion proper and localities of Trinidad, Zeballos Cué, Campo Grande and Lamboré.
121 "Metropolitan area" (Gran Lima).
122 "Metropolitan area", comprising Caracas proper (the urban parishes of Department of Libertador) and a part of district of Sucre in State of Miranda.

123 Data for 1990, covering only the civilian population of 30 provinces, municipalities and autonomous regions.
124 For municipalities which may contain rural area as well as urban centre.

125 Including data for the India–held part of Jammu and Kashmir, the final status of which has not yet been determined. Excluding cities for Assam state.

126 For Ambala Municipal Corporation.

NOTES (suite)

94 "Zone métropolitaine statistique officielle" de Richmond–Petersburg.
95 "Zone statistique officielle unifiée" de Sacramento–Yolo, comprenant la "Zone métropolitaine statistique officielle" de Sacramento et Yolo.
96 "Zone métropolitaine statistique officielle" de Saginaw–Bay City–Midland.
97 Comprise dans l'agglomération urbaine de Minneapolis.
98 Comprise dans l'agglomération urbaine de Tampa.
99 Comprise dans l'agglomération urbaine de Portland.
100 "Zone métropolitaine officielle" de Salinas–Seaside–Monterey (Californie).
101 "Zone métropolitaine officielle" de Salt Lake City–Ogden.
102 "Zone métropolitaine statistique officielle" de San Francisco–Oakland–San José, comprenant la "Zone métropolitaine statistique officielle" de Oakland, de San Francisco, de San José, de Santa Cruz–Watsonville de Santa Rosa et de Vallejo–Fairfield–Napa.
103 "Zone métropolitaine statistique officielle" de Santa Barbara–Santa Maria–Lompoc.
104 "Zone métropolitaine statistique officielle" de Scranton–Wilkes–Barre.
105 "Zone statistique officielle unifiée" de Seattle–Tacoma–Bremerton comprenant la "Zone métropolitaine statistique officielle" de Bremerton, de Olympia, de Seattle–Bellevue–Everett, et de Tacoma.
106 "Zone métropolitaine statistique officielle" de South Bend–Mishawaka.
107 "Zone métropolitaine statistique officielle" de Steubenville–Weirton (Ohio–Virginie occidentale).
108 Comprise dans l'agglomération urbaine de Seattle.
109 "Zone métropolitaine statistique officielle" de Tampa–St. Petersburg (Florida).
110 "Zone métropolitaine statistique officielle" de Texarkana (Texas–Arkansas).
111 "Zone métropolitaine statistique officielle" de Utica–Rome, (New York).
112 "Zone métropolitaine statistique officielle" de Visalia–Tulare–Porterville.
113 "Zone métropolitaine statistique officielle" de Waterloo–Cedar Falls.
114 "Zone métropolitaine statistique officielle" de West Palm Beach–Boca Raton–Delray Beach.
115 Comprise dans l'agglomération urbaine de Greensboro.
116 Comprise dans l'agglomération urbaine de Boston.
117 "Zone métropolitaine statistique officielle" de Youngstown–Warren (Ohio).
118 La Paz est la capitale effective et le siège du gouvernement, mais Sucre est la capitale constitutionnelle et le siège du pouvoir judiciaire.
119 "Zone métropolitaine" (Grand Santiago).
120 "Zone métropolitaine" comprenant la ville d'Asuncion proprement dite et les localités de Trinidad , Zeballos Cué, Campo Grande et Lamboré.
121 "Zone métropolitaine (Grand Lima).
122 "Zone métropolitaine", comprenant la ville de Caracas proprement dite (paroisses urbaines du département du Libertador) et une partie du district de Sucre dans l'Etat de Miranda.
123 Données pour 1990, pour la population civile seulement de 30 provinces, municipalités et régions autonomes.
124 Pour les municipalités qui peuvent comprendre un centre urbaine et une zone rurale.
125 Y compris les données concernant la partie de Jammu–et–Cachemire occupée par l'Inde, dont le statut définitif n'a pas encore été déterminé. Non compris les villes de l'état d'Assam.
126 Pour Municipal Corporation d'Ambala.

8. Population of capital cities and cities of 100 000 and more inhabitants: latest available year (continued)

Population des capitales et des villes de 100 000 habitants et plus: dernière année disponible (suite)

FOOTNOTES (continued)

127 Including Bally, Baranagar, Barrackpur, Bhatpara, Calcutta Municipal Corporation, Chandan Nagar, Garden Reach, Houghly–Chinsura, Howrah, Jadarpur, Kamarhati, Naihati, Panihati, Serampore, South Dum Dum, South Suburban, and Titagarh.
128 Including New Delhi.
129 Included in urban agglomeration of Delhi.
130 Including Karkh, Rassaiah, Adhamiya and Kadhimain Qadha Centres and Maamoon, Mansour and Karradah–Sharquiya Nahlyas.
131 Designation and data provided by Israel. The position of the United Nations on the question of Jerusalem is contained in General Assembly resolution 181 (II) and subsequent resolutions of the General Assembly and the Security Council concerning this question.
132 Including East Jerusalem.
133 Excluding diplomatic personnel outside country and foreign military and civilian personnel and their dependants stationed in the area.

134 Except for Tokyo, all data refer to shi, a minor division which may include some scattered or rural population as well as an urban centre.

135 Including Kokura, Moji, Tobata, Wakamatsu and Yahata (Yawata).
136 Data for city proper refer to 23 wards (ku) of the old city. The urban agglomeration figures refer to Tokyo–to (Tokyo Prefecture), comprising the 23 wards plus 14 urban counties (shi), 18 towns (machi) and 8 villages (mura). The "Tokyo Metropolitan Area" comprises the 23 wards of Tokyo–to plus 21 cities, 20 towns and 2 villages. The "Keihin Metropolitan Area" (Tokyo–Yokohama Metropolitan Area plus 9 cities (one of which is Yokohama City) and two towns, with a total population of 20 485 542 on 1 October 1965.

137 Based on a sample survey.
138 Including area maritima and concelho of Macau.

139 Excluding data for the Pakistan–held part of Jammu and Kashmir, the final status of which has not yet been determined. Junagardh, Manavadar, Gilgit and Baltistan.
140 Including Altindag, Cankaya and Yenimahalle.
141 Including Adahalar, Bakiroy, Besistas, Beykoz, Beyogiu, Eminonu, Eyup, Faith, Gazi Osmanpasa, Kadikoy, Sariyer, Sisli, Uskudar and Zeytinburnu.
142 Including Karsiyaka.
143 Including Cholon.
144 Data for cities proper refer to communes which may contain an urban centre and a rural area.
145 Data for cities proper refer to communes which are centres for urban agglomeration.
146 De jure population, but excluding diplomatic personnel outside the country and including foreign diplomatic personnel not living in embassies or consulates.

147 Included in urban agglomeration of Paris.
148 Date refer to French territory of this international agglomeration.

NOTES (suite)

127 Y compris Bally, Baranagar, Barrackpur, Bhatpara, Calcutta Municipal Corporation, Chandan Nagar, Garden Reach, Houghly Chinsura, Howrah, Jadarpur, Kamarhati, Naihati, Panihati, Serampopre, South Dum Dum, South Suburban et Titagarh.
128 Y compris New Delhi.
129 Comprise dans l'agglomération urbaine de Delhi.
130 Y compris les cazas de Karkh, Adhamiya et Kadhermain ainsi que les nahiyas de Maamoon, Mansour et Karradah–Sharquiya.
131 Appelation de données fournies par Israel. La position des Nations Unies concernant la question de Jérusalem est décrite dans la resolution 181 (II) de l'Assemblée générale et résolutions ultérieures de l'Assemblée générale et du Conseil de sécurité sur cette question.
132 Y compris Jérusalem–Est.
133 Non compris le personnel diplomatique hors du territoire, les militaires et agents civils étrangers en poste sur le territoire et les membres de leur famille les accompagnant.

134 Sauf pour Tokyo, toutes les données se rapportent à des shi, petites divisions administratives qui peuvent comprendre des peuplements dispersés ou ruraux en plus d'un centre urbain.
135 Y compris Kokura, Moji, Tobata, Wakamatsu et Yahata (Yawata).
136 Les données concernant la ville proprement dite se rapportent aux 23 circonscriptions de la vieille ville. Les chiffres pour l'agglomération urbaine se rapportent à Tokyo–to (préfecture de Tokyo), comprenant les 23 circonscriptions plus 14 cantons urbains (Shi), 18 villes (machi) et 8 villages (mura). La "zone métropolitaine de Tokyo" comprend les 23 circonscriptions de Tokyo–to plus 21 municipalités, 20 villes et 2 villages. La "zone métropolitaine de Keihin" (zone métropolitaine de Tokyo–Yokohama) comprend la zone métropolitaine de Tokyo, plus 9 municipalités, dont l'une est Yokohama et 2 villes, elle comptait 20 485 542 habitants au 1er octobre 1965.
137 D'après une enquête par sondage.
138 Y compris la zone maritime et le Concelho de Macao. Kampuchea démocratique".

139 Non compris les données pour la partie de Jammu–Cachemire occupée par le Pakistan dont le status definitif n'a pas encore été déterminé, et le Junagardh, le Manavadar, le Gilgit et le Baltistan.
140 Y compris Altindag, Cankaya et Yenimahalle.
141 Y compris Adalar, Bakirkoy, Besistas, Beykoz, Beyoglu, Eminou, Eyup, Faith, Gazi Osmanpasa, Kadikoy, Sariyer, Sisli, Uskudar et Zeytinburnu.
142 Y compris Karsiyaka.
143 Y compris Cholon.
144 Les données concernant les villes proprement dites se rapportent à des communes qui peuvent comprendre un centre urbain et une zone rurale.
145 Les données concernant les villes proprement dites se rapportent à des communes qui sont des centres d'agglomérations urbaines.
146 Population de droit, mais non compris le personnel diplomatique hors du pays et y compris le personnel diplomatique étranger qui ne vit pas dans les ambassades ou les consulats.
147 Comprise dans l'agglomération urbaine de Paris.
148 Les données se rapportent aux habitants de cette agglomération internationale qui vivent en territoire francais.

8. Population of capital cities and cities of 100 000 and more inhabitants: latest available year (continued)

Population des capitales et des villes de 100 000 habitants et plus: dernière année disponible (suite)

FOOTNOTES (continued)

149 Includes Villeurbanne.
150 Data refer to the extended agglomeration, comprising the city of Paris, 73 communes in Department of Essonne, 36 communes in Department of Hauts–de–Seine, 13 communes in the Department of Seine–et–Marne, 40 communes in Department of Seine–Saint–Denis, 47 communes in Department of Val–d'Oise and 42 communes in the Department of Yvelines.

151 Including armed forces stationed outside the country but excluding alien armed forces stationed in the area.
152 Included in urban agglomeration of Athens.
153 Including civilian nationals temporarily outside the country.
154 Data for cities proper refer to administrative units (municipalities).

155 For Lisbon proper and concelhos (administrative division) of Almada, Barreiro, Cascais, Loures, Moita, Oeiras, Seikal, Sintra; and frequezias (parish area) of Montijo and Vila Franca de Xira.
156 For Porto proper and concelhos (administrative division) of Espinho, Gondomar, Maia, Motoshinhos, Volongo, Vila Nova de Gaia.
157 For district council areas.
158 Greater London Borough included in figure for "Greater London" conurbation.
159 Capital of Northern Ireland.
160 Capital of Wales for certain purposes.
161 Capital of Scotland.
162 "Greater London" conurbation as reconstituted in 1965 and comprising 32 new Greater London Boroughs (cf160).
163 Data for urban agglomeration refer to metropolitan areas defined for census purposes and normally comprising city proper (municipality) and contiguous urban areas.
164 For the Commune of Papeete and the districts of Pirae and Faaa.
165 Included in urban agglomeration of Auckland.

NOTES (suite)

149 Y compris Villeurbanne.
150 Ce chiffre se rapporte à l'agglomération étendue, qui comprend la ville de Paris, 73 communes dans le département de l'Essonne, 36 communes dans le département des Hauts–de–Seine, 13 communes dans le département de la Seine–et–Marne, 40 communes dans le département de la Seine–Saint–Denis, 47 communes dans département du Val–d'Oise et 42 communes dans le département des Yvelines.

151 Y compris les militaires en garnison hors du pays, mais non compris les militaires étrangers en garnison sur le territoire.
152 Comprise dans l'agglomération urbaine d'Athènes.
153 Y compris les civils nationaux temporairement hors du pays.
154 Les données concernant les villes proprement dites se rapportent à des unités administratives (municipalités).

155 Pour Lisbon proprement dite et concelhos (division administrative) d'Almada, Barreiro, Cascais, Loures, Moita, Oeiras, Seikal, Sintra; et frequezias (paroisses) de Montijo et Vila Franca de Xira.
156 Ville de Porto proprement dite et concelhos (division administrative) d'Espinho, Gondamar, Maia, Matoshinhos, Valongo, Vila Nova de Gaia.
157 Pour les zones de district council.
158 Le chiffre relatif à l'ensemble urbain du "Grand Londres" comprend le Greater London Borough.
159 Capitale de l'Irlande du Nord.
160 Considérée à certains égards comme la capitale du pays de Galles.
161 Capitale de l'Ecosse.
162 Ensemble urbain du "Grand Londres", tel qu'il a été reconstitué en 1965, comprenant 32 nouveaux Greater London Boroughs (voir la note 160).
163 Les données relatives aux agglomérations urbaines se rapportent à la zone métropolitaine définie aux fins du recensement qui comprend généralement la ville proprement dite (municipalité) et la zone urbaine contigue.
164 Pour la commune de Papeete et les districts de Pirae et Faaa.
165 Comprise dans l'agglomération urbaine d'Auckland.

8. Area of capital cities and cities of 100 000 and more inhabitants: latest available year (continued)

Area des capitales et des villes de 100 000 habitants et plus: dernière année disponible (suite)

(See notes at end of table. – Voir notes à la fin du tableau.)

Continent, country or area, city and date / Continent, pays ou zone, ville et date	Surface area–Superficie(km²)		Continent, country or area, city and date / Continent, pays ou zone, ville et date	Surface area–Superficie(km²)	
	City proper Ville proprement dite	Urban agglomeration Agglomération urbaine		City proper Ville proprement dite	Urban agglomeration Agglomération urbaine
AFRICA—AFRIQUE			Nepean	217	...
			North York	177	...
Benin – Bénin			Oakville	138	...
			Oshawa	143	894
15 II 1992			OTTAWA	110	5 138
Cotonou	79	...	Québec	89	3 150
Djougou	3 926	...	Regina	111	3 422
Parakou	441	...	Richmond	123	...
PORTO–NOVO	50	...	St. Catharines	94	1 400
			St. John's	...	1 130
Botswana			Saint John	...	2 905
			Saskatoon	135	4 749
21 VIII 1991			Scarborough	188	...
GABORONE	169	616	Sherbrooke	...	916
			Sudbury	...	2 612
Malawi			Surrey	302	...
			Sydney Glace Bay	...	1 887
1 IX 1987			Thunder Bay	323	2 203
Blantyre City	220	...	Toronto	97	5 584
LILONGWE	328	...	Trois–Rivières	...	872
			Vancouver	113	2 786
Mali			Vaughan	275	...
			Victoria	...	633
1 VII 1996			Windsor	120	862
BAMAKO	...	252	Winnipeg	572	3 295
			York	23	...
Mauritius – Maurice Island of Mauritius – Ile Maurice			Costa Rica		
1 VII 1996			1 VII 1994		
PORT LOUIS	45	...	Alajuela	388	...
			Cartago	288	...
Réunion			SAN JOSE	45	4 960
15 III 1990			Cuba		
SAINT–DENIS	*——— 143 ———*		31 XII 1992		
			LA HABANA	727	...
Zimbabwe					
			El Salvador		
18 VIII 1992					
Bulawayo	479	...	27 IX 1992		
HARARE	872	...	Apopa	*——— 52 ———*	
			Delgado	33	
AMERICA,NORTH— AMERIQUE DU NORD			Mejicanos	22	
			Nueva San Salvador	112	
Bermuda – Bermudes			SAN SALVADOR	72	
			Santa Ana	400	
20 V 1991			San Miguel	594	
HAMILTON	51	...	Soyapango	30	
Canada			Haiti – Haïti		
4 VI 1991			1 VII 1996		
Brampton	265	...	Carrefour	23	...
Burlington	177	...	Delmas	26	...
Burnaby	88	...	PORT–AU–PRINCE	21	...
Calgary	697	5 086			
East York	21	...	Jamaica – Jamaïque		
Edmonton	670	9 532			
Etobicoke	124	...	5 IV 1991		
Gloucester	294	...	KINGSTON	22	...
Halifax	79	2 503			
Hamilton	123	1 359	Panama		
Kelowna	...	3 007			
Kingston	...	1 629	1 VII 1994		
Kitchener	135	824	PANAMA	107	...
Laval	245	...	San Miguelito	50	...
London	1 800	2 105			
Longueuil	43	...	Puerto Rico – Porto Rico		
Markham	212	...			
Matsqui	...	610	1 VII 1991		
Mississauga	274	...	Bayamon	116	...
Moncton	...	1 719	Caguas	153	...
Montréal	177	3 509	Carolina	124	...
			Mayagüez	200	...
			Ponce	304	...
			SAN JUAN	122	...

(See notes at end of table. – Voir notes à la fin du tableau.)

Continent, country or area, city and date / Continent, pays ou zone, ville et date	Surface area–Superficie(km²)		Continent, country or area, city and date / Continent, pays ou zone, ville et date	Surface area–Superficie(km²)	
	City proper Ville proprement dite	Urban agglomeration Agglomération urbaine		City proper Ville proprement dite	Urban agglomeration Agglomération urbaine
AMERICA,NORTH— (Cont.–Suite) AMERIQUE DU NORD			Evansville	105	567
			Flint	88	...
Trinidad and Tobago – Trinité–et–Tobago			Fort Collins	107	1 004
			Fort Lauderdale	81	...
1 VII 1993			Fort Wayne	162	945
PORT–OF–SPAIN	10	...	Fort Worth	728	...
			Fremont	200	...
United States – Etats–Unis			Fresno	257	3 128
			Garden Grove	47	...
1 IV 1990			Garland	149	...
Abilene	267	355			
Akron	161	...	Gary	130	...
Albany(N.Y.)	55	1 249	Glendale(Az.)	135	...
Albuquerque	342	2 304	Glendale(Ca.)	79	...
Alexandria(Va.)	40	...	Grand Rapids	115	1 065
Allentown	46	426	Green Bay	114	204
Amarillo	228	704	Greensboro	207	1 499
Anaheim	115	...	Hampton	134	...
Anchorage	655	4 397	Hartford	45	648
Ann Arbor	67	.	Hayward	113	...
			Hialeah	50	...
Arlington(Tx.)	241	...			
Atlanta	341	2 365	Hollywood(Fl.)	71	...
Aurora(Co.)	343	...	Honolulu	215	232
Austin	564	1 632	Houston	1 398	2 976
Bakersfield	238	3 143	Huntington	39	675
Baltimore	209	...	Huntington Beach	68	...
Baton Rouge	192	500	Huntsville	426	530
Beaumont	207	250	Independence	203	...
Birmingham	385	1 231	Indianapolis	937	1 360
Boise City	120	635	Inglewood	24	...
			Irving	110	...
Boston	125	2 172			
Bridgeport	42	...	Irving (Tx.)	175	...
Brownsville	72	350	Jackson (Miss.)	282	912
Buffalo	105	605	Jacksonville(Fl.)	1 965	1 018
Cedar Rapids	139	277	Jersey City	39	...
Charlotte	451	1 304	Kansas City (Ka.)	280	...
Chattanooga	307	513	Kansas City (Mo.)	807	2 088
Chesapeake	882	...	Knoxville	200	946
Chicago	589	2 676	Lafayette(La.)	106	1 001
Chula Vista	75	...	Lakewood	106	...
			Lancaster(Pa.)	19	366
Cincinnati	200	1 471			
Cleveland	200	1 395	Lansing	88	659
Colorado Springs	475	821	Laredo	85	1 276
Columbia(S.C.)	303	563	Las Vegas	216	15 201
Columbus (Ga.)	560	606	La Crosse	48	390
Columbus (Oh.)	495	1 213	Lexington–Fayette	737	741
Concord	76	...	Lincoln	164	324
Corpus Christi	350	590	Little Rock	266	1 123
Dallas	887	3 915	Livonia	93	...
Dayton	143	650	Long Beach	130	...
			Los Angeles	1 216	13 114
Denver	397	3 280			
Des Moines	195	667	Louisville	161	800
Detroit	359	2 535	Lubbock	270	347
Durham	179	...	Macon	124	592
Elizabeth	32	...	Madison	150	464
El Monte	25	...	Memphis	663	1 161
El Paso	391	636	Mesa	281	...
Erie	57	400	Miami	92	1 217
Escondido	92	...	Mesquite	111	...
Eugene	99	1 758	Milwaukee	249	692
			Minneapolis	142	2 342

(See notes at end of table. – Voir notes à la fin du tableau.)

Continent, country or area, city and date / Continent, pays ou zone, ville et date	Surface area–Superficie(km²)		Continent, country or area, city and date / Continent, pays ou zone, ville et date	Surface area–Superficie(km²)	
	City proper Ville proprement dite	Urban agglomeration Agglomération urbaine		City proper Ville proprement dite	Urban agglomeration Agglomération urbaine
AMERICA,NORTH— (Cont.–Suite) AMERIQUE DU NORD			**AMERICA,NORTH— (Cont.–Suite)** AMERIQUE DU NORD		
United States – Etats–Unis			United States – Etats–Unis		
1 IV 1990			1 IV 1990		
Mobile	306	1 093	Simi Valley	86	...
Modesto	78	577	Sioux City	141	439
Montgomery	350	775	South Bend	94	177
Moreno Valley	127	...	Spokane	145	681
Nashville–Davidson	1 226	1 573	Springfield (Ill.)	...	457
Newark	67	...	Springfield (Ma.)	83	284
New Haven	49	...	Springfield (Mo.)	176	707
New Orleans	468	1 313	Stamford	98	...
Newport News	177	...	Sterling Heights	95	...
New York	800	27 375	Stockton	136	540
Norfolk	139	907	Sunnyvale	57	...
Oceanside	105	...	Syracuse	65	1 190
Oakland	145	...	Tacoma	124	...
Oklahoma City	1 575	1 640	Tallahassee	164	457
Omaha	261	956	Tampa	282	986
Overland Park	144	...	Tempe	102	...
Ontario	95	...	Thousand Oaks	128	...
Orange	60	...	Toledo	209	527
Orlando	174	1 348	Topeka	143	212
Oxnard	63	...	Torrance	53	...
Pasadena(Ca.)	60	...	Tucson	405	3 547
Pasadena(Tx.)	113	...	Tulsa	475	1 936
Paterson	22	...	Vallejo	78	...
Pensacola	59	648	Virginia Beach	643	...
Peoria	106	694	Waco	196	402
Philadelphia	350	2 292	Warren	89	...
Phoenix	1 088	5 627	WASHINGTON D.C.	159	3 698
Pittsburgh	144	1 785	Waterbury	74	75
Plano	172	...	Wichita	298	1 146
Pomona	59	...	Winston–Salem	184	...
			Worcester	97	...
Portland(Or.)	323	2 685	Yonkers	47	...
Portsmouth(Va.)	86	...			
Providence	48	441			
Pueblo	93	922			
Raleigh	228	1 348			
Rancho Cucamonga	98	...			
Reno	149	2 449			
Richmond	156	1 137			
Riverside	201	...			
Rochester (Ny.)	93	1 323			
Rockford	117	600			
Sacramento	249	1 967			
St. Louis	160	2 468			
St. Paul	137	...			
St. Petersburg	153	...			
Salem	108	...			
Salinas	48	1 283			
Salt Lake City	282	625			
San Antonio	863	1 284			
San Bernardino	143	...			
San Diego	839	1 623			
San Francisco	121	2 845			
San Jose	444	...			
Santa Ana	70	...			
Santa Clarita	105	...			
Santa Rosa	87	...			
Savannah	162	526			
Scottsdale	478	...			
Seattle	217	2 789			
Shreveport	255	894			

(See notes at end of table. – Voir notes à la fin du tableau.)

Continent, country or area, city and date / Continent, pays ou zone, ville et date	Surface area–Superficie(km²)		Continent, country or area, city and date / Continent, pays ou zone, ville et date	Surface area–Superficie(km²)	
	City proper Ville proprement dite	Urban agglomeration Agglomération urbaine		City proper Ville proprement dite	Urban agglomeration Agglomération urbaine
AMERICA,SOUTH— AMERIQUE DU SUD			Guarujá	*———— 138 ————*	
			Guarulhos	341	
Brazil – Brésil			Ilhéus	1 712	
			Imperatriz	6 014	
1 IX 1991			Inoaiatuba	297	
Abaeteluba	*———— 1 090 ————*		Ipatinga	231	
Alagoinhas	761		Itaboraí	569	
Alvorada	73		Itabuna	584	
Americana	122		Itaguaí	542	
Ananindeua	485		Itaituba	165 578	
Anápolis	1 075		Itajaí	304	
Aparecida de Goiania	289		Itapetininga	2 035	
Apucarana	556		Itapevi	98	
Aracaju	151		Itaquaquecetuba	104	
Araçatuba	2 668		Itu	640	
Arapiraca	367		Jaboatao dos Guarapes	256	
Araraquara	1 541		Jacareí	463	
			Jau	718	
Bacabal	1 723		Jequié	3 113	
Bage	7 185		Joao Pessoa	189	
Barbacena	717		Joinville	1 080	
Barueri	64		Juazeiro	5 615	
Barra Mansa	830		Juazeiro do Norte	219	
Bauru	702		Juiz de Fora	1 424	
Belém	736		Jundiaí	432	
Belo Horizonte	335		Lages	5 287	
Betim	376		Limeira	597	
Blumenou	509		Linhares	4 388	
Boa Vista	44 470		Londrina	2 129	
Bragança	3 258		Luziania	4 653	
			Macae	1 517	
Bragança Paulista	770		Macapá	31 465	
BRASILIA	5 794		Maceio	517	
Cabo	448		Magé	744	
Cachoeiro de Itapemirim	892		Manaus	11 349	
Camacari	718		Marabá	14 320	
Camaragibe	45		Maracanau	98	
Campina Grande	970		Marília	1 194	
Campinas	781		Maringá	490	
Campo Grande	8 091		Mauá	78	
Campos dos Goytacazes	4 536		Moji das Cruzes	749	
Canoas	347		Moji–Guaçu	960	
Carapicuíba	44		Montes Claros	4 135	
Cariacica	279		Mossoro	2 108	
Caruaru	936		Natal	168	
Cascavel	2 074		Nilopolis	19	
Castanhal	1 003		Niteroi	131	
Caucaia	1 293		Nova Friburgo	930	
Caxias	6 724		Nova Iguaçu	795	
Caxias do Sul	1 601		Novo Hamburgo	216	
Codo	4 923		Olinda	37	
Colatina	2 094		Osasco	67	
Colombo	158		Paranagua	1 015	
Contagem	167		Parnaíba	1 053	
Criciúma	209		Passo Fundo	1 596	
Cuiabá	3 922		Patos de Minas	3 336	
Curitiba	427		Paulista	101	
Diadema	24		Pelotas	1 924	
Divinopolis	716		Petrolina	6 116	
Dourados	4 082		Petropolis	771	
Duque de Caxias	463		Pindamonhangaba	719	
Embu	76		Piracicaba	1 426	
Feira de Santana	1 344		Pocos de Caldas	533	
Florianopolis	440		Ponta Grossa	2 212	
Fortaleza	336		Porto Alegre	509	
Foz do Iguaçu	596		Porto Velho	52 861	
Franca	590		Praia Grande	161	
Garanhuns	456		Presidente Prudente	554	
Goiânia	788		Recife	220	
Governador Valadares	2 447		Ribeirao das Neves	157	
Gravatai	495		Ribeirao Preto	1 057	
Guarapuava	5 365		Rio Branco	16 952	
			Rio Claro	503	

8. Area of capital cities and cities of 100 000 and more inhabitants: latest available year (continued)

Area des capitales et des villes de 100 000 habitants et plus: dernière année disponible (suite)

(See notes at end of table. – Voir notes à la fin du tableau.)

Continent, country or area, city and date / Continent, pays ou zone, ville et date	Surface area—Superficie(km²) City proper Ville proprement dite	Urban agglomeration Agglomération urbaine	Continent, country or area, city and date / Continent, pays ou zone, ville et date	Surface area—Superficie(km²) City proper Ville proprement dite	Urban agglomeration Agglomération urbaine
AMERICA,SOUTH— (Cont.–Suite) AMERIQUE DU SUD			Lorica	958	...
			Magangue	1 102	...
Brazil – Brésil			Manizales	477	957
			Medellín	387	1 613
1 IX 1991			Monteria	3 043	...
Rio de Janeiro	*———— 1 256 ————*		Neiva	1 468	...
Rio Grande	2 825		Palmira	1 044	...
Rio Verde	9 136		Pasto	1 181	...
Rondonopolis	4 594		Popayan	464	...
Salvador	313		Pereira	702	1 450
Santa Barbara D'Oeste	282		SANTA FE DE BOGOTA	1 605	2 726
Santa Luzia (Minas Gerais	229		Santa Marta	2 369	...
Santa Luzia (Maranhao)	13 703		Sincelejo	292	...
Santa Maria	3 279		Soacha	163	...
Santarém	26 058		Soledad	67	...
Santo André	159		Sogamoso	214	...
Santos	725		Tulua	818	...
Sao Bernardo do Campo	319		Tumaco	3 778	...
Sao Caetano do Sul	24		Tunja	118	...
Sao Carlo	1 120		Valledupar	5 084	...
Sao Gonçalo	250		Villavicencio	1 328	...
Sao Joao de Meriti	35				
Sao José	256		Ecuador – Equateur		
Sao José do Rio Prêto	586		25 XI 1990		
Sao José dos Campos	1 186		Ambato	17	...
Sao José dos Pinhais	923		Cuenca	47	...
Sao Leopoldo	107		Guayaquil	193	...
Sao Luís	822		Machala	23	...
Sao Paolo	1 493		Manta	38	...
Sao Vicente	131		Portoviejo	38	...
Sapucaia do Sul	58		QUITO	...	...
Serra	549		Santo Domingo de los Colorados	43	...
Sete Lagoas	519				
Sobral	1 646		Paraguay		
Sorocaba	456		26 VIII 1992		
Sumaré	208		ASUNCION	117	...
Susano	184		Ciudad del Este	57	...
Taboao da Serra	23		San Lorenzo	91	...
Taubaté	655				
Teresina	1 356		Suriname		
Teresopolis	768		1 VII 1995		
Teofilo Otoni	4 212		PARAMARIBO	183	626
Timon	1 702				
Uberaba	4 524		Uruguay		
Uberlandia	4 040		1 VII 1991		
Uruguaiana	6 763		MONTEVIDEO	530	...
Várzea Grande	900				
Viamao	1 484		Venezuela		
Vila Velha	218		21 X 1990		
Vitoria	89		Acariqua–Araure	1 065	...
Vitoria da Conquista	3 743		Barcelona	463	...
Vitoria de Santo Antao	344		Barcelona–Pto. La Cruz	707	...
Volta Redonda	181		Barinas	848	...
			Barquisimeto	2 645	...
Colombia – Colombie			Baruta	86	...
24 X 1993			Cabimas	175	...
Armenia	115	323	CARACAS	433	...
Barrancabermeja	1 274	...	Catia la Mar	76	...
Barranquilla	166	414	Carupano	203	...
Bello	151	...	Ciudad Bolivar	5 851	...
Bucaramanga	154	1 417	Ciudad Guayana	1 612	...
Buga	873	...	Ciudad Losada	692	...
Cali	552	2 745	Coro	438	...
Cartagena	570	...	Cumana	405	...
Cartago	260	...	Departamento Vargas	1 497	...
Ciénaga	1 812	...	Guanare	1 479	...
Cúcuta	1 098	1 922	Guarenas	180	...
Dos Quebradas	80	...	Lagunillas	185	...
Envigado	51	...	La Victoria	174	...
Floridablanca	101	...			
Ibagué	1 439	...			
Itagüi	17	...			

8. Area of capital cities and cities of 100 000 and more inhabitants: latest available year (continued)

Area des capitales et des villes de 100 000 habitants et plus: dernière année disponible (suite)

(See notes at end of table. – Voir notes à la fin du tableau.)

Continent, country or area, city and date / Continent, pays ou zone, ville et date	Surface area–Superficie(km²)		Continent, country or area, city and date / Continent, pays ou zone, ville et date	Surface area–Superficie(km²)	
	City proper Ville proprement dite	Urban agglomeration Agglomération urbaine		City proper Ville proprement dite	Urban agglomeration Agglomération urbaine
AMERICA,SOUTH— (Cont.–Suite) AMERIQUE DU SUD			ASIA—ASIE (Cont.–Suite)		
			Beawar	...	18
Venezuela			Belgaum	142	155
			Bellary	66	...
21 X 1990			Bhadravati	...	35
Los Teques	98	...	Bhagalpur	31	31
Maracaibo	604	...	Bharatpur	41	51
Maracay	169	...	Bhatpara	16	...
Merida	482	...	Bheemaravam	26	...
Petare	40	...	Bhilai Nagar	89	...
Puerto Cabello	309	...	Bhilwara	118	...
Punto Fijo	31	...			
San Cristobal	248	...	Bhind	17	...
Turmero	208	...	Bhiwandi	26	28
Valencia	1 212	...	Bhiwani	28	...
Valera	55	...	Bhopal	285	...
			Bhubaneswar	125	...
			Bhusawal	13	25
ASIA—ASIE			Bid	8	...
			Bidar	...	47
Armenia – Arménie			Bihar Sharif	24	...
			Bijapur	...	75
1 VII 1991					
Kirovakan	...	27	Bikaner	166	...
Leninakan	...	50	Bilaspur	36	46
YEREVAN	...	210	Bokaro Steel City	163	183
			Bombay	466	1 041
Bahrain – Bahreïn			Brahmapur	80	...
			Budaun	4	...
1 VII 1995			Bulandshahr	12	...
MANAMA	26	...	Burhanpur	13	...
			Calcutta	185	897
India – Inde			Chandan Nagar	10	...
1 III 1991			Chandigarh	70	78
Abohar	23	...	Chandrapur	56	...
Adoni	30	...	Chapra	17	...
Agartala	16	...	Cherthala	...	93
Agra	121	141	Chiral	37	48
Ahmednagar	18	30	Chittoor	33	...
Aizawl	110	...	Chitradurga	...	16
Ajmer	242	...	Coimbatore	106	317
Akola	23	...	Cuddalore	28	...
Aligarh	34	...	Cuddapah	42	78
Alipurduar	...	26			
			Cuttack	122	153
Allappuzha	70	84	Dabgram	46	...
Alwar	...	58	Damoh	...	36
Ambala	...	38	Darbhanga	19	...
Amravati	122	...	Davangere	...	48
Amritsar	115	...	Dehradun	37	86
Amroha	6	...	Dewas	100	...
Arcot	...	19	Delhi	431	624
Arrah	3	...	Dhanbad	23	201
Asansol	25	223	Dhule	46	...
Aurangabad	139	148			
			Dibrugarh	16	16
Baharampur	17	19	Dindigul	14	...
Bahraich	13	...	Durg	51	...
Baleshwar	...	42	Durgapur	154	...
Bally	12	...	Durg Bhilai Nagar	...	183
Balurghat	...	8	Eluru	15	...
Bangalore	...	446	English Bazar	...	19
Bankura	19	...	Erode	8	132
Baranagar	7	...	Etawah	9	...
Barddhaman	23	...	Faizabad	33	63
Bareilly	107	124			
			Faridabad	178	...
Barrackpur	14	...	Farrukhabad Cum Fategarh	17	21
Basirhat	22	...	Fatehpur	51	...
Bathinda	97	...	Firozabad	9	12
			Gadag–Betgeri	35	...
			Gandhidham	30	...
			Gandhinagar	57	...
			Ganganagar	21	...

8. Area of capital cities and cities of 100 000 and more inhabitants: latest available year (continued)

Area des capitales et des villes de 100 000 habitants et plus: dernière année disponible (suite)

(See notes at end of table. – Voir notes à la fin du tableau.)

Continent, country or area, city and date / Continent, pays ou zone, ville et date	Surface area–Superficie(km²) City proper Ville proprement dite	Urban agglomeration Agglomération urbaine	Continent, country or area, city and date / Continent, pays ou zone, ville et date	Surface area–Superficie(km²) City proper Ville proprement dite	Urban agglomeration Agglomération urbaine
ASIA—ASIE (Cont.–Suite)			Jorhat	60	69
			Jalandhar	80	...
India – Inde			Kakinada	39	58
			Kalyan	225	...
1 III 1991			Kamarhati	11	...
Gaya	29	32	Kamptee	...	36
Ghaziabad	64	70	Kanchipuram	12	40
Gondiya	18	...	Kanchrapara	13	...
Gorakhpur	137	...	Kanhangad	...	84
Gudivada	13	...	Kannur	...	145
Gulbarga	...	43			
Guna	46	...	Kanpur	267	299
Guntakul	52	...	Karur	...	19
Guntur	30	...	Karaikkudi	...	79
Gurgaon	15	24	Karimnagar	24	...
			Karnal	22	24
Guruvayur	...	50	Katihar	25	...
Guwahati	217	...	Khammam	...	26
Gwalior	290	303	Khandwa	36	...
Habra	18	37	Kharagpur	91	125
Haldia	69	...	Kochi	109	373
Haldwani–cum–Kathgodam	11	...			
Hapur	14	...	Kolar Gold Fields	...	58
Hathras	8	...	Kolhapur	67	67
Hardwar	15	42	Kollam	41	68
Hassan	...	27	Korba	35	...
			Kota	221	...
Hindupur	38	...	Kottayam	...	64
Hisar	45	49	Kothagudem	...	35
Hospet	28	51	Kozhikode	96	233
Hoshiarpur	28	...	Krishnanagar	16	...
Houghly–Chinsura	17	...	Kumbakonam	13	15
Howrah	52	...			
Hubli–Dharwad	191	...	Kurnool	15	46
Ichalakaranji	30	38	Latur	21	...
Imphal	33	37	Lucknow	310	338
Indore	...	165	Ludhiana	135	...
			Machilipatnam	27	...
Jabalpur	154	224	Madras	174	612
Jaipur	200	218	Madurai	47	115
Jalgaon	62	...	Mahbubnagar	14	...
Jalna	82	...			
Jamshedpur	60	160			
Jaunpur	25	...			
Jhansi	48	83			
Jodhpur	79	...			

(See notes at end of table. – Voir notes à la fin du tableau—

Continent, country or area, city and date / Continent, pays ou zone, ville et date	Surface area–Superficie(km²)		Continent, country or area, city and date / Continent, pays ou zone, ville et date	Surface area–Superficie(km²)	
	City proper Ville proprement dite	Urban agglomeration Agglomération urbaine		City proper Ville proprement dite	Urban agglomeration Agglomération urbaine
ASIA—ASIE (Cont.–Suite)			Rajnandgaon	93	...
			Ramagundam	28	...
India – Inde			Rampur	20	...
			Ranchi	177	182
1 III 1991			Ranaghat	...	25
Malegaon	13	...	Raniganj	...	45
Malappuram	...	111	Ratlam	39	41
Mandya	17	...	Raurkela	133	157
Mangalore	75	155	Rewa	55	...
Masulipatnam	27	...	Rohtak	28	...
Mathura	9	22			
Maunath Bhanjan	9	...	Sagar	36	52
Medinipur	15	...	Saharanpur	25	...
Meerut	142	178	Salem	20	93
Mirzapur–cum–Vindhyachal	39	...	Sambhal	16	...
			Sambalpur	50	90
Modinagar	10	17	Santipur	25	...
Moradabad	34	36	Serampur	6	...
Morena	96	...	Shahjahanpur	13	23
Munger	18	...	Shillong	10	25
Murwara (Katni)	107	...	Shimla	32	35
Muzaffarnagar	...	12			
Muzaffarpur	26	...	Shimoga	...	32
Mysore	103	129	Shivapuri	81	...
Nabadwip	12	18	Sikar	23	...
Nadiad	...	...	Silchar	16	...
			Siliguri	16	...
Nagercoil	24	...	Sirsa	19	...
Nagpur	217	229	Sitapur	26	...
Naihati	4	...	Sivakasi	...	13
Nanded	21	44	Sonipat	28	...
Nandyal	15	...	South Dum Dum	11	...
Nashik	259	322			
Navsari	...	...	Tenali	15	...
Nellore	48	...	Thalassery	24	...
Neyveli	97	116	Thanjavur	15	...
Nizamabad	37	...	Thane	144	...
			Tiruchirapalli	23	166
Noida	90	...	Tirunelveli	15	87
Ongole	8	20	Tirupati	16	20
Ondal	...	99	Tiruppur	44	91
Palakkad	30	59	Titagarh	3	...
Pali	84	...	Tiruvannamalai	14	...
Panihati	19	...			
Panipat	21	...	Thrissur	...	88
Parbhani	58	...	Thiruvananthapuram	142	178
Patna	107	129	Tonk	...	16
Patratu	...	45	Tumkur	...	37
			Tuticorin	13	140
Phusro	...	84	Udaipur	64	...
Pilibhit	10	...	Udupi	...	73
Pollachi	...	43	Ujjain	...	93
Pondicherry	20	67			
Proddatur	7	...	Unnao	16	...
Pune	146	423	Ulhasnagar	22	...
Puri	17	...	Vadakara	...	39
Purnia	45	60	Valparai	394	...
Rae Bareli	50	...	Varanasi	83	105
Raichur	...	75	Vellore	12	62
Raiganj	11	15	Vijayawada	60	105
Raipur	...	64	Visakhapatnam	78	318
Rajahmundry	52	64	Vizianagarm	21	30
Rajapalaiyam	11	...	Wardha	8	...

(See notes at end of table. – Voir notes à la fin du tableau.)

Continent, country or area, city and date / Continent, pays ou zone, ville et date	Surface area–Superficie(km²)		Continent, country or area, city and date / Continent, pays ou zone, ville et date	Surface area–Superficie(km²)	
	City proper Ville proprement dite	Urban agglomeration Agglomération urbaine		City proper Ville proprement dite	Urban agglomeration Agglomération urbaine
ASIA—ASIE (Cont.–Suite)			Higashimurayama	*———— 17 ————*	
			Higashiosaka	62	
India – Inde			Hikone	98	
			Himeji	275	
1 III 1991			Hino	28	
Warangal	57	67	Hirakata	65	
Yamunanagar	16	42	Hiratsuka	68	
Yavatmal	10	13	Hirosaki	274	
			Hiroshima	741	
Israel – Israël			Hitachi	153	
			Hitachinaka	99	
1 VII 1992			Hofu	189	
Bat Yam	8	...	Hoya	9	
Be'er Sheva	54	...	Ichihara	368	
Bene Beraq	7	...	Iwatsuki	49	
Haifa	59	...	Ibaraki	76	
Holon	19	...	Ichinomiya	82	
JERUSALEM	107	...	Ikeda	22	
Netanya	29	...	Ikoma	53	
Petah Tiqwa	33	...	Iida	325	
Ramat Gan	13	...	Imabari	75	
Rishon Leziyyon	48	...	Iruma	45	
Tel Aviv–Yafo	51	...	Ise	179	
			Isegaki	65	
Japan – Japon			Ishinomaki	137	
			Itami	25	
1 X 1995			Iwaki	1 231	
Abiko	*———— 43 —————		Iwakuni	221	
Ageo	46		Izumi (Miyagi)	85	
Aizuwakamatsu	286		Joetsu	249	
Akashi	49		Kadoma	12	
Akishima	17		Kagamihara	80	
Akita	460		Kagoshima	290	
Amagasaki	50		Kakogawa	139	
Anjo	86		Kamakura	40	
Aomori	692		Kanazawa	468	
Asahikawa	748		Kariya	50	
			Kashihara	40	
Asaka	18		Kashiwa	73	
Ashikaga	178		Kasugai	93	
Atsugi	94		Kasukabe	38	
Beppu	125		Kawachinagano	110	
Chiba	272		Kawagoe	109	
Chigasaki	36		Kawaguchi	56	
Chofu	22		Kawanishi	53	
Daito	18		Kawasaki	142	
Ebetsu	26		Kiryu	137	
Ebina	188		Kisarazu	139	
			Kishiwada	72	
Fuchyu	29		Kitakyushu	483	
Fuji	214		Kitami	421	
Fujieda	141		Kobe	547	
Fujinomiya	315		Kochi	145	
Fujisawa	69		Kodaira	20	
Fukaya	69		Kofu	172	
Fukui	341		Koganei	11	
Fukuoka	338		Kokubanji	11	
Fukushima	746		Komaki	63	
Fukuyama	364		Komatsu	371	
			Koriyama	731	
Funabashi	86		Koshigaya	60	
Gifu	196		Kumagaya	85	
Habikino	26		Kumamoto	266	
Hachinohe	213		Kurashiki	298	
Hachioji	186		Kure	146	
Hakodate	347		Kurume	125	
Hamamatsu	257		Kusatsu	48	
Handa	47		Habikino	26	
Hatano	104		Hachinohe	213	
Higashihiroshima	288		Hachioji	186	
Higashikurume	13		Hakodate	347	
			Hamamatsu	257	
			Handa	47	
			Hatano	104	

(See notes at end of table. – Voir notes à la fin du tableau.)

Continent, country or area, city and date / Continent, pays ou zone, ville et date	Surface area–Superficie(km²) City proper Ville proprement dite	Urban agglomeration Agglomération urbaine	Continent, country or area, city and date / Continent, pays ou zone, ville et date	Surface area–Superficie(km²) City proper Ville proprement dite	Urban agglomeration Agglomération urbaine
ASIA—ASIE (Cont.–Suite)			Soka	*———— 27 ————*	
			Suita	36	
Japan – Japon			Suzuka	195	
			Tachikawa	24	
1 X 1995			Tajimi	78	
Kushiro	*———— 222 ————*		Takamatsu	194	
Kuwana	57		Takaoka	150	
Kyoto	610		Takarazuka	102	
Machida	72		Takasaki	111	
Maebashi	147		Takatsuki	105	
Matsubara	17		Tama	21	
Matsudo	61		Tokorozawa	72	
Matsue	190				
Matsumoto	266		Tokushima	191	
Matsusaka	210		Tokuyama	340	
Matsuyama	289		TOKYO	621	
Miomote	48		Tomakomai	561	
Misato	30		Tondabayashi	40	
			Tottori	237	
Mishima	62		Toyama	209	
Mitaka	17		Toyoda	290	
Mito	176		Toyohashi	261	
Miyakonojo	306		Toyokawa	65	
Miyazaki	287		Toyonaka	36	
Moriguchi	13		Tsu	102	
Morioka	489				
Muroran	80		Tsuchiura	82	
Musashino	11		Tsukuba	260	
Nagano	404		Tsuruoka	234	
Nagaoka	262		Ube	210	
Nagareyama	35		Ueda	177	
			Uji	68	
Nagasaki	241		Urawa	71	
Nagoya	326		Urayasu	17	
Naha	39		Utsunomiya	312	
Nara	212		Wakayama	208	
Narashino	21		Yachiyo	51	
Neyagawa	25		Yaizu	46	
Niigata	206		Yamagata	381	
Niihama	161		Yamaguchi	357	
Niiza	23		Yamato	27	
Nishinomiya	99		Yao	42	
Nobeoka	284		Yatsushiro	147	
Noda	74		Yokkaichi	197	
Numazu	152		Yokohama	436	
Obihiro	619		Yokosuka	100	
Odawara	114		Yonago	105	
Ogaki	80		Zama	18	
Oita	361				
Okayama	513		Kazakhstan		
Okazaki	227				
Okinawa	49		1 1 1991		
Omiya	89		Akmola	...	252
Omuta	82		Aktau	...	706
Osaka	221		Aktjubinsk	...	300
Ota	98		ALMATY	...	230
Otu	302		Atirau	...	160
Otaru	243		Dzhambul(Zhambul)	...	114
Oume	103		Dzhezkazgan(Zhezkazgan)	...	526
Oyama	172		Ekibastuz	...	738
Saga	104		Karaganda	...	600
Sagamihara	90		Koktchetav	...	230
Sakai	137		Kzyl–Orda	...	88
Sakata	176		Pavlograd	...	298
Sakura	104		Petropavlovsk (Severo–		
Sapporo	1 121		Kazakhstanskaya oblast)	...	155
Sasebo	248		Rudni	...	192
Sayama	49		Semipalatinsk	...	210
Sendai	784		Shimkent	...	78
Seto	112		Taldikorgan	...	59
Shimizu	228		Temirtau	...	300
Shimonoseki	224		Uralsk	...	232
Shizuoka	1 146		Ust–Kamenogorsk	...	23

8. Area of capital cities and cities of 100 000 and more inhabitants: latest available year (continued)

Area des capitales et des villes de 100 000 habitants et plus: dernière année disponible (suite)

(See notes at end of table. – Voir notes à la fin du tableau.)

Continent, country or area, city and date / Continent, pays ou zone, ville et date	Surface area–Superficie(km²)	
	City proper Ville proprement dite	Urban agglomeration Agglomération urbaine
ASIA—ASIE (Cont.–Suite)		
Kazakhstan		
1 I 1991		
Uralsk	...	232
Ust–Kamenogorsk	...	23
Korea, Republic of— Corée, République de		
1 XI 1995		
Andong	1 518	...
Ansan	144	...
Anyang	58	...
Changweon	293	...
Chechon	882	...
Cheju	255	...
Cheonan	637	...
Cheongju	153	...
Chinhae	110	...
Chinju	712	...
Chonchu (Jeonju)	206	...
Chuncheon	1 117	...
Chungju	984	...
Eujeongbu	81	...
Hanam	93	...
Inchon (Incheon)	955	...
Iri	507	...
Jeongju	692	...
Kangnung (Gangreung)	1 039	...
Kumi (Gumi)	127	...
Kunsan (Gunsan)	388	...
Kwang myong	38	...
Kwangchu (Gwangju)	501	...
Kimhae	463	...
Kyong ju (Gyeongju)	1 324	...
Kuri	33	...
Kunpo	36	...
Masan	329	...
Mogpo	46	...
Pohang	1 126	...
Puchon (Bucheon)	53	...
Pusan (Busan)	748	...
Seongnam	141	...
SEOUL	605	...
Shihung	123	...
Suncheon	907	...
Suwon (Puwan)	121	...
Taebaek	303	...
Taegu (Daegu)	885	...
Taejon (Daejeon)	539	...
Ulsan	1 055	...
Wonju	865	...
Yosu	45	...
Kyrgyzstan – Kirghizistan		
1 I 1995		
BISHKEK	127	...
Osh	24	...
Philippines		
1 VII 1995		
Angeles	60	...
Bacolod	156	...
Bago	362	...
Baguio	49	...

Continent, country or area, city and date / Continent, pays ou zone, ville et date	Surface area–Superficie(km²)	
	City proper Ville proprement dite	Urban agglomeration Agglomération urbaine
Batangas	283	...
Butuan	345	...
Cabanatuan	283	...
Cadiz	210	...
Cagayan de Oro	373	...
Calbayog	903	...
Caloocan	56	...
Cebu	281	...
Cotabato	144	...
Dagupan	37	...
Davao	1 211	...
General Santos	402	...
Iloilo	56	...
Lapu–Lapu	58	...
Legaspi	154	...
Lipa	209	...
Lucena City	80	...
Mandaue	12	...
MANILA	614	...
Marawi	23	...
Muntinlupa	47	...
Naga	85	...
Olongapo	103	...
Ormoc	491	...
Ozamis	343	...
Pagadian	332	...
Pasay	14	...
Puerto Princesa	2	...
Quezon City	166	...
Roxas	95	...
San Carlos(Negros Occ.)	384	...
San Carlos(Pangasinan)	169	...
San Pablo	198	...
Silay	167	...
Surigao	225	...
Tacloban	101	...
Toledo	200	...
Zamboanga	464	...
Thailand – Thaïlande		
1 IV 1990		
BANGKOK	*——— 1 565 ———*	
Chiang Mai	40	
Chon Buri	248	
Khon Kaen	89	
Nakhon Ratchasima	68	
Nakhon Sawan	46	
Nakhon Si Thammarat	21	
Nanthaburi	40	
Saraburi	50	
Songkhla	75	
Ubon Ratchathani	41	
Turkey – Turquie		
21 X 1990		
Adana	1 952	17 253
ANKARA	1 814	25 706
Antalya	1 953	20 591
Balikesir	1 446	14 292
Batman	615	4 694
Bursa	1 174	11 043
Denizli	784	11 868
Diyarbakir	2 330	15 355
Elazig	2 275	9 153

8. Area of capital cities and cities of 100 000 and more inhabitants: latest available year (continued)

Area des capitales et des villes de 100 000 habitants et plus: dernière année disponible (suite)

(See notes at end of table. – Voir notes à la fin du tableau.)

Continent, country or area, city and date / Continent, pays ou zone, ville et date	Surface area–Superficie(km²)		Continent, country or area, city and date / Continent, pays ou zone, ville et date	Surface area–Superficie(km²)	
	City proper Ville proprement dite	Urban agglomeration Agglomération urbaine		City proper Ville proprement dite	Urban agglomeration Agglomération urbaine
ASIA—ASIE (Cont.–Suite)			EUROPE (Cont.–Suite)		
Turkey – Turquie			Belgium – Belgique		
21 X 1990			1 I 1991		
Erzurum	1 280	25 066	Brugge	138	...
Eskisehir	2 535	13 652	BRUXELLES (BRUSSEL)	33	161
Gaziantep	2 105	7 642	Charleroi	102	...
Hatay	689	5 403	Gent (Gand)	156	...
Içel	1 772	15 853	Liège (Luik)	69	...
Iskenderun	759	...	Namur	176	...
Isparta	558	8 933			
Istanbul	1 991	5 712	Bosnia Herzegovina Bosnie–Herzégovina		
Izmir	763	11 973			
Kahramanmaras	2 913	14 327	31 III 1991		
			Banja Luka	1 239	...
Kayseri	721	16 917	Doboj	697	...
Kirikkale	195	4 365	Mostar	1 227	...
Kocaeli	1 197	3 626	Prijedor	834	...
Konya	5 983	38 257	SARAJEVO	2 095	...
Kütahya	2 572	11 875	Tuzla	303	...
Malatya	968	12 313	Zenica	505	...
Manisa	2 125	13 810			
Osmaniye	974	...	Bulgaria – Bulgarie		
Sakarya	646	4 817			
Samsun	716	9 579	31 XII 1992		
			Bourgas	...	481
Sivas	2 857	28 488	Dobritch	...	105
Tarsus	144	...	Plévène	...	817
Trabzon	168	4 685	Plovdiv	...	74
Urfa	3 791	18 584	Roussé	...	437
Van	2 048	19 069	Slivène	...	1 354
Zonguldak	637	8 629	SOFIA	...	1 311
			Stara Zagora	...	1 005
Viet Nam			Varna	...	210
1 IV 1989					
Haiphong	22	...	Channel Islands – Iles Anglo–Normandes		
HANOI	46	2 146	Jersey		
Ho Chi Minh	140	...			
			10 III 1996		
EUROPE			ST. HELIER	86	...
Austria – Autriche			Croatia – Croatie		
15 V 1991			31 III 1991		
Graz	128	1 432	ZAGREB	1 405	...
Innsbruck	105	1 431			
Linz	96	1 659	Czech Republic – Rép. tchèque		
Salzburg	66	1 187			
WIEN	415	5 109	1 VII 1994		
			Brno	230	...
Belarus – Bélarus			Hradec Králové	106	...
			Liberec	115	...
1 I 1996			Olomouc	117	...
Baranovichi	43	...	Ostrava	214	...
Borisov	46	...	Pizen	125	...
Brest	48	...	PRAHA	496	...
Gomel	111	114	Ustí nad Labem	101	...
Grodno	83	...			
MINSK	...	227	Denmark – Danemark		
Mogilev	103	...			
Mozir	37	...	1 I 1993		
Orsha	33	35	Alborg	...	560
Pinsk	36	...	Arhus	...	469
Vitebsk	74	79	KOBENHAVN	123	900
			Odense	...	364

(See notes at end of table. – Voir notes à la fin du tableau.)

Continent, country or area, city and date Continent, pays ou zone, ville et date	Surface area–Superficie(km²)		Continent, country or area, city and date Continent, pays ou zone, ville et date	Surface area–Superficie(km²)	
	City proper Ville proprement dite	Urban agglomeration Agglomération urbaine		City proper Ville proprement dite	Urban agglomeration Agglomération urbaine
EUROPE (Cont.–Suite)			Kiel	116	...
			Koblenz	105	...
Estonia – Estonie			Köln	405	...
			Krefeld	138	...
1 VII 1994			Leipzig	153	...
TALLINN	158	183	Leverkusen	79	...
Tartu	39	...	Lübeck	214	...
			Lüdwigshafen am Rhein	78	...
Faeroe Islands –			Magdeburg	193	...
Iles Féroé			Mainz	98	...
			Mannheim	145	...
1 I 1992			Moers	68	...
THORSHAVN	63	79			
			Mönchengladbach	170	...
Finland – Finlande			Mülheim an der Ruhr	91	...
			München	310	...
1 VII 1995			Münster (Westf.)	303	...
Espoo	312	...	Neuss	99	...
HELSINKI	185	2 125	Nürnberg	186	...
Jyvaskyla	...	702	Oberhausen	77	...
Lahti	...	598	Offenbach am Main	45	...
Oulu	328	1 399	Oldenburg	103	...
Tampere	523	1 431	Osnabrück	120	...
Turku	243	1 252	Paderborn	179	...
Vantaa	241	...	Pforzheim	98	...
Germany – Allemagne			Potsdam	109	...
			Recklinghausen	66	...
31 XII 1995			Regensburg	81	...
Aachen	160	...	Remscheid	75	...
Augsburg	147	...	Reutlingen	87	...
Bergisch Gladbach	83	...	Rostock	181	...
BERLIN	891	...	Saarbrücken	167	...
Bielefeld	258	...	Salzgitter	224	...
Bochum	145	...	Schwerin	130	...
Bonn	141	...	Siegen	115	...
Bottrop	101	...	Solingen	89	...
Braunschweig	192	...	Stuttgart	207	...
Bremen	327	...	Ulm	119	...
Bremerhaven	78	...	Wiesbaden	204	...
Chemnitz	143	...	Witten	72	...
			Wolfsburg	204	...
Cottbus	150	...	Wuppertal	168	...
Darmstadt	122	...	Würzburg	88	...
Dortmund	280	...	Zwickau	60	...
Dresden	226	...			
Duisburg	233	...	Greece – Grèce		
Düsseldorf	217	...			
Erfurt	269	...	17 III 1991		
Erlangen	77	...	ATHINAI	39	457
Essen	210	...	Calithèa	5	...
Frankfurt am Main	248	...	Iraclion	52	78
Freiburg im Breisgau	153	...	Larissa	88	...
Fürth	63	...	Patrai	57	104
			Pésterion	10	...
Gelsenkirchen	105	...	Piraiévs	11	...
Gera	152	...	Salonika	...	131
Göttingen	117	...	Volos	18	98
Hagen	160	...			
Halle	134	...	Hungary – Hongrie		
Hamburg	755	...			
Hamm	226	...	1 VII 1995		
Hannover	204	...	BUDAPEST	525	...
Heidelberg	109	...	Debrecen	462	...
Heilbronn	100	...	Györ	175	...
Herne	51	...	Kecskemét	321	...
Hildesheim	93	...	Miskolc	237	...
Ingolstadt	134	...	Nyiregyháza	274	...
Jena	114	...	Pécs	163	...
Kaiserslautern	140	...	Szeged	357	...
Karlsruhe	173	...	Székesfehérvár	171	...
Kassel	107	...			

(See notes at end of table. – Voir notes à la fin du tableau.)

Continent, country or area, city and date / Continent, pays ou zone, ville et date	Surface area—Superficie(km²)		Continent, country or area, city and date / Continent, pays ou zone, ville et date	Surface area—Superficie(km²)	
	City proper Ville proprement dite	Urban agglomeration Agglomération urbaine		City proper Ville proprement dite	Urban agglomeration Agglomération urbaine
EUROPE (Cont.–Suite)			**Lithuania – Lituanie**		
Iceland – Islande			1 I 1997		
			Kaunas	123	...
1 XII 1995			Klaipeda	71	...
REYKJAVIK	100	...	Panevezhis	30	...
			Shauliai	70	...
Ireland – Irlande			VILNIUS	287	...
21 IV 1991			**Luxembourg**		
Cork	37	...			
DUBLIN	...	922	1 VII 1996		
			LUXEMBOURG–VILLE	51	...
Italy – Italie			**Netherlands – Pays–Bas**		
20 X 1991					
Ancona	...	124	1 VII 1995		
Bari	...	116	Almere	179	...
Bergamo	...	39	Amersfoort	57	...
Bologna	...	141	AMSTERDAM	212	806
Brescia	...	91	Apeldoorn	341	...
Cagliari	...	92	Arnhem	102	386
Catania	...	181	Breda	76	177
Ferrara	...	404	Dordrecht	99	159
Firenze	...	102	Eindhoven	90	455
Foggia	...	596	Enschede	141	254
Forli	...	228	Geleen/Sittard	...	251
Genova	...	240	Groningen	83	204
			Haarlem	32	116
La Spezia	...	51			
Latina	...	278	Haarlemmermeer	185	...
Lecco	...	238	Heerlen/Kerkrade	...	212
Livorno	...	105	Hilversum	...	108
Messina	...	211	Leiden	23	91
Milano	...	182	Maastricht	59	166
Modena	...	184	Nijmegen	44	285
Monza	...	33	Rotterdam	268	508
Napoli	...	117	's–Gravenhage	70	222
Novara	...	103	's–Hertogenbosch	...	228
Padova	...	93	Tilburg	80	277
Palermo	...	159	Utrecht	64	456
			Velsen/Beverwijk	...	100
Parma	...	261			
Perugia	...	450	Zaanstad	83	
Pescara	...	34	Zaanstreek	...	128
Piacenza	...	118	Zoetermeer	37	...
Prato	...	98	Zwolle	101	...
Ravenna	...	653			
Reggio di Calabria	...	236	**Norway – Norvège**		
Reggio nell'Emilia	...	232			
Rimini	...	135	1 I 1993		
ROMA	...	1 499	Bergen	445	...
Salerno	...	59	OSLO	427	1 348
Sassari	...	546	Stavanger	66	...
			Trondheim	321	...
Siracusa	...	204			
Taranto	...	310			
Terni	...	212			
Torino	...	130			
Torre del Greco	...	31			
Treviso	...	158			
Trieste	...	84			
Venezia	...	457			
Verona	...	199			
Vicenza	...	80			
Latvia – Lettonie					
1 VII 1995					
Daugavpils	75	...			
Liepaja	60	...			
RIGA	307	...			

(See notes at end of table. – Voir notes à la fin du tableau.)

Continent, country or area, city and date / Continent, pays ou zone, ville et date	Surface area–Superficie(km²) City proper Ville proprement dite	Urban agglomeration Agglomération urbaine	Continent, country or area, city and date / Continent, pays ou zone, ville et date	Surface area–Superficie(km²) City proper Ville proprement dite	Urban agglomeration Agglomération urbaine
EUROPE (Cont.–Suite)			Botosani	41	...
			Braila	33	...
Poland – Pologne			Brasov	267	...
			BUCURESTI	228	...
1 VII 1993			Buzau	81	...
Bialystok	90	...	Cluj–Napoca	179	...
Bielsko – Biala	125	...	Constanta	126	...
Bydgoszcz	175	...	Craiova	59	...
Bytom	83	...	Drobeta Turnu–Severin	55	...
Chorzow	33	...	Focsani	48	...
Czestochowa	160	...	Galati	246	...
Dabrowa Gornicza	188	...	Iasi	95	...
Elblag	66	...			
Gdansk	262	...	Oradea	111	...
Gdynia	136	...	Piatra Neamt	77	...
Gliwice	134	...	Pitesti	41	...
Grudziadz	59	...	Ploiesti	58	...
			Rimnicu Vilcea	89	...
Gorzow Wielkopolski	77	...	Satu–Mare	150	...
Jastrzebie – Zdroj	86	...	Sibiu	122	...
Kalisz	55	...	Suceava	52	...
Katowice	165	...	Timisoara	135	...
Kielce	110	...	Tirgu–Mures	49	...
Koszalin	83	...			
Krakow	327	...	Slovakia – Slovaquie		
Legnica	56	...			
Lodz	295	...	1 VII 1992		
Lublin	148	...	BRATISLAVA	368	...
Olsztyn	88	...	Kosice	243	...
Opole	96	...			
Plock	66	...	Slovenia – Slovénie		
Poznan	261	...	1 VII 1993		
Radom	112	...	LJUBLJANA	364	...
Ruda Slaska	78	...	Marebor	429	...
Rybnik	135	...			
Rzeszow	54	...	Spain – Espagne		
Slupsk	43	...			
Sosnowiec	91	...	1 III 1991		
Szczecin	301	...	Albacete	*——— 12 431 ———*	
Tarnow	72	...	Alcalá de Henares	878	
Torun	116	...	Alcorcon	337	
Tychy	82	...	Algeciras	851	
Walbrzych	85	...	Alicante	2 008	
			Almería	2 962	
WARSZAWA	495	...	Badajoz	15 302	
Wloclawek	85	...	Badalona	210	
Wroclaw	293	...	Baracaldo	243	
Zabrze	80	...	Barcelona	991	
Zielona Gora	58	...	Bilbao	413	
			Burgos	1 084	
Portugal					
			Cádiz	112	
1 VII 1995			Cartagena	5 583	
Amadora	24	...	Castellon	1 075	
Funchal	73	...	Cordoba	12 533	
LISBOA	84	313	Elche	3 261	
Porto	42	76	Fuenlabrada	387	
Setubal	171	...	Getafe	784	
			Gijon	1 816	
Republic of Moldova – République de Moldova			Granada	882	
			Hospitalet de Llobregat	125	
1 VII 1994			Huelva	1 513	
KISHINEV	1 313	...	Jaén	4 243	
Romania – Roumanie			Jérez de la Frontera	14 118	
			La Coruña	376	
1 VII 1995			La Laguna	1 021	
Arad	267	...	Leganés	431	
Bacau	43	...	Leon	392	
Baia Mare	233	...	Lleida	2 120	
			Logroño	796	

(See notes at end of table. – Voir notes à la fin du tableau.)

Continent, country or area, city and date / Continent, pays ou zone, ville et date	Surface area–Superficie(km²)		Continent, country or area, city and date / Continent, pays ou zone, ville et date	Surface area–Superficie(km²)	
	City proper Ville proprement dite	Urban agglomeration Agglomération urbaine		City proper Ville proprement dite	Urban agglomeration Agglomération urbaine
EUROPE (Cont.–Suite)			Bexley	6	...
			Birmingham	27	...
Spain – Espagne			Blackburn	14	...
			Blackpool	3	...
1 III 1991			Bolton	14	...
MADRID	*———— 6 058 ————*		Bournemouth	5	...
Málaga	3 930		Bradford	37	...
Mataro	223		Braintree	61	...
Mostoles	454		Breckland	131	...
Murcia	8 865		Brent	4	...
Orense	845		Brighton	6	...
Oviedo	1 866		Bristol	11	...
Las Palma de Gran Canaria	1 005				
Palma de Mallorca	2 008		Broadland	55	...
Pamplona	238		Bromley	15	...
Sabadell	376		Broxtowe	8	...
Salamanca	386		Bury	10	...
San Sebastián	615		Calderdale	36	...
			Camden	2	...
Santa Coloma de Gramanet	71		Canterbury	31	...
Santa Cruz de Tenerife	1 506		Cardiff	12	...
Santander	348		Carlisle	104	...
Sevilla	1 413		Charnwood	28	...
Tarragona	624		Chelmsford	34	...
Tarrasa	702		Cherwell	59	...
Valencia	1 346				
Valladolid	1 975		Chester	45	...
Vigo	1 091		Chichester	79	...
Vitoria–Gateiz	2 768		Colchester	33	...
Zaragoza	10 631		Coventry	10	...
			Crewe & Nantwich	43	...
Sweden – Suède			Croydon	9	...
			Cunninghame	80	...
31 XII 1992			Dacorum	21	...
Boras	1 180	...	Dagemham	3	...
Göteborg	449	...	Darlington	20	...
Helsingborg	346	...	Derby	8	...
Jönköping	1 485	...	Doncaster	58	...
Linköping	1 431	...	Dover	31	...
Malmö	153	...	Dudley	10	...
Norrköping	1 491	...	Dundee	24	...
Orebro	1 372	...	Dunfermline	30	...
STOCKHOLM	187	...	Ealing	6	...
Uppsala	2 465	...	East Devon	81	...
Västeras	956	...	East Hampshire	51	...
			East Hertfordshire	48	...
Switzerland – Suisse			Eastleigh	8	...
			East Lindsey	176	...
1 VII 1995			Edinburgh	26	...
Bâle	24	271	Elmbridge	10	...
BERNE	52	410	Enfield	8	...
Genève	16	436	Erewash	11	...
Lausanne	41	275	Epping Forest	34	...
Luzern	16	168	Exeter	5	...
Winterthur	68	148	Falkirk	30	...
Zürich	79	847	Fareham	7	...
			Gateshead	14	...
United Kingdom – Royaume–Uni			Gedling	12	...
			Glasgow	12	...
21 IV 1991			Greenwich	5	...
Aberdeen	18	...	Guildford	27	...
Amber Valley	26	...	Hackney	2	...
Arun	22	...	Halton	7	...
Aylesbury Vale	90	...	Hamilton	20	...
Barking and Dagenham	3	...	Hammersmith and Fulham	2	...
Barnet	9	...	Haringey	3	...
Barnsley	33	...	Harrogate	133	...
Basildon	11	...	Harrow	5	...
Basingstoke & Deane	63	...	Havant and Waterloo	6	...
Bassetlaw	64	...	Havering	12	...
Belfast	11	...	Hillingdon	11	...
Beverley	40	...	Horsham	53	...
			Hounslow	6	...

(See notes at end of table. – Voir notes à la fin du tableau.)

Continent, country or area, city and date / Continent, pays ou zone, ville et date	Surface area–Superficie(km²)		Continent, country or area, city and date / Continent, pays ou zone, ville et date	Surface area–Superficie(km²)	
	City proper Ville proprement dite	Urban agglomeration Agglomération urbaine		City proper Ville proprement dite	Urban agglomeration Agglomération urbaine
EUROPE (Cont.–Suite)			Rochdale	16	...
			Rochester–upon–Medway	16	...
United Kingdom – Royaume–Uni			Rotherham	28	...
			Rushcliffe	41	...
			St. Albans	16	...
21 IV 1991			St. Helens	13	...
Huntingdonshire	92	...	Salford	10	...
Ipswich	4	...	Salisbury	100	...
Islington	1	...	Sandwell	9	...
Kensington			Scarborough	82	...
and Chelsea	1	...	Sefton	15	...
Kings Lynn & West Norfolk	143	...	Sevenoaks	37	...
Kingston upon Hull	7	...	Sheffield	37	...
Kingston upon					
Thames	4	...	Slough	3	...
Kirkcaldy	25	...	Solihull	18	...
Kirklees	41	...	Southampton	5	...
Knowsley	10	...	Southend on Sea	4	...
			South Bedfordshire	21	...
Kyle and Carrick	37	...	South Cambridgeshire	90	...
Lambeth	3	...	South Kesteven	94	...
Lancaster	5	...	South Norfolk	91	...
Langbaurgh–on–Tees	24	...	South Oxfordshire	68	...
Leeds	56	...	South Ribble	11	...
Leicester	7	...	South Somerset	96	...
Lewisham	3	...	South Staffordshire	41	...
Liverpool	11	...			
LONDON	158	...	South Tyneside	6	...
Luton	4	...	Southwark	3	...
Macclesfield	52	...	Stafford	60	...
Maidstone	39	...	Stockport	13	...
			Stockton–on–Tees	20	...
Manchester	12	...	Stoke on Trent	9	...
Mansfield	8	...	Stratford–on–Avon	98	...
Merton	4	...	Stroud	46	...
Middlesbrough	5	...	Suffolk Coastal	89	...
Mid Bedfordshire	50	...	Sunderland	14	...
Mid Sussex	33	...	Sutton	4	...
Milton Keynes	31	...	Swale	37	...
Monklands	16	...			
Motherwell	17	...	Swansea	25	...
Newark and Sherwood	65	...	Tameside	10	...
Newbury	70	...	Teignbridge	67	...
Newcastle–under–Lyme	21	...	Tendring	34	...
Newcastle upon Tyne	11	...	Test Valley	64	...
Newham	4	...	Thamesdown	23	...
Newport	19	...	Thanet	10	...
New Forest	75	...	The Wrekin	29	...
Northampton	8	...	Thurrock	160	...
Northavon	45	...	Tonbridge and Malling	24	...
North Bedfordshire	48	...	Torbay	6	...
North Hertfordshire	38	...	Tower Hamlets	2	...
North Tyneside	8	...			
North Wiltshire	177	...	Trafford	17	...
Norwich	4	...	Vale of Glamorgan	30	...
Nottingham	7	...	Vale of White Horse	58	...
Nuneaton & Bedworth	8	...	Vale Royal	38	...
Ogwr	29	...	Wakefield	33	...
Oldham	14	...	Walsall	11	...
Oxford	5	...	Waltham Forest	4	...
Perth and Kinross	523	...	Wandsworth	3	...
Peterborough	33	...	Warrington	18	...
Plymouth	8	...	Warwick	28	...
Poole	6	...	Waveney	37	...
Portsmouth	4	...	Waverley	35	...
Preston	14	...	Wealden	84	...
Reading	4	...	West Lancashire	34	...
Redbridge	6	...	West Lothian	43	...
Reigate and Banstead	13	...	West Wiltshire	52	...
Renfrew	31	...			
Rhymney Valley	18	...			
Richmond upon					
Thames	6	...			

(See notes at end of table. – Voir notes à la fin du tableau.)

Continent, country or area, city and date / Continent, pays ou zone, ville et date	Surface area–Superficie(km²)		Continent, country or area, city and date / Continent, pays ou zone, ville et date	Surface area–Superficie(km²)	
	City proper Ville proprement dite	Urban agglomeration Agglomération urbaine		City proper Ville proprement dite	Urban agglomeration Agglomération urbaine
EUROPE (Cont.–Suite)			OCEANIA—OCEANIE		
United Kingdom – Royaume–Uni			Australia – Australie		
21 IV 1991			6 VIII 1991		
Westminster, City of	2	...	Adelaide	671	1 919
Wigan	20	...	Brisbane	1 006	4 972
Windsor and Maidenhead	20	...	CANBERRA	243	815
Wirral	16	...	Central Coast	184	...
Wolverhampton	7	...	Geelong	80	352
Wokingham	18	...	Gold Coast	191	294
Woodspring	37	...	Greater Wollongong	175	1 124
Wrexham Maelor	37	...	Hobart	121	937
Wychavon	66	...	Melbourne	1 643	7 815
Wycombe	32	...	Newcastle	247	4 294
Wyre	28	...	Perth	875	5 457
			Sunshine Coast	...	627
			Sydney	1 548	12 381
			Townsville	139	380
			Guam		
			1 IV 1990		
			AGANA	3	...
			New Caledonia – Nouvelle–Calédonie		
			4 IV 1989		
			NOUMEA	46	1 643
			New Zealand – Nouvelle–Zélande		
			5 III 1991		
			Auckland	75	...
			Christchurch	106	...
			Manukau	566	...
			Waitemata	376	...
			WELLINGTON	263	...
			Pitcairn		
			31 XII 1993		
			ADAMSTOWN	5	...

9. Live births and crude live—birth rates, by urban/rural residence: 1993 – 1997

Naissances vivantes et taux bruts de natalité selon la résidence, urbaine/rurale: 1993 – 1997

(See notes at end of table. – Voir notes à la fin du tableau.)

Continent, country or area and urban/rural residence / Continent, pays ou zone et résidence, urbaine/rurale	Code [1]	Number – Nombre					Rate – Taux				
		1993	1994	1995	1996	1997	1993	1994	1995	1996	1997
AFRICA—AFRIQUE											
Algeria – Algérie [2][3]	C	775 000	776 000	711 000	733 375	...	28.8	28.2	25.3	25.7	...
Angola	..	...	...	...	...	...	4 50.8				
Benin – Bénin	..	...	...	...	...	...	4 45.1				
Botswana	...	...	...	...	48 476	49 546	4 37.2				
Burkina Faso	..	...	...	...	...	...	4 47.7				
Burundi	..	...	...	...	...	...	4 45.9				
Cameroon – Cameroun	..	...	...	...	...	...	4 40.5				
Cape Verde – Cap–Vert	..	...	...	...	...	...	4 33.6				
Central African Republic – République centrafricaine	..	...	...	...	...	...	4 39.2				
Chad – Tchad	..	...	...	...	...	...	4 43.5				
Comoros – Comores	..	...	...	...	...	...	4 43.1				
Congo	..	...	...	...	...	...	4 44.7				
Côte d'Ivoire	..	...	...	...	...	...	4 39.0				
Democratic Rep. of the Congo – République démocratique du Congo	..	...	...	...	...	...	4 48.1				
Djibouti	..	...	...	...	...	...	4 39.0				
Egypt – Egypte	C	1 644 247	1 719 971	...	...	...	29.1	29.7	...	...	...
Equatorial Guinea – Guinée équatoriale	..	...	...	...	...	...	4 43.5				
Eritrea – Erythrée	..	...	...	...	...	...	4 43.0				
Ethiopia – Ethiopie	..	...	...	...	...	...	4 48.9				
Gabon	..	...	...	...	...	...	4 35.4				
Gambia – Gambie	..	...	...	...	...	...	4 43.3				
Ghana	..	...	...	...	...	...	4 40.3				
Guinea – Guinée	..	...	...	...	...	...	4 50.6				
Guinea–Bissau – Guinée–Bissau	..	...	...	...	...	...	4 42.4				
Kenya	..	...	...	...	...	...	4 37.7				
Lesotho	..	...	...	...	...	...	4 36.9				
Liberia – Libéria	..	...	...	...	...	...	4 49.1				
Libyan Arab Jamahiriya – Jamahiriya arabe libyenne	..	...	...	...	...	...	4 41.9				
Madagascar	..	...	...	...	...	...	4 43.7				
Malawi	..	...	...	...	...	...	4 50.6				
Mali	..	...	...	...	...	...	4 50.8				
Mauritania – Mauritanie	..	...	...	...	...	...	4 39.8				
Mauritius – Maurice [5]	+C	22 051	21 704	20 604	20 498	*20 013	20.1	19.5	18.4	18.1	*17.4
Morocco – Maroc [5]	U	561 144	581 829	561 573	524 584	...	4 28.8				
Mozambique	..	...	...	...	...	...	4 45.2				
Namibia – Namibie	..	...	...	...	...	...	4 37.5				
Niger	..	...	...	...	...	...	4 52.5				
Nigeria – Nigéria	..	...	...	...	...	...	4 45.4				
Réunion	..	...	...	...	...	...	4 21.5				
Rwanda	..	...	...	...	...	...	4 43.9				
St. Helena ex. dep. – Sainte–Hélène sans dép.	C	69	58	72	59	...	10.6	11.6	14.0	11.6	...
Tristan da Cunha	C	3	2	...	1	...	◆ 10.2	◆ 6.8	...	◆ 3.5	...
Sao Tome and Principe – Sao Tomé–et–Principe	C	5 254	...	...	...	...	43.0	...	...	...	...
Senegal – Sénégal	..	...	...	...	...	...	4 43.0				
Seychelles	+C	1 689	1 700	1 582	1 611	...	23.4	23.0	21.0	21.1	...
Sierra Leone	..	...	...	...	...	...	4 49.0				
Somalia – Somalie	..	...	...	...	...	...	4 50.2				
South Africa – Afrique du Sud	...	557 995	677 107	809 439	...	...	4 31.2				
Sudan – Soudan	..	...	...	...	...	...	4 34.7				
Swaziland	..	...	...	...	...	...	4 38.8				
Togo	..	...	...	...	...	...	4 44.5				
Tunisia – Tunisie [5]	C	207 786	200 223	186 416	*184 000	*174 700	24.0	22.7	20.8	*20.2	*19.0
Uganda – Ouganda	..	...	...	...	...	...	4 50.8				
United Rep. of Tanzania – Rép.–Unie de Tanzanie	..	...	...	...	...	...	4 43.2				
Western Sahara – Sahara Occidental	..	...	...	...	...	...	4 33.6				
Zambia – Zambie	..	...	...	...	...	...	4 44.1				
Zimbabwe	..	...	...	...	...	...	4 40.4				

9. Live births and crude live–birth rates, by urban/rural residence: 1993 – 1997 (continued)

Naissances vivantes et taux bruts de natalité selon la résidence, urbaine/rurale: 1993 – 1997 (suite)

(See notes at end of table. – Voir notes à la fin du tableau.)

Continent, country or area and urban/rural residence / Continent, pays ou zone et résidence, urbaine/rurale	Code [1]	Number – Nombre					Rate – Taux				
		1993	1994	1995	1996	1997	1993	1994	1995	1996	1997
AMERICA,NORTH— AMERIQUE DU NORD											
Anguilla	+C	169	...	...	...	...	18.4	...	...	...	...
Antigua and Barbuda – Antigua–et–Barbuda	+C	1 228	1 271	1 347	...	*1 448	18.7	19.1	19.9	...	*21.6
Aruba	+U	1 337	1 315	1 419	1 452	...	17.9	16.6	17.4	16.9	...
Bahamas	C	6 674	6 104	6 253	5 873	...	24.8	22.3	22.4	20.7	...
Barbados – Barbade	+C	3 781	...	3 473	3 519	...	14.3	...	13.1	13.3	...
Belize	U	6 462	5 887	6 623	5 163	...	31.5	27.9	30.6	23.3	...
Bermuda – Bermudes	C	821	851	839	833	...	13.9	14.3	14.0	13.8	...
Canada [6]	C	388 394	385 112	378 011	364 732	*361 785	13.4	13.2	12.8	12.2	*11.9
Cayman Islands – Iles Caïmanes	+C	527	531	...	...	...	17.2	17.0	...	...	...
Costa Rica [5]	C	...	80 391	80 306	79 203	...	...	24.6	24.1	23.3	...
Cuba [5]	C	152 238	147 245	147 170	148 276	*152 000	14.0	13.4	13.4	13.5	*13.7
Dominica – Dominique	C	1 757	1 599	...	1 419	...	24.1	21.6	...	19.1	...
Dominican Republic – République dominicaine	U	...	135 056	...	...	...	[4] 27.0				
El Salvador	U	...	160 772	...	...	...	[4] 29.9				
Greenland – Groenland [5]	C	1 180	1 156	1 120	1 066	...	21.3	20.8	20.1	19.1	...
Grenada – Grenade	C	...	...	...	2 096	...	...	...	...	22.8	...
Guadeloupe	..	...	...	...	...	...	[4] 18.9				
Guatemala [5]	C	370 138	...	366 331	...	...	36.9	...	36.7	...	...
Haiti – Haïti	..	...	...	...	...	...	[4] 35.3				
Honduras	..	...	...	...	...	...	[4] 37.1				
Jamaica – Jamaïque	+C	58 627	57 404	57 607	57 370	...	24.0	23.2	23.0	22.8	...
Martinique [2]	C	5 900	...	...	...	...	15.6	...	...	...	...
Mexico – Mexique [5]	+U	2 839 686	2 922 369	2 750 444	2 707 718	...	[4] 27.0				
Netherlands Antilles – Antilles néerlandaises	+C	3 854	3 928	3 793	...	...	19.7	19.7	18.5	...	...
Nicaragua		...	...	...	...	...	[4] 35.8				
Panama [5]	C	59 191	59 947	61 939	59 837	*51 164	23.3	23.2	23.5	22.4	*18.8
Puerto Rico – Porto Rico [5]	C	65 242	64 325	...	63 259	...	18.0	17.5	...	16.8	...
Saint Kitts and Nevis – Saint–Kitts–et–Nevis	+C	849	909	797	...	...	19.5	21.1	18.3	...	...
Saint Lucia – Sainte–Lucie	C	...	...	3 659	...	...	...	...	25.2	...	...
St. Pierre and Miquelon [2] – Saint–Pierre–et–Miquelon	C	95	81	75	74	...	14.5	12.3	11.3	11.1	...
St. Vincent and the Grenadines – Saint–Vincent–et–Grenadines	+C	2 687	2 549	2 614	2 338	*2 317	24.6	23.2	23.6	21.0	*20.7
Trinidad and Tobago – Trinité–et–Tobago	C	21 094	19 682	19 258	17 716	...	16.9	15.7	15.3	14.0	...
United States – Etats–Unis	C	4 000 240	3 952 767	3 899 589	3 914 953	...	15.5	15.2	14.8	14.8	...
United States Virgin Islands – Iles Vierges américaines	C	2 529	...	...	...	...	24.3	...	...	...	...
AMERICA,SOUTH— AMERIQUE DU SUD											
Argentina – Argentine	C	667 518	673 787	658 735	...	...	19.7	19.6	18.9	...	...
Bolivia – Bolivie	..	...	...	...	...	...	[4] 35.7				
Brazil – Brésil [7]	U	2 418 514	2 472 325	...	3 108 632	...	[4] 21.6				
Chile – Chili [5]	C	290 438	288 175	279 928	264 793	...	21.1	20.6	19.7	18.4	...
Colombia – Colombie	..	...	...	...	...	...	[4] 26.0				
Ecuador – Equateur [5][8]	U	198 722	...	181 268	182 242	...	[4] 28.3				
Guyana	..	...	...	...	...	...	[4] 25.2				
Paraguay	..	...	...	...	...	...	[4] 34.1				
Peru – Pérou [5][7][9]	..	661 061	663 239	617 300	615 300	*613 500	30.0	28.7	26.2	25.7	*25.2
Suriname [5]	C	9 398	8 418	8 717	9 393	...	23.3	20.8	21.3	22.7	...
Uruguay	+C	55 953	55 990	55 664	56 928	...	17.8	17.7	17.5	17.8	...
Venezuela [7]	C	524 387	547 819	520 584	497 975	*575 832	25.3	25.9	23.8	22.3	*25.3
ASIA—ASIE											
Afghanistan	..	...	...	...	...	...	[4] 49.7				
Armenia – Arménie [5][10]	C	59 041	51 143	...	...	...	15.8	13.7	...	...	...
Azerbaijan–Azerbaïdjan [10]	C	...	...	...	...	*132 100	...	...	...	...	*17.3
Bahrain – Bahreïn	U	14 191	13 766	13 481	...	...	[4] 25.5				

9. Live births and crude live–birth rates, by urban/rural residence: 1993 – 1997 (continued)

Naissances vivantes et taux bruts de natalité selon la résidence, urbaine/rurale: 1993 – 1997 (suite)

(See notes at end of table. – Voir notes à la fin du tableau.)

Continent, country or area and urban/rural residence / Continent, pays ou zone et résidence, urbaine/rurale	Code [1]	Number – Nombre					Rate – Taux				
		1993	1994	1995	1996	1997	1993	1994	1995	1996	1997
ASIA—ASIE (Cont.–Suite)											
Bangladesh [5]	U	3 326 000	3 275 000	...	...	*3 057 000	[4] 26.7				
Bhutan – Bhoutan	..	...	...	...	...	...	[4] 41.6				
Brunei Darussalam – Brunéi Darussalam	+C	7 314	...	...	7 633	...	26.5	...	...	25.0	...
Cambodia – Cambodge	..	...	...	...	...	...	[4] 38.2				
China – Chine [11]	...	21 260 000	...	...	...	...	[4] 18.3				
Hong Kong SAR – Hong-kong RAS	C	70 451	71 646	68 637	64 599	*60 379	11.9	11.9	11.1	10.2	*9.3
Cyprus – Chypre [5] [12]	C	10 514	10 379	9 869	9 638	...	14.6	14.3	13.5	13.1	...
East Timor – Timor oriental	..	...	...	...	...	...	[4] 36.5				
Georgia – Géorgie [5] [10]	C	61 594	57 311	56 341	53 669	...	11.3	10.6	10.4	9.9	...
India – Inde [13]	..	...	...	...	...	...	28.7	28.7	28.3	27.3	...
Indonesia – Indonésie	..	...	...	...	...	...	[4] 24.6				
Iran (Islamic Republic of – Rép. islamique d') [5]	U	...	1 304 255	...	1 187 903	...	[4] 37.8				
Iraq	..	...	...	...	...	...	[4] 38.4				
Israel – Israël [5] [14]	C	112 330	114 543	116 461	121 333	...	21.3	21.2	21.0	21.3	...
Japan – Japon [5] [15]	C	1 188 282	1 238 328	1 187 064	1 206 555	*1 190 000	9.5	9.9	9.5	9.6	*9.5
Jordan – Jordanie [16]	+C	149 493	140 444	141 319	...	...	[4] 38.8				
Kazakhstan [5] [10]	C	316 263	306 509	277 006	253 175	...	19.2	18.8	17.2	15.9	...
Korea, Dem. People's Rep. of – Corée, rép. populaire dém. de [5]	...	420 576	...	...	...	...	[4] 21.8				
Korea, Republic of— Corée, Rép. de [5] [17]	..	713 688	717 995	704 590	...	...	16.1	16.1	15.6	...	...
Kuwait – Koweït	C	37 379	38 868	41 169	44 620	*42 815	25.6	24.0	24.4	25.4	*23.7
Kyrgyzstan–Kirghizistan [5] [10]	C	116 795	110 113	117 340	...	...	26.1	24.6	26.0	...	...
Lao People's Dem. Rep. – Rép. dém. populaire Lao	..	...	...	...	...	...	[4] 45.2				
Lebanon – Liban	..	...	...	...	...	...	[4] 26.9				
Macau – Macao	C	6 267	6 115	5 876	5 468	...	16.3	15.4	14.4	13.2	...
Malaysia – Malaisie	C	541 887	537 611	539 234	540 866	*558 100	27.7	26.7	26.1	25.5	*25.8
Peninsular Malaysia [2] [5] – Malaisie Péninsulaire	C	424 089	...	425 532	432 925	...	...	...	...	...	...
Maldives [5]	C	7 780	...	...	...	...	32.6	...	...	...	...
Mongolia – Mongolie	...	...	...	...	51 800	...	[4] 29.0				
Myanmar	..	...	...	...	...	...	[4] 28.8				
Nepal – Népal	..	...	...	...	...	...	[4] 39.6				
Oman	..	...	...	...	...	...	[4] 43.7				
Pakistan [5] [18]	..	3 607 157	...	...	...	...	29.4	...	...	...	...
Philippines	U	1 680 896	...	...	...	...	[4] 31.2				
Qatar	C	10 822	10 561	...	10 317	...	19.4	17.8	...	18.5	...
Saudi Arabia – Arabie saoudite	..	...	...	...	...	...	[4] 35.1				
Singapore – Singapour [19]	C	50 225	49 554	48 635	48 577	*47 371	15.4	14.7	14.0	13.4	*12.7
Sri Lanka [5]	+C	350 707	356 071	343 224	340 606	...	19.9	19.9	18.9	18.6	...
Syrian Arab Republic – République arabe syrienne [2] [20]	U	433 328	447 987	...	...	...	[4] 33.2				
Tajikistan – Tadjikistan [5] [10]	C	186 504	162 152	...	...	...	33.1	28.2	...	...	...
Thailand – Thaïlande [5]	+U	957 832	960 248	963 678	...	...	[4] 18.1				
Turkey – Turquie	..	1 385 000	1 383 000	1 381 000	1 379 000	*1 377 000	23.3	22.8	22.4	22.0	*21.6
Turkmenistan – Turkménistan	..	...	...	...	...	...	[4] 31.9				
United Arab Emirates – Emirats arabes unis	...	49 431	52 718	48 567	...	...	[4] 21.0				
Uzbekistan – Ouzbékistan [5] [10]	C	692 324	657 725	...	...	*609 563	31.7	29.5	...	...	*25.8
Viet Nam	..	...	...	...	...	...	[4] 28.9				
Yemen – Yémen	..	...	...	...	...	...	[4] 48.6				
EUROPE											
Albania – Albanie	C	...	...	...	60 696	...	...	...	...	16.6	...
Andorra – Andorre	...	723	704	...	...	...	11.4	10.9	...	...	...
Austria – Autriche	C	95 227	92 415	88 669	88 809	*83 297	11.9	11.5	11.0	11.0	*10.3

(See notes at end of table. – Voir notes à la fin du tableau.)

Continent, country or area and urban/rural residence / Continent, pays ou zone et résidence, urbaine/rurale	Code [1]	Number – Nombre					Rate – Taux				
		1993	1994	1995	1996	1997	1993	1994	1995	1996	1997
EUROPE (Cont.–Suite)											
Belarus – Bélarus [5] [10]	C	117 384	110 599	101 144	95 798	*89 547	11.3	10.7	9.8	9.3	*8.8
Belgium – Belgique	C	120 998	116 449	115 638	116 208	*116 244	12.0	11.5	11.4	11.4	*11.4
Bosnia Herzegovina – Bosnie–Herzégovine	..	...	...	...	...	...	[4] 12.6				
Bulgaria – Bulgarie [5]	C	84 400	79 442	71 967	72 188	*61 094	10.0	9.4	8.6	8.6	*7.4
Channel Islands – Iles Anglo–Normandes	C	1 738	1 818	...	...	...	12.2	12.4	...	...	...
Guernsey – Guernesey	C	681	676	633	...	...	11.7	...	10.7	...	...
Jersey	+C	1 057	1 142	...	...	...	12.5	13.5	...	...	...
Croatia – Croatie [5]	C	48 535	48 584	50 182	53 811	*51 820	10.5	10.4	10.7	12.0	*11.5
Czech Republic – Rép. tchèque [5]	C	121 025	106 579	96 097	90 446	*90 657	11.7	10.3	9.3	8.8	*8.8
Denmark – Danemark [21]	C	67 369	69 666	69 771	67 675	*67 677	13.0	13.4	13.3	12.9	*12.8
Estonia – Estonie [5] [10]	C	15 170	14 178	13 560	13 291	*12 580	10.0	9.5	9.1	9.0	*8.6
Faeroe Islands – Iles Féroé	C	771	670	638	...	...	16.4	14.3	13.6	...	...
Finland – Finlande [5] [22]	C	64 826	65 231	63 067	60 723	*59 300	12.8	12.8	12.3	11.8	*11.5
France [5] [23]	C	711 610	710 993	729 609	735 300	...	12.3	12.3	12.5	12.6	...
Germany – Allemagne	C	798 447	769 603	765 221	796 013	*791 025	9.8	9.5	9.4	9.7	*9.6
Gibraltar [24]	C	518	509	435	445	...	18.5	18.8	16.0	16.4	...
Greece – Grèce [5]	C	101 799	103 763	101 495	101 500	...	9.8	10.0	9.7	9.7	...
Hungary – Hongrie [5]	C	117 033	115 598	112 054	105 272	*100 500	11.4	11.3	11.0	10.3	*9.9
Iceland – Islande [5]	C	4 623	4 330	4 280	4 329	*4 152	17.5	16.3	16.0	16.1	*15.3
Ireland – Irlande [5] [25]	+C	49 304	48 255	48 530	50 390	*52 311	13.8	13.5	13.5	13.9	*14.3
Isle of Man – Ile de Man	+C	853	883	847	835	...	12.1	12.4	11.8	11.8	...
Italy – Italie	C	552 587	536 665	526 064	531 364	*539 541	9.7	9.4	9.2	9.3	*9.4
Latvia – Lettonie [5] [10]	C	26 759	24 256	21 595	19 782	...	10.3	9.5	8.6	7.9	...
Liechtenstein	...		358			...	...	11.7	...	...	...
Lithuania – Lituanie [5] [10]	C	46 727	42 832	41 180	39 169	*38 524	12.5	11.5	11.1	10.6	*10.4
Luxembourg	C	5 353	5 451	5 421	5 689	...	13.4	13.5	13.2	13.7	...
Malta – Malte [26]	C	5 386	5 152	5 003	5 045	*4 631	14.8	14.0	13.5	13.5	*12.4
Netherlands – Pays–Bas [5] [27]	C	195 748	195 611	190 513	189 521	*192 000	12.8	12.7	12.3	12.2	*12.3
Norway – Norvège	C	59 678	59 200	60 292	60 927	*59 715	13.8	13.7	13.8	14.0	*13.6
Poland – Pologne [5]	C	494 310	481 285	433 109	428 203	*412 800	12.9	12.5	11.2	11.1	*10.7
Portugal	C	114 030	109 210	107 184	110 363	*111 382	11.5	11.0	10.8	11.1	*11.4
Republic of Moldova [5] [10] – République de Moldova	C	...	62 177	56 411	52 150	*49 804	...	14.3	13.0	12.1	*11.5
Romania – Roumanie [5]	C	249 994	246 736	236 640	231 348	*236 891	11.0	10.9	10.4	10.2	*10.5
Russian Federation [5] [10] – Fédération de Russie	C	1 378 983	1 408 159	1 363 806	...	...	9.3	9.5	9.2	...	...
San Marino – Saint–Marin [5]	+C	244	268	244	282	...	10.0	10.8	9.8	11.1	...
Slovakia – Slovaquie [5]	C	73 256	66 370	61 427	60 123	*59 310	13.8	12.4	11.5	11.2	*11.0
Slovenia – Slovénie [5]	C	19 793	19 463	18 980	18 788	...	9.9	9.8	9.5	9.4	...
Spain – Espagne	C	385 786	365 124	363 469	352 249	...	9.9	9.3	9.3	9.0	...
Sweden – Suède	C	117 998	112 257	103 326	95 297	*89 171	13.5	12.8	11.7	10.8	*10.1
Switzerland – Suisse [5]	C	83 762	82 980	82 203	83 007	*79 485	12.1	11.9	11.7	11.7	*11.2
The former Yugoslav Rep. of Macedonia – L'ex Rép. [5] yougoslavie de Macédoine	C	32 374	33 487	32 154	31 403	...	15.3	15.7	16.4	14.4	...
Ukraine [5] [10]	C	557 467	521 545	492 861	467 211	*442 600	10.7	10.0	9.6	9.1	*8.7
United Kingdom–Royaume–Uni [28]	C	761 713	750 671	732 049	733 375	...	13.1	12.9	12.5	12.5	...
Yugoslavia – Yougoslavie [5]	C	140 985	137 629	140 504	137 312	*131 841	13.4	13.1	13.3	13.0	*12.4
OCEANIA—OCEANIE											
American Samoa – Samoa américaines	C	1 998	...	...	...	...	37.8	...	...	...	...
Australia – Australie	+C	260 229	258 051	256 190	253 834	...	14.7	14.5	14.2	13.9	...
Fiji – Fidji	+C	...	19 358	*21 000	...	...	...	24.7	*26.4	...	...
French Polynesia – Polynésie française	...	5 280	5 055	...	4 683		[4] 25.6				
Guam [29]	C	...	...	4 190	...	...	...	...	28.1	...	...
Marshall Islands – Iles Marshall	C	1 240	1 386	1 476	1 499	...	23.9	25.6	26.6	26.1	...
Micronesia, Federated States of, – Micronésie Etats fédérés de	U	...	...	2 495	...	...	...	...	23.7	...	...
Nauru	C	...	...	203	...	...	...	...	18.8	...	...

(See notes at end of table. – Voir notes à la fin du tableau.)

Continent, country or area and urban/rural residence / Continent, pays ou zone et résidence, urbaine/rurale	Code [1]	Number – Nombre					Rate – Taux				
		1993	1994	1995	1996	1997	1993	1994	1995	1996	1997
OCEANIA—OCEANIE(Cont.–Suite)											
New Caledonia – Nouvelle–Calédonie	C	4 337	4 267	...	...	...	24.0	23.2	...	...	...
New Zealand – Nouvelle–Zélande [5]	+ C	58 867	57 439	57 795	...	*57 736	17.1	16.4	16.3	...	*15.3
Norfolk Island – Ile Norfolk	C	...	...	20	...	...	...	...	...	...	...
Palau – Palaos	U	...	356	...	...	...	...	22.2	...	...	...
Papua New Guinea – Papouasie–Nouvelle– Guinée	..	...	...	...	...	...	[4] 33.4				
Samoa	U	...	3 144	...	...	...	[4] 26.8				
Solomon Islands – Iles Salomon	..	...	...	...	...	...	[4] 37.5				
Tonga	...	2 737	2 770	...	...	...	28.3	28.5	...	...	...
Vanuatu	..	...	...	...	...	...	[4] 35.2				

9. Live births and crude live-birth rates, by urban/rural residence: 1993 – 1997 (continued)

Naissances vivantes et taux bruts de natalité selon la résidence, urbaine/rurale: 1993 – 1997 (suite)

Data by urban/rural residence

Données selon la résidence urbaine/rurale

(See notes at end of table. – Voir notes à la fin du tableau.)

Continent, country or area and urban/rural residence / Continent, pays ou zone et résidence, urbaine/rurale	Code [1]	Number – Nombre					Rate – Taux				
		1993	1994	1995	1996	1997	1993	1994	1995	1996	1997
AFRICA—AFRIQUE											
Mauritius – Maurice	+C										
Urban – Urbaine		9 391	9 196	8 355	8 358	...	19.6	18.9	17.1	17.0	...
Rural – Rurale		12 938	12 599	12 194	12 405	...	20.9	20.1	19.3	19.4	...
Morocco – Maroc	U										
Urban – Urbaine		266 798	279 377	270 378	253 736	...	20.3	20.6	19.8	18.8	...
Rural – Rurale		294 346	302 452	291 195	270 848	...	22.8	23.2	22.9	20.3	...
Tunisia – Tunisie	C										
Urban – Urbaine		171 419	170 556	...	...	...	...	31.8	...	...	...
Rural – Rurale		36 367	29 667	...	...	...	...	8.7	...	...	...
AMERICA,NORTH— AMERIQUE DU NORD											
Costa Rica	C										
Urban – Urbaine		...	34 828	34 396	...	...	...	25.8	...	...	...
Rural – Rurale		...	45 563	45 910	...	...	...	26.5	...	...	...
Cuba	C										
Urban – Urbaine		106 102	103 988	103 546	...	...	13.1	12.8	12.7	...	...
Rural – Rurale		46 136	43 277	43 624	...	...	16.5	15.4	15.6	...	...
Greenland – Groenland	C										
Urban – Urbaine		921	915	895	833	...	20.7	20.4	19.8	18.4	...
Rural – Rurale		259	241	225	233	...	24.0	22.6	21.3	22.0	...
Guatemala	C										
Urban – Urbaine		137 728	...	...	...	...	35.7	...	...	...	...
Rural – Rurale		232 410	...	...	...	...	37.6	...	...	...	...
Mexico – Mexique [30]	+U										
Urban – Urbaine		1 838 659	1 848 168	1 781 589	1 770 537	...	...	...	26.6	...	...
Rural – Rurale		863 744	880 099	832 154	814 335	...	...	...	34.4	...	...
Panama	C										
Urban – Urbaine		29 052	29 791	...	...	...	21.0	21.1	...	...	...
Rural – Rurale		30 139	30 156	...	...	...	26.1	25.8	...	...	...
Puerto Rico – Porto Rico [30]	C										
Urban – Urbaine		...	31 845	...	32 249	...	...	...	...	...	...
Rural – Rurale		...	32 440	...	31 001	...	...	...	...	...	...
AMERICA,SOUTH— AMERIQUE DU SUD											
Chile – Chili	C										
Urban – Urbaine		253 255	249 326	242 675	229 683	...	21.9	21.2	20.2	18.8	...
Rural – Rurale		37 183	38 849	37 253	35 110	...	16.8	17.6	16.9	15.9	...
Ecuador – Equateur [8]	U										
Urban – Urbaine		128 713	...	123 409	128 856	...	19.8	...	17.8	18.0	...
Rural – Rurale		70 009	...	57 859	53 386	...	15.6	...	12.8	11.8	...
Peru – Pérou [7,9]	..										
Urban – Urbaine		415 872	...	...	...	...	26.9	...	...	...	...
Rural – Rurale		245 189	...	...	...	...	37.2	...	...	...	...
Suriname	C										
Urban – Urbaine		6 235	5 498	5 416	6 134	...	21.9	19.2	18.8	21.2	...
Rural – Rurale		3 163	2 920	3 301	3 250	...	26.5	24.6	27.2	26.1	...
ASIA—ASIE											
Armenia – Arménie [10]	C										
Urban – Urbaine		35 316	29 975	...	...	...	13.9	11.8	...	...	...
Rural – Rurale		23 725	21 168	...	...	...	19.8	17.4	...	...	...
Bangladesh	U										
Urban – Urbaine		373 000	352 000	...	...	...	...	...	...	...	...
Rural – Rurale		2 953 000	2 923 000	...	...	...	...	...	...	...	...
Cyprus – Chypre [12]	C										
Urban – Urbaine		6 789	6 701	6 427	6 414	...	...	...	...	...	...
Rural – Rurale		3 625	3 521	3 309	3 084	...	...	...	...	...	...
Georgia – Géorgie [10]	C										
Urban – Urbaine		...	32 426	33 008	31 354	...	...	10.7	11.0	...	...
Rural – Rurale		...	24 885	23 333	22 315	...	...	10.4	9.7	...	...
Iran (Islamic Republic of – Rép. islamique d')	U										
Urban – Urbaine		...	657 275	...	...	...	...	19.0	...	...	...
Rural – Rurale		...	646 980	...	...	...	...	25.9	...	...	...

9. Live births and crude live–birth rates, by urban/rural residence: 1993 – 1997 (continued)

Naissances vivantes et taux bruts de natalité selon la résidence, urbaine/rurale: 1993 – 1997 (suite)

Data by urban/rural residence

Données selon la résidence urbaine/rurale

(See notes at end of table. – Voir notes à la fin du tableau.)

Continent, country or area and urban/rural residence / Continent, pays ou zone et résidence, urbaine/rurale	Code [1]	Number – Nombre					Rate – Taux				
		1993	1994	1995	1996	1997	1993	1994	1995	1996	1997
ASIA—ASIE (Cont.–Suite)											
Israel – Israël [14]	C										
Urban – Urbaine		99 347	101 265	102 607	106 830	...	21.0	20.9	20.6	21.0	...
Rural – Rurale		12 976	13 278	14 279	14 503	...	24.1	23.9	24.9	28.5	...
Japan – Japon [15]	C										
Urban – Urbaine		945 772	988 035	948 442	967 708	...	...	...	9.7	...	...
Rural – Rurale		242 227	249 997	238 355	238 545	...	...	...	8.6	...	...
Kazakhstan [10]	C										
Urban – Urbaine		145 909	139 660	126 666	119 024	...	15.8	15.5	14.3	13.6	...
Rural – Rurale		170 354	166 845	150 340	134 151	...	23.5	22.9	20.9	18.8	...
Korea, Dem. People's Rep. of – Corée, rép. populaire dém. de	...										
Urban – Urbaine		230 111	...	...	...	...	18.4	...	...	...	...
Rural – Rurale		190 465	...	...	...	...	23.7	...	...	...	...
Korea, Republic of– Corée, Rép. de [17]	..										
Urban – Urbaine		590 370	589 901	...	...	...	...	...	...	...	...
Rural – Rurale		120 759	120 163	...	...	...	...	...	...	...	...
Kyrgyzstan – Kirghizistan [10]	C										
Urban – Urbaine		31 070	29 327	30 081	...	...	19.0	18.5	19.1	...	...
Rural – Rurale		85 725	80 786	87 259	...	...	30.1	27.9	29.7	...	...
Malaysia – Malaisie Peninsular Malaysia – Malaisie Péninsulaire [2]	C										
Urban – Urbaine		...	...	239 550	254 792	...	...	...	...	...	...
Rural – Rurale		...	...	185 982	178 133	...	...	...	...	...	...
Maldives	C										
Urban – Urbaine		1 404	...	...	...	...	...	...	...	...	...
Rural – Rurale		6 376	...	...	...	...	...	...	...	...	...
Pakistan [18]	..										
Urban – Urbaine		995 322	...	...	...	...	...	...	...	...	...
Rural – Rurale		2 611 834	...	...	...	...	...	...	...	...	...
Sri Lanka	+C										
Urban – Urbaine		...	...	230 167	...	...	...	...	...	...	...
Rural – Rurale		...	...	113 057	...	...	...	...	...	...	...
Tajikistan – Tadjikistan [10]	C										
Urban – Urbaine		40 288	38 006	...	...	...	24.5	23.3	...	...	...
Rural – Rurale		146 216	124 146	...	...	...	36.6	30.2	...	...	...
Thailand – Thaïlande	+U										
Urban – Urbaine		285 731	305 296	...	...	...	...	...	...	...	...
Rural – Rurale		672 101	654 952	...	...	...	...	...	...	...	...
Uzbekistan – Ouzbékistan [10]	C										
Urban – Urbaine		205 559	201 677	...	...	*188 604	24.0	23.4	...	...	*21.0
Rural – Rurale		486 765	456 048	...	...	*420 959	36.6	33.4	...	...	*28.7
EUROPE											
Belarus – Bélarus [10]	C										
Urban – Urbaine		81 442	76 291	69 751	65 967	...	11.6	10.8	9.9	9.3	...
Rural – Rurale		35 942	34 308	31 393	29 831	...	10.9	10.5	9.8	9.4	...
Bulgaria – Bulgarie	C										
Urban – Urbaine		58 059	55 398	50 405	...	...	10.2	9.7	8.8	...	...
Rural – Rurale		26 341	24 044	21 562	...	...	9.5	8.8	8.0	...	...
Croatia – Croatie	C										
Urban – Urbaine		28 746	29 097	30 390	32 598	...	...	...	...	...	...
Rural – Rurale		19 789	19 487	19 792	21 213	...	...	...	...	...	...
Czech Republic – Rép. tchèque	C										
Urban – Urbaine		89 285	78 377	70 791	66 657	...	11.6	10.1	9.2	8.7	...
Rural – Rurale		31 740	28 202	25 306	23 789	...	12.2	10.8	9.7	9.1	...
Estonia – Estonie [10]	C										
Urban – Urbaine		9 557	8 847	8 645	8 471	...	8.9	8.4	8.3	8.3	...
Rural – Rurale		5 580	5 276	4 866	4 774	...	12.4	11.8	10.9	10.7	...
Finland – Finlande [22]	C										
Urban – Urbaine		...	43 112	41 723	40 809	...	...	13.2	12.7	12.3	...
Rural – Rurale		...	22 119	21 344	19 914	...	...	12.1	11.8	11.1	...
France [23] [31]	C										
Urban – Urbaine		560 206	558 605	569 543	...	...	13.2	...	...	...	...
Rural – Rurale		149 977	151 033	158 526	...	...	9.9	...	...	...	...

9. Live births and crude live–birth rates, by urban/rural residence: 1993 – 1997 (continued)

Naissances vivantes et taux bruts de natalité selon la résidence, urbaine/rurale: 1993 – 1997 (suite)

Data by urban/rural residence

Données selon la résidence urbaine/rurale

(See notes at end of table. – Voir notes à la fin du tableau.)

Continent, country or area and urban/rural residence / Continent, pays ou zone et résidence, urbaine/rurale	Code [1]	Number – Nombre					Rate – Taux				
		1993	1994	1995	1996	1997	1993	1994	1995	1996	1997
EUROPE (Cont.–Suite)											
Greece – Grèce	C										
Urban – Urbaine		67 602	69 495	68 730	...	...	...	...	...	...	...
Rural – Rurale		34 197	34 268	32 765	...	...	...	...	...	...	...
Hungary – Hongrie	C										
Urban – Urbaine		70 431	69 102	66 183	61 948	...	10.6	10.5	10.2	9.6	...
Rural – Rurale		46 253	46 070	45 462	42 927	...	12.6	12.4	12.1	11.4	...
Iceland – Islande	C										
Urban – Urbaine		4 274	...	4 023	4 018	...	17.7	...	...	16.3	...
Rural – Rurale		349	...	257	311	...	15.2	...	...	14.2	...
Ireland – Irlande [25]	+C										
Urban – Urbaine		24 705	...	...	...	...	...	...	...	...	...
Rural – Rurale		24 751	...	...	...	...	...	...	...	...	...
Latvia – Lettonie [10]	C										
Urban – Urbaine		15 814	14 746	13 324	12 083	...	8.9	8.4	7.7	7.0	...
Rural – Rurale		10 945	9 510	8 271	7 699	...	13.6	12.1	10.6	10.0	...
Lithuania – Lituanie [10]	C										
Urban – Urbaine		30 181	27 589	26 600	24 823	...	11.9	10.9	10.5	9.8	...
Rural – Rurale		16 546	15 243	14 580	14 346	...	13.9	12.8	12.2	12.1	...
Netherlands – Pays–Bas [27]	C										
Urban – Urbaine		116 910	117 316	114 353	114 070	...	12.6	12.6	12.1	12.0	...
Rural – Rurale		78 832	78 295	76 160	75 451	...	13.1	12.9	12.6	12.4	...
Poland – Pologne	C										
Urban – Urbaine		262 663	258 023	232 679	229 837	...	11.1	10.9	9.7	9.6	...
Rural – Rurale		231 647	223 262	200 430	198 366	...	15.7	15.0	13.6	13.5	...
Republic of Moldova [10] – République de Moldova	C										
Urban – Urbaine		...	...	21 712	...	...	...	...	10.8	...	...
Rural – Rurale		...	...	34 699	...	...	...	...	14.9	...	...
Romania – Roumanie	C										
Urban – Urbaine		117 298	114 422	109 722	108 226	...	9.5	9.2	8.8	8.7	...
Rural – Rurale		132 696	132 314	126 918	123 122	...	12.8	12.8	12.4	12.1	...
Russian Federation [10] – Fédération de Russie	C										
Urban – Urbaine		930 530	960 413	933 460	...	...	8.6	8.9	8.7	...	...
Rural – Rurale		448 453	447 746	430 346	...	...	11.2	11.2	10.8	...	...
San Marino – Saint–Marin	+C										
Urban – Urbaine		218	243	218	...	...	9.9	10.8	9.8	...	...
Rural – Rurale		26	25	26	...	...	♦ 11.2	♦ 10.5	♦ 9.8	...	...
Slovakia – Slovaquie	C										
Urban – Urbaine		39 707	35 510	31 712	...	...	13.1	11.7	10.4	...	...
Rural – Rurale		33 549	30 860	29 715	...	...	14.7	13.4	12.9	...	...
Slovenia – Slovénie	C										
Urban – Urbaine		9 068	9 031	8 785	8 718	...	9.0	9.0	8.9	...	...
Rural – Rurale		10 725	10 432	10 195	10 070	...	10.9	10.5	10.3	...	...
Switzerland – Suisse	C										
Urban – Urbaine		54 123	53 545	53 137	53 869	...	11.5	11.3	11.1	11.3	...
Rural – Rurale		29 639	29 435	29 066	29 138	...	13.3	13.1	12.8	12.7	...
The former Yugoslav Rep. of Macedonia – L'ex Rép. yougoslavie de Macédoine	C										
Urban – Urbaine		...	...	17 373	...	...	...	...	...	...	...
Rural – Rurale		...	...	14 781	...	...	...	...	...	...	...
Ukraine [10]	C										
Urban – Urbaine		356 833	328 522	308 408	...	...	10.1	9.3	8.9	...	...
Rural – Rurale		200 634	193 023	184 453	...	...	12.0	11.6	11.1	...	...
Yugoslavia – Yougoslavie	C										
Urban – Urbaine		72 979	71 355	73 403	...	...	13.6	13.2	13.5	...	...
Rural – Rurale		68 006	66 274	67 101	...	...	13.3	13.0	13.1	...	...
OCEANIA—OCEANIE											
New Zealand – Nouvelle–Zélande	+C										
Urban – Urbaine		44 387	...	...	...	...	...	...	...	...	...
Rural – Rurale		14 480	...	...	...	...	...	...	...	...	...

9. Live births and crude live—birth rates, by urban/rural residence: 1993 – 1997 (continued)

Naissances vivantes et taux bruts de natalité selon la résidence, urbaine/rurale: 1993 – 1997 (suite)

9. Live births and crude live—birth rates, by urban/rural residence: 1993 – 1997 (continued)

Naissances vivantes et taux bruts de natalité selon la résidence, urbaine/rurale: 1993 – 1997 (suite)

<table>
<tr><td>

FOOTNOTES (continued)

21 Excluding Faeroe Islands and Greenland.
22 Including nationals temporarily outside the country.
23 Including armed forces stationed outside the country.
24 Rates computed on population excluding armed forces.

25 Births registered within one year of occurrence.
26 Rates computed on population including civilian nationals temporarily outside country.
27 Including residents outside the country if listed in a Netherlands population register.
28 Data tabulated by date of occurrence for England and Wales, and by date of registration for Northern Ireland and Scotland.
29 Including United States military personnel, their dependants and contract employees.
30 Excluding births of unknown residence.
31 Excluding nationals outside the country.

</td><td>

NOTES (suite)

21 Non compris les îles Féroe et le Groenland.
22 Y compris les nationaux se trouvant temporairement hors du pays.
23 Y compris les militaires nationaux hors du pays.
24 Taux calculés sur la base d'un chiffre de population qui ne comprend pas les militaires.
25 Naissances enregistrées dans l'année qui suit l'événement.
26 Taux calculés sur la base d'un chiffre de population qui comprend les civils nationaux temporairement hors du pays.
27 Y compris les résidents hors du pays, s'ils sont inscrits sur un registre de population néerlandais.
28 Données exploitées selon la date de l'événement pour l'Angleterre et le pays de Galles, et selon la date de l'enregistrement pour l'Irlande du Nord et l'Ecosse.
29 Y compris les militaires des Etats—Unis, les membres de leur famille les accompagnant et les agents contractuels des Etats—Unis.
30 Non compris les naissances dont on ignore la résidence.
31 Non compris les nationaux hors du pays.

</td></tr>
</table>

10. Live births by age of mother, sex and urban/rural residence: latest available year

Naissances vivantes selon l'âge de la mère, le sexe et la résidence, urbaine/rurale: dernière année disponible

(See notes at end of table. – Voir notes à la fin du tableau.)

Continent, country or area, year, sex and urban/rural residence / Continent, pays ou zone, année, sexe et résidence, urbaine/rurale	All ages Tous âges	–15	15–19	20–24	25–29	30–34	35–39	40–44	45–49	50+	Unknown Inconnu
AFRICA—AFRIQUE											
Cape Verde – Cap–Vert 1990											
Total	9 669	*— 1	422 —*	2 753	2 509	1 607	968	218	*—	59 —*	133
Male – Masculin	5 017	*—	758 —*	1 350	1 303	890	524	111	*—	26 —*	55
Female – Féminin	4 652	*—	664 —*	1 403	1 206	717	444	107	*—	33 —*	78
Egypt – Egypte 1992 [1]											
Total	1 496 866	*— 34	092 —*	337 764	490 957	302 708	174 048	48 275	*— 14	429 —*	94 593
Male – Masculin	781 649	*— 17	723 —*	175 844	256 328	158 084	91 005	25 321	*— 7	673 —*	49 671
Female – Féminin	715 217	*— 16	369 —*	161 920	234 629	144 624	83 043	22 954	*— 6	756 —*	44 922
Mauritius – Maurice 1996+											
Total	20 498	22	2 152	6 167	5 975	4 122	1 618	342	15	2	83
Male – Masculin	10 326	18	1 095	3 081	3 047	2 084	772	178	7	1	43
Female – Féminin	10 172	4	1 057	3 086	2 928	2 038	846	164	8	1	40
Morocco – Maroc 1996 [1]											
Total	524 584	494	47 878	120 433	135 602	114 413	73 491	23 533	5 785	1 720	1 235
Male – Masculin	268 765	253	24 653	61 687	69 650	58 607	37 487	11 989	2 917	866	656
Female – Féminin	255 819	241	23 225	58 746	65 952	55 806	36 004	11 544	2 868	854	579
Seychelles 1993+											
Total	1 689	3	271	522	473	275	126	16	*—	3 —*	–
Male – Masculin	860	2	157	254	246	137	56	7	*—	1 —*	–
Female – Féminin	829	1	114	268	227	138	70	9	*—	2 —*	–
Tunisia – Tunisie 1995											
Total	186 416	*— 5	489 —*	33 056	50 438	41 703	21 825	6 390	*— 1	062 —*	26 453
Male – Masculin	96 504	*— 2	841 —*	17 114	25 995	21 588	11 485	3 294	*—	531 —*	13 656
Female – Féminin	89 912	*— 2	648 —*	15 942	24 443	20 115	10 340	3 096	*—	531 —*	12 797
Zimbabwe 1992 [1,2]											
Total	359 286	400	51 532	113 965	77 393	58 693	37 559	15 224	*— 4	520 —*	–
Male – Masculin	181 007	196	25 946	57 541	38 894	29 648	18 926	7 568	*— 2	288 —*	–
Female – Féminin	178 279	204	25 586	56 424	38 499	29 045	18 633	7 656	*— 2	232 —*	–
AMERICA,NORTH— AMERIQUE DU NORD											
Antigua and Barbuda – Antigua–et–Barbuda 1995+											
Total	1 347	4	209	377	350	246	128	23	2	–	8
Aruba 1996											
Total	1 452	6	122	320	409	384	185	26	–	–	–
Bahamas 1996											
Total	5 873	10	803	1 561	1 525	1 238	601	106	6	23	–
Male – Masculin	3 027	4	424	829	748	640	316	58	3	5	–
Female – Féminin	2 846	6	379	732	777	598	285	48	3	18	–
Belize 1996											
Total	5 163	21	892	1 613	1 197	735	359	111	*—	13 —*	222
Male – Masculin	2 620	10	480	820	588	363	191	59	*—	6 —*	103
Female – Féminin	2 543	11	412	793	609	372	168	52	*—	7 —*	119
Bermuda – Bermudes 1996											
Total	834	2	68	156	211	245	122	29	1	–	–
Male – Masculin	392	1	37	70	98	113	58	15	–	–	–
Female – Féminin	442	1	31	86	113	132	64	14	1	–	–

10. Live births by age of mother, sex and urban/rural residence: latest available year (continued)

Naissances vivantes selon l'âge de la mère, le sexe et la résidence, urbaine/rurale: dernière année disponible (suite)

(See notes at end of table. – Voir notes à la fin du tableau.)

Continent, country or area, year, sex and urban/rural residence / Continent, pays ou zone, année, sexe et résidence, urbaine/rurale	All ages Tous âges	–15	15–19	20–24	25–29	30–34	35–39	40–44	45–49	50+	Unknown Inconnu
AMERICA,NORTH— (Cont.–Suite) AMERIQUE DU NORD											
Canada											
1995 [3]											
Total	378 011	241	23 416	71 142	121 976	114 513	40 419	5 625	194	3	482
Male – Masculin	193 753	112	11 935	36 465	62 520	58 756	20 749	2 853	97	3	263
Female – Féminin	184 258	129	11 481	34 677	59 456	55 757	19 670	2 772	97	–	219
Cayman Islands – Iles Caïmanes											
1994+											
Total	531	2	62	136	139	142	37	13	–	–	–
Male – Masculin	246	1	31	69	55	64	20	6	–	–	–
Female – Féminin	285	1	31	67	84	78	17	7	–	–	–
Costa Rica											
1995											
Total	80 306	564	14 196	22 137	20 125	14 042	6 862	1 797	*—	128 —*	455
Cuba											
1995 [1]											
Total	147 170	516	22 152	47 771	44 554	24 966	6 154	891	75	78	13
Male – Masculin	78 803	256	11 757	25 527	23 872	13 486	3 390	432	34	45	4
Female – Féminin	68 367	260	10 395	22 244	20 682	11 480	2 764	459	41	33	9
El Salvador											
1992 [1]											
Total	154 014	981	30 136	47 646	33 523	19 235	10 174	3 872	755	210	7 482
Male – Masculin	77 086	496	15 202	23 838	16 739	9 630	4 970	1 968	372	103	3 768
Female – Féminin	76 928	485	14 934	23 808	16 784	9 605	5 204	1 904	383	107	3 714
Greenland – Groenland											
1996 [1]											
Total	1 066	3	135	241	324	253	87	19	–	–	4
Male – Masculin	539	2	65	125	164	130	43	8	–	–	2
Female – Féminin	527	1	70	116	160	123	44	11	–	–	2
Guadeloupe											
1991 [4][5]											
Total	7 547	14	667	1 832	2 444	1 639	753	171	8	–	19
Guatemala											
1993 [1]											
Total	370 138	1 619	62 569	107 785	83 502	60 150	36 309	14 393	2 100	717	994
Male – Masculin	189 002	896	32 202	55 248	42 366	30 541	18 368	7 381	1 100	395	505
Female – Féminin	181 136	723	30 367	52 537	41 136	29 609	17 941	7 012	1 000	322	489
Martinique											
1992 [4][5]											
Total	6 305	15	430	1 486	2 029	1 495	675	143	8	–	24
Male – Masculin	3 190	8	221	746	1 022	769	339	70	5	–	10
Female – Féminin	3 115	7	209	740	1 007	726	336	73	3	–	14
Mexico – Mexique											
1996+ [1]											
Total [6]	2 707 718	10 568	413 961	820 033	664 840	408 921	199 958	60 670	10 106	3 251	115 410
Male – Masculin	1 365 863	5 197	210 973	417 282	337 086	206 668	100 455	30 405	5 107	1 589	51 101
Female – Féminin	1 341 619	5 369	202 963	402 682	327 700	202 225	99 482	30 262	4 999	1 661	64 276
Netherlands Antilles – Antilles néerlandaises											
1991*+											
Total	3 839	10	374	897	1 112	968	402	74	2	–	–
Panama											
1995											
Total	61 939	465	11 255	18 638	15 309	10 123	4 101	1 028	114	39	867
1994 [1]											
Male – Masculin	30 631	241	5 545	9 275	7 505	4 781	1 979	474	60	19	752
Female – Féminin	29 316	229	5 251	8 849	7 090	4 766	1 882	461	46	22	720

10. Live births by age of mother, sex and urban/rural residence: latest available year (continued)

Naissances vivantes selon l'âge de la mère, le sexe et la résidence, urbaine/rurale: dernière année disponible (suite)

(See notes at end of table. – Voir notes à la fin du tableau.)

Continent, country or area, year, sex and urban/rural residence Continent, pays ou zone, année, sexe et résidence, urbaine/rurale	All ages Tous âges	–15	15–19	20–24	25–29	30–34	35–39	40–44	45–49	50+	Unknown Inconnu
AMERICA,NORTH— (Cont.–Suite) **AMERIQUE DU NORD**											
Puerto Rico – Porto Rico 1996 [1]											
Total	63 259	411	12 593	19 825	16 021	9 753	3 895	712	38	–	11
Male – Masculin	32 571	217	6 466	10 229	8 241	5 016	2 026	346	23	–	7
Female – Féminin	30 688	194	6 127	9 596	7 780	4 737	1 869	366	15	–	4
Saint Kitts and Nevis – Saint–Kitts–et–Nevis 1995+											
Total	797	3	130	232	197	150	76	7	*—	2 —*	–
St. Vincent and the Grenadines – Saint–Vincent–et–Grenadines 1996+											
Total	2 338	13	467	694	518	387	214	34	3	–	8
1992+ [1]											
Male – Masculin	1 334	11	280	409	329	187	87	21	*—	4 —*	6
Female – Féminin	1 352	15	286	383	348	194	90	27	*—	– —*	9
Trinidad and Tobago – Trinité–et–Tobago 1995											
Total	19 258	43	2 594	5 618	4 851	3 963	1 752	360	34	3	40
Male – Masculin	9 843	16	1 331	2 879	2 492	2 022	888	177	12	–	26
Female – Féminin	9 415	27	1 263	2 739	2 359	1 941	864	183	22	3	14
United States – Etats–Unis 1995 [7]											
Total	3 899 589	12 242	499 873	965 547	1063539	904 666	383 745	67 250	*— 2	727 —*	–
1991 [7]											
Male – Masculin	2 101 518	6 198	265 598	556 980	623 142	453 168	168 988	26 564	*—	880 —*	–
Female – Féminin	2 009 389	5 816	253 979	532 712	596 823	431 694	162 005	25 531	*—	829 —*	–
United States Virgin Islands – Iles Vierges américaines 1993											
Total	2 529	18	404	733	612	462	227	*———	42	———*	31
Male – Masculin	1 290	7	201	377	319	232	123	*———	17	———*	14
Female – Féminin	1 239	11	203	356	293	230	104	*———	25	———*	17
AMERICA,SOUTH— **AMERIQUE DU SUD**											
Argentina – Argentine 1995											
Total	658 735	3 314	100 376	176 195	163 906	123 010	63 750	18 303	1 489	231	8 161
Brazil – Brésil 1994 [8]											
Total	2 472 325	11 457	434 335	771 102	641 191	375 611	158 676	44 660	5 211	579	29 503
Male – Masculin	1 261 475	5 795	222 113	394 167	327 224	191 166	80 503	22 515	2 660	281	15 051
Female – Féminin	1 210 850	5 662	212 222	376 935	313 967	184 445	78 173	22 145	2 551	298	14 452
Chile – Chili 1996											
Total	264 793	1 126	38 575	69 941	67 582	53 732	27 247	6 290	292	8	–
Male – Masculin	135 700	553	19 841	35 845	34 603	27 615	13 886	3 222	131	4	–
Female – Féminin	129 093	573	18 734	34 096	32 979	26 117	13 361	3 068	161	4	–
Ecuador – Equateur 1996 [1] [9]											
Total	182 242	610	30 810	54 399	43 283	28 997	15 386	5 653	887	125	2 092
Male – Masculin	93 038	317	15 673	27 800	22 072	14 829	7 831	2 939	460	51	1 066
Female – Féminin	89 204	293	15 137	26 599	21 211	14 168	7 555	2 714	427	74	1 026

10. Live births by age of mother, sex and urban/rural residence: latest available year (continued)

Naissances vivantes selon l'âge de la mère, le sexe et la résidence, urbaine/rurale: dernière année disponible (suite)

(See notes at end of table. – Voir notes à la fin du tableau.)

Continent, country or area, year, sex and urban/rural residence / Continent, pays ou zone, année, sexe et résidence, urbaine/rurale	All ages Tous âges	–15	15–19	20–24	25–29	30–34	35–39	40–44	45–49	50+	Unknown Inconnu
AMERICA,SOUTH— (Cont.–Suite) **AMERIQUE DU SUD**											
Falkland Islands (Malvinas)– Iles Falkland (Malvinas) 1992+ [1]											
Total	27	–	4	5	10	7	1	*———	– ———*		–
Male – Masculin	16	–	3	1	7	5	–	*———	– ———*		–
Female – Féminin	11	–	1	4	3	2	1	*———	– ———*		–
Paraguay 1991											
Total	34 591	3	1 548	3 727	3 410	2 114	1 169	342	*—	59 ——*	22 219
Male – Masculin	17 782	–	796	1 946	1 776	1 060	579	168	*—	30 ——*	11 427
Female – Féminin	16 809	3	752	1 781	1 634	1 054	590	174	*—	29 ——*	10 792
Suriname 1996 [1]											
Total	9 393	55	1 506	3 144	2 495	1 448	617	116	*—	12 ——*	–
Uruguay 1993+											
Total	55 958	221	8 487	14 385	14 058	10 750	5 382	1 464	*— 1	211 ——*	–
Venezuela 1996 [8]											
Total	497 975	3 716	95 183	143 726	118 314	79 152	39 025	11 618	1 499	502	5 240
Male – Masculin	257 985	1 982	49 525	74 583	61 176	40 857	20 105	6 047	757	267	2 686
Female – Féminin	239 990	1 734	45 658	69 143	57 138	38 295	18 920	5 571	742	235	2 554
ASIA—ASIE											
Armenia – Arménie 1994 [1] [10]											
Total	51 143	–	10 637	21 121	10 463	6 090	2 379	433	15	5	–
Bahrain – Bahreïn 1995											
Total	13 481	4	431	2 648	4 008	3 695	1 986	499	80	24	106
Male – Masculin	6 936	3	220	1 336	2 069	1 920	1 013	258	52	16	49
Female – Féminin	6 545	1	211	1 312	1 939	1 775	973	241	28	8	57
Brunei Darussalam – Brunéi Darussalam 1992+ [1]											
Total	7 290	10	449	1 748	2 292	1 735	838	187	16	5	10
Male – Masculin	3 710	6	217	886	1 162	896	427	100	9	2	5
Female – Féminin	3 580	4	232	862	1 130	839	411	87	7	3	5
China – Chine **Hong Kong SAR – Hong–kong RAS** 1996											
Total [6]	63 291	18	1 163	7 760	19 813	23 765	9 352	1 205	36	6	173
Male – Masculin	32 656	12	588	4 015	10 237	12 222	4 857	623	18	2	82
Female – Féminin	30 621	6	575	3 745	9 576	11 543	4 495	581	18	4	78
Cyprus – Chypre 1996 [1] [11]											
Total	9 638	–	370	2 443	3 418	2 325	916	152	10	2	2
Male – Masculin	4 995	–	187	1 279	1 737	1 214	491	81	3	2	1
Female – Féminin	4 643	–	183	1 164	1 681	1 111	425	71	7	–	1
Georgia – Géorgie 1996 [1] [10]											
Total	53 669	–	10 599	19 443	12 407	7 407	3 077	633	82	21	–
Iran (Islamic Republic of – Rép. islamique d') 1994 [1]											
Total	1 304 255	2 059	150 317	411 003	338 933	212 503	126 843	45 713	12 355	4 529	–

10. Live births by age of mother, sex and urban/rural residence: latest available year (continued)

Naissances vivantes selon l'âge de la mère, le sexe et la résidence, urbaine/rurale: dernière année disponible (suite)

(See notes at end of table. – Voir notes à la fin du tableau.)

Continent, country or area, year, sex and urban/rural residence — Continent, pays ou zone, année, sexe et résidence, urbaine/rurale	All ages Tous âges	Age of mother (in years) – Age de la mère (en années)									
		−15	15–19	20–24	25–29	30–34	35–39	40–44	45–49	50+	Unknown Inconnu
ASIA—ASIE (Cont.–Suite)											
Israel – Israël [12] 1995 [1]											
Total	116 886	5	4 441	28 407	37 750	27 736	14 327	3 239	206	32	743
Male – Masculin	59 995	5	2 280	14 587	19 328	14 249	7 390	1 675	90	16	375
Female – Féminin	56 891	–	2 161	13 820	18 422	13 487	6 937	1 564	116	16	368
Japan – Japon 1996 [1][13]											
Total	1 206 555	19	15 602	190 520	504 575	377 274	105 630	12 526	397	–	12
Male – Masculin	619 793	10	8 034	97 783	259 563	193 760	54 106	6 332	200	–	5
Female – Féminin	586 762	9	7 568	92 737	245 012	183 514	51 524	6 194	197	–	7
Kazakhstan 1996 [1][10]											
Total	253 175	42	31 972	97 997	64 704	37 887	16 834	3 046	230	33	430
Korea, Dem. People's Rep. of – Corée, rép. populaire dém. de 1993 [1]											
Total	420 576	*——	54 774	——*	268 774	82 021	12 617	1 679	*—	711 —*	–
Male – Masculin	215 444	*——	27 978	——*	137 297	42 255	6 557	917	*—	440 —*	–
Female – Féminin	205 132	*——	26 796	——*	131 477	39 766	6 060	762	*—	271 —*	–
Korea, Republic of– Corée, République de 1995 [14]											
Total	704 590	1	6 346	135 014	384 130	146 563	28 758	2 985	194	52	547
Male – Masculin	374 456	1	3 261	69 760	202 119	80 659	16 552	1 665	118	28	293
Female – Féminin	330 134	–	3 085	65 254	182 011	65 904	12 206	1 320	76	24	254
Kuwait – Koweït 1996											
Total	44 620	–	1 797	10 289	12 830	9 244	5 122	1 633	187	–	3 518
Male – Masculin	22 856	–	928	5 269	6 600	4 772	2 606	844	91	–	1 746
Female – Féminin	21 764	–	869	5 020	6 230	4 472	2 516	789	96	–	1 772
Kyrgyzstan – Kirghizistan 1995 [1][10]											
Total	117 340	*— 12	406 —*	43 604	30 851	19 933	8 340	1 715	198	33	260
Macau – Macao 1996											
Total	5 468	–	78	802	2 032	1 764	660	127	5	–	–
Male – Masculin	2 879	–	46	418	1 081	915	347	70	2	–	–
Female – Féminin	2 589	–	32	384	951	849	313	57	3	–	–
Malaysia – Malaisie Peninsular Malaysia – Malaisie Péninsulaire 1996 [1][4]											
Total	432 925	158	13 565	90 473	141 934	111 033	57 586	16 608	1 244	88	236
Male – Masculin	223 204	87	7 006	46 725	73 076	57 347	29 581	8 521	681	53	127
Female – Féminin	209 721	71	6 559	43 748	68 858	53 686	28 005	8 087	563	35	109
Pakistan 1993 [1][15]											
Total	3 607 157	–	287 276	1075457	978 053	695 988	365 473	145 607	59 302	–	–
Male – Masculin	1 889 126	–	148 500	558 572	511 844	375 188	190 157	77 427	27 438	–	–
Female – Féminin	1 718 031	–	138 776	516 885	466 209	320 800	175 316	68 180	31 864	–	–
Philippines 1993											
Total	1 680 896	397	104 082	483 380	485 701	335 218	185 943	64 244	8 549	983	12 399
Male – Masculin	875 540	196	54 201	252 082	253 605	174 471	96 326	33 330	4 385	497	6 447
Female – Féminin	805 356	201	49 881	231 298	232 096	160 747	89 617	30 914	4 164	486	5 952

10. Live births by age of mother, sex and urban/rural residence: latest available year (continued)

Naissances vivantes selon l'âge de la mère, le sexe et la résidence, urbaine/rurale: dernière année disponible (suite)

(See notes at end of table. – Voir notes à la fin du tableau.)

Continent, country or area, year, sex and urban/rural residence / Continent, pays ou zone, année, sexe et résidence, urbaine/rurale	All ages Tous âges	Age of mother (in years) – Age de la mère (en années)									Unknown Inconnu
		–15	15–19	20–24	25–29	30–34	35–39	40–44	45–49	50+	
ASIA—ASIE (Cont.–Suite)											
Qatar											
1996											
Total	10 317	–	392	2 152	3 056	2 650	1 492	431	58	21	65
1992											
Male – Masculin	5 409	7	297	1 269	1 663	1 303	644	183	28	5	10
Female – Féminin	5 050	5	262	1 197	1 524	1 237	617	141	39	13	15
Singapore – Singapour											
1997 [16]											
Total	47 371	8	684	4 892	16 458	17 369	6 896	1 039	23	–	2
Male – Masculin	24 570	6	360	2 562	8 589	8 916	3 575	552	9	–	1
Female – Féminin	22 799	2	324	2 330	7 867	8 453	3 321	487	14	–	1
Sri Lanka											
1995+ [1]											
Total	343 224	135	28 360	88 212	102 949	76 589	37 028	8 986	910	55	–
Male – Masculin	174 675	62	14 335	44 974	52 454	39 097	18 756	4 515	456	26	–
Female – Féminin	168 549	73	14 025	43 238	50 495	37 492	18 272	4 471	454	29	–
Tajikistan – Tadjikistan											
1994 [1][10]											
Total	162 152	*— 15 886 —*		59 943	43 322	28 073	11 323	2 936	282	41	346
Thailand – Thaïlande											
1994+ [1]											
Total	960 248	2 106	122 406	294 910	272 802	162 718	66 245	18 867	3 938	2 162	14 094
Male – Masculin	494 485	1 007	63 099	151 963	140 766	83 755	34 138	9 667	1 952	912	7 226
Female – Féminin	465 763	1 099	59 307	142 947	132 036	78 963	32 107	9 200	1 986	1 250	6 868
Turkey – Turquie											
1997* [17]											
Total	1 377 000	–	165 000	531 000	387 000	182 000	79 000	28 000	*— 5 000 —*		–
Uzbekistan – Ouzbékistan											
1994 [1][10]											
Total	657 725	30	71 876	282 232	172 676	94 804	30 269	5 120	360	64	294
EUROPE											
Albania – Albanie											
1991 [1]											
Total	77 361	*— 2 264 —*		24 075	27 670	16 655	5 110	1 168	111	45	263
Austria – Autriche											
1996											
Total	88 809	11	3 496	20 088	33 792	22 845	7 385	1 148	43	1	–
Male – Masculin	45 558	5	1 818	10 374	17 327	11 710	3 702	594	28	–	–
Female – Féminin	43 251	6	1 678	9 714	16 465	11 135	3 683	554	15	1	–
Belarus – Bélarus											
1996 [1][10]											
Total	95 798	*— 13 443 —*		42 094	23 664	11 268	4 444	828	40	1	16
Belgium – Belgique											
1992											
Total	124 774	29	3 576	26 290	54 442	30 484	8 604	1 253	53	6	37
Male – Masculin	63 883	14	1 802	13 464	27 797	15 659	4 437	662	25	5	18
Female – Féminin	60 891	15	1 774	12 826	26 645	14 825	4 167	591	28	1	19
Bosnia Herzegovina – Bosnie–Herzégovine											
1991 [1]											
Total	64 769	27	6 649	22 953	20 821	10 017	3 212	590	56	22	422
Male – Masculin	33 226	16	3 434	11 642	10 744	5 192	1 657	295	33	7	206
Female – Féminin	31 543	11	3 215	11 311	10 077	4 825	1 555	295	23	15	216
Bulgaria – Bulgarie											
1995 [1]											
Total	71 967	466	15 812	29 872	17 007	6 163	2 171	452	22	2	–
Male – Masculin	36 802	238	8 111	15 252	8 739	3 164	1 051	235	12	–	–
Female – Féminin	35 165	228	7 701	14 620	8 268	2 999	1 120	217	10	2	–

10. Live births by age of mother, sex and urban/rural residence: latest available year (continued)

Naissances vivantes selon l'âge de la mère, le sexe et la résidence, urbaine/rurale: dernière année disponible (suite)

(See notes at end of table. – Voir notes à la fin du tableau.)

Continent, country or area, year, sex and urban/rural residence / Continent, pays ou zone, année, sexe et résidence, urbaine/rurale	All ages Tous âges	–15	15–19	20–24	25–29	30–34	35–39	40–44	45–49	50+	Unknown Inconnu
EUROPE (Cont.–Suite)											
Channel Islands – Iles Anglo–Normandes											
Guernsey – Guernesey											
1995											
Total	633	–	35	92	214	218	60	14	–	–	–
Male – Masculin	310	–	18	47	101	113	25	6	–	–	–
Female – Féminin	323	–	17	45	113	105	35	8	–	–	–
Jersey											
1994+											
Total	1 142	1	31	161	390	398	140	*———	21	———*	–
Male – Masculin	589	1	17	86	201	198	77	*———	9	———*	–
Female – Féminin	553	–	14	75	189	200	63	*———	12	———*	–
Croatia – Croatie											
1996 [1]											
Total	53 811	12	2 978	14 782	16 954	10 852	4 361	803	28	4	3 037
Male – Masculin	27 898	8	1 540	7 725	8 698	5 641	2 243	425	18	4	1 596
Female – Féminin	25 913	4	1 438	7 057	8 256	5 211	2 118	378	10	–	1 441
Czech Republic – Rép. tchèque											
1996 [1]											
Total	90 446	23	8 116	39 123	26 920	11 940	3 632	664	28	–	–
Male – Masculin	46 435	14	4 212	20 014	13 847	6 175	1 815	348	10	–	–
Female – Féminin	44 011	9	3 904	19 109	13 073	5 765	1 817	316	18	–	–
Denmark – Danemark [18]											
1995											
Total	69 771	1	1 387	11 405	27 455	21 501	7 033	959	30	–	–
Male – Masculin	35 886	1	693	5 828	14 113	11 137	3 599	496	19	–	–
Female – Féminin	33 885	–	694	5 577	13 342	10 364	3 434	463	11	–	–
Estonia – Estonie											
1996 [1][10]											
Total	13 291	4	1 714	4 868	3 780	1 896	842	177	6	–	4
Male – Masculin	6 828	2	847	2 551	1 919	988	425	91	1	–	4
Female – Féminin	6 463	2	867	2 317	1 861	908	417	86	5	–	–
Faeroe Islands – Iles Féroé											
1991											
Total	865	–	49	253	270	203	78	12	–	–	–
Finland – Finlande											
1996 [1][19]											
Total	60 723	3	1 558	9 574	20 932	18 917	8 053	1 604	82	–	–
Male – Masculin	31 142	3	802	4 959	10 699	9 637	4 150	849	43	–	–
Female – Féminin	29 581	–	756	4 615	10 233	9 280	3 903	755	39	–	–
France											
1994 [1][20]											
Total	710 993	38	13 388	122 285	272 647	204 139	80 902	16 720	841	33	–
Male – Masculin	364 277	17	6 851	62 653	139 785	104 543	41 590	8 405	420	13	–
Female – Féminin	346 716	21	6 537	59 632	132 862	99 596	39 312	8 315	421	20	–
Germany – Allemagne											
1996											
Total	796 013	109	20 751	123 366	279 174	266 593	91 423	14 002	567	21	7
Male – Masculin	409 213	48	10 670	63 455	143 569	136 814	47 110	7 233	295	15	4
Female – Féminin	386 800	61	10 081	59 911	135 605	129 779	44 313	6 769	272	6	3
Gibraltar											
1996											
Total	445	–	19	85	180	116	36	9	–	–	–
Greece – Grèce											
1995 [1]											
Total	101 495	58	4 756	24 144	38 304	23 739	8 805	1 512	146	31	–
Male – Masculin	52 700	38	2 469	12 568	19 971	12 214	4 549	792	85	14	–
Female – Féminin	48 795	20	2 287	11 576	18 333	11 525	4 256	720	61	17	–

10. Live births by age of mother, sex and urban/rural residence: latest available year (continued)

Naissances vivantes selon l'âge de la mère, le sexe et la résidence, urbaine/rurale: dernière année disponible (suite)

(See notes at end of table. – Voir notes à la fin du tableau.)

Continent, country or area, year, sex and urban/rural residence / Continent, pays ou zone, année, sexe et résidence, urbaine/rurale	All ages Tous âges	–15	15–19	20–24	25–29	30–34	35–39	40–44	45–49	50+	Unknown Inconnu
EUROPE (Cont.–Suite)											
Hungary – Hongrie 1996 [1]											
Total	105 272	167	11 371	37 353	34 417	14 623	5 854	1 436	50	1	–
Male – Masculin	54 188	87	5 776	19 299	17 674	7 562	3 010	757	23	–	–
Female – Féminin	51 084	80	5 595	18 054	16 743	7 061	2 844	679	27	1	–
Iceland – Islande 1996 [1]											
Total	4 329	–	224	966	1 314	1 169	573	80	3	–	–
Male – Masculin	2 221	–	120	512	656	603	289	41	–	–	–
Female – Féminin	2 108	–	104	454	658	566	284	39	3	–	–
Ireland – Irlande 1996+ [1 21]											
Total	50 390	3	2 697	7 448	13 588	16 798	8 273	1 436	67	–	80
Male – Masculin	26 241	2	1 417	3 864	7 106	8 725	4 312	741	33	–	41
Female – Féminin	24 149	1	1 280	3 584	6 482	8 073	3 961	695	34	–	39
Italy – Italie 1995*											
Total	525 609	5	11 990	78 768	185 338	171 029	64 359	11 765	528	6	1 821
Male – Masculin	270 996	4	6 183	40 550	95 757	87 964	33 233	6 080	273	6	946
Female – Féminin	254 613	1	5 807	38 218	89 581	83 065	31 126	5 685	255	–	875
Latvia – Lettonie 1996 [1 10]											
Total	19 782	3	2 077	7 377	5 681	2 917	1 399	291	16	–	21
Male – Masculin	10 273	1	1 095	3 843	2 927	1 512	725	150	9	–	11
Female – Féminin	9 509	2	982	3 534	2 754	1 405	674	141	7	–	10
Lithuania – Lituanie 1996 [1 10]											
Total	39 169	13	4 710	14 573	11 243	5 815	2 332	447	21	–	15
Male – Masculin	20 048	6	2 425	7 402	5 799	2 931	1 239	224	14	–	8
Female – Féminin	19 121	7	2 285	7 171	5 444	2 884	1 093	223	7	–	7
Luxembourg 1996											
Total	5 689	1	110	825	2 091	1 866	685	105	1	–	5
Male – Masculin	2 982	–	55	444	1 065	997	365	50	1	–	5
Female – Féminin	2 707	1	55	381	1 026	869	320	55	–	–	–
Malta – Malte 1996 [22]											
Total	4 944	*——	239 ——*		969	1 759	1 273	574	121	9	–	–
Netherlands – Pays–Bas 1996 [23]											
Total	189 521	*——	2 511 ——*		19 495	66 123	73 821	24 506	2 933	*——	132 ——*	–
Male – Masculin	97 576	*——	1 319 ——*		9 986	34 199	38 077	12 420	1 514	*——	61 ——*	–
Female – Féminin	91 945	*——	1 192 ——*		9 509	31 924	35 744	12 086	1 419	*——	71 ——*	–
Norway – Norvège 1996 [5]											
Total	60 927	2	1 760	11 510	22 886	17 288	6 455	994	31	1	–
Male – Masculin	31 490	1	915	5 995	11 749	8 963	3 344	507	16	–	–
Female – Féminin	29 437	1	845	5 515	11 137	8 325	3 111	487	15	1	–
Poland – Pologne 1996 [1]											
Total	428 203	76	33 436	154 352	125 989	69 110	35 959	8 891	389	1	–
Male – Masculin	220 685	40	17 300	79 877	64 869	35 587	18 409	4 418	185	–	–
Female – Féminin	207 518	36	16 136	74 475	61 120	33 523	17 550	4 473	204	1	–
Portugal 1996											
Total	110 363	98	7 762	26 005	37 492	27 430	9 653	1 794	106	5	18
Male – Masculin	57 374	48	4 036	13 539	19 506	14 277	4 984	916	58	–	10
Female – Féminin	52 989	50	3 726	12 466	17 986	13 153	4 669	878	48	5	8

10. Live births by age of mother, sex and urban/rural residence: latest available year (continued)

Naissances vivantes selon l'âge de la mère, le sexe et la résidence, urbaine/rurale: dernière année disponible (suite)

(See notes at end of table. – Voir notes à la fin du tableau.)

Continent, country or area, year, sex and urban/rural residence Continent, pays ou zone, année, sexe et résidence, urbaine/rurale	All ages Tous âges	Age of mother (in years) – Age de la mère (en années)									Unknown Inconnu
		–15	15–19	20–24	25–29	30–34	35–39	40–44	45–49	50+	
EUROPE (Cont.–Suite)											
Republic of Moldova – République de Moldova 1995 [1] [10]											
Total	56 411	178	10 973	22 696	12 548	6 773	2 686	485	26	–	46
Romania – Roumanie 1996 [1]											
Total	231 348	432	37 830	93 029	70 343	18 632	8 505	2 417	157	3	–
Male – Masculin	118 856	225	19 410	47 834	36 151	9 588	4 336	1 228	81	3	–
Female – Féminin	112 492	207	18 420	45 195	34 192	9 044	4 169	1 189	76	–	–
Russian Federation – Fédération de Russie 1995 [1] [10]											
Total	1 363 806	3 107	234 912	561 796	309 371	171 115	68 219	13 073	572	6	1 635
San Marino – Saint–Marin 1995+ [3]											
Total	244	*——	3 ——*	27	96	82	31	*————	5	————*	–
1994+ [3]											
Male – Masculin	136	–	1	13	39	68	10	*————	5	————*	–
Female – Féminin	132	–	2	20	52	42	12	*————	4	————*	–
Slovakia – Slovaquie 1995 [1]											
Total	61 427	37	7 517	26 208	16 460	7 755	2 839	595	16	–	–
Male – Masculin	31 415	19	3 867	13 391	8 486	3 919	1 412	313	8	–	–
Female – Féminin	30 012	18	3 650	12 817	7 974	3 836	1 427	282	8	–	–
Slovenia – Slovénie 1996 [1]											
Total	18 788	4	805	5 571	7 088	3 943	1 157	213	7	–	–
Male – Masculin	9 710	4	417	2 812	3 689	2 068	597	120	3	–	–
Female – Féminin	9 078	–	388	2 759	3 399	1 875	560	93	4	–	–
Spain – Espagne 1995											
Total	363 469	107	11 874	45 715	127 683	127 805	43 628	6 339	306	12	–
Male – Masculin	187 399	47	6 107	23 355	66 073	65 902	22 540	3 209	160	6	–
Female – Féminin	176 070	60	5 767	22 360	61 610	61 903	21 088	3 130	146	6	–
Sweden – Suède 1996											
Total	95 297	5	1 900	16 427	34 722	29 011	11 109	2 038	84	1	–
Male – Masculin	48 660	5	949	8 372	17 663	14 893	5 689	1 040	49	–	–
Female – Féminin	46 637	–	951	8 055	17 059	14 118	5 420	998	35	1	–
Switzerland – Suisse 1996 [1]											
Total	83 007	4	1 099	10 688	30 508	29 690	9 670	1 296	51	1	–
Male – Masculin	42 708	–	562	5 428	15 795	15 272	4 940	683	28	–	–
Female – Féminin	40 299	4	537	5 260	14 713	14 418	4 730	613	23	1	–
The former Yugoslav Rep. of Macedonia – L'ex Rép. yougoslavie de Macédoine 1996											
Total	31 403	27	3 107	11 953	10 191	4 520	1 294	259	18	–	34
1995 [1]											
Male – Masculin	16 896	17	1 857	6 240	5 423	2 401	713	136	10	3	96
Female – Féminin	15 258	9	1 663	5 647	4 989	2 147	610	129	5	3	56
Ukraine 1995 [1] [10]											
Total	492 861	210	97 664	209 667	108 387	52 521	19 937	3 921	184	5	365
United Kingdom – Royaume–Uni 1996											
Total	733 375	333	50 464	141 101	238 902	210 585	78 387	12 838	593	45	127
Male – Masculin	376 499	165	25 774	73 472	122 719	108 092	39 269	6 615	298	24	71
Female – Féminin	356 876	168	24 690	68 629	116 183	102 493	38 118	6 223	295	21	56

10. Live births by age of mother, sex and urban/rural residence: latest available year (continued)

Naissances vivantes selon l'âge de la mère, le sexe et la résidence, urbaine/rurale: dernière année disponible (suite)

(See notes at end of table. – Voir notes à la fin du tableau.)

Continent, country or area, year, sex and urban/rural residence / Continent, pays ou zone, année, sexe et résidence, urbaine/rurale	All ages Tous âges	–15	15–19	20–24	25–29	30–34	35–39	40–44	45–49	50+	Unknown Inconnu
EUROPE (Cont.–Suite)											
Yugoslavia – Yougoslavie 1995 [1]											
Total	140 504	63	12 631	47 613	43 577	24 331	8 736	1 831	137	33	1 552
Male – Masculin	73 148	39	6 576	24 706	22 683	12 704	4 582	972	81	16	789
Female – Féminin	67 356	24	6 055	22 907	20 894	11 627	4 154	859	56	17	763
OCEANIA—OCEANIE											
American Samoa – Samoa américaines 1993											
Total	1 998	2	137	574	614	433	197	*———	41	———*	–
Australia – Australie 1996+											
Total	253 834	94	12 415	44 837	82 782	76 435	31 864	5 072	156	13	166
Male – Masculin	130 572	46	6 465	23 030	42 504	39 208	16 505	2 624	82	4	104
Female – Féminin	123 262	48	5 950	21 807	40 278	37 227	15 359	2 448	74	9	62
Guam 1992 [1] [24]											
Total	4 214	10	614	1 285	1 227	706	302	67	–	–	3
Male – Masculin	2 179	4	335	659	655	356	141	26	–	–	3
Female – Féminin	2 035	6	279	626	572	350	161	41	–	–	–
Marshall Islands – Iles Marshall 1996											
Total	1 499	–	264	550	363	214	82	23	3	–	–
New Caledonia – Nouvelle–Calédonie 1994*											
Total	4 296	*——	292 ——*	1 275	1 339	905	367	84	*——	5 ——*	29
New Zealand – Nouvelle–Zélande 1993+ [1] [25]											
Total	58 867	145	4 243	13 073	18 806	16 304	5 474	785	37	–	–
Male – Masculin	30 365	76	2 211	6 700	9 713	8 447	2 800	396	22	–	–
Female – Féminin	28 502	69	2 032	6 373	9 093	7 857	2 674	389	15	–	–
Tonga 1994											
Total	2 770	3	81	611	853	548	338	154	21	1	160
Male – Masculin	1 407	2	42	308	439	268	177	71	13	1	86
Female – Féminin	1 363	1	39	303	414	280	161	83	8	–	74

10. Live births by age of mother, sex and urban/rural residence: latest available year (continued)

Naissances vivantes selon l'âge de la mère, le sexe et la résidence, urbaine/rurale: dernière année disponible (suite)

Data by urban/rural residence

Données selon la résidence urbaine/rurale

(See notes at end of table. – Voir notes à la fin du tableau.)

Continent, country or area, year, sex and urban/rural residence — Continent, pays ou zone, année, sexe et résidence, urbaine/rurale	All ages Tous âges	Age of mother (in years) – Age de la mère (en années)									
		−15	15–19	20–24	25–29	30–34	35–39	40–44	45–49	50+	Unknown Inconnu
AFRICA—AFRIQUE											
Egypt – Egypte											
Urban – Urbaine											
1992											
Urban – Urbaine	579 388	*— 11	413 —*	132 853	194 823	124 791	61 698	16 079	*— 3	941 —*	33 790
Male – Masculin	301 328	*— 5	869 —*	68 949	101 097	65 088	32 072	8 420	*— 2	088 —*	17 745
Female – Féminin	278 060	*— 5	544 —*	63 904	93 726	59 703	29 626	7 659	*— 1	853 —*	16 045
Rural – Rurale											
1992											
Rural – Rurale	917 478	*— 22	679 —*	204 911	296 134	177 917	112 350	32 196	*— 10	488 —*	60 803
Male – Masculin	480 321	*— 11	854 —*	106 895	155 231	92 996	58 933	16 901	*— 5	585 —*	31 926
Female – Féminin	437 157	*— 10	825 —*	98 016	140 903	84 921	53 417	15 295	*— 4	903 —*	28 877
Morocco – Maroc											
Urban – Urbaine											
1996											
Urban – Urbaine	253 736	216	19 850	55 272	68 253	60 662	36 742	9 997	1 568	437	739
Male – Masculin	129 784	118	10 233	28 256	35 108	30 906	18 692	5 098	774	214	385
Female – Féminin	123 952	98	9 617	27 016	33 145	29 756	18 050	4 899	794	223	354
Rural – Rurale											
1996											
Rural – Rurale	270 848	278	28 028	65 161	67 349	53 751	36 749	13 536	4 217	1 283	496
Male – Masculin	138 981	135	14 420	33 431	34 542	27 701	18 795	6 891	2 143	652	271
Female – Féminin	131 867	143	13 608	31 730	32 807	26 050	17 954	6 645	2 074	631	225
Zimbabwe											
Urban – Urbaine											
1992 [2]											
Urban – Urbaine	107 597	69	12 885	39 078	26 902	16 898	8 746	2 520	*—	499 —*	–
Male – Masculin	54 099	35	6 536	19 741	13 395	8 559	4 334	1 240	*—	259 —*	–
Female – Féminin	53 498	34	6 349	19 337	13 507	8 339	4 412	1 280	*—	240 —*	–
Rural – Rurale											
1992 [2]											
Rural – Rurale	251 689	331	38 647	74 887	50 491	41 795	28 813	12 704	*— 4	021 —*	–
Male – Masculin	126 908	161	19 410	37 800	25 499	21 089	14 592	6 328	*— 2	029 —*	–
Female – Féminin	124 781	170	19 237	37 087	24 992	20 706	14 221	6 376	*— 1	992 —*	–
AMERICA,NORTH— AMERIQUE DU NORD											
Cuba											
Urban – Urbaine											
1995											
Urban – Urbaine	103 546	260	12 797	32 667	32 920	19 400	4 702	669	57	68	6
Male – Masculin	55 737	123	6 836	17 574	17 672	10 542	2 601	323	25	38	3
Female – Féminin	47 809	137	5 961	15 093	15 248	8 858	2 101	346	32	30	3
Rural – Rurale											
1995											
Rural – Rurale	43 624	256	9 355	15 104	11 635	5 566	1 452	222	18	10	6
Male – Masculin	23 066	133	4 921	7 953	6 198	2 944	789	109	9	7	3
Female – Féminin	20 558	123	4 434	7 151	5 437	2 622	663	113	9	3	3
El Salvador											
Urban – Urbaine											
1992											
Urban – Urbaine	75 262	447	14 383	24 677	17 808	9 457	4 071	1 326	224	59	2 810
Male – Masculin	38 395	229	7 441	12 605	9 102	4 800	1 980	693	106	35	1 404
Female – Féminin	36 867	218	6 942	12 072	8 706	4 657	2 091	633	118	24	1 406
Rural – Rurale											
1992											
Rural – Rurale	78 752	534	15 753	22 969	15 715	9 778	6 103	2 546	531	151	4 672
Male – Masculin	38 691	267	7 761	11 233	7 637	4 830	2 990	1 275	266	68	2 364
Female – Féminin	40 061	267	7 992	11 736	8 078	4 948	3 113	1 271	265	83	2 308
Greenland – Groenland											
Urban – Urbaine											
1996											
Urban – Urbaine	833	2	103	184	252	203	69	16	–	–	4
Male – Masculin	428	1	53	99	125	107	33	8	–	–	2
Female – Féminin	405	1	50	85	127	96	36	8	–	–	2

313

10. Live births by age of mother, sex and urban/rural residence: latest available year (continued)

Naissances vivantes selon l'âge de la mère, le sexe et la résidence, urbaine/rurale: dernière année disponible (suite)

Data by urban/rural residence

Données selon la résidence urbaine/rurale

(See notes at end of table. – Voir notes à la fin du tableau.)

Continent, country or area, year, sex and urban/rural residence / Continent, pays ou zone, année, sexe et résidence, urbaine/rurale	All ages Tous âges	−15	15–19	20–24	25–29	30–34	35–39	40–44	45–49	50+	Unknown Inconnu
AMERICA,NORTH— (Cont.–Suite) AMERIQUE DU NORD											
Greenland – Groenland Rural – Rurale 1996											
Rural – Rurale	233	1	32	57	72	50	18	3	–	–	–
Male – Masculin	111	1	12	26	39	23	10	–	–	–	–
Female – Féminin	122	–	20	31	33	27	8	3	–	–	–
Guatemala Urban – Urbaine 1993											
Urban – Urbaine	137 728	550	22 527	42 661	33 455	21 764	11 421	4 079	491	186	594
Rural – Rurale 1993											
Rural – Rurale	232 410	1 069	40 042	65 124	50 047	38 386	24 888	10 314	1 609	531	400
Mexico – Mexique Urban – Urbaine 1996+ 6 26											
Urban – Urbaine	*1 770 537*	*5 509*	*270 675*	*567 705*	*473 456*	*283 760*	*126 569*	*33 253*	*5 151*	*1 595*	*2 864*
Rural – Rurale 1996+ 6 26											
Rural – Rurale	*814 335*	*4 854*	*141 426*	*248 658*	*188 107*	*122 891*	*72 260*	*27 060*	*4 870*	*1 617*	*2 592*
Panama Urban – Urbaine 1994											
Urban – Urbaine	29 791	178	4 807	9 010	7 928	5 299	1 825	313	18	12	401
Male – Masculin	15 126	94	2 456	4 579	4 019	2 645	941	166	10	7	209
Female – Féminin	14 665	84	2 351	4 431	3 909	2 654	884	147	8	5	192
Rural – Rurale 1994											
Rural – Rurale	30 156	292	5 989	9 114	6 667	4 248	2 036	622	88	29	1 071
Male – Masculin	15 505	147	3 089	4 696	3 486	2 136	1 038	308	50	12	543
Female – Féminin	14 651	145	2 900	4 418	3 181	2 112	998	314	38	17	528
Puerto Rico – Porto Rico Urban – Urbaine 1996											
Urban – Urbaine	32 249	187	5 633	9 665	8 455	5 554	2 317	411	20	–	7
Male – Masculin	16 580	96	2 878	4 965	4 366	2 861	1 203	193	13	–	5
Female – Féminin	15 669	91	2 755	4 700	4 089	2 693	1 114	218	7	–	2
Rural – Rurale 1996											
Rural – Rurale	31 010	224	6 960	10 160	7 566	4 199	1 578	301	18	–	4
Male – Masculin	15 991	121	3 588	5 264	3 875	2 155	823	153	10	–	2
Female – Féminin	15 019	103	3 372	4 896	3 691	2 044	755	148	8	–	2
St. Vincent and the Grenadines – Saint–Vincent–et–Grenadines Urban – Urbaine 1992+											
Urban – Urbaine	2 267	23	509	632	564	325	156	47	*—*	3 —*	8
Male – Masculin	1 133	9	249	332	276	163	78	20	*—*	3 —*	3
Female – Féminin	1 134	14	260	300	288	162	78	27	*—*	– —*	5
Rural – Rurale 1992+											
Rural – Rurale	419	3	57	160	113	56	21	1	*—*	1 —*	7
Male – Masculin	201	2	31	77	53	24	8	1	*—*	1 —*	4
Female – Féminin	218	1	26	83	60	32	13	–	*—*	– —*	3
AMERICA,SOUTH— AMERIQUE DU SUD											
Ecuador – Equateur Urban – Urbaine 1996 9											
Urban – Urbaine	*128 856*	*431*	*21 711*	*38 975*	*31 560*	*20 884*	*10 009*	*3 130*	*435*	*63*	*1 658*
Male – Masculin	*65 751*	*226*	*10 939*	*19 975*	*16 099*	*10 656*	*5 116*	*1 656*	*226*	*26*	*832*
Female – Féminin	*63 105*	*205*	*10 772*	*19 000*	*15 461*	*10 228*	*4 893*	*1 474*	*209*	*37*	*826*

Data by urban/rural residence

Données selon la résidence urbaine/rurale

(See notes at end of table. – Voir notes à la fin du tableau.)

Continent, country or area, year, sex and urban/rural residence / Continent, pays ou zone, année, sexe et résidence, urbaine/rurale	All ages Tous âges	–15	15–19	20–24	25–29	30–34	35–39	40–44	45–49	50+	Unknown Inconnu
AMERICA, SOUTH— (Cont.–Suite) AMÉRIQUE DU SUD											
Ecuador – Equateur											
Rural – Rurale											
1996 [9]											
Rural – Rurale	53 386	179	9 099	15 424	11 723	8 113	5 377	2 523	452	62	434
Male – Masculin	27 287	91	4 734	7 825	5 973	4 173	2 715	1 283	234	25	234
Female – Féminin	26 099	88	4 365	7 599	5 750	3 940	2 662	1 240	218	37	200
Falkland Islands (Malvinas)– Îles Falkland (Malvinas)											
Urban – Urbaine											
1992+											
Urban – Urbaine	22	–	4	2	8	7	1	*———	–	———*	–
Male – Masculin	14	–	3	1	5	5	–	*———	–	———*	–
Female – Féminin	8	–	1	1	3	2	1	*———	–	———*	–
Rural – Rurale											
1992+											
Rural – Rurale	5	–	–	3	2	–	–	*———	–	———*	–
Male – Masculin	2	–	–	–	2	–	–	*———	–	———*	–
Female – Féminin	3	–	–	3	–	–	–	*———	–	———*	–
Suriname											
Urban – Urbaine											
1996											
Urban – Urbaine	6 134	19	888	1 983	1 685	1 050	434	73	*—	2 —*	–
Rural – Rurale											
1996											
Rural – Rurale	3 259	36	618	1 161	810	398	183	43	*—	10 —*	–
ASIA—ASIE											
Armenia – Arménie											
Urban – Urbaine											
1994 [10]											
Urban – Urbaine	29 975	–	5 366	12 281	6 384	3 899	1 705	327	9	4	–
Rural – Rurale											
1994 [10]											
Rural – Rurale	21 168	–	5 271	8 841	4 079	2 191	673	106	6	1	–
Brunei Darussalam – Brunéi Darussalam											
Urban – Urbaine											
1992+											
Urban – Urbaine	7 001	10	422	1 686	2 218	1 669	797	172	14	5	8
Male – Masculin	3 568	6	207	855	1 127	859	408	92	8	2	4
Female – Féminin	3 433	4	215	831	1 091	810	389	80	6	3	4
Rural – Rurale											
1992+											
Rural – Rurale	289	–	27	62	74	66	41	15	2	–	2
Male – Masculin	142	–	10	31	35	37	19	8	1	–	1
Female – Féminin	147	–	17	31	39	29	22	7	1	–	1
Cyprus – Chypre											
Urban – Urbaine											
1996 [11]											
Urban – Urbaine	6 414	–	185	1 524	2 338	1 616	641	101	8	–	1
Male – Masculin	3 291	–	88	796	1 161	844	340	59	3	–	–
Female – Féminin	3 123	–	97	728	1 177	772	301	42	5	–	1
Rural – Rurale											
1996 [11]											
Rural – Rurale	3 084	–	177	887	1 034	669	262	50	2	2	1
Male – Masculin	1 624	–	95	467	549	348	141	21	–	2	1
Female – Féminin	1 460	–	82	420	485	321	121	29	2	–	–
Georgia – Géorgie											
Urban – Urbaine											
1996 [10]											
Urban – Urbaine	31 354	–	5 557	10 859	7 600	4 803	2 042	423	59	11	–
Rural – Rurale											
1996 [10]											
Rural – Rurale	22 315	–	5 042	8 584	4 807	2 604	1 035	210	23	10	–

10. Live births by age of mother, sex and urban/rural residence: latest available year (continued)

Naissances vivantes selon l'âge de la mère, le sexe et la résidence, urbaine/rurale: dernière année disponible (suite)

Data by urban/rural residence

Données selon la résidence urbaine/rurale

(See notes at end of table. – Voir notes à la fin du tableau.)

Continent, country or area, year, sex and urban/rural residence / Continent, pays ou zone, année, sexe et résidence, urbaine/rurale	All ages Tous âges	Age of mother (in years) – Age de la mère (en années)									Unknown Inconnu
		–15	15–19	20–24	25–29	30–34	35–39	40–44	45–49	50+	
ASIA—ASIE (Cont.–Suite)											
Iran (Islamic Republic of – Rép. islamique d')											
Urban – Urbaine											
1994											
Urban – Urbaine	657 275	1 647	70 834	216 621	177 085	102 545	66 304	17 297	2 883	2 059	–
Rural – Rurale											
1994											
Rural – Rurale	646 980	412	79 483	194 382	161 848	109 958	60 539	28 416	9 472	2 470	–
Israel – Israël [12]											
Urban – Urbaine											
1995											
Urban – Urbaine	102 607	4	3 958	25 172	33 388	24 127	12 331	2 792	184	29	622
Male – Masculin	52 648	4	2 022	12 882	17 094	12 394	6 383	1 443	83	14	329
Female – Féminin	49 959	–	1 936	12 290	16 294	11 733	5 948	1 349	101	15	293
Rural – Rurale											
1995											
Rural – Rurale	14 279	1	483	3 235	4 362	3 609	1 996	447	22	3	121
Male – Masculin	7 347	1	258	1 705	2 234	1 855	1 007	232	7	2	46
Female – Féminin	6 932	–	225	1 530	2 128	1 755	989	215	15	–	75
Japan – Japon											
Urban – Urbaine											
1996 [13]											
Urban – Urbaine	967 708	18	12 169	148 946	405 825	305 709	84 756	9 950	325	–	10
Male – Masculin	497 312	10	6 245	76 555	208 853	157 012	43 407	5 062	163	–	5
Female – Féminin	470 396	8	5 924	72 391	196 972	148 697	41 349	4 888	162	–	5
Rural – Rurale											
1996 [13]											
Rural – Rurale	238 545	1	3 433	41 566	98 644	71 410	20 844	2 573	72	–	2
Male – Masculin	122 318	–	1 789	21 223	50 653	36 661	10 686	1 269	37	–	–
Female – Féminin	116 227	1	1 644	20 343	47 991	34 749	10 158	1 304	35	–	2
Kazakhstan											
Urban – Urbaine											
1996 [10]											
Urban – Urbaine	119 024	21	15 895	45 623	30 021	17 824	7 905	1 291	91	12	341
Rural – Rurale											
1996 [10]											
Rural – Rurale	134 151	21	16 077	52 374	34 683	20 063	8 929	1 755	139	21	89
Korea, Dem. People's Rep. of – Corée, rép. populaire dém. de											
Urban – Urbaine											
1993											
Urban – Urbaine	230 111	*——— – 27 672 ———*			149 546	45 049	6 683	811	*—	350 —*	–
Male – Masculin	117 944	*——— – 14 130 ———*			76 348	23 258	3 538	456	*—	214 —*	–
Female – Féminin	112 167	*——— – 13 542 ———*			73 198	21 791	3 145	355	*—	136 —*	–
Rural – Rurale											
1993											
Rural – Rurale	190 465	*——— – 27 102 ———*			119 228	36 972	5 934	868	*—	361 —*	–
Male – Masculin	97 500	*——— – 13 848 ———*			60 949	18 997	3 019	461	*—	226 —*	–
Female – Féminin	92 965	*——— – 13 254 ———*			58 279	17 975	2 915	407	*—	135 —*	–
Kyrgyzstan – Kirghizistan											
Urban – Urbaine											
1995 [10]											
Urban – Urbaine	30 081	*— 3 064 —*		11 157	8 045	5 140	2 101	375	40	5	154
Rural – Rurale											
1995 [10]											
Rural – Rurale	87 259	*— 9 342 —*		32 447	22 806	14 793	6 239	1 340	158	28	106
Malaysia – Malaisie Peninsular Malaysia – Malaisie Péninsulaire											
Urban – Urbaine											
1996 [4]											
Urban – Urbaine	254 792	67	6 676	49 809	86 736	69 972	33 099	7 823	455	44	111
Male – Masculin	131 493	30	3 422	25 726	44 752	36 241	16 948	4 037	248	28	61
Female – Féminin	123 299	37	3 254	24 083	41 984	33 731	16 151	3 786	207	16	50

10. Live births by age of mother, sex and urban/rural residence: latest available year (continued)

Naissances vivantes selon l'âge de la mère, le sexe et la résidence, urbaine/rurale: dernière année disponible (suite)

Data by urban/rural residence

Données selon la résidence urbaine/rurale

(See notes at end of table. – Voir notes à la fin du tableau.)

Continent, country or area, year, sex and urban/rural residence / Continent, pays ou zone, année, sexe et résidence, urbaine/rurale	All ages Tous âges	Age of mother (in years) – Age de la mère (en années)									
		–15	15–19	20–24	25–29	30–34	35–39	40–44	45–49	50+	Unknown Inconnu
ASIA—ASIE (Cont.–Suite)											
Malaysia – Malaisie											
Peninsular Malaysia – Malaisie Péninsulaire											
Rural – Rurale											
1996 [4]											
Rural – Rurale	178 133	91	6 889	40 664	55 198	41 061	24 487	8 785	789	44	125
Male – Masculin	91 711	57	3 584	20 999	28 324	21 106	12 633	4 484	433	25	66
Female – Féminin	86 422	34	3 305	19 665	26 874	19 955	11 854	4 301	356	19	59
Maldives											
Urban – Urbaine											
1993											
Urban – Urbaine	1 404	–	154	493	390	206	123	21	4	1	12
Male – Masculin	781	–	87	262	218	121	71	12	3	1	6
Female – Féminin	623	–	67	231	172	85	52	9	1	–	6
Pakistan											
Urban – Urbaine											
1993 [15]											
Urban – Urbaine	995 322	–	63 056	312 289	290 631	194 011	94 997	34 060	6 278	–	–
Male – Masculin	529 404	–	33 570	170 895	149 564	104 166	49 168	18 715	3 326	–	–
Female – Féminin	465 918	–	29 486	141 394	141 067	89 844	45 829	15 345	2 953	–	–
Rural – Rurale											
1993 [15]											
Rural – Rurale	2 611 834	–	224 220	763 168	687 422	501 978	270 476	111 547	53 024	–	–
Male – Masculin	1 359 722	–	114 930	387 678	362 280	271 021	140 989	58 712	24 113	–	–
Female – Féminin	1 252 112	–	109 290	375 491	325 142	230 956	129 487	52 835	28 911	–	–
Sri Lanka											
Urban – Urbaine											
1995+											
Urban – Urbaine	230 167	89	17 853	55 610	68 834	54 139	26 534	6 486	596	26	–
Male – Masculin	117 277	39	9 014	28 422	34 944	27 773	13 521	3 255	297	12	–
Female – Féminin	112 890	50	8 839	27 188	33 890	26 366	13 013	3 231	299	14	–
Rural – Rurale											
1995+											
Rural – Rurale	113 057	46	10 507	32 602	34 115	22 450	10 494	2 500	314	29	–
Male – Masculin	57 398	23	5 321	16 552	17 510	11 324	5 235	1 260	159	14	–
Female – Féminin	55 659	23	5 186	16 050	16 605	11 126	5 259	1 240	155	15	–
Tajikistan – Tadjikistan											
Urban – Urbaine											
1994 [10]											
Urban – Urbaine	38 006	*— 3 832 —*			14 476	10 202	6 393	2 351	494	45	4	209
Rural – Rurale											
1994 [10]											
Rural – Rurale	124 146	*— 12 054 —*			45 467	33 120	21 680	8 972	2 442	237	37	137
Thailand – Thaïlande											
Urban – Urbaine											
1994+											
Urban – Urbaine	305 296	395	36 022	91 848	90 562	55 565	21 199	4 658	549	139	4 359
Male – Masculin	157 715	191	18 570	47 329	47 006	28 620	10 930	2 473	292	68	2 236
Female – Féminin	147 581	204	17 452	44 519	43 556	26 945	10 269	2 185	257	71	2 123
Rural – Rurale											
1994+											
Rural – Rurale	654 952	1 711	86 384	203 062	182 240	107 153	45 046	14 209	3 389	2 023	9 735
Male – Masculin	336 770	816	44 529	104 634	93 760	55 135	23 208	7 194	1 660	844	4 990
Female – Féminin	318 182	895	41 855	98 428	88 480	52 018	21 838	7 015	1 729	1 179	4 745
Uzbekistan – Ouzbékistan											
Urban – Urbaine											
1994 [10]											
Urban – Urbaine	201 677	21	24 477	84 191	52 150	29 509	9 696	1 428	81	12	112
Rural – Rurale											
1994 [10]											
Rural – Rurale	456 048	9	47 399	198 041	120 526	65 295	20 573	3 692	279	52	182

317

10. Live births by age of mother, sex and urban/rural residence: latest available year (continued)

Naissances vivantes selon l'âge de la mère, le sexe et la résidence, urbaine/rurale: dernière année disponible (suite)

Data by urban/rural residence

Données selon la résidence urbaine/rurale

(See notes at end of table. – Voir notes à la fin du tableau.)

Continent, country or area, year, sex and urban/rural residence / Continent, pays ou zone, année, sexe et résidence, urbaine/rurale	All ages Tous âges	−15	15–19	20–24	25–29	30–34	35–39	40–44	45–49	50+	Unknown Inconnu
EUROPE											
Albania – Albanie											
Urban – Urbaine											
1991											
Urban – Urbaine	22 550	*—	728 —*	6 724	8 524	4 927	1 280	175	12	18	162
Rural – Rurale											
1991											
Rural – Rurale	54 811	*—	1 536 —*	17 351	19 146	11 728	3 830	993	99	27	101
Belarus – Bélarus											
Urban – Urbaine											
1996 [10]											
Urban – Urbaine	65 967	*—	8 639 —*	28 736	16 649	8 227	3 124	546	31	1	14
Rural – Rurale											
1996 [10]											
Rural – Rurale	29 831	*—	4 804 —*	13 358	7 015	3 041	1 320	282	9	–	2
Bosnia Herzegovina – Bosnie–Herzégovine											
Urban – Urbaine											
1991 [26]											
Urban – Urbaine	28 913	10	2 109	9 006	10 169	5 445	1 677	279	21	10	187
Male – Masculin	14 880	8	1 122	4 560	5 221	2 864	869	135	11	1	89
Female – Féminin	14 033	2	987	4 446	4 948	2 581	808	144	10	9	98
Rural – Rurale											
1991 [26]											
Rural – Rurale	34 756	17	4 443	13 616	10 371	4 393	1 444	289	33	11	139
Male – Masculin	17 781	8	2 253	6 921	5 382	2 234	741	150	21	5	66
Female – Féminin	16 975	9	2 190	6 695	4 989	2 159	703	139	12	6	73
Bulgaria – Bulgarie											
Urban – Urbaine											
1995											
Urban – Urbaine	50 405	298	9 665	20 540	12 903	4 901	1 727	352	18	1	–
Male – Masculin	25 779	158	4 949	10 478	6 635	2 516	849	184	10	–	–
Female – Féminin	24 626	140	4 716	10 062	6 268	2 385	878	168	8	1	–
Rural – Rurale											
1995											
Rural – Rurale	21 562	168	6 147	9 332	4 104	1 262	444	100	4	1	–
Male – Masculin	11 023	80	3 162	4 774	2 104	648	202	51	2	–	–
Female – Féminin	10 539	88	2 985	4 558	2 000	614	242	49	2	1	–
Croatia – Croatie											
Urban – Urbaine											
1996											
Urban – Urbaine	32 598	9	1 314	7 570	10 392	7 133	3 010	555	17	2	2 596
Male – Masculin	16 817	6	665	3 928	5 281	3 722	1 544	303	10	2	1 356
Female – Féminin	15 781	3	649	3 642	5 111	3 411	1 466	252	7	–	1 240
Rural – Rurale											
1996											
Rural – Rurale	21 213	3	1 664	7 212	6 562	3 719	1 351	248	11	2	441
Male – Masculin	11 081	2	875	3 797	3 417	1 919	699	122	8	2	240
Female – Féminin	10 132	1	789	3 415	3 145	1 800	652	126	3	–	201
Czech Republic – Rép. tchèque											
Urban – Urbaine											
1996											
Urban – Urbaine	66 657	18	5 632	27 501	20 675	9 456	2 843	508	24	–	–
Male – Masculin	34 044	11	2 892	14 013	10 582	4 858	1 420	259	9	–	–
Female – Féminin	32 613	7	2 740	13 488	10 093	4 598	1 423	249	15	–	–
Rural – Rurale											
1996											
Rural – Rurale	23 789	5	2 484	11 622	6 245	2 484	789	156	4	–	–
Male – Masculin	12 391	3	1 320	6 001	3 265	1 317	395	89	1	–	–
Female – Féminin	11 398	2	1 164	5 621	2 980	1 167	394	67	3	–	–
Estonia – Estonie											
Urban – Urbaine											
1996 [10]											
Urban – Urbaine	8 471	3	1 017	3 091	2 482	1 238	533	102	4	–	1
Male – Masculin	4 365	2	495	1 630	1 277	637	264	58	1	–	1
Female – Féminin	4 106	1	522	1 461	1 205	601	269	44	3	–	–

10. Live births by age of mother, sex and urban/rural residence: latest available year (continued)

Naissances vivantes selon l'âge de la mère, le sexe et la résidence, urbaine/rurale: dernière année disponible (suite)

Data by urban/rural residence

Données selon la résidence urbaine/rurale

(See notes at end of table. – Voir notes à la fin du tableau.)

Continent, country or area, year, sex and urban/rural residence / Continent, pays ou zone, année, sexe et résidence, urbaine/rurale	All ages Tous âges	Age of mother (in years) – Age de la mère (en années)									Unknown Inconnu
		−15	15–19	20–24	25–29	30–34	35–39	40–44	45–49	50+	
EUROPE (Cont.–Suite)											
Estonia – Estonie											
Rural – Rurale											
1996 [10]											
Rural – Rurale	4 774	1	697	1 766	1 281	648	303	75	2	–	1
Male – Masculin	2 441	–	352	917	634	346	158	33	–	–	1
Female – Féminin	2 333	1	345	849	647	302	145	42	2	–	–
Finland – Finlande											
Urban – Urbaine											
1996 [19]											
Urban – Urbaine	40 598	–	1 071	6 442	14 245	12 642	5 149	998	51	–	–
Male – Masculin	20 872	–	547	3 327	7 330	6 475	2 633	533	27	–	–
Female – Féminin	19 726	–	524	3 115	6 915	6 167	2 516	465	24	–	–
Rural – Rurale											
1996 [19]											
Rural – Rurale	20 125	3	487	3 132	6 687	6 275	2 904	606	31	–	–
Male – Masculin	10 270	3	255	1 632	3 369	3 162	1 517	316	16	–	–
Female – Féminin	9 855	–	232	1 500	3 318	3 113	1 387	290	15	–	–
France											
Urban – Urbaine											
1994 [20][27]											
Urban – Urbaine	558 605	30	11 232	98 107	211 009	159 183	64 555	13 765	696	28	–
Male – Masculin	352 890	–	2 111	44 740	141 131	111 527	43 830	9 027	497	27	–
Female – Féminin	205 715	30	9 121	53 367	69 878	47 656	20 725	4 738	199	1	–
Rural – Rurale											
1994 [20][27]											
Rural – Rurale	151 033	8	2 136	24 022	61 209	44 493	16 120	2 897	143	5	–
Male – Masculin	77 601	3	1 075	12 274	31 558	22 883	8 319	1 407	79	3	–
Female – Féminin	73 432	5	1 061	11 748	29 651	21 610	7 801	1 490	64	2	–
Greece – Grèce											
Urban – Urbaine											
1995											
Urban – Urbaine	68 730	29	2 324	13 654	26 815	17 907	6 743	1 125	110	23	–
Male – Masculin	35 561	18	1 175	7 025	13 906	9 227	3 524	609	65	23	–
Female – Féminin	33 169	11	1 149	6 629	12 909	8 680	3 219	516	45	11	–
Rural – Rurale											
1995											
Rural – Rurale	32 765	29	2 432	10 490	11 489	5 832	2 062	387	36	8	–
Male – Masculin	17 139	20	1 294	5 543	6 065	2 987	1 025	183	20	2	–
Female – Féminin	15 626	9	1 138	4 947	5 424	2 845	1 037	204	16	6	–
Hungary – Hongrie											
Urban – Urbaine											
1996 [26]											
Urban – Urbaine	61 948	74	5 472	20 366	21 959	9 474	3 637	938	28	–	–
Male – Masculin	31 988	45	2 759	10 527	11 382	4 912	1 862	487	14	–	–
Female – Féminin	29 960	29	2 713	9 839	10 577	4 562	1 775	451	14	–	–
Rural – Rurale											
1996 [26]											
Rural – Rurale	42 927	93	5 834	16 827	12 369	5 096	2 193	492	22	1	–
Male – Masculin	21 997	42	2 987	8 685	6 255	2 618	1 134	267	9	–	–
Female – Féminin	20 930	51	2 847	8 142	6 114	2 478	1 059	225	13	1	–
Iceland – Islande											
Urban – Urbaine											
1996											
Urban – Urbaine	4 018	–	205	915	1 231	1 063	526	75	3	–	–
Male – Masculin	2 059	–	111	485	617	547	262	37	–	–	–
Female – Féminin	1 959	–	94	430	614	516	264	38	3	–	–
Rural – Rurale											
1996											
Rural – Rurale	311	–	19	51	83	106	47	5	–	–	–
Male – Masculin	162	–	9	27	39	56	27	4	–	–	–
Female – Féminin	149	–	10	24	44	50	20	1	–	–	–

10. Live births by age of mother, sex and urban/rural residence: latest available year (continued)

Naissances vivantes selon l'âge de la mère, le sexe et la résidence, urbaine/rurale: dernière année disponible (suite)

Data by urban/rural residence

Données selon la résidence urbaine/rurale

(See notes at end of table. – Voir notes à la fin du tableau.)

Continent, country or area, year, sex and urban/rural residence / Continent, pays ou zone, année, sexe et résidence, urbaine/rurale	All ages Tous âges	–15	15–19	20–24	25–29	30–34	35–39	40–44	45–49	50+	Unknown Inconnu
			Age of mother (in years) – Age de la mère (en années)								
EUROPE (Cont.–Suite)											
Ireland – Irlande											
Urban – Urbaine											
1993 + [21]											
Urban – Urbaine	24 705	8	1 665	4 239	7 283	7 521	3 160	638	32	1	158
Male – Masculin	12 678	5	851	2 207	3 681	3 896	1 628	311	20	1	78
Female – Féminin	12 027	3	814	2 032	3 602	3 625	1 532	327	12	–	80
Rural – Rurale											
1993 + [21]											
Rural – Rurale	24 751	2	962	3 180	7 189	8 144	4 004	985	55	2	228
Male – Masculin	12 771	2	477	1 631	3 760	4 174	2 074	499	31	–	123
Female – Féminin	11 980	–	485	1 549	3 429	3 970	1 930	486	24	2	105
Latvia – Lettonie											
Urban – Urbaine											
1996 [10]											
Urban – Urbaine	12 083	2	1 154	4 430	3 579	1 839	875	175	11	–	18
Male – Masculin	6 298	1	606	2 309	1 863	966	446	92	5	–	10
Female – Féminin	5 785	1	548	2 121	1 716	873	429	83	6	–	8
Rural – Rurale											
1996 [10]											
Rural – Rurale	7 699	1	923	2 947	2 102	1 078	524	116	5	–	3
Male – Masculin	3 975	–	489	1 534	1 064	546	279	58	4	–	1
Female – Féminin	3 724	1	434	1 413	1 038	532	245	58	1	–	2
Lithuania – Lituanie											
Urban – Urbaine											
1996 [10]											
Urban – Urbaine	24 823	10	2 626	8 973	7 519	3 850	1 557	267	10	–	11
Male – Masculin	12 766	4	1 364	4 605	3 893	1 928	829	131	6	–	6
Female – Féminin	12 057	6	1 262	4 368	3 626	1 922	728	136	4	–	5
Rural – Rurale											
1996 [10]											
Rural – Rurale	14 346	3	2 084	5 600	3 724	1 965	775	180	11	–	4
Male – Masculin	7 282	2	1 061	2 797	1 906	1 003	410	93	8	–	2
Female – Féminin	7 064	1	1 023	2 803	1 818	962	365	87	3	–	2
Poland – Pologne											
Urban – Urbaine											
1996											
Urban – Urbaine	229 837	50	18 739	78 924	68 226	38 322	20 304	5 049	222	1	–
Male – Masculin	118 466	28	9 679	40 814	35 062	19 778	10 487	2 504	114	–	–
Female – Féminin	111 371	22	9 060	38 110	33 164	18 544	9 817	2 545	108	1	–
Rural – Rurale											
1996											
Rural – Rurale	198 366	26	14 697	75 428	57 763	30 788	15 655	3 842	167	–	–
Male – Masculin	102 219	12	7 621	39 063	29 807	15 809	7 922	1 914	71	–	–
Female – Féminin	96 147	14	7 076	36 365	27 956	14 979	7 733	1 928	96	–	–
Republic of Moldova – République de Moldova											
Urban – Urbaine											
1995 [10]											
Urban – Urbaine	21 712	63	3 525	8 705	5 330	2 826	1 046	186	5	–	26
Rural – Rurale											
1995 [10]											
Rural – Rurale	34 699	115	7 448	13 991	7 218	3 947	1 640	299	21	–	20
Romania – Roumanie											
Urban – Urbaine											
1996											
Urban – Urbaine	108 226	152	13 149	39 076	39 176	10 875	4 575	1 154	68	1	–
Male – Masculin	55 690	83	6 822	20 100	20 108	5 612	2 352	579	33	1	–
Female – Féminin	52 536	69	6 327	18 976	19 068	5 263	2 223	575	35	–	–
Rural – Rurale											
1996											
Rural – Rurale	123 122	280	24 681	53 953	31 167	7 757	3 930	1 263	89	2	–
Male – Masculin	63 166	142	12 588	27 734	16 043	3 976	1 984	649	48	2	–
Female – Féminin	59 956	138	12 093	26 219	15 124	3 781	1 946	614	41	–	–

10. Live births by age of mother, sex and urban/rural residence: latest available year (continued)

Naissances vivantes selon l'âge de la mère, le sexe et la résidence, urbaine/rurale: dernière année disponible (suite)

Data by urban/rural residence

Données selon la résidence urbaine/rurale

(See notes at end of table. – Voir notes à la fin du tableau.)

Continent, country or area, year, sex and urban/rural residence / Continent, pays ou zone, année, sexe et résidence, urbaine/rurale	All ages Tous âges	−15	15–19	20–24	25–29	30–34	35–39	40–44	45–49	50+	Unknown Inconnu
EUROPE (Cont.–Suite)											
Russian Federation – Fédération de Russie											
Urban – Urbaine											
1995 [10]											
Urban – Urbaine	933 460	1 705	153 345	391 457	212 782	117 701	46 275	8 434	331	4	1 426
Rural – Rurale											
1995 [10]											
Rural – Rurale	430 346	1 402	81 567	170 339	96 589	53 414	21 944	4 639	241	2	209
San Marino – Saint–Marin											
Urban – Urbaine											
1993+											
Urban – Urbaine	218	–	1	24	92	79	19	3	–	–	–
Male – Masculin	111	–	1	13	44	42	9	2	–	–	–
Female – Féminin	107	–	–	11	48	37	10	1	–	–	–
Rural – Rurale											
1993+											
Rural – Rurale	26	–	–	2	11	9	3	1	–	–	–
Male – Masculin	14	–	–	1	6	6	1	–	–	–	–
Female – Féminin	12	–	–	1	5	3	2	1	–	–	–
Slovakia – Slovaquie											
Urban – Urbaine											
1991											
Urban – Urbaine	44 072	12	5 300	17 557	13 296	5 656	1 926	311	14	–	–
Rural – Rurale											
1991											
Rural – Rurale	34 497	23	5 667	15 711	8 168	3 404	1 271	249	4	–	–
Slovenia – Slovénie											
Urban – Urbaine											
1996											
Urban – Urbaine	8 718	2	284	2 086	3 337	2 239	652	117	1	–	–
Male – Masculin	4 522	2	141	1 059	1 739	1 174	346	61	–	–	–
Female – Féminin	4 196	–	143	1 027	1 598	1 065	306	56	1	–	–
Rural – Rurale											
1996											
Rural – Rurale	10 070	2	521	3 485	3 751	1 704	505	96	6	–	–
Male – Masculin	5 188	2	276	1 753	1 950	894	251	59	3	–	–
Female – Féminin	4 882	–	245	1 732	1 801	810	254	37	3	–	–
Switzerland – Suisse											
Urban – Urbaine											
1996											
Urban – Urbaine	53 869	1	770	6 858	18 847	19 568	6 820	968	36	1	–
Male – Masculin	27 764	–	390	3 531	9 783	10 028	3 502	511	19	–	–
Female – Féminin	26 105	1	380	3 327	9 064	9 540	3 318	457	17	1	–
Rural – Rurale											
1996											
Rural – Rurale	29 138	3	329	3 830	11 661	10 122	2 850	328	15	–	–
Male – Masculin	14 944	–	172	1 897	6 012	5 244	1 438	172	9	–	–
Female – Féminin	14 194	3	157	1 933	5 649	4 878	1 412	156	6	–	–
The former Yugoslav Rep. of Macedonia – L'ex Rép. yougoslavie de Macédoine											
Urban – Urbaine											
1995											
Urban – Urbaine	17 373	19	1 750	6 147	5 886	2 567	771	145	6	5	77
Male – Masculin	9 130	12	949	3 210	3 058	1 358	404	83	3	2	51
Female – Féminin	8 243	7	801	2 937	2 828	1 209	367	62	3	3	26
Rural – Rurale											
1995											
Rural – Rurale	14 781	7	1 770	5 740	4 526	1 981	552	120	9	1	75
Male – Masculin	7 766	5	908	3 030	2 365	1 043	309	53	7	1	45
Female – Féminin	7 015	2	862	2 710	2 161	938	243	67	2	–	30

10. Live births by age of mother, sex and urban/rural residence: latest available year (continued)

Naissances vivantes selon l'âge de la mère, le sexe et la résidence, urbaine/rurale: dernière année disponible (suite)

Data by urban/rural residence

Données selon la résidence urbaine/rurale

(See notes at end of table. – Voir notes à la fin du tableau.)

Continent, country or area, year, sex and urban/rural residence / Continent, pays ou zone, année, sexe et résidence, urbaine/rurale	All ages Tous âges	-15	15–19	20–24	25–29	30–34	35–39	40–44	45–49	50+	Unknown Inconnu
EUROPE (Cont.–Suite)											
Ukraine											
Urban – Urbaine											
1995 [10]											
Urban – Urbaine	308 408	96	56 950	130 910	69 594	35 004	13 032	2 389	97	3	33
Rural – Rurale											
1995 [10]											
Rural – Rurale	184 453	114	40 714	78 757	38 793	17 517	6 905	1 532	87	2	3
Yugoslavia – Yougoslavie											
Urban – Urbaine											
1995											
Urban – Urbaine	73 403	31	5 327	22 638	23 463	14 506	5 388	1 052	63	18	91
Male – Masculin	38 098	16	2 738	11 750	12 185	7 551	2 794	561	38	9	45
Female – Féminin	35 305	15	2 589	10 888	11 278	6 955	2 594	491	25	9	46
Rural – Rurale											
1995											
Rural – Rurale	67 101	32	7 304	24 975	20 114	9 825	3 348	779	74	15	63
Male – Masculin	35 050	23	3 838	12 956	10 498	5 153	1 788	411	43	7	33
Female – Féminin	32 051	9	3 466	12 019	9 616	4 672	1 560	368	31	8	30
OCEANIA—OCEANIE											
Guam											
Urban – Urbaine											
1992 [24] [26]											
Urban – Urbaine	3 438	9	525	1 054	971	555	258	63	3	–	
Male – Masculin	1 758	4	284	543	508	280	112	24	3	–	
Female – Féminin	1 680	5	241	511	463	275	146	39	–	–	
Rural – Rurale											
1992 [24] [26]											
Rural – Rurale	775	–	89	231	256	151	45	3	–	–	
Male – Masculin	421	–	51	116	147	76	29	2	–	–	
Female – Féminin	354	–	38	115	109	75	16	1	–	–	
New Zealand – Nouvelle–Zélande											
Urban – Urbaine											
1993 + [25]											
Urban – Urbaine	44 387	106	3 175	9 748	13 991	12 467	4 260	608	32	–	
Male – Masculin	22 881	57	1 675	5 002	7 190	6 440	2 187	312	18	–	
Female – Féminin	21 506	49	1 500	4 746	6 801	6 027	2 073	296	14	–	
Rural – Rurale											
1993 + [25]											
Rural – Rurale	14 480	39	1 068	3 325	4 815	3 837	1 214	177	5	–	
Male – Masculin	7 484	19	536	1 698	2 523	2 007	613	84	4	–	
Female – Féminin	6 996	20	532	1 627	2 292	1 830	601	93	1	–	

10. Live births by age of mother, sex and urban/rural residence: latest available year (continued)

Naissances vivantes selon l'âge de la mère, le sexe et la résidence, urbaine/rurale: dernière année diponible (suite)

GENERAL NOTES

For definitions of "urban", see end of table 6. For method of evaluation and limitations of data, see Technical Notes, page 52.

Italics: data from civil registers which are incomplete or of unknown completeness.

FOOTNOTES

* Provisional.
+ Data tabulated by date of registration rather than occurrence.

1 For classification by urban/rural residence, see end of table.
2 Based on the results of the population census.
3 Including Canadian residents temporarily in the United States, but excluding United States residents temporarily in Canada.
4 Excluding live-born infants dying before registration of birth.
5 Age classification based on year of birth of mother rather than exact date of birth of child.
6 Including unknown sex.
7 Births to mothers of unknown age have been proportionately distributed among known ages.
8 Excluding Indian jungle population.
9 Excluding nomadic Indian tribes.
10 Excluding infants born alive after less than 28 weeks' gestation, of less tha 1 000 grammes in weight and 35 centimetres in length, who die within seven days of birth.
11 For government controlled areas.
12 Including data for East Jerusalem and Israeli residents in certain other territories under occupation by Israeli military forces since June 1967.

13 For Japanese nationals in Japan only.
14 Based on the results of the Continuous Demographic Sample Survey.
15 Based on the results of the Population Growth Survey.
16 Excluding transients afloat and non-locally domiciled military and civilian service personnel and their dependants.

17 Based on the results of the Population Demographic Survey.
18 Excluding Faeroe Islands and Greenland.
19 Including nationals temporarily outside the country.
20 Including armed forces outside the country.
21 Births registered within one year of occurrence.
22 Maltese population only.
23 Including residents outside the country if listed in a Netherlands population register.
24 Including United States military personnel, their dependants and contract employees.
25 For under 16 and 16-19 years, as appropriate.
26 Excluding births of unknown residence.
27 Excluding births of nationals outside the country.

NOTES GENERALES

Pour les définitions des "regions urbaines", se reporter à la fin du tableau 6. Pour la méthode d'évaluation et les insuffisances des données, voir Notes techniques, page 52.

Italiques: données incomplètes ou dont le degré d'exactitude n'est pas connu provenant des registres de l'état civil.

NOTES

* Données provisoires.
+ Données exploitées selon la date de l'enregistrement et non la date de l'événement.
1 Pour le classement selon la résidence, urbaine/rurale, voir la fin du tableau.
2 D'après les résultats du recensement de la population.
3 Y compris les résidents canadiens se trouvant temporairement aux Etats-Unis, mais non compris les résidents des Etats-Unis se trouvant temporairement au Canada.
4 Non compris les enfants nés vivants, décédés avant l'enregistrement de leur naissance.
5 Le classement selon l'âge est basé sur l'année de naissance de la mère et non sur la date exacte de naissance de l'enfant.
6 Y compris le sexe inconnu.
7 Les naissances parmi les mères d'âge inconnu ont été réparties proportionellement entre les groupes d'âges indiqués.
8 Non compris les Indiens de la jungle.
9 Non compris les tribus d'Indiens nomades.
10 Non compris les enfants nés vivants après moins de 28 semaines de gestation, pesant moins de 1 000 grammes, mesurant moins de 35 centimètres et décédés dans les sept jours qui ont suivi leur naissance.
11 Pour les zones contrôlées par le Gouvernement.
12 Y compris les données pour Jérusalem-Est et les résidents israéliens dans certains autres territoires occupés depuis juin 1967 par les forces armées israéliennes.
13 Pour les nationaux japonais au Japon seulement.
14 D'après les résultats d'une enquête démographique par sondage continue.
15 D'après les résultats de la "Population Growth Survey".
16 Non compris les personnes de passage à bord de navires ni les militaires et agents civils domiciliés hors du territoire et les membres de leur famille les accompagnant.
17 D'après les résultats de la "Population Demographic Survey".
18 Non compris les îles Féroé et le Groenland.
19 Y compris les nationaux se trouvant temporairement hors du pays.
20 Y compris les militaires hors du pays.
21 Naissances enregistrées dans l'année qui suit l'événement.
22 Population Maltaise seulement.
23 Y compris les résidents hors du pays, s'ils sont inscrits sur un registre de population néerlandais.
24 Y compris les militaires des Etats-Unis, les membres de leur famille les accompagnant et les agents contractuels des Etats-Unis.
25 Pour moins de 16 ans et 16-19 ans, selon le cas.
26 Non compris les naissances d'enfants dont on ignore la résidence.
27 Non compris les naissances de nationaux hors du pays.

11. Live—birth rates specific for age of mother, by urban/rural residence: latest available year

Naissances vivantes, taux selon l'âge de la mère et la résidence, urbaine/rurale: dernière année disponible

(See notes at end of table. – Voir notes à la fin du tableau.)

Continent, country or area, year, and urban/rural residence Continent, pays ou zone, année, et résidence, urbaine/rurale	All ages Tous âges [1]	Age of mother (in years) – Age de la mère (en années)						
		– 20 [2]	20–24	25–29	30–34	35–39	40–44	45+ [3]
AFRICA—AFRIQUE								
Cape Verde – Cap–Vert 1990	129.1	84.8	167.7	183.2	150.7	124.0	52.9	13.4
Egypt – Egypte 1992 [4]	115.4	13.3	150.9	252.9	180.4	120.5	39.2	13.6
Mauritius – Maurice 1996+	64.3	38.4	130.0	130.3	80.7	36.0	8.7	♦ 0.5
Morocco – Maroc 1995 [4]	79.4	24.7	88.4	119.8	123.1	103.9	50.5	23.7
Seychelles 1993+	91.6	76.5	151.0	125.9	89.1	62.9	♦ 11.2	♦ 2.7
Tunisia – Tunisie 1995	82.0	13.6	93.0	151.6	144.2	89.7	33.5	7.7
Zimbabwe 1992 [4][5]	146.6	82.1	217.9	205.6	179.9	144.7	80.3	31.5
AMERICA, NORTH— AMERIQUE DU NORD								
Aruba 1995+	59.9	48.9	119.4	110.7	87.0	42.8	♦ 6.7	♦ 0.3
Bahamas 1994	79.1	61.0	120.8	114.0	102.2	59.9	14.9	♦ 4.0
Belize 1996	98.9	77.3	185.7	152.6	103.2	55.4	25.4	♦ 3.7
Bermuda – Bermudes 1991	52.5	34.1	79.9	123.6	82.7	32.9	♦ 5.5	♦ 0.5
Canada 1995 [6]	47.9	24.5	70.6	109.9	86.9	31.3	4.8	0.2
Costa Rica 1995	98.1	92.6	171.0	165.8	*——— 84.8 ———*		*——— 12.2 ———*	
Cuba 1995 [4]	48.4	60.2	91.4	78.8	46.8	17.2	2.5	0.5
El Salvador 1992 [4]	118.0	108.7	192.3	166.1	116.8	75.4	33.8	10.5
Greenland – Groenland 1994 [4]	81.5	81.7	148.3	136.3	84.3	42.9	♦ 10.9	–
Guatemala 1990	171.2	121.0	248.3	245.2	208.5	160.2	75.8	20.7
Martinique 1992 [7][8]	61.9	28.0	88.5	113.9	93.0	49.5	12.3	♦ 0.8
Mexico – Mexique 1995+ [4]	108.3	85.2	172.1	166.1	123.7	70.9	26.6	7.6
Panama 1995 [4]	90.3	93.5	150.0	133.5	100.7	48.4	14.7	2.7
Puerto Rico – Porto Rico 1996 [4]	63.3	77.5	122.5	109.2	68.8	28.9	5.7	0.3
Saint Kitts and Nevis – Saint–Kitts–et–Nevis 1995+	71.5	61.6	126.8	114.5	85.2	48.7	♦ 5.6	♦ 2.3

11. Live—birth rates specific for age of mother, by urban/rural residence: latest available year (continued)

Naissances vivantes, taux selon l'âge de la mère et la résidence, urbaine/rurale: dernière année disponible (suite)

(See notes at end of table. – Voir notes à la fin du tableau.)

Continent, country or area, year, and urban/rural residence / Continent, pays ou zone, année, et résidence, urbaine/rurale	All ages Tous âges [1]	Age of mother (in years) – Age de la mère (en années)						
		– 20 [2]	20–24	25–29	30–34	35–39	40–44	45+ [3]
AMERICA,NORTH— (Cont.–Suite) AMERIQUE DU NORD								
St. Vincent and the Grenadines – Saint–Vincent–et–Grenadines 1996	87.9	76.0	140.8	107.4	100.1	75.4	16.6	♦ 1.8
Trinidad and Tobago – Trinité–et–Tobago 1995	56.3	44.9	106.3	92.1	73.5	35.8	8.9	1.1
United States – Etats–Unis 1995	57.1	58.2	109.8	112.2	82.5	34.3	6.6	0.3
United States Virgin Islands – Iles Vierges américaines 1990	85.9	78.4	183.5	177.0	114.9	44.0	10.9	♦ 0.6
AMERICA,SOUTH— AMERIQUE DU SUD								
Argentina – Argentine 1995	77.2	63.8	128.9	136.0	107.1	57.7	17.6	1.8
Brazil – Brésil 1994 [9]	59.1	58.2	109.4	93.1	57.8	29.4	10.2	1.7
Chile – Chili 1996	69.3	65.7	115.8	· 110.9	88.1	49.7	13.7	0.8
Ecuador – Equateur 1996 [4] [10]	60.6	50.9	98.2	88.6	69.0	43.2	18.6	4.4
Suriname 1993	88.9	93.3	147.6	124.6	78.6	48.1	10.7	♦ 1.5
Venezuela 1996 [9]	86.7	88.1	147.8	130.0	93.1	54.6	19.0	4.0
ASIA—ASIE								
Armenia – Arménie 1992 [4] [11]	74.4	82.5	207.5	104.1	50.8	20.0	4.0	♦ 0.5
Bahrain – Bahreïn 1995	101.9	21.7	113.3	144.8	146.5	112.8	48.4	14.7
Brunei Darussalam – Brunéi Darussalam 1992+ [4]	103.8	41.1	142.3	175.2	135.7	83.9	27.5	♦ 5.2
China – Chine Hong Kong SAR – Hong–kong RAS 1996	33.8	5.8	33.5	69.9	69.2	28.2	4.6	0.2
Cyprus – Chypre 1996 [4] [12]	59.8	15.6	112.6	149.3	94.9	36.5	6.8	♦ 0.6
Iran (Islamic Republic of – Rép. islamique d') 1994 [4]	92.8	46.2	147.0	151.7	113.4	74.6	36.4	18.7
Israel – Israël [13] 1995 [4]	83.7	18.2	121.8	188.3	150.6	78.2	17.9	1.5
Japan – Japon 1996 [4] [14]	38.8	3.9	39.7	109.9	95.4	27.4	2.9	0.1

11. Live–birth rates specific for age of mother, by urban/rural residence: latest available year (continued)

Naissances vivantes, taux selon l'âge de la mère et la résidence, urbaine/rurale: dernière année disponible (suite)

(See notes at end of table. – Voir notes à la fin du tableau.)

Continent, country or area, year, and urban/rural residence / Continent, pays ou zone, année, et résidence, urbaine/rurale	All ages Tous âges [1]	Age of mother (in years) – Age de la mère (en années)						
		– 20 [2]	20–24	25–29	30–34	35–39	40–44	45+ [3]
ASIA—ASIE (Cont.–Suite)								
Kazakhstan 1996 [4][11]	60.7	44.2	149.8	116.5	60.3	26.4	5.8	0.6
Korea, Dem. People's Rep. of – Corée, rép. populaire dém. de 1993 [4]	74.9	*——— 4 9.9 ———*		260.3	100.4	17.9	3.3	1.1
Korea, Republic of— Corée, République de 1995 [15]	54.8	3.3	62.7	185.7	70.5	14.4	2.1	0.2
Kuwait – Koweït 1996	116.4	34.7	174.6	186.8	143.9	98.8	46.1	8.4
Kyrgyzstan – Kirghizistan 1995 [4][11]	108.8	56.8	231.4	188.6	115.6	56.5	15.1	3.2
Macau – Macao 1996	42.7	7.2	51.8	87.7	70.7	27.4	7.1	♦ 0.4
Malaysia – Malaisie Peninsular Malaysia – Malaisie Péninsulaire 1990 [7]	104.9	18.5	123.9	203.3	170.5	105.8	39.3	4.4
Philippines 1991	103.2	32.8	163.5	180.3	134.7	91.7	40.5	8.3
Singapore – Singapour 1997* [16]	52.6	7.0	42.9	123.5	115.2	45.2	7.5	♦ 0.2
Sri Lanka 1995+	74.0	29.6	95.1	132.5	113.0	72.7	21.8	2.6
Tajikistan – Tadjikistan 1993 [4][11]	146.4	53.9	271.9	225.5	159.6	93.6	35.7	6.9
Thailand – Thaïlande 1994+ [4]	57.8	41.3	99.6	95.8	66.7	31.4	11.1	4.8
Turkey – Turquie 1997* [17]	81.1	50.0	173.6	144.9	73.3	36.1	15.5	3.4
EUROPE								
Austria – Autriche 1996	44.1	15.6	75.9	100.6	65.1	23.7	4.3	0.2
Belarus – Bélarus 1996 [4][11]	36.4	36.0	116.8	68.9	27.7	10.1	2.2	0.1
Bosnia Herzegovina – Bosnie–Herzégovine 1991	56.2	38.0	128.0	104.0	54.4	19.4	4.4	0.7
Bulgaria – Bulgarie 1995 [4]	35.0	54.0	99.9	61.1	22.6	7.6	1.5	♦ 0.1
Channel Islands – Iles Anglo–Normandes Guernsey – Guernesey 1991	48.1	21.7	52.9	120.7	78.7	35.7	♦ 4.7	♦ 1.2
Jersey 1991+	45.5	15.7	39.3	82.1	93.5	45.9	*——— ♦ 4.5 ———*	
Croatia – Croatie 1996	49.5	21.2	104.4	109.8	65.9	27.1	5.5	0.3

(See notes at end of table. – Voir notes à la fin du tableau.)

Continent, country or area, year, and urban/rural residence / Continent, pays ou zone, année, et résidence, urbaine/rurale	All ages Tous âges [1]	Age of mother (in years) – Age de la mère (en années)						
		– 20 [2]	20–24	25–29	30–34	35–39	40–44	45+ [3]
EUROPE (Cont.–Suite)								
Czech Republic – Rép. tchèque 1996 [4]	34.1	20.6	89.3	78.3	34.9	11.2	1.7	♦ 0.1
Denmark – Danemark [18] 1995	53.8	8.8	61.9	139.8	109.3	38.5	5.3	♦ 0.2
Estonia – Estonie 1996 [4][11]	36.3	33.4	95.0	76.2	37.1	15.1	3.2	♦ 0.1
Faeroe Islands – Iles Féroé 1991	77.9	26.6	148.3	164.1	124.6	50.9	♦ 7.9	–
Finland – Finlande 1996 [4][19]	48.2	9.8	63.7	125.3	102.1	42.9	8.1	0.4
France 1993 [4][8][20]	49.2	7.9	60.6	127.3	90.7	36.2	7.6	0.5
Germany – Allemagne 1996	40.3	9.6	55.4	90.2	75.8	28.4	4.9	0.2
Greece – Grèce 1995 [4]	39.4	13.0	62.6	96.7	62.7	24.0	4.4	0.5
Hungary – Hongrie 1996 [4]	40.7	29.9	92.6	100.0	48.9	16.9	3.4	0.1
Iceland – Islande 1996	62.8	21.5	93.3	134.9	109.9	55.7	8.6	♦ 0.4
Ireland – Irlande 1996+ [21]	54.4	16.1	52.2	108.0	129.4	64.2	12.2	0.6
Italy – Italie 1995	36.5	6.8	36.5	80.6	75.7	32.2	6.2	0.3
Latvia – Lettonie 1996 [4][11]	32.5	25.5	89.5	66.5	32.5	14.5	3.3	♦ 0.2
Lithuania – Lituanie 1996 [4][11]	42.0	36.7	107.5	82.3	39.2	16.0	3.6	♦ 0.2
Luxembourg 1996	54.5	9.9	65.5	129.0	103.4	40.2	6.7	♦ 0.1
Malta – Malte 1996 [22]	52.9	17.2	73.7	158.0	104.4	39.9	8.7	♦ 0.6
Netherlands – Pays–Bas 1996 [23]	47.2	5.6	37.5	104.5	114.5	40.0	5.1	0.2
Norway – Norvège 1996 [8]	56.9	13.6	75.3	135.9	106.7	41.4	6.5	0.2
Poland – Pologne 1996 [4]	42.5	21.1	107.6	103.8	54.6	23.2	5.5	0.3
Portugal 1996	43.0	20.9	62.0	97.8	74.4	27.1	5.3	0.3
Republic of Moldova – République de Moldova 1992 [4][11]	63.4	62.2	197.8	105.8	50.7	19.7	4.4	♦ 0.2
Romania – Roumanie 1996 [4]	39.9	40.5	102.2	72.4	30.1	10.9	2.9	0.2
Russian Federation – Fédération de Russie 1995 [4][11]	35.8	44.7	112.8	66.7	29.5	10.6	2.2	0.1

11. Live—birth rates specific for age of mother, by urban/rural residence: latest available year (continued)

Naissances vivantes, taux selon l'âge de la mère et la résidence, urbaine/rurale: dernière année disponible (suite)

(See notes at end of table. – Voir notes à la fin du tableau.)

Continent, country or area, year, and urban/rural residence / Continent, pays ou zone, année, et résidence, urbaine/rurale	All ages Tous âges [1]	Age of mother (in years) – Age de la mère (en années)						
		– 20 [2]	20–24	25–29	30–34	35–39	40–44	45+ [3]
EUROPE (Cont.–Suite)								
San Marino – Saint–Marin								
1995+	35.9	◆ 4.0	◆ 30.6	83.6	66.1	30.8 *——— ◆	2.8 ———*	
Slovakia – Slovaquie								
1991	58.9	50.5	182.9	111.3	44.5	15.0	3.1	◆ 0.1
Slovenia – Slovénie								
1996 [4]	36.2	11.0	77.7	98.6	50.9	15.0	2.7	◆ 0.1
Spain – Espagne								
1995	35.9	7.8	28.2	80.3	83.7	31.1	5.1	0.3
Sweden – Suède								
1996	47.1	7.8	59.2	116.4	92.3	38.9	7.0	0.3
Switzerland – Suisse								
1996 [4]	46.9	5.7	50.2	113.1	97.1	34.2	5.1	0.2
The former Yugoslav Rep. of Macedonia – L'ex Rép. yougoslavie de Macédoine								
1992	64.5	44.1	174.4	144.9	56.3	17.1	3.2	◆ 0.2
Ukraine								
1995 [4] [11]	38.9	54.2	117.5	65.5	26.8	9.9	2.1	0.1
United Kingdom – Royaume–Uni								
1996	51.4	29.7	76.2	106.8	88.6	36.9	6.8	0.3
Yugoslavia – Yougoslavie								
1995 [4]	54.1	32.6	126.6	121.6	69.1	24.1	4.7	0.5
OCEANIA—OCEANIE								
American Samoa – Samoa américaines								
1990	148.0	51.7	222.2	260.2	203.4	120.4 *——— ◆	14.4 ———*	
Australia – Australie								
1995+	54.1	20.5	66.7	121.6	106.1	42.5	7.2	0.3
Marshall Islands – Iles Marshall								
1995	123.4	90.4	241.4	200.4	123.3	57.9	◆ 21.4	◆ 1.3
New Caledonia – Nouvelle–Calédonie								
1994*	89.5	33.9	140.4	182.3	130.0	60.7	16.5	◆ 1.1
New Zealand – Nouvelle–Zélande								
1992+	65.4	33.8	95.3	142.0	108.5	39.9	6.5	0.3
Tonga								
1994	119.1	17.5	135.8	200.5	192.7	160.5	82.5	◆ 13.9

11. Live—birth rates specific for age of mother, by urban/rural residence: latest available year (continued)

Naissances vivantes, taux selon l'âge de la mère et la résidence, urbaine/rurale: dernière année disponible (suite)

Data by urban/rural residence

Données selon la résidence urbaine/rurale

(See notes at end of table. – Voir notes à la fin du tableau.)

Continent, country or area, year, and urban/rural residence Continent, pays ou zone, année, et résidence, urbaine/rurale	All ages Tous âges [1]	Age of mother (in years) – Age de la mère (en années)						
		– 20 [2]	20–24	25–29	30–34	35–39	40–44	45+ [3]
AFRICA—AFRIQUE								
Egypt – Egypte 1991								
Urban – Urbaine	109.8	10.5	149.0	253.5	183.4	104.2	29.3	9.0
Rural – Rurale	143.1	17.9	189.4	319.0	220.6	152.9	50.6	21.2
Morocco – Maroc 1995								
Urban – Urbaine	69.3	21.2	72.1	103.0	111.8	88.7	38.9	12.4
Rural – Rurale	91.7	28.0	109.0	143.2	138.8	124.6	64.9	36.8
Zimbabwe 1992 [5]								
Urban – Urbaine	123.2	63.6	181.5	172.4	139.9	100.7	46.7	13.6
Rural – Rurale	159.5	90.9	243.3	229.0	203.4	166.8	93.7	37.6
AMERICA,NORTH— AMERIQUE DU NORD								
Cuba 1995								
Urban – Urbaine	44.9	48.2	86.0	78.2	46.7	16.9	2.4	0.5
Rural – Rurale	59.2	91.0	106.0	80.6	47.3	18.0	2.9	♦ 0.4
El Salvador 1992								
Urban – Urbaine	104.1	99.6	177.1	149.3	98.1	52.7	20.7	5.6
Rural – Rurale	135.2	118.4	211.3	189.3	142.6	105.2	50.3	16.5
Greenland – Groenland 1994								
Urban – Urbaine	77.5	78.2	140.3	128.9	85.6	40.8	♦ 9.8	–
Rural – Rurale	101.4	♦ 97.3	178.0	172.8	76.9	♦ 54.2	♦ 17.2	–
Mexico – Mexique 1995+								
Urban – Urbaine	94.3	75.1	153.8	152.8	104.1	52.0	18.7	5.0
Rural – Rurale	149.0	109.3	233.5	227.0	178.7	115.3	56.5	15.8
Panama 1994								
Urban – Urbaine	68.3	65.4	114.1	106.0	80.6	33.1	7.0	♦ 0.9
Rural – Rurale	128.8	130.2	213.6	183.5	138.3	78.6	28.5	5.8
Puerto Rico – Porto Rico 1990								
Urban – Urbaine	48.4	45.7	93.3	94.6	55.2	22.9	4.9	♦ 0.3
Rural – Rurale	130.8	154.0	279.8	222.6	116.6	45.6	10.8	♦ 0.6
AMERICA,SOUTH— AMERIQUE DU SUD								
Ecuador – Equateur 1992 [10]								
Urban – Urbaine	72.6	52.8	117.8	109.1	81.2	48.2	20.5	4.7
Rural – Rurale	76.9	52.9	120.5	111.7	97.0	68.3	38.9	9.4
ASIA—ASIE								
Armenia – Arménie 1992 [11]								
Urban – Urbaine	64.3	64.8	185.9	98.9	47.9	19.9	3.8	♦ 0.4
Rural – Rurale	100.4	123.9	253.8	114.5	58.6	20.4	5.0	♦ 0.6
Brunei Darussalam – Brunéi Darussalam 1991+								
Urban – Urbaine	142.6	53.2	184.5	233.2	184.7	112.8	43.3	♦ 5.5
Rural – Rurale	16.4	♦ 7.8	22.2	24.7	22.3	15.5	♦ 7.8	–

(See notes at end of table. – Voir notes à la fin du tableau.)

Continent, country or area, year, and urban/rural residence — Continent, pays ou zone, année, et résidence, urbaine/rurale	All ages Tous âges [1]	Age of mother (in years) – Age de la mère (en années)						
		– 20 [2]	20–24	25–29	30–34	35–39	40–44	45+ [3]
ASIA—ASIE (Cont. – Suite)								
Cyprus – Chypre 1992 [12]								
Urban – Urbaine	71.5	27.5	138.1	165.4	100.4	38.1	7.5	◆ 0.6
Rural – Rurale	90.4	46.3	200.7	191.5	113.9	43.3	8.1	◆ 0.2
Iran (Islamic Republic of – Rép. islamique d') 1994								
Urban – Urbaine	*77.0*	*39.5*	*133.6*	*124.4*	*84.6*	*60.5*	*21.8*	*9.0*
Rural – Rurale	*117.0*	*54.7*	*165.7*	*199.7*	*166.0*	*99.9*	*61.6*	*33.9*
Israel – Israël [13] 1995								
Urban – Urbaine	81.8	18.3	120.3	183.7	145.1	74.9	17.2	1.4
Rural – Rurale	100.3	16.9	134.3	231.5	201.1	107.6	24.4	◆ 1.7
Japan – Japon 1995 [14]								
Urban – Urbaine	38.1	3.8	37.4	109.3	92.1	26.3	2.9	0.1
Rural – Rurale	38.9	3.9	52.3	134.8	94.7	23.9	2.5	0.1
Kazakhstan 1996 [11]								
Urban – Urbaine	47.7	42.3	112.3	85.6	48.3	20.6	4.0	0.4
Rural – Rurale	79.9	46.2	211.5	169.3	77.2	35.4	8.7	1.0
Korea, Dem. People's Rep. of – Corée, rép. populaire dém. de 1993								
Urban – Urbaine	*65.6*	*———	41.6 ———*	238.6	89.4	14.5	2.4	0.9
Rural – Rurale	*90.2*	*———	62.7 ———*	293.9	118.2	24.5	4.9	1.6
Kyrgyzstan – Kirghizistan 1995 [11]								
Urban – Urbaine	70.2	43.5	136.6	125.4	77.8	34.6	7.6	1.3
Rural – Rurale	134.3	63.2	304.3	229.6	139.2	71.9	20.8	4.9
Maldives 1990								
Urban – Urbaine	106.6	51.4	165.7	161.5	145.1	100.2	◆ 21.6	◆ 11.1
Tajikistan – Tadjikistan 1993 [11]								
Urban – Urbaine	101.4	46.0	215.7	167.7	104.2	50.0	13.8	2.2
Rural – Rurale	166.8	56.9	294.3	248.9	185.7	118.1	50.0	10.2
Thailand – Thaïlande 1990+								
Urban – Urbaine	*77.1*	*52.7*	*129.4*	*131.4*	*81.7*	*35.3*	*11.6*	*2.8*
Rural – Rurale	*57.3*	*44.0*	*112.7*	*91.3*	*54.5*	*27.7*	*13.1*	*8.0*
EUROPE								
Belarus – Bélarus 1996 [11]								
Urban – Urbaine	32.3	30.7	102.8	63.6	26.0	9.0	1.8	0.1
Rural – Rurale	50.8	52.0	165.3	86.0	33.4	14.1	3.7	◆ 0.1
Bulgaria – Bulgarie 1995								
Urban – Urbaine	32.5	43.6	90.2	62.9	24.1	7.9	1.5	◆ 0.1
Rural – Rurale	42.8	86.4	130.8	56.1	18.3	6.6	1.4	◆ 0.1
Czech Republic – Rép. tchèque 1996								
Urban – Urbaine	33.1	19.2	83.6	78.3	35.8	11.5	1.7	◆ 0.1
Rural – Rurale	37.4	24.5	106.8	78.1	31.9	10.2	1.7	◆ 0.0

11. Live—birth rates specific for age of mother, by urban/rural residence: latest available year (continued)

Naissances vivantes, taux selon l'âge de la mère et la résidence, urbaine/rurale: dernière année disponible (suite)

Data by urban/rural residence

Données selon la résidence urbaine/rurale

(See notes at end of table. – Voir notes à la fin du tableau.)

Continent, country or area, year, and urban/rural residence — Continent, pays ou zone, année, et résidence, urbaine/rurale	All ages Tous âges [1]	Age of mother (in years) – Age de la mère (en années)						
		– 20 [2]	20–24	25–29	30–34	35–39	40–44	45+ [3]
EUROPE (Cont. – Suite)								
Estonia – Estonie 1996 [11]								
Urban – Urbaine	32.0	29.0	85.8	70.8	33.7	13.0	2.5	♦ 0.1
Rural – Rurale	47.0	42.7	115.9	88.2	44.9	20.6	5.5	♦ 0.2
Finland – Finlande 1996 [19]								
Urban – Urbaine	47.3	10.5	58.1	116.6	99.4	41.8	7.6	0.4
Rural – Rurale	50.0	8.5	79.4	149.1	108.0	45.1	9.0	0.4
France 1990 [8 20 24]								
Urban – Urbaine	53.9	10.2	72.5	132.9	92.0	37.4	7.8	0.5
Rural – Rurale	51.9	6.4	84.2	156.6	85.7	29.8	5.6	0.3
Greece – Grèce 1991								
Urban – Urbaine	43.1	13.8	70.3	105.1	63.8	24.0	4.5	0.5
Rural – Rurale	39.6	25.2	97.3	84.7	42.7	14.0	2.9	0.3
Hungary – Hongrie 1996								
Urban – Urbaine	36.4	21.5	77.3	97.4	49.5	16.4	3.3	♦ 0.1
Rural – Rurale	48.7	46.6	120.2	104.2	47.4	17.5	3.5	♦ 0.2
Latvia – Lettonie 1996 [11]								
Urban – Urbaine	27.4	20.5	74.2	61.2	28.8	12.3	2.6	♦ 0.2
Rural – Rurale	46.2	36.8	129.6	77.9	41.5	20.6	5.5	♦ 0.3
Lithuania – Lituanie 1996 [11]								
Urban – Urbaine	36.0	28.9	93.9	76.0	34.6	14.0	2.8	♦ 0.1
Rural – Rurale	59.2	55.5	140.1	98.6	52.9	22.8	6.4	♦ 0.4
Poland – Pologne 1996								
Urban – Urbaine	34.6	18.6	87.4	90.9	47.7	19.4	4.4	0.2
Rural – Rurale	57.8	25.6	141.9	124.8	66.3	30.9	8.1	0.4
Republic of Moldova – République de Moldova 1992 [11]								
Urban – Urbaine	50.5	47.7	143.4	86.0	40.0	15.4	3.5	♦ 0.1
Rural – Rurale	77.4	76.6	273.8	128.2	62.6	24.4	5.4	♦ 0.2
Romania – Roumanie 1996								
Urban – Urbaine	29.7	24.1	77.2	63.1	25.8	8.3	2.0	0.2
Rural – Rurale	57.3	63.4	133.4	88.7	39.4	17.2	4.7	0.3
Russian Federation – Fédération de Russie 1995 [11]								
Urban – Urbaine	32.0	39.3	101.5	61.3	27.0	9.4	1.8	0.1
Rural – Rurale	48.4	60.1	151.5	82.6	37.2	14.5	3.6	0.3
Slovenia – Slovénie 1994								
Urban – Urbaine	33.4	9.9	69.6	93.3	48.0	13.9	2.1	♦ 0.1
Rural – Rurale	43.2	18.5	108.4	101.4	44.5	13.8	2.2	♦ 0.1
Switzerland – Suisse 1990								
Urban – Urbaine	36.5	5.7	41.9	89.1	72.1	25.3	3.4	♦ 0.1
Rural – Rurale	74.2	9.7	97.5	198.0	127.9	38.1	4.9	♦ 0.2
Ukraine 1995 [11]								
Urban – Urbaine	33.1	44.2	100.9	58.7	24.2	8.7	1.7	0.1
Rural – Rurale	55.2	79.5	161.6	82.8	34.2	13.8	3.3	0.2
Yugoslavia – Yougoslavie 1995								
Urban – Urbaine	51.2	26.8	118.7	125.4	74.1	25.7	4.5	0.4
Rural – Rurale	57.8	38.7	134.7	117.3	62.9	21.9	4.9	0.7

11. Live—birth rates specific for age of mother, by urban/rural residence: latest available year (continued)

Naissances vivantes, taux selon l'âge de la mère et la résidence, urbaine/rurale: dernière année diponible (suite)

GENERAL NOTES

Rates are the number of live births by age of mother per 1 000 corresponding female population. For definitions of "urban", see end of table 6. For method of evaluation and limitations of data, see Technical Notes, page 54.

Italics: rates calculated using live births from civil registers which are incomplete or of unknown completeness.

FOOTNOTES

* Provisional.
♦ Rates based on 30 or fewer live births.
+ Data tabulated by date of registration rather than occurrence.

1 Rates computed on female population aged 15–49.
2 Rates computed on female population aged 15–19.
3 Rates computed on female population aged 45–49.
4 For classification by urban/rural residence, see end of table.
5 Based on the results of the population census.
6 Including Canadian residents temporarily in the United States, but excluding United States residents temporarily in Canada.

7 Excluding live—born infants dying before registration of birth.

8 Age classification based on year of birth of mother rather than exact date of birth of child.
9 Excluding Indian jungle population.
10 Excluding nomadic Indian tribes.
11 Excluding infants born alive after less than 28 weeks' gestation, of less than 1 000 grammes in weight and 35 centimetres in length, who die within seven days birth.
12 For government controlled areas.
13 Including data for East Jerusalem and Israeli residents in certain other territories under occupation by Israeli military forces since June 1967.

14 For Japanese nationals in Japan only; however, rates computed on population including foreigners except foreign military and civilian personnel and their dependants.

15 Based on the results of the Continuous Demographic Sample Survey.
16 Excluding transients afloat and non—locally domiciled military and civilian services personnel and their dependants.

17 Based on the results of the Population Demographic Survey.
18 Excluding Faeroe Islands and Greenland.
19 Including nationals temporarily outside the country.
20 Including armed forces outside the country.
21 Births registered within one year of occurrence.
22 Maltese population only.
23 Including residents outside the country if listed in a Netherlands population register.
24 Excluding births of nationals outside the country.

NOTES GENERALES

Les taux représentent les nombres de naissances vivantes selon l'âge de la mère pour 1 000 femmes du même groupe d'âge . Pour les définitions des "régions urbaines", se reporter à la fin du tableau 6. Pour la méthode d'évaluation et les insuffisances des données, voir Notes techniques, page 54.
Italiques: taux calculés d'après des chiffres de naissances vivantes provenant des registres de l'état civil incomplets ou dont le degré d'exactitude n'est pas connu.

NOTES

* Données provisoires.
♦ Taux basés sur 30 naissances vivantes ou moins.
+ Données exploitées selon la date de l'enregistrement et non la date de l'événement.
1 Taux calculés sur la base de la population féminine de 15 à 49 ans.
2 Taux calculés sur la base de la population féminine de 15 à 19 ans.
3 Taux calculés sur la base de la population féminine de 45 à 49 ans.
4 Pour le classement selon la résidence, urbaine/rurale, voir la fin du tableau.
5 D'après les résultats du recensement de la population.
6 Y compris les résidents can adiens se trouvant temporairement aux Etats—Unis, mais non compris les résidents des Etats—Unis se trouvant temporairement au Canada.
7 Non compris les enfants nés vivants, décédés avant l'enregistrement de leur naissance.
8 Le classement selon l'âge est basé sur l'année de naissance de la mère et non sur la date exacte de naissance de l'enfant.
9 Non compris les Indiens de la jungle.
10 Non compris les tribus d'Indiens nomades.
11 Non compris les enfants nés vivants après moins de 28 semaines de gestation, pesant moins de 1 000 grammes, mesurant moins de 35 centimètres et décédés dans les sept jours qui ont suivi leur naissance.
12 Pour les Zones controlées par le Gouvernement.
13 Y compris les données pour Jérusalem—Est et les résidents israéliens dans certains autres territoires occupés depuis juin 1967 pour les forces armées israéliennes.
14 Pour les nationaux japonais au Japon seulement; toutefois, les taux sont calculés sur la base d'une population comprenant les étrangers, mais ne comprenant ni les militaires et agents civils étrangers en poste sur le territoire ni les membres de leur famille les accompagnant.
15 D'après les résultats d'une enquête démographique par sondage continue.
16 Non compris les personnes de passage à bord de navires, ni les militaires et agents civils domiciliés hors du territoire et les membres de leur famille les accompagnant.
17 D'après les résultats de la "Population Demographic Survey".
18 Non compris les îles Féroé et le Groenland.
19 Y compris les nationaux se trouvant temporairement hors du pays.
20 Y compris les militaires hors du pays.
21 Naissances enregistrées dans l'année que suit l'événement.
22 Population maltaise seulement.
23 Y compris les résidents hors du pays, s'ils sont inscrits sur un registre de population néerlandais.
24 Non compris les naissances de nationaux hors du pays.

12. Late foetal deaths and late foetal death ratios, by urban/rural residence: 1992 – 1996

Morts foetales tardives et rapports de mortinatalité, selon la résidence, urbaine/rurale: 1992 – 1996

(See notes at end of table. – Voir notes à la fin du tableau.)

Continent, country or area and urban/rural residence — Continent, pays ou zone et résidence, urbaine/rurale	Code [1]	Number – Nombre					Ratio – Rapport				
		1992	1993	1994	1995	1996	1992	1993	1994	1995	1996
AFRICA—AFRIQUE											
Cape Verde – Cap–Vert	U	380	...	...	...	...					
Egypt – Egypte [2][3]	+U	5 163	...	...	...	...	3.4	...	...	...	...
Mauritius – Maurice	+C	291	337	274	299	266					
Seychelles	+C	17	14	8	15	18					
South Africa – Afrique du Sud	...	...	...	6 969	...	...	...	...	10.3	...	...
Tunisia – Tunisie	...	2 259	2 459	2 340	2 289	...	10.7	11.8	11.7	12.3	...
AMERICA,NORTH—AMERIQUE DU NORD											
Antigua and Barbuda – Antigua–et–Barbuda	+C	3	1	5	4	...					
Bahamas [4]	...	55	68	79	67	76					
Canada [5]	C	1 592	1 498	1 420	2 307	...	4.0	3.9	3.7	6.1	...
Cayman Islands – Iles Caïmanes	C	3	3	1	...	...					
Cuba	C	1 713	1 695	1 622	1 592	...	10.9	11.1	11.0	10.8	...
El Salvador	...	799	...	...	...	...					
Greenland – Groenland [2]	C	...	...	11	8	4					
Guatemala [2]	...	6 380	6 334	...	...	...	17.5	17.1	...	...	...
Jamaica – Jamaïque	+...	...	...	...	430	421					
Mexico – Mexique [2]	+...	20 863	20 280	19 914	19 151	17 854	7.5	7.1	6.8	7.0	6.6
Panama [2][6]	U	505	466	489	444	...					
Puerto Rico – Porto Rico	C	649	734	406	...	708					
Saint Kitts and Nevis – Saint–Kitts–et–Nevis	+C	18	22	17	24	...					
St. Vincent and the Grenadines – Saint–Vincent–et–Grenadines	+C	...	29	20	24	24					
Trinidad and Tobago – Trinité–et–Tobago	C	337	239	231	...	...					
United States – Etats–Unis	C	19 656	18 126	...	...	...	4.8	4.5	...	...	...
United States Virgin Islands – Iles Vierges américaines	...	...	...	20	...	...					
AMERICA,SOUTH—AMERIQUE DU SUD											
Argentina – Argentine	...	...	...	5 856	6 604	...	...	...	8.7	10.0	...
Brazil – Brésil [7]	...	29 696	...	29 601	...	...	12.3	...	12.0	...	...
Chile – Chili [2]	C	1 667	1 535	1 321	1 277	1 244	5.7	5.3	4.6	4.6	4.7
Colombia – Colombie	...	1 558	3 821	4 422	...	...					
Ecuador – Equateur [2][8]	...	2 894	2 955	...	2 429	2 339	14.6	14.9	...	13.4	12.8
Venezuela [7]	...	6 356	5 875	5 679	4 554	10 656	11.4	11.2	10.4	8.7	21.4
ASIA—ASIE											
Armenia – Arménie [2]	C	616	378	366	...	...					
Bahrain – Bahreïn	...	...	...	...	254	...					
China – Chine Hong Kong SAR – Hong–kong RAS	...	342	357	...	266	216					
Georgia – Géorgie [2]	C	283	310	344	407	742					
Israel – Israël [2][9]	C	507	447	476	500	...					
Japan – Japon [2][10]	C	4 216	3 982	4 065	3 711	3 574	3.5	3.4	3.3	3.1	3.0
Kazakhstan [2]	C	3 107	2 637	2 576	2 373	2 311	9.2	8.3	8.4	8.6	9.1
Kuwait – Koweït	C	305	294	313	304	351					
Macau – Macao	U	29	27	29	28	14					
Malaysia – Malaisie	...	3 151	3 147	2 805	2 419	2 354	6.0	5.8	5.2	4.5	4.4
Peninsular Malaysia – [2][11] Malaisie Péninsulaire	...	2 827	2 820	2 465	2 131	2 119	6.8	6.6	5.9	5.0	4.9

(See notes at end of table. – Voir notes à la fin du tableau.)

Continent, country or area and urban/rural residence / Continent, pays ou zone et résidence, urbaine/rurale	Code [1]	Number – Nombre					Ratio – Rapport				
		1992	1993	1994	1995	1996	1992	1993	1994	1995	1996
ASIA—ASIE (Cont.–Suite)											
Maldives [2]	...	...	188	...	...	...					
Philippines	...	8 025	8 784	...	...	...	4.8	5.2	...	...	...
Qatar	...	68	87	75	...	72					
Singapore – Singapour	+C	171	168	167	140	151					
Sri Lanka	+U	...	...	...	1 390		...	...	...	4.0	...
Tajikistan – Tadjikistan [2]	C	2 276	1 682	1 370	...	...	12.7	9.0	8.4	...	...
Thailand – Thaïlande [2]	+...	701	...	364	...	...					
Uzbekistan – Ouzbékistan [2]	C	...	6 412	5 497	...	...	...	9.3	8.4	...	...
EUROPE											
Austria – Autriche	C	326	304	289	285	399					
Belgium – Belgique	C	651	584	465	553	...					
Bulgaria – Bulgarie [2]	C	650	579	488	458	...					
Channel Islands – Iles Anglo–Normandes											
Guernsey – Guernesey	C	6	4	3	...	...					
Croatia – Croatie [2]	C	261	199	221	215	235					
Czech Republic – Rép. tchèque [2]	C	438	454	337	300	317					
Denmark – Danemark [12]	C	339	308	309	318	...					
Estonia – Estonie [2]	C	140	100	121	101	102					
Faeroe Islands – Iles Féroé	C	1	2	3	6	...					
Finland – Finlande [2][13]	C	...	...	165	188	162					
France [3][14]	C	4 055	3 791	3 354	3 261	...	5.5	5.3	4.7	4.5	...
Germany – Allemagne	C	2 660	2 467	3 113	3 405	3 573	3.3	3.1	4.0	4.4	4.5
Greece – Grèce [2]	C	559	604	531	577	...					
Hungary – Hongrie [2]	C	509	425	408	393	397					
Iceland – Islande [2]	C	16	9	15	9	20					
Ireland – Irlande	+C	285	291	297	315	...					
Isle of Man – Ile de Man	+C	2	2	5	4	3					
Italy – Italie	C	2 778	2 596	2 762	...	...	4.8	4.7	5.1	...	...
Latvia – Lettonie [2]	C	340	276	244	194	187					
Lithuania – Lituanie	C	452	284	...	235	200					
Luxembourg	C	...	22	20	24	16					
Netherlands – Pays–Bas [15]	C	1 114	1 071	1 055	1 104	884	5.7	5.5	5.4	5.8	...
Norway – Norvège	C	258	248	...	236	276					
Poland – Pologne [2]	C	...	2 549	2 713	2 515	2 385	...	5.2	5.6	5.8	5.6
Portugal	C	727	700	...	587	759					
Romania – Roumanie [2]	C	1 700	1 582	1 623	1 472	1 428	6.5	6.3	6.6	6.2	6.2
Russian Federation – [2] Fédération de Russie	C	13 243	10 825	11 012	10 159	...	8.3	7.8	7.8	7.4	...
Slovakia – Slovaquie [2]	C	357	327	274	241	...					
Slovenia – Slovénie [2]	C	110	95	105	84	75					
Spain – Espagne	C	1 596	1 435	1 383	1 254	...	4.0	3.7	3.8	3.4	...
Sweden – Suède	C	396	400	348	330	...					
Switzerland – Suisse [2]	C	337	348	286	336	309					
The former Yugoslav Rep.of [2] Macedonia – L'ex Rép. yougoslavie de Macédoine	C	302	...	...	286	...					
Ukraine [2]	C	4 818	3 990	3 707	3 409	...	8.1	7.2	7.1	6.9	...
United Kingdom – Royaume–Uni	C	3 385	3 363	3 331	3 109	4 075	4.3	4.4	4.4	4.2	5.6
Yugoslavia – Yougoslavie	C	1 039	582	...	881	...	7.4				
OCEANIA—OCEANIE											
Australia – Australie	+C	1 118	939	898	997	1 053	4.2				4.1
Guam	C	37	...	...	...	...					
New Caledonia – Nouvelle–Calédonie	C	55	38	29	...	...					
New Zealand – Nouvelle–Zélande [2]	+C	237	178	...	...	...					

12. Late foetal deaths and late foetal death ratios, by urban/rural residence: 1992 – 1996 (continued)

Morts foetales tardives et rapports de mortinatalité, selon la résidence, urbaine/rurale: 1992 – 1996 (suite)

Data by urban/rural residence

Données selon la résidence urbaine/rurale

(See notes at end of table. – Voir notes à la fin du tableau.)

Continent, country or area and urban/rural residence / Continent, pays ou zone et résidence, urbaine/rurale	Code [1]	Number – Nombre					Ratio – Rapport				
		1992	1993	1994	1995	1996	1992	1993	1994	1995	1996
AFRICA—AFRIQUE											
Egypt – Egypte [3]	+U										
Urban – Urbaine		4 099	...	...	...	...	7.1	...	...	...	...
Rural – Rurale		1 064	...	...	...	...	1.2	...	...	...	...
Mauritius – Maurice	+C										
Urban – Urbaine		99	132	116	98	100					
Rural – Rurale		192	205	158	201	166					
AMERICA,NORTH— AMERIQUE DU NORD											
Greenland – Groenland	C										
Urban – Urbaine		...	...	7	8	4					
Rural – Rurale		...	...	4	...	...					
Guatemala	...										
Urban – Urbaine		3 735	3 830	...	...	...	28.2	27.8	...	...	...
Rural – Rurale		2 645	2 504	...	...	...	11.4	10.8	...	...	...
Mexico – Mexique [16]	+...										
Urban – Urbaine		...	...	14 512	13 782	13 101	...	...	7.9	7.7	7.4
Rural – Rurale		...	...	5 075	5 058	4 649	...	...	5.8	6.1	5.7
Panama [6]	U										
Urban – Urbaine		210	216	262	200	...					
Rural – Rurale		248	217	220	238	...					
AMERICA,SOUTH— AMERIQUE DU SUD											
Chile – Chili	C										
Urban – Urbaine		1 376	1 275	1 049	1 021	994	5.4	5.0	4.2	4.2	...
Rural – Rurale		291	260	272	256	250	7.2	7.0	7.0	6.9	...
Ecuador – Equateur [8]	...										
Urban – Urbaine		...	2 514	...	...	...	...	19.5	...	...	...
Rural – Rurale		...	1 018	...	...	...	...	14.5	...	...	...
ASIA—ASIE											
Armenia – Arménie	C										
Urban – Urbaine		558	335	328	...	...					
Rural – Rurale		58	43	38	...	...					
Georgia – Géorgie	C										
Urban – Urbaine		274	...	337	395	724					
Rural – Rurale		9	...	7	12	18					
Israel – Israël [9]	C										
Urban – Urbaine		412	327	360	396	...					
Rural – Rurale		95	42	54	48	...					
Japan – Japon [10] [16]	C										
Urban – Urbaine		3 259	3 109	3 215	2 913	2 834	3.4	3.3	3.3	3.1	2.9
Rural – Rurale		927	841	827	776	734	3.7	3.5	3.3	3.3	...
Kazakhstan	C										
Urban – Urbaine		1 853	1 500	1 508	1 498	1 511	11.4	10.3	10.8	11.8	12.7
Rural – Rurale		1 254	1 137	1 068	875	800	7.1	6.7	6.4	5.8	5.2
Malaysia – Malaisie Peninsular Malaysia – [11] Malaisie Péninsulaire	...										
Urban – Urbaine		...	...	...	1 013	1 129	...	...	...	4.2	4.4
Rural – Rurale		...	...	...	1 118	990	...	...	...	6.0	5.6
Maldives	...										
Urban – Urbaine		...	31	...	...	...					
Rural – Rurale		...	157	...	...	...					
Tajikistan – Tadjikistan	C										
Urban – Urbaine		962	832	1 022	...	...	22.5	20.7	26.9	...	...
Rural – Rurale		1 314	850	348	...	...	9.6	5.8	2.8	...	...
Thailand – Thaïlande	+...										
Urban – Urbaine		114	...	94	...	...					
Rural – Rurale		587	...	270	...	...					
Uzbekistan – Ouzbékistan	C										
Urban – Urbaine		...	2 398	2 175	...	...	...	11.7	10.8	...	...
Rural – Rurale		...	4 014	3 322	...	...	...	8.2	7.3	...	...

(See notes at end of table. – Voir notes à la fin du tableau.)

Continent, country or area and urban/rural residence / Continent, pays ou zone et résidence, urbaine/rurale	Code [1]	Number – Nombre					Ratio – Rapport				
		1992	1993	1994	1995	1996	1992	1993	1994	1995	1996
EUROPE (Cont.–Suite)											
Bulgaria – Bulgarie	C										
Urban – Urbaine		434	375	340	299	...					
Rural – Rurale		220	212	152	159	...					
Croatia – Croatie	C										
Urban – Urbaine		160	122	140	124	143					
Rural – Rurale		101	77	81	91	92					
Czech Republic – Rép. tchèque	C										
Urban – Urbaine		323	327	248	212	232					
Rural – Rurale		114	118	88	88	85					
Estonia – Estonie	C										
Urban – Urbaine		113	80	82	62	65					
Rural – Rurale		59	39	42	36	35					
Finland – Finlande [13]	C										
Urban – Urbaine		...	...	104	129	100					
Rural – Rurale		...	...	50	59	62					
Greece – Grèce [17]	C										
Urban – Urbaine		438	456	424	435	...					
Rural – Rurale		191	223	175	210	...					
Hungary – Hongrie	C										
Urban – Urbaine		283	194	234	204	191					
Rural – Rurale		226	231	174	187	205					
Iceland – Islande	C										
Urban – Urbaine		...	8	...	7	18					
Rural – Rurale		...	1	...	1	2					
Latvia – Lettonie	C										
Urban – Urbaine		224	171	149	120	117					
Rural – Rurale		116	105	95	74	70					
Poland – Pologne	C										
Urban – Urbaine		...	1 338	1 481	1 293	1 217	...	5.1	5.7	5.6	5.3
Rural – Rurale		...	1 211	1 232	1 222	1 168	...	5.2	5.5	6.1	5.9
Romania – Roumanie	C										
Urban – Urbaine		830	747	768	693	691	6.7	6.4	6.7	6.3	6.3
Rural – Rurale		870	835	855	779	737	6.4	6.3	6.5	6.1	6.0
Russian Federation – Fédération de Russie	C										
Urban – Urbaine		9 447	7 849	7 909	7 374	...	8.8	8.4	8.2	7.9	...
Rural – Rurale		3 796	2 976	3 103	2 785	...	7.3	6.6	6.9	6.5	
Slovakia – Slovaquie	C										
Urban – Urbaine		185	174	140	132	...					
Rural – Rurale		172	153	134	105	...					
Slovenia – Slovénie	C										
Urban – Urbaine		37	47	46	...	...					
Rural – Rurale		73	48	59	...	...					
Switzerland – Suisse	C										
Urban – Urbaine		207	214	181	218	195					
Rural – Rurale		130	134	105	118	114					
The former Yugoslav Rep. of Macedonia – L'ex Rép. yougoslavie de Macédoine	C										
Urban – Urbaine		163	...	...	157	...					
Rural – Rurale		139	...	...	129	...					
Ukraine	C										
Urban – Urbaine		3 422	2 777	2 584	2 354	...	8.8	7.8	7.9	7.6	...
Rural – Rurale		1 396	1 213	1 123	1 055	...	6.7	6.0	5.8	5.7	...
OCEANIA—OCEANIE											
New Zealand – Nouvelle–Zélande	+C										
Urban – Urbaine		171	127	...	...	...					
Rural – Rurale		66	51	...	...	...					

12. Late foetal deaths and late foetal death ratios, by urban/rural residence: 1992 – 1996 (continued)

Morts foetales tardives et rapports de mortinatalité, selon la résidence, urbaine/rurale: 1992 – 1996 (suite)

GENERAL NOTES

Late foetal deaths are those of 28 or more completed weeks of gestation. Data include foetal deaths of unknown gestational age. Ratios are the number of late foetal deaths per 1 000 live births. Ratios are shown only for countries or areas having at least a total of 1 000 late foetal deaths in a given year. For definitions of "urban", see end of table 6. For method of evaluation and limitations of data, see Technical Notes, page 56.

Italics: data from civil registers which are incomplete or of unknown completeness.

FOOTNOTES

* * Provisional
* + Data tabulated by date of registration rather than occurrence.

1. Code "C" indicates that the data are estimated to be virtually complete (at least 90 per cent) and code "U" indicates that the data are estimated to be incomplete (less than 90 per cent). For further details, see Technical Notes.
2. For classification by urban/rural residence, see end of table.
3. Foetal deaths after at least 180 days (6 calendar months or 26 weeks) of gestation.
4. Based on hospital records.
5. Including Canadian residents temporarily in the United States, but excluding United States residents temporarily in Canada.
6. Excluding tribal Indian population.
7. Excluding Indian jungle population.
8. Excluding nomadic Indian tribes.
9. Including data for East Jerusalem and Israeli residents in certain other territories under occupation by Israeli military forces since June 1967.
10. For Japanese nationals in Japan only.
11. For the de jure population.
12. Excluding Faeroe Islands and Greenland.
13. Including nationals temporarily outside the country.
14. Ratios computed on live births including national armed forces outside the country.
15. Including residents outside the country if listed in a Netherlands population register.
16. Excluding foetal deaths of unknown residence.
17. Foetal deaths after at least 150 days (5 calendar months or 20 weeks) of gestation.

NOTES GENERALES

Les morts foetales tardives sont celles qui surviennent après 28 semaines complètes de gestation au moins. Les données comprennent les morts foetales survenues après une période de gestation de durée inconnue. Les rapports représentent le nombre de morts foetales tardives pour 1 000 naissances vivantes. Les rapports présentés ne se rapportent qu'aux pays ou zones ou l'on a enregistré un total d'au moins 1 000 morts foetales tardives dans une année donnée. Pour les définitions des "régions urbaines", se reporter à la fin du tableau 6. Pour la méthode d'évaluation et les insuffisances des données, voir Notes techniques, page 56.
Italiques: données incomplètes ou dont le degré d'exactitude n'est pas connu, provenant des registres de l'état civil.

NOTES

* * Données provisoires.
* + Données exploitées selon la date de l'enregistrement et non la date de l'événement.

1. Le code "C" indique que les données sont jugées pratiquement complètes (au moins 90 p. 100) et le code "U" que les données sont jugées incomplètes (moins de 90 p. 100). Pour plus de détails, voir Notes techniques.
2. Pour le classement selon la résidence, urbaine/rurale, voir la fin du tableau.
3. Morts foetales survenues après 180 jours (6 mois civils ou 26 semaines) au moins de gestation.
4. D'après les registres des hôpitaux.
5. Y compris les résidents canadiens se trouvant temporairement aux Etats–Unis, mais non compris les résidents des Etats–Unis se trouvant temporairement au Canada.
6. Non compris les Indiens vivant en tribus.
7. Non compris les Indiens de la jungle.
8. Non compris les tribus d'Indiens nomades.
9. Y compris les données pour Jérusalem–Est et les résidents israéliens dans certains autres territoires occupés depuis juin 1967 par les forces armées israéliennes.
10. Pour les nationaux japonais au Japon seulement.
11. Pour la population de droit.
12. Non compris les îles Féroé et le Groenland.
13. Y compris les nationaux se trouvant temporairement hors du pays.
14. Rapports calculés sur la base des naissances vivantes qui comprennent les militaires nationaux hors du pays.
15. Y compris les résidents hors du pays, s'ils sont inscrits sur un registre de population néerlandais.
16. Non compris les morts foetales tardives dont on ignore la résidence.
17. Morts foetales survenues après 150 jours (5 mois civils ou 26 semaines) au moins de gestation.

13. Legally induced abortions: 1988 – 1996

Avortements provoqués légalement: 1988 – 1996

(See notes at end of table. – Voir notes à la fin du tableau.)

Continent and country or area / Continent et pays ou zone	Code [1]	Number – Nombre								
		1988	1989	1990	1991	1992	1993	1994	1995	1996
AFRICA—AFRIQUE										
St. Helena ex. dep. – Sainte–Hélène sans dép.	...	3	12	5	...	...	...	...	...	...
Tunisia – Tunisie	...	23 300	...	...	...	...	...	...	...	...
AMERICA,NORTH— AMERIQUE DU NORD										
Belize	...	941	825	1 001	990	...	...	...	...	...
Canada	a,b,c	...	70 705	71 092	70 277	70 408	72 434	71 630	70 549	...
Cuba	...	155 325	151 146	147 530	124 059	...	86 906	89 421	83 963	...
Mexico – Mexique	...	...	...	...	...	...	...	28 734	...	...
United States – Etats–Unis	...	1 371 285	1 396 658	1 429 577	1 388 937	1 359 145	...	...	...	...
AMERICA,SOUTH— AMERIQUE DU SUD										
Chile – Chili	...	49	42	29	67	...	...	...	...	...
ASIA—ASIE										
Armenia – Arménie	...	26 670	26 141	25 282	27 174	27 958	27 907	30 571	...	...
Georgia – Géorgie	...	...	...	...	52 389	50 748	45 131	48 953	43 549	...
India – Inde [2]	a,b,c,d,e	534 870	582 161	596 345	581 215	...	...	...	...	...
Israel – Israël [3]	...	15 255	15 216	15 509	15 767	18 444	17 164	16 903	...	...
Japan – Japon [4]	a,b,c,d,e	486 146	466 876	456 797	436 299	413 032	386 807	364 350	343 024	338 867
Kazakhstan	...	294 596	274 896	254 943	357 800	345 400	289 800	260 200	224 100	193 462
Kyrgyzstan – Kirghizistan	...	...	...	73 795	66 427	59 394	37 503	31 389	27 111	...
Singapore – Singapour	a,b,c,d,e	20 135	20 619	18 654	17 798	17 073	16 476	15 690	14 504	14 362
Tajikistan – Tadjikistan	...	...	...	40 346	52 072	47 040	40 078	35 709	...	...
Uzbekistan – Ouzbékistan	...	...	...	...	...	...	...	120 434	...	...
EUROPE										
Belarus – Bélarus	...	140 900	124 500	114 300	101 100	95 853	212 729	207 658	193 280	174 098
Bulgaria – Bulgarie	...	...	132 021	144 644	...	132 891	107 416	97 567	97 023	...
Channel Islands – Iles Anglo–Normandes Jersey	...	313	...	323	307	250	296	...	...	...
Croatia – Croatie	...	...	...	38 644	33 351	26 223	25 179	19 673	14 282	12 339
Czech Republic – Rép. tchèque	a,b,c,e	129 349	126 507	126 055	106 042	94 180	70 634	54 836	49 531	48 086
Denmark – Danemark [5]	a,b,c,d,e	21 200	21 456	20 589	19 729	18 833	18 607	17 598	17 720	...
Estonia – Estonie	...	30 702	28 216	29 410	26 470	25 803	23 284	19 784	17 671	16 887
Finland – Finlande	a,b,c,e,f	12 749	12 658	12 232	11 747	11 071	10 342	10 013	9 884	10 437
France	a,b,c	165 199	161 646	161 129	162 902	158 940	157 886	...	...	...
Germany – Allemagne	...	164 624	149 196	145 267	124 377	118 609	111 236	103 586	97 937	...
Greece – Grèce	a,b,c,e,f	3 205	2 292	1 216	11 109	11 977	12 289	...	...	...
Hungary – Hongrie	a,b,c,d,e,f	87 106	90 508	90 394	89 931	87 065	75 258	74 491	76 957	76 600
Iceland – Islande	a,b,c,e,f	673	670	714	658	743	827	775	807	858
Italy – Italie	...	175 541	166 290	161 285	157 262	150 271	145 229	135 956	134 137	...
Latvia – Lettonie	...	54 866	53 169	48 995	38 837	34 325	31 348	26 795	25 933	24 227
Lithuania – Lituanie	...	34 845	30 775	27 504	40 439	40 516	38 864	30 326	31 273	27 829

(See notes at end of table. – Voir notes à la fin du tableau.)

Continent and country or area Continent et pays ou zone	Code [1]	Number – Nombre								
		1988	1989	1990	1991	1992	1993	1994	1995	1996
EUROPE (Cont.–Suite)										
Netherlands – Pays–Bas	a,b,c,e,f	18 014	17 996	18 384	19 568	19 422	19 804	20 811	20 932	22 441
Norway – Norvège	a,b,c,d,e,f	15 852	16 208	15 551	15 528	15 164	14 909	...	13 672	...
Poland – Pologne [6]	a,b,c,e,f	105 333	80 127	59 417	30 878	11 640	1 208	874	559	491
Republic of Moldova – République de Moldova	...	...	...	...	...	58 802	52 003	...	...	44 252	...
Romania – Roumanie	...	...	...	...	866 934	691 863	585 761	530 191	502 840	456 221
Russian Federation – Fédération de Russie	...	4 608 953	4 427 713	4 103 425	3 608 412	3 436 695	3 243 957	2 481 493	2 766 362	...
Slovakia – Slovaquie	...	51 000	48 602	48 437	45 919	42 631	38 852	34 883	35 879	...
Slovenia – Slovénie	...	17 355	16 546	15 454	...	13 263	12 154	11 324	10 791	10 218
Spain – Espagne	...	...	...	...	...	...	...	47 832	...	...
Sweden – Suède	...	37 585	37 920	37 489	35 788	34 849	34 169	32 293	...	32 117
The former Yugoslav Rep. of Macedonia – L'ex Rép. yougoslavie de Macédoine	...	27 089	...	...	...	...	...	...	...	...
Ukraine	...	1 080 000	1 058 414	1 019 038	957 022	...	...	...	...	...
United Kingdom – Royaume–Uni Royaume–Uni [7]	a,b,c,d,e,f	178 426	180 622	184 092	178 416	171 260	173 686	169 964	167 297	...
Yugoslavia – Yougoslavie	...	...	201 660	195 694	151 951	137 372	114 923	95 409	91 474	...
OCEANIA—OCEANIE										
New Zealand – Nouvelle–Zélande	a,b,c,d,e,f	10 000	10 200	11 173	11 594	11 460	...	...	...	...

GENERAL NOTES

For method of evaluation and limitations of data, see Technical Notes, page 59.

FOOTNOTES

* Provisional.
1 Explanation of code:
 a. continuance of pregnancy would involve risk to the life of the pregnant woman greater than if the pregnancy were terminated.
 b. Continuance of pregnancy would involve risk of injury to the physical health of the pregnant woman greater than if the pregnancy were terminated.
 c. Continuance of pregnancy would involve risk of injury to the mental health of the pregnant woman greater than if the pregnancy were terminated.
 d. Continuance of pregnancy would involve risk of injury to mental or physical health of any existing children of the family greater than if the pregnancy were terminated.
 e. There is a substantial risk that if the child were born it would suffer from such physical or mental abnormalities as to be seriously handicapped.
 f. Other.
2 For year ending 31 March.
3 Including data for East Jerusalem and Israeli residents in certain other territories under occupation by Israeli military forces since June 1967.
4 For Japanese nationals in Japan only.
5 Excluding the Faeroe Islands and Greenland.
6 Based on hospital and polyclinic records.
7 For residents only.

NOTES GENERALES

Pour la méthode d'évaluation et les insuffisances des données, voir Notes techniques, page 59.

NOTES

* Données provisoires.
1 Explication du code:
 a. La prolongation de la grossesse exposerait la vie de la femme enceinte davantage que son interruption.
 b. La prolongation de la grossesse causerait des complication pouvant affecter la santé physique de la femme enceinte davantage que son interruption.
 c. La prolongation de la grossesse causerait des complications affectant les facultés mentales de la femme enceinte davantage que son interruption.
 d. La prolongation de la grossesse causerait des complications affectant les facultés mentales ou physiques des enfants vivants de cette famille, davantage que son interruption.
 e. Il y aurait des risques majeurs pour l'enfant de naître avec des anomalies physiques ou mentales qui l'handicaperaient gravement.
 f. Autres.
2 Période annuelle se terminant le 31 mars.
3 Y compris les données pour Jérusalem–Est et les résidents israéliens dans certains autres territoires occupés depuis juin 1967 par les forces armées israéliennes.
4 Pour les nationaux japonais au Japon seulement.
5 Non compris les îles Féroé et le Groenland.
6 D'après les registres des hopitaux et des polycliniques.
7 Pour les résidents seulement.

14. Legally induced abortions by age and number of previous live births of woman: latest available year
Avortements provoqués légalement selon l'âge de la femme et selon le nombre des naissances vivantes précédentes: dernière année disponible

(See notes at end of table. – Voir notes à la fin du tableau.)

Continent, country or area, year and number of previous live births / Continent, pays ou zone, année et nombre des naissances vivantes précédentes	All ages Tous âges	–15	15–19	20–24	25–29	30–34	35–39	40–44	45–49	50 plus	Unknown Inconnu
AMERICA, NORTH— AMERIQUE DU NORD											
Canada*											
1995											
Total	53 567	301	10 470	16 060	11 553	8 426	5 079	1 500	*—	99 —*	79
0	24 747	281	8 301	8 907	4 167	1 918	896	224	*—	9 —*	44
1	11 894	9	1 530	4 103	3 044	1 943	986	254	*—	13 —*	12
2	9 443	–	311	1 878	2 518	2 518	1 659	506	*—	36 —*	17
3	3 439	–	38	483	872	1 027	770	231	*—	13 —*	5
4	1 214	–	6	137	278	377	307	101	*—	7 —*	1
5	486	–	2	31	114	150	137	44	*—	8 —*	–
6 plus	368	–	3	18	69	125	101	45	*—	7 —*	–
Unknown–Inconnu	1 976	11	279	503	491	368	223	95	*—	6 —*	–
Cuba											
1991											
Total	124 059	*— 40	586 —*	*——————— 83 473 ———————*						*	–
Mexico – Mexique											
1994											
Total	28 734	109	4 364	7 682	6 258	4 678	2 896	1 078	124	4	1 541
0	7 073	69	2 144	2 369	1 198	545	233	60	4	–	451
1	6 108	3	833	2 286	1 548	826	295	64	7	–	246
2	4 276	–	152	1 160	1 352	958	400	94	3	–	157
3	2 421	–	14	385	762	684	370	86	8	2	110
4	1 552	–	1	119	408	494	336	117	9	–	68
5	1 055	–	2	32	201	352	318	96	10	1	43
6 plus	2 216	–	10	22	170	503	811	522	75	1	102
Unknown–Inconnu	4 033	37	1 208	1 309	619	316	133	39	8	–	364
AMERICA, SOUTH— AMERIQUE DU SUD											
Chile – Chili											
1991											
Total	67	–	*—	14 —*	*—	32 —*	*—	20 —*	*—	1 —*	–
ASIA—ASIE											
Georgia – Géorgie											
1995*											
Total	32 016	177	2 508	*——— 25 510 ———*			*——— 3 821 ———*			*	...
India – Inde											
1991 [2]											
Total	581 215	1 991	32 066	128 611	168 782	104 861	41 998	*——— 7 220 ———*		*	95 686
Israel – Israël [3]											
1993											
Total	17 164	139	1 991	3 415	3 280	3 340	2 915	1 579	154	–	351
0	4 906	131	1 724	1 861	750	227	79	25	5	–	104
1	2 506	–	75	698	759	492	288	125	14	–	55
2	3 636	–	15	300	943	1 117	800	365	36	–	60
3	2 763	1	1	60	370	826	898	514	49	–	44
4	1 290	–	1	8	125	318	480	296	28	–	34
5	458	–	–	3	24	135	164	116	11	–	34
6 plus	328	–	–	2	9	52	122	117	11	–	5
Unknown–Inconnu	1 277	7	175	483	300	173	84	21	–	–	34

14. Legally induced abortions by age and number of previous live births of woman: latest available year (continued)
Avortements provoqués légalement selon l'âge de la femme et selon le nombre des naissances vivantes précédentes: dernière année disponible (suite)

(See notes at end of table. – Voir notes à la fin du tableau.)

Continent, country or area, year and number of previous live births / Continent, pays ou zone, année et nombre des naissances vivantes précédentes	All ages Tous âges	\-15	15–19	20–24	25–29	30–34	35–39	40–44	45–49	50 plus	Unknown Inconnu
ASIA—ASIE (Cont.–Suite)											
Japan – Japon											
1996 [4]											
Total	338 867	*—— 28	256 ——*	80 743	66 833	66 045	62 069	31 227	3 583	84	27
Kazakhstan											
1996											
Total	193 462	525	21 033	*——	145 003	——*	*——		26 901	——*	–
Singapore – Singapour											
1996											
Total	14 362	19	1 467	3 315	3 042	2 980	2 522	925	*——	92 ——*	–
0	6 189	19	1 389	2 655	1 394	468	203	57	*——	4 ——*	–
1	1 854	–	66	358	577	501	273	75	*——	4 ——*	–
2	3 634	–	10	234	734	1 185	1 042	388	*——	41 ——*	–
3	2 080	–	2	62	280	654	762	288	*——	32 ——*	–
4 plus	605	–	–	6	57	172	242	117	*——	11 ——*	–
Unknown–Inconnu	–	–	–	–	–	–	–	–	*——	– ——*	–
EUROPE											
Belarus – Bélarus											
1996											
Total	174 098	268	13 749	45 593	44 391	36 340	24 000	*——	9 757	——*	–
Bulgaria – Bulgarie											
1995											
Total	97 023	287	10 781	28 229	25 772	18 387	9 896	3 404	256	11	–
Croatia – Croatie											
1996											
Total	12 339	3	703	2 104	2 461	3 019	2 635	*—— 1	339 ——*	3	72
0	2 694	2	620	1 217	507	212	82	*——	42 ——*	–	12
1	2 297	–	50	501	593	552	414	*——	171 ——*	1	15
2	4 985	–	6	262	989	1 559	1 391	*——	747 ——*	2	29
3	1 375	–	–	35	195	439	475	*——	226 ——*	–	5
4 – 6	351	–	–	10	47	96	124	*——	74 ——*	–	–
7 plus	22	–	–	–	2	5	10	*——	5 ——*	–	–
Unknown–Inconnu	615	1	27	79	128	156	139	*——	74 ——*	–	11
Czech Republic – Rép. tchèque											
1996											
Total	48 086	33	5 059	11 859	10 974	9 884	6 418	3 508	329	22	–
0	10 198	33	4 267	4 383	988	341	122	55	3	6	–
1	12 052	–	716	4 829	3 398	1 848	816	406	34	5	–
2	19 268	–	69	2 342	5 359	5 632	3 675	1 981	205	5	–
3	5 196	–	6	248	962	1 647	1 408	851	68	6	–
4	1 007	–	1	47	199	294	300	152	14	–	–
5	245	–	–	10	47	78	65	40	5	–	–
6 plus	120	–	–	–	21	44	32	23	–	–	–
Unknown–Inconnu	–	–	–	–	–	–	–	–	–	–	–
Denmark – Danemark [5]											
1995											
Total	17 720	*—— 2	328 ——*	4 146	4 211	3 768	2 292	868	*——	107 ——*	–

14. Legally induced abortions by age and number of previous live births of woman: latest available year (continued)
Avortements provoqués légalement selon l'âge de la femme et selon le nombre des naissances vivantes précédentes: dernière année disponible (suite)

(See notes at end of table. – Voir notes à la fin du tableau.)

Continent, country or area, year and number of previous live births / Continent, pays ou zone, année et nombre des naissances vivantes précédentes	All ages Tous âges	−15	15–19	20–24	25–29	30–34	35–39	40–44	45–49	50 plus	Unknown Inconnu
EUROPE (Cont.–Suite)											
Estonia – Estonie											
1996											
Total	16 887	12	1 690	4 363	3 985	3 171	2 456	1 063	115	3	29
0	3 843	12	1 403	1 699	492	134	66	26	3	–	8
1	6 065	–	272	2 098	1 856	1 017	569	215	26	1	11
2	5 113	–	15	503	1 308	1 454	1 211	549	66	1	6
3	1 386	–	–	59	255	417	443	195	14	–	3
4	323	–	–	3	58	108	96	51	5	1	1
5	103	–	–	1	11	26	49	16	–	–	–
6 plus	54	–	–	–	5	15	22	11	1	–	–
Unknown–Inconnu	–	–	–	–	–	–	–	–	–	–	–
Finland – Finlande											
1996											
Total	10 437	20	1 514	2 351	2 302	2 076	1 406	670	93	5	–
0	4 881	20	1 444	1 679	1 007	484	185	58	4	–	–
1	1 992	–	65	461	569	479	277	129	12	–	–
2	2 199	–	5	176	490	696	525	268	36	3	–
3	997	–	–	30	185	308	299	143	30	2	–
4	290	–	–	4	40	87	101	50	8	–	–
5	52	–	–	1	8	19	9	14	1	–	–
6 plus	26	–	–	–	3	3	10	8	2	–	–
Unknown–Inconnu	–	–	–	–	–	–	–	–	–	–	–
France											
1992											
Total	158 940	16 019	37 125	36 928	32 707	23 786	10 593	1 151	*——	631 ——*	–
Germany – Allemagne											
1995											
Total	97 937	138	6 487	17 828	24 936	24 485	16 274	6 567	*——	720 ——*	502
0	36 667	135	5 805	10 952	9 744	6 021	2 810	940	*——	91 ——*	169
1	23 470	2	596	4 597	7 233	6 122	3 346	1 321	*——	124 ——*	129
2	25 854	1	65	1 880	5 893	8 498	6 456	2 653	*——	282 ——*	126
3	8 382	–	16	332	1 573	2 703	2 483	1 094	*——	133 ——*	48
4	2 444	–	5	54	378	806	798	332	*——	48 ——*	23
5	714	–	–	10	79	226	243	126	*——	26 ——*	4
6 plus	406	–	–	3	36	109	138	101	*——	16 ——*	3
Greece – Grèce											
1993											
Total	12 289	5	507	*——	5 767 ——*	*——	5 053 ——*	*——	849 ——*	11	97
Hungary – Hongrie											
1996											
Total	76 600	256	11 405	18 800	16 692	12 951	10 623	5 242	*——	312 ——*	319
0	21 086	256	9 064	8 244	2 407	584	230	106	*——	10 ——*	185
1	16 651	–	1 836	5 594	4 404	2 383	1 602	746	*——	28 ——*	58
2	23 190	–	423	3 366	5 882	5 579	4 927	2 777	*——	187 ——*	49
3	10 394	–	70	1 242	2 721	2 818	2 367	1 100	*——	61 ——*	15
4	3 248	–	12	284	839	956	832	300	*——	17 ——*	8
5	1 177	–	–	49	298	373	337	113	*——	5 ——*	2
6 plus	854	–	–	21	141	258	328	100	*——	4 ——*	2
Unknown–Inconnu	–	–	–	–	–	–	–	–	*——	– ——*	–
Iceland – Islande											
1996											
Total	858	8	207	233	167	108	102	29	4	–	–

14. Legally induced abortions by age and number of previous
live births of woman: latest available year (continued)
Avortements provoqués légalement selon l'âge de la femme et selon le nombre des
naissances vivantes précédentes: dernière année disponible (suite)

(See notes at end of table. – Voir notes à la fin du tableau.)

Continent, country or area, year and number of previous live births / Continent, pays ou zone, année et nombre des naissances vivantes précédentes	All ages Tous âges	Age of woman (in years) – Age de la femme (en années)									
		–15	15–19	20–24	25–29	30–34	35–39	40–44	45–49	50 plus	Unknown Inconnu
EUROPE (Cont.–Suite)											
Italy – Italie											
1995											
Total	134 137	171	10 725	26 442	30 233	30 483	23 964	10 968	1 089	57	5
Latvia – Lettonie											
1996											
Total	24 227	25	2 538	*——	16 764	——*	*——	——	4 900	——*	–
Lithuania – Lituanie											
1996*											
Total	27 832	9	1 779	*——	20 553	——*	*——		5 491	——*	–
Netherlands – Pays–Bas											
1992											
Total	19 422	52	1 825	4 063	4 046	3 616	2 548	981	*——	86 ——*	2 205
0	8 420	...	...	...	...	...	...	...	...	...	...
1	3 168	...	...	...	...	...	...	...	...	...	...
2	3 392	...	...	...	...	...	...	...	...	...	...
3	1 464	...	...	...	...	...	...	...	...	...	...
4 plus	775	...	...	...	...	...	...	...	...	...	...
Norway – Norvège											
1992											
Total	15 164	29	2 692	4 557	3 528	2 239	1 505	553	*——	61 ——*	–
0	7 139	29	2 465	2 871	1 234	351	145	41	*——	3 ——*	–
1	3 123	–	152	1 163	1 018	468	245	72	*——	5 ——*	–
2–3	4 103	–	5	365	1 104	1 264	962	361	*——	42 ——*	–
4–5	320	–	–	1	58	87	111	54	*——	9 ——*	–
6 plus	21	–	–	1	1	5	7	7	*——	– ——*	–
Unknown–Inconnu	458	–	70	156	113	64	35	18	*——	2 ——*	–
Republic of Moldova – République de Moldova											
1995											
Total	44 252	63	3 940	*——	32 978	——*	*——	——	7 271	——*	–
Romania – Roumanie											
1996											
Total	456 221	862	35 814	113 552	135 826	82 260	63 008	22 768	2 112	19	–
Russian Federation – Fédération de Russie											
1995*											
Total	2 255 797	2 217	233 166	*——	1 551 440	——*	*——	——	468 974	——*	–
Slovakia – Slovaquie											
1995*											
Total	29 409	15	2 595	6 759	7 191	6 481	4 470	1 770	128	–	–
0	4 578	14	1 932	1 781	484	208	112	44	3	–	–
1	6 397	1	560	2 567	1 684	931	475	172	7	–	–
2	12 805	–	98	2 018	3 796	3 549	2 386	892	66	–	–
3	4 133	–	4	326	929	1 286	1 076	467	45	–	–
4 plus	1 496	–	1	67	298	507	421	195	7	–	–

14. Legally induced abortions by age and number of previous
live births of woman: latest available year (continued)
Avortements provoqués légalement selon l'âge de la femme et selon le nombre des
naissances vivantes précédentes: dernière année disponible (suite)

(See notes at end of table. – Voir notes à la fin du tableau.)

Continent, country or area, year and number of previous live births / Continent, pays ou zone, année et nombre des naissances vivantes précédentes	All ages Tous âges	Age of woman (in years) – Age de la femme (en années)									Unknown Inconnu
		–15	15–19	20–24	25–29	30–34	35–39	40–44	45–49	50 plus	
EUROPE (Cont.–Suite)											
Slovenia – Slovénie											
1996											
Total	10 218	3	780	1 851	1 949	2 440	2 065	1 011	*—	119 —*	–
0	2 439	3	734	1 156	352	129	49	14	*—	2 —*	–
1	2 306	–	44	501	641	562	382	160	*—	16 —*	–
2	4 281	–	2	176	820	1 365	1 199	638	*—	81 —*	–
3	968	–	–	16	123	321	348	148	*—	12 —*	–
4	169	–	–	2	10	44	67	39	*—	7 —*	–
5	29	–	–	–	3	12	10	3	*—	1 —*	–
6 plus	26	–	–	–	–	7	10	9	*—	– —*	–
Unknown–Inconnu	–	–	–	–	–	–	–	–	*—	– —*	–
Spain – Espagne											
1994											
Total	47 832	97	6 598	12 772	10 594	8 613	6 259	2 627	*—	272 —*	–
0	24 926	94	6 134	10 019	5 461	2 252	764	191	*—	11 —*	–
1	8 768	2	404	1 949	2 616	2 157	1 227	393	*—	20 —*	–
2	9 082	1	44	649	1 849	2 905	2 581	977	*—	76 —*	–
3	3 237	–	7	105	477	884	1 074	602	*—	88 —*	–
4	1 096	–	2	23	113	261	384	272	*—	41 —*	–
5 plus	612	–	2	5	46	126	213	184	*—	36 —*	–
Unknown–Inconnu	111	–	5	22	32	28	16	8	*—	– —*	–
Sweden – Suède											
1996											
Total	32 117	137	4 225	7 720	7 421	6 496	4 246	1 668	*—	204 —*	...
0	14 577	...	...	...	...	...	...	...	...	...	...
1	5 466	...	...	...	...	...	...	...	...	...	...
2	7 340	...	...	...	...	...	...	...	...	...	...
3	3 209	...	...	...	...	...	...	...	...	...	...
4	975	...	...	...	...	...	...	...	...	...	...
5	256	...	...	...	...	...	...	...	...	...	...
6 plus	128	...	...	...	...	...	...	...	...	...	...
Unknown–Inconnu	166	...	...	...	...	...	...	...	...	...	...
United Kingdom – Royaume–Uni											
1995[6]											
Total	167 297	1 036	30 004	47 388	40 113	27 642	15 382	5 223	491	2	16
0	89 040	1 035	26 897	32 436	18 239	7 219	2 521	642	44	1	6
1	29 719	1	2 706	9 212	8 893	5 440	2 561	829	73	–	4
2	29 658	–	349	4 441	8 362	8 829	5 523	1 962	189	–	3
3	12 586	–	35	1 041	3 286	4 110	2 936	1 078	99	–	1
4	4 185	–	5	205	998	1 398	1 140	397	40	1	1
5 plus	2 037	–	–	35	315	639	691	310	46	–	1
Unknown–Inconnu	72	–	12	18	20	7	10	5	–	–	–
Yugoslavia – Yougoslavie											
1992*											
Total	142 330	70	3 747	*— 15 796 —*		*— 19 494 —*		*— 3 798 —*		77	99 348
0	13 648	...	...	...	...	...	...	...	...	...	...
1	25 590	...	...	...	...	...	...	...	...	...	...
2	78 665	...	...	...	...	...	...	...	...	...	...
3	15 374	...	...	...	...	...	...	...	...	...	...
4 plus	5 806	...	...	...	...	...	...	...	...	...	...
Unknown–Inconnu	3 247	...	...	...	...	...	...	...	...	...	...

14. Legally induced abortions by age and number of previous live births of woman: latest available year (continued)
Avortements provoqués légalement selon l'âge de la femme et selon le nombre des naissances vivantes précédentes: dernière année disponible (suite)

(See notes at end of table. – Voir notes à la fin du tableau.)

Continent, country or area, year and number of previous live births / Continent, pays ou zone, année et nombre des naissances vivantes précédentes	All ages Tous âges	Age of woman (in years) – Age de la femme (en années)									
		−15	15–19	20–24	25–29	30–34	35–39	40–44	45–49	50 plus	Unknown Inconnu
OCEANIA—OCEANIE											
New Zealand – Nouvelle–Zélande											
1992											
Total	11 460	[7]41	[7]2 210	3 353	2 628	1 858	1 049	297	19	2	3
0	5 552	[7]40	[7]1 948	2 059	993	368	122	20	–	2	–
1	2 125	[7]1	[7]234	768	605	318	168	28	3	–	–
2	1 989	[7]–	[7]26	388	589	543	334	102	7	–	–
3	1 091	[7]–	[7]2	100	297	365	257	65	5	–	–
4	435	[7]–	[7]–	33	100	166	88	45	3	–	–
5	171	[7]–	[7]–	5	33	66	47	19	1	–	–
6 plus	94	[7]–	[7]–	–	11	32	33	18	–	–	–
Unknown—Inconnu	3	[7]–	[7]–	–	–	–	–	–	–	–	3

GENERAL NOTES

For method of evaluation and limitations of data, see Technical Notes, page 60.

FOOTNOTES

1 Birth order based on number of previous confinements (deliveries) rather than on live births.
2 For year ending 31 March.
3 Including data for East Jerusalem and Israeli residents in certain other territories under occupation by Israeli military forces since June 1967.
4 For Japanese nationals in Japan only.
5 Excluding Faeroe Islands and Greenland.
6 For residents only.
7 For under 16 and 16–19 years, as appropriate.

NOTES GENERALES

Pour la méthode d'évaluation et les insuffisances des données, voir Notes techniques, page 60.

NOTES

1 Le rang de naissance est déterminé par le nombre d'accouchements antérieurs plutôt que par le nombre des naissances vivantes.
2 Période annuelle se terminant le 31 mars.
3 Y compris les données pour Jérusalem–Est et les résidents israéliens dans certains autres territoires occupés depuis juin 1967 par les forces armées israéliennes.
4 Pour les nationaux japonais au Japon seulement.
5 Non compris les îles Féroé et le Groenland.
6 Pour les résidents seulement.
7 Pour moins de 16 ans et 16–19 ans selon le cas.

15. Infant deaths and infant mortality rates, by urban/rural residence: 1993 – 1997

Décès d'enfants de moins d'un an et taux de mortalité infantile, selon la résidence, urbaine/rurale: 1993 – 1997

(See notes at end of table.– Voir notes à la fin du tableau.)

Continent, country or area and urban/rural residence Continent, pays ou zone et résidence, urbaine/rurale	Code [1]	Number – Nombre					Rate – Taux				
		1993	1994	1995	1996	1997	1993	1994	1995	1996	1997
AFRICA—AFRIQUE											
Algeria – Algérie [2][3]	U	...	...	25 413	23 093	...	[4] 55.0				
Angola	..	...	...	...	...	...	[4] 124.0				
Benin – Bénin	..	...	...	...	...	...	[4] 90.0				
Botswana	..	...	...	...	...	...	[4] 55.0				
Burkina Faso	..	...	...	...	...	...	[4] 103.0				
Burundi	..	...	...	...	...	...	[4] 120.0				
Cameroon – Cameroun	..	...	...	...	...	...	[4] 65.0				
Cape Verde – Cap–Vert	..	...	...	...	...	...	[4] 50.0				
Central African Republic – Rép. centrafricaine	..	...	...	...	...	...	[4] 100.0				
Chad – Tchad	..	...	...	...	...	...	[4] 123.0				
Comoros – Comores	..	...	...	...	...	...	[4] 91.0				
Congo	..	...	...	...	...	...	[4] 89.0				
Côte d'Ivoire	..	...	...	...	...	...	[4] 91.0				
Democratic Rep. of the Congo – République démocratique du Congo	..	...	...	...	...	...	[4] 95.0				
Djibouti	..	...	...	...	...	...	[4] 115.0				
Egypt – Egypte	..	...	...	...	...	...	[4] 67.0				
Equatorial Guinea – Guinée équatoriale	..	...	...	...	...	...	[4] 117.0				
Eritrea – Erythrée	..	...	...	...	...	...	[4] 107.0				
Ethiopia – Ethiopie	..	...	...	...	...	...	[4] 119.0				
Gabon	..	...	...	...	...	...	[4] 94.0				
Gambia – Gambie	..	...	...	...	...	...	[4] 132.0				
Ghana	..	...	...	...	...	...	[4] 81.0				
Guinea – Guinée	..	...	...	...	...	...	[4] 134.0				
Guinea–Bissau – Guinée–Bissau	..	...	...	...	...	...	[4] 141.0				
Kenya	..	...	...	...	...	...	[4] 71.0				
Lesotho	..	...	...	...	...	...	[4] 81.0				
Liberia – Libéria	..	...	...	...	...	...	[4] 200.0				
Libyan Arab Jamahiriya – Jamahiriya arabe libyenne	..	...	...	...	...	...	[4] 68.0				
Madagascar	..	...	...	...	...	...	[4] 93.0				
Malawi	..	...	...	...	...	...	[4] 148.0				
Mali	..	...	...	...	...	...	[4] 159.0				
Mauritania – Mauritanie	..	...	...	...	...	...	[4] 101.0				
Mauritius – Maurice [5]	+C	438	394	404	459	*397	19.9	18.2	19.6	22.4	*19.8
Morocco – Maroc [5]	U	13 001	...	10 720	9 344	...	[4] 62.0				
Mozambique	..	...	...	...	...	...	[4] 118.0				
Namibia – Namibie	..	...	...	...	...	...	[4] 64.0				
Niger	..	...	...	...	...	...	[4] 124.0				
Nigeria – Nigéria	..	...	...	...	...	...	[4] 84.0				
Réunion	..	...	...	...	...	...	[4] 8.0				
Rwanda	..	...	...	...	...	...	[4] 139.0				
St. Helena ex. dep. – Sainte–Hélène sans dép.	C	...	2	2	...	...					
Tristan da Cunha	C	...	...	...	1	...					
Sao Tome and Principe – Sao Tomé–et–Principe	C	267	...	...	...	...	50.8	...	...	...	...
Senegal – Sénégal	..	...	...	...	...	...	[4] 68.0				
Seychelles	+C	22	15	29	12	...					
Sierra Leone	..	...	...	...	...	...	[4] 195.0				
Somalia – Somalie	..	...	...	...	...	...	[4] 122.0				
South Africa – Afrique du Sud	...	17 851	17 332	22 865	...	...	[4] 53.0				
Sudan – Soudan	..	...	...	...	...	...	[4] 85.0				
Swaziland	..	...	...	...	...	...	[4] 75.0				
Togo	..	...	...	...	...	...	[4] 91.0				
Tunisia – Tunisie	U	5 223	4 823	4 248	...	...	[4] 43.0				
Uganda – Ouganda	..	...	...	...	...	...	[4] 122.0				

15. Infant deaths and infant mortality rates, by urban/rural residence: 1993 – 1997 (continued)

Décès d'enfants de moins d'un an et taux de mortalité infantile, selon la résidence, urbaine/rurale: 1993 – 1997 (suite)

(See notes at end of table.– Voir notes à la fin du tableau.)

Continent, country or area and urban/rural residence / Continent, pays ou zone et résidence, urbaine/rurale	Code [1]	Number – Nombre					Rate – Taux				
		1993	1994	1995	1996	1997	1993	1994	1995	1996	1997
AFRICA—AFRIQUE (Cont.–Suite)											
United Rep. of Tanzania – Rép.–Unie de Tanzanie	..	...	...	...	...	...	[4] 86.0				
Western Sahara – Sahara Occidental	..	...	...	...	...	...	[4] 75.0				
Zambia – Zambie	..	...	...	...	...	...	[4] 111.0				
Zimbabwe	..	...	...	...	...	...	[4] 70.0				
AMERICA,NORTH— AMERIQUE DU NORD											
Anguilla	+C	5	...	...	...	...					
Antigua and Barbuda – Antigua–et–Barbuda	C	24	23	23	...						
Bahamas	C	128	120	119	108	...	19.2	19.7	19.0	18.4	...
Barbados – Barbade	+C	38	...	46	50	...					
Belize	U	125	114	99	168	...	[4] 33.0				
Bermuda – Bermudes	C	9	10	2	3	...					
Canada [6]	C	2 448	2 418	2 321	...	...	6.3	6.3	6.1	...	...
Cayman Islands – Iles Caïmanes	C	2	7	...	...	...					
Costa Rica	C	...	1 045	1 064	937	...	...	13.0	13.2	11.8	...
Cuba [5]	C	1 431	1 458	1 384	1 189	*1 098	9.4	9.9	9.4	8.0	*7.2
Dominica – Dominique	C	...	...	...	23	...					
Dominican Republic – République dominicaine	..	...	...	...	...	...	[4] 42.0				
El Salvador	U	...	2 797	...	...	...	[4] 44.0				
Greenland – Groenland [5]	C	31	28	30	25	...					
Grenada – Grenade	C	...	...	...	30	...					
Guatemala	C	17 085	...	...	...	...	46.2	...	...	...	...
Haiti – Haïti	..	...	...	...	...	...	[4] 89.0				
Honduras	..	...	...	...	...	...	[4] 43.0				
Jamaica – Jamaïque	+C	...	...	524	464	...	...	...	9.1	8.1	...
Martinique [3]	U	23	...	...	...	...					
Mexico – Mexique [5]	U	49 631	49 305	48 023	45 707	...	[4] 34.0				
Nicaragua	..	...	...	...	...	...	[4] 52.0				
Panama [5]	U	1 134	1 080	1 029	873	*947	[4] 25.0				
Puerto Rico – Porto Rico [5]	C	874	738	...	665	...	13.4	11.5	...	10.5	...
Saint Kitts and Nevis – Saint–Kitts–et–Nevis	+C	19	22	20	...	...					
Saint Lucia – Sainte–Lucie	C	...	...	66	...	...					
St. Vincent and the Grenadines – Saint–Vincent–et–Grenadines	+C	39	36	47	39	41					
Trinidad and Tobago – Trinité–et–Tobago	C	258	272	330	*300	...	12.2	13.8	17.1	*16.9	...
United States – Etats–Unis	C	33 466	31 710	29 583	28 237	...	8.4	8.0	7.6	7.2	...
United States Virgin Islands – Iles Vierges américaines	C	31	...	...	...						
AMERICA,SOUTH— AMERIQUE DU SUD											
Argentina – Argentine	C	15 291	14 802	14 606	...	...	22.9	22.0	22.2	...	...
Bolivia – Bolivie	..	...	...	...	...	...	[4] 75.0				
Brazil – Brésil [7]	U	86 599	83 177	...	135 414	...	[4] 47.0				
Chile – Chili [5]	C	3 792	3 454	3 107	3 095	...	13.1	12.0	11.1	11.7	
Colombia – Colombie [5][8]	+U	11 511	11 302	...	...	...	[4] 28.0				
Ecuador – Equateur [5][9]	U	7 006	...	5 533	5 351	...	[4] 50.0				
Guyana	..	...	...	...	...	...	[4] 63.0				
Paraguay	..	...	...	...	...	...	[4] 43.0				
Peru – Pérou [5][7][10]	..	49 494	48 416	50 000	47 900	*43 000	74.9	73.0	81.0	77.8	*70.1

15. Infant deaths and infant mortality rates, by urban/rural residence: 1993 – 1997 (continued)

Décès d'enfants de moins d'un an et taux de mortalité infantile, selon la résidence, urbaine/rurale: 1993 – 1997 (suite)

(See notes at end of table.– Voir notes à la fin du tableau.)

Continent, country or area and urban/rural residence / Continent, pays ou zone et résidence, urbaine/rurale	Code [1]	Number – Nombre					Rate – Taux				
		1993	1994	1995	1996	1997	1993	1994	1995	1996	1997
AMERICA, SOUTH— (Cont.–Suite) AMERIQUE DU SUD											
Suriname	...	201	211	...	...	...	[4] 28.0				
Uruguay	C	1 128	1 061	1 110	1 033	...	20.2	18.9	19.9	18.1	...
Venezuela [7]	C	11 128	12 858	10 936	10 656	...	21.2	23.5	21.0	21.4	...
ASIA—ASIE											
Afghanistan	..	...	...	...	...	...	[4] 163.0				
Armenia – Arménie [5][11]	C	1 048	772	...	...	...	17.7	15.1	...	...	...
Azerbaijan–Azerbaïdjan [11]	C	...	...	...	...	*2 600	...	...	...	...	*19.7
Bahrain – Bahreïn	U	276	267	254		...	[4] 20.0				
Bangladesh	U	...	...	...	...	*202 000	[4] 91.0				
Bhutan – Bhoutan	..	...	...	...	...	...	[4] 117.0				
Brunei Darussalam – Brunéi Darussalam	+C	82	...	...	64	...					
Cambodia – Cambodge	..	...	...	...	...	...	[4] 116.0				
China – Chine [12]	..	...	...	...	...	...	[4] 44.0				
Hong Kong SAR – Hong–kong RAS	C	335	322	314	260	*239	4.8	4.5	4.6	4.0	*4.0
Cyprus – Chypre [13]	...	91	89	84	80	...					
East Timor – Timor oriental	..	...	...	...	...	...	[4] 149.0				
Georgia – Géorgie [5][11]	C	...	959	738	934	...	...	16.7	13.1	17.4	...
India – Inde [5][14]	..	...	...	...	...	...	74.0	74.0	74.0	72.0	...
Indonesia – Indonésie	..	...	...	...	...	...	[4] 58.0				
Iran (Islamic Republic of – Rép. islamique d') [5]	U	...	40 359	...	...	...	[4] 43.0				
Iraq	..	...	...	...	...	...	[4] 127.0				
Israel – Israël [5][15]	C	876	863	799	767	...	7.8	7.5	6.9	6.3	...
Japan – Japon [5][16]	C	5 169	5 261	5 054	4 546	...	4.3	4.2	4.3	3.8	...
Jordan – Jordanie	..	...	...	...	...	...	[4] 36.0				
Kazakhstan [5][11]	C	9 099	8 408	7 731	6 564	...	28.8	27.4	27.9	25.9	
Korea, Dem. People's Rep. of – Corée, rép. populaire dém. de	..						[4] 24.0				
Korea, Republic of– Corée, République de	...	2 160	2 126	1 971		...	[4] 11.0				
Kuwait – Koweït	C	461	493	450	515	...	12.3	12.7	10.9	11.5	
Kyrgyzstan–Kirghizistan [5][11]	C	3 839	3 262	3 250		...	32.9	29.6	27.7	...	
Lao People's Dem. Rep. – Rép. dém. populaire Lao	..	...	...	...	...	...	[4] 97.0				
Lebanon – Liban	..	...	...	...	...	...	[4] 34.0				
Macau – Macao	C	54	38	33	26	...					
Malaysia – Malaisie	U	6 148	5 837	5 564	4 908	*5 400	[4] 13.0				
Peninsular Malaysia [3][5] – Malaisie Péninsulaire	C	4 515	...	4 162	3 778	...	10.6	...	9.8	8.7	...
Maldives [5]	C	266	...	...	...	...	34.2	...	...	...	...
Mongolia – Mongolie	...	...	...	...	2 100	...	[4] 59.0				
Myanmar	..	...	...	...	...	...	[4] 90.0				
Nepal – Népal	..	...	...	...	...	...	[4] 96.0				
Oman	..	...	...	...	...	...	[4] 30.0				
Pakistan [5][17]	..	367 378	...	...	...	...	101.9	...	...	...	...
Philippines	U	34 673	...	...	...	...	[4] 40.0				
Qatar	C	138	118	...	124	...	12.8	11.2	...	12.0	...
Saudi Arabia – Arabie saoudite	..	...	...	...	...	...	[4] 29.0				
Singapore – Singapour [18]	+C	235	214	195	183	*179	4.7	4.3	4.0	3.8	*3.8
Sri Lanka [5]	+C	...	...	5 660		...	...	...	16.5	...	...
Syrian Arab Republic – République arabe syrienne [3][19]	U	4 716	...	...	...	...	[4] 39.0				
Tajikistan–Tadjikistan [5][11]	C	8 677	6 880	...	...	...	46.5	42.4	...		

15. Infant deaths and infant mortality rates, by urban/rural residence: 1993 – 1997 (continued)

Décès d'enfants de moins d'un an et taux de mortalité infantile, selon la résidence, urbaine/rurale: 1993 – 1997 (suite)

(See notes at end of table.– Voir notes à la fin du tableau.)

Continent, country or area and urban/rural residence / Continent, pays ou zone et résidence, urbaine/rurale	Code [1]	Number – Nombre					Rate – Taux				
		1993	1994	1995	1996	1997	1993	1994	1995	1996	1997
ASIA—ASIE (Cont.—Suite)											
Thailand – Thaïlande [5]	+U	7 048	6 828	6 920	...	...	[4]32.0				
Turkey – Turquie [20]	..	68 000	65 000	61 316	58 000	*55 000	49.3	46.8	44.4	42.1	*39.9
Turkmenistan – Turkménistan	..	...	...	...	...	...	[4]57.0				
United Arab Emirates – Emirats arabes unis	..	...	...	...	467	...	[4]19.0				
Uzbekistan – Ouzbékistan [5][11]	C	22 333	18 814	...	...	...	32.3	28.6	...	...	...
Viet Nam	..	...	...	...	...	...	[4]42.0				
Yemen – Yémen	..	...	...	...	...	...	[4]92.0				
EUROPE											
Albania – Albanie	C				1 239					20.4	
Austria – Autriche [5]	C	618	578	481	451	*388	6.5	6.3	5.4	5.1	*4.7
Belarus – Bélarus [5][11]	C	1 487	1 473	1 362	1 210	*1 126	12.7	13.3	13.5	12.6	*12.6
Belgium – Belgique	C	962	887	700	652	*705	7.9	7.6	6.1	5.6	*6.1
Bosnia Herzegovina – Bosnie–Herzégovine			...	...			[4]15.0				
Bulgaria – Bulgarie [5]	C	1 310	1 296	1 065	...	...	15.5	16.3	14.8	...	...
Channel Islands – Iles Anglo–Normandes	C	14	5								
Guernsey – Guernesey	C	7	3	2							
Jersey	+C	7	2								
Croatia – Croatie [5]	C	480	495	449	433		9.9	10.2	8.9	8.0	...
Czech Republic – Rép. tchèque [5]	C	1 028	847	740	547	*531	8.5	7.9	7.7	6.0	*5.9
Denmark – Danemark [21]	C	367	380	354	389		5.4	5.5	5.1	5.7	...
Estonia – Estonie [5][11]	C	239	205	201	138		15.8	14.5	14.8	10.4	...
Finland – Finlande [5][22]	C	285	308	248	242		4.4	4.7	3.9	4.0	...
France [5]	C	4 604	4 193	3 545	3 567		6.5	5.9	4.9	4.9	...
Germany – Allemagne	C	4 665	4 309	4 053	3 962		5.8	5.6	5.3	5.0	...
Greece – Grèce [5]	C	864	823	827	820		8.5	7.9	8.1	8.1	...
Hungary – Hongrie [5]	C	1 458	1 335	1 195	1 148	*1 000	12.5	11.5	10.7	10.9	*9.9
Iceland – Islande	C	22	14	26	16	*23					
Ireland – Irlande [5][23]	+C	302	277	309	278	*324	6.1	5.7	6.4	5.5	*6.2
Isle of Man – Ile de Man	+C	5	8	1	2						
Italy – Italie	C	3 905	3 498	3 219	3 163	*2 909	7.1	6.5	6.1	6.0	*5.4
Latvia – Lettonie [5][11]	C	434	381	407	315		16.2	15.7	18.8	15.9	...
Liechtenstein	...		2								
Lithuania – Lituanie [5][11]	C	746	603	514	395	*400	16.0	14.1	12.5	10.1	*10.4
Luxembourg	C	32	29	30	28						
Malta – Malte	C	42	44	41	53	*31					
Netherlands – Pays–Bas [24]	C	1 227	1 104	1 041	1 086	*1 000	6.3	5.6	5.5	5.7	*5.2
Norway – Norvège [25]	C	301	...	244	246		5.0	...	4.0	4.0	...
Poland – Pologne [5]	C	7 995	7 284	5 891	5 228	*4 200	16.2	15.1	13.6	12.2	*10.2
Portugal	C	996	881	805	758		8.7	8.1	7.5	6.9	...
Republic of Moldova [5][11] – République de Moldova	C	...	1 425	1 214	1 064		...	22.9	21.5	20.4	...
Romania – Roumanie [5]	C	5 822	5 894	5 027	5 158	*5 209	23.3	23.9	21.2	22.3	*22.0
Russian Federation [5][11] – Fédération de Russie	C	27 946	26 141	24 840	...	...	20.3	18.6	18.2	...	...
San Marino – Saint–Marin	+C	...	2	3	3						
Slovakia – Slovaquie [5]	C	779	743	675	598		10.6	11.2	11.0	9.9	...
Slovenia – Slovénie [5]	C	134	126	105	89		6.8	6.5	5.5		
Spain – Espagne	C	2 581	2 204	1 996	1 650		6.7	6.0	5.5	4.7	...
Sweden – Suède	C	571	499	381	377		4.8	4.4	3.7	4.0	...
Switzerland – Suisse [5]	C	465	424	415	389	*358	5.6	5.1	5.0	4.7	*4.5
The former Yugoslav Rep. of Macedonia – L'ex Rép. [5] yougoslavie de Macédoine	C	781	752	729	515		24.1	22.5	22.7	16.4	...
Ukraine [5][11]	C	8 431	7 683	7 314	6 779	*6 300	15.1	14.7	14.8	14.5	*14.2
United Kingdom – Royaume–Uni	C	4 829	4 648	4 526	4 466		6.3	6.2	6.2	6.1	...
Yugoslavia – Yougoslavie [5]	C	3 081	2 529	2 283	1 938	*1 673	21.9	18.4	16.2	14.1	*12.7

15. Infant deaths and infant mortality rates, by urban/rural residence: 1993 – 1997 (continued)

Décès d'enfants de moins d'un an et taux de mortalité infantile, selon la résidence, urbaine/rurale: 1993 – 1997 (suite)

(See notes at end of table.– Voir notes à la fin du tableau.)

Continent, country or area and urban/rural residence / Continent, pays ou zone et résidence, urbaine/rurale	Code [1]	Number – Nombre					Rate – Taux				
		1993	1994	1995	1996	1997	1993	1994	1995	1996	1997
OCEANIA—OCEANIE											
American Samoa – Samoa américaines	C	22	...	...	...	...	6.1	5.9	5.7	5.8	...
Australia – Australie	+C	1 591	1 512	1 449	1 460	...		16.1	12.9		...
Fiji – Fidji	C	...	311	271	...	...	...				
French Polynesia – Polynésie française	...	54	50	38	48	...					
Guam [26]	C	...	...	38	...	...					
Marshall Islands – Iles Marshall	C	33	29	26	39	...					
Micronesia, Federated States of, – Micronésie Etats fédérés de	U	...	...	51	...	...					
Nauru	C	...	...	5	...	...					
New Caledonia – Nouvelle–Calédonie	C	33	43	...	...	...					
New Zealand – Nouvelle–Zélande [5]	+C	426	...	386	...	*379	7.2	...	6.7	...	*6.6
Palau – Palaos	U	...	10	...	...	...					
Papua New Guinea – Papouasie–Nouvelle– Guinée	..	...	...	...	...	...	[4] 68.0				
Samoa	U	...	11	...	...	...					
Tonga	...	11	8	...	...	...					

15. Infant deaths and infant mortality rates, by urban/rural residence: 1993 – 1997 (continued)

Décès d'enfants de moins d'un an et taux de mortalité infantile, selon la résidence, urbaine/rurale: 1993 – 1997 (suite)

Data by urban/rural residence

Données selon la résidence urbaine/rurale

(See notes at end of table.– Voir notes à la fin du tableau.)

Continent, country or area and urban/rural residence / Continent, pays ou zone et résidence, urbaine/rurale	Code [1]	Number – Nombre					Rate – Taux				
		1993	1994	1995	1996	1997	1993	1994	1995	1996	1997
AFRICA—AFRIQUE											
Mauritius – Maurice	+C										
Urban – Urbaine		188	169	159	184	...	20.0	18.4	19.0	22.0	...
Rural – Rurale		250	225	245	275	...	19.3	17.9	20.1	22.2	...
Morocco – Maroc	U										
Urban – Urbaine		...	...	3 849	3 507	...	...	...	...	...	...
Rural – Rurale		...	...	6 871	5 837	...	...	...	...	...	...
AMERICA,NORTH— AMERIQUE DU NORD											
Cuba	C										
Urban – Urbaine		999	1 017	1 018	...	...	9.4	9.8	9.8	...	...
Rural – Rurale		428	437	364	...	...	9.3	10.1	8.3	...	...
Greenland – Groenland	C										
Urban – Urbaine		26	23	30	25	...					
Rural – Rurale		5	5	–	–	...					
Mexico – Mexique [27]	U										
Urban – Urbaine		36 136	35 822	34 878	33 218	...	...	...	...	...	...
Rural – Rurale		13 016	13 049	12 695	12 141	...	...	...	...	...	...
Panama	U										
Urban – Urbaine		585	537	537	...	...	...	...	...	...	...
Rural – Rurale		549	543	492	...	...	...	...	...	...	...
Puerto Rico – Porto Rico [27]	C										
Urban – Urbaine		...	374	...	384	...	...	11.7	...	11.9	...
Rural – Rurale		...	362	...	281	...	...	11.2	...	9.1	...
AMERICA,SOUTH— AMERIQUE DU SUD											
Chile – Chili	C										
Urban – Urbaine		3 133	2 816	2 592	2 533	...	12.4	11.3	10.7	11.0	...
Rural – Rurale		659	638	515	562	...	17.7	16.4	13.8	16.0	...
Colombia – Colombie [8]	+U										
Urban – Urbaine		10 418	10 358	...	...	...	...	...	...	...	...
Rural – Rurale		922	782	...	...	...	...	...	...	...	...
Ecuador – Equateur [9]	U										
Urban – Urbaine		4 174	...	3 845	3 896	...	...	...	...	...	...
Rural – Rurale		2 832	...	1 688	1 455	...	...	...	...	...	...
Peru – Pérou [7] [10]	..										
Urban – Urbaine		26 998	...	...	...	...	64.9	...	...	...	...
Rural – Rurale		22 496	...	...	...	...	91.7	...	...	...	...
ASIA—ASIE											
Armenia – Arménie [11]	C										
Urban – Urbaine		655	468	...	...	...	18.5	15.6	...	...	...
Rural – Rurale		393	304	...	...	...	16.6	14.4	...	...	...
Georgia – Géorgie [11]	C										
Urban – Urbaine		...	664	526	764	...	...	20.5	15.9	24.4	...
Rural – Rurale		...	295	212	170	...	...	11.9	9.1	7.6	...
India – Inde [14]	..										
Urban – Urbaine		...	...	...	...	...	45.0	52.0	...	...	...
Rural – Rurale		...	...	...	...	...	82.0	80.0	...	...	...
Iran (Islamic Republic of – Rép. islamique d')	U										
Urban – Urbaine		...	16 061	...	...	...	...	24.4	...	...	...
Rural – Rurale		...	24 298	...	...	...	...	37.6	...	...	...
Israel – Israël [15]	C										
Urban – Urbaine		755	751	695	659	...	7.6	7.4	6.8	6.2	...
Rural – Rurale		121	112	104	108	...	9.3	8.4	7.3	7.4	...

15. Infant deaths and infant mortality rates, by urban/rural residence: 1993 – 1997 (continued)

Décès d'enfants de moins d'un an et taux de mortalité infantile, selon la résidence, urbaine/rurale: 1993 – 1997 (suite)

Data by urban/rural residence

Données selon la résidence urbaine/rurale

(See notes at end of table.– Voir notes à la fin du tableau.)

Continent, country or area and urban/rural residence / Continent, pays ou zone et résidence, urbaine/rurale	Code [1]	Number – Nombre					Rate – Taux				
		1993	1994	1995	1996	1997	1993	1994	1995	1996	199
ASIA—ASIE (Cont.–Suite)											
Japan – Japon [16]	C										
Urban – Urbaine		4 071	4 057	3 959	3 595	...	4.3	4.1	4.2	3.7	
Rural – Rurale		1 089	1 188	1 081	944	...	4.5	4.8	4.5	4.0	
Kazakhstan [11]	C										
Urban – Urbaine		4 194	3 998	3 747	3 374	...	28.7	28.6	29.6	28.3	
Rural – Rurale		4 905	4 410	3 984	3 190	...	28.8	26.4	26.5	23.8	
Kyrgyzstan–Kirghizistan [11]	C										
Urban – Urbaine		1 127	956	980	...	...	36.3	32.6	32.6	...	
Rural – Rurale		2 712	2 306	2 270	...	...	31.6	28.5	26.0	...	
Malaysia – Malaisie											
Peninsular Malaysia [3] – Malaisie Péninsulaire	C										
Urban – Urbaine		...	...	2 128	2 066	...	...	...	8.9	8.1	
Rural – Rurale		...	...	2 034	1 712	...	...	...	10.9	9.6	
Maldives	C										
Urban – Urbaine		47	...	...	...	...	33.5	...	...	...	
Rural – Rurale		219	...	...	...	...	34.3	...	...	...	
Pakistan [17]	..										
Urban – Urbaine		73 147	...	...	...	...	...	...	...	...	
Rural – Rurale		294 230	...	...	...	...	...	...	...	...	
Sri Lanka	+C										
Urban – Urbaine		...	...	4 855	...	...	...	...	21.1	...	
Rural – Rurale		...	...	805	...	...	...	...	7.1	...	
Tajikistan – Tadjikistan [11]	C										
Urban – Urbaine		2 189	1 930	...	...	...	54.3	50.8	...	...	
Rural – Rurale		6 488	4 950	...	...	...	44.4	39.9	...	...	
Thailand – Thaïlande	+U										
Urban – Urbaine		...	*2 690*	...	...	...	...	...	...	...	
Rural – Rurale		...	*4 138*	...	...	...	...	...	...	...	
Uzbekistan – Ouzbékistan [11]	C										
Urban – Urbaine		6 748	5 841	...	...	...	32.8	29.0	...	...	
Rural – Rurale		15 585	12 973	...	...	...	32.0	28.4	...	...	
EUROPE											
Austria – Autriche	C										
Urban – Urbaine		336	...	278	234	...	...	...	...	...	
Rural – Rurale		282	...	203	217	...	...	...	...	...	
Belarus – Bélarus [11]	C										
Urban – Urbaine		976	959	865	795	...	12.0	12.6	12.4	12.1	
Rural – Rurale		511	514	497	415	...	14.2	15.0	15.8	13.9	
Bulgaria – Bulgarie	C										
Urban – Urbaine		865	842	705	...	...	14.9	15.2	14.0	...	
Rural – Rurale		445	454	360	...	...	16.9	18.9	16.7	...	
Croatia – Croatie	C										
Urban – Urbaine		263	324	274	271	...	9.1	11.1	9.0	8.3	
Rural – Rurale		217	171	175	162	...	11.0	8.8	8.8	7.6	
Czech Republic – Rép. tchèque	C										
Urban – Urbaine		760	631	555	413	...	8.5	8.0	7.8	6.2	
Rural – Rurale		268	216	185	134	...	8.4	7.7	7.3	5.6	
Estonia – Estonie [11]	C										
Urban – Urbaine		135	120	117	86	...	14.1	13.6	13.5	10.2	
Rural – Rurale		97	82	81	50	...	17.4	15.5	16.7	10.5	
Finland – Finlande [22]	C										
Urban – Urbaine		...	...	153	152	...	...	...	3.7	3.7	
Rural – Rurale		...	...	95	90	...	...	...	4.5	4.5	
France [28]	C										
Urban – Urbaine		3 667	3 341	...	...	...	6.5	6.0	...	...	
Rural – Rurale		873	803	...	...	...	5.8	5.3	...	...	

15. Infant deaths and infant mortality rates, by urban/rural residence: 1993 – 1997 (continued)

Décès d'enfants de moins d'un an et taux de mortalité infantile, selon la résidence, urbaine/rurale: 1993 – 1997 (suite)

Data by urban/rural residence

Données selon la résidence urbaine/rurale

(See notes at end of table.– Voir notes à la fin du tableau.)

Continent, country or area and urban/rural residence / Continent, pays ou zone et résidence, urbaine/rurale	Code [1]	Number – Nombre					Rate – Taux				
		1993	1994	1995	1996	1997	1993	1994	1995	1996	1997
EUROPE (Cont.–Suite)											
Greece – Grèce	C										
Urban – Urbaine		606	573	569	...	...	9.0	8.2	8.3	...	...
Rural – Rurale		258	250	258	...	...	7.5	7.3	7.9	...	...
Hungary – Hongrie	C										
Urban – Urbaine		871	802	681	607	...	12.4	11.6	10.3	9.8	...
Rural – Rurale		578	522	505	532	...	12.5	11.3	11.1	12.4	...
Ireland – Irlande [23]	+C										
Urban – Urbaine		153	166	199	179	...	6.2	...	...	...	...
Rural – Rurale		149	111	110	99	...	6.0	...	...	...	...
Latvia – Lettonie [11]	C										
Urban – Urbaine		253	247	243	180	...	16.0	16.7	18.2	14.9	...
Rural – Rurale		181	134	164	135	...	16.5	14.1	19.8	17.5	...
Lithuania – Lituanie [11]	C										
Urban – Urbaine		425	360	314	235	...	14.1	13.0	11.8	9.5	...
Rural – Rurale		321	243	200	160	...	19.4	15.9	13.7	11.2	...
Poland – Pologne	C										
Urban – Urbaine		4 376	4 021	3 190	2 917	...	16.7	15.6	13.7	12.7	...
Rural – Rurale		3 619	3 263	2 701	2 311	...	15.6	14.6	13.5	11.6	...
Portugal	C										
Urban – Urbaine		325	264	...	...	...	...	...	...	...	...
Rural – Rurale		484	414	...	...	...	...	...	...	...	...
Republic of Moldova [11] – République de Moldova	C										
Urban – Urbaine		...	...	428	...	...	...	...	19.7	...	...
Rural – Rurale		...	...	786	...	...	...	...	22.7	...	...
Romania – Roumanie	C										
Urban – Urbaine		2 315	2 295	1 996	2 006	...	19.7	20.1	18.2	18.5	...
Rural – Rurale		3 507	3 599	3 031	3 152	...	26.4	27.2	23.9	25.6	...
Russian Federation [11] – Fédération de Russie	C										
Urban – Urbaine		18 106	17 131	16 258	...	...	19.5	17.8	17.4	...	...
Rural – Rurale		9 840	9 010	8 582	...	...	21.9	20.1	19.9	...	...
Slovakia – Slovaquie	C										
Urban – Urbaine		415	363	351	...	...	10.5	10.2	11.1	...	...
Rural – Rurale		364	380	324	...	...	10.8	12.3	10.9	...	...
Slovenia – Slovénie	C										
Urban – Urbaine		54	60	44	35	...	6.0	6.6	5.0	4.0	...
Rural – Rurale		80	66	61	54	...	7.5	6.3	6.0	5.4	...
Switzerland – Suisse	C										
Urban – Urbaine		316	261	261	251	...	5.8	4.9	4.9	4.7	...
Rural – Rurale		149	163	154	138	...	5.0	5.5	5.3	4.7	...
The former Yugoslav Rep. of Macedonia – L'ex Rép. yougoslavie de Macédoine	C										
Urban – Urbaine		...	...	389	...	...	...	...	22.4	...	...
Rural – Rurale		...	...	340	...	...	...	...	23.0	...	...
Ukraine [11]	C										
Urban – Urbaine		5 300	4 711	4 458	...	...	14.9	14.3	14.5	...	...
Rural – Rurale		3 131	2 972	2 856	...	...	15.6	15.4	15.5	...	...
Yugoslavia – Yougoslavie	C										
Urban – Urbaine		1 759	1 458	1 348	...	...	24.1	20.4	18.4	...	...
Rural – Rurale		1 322	1 071	1 018	...	...	19.4	16.2	15.2	...	...
OCEANIA—OCEANIE											
New Zealand – Nouvelle–Zélande	+C										
Urban – Urbaine		302	...	...	...	...	6.8	...	...	...	...
Rural – Rurale		124	...	...	...	...	8.6	...	...	...	...

15. Infant deaths and infant mortality rates, by urban/rural residence: 1993 – 1997 (continued)

Décès d'enfants de moins d'un an et taux de mortalité infantile, selon la résidence, urbaine/rurale: 1993 – 1997 (suite)

GENERAL NOTES

Data exclude foetal deaths. Rates are the number of deaths of infants under one year of age per 1 000 live births. Rates are shown only for countries or areas having at least a total of 100 infant deaths in a given year. For definitions of "urban", see end of table 6. For method of evaluation and limitations of data, see Technical Notes, page 62.

Italics: data from civil registers which are incomplete or of unknown completeness.

FOOTNOTES

   * Provisional.
   + Data tabulated by date of registration rather than occurrence.

  1 Code "C" indicates that the data are estimated to be virtually complete (at least 90 per cent) and code "U" indicates that the data are estimated to be incomplete (less than 90 per cent). The code does not apply to estimated rates. For further details, see Technical Notes.
  2 For Algerian population only.
  3 Excluding live–born infants dying before registration of birth.

  4 Estimate for 1990–1995 prepared by the Population Division of the United Nations.
  5 For classification by urban/rural residence, see end of table.
  6 Including Canadian residents temporarily in the United States but excluding United States residents temporarily in Canada.

  7 Excluding Indian jungle population.
  8 Based on burial permits.
  9 Excluding nomadic Indian tribes.
 10 Including an upward adjustment for under–registration.
 11 Excluding infants born alive after less than 28 weeks' gestation, of less than 1 000 grammes in weight and 35 centimetres in length, who die within seven days of birth.
 12 For statistical purposes, the data for China do not include those for the Hong Kong Special Administrative Region (Hong Kong SAR) and Taiwan province of China.
 13 For government controlled areas.
 14 Based on Sample Registration Scheme.
 15 Including data for East Jerusalem and Israeli residents in certain other territories under occupation by Israeli military forces since June 1967.

 16 For Japanese nationals in Japan only.
 17 Based on the results of the Population Growth Survey.
 18 Rates computed on live births tabulated by date of occurrence.

 19 Excluding nomads and Palestinian refugees.
 20 Based on the results of the Population Demographic Survey.
 21 Excluding Faeroe Islands and Greenland.
 22 Including nationals temporarily outside the country.
 23 Infant deaths registered within one year of occurrence.
 24 Including residents outside the country if listed in a Netherlands population register.
 25 Including residents temporarily outside the country.
 26 Including United States military personnel, their dependants and contract employees.
 27 Excluding infant deaths of unknown residence.

 28 Excluding nationals outside the country.

NOTES GENERALES

Les données ne comprennent pas les morts foetales. Les taux représentent le nombre de décès d'enfants de moins d'un an pour 1 000 naissances vivantes. Les taux présentés ne se rapportent qu'aux pays ou zones où l'on a enregistré un total d'au moins 100 décès d'enfants de moins d'un an dans un année donnée. Pour les définitions des "régions urbaines", se reporter à la fin du tableau 6. Pour la méthode d'évaluation et les insuffisances des données, voir Notes techniques, page 62.
Italiques: données incomplètes ou dont le degré d'exactitude n'est pas connu, provenant des registres de l'état civil.

NOTES

   * Données provisoires.
   + Données exploitées selon la date de l'enregistrement et non la date de l'événement.
  1 Le code "C" indique que les données sont jugées pratiquement complètes (au moins 90 p. 100) et le code "U" que les données sont jugées incomplètes (moins de 90 p. 100). Le code ne s'applique pas aux taux estimatifs. Pour plus de détails, voir Notes techniques.
  2 Pour la population algérienne seulement.
  3 Non compris les enfants nés vivants, décédés avant l'enregistrement de leur naissance.
  4 Estimations pour 1990–1995 établie par la Division de la population de l'Organisation des Nations Unies.
  5 Pour le classement selon la résidence, urbaine/rurale, voir la fin du tableau.
  6 Y compris les résidents canadiens se trouvant temporairement aux Etats–Unis, mais non compris les résidents des Etats–Unis se trouvant temporairement au Canada.
  7 Non compris les Indiens de la jungle.
  8 D'après les permis d'inhumer.
  9 Non compris les tribus d'Indiens nomades.
 10 Y compris un ajustement pour sous–enregistrement.
 11 Non compris les enfants nés vivants après moins de 28 semaines de gestation, pesant moins de 1 000 grammes, mesurant moins de 35 centimètres et décédés dans les sept jour qui ont suivi leur naissance.
 12 Pour la présentation des statistiques, les données pour Chine ne comprend pas les Région Administrative Spéciale de Hong–kong (Hong Kong SAR) et Taïwan, province de Chine.
 13 Pour les Zones controlées par le Gouvernement.
 14 D'après le Programme d'enregistrement par sondage.
 15 Y compris les données pour Jérusalem–Est et les résidents israéliens dans certains autres territoires occupés depuis juin 1967 par les forces armées israéliennes.
 16 Pour les nationaux japonais au Japon seulement.
 17 D'après les résultats de la "Population Growth Survey".
 18 Taux calculés sur la base de données relatives aux naissances vivantes exploitées selon la date de l'événement.
 19 Non compris la population nomade et le réfugiés de Palestine.
 20 D'après les résultats d'une enquête démographique de la population.
 21 Non compris les îles Féroé et le Groenland.
 22 Y compris les nationaux se trouvant temporairement hors du pays.
 23 Décès d'enfants de moins d'un an enregistrés dans l'année qui suit l'événement.
 24 Y compris les résidents hors du pays, s'ils sont inscrits sur un registre de population néerlandais.
 25 Y compris les résidents se trouvant temporairement hors du pays.
 26 Y compris les militaires des Etats–Unis, les membres de leur famille les accompagnant et les agents contractuels des Etats–Unis.
 27 Non compris les décès d'enfants de moins d'un an pour lequels le lieu de résidence n'est pas connu.
 28 Non compris les nationaux hors du pays.

16. Infant deaths and infant mortality rates by age, sex and urban/rural residence: latest available year
Décès d'enfants de moins d'un an et taux de mortalité infantile selon l'âge, le sexe et la résidence, urbaine/rurale: dernière année disponible

(See notes at end of table. – Voir notes à la fin du tableau.)

Continent, country or area, year, sex and urban/rural residence / Continent, pays ou zone, année, sexe et résidence, urbaine/rurale	Age (in days – en jours)											
	Number – Nombre						Rate – Taux					
	−365	−1	1–6	7–27	28–364	Unknown Inconnu	−365	−1	1–6	7–27	28–364	Unknown Inconnu
AFRICA—AFRIQUE												
Egypt – Egypte 1992												
Total	54 392	1 457	5 936	5 981	41 018	–	36.3	1.0	4.0	4.0	27.4	–
Male – Masculin	27 560	783	3 616	3 373	19 788	–	35.3	1.0	4.6	4.3	25.3	–
Female – Féminin	26 832	674	2 320	2 608	21 230	–	37.5	0.9	3.2	3.6	29.7	–
Mauritius – Maurice 1996+												
Total	459	84	201	52	122	–						
Male – Masculin	271	50	123	26	72							
Female – Féminin	188	34	78	26	50							
Morocco – Maroc 1996 [1]												
Total	9 344	*———	1 947	———*	7 360	37	17.8	*———	3.7	———*	14.0	0.1
Male – Masculin	5 091	*———	1 152	———*	3 914	25	20.4	*———	4.6	———*	15.7	♦ 0.1
Female – Féminin	4 253	*———	795	———*	3 446	12	15.5	*———	2.9	———*	12.5	♦ 0.0
Réunion 1990 [2]												
Total	94	–	38	18	38	–						
Male – Masculin	58	–	26	9	23							
Female – Féminin	36	–	12	9	15							
St. Helena ex. dep. – Sainte–Hélène sans dép. 1995												
Total	2	2	–	–	–	–						
Male – Masculin	2	2	–	–	–							
Female – Féminin	–	–	–	–	–							
South Africa – Afrique du Sud 1995												
Total	22 865	3 807	4 400	2 137	12 521	–	28.2	4.7	5.4	2.6	15.5	–
Male – Masculin	12 244	2 043	2 472	1 131	6 598	–	...	...	...	...	...	...
Female – Féminin	10 621	1 764	1 928	1 006	5 923	–	...	...	...	...	...	...
Tunisia – Tunisie 1995*												
Total	4 244	575	1 181	680	1 808	–	22.8	3.1	6.3	3.6	9.7	–
Male – Masculin	2 433	332	726	400	975	–	25.2	3.4	7.5	4.1	10.1	–
Female – Féminin	1 811	243	455	280	833	–	20.1	2.7	5.1	3.1	9.3	–
AMERICA,NORTH— AMERIQUE DU NORD												
Antigua and Barbuda – Antigua–et–Barbuda 1995												
Total	23	6	10	3	4	–						
Male – Masculin	11	3	5	1	2	–						
Female – Féminin	12	3	5	2	2	–						
Bahamas 1996*												
Total	74	*—	29	—*	8	37	–					
Male – Masculin	42	*—	19	—*	3	20	–					
Female – Féminin	32	*—	10	—*	5	17	–					
Barbados – Barbade 1991+												
Total	53	14	8	8	23	–						
Male – Masculin	40	11	7	8	14	–						
Female – Féminin	13	3	1	–	9	–						

16. Infant deaths and infant mortality rates by age, sex and urban/rural residence: latest available year (continued)
Décès d'enfants de moins d'un an et taux de mortalité infantile selon l'âge, le sexe et la résidence, urbaine/rurale: dernière année disponible (suite)

(See notes at end of table. – Voir notes à la fin du tableau.)

Continent, country or area, year, sex and urban/rural residence / Continent, pays ou zone, année, sexe et résidence, urbaine/rurale	Age (in days – en jours)											
	Number – Nombre						Rate – Taux					
	–365	–1	1–6	7–27	28–364	Unknown Inconnu	–365	–1	1–6	7–27	28–364	Unknown Inconnu
AMERICA,NORTH—(Cont.–Suite) AMÉRIQUE DU NORD												
Belize 1993*												
Total	113	18	22	12	51	10						
Male – Masculin	58	9	15	5	25	4						
Female – Féminin	55	9	7	7	26	6						
Bermuda – Bermudes 1996												
Total	3	1	1	–	1	–						
Male – Masculin	1	1	–	–	–	–						
Female – Féminin	2	–	1	–	1	–						
Canada 1995 [3]												
Total	2 321	865	430	289	737	–	6.1	2.3	1.1	0.8	1.9	–
Male – Masculin	1 303	478	255	145	425	–	6.7	2.5	1.3	0.7	2.2	–
Female – Féminin	1 018	387	175	144	312	–	5.5	2.1	0.9	0.8	1.7	–
Cayman Islands – Iles Caïmanes 1994												
Total	7	5	1	–	1	–						
Male – Masculin	1	1	–	–	–	–						
Female – Féminin	6	4	1	–	1	–						
Costa Rica 1995												
Total	1 064	275	274	136	379	–	13.2	3.4	3.4	1.7	4.7	–
Male – Masculin	611	161	167	69	214	–	14.8	3.9	4.1	1.7	5.2	–
Female – Féminin	453	114	107	67	165	–	11.6	2.9	2.7	1.7	4.2	–
Cuba 1994												
Total	1 458	145	453	314	546	–	9.9	1.0	3.1	2.1	3.7	–
Male – Masculin	842	78	283	182	299	–	11.0	1.0	3.7	2.4	3.9	–
Female – Féminin	616	67	170	132	247	–	8.7	0.9	2.4	1.9	3.5	–
El Salvador 1992												
Total	3 073	441	550	347	1 735	–	20.0	2.9	3.6	2.3	11.3	–
Male – Masculin	1 729	228	321	190	990	–	22.4	3.0	4.2	2.5	12.8	–
Female – Féminin	1 344	213	229	157	745	–	17.5	2.8	3.0	2.0	9.7	–
Greenland – Groenland 1996												
Total	25	13	7	1	4	–						
Male – Masculin	12	5	3	1	3	–						
Female – Féminin	13	8	4	–	1	–						
Guadeloupe 1991 [2]												
Total	61	3	21	11	26	–						
Male – Masculin	36	2	12	6	16	–						
Female – Féminin	25	1	9	5	10	–						
Guatemala 1993												
Total	17 085	1 264	2 475	2 318	11 028	–	46.2	3.4	6.7	6.3	29.8	–
Male – Masculin	9 484	718	1 417	1 310	6 039	–	50.2	3.8	7.5	6.9	32.0	–
Female – Féminin	7 601	546	1 058	1 008	4 989	–	42.0	3.0	5.8	5.6	27.5	–
Martinique 1992 [2]												
Total	40	5	9	8	18	–						
Male – Masculin	23	3	3	6	11	–						
Female – Féminin	17	2	6	2	7	–						

**16. Infant deaths and infant mortality rates by age, sex
and urban/rural residence: latest available year (continued)
Décès d'enfants de moins d'un an et taux de mortalité infantile selon l'âge, le sexe et
la résidence, urbaine/rurale: dernière année disponible (suite)**

(See notes at end of table. – Voir notes à la fin du tableau.)

Continent, country or area, year, sex and urban/rural residence / Continent, pays ou zone, année, sexe et résidence, urbaine/rurale	Age (in days – en jours)											
	Number – Nombre						Rate – Taux					
	–365	–1	1–6	7–27	28–364	Unknown Inconnu	–365	–1	1–6	7–27	28–364	Unknown Inconnu
AMERICA,NORTH—(Cont.–Suite) AMERIQUE DU NORD												
Mexico – Mexique 1996+												
Total [4]	45 707	9 526	10 426	6 382	19 342	31	16.9	3.5	3.8	2.4	7.1	0.0
Male – Masculin	25 916	5 460	6 133	3 656	10 649	18	19.0	4.0	4.5	2.7	7.8	◆ 0.0
Female – Féminin	19 726	4 029	4 277	2 720	8 688	12	14.7	3.0	3.2	2.0	6.5	◆ 0.0
Panama 1995 [1]												
Total	1 029	225	261	172	371	–	16.6	3.6	4.2	2.8	6.0	–
Male – Masculin	578	121	157	103	197	–	18.2	3.8	4.9	3.2	6.2	–
Female – Féminin	451	104	104	69	174	–	14.9	3.4	3.4	2.3	5.8	–
Puerto Rico – Porto Rico 1996												
Total	665	173	196	132	156	8						
Male – Masculin	349	90	100	68	85	6						
Female – Féminin	316	83	96	64	71	2						
St. Vincent and the Grenadines – Saint– Vincent–et–Grenadines 1996+												
Total	39	12	5	7	14	1						
Male – Masculin	24	7	3	6	8	–						
Female – Féminin	15	5	2	1	6	1						
Trinidad and Tobago – Trinité–et–Tobago 1995												
Total	330	71	138	58	63	–						
Male – Masculin	177	39	75	29	34	–						
Female – Féminin	153	32	63	29	29	–						
United States – Etats–Unis 1995												
Total	29 583	11 404	4 111	3 640	10 428	–	7.6	2.9	1.1	0.9	2.7	–
Male – Masculin	16 622	6 308	2 380	2 012	5 922	–	8.3	3.2	1.2	1.0	3.0	–
Female – Féminin	12 961	5 096	1 731	1 628	4 506	–	6.8	2.7	0.9	0.9	2.4	–
United States Virgin Islands – Iles Vierges américaines 1993												
Total	31	19	6	4	2	–						
Male – Masculin	18	11	4	1	2	–						
Female – Féminin	13	8	2	3	–	–						
AMERICA,SOUTH— AMERIQUE DU SUD												
Argentina – Argentine 1995												
Total	14 606	*— 7	090 —*	1 852	5 348	316	22.2	*— 10.8	—*	2.8	8.1	0.5
Male – Masculin	8 208	*— 4	029 —*	1 070	2 932	177	24.4	*— 12.0	—*	3.2	8.7	0.5
Female – Féminin	6 355	*— 3	055 —*	781	2 409	110	19.9	*— 9.6	—*	2.4	7.6	0.3
Brazil – Brésil 1994 [5]												
Total	83 177	16 093	17 544	9 395	40 145	–	33.6	6.5	7.1	3.8	16.2	–
Male – Masculin	47 744	9 287	10 298	5 316	22 843	–	37.8	7.4	8.2	4.2	18.1	–
Female – Féminin	35 433	6 806	7 246	4 079	17 302	–	29.3	5.6	6.0	3.4	14.3	–

16. Infant deaths and infant mortality rates by age, sex
and urban/rural residence: latest available year (continued)
Décès d'enfants de moins d'un an et taux de mortalité infantile selon l'âge, le sexe et
la résidence, urbaine/rurale: dernière année disponible (suite)

(See notes at end of table. – Voir notes à la fin du tableau.)

Continent, country or area, year, sex and urban/rural residence / Continent, pays ou zone, année, sexe et résidence, urbaine/rurale	Age (in days – en jours)											
	Number – Nombre						Rate – Taux					
	–365	–1	1–6	7–27	28–364	Unknown Inconnu	–365	–1	1–6	7–27	28–364	Unknown Inconnu
AMERICA,SOUTH—(Cont.–Suite) **AMERIQUE DU SUD**												
Chile – Chili												
1996												
Total	3 095	747	596	400	1 352	–	11.7	2.8	2.2	1.5	5.1	–
Male – Masculin	1 727	429	341	214	743	–	12.7	3.2	2.5	1.6	5.5	–
Female – Féminin	1 368	318	255	186	609	–	10.6	2.5	2.0	1.4	4.7	–
Colombia – Colombie												
1994+ [6]												
Total	11 302	1 842	2 579	1 589	5 130	162	...	...	...	...	...	...
Male – Masculin	6 572	1 075	1 550	906	2 948	93	...	...	...	...	...	...
Female – Féminin	4 730	767	1 029	683	2 182	69	...	...	...	...	...	...
Ecuador – Equateur												
1996 [7]												
Total	5 351	884	938	705	2 824	–	29.4	4.8	5.1	3.9	15.5	–
Male – Masculin	2 931	494	546	404	1 487	–	31.5	5.3	5.9	4.3	16.0	–
Female – Féminin	2 420	390	392	301	1 337	–	27.1	4.4	4.4	3.4	15.0	–
Paraguay												
1992												
Total	758	123	*—	210 —*	425	–						
Male – Masculin	411	66	*—	129 —*	216	–						
Female – Féminin	344	54	*—	81 —*	209	–						
Suriname												
1992												
Male – Masculin	58	11	19	4	24	–						
Female – Féminin	55	9	10	8	28	–						
1994												
Total	211	16	85	28	82	–						
Uruguay												
1992												
Total	1 009	232	178	162	437	–	18.6	4.3	3.3	3.0	8.1	–
Male – Masculin	569	123	104	97	245	–	...	...	...	...	...	...
Female – Féminin	440	109	74	65	192	–	...	...	...	...	...	...
Venezuela												
1996 [5]												
Total	10 656	*—	5 900	—*	4 756	–	21.4	*—	11.8	—*	9.5	–
Male – Masculin	6 149	*—	3 437	—*	2 712	–	23.8	*—	13.3	—*	10.5	–
Female – Féminin	4 507	*—	2 463	—*	2 044	–	18.8	*—	10.3	—*	8.5	–
ASIA—ASIE												
Armenia – Arménie												
1994 [8]												
Total	772	87	228	53	404	–						
Male – Masculin	451	54	150	32	215	–						
Female – Féminin	321	33	78	21	189	–						
Bahrain – Bahreïn												
1995												
Total	254	*—	186 —*	*—	68 —*	–						
Male – Masculin	138	*—	104 —*	*—	34 —*	–						
Female – Féminin	116	*—	82 —*	*—	34 —*	–						
Brunei Darussalam – Brunéi Darussalam												
1992+												
Total	70	11	21	17	21	–						
Male – Masculin	41	8	13	10	10	–						
Female – Féminin	29	3	8	7	11	–						

**16. Infant deaths and infant mortality rates by age, sex
and urban/rural residence: latest available year (continued)
Décès d'enfants de moins d'un an et taux de mortalité infantile selon l'âge, le sexe et
la résidence, urbaine/rurale: dernière année disponible (suite)**

(See notes at end of table. – Voir notes à la fin du tableau.)

Continent, country or area, year, sex and urban/rural residence — Continent, pays ou zone, année, sexe et résidence, urbaine/rurale	Age (in days – en jours)											
	Number – Nombre						Rate – Taux					
	–365	–1	1–6	7–27	28–364	Unknown Inconnu	–365	–1	1–6	7–27	28–364	Unknown Inconnu
ASIA—ASIE (Cont.–Suite)												
China – Chine Hong Kong SAR – Hong–kong RAS 1996												
Total	260	23	78	39	120	–						
Male – Masculin	148	8	45	30	65	–						
Female – Féminin	112	15	33	9	55	–						
Israel – Israël [9] 1995												
Total	799	186	216	126	271	–						
Male – Masculin	449	108	120	75	146	–						
Female – Féminin	350	78	96	51	125	–						
Japan – Japon 1996 [10]												
Total	4 546	976	771	691	2 108	–	3.8	0.8	0.6	0.6	1.7	–
Male – Masculin	2 532	537	422	399	1 174	–	4.1	0.9	0.7	0.6	1.9	–
Female – Féminin	2 014	439	349	292	934	–	3.4	0.7	0.6	0.5	1.6	–
Kazakhstan 1996 [8]												
Total	6 564	417	1 944	720	3 482	1	25.9	1.6	7.7	2.8	13.8	♦ 0.0
Male – Masculin	3 809	241	1 174	400	1 993	1	29.2	1.8	9.0	3.1	15.3	–
Female – Féminin	2 755	176	770	320	1 489	–	22.4	1.4	6.3	2.6	12.1	–
Kuwait – Koweït 1996												
Total	515	128	116	109	162	–						
Male – Masculin	272	70	68	58	76	–						
Female – Féminin	243	58	48	51	86	–						
Kyrgyzstan – Kirghizistan 1995 [8]												
Total	3 250	199	572	293	2 186	–	27.7	1.7	4.9	2.5	18.6	–
Male – Masculin	1 921	132	335	171	1 283	–	31.8	2.2	5.5	2.8	21.2	–
Female – Féminin	1 329	67	237	122	903	–	23.3	1.2	4.2	2.1	15.9	–
Macau – Macao 1996												
Total	26	12	5	3	6	–						
Male – Masculin	12	5	3	1	3	–						
Female – Féminin	14	7	2	2	3	–						
Malaysia – Malaisie 1996												
Total	*4 908*	*—*	*2 596 —**	*662*	*1 650*	–	*9.1*	*—*	*4.8 —**	*1.2*	*3.0*	–
Male – Masculin	*2 788*	*—*	*1 486 —**	*378*	*924*	–	*10.0*	*—*	*5.3 —**	*1.4*	*3.3*	–
Female – Féminin	*2 120*	*—*	*1 110 —**	*284*	*726*	–	*8.1*	*—*	*4.2 —**	*1.1*	*2.8*	–
Maldives 1993												
Total	266	15	104	44	103	–						
Male – Masculin	144	7	56	26	55	–						
Female – Féminin	122	8	48	18	48	–						
Pakistan 1993 [11]												
Total	367 378	13 576	114 575	55 361	183 863	–	101.8	3.8	31.8	15.3	51.0	–
Male – Masculin	201 343	8 053	66 911	29 126	97 242	–	106.6	4.3	35.4	15.4	51.5	–
Female – Féminin	166 034	5 523	47 659	26 234	86 615	–	96.6	3.2	27.7	15.3	50.4	–
Philippines 1993												
Total	*34 673*	*5 852*	*7 417*	*3 599*	*17 805*	–	*20.6*	*3.5*	*4.4*	*2.1*	*10.6*	–
Male – Masculin	*20 175*	*3 410*	*4 465*	*2 092*	*10 208*	–	*23.0*	*3.9*	*5.1*	*2.4*	*11.7*	–
Female – Féminin	*14 498*	*2 442*	*2 952*	*1 507*	*7 597*	–	*18.0*	*3.0*	*3.7*	*1.9*	*9.4*	–

**16. Infant deaths and infant mortality rates by age, sex
and urban/rural residence: latest available year (continued)
Décès d'enfants de moins d'un an et taux de mortalité infantile selon l'âge, le sexe et
la résidence, urbaine/rurale: dernière année disponible (suite)**

(See notes at end of table. – Voir notes à la fin du tableau.)

Continent, country or area, year, sex and urban/rural residence / Continent, pays ou zone, année, sexe et résidence, urbaine/rurale	Age (in days – en jours)											
	Number – Nombre						Rate – Taux					
	–365	–1	1–6	7–27	28–364	Unknown Inconnu	–365	–1	1–6	7–27	28–364	Unknown Inconnu
ASIA—ASIE (Cont.–Suite)												
Qatar 1996												
Total	124	–	56	30	38	–						
Male – Masculin	74	–	35	15	24	–						
Female – Féminin	50	–	21	15	14	–						
Singapore – Singapour 1996+ [12]												
Total	183	21	49	43	70	–						
Male – Masculin	96	7	30	23	36	–						
Female – Féminin	85	13	18	20	34	–						
Sri Lanka 1995+												
Total	5 660	–	3 348	941	1 371	–	16.5	–	9.8	2.7	4.0	–
Male – Masculin	3 120	–	1 918	486	716	–	17.9	–	11.0	2.8	4.1	–
Female – Féminin	2 540	–	1 430	455	655	–	15.1	–	8.5	2.7	3.9	–
Tajikistan – Tadjikistan 1994 [8]												
Total	6 880	251	1 006	526	5 084	13	42.4	1.5	6.2	3.2	31.4	♦ 0.1
Male – Masculin	3 896	153	617	293	2 827	6	46.4	1.8	7.3	3.5	33.6	♦ 0.1
Female – Féminin	2 984	98	389	233	2 257	7	38.2	1.3	5.0	3.0	28.9	♦ 0.1
Thailand – Thaïlande 1994+												
Total	6 828	318	1 720	1 093	3 502	195	7.1	0.3	1.8	1.1	3.6	0.2
Male – Masculin	3 893	174	1 013	613	1 974	119	7.9	0.4	2.0	1.2	4.0	0.2
Female – Féminin	2 935	144	707	480	1 528	76	6.3	0.3	1.5	1.0	3.3	0.2
Uzbekistan – Ouzbékistan 1994 [8]												
Total	18 814	646	2 964	1 914	13 290	–	28.6	1.0	4.5	2.9	20.2	–
Male – Masculin	10 923	389	1 882	1 082	7 570	–	31.9	1.1	5.5	3.2	22.1	–
Female – Féminin	7 891	257	1 082	832	5 720	–	25.0	0.8	3.4	2.6	18.2	–
EUROPE												
Albania – Albanie 1991												
Total	2 547	87	394	299	1 767	–	32.9	1.1	5.1	3.9	22.8	–
Austria – Autriche 1996												
Total	451	139	94	73	145	–						
Male – Masculin	243	77	52	41	73	–						
Female – Féminin	208	62	42	32	72	–						
Belarus – Bélarus 1996 [8]												
Total	1 210	120	389	210	491	–	12.6	1.3	4.1	2.2	5.1	–
Male – Masculin	707	67	230	118	292	–	14.3	1.4	4.7	2.4	5.9	–
Female – Féminin	503	53	159	92	199	–	10.8	1.1	3.4	2.0	4.3	–
Belgium – Belgique 1992												
Total	1 023	201	204	118	500	–	8.2	1.6	1.6	0.9	4.0	–
Male – Masculin	589	111	114	71	293	–	9.2	1.7	1.8	1.1	4.6	–
Female – Féminin	434	90	90	47	207	–	7.1	1.5	1.5	0.8	3.4	–

**16. Infant deaths and infant mortality rates by age, sex
and urban/rural residence: latest available year (continued)
Décès d'enfants de moins d'un an et taux de mortalité infantile selon l'âge, le sexe et
la résidence, urbaine/rurale: dernière année disponible (suite)**

(See notes at end of table. – Voir notes à la fin du tableau.)

| Continent, country or area, year, sex and urban/rural residence / Continent, pays ou zone, année, sexe et résidence, urbaine/rurale | Age (in days – en jours) | | | | | | | | | | | |
| | Number – Nombre | | | | | | Rate – Taux | | | | | |
	–365	–1	1–6	7–27	28–364	Unknown Inconnu	–365	–1	1–6	7–27	28–364	Unknown Inconnu
EUROPE (Cont.–Suite)												
Bosnia Herzegovina – Bosnie–Herzégovine 1990												
Total	1 022	234	361	114	313	–	15.3	3.5	5.4	1.7	4.7	–
Male – Masculin	578	129	215	66	168	–	16.7	3.7	6.2	1.9	4.9	–
Female – Féminin	444	105	146	48	145	–	13.7	3.2	4.5	1.5	4.5	–
Bulgaria – Bulgarie 1995												
Total	1 065	165	232	162	506	–	14.8	2.3	3.2	2.3	7.0	–
Male – Masculin	609	100	137	99	273	–	16.5	2.7	3.7	2.7	7.4	–
Female – Féminin	456	65	95	63	233	–	13.0	1.8	2.7	1.8	6.6	–
Channel Islands – Iles Anglo–Normandes Guernsey – Guernesey 1995												
Total	2	–	–	1	1	–						
Male – Masculin	–	–	–	–	–	–						
Female – Féminin	–	–	–	–	–	–						
Jersey 1994+												
Total	2	–	1	–	1	–						
Male – Masculin	–	–	–	–	–	–						
Female – Féminin	2	–	1	–	1	–						
Croatia – Croatie 1996												
Total	433	86	148	79	120	–						
Male – Masculin	252	53	77	55	67	–						
Female – Féminin	181	33	71	24	53	–						
Czech Republic – Rép. tchèque 1996												
Total	547	73	151	123	200	–						
Male – Masculin	290	39	88	51	112	–						
Female – Féminin	257	34	63	72	88	–						
Denmark – Danemark [13] 1995*												
Total	352	123	84	54	91	–						
Male – Masculin	200	65	58	24	53	–						
Female – Féminin	152	58	26	30	38	–						
Estonia – Estonie 1996 [8]												
Total	138	35	37	19	47	–						
Male – Masculin	85	21	26	12	26	–						
Female – Féminin	53	14	11	7	21	–						
Faeroe Islands – Iles Féroé 1990												
Total	6	1	2	1	2	–						
Male – Masculin	2	1	–	–	1	–						
Female – Féminin	4	–	2	1	1	–						
Finland – Finlande 1996 [14]												
Total	242	93	45	41	63	–						
Male – Masculin	140	53	26	25	36	–						
Female – Féminin	102	40	19	16	27	–						

16. Infant deaths and infant mortality rates by age, sex
and urban/rural residence: latest available year (continued)
Décès d'enfants de moins d'un an et taux de mortalité infantile selon l'âge, le sexe et
la résidence, urbaine/rurale: dernière année disponible (suite)

(See notes at end of table. – Voir notes à la fin du tableau.)

Continent, country or area, year, sex and urban/rural residence / Continent, pays ou zone, année, sexe et résidence, urbaine/rurale	Age (in days – en jours)											
	Number – Nombre						Rate – Taux					
	–365	–1	1–6	7–27	28–364	Unknown Inconnu	–365	–1	1–6	7–27	28–364	Unknown Inconnu
EUROPE (Cont.–Suite)												
France 1995												
Total	3 545	647	937	528	1 433	–	4.9	0.9	1.3	0.7	2.0	–
Male – Masculin	2 002	373	527	290	812	–	5.4	1.0	1.4	0.8	2.2	–
Female – Féminin	1 543	274	410	238	621	–	4.3	0.8	1.2	0.7	1.7	–
Germany – Allemagne 1996												
Total	3 962	942	925	521	1 574	–	5.0	1.2	1.2	0.7	2.0	–
Male – Masculin	2 272	531	545	293	903	–	5.6	1.3	1.3	0.7	2.2	–
Female – Féminin	1 690	411	380	228	671	–	4.4	1.1	1.0	0.6	1.7	–
Greece – Grèce 1995												
Total	827	171	247	169	240	–						
Male – Masculin	472	104	144	87	137	–						
Female – Féminin	355	67	103	82	103	–						
Hungary – Hongrie 1996												
Total	1 148	259	291	219	379	–	10.9	2.5	2.8	2.1	3.6	–
Male – Masculin	625	149	161	125	190	–	11.5	2.7	3.0	2.3	3.5	–
Female – Féminin	523	110	130	94	189	–	10.2	2.2	2.5	1.8	3.7	–
Iceland – Islande 1996												
Total	16	7	5	1	3	–						
Male – Masculin	9	5	2	–	2	–						
Female – Féminin	7	2	3	1	1	–						
Ireland – Irlande 1996+ [15]												
Total	278	98	63	37	80	–						
Male – Masculin	154	58	37	18	41	–						
Female – Féminin	124	40	26	19	39	–						
Isle of Man – Ile de Man 1996+												
Total	2	1	1	–	–	–						
Male – Masculin	1	–	1	–	–	–						
Female – Féminin	1	1	–	–	–	–						
Italy – Italie 1994*												
Total	3 507	1 046	965	596	900	–	6.5	1.9	1.8	1.1	1.7	–
Male – Masculin	1 987	586	567	314	520	–	7.2	2.1	2.1	1.1	1.9	–
Female – Féminin	1 520	460	398	282	380	–	5.8	1.8	1.5	1.1	1.5	–
Latvia – Lettonie 1996 [8]												
Total	315	41	86	90	98	–						
Male – Masculin	168	18	40	52	58	–						
Female – Féminin	147	23	46	38	40	–						
Lithuania – Lituanie 1996 [8]												
Total	395	60	107	62	166	–						
Male – Masculin	216	32	66	31	87	–						
Female – Féminin	179	28	41	31	79	–						
Luxembourg 1996												
Total	28	4	6	6	12	–						
Male – Masculin	14	3	2	3	6	–						
Female – Féminin	14	1	4	3	6	–						

**16. Infant deaths and infant mortality rates by age, sex
and urban/rural residence: latest available year (continued)
Décès d'enfants de moins d'un an et taux de mortalité infantile selon l'âge, le sexe et
la résidence, urbaine/rurale: dernière année disponible (suite)**

(See notes at end of table. – Voir notes à la fin du tableau.)

Continent, country or area, year, sex and urban/rural residence / Continent, pays ou zone, année, sexe et résidence, urbaine/rurale	Age (in days – en jours)											
	Number – Nombre						Rate – Taux					
	–365	–1	1–6	7–27	28–364	Unknown Inconnu	–365	–1	1–6	7–27	28–364	Unknown Inconnu
EUROPE (Cont.–Suite)												
Netherlands – Pays–Bas 1996 [16]												
Total	1 086	361	287	148	290	–	5.7	1.9	1.5	0.8	1.5	–
Male – Masculin	615	205	149	94	167	–	6.3	2.1	1.5	1.0	1.7	–
Female – Féminin	471	156	138	54	123	–	5.1	1.7	1.5	0.6	1.3	–
Norway – Norvège 1996 [17]												
Total	246	59	60	33	94	–						
Male – Masculin	141	28	44	15	54	–						
Female – Féminin	105	31	16	18	40	–						
Poland – Pologne 1996												
Total	5 228	1 717	1 259	832	1 420	–	12.2	4.0	2.9	1.9	3.3	–
Male – Masculin	2 962	975	728	478	781	–	13.4	4.4	3.3	2.2	3.5	–
Female – Féminin	2 266	742	531	354	639	–	10.9	3.6	2.6	1.7	3.1	–
Portugal 1996												
Total	758	167	189	108	294	–						
Male – Masculin	439	95	123	59	162	–						
Female – Féminin	319	72	66	49	132	–						
Republic of Moldova – République de Moldova 1995 [8]												
Total	1 214	174	302	182	556	–	21.5	3.1	5.4	3.2	9.9	–
Male – Masculin	732	95	200	117	320	–	25.2	3.3	6.9	4.0	11.0	–
Female – Féminin	482	79	102	65	236	–	17.6	2.9	3.7	2.4	8.6	–
Romania – Roumanie 1996												
Total	5 158	250	1 154	599	3 155	–	22.3	1.1	5.0	2.6	13.6	–
Male – Masculin	2 887	143	706	321	1 717	–	24.3	1.2	5.9	2.7	14.4	–
Female – Féminin	2 271	107	448	278	1 438	–	20.2	1.0	4.0	2.5	12.8	–
Russian Federation – Féd. de Russie 1995 [8]												
Total	24 840	3 373	8 214	3 399	9 807	47	18.2	2.5	6.0	2.5	7.2	0.0
Male – Masculin	14 472	1 940	5 013	1 977	5 516	26	20.7	2.8	7.2	2.8	7.9	♦ 0.0
Female – Féminin	10 368	1 433	3 201	1 422	4 291	21	15.6	2.2	4.8	2.1	6.5	♦ 0.0
San Marino – Saint–Marin 1995+												
Total	3	1	–	2	–	–						
Male – Masculin	2	–	–	2	–	–						
Female – Féminin	1	1	–	–	–	–						
Slovakia – Slovaquie 1995												
Total	675	114	222	147	192	–						
Male – Masculin	388	66	133	81	108	–						
Female – Féminin	287	48	89	66	84	–						
Slovenia – Slovénie 1996												
Total	89	33	14	14	28	–						
Male – Masculin	58	22	8	8	20	–						
Female – Féminin	31	11	6	6	8	–						
Spain – Espagne 1995												
Total	1 996	528	415	342	711	–	5.5	1.5	1.1	0.9	2.0	–
Male – Masculin	1 100	284	224	210	382	–	5.9	1.5	1.2	1.1	2.0	–
Female – Féminin	896	244	191	132	329	–	5.1	1.4	1.1	0.7	1.9	–

**16. Infant deaths and infant mortality rates by age, sex
and urban/rural residence: latest available year (continued)
Décès d'enfants de moins d'un an et taux de mortalité infantile selon l'âge, le sexe et
la résidence, urbaine/rurale: dernière année disponible (suite)**

(See notes at end of table. – Voir notes à la fin du tableau.)

Continent, country or area, year, sex and urban/rural residence / Continent, pays ou zone, année, sexe et résidence, urbaine/rurale	Age (in days – en jours)											
	Number – Nombre						Rate – Taux					
	−365	−1	1–6	7–27	28–364	Unknown Inconnu	−365	−1	1–6	7–27	28–364	Unknown Inconnu
EUROPE (Cont.–Suite)												
Sweden – Suède 1996												
Total	377	80	91	68	138	–						
Male – Masculin	204	38	45	40	81	–						
Female – Féminin	173	42	46	28	57	–						
Switzerland – Suisse 1996												
Total	389	156	67	49	117	–						
Male – Masculin	226	91	41	26	68	–						
Female – Féminin	163	65	26	23	49	–						
The former Yugoslav Rep. of Macedonia – L'ex Rép. yougoslavie de Macédoine 1995												
Total	729	180	164	90	295	–						
Male – Masculin	381	100	92	40	149	–						
Female – Féminin	348	80	72	50	146	–						
Ukraine 1995 [8]												
Total	7 314	514	2 121	1 014	3 663	2	14.8	1.0	4.3	2.1	7.4	♦ 0.0
Male – Masculin	4 243	313	1 292	585	2 052	1	16.7	1.2	5.1	2.3	8.1	♦ 0.0
Female – Féminin	3 071	201	829	429	1 611	1	12.9	0.8	3.5	1.8	6.7	♦ 0.0
United Kingdom–Royaume–Uni 1996												
Total	4 466	1 148	1 166	656	1 496	–	6.1	1.6	1.6	0.9	2.0	–
Male – Masculin	2 562	651	689	355	867	–	...	...	...	...	...	...
Female – Féminin	1 904	497	477	301	629	–	...	...	...	...	...	...
Yugoslavia – Yougoslavie 1995*												
Total	2 366	476	728	333	809	20	16.8	3.4	5.2	2.4	5.8	♦ 0.1
Male – Masculin	1 321	262	436	173	445	5	18.1	3.6	6.0	2.4	6.1	♦ 0.1
Female – Féminin	1 045	214	292	160	364	15	15.5	3.2	4.3	2.4	5.4	♦ 0.2
OCEANIA—OCEANIE												
Australia – Australie 1996+												
Total	1 460	557	225	182	496	–	5.8	2.2	0.9	0.7	2.0	–
Male – Masculin	843	313	133	100	297	–	6.5	2.4	1.0	0.8	2.3	–
Female – Féminin	617	244	92	82	199	–	5.0	2.0	0.7	0.7	1.6	–
Guam 1992 [18]												
Total	41	12	2	3	24	–						
Male – Masculin	28	7	2	3	16	–						
Female – Féminin	13	5	–	–	8	–						
New Caledonia – Nouvelle–Calédonie 1994												
Total	43	10	9	6	18	–						
Male – Masculin	23	4	3	2	14	–						
Female – Féminin	20	6	6	4	4	–						
New Zealand – Nouvelle–Zélande 1993+												
Total	426	101	68	49	208	–						
Male – Masculin	234	53	34	28	119	–						
Female – Féminin	192	48	34	21	89	–						

16. Infant deaths and infant mortality rates by age, sex and urban/rural residence: latest available year (continued)
Décès d'enfants de moins d'un an et taux de mortalité infantile selon l'âge, le sexe et la résidence, urbaine/rurale: dernière année disponible (suite)
Data by urban/rural residence

Données selon la résidence urbaine/rurale

(See notes at end of table. – Voir notes à la fin du tableau.)

Continent, country or area, year, sex and urban/rural residence — Continent, pays ou zone, année, sexe et résidence, urbaine/rurale	Age (in days – en jours)											
	Number – Nombre						Rate – Taux					
	–365	–1	1–6	7–27	28–364	Unknown Inconnu	–365	–1	1–6	7–27	28–364	Unknown Inconnu
AFRICA—AFRIQUE												
Morocco – Maroc												
Urban – Urbaine												
1996												
Urban – Urbaine	3 507	*———	1 157	———*	2 342	8	13.8	*———	4.6	———*	9.2	♦ 0.0
Male – Masculin	1 961	*———	696	———*	1 258	7	15.1	*———	5.4	———*	9.7	♦ 0.1
Female – Féminin	1 546	*———	461	———*	1 084	1	12.5	*———	3.7	———*	8.7	♦ 0.0
Rural – Rurale												
1996												
Rural – Rurale	5 837	*———	790	———*	5 018	29	21.5	*———	2.9	———*	18.5	♦ 0.1
Male – Masculin	3 130	*———	456	———*	2 656	18	22.5	*———	3.3	———*	19.1	♦ 0.1
Female – Féminin	2 707	*———	334	———*	2 362	11	20.5	*———	2.5	———*	17.9	♦ 0.1
AMERICA,NORTH— AMERIQUE DU NORD												
Panama												
Urban – Urbaine												
1995												
Urban – Urbaine	537	152	142	99	144	–	...	...	...	...	...	...
Male – Masculin	301	84	84	64	69	–	...	...	...	...	...	...
Female – Féminin	236	68	58	35	75	–	...	...	...	...	...	...
Rural – Rurale												
1995												
Rural – Rurale	492	73	119	73	227	–	...	...	...	...	...	...
Male – Masculin	277	37	73	39	128	–	...	...	...	...	...	...
Female – Féminin	215	36	46	34	99	–	...	...	...	...	...	...

16. Infant deaths and infant mortality rates by age, sex and urban/rural residence: latest available year (continued)
Décès d'enfants de moins d'un an et taux de mortalité infantile selon l'âge, le sexe et la résidence, urbaine/rurale: dernière année disponible (suite)

17. Maternal deaths and maternal death rates: 1987 – 1996

(See notes at end of table.)

Continent, country or area and urban/rural residence / Continent, pays ou zone et résidence urbaine/rurale	Number – Nombre							
	1987	1988	1989	1990	1991	1992	1993	199
AFRICA—AFRIQUE								
1 Egypt – Egypte	1 241	...	...	...	...	...	...	
Mauritius – Maurice / Island of Mauritius –								
2 Ile Maurice+	19	9	4	15	15	9	6	1
Sao Tome and Principe –								
3 Sao Tomé–et–Principe	3	...	...	...	...	...	...	
South Africa –								
4 Afrique du Sud	...	...	...	...	...	...	322	
AMERICA,NORTH— AMERIQUE DU NORD								
5 Bahamas	3	...	...	...	...	...	1	
6 Barbados – Barbade+	–	1	...	4	2	3	1	
7 Canada[1]	15	18	16	10	12	19	15	1
8 Costa Rica	16	15	25	12	28	18	15	3
9 Cuba	88	73	70	78	80	71	56	8.
10 El Salvador	...	...	...	55	77	...	...	
11 Martinique	6	...	...					
12 Mexico – Mexique	1 546	1 522	1 518	1 477	1 414	1 399	1 268	1 409
13 Nicaragua	...	61	77	57	84	115	105	8.
14 Panama	22	35	37	...				
15 Puerto Rico – Porto Rico	11	11	13	13	13	14	...	
Trinidad and Tobago –								
16 Trinité–et–Tobago	26	17	20	13	11	14	14	1
17 United States – Etats–Unis	251	330	320	343	323	318	302	328
AMERICA,SOUTH— AMERIQUE DU SUD								
18 Argentina – Argentine	325	330	346	353	334	328	309	
19 Brazil – Brésil[2]	1 912	1 759	1 670	...	1 521	1 526	...	..
20 Chile – Chili	135	122	123	123	106	91	100	73
21 Colombia – Colombie+[3]	649	580	565	541	506	464	476	456
22 Ecuador – Equateur[4]	355	329	340	307	320	338	348	241
23 Guyana+	...	...	...	...	...	...	18	31
24 Paraguay	100	105	...	...	...	...	...	11
25 Suriname	3	...	...	1	...	11	...	
26 Uruguay	15	21	14	9	...	...	...	
27 Venezuela[2]	284	291	339	...	...	299	331	383
ASIA—ASIE								
28 Armenia – Arménie	...	3	3	3	1	2	...	...
29 Azerbaijan – Azerbaïdjan	...	...	...	3	3	2	4	10
30 Bahrain – Bahreïn	1	–	...	...	...	...	...	
China – Chine								
31 Hong Kong SAR–Hong–kong RAS	3	3	4	3	4	4	3	8
32 Georgia – Géorgie	...	...	...	1	...	...	...	
33 Israel – Israël[5]	3	5	7	13	9	6	3	6
34 Japan – Japon[6]	162	126	135	105	110	111	91	76
35 Kazakhstan	...	42	46	32	179	55	54	51
Korea, Republic of–								
36 Corée, République de	63	66	61	90	96	86	91	86
37 Kuwait – Koweït	1	...	...	...	...	...	1	1
38 Kyrgyzstan – Kirghizistan	...	8	8	13	11	8	4	2
39 Macau – Macao	–	...	1	–	2	2	–	–
40 Maldives	54	26	...	...	...	...	...	
41 Mongolia – Mongolie	...	...	...	...	...	...	...	...
42 Philippines	...	...	...	...	...	1 394	1 548	70
43 Singapore – Singapour+	3	4	2	1	2	2	4	3
44 Tajikistan – Tadjikistan	...	...	...	3	2	4	...	...
Turkmenistan –								
45 Turkménistan	...	...	...	2	10	21	20	2
Uzbekistan –								
46 Ouzbékistan	...	...	...	9	13	12	9	...

17. Mortalité liée à la maternité nombre de décès et taux: 1987 – 1996

(Voir notes à la fin du tableau.)

		Ratio – Rapport										
1995	1996	1987	1988	1989	1990	1991	1992	1993	1994	1995	1996	
...	...	65.2	...	...	...	...	...	...	...	...	...	1
12	6	♦99.2	♦45.0	♦19.2	♦69.6	♦70.0	♦40.8	♦27.2	♦69.1	♦58.2	♦29.3	2
...	...	♦76.7	...	...	...	...	...	...	...	...	...	3
...	...	...	...	...	...	...	...	57.7	...	...	...	4
4	...	♦55.2	...	...	...	...	...	♦15.0	♦16.4	♦64.0	...	5
–	...	–	♦26.7	...	♦92.7	♦47.2	♦71.7	♦26.4	...	...	...	6
17	...	♦4.1	♦4.8	♦4.1	♦2.5	♦2.9	♦4.8	♦3.9	♦3.6	♦4.5	...	7
...	...	♦19.9	18.4	♦30.0	♦14.6	♦34.5	♦22.5	...	38.6	...	...	8
70	...	49.0	38.8	37.9	41.8	46.0	45.1	36.8	57.0	47.6	...	9
...	...	...	...	...	37.1	50.9	...	...	...	...	...	0
...	...	♦94.8	...	...	...	...	...	...	...	...	...	1
1 454	...	55.3	58.0	57.9	54.0	51.3	50.0	44.7	48.2	52.9	...	2
...	...	...	...	...	61.2	...	...	...	...	...	...	3
...	...	♦38.2	59.9	62.6	...	...	...	...	...	...	...	4
...	...	♦17.1	17.2	♦19.5	♦19.5	♦20.1	♦21.7	...	...	...	...	5
...	...	♦89.1	63.0	♦79.8	♦54.3	♦49.2	♦60.7	♦66.4	♦76.2	...	...	6
277	...	6.6	8.4	7.9	8.2	7.9	7.8	7.5	8.3	7.1	...	7
...	...	48.6	48.5	51.9	52.0	48.1	48.3	46.3	...	...	...	8
...	...	71.9	62.6	64.7	...	65.2	63.1	...	...	...	...	9
...	...	48.3	41.1	40.5	40.0	35.4	31.0	34.4	25.3	...	...	10
...	...	69.2	...	...	...	...	...	...	...	...	...	11
170	...	173.6	155.6	169.9	152.2	121.4	170.3	175.1	...	93.8	...	12
...	...	265.3	280.3	...	...	...	...	...	...	...	...	13
...	...	♦31.1	...	...	♦10.5	...	♦111.8	...	...	...	...	14
...	...	♦28.1	♦37.6	♦25.3	♦15.9	...	...	...	...	...	...	15
...	...	55.0	55.7	64.1	...	...	53.4	63.1	69.9	...	...	16
...	...	...	...	...	...	...	...	...	...	...	...	17
...	...	...	♦4.0	♦4.0	♦3.8	♦1.3	♦2.8	...	...	...	...	18
2	3	...	...	...	...	...	...	...	...	...	...	19
...	...	♦7.9	–	...	...	...	...	...	...	...	...	20
5	2	♦4.3	♦4.0	♦5.7	♦4.4	♦5.9	♦5.6	♦4.3	♦11.2	♦7.3	♦3.1	21
...	...	...	...	...	...	...	...	...	...	...	...	22
7	9	♦3.0	♦5.0	♦6.9	♦12.6	♦8.5	♦5.5	♦2.7	♦5.2	♦6.0	♦7.4	23
85	72	12.0	9.6	10.8	8.6	9.0	9.2	7.7	6.1	7.2	6.0	24
48	50	...	10.3	12.0	8.8	50.5	16.2	17.1	16.6	17.3	19.7	25
88	...	10.2	10.5	9.6	13.9	13.6	11.8	12.7	12.0	12.5	...	26
...	...	♦1.9	...	...	...	...	...	♦2.7	♦2.6	...	...	27
8	2	...	♦6.0	♦6.1	♦10.1	♦8.5	♦6.2	♦3.4	♦1.8	♦6.8	...	28
...	...	–	...	♦13.2	–	♦29.3	♦30.0	–	–	...	...	29
...	...	645.6	♦313.4	...	...	...	...	...	...	...	...	30
...	...	...	...	...	...	...	...	...	...	...	...	31
...	...	...	...	...	...	...	...	82.8	92.1	...	...	32
2	2	♦6.9	♦7.6	♦4.2	♦2.0	♦4.1	♦4.0	♦8.0	♦6.1	♦4.1	♦4.1	33
...	...	...	...	...	♦1.5	♦0.9	♦2.2	...	...	...	...	34
...	...	...	...	...	...	...	...	...	...	...	...	35
...	...	...	...	...	...	...	♦1.7	♦1.3	...	...	...	36

(See notes at end of table.)

Continent, country or area and urban/rural residence / Continent, pays ou zone et résidence urbaine/rurale	Number – Nombre							
	1987	1988	1989	1990	1991	1992	1993	1994
EUROPE								
1 Albania – Albanie	...	28	34	...	...	10	16	...
2 Austria – Autriche	4	5	7	6	7	4	4	8
3 Belarus – Bélarus	12	12	6	7	...	5	7	...
4 Belgium – Belgique	4	4	8	4	5	7	...	...
5 Bulgaria – Bulgarie	23	11	21	22	10	19	12	10
6 Croatia – Croatie	...	...	...	6	4	2	5	5
7 Czech Republic – Rép. tchèque	...	...	...	...	...	12	14	7
8 Denmark – Danemark [7]	5	2	5	1	2	5	5	3
9 Estonia – Estonie	...	...	10	3	2	1	1	8
10 Finland – Finlande [8]	3	7	2	4	3	3	2	7
11 France [9]	74	72	65	79	90	96	66	83
12 Germany – Allemagne	...	...	59	82	72	54	44	40
13 Greece – Grèce	5	6	4	1	3	6	1	2
14 Hungary – Hongrie	17	21	19	26	16	12	22	12
15 Iceland – Islande	1	–	–	1	–	–	–	–
16 Ireland – Irlande + [10]	2	1	2	2	4	2	–	1
17 Italy – Italie	25	44	26	50	27	41	24	...
18 Latvia – Lettonie	...	3	3	2	6	3	3	3
19 Lithuania – Lituanie	...	3	4	3	3	2	6	7
20 Luxembourg	1	–	–	1	–	–	1	1
21 Malta – Malte	–	–	–	–	1	–	1	–
22 Netherlands – Pays–Bas [11]	14	18	10	15	12	14	16	12
23 Norway – Norvège [12]	3	2	5	2	5	4	2	–
24 Poland – Pologne	94	68	60	70	70	51	58	53
25 Portugal	15	8	12	12	14	11	7	10
26 Republic of Moldova – République de Moldova	...	...	...	7	35	36	35	16
27 Romania – Roumanie	575	591	626	263	183	157	133	149
28 Russian Federation – Fédération de Russie	...	395	347	271	233	195	204	185
29 Slovakia – Slovaquie	...	...	...	...	...	1	9	4
30 Slovenia – Slovénie	–	1	1	2	1	1	1	–
31 Spain – Espagne	21	21	12	22	13	19	12	13
32 Sweden – Suède	5	10	6	4	5	–	6	1
33 Switzerland – Suisse	5	8	3	5	1	4	5	3
34 The former Yugoslav Rep. of Macedonia – L'ex Rép. yougosl. de Macédoine	...	...	...	...	4	3	2	4
35 Ukraine	96	85	60	41	51	31	...	...
36 United Kingdom – Royaume–Uni	49	50	60	61	55	52	...	59
37 Former Yugoslavia – Ancienne Yougoslavie	38	58	52	36	...	...	...	...
OCEANIA—OCEANIE								
38 Australia – Australie +	13	12	14	17	9	9	16	18
39 New Zealand – Nouvelle–Zélande +	7	10	6	4	9	5	12	3

GENERAL NOTES

Rates are the number of maternal deaths (caused by deliveries and complications of pregnancy, childbirth and the puerperium) per 100 000 live birth. Maternal deaths are those listed for cause AM39, AM40 and AM41 in part A and AM42, AM43 and AM44 in part B of table 21 which presents deaths and death rates by cause. For method of evaluation and limitations of data, see Technical Notes, page 68.

Italics: data from civil registers which are incomplete or of unknown completeness.

ı Separates data classified by the 8th and 9th Revisions of the Abbreviated List of Causes for Tabulation of Mortality in the International Classification of Diseases.

FOOTNOTES

* Provisional.
♦ Rates based on 30 or fewer maternal deaths.
+ Data tabulated by date of registration rather than occurrence.

NOTES GENERALES

Les taux représentent le nombre de décès liés à la maternité (accouchements et complications de la grossesse, de l'accouchement et des suites de couches), pour 100 000 naissances vivantes. Les décès liés à la maternité sont les décès dus aux causes de la catégorie AM39, AM40 et AM41 de la Partie A et de la catégorie AM42, AM43 et AM44 de la Partie B du tableau 21, qui présente les décès (nombre et taux) selon la cause. Pour la méthode d'evaluation et les insuffisances des données, voir Notes techniques, page 68.

Italiques: données incomplètes ou dont le degré d'exactitude n'est pas connu, provenant des registres de l'état civil.

ı Sépare les données classées selon la 8ème et la 9ème Révision de la Liste abrégée de rubriques pour la mise en tableaux des causes de mortalité figurant dans la classification internationale des maladies.

NOTES

* Données provisoires.
♦ Taux basés sur 30 décès liés à la maternité ou moins.
+ Données exploitées selon la date de l'enregistrement et non la date de l'événement.

17. Mortalité liée à la maternité nombre de décès et taux: 1987 – 1996 (suite)

(Voir notes à la fin du tableau.)

		Ratio – Rapport										
1995	1996	1987	1988	1989	1990	1991	1992	1993	1994	1995	1996	
...	...		♦ 34.9	43.1	...	...	...	...	♦ ...	...	...	1
1	4	♦ 4.6	♦ 5.7	♦ 7.9	♦ 6.6	♦ 7.4	♦ 4.2	♦ 4.2	♦ 8.7	♦ 1.1	♦ 4.5	2
...	...	♦ 7.4	7.4	3.9	4.9	...	♦ 3.9	♦ 6.0	...	...	...	3
...	...	♦ 3.4	3.3	6.6	♦ 3.2	♦ 4.0	♦ 5.6	...	...	...	...	4
10	14	♦ 19.7	♦ 9.4	♦ 18.7	♦ 20.9	♦ 10.4	♦ 21.3	♦ 14.2	♦ 12.6	♦ 13.9	♦ 19.4	5
6	1	...	...	...	♦ 10.8	♦ 7.7	♦ 4.3	♦ 10.3	♦ 10.3	♦ 12.0	♦ 1.9	6
2	5		♦ ...	♦ 8.1	♦ 1.6	...	♦ 9.9	♦ 11.6	♦ 6.6	♦ 2.1	♦ 5.5	7
7	4	♦ 8.9	♦ 3.4		♦ 1.6	♦ 3.1	♦ 7.4	♦ 7.4	♦ 4.3	♦ 10.0	♦ 5.9	8
7	–			♦ 41.2	♦ 13.4	♦ 10.4	♦ 5.6	♦ 6.6	♦ 56.4	♦ 51.6	–	9
1	...	♦ 5.0	♦ 11.1	3.2	♦ 6.1	♦ 4.6	♦ 4.5	♦ 3.1	♦ 10.7	♦ 1.6	...	10
...	...	9.6	9.3	8.5	10.4	11.9	12.9	9.3	11.7	...	...	11
41	51			6.7	9.1	8.7	6.7	5.5	5.2	5.4	6.4	12
–	4	♦ 4.7	♦ 5.6	♦ 4.0	♦ 1.0	♦ 2.9	♦ 5.8	♦ 1.0	♦ 1.9	–	♦ 3.9	13
17	12	♦ 13.5	♦ 16.9	♦ 15.4	♦ 20.7	♦ 12.6	♦ 9.9	♦ 18.8	♦ 10.4	♦ 15.2	♦ 11.4	14
–	...	♦ 23.8		–		♦ 21.0	–	–	–	–		...	15
–	...	♦ 3.4	1.8	3.8	♦ 3.8	♦ 7.6	♦ 3.9	–	♦ 2.1	–	...	16
...	...	♦ 4.5	7.7	4.6	8.9	♦ 4.8	7.1	♦ 4.3	...	...	...	17
1	4	...	♦ 7.3	7.7	♦ 5.3	♦ 17.3	♦ 9.5	♦ 11.2	♦ 12.4	♦ 4.6	♦ 20.2	18
7	5	...	♦ 5.3	♦ 7.2	♦ 5.3	♦ 5.3	♦ 3.7	♦ 12.8	♦ 16.3	♦ 17.0	♦ 12.8	19
1	–	♦ 23.6	–	–	♦ 20.3				♦ 18.3	♦ 18.4	–	20
1	1	–	–	–	–	...		♦ 18.6	–	♦ 20.0	♦ 19.8	21
14	...	♦ 7.5	♦ 9.6	♦ 5.3	♦ 7.6	♦ 6.0	♦ 7.1	♦ 8.2	♦ 6.1	♦ 7.3	...	22
4	...	♦ 5.6	♦ 3.5	♦ 8.4	♦ 3.3	♦ 8.2	♦ 6.7	♦ 3.4	–	♦ 6.6	...	23
43	21	15.5	11.6	10.7	12.8	12.8	9.9	11.7	11.0	9.9	♦ 4.9	24
9	6	♦ 12.2	♦ 6.5	♦ 10.1	♦ 10.3	♦ 12.0	♦ 9.6	♦ 6.1	♦ 9.2	♦ 8.4	♦ 5.4	25
23	22	...	...	...	♦ 9.1	48.6	51.7	...	♦ 25.7	♦ 40.8	♦ 42.2	26
113	95	150.1	155.5	169.4	83.6	66.5	60.3	53.2	60.4	47.8	41.1	27
169	148	...	16.8	16.1	13.6	13.0	12.3	14.8	13.1	12.4	...	28
5	...	...	...	...	...	...	♦ 1.3	♦ 12.3	♦ 6.0	♦ 8.1	...	29
1	3	–	♦ 4.0	♦ 4.3	♦ 8.9	♦ 4.6	♦ 5.0	♦ 5.1	–	♦ 5.3	♦ 16.0	30
11	...	♦ 4.9	♦ 5.0	♦ 2.9	♦ 5.5	♦ 3.3	♦ 4.8	♦ 3.1	♦ 3.6	♦ 3.0	...	31
4	5	♦ 4.8	♦ 8.9	♦ 5.2	♦ 3.2	♦ 4.0	–	♦ 5.1	♦ 0.9	♦ 3.9	♦ 5.2	32
...	...	♦ 6.5	♦ 10.0	♦ 3.7	♦ 6.0	♦ 1.2	♦ 4.6	♦ 6.0.	♦ 3.6	...	...	33
7	–	...	...	...	...	♦ 11.5	♦ 9.0	♦ 6.2	♦ 11.9	♦ 21.8	–	34
...	33	12.6	11.4	8.7	6.2	8.1	5.2	...	...	...	7.1	35
...	...	6.3	6.3	7.7	7.6	6.9	6.7	...	...	...	...	36
...	...	10.6	16.3	15.5	10.7	...	...	...	...	...	...	37
21	...	♦ 5.3	♦ 4.9	♦ 5.6	♦ 6.5	♦ 3.5	♦ 3.4	♦ 6.1	♦ 7.0	♦ 8.2	...	38
...	...	♦ 12.7	♦ 17.4	♦ 10.3	♦ 6.6	♦ 15.0	♦ 8.4	♦ 20.4	♦ 5.2	...	...	39

FOOTNOTES (continued)

1 Including Canadian residents temporarily in the United States, but excluding United States residents temporarily in Canada.

2 Excluding Indian jungle population.
3 Based on burial permits.
4 Excluding nomadic Indian tribes.
5 Including data for East Jerusalem and Israeli residents in certain other territories under occupation by Israeli military forces since June 1967.
6 For Japanese nationals in Japan only.
7 Excluding Faeroe Islands and Greenland.
8 Including nationals temporarily outside the country.

9 Including armed forces stationed outside the country.
10 Deaths registered within one year of occurrence.
11 Including residents outside the country if listed in a Netherlands population register.
12 Including residents temporarily outside the country.

NOTES (suite)

1 Y compris les résidents canadiens se trouvant temporairement aux Etats–Unis, mais non compris les résidents des Etats–Unis se trouvant temporairement au Canada.
2 Non compris les Indiens de la jungle.
3 D'après les permis d'inhumer.
4 Non compris les tribus d'Indiens nomades.
5 Y compris les données pour Jérusalem–Est et les résidents israéliens dans certain autres territoires occupés depuis juin 1967 par les forces armées.
6 Pour nationaux japonais au Japon seulement.
7 Non compris les îles Féroé et le Groenland.
8 Y compris les nationaux se trouvant temporairement hors du pays.
9 Y compris les militaires en garnison hors du pays.
10 Décès enregistrés dans l'année que suit l'événement.
11 Y compris les résidents hors du pays, s'ils sont inscrit sur un registre de population néerlandais.
12 Y compris les résidents se trouvant temporairement hors du pays.

(See notes at end of table. – Voir notes à la fin du tableau.)

Continent, country or area and urban/rural residence — Continent, pays ou zone et résidence, urbaine/rurale	Code [1]	Number – Nombre					Rate – Taux				
		1993	1994	1995	1996	1997	1993	1994	1995	1996	1997
AFRICA—AFRIQUE											
Algeria – Algérie [2][3]	U	168 000	180 000	180 000	172 000	...	[4] 6.5				
Angola	..	...	...	...	...	...	[4] 19.1				
Benin – Bénin	..	...	...	...	...	...	[4] 13.6				
Botswana	..	...	...	...	10 724	*10 675	[4] 11.0				
Burkina Faso	..	...	...	...	...	...	[4] 18.1				
Burundi	..	...	...	...	...	...	[4] 19.6				
Cameroon – Cameroun	..	...	...	...	...	...	[4] 12.8				
Central African Republic – Rép. centrafricaine	..	...	...	...	...	...	[4] 17.0				
Chad – Tchad	..	...	...	...	...	...	[4] 18.5				
Comoros – Comores	..	...	...	...	...	...	[4] 11.6				
Congo	..	...	...	...	...	...	[4] 14.8				
Côte d'Ivoire	..	...	...	...	...	...	[4] 13.2				
Democratic Rep. of the Congo – République démocratique du Congo	..	...	...	...	...	...	[4] 14.6				
Djibouti	..	...	...	...	...	...	[4] 16.2				
Egypt – Egypte	C	405 239	414 643	...	...	...	7.2	7.2	...	...	...
Equatorial Guinea – Guinée équatoriale	...	...	...	...	...	...	[4] 18.0				
Eritrea – Erythrée	..	...	...	...	...	...	[4] 15.7				
Ethiopia – Ethiopie	..	...	...	...	...	...	[4] 18.1				
Gabon	..	...	...	...	...	...	[4] 15.4				
Gambia – Gambie	..	...	...	..	...	...	[4] 19.2				
Ghana	..	...	...	...	...	...	[4] 11.6				
Guinea – Guinée	..	...	...	...	...	...	[4] 20.3				
Guinea–Bissau – Guinée–Bissau	..	...	...	...	...	...	[4] 21.8				
Kenya	..	...	...	...	...	...	[4] 11.8				
Lesotho	..	...	...	...	...	...	[4] 11.3				
Liberia – Libéria	..	...	...	...	...	...	[4] 27.9				
Libyan Arab Jamahiriya – Jamahiriya arabe libyenne	..	...	...	...	...	...	[4] 8.1				
Madagascar	..	...	...	...	...	...	[4] 11.2				
Malawi	..	...	...	...	...	...	[4] 22.4				
Mali	..	...	...	...	...	...	[4] 19.1				
Mauritania – Mauritanie	..	...	...	...	...	...	[4] 14.4				
Mauritius – Maurice [5]	+C	7 433	7 402	7 465	7 670	*7 987	6.8	6.7	6.7	6.8	*7.0
Morocco – Maroc [5]	U	88 292	...	89 063	84 733	...	[4] 7.6				
Mozambique	..	...	...	...	...	...	[4] 18.7				
Namibia – Namibie	..	...	...	...	...	...	[4] 11.9				
Niger	..	...	...	...	...	...	[4] 18.9				
Nigeria – Nigéria	..	...	...	...	...	...	[4] 15.4				
Réunion	..	...	...	...	...	...	[4] 5.4				
Rwanda	..	...	...	...	...	...	[4] 44.6				
St. Helena ex. dep. – Sainte–Hélène sans dép.	C	58	54	30	44	...	8.9	10.8	♦ 5.8	8.6	...
Tristan da Cunha	C	3	4	1	4	...	♦ 10.2	♦ 13.7	♦ 3.4	♦ 14.0	...
Sao Tome and Principe – Sao Tomé–et–Principe	C	1 102	...	...	...	...	9.0	...	...	...	...
Senegal – Sénégal	..	...	...	...	...	...	[4] 16.0				
Seychelles	+C	597	562	525	566	...	8.3	7.6	7.0	7.4	...
Sierra Leone	..	...	...	...	...	...	[4] 29.6				
Somalia – Somalie	..	...	...	...	...	...	[4] 18.5				
South Africa – Afrique du Sud [5]	...	201 273	213 279	268 025	...	...	[4] 8.8				
Sudan – Soudan	..	...	...	...	...	...	[4] 13.8				
Swaziland	..	...	...	...	...	...	[4] 10.7				
Togo	..	...	...	...	...	...	[4] 15.0				
Tunisia – Tunisie [5]	U	40 865	41 272	42 601	*54 000	*51 000	[4] 6.4				
Uganda – Ouganda	..	...	...	...	...	...	[4] 21.8				
United Rep. of Tanzania – Rép.–Unie de Tanzanie	..	...	...	...	...	...	[4] 14.4				
Western Sahara – Sahara Occidental	..	...	...	...	...	...	[4] 9.8				
Zambia – Zambie	..	...	...	...	...	...	[4] 17.8				
Zimbabwe	..	...	...	...	...	...	[4] 13.6				

18. Deaths and crude death rates, by urban/rural residence: 1993 – 1997 (continued)

Décès et taux bruts de mortalité, selon la résidence, urbaine/rurale: 1993 – 1997 (suite)

(See notes at end of table. – Voir notes à la fin du tableau.)

Continent, country or area and urban/rural residence Continent, pays ou zone et résidence, urbaine/rurale	Code [1]	Number – Nombre					Rate – Taux				
		1993	1994	1995	1996	1997	1993	1994	1995	1996	1997
AMERICA,NORTH— AMERIQUE DU NORD											
Anguilla	+C	59	...	...	...	...	6.4	...	...	...	...
Antigua and Barbuda – Antigua–et–Barbuda	C	455	451	434	...	...	6.9	6.8	6.4	...	...
Aruba	+U	402	431	504	469	...	5.4	5.5	6.2	5.5	...
Bahamas	C	1 493	1 538	1 638	1 537	...	5.5	5.6	5.9	5.4	...
Barbados – Barbade	+C	2 391	2 295	2 481	2 400	...	9.1	8.7	9.4	9.1	...
Belize	U	935	944	931	964	...	[4] 4.8				
Bermuda – Bermudes	C	480	462	423	414	...	8.1	7.8	7.1	6.9	...
Canada [6]	C	204 912	207 077	210 733	213 649	*216 970	7.1	7.1	7.1	7.1	*7.2
Cayman Islands – Iles Caïmanes	C	133	149	...	...	...	4.3	4.8	...	...	...
Costa Rica	C	12 544	13 313	14 061	13 993	...	4.2	4.1	4.2	4.1	...
Cuba [5]	C	78 531	78 648	77 937	79 654	...	7.2	7.2	7.1	7.2	...
Dominica – Dominique	+C	558	530	...	575	...	7.7	7.2	...	7.7	...
Dominican Republic – Rép. dominicaine	..	...	...	...	...	...	[4] 5.6				
El Salvador	U	...	29 407	...	...	...	[4] 6.3				
Greenland – Groenland [5]	C	436	447	487	447	...	7.9	8.0	8.7	8.0	...
Grenada – Grenade	+C	...	...	...	782	...	...	...	...	8.5	...
Guadeloupe [3]	C	2 357	2 331				5.7	5.6			
Guatemala	C	73 870	...	73 096	...	*58 538	7.4	...	7.3	...	*5.6
Haiti – Haïti	..	...	...	...	...	...	[4] 13.1				
Honduras							[4] 6.1				
Jamaica – Jamaïque	+C	13 927	13 503	12 776	14 854	...	5.7	5.5	5.1	5.9	...
Martinique [3]	C	2 292	...	...	...	...	6.1	...	...	...	...
Mexico – Mexique [5]	C	416 335	419 074	430 278	436 321	...	4.6	4.5	4.8	4.5	...
Netherlands Antilles – Antilles néerlandaises	C	1 379	1 340	1 364	...	...	7.1	6.7	6.7	...	...
Nicaragua	U	13 165	13 194	...	...	...	[4] 6.4				
Panama [5]	U	10 669	10 983	11 032	11 250	*9 720	[4] 5.3				
Puerto Rico – Porto Rico [5]	C	28 494	28 444	...	29 871	...	7.9	7.7	...	7.9	...
Saint Kitts and Nevis – Saint–Kitts–et–Nevis	C C	391	400	385	...	...	9.0	9.3	8.8	...	...
Saint Lucia – Sainte–Lucie	C	...	...	860	...	...	...	...	5.9	...	...
St. Pierre and Miquelon – Saint–Pierre–et–Miquelon	C	42	48	50	37	...	6.4	7.3	7.6	5.6	...
St. Vincent and the Grenadines – Saint– Vincent–et–Grenadines	+C	680	732	730	792	*736	6.2	6.7	6.6	7.1	*6.6
Trinidad and Tobago – Trinité–et–Tobago	C	8 807	9 265	9 042	10 699	...	7.1	7.4	7.2	8.5	...
United States – Etats–Unis	C	2 268 553	2 278 994	2 312 132	2 322 256	...	8.8	8.7	8.8	8.8	...
United States Virgin Islands – Iles Vierges américaines	C	569	...	...	...	...	5.5	...	...	...	...
AMERICA,SOUTH— AMERIQUE DU SUD											
Argentina – Argentine	C	267 286	257 431	268 997	...	...	7.9	7.5	7.7	...	...
Bolivia – Bolivie	..	...	...	...	...	...	[4] 10.2				
Brazil – Brésil [7]	U	897 050	912 110	1 076 937	...	...	[4] 7.3				
Chile – Chili [5]	C	76 261	75 445	78 531	79 123	...	5.5	5.4	5.5	5.5	...
Colombia – Colombie [5] [8]	U	168 647	168 568	172 516	...	...	[4] 5.8				
Ecuador – Equateur [5] [9]	U	52 453	51 165	50 867	52 300	...	[4] 6.2				
Guyana	+C	4 514	4 304	...	...	...	5.6	5.2	...	...	...
Paraguay	U	...	15 667	...	...	...	[4] 6.0				
Peru – Pérou [5] [7] [10]	..	172 188	171 476	156 000	156 800	*157 500	7.8	7.4	6.6	6.5	*6.5
Suriname [5]	C	2 998	2 842	2 696	2 894	...	7.4	7.0	6.6	7.0	...
Uruguay	C	31 616	30 209	31 715	30 888	...	10.0	9.5	10.0	9.6	...
Venezuela [7]	C	89 105	96 696	92 273	93 839	...	4.3	4.6	4.2	4.2	...
ASIA—ASIE											
Afghanistan	..	...	...	...	...	...	[4] 21.7				
Armenia – Arménie [5] [11]	C	27 500	24 648	...	...	...	7.4	6.6	...	...	...
Azerbaijan–Azerbaïdjan [11]	C	52 809	54 921	50 828	48 242	...	7.2	7.4	6.8	6.4	...

(See notes at end of table. – Voir notes à la fin du tableau.)

Continent, country or area and urban/rural residence / Continent, pays ou zone et résidence, urbaine/rurale	Code [1]	Number – Nombre					Rate – Taux				
		1993	1994	1995	1996	1997	1993	1994	1995	1996	1997
ASIA—ASIE (Cont.–Suite)											
Bahrain – Bahreïn	U	*1 714*	*1 695*	*1 910*	...	...	[4] 3.7				
Bangladesh	U	...	...	...	...	*958 000	[4] 11.0				
Bhutan – Bhoutan	..	...	...	...	...	...	[4] 15.2				
Brunei Darussalam – Brunéi Darussalam	+C	1 018			1 002	...	3.7	...	...	3.3	...
Cambodia – Cambodge	..	...	...	...	...	...	[4] 14.1				
China – Chine [12]	...	*7 800 000*	...	...	...	...	[4] 7.2				
Hong Kong SAR – Hong-kong RAS	C / C	30 571	29 905	31 468	32 176	*32 079	5.2	5.0	5.1	5.1	*4.9
Cyprus – Chypre [13]	...	*4 789*	*4 929*	*4 935*	*4 958*	...	[4] 7.8				
East Timor—Timor oriental	..	...	...	...	...	...	[4] 17.4				
Georgia – Géorgie [5] [11]	C	48 938	41 596	37 874	34 414	...	9.0	7.7	7.0	6.4	...
India – Inde [5] [14]	..	...	...	...	...	...	9.3	9.3	9.0	8.9	...
Indonesia – Indonésie	..	...	...	...	...	...	[4] 8.4				
Iran (Islamic Republic of – Rép. islamique d') [5]	U	...	*175 438*	...	...	...	[4] 6.8				
Iraq	..	...	...	...	...	...	[4] 10.4				
Israel – Israël [5] [15]	C	33 000	33 535	35 348	34 658	*35 863	6.3	6.2	6.4	6.1	*6.1
Japan – Japon [5] [16]	C	878 532	875 933	922 139	896 211	*917 000	7.0	7.0	7.3	7.1	*7.3
Jordan – Jordanie [17]	U	*12 472*	*12 290*	*13 018*	...	...	[4] 5.5				
Kazakhstan [5] [11]	C	156 317	160 590	168 885	166 028	...	9.5	9.9	10.5	10.4	...
Korea, Dem. People's Rep. of – Corée, rép. populaire dém. de [5]	...	*115 609*	...	...	...	...	[4] 5.5				
Korea, Republic of – Corée, Rép. de [5] [18] [19]	..	233 315	239 523	240 019	238 132	...	5.3	5.4	5.3	5.3	...
Kuwait – Koweït	C	3 441	3 464	3 781	3 812	*3 895	2.4	2.1	2.2	2.2	*2.2
Kyrgyzstan—Kirghizistan [5] [11]	C	34 513	37 109	36 915	34 562	...	7.7	8.3	8.2	7.6	...
Lao People's Dem. Rep. – Rép. dém. populaire Lao	..	...	...	...	...	...	[4] 15.2				
Lebanon – Liban	..	...	...	...	...	...	[4] 7.1				
Macau – Macao	C	1 531	1 330	1 351	1 413	...	4.0	3.4	3.3	3.4	...
Malaysia – Malaisie	U	*87 626*	*90 051*	*95 025*	*95 520*	*98 400	[4] 5.1				
Peninsular Malaysia – [3] [5] Malaisie Péninsulaire	C	...	...	80 894	81 301	...	...	...	...	...	...
Maldives [5]	C	1 319					5.5				
Mongolia – Mongolie	...	...	*14 986*	...	*17 800	...	[4] 7.8				
Myanmar	..	...	...	...	...	...	[4] 10.9				
Nepal – Népal	..	...	...	...	...	...	[4] 12.9				
Oman	..	...	...	...	...	...	[4] 4.8				
Pakistan [5] [20]	..	932 066	...	...	...	...	[4] 7.6				
Philippines	U	*318 546*	...	...	...	...	[4] 6.5				
Qatar	C	913	964	1 000	1 015	...	1.6	1.6	1.8	1.8	...
Saudi Arabia – Arabie saoudite	..	...	...	...	...	...	[4] 4.6				
Singapore – Singapour [21]	+C	14 461	14 946	15 569	15 590	*15 305	4.4	4.4	4.5	4.3	*4.1
Sri Lanka [5]	+C	96 179	100 394	104 707	118 751	...	5.5	5.6	5.8	6.5	...
Syrian Arab Republic – République arabe syrienne [3] [22] [23]	U	*53 854*	*51 003*	...	...	...	[4] 5.6				
Tajikistan—Tadjikistan [5] [11]	C	49 326	39 943	...	...	...	8.7	7.0	...	...	...
Thailand – Thaïlande [5]	+U	*285 731*	*305 526*	*324 842*	...	...	[4] 6.1				
Turkey – Turquie [24]	..	398 000	401 000	405 000	408 000	*412 000	6.6	6.6	6.6	6.5	*6.5
Turkmenistan – Turkménistan [11]	C	31 171	32 067	...	...	...	7.2	7.3	...	...	...
United Arab Emirates – Emirats arabes unis	..	*4 282*	*4 566*	*4 779*	...	...	[4] 2.7				
Uzbekistan – Ouzbékistan [5] [11]	C	145 294	148 423	...	...	*137 584	6.6	6.7	...	...	*5.8
Viet Nam	..	...	...	...	...	...	[4] 7.9				
Yemen – Yémen	..	...	...	...	...	...	[4] 12.0				
EUROPE											
Albania – Albanie	C	16 639	...	...	17 027	...	4.8	...	...	4.7	...
Andorra – Andorre	...	*211*	*184*	...	...	...	3.3	2.8	...	...	...
Austria – Autriche [5]	C	82 517	80 684	81 171	80 790	*78 903	10.3	10.0	10.1	10.0	*9.8
Belarus – Bélarus [5] [11]	C	128 544	130 003	133 775	133 422	*136 910	12.4	12.6	13.0	13.0	*13.4
Belgium – Belgique [25]	C	108 170	104 894	105 933	105 312	*104 190	10.7	10.4	10.4	10.4	*10.2

(See notes at end of table. – Voir notes à la fin du tableau.)

Continent, country or area and urban/rural residence / Continent, pays ou zone et résidence, urbaine/rurale	Code [1]	Number – Nombre					Rate – Taux				
		1993	1994	1995	1996	1997	1993	1994	1995	1996	1997
EUROPE (Cont.–Suite)											
Bosnia Herzegovina – Bosnie–Herzégovine	..	...	...	...	...	...	[4]7.0				
Bulgaria – Bulgarie [5]	C	109 540	111 787	114 670	117 056	*119 832	12.9	13.2	13.6	14.0	*14.4
Channel Islands – Iles Anglo–Normandes	C	1 555	1 427	...	...	...	10.9	9.7			
Guernsey – Guernesey	+C	606	591	617	...	...	10.4	...	10.5	...	...
Jersey	C	949	836	...	...	...	11.3	9.9		...	...
Croatia – Croatie [5]	C	50 846	49 482	50 536	50 636	*51 566	11.0	10.6	10.8	11.3	*11.5
Czech Republic – Rép. tchèque [5]	C	118 185	117 373	117 913	112 782	*112 744	11.4	11.4	11.4	10.9	*10.9
Denmark – Danemark [26]	C	62 809	61 099	63 216	61 085	*59 929	12.1	11.7	12.1	11.6	*11.3
Estonia – Estonie [5] [11]	C	21 267	22 150	20 872	19 019	*18 637	14.0	14.8	14.1	12.9	*12.8
Faeroe Islands – Iles Féroé	C	380	357	361	395	...	8.1	7.6	7.7	8.4	...
Finland – Finlande [5] [27]	C	50 988	48 000	49 280	49 167	*49 800	10.1	9.4	9.6	9.6	*9.7
France [5] [28]	C	532 263	519 965	531 618	536 800	...	9.2	9.0	9.1	9.2	...
Germany – Allemagne	C	897 270	884 661	884 588	882 843	*851 256	11.1	10.9	10.8	10.8	*10.4
Gibraltar [29]	C	275	261	205	221	*239	9.8	9.6	7.5	8.2	*8.5
Greece – Grèce [5]	C	97 419	97 807	100 158	100 740	...	9.4	9.4	9.6	9.6	...
Hungary – Hongrie [5]	C	150 244	146 889	145 431	143 130	*139 500	14.6	14.3	14.2	14.0	*13.7
Iceland – Islande [5]	C	1 753	1 720	1 923	1 879	*1 839	6.6	6.5	7.2	7.0	*6.8
Ireland – Irlande [5] [30]	+C	32 148	30 948	31 711	31 514	*31 605	9.0	8.6	8.8	8.7	*8.6
Isle of Man – Ile de Man	+C	1 011	902	976	948	...	14.3	12.7	13.6	13.3	...
Italy – Italie	C	555 043	557 513	555 203	550 431	*562 303	9.7	9.7	9.7	9.6	*9.8
Latvia – Lettonie [5] [11]	C	39 197	41 757	38 931	34 320	...	15.2	16.4	15.5	13.8	...
Liechtenstein	...	178	206	...	...	...	5.9	6.7		...	...
Lithuania – Lituanie [5] [11]	C	46 107	46 486	45 306	42 896	*40 986	12.4	12.5	12.2	11.6	*11.1
Luxembourg	C	3 915	3 800	3 797	3 895	...	9.8	9.4	9.3	9.4	...
Malta – Malte [31]	C	2 692	2 698	2 708	2 765	*2 832	7.4	7.3	7.3	7.4	*7.6
Netherlands – Pays–Bas [5] [32]	C	137 795	133 471	135 675	137 561	*137 000	9.0	8.7	8.8	8.9	*8.8
Norway – Norvège [33]	C	46 597	44 076	45 190	43 860	*44 635	10.8	10.2	10.4	10.0	*10.1
Poland – Pologne [5]	C	392 259	386 398	386 084	385 496	*380 200	10.2	10.0	10.0	10.0	*9.8
Portugal [5]	C	106 384	97 429	103 939	107 259	*101 885	10.8	9.8	10.5	10.8	*10.4
Republic of Moldova – [5] [11] République de Moldova	C	46 637	52 153	52 969	50 075	*50 614	10.7	12.0	12.2	11.6	*11.7
Romania – Roumanie [5]	C	263 323	266 101	271 672	286 158	*279 316	11.6	11.7	12.0	12.7	*12.4
Russian Federation – Féd. de Russie [5] [11]	C	2 129 339	2 301 366	2 203 811	2 082 249	...	14.4	15.6	14.9	14.1	...
San Marino – Saint–Marin [5]	+C	145	184	186	173	*178	6.0	7.4	7.4	6.8	*6.8
Slovakia – Slovaquie [5]	C	52 707	51 386	52 686	51 236	*52 080	9.9	9.6	9.8	9.5	*9.7
Slovenia – Slovénie [5]	C	20 012	19 359	18 968	18 620	...	10.1	9.7	9.5	9.4	...
Spain – Espagne	C	339 161	335 843	346 227	337 321	...	8.7	8.6	8.8	8.6	...
Sweden – Suède	C	97 008	91 844	96 910	94 133	*92 674	11.1	10.5	11.0	10.6	*10.5
Switzerland – Suisse [5]	C	62 512	61 987	63 387	62 637	*59 967	9.0	8.9	9.0	8.9	*8.5
The former Yugoslav Rep. of Macedonia–L'ex Rép. [5] youg. de Macédoine	C	15 591	15 771	16 338	16 063	...	7.4	7.4	8.3	7.4	...
Ukraine [5] [11]	C	741 662	764 669	792 587	776 717	*754 100	14.2	14.7	15.5	15.2	*14.9
United Kingdom–Royaume–Uni	C	657 852	625 897	641 712	638 896	...	11.3	10.7	10.9	10.9	...
Yugoslavia – Yougoslavie [5]	C	107 396	105 338	107 535	111 146	*111 266	10.2	10.0	10.2	10.5	*10.5
OCEANIA—OCEANIE											
American Samoa – Samoa américaines	C	223	...	...	...	...	4.2	...	...	...	...
Australia – Australie	+C	121 599	126 692	125 133	128 719	*129 085	6.9	7.1	6.9	7.0	*7.0
Fiji – Fidji	+C	3 837	4 210	4 993	...	...	5.0	5.4	6.3	...	...
French Polynesia – Polynésie française	...	1 053	1 075	...	1 001	...	[4]5.0				
Guam [34]	C	...	...	625	...	...	...	...	4.2	...	...
Marshall Islands – Iles Marshall	C	240	244	245	232	...	4.6	4.5	4.4	4.0	...
Micronesia, Federated States of, – Micronésie, Etats fédérés de	U	...	...	421	...	...	...	...	...	...	...
Nauru	C	...	...	49	...	...	...	...	4.5	...	...
New Caledonia – Nouvelle–Calédonie	C	954	1 060	...	...	...	5.3	5.8	...	...	...

18. Deaths and crude death rates, by urban/rural residence: 1993 – 1997 (continued)

Décès et taux bruts de mortalité, selon la résidence, urbaine/rurale: 1993 – 1997 (suite)

(See notes at end of table. – Voir notes à la fin du tableau.)

Continent, country or area and urban/rural residence Continent, pays ou zone et résidence, urbaine/rurale	Code [1]	Number – Nombre					Rate – Taux				
		1993	1994	1995	1996	1997	1993	1994	1995	1996	1997
OCEANIA—OCEANIE(Cont.–Suite)											
New Zealand – Nouvelle–Zélande [5]	+C	27 243	27 092	27 960	...	*27 599	7.9	7.8	7.9	...	*7.3
Norfolk Is. – Ile Norfolk	C	...	...	15	...	...	...	...	...	...	...
Palau – Palaos	U	...	116	...	...	...	...	6.8	...	...	...
Papua New Guinea – Papouasie–Nouvelle– Guinée	..	...	...	...	...	...	[4] 10.7				
Samoa	U	426	...	...	...	...	[4] 6.3				
Solomon Islands – Iles Salomon	..	...	...	...	...	...	[4] 4.4				
Tonga	..	408	388	...	...	...	4.0	...	...	...	...
Vanuatu	...	...	...	...	...	...	[4] 7.2				

18. Deaths and crude death rates, by urban/rural residence: 1993 – 1997 (continued)

Décès et taux bruts de mortalité, selon la résidence, urbaine/rurale: 1993 – 1997 (suite)

Data by urban/rural residence

Données selon la résidence urbaine/rurale

(See notes at end of table. – Voir notes à la fin du tableau.)

Continent, country or area and urban/rural residence / Continent, pays ou zone et résidence, urbaine/rurale	Code [1]	Number – Nombre					Rate – Taux				
		1993	1994	1995	1996	1997	1993	1994	1995	1996	1997
AFRICA—AFRIQUE											
Mauritius – Maurice	+C										
Urban – Urbaine		3 437	3 445	3 380	3 615	...	7.2	7.1	6.9	7.3	...
Rural – Rurale		3 996	3 957	4 085	4 055	...	6.5	6.3	6.4	6.3	...
Morocco – Maroc	U										
Urban – Urbaine		46 016	...	49 292	46 347	...	...	...	...	...	...
Rural – Rurale		42 276	...	39 771	38 386	...	...	...	...	...	...
South Africa – Afrique du Sud	...										
Urban – Urbaine		141 763	164 998	195 987	...	...	...	...	...	...	...
Rural – Rurale		46 203	46 442	68 739	...	...	...	...	...	...	...
Tunisia – Tunisie	U										
Urban – Urbaine		31 694	32 523	32 359	...	...	...	...	...	...	...
Rural – Rurale		9 171	8 749	10 242	...	...	...	...	...	...	...
AMERICA,NORTH— AMERIQUE DU NORD											
Cuba	C										
Urban – Urbaine		63 984	63 783	63 436	...	...	7.9	7.8	7.8	...	...
Rural – Rurale		14 502	14 819	14 441	...	...	5.2	5.3	5.1	...	...
Greenland – Groenland	C										
Urban – Urbaine		346	350	365	361	...	7.8	7.8	8.1	8.0	...
Rural – Rurale		90	97	122	86	...	8.3	9.1	11.5	8.1	...
Mexico – Mexique [35]	C										
Urban – Urbaine		310 342	310 595	318 621	322 514	...	...	...	4.8	...	...
Rural – Rurale		100 230	102 703	105 353	107 962	...	...	...	4.4	...	...
Panama	U										
Urban – Urbaine		6 143	6 437	6 598	...	...	...	...	...	...	...
Rural – Rurale		4 526	4 546	4 434	...	...	...	...	...	...	...
Puerto Rico –Porto Rico [35]	C										
Urban – Urbaine		...	15 144	...	16 318	...	...	...	...	...	...
Rural – Rurale		...	13 244	...	13 507	...	...	...	...	...	...
AMERICA,SOUTH— AMERIQUE DU SUD											
Chile – Chili	C										
Urban – Urbaine		64 504	63 262	65 473	65 797	...	5.6	5.4	5.5	5.4	...
Rural – Rurale		11 757	12 183	13 058	13 326	...	5.3	5.5	5.9	6.0	...
Colombia – Colombie [8][35]	+U										
Urban – Urbaine		142 700	143 032	...	...	...	...	...	...	...	...
Rural – Rurale		22 300	21 149	...	...	...	...	...	...	...	...
Ecuador – Equateur [9]	U										
Urban – Urbaine		31 589	...	35 627	37 349	...	...	...	...	...	...
Rural – Rurale		20 864	...	15 240	14 951	...	...	...	...	...	...
Peru – Pérou [7][10]	..										
Urban – Urbaine		102 511	...	...	...	...	6.6	...	...	...	...
Rural – Rurale		69 677	...	...	...	...	10.6	...	...	...	...
Suriname	C										
Urban – Urbaine		2 125	2 093	1 940	2 125	...	7.5	7.3	6.7	7.3	...
Rural – Rurale		873	749	756	769	...	7.3	6.3	6.2	6.2	...
ASIA—ASIE											
Armenia – Arménie [11]	C										
Urban – Urbaine		18 555	16 721	...	...	...	7.3	6.6	...	...	...
Rural – Rurale		8 945	7 927	...	...	...	7.5	6.5	...	...	...
Georgia – Géorgie [11]	..										
Urban – Urbaine		...	22 612	20 545	19 023	...	...	7.5	6.8	...	...
Rural – Rurale		...	18 984	17 329	15 391	...	...	7.9	7.2	...	...
India – Inde [14]	..										
Urban – Urbaine		...	...	...	...	...	5.8	6.7	...	...	...
Rural – Rurale		...	...	...	...	...	10.6	10.1	...	...	...
Iran (Islamic Republic of Rép. islamique d')	U										
Urban – Urbaine		...	88 543	...	...	...	...	2.6	...	...	...
Rural – Rurale		...	86 895	...	...	...	...	3.5	...	...	...

18. Deaths and crude death rates, by urban/rural residence: 1993 – 1997 (continued)

Décès et taux bruts de mortalité, selon la résidence, urbaine/rurale: 1993 – 1997 (suite)

Data by urban/rural residence

Données selon la résidence urbaine/rurale

(See notes at end of table. – Voir notes à la fin du tableau.)

Continent, country or area and urban/rural residence / Continent, pays ou zone et résidence, urbaine/rurale	Code [1]	Number – Nombre					Rate – Taux				
		1993	1994	1995	1996	1997	1993	1994	1995	1996	1997
ASIA—ASIE (Cont.–Suite)											
Israel – Israël [15][35]	C										
Urban – Urbaine		30 453	30 945	32 708	32 015	...	6.4	6.4	6.6	6.3	...
Rural – Rurale		2 547	2 587	2 636	2 639	...	4.7	4.7	4.6	5.2	...
Japan – Japon [16][35]	C										
Urban – Urbaine		633 895	634 015	668 404	651 068	...	...	...	6.8	...	...
Rural – Rurale		242 482	239 854	251 608	243 105	...	...	...	9.1	...	...
Kazakhstan [11]	C										
Urban – Urbaine		93 981	97 517	103 633	102 985	...	10.2	10.8	11.7	11.7	...
Rural – Rurale		62 336	63 073	65 252	63 043	...	8.6	8.7	9.1	8.8	...
Korea, Dem. People's Rep. of – Corée, rép. populaire dém. de	...										
Urban – Urbaine		*64 067*	...	...	...	...	...	...	...	...	...
Rural – Rurale		*51 542*	...	...	...	...	...	...	...	...	...
Korea, Republic of— Corée, Rép. de [18][19]	..										
Urban – Urbaine		137 403	142 032	...	...	...	...	...	...	...	...
Rural – Rurale		95 912	97 491	...	...	...	...	...	...	...	...
Kyrgyzstan –Kirghizistan [11]	C										
Urban – Urbaine		14 035	14 751	14 595	...	...	8.6	9.3	9.3	...	...
Rural – Rurale		20 478	22 358	22 320	...	...	7.2	7.7	7.6	...	...
Malaysia – Malaisie Peninsular Malaysia – [3] Malaisie Péninsulaire	C										
Urban – Urbaine		...	...	42 766	45 501	...	...	...	...	...	...
Rural – Rurale		...	...	38 128	35 800	...	...	...	...	...	...
Maldives	C										
Urban – Urbaine		290	...	...	...	...	...	...	...	...	...
Rural – Rurale		1 029	...	...	...	...	...	...	...	...	...
Pakistan [20]	..										
Urban – Urbaine		237 747	...	...	...	...	...	...	...	...	...
Rural – Rurale		694 318	...	...	...	...	...	...	...	...	...
Sri Lanka	+C										
Urban – Urbaine		...	...	54 532	...	...	...	...	...	...	...
Rural – Rurale		...	...	50 175	...	...	...	...	...	...	...
Tajikistan – Tadjikistan [11]	C										
Urban – Urbaine		15 027	13 068	...	...	...	9.1	8.0	...	...	...
Rural – Rurale		34 299	26 875	...	...	...	8.6	6.5	...	...	...
Thailand – Thaïlande	+U										
Urban – Urbaine		...	*60 501*	...	...	...	...	...	...	...	...
Rural – Rurale		...	*245 025*	...	...	...	...	...	...	...	...
Uzbekistan – [11] Ouzbékistan	C										
Urban – Urbaine		61 816	63 061	...	...	...	7.2	7.3	...	...	...
Rural – Rurale		83 478	85 362	...	...	...	6.3	6.3	...	...	...
EUROPE											
Austria – Autriche	C										
Urban – Urbaine		49 976	48 542	49 058	48 899	...	...	...	...	...	...
Rural – Rurale		32 541	32 142	32 113	31 891	...	...	...	...	...	...
Belarus – Bélarus [11]	C										
Urban – Urbaine		62 260	64 022	66 677	65 906	...	8.8	9.1	9.4	9.3	...
Rural – Rurale		66 284	65 981	67 098	67 516	...	20.0	20.2	20.9	21.3	...
Bulgaria – Bulgarie	C										
Urban – Urbaine		57 189	59 444	60 767	...	...	10.0	10.4	10.7	...	...
Rural – Rurale		52 351	52 343	53 903	...	...	19.0	19.2	19.9	...	...
Croatia – Croatie	C										
Urban – Urbaine		24 806	25 064	26 049	26 210	...	...	...	...	...	...
Rural – Rurale		26 040	24 418	24 487	24 426	...	...	...	...	...	...
Czech Republic – Rép. tchèque	C										
Urban – Urbaine		83 352	82 697	83 915	80 180	...	10.8	10.7	10.9	10.4	...
Rural – Rurale		34 833	34 676	33 998	32 602	...	13.3	13.3	13.0	12.5	...
Estonia – Estonie [11]	C										
Urban – Urbaine		13 952	14 514	13 526	12 300	...	13.1	13.8	13.0	12.0	...
Rural – Rurale		7 090	7 383	7 142	6 534	...	15.8	16.5	16.0	14.6	...
Finland – Finlande [27]	C										
Urban – Urbaine		...	29 332	30 761	30 569	...	...	9.0	9.3	9.2	...
Rural – Rurale		...	18 668	18 519	18 598	...	...	10.2	10.2	10.3	...

18. Deaths and crude death rates, by urban/rural residence: 1993 – 1997 (continued)

Décès et taux bruts de mortalité, selon la résidence, urbaine/rurale: 1993 – 1997 (suite)

Data by urban/rural residence

Données selon la résidence urbaine/rurale

(See notes at end of table. – Voir notes à la fin du tableau.)

Continent, country or area and urban/rural residence / Continent, pays ou zone et résidence, urbaine/rurale	Code [1]	Number – Nombre					Rate – Taux				
		1993	1994	1995	1996	1997	1993	1994	1995	1996	1997
EUROPE (Cont.–Suite)											
France [28] [36]	C										
Urban – Urbaine		373 577	365 779	...	...	...	8.8	...	...	...	...
Rural – Rurale		156 138	151 781	...	...	...	10.3	...	...	...	...
Greece – Grèce	C										
Urban – Urbaine		51 160	51 504	53 050	...	...	...	...	...	...	...
Rural – Rurale		46 259	46 303	47 108	...	...	...	...	...	...	...
Hungary – Hongrie [37]	C										
Urban – Urbaine		86 888	86 558	85 623	84 947	...	13.1	13.2	13.2	13.2	...
Rural – Rurale		62 734	59 776	59 219	57 650	...	17.1	16.1	15.8	15.4	...
Iceland – Islande	C										
Urban – Urbaine		1 584	...	1 754	1 739	...	6.6	...	...	7.0	...
Rural – Rurale		169	...	169	140	...	7.4	...	...	6.4	...
Ireland – Irlande [30]	+C										
Urban – Urbaine		13 744	14 176	16 686	16 907	...	...	...	...	8.0	...
Rural – Rurale		18 404	16 772	15 025	14 607	...	...	...	...	9.6	...
Latvia – Lettonie [11]	C										
Urban – Urbaine		25 096	27 431	25 475	22 018	...	14.1	15.6	14.7	12.8	...
Rural – Rurale		14 101	14 326	13 456	12 302	...	17.6	18.2	17.3	15.9	...
Lithuania – Lituanie [11]	C										
Urban – Urbaine		24 697	25 653	25 045	23 466	...	9.7	10.1	9.9	9.3	...
Rural – Rurale		21 410	20 833	20 261	19 430	...	18.0	17.5	17.0	16.4	...
Netherlands–Pays-Bas [32] [38]	C										
Urban – Urbaine		87 886	85 254	86 863	88 011	...	9.5	9.1	9.2	9.3	...
Rural – Rurale		49 901	48 210	48 812	49 550	...	8.3	7.9	8.1	8.2	...
Poland – Pologne	C										
Urban – Urbaine		225 998	223 369	223 304	221 985	...	9.5	9.4	9.4	9.3	...
Rural – Rurale		166 261	163 029	162 780	163 511	...	11.3	11.0	11.1	11.1	...
Portugal	C										
Urban – Urbaine		31 845	...	...	...	...	...	...	...	...	...
Rural – Rurale		55 333	...	...	...	...	...	...	...	...	...
Republic of Moldova – [11] République de Moldova	C										
Urban – Urbaine		16 563	...	18 645	...	...	...	...	9.2	...	...
Rural – Rurale		30 074	...	34 324	...	...	...	...	14.7	...	...
Romania – Roumanie	C										
Urban – Urbaine		107 482	108 771	112 205	116 450	...	8.7	8.8	9.0	9.4	...
Rural – Rurale		155 841	157 330	159 467	169 708	...	15.1	15.3	15.6	16.6	...
Russian Federation – Féd. de Russie [11]	C										
Urban – Urbaine		1 488 362	1 614 983	1 554 182	...	...	13.8	15.0	14.4	...	...
Rural – Rurale		640 977	686 383	649 629	...	...	16.1	17.2	16.2	...	...
San Marino – Saint–Marin	+C										
Urban – Urbaine		131	167	166	...	...	5.9	7.4	7.4	...	...
Rural – Rurale		14	17	20	...	...	◆ 6.0	◆ 7.1	◆ 7.5	...	...
Slovakia – Slovaquie	C										
Urban – Urbaine		24 026	23 556	23 497	...	...	7.9	7.7	7.7	...	...
Rural – Rurale		28 681	27 830	29 189	...	...	12.5	12.1	12.7	...	...
Slovenia – Slovénie	C										
Urban – Urbaine		8 375	8 351	8 213	8 188	...	8.4	8.4	8.3	...	...
Rural – Rurale		11 637	11 008	10 755	10 432	...	11.8	11.1	10.8	...	...
Switzerland – Suisse	C										
Urban – Urbaine		42 725	42 813	43 593	43 081	...	9.1	9.0	9.1	9.0	...
Rural – Rurale		19 787	19 174	19 794	19 556	...	8.9	8.5	8.7	8.5	...
The former Yugoslav Rep. of Macedonia – L'ex Rép. youg. de Macédoine	C										
Urban – Urbaine		...	...	9 365	...	...	...	...	...	...	...
Rural – Rurale		...	...	6 973	...	...	...	...	...	...	...
Ukraine [11]	C										
Urban – Urbaine		432 462	450 823	476 434	...	...	12.2	12.8	13.7	...	...
Rural – Rurale		309 200	313 846	316 153	...	...	18.5	18.8	19.1	...	...
Yugoslavia – Yougoslavie	C										
Urban – Urbaine		51 063	50 787	51 983	...	...	9.5	9.4	9.6	...	...
Rural – Rurale		56 333	54 551	55 552	...	...	11.0	10.7	10.8	...	...
OCEANIA—OCEANIE											
New Zealand – Nouvelle–Zélande	+C										
Urban – Urbaine		21 042	...	...	...	...	...	...	...	...	...
Rural – Rurale		6 201	...	...	...	...	...	...	...	...	...

18. Deaths and crude death rates, by urban/rural residence: 1993 – 1997 (continued)

Décès et taux bruts de mortalité, selon la résidence, urbaine/rurale: 1993 – 1997 (suite)

<table>
<tr><td>

GENERAL NOTES

For certain countries, there is a discrepancy between the total number of deaths shown in this table and those shown in subsequent tables for the same year. Usually this discrepancy arises because the total number of deaths occurring in a given year is revised, although the remaining tabulations are not. Data exclude foetal deaths. Rates are the number of deaths per 1 000 mid–year population. For definitions of "urban", see end of table 6. For method of evaluation and limitations of data, see Technical Notes, page 70.

Italics: data from civil registers which are incomplete or of unknown completeness.

</td><td>

NOTES GENERALES

Pour quelques pays il y a une discordance entre le nombre total des décès vivantes présenté dans ce tableau et ceux présentés après pour la même année. Habituellement ces différences apparaîssent lorsque le nombre total des décès pour une certaine année a été révisé; alors que les autres tabulations ne l'ont pas été. Les données ne comprennent pas les morts foetales. Les taux représentent le nombre de décès pour 1 000 personnes au milieu de l'année. Pour les définitions des "régions urbaines", se reporter à la fin du tableau 6. Pour la méthode d'évaluation et les insuffisances des données, voir Notes techniques, page 70.

Italiques: données incomplètes ou dont le degré d'exactitude n'est pas connu, provenant des registres de l'état civil.

</td></tr>
</table>

FOOTNOTES

* * Provisional.
* ♦ Rates based on 30 or fewer deaths.
* \+ Data tabulated by date of registration rather than occurrence.

1 Code "C" indicates that the data are estimated to be virtually complete (at least 90 per cent) and code "U" indicates that the data are estimated to be incomplete (less than 90 per cent). The code does not apply to estimated rates. For further details, see Technical Notes.
2 Registered data are for Algerian population only.
3 Excluding live–born infants dying before registration of birth.

4 Estimate for 1990–1995 prepared by the Population Division of the United Nations.
5 For classification by urban/rural residence, see end of table.
6 Including Canadian residents temporarily in the United States, but excluding United States residents temporarily in Canada.

7 Excluding Indian jungle population.
8 Based on burial permits.
9 Excluding nomadic Indian tribes.
10 Including adjustment for under–registration.
11 Excluding infants born alive after less than 28 weeks' gestation, of less than 1 000 grammes in weight and 35 centimetres in length, who die within seven days of birth.
12 For statistical purposes, the data for China do not include those for the Hong Kong Special Administrative Region (Hong Kong SAR) and Taiwan province of China.
13 For government controlled areas.
14 Based on Sample Registration scheme.

NOTES

* * Données provisoires.
* ♦ Taux basés sur 30 décès ou moins.
* \+ Données exploitées selon la date de l'enregistrement et non la date de l'événement.

1 Le code "C" indique que les données sont jugées pratiquement complètes (au moins 90 p. 100) et le code "U" que les données sont jugées incomplètes (moins de 90 p. 100). Le code ne s'applique pas aux taux estimatifs. Pour plus de détails, voir Notes techniques.
2 Les données ne sont enregistrées que pour la population algérienne.
3 Non compris les enfants nés vivants, décédés avant l'enregistrement de leur naissance.
4 Estimations pour 1990–1995 établies pour la Division de la population de l'Organisation des Nations Unies.
5 Pour le classement selon la résidence, urbaine/rurale, voir la fin du tableau.
6 Y compris les résidents canadiens se trouvant temporairement aux Etats–Unis, mais non compris les résidents des Etats–Unis se trouvant temporairement au Canada.
7 Non compris les Indiens de la jungle.
8 D'aprés les permis d'inhumer.
9 Non compris les tribus d'Indiens nomades.
10 Y compris d'un ajustement pour sous–enregistrement.
11 Non compris les enfants nés vivants après moins de 28 semaines de gestation, pesant moins de 1 000 grammes, mesurant moins de 35 centimètres et décédés dans les sept jours qui ont suivi leur naissance.
12 Pour la présentation des statistiques, les données pour Chine ne comprend pas les Région Administrative Spéciale de Hong–kong (Hong Kong SAR) et Taïwan, province de Chine.
13 Pour les zones contrôlées pour le Gouvernement.
14 D'après le Programme d'enregistrement par sondage.

18. Deaths and crude death rates, by urban/rural residence: 1993 – 1997 (continued)

Décès et taux bruts de mortalité, selon la résidence, urbaine/rurale: 1993 – 1997 (suite)

19. Deaths by age, sex and urban/rural residence: latest available year

(See notes at end of table.)

Continent, country or area, year, sex and urban/rural residence / Continent, pays ou zone, année, sexe et résidence, urbaine/rurale	All ages Tous âges	−1	1−4	5−9	10−14	15−19	20−24	25−29	30−34
AFRICA—AFRIQUE									
Cape Verde – Cap–Vert 1991									
1 Male – Masculin	1 313	215	144	18	13	15	20	34	21
2 Female – Féminin	1 303	204	99	14	8	11	9	11	22
Egypt – Egypte 1992 [1]									
3 Male – Masculin	200 789	27 560	13 084	4 265	3 084	3 248	3 118	3 552	3 910
4 Female – Féminin	181 676	26 832	14 547	3 459	2 427	2 525	2 361	2 758	2 608
Mauritius – Maurice 1996+									
5 Male – Masculin	4 424	271	20	13	10	50	66	82	129
6 Female – Féminin	3 246	188	23	13	20	33	21	28	45
Morocco – Maroc 1996 [1]									
7 Male – Masculin	56 506	5 091	2 289	1 082	940	1 267	1 722	1 390	1 502
8 Female – Féminin	28 227	4 253	2 173	806	654	800	1 107	936	990
Seychelles 1996+									
9 Male – Masculin	326	10	3	–	4	3	5	4	8
10 Female – Féminin	240	5	–	1	1	2	–	2	2
South Africa – Afrique du Sud 1995									
11 Male – Masculin	155 347	12 244	3 920	1 474	1 401	3 995	8 256	9 637	10 128
12 Female – Féminin	112 679	10 621	3 342	1 114	1 054	2 079	3 666	4 499	4 821
Tunisia – Tunisie 1995 [1]									
13 Male – Masculin	25 213	2 434	574	301	238	345	457	479	511
14 Female – Féminin	17 388	1 814	481	232	160	184	227	219	294
AMERICA, NORTH— AMERIQUE DU NORD									
Antigua and Barbuda – Antigua–et–Barbuda 1995									
15 Male – Masculin	233	11	3	–	1	1	2	2	6
16 Female – Féminin	221	12	1	–	–	1	3	1	2
Bahamas 1996 [2]									
17 Male – Masculin	845	42	9	11	4	19	30	29	60
18 Female – Féminin	658	32	12	1	6	6	10	28	37
Barbados – Barbade 1991+									
19 Male – Masculin	1 094	40	5	2	3	13	14	19	26
20 Female – Féminin	1 189	13	6	5	7	9	4	7	15
Belize 1996									
21 Male – Masculin	566	104	14	12	4	26	28	22	15
22 Female – Féminin	398	64	19	8	5	5	7	8	8
Bermuda – Bermudes 1996									
23 Male – Masculin	230	1	–	–	–	–	1	2	9
24 Female – Féminin	184	2	–	1	–	–	–	2	1
Canada 1995 [3]									
25 Male – Masculin	111 396	1 303	243	181	221	815	1 088	1 227	1 818
26 Female – Féminin	99 337	1 018	193	137	184	320	328	446	685

Age (en années)												
35 – 39	40 – 44	45 – 49	50 – 54	55 – 59	60 – 64	65 – 69	70 – 74	75 – 79	80 – 84	85 +	Unknown Inconnu	
34	24	20	32	55	57	60	69	95	113	104	170	1
14	14	21	18	36	39	50	77	82	171	240	163	2
4 945	6 181	7 683	10 691	13 626	18 954	20 516	20 579	*———	- 35 793	———*	–	3
3 360	3 687	4 901	7 205	8 457	13 591	15 839	18 810	*———	- 48 309	———*	–	4
188	257	296	271	350	437	456	591	433	294	206	4	5
46	81	107	161	161	250	331	427	413	421	476	1	6
1 611	1 721	2 003	2 232	3 585	4 504	6 199	5 669	6 048	*——— 7 471	———*	180	7
1 045	922	950	1 035	1 704	1 800	2 516	1 998	2 054	*——— 2 359	———*	125	8
15	7	27	20	30	28	40	32	39	28	23	–	9
4	4	4	5	9	16	20	28	40	43	54	–	10
9 944	10 183	10 721	10 363	11 058	9 960	11 504	10 030	9 243	6 353	4 933	–	11
4 674	4 927	5 212	5 510	6 865	7 986	9 603	8 673	9 936	8 189	9 908	–	12
480	520	598	748	1 341	1 847	2 394	2 503	2 966	2 885	2 501	1 091	13
317	367	393	406	752	1 165	1 489	1 724	2 036	1 969	2 314	845	14
5	5	5	14	22	21	25	25	24	28	31	2	15
5	7	2	8	5	10	21	22	38	34	48	1	16
51	66	43	68	58	53	60	64	76	53	49	–	17
45	31	24	33	39	33	54	58	59	71	79	–	18
29	26	42	35	44	68	83	143	169	175	158	–	19
14	15	26	27	35	63	88	111	171	204	369	–	20
18	27	16	18	28	25	34	36	40	*——— 99	———*	–	21
6	11	11	12	16	22	25	28	25	*——— 118	———*	–	22
9	4	8	20	16	19	24	25	25	34	33	–	23
3	–	1	7	5	7	10	19	31	30	65	–	24
2 225	2 572	3 308	4 118	5 380	8 412	12 314	15 650	16 340	16 147	18 017	17	25
984	1 366	2 038	2 501	3 333	4 784	7 503	10 895	13 302	16 832	32 478	10	26

(See notes at end of table.)

Continent, country or area, year, sex and urban/rural residence / Continent, pays ou zone, année, sexe et résidence, urbaine/rurale	All ages Tous âges	− 1	1 − 4	5 − 9	10 − 14	15 − 19	20 − 24	25 − 29	30
AMERICA,NORTH— (Cont.–Suite) AMERIQUE DU NORD									
Cayman Islands – Iles Caïmanes 1994									
1 Male – Masculin	81	1	– *———		– ——*	*———	5 ——*	*———	
2 Female – Féminin	68	6	– *———		– ——*	*———	– ——*	*———	
Costa Rica 1995									
3 Male – Masculin	8 051	611	107	64	72	156	209	243	
4 Female – Féminin	6 010	453	81	43	47	72	64	67	
Cuba 1995 [1]									
5 Male – Masculin	43 233	808	264	189	172	448	790	938	1
6 Female – Féminin	34 704	576	198	122	107	223	412	466	
El Salvador 1992 [1]									
7 Male – Masculin	16 675	1 729	380	199	236	582	790	842	
8 Female – Féminin	11 194	1 344	350	149	158	247	227	232	
Greenland – Groenland 1996 [1]									
9 Male – Masculin	256	12	6	1	1	12	14	13	
10 Female – Féminin	191	13	2	–	1	1	2	2	
Guadeloupe 1991 [4]									
11 Male – Masculin	1 180	*———	43 ——*	5	5	23	25	32	
12 Female – Féminin	967	*———	31 ——*	10	2	8	4	18	
Guatemala 1993									
13 Male – Masculin	41 320	9 484	3 989	845	573	1 039	1 489	1 541	1 6
14 Female – Féminin	32 550	7 601	3 897	811	488	660	749	755	8
Jamaica – Jamaïque 1991+									
15 Male – Masculin	6 307	318	142	48	43	*———	107 ——*	*———	145 —
16 Female – Féminin	6 340	253	107	27	30	*———	92 ——*	*———	134 —
Martinique 1992 [4]									
17 Male – Masculin	1 201	*———	28 ——*	1	3	16	20	29	
18 Female – Féminin	979	*———	22 ——*	1	3	5	7	9	
Mexico – Mexique 1996 [1,2]									
19 Male – Masculin	245 017	25 916	5 630	2 397	2 380	6 087	8 585	8 953	9 3
20 Female – Féminin	191 168	19 726	4 742	1 707	1 605	2 471	2 793	2 845	3 2
Netherlands Antilles – Antilles néerlandaises 1992									
21 Male – Masculin	664	15	6	1	–	4	8	14	
22 Female – Féminin	559	18	4	3	–	3	2	7	
Panama 1995 [1]									
23 Male – Masculin	6 645	578	156	57	70	145	259	255	2
24 Female – Féminin	4 387	451	145	56	44	69	88	87	
Puerto Rico – Porto Rico 1996 [1]									
25 Male – Masculin	17 334	349	59	29	59	290	424	441	5
26 Female – Féminin	12 537	316	36	29	29	74	82	144	1

19. Décès selon l'âge, le sexe et la résidence, urbaine/rurale: dernière année disponible (suite)

(Voir notes à la fin du tableau.)

	35 – 39	40 – 44	45 – 49	50 – 54	55 – 59	60 – 64	65 – 69	70 – 74	75 – 79	80 – 84	85 +	Unknown Inconnu	
	7	*	*		24		*	*	44		*	–	1
	4	*	*		6		*	*	52		*	–	2
	277	299	280	359	423	548	653	773	790	766	1 135	29	3
	115	157	177	213	297	341	470	604	666	790	1 232	10	4
	826	1 091	1 463	1 891	2 388	2 840	3 787	4 651	5 724	6 007	7 881	29	5
	507	813	1 011	1 366	1 695	2 203	2 781	3 531	4 500	5 560	8 073	6	6
	794	807	770	860	837	1 042	1 096	1 126	1 085	1 039	1 249	375	7
	258	328	364	425	532	727	767	994	981	1 012	1 600	229	8
	10	14	4	19	22	30	27	20	24	10	6	–	9
	4	5	7	9	20	16	17	26	22	20	18	–	10
	45	44	56	57	73	91	122	143	133	115	126	6	11
	26	30	24	22	40	67	86	82	116	131	236	2	12
	1 757	1 599	1 565	1 592	1 643	2 115	2 236	2 327	2 218	1 713	1 811	138	13
	974	989	983	1 043	1 213	1 679	1 770	1 947	1 897	1 927	2 210	69	14
	*	189	*	354	*	754	*	1 445	*	2 652	*	110	15
	*	186	*	317	*	687	*	1 158	*	3 219	*	130	16
	18	32	27	46	77	97	138	140	172	130	191	2	17
	11	23	8	24	35	48	84	107	128	145	303	3	18
	9 937	9 789	10 844	11 754	13 827	16 033	17 930	19 719	18 702	16 748	29 007	1 418	19
	4 235	4 997	6 135	7 642	9 970	12 716	15 473	16 743	17 007	17 843	38 538	718	20
	21	20	23	24	47	56	60	87	81	85	100	–	21
	10	20	19	23	23	41	27	56	62	81	152	–	22
	270	237	229	286	308	379	489	626	690	656	674	24	23
	115	124	136	154	155	201	322	355	475	530	767	14	24
	639	751	825	872	969	1 250	1 362	1 794	1 911	2 034	2 661	41	25
	288	301	335	387	489	757	969	1 299	1 583	1 875	3 344	8	26

(See notes at end of table.)

Continent, country or area, year, sex and urban/rural residence / Continent, pays ou zone, année, sexe et résidence, urbaine/rurale	All ages Tous âges	− 1	1 − 4	5 − 9	10 − 14	15 − 19	20 − 24	25 − 29	30 −
AMERICA, NORTH— (Cont.–Suite) AMERIQUE DU NORD									
Saint Kitts and Nevis – Saint–Kitts–et–Nevis 1995+									
1 Male – Masculin	201	9	2	1	1	1	1	1	
2 Female – Féminin	184	9	–	1	–	1	–	1	
St. Vincent and the Grenadines – Saint–Vincent–et–Grenadines 1996+ [1]									
3 Male – Masculin	412	24	9	5	–	6	10	16	
4 Female – Féminin	380	15'	1	3	3	1	3	7	
Trinidad and Tobago – Trinité–et–Tobago 1995									
5 Male – Masculin	4 900	177	29	25	35	65	93	130	1
6 Female – Féminin	4 142	153	27	23	24	39	53	66	
United States – Etats–Unis 1995									
7 Male – Masculin	1 172 959	16 622	3 609	2 212	3 007	11 068	14 709	16 572	25 2
8 Female – Féminin	1 139 173	12 961	2 784	1 568	1 809	4 021	4 446	6 109	9 8
United States Virgin Islands – Iles Vierges américaines 1993									
9 Male – Masculin	328	18	2	1	4	5	9	8	
10 Female – Féminin	241	13	1	1	–	3	2	5	
AMERICA, SOUTH— AMERIQUE DU SUD									
Argentina – Argentine 1995 [2]									
11 Male – Masculin	147 107	8 208	1 164	511	617	1 665	2 124	2 184	2 1
12 Female – Féminin	119 064	6 355	956	367	435	742	832	995	1 1
Brazil – Brésil 1994 [5]									
13 Male – Masculin	542 425	47 744	8 453	4 140	4 917	13 401	19 460	21 521	22 9
14 Female – Féminin	369 685	35 433	6 960	2 746	3 045	4 715	5 490	6 677	8
Chile – Chili 1996 [1]									
15 Male – Masculin	43 799	1 727	330	206	240	539	995	977	1 1
16 Female – Féminin	35 324	1 368	236	137	133	195	229	276	4
Colombia – Colombie 1994+ [16]									
17 Male – Masculin	102 590	6 572	1 873	904	1 098	5 086	7 749	6 940	6
18 Female – Féminin	65 978	4 730	1 495	629	636	1 229	1 295	1 447	1 5
Ecuador – Equateur 1996 [17]									
19 Male – Masculin	29 551	2 931	1 237	429	429	904	1 202	1 242	1
20 Female – Féminin	22 749	2 420	1 101	344	294	517	485	495	5
Falkland Is.(Malvinas) – Iles Falkland (Malvinas) 1992+ [1]									
21 Male – Masculin	10	–	–	–	–	–	–	–	
22 Female – Féminin	9	–	–	–	–	–	1	–	
Paraguay 1992									
23 Male – Masculin	5 196	411	164	70	51	119	123	134	
24 Female – Féminin	4 416	344	135	51	40	57	76	64	

19. Décès selon l'âge, le sexe et la résidence, urbaine/rurale: dernière année disponible (suite)

(Voir notes à la fin du tableau.)

35–39	40–44	45–49	50–54	55–59	60–64	65–69	70–74	75–79	80–84	85 +	Unknown Inconnu	
8	10	7	9	15	13	9	16	23	39	28	—	1
2	5	2	7	4	9	12	17	33	34	44	—	2
15	20	11	16	17	23	43	39	49	40	52	—	3
14	8	19	15	13	21	39	46	44	41	79	1	4
168	170	250	255	307	396	478	578	577	527	454	—	5
105	127	160	239	246	310	386	466	461	479	702	2	6
32 339	37 792	42 609	48 313	58 848	83 442	119 415	154 586	164 372	155 036	182 823	331	7
14 148	17 991	23 014	29 064	37 793	55 429	84 932	121 957	151 144	181 625	378 436	132	8
15	14	20	24	25	29	31	28	24	29	25	1	9
4	6	8	17	12	10	15	37	27	31	43	—	10
2 688	3 609	5 380	7 291	9 837	13 699	17 139	18 926	17 569	16 283	15 036	1 016	11
1 474	2 157	2 928	3 738	4 733	6 633	9 605	12 984	15 748	19 303	27 344	616	12
24 219	25 801	26 856	30 348	35 180	41 305	46 453	47 863	45 157	37 527	36 352	2 798	13
9 998	12 202	14 131	16 836	21 294	26 687	31 965	35 197	39 387	39 087	49 095	601	14
1 263	1 408	1 794	2 359	2 810	3 652	4 976	5 062	5 150	4 587	4 547	—	15
523	667	943	1 328	1 582	2 193	3 295	3 745	4 611	5 433	7 996	—	16
5 225	4 228	3 730	4 115	4 611	6 207	6 948	7 992	7 526	6 946	6 312	2 375	17
1 693	1 818	2 083	2 862	3 558	4 841	5 666	6 703	6 938	6 899	8 321	1 591	18
1 181	1 122	1 208	1 324	1 432	1 647	2 035	2 151	2 281	2 237	3 297	95	19
541	686	738	830	991	1 192	1 481	1 567	1 875	2 141	4 463	63	20
—	1	—	2	2	1	—	2	1	—	1	—	21
—	—	1	1	1	1	1	2	—	—	1	—	22
109	118	158	184	241	318	309	386	412	366	454	956	23
87	98	112	131	161	232	244	319	359	368	634	833	24

(See notes at end of table.)

Continent, country or area, year, sex and urban/rural residence / Continent, pays ou zone, année, sexe et résidence, urbaine/rurale	All ages Tous âges	Age (in years)							
		− 1	1 − 4	5 − 9	10 − 14	15 − 19	20 − 24	25 − 29	30
AMERICA,SOUTH— (Cont.–Suite) AMERIQUE DU SUD									
Suriname 1996 [1]									
1 Male – Masculin	1 637	283	11	15	9	21	51	54	
2 Female – Féminin	1 257	210	10	9	9	24	26	26	
Uruguay 1993 [2]									
3 Male – Masculin	17 268	652	88	45	61	154	163	173	
4 Female – Féminin	14 335	470	91	36	41	68	55	75	
Venezuela 1991 [5]									
5 Male – Masculin	51 237	6 987	1 315	618	659	1 538	2 100	1 938	1
6 Female – Féminin	37 397	5 175	1 138	419	365	618	655	683	
ASIA—ASIE									
Armenia – Arménie 1994 [1 8]									
7 Male – Masculin	13 603	451	162	61	52	378	415	305	
8 Female – Féminin	11 045	321	158	37	29	31	80	67	
Bahrain – Bahreïn 1995									
9 Male – Masculin	1 147	138	15	14	9	16	22	48	
10 Female – Féminin	763	116	16	6	4	8	6	11	
Brunei Darussalam – Brunéi Darussalam 1992+									
11 Male – Masculin	535	*———	52 ———*	6	4	13	24	16	
12 Female – Féminin	352	*———	33 ———*	2	6	2	6	4	
China – Chine Hong Kong SAR – Hong–kong RAS 1996 [2]									
13 Male – Masculin	18 217	148	40	25	32	99	158	193	2
14 Female – Féminin	13 957	112	29	22	35	53	78	89	1
Cyprus – Chypre 1996 [9]									
15 Male – Masculin	2 649	42	4	7	4	28	30	20	
16 Female – Féminin	2 309	38	3	3	4	10	5	9	
Georgia – Géorgie 1996 [1 8]									
17 Male – Masculin	17 572	581	89	40	42	93	186	272	3
18 Female – Féminin	16 842	353	72	34	23	42	70	93	1
Iran (Islamic Republic of – Rép. islamique d') 1991 [1]									
19 Male – Masculin	150 865	60 333	17 470	6 207	3 148	3 614	3 768	2 898	2 8
20 Female – Féminin	95 003	42 451	12 610	3 922	1 884	1 661	1 667	1 334	1 1
Israel – Israël [10] 1995 [1]									
21 Male – Masculin	18 047	449	98	41	63	166	234	165	1
22 Female – Féminin	17 301	350	85	41	26	71	73	59	
Japan – Japon 1996 [11]									
23 Male – Masculin	488 605	2 532	1 037	550	561	2 157	3 282	3 080	3 2
24 Female – Féminin	407 606	2 014	727	384	370	816	1 268	1 339	1 7
Kazakhstan 1996 [1 8]									
25 Male – Masculin	92 317	3 809	1 327	538	572	1 273	2 523	2 912	3 8
26 Female – Féminin	73 711	2 755	1 014	365	331	514	768	879	1 1

(Voir notes à la fin du tableau.)

| Age (en années) | | | | | | | | | | | |
35 – 39	40 – 44	45 – 49	50 – 54	55 – 59	60 – 64	65 – 69	70 – 74	75 – 79	80 – 84	85 +	Unknown Inconnu	
60	54	73	84	123	135	138	131	121	104	109	—	1
32	33	46	36	74	109	123	108	100	97	144	—	2
206	347	486	791	1 120	1 711	2 143	2 371	2 305	2 108	2 034	132	3
148	182	268	348	520	829	1 131	1 563	2 103	2 575	3 682	49	4
1 805	1 919	1 914	2 466	3 050	3 979	4 093	4 327	3 926	3 141	3 349	199	5
900	1 149	1 124	1 577	1 928	2 566	2 764	3 306	3 673	3 523	4 903	65	6
539	539	519	645	1 157	1 656	2 080	1 078	805	1 108	1 147	—	7
166	183	173	255	687	927	1 413	1 196	1 251	1 856	2 077	—	8
53	53	49	40	67	100	130	114	*———— -	230 ————*		—	9
15	15	13	35	54	66	98	96	*———— -	189 ————*		—	10
25	24	16	26	25	49	42	*———— ———		187 ————*		—	11
10	16	11	19	28	25	27	*———— ———		159 ————*		—	12
351	504	608	662	1 113	1 788	2 583	2 833	2 752	2 429	1 603	46	13
213	273	298	247	422	751	1 261	1 749	2 229	2 522	3 421	14	14
39	45	65	72	109	147	234	347	408	*—— 1 023 ——*		—	15
19	14	40	48	56	108	161	247	354	*—— 1 180 ——*		—	16
537	705	776	808	1 781	2 042	2 788	2 192	1 368	1 496	1 400	—	17
180	220	280	330	904	1 088	1 940	2 308	2 454	2 962	3 367	—	18
2 211	2 464	2 518	3 796	4 186	8 184	6 590	7 289	3 712	3 799	5 947	95	19
1 253	1 363	1 361	2 392	2 567	4 213	2 686	3 821	1 976	2 634	4 148	65	20
230	289	463	483	790	1 191	1 776	2 398	2 393	3 002	3 621	—	21
127	217	268	250	545	849	1 432	2 230	2 425	3 540	4 636	—	22
4 412	7 586	16 390	20 672	29 103	46 271	59 905	62 696	65 275	73 557	85 839	486	23
2 316	4 175	8 720	10 333	13 555	20 464	28 305	39 785	54 788	75 695	140 747	78	24
5 333	5 895	6 676	4 990	11 561	9 472	11 589	7 155	4 433	4 166	3 801	413	25
1 630	1 958	2 552	2 177	5 427	5 085	8 630	9 113	7 603	9 579	12 064	113	26

(See notes at end of table.)

Continent, country or area, year, sex and urban/rural residence Continent, pays ou zone, année, sexe et résidence, urbaine/rurale	Age (in years)								
	All ages Tous âges	– 1	1 – 4	5 – 9	10 – 14	15 – 19	20 – 24	25 – 29	30 – 3
ASIA—ASIE (Cont.–Suite)									
Korea, Dem. People's Rep. of – Corée, rép. populaire dém. de 1993									
1 Male – Masculin	62 046	*——— 5	978 ———*	636	322	399	596	1 084	1 04
2 Female – Féminin	53 563	*——— 5	224 ———*	429	210	331	649	692	57
Korea, Republic of– Corée, Rép. de 1995 [12] [13]									
3 Male – Masculin	135 728	1 129	1 010	761	774	2 135	2 737	3 599	4 39
4 Female – Féminin	104 291	842	805	495	456	932	1 267	1 416	1 58
Kuwait – Koweït 1996									
5 Male – Masculin	2 389	272	50	36	34	53	74	98	10
6 Female – Féminin	1 423	243	38	17	15	19	30	35	2
Kyrgyzstan – Kirghizistan 1995 [1] [8]									
7 Male – Masculin	19 943	1 921	793	200	151	266	451	571	82
8 Female – Féminin	16 972	1 329	740	136	92	155	197	211	34
Macau – Macao 1996									
9 Male – Masculin	740	12	5	3	1	2	14	19	
10 Female – Féminin	673	14	6	–	3	2	6	6	
Malaysia – Malaisie 1996									
11 Male – Masculin	55 369	2 788	790	497	616	1 521	1 881	1 703	1 8
12 Female – Féminin	40 151	2 120	604	367	346	486	522	586	66
Peninsular Malaysia – Malaisie Péninsulaire 1996 [1] [4]									
13 Male – Masculin	46 917	2 131	618	388	519	1 351	1 667	1 450	1 54
14 Female – Féminin	34 384	1 647	496	297	279	398	432	478	53
Maldives 1993 [1]									
15 Male – Masculin	742	144	61	12	7	4	13	5	
16 Female – Féminin	577	122	62	16	11	4	11	12	
Pakistan 1993 [1] [14]									
17 Male – Masculin	486 325	201 342	37 645	11 605	7 558	7 678	10 299	5 565	4 83
18 Female – Féminin	445 740	166 033	46 280	15 697	9 932	10 054	13 063	13 469	10 43
Philippines 1993+									
19 Male – Masculin	189 322	20 175	9 110	4 018	2 949	4 367	6 702	7 402	7 70
20 Female – Féminin	129 224	14 498	7 743	3 211	2 171	2 338	2 796	3 228	3 46
Qatar 1996									
21 Male – Masculin	703	74	14	10	12	12	26	30	4
22 Female – Féminin	312	50	13	1	6	8	5	5	
Singapore – Singapour 1997* + [2] [15]									
23 Male – Masculin	8 557	104	41	24	26	67	154	189	20
24 Female – Féminin	6 745	74	19	14	16	21	68	62	9
Sri Lanka 1995+ [1]									
25 Male – Masculin	65 716	3 120	619	484	550	1 663	3 378	2 914	2 59
26 Female – Féminin	38 991	2 540	590	404	419	900	973	859	8

19. Décès selon l'âge, le sexe et la résidence, urbaine/rurale: dernière année disponible (suite)

(Voir notes à la fin du tableau.)

				Age (en années)							Unknown Inconnu	
35 – 39	40 – 44	45 – 49	50 – 54	55 – 59	60 – 64	65 – 69	70 – 74	75 – 79	80 – 84	85 +		
1 057	1 316	2 428	3 963	7 027	9 369	8 547	7 955	5 769	3 397	1 155	–	1
507	550	1 024	1 612	2 758	4 531	5 979	8 194	9 208	7 064	4 023	–	2
6 154	6 849	8 093	10 787	13 502	13 813	14 158	15 888	13 790	9 618	6 539	–	3
2 062	2 238	2 686	3 920	5 424	7 012	9 456	13 174	15 409	15 939	19 170	–	4
125	138	155	155	165	193	165	159	122	110	128	50	5
39	48	60	49	77	89	124	140	100	103	125	50	6
946	1 132	1 043	917	1 764	2 014	2 405	1 447	968	961	1 114	59	7
378	405	466	473	1 039	1 203	1 821	1 725	1 596	1 788	2 856	21	8
31	21	36	35	33	76	92	78	94	93	79	3	9
12	21	19	8	19	36	60	86	96	100	166	5	10
2 025	2 097	2 573	3 163	4 061	4 980	5 542	5 672	5 307	3 964	3 928	449	11
889	1 121	1 474	1 729	2 457	3 324	4 231	4 941	5 260	4 162	4 635	231	12
1 713	1 811	2 234	2 703	3 491	4 222	4 734	4 803	4 482	3 323	3 392	345	13
730	956	1 242	1 428	2 134	2 818	3 655	4 246	4 653	3 666	4 161	136	14
10	9	19	41	46	77	81	60	52	34	34	20	15
10	10	19	26	40	48	43	43	32	28	9	18	16
4 677	11 607	8 976	15 099	21 064	23 484	32 884	28 125	12 450	20 425	21 004	–	17
7 810	8 783	6 702	13 615	12 102	19 711	14 244	25 569	12 389	14 690	25 158	–	18
8 393	8 803	9 703	10 977	12 235	13 624	13 499	13 741	12 808	11 511	11 060	543	19
3 874	4 105	4 565	5 511	6 243	7 797	8 715	10 339	11 186	12 428	14 566	441	20
41	46	44	47	51	57	56	55	42	23	19	3	21
6	10	11	11	20	26	31	31	19	25	28	1	22
235	322	344	426	625	832	1 089	1 120	1 061	866	773	55	23
114	174	227	250	363	486	703	808	957	1 000	1 289	9	24
2 769	2 820	3 667	3 888	4 290	5 062	6 281	6 542	5 268	4 575	5 234	–	25
906	991	1 411	1 641	1 845	2 574	3 658	4 672	4 185	4 046	5 567	–	26

(See notes at end of table.)

Continent, country or area, year, sex and urban/rural residence / Continent, pays ou zone, année, sexe et résidence, urbaine/rurale	All ages Tous âges	Age (in years)							30
		− 1	1 − 4	5 − 9	10 − 14	15 − 19	20 − 24	25 − 29	
ASIA—ASIE (Cont.–Suite)									
Tajikistan – Tadjikistan 1994 [1 8]									
1 Male – Masculin	21 339	3 896	2 742	416	315	440	574	626	
2 Female – Féminin	18 604	2 984	2 525	337	207	231	328	358	
Thailand – Thaïlande 1994+ [1]									
3 Male – Masculin	184 480	3 893	2 384	1 774	1 968	6 808	9 812	11 793	1 1
4 Female – Féminin	121 046	2 935	1 770	1 143	1 164	2 078	2 508	2 715	2
Uzbekistan – Ouzbékistan 1994 [1 8]									
5 Male – Masculin	76 809	10 923	6 780	1 235	899	1 165	1 491	1 744	2
6 Female – Féminin	71 614	7 891	5 846	871	589	734	1 084	1 144	1
EUROPE									
Albania – Albanie 1991 [1]									
7 Male – Masculin	10 296	1 444	462	149	115	185	230	197	
8 Female – Féminin	7 447	1 103	431	94	69	71	80	62	
Andorra – Andorre 1994									
9 Male – Masculin	105	1	−	−	−	1	−	6	
10 Female – Féminin	79	1	−	−	1	1	1	5	
Austria – Autriche 1996 [1]									
11 Male – Masculin	37 268	243	63	34	54	199	319	338	
12 Female – Féminin	43 522	208	46	40	18	62	74	109	
Belarus – Bélarus 1996 [1 8]									
13 Male – Masculin	68 544	707	214	160	166	445	907	1 181	1
14 Female – Féminin	64 878	503	156	100	79	199	219	283	
Belgium – Belgique 1992 [16]									
15 Male – Masculin	52 766	*———— ————		852 ————————*			251	447	474	
16 Female – Féminin	51 434	*———— ————		591 ————————*			105	156	156	
Bosnia Herzegovina – Bosnie–Herzégovine 1990 [1]									
17 Male – Masculin	15 812	578	82	70	49	94	196	272	
18 Female – Féminin	13 281	444	47	29	37	43	52	85	
Bulgaria – Bulgarie 1995 [1]									
19 Male – Masculin	63 400	609	167	121	123	282	446	448	
20 Female – Féminin	51 270	456	135	88	63	147	151	181	
Channel Islands – Iles Anglo–Normandes Guernsey – Guernesey 1995									
21 Male – Masculin	306	1	−	−	1	3	1	−	
22 Female – Féminin	311	1	1	1	1	1	1	1	
Jersey 1994+									
23 Male – Masculin	368	−	−	2	−	3	−	1	
24 Female – Féminin	435	2	−	1	−	2	1	1	
Croatia – Croatie 1996 [1]									
25 Male – Masculin	25 897	252	41	38	38	143	232	238	2
26 Female – Féminin	24 739	181	25	23	24	71	52	61	

(Voir notes à la fin du tableau.)

					Age (en années)							
35 – 39	40 – 44	45 – 49	50 – 54	55 – 59	60 – 64	65 – 69	70 – 74	75 – 79	80 – 84	85 +	Unknown Inconnu	
594	646	546	795	1 283	1 541	1 695	1 254	983	1 013	1 299	13	1
389	389	344	424	871	1 242	1 413	1 549	1 281	1 367	1 920	7	2
10 668	9 870	9 388	10 676	12 621	14 951	15 184	14 340	12 957	10 682	10 673	2 885	3
3 584	4 351	4 783	6 177	7 975	10 045	11 246	12 165	12 487	12 596	16 415	1 922	4
2 258	2 490	2 470	3 496	5 708	7 024	7 637	4 847	3 711	4 553	6 166	14	5
1 359	1 453	1 274	1 970	3 631	5 083	6 494	6 581	6 113	7 404	10 639	3	6
197	222	245	373	567	819	903	1 109	1 147	910	766	55	7
103	111	115	182	251	342	459	704	922	936	1 255	64	8
5	1	4	6	7	9	12	6	16	10	18	–	9
1	3	2	2	5	3	7	8	11	9	19	–	10
563	713	1 178	1 662	2 273	2 875	4 387	5 156	4 350	5 627	6 809	–	11
270	317	586	830	1 120	1 398	2 493	4 704	5 231	8 781	17 056	–	12
2 649	3 267	4 179	3 869	7 391	8 513	10 849	7 874	4 520	4 693	5 152	54	13
696	974	1 305	1 450	3 238	4 454	7 092	9 333	7 553	10 916	15 902	12	14
662	942	1 331	1 678	2 627	4 667	6 585	7 012	8 022	8 346	8 285	–	15
377	554	721	906	1 439	2 315	3 547	4 614	7 002	10 694	17 992	–	16
415	481	597	1 258	1 731	2 223	1 703	1 191	1 798	1 659	1 092	–	17
158	205	286	563	901	1 298	1 722	1 397	2 254	2 008	1 642	–	18
944	1 654	2 669	3 212	4 473	6 815	8 540	10 237	6 841	8 415	6 813	–	19
343	584	938	1 202	1 939	3 377	5 332	8 488	6 726	10 214	10 656	–	20
–	6	6	10	8	24	24	40	45	60	74	–	21
–	1	4	6	6	16	15	30	40	62	122	–	22
3	7	11	8	24	36	34	47 *——————— –		188 ———————*		–	23
2	2	12	9	6	12	21	54 *——————— –		309 ———————*		–	24
429	692	1 005	1 324	2 128	3 366	4 004	3 596	2 566	2 740	2 757	32	25
170	267	443	571	959	1 590	2 489	3 685	3 469	4 702	5 833	25	26

(See notes at end of table.)

Continent, country or area, year, sex and urban/rural residence / Continent, pays ou zone, année, sexe et résidence, urbaine/rurale	All ages Tous âges	Age (in years)							
		− 1	1 − 4	5 − 9	10 − 14	15 − 19	20 − 24	25 − 29	30 −

EUROPE (Cont.–Suite)

	Czech Republic – Rép. tchèque 1996 [1]									
1	Male – Masculin	56 709	290	88	82	78	341	416	411	49
2	Female – Féminin	56 073	257	75	52	44	106	156	116	18
	Denmark – Danemark [17] 1995									
3	Male – Masculin	31 267	200	53	27	28	117	165	255	29
4	Female – Féminin	31 860	153	32	20	18	41	71	83	12
	Estonia – Estonie 1995 [1 8]									
5	Male – Masculin	10 860	115	44	38	35	91	160	182	26
6	Female – Féminin	10 012	86	26	16	9	29	37	42	8
	Faeroe Islands – Iles Féroé 1990									
7	Male – Masculin	202	2	2	−	1	2	2	−	
8	Female – Féminin	153	4	1	1	1	2	−	−	
	Finland – Finlande 1996 [1 18]									
9	Male – Masculin	24 274	140	21	28	44	102	183	236	30
10	Female – Féminin	24 893	102	29	23	21	41	47	49	10
	France 1995 [1 19 20]									
11	Male – Masculin	275 106	2 002	479	321	398	1 276	2 605	3 188	4 14
12	Female – Féminin	256 512	1 543	393	223	278	540	903	1 103	1 59
	Germany – Allemagne 1996									
13	Male – Masculin	408 082	2 272	474	365	406	1 622	2 385	3 293	4 65
14	Female – Féminin	474 761	1 690	394	254	263	665	783	1 182	1 84
	Greece – Grèce 1995 [1]									
15	Male – Masculin	52 850	472	50	53	83	294	485	481	48
16	Female – Féminin	47 308	355	42	31	54	108	102	160	18
	Hungary – Hongrie 1996 [1]									
17	Male – Masculin	74 827	625	97	72	83	273	392	477	70
18	Female – Féminin	68 303	523	92	60	64	100	146	204	26
	Iceland – Islande 1996 [1]									
19	Male – Masculin	992	9	1	1	2	13	8	8	1
20	Female – Féminin	887	7	3	−	2	5	2	1	
	Ireland – Irlande 1996+ [1 21]									
21	Male – Masculin	16 512	154	35	25	37	111	190	155	14
22	Female – Féminin	15 002	124	31	10	19	49	46	48	6
	Isle of Man – Ile de Man 1996+									
23	Male – Masculin	453	1	−	−	−	−	4	6	
24	Female – Féminin	492	1	−	−	−	−	−	−	
	Italy – Italie 1994									
25	Male – Masculin	286 447	1 987	356	267	340	1 466	2 149	2 768	3 80
26	Female – Féminin	269 878	1 520	351	222	225	459	611	1 025	1 33
	Latvia – Lettonie 1996 [1 8]									
27	Male – Masculin	17 509	168	58	44	32	116	247	301	40
28	Female – Féminin	16 811	147	36	23	22	40	44	79	9

					Age (en années)							
35 – 39	40 – 44	45 – 49	50 – 54	55 – 59	60 – 64	65 – 69	70 – 74	75 – 79	80 – 84	85 +	Unknown Inconnu	
746	1 407	2 499	3 470	3 796	5 552	7 731	9 582	6 452	7 113	6 161	–	1
293	579	1 052	1 397	1 660	2 739	4 892	8 407	7 602	11 394	15 068	–	2
374	553	848	1 124	1 524	2 263	3 211	4 599	5 068	5 001	5 567	–	3
212	336	573	817	1 020	1 553	2 362	3 373	4 360	5 747	10 963	–	4
416	561	653	818	1 196	1 319	1 426	1 039	798	839	769	97	5
115	177	217	272	480	617	978	1 235	1 129	1 891	2 582	17	6
1	6	9	–	5	19	28	24	41	33	25	–	7
1	1	–	2	4	5	13	22	23	37	36	–	8
455	716	1 122	1 103	1 485	1 875	2 958	3 441	3 375	3 258	3 432	–	9
158	282	418	438	589	799	1 511	2 535	3 658	5 218	8 872	–	10
5 137	7 112	10 356	9 965	13 759	21 269	29 151	36 087	28 518	40 540	58 795	–	11
2 092	3 068	4 328	4 078	5 581	8 915	13 705	21 165	21 349	44 232	121 419	–	12
5 958	8 280	11 179	16 713	31 395	38 642	51 180	53 228	46 535	58 922	70 575	–	13
2 803	4 091	5 782	8 092	14 314	18 361	29 055	48 999	56 391	97 569	182 233	–	14
580	782	1 160	1 480	2 615	4 311	6 165	6 520	7 046	8 904	10 880	–	15
269	360	506	674	1 221	2 008	3 587	4 627	7 097	10 331	15 593	–	16
1 621	3 213	4 307	5 049	6 229	7 621	9 630	11 235	7 889	8 006	7 290	9	17
648	1 249	1 617	1 986	2 774	4 109	6 418	9 602	9 080	13 033	16 328	2	18
8	12	21	23	43	61	89	119	169	159	236	–	19
3	9	12	23	24	31	75	79	128	139	341	–	20
170	231	344	513	735	1 165	1 849	2 471	2 834	2 838	2 514	–	21
83	146	212	330	398	642	1 066	1 798	2 446	3 032	4 455	–	22
8	5	8	12	20	35	44	63	77	75	88	–	23
1	2	5	8	14	25	26	55	72	89	194	–	24
3 329	3 944	5 903	9 422	14 981	23 782	34 473	42 567	36 288	50 123	48 494	–	25
1 448	1 968	3 344	4 804	7 426	11 600	18 344	29 503	32 225	57 747	95 723	–	26
556	728	976	1 220	1 902	2 030	2 468	1 861	1 400	1 360	1 628	14	27
165	239	407	490	773	1 009	1 490	2 237	2 017	2 788	4 709	5	28

(See notes at end of table.)

Continent, country or area, year, sex and urban/rural residence / Continent, pays ou zone, année, sexe et résidence, urbaine/rurale		All ages Tous âges	− 1	1 − 4	5 − 9	10 − 14	15 − 19	20 − 24	25 − 29	30 −
						Age (in years)					

EUROPE (Cont.–Suite)

Lithuania – Lituanie 1996 [1][8]											
1	Male – Masculin	22 848	216	53	50	59	182	381	429	
2	Female – Féminin	20 048	179	67	35	31	65	76	83	
Luxembourg 1996											
3	Male – Masculin	1 979	14	5	1	5	7	15	20	
4	Female – Féminin	1 916	14	6	3	–	7	6	8	
Malta – Malte 1996											
5	Male – Masculin	1 450	23	4	1	2	8	9	12	
6	Female – Féminin	1 315	30	2	1	–	3	2	4	
Netherlands – Pays–Bas 1996 [22]											
7	Male – Masculin	69 008	615	136	79	83	244	362	495	
8	Female – Féminin	68 553	471	110	57	61	105	153	237	
Norway – Norvège 1996 [23]											
9	Male – Masculin	22 106	141	44	23	26	73	128	188	
10	Female – Féminin	21 754	105	24	11	14	33	40	55	
Poland – Pologne 1996 [1]											
11	Male – Masculin	203 483	2 962	463	384	471	1 388	1 959	1 864	2
12	Female – Féminin	182 013	2 266	362	262	288	509	480	490	
Portugal 1996 [1]											
13	Male – Masculin	56 444	439	140	90	137	450	776	873	
14	Female – Féminin	50 815	319	102	78	77	147	199	204	
Republic of Moldova – République de Moldova 1995 [1][8]											
15	Male – Masculin	26 883	732	179	170	100	235	352	435	
16	Female – Féminin	26 086	482	150	86	78	80	107	125	
Romania – Roumanie 1996 [1]											
17	Male – Masculin	154 862	2 887	661	873	426	899	1 304	1 672	1
18	Female – Féminin	131 296	2 271	548	525	262	404	502	653	
Russian Federation – Féd. de Russie 1995 [1][8]											
19	Male – Masculin	1 167 628	14 472	4 029	4 148	4 006	13 163	22 499	26 378	43
20	Female – Féminin	1 036 183	10 368	3 001	2 360	2 143	4 509	5 176	5 921	10
San Marino – Saint–Marin 1995+											
21	Male – Masculin	110	2	–	–	1	2	–	1	
22	Female – Féminin	76	1	–	–	–	1	–	–	
Slovakia – Slovaquie 1995 [1]											
23	Male – Masculin	28 128	388	67	64	64	183	239	247	
24	Female – Féminin	24 558	287	64	38	39	70	52	77	
Slovenia – Slovénie 1996 [1]											
25	Male – Masculin	9 498	58	14	10	19	81	95	109	
26	Female – Féminin	9 122	31	11	3	10	19	34	35	
Spain – Espagne 1995											
27	Male – Masculin	184 488	1 100	290	213	286	1 043	1 791	2 792	3
28	Female – Féminin	161 739	896	246	151	203	380	553	830	1

(Voir notes à la fin du tableau.)

					Age (en années)						Unknown Inconnu	
35–39	40–44	45–49	50–54	55–59	60–64	65–69	70–74	75–79	80–84	85 +		
804	1 080	1 363	1 635	2 108	2 463	2 814	2 471	1 750	1 704	2 662	7	1
269	366	525	630	890	1 297	1 838	2 473	2 299	3 139	5 634	2	2
36	35	58	78	126	200	258	228	276	275	312	–	3
23	21	38	31	62	73	139	183	234	364	686	–	4
24	16	30	33	56	111	189	242	258	196	222	–	5
10	13	21	27	38	72	121	167	192	236	371	–	6
734	1 082	1 923	2 396	3 265	5 163	7 552	10 421	11 553	10 790	11 547	–	7
505	830	1 192	1 532	1 874	2 710	4 423	6 655	9 164	12 768	25 384	–	8
213	292	488	667	765	1 164	1 933	3 293	4 080	3 968	4 439	–	9
120	177	288	421	469	649	1 127	1 965	3 155	4 380	8 644	–	10
5 238	8 583	11 241	10 694	16 128	22 462	27 954	28 499	20 426	20 055	19 946	–	11
1 694	3 126	4 333	4 116	6 591	10 722	17 320	25 055	23 323	32 940	47 348	–	12
1 077	1 261	1 541	1 966	2 899	4 357	6 105	7 994	8 242	8 784	8 396	–	13
382	491	760	1 006	1 302	2 195	3 493	5 565	7 337	10 418	16 383	–	14
1 039	1 469	1 494	1 728	2 521	2 936	3 524	3 192	2 148	2 303	1 623	19	15
376	640	704	989	1 838	2 257	3 316	4 065	3 162	3 771	3 613	7	16
3 734	6 165	7 772	8 532	13 479	17 229	20 427	21 887	13 442	16 430	15 264	35	17
1 368	2 311	3 033	3 643	6 162	9 328	13 713	19 434	16 991	24 495	24 919	99	18
63 600	81 122	86 647	72 457	145 374	133 360	170 747	91 776	64 710	67 708	45 763	12 581	19
16 287	23 045	27 866	26 466	61 682	69 221	122 703	128 563	124 193	188 556	200 754	3 185	20
2	–	1	2	2	4	8	24	18	22	20	–	21
–	1	1	–	4	4	4	5	9	14	32	–	22
578	1 019	1 254	1 589	2 043	3 019	3 724	4 451	2 659	3 323	2 888	–	23
202	337	443	672	896	1 552	2 473	3 762	2 794	4 876	5 797	–	24
171	320	417	505	715	1 093	1 375	1 247	899	1 116	1 133	–	25
82	116	191	240	326	510	806	1 163	1 039	1 781	2 687	–	26
3 447	3 400	4 875	6 192	8 955	14 998	20 362	25 820	27 062	25 279	32 699	–	27
1 291	1 448	1 940	2 566	3 614	6 324	9 861	15 264	31 906	22 021	61 102	–	28

(See notes at end of table.)

Continent, country or area, year, sex and urban/rural residence / Continent, pays ou zone, année, sexe et résidence, urbaine/rurale	All ages Tous âges	− 1	1 − 4	5 − 9	10 − 14	15 − 19	20 − 24	25 − 29	30 −
EUROPE (Cont.–Suite)									
Sweden – Suède									
1996									
1 Male – Masculin	47 118	204	57	34	33	93	171	234	2▪
2 Female – Féminin	47 015	173	34	29	26	47	76	94	1
Switzerland – Suisse									
1996 [1]									
3 Male – Masculin	30 779	226	57	42	31	128	273	316	4
4 Female – Féminin	31 858	163	42	23	28	61	66	118	1
The former Yugoslav Rep. of Macedonia – L'ex Rép. youg. de Macédoine									
1995 [1]									
5 Male – Masculin	8 954	381	47	29	28	41	72	64	
6 Female – Féminin	7 384	348	38	15	14	16	38	34	
Ukraine									
1995 [1 8]									
7 Male – Masculin	396 052	4 243	1 399	1 104	1 010	2 790	5 207	6 509	10 2
8 Female – Féminin	396 535	3 071	1 086	656	577	1 134	1 432	1 811	2 6
United Kingdom–Royaume–Uni									
1996									
9 Male – Masculin	306 466	2 575	484	268	369	1 087	1 689	2 100	2 6
10 Female – Féminin	332 430	1 921	366	220	217	488	599	890	1 2
Yugoslavia – Yougoslavie									
1995 [1]									
11 Male – Masculin	56 267	1 321	203	117	107	250	355	387	4
12 Female – Féminin	51 268	1 045	153	75	82	127	154	170	2
OCEANIA—OCEANIE									
American Samoa – Samoa américaines									
1993									
13 Male – Masculin	128	12	2	3	1	4	2	5	
14 Female – Féminin	95	11	2	1	–	2	–	1	
Australia – Australie									
1996+									
15 Male – Masculin	68 206	843	205	115	147	541	866	876	1 0
16 Female – Féminin	60 513	617	146	73	106	184	228	296	3
Guam									
1992 [1 24]									
17 Male – Masculin	346	28	1	3	3	11	16	14	
18 Female – Féminin	239	15	2	–	3	5	4	2	
Marshall Islands – Iles Marshall									
1996									
19 Male – Masculin	133	25	6	3	2	3	5	3	
20 Female – Féminin	99	14	6	3	2	–	2	2	
New Caledonia – Nouvelle–Calédonie									
1994									
21 Male – Masculin	621	23	12	10	2	16	32	11	
22 Female – Féminin	439	19	12	3	2	3	9	5	
New Zealand – Nouvelle–Zélande									
1993+ [1]									
23 Male – Masculin	14 198	234	57	22	29	184	265	184	1
24 Female – Féminin	13 045	192	55	22	27	68	76	83	

19. Décès selon l'âge, le sexe et la résidence, urbaine/rurale: dernière année disponible (suite)

(Voir notes à la fin du tableau.)

35-39	40-44	45-49	50-54	55-59	60-64	65-69	70-74	75-79	80-84	85+	Unknown Inconnu	
362	536	889	1 442	1 611	2 451	3 953	6 110	8 278	9 120	11 255	–	1
177	285	579	898	1 035	1 421	2 328	4 158	6 422	9 199	19 892	–	2
458	510	751	1 095	1 382	1 954	2 795	3 931	4 450	5 138	6 808	–	3
206	305	405	634	739	1 059	1 552	2 576	3 573	5 841	14 276	–	4
145	228	314	421	681	923	1 153	1 223	991	1 132	997	1	5
84	112	144	222	368	607	884	1 132	909	1 278	1 079	2	6
14 673	20 026	22 714	26 356	48 891	41 922	58 756	41 652	27 435	33 225	26 481	1 427	7
4 246	6 080	8 033	10 243	22 173	22 528	44 244	54 410	49 546	78 641	83 610	351	8
2 914	3 893	6 614	9 163	13 664	21 414	33 446	48 300	51 091	51 455	35 547	17 784	9
1 756	2 473	4 264	6 026	8 484	12 992	22 220	35 936	46 888	63 327	64 064	58 019	10
850	1 533	1 892	2 507	4 468	7 102	8 736	8 478	4 768	6 466	6 115	119	11
413	805	943	1 331	2 463	4 204	6 466	8 685	5 699	8 856	9 199	149	12
3	1	8	8	9	16	11	11	13	6	9	–	13
5	1	1	7	4	9	8	14	12	8	6	–	14
1 125	1 324	1 757	2 281	3 051	4 636	7 349	9 987	10 474	10 664	10 932	14	15
556	713	1 059	1 380	1 823	2 518	4 024	6 301	8 480	11 013	20 629	3	16
20	20	17	13	30	32	40	31	22	11	14	–	17
8	8	11	12	19	24	26	32	16	27	20	–	18
2	7	6	3	7	10	13	13 *——— –	19 ———*			–	19
2	2	5	7	10	6	11	14 *——— –	11 ———*			–	20
22	23	32	33	48	66	67	57	60	51	34	–	21
12	16	15	29	31	45	31	43	54	47	59	–	22
232	290	336	523	681	1 123	1 647	2 023	2 289	1 969	1 935	–	23
103	192	234	359	474	691	1 030	1 442	1 909	2 290	3 704	–	24

Data by urban/rural residence

(See notes at end of table.)

Continent, country or area, year, sex and urban/rural residence / Continent, pays ou zone, année, sexe et résidence, urbaine/rurale	All ages Tous âges	−1	1−4	5−9	10−14	15−19	20−24	25−29	30−34
AFRICA—AFRIQUE									
Egypt – Egypte									
Urban – Urbaine									
1992									
1 Male – Masculin	88 585	10 392	3 536	1 757	1 469	1 672	1 721	1 843	1 959
2 Female – Féminin	71 847	9 016	3 355	1 275	998	1 240	1 100	1 290	1 241
Rural – Rurale									
1992									
3 Male – Masculin	112 204	17 168	9 548	2 508	1 615	1 576	1 397	1 709	1 951
4 Female – Féminin	109 829	17 816	11 192	2 184	1 429	1 285	1 261	1 468	1 367
Morocco – Maroc									
Urban – Urbaine									
1996									
5 Male – Masculin	29 496	1 961	631	392	388	643	873	812	891
6 Female – Féminin	16 851	1 546	519	258	226	368	488	478	510
Rural – Rurale									
1996									
7 Male – Masculin	27 010	3 130	1 658	690	552	624	849	578	611
8 Female – Féminin	11 376	2 707	1 654	548	428	432	619	458	480
Tunisia – Tunisie									
Urban – Urbaine									
1995									
9 Male – Masculin	19 003	2 063	398	227	189	261	371	397	424
10 Female – Féminin	13 356	1 475	320	183	130	147	184	167	222
Rural – Rurale									
1995									
11 Male – Masculin	6 210	371	176	74	49	84	86	82	87
12 Female – Féminin	4 032	339	161	49	30	37	43	52	72
AMERICA,NORTH— AMERIQUE DU NORD									
Cuba									
Urban – Urbaine									
1995									
13 Male – Masculin	34 407	595	185	137	131	323	561	701	792
14 Female – Féminin	29 029	423	151	84	85	173	291	333	435
Rural – Rurale									
1995									
15 Male – Masculin	8 788	212	79	52	41	125	227	232	250
16 Female – Féminin	5 653	152	47	38	22	50	121	133	119
El Salvador									
Urban – Urbaine									
1992									
17 Male – Masculin	9 597	850	148	92	110	284	465	495	518
18 Female – Féminin	6 739	691	141	71	76	131	117	149	150
Rural – Rurale									
1992									
19 Male – Masculin	7 078	879	232	107	126	298	325	347	319
20 Female – Féminin	4 455	653	209	78	82	116	110	83	120
Greenland – Groenland									
Urban – Urbaine									
1996									
21 Male – Masculin	206	12	5	–	–	8	11	12	10
22 Female – Féminin	155	13	2	–	–	1	1	1	5
Rural – Rurale									
1996									
23 Male – Masculin	50	–	1	1	1	4	3	1	1
24 Female – Féminin	36	–	–	–	1	–	1	1	1
Mexico – Mexique									
Urban – Urbaine									
1996 [2] [25]									
25 Male – Masculin	177 981	18 937	3 278	1 531	1 579	4 252	6 132	6 518	6 876
26 Female – Féminin	144 459	14 231	2 665	1 091	1 070	1 701	1 980	2 080	2 394

(Voir notes à la fin du tableau.)

					Age (en années)						Unknown Inconnu	
35 – 39	40 – 44	45 – 49	50 – 54	55 – 59	60 – 64	65 – 69	70 – 74	75 – 79	80 – 84	85 +		
2 458	3 056	3 885	5 190	6 760	9 118	9 627	9 147	*——— - 14 995 ———*			—	1
1 635	1 990	2 419	3 376	4 084	6 523	6 786	7 487	*——— - 18 032 ———*			—	2
2 487	3 125	3 798	5 501	6 866	9 836	10 889	11 432	*——— - 20 798 ———*			—	3
1 725	1 697	2 482	3 829	4 373	7 068	9 053	11 323	*——— - 30 277 ———*			—	4
1 051	1 090	1 272	1 336	2 031	2 679	3 412	3 168	3 157	*—— 3 601 ——*		108	5
630	595	661	768	1 313	1 396	1 956	1 566	1 603	*—— 1 881 ——*		89	6
560	631	731	896	1 554	1 825	2 787	2 501	2 891	*—— 3 870 ——*		72	7
415	327	289	267	391	404	560	432	451	*—— 478 ——*		36	8
386	434	498	636	1 105	1 490	1 890	1 923	2 071	1 863	1 585	792	9
253	292	317	323	609	930	1 155	1 320	1 548	1 445	1 718	618	10
94	86	100	112	236	357	504	580	895	1 022	916	299	11
64	75	76	83	143	235	334	404	488	524	596	227	12
639	853	1 171	1 578	1 997	2 338	3 081	3 798	4 610	4 759	6 136	22	13
401	671	831	1 134	1 406	1 829	2 323	3 007	3 834	4 803	6 809	6	14
186	236	290	312	390	500	706	849	1 109	1 245	1 741	6	15
106	142	179	230	287	372	455	524	663	751	1 262	—	16
462	489	435	520	534	621	642	657	608	647	741	279	17
141	180	217	246	332	452	476	599	638	683	1 102	147	18
332	318	335	340	303	421	454	469	477	392	508	96	19
117	148	147	179	200	275	291	395	343	329	498	82	20
8	13	4	17	17	23	18	15	19	8	6	—	21
4	5	7	6	15	12	10	21	17	18	17	—	22
2	1	—	2	5	7	9	5	5	2	—	—	23
—	—	—	3	5	4	7	5	5	2	1	—	24
7 197	7 204	8 017	8 784	10 425	12 220	13 611	14 873	13 792	12 147	20 026	582	25
3 117	3 766	4 701	5 895	7 802	10 055	12 197	13 184	13 313	13 808	29 018	391	26

(See notes at end of table.)

Continent, country or area, year, sex and urban/rural residence — Continent, pays ou zone, année, sexe et résidence, urbaine/rurale	All ages Tous âges	−1	1−4	5−9	10−14	15−19	20−24	25−29	30−34
AMERICA,NORTH— (Cont.–Suite) AMERIQUE DU NORD									
Mexico – Mexique Rural – Rurale 1996 [2][25]									
1 Male – Masculin	62 547	6 781	2 323	836	783	1 734	2 190	2 069	2 114
2 Female – Féminin	45 394	5 347	2 054	603	520	750	762	696	813
Panama Urban – Urbaine 1995									
3 Male – Masculin	3 913	301	44	17	32	81	159	161	150
4 Female – Féminin	2 685	236	28	19	19	34	52	48	57
Rural – Rurale 1995									
5 Male – Masculin	2 732	277	112	40	38	64	100	94	107
6 Female – Féminin	1 702	215	117	37	25	35	36	39	42
Puerto Rico – Porto Rico Urban – Urbaine 1996 [25]									
7 Male – Masculin	9 193	204	29	17	31	176	256	254	329
8 Female – Féminin	7 125	180	15	9	13	46	50	87	106
Rural – Rurale 1996 [25]									
9 Male – Masculin	8 103	145	30	12	28	114	168	186	244
10 Female – Féminin	5 404	136	21	20	16	28	32	57	86
St. Vincent and the Grenadines – Saint–Vincent–et–Grenadines Urban – Urbaine 1992+									
11 Male – Masculin	178	23	7	1	1	3	5	6	3
12 Female – Féminin	148	18	2	1	1	3	–	6	–
Rural – Rurale 1992+									
13 Male – Masculin	183	4	1	–	–	2	5	5	7
14 Female – Féminin	205	1	1	–	–	2	1	5	7
AMERICA,SOUTH— AMERIQUE DU SUD									
Chile – Chili Urban – Urbaine 1996									
15 Male – Masculin	35 547	1 412	234	151	190	417	787	771	931
16 Female – Féminin	30 250	1 121	187	107	101	158	185	222	355
Rural – Rurale 1996									
17 Male – Masculin	8 252	315	96	55	50	122	208	206	246
18 Female – Féminin	5 074	247	49	30	32	37	44	54	79
Colombia – Colombie Urban – Urbaine 1994+ [6][25]									
19 Male – Masculin	85 294	6 038	1 491	696	867	3 998	6 103	5 440	4 865
20 Female – Féminin	57 738	4 320	1 181	500	497	1 002	1 068	1 207	1 318
Rural – Rurale 1994+ [6][25]									
21 Male – Masculin	14 000	441	330	168	174	702	1 235	1 144	1 023
22 Female – Féminin	7 149	341	274	112	118	181	186	205	188
Ecuador – Equateur Urban – Urbaine 1996 [7]									
23 Male – Masculin	21 236	2 149	671	292	308	654	924	958	933
24 Female – Féminin	16 113	1 747	621	229	207	365	336	361	380
Rural – Rurale 1996 [7]									
25 Male – Masculin	8 315	782	566	137	121	250	278	284	234
26 Female – Féminin	6 636	673	480	115	87	152	149	134	145

19. Décès selon l'âge, le sexe et la résidence, urbaine/rurale: dernière année disponible (suite)

Données selon la résidence urbaine/rurale

(Voir notes à la fin du tableau.)

					Age (en années)						Unknown Inconnu	
35 – 39	40 – 44	45 – 49	50 – 54	55 – 59	60 – 64	65 – 69	70 – 74	75 – 79	80 – 84	85 +	Inconnu	
2 285	2 257	2 514	2 726	3 186	3 577	4 106	4 648	4 783	4 503	8 891	241	1
1 052	1 177	1 370	1 675	2 091	2 582	3 182	3 474	3 617	3 962	9 431	236	2
174	136	146	173	176	228	303	400	430	391	398	13	3
57	64	79	90	89	131	211	226	316	373	554	2	4
96	101	83	113	132	151	186	226	260	265	276	11	5
58	60	57	64	66	70	111	129	159	157	213	12	6
358	438	460	429	485	660	730	991	1 028	1 047	1 252	19	7
183	176	186	203	247	407	537	732	900	1 062	1 982	4	8
279	312	364	441	482	588	631	801	881	987	1 406	4	9
105	125	149	184	241	350	432	566	683	812	1 361	–	10
7	5	8	6	7	14	17	15	17	14	9	10	11
5	4	2	6	7	8	12	12	14	23	21	3	12
2	3	10	4	7	12	20	23	26	25	27	–	13
5	3	6	9	10	10	15	29	28	25	46	2	14
1 018	1 116	1 482	1 943	2 353	3 029	4 116	4 135	4 141	3 658	3 663	–	15
447	580	813	1 155	1 338	1 862	2 847	3 188	3 929	4 706	6 949	–	16
245	292	312	416	457	623	860	927	1 009	929	884	–	17
76	87	130	173	244	331	448	557	682	727	1 047	–	18
4 114	3 419	3 101	3 441	3 930	5 366	6 019	6 895	6 521	5 910	5 387	1 693	19
1 467	1 595	1 851	2 549	3 192	4 319	5 034	5 942	6 075	6 020	7 293	1 308	20
865	643	523	571	576	729	792	970	888	920	827	479	21
185	199	200	268	321	461	549	688	768	799	914	192	22
911	863	872	953	1 026	1 191	1 475	1 513	1 621	1 530	2 326	66	23
376	480	555	615	738	852	1 096	1 126	1 344	1 491	3 152	42	24
270	259	336	371	406	456	560	638	660	707	971	29	25
165	206	183	215	253	340	385	441	531	650	1 311	21	26

Data by urban/rural residence

(See notes at end of table.)

Continent, country or area, year, sex and urban/rural residence / Continent, pays ou zone, année, sexe et résidence, urbaine/rurale	All ages Tous âges	− 1	1 − 4	5 − 9	10 − 14	15 − 19	20 − 24	25 − 29	30 − 34
AMERICA,SOUTH— (Cont.–Suite) AMÉRIQUE DU SUD									
Falkland Is.(Malvinas) – Iles Falkland (Malvinas) Urban – Urbaine 1992+									
1 Male – Masculin	9	−	−	−	−	−	−	−	−
2 Female – Féminin	8	−	−	−	−	−	1	−	−
Rural – Rurale 1992+									
3 Male – Masculin	1	−	−	−	−	−	−	−	−
4 Female – Féminin	1	−	−	−	−	−	−	−	−
Suriname Urban – Urbaine 1996									
5 Male – Masculin	1 222	226	8	12	6	13	37	44	49
6 Female – Féminin	903	165	8	4	4	18	16	19	35
Rural – Rurale 1996									
7 Male – Masculin	415	57	3	3	3	8	14	10	12
8 Female – Féminin	354	45	2	5	5	6	10	7	6
ASIA—ASIE									
Armenia – Arménie Urban – Urbaine 1994 [8]									
9 Male – Masculin	9 328	282	70	31	29	243	285	187	342
10 Female – Féminin	7 393	186	61	17	19	21	57	40	90
Rural – Rurale 1994 [8]									
11 Male – Masculin	4 275	169	92	30	23	135	130	118	164
12 Female – Féminin	3 652	135	86	20	10	10	23	27	48
Georgia – Géorgie Urban – Urbaine 1996 [8]									
13 Male – Masculin	9 815	488	25	18	20	53	110	154	231
14 Female – Féminin	9 206	276	21	12	12	22	40	55	78
Rural – Rurale 1996 [8]									
15 Male – Masculin	7 757	93	64	22	22	40	76	118	145
16 Female – Féminin	7 636	77	51	22	11	20	30	38	44
Iran (Islamic Republic of – Rép. islamique d') Urban – Urbaine 1994									
17 Male – Masculin	77 794	28 154	7 937	3 234	1 478	1 989	2 029	1 610	1 779
18 Female – Féminin	46 929	18 285	6 162	2 021	826	757	748	685	606
Rural – Rurale 1994									
19 Male – Masculin	73 071	32 179	9 533	2 973	1 670	1 625	1 739	1 288	1 047
20 Female – Féminin	48 074	24 166	6 448	1 901	1 058	904	919	649	519
Israel – Israël [10] Urban – Urbaine 1995 [25]									
21 Male – Masculin	16 675	397	82	34	56	141	205	153	175
22 Female – Féminin	16 033	298	73	38	22	63	61	51	72
Rural – Rurale 1995 [25]									
23 Male – Masculin	1 372	52	16	7	7	25	29	12	20
24 Female – Féminin	1 264	52	11	3	4	7	12	8	5
Kazakhstan Urban – Urbaine 1996 [8]									
25 Male – Masculin	58 142	1 961	464	277	244	714	1 539	1 774	2 525
26 Female – Féminin	44 843	1 413	337	170	164	271	410	504	678

(Voir notes à la fin du tableau.)

					Age (en années)							
35 – 39	40 – 44	45 – 49	50 – 54	55 – 59	60 – 64	65 – 69	70 – 74	75 – 79	80 – 84	85 +	Unknown Inconnu	
–	1	–	1	2	1	–	2	1	–	1	–	1
–	–	–	1	1	1	1	2	–	–	1	–	2
–	–	–	1	–	–	–	–	–	–	–	–	3
–	–	1	–	–	–	–	–	–	–	–	–	4
49	41	54	68	85	92	99	97	90	69	83	–	5
21	28	34	24	53	78	85	74	71	75	91	–	6
11	13	19	16	38	43	39	34	31	35	26	–	7
11	5	12	12	21	31	38	34	29	22	53	–	8
389	427	426	482	839	1 137	1 423	771	551	735	679	–	9
120	132	138	188	483	633	1 013	872	893	1 230	1 200	–	10
150	112	93	163	318	519	657	307	254	373	468	–	11
46	51	35	67	204	294	410	324	358	626	878	–	12
325	441	493	539	1 118	1 149	1 471	1 130	719	762	569	–	13
109	131	198	205	498	630	1 122	1 347	1 356	1 637	1 457	–	14
212	264	283	269	663	893	1 317	1 062	649	734	831	–	15
71	89	82	125	406	458	818	961	1 098	1 325	1 910	–	16
1 381	1 448	1 670	2 291	2 533	4 479	3 930	3 865	2 265	2 425	3 325	28	17
625	707	735	1 423	1 531	2 213	1 447	2 216	1 427	1 755	2 763	3	18
830	1 016	848	1 505	1 653	3 705	2 660	3 424	1 447	1 374	2 622	67	19
628	656	626	969	1 036	2 000	1 239	1 605	549	879	1 385	62	20
205	265	429	446	725	1 116	1 681	2 233	2 220	2 775	3 337	–	21
113	200	237	230	511	790	1 356	2 107	2 266	3 272	4 273	–	22
25	24	34	37	65	75	95	165	173	227	284	–	23
14	17	31	20	34	59	76	123	159	266	363	–	24
3 661	4 105	4 689	3 332	7 320	5 993	7 389	4 417	2 719	2 630	1 989	400	25
1 057	1 294	1 666	1 320	3 375	3 135	5 533	5 812	4 856	6 039	6 705	104	26

Data by urban/rural residence

(See notes at end of table.)

Continent, country or area, year, sex and urban/rural residence / Continent, pays ou zone, année, sexe et résidence, urbaine/rurale	All ages Tous âges	−1	1−4	5−9	10−14	15−19	20−24	25−29	30−34
ASIA—ASIE (Cont.–Suite)									
Kazakhstan Rural – Rurale 1996 [8]									
1 Male – Masculin	34 175	1 848	863	261	328	559	984	1 138	1 354
2 Female – Féminin	28 868	1 342	677	195	167	243	358	375	476
Kyrgyzstan – Kirghizistan Urban – Urbaine 1995 [8]									
3 Male – Masculin	8 106	596	105	33	40	90	149	215	354
4 Female – Féminin	6 489	384	94	23	16	46	56	78	113
Rural – Rurale 1995 [8]									
5 Male – Masculin	11 837	1 325	688	167	111	176	302	356	466
6 Female – Féminin	10 483	945	646	113	76	109	141	133	228
Malaysia – Malaisie Peninsular Malaysia – Malaisie Péninsulaire Urban – Urbaine 1996 [4]									
7 Male – Masculin	26 286	1 168	281	187	248	701	918	820	911
8 Female – Féminin	19 215	898	229	146	134	204	229	290	308
Rural – Rurale 1996 [4]									
9 Male – Masculin	20 631	963	337	201	271	650	749	630	629
10 Female – Féminin	15 169	749	267	151	145	194	203	188	224
Maldives Urban – Urbaine 1993									
11 Male – Masculin	166	26	7	4	1	2	7	2	6
12 Female – Féminin	124	21	9	2	6	1	4	1	3
Rural – Rurale 1993									
13 Male – Masculin	576	118	54	8	6	2	6	3	7
14 Female – Féminin	453	101	53	14	5	3	7	11	10
Pakistan Urban – Urbaine 1993 [14]									
15 Male – Masculin	128 496	42 610	9 031	2 337	1 694	3 541	3 261	1 248	503
16 Female – Féminin	109 251	30 537	9 317	2 317	2 520	1 601	2 183	1 886	2 128
Rural – Rurale 1993 [14]									
17 Male – Masculin	357 829	158 732	28 614	9 267	5 864	4 136	7 037	4 317	4 327
18 Female – Féminin	336 489	135 496	36 963	13 379	7 412	8 453	10 879	11 582	8 303
Sri Lanka Urban – Urbaine 1995 +									
19 Male – Masculin	35 261	2 675	365	276	336	864	1 973	1 635	1 467
20 Female – Féminin	19 271	2 180	349	245	257	580	595	565	500
Rural – Rurale 1995 +									
21 Male – Masculin	30 455	445	254	208	214	799	1 405	1 279	1 125
22 Female – Féminin	19 720	360	241	159	162	320	378	294	310
Tajikistan – Tadjikistan Urban – Urbaine 1994 [8]									
23 Male – Masculin	7 083	1 136	402	88	82	142	203	220	260
24 Female – Féminin	5 985	794	343	57	38	62	99	90	121
Rural – Rurale 1994 [8]									
25 Male – Masculin	14 256	2 760	2 340	328	233	298	371	406	408
26 Female – Féminin	12 619	2 190	2 182	280	169	169	229	268	317
Thailand – Thaïlande Urban – Urbaine 1994 +									
27 Male – Masculin	38 832	1 550	516	367	530	2 128	2 788	2 937	2 744
28 Female – Féminin	21 669	1 140	361	246	266	619	659	711	740

19. Décès selon l'âge, le sexe et la résidence, urbaine/rurale: dernière année disponible (suite)

Données selon la résidence urbaine/rurale

35 – 39	40 – 44	45 – 49	50 – 54	55 – 59	60 – 64	65 – 69	70 – 74	75 – 79	80 – 84	85 +	Unknown Inconnu	
1 672	1 790	1 987	1 658	4 241	3 479	4 200	2 738	1 714	1 536	1 812	13	1
573	664	886	857	2 052	1 950	3 097	3 301	2 747	3 540	5 359	9	2
450	566	553	431	839	876	995	603	424	413	315	59	3
150	184	226	195	446	463	772	746	706	853	920	18	4
496	566	490	486	925	1 138	1 410	844	544	548	799	–	5
228	221	240	278	593	740	1 049	979	890	935	1 936	3	6
1 067	1 094	1 318	1 566	1 990	2 435	2 606	2 658	2 387	1 839	1 890	202	7
413	552	700	800	1 219	1 603	2 017	2 297	2 575	2 092	2 430	79	8
646	717	916	1 137	1 501	1 787	2 128	2 145	2 095	1 484	1 502	143	9
317	404	542	628	915	1 215	1 638	1 949	2 078	1 574	1 731	57	10
1	5	8	14	20	19	13	13	7	3	6	2	11
2	3	10	9	10	10	5	8	6	10	1	3	12
9	4	11	27	26	58	68	47	45	31	28	18	13
8	7	9	17	30	38	38	35	26	18	8	15	14
1 713	5 155	2 736	7 687	4 500	7 852	9 527	8 787	4 130	6 744	5 433	–	15
2 619	3 080	2 306	5 404	7 313	6 349	5 307	9 015	4 003	4 330	7 027	–	16
2 964	6 452	6 240	7 412	16 563	15 632	23 356	19 337	8 320	13 681	15 570	–	17
5 190	5 702	4 395	8 211	4 788	13 362	8 937	16 553	8 385	10 360	18 131	–	18
1 585	1 806	2 342	2 465	2 584	2 917	3 381	3 225	2 206	1 689	1 470	–	19
559	612	793	953	1 015	1 320	1 826	2 145	1 663	1 522	1 592	–	20
1 184	1 014	1 325	1 423	1 706	2 145	2 900	3 317	3 062	2 886	3 764	–	21
347	379	618	688	830	1 254	1 832	2 527	2 522	2 524	3 975	–	22
264	327	271	383	612	578	660	438	351	344	315	7	23
114	162	134	173	322	431	572	600	566	669	634	4	24
330	319	275	412	671	963	1 035	816	632	669	984	6	25
275	227	210	251	549	811	841	949	715	698	1 286	3	26
2 564	2 347	2 083	2 267	2 653	2 963	2 808	2 424	2 056	1 503	1 220	384	27
854	974	1 019	1 341	1 629	1 925	1 957	1 853	1 805	1 606	1 765	199	28

19. Deaths by age, sex and urban/rural residence: latest available year (continued)

Data by urban/rural residence

(See notes at end of table.)

Continent, country or area, year, sex and urban/rural residence / Continent, pays ou zone, année, sexe et résidence, urbaine/rurale	All ages Tous âges	−1	1−4	5−9	10−14	15−19	20−24	25−29	30−34
ASIA—ASIE (Cont.–Suite)									
Thailand – Thaïlande									
Rural – Rurale									
1994+									
1 Male – Masculin	145 648	2 343	1 868	1 407	1 438	4 680	7 024	8 856	8 409
2 Female – Féminin	99 377	1 795	1 409	897	898	1 459	1 849	2 004	2 24.
Uzbekistan – Ouzbékistan									
Urban – Urbaine									
1994 [8]									
3 Male – Masculin	32 571	3 376	1 244	359	280	415	628	764	1 015
4 Female – Féminin	30 490	2 465	1 101	259	156	236	352	388	52
Rural – Rurale									
1994 [8]									
5 Male – Masculin	44 238	7 547	5 536	876	619	750	863	980	1 183
6 Female – Féminin	41 124	5 426	4 745	612	433	498	732	756	930
EUROPE									
Albania – Albanie									
Urban – Urbaine									
1991									
7 Male – Masculin	3 805	402	80	40	30	61	82	80	8.
8 Female – Féminin	2 741	260	67	22	19	20	19	24	3.
Rural – Rurale									
1991									
9 Male – Masculin	6 491	1 042	382	109	85	124	148	117	11.
10 Female – Féminin	4 706	843	364	72	50	51	61	38	6.
Austria – Autriche									
Urban – Urbaine									
1996									
11 Male – Masculin	21 607	123	32	17	21	88	126	193	24.
12 Female – Féminin	27 292	111	26	20	6	31	32	63	11.
Rural – Rurale									
1996									
13 Male – Masculin	15 661	120	31	17	33	111	193	145	17.
14 Female – Féminin	16 230	97	20	20	12	31	42	46	6.
Belarus – Bélarus									
Urban – Urbaine									
1996 [8]									
15 Male – Masculin	36 205	476	98	97	112	267	549	741	1 08.
16 Female – Féminin	29 701	319	80	59	52	135	151	175	262
Rural – Rurale									
1996 [8]									
17 Male – Masculin	32 339	231	116	63	54	178	358	440	67.
18 Female – Féminin	35 177	184	76	41	27	64	68	108	152
Bosnia Herzegovina – Bosnie–Herzégovine									
Urban – Urbaine									
1990									
19 Male – Masculin	6 230	255	34	28	23	41	67	77	13.
20 Female – Féminin	5 156	190	18	10	22	15	25	38	6.
Rural – Rurale									
1990									
21 Male – Masculin	9 451	323	48	42	25	51	122	190	18.
22 Female – Féminin	8 076	251	29	19	15	28	26	46	4.
Bulgaria – Bulgarie									
Urban – Urbaine									
1996									
23 Male – Masculin	34 585	443	94	62	77	173	248	292	32.
24 Female – Féminin	27 940	309	64	31	49	90	104	125	152
Rural – Rurale									
1996									
25 Male – Masculin	29 200	222	82	52	52	100	115	136	17.
26 Female – Féminin	25 331	151	67	50	40	39	55	66	6.

408

Données selon la résidence urbaine/rurale

(Voir notes à la fin du tableau.)

					Age (en années)							
35 – 39	40 – 44	45 – 49	50 – 54	55 – 59	60 – 64	65 – 69	70 – 74	75 – 79	80 – 84	85 +	Unknown Inconnu	
8 104	7 523	7 305	8 409	9 968	11 988	12 376	11 916	10 901	9 179	9 453	2 501	1
2 730	3 377	3 764	4 836	6 346	8 120	9 289	10 312	10 682	10 990	14 650	1 723	2
1 182	1 425	1 409	1 872	2 981	3 454	3 843	2 356	1 875	2 058	2 025	10	3
517	660	606	880	1 668	2 237	3 416	3 189	3 429	4 154	4 254	2	4
1 076	1 065	1 061	1 624	2 727	3 570	3 794	2 491	1 836	2 495	4 141	4	5
842	793	668	1 090	1 963	2 846	3 078	3 392	2 684	3 250	6 385	1	6
81	95	99	174	251	361	451	430	434	314	238	18	7
41	50	40	81	143	178	226	278	389	395	432	26	8
116	127	146	199	316	458	452	679	713	596	528	37	9
62	61	75	101	108	164	233	426	533	541	823	38	10
323	394	717	1 063	1 335	1 508	2 385	2 987	2 554	3 314	4 180	—	11
183	190	379	543	679	809	1 478	2 924	3 215	5 438	11 048	—	12
240	319	461	599	938	1 367	2 002	2 169	1 796	2 313	2 629	—	13
87	127	207	287	441	589	1 015	1 780	2 016	3 343	6 008	—	14
1 654	2 147	2 791	2 402	4 389	4 276	5 446	3 762	2 142	2 008	1 716	49	15
491	681	929	902	1 850	2 276	3 550	4 423	3 471	4 387	5 500	8	16
995	1 120	1 388	1 467	3 002	4 237	5 403	4 112	2 378	2 685	3 436	5	17
205	293	376	548	1 388	2 178	3 542	4 910	4 082	6 529	10 402	4	18
178	212	253	564	783	959	715	455	619	500	337	—	19
76	112	139	262	400	568	699	486	790	671	574	—	20
226	251	325	670	937	1 258	983	733	1 176	1 153	750	—	21
77	89	142	297	498	725	1 022	908	1 463	1 330	1 066	—	22
606	1 058	1 747	2 078	2 645	3 683	4 780	5 615	3 733	3 709	3 215	—	23
264	450	664	816	1 206	1 943	3 022	4 657	3 845	4 881	5 268	—	24
299	494	852	1 184	1 606	2 879	3 660	5 151	3 826	4 482	3 829	—	25
89	151	271	417	688	1 441	2 467	4 192	3 784	5 416	5 885	—	26

19. Deaths by age, sex and urban/rural residence: latest available year (continued)

Data by urban/rural residence

(See notes at end of table.)

Continent, pays ou zone, année, sexe et résidence, urbaine/rurale	All ages Tous âges	− 1	1 − 4	5 − 9	10 − 14	15 − 19	20 − 24	25 − 29	30 −
EUROPE (Cont.–Suite)									
Croatia – Croatie									
Urban – Urbaine									
1996									
1 Male – Masculin	13 443	155	26	20	19	73	138	114	1
2 Female – Féminin	12 767	116	17	13	18	42	31	37	
Rural – Rurale									
1996									
3 Male – Masculin	12 454	97	15	18	19	70	94	124	1
4 Female – Féminin	11 972	65	8	10	6	29	21	24	
Czech Republic – Rép. tchèque									
Urban – Urbaine									
1996									
5 Male – Masculin	40 299	228	60	56	58	247	295	304	37
6 Female – Féminin	39 881	185	52	39	32	76	124	95	1
Rural – Rurale									
1996									
7 Male – Masculin	16 410	62	28	26	20	94	121	107	1
8 Female – Féminin	16 192	72	23	13	12	30	32	21	
Estonia – Estonie									
Urban – Urbaine									
199 [8]									
9 Male – Masculin	7 097	65	19	14	23	64	109	120	19
10 Female – Féminin	6 429	52	12	7	6	17	28	30	
Rural – Rurale									
1995 [8]									
11 Male – Masculin	3 622	49	25	24	12	25	50	60	7
12 Female – Féminin	3 520	32	14	8	3	12	9	11	
Finland – Finlande									
Urban – Urbaine									
1996 [18]									
13 Male – Masculin	14 563	90	15	15	23	49	128	154	19
14 Female – Féminin	16 006	62	16	19	16	23	31	39	7
Rural – Rurale									
1996 [18]									
15 Male – Masculin	9 711	50	6	13	21	53	55	82	1
16 Female – Féminin	8 887	40	13	4	5	18	16	10	2
France									
Urban – Urbaine									
1995 [19 20 26]									
17 Male – Masculin	190 604	1 591	346	225	260	832	1 873	2 466	3 26
18 Female – Féminin	183 692	1 190	287	160	193	357	669	902	1 28
Rural – Rurale									
1995 [19 20 26]									
19 Male – Masculin	83 039	386	118	87	132	414	683	654	82
20 Female – Féminin	72 035	334	91	57	75	167	209	185	28
Greece – Grèce									
Urban – Urbaine									
1995									
21 Male – Masculin	28 058	314	28	26	49	151	296	306	30
22 Female – Féminin	24 992	255	18	20	31	70	58	109	13
Rural – Rurale									
1995									
23 Male – Masculin	24 792	158	22	27	34	143	189	175	18
24 Female – Féminin	22 316	100	24	11	23	38	44	51	5
Hungary – Hongrie									
Urban – Urbaine									
1996 [27]									
25 Male – Masculin	43 029	344	53	31	43	155	226	259	35
26 Female – Féminin	41 918	263	52	30	37	59	84	113	16
Rural – Rurale									
1996 [27]									
27 Male – Masculin	31 424	278	42	40	39	109	144	205	33
28 Female – Féminin	26 226	254	38	28	27	38	56	87	10

19. Décès selon l'âge, le sexe et la résidence, urbaine/rurale: dernière année disponible (suite)

Données selon la résidence urbaine/rurale

Voir notes à la fin du tableau.)

					Age (en années)							
35 – 39	40 – 44	45 – 49	50 – 54	55 – 59	60 – 64	65 – 69	70 – 74	75 – 79	80 – 84	85 +	Unknown Inconnu	
228	370	538	770	1 153	1 778	2 101	1 843	1 293	1 357	1 292	30	1
100	181	277	352	558	869	1 315	1 874	1 703	2 288	2 885	22	2
201	322	467	554	975	1 588	1 903	1 753	1 273	1 383	1 465	2	3
70	86	166	219	401	721	1 174	1 811	1 766	2 414	2 948	3	4
524	1 038	1 813	2 561	2 733	3 962	5 566	6 844	4 531	4 844	4 264	—	5
212	438	829	1 094	1 252	2 048	3 518	6 134	5 388	7 918	10 313	—	6
222	369	686	909	1 063	1 590	2 165	2 738	1 921	2 269	1 897	—	7
81	141	223	303	408	691	1 374	2 273	2 214	3 476	4 755	—	8
295	398	455	572	820	868	990	692	512	473	416	2	9
80	143	153	200	355	452	724	838	695	1 107	1 483	3	10
117	157	195	240	372	450	432	344	283	364	351	—	11
35	33	64	72	122	164	250	394	428	774	1 083	—	12
304	450	720	749	888	1 117	1 724	2 016	2 033	1 927	1 962	—	13
111	190	292	298	383	514	978	1 629	2 299	3 385	5 646	—	14
151	266	402	354	597	758	1 234	1 425	1 342	1 331	1 470	—	15
47	92	126	140	206	285	533	906	1 359	1 833	3 226	—	16
3 932	5 314	7 713	7 424	9 995	14 882	20 055	24 517	19 609	27 339	38 967	—	17
1 572	2 327	3 305	3 100	4 133	6 583	9 828	15 192	15 599	30 931	86 081	—	18
1 132	1 699	2 535	2 406	3 603	6 259	8 960	11 439	8 815	13 131	19 766	—	19
483	708	983	929	1 410	2 264	3 808	5 897	5 683	13 220	35 244	—	20
357	511	753	901	1 529	2 451	3 536	3 617	3 773	4 391	4 765	—	21
192	241	342	443	757	1 177	2 099	2 734	3 940	5 261	7 114	—	22
223	271	407	579	1 086	1 860	2 629	2 903	3 273	4 513	6 115	—	23
77	119	164	231	464	831	1 488	1 893	3 157	5 070	8 479	—	24
844	1 810	2 445	2 869	3 484	4 216	5 465	6 387	4 668	4 886	4 488	—	25
375	809	1 026	1 285	1 687	2 442	3 785	5 750	5 378	8 132	10 451	—	26
755	1 373	1 829	2 143	2 711	3 360	4 139	4 818	3 205	3 110	2 791	—	27
266	434	585	691	1 080	1 659	2 605	3 833	3 686	4 889	5 863	—	28

Data by urban/rural residence

(See notes at end of table.)

Continent, country or area, year, sex and urban/rural residence Continent, pays ou zone, année, sexe et résidence, urbaine/rurale	Age (in years)								
	All ages Tous âges	− 1	1 − 4	5 − 9	10 − 14	15 − 19	20 − 24	25 − 29	30 − 34
EUROPE (Cont.–Suite)									
Iceland – Islande Urban – Urbaine 1996									
1 Male – Masculin	907	9	1	−	1	10	8	7	9
2 Female – Féminin	832	7	3	−	2	5	2	1	3
Rural – Rurale 1996									
3 Male – Masculin	85	−	−	1	1	3	−	1	1
4 Female – Féminin	55	−	−	−	−	−	−	−	−
Ireland – Irlande Urban – Urbaine 1996+ [21]									
5 Male – Masculin	8 484	100	20	14	19	51	92	90	87
6 Female – Féminin	8 423	79	15	7	10	23	24	27	43
Rural – Rurale 1996+ [21]									
7 Male – Masculin	8 028	54	15	11	18	60	98	65	54
8 Female – Féminin	6 579	45	16	3	9	26	22	21	24
Latvia – Lettonie Urban – Urbaine 1996 [8]									
9 Male – Masculin	11 242	94	28	23	23	74	155	172	259
10 Female – Féminin	10 776	86	14	13	12	27	29	56	67
Rural – Rurale 1996 [8]									
11 Male – Masculin	6 267	74	30	21	9	42	92	129	141
12 Female – Féminin	6 035	61	22	10	10	13	15	23	24
Lithuania – Lituanie Urban – Urbaine 1996 [8]									
13 Male – Masculin	12 532	127	32	30	33	106	202	218	366
14 Female – Féminin	10 934	108	34	17	19	40	51	57	100
Rural – Rurale 1996 [8]									
15 Male – Masculin	10 316	89	21	20	26	76	179	211	251
16 Female – Féminin	9 114	71	33	18	12	25	25	26	50
Poland – Pologne Urban – Urbaine 1996									
17 Male – Masculin	115 321	1 650	223	183	251	747	1 046	1 004	1 557
18 Female – Féminin	106 664	1 267	173	145	161	284	303	297	490
Rural – Rurale 1996									
19 Male – Masculin	88 162	1 312	240	201	220	641	913	860	1 209
20 Female – Féminin	75 349	999	189	117	127	225	177	193	298
Portugal Urban – Urbaine 1993									
21 Male – Masculin	16 235	189	37	35	28	146	226	279	302
22 Female – Féminin	15 610	136	37	15	22	41	67	88	90
Rural – Rurale 1993									
23 Male – Masculin	29 382	290	108	68	86	307	379	362	351
24 Female – Féminin	25 951	194	71	43	49	83	89	93	142
Republic of Moldova – République de Moldova Urban – Urbaine 1995 [8]									
25 Male – Masculin	9 805	262	50	72	37	92	140	205	284
26 Female – Féminin	8 840	166	41	19	30	28	42	66	89
Rural – Rurale 1995 [8]									
27 Male – Masculin	17 078	470	129	98	63	143	212	230	400
28 Female – Féminin	17 246	316	109	67	48	52	65	59	151

19. Décès selon l'âge, le sexe et la résidence, urbaine/rurale: dernière année disponible (suite)

Données selon la résidence urbaine/rurale

(Voir notes à la fin du tableau.)

35 – 39	40 – 44	45 – 49	50 – 54	55 – 59	60 – 64	65 – 69	70 – 74	75 – 79	80 – 84	85 +	Unknown Inconnu	
6	12	20	23	42	54	84	111	154	146	210	–	1
3	9	11	20	22	29	72	77	122	133	311	–	2
2	–	1	–	1	7	5	8	15	13	26	–	3
–	–	1	3	2	2	3	2	6	6	30	–	4
90	127	211	293	458	682	996	1 309	1 401	1 278	1 166	–	5
51	74	135	190	251	392	639	1 047	1 355	1 587	2 474	–	6
80	104	133	220	277	483	853	1 162	1 433	1 560	1 348	–	7
32	72	77	140	147	250	427	751	1 091	1 445	1 981	–	8
362	501	667	784	1 266	1 332	1 661	1 209	876	865	885	6	9
117	182	304	350	538	708	1 027	1 564	1 282	1 654	2 744	2	10
194	227	309	436	636	698	807	652	524	495	743	8	11
48	57	103	140	235	301	463	673	735	1 134	1 965	3	12
497	650	896	968	1 271	1 416	1 658	1 288	861	806	1 104	3	13
197	250	374	395	560	791	1 065	1 384	1 201	1 545	2 746	–	14
307	430	467	667	837	1 047	1 156	1 183	889	898	1 558	4	15
72	116	151	235	330	506	773	1 089	1 098	1 594	2 888	2	16
3 068	5 422	7 256	7 009	10 152	13 584	16 266	15 962	10 403	9 919	9 619	–	17
1 148	2 229	3 114	2 885	4 505	7 066	10 655	14 917	12 962	17 999	26 064	–	18
2 170	3 161	3 985	3 685	5 976	8 878	11 688	12 537	10 023	10 136	10 327	–	19
546	897	1 219	1 231	2 086	3 656	6 665	10 138	10 361	14 941	21 284	–	20
285	385	462	685	1 063	1 496	1 946	2 127	2 406	2 209	1 929	–	21
100	186	248	325	507	809	1 174	1 629	2 391	3 210	4 535	–	22
452	506	657	908	1 533	2 306	3 292	3 910	4 661	4 932	4 274	–	23
189	255	361	529	772	1 143	1 830	2 724	4 130	5 582	7 672	–	24
445	631	692	719	1 046	1 046	1 281	995	673	686	432	17	25
154	255	280	342	623	756	1 157	1 360	1 044	1 243	1 139	6	26
594	838	802	1 009	1 475	1 890	2 243	2 197	1 475	1 617	1 191	2	27
222	385	424	647	1 215	1 501	2 159	2 705	2 118	2 528	2 474	1	28

19. Deaths by age, sex and urban/rural residence: latest available year (continued)

Data by urban/rural residence

(See notes at end of table.)

Continent, country or area, year, sex and urban/rural residence / Continent, pays ou zone, année, sexe et résidence, urbaine/rurale	All ages Tous âges	Age (in years)							
		– 1	1 – 4	5 – 9	10 – 14	15 – 19	20 – 24	25 – 29	30 – 34
EUROPE (Cont.–Suite)									
Romania – Roumanie									
Urban – Urbaine									
1996									
1 Male – Masculin	64 381	1 135	259	405	222	435	565	719	817
2 Female – Féminin	52 069	871	217	262	135	204	255	325	356
Rural – Rurale									
1996									
3 Male – Masculin	90 481	1 752	402	468	204	464	739	953	927
4 Female – Féminin	79 227	1 400	331	263	127	200	247	328	279
Russian Federation – Féd. de Russie									
Urban – Urbaine									
1995 [8]									
5 Male – Masculin	837 816	9 478	2 234	2 614	2 674	9 234	15 935	18 611	30 845
6 Female – Féminin	716 366	6 780	1 658	1 543	1 454	3 157	3 834	4 386	7 638
Rural – Rurale									
1995 [8]									
7 Male – Masculin	329 812	4 994	1 795	1 534	1 332	3 929	6 564	7 767	12 243
8 Female – Féminin	319 817	3 588	1 343	817	689	1 352	1 342	1 535	2 546
Slovakia – Slovaquie									
Urban – Urbaine									
1991									
9 Male – Masculin	13 845	281	52	51	50	86	114	161	223
10 Female – Féminin	11 841	262	40	31	17	36	32	49	93
Rural – Rurale									
1991									
11 Male – Masculin	16 097	289	45	24	39	86	135	131	225
12 Female – Féminin	12 835	207	35	27	25	41	34	37	61
Slovenia – Slovénie									
Urban – Urbaine									
1996									
13 Male – Masculin	4 128	25	4	3	3	39	42	45	61
14 Female – Féminin	4 060	10	8	3	6	8	21	17	17
Rural – Rurale									
1996									
15 Male – Masculin	5 370	33	10	7	16	42	53	64	60
16 Female – Féminin	5 062	21	3	–	4	11	13	18	21
Switzerland – Suisse									
Urban – Urbaine									
1996									
17 Male – Masculin	20 469	142	34	29	16	72	177	224	300
18 Female – Féminin	22 612	109	25	11	18	45	41	82	152
Rural – Rurale									
1996									
19 Male – Masculin	10 310	84	23	13	15	56	96	92	134
20 Female – Féminin	9 246	54	17	12	10	16	25	36	39
The former Yugoslav Rep. of Macedonia – L'ex Rép. youg. de Macédoine									
Urban – Urbaine									
1995									
21 Male – Masculin	5 133	211	19	14	15	23	43	29	43
22 Female – Féminin	4 232	178	18	10	8	11	17	10	39
Rural – Rurale									
1995									
23 Male – Masculin	3 821	170	28	15	13	18	29	35	40
24 Female – Féminin	3 152	170	20	5	6	5	21	24	21
Ukraine									
Urban – Urbaine									
1995 [8]									
25 Male – Masculin	248 626	2 607	688	700	646	1 918	3 550	4 507	7 184
26 Female – Féminin	227 808	1 851	529	381	348	753	1 020	1 337	1 955
Rural – Rurale									
1995 [8]									
27 Male – Masculin	147 426	1 636	711	404	364	872	1 657	2 002	3 048
28 Female – Féminin	168 727	1 220	557	275	229	381	412	474	708

19. Décès selon l'âge, le sexe et la résidence, urbaine/rurale: dernière année disponible (suite)

Données selon la résidence urbaine/rurale

(Voir notes à la fin du tableau.)

35 – 39	40 – 44	45 – 49	50 – 54	55 – 59	60 – 64	65 – 69	70 – 74	75 – 79	80 – 84	85 +	Unknown Inconnu	
1 962	3 480	4 286	4 332	6 426	7 436	8 331	8 100	4 903	5 636	4 932	–	1
822	1 440	1 685	1 836	2 799	3 946	5 616	7 394	6 287	8 525	9 094	–	2
1 772	2 685	3 486	4 200	7 053	9 793	12 096	13 787	8 539	10 794	10 367	–	3
546	871	1 348	1 807	3 363	5 382	8 097	12 040	10 704	15 970	15 924	–	4
46 477	61 541	67 423	54 869	105 447	91 627	118 959	63 835	45 760	47 452	30 789	12 012	5
12 393	17 877	22 121	19 929	44 880	48 628	85 684	90 464	85 502	126 288	129 188	2 962	6
17 123	19 581	19 224	17 588	39 927	41 733	51 788	27 941	18 950	20 256	14 974	569	7
3 894	5 168	5 745	6 537	16 802	20 593	37 019	38 099	38 691	62 268	71 566	223	8
385	545	703	775	1 139	1 670	1 954	1 428	1 769	1 439	1 020	–	9
152	237	269	348	568	891	1 318	1 245	1 887	2 157	2 209	–	10
335	535	614	876	1 256	1 840	2 215	1 621	2 214	2 068	1 549	–	11
84	132	217	356	477	799	1 395	1 288	2 176	2 695	2 749	–	12
65	147	183	225	286	478	590	576	402	513	441	–	13
34	66	106	124	144	258	389	511	448	734	1 156	–	14
106	173	234	280	429	615	785	671	497	603	692	–	15
48	50	85	116	182	252	417	652	591	1 047	1 531	–	16
338	372	531	752	989	1 344	1 895	2 566	2 844	3 304	4 540	–	17
148	226	286	456	552	749	1 091	1 823	2 482	4 087	10 229	–	18
120	138	220	343	393	610	900	1 365	1 606	1 834	2 268	–	19
58	79	119	178	187	310	461	753	1 091	1 754	4 047	–	20
93	157	229	276	479	579	694	701	507	541	480	–	21
58	79	104	147	240	408	539	660	499	683	523	1	22
52	71	85	145	202	344	459	522	484	591	517	1	23
26	33	40	75	128	199	345	472	410	595	556	1	24
10 270	14 333	16 439	17 587	31 960	25 879	36 618	23 530	16 353	18 740	13 756	1 361	25
3 055	4 524	5 903	6 612	14 387	13 840	26 982	30 980	28 413	42 125	42 482	331	26
4 403	5 693	6 275	8 769	16 931	16 043	22 138	18 122	11 082	14 485	12 725	66	27
1 191	1 556	2 130	3 631	7 786	8 688	17 262	23 430	21 133	36 516	41 128	20	28

(See notes at end of table.)

Continent, country or area, year, sex and urban/rural residence / Continent, pays ou zone, année, sexe et résidence, urbaine/rurale		All ages Tous âges	−1	1−4	5−9	10−14	15−19	20−24	25−29	30
EUROPE (Cont.–Suite)											
Yugoslavia – Yougoslavie											
Urban – Urbaine											
1995											
1	Male – Masculin	27 124	753	96	63	53	143	183	214	
2	Female – Féminin	24 859	595	60	33	42	75	77	90	
Rural – Rurale											
1995											
3	Male – Masculin	29 143	568	107	54	54	107	172	173	
4	Female – Féminin	26 409	450	93	42	40	52	77	80	
OCEANIA—OCEANIE											
Guam											
Urban – Urbaine											
1992 [24] [25]											
5	Male – Masculin	284	23	1	3	3	11	12	8	
6	Female – Féminin	202	13	2	–	3	4	4	2	
Rural – Rurale											
1992 [24] [25]											
7	Male – Masculin	62	5	–	–	–	–	4	6	
8	Female – Féminin	37	2	–	–	–	1	–	–	
New Zealand – Nouvelle–Zélande											
Urban – Urbaine											
1993+											
9	Male – Masculin	10 644	164	44	15	19	119	178	121	
10	Female – Féminin	10 398	138	42	15	15	47	61	54	
Rural – Rurale											
1993+											
11	Male – Masculin	3 554	70	13	7	10	65	87	63	
12	Female – Féminin	2 647	54	13	7	12	21	15	29	

(Voir notes à la fin du tableau.)

					Age (en années)							
35 – 39	40 – 44	45 – 49	50 – 54	55 – 59	60 – 64	65 – 69	70 – 74	75 – 79	80 – 84	85 +	Unknown Inconnu	
495	877	1 128	1 403	2 515	3 703	4 351	3 944	2 008	2 672	2 175	65	1
254	509	594	773	1 423	2 217	3 369	4 144	2 617	4 004	3 785	57	2
355	656	764	1 104	1 953	3 399	4 385	4 534	2 760	3 794	3 940	54	3
159	296	349	558	1 040	1 987	3 097	4 541	3 082	4 852	5 414	92	4
16	16	10	9	24	29	34	27	19	10	12	–	5
7	6	10	10	15	20	25	27	15	20	15	–	6
4	4	7	4	6	3	6	4	3	1	2	–	7
1	2	1	2	4	4	1	5	1	7	5	–	8
152	198	246	384	507	819	1 214	1 552	1 724	1 534	1 531	–	9
76	150	167	260	322	511	797	1 113	1 568	1 880	3 120	–	10
80	92	90	139	174	304	433	471	565	435	404	–	11
27	42	67	99	152	180	233	329	341	410	584	–	12

19. Deaths by age, sex and urban/rural residence: latest available year

FOOTNOTES

* Provisional.
+ Data tabulated by year of registration rather than occurrence.

1 For classification by urban/rural residence, see end of table.
2 Excluding deaths of unknown sex.
3 Including Canadian residents temporarily in the United States, but excluding United States residents temporarily in Canada.
4 Excluding deaths of infants dying before registration of birth.

5 Excluding Indian jungle population.
6 Based on burial permits.
7 Excluding nomadic Indian tribes.
8 Excluding infants born alive after less than 28 weeks' gestation, of less than 1 000 grammes in weight and 35 centimetres in length, who die within seven days of birth.
9 For government controlled areas.
10 Including data for East Jerusalem and Israeli residents in certain other territories under occupation by Israeli military forces since June 1967.

11 For Japanese nationals in Japan only.
12 Excluding alien armed forces, civilian aliens employed by armed forces, and foreign diplomatic personnel and their dependants.

NOTES

* Données provisoires.
+ Données exploitées selon l'année de l'enregistrement et non l'année de l'événement.
1 Pour le classement selon la résidence, urbaine/rurale, voir la fin du tableau.
2 Non compris les décès dont on ignore le sexe.
3 Y compris les résidents canadiens temporairement aux Etats–Unis, mais non compris les résidents des Etats–Unis, temporairement au Canada.
4 Non compris les enfants nés vivants décédés avant l'enregistrement de leur naissance.
5 Non compris les Indiens de la jungle.
6 D'après les permis d'inhumer.
7 Non compris les tribus d'Indiens nomades.
8 Non compris les enfants nés vivants après moins de 28 semaines de gestation, pesant moins de 1 000 grammes, mesurant moins de 35 centimètres et décédés dans les sept jours qui ont suivi leur naissances.
9 Pour les zones contrôlées pour le Gouvernement.
10 Y compris les données pour Jérusalem–Est et les résidents israéliens dans certains autres territoires occupés depuis juin 1967 par les forces armées israéliennes.
11 Pour les nationaux japonais au Japon seulement.
12 Non compris les militaires étrangers, les civils étrangers employés par les forces armées ni le personnel diplomatique étranger et les membres de leur famille les accompagant.

19. Décès selon l'âge, le sexe et la résidence, urbaine/rurale: dernière année disponible

FOOTNOTES (continued)

13 Estimates based on the results of the continuous Demographic Sample Survey.

14 Based on the results of the Population Growth Survey.
15 Excluding non—locally domiciled military and civilian services personnel and their dependants.
16 Including armed forces stationed outside the country, but excluding alien armed forces stationed in the area.
17 Excluding Faeroe Island and Greenland.
18 Including nationals temporarily outside the country.
19 Including armed forces stationed outside the country.
20 For ages five years and over, age classification based on year of birth rather than exact date of birth.
21 Deaths registered within one year of occurrence.
22 Including residents outside the country if listed in a Netherlands population register.
23 Including residents temporarily outside the country.
24 Including United States military personnel, their dependants and contract employees.
25 Excluding deaths of unknown residence.
26 Excluding nationals outside the country.
27 For the de jure population.

NOTES (suite)

13 Les estimations sont basés sur les résultats d'une enquête démographique par sondage continue.
14 D'après les résultats de la ''Population Growth Survey''.
15 Non compris les militaires et agents civils non résidents et les membres de leur famille les accompagnant.
16 Y compris les militaires nationaux hors du pays, mais non compris les militaires étrangers en garnison sur le territoire.
17 Non compris les îles Féroé et le Groenland.
18 Y compris les nationaux se trouvant temporairement hors du pays.
19 Y compris les militaires en garnison hors du pays.
20 A partir de cinq ans, le classement selon l'âge est basé sur l'année de naissances et non sur la date exacte de naissance.
21 Décès enregistrés dans l'année qui suit l'événement.
22 Y compris les résidents hors du pays, s'ils sont inscrits sur un registre de population néerlandais.
23 Y compris les résidents se trouvant temporairement hors du pays.
24 Y compris les militaires des Etats—Unis, les membres de leur famille les accompagnant et les agents contractuels des Etats—Unis.
25 Non compris les décès dont on ignore la résidence.
26 Non compris les nationaux hors du pays.
27 Pour la population de droit.

20. Death rates specific for age, sex and urban/rural residence: latest available year

(See notes at end of table.)

Continent, country or area, year, sex and urban/rural residence / Continent, pays ou zone, année, sexe et résidence, urbaine/rurale	All ages Tous âges [1]	−1	1–4	5–9	10–14	15–19	20–24	25–29	3
AFRICA—AFRIQUE									
Cape Verde – Cap–Vert 1990									
1 Male – Masculin	8.1	57.7	3.4	♦ 0.6	♦ 0.4	♦ 0.8	♦ 1.5	3.4	
2 Female – Féminin	6.6	44.3	3.4	♦ 0.5	♦ 0.6	♦ 0.5	♦ 1.0	♦ 1.0	
Egypt – Egypte 1992 [2]									
3 Male – Masculin	7.1	*———	10.0 ———*	1.1	0.9	1.1	1.2	1.6	
4 Female – Féminin	6.7	*———	10.7 ———*	0.9	0.8	0.9	1.0	1.3	
Mauritius – Maurice 1996+									
5 Male – Masculin	7.8	26.9	♦ 0.5	♦ 0.3	♦ 0.2	0.9	1.3	1.7	
6 Female – Féminin	5.7	18.9	♦ 0.5	♦ 0.3	♦ 0.4	0.6	♦ 0.4	♦ 0.6	
Morocco – Maroc 1995 [2]									
7 Male – Masculin	4.5	*———	5.2 ———*	0.7	0.6	0.9	1.2	1.3	
8 Female – Féminin	2.2	*———	4.5 ———*	0.6	0.5	0.6	0.7	0.7	
Tunisia – Tunisie 1995									
9 Male – Masculin	5.6	*———	5.9 ———*	0.5	0.4	0.7	1.1	1.3	
10 Female – Féminin	3.9	*———	4.8 ———*	0.4	0.3	0.4	0.5	0.6	
AMERICA, NORTH— AMERIQUE DU NORD									
Bahamas 1994									
11 Male – Masculin	6.5	18.5	♦ 1.4	♦ 0.7	♦ 0.4	♦ 1.3	2.4	4.2	
12 Female – Féminin	4.8	17.5	♦ 0.9	♦ 0.3	–	♦ 0.2	♦ 1.1	♦ 1.9	
Canada 1995 [3]									
13 Male – Masculin	7.6	6.6	0.3	0.2	0.2	0.8	1.0	1.1	
14 Female – Féminin	6.6	5.5	0.2	0.1	0.2	0.3	0.3	0.4	
Costa Rica 1995									
15 Male – Masculin	5.1	*———	4.1 ———*	0.3	0.4	1.0	1.5	2.0	*———
16 Female – Féminin	3.8	*———	3.4 ———*	0.2	0.3	0.4	0.5	0.5	*———
Cuba 1995 [2]									
17 Male – Masculin	7.8	10.7	0.8	0.4	0.4	1.1	1.5	1.6	
18 Female – Féminin	6.3	8.2	0.6	0.3	0.3	0.6	0.8	0.8	
El Salvador 1992 [2]									
19 Male – Masculin	6.7	28.0	1.4	0.6	0.7	2.0	3.5	4.6	
20 Female – Féminin	4.3	22.2	1.3	0.5	0.5	0.8	0.9	1.1	
Jamaica – Jamaïque 1991+									
21 Male – Masculin	5.6	11.4	1.3	0.3	0.3	*———	0.5 ———*	*———	0.8 —
22 Female – Féminin	5.4	9.2	1.0	♦ 0.2	♦ 0.2	*———	0.4 ———*	*———	0.7 —
Martinique 1992 [4]									
23 Male – Masculin	6.7	*——— ♦	1.8 ———*	♦ 0.1	♦ 0.2	♦ 1.0	♦ 1.2	♦ 1.7	
24 Female – Féminin	5.1	*——— ♦	1.4 ———*	♦ 0.1	♦ 0.2	♦ 0.3	♦ 0.4	♦ 0.5	♦

20. Taux de mortalité selon l'âge, le sexe et la résidence, urbaine/rurale: dernière année disponible

(Voir notes à la fin du tableau.)

				Age(en années)							
35–39	40–44	45–49	50–54	55–59	60–64	65–69	70–74	75–79	80–84	85 plus	
♦ 5.0	♦ 5.6	♦ 6.0	10.9	14.7	13.4	17.0	39.6	54.7	123.2	183.8	1
♦ 2.7	♦ 3.4	♦ 3.6	♦ 3.3	6.3	11.1	13.1	30.0	43.9	84.5	151.8	2
3.1	4.5	6.7	11.3	18.2	32.8	48.4	74.6 *——— —	146.1 ——————*			3
2.2	2.8	4.3	7.6	10.8	21.7	33.6	59.9 *——— —	173.1 — ———*			4
4.0	6.3	9.1	12.8	20.7	31.0	39.9	64.1	96.9	129.5	214.4	5
1.0	2.1	3.3	7.0	8.7	15.7	23.8	36.6	60.8	103.7	172.7	6
2.2	3.1	4.2	7.2	10.7	17.8	27.7	37.3 *——— —	61.4 ————*			7
1.2	1.6	1.8	2.8	3.8	6.6	8.4	12.2 *——— —	18.7 —————*			8
1.7	2.3	3.9	5.5	9.9	14.2	25.8	35.3	68.5 *———	1 20.2 ———*		9
1.1	1.6	2.4	2.9	5.5	9.2	17.6	25.0	57.7 *———	97.6 ———*		10
8.0	7.8	7.9	9.3	17.8	18.4	39.2	29.0	74.1	88.3	173.1	11
4.5	♦ 3.7	♦ 3.2	6.7	9.3	13.3	18.5	30.3	53.8	77.0	119.0	12
1.7	2.2	3.2	5.1	8.4	14.1	23.3	36.8	59.3	94.8	171.8	13
0.8	1.2	2.0	3.1	5.1	7.7	12.7	20.1	33.5	59.0	136.4	14
2.4 –* *———	3.7 ———* *———	8.1 ———* *———	18.1 ———* *———	62.8 ———————*							15
0.9 –* *———	2.1 ———* *———	4.8 ———* *———	11.6 ———* *———	52.2 ———————*							16
2.3	3.1	4.6	6.6	10.1	15.2 *———	29.7 ———* *———	74.0 ———*			167.8	17
1.4	2.3	3.1	4.7	7.1	11.8 *———	21.7 ———* *———	57.5 ———*			145.6	18
6.4	7.4	8.8	11.3	14.5	17.9	27.4	34.5	53.5	77.1	118.8	19
1.8	2.7	3.8	4.9	7.9	11.2	16.4	27.2	41.0	60.7	107.8	20
*———	1.7 ———* *———	4.7 ———* *———	12.8 ———* *———	31.8 ———* *———	— 85.5 ————*						21
*———	1.7 ———* *———	4.2 ———* *———	10.8 ———* *———	22.4 ———* *———	— 76.4 ———*						22
♦ 1.5	3.1	♦ 3.1	6.1	10.3	14.6	24.8	34.2	59.2	77.4	171.3	23
♦ 0.8	♦ 2.0	♦ 0.8	♦ 2.8	4.2	6.4	12.6	20.8	31.5	50.8	120.0	24

(See notes at end of table.)

Continent, country or area, year, sex and urban/rural residence — Continent, pays ou zone, année, sexe et résidence, urbaine/rurale	All ages Tous âges [1]	−1	1–4	5–9	10–14	15–19	20–24	25–29	30–
AMERICA,NORTH— (Cont.–Suite) AMERIQUE DU NORD									
Mexico – Mexique 1995 [2]									
1 Male – Masculin	5.4	*———	5.8 ———*	0.4	0.5	1.2	1.9	2.4	
2 Female – Féminin	4.1	*———	4.7 ———*	0.3	0.3	0.5	0.6	0.7	
Netherlands Antilles – Antilles néerlandaises 1992*									
3 Male – Masculin	7.3	◆ 8.2	◆ 0.9	◆ 0.1	–	◆ 0.5	◆ 1.2	◆ 1.7	◆
4 Female – Féminin	5.7	◆ 9.7	◆ 0.6	◆ 0.4	–	◆ 0.4	◆ 0.3	◆ 0.8	◆
Panama 1995 [2]									
5 Male – Masculin	5.0	*———	4.7 ———*	0.4	0.5	1.1	2.0	2.2	
6 Female – Féminin	3.4	*———	4.0 ———*	0.4	0.3	0.5	0.7	0.7	
Puerto Rico – Porto Rico 1996									
7 Male – Masculin	9.6	9.9	0.5	◆ 0.2	0.4	1.7	2.6	3.2	
8 Female – Féminin	6.5	9.6	0.3	◆ 0.2	◆ 0.2	0.4	0.5	1.0	
Trinidad and Tobago – Trinité–et–Tobago 1995									
9 Male – Masculin	7.7	20.3	◆ 0.7	◆ 0.4	0.5	1.0	1.7	2.4	
10 Female – Féminin	6.6	17.6	◆ 0.6	◆ 0.4	◆ 0.4	0.7	1.0	1.2	
United States – Etats–Unis 1995									
11 Male – Masculin	9.1	8.4	0.4	0.2	0.3	1.2	1.6	1.7	
12 Female – Féminin	8.5	6.9	0.4	0.2	0.2	0.5	0.5	0.6	
United States Virgin Islands – Iles Vierges américaines 1990									
13 Male – Masculin	6.8	◆ 21.9	◆ 1.1	◆ 0.4	◆ 1.0	◆ 1.4	◆ 2.3	◆ 4.3	◆
14 Female – Féminin	3.3	◆ 18.0	–	–	◆ 0.2	–	◆ 0.5	◆ 0.8	◆
AMERICA,SOUTH— AMERIQUE DU SUD									
Argentina – Argentine 1995									
15 Male – Masculin	8.7	*———	5.5 ———*	0.3	0.4	1.0	1.5	1.8	
16 Female – Féminin	6.8	*———	4.5 ———*	0.2	0.3	0.4	0.6	0.8	
Brazil – Brésil 1994 [5]									
17 Male – Masculin	7.1	30.4	1.3	0.5	0.6	1.7	2.7	3.1	
18 Female – Féminin	4.8	23.2	1.1	0.3	0.4	0.6	0.8	1.0	
Chile – Chili 1996 [2]									
19 Male – Masculin	6.1	*———	2.8 ———*	0.3	0.4	0.9	1.6	1.6	
20 Female – Féminin	4.8	*———	2.2 ———*	0.2	0.2	0.3	0.4	0.5	
Colombia – Colombie 1994+ [2][6]									
21 Male – Masculin	6.0	*———	4.2 ———*	0.5	0.6	2.8	4.8	4.1	
22 Female – Féminin	3.8	*———	3.3 ———*	0.3	0.3	0.7	0.8	0.9	

(Voir notes à la fin du tableau.)

	35–39	40–44	45–49	50–54	55–59	60–64	65–69	70–74	75–79	80–84	85 plus	
						Age(en années)						
	3.9	4.7	6.2	8.5	12.3	18.0	25.9	40.0	59.6	*——— 1 51.1 ———*		1
	1.5	2.1	3.3	5.1	8.3	12.9	19.1	28.1	43.4	*——— 1 39.6 ———*		2
	♦ 2.8	♦ 3.0	♦ 4.4	♦ 6.0	13.5	20.5	28.6	54.5	80.7	125.7	222.7	3
	♦ 1.1	♦ 2.7	♦ 3.1	♦ 5.0	♦ 6.0	13.6	♦ 10.9	28.5	41.9	69.6	169.1	4
	3.2	3.3	3.8	5.8	7.9	12.4	19.4	34.4	52.6	*——— 1 21.2 ———*		5
	1.3	1.7	2.3	3.2	4.1	6.9	13.0	18.6	33.8	*——— 1 01.0 ———*		6
	5.5	7.0	8.1	9.9	13.4	20.4	25.9	39.7	59.1	91.7	186.0	7
	2.1	2.4	2.8	3.8	5.8	10.3	15.2	23.3	39.3	66.3	156.8	8
	3.4	4.0	7.2	9.7	15.5	24.2	38.9	57.0	76.9	*——— 1 61.7 ———*		9
	2.1	3.1	4.8	9.6	11.4	20.0	28.1	40.7	52.5	*——— 1 51.6 ———*		10
	2.9	3.8	5.0	7.3	11.1	17.7	26.5	40.3	60.4	96.3	179.8	11
	1.3	1.8	2.6	4.1	6.6	10.4	15.7	24.4	38.2	63.6	144.9	12
	♦ 4.1	♦ 1.9	♦ 4.1	♦ 9.8	♦ 11.8	♦ 19.2	♦ 19.7	♦ 37.1	76.3	*——— 2 24.7 ———*		13
	♦ 0.5	♦ 0.7	♦ 2.2	♦ 5.8	♦ 4.9	♦ 8.7	♦ 9.6	♦ 18.8	♦ 28.1	*——— 1 21.7 ———*		14
	2.5	3.5	5.8	9.3	14.4	22.4	32.5	48.3	70.3	*——— 1 70.7 ———*		15
	1.3	2.0	3.1	4.5	6.3	9.4	14.9	24.5	40.7	*——— 1 31.4 ———*		16
	4.7	6.3	8.1	11.3	15.3	23.9	33.9	54.3	84.7	*——— 1 81.5 ———*		17
	1.8	2.8	4.0	5.8	8.6	13.7	20.3	33.6	57.1	*——— 1 59.7 ———*		18
	2.3	3.1	4.8	7.6	11.6	18.5	31.5	45.4	71.4	*——— 1 51.8 ———*		19
	1.0	1.5	2.5	4.0	5.9	9.5	16.8	24.9	41.8	*——— 1 20.0 ———*		20
	4.6	4.6	5.2	7.8	11.1	18.7	26.5	41.3	63.2	*——— 1 26.0 ———*		21
	1.4	1.8	2.7	5.1	7.8	12.7	18.5	28.9	46.6	*——— 1 09.4 ———*		22

(See notes at end of table.)

Continent, country or area, year, sex and urban/rural residence / Continent, pays ou zone, année, sexe et résidence, urbaine/rurale	All ages Tous âges [1]	Age (in years)							
		−1	1–4	5–9	10–14	15–19	20–24	25–29	30–
AMERICA,SOUTH— (Cont.–Suite) AMERIQUE DU SUD									
Ecuador – Equateur 1996 [2] [7]									
1 Male – Masculin	5.0	19.3	2.1	0.6	0.6	1.4	2.1	2.5	
2 Female – Féminin	3.9	16.6	1.9	0.5	0.4	0.8	0.9	1.0	
Paraguay 1992									
3 Male – Masculin	2.5	6.8	0.7	0.2	0.2	0.6	0.7	0.9	
4 Female – Féminin	2.1	5.9	0.6	0.2	0.2	0.3	0.4	0.4	
Suriname 1993									
5 Male – Masculin	8.5	32.2	◆ 0.8	◆ 0.7	◆ 0.6	1.6	2.4	2.9	
6 Female – Féminin	6.3	23.5	◆ 1.6	◆ 0.5	◆ 0.5	◆ 1.5	2.1	1.9	
Uruguay 1990									
7 Male – Masculin	11.0	*———	5.6 ———*	0.3	0.4	0.9	1.2	1.5	
8 Female – Féminin	8.6	*———	4.5 ———*	0.2	◆ 0.2	0.5	0.5	0.5	
Venezuela 1990 [5]									
9 Male – Masculin	5.2	*———	7.0 ———*	0.5	0.6	1.5	2.2	2.3	
10 Female – Féminin	4.0	*———	5.7 ———*	0.4	0.4	0.6	0.8	0.9	
ASIA—ASIE									
Armenia – Arménie 1992 [2] [8]									
11 Male – Masculin	7.8	20.6	1.3	0.3	0.3	0.8	1.9	2.7	
12 Female – Féminin	6.3	15.8	1.2	0.2	◆ 0.2	0.3	0.7	0.6	
Bahrain – Bahreïn 1995									
13 Male – Masculin	3.4	*———	4.4 ———*	◆ 0.4	◆ 0.3	◆ 0.8	◆ 0.8	1.1	
14 Female – Féminin	3.2	*———	4.1 ———*	◆ 0.2	◆ 0.2	◆ 0.4	◆ 0.3	◆ 0.4	◆
China – Chine Hong Kong SAR – Hong–kong RAS 1996									
15 Male – Masculin	5.8	4.3	0.2	◆ 0.1	0.1	0.5	0.7	0.8	
16 Female – Féminin	4.4	3.5	◆ 0.2	◆ 0.1	0.2	0.3	0.3	0.3	
Cyprus – Chypre 1996 [9]									
17 Male – Masculin	8.2	*———	1.7 ———*	◆ 0.3	◆ 0.1	◆ 1.1	◆ 1.4	◆ 0.9	◆
18 Female – Féminin	7.1	*———	1.6 ———*	◆ 0.1	◆ 0.2	◆ 0.4	◆ 0.2	◆ 0.4	◆ 0
Iran (Islamic Republic of – Rép. islamique d') 1991 [2]									
19 Male – Masculin	5.2	80.4	5.1	1.3	0.8	1.2	1.5	1.4	1
20 Female – Féminin	3.5	59.5	3.9	0.9	0.5	0.6	0.7	0.7	0
Israel – Israël 1995 [2]									
21 Male – Masculin	6.6	7.6	0.4	0.1	0.2	0.6	1.0	0.8	1
22 Female – Féminin	6.2	6.2	0.4	0.2	◆ 0.1	0.3	0.3	0.3	0
Japan – Japon 1996 [11]									
23 Male – Masculin	7.9	4.1	0.4	0.2	0.1	0.5	0.7	0.7	0
24 Female – Féminin	6.4	3.5	0.3	0.1	0.1	0.2	0.3	0.3	0

					Age(en années)						
35–39	40–44	45–49	50–54	55–59	60–64	65–69	70–74	75–79	80–84	85 plus	
3.3	3.7	5.2	7.2	9.5	13.6	21.8	32.3	52.9	89.5	294.8	1
1.5	2.2	3.2	4.4	6.3	9.3	14.7	20.9	35.9	65.3	253.0	2
0.9	1.2	2.1	2.8	5.2	6.9	9.7	16.5	25.4	39.6	78.0	3
0.7	1.1	1.5	2.0	3.4	4.9	7.0	11.8	18.9	29.8	65.7	4
4.9	7.1	12.5	14.6	22.0	32.8	46.3	64.1	99.2	*——— 2 00.0 ———*		5
♦ 2.6	3.6	6.2	9.4	11.0	23.1	28.3	36.5	83.3	*——— 1 67.3 ———*		6
2.2	3.5	6.0	9.5	16.7	22.9	34.9	55.2	79.2	*——— 1 57.8 ———*		7
1.3	1.7	3.0	4.9	7.2	10.1	16.4	29.1	46.6	*——— 1 24.5 ———*		8
2.7	3.4	5.1	8.4	12.0	19.4	28.1	45.2	*——— — 109.9 ———*			9
1.6	2.1	3.2	4.9	7.8	12.7	18.9	32.6	*——— — 92.3 ———*			10
3.8	4.7	6.8	11.1	15.0	26.5	38.0	52.1	79.3	140.1	188.7	11
1.1	1.7	2.8	4.8	7.5	13.4	23.3	38.3	60.3	104.8	187.2	12
1.4	2.2	3.8	4.5	10.7	21.4	43.7	58.9	*——— — 119.4 ———*			13
♦ 0.8	♦ 1.4	♦ 1.8	5.6	11.3	16.5	38.6	58.7	*——— — 110.1 ———*			14
1.1	1.9	2.6	4.6	8.1	13.2	22.8	35.1	54.0	91.0	128.2	15
0.6	1.0	1.4	2.1	3.6	6.1	10.9	18.8	33.8	59.3	112.5	16
1.5	2.0	3.1	4.0	7.7	12.0	22.9	40.3	65.8	*——— 1 48.3 ———*		17
♦ 0.8	♦ 0.6	1.9	2.7	3.8	7.9	12.8	23.7	46.6	*——— 1 22.9 ———*		18
1.5	2.4	3.2	4.6	5.3	11.3	12.8	27.6	35.9	51.8	53.8	19
0.9	1.3	1.7	3.2	4.0	7.3	7.2	19.0	23.9	39.6	40.0	20
1.3	1.6	3.0	5.0	8.3	14.6	23.9	37.4	61.5	97.2	189.6	21
0.7	1.2	1.7	2.4	5.2	8.9	15.2	26.2	46.9	81.0	174.9	22
1.1	1.8	2.9	4.9	7.3	12.6	19.4	29.6	50.9	86.4	168.3	23
0.6	1.0	1.6	2.4	3.3	5.2	8.2	13.8	26.1	49.5	117.9	24

(See notes at end of table.)

Continent, country or area, year, sex and urban/rural residence / Continent, pays ou zone, année, sexe et résidence, urbaine/rurale	All ages Tous âges [1]	Age (in years)							
		−1	1–4	5–9	10–14	15–19	20–24	25–29	30–3
ASIA—ASIE (Cont.–Suite)									
Kazakhstan 1996 [2][8]									
1 Male – Masculin	11.9	28.7	2.2	0.6	0.7	1.7	3.8	4.7	6
2 Female – Féminin	9.0	21.9	1.7	0.4	0.4	0.7	1.2	1.6	1
Korea, Dem. People's Rep. of – Corée, rép. populaire dém. de 1993									
3 Male – Masculin	6.4	*———	5.6 ———*	0.7	0.4	0.6	0.8	1.1	1
4 Female – Féminin	4.9	*———	5.1 ———*	0.5	0.2	0.4	0.6	0.7	0
Korea, Republic of— Corée, République de 1995 [12][13]									
5 Male – Masculin	6.0	3.2	0.7	0.4	0.4	1.0	1.2	1.6	2
6 Female – Féminin	4.7	2.6	0.6	0.3	0.2	0.5	0.6	0.7	0
Kuwait – Koweït 1996									
7 Male – Masculin	2.2	*———	3.4 ———*	0.4	0.5	0.9	0.8	0.6	0
8 Female – Féminin	2.1	*———	3.1 ———*	♦ 0.2	♦ 0.2	♦ 0.3	♦ 0.5	0.5	♦ 0
Kyrgyzstan – Kirghizistan 1995 [2][8]									
9 Male – Masculin	9.1	35.3	3.3	0.7	0.6	1.2	2.3	3.4	4
10 Female – Féminin	7.5	25.6	3.2	0.5	0.4	0.7	1.0	1.3	2
Macau – Macao 1996									
11 Male – Masculin	3.7	*——— ♦	1.1 ———*	♦ 0.1	♦ 0.1	♦ 0.2	♦ 1.2	♦ 1.4	♦ 0
12 Female – Féminin	3.1	*——— ♦	1.4 ———*	–	♦ 0.2	♦ 0.2	♦ 0.4	♦ 0.3	♦ 0
Malaysia – Malaisie 1996									
13 Male – Masculin	5.1	10.7	0.8	0.4	0.5	1.4	1.8	1.8	2.
14 Female – Féminin	3.9	8.6	0.6	0.3	0.3	0.5	0.5	0.7	0
Maldives 1993 [2]									
15 Male – Masculin	6.1	*———	9.4 ———*	♦ 0.6	♦ 0.4	♦ 0.3	♦ 1.3	♦ 0.6	♦ 1.
16 Female – Féminin	5.0	*———	8.9 ———*	♦ 0.9	♦ 0.7	♦ 0.3	♦ 1.0	♦ 1.3	♦ 1.
Philippines 1991+									
17 Male – Masculin	5.6	22.3	2.8	1.1	0.7	1.2	2.3	2.9	3.
18 Female – Féminin	3.8	16.6	2.5	0.8	0.6	0.7	0.9	1.2	1.
Singapore – Singapour 1997+ [14]									
19 Male – Masculin	5.5	*———	1.2 ———*	♦ 0.2	♦ 0.2	0.6	1.4	1.5	1.
20 Female – Féminin	4.4	*———	0.8 ———*	♦ 0.1	♦ 0.2	♦ 0.2	0.6	0.5	0.
Sri Lanka 1995+									
21 Male – Masculin	7.1	*———	3.2 ———*	0.5	0.5	1.7	3.6	3.7	3.
22 Female – Féminin	4.4	*———	2.8 ———*	0.4	0.4	0.9	1.0	1.1	1.
Tajikistan – Tadjikistan 1993 [2][8]									
23 Male – Masculin	10.6	52.2	9.0	1.1	0.9	2.1	4.7	8.3	9.
24 Female – Féminin	6.9	41.4	8.5	0.8	0.6	0.8	1.4	1.6	2.
Thailand – Thaïlande 1994+ [2]									
25 Male – Masculin	6.2	*———	2.2 ———*	0.6	0.6	2.2	3.2	4.0	4.
26 Female – Féminin	4.1	*———	1.7 ———*	0.4	0.4	0.7	0.8	0.9	1.

(Voir notes à la fin du tableau.)

					Age(en années)						
35–39	40–44	45–49	50–54	55–59	60–64	65–69	70–74	75–79	80–84	85 plus	
8.5	11.7	16.6	23.3	32.7	46.4	62.5	79.0	112.3	164.3	245.6	1
2.6	3.7	5.8	8.9	12.9	19.5	30.2	45.1	72.4	111.8	197.1	2
1.5	2.7	4.0	6.8	14.4	31.0	48.9	77.3	117.0	178.7	282.4	3
0.7	1.1	1.6	2.6	4.8	10.1	18.1	34.6	66.8	113.3	185.7	4
3.0	4.5	6.5	10.1	14.1	20.4	33.7	54.6	91.0	*——— 1 89.6 ———*		5
1.0	1.5	2.2	3.7	5.5	8.6	15.5	28.8	54.2	*——— 1 43.4 ———*		6
1.0	1.5	2.7	4.4	7.0	16.2	25.6 *———	———	76.7 ———*			7
0.7	1.2	2.5	3.2	7.3	12.8	28.1 *———	———	86.9 ———*			8
6.6	10.4	15.5	17.7	25.3	38.0	50.3	70.2	106.1	147.7	263.7	9
2.6	3.6	6.4	8.9	13.4	18.9	28.3	43.0	70.2	104.6	240.0	10
1.4	♦ 1.0	2.4	3.9	5.9	15.6	20.2	22.9 *———	—	58.8 ———*		11
♦ 0.5	♦ 1.2	♦ 1.6	♦ 1.3	♦ 4.0	6.7	10.5	22.1 *———	—	46.3 ———*		12
2.7	3.4	5.2	8.7	13.9	22.6	36.2	58.3 *———	—	127.5 ———*		13
1.2	1.9	3.2	5.0	8.5	14.5	24.8	42.5 *———	—	102.9 ———*		14
♦ 1.9	♦ 2.3	♦ 5.8	11.5	14.3	28.2	40.1	54.7 *———	—	108.2 ———*		15
♦ 1.9	♦ 2.8	♦ 6.3	♦ 7.8	15.0	24.9	31.0	58.0 *———	—	99.0 ———*		16
4.1	5.3	7.3	10.0	14.2	20.4	28.6	42.2	65.4	123.4	313.2	17
1.9	2.5	3.4	5.1	6.9	10.8	16.3	27.4	48.5	105.0	305.4	18
1.5	2.2	3.0	5.9	10.0	17.8	28.7	42.3	63.9 *———	95.8 ———*		19
0.7	1.3	2.0	3.5	5.6	10.0	17.0	27.2	45.1 *———	84.5 ———*		20
5.4	6.4	9.7	11.2	15.8	22.7	38.5	55.0	77.5 *———	1 53.3 ———*		21
1.8	2.4	3.9	5.3	7.6	13.4	25.2	45.8	68.6 *———	1 60.2 ———*		22
10.7	12.2	15.1	18.5	23.7	33.2	43.1	59.8	89.9	125.7	185.2	23
3.0	3.8	5.1	7.4	10.9	17.1	27.1	39.4	61.7	94.2	167.2	24
5.0	5.8	7.2	10.2	13.9	21.5	29.7	44.5 *———	—	113.2 ———*		25
1.7	2.5	3.7	5.7	8.1	12.8	19.1	31.5 *———	—	96.7 ———*		26

(See notes at end of table.)

Continent, country or area, year, sex and urban/rural residence / Continent, pays ou zone, année, sexe et résidence, urbaine/rurale	All ages Tous âges [1]	−1	1–4	5–9	10–14	15–19	20–24	25–29	30–
EUROPE									
Andorra – Andorre 1994									
1 Male – Masculin	3.1	*——— ◆	0.6 ——— *		–		◆ 0.5	–	◆ 1.7	◆
2 Female – Féminin	2.6	*——— ◆	0.6 ——— *		–	◆ 0.6	◆ 0.5	◆ 0.4	◆ 1.5
Austria – Autriche 1996 [2]									
3 Male – Masculin	9.5	5.4	0.3	0.1	0.2	0.8	1.2	1.0	
4 Female – Féminin	10.5	4.9	0.2	0.2	◆ 0.1	0.3	0.3	0.3	
Belarus – Bélarus 1996 [2] [8]									
5 Male – Masculin	14.3	13.7	0.9	0.4	0.4	1.2	2.5	3.6	
6 Female – Féminin	11.9	10.4	0.7	0.3	0.2	0.5	0.6	0.8	
Bulgaria – Bulgarie 1995 [2]									
7 Male – Masculin	15.4	16.8	1.0	0.5	0.4	0.9	1.4	1.6	
8 Female – Féminin	12.0	13.1	0.8	0.3	0.2	0.5	0.5	0.6	
Croatia – Croatie 1996 [2]									
9 Male – Masculin	12.0	9.5	0.4	0.2	0.2	0.9	1.5	1.4	
10 Female – Féminin	10.6	7.2	◆ 0.2	◆ 0.2	◆ 0.2	0.5	0.3	0.4	
Czech Republic – Rép. tchèque 1996 [2]									
11 Male – Masculin	11.3	6.3	0.4	0.2	0.2	0.8	0.9	1.1	
12 Female – Féminin	10.6	5.9	0.3	0.2	0.1	0.3	0.4	0.3	
Denmark – Danemark [15] 1995									
13 Male – Masculin	12.1	5.6	0.4	◆ 0.2	◆ 0.2	0.7	0.9	1.2	
14 Female – Féminin	12.0	4.5	0.2	◆ 0.1	◆ 0.1	0.3	0.4	0.4	
Estonia – Estonie 1995 [2] [8]									
15 Male – Masculin	15.7	16.5	1.3	0.7	0.6	1.7	3.0	3.4	
16 Female – Féminin	12.6	12.9	◆ 0.8	◆ 0.3	◆ 0.2	◆ 0.6	0.7	0.9	
Finland – Finlande 1996 [2] [16]									
17 Male – Masculin	9.7	4.4	◆ 0.2	◆ 0.2	0.3	0.6	1.2	1.4	
18 Female – Féminin	9.5	3.4	◆ 0.2	◆ 0.1	◆ 0.1	0.3	0.3	0.3	
France 1993 [2] [17] [18]									
19 Male – Masculin	9.8	7.3	0.4	0.2	0.2	0.7	1.4	1.6	
20 Female – Féminin	8.7	5.3	0.3	0.1	0.1	0.3	0.4	0.6	
Germany – Allemagne 1996									
21 Male – Masculin	10.2	5.6	0.3	0.2	0.2	0.7	1.0	1.0	
22 Female – Féminin	11.3	4.4	0.3	0.1	0.1	0.3	0.4	0.4	
Greece – Grèce 1995 [2]									
23 Male – Masculin	10.2	9.0	0.2	0.2	0.2	0.7	1.2	1.2	
24 Female – Féminin	8.9	7.2	0.2	0.1	0.2	0.3	0.3	0.4	
Hungary – Hongrie 1996 [2]									
25 Male – Masculin	15.4	11.3	0.4	0.2	0.3	0.7	0.9	1.3	
26 Female – Féminin	12.8	10.0	0.4	0.2	0.2	0.3	0.4	0.6	

(Voir notes à la fin du tableau.)

35–39	40–44	45–49	50–54	55–59	60–64	65–69	70–74	75–79	80–84	85 plus	
♦ 1.5	♦ 0.4	♦ 1.7	♦ 3.3	♦ 4.9	♦ 6.5	♦ 10.2	♦ 6.6	♦ 28.3	♦ 23.6	♦ 60.8	1
♦ 0.4	♦ 1.4	♦ 1.0	♦ 1.3	♦ 4.0	♦ 2.5	♦ 6.4	♦ 8.8	♦ 20.8	♦ 23.0	♦ 52.3	2
1.7	2.6	4.4	7.0	9.6	16.8	26.4	40.4	61.3	108.3	200.8	3
0.9	1.2	2.3	3.5	4.6	7.4	12.3	21.3	37.5	74.3	174.1	4
6.2	9.0	13.9	19.9	27.1	38.6	52.7	72.8	98.2	143.5	239.8	5
1.6	2.6	4.0	6.5	9.3	14.6	21.5	38.5	62.8	103.5	200.5	6
3.3	5.7	8.7	13.0	19.5	28.0	39.6	59.3	87.4	*——— 1 76.1 ———*		7
1.2	2.0	3.0	4.6	7.7	12.3	20.8	37.8	62.7	*——— 1 58.4 ———*		8
2.4	4.4	8.8	9.7	15.2	27.4	48.7	83.1	66.8	113.5	286.6	9
1.0	1.7	3.6	3.9	6.1	10.5	18.4	48.5	48.8	95.9	239.3	10
2.2	3.5	6.1	10.0	15.2	25.8	37.7	58.7	77.6	145.6	213.3	11
0.9	1.5	2.5	3.9	6.1	10.8	18.1	32.9	51.3	108.7	186.9	12
2.0	3.0	4.1	6.2	11.1	19.5	30.7	50.3	76.7	118.6	220.0	13
1.2	1.9	2.9	4.6	7.3	12.5	19.9	29.0	45.7	77.6	172.1	14
7.8	11.1	14.5	22.0	29.4	39.1	50.3	64.8	96.4	132.8	220.5	15
2.0	3.2	4.3	6.2	9.3	13.3	21.2	33.8	55.8	102.9	203.5	16
2.3	3.5	5.1	6.7	11.0	16.4	28.1	44.4	72.4	114.3	205.3	17
0.8	1.4	2.0	2.7	4.2	6.3	11.5	21.1	39.8	76.4	171.5	18
2.5	3.4	5.1	7.0	10.6	16.5	24.0	38.5	53.2	99.5	207.3	19
0.9	1.4	2.2	2.9	4.2	6.1	9.5	16.7	27.1	57.8	160.2	20
1.7	2.8	4.1	7.1	10.4	16.9	27.6	42.5	62.6	121.4	198.6	21
0.9	1.4	2.2	3.5	4.7	7.6	13.3	23.0	36.8	80.4	163.9	22
1.6	2.3	3.5	5.0	8.5	14.0	22.9	35.5	58.7	103.1	170.0	23
0.7	1.0	1.5	2.2	3.7	6.1	11.7	20.3	44.2	84.9	173.7	24
4.7	7.7	12.0	16.8	24.6	33.0	46.2	67.9	91.6	143.9	240.4	25
1.9	2.9	4.3	6.0	8.9	13.7	21.9	36.1	58.5	113.3	210.4	26

(See notes at end of table.)

Continent, country or area, year, sex and urban/rural residence / Continent, pays ou zone, année, sexe et résidence, urbaine/rurale	All ages Tous âges [1]	−1	1–4	5–9	10–14	15–19	20–24	25–29	30
EUROPE (Cont.–Suite)									
Iceland – Islande 1996									
1 Male – Masculin	7.4	◆ 4.0	◆ 0.1	◆ 0.1	◆ 0.2	◆ 1.2	◆ 0.7	◆ 0.8	◆
2 Female – Féminin	6.6	◆ 3.4	◆ 0.3	–	◆ 0.2	◆ 0.5	◆ 0.2	◆ 0.1	◆
Ireland – Irlande 1996+ [2] [19]									
3 Male – Masculin	9.2	*———	———	0.6 ———	———*	0.6	1.3	1.2	
4 Female – Féminin	8.2	*———	———	0.4 ———	———*	0.3	0.3	0.4	
Italy – Italie 1994									
5 Male – Masculin	10.3	7.1	0.3	0.2	0.2	0.8	0.9	1.2	
6 Female – Féminin	9.2	5.8	0.3	0.2	0.1	0.2	0.3	0.4	
Latvia – Lettonie 1996 [2] [8]									
7 Male – Masculin	15.2	15.9	1.1	0.5	0.3	1.4	2.9	3.3	
8 Female – Féminin	12.6	15.0	0.7	◆ 0.3	◆ 0.2	0.5	0.5	0.9	
Lithuania – Lituanie 1996 [2] [8]									
9 Male – Masculin	13.0	10.6	0.5	0.3	0.4	1.4	2.7	3.0	
10 Female – Féminin	10.2	9.2	0.7	0.2	0.2	0.5	0.6	0.6	
Luxembourg 1996									
11 Male – Masculin	9.7	◆ 4.8	◆ 0.4	◆ 0.1	◆ 0.4	◆ 0.6	◆ 1.2	◆ 1.2	◆
12 Female – Féminin	9.1	◆ 5.2	◆ 0.6	◆ 0.2	–	◆ 0.6	◆ 0.5	◆ 0.5	◆
Malta – Malte 1996 [20]									
13 Male – Masculin	7.8	*——— ◆	2.1 ——*	◆ 0.1	◆ 0.1	◆ 0.5	◆ 0.6	◆ 1.0	◆
14 Female – Féminin	7.0	*———	2.7 ——*	◆ 0.1	–	◆ 0.2	◆ 0.2	◆ 0.4	◆
Netherlands – Pays–Bas 1996 [21]									
15 Male – Masculin	9.0	6.3	0.3	0.2	0.2	0.5	0.7	0.7	
16 Female – Féminin	8.7	5.1	0.3	0.1	0.1	0.2	0.3	0.4	
Norway – Norvège 1996 [22]									
17 Male – Masculin	10.2	4.5	0.4	◆ 0.2	◆ 0.2	0.5	0.8	1.1	
18 Female – Féminin	9.8	3.6	◆ 0.2	◆ 0.1	◆ 0.1	0.3	0.3	0.3	
Poland – Pologne 1996 [2]									
19 Male – Masculin	10.8	13.5	0.5	0.3	0.3	0.8	1.3	1.5	
20 Female – Féminin	9.2	10.9	0.4	0.2	0.2	0.3	0.3	0.4	
Portugal 1996 [2]									
21 Male – Masculin	11.8	7.8	0.6	0.3	0.4	1.2	1.8	2.2	
22 Female – Féminin	9.9	6.1	0.5	0.3	0.2	0.4	0.5	0.5	
Republic of Moldova – République de Moldova 1992 [2] [8]									
23 Male – Masculin	11.0	21.0	1.6	0.8	0.6	1.6	3.4	4.0	
24 Female – Féminin	9.5	15.8	0.9	0.5	0.4	0.6	0.8	0.9	
Romania – Roumanie 1996 [2]									
25 Male – Masculin	14.0	24.0	1.3	1.0	0.5	0.9	1.4	1.7	
26 Female – Féminin	11.4	20.1	1.2	0.6	0.3	0.4	0.6	0.7	

20. Taux de mortalité selon l'âge, le sexe et la résidence, urbaine/rurale: dernière année disponible (suite)

(voir notes à la fin du tableau.)

					Age(en années)						
35–39	40–44	45–49	50–54	55–59	60–64	65–69	70–74	75–79	80–84	85 plus	
◆ 0.8	◆ 1.2	◆ 2.4	◆ 3.4	8.5	12.5	18.8	32.1	64.0	102.5	204.9	1
◆ 0.3	◆ 1.0	◆ 1.5	◆ 3.5	◆ 4.7	6.1	14.9	18.7	39.2	59.8	166.4	2
1.3	2.0	3.0	5.4	9.4	17.7	31.3	49.4	81.0	135.1	209.5	3
0.6	1.2	1.9	3.6	5.2	9.3	16.4	29.0	48.9	86.6	171.3	4
1.7	2.1	3.1	5.5	8.9	15.2	25.0	39.1	63.5	100.3	183.2	5
0.7	1.0	1.7	2.7	4.1	6.6	11.1	19.9	36.8	66.5	155.6	6
6.0	9.0	13.3	19.3	26.4	36.0	49.9	68.4	98.3	135.6	249.4	7
1.7	2.7	4.9	6.4	8.4	12.7	18.7	32.7	56.0	93.4	211.9	8
5.7	9.4	13.6	17.2	23.2	30.6	43.2	59.8	87.8	114.1	181.4	9
1.8	3.0	4.6	5.6	7.7	11.7	17.5	30.4	53.7	82.2	178.5	10
2.0	2.2	3.9	6.3	11.4	20.3	27.4	40.1	78.5	106.6	209.7	11
◆ 1.3	◆ 1.3	2.8	2.6	5.5	6.9	12.9	19.8	36.8	69.1	152.1	12
◆ 1.6	◆ 1.1	◆ 2.0	2.8	6.8	14.1	30.1	44.9	71.0	105.3	187.7	13
◆ 0.7	◆ 0.9	◆ 1.4	◆ 2.2	4.1	7.8	15.0	24.1	39.7	80.8	155.6	14
1.2	1.8	3.2	5.0	8.3	15.2	25.8	43.9	73.1	117.3	214.5	15
0.8	1.5	2.1	3.3	4.8	7.6	13.1	21.2	36.9	69.5	163.8	16
1.3	1.8	3.1	4.9	7.8	13.7	22.7	40.5	65.2	107.4	200.4	17
0.8	1.2	1.9	3.2	4.7	7.2	11.9	19.5	34.7	67.3	159.3	18
3.3	5.3	8.2	12.8	19.1	27.9	40.0	59.2	85.5	135.9	222.7	19
1.1	1.9	3.1	4.5	6.8	11.0	18.3	31.7	54.5	102.3	202.1	20
3.2	4.0	5.0	7.3	11.5	17.8	27.9	45.2	73.2	135.8	268.6	21
1.1	1.4	2.3	3.4	4.6	7.6	12.8	23.5	44.0	92.0	225.2	22
5.4	7.0	10.4	14.4	20.7	31.8	42.4	66.7	99.3	149.7	301.8	23
1.8	3.0	5.4	7.7	11.9	18.5	26.8	46.3	76.2	120.7	244.6	24
4.8	7.5	10.8	15.6	22.3	29.9	41.8	62.1	91.7	153.5	252.7	25
1.8	2.8	4.1	6.3	9.1	14.0	23.0	40.0	69.9	132.9	239.1	26

(See notes at end of table.)

Continent, country or area, year, sex and urban/rural residence — Continent, pays ou zone, année, sexe et résidence, urbaine/rurale	All ages Tous âges [1]	Age (in years)							
		−1	1–4	5–9	10–14	15–19	20–24	25–29	30–34
EUROPE (Cont.–Suite)									
Russian Federation – Fédération de Russie 1995 [2][8]									
1　　Male – Masculin	16.8	20.3	1.2	0.7	0.7	2.4	4.3	5.4	7.3
2　　Female – Féminin	13.2	15.3	0.9	0.4	0.4	0.8	1.0	1.3	1.8
Slovakia – Slovaquie 1991									
3　　Male – Masculin	11.6	14.4	0.6	0.3	0.4	0.8	1.3	1.5	2.1
4　　Female – Féminin	9.1	12.5	0.5	0.3	0.2	0.4	0.4	0.4	0.8
Slovenia – Slovénie 1996 [2]									
5　　Male – Masculin	9.8	6.1	♦ 0.3	♦ 0.2	♦ 0.3	1.0	1.3	1.5	1.5
6　　Female – Féminin	8.9	3.5	♦ 0.3	♦ 0.0	♦ 0.2	♦ 0.3	0.5	0.5	0.5
Spain – Espagne 1995									
7　　Male – Masculin	9.6	5.6	0.4	0.2	0.2	0.6	1.1	1.7	2.5
8　　Female – Féminin	8.1	4.9	0.3	0.1	0.2	0.2	0.3	0.5	0.7
Sweden – Suède 1996									
9　　Male – Masculin	10.8	4.2	0.2	0.1	0.1	0.4	0.6	0.8	0.9
10　Female – Féminin	10.5	3.7	0.2	♦ 0.1	♦ 0.1	0.2	0.3	0.3	0.5
Switzerland – Suisse 1996 [2]									
11　Male – Masculin	8.9	10.7	0.3	0.2	0.1	0.6	1.3	1.2	1.4
12　Female – Féminin	8.8	8.1	0.3	♦ 0.1	♦ 0.1	0.3	0.3	0.4	0.6
The former Yugoslav Rep. of Macedonia – L'ex Rép. yougoslavie de Macédoine 1992									
13　Male – Masculin	8.6	69.0	0.9	♦ 0.3	♦ 0.3	0.9	0.8	1.0	1.2
14　Female – Féminin	7.0	59.5	0.9	♦ 0.3	♦ 0.2	♦ 0.3	0.4	0.5	0.5
Ukraine 1995 [2][8]									
15　Male – Masculin	16.6	16.0	1.1	0.6	0.5	1.5	2.8	3.9	5.3
16　Female – Féminin	14.4	12.2	0.9	0.4	0.3	0.6	0.8	1.1	1.4
United Kingdom – Royaume–Uni 1996									
17　Male – Masculin	10.6	7.0	0.3	0.1	0.2	0.6	0.9	0.9	1.1
18　Female – Féminin	11.1	5.5	0.2	0.1	0.1	0.3	0.3	0.4	0.5
Yugoslavia – Yougoslavie 1995 [2]									
19　Male – Masculin	10.8	18.3	0.7	0.3	0.3	0.6	0.9	1.0	1.4
20　Female – Féminin	9.6	15.7	0.6	0.2	0.2	0.3	0.4	0.5	0.7
OCEANIA—OCEANIE									
Australia – Australie 1995 +									
21　Male – Masculin	7.4	6.1	0.4	0.2	0.2	0.8	1.2	1.2	1.4
22　Female – Féminin	6.5	5.1	0.3	0.1	0.2	0.3	0.4	0.4	0.6
Marshall Islands – Iles Marshall 1995									
23　Male – Masculin	5.2	*——♦	3.2 ——*	♦ 0.4	♦ 0.7	♦ 1.5	♦ 1.7	♦ 2.3	♦ 1.3
24　Female – Féminin	3.6	*——♦	2.8 ——*	♦ 0.2	♦ 0.5	♦ 1.9	♦ 0.5	♦ 0.6	♦ 2.5

20. Taux de mortalité selon l'âge, le sexe et la résidence, urbaine/rurale: dernière année disponible (suite)

(Voir notes à la fin du tableau.)

					Age(en années)						
35–39	40–44	45–49	50–54	55–59	60–64	65–69	70–74	75–79	80–84	85 plus	
10.0	14.0	19.3	27.2	33.8	45.8	59.7	75.9	106.2	151.3	218.0	1
2.5	3.8	5.7	8.5	11.4	17.1	25.8	40.8	67.5	113.7	209.8	2
3.3	6.0	9.9	14.1	21.3	33.1	44.9	65.7	95.5	146.0	245.5	3
1.1	2.0	3.4	5.3	8.0	12.8	21.6	37.7	61.7	108.5	203.3	4
2.2	3.8	5.7	9.3	13.3	22.7	34.7	51.0	76.4	124.2	213.1	5
1.1	1.5	2.8	4.4	5.8	8.9	14.6	24.5	42.4	87.9	179.3	6
2.5	2.7	4.1	5.9	9.4	14.6	22.6	36.6	62.0	93.1	189.6	7
0.9	1.2	1.6	2.4	3.6	5.6	9.4	16.8	47.3	44.8	162.7	8
1.2	1.8	2.8	4.4	6.8	12.5	21.3	34.8	57.2	102.1	196.7	9
0.6	1.0	1.9	2.9	4.4	6.9	11.1	19.6	32.9	63.5	153.7	10
1.6	1.9	3.0	4.5	7.3	11.8	20.2	34.2	52.7	91.8	170.4	11
0.7	1.2	1.6	2.7	3.8	5.9	9.3	16.6	28.7	58.6	140.6	12
1.6	2.9	4.9	7.5	12.6	21.2	33.4	52.7	86.6	141.5	233.7	13
1.1	1.5	2.6	4.0	7.1	11.6	20.5	35.9	71.4	123.2	210.6	14
7.7	11.3	16.5	21.2	29.4	39.6	54.2	75.6	104.4	153.5	253.5	15
2.1	3.2	5.2	6.9	10.7	15.9	25.0	43.1	70.8	118.0	226.5	16
1.3	2.0	3.2	5.3	9.2	15.8	26.9	45.2	69.8	113.6	130.3	17
0.8	1.3	2.1	3.5	5.6	9.2	15.8	26.7	42.9	74.6	80.6	18
2.3	3.8	5.5	9.8	15.4	24.5	35.8	52.4	71.9	122.4	179.2	19
1.1	2.0	2.8	5.0	7.9	13.1	22.1	39.7	60.7	121.2	199.0	20
1.6	1.9	2.7	4.5	7.5	13.5	22.4	36.9	58.3	98.2	176.8	21
0.7	1.1	1.7	2.8	4.4	7.2	11.9	19.7	34.8	63.3	143.7	22
♦ 5.1	♦ 8.9	♦ 11.4	♦ 17.5	♦ 27.9	♦ 35.6	♦ 41.7	♦ 45.5	*——— — 156.6 ——————*			23
♦ 2.2	♦ 1.9	♦ 6.3	♦ 22.1	♦ 14.8	♦ 23.8	♦ 29.6	♦ 55.6	*——— — ♦ 56.5 ——————*			24

(See notes at end of table.)

Continent, country or area, year, sex and urban/rural residence Continent, pays ou zone, année, sexe et résidence, urbaine/rurale	All ages Tous âges [1]	Age (in years)							
		−1	1–4	5–9	10–14	15–19	20–24	25–29	30–34
OCEANIA—OCEANIE(Cont.–Suite)									
New Caledonia – Nouvelle–Calédonie 1994									
1 Male – Masculin	6.6	♦ 10.4	♦ 1.3	♦ 1.1	♦ 0.2	♦ 1.8	3.4	♦ 1.4	♦ 3.3
2 Female – Féminin	4.9	♦ 9.2	♦ 1.4	♦ 0.4	♦ 0.2	♦ 0.3	♦ 1.0	♦ 0.7	♦ 0.6
New Zealand – Nouvelle–Zélande 1992+									
3 Male – Masculin	8.6	8.4	0.5	0.3	0.4	1.3	1.8	1.6	1.4
4 Female – Féminin	7.3	6.1	0.4	0.3	♦ 0.2	0.5	0.6	0.5	0.6

20. Taux de mortalité selon l'âge, le sexe et la résidence, urbaine/rurale: dernière année disponible (suite)

(Voir notes à la fin du tableau.)

					Age(en années)						
35–39	40–44	45–49	50–54	55–59	60–64	65–69	70–74	75–79	80–84	85 plus	
♦ 3.6	♦ 4.2	6.0	8.1	14.1	25.8	36.5	*——— 61.2 ———*	*———	1 18.7 ———*		1
♦ 2.0	♦ 3.1	♦ 3.3	♦ 7.6	10.1	18.1	16.2	*——— 45.5 ———*	*———	1 01.9 ———*		2
1.8	2.1	3.4	6.2	10.8	17.1	28.6	43.4	69.1	113.8	197.5	3
1.0	1.4	2.6	4.0	6.3	9.7	15.0	24.6	41.5	71.2	150.8	4

(See notes at end of table.)

Continent, country or area, year, sex and urban/rural residence / Continent, pays ou zone, année, sexe et résidence, urbaine/rurale	All ages / Tous âges [1]	−1	1–4	Age (in years) 5–9	10–14	15–19	20–24	25–29	30–34
AFRICA—AFRIQUE									
Egypt – Egypte									
Urban – Urbaine									
1991									
1 Male – Masculin	7.3	*——	8.2 ——*	1.1	1.0	1.3	1.6	2.0	2.6
2 Female – Féminin	6.1	*——	7.7 ——*	0.8	0.7	1.0	1.2	1.5	1.8
Rural – Rurale									
1991									
3 Male – Masculin	7.4	*——	12.1 ——*	1.4	1.0	1.0	1.1	1.5	2.1
4 Female – Féminin	7.6	*——	13.7 ——*	1.2	0.9	0.9	1.1	1.4	1.4
Morocco – Maroc									
Urban – Urbaine									
1995									
5 Male – Masculin	4.4	*——	4.4 ——*	0.7	0.6	0.8	1.1	1.1	1.8
6 Female – Féminin	2.6	*——	3.5 ——*	0.5	0.4	0.6	0.6	0.6	1.0
Rural – Rurale									
1995									
7 Male – Masculin	4.5	*——	5.8 ——*	0.8	0.6	0.9	1.4	1.5	1.9
8 Female – Féminin	1.7	*——	5.3 ——*	0.6	0.5	0.6	0.9	0.8	1.2
AMERICA,NORTH— AMERIQUE DU NORD									
Cuba									
Urban – Urbaine									
1995									
9 Male – Masculin	8.6	11.2	0.8	0.4	0.5	1.2	1.5	1.7	2.0
10 Female – Féminin	7.0	8.5	0.7	0.3	0.3	0.6	0.8	0.8	1.0
Rural – Rurale									
1995									
11 Male – Masculin	5.9	9.5	0.8	0.4	0.4	1.1	1.5	1.4	1.9
12 Female – Féminin	4.3	7.3	0.5	0.3	♦ 0.2	0.5	0.8	0.9	1.0
El Salvador									
Urban – Urbaine									
1992									
13 Male – Masculin	7.9	31.3	1.2	0.6	0.7	2.0	3.9	4.8	6.1
14 Female – Féminin	4.9	25.8	1.2	0.5	0.5	0.8	0.8	1.2	1.5
Rural – Rurale									
1992									
15 Male – Masculin	5.6	25.4	1.5	0.6	0.7	2.0	3.1	4.4	4.7
16 Female – Féminin	3.5	19.3	1.4	0.4	0.5	0.8	1.0	0.9	1.6
Mexico – Mexique									
Urban – Urbaine									
1995									
17 Male – Masculin	5.4	*——	6.1 ——*	0.4	0.4	1.2	1.9	2.4	2.8
18 Female – Féminin	4.1	*——	4.8 ——*	0.3	0.3	0.5	0.6	0.7	0.9
Rural – Rurale									
1995									
19 Male – Masculin	5.0	*——	5.8 ——*	0.5	0.5	1.1	2.2	2.5	3.1
20 Female – Féminin	3.7	*——	4.8 ——*	0.4	0.3	0.5	0.8	0.9	1.3
Panama									
Urban – Urbaine									
1995									
21 Male – Masculin	5.6	*——	4.5 ——*	♦ 0.2	0.5	1.2	2.3	2.4	2.5
22 Female – Féminin	3.6	*——	3.6 ——*	♦ 0.3	♦ 0.3	0.5	0.7	0.7	0.9
Rural – Rurale									
1995									
23 Male – Masculin	4.4	*——	4.9 ——*	0.5	0.5	1.0	1.7	1.8	2.5
24 Female – Féminin	3.0	*——	4.3 ——*	0.5	♦ 0.4	0.6	0.7	0.9	1.1

20. Taux de mortalité selon l'âge, le sexe et la résidence, urbaine/rurale: dernière année disponible (suite)

Données selon la résidence urbaine/rurale

(Voir notes à la fin du tableau.)

35–39	40–44	45–49	50–54	55–59	60–64	65–69	70–74	75–79	80–84	85 plus	
4.1	4.9	7.6	13.5	20.5	34.3	46.2	62.6 *———	—	129.1 ——————*		1
2.6	3.0	4.6	8.0	11.2	22.6	31.2	54.3 *———	—	166.1 ——————*		2
3.0	3.8	6.0	11.4	16.1	29.2	43.1	62.9 *———	—	145.2 ——————*		3
2.3	2.2	4.1	7.1	9.3	19.8	33.9	66.9 *———	—	227.1 ——————*		4
2.2	3.4	4.5	8.0	12.9	19.4	29.9	45.1 *———	-- —	77.4 ——————*		5
1.2	1.9	2.3	4.2	6.0	10.5	13.9	19.8 *———	—	35.4 ——————*		6
2.1	2.7	3.9	6.4	8.5	16.0	23.5	30.7 *———	—	50.7 ——————*		7
1.2	1.2	1.2	1.4	1.7	2.9	3.5	4.7 *———	—	6.1 ——————*		8
2.4	3.2	4.8	7.3	11.3	17.1 *——	33.2 ——*	*——	81.8 ——*		185.5	9
1.4	2.4	3.2	5.0	7.4	12.4 *——	22.6 ——*	*——	60.2 ——*		150.0	10
2.0	2.7	3.8	4.5	6.5	10.0 *——	20.3 ——*	*——	53.5 ——*		125.4	11
1.3	1.8	2.6	3.8	5.9	9.6 *——	17.6 ——*	*——	45.2 ——*		125.8	12
6.9	8.5	9.5	13.5	18.4	21.4	31.7	41.1	59.9	93.8	132.7	13
1.8	2.7	4.1	5.1	8.7	12.3	17.7	28.1	44.7	65.6	114.6	14
5.9	6.2	8.0	9.0	10.6	14.4	22.9	28.1	47.1	59.5	103.1	15
1.9	2.8	3.3	4.6	6.8	9.8	14.7	26.0	35.6	52.6	95.3	16
3.4	4.4	6.0	8.6	13.3	18.5 *———		—	55.8 ——————*			17
1.3	2.0	3.3	5.4	9.2	13.4 *———		—	49.8 ——————*			18
3.7	4.8	5.5	7.3	9.8	12.7 *———		—	41.2 ——————*			19
1.6	2.3	3.1	4.4	6.9	9.5 *———		—	39.0 ——————*			20
3.5	3.3	4.3	6.6	8.9	14.9	24.2	43.2	67.5 *———	1 48.4 ——*		21
1.0	1.4	2.2	3.2	4.1	7.7	14.3	19.8	37.4 *———	1 16.7 ——*		22
2.7	3.4	3.2	5.0	6.9	9.9	14.6	25.3	38.6 *———	95.6 ——*		23
1.9	2.3	2.7	3.4	4.2	5.7	11.0	16.9	28.4 *———	75.5 ——*		24

(See notes at end of table.)

Continent, country or area, year, sex and urban/rural residence / Continent, pays ou zone, année, sexe et résidence, urbaine/rurale	All ages Tous âges [1]	Age (in years)							
		−1	1–4	5–9	10–14	15–19	20–24	25–29	30–34
AMERICA, SOUTH— AMERIQUE DU SUD									
Chile – Chili									
Urban – Urbaine									
1996									
1 Male – Masculin	6.0	*———	2.6 ———*	0.2	0.3	0.8	1.5	1.5	1.8
2 Female – Féminin	4.8	*———	2.2 ———*	0.2	0.2	0.3	0.4	0.4	0.7
Rural – Rurale									
1996									
3 Male – Masculin	7.0	*———	3.5 ———*	0.5	0.5	1.2	2.0	2.1	2.6
4 Female – Féminin	5.0	*———	2.6 ———*	♦ 0.3	0.3	0.4	0.6	0.7	1.0
Colombia – Colombie									
Urban – Urbaine									
1993 + [6]									
5 Male – Masculin	7.6	27.5	1.5	0.6	0.7	3.7	5.9	5.6	5.2
6 Female – Féminin	4.6	21.0	1.4	0.4	0.4	0.7	0.9	1.0	1.2
Rural – Rurale									
1993 + [6]									
7 Male – Masculin	2.9	4.3	0.6	0.3	0.3	1.3	3.0	3.1	3.1
8 Female – Féminin	1.7	3.8	0.6	0.2	0.2	0.4	0.6	0.6	0.6
Ecuador – Equateur									
Urban – Urbaine									
1992 [7]									
9 Male – Masculin	5.6	*———	7.4 ———*	0.8	0.7	1.4	2.4	2.4	2.8
10 Female – Féminin	4.3	*———	6.4 ———*	0.6	0.5	0.8	0.7	1.1	1.2
Rural – Rurale									
1992 [7]									
11 Male – Masculin	5.4	*———	8.5 ———*	0.8	0.8	1.2	2.0	2.8	3.0
12 Female – Féminin	4.7	*———	8.0 ———*	0.7	0.6	1.0	1.2	1.6	1.9
ASIA—ASIE									
Armenia – Arménie									
Urban – Urbaine									
1992 [8]									
13 Male – Masculin	7.9	23.2	0.9	0.3	0.4	0.8	1.9	2.8	3.0
14 Female – Féminin	6.0	14.2	1.0	♦ 0.2	♦ 0.2	♦ 0.2	0.7	0.6	0.7
Rural – Rurale									
1992 [8]									
15 Male – Masculin	7.5	16.3	1.8	♦ 0.4	♦ 0.3	0.9	1.9	2.5	2.7
16 Female – Féminin	6.9	18.7	1.5	♦ 0.3	♦ 0.1	♦ 0.4	♦ 0.6	0.7	0.9
Iran (Islamic Republic of – Rép. islamique d')									
Urban – Urbaine									
1991									
17 Male – Masculin	4.7	71.1	4.4	1.3	0.7	1.2	1.4	1.2	1.5
18 Female – Féminin	3.0	48.2	3.6	0.8	0.4	0.5	0.5	0.5	0.6
Rural – Rurale									
1991									
19 Male – Masculin	5.9	90.9	5.9	1.5	0.9	1.1	1.6	1.8	1.7
20 Female – Féminin	4.1	72.2	4.2	1.0	0.6	0.7	0.9	0.9	0.8
Israel – Israël [10]									
Urban – Urbaine									
1995									
21 Male – Masculin	6.8	*———	1.9 ———*	0.1	0.2	0.6	0.9	0.8	1.0
22 Female – Féminin	6.4	*———	1.5 ———*	0.2	♦ 0.1	0.3	0.3	0.3	0.4
Rural – Rurale									
1995									
23 Male – Masculin	4.7	*———	1.9 ———*	♦ 0.2	♦ 0.2	♦ 0.8	♦ 1.1	♦ 0.6	♦ 1.1
24 Female – Féminin	4.5	*———	1.9 ———*	♦ 0.1	♦ 0.1	♦ 0.2	♦ 0.5	♦ 0.4	♦ 0.3

Données selon la résidence urbaine/rurale

(Voir notes à la fin du tableau.)

					Age (en années)						
35–39	40–44	45–49	50–54	55–59	60–64	65–69	70–74	75–79	80–84	85 plus	
2.2	2.9	4.8	7.6	12.1	19.1	33.1	47.9	74.0	*——— 1 60.8 ———*		1
0.9	1.4	2.4	4.0	5.9	9.4	17.0	24.8	41.2	*——— 1 22.1 ———*		2
2.9	4.1	5.1	7.9	9.5	15.9	25.5	36.8	62.3	*——— 1 23.7 ———*		3
1.1	1.5	2.6	4.0	6.2	10.2	15.7	25.5	45.6	*——— 1 07.7 ———*		4
5.5	5.4	6.7	8.8	13.9	21.3	33.8	51.4	78.1	112.9	159.3	5
1.7	2.4	3.7	5.8	9.2	14.4	23.1	36.4	56.9	87.3	138.8	6
3.0	2.6	3.1	3.3	5.1	5.9	10.3	15.0	25.9	36.0	52.4	7
0.7	0.9	1.4	1.8	3.1	4.6	8.1	13.0	24.2	34.5	59.9	8
3.4	4.1	6.1	8.1	11.4	18.7	27.0	42.6	66.6	*——— 1 89.0 ———*		9
1.7	2.4	3.5	5.4	7.5	11.6	17.0	25.8	42.0	*——— 1 57.8 ———*		10
3.4	4.1	5.1	6.6	8.6	13.7	19.1	29.3	44.7	*——— 1 35.6 ———*		11
2.3	2.9	3.5	4.7	6.2	9.8	14.4	24.0	33.5	*——— 1 19.7 ———*		12
3.9	4.8	6.5	11.4	16.7	28.2	38.8	47.8	75.2	155.6	148.8	13
1.1	1.6	3.0	5.0	7.8	14.2	24.8	38.2	60.1	116.2	149.9	14
3.5	4.6	7.9	10.5	11.9	23.3	36.2	64.6	89.9	118.9	343.3	15
1.1	1.8	2.4	4.2	6.9	11.7	20.3	38.6	60.8	89.3	282.4	16
1.4	2.2	3.3	4.8	5.8	12.1	14.6	27.7	40.6	65.9	53.8	17
0.7	1.2	1.6	3.4	4.3	7.3	7.3	19.8	29.8	46.5	45.0	18
1.7	2.8	2.9	4.4	4.6	10.5	10.9	27.4	30.3	37.6	53.9	19
1.2	1.6	1.9	2.9	3.5	7.3	7.2	18.1	15.9	30.7	32.8	20
1.3	1.7	3.1	5.1 *———	11.4	———* *———	30.3	———* *———————		101.7 ————————*		21
0.7	1.2	1.6	2.5 *———	7.0	———* *———	20.5	———* *———————		87.4 ————————*		22
♦ 1.4	♦ 1.2	2.1	3.7 *———	9.9	———* *———	28.0	———* *———————		99.1 ————————*		23
♦ 0.7	♦ 0.9	2.1	♦ 2.1 *———	6.8	———* *———	18.6	———* *———————		82.9 ————————*		24

Data by urban/rural residence

(See notes at end of table.)

Continent, country or area, year, sex and urban/rural residence / Continent, pays ou zone, année, sexe et résidence, urbaine/rurale	All ages Tous âges [1]	–1	1–4	5–9	10–14	15–19	20–24	25–29	30–34
ASIA—ASIE (Cont.–Suite)									
Kazakhstan									
Urban – Urbaine									
1996 [8]									
1 Male – Masculin	13.9	32.0	1.6	0.6	0.6	2.0	4.2	4.9	7.1
2 Female – Féminin	9.7	24.4	1.3	0.4	0.4	0.7	1.0	1.4	1.8
Rural – Rurale									
1996 [8]									
3 Male – Masculin	9.6	25.8	2.6	0.6	0.8	1.5	3.3	4.5	5.0
4 Female – Féminin	8.1	19.8	2.2	0.5	0.4	0.7	1.4	1.8	1.8
Kyrgyzstan – Kirghizistan									
Urban – Urbaine									
1995 [8]									
5 Male – Masculin	10.8	40.7	1.6	0.4	0.5	1.4	2.1	3.1	5.8
6 Female – Féminin	8.0	27.4	1.5	♦ 0.3	♦ 0.2	0.6	0.7	1.2	1.7
Rural – Rurale									
1995 [8]									
7 Male – Masculin	8.2	33.3	3.9	0.8	0.6	1.1	2.4	3.5	4.3
8 Female – Féminin	7.2	24.9	3.8	0.5	0.4	0.7	1.3	1.3	2.1
Maldives									
Urban – Urbaine									
1990									
9 Male – Masculin	5.5	♦ 34.3	♦ 2.7	♦ 0.8	♦ 1.2	♦ 1.3	♦ 1.1	♦ 0.7	♦ 3.6
10 Female – Féminin	5.0	♦ 39.0	♦ 1.4	♦ 1.1	♦ 0.6	♦ 0.5	♦ 1.4	♦ 1.4	♦ 2.5
Rural – Rurale									
1990									
11 Male – Masculin	7.0	36.4	4.1	♦ 1.0	♦ 0.9	♦ 1.3	♦ 0.9	♦ 1.0	♦ 1.8
12 Female – Féminin	6.4	34.2	5.0	♦ 0.8	♦ 1.1	♦ 1.2	♦ 1.6	♦ 2.3	♦ 2.9
Tajikistan – Tadjikistan									
Urban – Urbaine									
1993 [8]									
13 Male – Masculin	11.1	62.9	5.7	0.9	0.8	2.1	4.0	8.6	10.2
14 Female – Féminin	7.4	45.8	5.2	0.5	0.4	0.6	1.2	1.1	1.9
Rural – Rurale									
1993 [8]									
15 Male – Masculin	10.4	49.2	10.0	1.1	1.0	2.0	5.0	8.1	9.1
16 Female – Féminin	6.7	40.2	9.4	0.9	0.6	0.9	1.4	1.8	2.5
Thailand – Thaïlande									
Urban – Urbaine									
1990+									
17 Male – Masculin	9.5	*———	9.2 ———*	1.5	1.3	4.2	5.3	5.3	5.
18 Female – Féminin	5.6	*———	7.1 ———*	1.1	0.9	1.3	1.3	1.4	1.
Rural – Rurale									
1990+									
19 Male – Masculin	4.6	*———	2.1 ———*	0.6	0.5	1.3	1.6	2.0	2.
20 Female – Féminin	3.4	*———	1.5 ———*	0.5	0.3	0.5	0.6	0.7	0.
EUROPE									
Austria – Autriche									
Urban – Urbaine									
1991									
21 Male – Masculin	9.3	7.4	♦ 0.3	♦ 0.2	♦ 0.2	0.6	0.9	1.2	1.
22 Female – Féminin	10.4	6.1	0.3	♦ 0.1	♦ 0.1	0.2	0.3	0.3	0.
Rural – Rurale									
1991									
23 Male – Masculin	12.0	10.5	0.7	♦ 0.3	♦ 0.2	1.5	2.0	1.6	1.
24 Female – Féminin	12.3	7.8	♦ 0.3	♦ 0.2	♦ 0.2	0.5	0.6	0.4	0.

20. Taux de mortalité selon l'âge, le sexe et la résidence, urbaine/rurale: dernière année disponible (suite)

Données selon la résidence urbaine/rurale

35–39	40–44	45–49	50–54	55–59	60–64	65–69	70–74	75–79	80–84	85 plus	
10.0	13.5	19.0	27.1	37.2	52.7	70.6	84.4	120.3	183.2	264.3	1
2.7	3.9	6.0	9.3	13.8	20.4	32.1	47.8	78.1	125.0	219.3	2
6.4	9.0	12.8	18.1	27.0	38.5	52.0	71.6	101.6	139.7	228.0	3
2.3	3.3	5.5	8.4	11.7	18.3	27.3	41.0	64.2	94.6	175.0	4
8.0	12.4	17.8	20.7	30.2	46.2	55.6	70.8	95.1	130.8	183.2	5
2.5	3.7	6.6	8.5	13.8	19.2	28.1	44.6	68.6	108.0	207.0	6
5.6	9.0	13.5	15.7	22.1	33.4	47.1	69.8	116.6	163.6	318.8	7
2.6	3.4	6.3	9.2	13.1	18.8	28.5	41.9	71.6	101.6	259.7	8
♦5.1	♦5.0	♦6.5	♦17.8	♦21.8	♦39.7	♦39.1	♦79.1	♦89.7	♦75.5	♦242.4	9
♦7.5	♦6.7	♦9.9	♦7.8	♦13.2	♦35.8	♦53.9	♦54.3	♦116.7	♦96.8	♦217.4	10
♦3.3	♦4.7	♦5.6	♦5.2	13.9	17.4	39.8	51.1	100.3	♦69.3	♦102.9	11
♦3.1	♦4.8	♦4.4	♦12.2	♦13.0	♦16.8	45.1	64.6	122.4	♦81.8	♦48.4	12
10.8	11.5	14.4	18.7	25.8	36.8	51.0	66.0	104.7	148.3	221.3	13
2.2	3.5	4.7	6.8	10.3	17.9	27.8	43.0	69.2	119.2	179.6	14
10.7	12.6	15.5	18.4	22.7	31.5	39.4	57.0	82.5	115.9	176.0	15
3.4	4.0	5.4	7.9	11.3	16.7	26.6	37.2	55.9	77.7	161.3	16
6.1	7.5	10.2	15.0	22.5	33.5	48.7	73.1	100.1	*—— 1 49.3 ——*		17
2.3	3.5	5.3	8.5	12.5	18.4	27.9	42.2	69.4	*—— 1 16.1 ——*		18
2.8	3.8	5.1	7.4	10.0	14.6	22.8	35.9	55.8	*—— 98.7 ——*		19
1.2	2.0	2.8	4.3	5.9	9.4	15.3	25.7	39.2	*—— 87.7 ——*		20
1.5	2.7	4.2	6.0	10.3	15.7	25.4	36.9	62.8	107.1	182.7	21
0.8	1.4	2.2	2.9	4.7	7.0	12.3	20.9	37.9	71.4	159.8	22
2.4	4.1	6.3	9.0	14.8	23.1	37.0	55.4	95.0	153.3	279.0	23
1.1	1.9	2.7	4.3	6.2	9.5	17.7	29.9	58.8	116.9	250.8	24

20. Death rates specific for age, sex and urban/rural residence: latest available year (continued)

Data by urban/rural residence

(See notes at end of table.)

Continent, country or area, year, sex and urban/rural residence / Continent, pays ou zone, année, sexe et résidence, urbaine/rurale	All ages Tous âges [1]	−1	1–4	5–9	10–14	15–19	20–24	25–29	30–34
EUROPE (Cont.–Suite)									
Belarus – Bélarus									
Urban – Urbaine									
1996 [8]									
1 Male – Masculin	10.9	13.3	0.6	0.3	0.4	1.0	2.0	3.0	3.7
2 Female – Féminin	7.9	9.6	0.5	0.2	0.2	0.5	0.5	0.7	0.8
Rural – Rurale									
1996 [8]									
3 Male – Masculin	22.0	14.5	1.6	0.5	0.5	1.8	3.8	5.2	6.2
4 Female – Féminin	20.4	12.3	1.1	0.4	◆ 0.2	0.7	0.8	1.3	1.7
Bulgaria – Bulgarie									
Urban – Urbaine									
1996									
5 Male – Masculin	12.6	17.1	0.8	0.4	0.4	0.8	1.1	1.4	1.7
6 Female – Féminin	9.7	12.8	0.6	0.2	0.3	0.4	0.4	0.6	0.8
Rural – Rurale									
1996									
7 Male – Masculin	21.9	20.8	1.6	0.6	0.6	1.2	1.4	1.6	2.3
8 Female – Féminin	18.5	14.7	1.4	0.7	0.5	0.5	0.8	0.9	0.9
Croatia – Croatie									
Urban – Urbaine									
1991									
9 Male – Masculin	11.9	12.5	◆ 0.4	0.4	0.4	1.7	5.1	4.7	5.1
10 Female – Féminin	9.4	11.5	◆ 0.3	◆ 0.2	◆ 0.2	0.5	0.5	0.6	0.8
Rural – Rurale									
1991									
11 Male – Masculin	13.6	9.7	◆ 0.5	◆ 0.3	0.4	1.7	5.0	4.7	4.6
12 Female – Féminin	11.3	8.1	◆ 0.3	◆ 0.2	◆ 0.2	0.4	0.5	0.6	0.7
Czech Republic – Rép. tchèque									
Urban – Urbaine									
1996									
13 Male – Masculin	10.8	6.7	0.4	0.2	0.2	0.8	0.9	1.1	1.4
14 Female – Féminin	10.0	5.7	0.3	0.2	0.1	0.3	0.4	0.4	0.5
Rural – Rurale									
1996									
15 Male – Masculin	12.7	5.0	◆ 0.5	◆ 0.3	◆ 0.2	0.9	1.0	1.2	1.4
16 Female – Féminin	12.2	6.3	◆ 0.4	◆ 0.2	◆ 0.1	◆ 0.3	0.3	◆ 0.3	0.6
Estonia – Estonie									
Urban – Urbaine									
1995 [8]									
17 Male – Masculin	14.9	14.7	◆ 0.9	◆ 0.4	◆ 0.6	1.8	3.0	3.2	5.2
18 Female – Féminin	11.5	12.4	◆ 0.6	◆ 0.2	◆ 0.2	◆ 0.5	◆ 0.8	◆ 0.9	1.1
Rural – Rurale									
1995 [8]									
19 Male – Masculin	16.8	19.2	◆ 2.0	◆ 1.2	◆ 0.7	◆ 1.5	3.0	3.8	4.3
20 Female – Féminin	15.2	12.9	◆ 1.1	◆ 0.4	◆ 0.2	◆ 0.7	◆ 0.6	◆ 0.8	◆ 0.8
Finland – Finlande									
Urban – Urbaine									
1996 [16]									
21 Male – Masculin	9.2	4.3	◆ 0.2	◆ 0.1	◆ 0.2	0.5	1.2	1.2	1.5
22 Female – Féminin	9.2	3.1	◆ 0.2	◆ 0.2	◆ 0.2	◆ 0.2	0.3	0.3	0.6
Rural – Rurale									
1996 [16]									
23 Male – Masculin	10.7	4.7	◆ 0.1	◆ 0.2	◆ 0.3	0.8	1.1	1.7	1.6
24 Female – Féminin	9.9	3.9	◆ 0.3	◆ 0.1	◆ 0.1	◆ 0.3	◆ 0.4	◆ 0.2	◆ 0.5
France									
Urban – Urbaine									
1990 [17][18]									
25 Male – Masculin	9.1	52.8	0.4	0.2	0.2	0.7	1.3	1.5	1.9
26 Female – Féminin	8.1	39.2	0.3	0.1	0.1	0.3	0.4	0.5	0.7

20. Taux de mortalité selon l'âge, le sexe et la résidence, urbaine/rurale: dernière année disponible (suite)

Données selon la résidence urbaine/rurale

(Voir notes à la fin du tableau.)

35–39	40–44	45–49	50–54	55–59	60–64	65–69	70–74	75–79	80–84	85 plus	
5.2	7.9	12.3	18.1	25.5	38.0	52.9	73.0	95.6	142.2	209.4	1
1.4	2.2	3.6	6.0	8.6	14.5	22.1	38.8	63.5	100.4	170.6	2
8.8	12.5	18.6	24.1	29.7	39.2	52.5	72.5	100.6	144.5	258.5	3
2.2	3.8	5.3	7.5	10.6	14.7	21.0	38.3	62.3	105.6	221.0	4
3.0	4.9	8.0	11.7	18.6	26.9	41.3	62.9	88.5	*——— 2 70.4 ———*		5
1.2	2.0	2.8	4.3	7.8	12.3	21.7	39.5	63.7	*——— 2 16.5 ———*		6
3.8	6.4	10.6	15.0	19.6	27.7	38.7	59.9	79.6	*——— 1 60.7 ———*		7
1.3	2.2	3.5	5.0	7.5	12.4	22.1	37.6	58.1	*——— 1 53.3 ———*		8
4.8	5.6	8.6	12.2	18.2	28.2	41.3	60.0	95.7	*——— 1 82.1 ———*		9
1.3	2.1	3.4	4.5	7.6	12.4	20.9	37.7	65.6	*——— 1 53.1 ———*		10
4.8	5.0	8.8	12.5	18.8	26.2	37.0	56.2	85.5	*——— 1 65.3 ———*		11
1.0	1.9	3.5	4.3	6.4	10.2	17.3	32.8	57.0	*——— 1 32.4 ———*		12
2.1	3.5	5.9	9.8	14.7	25.2	37.4	58.0	76.9	143.6	220.4	13
0.9	1.5	2.6	3.9	6.1	11.0	17.9	33.1	50.5	106.8	185.3	14
2.6	3.7	6.4	10.7	16.8	27.4	38.5	60.7	79.3	150.0	198.8	15
1.0	1.5	2.3	3.7	6.0	10.3	18.7	32.1	53.5	113.3	190.6	16
7.9	11.0	14.2	22.6	28.2	36.5	48.0	63.5	93.1	123.1	203.2	17
1.9	3.4	4.0	6.2	9.2	13.4	21.6	33.3	53.0	97.3	183.3	18
7.2	10.8	15.1	20.2	32.0	45.2	55.9	67.0	101.9	147.0	243.6	19
2.4	2.5	5.1	6.2	9.6	13.0	19.9	34.5	60.0	110.7	235.7	20
2.4	3.5	5.2	7.1	10.5	16.1	27.5	43.9	72.2	112.6	199.8	21
0.9	1.4	2.1	2.7	4.1	6.3	11.6	21.1	39.2	77.4	169.7	22
2.2	3.5	5.0	6.0	11.6	16.9	29.0	45.3	72.7	116.7	212.9	23
0.7	1.4	1.8	2.7	4.2	6.4	11.4	20.9	40.8	74.5	174.8	24
2.5	3.3	4.7	7.3	11.4	17.2	24.1	34.8	57.3	91.0	169.1	25
1.0	1.3	2.1	2.9	4.4	6.3	9.4	15.6	29.7	56.3	134.7	26

20. Death rates specific for age, sex and urban/rural residence: latest available year (continued)

Data by urban/rural residence

(See notes at end of table.)

Continent, country or area, year, sex and urban/rural residence Continent, pays ou zone, année, sexe et résidence, urbaine/rurale	All ages Tous âges [1]	−1	1–4	5–9	10–14	15–19	20–24	25–29	30–34
EUROPE (Cont.–Suite)									
France									
Rural – Rurale									
1990 [17] [18]									
1 Male – Masculin	11.7	51.5	0.5	0.2	0.2	1.0	2.0	1.8	1.6
2 Female – Féminin	10.3	37.8	0.3	0.1	0.2	0.4	0.6	0.5	0.6
Greece – Grèce									
Urban – Urbaine									
1991									
3 Male – Masculin	8.8	9.3	♦ 0.2	♦ 0.1	0.2	0.8	1.3	1.3	1.2
4 Female – Féminin	7.4	8.8	♦ 0.2	♦ 0.1	♦ 0.1	0.2	0.3	0.4	0.5
Rural – Rurale									
1991									
5 Male – Masculin	11.4	5.2	0.4	♦ 0.2	0.3	1.0	1.3	1.1	1.0
6 Female – Féminin	10.7	4.2	♦ 0.2	♦ 0.2	♦ 0.1	0.2	0.4	0.4	0.5
Hungary – Hongrie									
Urban – Urbaine									
1996									
7 Male – Masculin	14.2	10.4	0.4	0.2	0.2	0.6	0.8	1.1	1.9
8 Female – Féminin	12.3	8.4	0.4	♦ 0.2	0.2	0.2	0.3	0.5	0.8
Rural – Rurale									
1996									
9 Male – Masculin	17.1	12.6	0.4	0.3	0.3	0.8	0.9	1.6	2.8
10 Female – Féminin	13.7	12.0	0.4	♦ 0.2	♦ 0.2	0.3	0.4	0.7	1.0
Ireland – Irlande									
Urban – Urbaine									
1996+ [19]									
11 Male – Masculin	8.3	6.4	♦ 0.3	♦ 0.2	♦ 0.2	0.5	1.0	1.1	1.1
12 Female – Féminin	7.7	5.5	♦ 0.3	♦ 0.1	♦ 0.1	♦ 0.2	♦ 0.2	♦ 0.3	0.5
Rural – Rurale									
1996+ [19]									
13 Male – Masculin	10.3	5.6	♦ 0.4	♦ 0.2	♦ 0.2	0.8	1.8	1.4	1.1
14 Female – Féminin	8.9	4.9	♦ 0.4	♦ 0.0	♦ 0.1	♦ 0.4	♦ 0.5	♦ 0.5	♦ 0.5
Latvia – Lettonie									
Urban – Urbaine									
1996 [8]									
15 Male – Masculin	14.3	14.5	♦ 0.8	♦ 0.4	♦ 0.4	1.3	2.6	2.6	4.3
16 Female – Féminin	11.5	14.3	♦ 0.4	♦ 0.2	♦ 0.2	♦ 0.5	♦ 0.5	1.0	1.0
Rural – Rurale									
1996 [8]									
17 Male – Masculin	17.1	18.1	♦ 1.4	♦ 0.6	♦ 0.3	1.6	3.5	5.2	4.7
18 Female – Féminin	14.9	16.1	♦ 1.1	♦ 0.3	♦ 0.3	♦ 0.5	♦ 0.7	♦ 0.9	♦ 0.9
Lithuania – Lituanie									
Urban – Urbaine									
1996 [8]									
19 Male – Masculin	10.6	9.8	0.5	♦ 0.3	0.3	1.2	2.1	2.1	3.4
20 Female – Féminin	8.2	8.8	0.6	♦ 0.2	♦ 0.2	0.4	0.5	0.6	0.9
Rural – Rurale									
1996 [8]									
21 Male – Masculin	18.3	12.2	♦ 0.6	♦ 0.4	♦ 0.6	1.9	4.1	5.1	5.7
22 Female – Féminin	14.7	10.0	1.0	♦ 0.4	♦ 0.3	♦ 0.7	♦ 0.6	♦ 0.7	1.3
Poland – Pologne									
Urban – Urbaine									
1996									
23 Male – Masculin	10.1	13.9	0.4	0.2	0.2	0.7	1.1	1.4	2.0
24 Female – Féminin	8.6	11.4	0.3	0.2	0.2	0.3	0.3	0.4	0.6
Rural – Rurale									
1996									
25 Male – Masculin	12.0	12.9	0.5	0.3	0.3	1.0	1.6	1.6	2.3
26 Female – Féminin	10.2	10.4	0.4	0.2	0.2	0.4	0.3	0.4	0.6

20. Taux de mortalité selon l'âge, le sexe et la résidence, urbaine/rurale: dernière année disponible (suite)

Données selon la résidence urbaine/rurale

(Voir notes à la fin du tableau.)

					Age(en années)						
35–39	40–44	45–49	50–54	55–59	60–64	65–69	70–74	75–79	80–84	85 plus	
2.1	3.0	4.9	7.4	11.4	16.7	23.8	35.4	59.1	100.6	193.6	1
0.9	1.3	1.9	3.2	4.2	6.2	9.5	16.1	33.3	64.4	156.7	2
1.6	2.3	3.8	5.4	9.2	15.4	26.0	41.9	66.9	100.9	187.7	3
0.7	1.1	1.8	2.4	4.4	7.1	13.2	25.3	49.6	83.3	169.8	4
1.5	2.2	3.2	4.8	7.7	13.3	21.6	34.6	59.1	104.2	211.9	5
0.6	1.0	1.3	2.4	3.7	5.9	11.2	21.9	45.0	88.4	216.1	6
4.1	6.9	10.7	14.6	22.2	30.4	43.4	65.3	88.3	137.5	228.6	7
1.7	2.8	4.0	5.8	8.7	13.5	21.4	35.7	55.6	110.6	204.8	8
5.4	8.8	14.1	20.6	28.2	36.5	50.2	71.2	96.3	154.7	261.2	9
2.1	3.1	4.8	6.3	9.3	14.0	22.5	36.7	63.1	117.8	220.4	10
1.2	1.9	3.4	5.7	10.6	18.6	32.8	54.3	88.8	139.8	245.7	11
0.7	1.1	2.1	3.5	5.5	9.7	16.9	30.6	51.9	84.7	178.9	12
1.5	1.9	2.5	5.1	8.0	15.1	28.6	44.7	73.7	130.8	231.5	13
0.6	1.4	1.6	3.7	4.8	8.7	14.8	26.6	48.0	90.5	193.1	14
5.6	8.7	12.6	18.2	25.2	35.2	47.7	64.1	90.8	137.0	231.4	15
1.6	2.7	4.7	6.4	8.1	12.9	18.4	33.3	54.9	90.0	195.2	16
6.7	9.7	15.0	21.7	29.2	37.7	54.9	78.0	114.1	133.4	275.0	17
1.9	2.7	5.3	6.5	9.3	12.3	19.2	31.5	57.9	98.8	240.5	18
4.9	7.8	12.5	15.0	21.4	28.7	41.6	57.1	81.9	107.9	156.5	19
1.8	2.6	4.3	5.0	7.3	11.8	17.2	30.8	52.8	76.6	151.2	20
7.9	13.6	16.5	21.9	26.7	33.8	45.8	63.2	94.5	120.4	204.5	21
2.1	4.1	5.4	6.9	8.5	11.6	18.0	30.0	54.7	88.6	215.3	22
3.1	5.2	7.9	12.6	19.1	27.8	40.1	59.6	84.7	132.4	208.2	23
1.1	2.0	3.1	4.7	7.2	11.6	19.2	32.9	55.0	99.8	192.3	24
3.6	5.7	8.8	13.1	19.0	27.9	39.9	58.8	86.3	139.4	238.2	25
1.1	1.9	2.9	4.3	6.1	9.8	17.2	30.1	53.9	105.5	215.6	26

20. Death rates specific for age, sex and urban/rural residence: latest available year (continued)

Data by urban/rural residence

(See notes at end of table.)

Continent, country or area, year, sex and urban/rural residence / Continent, pays ou zone, année, sexe et résidence, urbaine/rurale	All ages Tous âges [1]	−1	1–4	5–9	10–14	15–19	20–24	25–29	30–34
EUROPE (Cont.–Suite)									
Portugal									
Urban – Urbaine									
1991									
1 Male – Masculin	6.8	10.0	0.4	0.3	0.3	0.7	1.1	1.5	1.6
2 Female – Féminin	6.2	6.3	0.4	♦ 0.1	♦ 0.2	0.3	0.4	0.5	0.5
Rural – Rurale									
1991									
3 Male – Masculin	11.9	12.1	1.1	0.5	0.5	1.9	2.2	2.1	2.6
4 Female – Féminin	10.0	9.7	0.8	0.3	0.3	0.4	0.5	0.6	0.9
Republic of Moldova – République de Moldova									
Urban – Urbaine									
1992 [8]									
5 Male – Masculin	8.5	17.5	1.3	0.7	0.5	1.5	2.2	3.4	4.1
6 Female – Féminin	6.9	13.7	0.7	0.4	♦ 0.3	0.4	0.5	0.8	0.7
Rural – Rurale									
1992 [8]									
7 Male – Masculin	13.2	23.7	1.9	0.9	0.6	1.6	5.5	4.6	5.0
8 Female – Féminin	11.8	17.3	1.1	0.5	0.4	0.7	1.3	1.0	1.3
Romania – Roumanie									
Urban – Urbaine									
1996									
9 Male – Masculin	10.7	20.0	1.1	0.8	0.4	0.8	1.1	1.3	2.1
10 Female – Féminin	8.1	16.4	0.9	0.6	0.3	0.4	0.5	0.5	0.8
Rural – Rurale									
1996									
11 Male – Masculin	17.9	27.7	1.5	1.3	0.6	1.1	1.6	2.2	3.6
12 Female – Féminin	15.4	23.3	1.3	0.7	0.4	0.5	0.6	0.9	1.4
Russian Federation – Fédération de Russie									
Urban – Urbaine									
1995 [8]									
13 Male – Masculin	16.6	19.6	1.0	0.6	0.6	2.3	4.0	5.0	7.2
14 Female – Féminin	12.5	14.7	0.8	0.4	0.4	0.8	1.0	1.3	1.7
Rural – Rurale									
1995 [8]									
15 Male – Masculin	17.4	21.8	1.7	0.9	0.8	2.6	5.3	6.6	7.7
16 Female – Féminin	15.2	16.4	1.3	0.5	0.4	1.0	1.2	1.3	1.8
Slovenia – Slovénie									
Urban – Urbaine									
1994									
17 Male – Masculin	8.7	6.8	♦ 0.5	♦ 0.2	♦ 0.2	1.0	1.4	1.6	1.3
18 Female – Féminin	8.0	♦ 6.7	♦ 0.4	♦ 0.3	♦ 0.1	♦ 0.4	♦ 0.5	♦ 0.5	♦ 0.6
Rural – Rurale									
1994									
19 Male – Masculin	11.6	♦ 5.6	♦ 0.5	♦ 0.3	♦ 0.2	1.5	1.6	2.0	2.5
20 Female – Féminin	10.7	7.0	♦ 0.2	♦ 0.2	♦ 0.1	♦ 0.3	♦ 0.4	♦ 0.5	♦ 0.7
Switzerland – Suisse									
Urban – Urbaine									
1990									
21 Male – Masculin	8.3	6.8	0.3	♦ 0.2	♦ 0.1	0.7	1.2	1.4	1.4
22 Female – Féminin	8.2	6.2	♦ 0.2	♦ 0.1	♦ 0.1	0.3	0.4	0.5	0.5
Rural – Rurale									
1990									
23 Male – Masculin	12.3	10.1	0.7	♦ 0.2	♦ 0.3	1.5	2.1	1.6	1.6
24 Female – Féminin	10.7	8.0	♦ 0.4	♦ 0.2	♦ 0.2	♦ 0.4	0.5	0.5	0.7
Ukraine									
Urban – Urbaine									
1995 [8]									
25 Male – Masculin	15.3	15.6	0.8	0.5	0.5	1.5	2.7	3.9	5.3
26 Female – Féminin	12.3	11.7	0.7	0.3	0.3	0.6	0.8	1.1	1.3

(Voir notes à la fin du tableau.)

					Age(en années)						
35–39	40–44	45–49	50–54	55–59	60–64	65–69	70–74	75–79	80–84	85 plus	
1.7	2.0	3.2	5.0	8.4	13.2	21.0	32.8	53.4	84.7	152.9	1
0.7	1.0	1.6	2.4	3.8	6.1	9.8	17.9	34.0	65.2	139.3	2
2.9	3.7	5.3	7.7	11.8	18.1	27.5	43.5	75.3	126.4	243.2	3
1.1	1.8	2.4	3.7	5.3	8.1	13.8	24.1	50.8	97.1	210.7	4
4.8	6.1	8.6	12.6	18.7	31.6	40.9	62.9	101.5	138.8	230.4	5
1.6	2.4	4.1	5.2	9.6	16.1	25.3	42.2	72.9	103.3	202.4	6
6.0	8.0	12.3	16.0	22.0	31.9	43.2	68.5	98.2	154.7	340.0	7
2.1	3.5	6.5	9.6	13.4	19.9	27.7	48.5	78.2	130.5	271.2	8
3.9	6.3	9.8	15.1	22.6	30.9	42.8	63.3	92.1	142.5	214.9	9
1.5	2.6	3.9	6.2	9.0	14.1	23.3	39.1	65.6	118.5	205.0	10
6.4	9.8	12.5	16.2	21.9	29.2	41.1	61.4	91.4	159.9	276.9	11
2.4	3.2	4.5	6.3	9.2	14.0	22.9	40.6	72.7	142.2	266.0	12
9.9	14.1	19.3	27.3	34.1	46.7	60.6	75.9	106.3	153.1	221.9	13
2.5	3.8	5.7	8.4	11.3	17.2	26.3	41.7	69.2	118.5	216.5	14
10.1	13.8	19.3	26.6	33.1	44.0	57.9	75.7	105.9	147.2	210.6	15
2.6	4.0	6.0	8.8	11.7	16.9	24.7	39.0	64.0	105.1	198.7	16
2.2	3.8	5.2	8.4	12.6	22.1	33.2	47.3	78.9	120.8	206.0	17
1.0	1.8	2.7	4.1	5.9	8.9	15.5	24.0	54.0	83.8	174.8	18
3.4	4.6	7.7	12.1	16.7	27.6	38.2	57.8	86.3	135.1	219.5	19
1.1	1.7	2.7	4.0	6.6	10.0	16.6	28.5	57.6	98.2	197.8	20
1.5	1.8	2.8	4.4	7.8	13.5	21.1	33.4	58.2	92.6	176.6	21
0.7	1.1	1.7	2.6	3.9	6.1	9.5	16.7	31.2	59.4	139.4	22
1.8	2.9	3.9	7.3	11.5	19.2	33.6	48.5	81.5	131.0	259.5	23
1.0	1.3	2.7	3.6	4.5	8.5	13.3	23.7	46.1	82.4	195.0	24
7.4	11.0	16.2	21.4	29.4	41.1	55.3	77.6	105.1	158.5	262.4	25
2.0	3.1	5.1	6.8	10.7	16.9	26.3	45.7	74.7	125.0	233.5	26

20. Death rates specific for age, sex and urban/rural residence: latest available year (continued)

Data by urban/rural residence

(See notes at end of table.)

Continent, country or area, year, sex and urban/rural residence / Continent, pays ou zone, année, sexe et résidence, urbaine/rurale	All ages Tous âges [1]	−1	1–4	5–9	10–14	15–19	20–24	25–29	30–
					Age (in years)				
EUROPE (Cont.–Suite)									
Ukraine									
Rural – Rurale									
1995 [8]									
1 Male – Masculin	19.4	16.7	1.7	0.7	0.6	1.6	3.1	3.9	5
2 Female – Féminin	18.7	13.1	1.4	0.5	0.4	0.7	0.8	1.0	1
Yugoslavia – Yougoslavie									
Urban – Urbaine									
1995									
3 Male – Masculin	10.2	20.1	0.6	0.3	0.3	0.7	0.9	1.2	1
4 Female – Féminin	9.0	17.0	0.4	0.2	0.2	0.4	0.4	0.5	0
Rural – Rurale									
1995									
5 Male – Masculin	11.3	16.3	0.7	0.3	0.3	0.5	0.9	0.9	1
6 Female – Féminin	10.4	14.2	0.7	0.2	0.2	0.3	0.4	0.5	0

GENERAL NOTES

Data exclude foetal deaths. Rates are the number of deaths by age and sex per 1 000 corresponding population. For definitions of "urban", see end of table 6. For method of evaluation and limitations of data, see Technical Notes, page 75.

Italics: rates calculated using deaths from civil registers which are incomplete or of unknown completeness.

FOOTNOTES

* Provisional.
♦ Rates based on 30 or fewer deaths.
+ Data tabulated by date of registration rather than occurrence.

1 Including deaths of unknown age.
2 For classification by urban/rural residence, see end of table.
3 Including Canadian residents temporarily in the United States, but excluding United States residents temporarily in Canada.

4 Excluding live–born infants dying before registration of birth.

5 Excluding Indian jungle population.
6 Based on burial permits.
7 Excluding nomadic Indian tribes.
8 Excluding infants born alive after less than 28 weeks' gestation, of less than 1 000 grammes in weight and 35 centimetres in length, who die within seven days of birth.
9 For government controlled areas.

NOTES GENERALES

Les données ne comprennent pas les morts foetales. Les taux représentent le nombre de décès selon l'âge et le sexe pour 1 000 personnes du même groupe d'âges et du même sexe. Pour les définitions des "régions urbaines", se reporter à la fin du tableau 6. Pour la méthode d'évaluation et les insuffisances des données, voir Notes techniques, page 75.
Italiques: taux calculés d'après des chiffres de décès provenant des registres de l'état civil incomplets ou dont le degré d'exactitude n'est pas connu.

NOTES

* Données provisoires.
♦ Taux basés sur 30 décès ou moins.
+ Données exploitées selon la date de l'enregistrement et non la date de l'événement.
1 Y compris les décès dont on ignore l'âge.
2 Pour le classement selon la résidence, urbaine/rurale, voir la fin du tableau.
3 Y compris les résidents canadiens se trouvant temporairement aux Etats–Unis, mais non compris les résidents des Etats–Unis se trouvant temporairement au Canada.
4 Non compris les enfants nés vivants, décédés avant l'enregistrement de leur naissance.
5 Non compris les Indiens de la jungle.
6 D'après les permis d'inhumer.
7 Non compris les tribus d'Indiens nomades.
8 Non compris les enfants nés vivants après moins de 28 semaines de gestation, pesant moins de 1 000 grammes, mesurant moins de 35 centimètres et décédé dans les sept jours qui ont suivi leur naissance.
9 Pour les zones contrôlées pour le Gouvernement.

(Voir notes à la fin du tableau.)

					Age(en années)						
35–39	40–44	45–49	50–54	55–59	60–64	65–69	70–74	75–79	80–84	85 plus	
8.3	12.1	17.3	20.9	29.4	37.3	52.6	73.3	103.4	147.5	244.6	1
2.4	3.4	5.4	7.0	10.8	14.5	23.2	40.1	66.2	110.7	219.7	2
2.5	4.0	5.9	10.2	16.4	25.9	39.0	53.4	71.5	118.2	155.3	3
1.2	2.2	2.9	5.3	8.6	14.3	25.3	43.4	69.5	129.5	210.3	4
2.0	3.6	5.1	9.3	14.3	23.2	33.0	51.6	72.2	125.5	195.9	5
1.0	1.9	2.5	4.7	7.2	12.1	19.5	36.9	54.8	115.1	191.7	6

21. Deaths and death rates by cause: latest available year

Décès selon la cause, nombres et taux: dernière année disponible

Part A: Classified according to Abbreviated International List, tenth Revision

Partie A: Décès classés selon la Liste internationale abrégée de la dixième révision

(See notes at end of table. – Voir notes à la fin du tableau.)

Cause of death abbreviated list number [1] / Cause de décès numéro dans la liste abrégée [1]	Japan – Japon 1996 [2]		Korea, Republic of– Corée, République de 1995		Qatar 1995		Croatia – Croatie 1996	
	Number Nombre	Rate Taux	Number Nombre	Rate Taux	Number Nombre	Rate Taux	Number Nombre	Rate Taux
TOTAL	896 211	712.6	238 132	528.1	1 000	182.5	50 636	1 126.9
AM 1	–	–	–	–	–	–	–	–
AM 2	–	–	4	♦ 0.0	–	–	–	–
AM 3	1 032	0.8	225	0.5	–	–	6	♦ 0.1
AM 4	2 858	2.3	3 929	8.7	15	♦ 2.7	224	5.0
AM 5	5	♦ 0.0	–	–	–	–	1	♦ 0.0
AM 6	3	♦ 0.0	5	♦ 0.0	–	–	2	♦ 0.0
AM 7	16	♦ 0.0	12	♦ 0.0	–	–	5	♦ 0.1
AM 8	4 912	3.9	674	1.5	2	♦ 0.4	135	3.0
AM 9	76	0.1	13	♦ 0.0	7	♦ 1.3	9	♦ 0.2
AM10	15	♦ 0.0	14	♦ 0.0	–	–	–	–
AM11	–	–	5	♦ 0.0	–	–	–	–
AM12	8 825	7.0	384	0.9	10	♦ 1.8	27	♦ 0.6
AM13	50 165	39.9	11 997	26.6	6	♦ 1.1	1 014	22.6
AM14	21 382	17.0	1 455	3.2	6	♦ 1.1	658	14.6
AM15	11 437	9.1	1 193	2.6	4	♦ 0.7	597	13.3
AM16	48 041	38.2	8 550	19.0	18	♦ 3.3	2 390	53.2
AM17	7 963	[3] 14.6	921	[3] 5.3	16	...	719	[3] 37.9
AM18	2 219	[3] 4.1	544	[3] 3.1	–	...	104	[3] 5.5
AM19	6 275	5.0	1 327	2.9	8	♦ 1.5	265	5.9
AM20	131 361	104.5	24 726	54.8	62	11.3	4 845	107.8
AM21	12 838	10.2	7 789	17.3	46	8.4	1 160	25.8
AM22	919	0.7	181	0.4	–	–	–	–
AM23	1 749	1.4	275	0.6	2	♦ 0.4	21	♦ 0.5
AM24	871	0.7	286	0.6	1	♦ 0.2	46	1.0
AM25	2 568	2.0	206	0.5	8	♦ 1.5	37	0.8
AM26	7 245	5.8	8 276	18.4	26	♦ 4.7	858	19.1
AM27	49 130	39.1	4 869	10.8	75	13.7	4 416	98.3
AM28	22 754	18.1	1 053	2.3	94	17.2	4 712	104.9
AM29	140 366	111.6	36 061	80.0	85	15.5	8 822	196.3
AM30	8 644	6.9	1 050	2.3	2	♦ 0.4	1 235	27.5
AM31	65 903	52.4	11 203	24.8	50	9.1	5 435	120.9
AM32	70 901	56.4	1 909	4.2	8	♦ 1.5	819	18.2
AM33	166	0.1	156	0.3	–	–	30	♦ 0.7
AM34	18 743	14.9	6 643	14.7	20	♦ 3.6	908	20.2
AM35	3 946	3.1	820	1.8	3	♦ 0.5	248	5.5
AM36	16 517	13.1	13 323	29.5	15	♦ 2.7	1 424	31.7
AM37	19 268	15.3	1 970	4.4	22	♦ 4.0	525	11.7
AM38	172	[4] 0.9	38	[4] 1.0	–	–	16	♦ [4] 2.7
AM39	3	♦ [5] 0.2	5	♦ [5] 0.7	–	–	–	–
AM40	51	[5] 4.2	81	[5] 11.5	–	–	1	♦ [5] 1.9
AM41	18	♦ [5] 1.5	2	♦ [5] 0.3	–	–	–	–
AM42	2 935	2.3	992	2.2	47	...	166	3.7
AM43	1 425	[5] 118.1	248	[5] 35.2	50	...	217	[3] 403.3
AM44	24 768	19.7	34 482	76.5	60	...	3 334	74.2
AM45	63 327	50.4	16 104	35.7	63	11.5	1 910	42.5
AM46	14 128	11.2	17 313	38.4	–	–	628	14.0
AM47	5 918	4.7	2 400	5.3	–	–	501	11.1
AM48	19 138	19.7	7 872	76.5	–	–	827	18.4
AM49	22 138	17.6	4 840	10.7	–	–	1 002	22.3
AM50	680	11.2	824	38.4	–	–	133	3.0
AM51	2 327	1.8	883	2.0	169	30.8	204	4.5

(See notes at end of table. – Voir notes à la fin du tableau.)   EUROPE(cont.–suite)

Cause of death abbreviated list number [1] / Cause de décès numéro dans la liste abrégée [1]	Czech Republic – Rép. tchèque 1997*		Denmark – Danemark [6] 1996 [7]		Hungary – Hongrie 1997* [7]		Latvia – Lettonie 1996 [8]	
	Number Nombre	Rate Taux	Number Nombre	Rate Taux	Number Nombre	Rate Taux	Number Nombre	Rate Taux
TOTAL	112 744	1 094.2	60 712	1 153.9	139 434	1 373.3	34 320	1 377.9
AM 1	–	–	–	–	–	–	–	–
AM 2	–	–	–	–	–	–	–	–
AM 3	23	♦ 0.2	91	1.7	28	♦ 0.3	10	♦ 0.4
AM 4	95	0.9	40	0.8	470	4.6	269	10.8
AM 5	–	–	–	–	–	–	–	–
AM 6	13	♦ 0.1	11	♦ 0.2	4	♦ 0.0	12	♦ 0.5
AM 7	1	...	–	–	8	♦ 0.1	1	♦ 0.0
AM 8	64	0.6	133	2.5	41	0.4	31	1.2
AM 9	3	♦ 0.0	162	3.1	25	♦ 0.2	–	–
AM10	–	–	–	–	–	–	–	–
AM11	–	–	–	–	–	–	–	–
AM12	30	♦ 0.3	93	1.8	155	1.5	79	3.2
AM13	1 728	16.8	500	9.5	2 374	23.4	652	26.2
AM14	2 486	24.1	1 401	26.6	2 892	28.5	383	15.4
AM15	1 866	18.1	660	12.5	1 891	18.6	264	10.6
AM16	5 561	54.0	3 387	64.4	7 763	76.5	1 114	44.7
AM17	1 966	...	1 375	[3] 62.2	2 361	...	403	[3] 36.9
AM18	411	...	173	[3] 7.8	543	...	95	[3] 8.7
AM19	835	8.1	412	7.8	904	8.9	184	7.4
AM20	13 155	127.7	7 741	147.1	15 109	148.8	2 447	98.2
AM21	997	9.7	629	12.0	1 952	19.2	248	10.0
AM22	7	♦ 0.1	9	♦ 0.2	11	♦ 0.1	3	♦ 0.1
AM23	47	0.5	93	1.8	49	0.5	11	♦ 0.4
AM24	71	0.7	60	1.1	156	1.5	59	2.4
AM25	357	3.5	32	0.6	536	5.3	178	7.1
AM26	770	7.5	312	5.9	4 252	41.9	63	2.5
AM27	10 230	99.3	5 025	95.5	13 661	134.6	1 076	43.2
AM28	15 896	154.3	5 997	114.0	17 237	169.8	8 995	361.1
AM29	15 221	147.7	5 464	103.8	18 884	186.0	6 817	273.7
AM30	15 283	148.3	1 705	32.4	9 188	90.5	1 097	44.0
AM31	5 577	54.1	4 005	76.1	7 551	74.4	833	33.4
AM32	2 595	25.2	2 104	40.0	1 197	11.8	341	13.7
AM33	44	0.4	180	3.4	122	1.2	5	♦ 0.2
AM34	1 315	12.8	3 008	57.2	3 994	39.3	409	16.4
AM35	529	5.1	576	10.9	945	9.3	154	6.2
AM36	1 930	18.7	765	14.5	6 810	67.1	362	14.5
AM37	1 212	11.8	407	7.7	754	7.4	357	14.3
AM38	51	...	42	[4] 5.4	73	...	67	[4] 22.4
AM39	–	–	–	–	4	♦ [5] 4.0	1	♦ [5] 5.1
AM40	2	♦ [5] 2.2	4	♦ [5] 5.9	16	♦ [5] 15.9	3	♦ [5] 15.2
AM41	–	–	–	–	1	♦ [5] 1.0	–	–
AM42	182	1.8	261	5.0	430	4.2	146	5.9
AM43	302	[5] 333.1	170	[5] 251.2	608	[5] 605.0	170	[5] 859.4
AM44	642	6.2	6 568	124.8	129	1.3	1 773	71.2
AM45	3 393	32.9	3 746	71.2	5 997	59.1	1 321	53.0
AM46	1 583	15.4	545	10.4	1 720	16.9	690	27.7
AM47	2 168	21.0	1 239	23.5	3 405	33.5	360	14.4
AM48	1 824	6.2	447	8.5	1 429	1.3	1 296	52.0
AM49	1 666	16.2	892	17.0	3 214	31.7	922	37.0
AM50	168	15.4	59	10.4	344	16.9	382	15.3
AM51	445	4.3	189	3.6	197	1.9	237	9.5

Cause of death abbreviated list number [1] / Cause de décès numéro dans la liste abrégée [1]	Malta – Malte 1997*[7][9]		Republic of Moldova – République de Moldova 1996[7][8]	
	Number Nombre	Rate Taux	Number Nombre	Rate Taux
TOTAL	2 888	770.4	50 059	1 156.8
AM 1	–	–	–	–
AM 2	–	–	–	–
AM 3	2	♦ 0.5	55	1.3
AM 4	–	–	530	12.2
AM 5	–	–	–	–
AM 6	2	♦ 0.5	27	♦ 0.6
AM 7	–	–	1	♦ 0.0
AM 8	11	♦ 2.9	32	0.7
AM 9	2	♦ 0.5	1	♦ 0.0
AM10	–	–	–	–
AM11	–	–	–	–
AM12	2	♦ 0.5	81	1.9
AM13	47	12.5	646	14.9
AM14	57	15.2	336	7.8
AM15	21	♦ 5.6	264	6.1
AM16	116	30.9	1 045	24.1
AM17	70	...	504	...
AM18	9	...	200	...
AM19	21	♦ 5.6	163	3.8
AM20	355	94.7	2 645	61.1
AM21	89	23.7	477	11.0
AM22	–	–	24	♦ 0.6
AM23	2	♦ 0.5	11	♦ 0.3
AM24	1	♦ 0.3	94	2.2
AM25	8	♦ 2.1	291	6.7
AM26	21	♦ 5.6	208	4.8
AM27	431	115.0	993	22.9
AM28	302	80.6	15 495	358.1
AM29	293	78.2	6 947	160.5
AM30	30	♦ 8.0	397	9.2
AM31	243	64.8	626	14.5
AM32	80	21.3	1 048	24.2
AM33	1	♦ 0.3	10	♦ 0.2
AM34	106	28.3	1 732	40.0
AM35	12	♦ 3.2	249	5.8
AM36	24	♦ 6.4	3 442	79.5
AM37	55	14.7	326	7.5
AM38	2	...	60	...
AM39	–	–	6	♦ [5] 11.5
AM40	–	–	10	♦ [5] 19.2
AM41	–	–	6	♦ [5] 11.5
AM42	22	♦ 5.9	324	7.5
AM43	15	♦ [5] 323.9	352	[5] 675.0
AM44	26	♦ 6.9	3 951	91.3
AM45	303	80.8	1 759	40.6
AM46	23	♦ 6.1	733	16.9
AM47	40	10.7	252	5.8
AM48	27	♦ 6.9	1 980	91.3
AM49	15	♦ 4.0	777	18.0
AM50	2	♦ 6.1	589	16.9
AM51	–	–	360	8.3

(See notes at end of table. – Voir notes à la fin du tableau.) AFRICA–AFRIQUE–AMERICA,NORTH–AMERIQUE DU NORD

Cause of death abbreviated list number [1] / Cause de décès numéro dans la liste abrégée [1]	Mauritius – Maurice Island of Mauritius – Ile Maurice 1996+		South Africa – Afrique du Sud 1993		Bahamas 1995 [7]		Barbados – Barbade 1995+ [7]	
	Number Nombre	Rate Taux	Number Nombre	Rate Taux	Number Nombre	Rate Taux	Number Nombre	Rate Taux
TOTAL	7 508	683.4	201 273	507.9	1 604	574.9	2 500	946.3
AM 1	–	–	3	–	–	–	–	–
AM 2	–	–	105	0.3	–	–	–	–
AM 3	24	♦ 2.2	5 030	12.7	3	♦ 1.1	6	♦ 2.3
AM 4	8	♦ 0.7	7 474	18.9	12	♦ 4.3	2	♦ 0.8
AM 5	–	–	9	♦ 0.0	–	–	–	–
AM 6	–	–	70	0.2				
AM 7	2	♦ 0.2	27	♦ 0.1	–	–	–	–
AM 8	97	8.8	2 874	7.3	16	♦ 5.7	53	20.1
AM 9	–	–	–	–	–	–	–	–
AM10	–	–	142	0.4	–	–	–	–
AM11	–	–	110	0.3	–	–	–	–
AM12	6	♦ 0.5	958	2.4	6	♦ 2.1	11	♦ 4.2
AM13	62	5.6	1 202	3.0	21	♦ 7.5	28	♦ 10.6
AM14	2	♦ 0.2	969	2.4	14	♦ 5.0	31	11.7
AM15	32	2.9	295	0.7	6	♦ 2.1	17	♦ 6.4
AM16	88	8.0	3 598	9.1	29	♦ 10.4	25	♦ 9.5
AM17	40	...	1 382	...	26	...	46	...
AM18	26	...	1 359	...	11	...	23	...
AM19	31	2.8	565	1.4	2	♦ 0.7	9	♦ 3.4
AM20	363	33.0	11 163	28.2	129	46.2	250	94.6
AM21	283	25.8	5 647	14.2	101	36.2	250	94.6
AM22	–	–	209	0.5	–	–	–	–
AM23	4	♦ 0.4	392	1.0	3	♦ 1.1	–	–
AM24	18	♦ 1.6	242	0.6	4	♦ 1.4	14	♦ 5.3
AM25	9	♦ 0.8	841	2.1	2	♦ 0.7	8	♦ 3.0
AM26	1	♦ 0.1	18	♦ 0.0	–	–	1	♦ 0.4
AM27	6	♦ 0.5	224	0.6	1	♦ 0.4	3	♦ 1.1
AM28	136	12.4	2 736	6.9	79	28.3	56	21.2
AM29	1 020	92.8	4 494	11.3	60	21.5	172	65.1
AM30	302	27.5	5 289	13.3	67	24.0	42	15.9
AM31	1 035	94.2	13 336	33.7	130	46.6	342	129.4
AM32	–	–	383	1.0	8	♦ 2.9	72	27.3
AM33	802	73.0	9 679	24.4	100	35.8	277	104.8
AM34	219	19.9	7 035	17.8	69	24.7	89	33.7
AM35	1	♦ 0.1	138	0.3	1	♦ 0.4	1	♦ 0.4
AM36	176	16.0	3 679	9.3	4	♦ 1.4	22	♦ 8.3
AM37	24	♦ 2.2	667	1.7	4	♦ 1.4	8	♦ 3.0
AM38	–	–	24	♦ 0.1	1	♦ 0.4	2	♦ 0.8
AM39	222	20.2	1 410	3.6	35	12.5	34	12.9
AM40	429	39.0	3 239	8.2	13	♦ 4.7	29	♦ 11.0
AM41	–	...	24		2	...	2	...
AM42	1	♦ [5] 5.0	63	[5] 11.3	2	♦ 32.0	–	–
AM43	4	♦ [5] 20.2	240	[5] 43.0	2	♦ 32.0	–	–
AM44	1	♦ [5] 5.0	19	♦ [5] 3.4				
AM45	58	5.3	1 102	2.8	21	♦ 7.5	13	♦ 4.9
AM46	–	–	177	[5] 31.7	1	♦ 16.0	2	♦ 57.6
AM47	321	[5] 1 621.0	7 242	[5] 1 297.9	54	863.6	27	♦ 777.4
AM48	610	55.5	42 964	108.4	27	♦ 9.7	65	24.6
AM49	520	47.3	13 038	32.9	427	153.0	373	141.2
AM50	147	13.4	...	...	17	♦ 6.1	24	♦ 9.1
AM51	18	♦ 1.6	...	...	7	♦ 2.5	12	♦ 4.5
AM52	176	16.0	[10] 39 387	[10] 99.4	26	♦ 9.3	22	♦ 8.3
AM53	153	13.9	...	...	3	♦ 1.1	17	♦ 6.4
AM54	30	♦ 2.7	...	...	42	15.1	17	♦ 6.4
AM55	1	♦ 0.1	...	...	16	♦ 5.7	3	♦ 1.1

21. Deaths and death rates by cause: latest available year (continued)

Décès selon la cause, nombres et taux: dernière année disponible (suite)

Part B: Classified according to Abbreviated International List, 1975 Revision

Partie B: Décès classés selon la Liste internationale abrégée de la révision de 1975

(See notes at end of table. – Voir notes à la fin du tableau.) AMERICA,NORTH(cont.)–AMERIQUE DU NORD(suite)

Cause of death abbreviated list number [1] / Cause de décès numéro dans la liste abrégée [1]	Canada 1995 [11]		Costa Rica 1994		Cuba 1995		El Salvador 1991 [12]	
	Number Nombre	Rate Taux	Number Nombre	Rate Taux	Number Nombre	Rate Taux	Number Nombre	Rate Taux
TOTAL	210 733	717.9	13 314	407.7	77 937	709.8	27 096	506.4
AM 1	–	–	–	–	–	–	17	♦ 0.3
AM 2	–	–	–	–	2	♦ 0.0	83	1.6
AM 3	57	0.2	110	3.4	705	6.4	946	17.7
AM 4	117	0.4	78	2.4	94	0.9	181	3.4
AM 5	3	♦ 0.0	–	–	–	–	5	♦ 0.1
AM 6	16	♦ 0.1	3	♦ 0.1	20	♦ 0.2	4	♦ 0.1
AM 7	1	♦ 0.0	2	♦ 0.1	3	♦ 0.0	37	0.7
AM 8	902	3.1	37	1.1	230	2.1	192	3.6
AM 9	–	–	–	–	–	–	–	–
AM10	–	–	1	♦ 0.0	–	–	38	0.7
AM11	1	♦ 0.0	–	–	–	–	14	♦ 0.3
AM12	636	2.2	87	2.7	352	3.2	118	2.2
AM13	2 078	7.1	596	18.2	657	6.0	333	6.2
AM14	4 787	16.3	125	3.8	1 230	11.2	28	♦ 0.5
AM15	1 404	4.8	33	1.0	264	2.4	14	♦ 0.3
AM16	15 076	51.4	204	6.2	3 187	29.0	77	1.4
AM17	4 923	[3] 41.0	163	[3] 15.8	915	[3] 21.4	42	...
AM18	400	[3] 3.3	148	[3] 14.4	339	[3] 7.9	103	...
AM19	1 887	6.4	143	4.4	471	4.3	128	2.4
AM20	27 255	92.8	1 201	36.8	7 560	68.9	1 143	21.4
AM21	5 496	18.7	258	7.9	2 519	22.9	398	7.4
AM22	12	♦ 0.0	–	–	4	♦ 0.0	–	–
AM23	153	0.5	14	♦ 0.4	60	0.5	235	4.4
AM24	483	1.6	36	1.1	232	2.1	160	3.0
AM25	53	0.2	38	1.2	226	2.1	111	2.1
AM26	11	♦ 0.0	1	♦ 0.0	2	♦ 0.0	6	♦ 0.1
AM27	545	1.9	40	1.2	170	1.5	6	♦ 0.1
AM28	1 409	4.8	355	10.9	1 022	9.3	44	0.8
AM29	22 217	75.7	1 277	39.1	12 006	109.3	1 024	19.1
AM30	21 848	74.4	675	20.7	5 835	53.1	81	1.5
AM31	15 537	52.9	965	29.5	7 764	70.7	1 254	23.4
AM32	1 583	5.4	33	1.0	2 778	25.3	17	♦ 0.3
AM33	15 966	54.4	788	24.1	3 966	36.1	2 174	40.6
AM34	7 192	24.5	460	14.1	3 639	33.1	822	15.4
AM35	190	0.6	–	–	–	–	8	♦ 0.1
AM36	1 989	6.8	193	5.9	1 068	9.7	560	10.5
AM37	560	1.9	81	2.5	409	3.7	217	4.1
AM38	29	♦ 0.1	12	♦ 0.4	46	0.4	21	♦ 0.4
AM39	2 235	7.6	349	10.7	900	8.2	340	6.4
AM40	2 598	8.8	222	6.8	584	5.3	347	6.5
AM41	58	[4] 1.6	3	♦ [4] 1.3	113	[4] 9.4	7	...
AM42	1	♦ [5] 0.3	4	♦ [5] 5.0	9	♦ [5] 6.1	7	♦ [5] 4.6
AM43	15	♦ [5] 4.0	23	♦ [5] 28.6	39	[5] 26.5	70	[5] 46.3
AM44	1	♦ [5] 0.3	4	♦ [5] 5.0	22	♦ [5] 14.9	–	–
AM45	1 137	3.9	339	10.4	645	5.9	257	4.8
AM46	23	♦ [5] 6.1	18	♦ [5] 22.4	21	♦ [5] 14.3	21	♦ [5] 13.9
AM47	971	[5] 256.9	496	[5] 617.0	557	[5] 378.5	1 570	[5] 1 038.3
AM48	3 257	11.1	280	8.6	330	3.0	4 702	87.9
AM49	32 058	109.2	1 797	55.0	7 660	69.8	3 728	69.7
AM50	3 075	10.5	546	16.7	2 011	18.3	1 087	20.3
AM51	2 432	8.3	218	6.7	1 929	17.6	282	5.3
AM52	3 313	11.3	417	12.8	1 907	17.4	1 261	23.6
AM53	3 970	13.5	164	5.0	2 223	20.2	474	8.9
AM54	489	1.7	184	5.6	852	7.8	1 464	27.4
AM55	284	1.0	93	2.8	360	3.3	838	15.7

21. Deaths and death rates by cause: latest available year (continued)

Décès selon la cause, nombres et taux: dernière année disponible (suite)

Part B: Classified according to Abbreviated International List, 1975 Revision

Partie B: Décès classés selon la Liste internationale abrégée de la révision de 1975

Cause of death abbreviated list number [1] / Cause de décès numéro dans la liste abrégée [1]	Mexico – Mexique 1995 + [7]		Nicaragua 1994 [7]		Puerto Rico – Porto Rico 1992		Trinidad and Tobago – Trinité–et–Tobago 1994	
	Number Nombre	Rate Taux	Number Nombre	Rate Taux	Number Nombre	Rate Taux	Number Nombre	Rate Taux
TOTAL	430 101	475.3	13 094	297.5	27 396	765.3	9 264	741.3
AM 1	143	0.2	46	1.0	–	–	–	–
AM 2	230	0.3	–	–	–	–	–	–
AM 3	9 212	10.2	837	19.0	5	♦ 0.1	33	2.6
AM 4	4 648	5.1	223	5.1	58	1.6	11	♦ 0.9
AM 5	28	♦ 0.0	1	♦ 0.0	–	–	–	–
AM 6	12	♦ 0.0	5	♦ 0.1	–	–	2	♦ 0.2
AM 7	93	0.1	4	...	2	♦ 0.1	1	♦ 0.1
AM 8	2 855	3.2	72	1.6	467	13.0	40	3.2
AM 9	–	–	–	–	–	–	–	–
AM10	–	–	–	–	–	–	–	–
AM11	–	–	20	♦ 0.5	–	–	–	–
AM12	2 805	3.1	88	2.0	139	3.9	59	4.7
AM13	4 685	5.2	171	3.9	347	9.7	91	7.3
AM14	1 618	1.8	46	1.0	325	9.1	69	5.5
AM15	357	0.4	18	♦ 0.4	47	1.3	27	♦ 2.2
AM16	5 969	6.6	77	1.7	557	15.6	82	6.6
AM17	3 026	³ 10.1	48	...	311	³ 22.7	121	³ 27.8
AM18	4 392	³ 14.7	190	...	43	³ 3.1	45	³ 10.4
AM19	2 779	3.1	90	2.0	163	4.6	41	3.3
AM20	25 392	28.1	531	12.1	2 600	72.6	710	56.8
AM21	33 315	36.8	431	9.8	1 836	51.3	1 132	90.6
AM22	793	0.9	6	♦ 0.1	–	–	1	♦ 0.1
AM23	9 214	10.2	106	2.4	65	1.8	26	♦ 2.1
AM24	4 371	4.8	59	1.3	160	4.5	71	5.7
AM25	697	0.8	99	2.2	22	♦ 0.6	20	♦ 1.6
AM26	122	0.1	3	♦ 0.1	6	♦ 0.2	–	–
AM27	1 309	1.4	26	♦ 0.6	12	♦ 0.3	21	♦ 1.7
AM28	8 763	9.7	401	9.1	1 118	31.2	358	28.6
AM29	30 941	34.2	534	12.1	1 327	37.1	1 062	85.0
AM30	7 399	8.2	225	5.1	2 221	62.0	621	49.7
AM31	23 398	25.9	783	17.8	1 285	35.9	1 037	83.0
AM32	1 207	1.3	35	0.8	337	9.4	40	3.2
AM33	24 206	26.7	956	21.7	2 340	65.4	462	37.0
AM34	19 543	21.6	830	18.9	1 197	33.4	330	26.4
AM35	168	0.2	–	–	5	♦ 0.1	8	♦ 0.6
AM36	8 517	9.4	161	3.7	391	10.9	139	11.1
AM37	3 354	3.7	42	1.0	52	1.5	85	6.8
AM38	459	0.5	24	♦ 0.5	6	♦ 0.2	7	♦ 0.6
AM39	21 242	23.5	285	6.5	722	20.2	86	6.9
AM40	10 061	11.1	435	9.9	394	11.0	126	10.1
AM41	418	⁴ 8.2	22	...	3	♦ ⁴ 0.8	30	♦ ⁴ 30.7
AM42	117	⁵ 4.3	7	...	2	♦ ⁵ 3.1	5	♦ ⁵ 25.4
AM43	1 265	⁵ 46.0	74	...	12	♦ ⁵ 18.6	10	♦ ⁵ 50.8
AM44	72	⁵ 2.6	2	...	–	–	–	–
AM45	9 641	10.7	311	7.1	227	6.3	78	6.2
AM46	686	⁵ 24.9	15	...	1	♦ ⁵ 1.5	12	♦ ⁵ 61.0
AM47	19 793	⁵ 719.6	1 243	...	475	⁵ 736.7	160	⁵ 812.9
AM48	7 199	8.0	617	14.0	223	6.2	198	15.8
AM49	56 732	62.7	1 071	24.3	5 304	148.2	1 143	91.5
AM50	13 533	15.0	399	9.1	614	17.2	132	10.6
AM51	4 429	4.9	62	1.4	165	4.6	65	5.2
AM52	17 577	19.4	636	14.4	430	12.0	139	11.1
AM53	2 892	3.2	147	3.3	314	8.8	148	11.8
AM54	15 596	17.2	241	5.5	851	23.8	146	11.7
AM55	2 828	3.1	339	7.7	215	6.0	34	2.7

21. Deaths and death rates by cause: latest available year (continued)

Décès selon la cause, nombres et taux: dernière année disponible (suite)

Part B: Classified according to Abbreviated International List, 1975 Revision

Partie B: Décès classés selon la Liste internationale abrégée de la révision de 1975

(See notes at end of table. – Voir notes à la fin du tableau.)   AMERICA,NORTH(cont.)/SOUTH–AMERIQUE DU NORD(suite)/DU SUD

Cause of death abbreviated list number [1] / Cause de décès numéro dans la liste abrégée [1]	United States – Etats–Unis 1995		Argentina – Argentine 1993 [7]		Brazil – Brésil [13] [14] 1992 [13] [14]		Chile – Chili 1994	
	Number Nombre	Rate Taux	Number Nombre	Rate Taux	Number Nombre	Rate Taux	Number Nombre	Rate Taux
TOTAL	2 312 132	880.0	264 402	780.7	825 240	552.5	75 445	539.1
AM 1	–	–	12	♦ 0.0	312	0.2	–	–
AM 2	–	–	6	♦ 0.0	30	♦ 0.0	7	♦ 0.0
AM 3	881	0.3	648	1.9	13 216	8.8	200	1.4
AM 4	1 336	0.5	1 201	3.5	5 368	3.6	399	2.9
AM 5	6	♦ 0.0	21	♦ 0.1	41	0.0	2	♦ 0.0
AM 6	273	0.1	65	0.2	696	0.5	40	0.3
AM 7	5	♦ 0.0	32	0.1	441	0.3	6	♦ 0.0
AM 8	20 965	8.0	6 342	18.7	9 228	6.2	823	5.9
AM 9	–	–	–	–	–	–	–	–
AM10	2	0.0	22	♦ 0.1	29	♦ 0.0	–	–
AM11	8	♦ 0.0	1	♦ 0.0	554	0.4	–	–
AM12	10 537	4.0	1 244	3.7	9 558	6.4	507	3.6
AM13	13 645	5.2	2 942	8.7	10 261	6.9	2 666	19.0
AM14	48 870	18.6	3 687	10.9	3 312	2.2	631	4.5
AM15	8 463	3.2	939	2.8	1 678	1.1	263	1.9
AM16	151 200	57.5	7 983	23.6	11 083	7.4	1 578	11.3
AM17	43 844	[3] 41.3	4 570	[3] 37.7	6 266	[3] 12.4	840	[3] 16.7
AM18	4 503	[3] 4.2	871	[3] 7.2	3 010	[3] 6.0	750	[3] 14.9
AM19	20 148	7.7	1 500	4.4	3 542	2.4	456	3.3
AM20	247 782	94.3	25 444	75.1	48 662	32.6	8 470	60.5
AM21	59 254	22.6	6 834	20.2	19 910	13.3	1 799	12.9
AM22	228	0.1	173	0.5	761	0.5	52	0.4
AM23	3 146	1.2	1 300	3.8	5 849	3.9	117	0.8
AM24	4 556	1.7	613	1.8	2 166	1.4	164	1.2
AM25	761	0.3	551	1.6	2 552	1.7	154	1.1
AM26	159	0.1	18	♦ 0.1	154	0.1	3	♦ 0.0
AM27	4 988	1.9	197	0.6	1 467	1.0	323	2.3
AM28	39 981	15.2	4 441	13.1	15 963	10.7	1 447	10.3
AM29	218 229	83.1	15 184	44.8	50 060	33.5	5 417	38.7
AM30	263 058	100.1	6 531	19.3	15 829	10.6	2 551	18.2
AM31	157 991	60.1	25 234	74.5	79 262	53.1	6 890	49.2
AM32	16 723	6.4	5 267	15.5	4 171	2.8	612	4.4
AM33	254 462	96.8	58 264	172.0	64 424	43.1	3 682	26.3
AM34	82 317	31.3	7 081	20.9	31 883	21.3	5 666	40.5
AM35	606	0.2	39	0.1	463	0.3	93	0.7
AM36	25 897	9.9	1 761	5.2	7 677	5.1	1 031	7.4
AM37	5 464	2.1	409	1.2	2 883	1.9	240	1.7
AM38	398	0.2	94	0.3	408	0.3	49	0.3
AM39	25 222	9.6	2 791	8.2	12 840	8.6	2 909	20.8
AM40	23 676	9.0	5 184	15.3	8 084	5.4	955	6.8
AM41	406	[4] 1.3	56	[4] 1.7	309	[4] 3.3	80	[4] 7.4
AM42	28	♦ [5] 0.7	90	[5] 13.5	184	[5] 7.6	19	♦ [5] 6.6
AM43	230	[5] 5.9	207	[5] 31.0	1 186	[5] 49.1	46	[5] 16.0
AM44	19	♦ [5] 0.5	12	♦ [5] 1.8	156	[5] 6.5	8	♦ [5] 2.8
AM45	11 891	4.5	2 999	8.9	8 418	5.6	1 163	8.3
AM46	205	[5] 5.3	291	[5] 43.6	396	[5] 16.4	19	♦ [5] 6.6
AM47	13 266	[5] 340.2	7 223	[5] 1 082.1	35 007	[5] 1 448.1	1 195	[5] 414.7
AM48	27 283	10.4	7 291	21.5	147 113	98.5	4 004	28.6
AM49	348 411	132.6	28 200	83.3	79 609	53.3	8 223	58.8
AM50	42 331	16.1	3 643	10.8	26 582	17.8	1 679	12.0
AM51	13 986	5.3	961	2.8	4 301	2.9	410	2.9
AM52	37 003	14.1	6 345	18.7	21 590	14.5	2 512	17.9
AM53	31 284	11.9	2 249	6.6	5 252	3.5	801	5.7
AM54	22 552	8.6	1 501	4.4	28 316	19.0	410	2.9
AM55	3 653	1.4	3 838	11.3	12 728	8.5	3 084	22.0

(See notes at end of table. – Voir notes à la fin du tableau.) AMERICA,SOUTH(cont.)–AMERIQUE DU SUD(suite)

Cause of death abbreviated list number [1] / Cause de décès numéro dans la liste abrégée [1]	Colombia – Colombie 1994+ [15]		Ecuador – Equateur 1995 [16]		Guyana 1994		Paraguay 1994	
	Number Nombre	Rate Taux	Number Nombre	Rate Taux	Number Nombre	Rate Taux	Number Nombre	Rate Taux
TOTAL	168 568	488.3	50 867	443.9	4 304	524.2	15 667	333.3
AM 1	5	♦ 0.0	34	0.3	–	–	–	–
AM 2	10	♦ 0.0	29	♦ 0.3	10	♦ 1.2	2	♦ 0.0
AM 3	1 852	5.4	1 327	11.6	190	23.1	560	11.9
AM 4	1 175	3.4	1 170	10.2	28	♦ 3.4	121	2.6
AM 5	40	0.1	10	♦ 0.1	–	–	–	–
AM 6	47	0.1	7	♦ 0.1	–	–	2	♦ 0.0
AM 7	41	0.1	36	0.3	2	♦ 0.2	17	♦ 0.4
AM 8	1 194	3.5	507	4.4	25	♦ 3.0	266	5.7
AM 9	–	–	–	–	–	–	–	–
AM10	–	–	14	♦ 0.1	–	–	5	♦ 0.1
AM11	81	0.2	64	0.6	17	♦ 2.1	1	♦ 0.0
AM12	749	2.2	208	1.8	25	♦ 3.0	61	1.3
AM13	3 899	11.3	1 448	12.6	19	♦ 2.3	190	4.0
AM14	907	2.6	154	1.3	15	♦ 1.8	78	1.7
AM15	257	0.7	96	0.8	4	♦ 0.5	14	♦ 0.3
AM16	2 308	6.7	428	3.7	18	♦ 2.2	190	4.0
AM17	1 160	[3] 9.9	243	[3] 6.7	17	...	128	[3] 9.3
AM18	1 297	[3] 11.1	367	[3] 10.1	29	...	116	[3] 8.5
AM19	1 191	3.4	327	2.9	14	♦ 1.7	115	2.4
AM20	11 032	32.0	2 758	24.1	140	17.1	1 023	21.8
AM21	3 993	11.6	1 761	15.4	174	21.2	597	12.7
AM22	37	0.1	24	♦ 0.2	1	♦ 0.1	3	♦ 0.1
AM23	892	2.6	562	4.9	45	5.5	65	1.4
AM24	484	1.4	331	2.9	65	7.9	43	0.9
AM25	618	1.8	140	1.2	14	♦ 1.7	103	2.2
AM26	28	♦ 0.1	11	♦ 0.1	1	♦ 0.1	3	♦ 0.1
AM27	265	0.8	55	0.5	12	♦ 1.5	20	♦ 0.4
AM28	5 260	15.2	2 215	19.3	193	23.5	316	6.7
AM29	16 892	48.9	1 219	10.6	306	37.3	1 328	28.3
AM30	2 175	6.3	111	1.0	140	17.1	224	4.8
AM31	12 173	35.3	2 645	23.1	588	71.6	2 055	43.7
AM32	625	1.8	113	1.0	26	♦ 3.2	76	1.6
AM33	9 961	28.9	2 893	25.2	360	43.8	1 671	35.6
AM34	4 775	13.8	3 108	27.1	212	25.8	757	16.1
AM35	4	♦ 0.0	49	0.4	2	♦ 0.2	7	♦ 0.1
AM36	1 633	4.7	934	8.1	63	7.7	112	2.4
AM37	890	2.6	274	2.4	20	♦ 2.4	63	1.3
AM38	153	0.4	32	0.3	4	♦ 0.5	16	♦ 0.3
AM39	1 372	4.0	1 132	9.9	109	13.3	167	3.6
AM40	1 987	5.8	1 064	9.3	32	3.9	184	3.9
AM41	55	[4] 2.8	49	[4] 7.3	9	...	10	♦ [4] 4.5
AM42	75	...	12	♦ [5] 6.6	6	...	24	...
AM43	372	...	155	[5] 85.5	22	...	81	...
AM44	9	...	3	♦ [5] 1.7	3	...	6	...
AM45	2 251	6.5	513	4.5	43	5.2	231	4.9
AM46	107	...	32	[5] 17.7	3	...	19	...
AM47	4 815	...	2 477	[5] 1 366.5	251	...	626	...
AM48	11 034	32.0	8 083	70.5	118	14.4	1 269	27.0
AM49	15 101	43.7	4 177	36.4	478	58.2	1 019	21.7
AM50	6 135	17.8	1 806	15.8	24	♦ 2.9	394	8.4
AM51	1 383	4.0	371	3.2	36	4.4	53	1.1
AM52	5 895	17.1	2 787	24.3	135	16.4	545	11.6
AM53	1 224	3.5	547	4.8	86	10.5	109	2.3
AM54	27 620	80.0	1 531	13.4	42	5.1	459	9.8
AM55	1 030	3.0	424	3.7	128	15.6	123	2.6

(See notes at end of table. – Voir notes à la fin du tableau.)   AMERICA,SOUTH(cont.)–AMERIQUE DU SUD(suite)–ASIA–ASIE

Cause of death abbreviated list number [1] / Cause de décès numéro dans la liste abrégée [1]	Suriname		Uruguay		Venezuela		Armenia – Arménie	
	1992 [7]		1990 [7]		1994 [7][13]		1992 [8]	
	Number Nombre	Rate Taux	Number Nombre	Rate Taux	Number Nombre	Rate Taux	Number Nombre	Rate Taux
TOTAL	1 887	467.9	30 210	976.3	98 991	467.4	25 825	700.7
AM 1	–	–	–	–	–	–	...	...
AM 2	–	–	–	–	–	–	1	♦ 0.0
AM 3	64	15.9	112	3.6	3 803	18.0	...	...
AM 4	7	♦ 1.7	72	2.3	782	3.7	116	3.1
AM 5	–	–	2	♦ 0.1	61	0.3	3	♦ 0.1
AM 6	–	–	10	♦ 0.3	21	♦ 0.1	5	♦ 0.1
AM 7	3	♦ 0.7	2	♦ 0.1	30	♦ 0.1	–	–
AM 8	9	♦ 2.2	209	6.8	739	3.5	76	2.1
AM 9	–	–	–	–	–	–	...	...
AM10	–	–	–	–	47	0.2	–	–
AM11	7	♦ 1.7	1	♦ 0.0	32	0.2	–	–
AM12	25	♦ 6.2	88	2.8	1 533	7.2	...	...
AM13	16	♦ 4.0	501	16.2	1 674	7.9	505	13.7
AM14	15	♦ 3.7	563	18.2	596	2.8	178	4.8
AM15	4	♦ 1.0	155	5.0	187	0.9	99	2.7
AM16	20	♦ 5.0	1 197	38.7	1 818	8.6	807	21.9
AM17	16	...	582	[3] 48.7	866	...	308	[3] 22.7
AM18	9	...	96	[3] 8.0	837	...	90	[3] 6.6
AM19	6	♦ 1.5	194	6.3	648	3.1	117	3.2
AM20	112	27.8	3 605	116.5	6 311	29.8	1 455	39.5
AM21	81	20.1	600	19.4	3 821	18.0	678	18.4
AM22	–	–	2	♦ 0.1	521	2.5	...	...
AM23	8	♦ 2.0	71	2.3	453	2.1	...	...
AM24	12	♦ 3.0	106	3.4	281	1.3	12	♦ 0.3
AM25	6	♦ 1.5	51	1.6	397	1.9	12	♦ 0.3
AM26	–	–	3	♦ 0.1	7	♦ 0.0	75	2.0
AM27	1	♦ 0.2	25	♦ 0.8	181	0.9	149	4.0
AM28	50	12.4	390	12.6	3 175	15.0	17	♦ 0.5
AM29	189	46.9	2 095	67.7	11 375	53.7	2 226	60.4
AM30	23	♦ 5.7	1 759	56.8	2 113	10.0	6 732	182.7
AM31	153	37.9	3 568	115.3	7 692	36.3	3 500	95.0
AM32	7	♦ 1.7	613	19.8	446	2.1	...	...
AM33	136	33.7	3 256	105.2	5 947	28.1	...	...
AM34	38	9.4	767	24.8	3 692	17.4	335	9.1
AM35	9	♦ 2.2	19	♦ 0.6	60	0.3	7	♦ 0.2
AM36	59	14.6	444	14.3	986	4.7	920	25.0
AM37	13	♦ 3.2	76	2.5	434	2.0	172	4.7
AM38	1	♦ 0.2	15	♦ 0.5	83	0.4	11	♦ 0.3
AM39	35	8.7	320	10.3	1 740	8.2	...	...
AM40	20	♦ 5.0	283	9.1	1 167	5.5	270	7.3
AM41	3	...	40	[4] 10.7	88	...	55	[4] 17.0
AM42	1	♦ [5] 10.2	1	♦ [5] 1.8	66	[5] 12.0	2	♦ [5] 2.8
AM43	8	[5] 81.3	8	♦ [5] 14.2	289	[5] 52.8	...	...
AM44	2	[5] 20.3	–	–	28	♦ [5] 5.1	...	...
AM45	10	♦ 2.5	272	8.8	1 995	9.4	204	5.5
AM46	1	♦ [5] 10.2	20	♦ [5] 35.4	102	[5] 18.6	21	♦ [5] 29.8
AM47	61	[5] 620.2	465	[5] 823.2	6 150	[5] 1 122.6	389	[5] 551.1
AM48	277	68.7	1 936	62.6	1 476	7.0	1 075	29.2
AM49	162	40.2	3 707	119.8	8 407	39.7	...	...
AM50	47	11.7	375	12.1	4 773	22.5	467	12.7
AM51	11	♦ 2.7	154	5.0	901	4.3	96	2.6
AM52	43	10.7	925	29.9	2 909	13.7	843	22.9
AM53	52	12.9	318	10.3	1 089	5.1	83	2.3
AM54	6	♦ 1.5	136	4.4	3 353	15.8	933	25.3
AM55	49	12.1	1	♦ 0.0	2 809	13.3	132	3.6

21. Deaths and death rates by cause: latest available year (continued)

Décès selon la cause, nombres et taux: dernière année disponible (suite)

Part B: Classified according to Abbreviated International List, 1975 Revision

Partie B: Décès classés selon la Liste internationale abrégée de la révision de 1975

(See notes at end of table. – Voir notes à la fin du tableau.)

Cause of death abbreviated list number [1] / Cause de décès numéro dans la liste abrégée [1]	Azerbaijan – Azerbaïdjan		China – Chine Hong Kong SAR – Hong–kong RAS [7]		Georgia – Géorgie		Israel – Israël [17]	
	1996 [8]		1996		1990 [8]		1996	
	Number Nombre	Rate Taux	Number Nombre	Rate Taux	Number Nombre	Rate Taux	Number Nombre	Rate Taux
TOTAL	48 242	636.9	32 045	507.8	45 945	841.5	34 658	609.2
AM 1	...		–		...		–	–
AM 2	2	♦ 0.0	1	♦ 0.0	–	–	–	–
AM 3	...	...	11	♦ 0.2	...	...	14	♦ 0.2
AM 4	1 149	15.2	286	4.5	387	7.1	41	0.7
AM 5	–	–	–	–	5	♦ 0.1	–	–
AM 6	8	♦ 0.1	1	♦ 0.0	3	♦ 0.1	4	♦ 0.1
AM 7	2	♦ 0.0	3	♦ 0.0	6	♦ 0.1	2	♦ 0.0
AM 8	90	1.2	704	11.2	178	3.3	394	6.9
AM 9	...		–	–	...		–	–
AM10	2	♦ 0.0	–	–	–	–	–	–
AM11	1	♦ 0.0	2	♦ 0.0	–	–	1	♦ 0.0
AM12	...	...	29	♦ 0.5	...	...	178	3.1
AM13	969	12.8	585	9.3	713	13.1	492	8.6
AM14	171	2.3	774	12.3	217	4.0	1 000	17.6
AM15	133	1.8	431	6.8	224	4.1	227	4.0
AM16	719	9.5	2 966	47.0	1 008	18.5	1 115	19.6
AM17	274	...	376	[3] 14.6	581	...	888	...
AM18	53	...	134	[3] 5.2	183	...	56	...
AM19	235	3.1	221	3.5	161	2.9	398	7.0
AM20	2 144	28.3	4 647	73.6	2 962	54.2	4 217	74.1
AM21	844	11.1	432	6.8	717	13.1	1 679	29.5
AM22	...	...	1	♦ 0.0	...	...	–	–
AM23	...	...	1	♦ 0.0	...	...	4	♦ 0.1
AM24	58	0.8	32	0.5	72	1.3	80	1.4
AM25	144	1.9	33	0.5	39	0.7	16	♦ 0.3
AM26	137	1.8	1	♦ 0.0	24	♦ 0.4	–	–
AM27	19	♦ 0.2	144	2.3	152	2.8	100	1.8
AM28	1 338	17.7	615	9.7	55	1.0	643	11.3
AM29	4 879	64.4	1 891	30.0	2 541	46.5	2 509	44.1
AM30	11 679	154.2	1 408	22.3	15 377	281.6	3 415	60.0
AM31	5 402	71.3	3 102	49.2	10 805	197.9	3 741	65.8
AM32	...	...	7	♦ 0.1	...	...	3	♦ 0.1
AM33	...	...	1 188	18.8	...	...	2 426	42.6
AM34	2 624	34.6	3 980	63.1	683	12.5	717	12.6
AM35	11	♦ 0.1	1	♦ 0.0	31	0.6	3	♦ 0.1
AM36	1 929	25.5	345	5.5	964	17.7	227	4.0
AM37	305	4.0	204	3.2	170	3.1	124	2.2
AM38	24	♦ 0.3	6	♦ 0.1	4	♦ 0.1	9	♦ 0.2
AM39	...	...	447	7.1	...	...	306	5.4
AM40	559	7.4	950	15.1	368	6.7	658	11.6
AM41	84	...	–	–	30	...	12	...
AM42	3	...	–	–	1	...	2	♦ [4] 1.6
AM43	...	...	2	♦ [5] 3.1	...	...	7	♦ [5] 5.8
AM44	...	...	–	–	...	...	–	–
AM45	197	2.6	110	1.7	87	1.6	296	5.2
AM46	138	...	1	♦ [5] 1.5	332	...	8	♦ [5] 6.6
AM47	297	...	125	[5] 193.5	277	...	345	[5] 284.3
AM48	1 585	20.9	424	6.7	692	12.7	2 063	36.3
AM49	...	...	3 754	59.5	...	...	4 271	75.1
AM50	397	5.2	230	3.6	729	13.4	511	9.0
AM51	37	0.5	124	2.0	167	3.1	138	2.4
AM52	1 530	20.2	370	5.9	206	3.8	548	9.6
AM53	69	0.9	788	12.5	196	3.6	306	5.4
AM54	541	7.1	63	1.0	151	2.8	56	1.0
AM55	282	3.7	95	1.5	601	11.0	408	7.2

(See notes at end of table. – Voir notes à la fin du tableau.)   ASIA(cont.)–ASIE(suite)

Cause of death abbreviated list number [1] / Cause de décès numéro dans la liste abrégée [1]	Kazakhstan 1996 [8]		Kuwait – Koweït 1994		Kyrgyzstan – Kirghizistan 1996 [8]		Macau – Macao 1994	
	Number Nombre	Rate Taux	Number Nombre	Rate Taux	Number Nombre	Rate Taux	Number Nombre	Rate Taux
TOTAL	166 028	1 042.8	3 464	213.8	34 562	755.3	1 329	334.9
AM 1	1	♦ 0.0	–	–	...	...	–	–
AM 2	1	♦ 0.0	–	–	2	♦ 0.0	–	–
AM 3	952	6.0	9	♦ 0.6	...	...	–	–
AM 4	5 697	35.8	11	♦ 0.7	576	12.6	22	♦ 5.5
AM 5	2	♦ 0.0	–	–	1	♦ 0.0	–	–
AM 6	112	0.7	–	–	113	2.5	–	–
AM 7	9	♦ 0.1	1	♦ 0.1	–	–	–	–
AM 8	471	3.0	48	3.0	62	1.4	14	♦ 3.5
AM 9	9	♦ 0.1	–	–	...	...	–	–
AM10	9	♦ 0.1	–	–	1	♦ 0.0	–	–
AM11	1	♦ 0.0	–	–	–	–	–	–
AM12	9	♦ 0.1	25	♦ 1.5	...	...	1	♦ 0.3
AM13	3 163	19.9	18	♦ 1.1	586	12.8	23	♦ 5.8
AM14	679	4.3	22	♦ 1.4	92	2.0	28	♦ 7.1
AM15	844	5.3	8	♦ 0.5	89	1.9	11	♦ 2.8
AM16	4 370	27.4	45	2.8	413	9.0	89	22.4
AM17	1 231	[3] 10.4	35	[3] 8.9	179	[3] 12.3	5	♦ [3] 3.1
AM18	600	[3] 5.0	8	♦ [3] 2.0	131	[3] 9.0	3	♦ [3] 1.9
AM19	475	3.0	30	♦ 1.9	88	1.9	4	♦ 1.0
AM20	9 813	61.6	200	12.3	1 240	27.1	153	38.6
AM21	1 729	10.9	96	5.9	383	8.4	17	♦ 4.3
AM22	9	♦ 0.1	–	–	...	...	3	♦ 0.8
AM23	9	♦ 0.1	–	–	...	...	2	♦ 0.5
AM24	108	0.7	5	♦ 0.3	71	1.6	2	♦ 0.5
AM25	229	1.4	11	♦ 0.7	70	1.5	2	♦ 0.5
AM26	611	3.8	–	–	180	3.9	–	–
AM27	416	2.6	9	♦ 0.6	34	0.7	–	–
AM28	3 897	24.5	273	16.8	263	5.7	30	♦ 7.6
AM29	6 538	41.1	210	13.0	1 228	26.8	52	13.1
AM30	35 700	224.2	354	21.8	5 804	126.8	107	27.0
AM31	22 884	143.7	110	6.8	5 459	119.3	137	34.5
AM32	9	♦ 0.1	80	4.9	...	...	2	♦ 0.5
AM33	9	♦ 0.1	203	12.5	...	...	171	43.1
AM34	4 004	25.1	119	7.3	1 485	32.5	53	13.4
AM35	190	1.2	–	–	50	1.1	–	–
AM36	7 102	44.6	33	2.0	1 902	41.6	37	9.3
AM37	571	3.6	7	♦ 0.4	156	3.4	4	♦ 1.0
AM38	61	0.4	–	–	12	♦ 0.3	–	–
AM39	3 362	21.1	18	♦ 1.1	...	...	16	♦ 4.0
AM40	1 251	7.9	95	5.9	449	9.8	42	10.6
AM41	126	[4] 5.5	–	–	32	12.5	–	–
AM42	32	[5] 12.6	–	–	2	...	–	–
AM43	9	♦ [5] 3.6	1	♦ [5] 2.6	...	...	–	–
AM44	9	♦ [5] 3.6	–	–	...	...	–	–
AM45	1 106	6.9	209	12.9	314	6.9	7	♦ 1.8
AM46	226	[5] 89.3	–	–	111	...	–	–
AM47	1 828	[5] 722.0	219	[5] 563.4	514	...	17	♦ [5] 278.0
AM48	4 264	26.8	162	10.0	3 175	69.4	68	17.1
AM49	9	♦ 0.1	220	13.6	...	...	117	29.5
AM50	2 029	12.7	329	20.3	498	10.9	21	♦ 5.3
AM51	506	3.2	42	2.6	121	2.6	9	♦ 2.3
AM52	9	♦ 0.1	119	7.3	1 837	40.1	12	♦ 3.0
AM53	4 796	30.1	30	♦ 1.9	482	10.5	28	♦ 7.1
AM54	2 986	18.8	28	♦ 1.7	500	10.9	15	♦ 3.8
AM55	5 752	36.1	22	♦ 1.4	400	8.7	5	♦ 1.3

21. Deaths and death rates by cause: latest available year (continued)

Décès selon la cause, nombres et taux: dernière année disponible (suite)

Part B: Classified according to Abbreviated International List, 1975 Revision

Partie B: Décès classés selon la Liste internationale abrégée de la révision de 1975

Cause of death abbreviated list number [1] / Cause de décès numéro dans la liste abrégée [1]	Mongolia – Mongolie		Philippines		Singapore – Singapour		Tajikistan – Tadjikistan	
	1994		1993		1996+ [7][19]		1992 [8]	
	Number Nombre	Rate Taux	Number Nombre	Rate Taux	Number Nombre	Rate Taux	Number Nombre	Rate Taux
TOTAL	14 986	620.8	318 546	475.6	15 588	431.6	36 718	659.1
AM 1	–	–	107	0.2	...	...	...	...
AM 2	10	♦ 0.4	1 120	1.7	1	♦ 0.0	10	♦ 0.2
AM 3	43	1.8	4 532	6.8	27	♦ 0.7	...	...
AM 4	271	11.2	24 578	36.7	132	3.7	237	4.3
AM 5	–	–	4	♦ 0.0	–	–	9	♦ 0.2
AM 6	220	9.1	195	0.3	3	♦ 0.1	99	1.8
AM 7	1	♦ 0.0	1 008	1.5	–	–	3	♦ 0.1
AM 8	36	1.5	5 209	7.8	141	3.9	398	7.1
AM 9	–	–	–	–	–	–	...	...
AM10	–	–	2 989	4.5	–	–	36	0.6
AM11	–	–	811	1.2	3	♦ 0.1	–	–
AM12	157	6.5	3 437	5.1	51	1.4	–	–
AM13	471	19.5	1 266	1.9	373	10.3	574	10.3
AM14	20	♦ 0.8	909	1.4	368	10.2	58	1.0
AM15	16	♦ 0.7	358	0.5	168	4.7	76	1.4
AM16	294	12.2	4 102	6.1	897	24.8	300	5.4
AM17	12	...	2 047	...	221	[3] 18.8	126	...
AM18	57	...	535	...	94	[3] 8.0	56	...
AM19	32	1.3	1 771	2.6	127	3.5	114	2.0
AM20	1 714	71.0	14 228	21.2	1 737	48.1	1 097	19.7
AM21	34	1.4	4 787	7.1	320	8.9	380	6.8
AM22	5	♦ 0.2	123	0.2	–	–	...	...
AM23	3	♦ 0.1	2 560	3.8	–	–	...	...
AM24	53	2.2	2 350	3.5	19	♦ 0.5	105	1.9
AM25	97	4.0	2 220	3.3	7	♦ 0.2	82	1.5
AM26	210	8.7	14	♦ 0.0	1	♦ 0.0	181	3.2
AM27	115	4.8	2 307	3.4	35	1.0	70	1.3
AM28	1 096	45.4	19 280	28.8	363	10.0	1 187	21.3
AM29	616	25.5	15 885	23.7	1 601	44.3	1 306	23.4
AM30	541	22.4	6 452	9.6	1 513	41.9	3 845	69.0
AM31	963	39.9	19 112	28.5	1 805	50.0	3 290	59.1
AM32	174	7.2	2 628	3.9	5	♦ 0.1	...	...
AM33	713	29.5	20 262	30.2	573	15.9	...	...
AM34	1 578	65.4	35 582	53.1	1 693	46.9	2 882	51.7
AM35	30	♦ 1.2	455	0.7	1	♦ 0.0	57	1.0
AM36	235	9.7	6 157	9.2	166	4.6	850	15.3
AM37	66	2.7	5 349	8.0	93	2.6	128	2.3
AM38	41	1.7	291	0.4	4	♦ 0.1	8	♦ 0.1
AM39	388	16.1	3 332	5.0	155	4.3	...	...
AM40	257	10.6	5 510	8.2	173	4.8	515	9.2
AM41	8	...	42	...	3	♦ [4] 1.1	33	...
AM42	12	...	179	[5] 10.6	1	♦ [5] 2.1	4	♦ [5] 2.2
AM43	58	...	1 338	[5] 79.6	1	♦ [5] 2.1	...	...
AM44	–	...	31	[5] 1.8	–	–	...	...
AM45	149	6.2	3 249	4.8	128	3.5	385	6.9
AM46	63	...	22	♦ [5] 1.3	–	–	564	[5] 314.1
AM47	387	...	14 020	[5] 834.1	64	[5] 131.7	1 143	[5] 636.6
AM48	329	13.6	17 999	26.9	51	1.4	1 631	29.3
AM49	[19] 1 995	[19] 82.6	29 287	43.7	1 430	39.6	...	...
AM50	...	...	3 617	5.4	237	6.6	483	8.7
AM51	...	...	740	1.1	102	2.8	96	1.7
AM52	...	...	4 006	6.0	132	3.7	1 998	35.9
AM53	...	...	851	1.3	271	7.5	205	3.7
AM54	...	...	7 726	11.5	36	1.0	581	10.4
AM55	...	...	11 577	17.3	262	7.3	84	1.5

21. Deaths and death rates by cause: latest available year (continued)

Décès selon la cause, nombres et taux: dernière année disponible (suite)

Part B: Classified according to Abbreviated International List, 1975 Revision

Partie B: Décès classés selon la Liste internationale abrégée de la révision de 1975

Cause of death abbreviated list number [1] / Cause de décès numéro dans la liste abrégée [1]	Turkmenistan – Turkménistan 1994 [8]		Uzbekistan – Ouzbékistan 1993 [8]		Albania – Albanie 1993		Austria – Autriche 1997* [7]	
	Number Nombre	Rate Taux	Number Nombre	Rate Taux	Number Nombre	Rate Taux	Number Nombre	Rate Taux
TOTAL	32 067	727.8	145 294	664.9	16 639	477.4	79 432	984.1
AM 1	...	...	...	...	3	◆ 0.1	–	–
AM 2	3	◆ 0.1	4	◆ 0.0	1	◆ 0.0	–	–
AM 3	...	...	...	...	129	3.7	9	◆ 0.1
AM 4	514	11.7	1 736	7.9	33	0.9	79	1.0
AM 5	6	◆ 0.1	3	◆ 0.0	3	◆ 0.1	–	–
AM 6	43	1.0	76	0.3	8	◆ 0.2	7	◆ 0.1
AM 7	2	◆ 0.0	3	◆ 0.0	6	◆ 0.2	–	–
AM 8	314	7.1	743	3.4	28	◆ 0.8	53	0.7
AM 9	...	...	...	...	–	–	–	–
AM10	9	◆ 0.2	9	◆ 0.0	–	–	–	–
AM11	–	–	1	◆ 0.0	2	◆ 0.1	3	◆ 0.0
AM12	...	...	...	...	129	3.7	54	0.7
AM13	328	7.4	1 723	7.9	228	6.5	1 423	17.6
AM14	53	1.2	230	1.1	37	1.1	1 742	21.6
AM15	69	1.6	302	1.4	24	◆ 0.7	844	10.5
AM16	235	5.3	1 347	6.2	384	11.0	3 264	40.4
AM17	123	...	609	...	66	...	1 651	...
AM18	48	...	276	...	4	...	174	...
AM19	106	2.4	547	2.5	80	2.3	572	7.1
AM20	1 278	29.0	5 542	25.4	818	23.5	9 175	113.7
AM21	416	9.4	1 977	9.0	82	2.4	1 603	19.9
AM22	...	...	...	...	22	◆ 0.6	–	–
AM23	...	...	...	...	13	◆ 0.4	–	–
AM24	73	1.7	594	2.7	54	1.5	36	0.4
AM25	68	1.5	402	1.8	82	2.4	38	0.5
AM26	51	1.2	752	3.4	9	◆ 0.3	1	◆ 0.0
AM27	116	2.6	638	2.9	46	1.3	183	2.3
AM28	2 087	47.4	4 532	20.7	259	7.4	1 372	17.0
AM29	1 452	33.0	5 013	22.9	935	26.8	8 724	108.1
AM30	5 977	135.7	35 348	161.8	222	6.4	8 360	103.6
AM31	2 786	63.2	16 729	76.6	1 911	54.8	10 045	124.4
AM32	...	...	...	...	162	4.6	1 226	15.2
AM33	...	...	...	...	2 379	68.3	13 080	162.0
AM34	2 492	56.6	10 077	46.1	1 889	54.2	1 228	15.2
AM35	297	6.7	57	0.3	129	3.7	112	1.4
AM36	726	16.5	3 179	14.5	351	10.1	1 074	13.3
AM37	84	1.9	520	2.4	42	1.2	321	4.0
AM38	26	◆ 0.6	65	0.3	15	◆ 0.4	12	◆ 0.1
AM39	...	...	...	...	165	4.7	1 958	24.3
AM40	247	5.6	1 816	8.3	189	5.4	557	6.9
AM41	12	...	101	...	12	...	12	...
AM42	2	...	9	◆ [5] 1.3	3	...	1	◆ [5] 1.2
AM43	...	...	...	...	13	...	1	◆ [5] 1.2
AM44	...	...	...	...	–	...	–	–
AM45	292	6.6	1 403	6.4	142	4.1	214	2.7
AM46	220	...	960	[5] 138.7	10	...	4	◆ [5] 4.8
AM47	562	...	4 036	[5] 583.0	130	...	180	[5] 216.1
AM48	817	18.5	2 659	12.2	2 126	61.0	772	9.6
AM49	...	...	...	...	1 944	55.8	4 840	60.0
AM50	403	9.1	1 829	8.4	357	10.2	987	12.2
AM51	54	1.2	292	1.3	29	◆ 0.8	963	11.9
AM52	1 423	32.3	5 806	26.6	602	17.3	759	9.4
AM53	234	5.3	1 356	6.2	73	2.1	1 592	19.7
AM54	177	4.0	934	4.3	191	5.5	69	0.9
AM55	140	3.2	636	2.9	68	2.0	58	0.7

21. Deaths and death rates by cause: latest available year (continued)

Décès selon la cause, nombres et taux: dernière année disponible (suite)

Part B: Classified according to Abbreviated International List, 1975 Revision

Partie B: Décès classés selon la Liste internationale abrégée de la révision de 1975

(See notes at end of table. – Voir notes à la fin du tableau.) EUROPE(cont.–suite)

Cause of death abbreviated list number [1] / Cause de décès numéro dans la liste abrégée [1]	Belarus – Bélarus 1993 [8]		Belgium – Belgique 1992 [7][20]		Bulgaria – Bulgarie 1996		Estonia – Estonie 1996 [8]	
	Number Nombre	Rate Taux	Number Nombre	Rate Taux	Number Nombre	Rate Taux	Number Nombre	Rate Taux
TOTAL	128 544	1 241.2	104 200	1 036.3	117 056	1 400.8	19 019	1 294.5
AM 1	...	...	–	–	–	–	–	–
AM 2	–	–	–	–	–	–	–	–
AM 3	...	...	81	0.8	27	♦ 0.3	4	♦ 0.3
AM 4	508	4.9	100	1.0	340	4.1	132	9.0
AM 5	1	♦ 0.0	–	–	–	–	–	–
AM 6	46	0.4	13	♦ 0.1	21	♦ 0.3	3	♦ 0.2
AM 7	6	♦ 0.1	5	♦ 0.0	5	♦ 0.1	1	♦ 0.1
AM 8	118	1.1	683	6.8	89	1.1	8	♦ 0.5
AM 9	...	...	–	–	–	–	–	–
AM10	2	♦ 0.0	–	–	–	–	–	–
AM11	–	–	–	–	–	–	–	–
AM12	...	...	172	1.7	153	1.8	28	♦ 1.9
AM13	3 485	33.6	1 335	13.3	1 868	22.4	411	28.0
AM14	868	8.4	2 376	23.6	882	10.6	193	13.1
AM15	1 037	10.0	730	7.3	1 418	17.0	162	11.0
AM16	3 921	37.9	6 596	65.6	3 200	38.3	674	45.9
AM17	1 112	[3] 25.7	2 343	[3] 55.1	1 190	[3] 33.4	257	[3] 40.1
AM18	376	[3] 8.7	166	[3] 3.9	318	[3] 8.9	76	[3] 11.9
AM19	528	5.1	823	8.2	480	5.7	137	9.3
AM20	7 471	72.1	13 019	129.5	6 843	81.9	1 373	93.5
AM21	829	8.0	1 530	15.2	2 173	26.0	87	5.9
AM22	...	...	3	♦ 0.0	–	–	4	♦ 0.3
AM23	...	...	16	♦ 0.2	17	♦ 0.2	1	♦ 0.1
AM24	60	0.6	239	2.4	83	1.0	16	♦ 1.1
AM25	42	0.4	25	♦ 0.2	47	0.6	7	♦ 0.5
AM26	62	0.6	3	♦ 0.0	22	♦ 0.3	3	♦ 0.2
AM27	837	8.1	33	0.3	358	4.3	89	6.1
AM28	717	6.9	567	5.6	4 759	57.0	212	14.4
AM29	1 096	10.6	7 773	77.3	7 367	88.2	644	43.8
AM30	38 539	372.1	3 327	33.1	15 020	179.7	5 803	395.0
AM31	17 723	171.1	9 904	98.5	21 981	263.1	3 173	216.0
AM32	...	...	1 514	15.1	8 679	103.9	160	10.9
AM33	...	...	15 378	152.9	16 989	203.3	437	29.7
AM34	746	7.2	2 887	28.7	3 151	37.7	302	20.6
AM35	13	♦ 0.1	71	0.7	58	0.7	16	♦ 1.1
AM36	4 999	48.3	1 792	17.8	766	9.2	224	15.2
AM37	426	4.1	357	3.5	367	4.4	92	6.3
AM38	46	0.4	17	♦ 0.2	12	♦ 0.1	2	♦ 0.1
AM39	...	...	1 194	11.9	1 799	21.5	161	11.0
AM40	410	4.0	1 369	13.6	867	10.4	51	3.5
AM41	190	[4] 16.5	22	♦ [4] 1.5	44	[4] 3.4	20	♦ [4] 11.6
AM42	7	♦ [5] 6.0	–	–	4	♦ [5] 5.5	–	–
AM43	...	...	7	♦ [5] 5.6	10	♦ [5] 13.9	–	–
AM44	...	...	–	–	–	–	–	–
AM45	655	6.3	317	3.2	407	4.9	57	3.9
AM46	53	[5] 45.1	11	♦ [5] 8.8	7	♦ [5] 9.7	5	♦ [5] 37.6
AM47	427	[5] 363.8	332	[5] 266.1	339	[5] 469.6	64	[5] 481.5
AM48	16 612	160.4	7 303	72.6	5 056	60.5	886	60.3
AM49	...	...	13 334	132.6	[18] 4 485	[18] 53.7	721	49.1
AM50	1 718	16.6	1 623	16.1	...	...	231	15.7
AM51	676	6.5	1 305	13.0	...	...	195	13.3
AM52	6 103	58.9	1 184	11.8	...	...	963	65.5
AM53	2 886	27.9	1 878	18.7	...	...	551	37.5
AM54	1 082	10.4	168	1.7	...	...	292	19.9
AM55	1 049	10.1	275	2.7	...	...	91	6.2

Part B: Classified according to Abbreviated International List, 1975 Revision

Partie B: Décès classés selon la Liste internationale abrégée de la révision de 1975

(See notes at end of table. – Voir notes à la fin du tableau.)   EUROPE(cont.–suite)

Cause of death abbreviated list number [1] / Cause de décès numéro dans la liste abrégée [1]	Finland – Finlande 1995 [7] [21]		France 1994 [22]		Germany – Allemagne 1996		Greece – Grèce 1996	
	Number Nombre	Rate Taux	Number Nombre	Rate Taux	Number Nombre	Rate Taux	Number Nombre	Rate Taux
TOTAL	49 325	965.7	519 965	898.0	882 843	1 078.0	100 740	961.7
AM 1	–	–	–	–	–	–	–	–
AM 2	–	–	2	♦ 0.0	–	–	–	–
AM 3	44	0.9	584	1.0	246	0.3	2	♦ 0.0
AM 4	92	1.8	820	1.4	691	0.8	105	1.0
AM 5	–	–	3	♦ 0.0	–	–	–	–
AM 6	6	♦ 0.1	23	♦ 0.0	76	0.1	8	♦ 0.1
AM 7	–	–	12	♦ 0.0	1	♦ 0.0	3	♦ 0.0
AM 8	83	1.6	1 906	3.3	3 003	3.7	395	3.8
AM 9	–	–	–	–	–	–	–	–
AM 10	–	–	1	♦ 0.0	4	♦ 0.0	2	♦ 0.0
AM 11	1	♦ 0.0	12	♦ 0.0	19	♦ 0.0	1	♦ 0.0
AM 12	167	3.3	4 098	7.1	2 595	3.2	134	1.3
AM 13	666	13.0	5 986	10.3	15 244	18.6	1 313	12.5
AM 14	591	11.6	11 957	20.7	21 162	25.8	1 389	13.3
AM 15	379	7.4	3 789	6.5	9 298	11.4	196	1.9
AM 16	1 880	36.8	23 131	39.9	36 784	44.9	5 308	50.7
AM 17	832	[3] 38.8	10 783	...	18 876	[3] 26.9	1 580	...
AM 18	51	[3] 2.4	798	...	2 154	[3] 3.1	81	...
AM 19	318	6.2	4 691	8.1	6 610	8.1	874	8.3
AM 20	5 325	104.3	79 599	137.5	102 760	125.5	11 609	110.8
AM 21	566	11.1	6 357	11.0	23 940	29.2	962	9.2
AM 22	–	–	1 082	1.9	109	0.1	–	–
AM 23	–	–	1 047	1.8	4	♦ 0.0	1	♦ 0.0
AM 24	26	♦ 0.5	1 654	2.9	933	1.1	141	1.3
AM 25	11	♦ 0.2	213	0.4	303	0.4	23	♦ 0.2
AM 26	–	–	14	♦ 0.0	24	♦ 0.0	–	–
AM 27	71	1.4	1 044	1.8	2 610	3.2	18	♦ 0.2
AM 28	357	7.0	5 903	10.2	14 386	17.6	1 284	12.3
AM 29	8 498	166.4	28 513	49.2	85 206	104.0	9 389	89.6
AM 30	5 172	101.3	17 894	30.9	96 099	117.3	3 700	35.3
AM 31	6 197	121.3	43 386	74.9	99 266	121.2	18 106	172.8
AM 32	330	6.5	1 283	2.2	16 864	20.6	245	2.3
AM 33	2 857	55.9	69 498	120.0	111 429	136.1	18 856	180.0
AM 34	2 457	48.1	14 975	25.9	17 381	21.2	707	6.7
AM 35	47	0.9	332	0.6	422	0.5	1	♦ 0.0
AM 36	1 019	19.9	7 825	13.5	18 764	22.9	234	2.2
AM 37	334	6.5	1 525	2.6	3 611	4.4	234	2.2
AM 38	13	♦ 0.3	149	0.3	209	0.3	5	♦ 0.0
AM 39	541	10.6	9 133	15.8	19 202	23.4	609	5.8
AM 40	109	2.1	4 731	8.2	7 009	8.6	1 590	15.2
AM 41	34	[4] 5.1	225	...	234	[4] 1.0		
AM 42	–	–	10	♦ [5] 1.4	5	♦ [5] 0.6	–	–
AM 43	1	♦ [5] 1.6	66	[5] 9.3	42	[5] 5.3	2	♦ [5] 2.0
AM 44	–	–	7	♦ [5] 1.0	4	♦ [5] 0.5	2	♦ [5] 2.0
AM 45	196	3.8	1 613	2.8	2 006	2.4	374	3.6
AM 46	1	♦ [5] 1.6	13	♦ [5] 1.8	43	[5] 5.4	1	♦ [5] 1.0
AM 47	109	[5] 172.8	1 337	[5] 188.0	1 582	[5] 198.7	356	[5] 350.7
AM 48	190	3.7	31 075	53.7	22 854	27.9	8 138	77.7
AM 49	5 376	105.2	75 809	130.9	80 263	98.0	8 280	79.0
AM 50	404	7.9	8 231	14.2	8 300	10.1	2 540	24.2
AM 51	912	17.9	9 564	16.5	10 237	12.5	345	3.3
AM 52	1 328	26.0	11 954	20.6	5 012	6.1	1 072	10.2
AM 53	1 388	27.2	12 041	20.8	12 225	14.9	356	3.4
AM 54	150	2.9	649	1.1	885	1.1	166	1.6
AM 55	196	3.8	2 618	4.5	1 857	2.3	3	♦ 0.0

(See notes at end of table. – Voir notes à la fin du tableau.)   EUROPE(cont.–suite)

Cause of death abbreviated list number [1] / Cause de décès numéro dans la liste abrégée [1]	Iceland – Islande 1995		Ireland – Irlande 1995+ [7] [23]		Isle of Man – Ile de Man 1993+		Italy – Italie 1993 [7]	
	Number Nombre	Rate Taux	Number Nombre	Rate Taux	Number Nombre	Rate Taux	Number Nombre	Rate Taux
TOTAL	1 923	719.2	32 259	895.8	1 011	1 432.4	552 365	968.2
AM 1	–	–	–	–	–	–	–	–
AM 2	–	–	–	–	–	–	1	♦ 0.0
AM 3	2	♦ 0.7	17	♦ 0.5	–	–	122	0.2
AM 4	2	♦ 0.7	36	1.0	1	♦ 1.4	534	0.9
AM 5	–	–	1	♦ 0.0	–	–	1	♦ 0.0
AM 6	1	♦ 0.4	21	♦ 0.6	–	–	19	♦ 0.0
AM 7	–	–	–	–	–	–	48	0.1
AM 8	7	♦ 2.6	48	1.3	5	♦ 7.1	615	1.1
AM 9	–	–	–	–	–	–	–	–
AM10	–	–	1	♦ 0.0	–	–	3	♦ 0.0
AM11	–	–	–	–	–	–	6	♦ 0.0
AM12	6	♦ 2.2	48	1.3	–	–	719	1.3
AM13	29	♦ 10.8	410	11.4	9	♦ 12.8	13 234	23.2
AM14	42	15.7	728	20.2	26	♦ 36.8	10 545	18.5
AM15	6	♦ 2.2	246	6.8	9	♦ 12.8	4 826	8.5
AM16	90	33.7	1 574	43.7	60	85.0	30 905	54.2
AM17	64	[3] 63.0	654	[3] 47.5	17	...	11 447	...
AM18	4	♦ [3] 3.9	72	[3] 5.2	4	...	436	...
AM19	17	♦ 6.4	180	5.0	9	♦ 12.8	5 022	8.8
AM20	219	81.9	3 655	101.5	101	143.1	74 296	130.2
AM21	10	♦ 3.7	387	10.7	3	♦ 4.2	16 840	29.5
AM22	–	–	–	–	–	–	5	♦ 0.0
AM23	–	–	1	♦ 0.0	–	–	17	♦ 0.0
AM24	1	♦ 0.4	80	2.2	–	–	1 335	2.3
AM25	–	–	4	♦ 0.1	–	–	146	0.3
AM26	1	♦ 0.4	8	♦ 0.2	–	–	19	♦ 0.0
AM27	6	♦ 2.2	50	1.4	3	♦ 4.2	1 741	3.1
AM28	14	♦ 5.2	210	5.8	1	♦ 1.4	16 324	28.6
AM29	292	109.2	5 486	152.3	137	194.1	38 989	68.3
AM30	149	55.7	2 440	67.8	162	229.5	34 848	61.1
AM31	219	81.9	2 892	80.3	102	144.5	74 326	130.3
AM32	15	♦ 5.6	290	8.1	33	46.8	10 201	17.9
AM33	128	47.9	2 891	80.3	50	70.8	65 244	114.4
AM34	162	60.6	2 343	65.1	149	211.1	6 143	10.8
AM35	11	♦ 4.1	18	♦ 0.5	–	–	685	1.2
AM36	46	17.2	391	10.9	31	43.9	18 063	31.7
AM37	4	♦ 1.5	179	5.0	2	♦ 2.8	2 214	3.9
AM38	–	–	8	♦ 0.2	–	–	70	0.1
AM39	4	♦ 1.5	101	2.8	5	♦ 7.1	14 849	26.0
AM40	11	♦ 4.1	401	11.1	12	♦ 17.0	5 634	9.9
AM41	2	♦ [4] 6.7	20	♦ [4] 4.9	–	–	321	...
AM42	–	–	–	–	–	–	2	♦ [5] 0.4
AM43	–	–	–	–	–	–	21	♦ [5] 3.8
AM44	–	–	–	–	–	–	1	♦ [5] 0.2
AM45	22	♦ 8.2	181	5.0	–	–	1 861	3.3
AM46	–	–	5	♦ [5] 10.3	–	–	147	[5] 26.6
AM47	14	♦ [5] 327.1	127	[5] 261.7	3	♦ [5] 351.7	2 138	[5] 386.9
AM48	11	♦ 4.1	217	6.0	4	♦ 5.7	11 089	19.4
AM49	161	60.2	4 420	122.7	38	53.8	47 912	84.0
AM50	25	♦ 9.3	420	11.7	17	♦ 24.1	8 356	14.6
AM51	15	♦ 5.6	247	6.9	2	♦ 2.8	9 624	16.9
AM52	76	28.4	311	8.6	8	♦ 11.3	4 304	7.5
AM53	27	♦ 10.1	403	11.2	7	♦ 9.9	4 697	8.2
AM54	–	–	27	♦ 0.7	1	♦ 1.4	986	1.7
AM55	8	♦ 3.0	10	♦ 0.3	–	0.0	434	0.8

21. Deaths and death rates by cause: latest available year (continued)

Décès selon la cause, nombres et taux: dernière année disponible (suite)

Part B: Classified according to Abbreviated International List, 1975 Revision

Partie B: Décès classés selon la Liste internationale abrégée de la révision de 1975

Cause of death abbreviated list number [1] Cause de décès numéro dans la liste abrégée [1]	Lithuania – Lituanie 1996 [8]		Luxembourg 1996 [7]		Netherlands – Pays–Bas 1995 [24]		Norway – Norvège 1995 [7][25]	
	Number Nombre	Rate Taux	Number Nombre	Rate Taux	Number Nombre	Rate Taux	Number Nombre	Rate Taux
TOTAL	42 896	1 156.4	3 839	923.8	135 675	877.6	45 182	1 036.5
AM 1	–	–	–	–	–	–	–	–
AM 2	–	–	–	–	–	–	–	–
AM 3	17	♦ 0.5	6	♦ 1.4	36	0.2	68	1.6
AM 4	441	11.9	–	–	43	0.3	19	♦ 0.4
AM 5	–	–	–	–	–	–	1	♦ 0.0
AM 6	12	♦ 0.3	–	–	56	0.4	15	♦ 0.3
AM 7	1	♦ 0.0	–	–	2	♦ 0.0	–	–
AM 8	32	0.9	2	♦ 0.5	577	3.7	162	3.7
AM 9	–	–	–	–	–	–	–	–
AM10	–	–	–	–	–	–	–	–
AM11	–	–	–	–	2	♦ 0.0	–	–
AM12	34	0.9	8	♦ 1.9	457	3.0	141	3.2
AM13	913	24.6	47	11.3	1 871	12.1	618	14.2
AM14	395	10.6	87	20.9	3 363	21.8	1 045	24.0
AM15	427	11.5	21	♦ 5.1	900	5.8	581	13.3
AM16	1 447	39.0	201	48.4	8 651	56.0	1 609	36.9
AM17	571	[3] 36.4	66	[3] 37.9	3 461	[3] 53.9	789	[3] 44.1
AM18	199	[3] 12.7	3	♦ [3] 1.7	234	[3] 3.6	115	[3] 6.4
AM19	268	7.2	36	8.7	1 084	7.0	289	6.6
AM20	3 297	88.9	517	124.4	16 925	109.5	5 325	122.2
AM21	246	6.6	75	18.0	2 991	19.3	507	11.6
AM22	–	–	–	–	47	0.3	–	–
AM23	–	–	–	–	1	♦ 0.0	–	–
AM24	27	♦ 0.7	7	♦ 1.7	271	1.8	71	1.6
AM25	40	1.1	1	♦ 0.2	84	0.5	29	♦ 0.7
AM26	17	♦ 0.5	–	–	–	–	–	–
AM27	281	7.6	–	–	202	1.3	92	2.1
AM28	314	8.5	48	11.5	779	5.0	452	10.4
AM29	1 247	33.6	218	52.5	15 688	101.5	6 633	152.2
AM30	14 271	384.7	313	75.3	5 035	32.6	3 014	69.1
AM31	5 007	135.0	464	111.7	12 409	80.3	4 987	114.4
AM32	1 393	37.6	45	10.8	1 250	8.1	434	10.0
AM33	957	25.8	572	137.6	16 735	108.3	4 255	97.6
AM34	301	8.1	68	16.4	5 211	33.7	3 173	72.8
AM35	9	♦ 0.2	–	–	287	1.9	98	2.2
AM36	1 259	33.9	69	16.6	2 547	16.5	690	15.8
AM37	159	4.3	11	♦ 2.6	417	2.7	245	5.6
AM38	17	♦ 0.5	2	♦ 0.5	36	0.2	15	♦ 0.3
AM39	449	12.1	82	19.7	782	5.1	204	4.7
AM40	149	4.0	36	8.7	1 222	7.9	273	6.3
AM41	44	[4] 10.4	–	–	92	[4] 4.6	49	[4] 8.2
AM42	2	♦ [5] 5.1	–	–	2	♦ [5] 1.0	1	♦ [5] 1.7
AM43	3	♦ [5] 7.7	–	–	12	♦ [5] 6.3	3	♦ [5] 5.0
AM44	–	–	–	–	–	–	–	–
AM45	206	5.6	11	♦ 2.6	635	4.1	142	3.3
AM46	4	♦ [5] 10.2	–	–	9	♦ [5] 4.7	6	♦ [5] 10.0
AM47	148	[5] 377.8	11	♦ [5] 193.4	494	[5] 259.3	105	[5] 174.2
AM48	287	7.7	161	38.7	5 879	38.0	1 877	43.1
AM49	2 157	58.1	408	98.2	19 723	127.6	4 776	109.6
AM50	732	19.7	69	16.6	1 195	7.7	311	7.1
AM51	469	12.6	45	10.8	1 542	10.0	896	20.6
AM52	2 327	62.7	51	12.3	663	4.3	456	10.5
AM53	1 723	46.4	72	17.3	1 511	9.8	548	12.6
AM54	344	9.3	4	♦ 1.0	193	1.2	45	1.0
AM55	253	6.8	2	♦ 0.5	69	0.4	18	♦ 0.4

Part B: Classified according to Abbreviated International List, 1975 Revision

Partie B: Décès classés selon la Liste internationale abrégée de la révision de 1975

(See notes at end of table. – Voir notes à la fin du tableau.) EUROPE(cont.–suite)

Cause of death abbreviated list number [1] Cause de décès numéro dans la liste abrégée [1]	Poland – Pologne		Portugal		Romania – Roumanie		Russian Federation – Fédération de Russie	
	1996		1996		1996		1996 [8]	
	Number Nombre	Rate Taux	Number Nombre	Rate Taux	Number Nombre	Rate Taux	Number Nombre	Rate Taux
TOTAL	385 496	998.2	107 259	1 080.4	286 158	1 265.8	2 082 249	1 409.4
AM 1	–	–	–	–	–	–	...	...
AM 2	–	–	–	–	1	♦ 0.0	5	♦ 0.0
AM 3	33	0.1	20	♦ 0.2	215	1.0	...	...
AM 4	1 024	2.7	295	3.0	2 583	11.4	25 080	17.0
AM 5	1	♦ 0.0	–	–	1	♦ 0.0	18	♦ 0.0
AM 6	10	♦ 0.0	15	♦ 0.2	22	♦ 0.1	680	0.5
AM 7	15	♦ 0.0	14	♦ 0.1	6	♦ 0.0	32	0.0
AM 8	553	1.4	378	3.8	–	–	1 735	1.2
AM 9	–	–	–	–	–	–	...	...
AM10	–	–	7	♦ 0.1	2	♦ 0.0	2	♦ 0.0
AM11	2	♦ 0.0	8	♦ 0.1	1	♦ 0.0	3	♦ 0.0
AM12	656	1.7	399	4.0	517	2.3	...	...
AM13	6 332	16.4	2 699	27.2	3 914	17.3	47 524	32.2
AM14	3 726	9.6	1 811	18.2	1 762	7.8	17 094	11.6
AM15	3 867	10.0	805	8.1	1 614	7.1	14 620	9.9
AM16	18 889	48.9	2 621	26.4	7 788	34.4	61 179	41.4
AM17	4 738	[3] 30.3	1 547	[3] 36.0	2 682	[3] 28.8	19 597	...
AM18	2 025	[3] 12.9	204	[3] 4.7	1 741	[3] 18.7	6 097	...
AM19	2 233	5.8	679	6.8	1 066	4.7	7 233	4.9
AM20	36 847	95.4	9 965	100.4	17 663	78.1	117 866	79.8
AM21	5 069	13.1	3 005	30.3	1 823	8.1	14 190	9.6
AM22	51	0.1	20	♦ 0.2	58	0.3	...	...
AM23	11	♦ 0.0	9	...	4	♦ 0.0	...	...
AM24	339	0.9	137	1.4	77	0.3	1 050	0.7
AM25	217	0.6	68	0.7	172	0.8	1 649	1.1
AM26	34	0.1	5	♦ 0.0	2	♦ 0.0	1 761	1.2
AM27	2 424	6.3	209	2.1	1 233	5.5	8 164	5.5
AM28	7 360	19.1	862	8.7	14 974	66.2	16 755	11.3
AM29	28 111	72.8	6 749	68.0	21 797	96.4	55 949	37.9
AM30	10 806	28.0	2 606	26.2	36 868	163.1	470 588	318.5
AM31	30 205	78.2	23 662	238.3	57 575	254.7	413 944	280.2
AM32	73 467	190.2	1 917	19.3	16 360	72.4	...	...
AM33	41 919	108.5	8 677	87.4	28 872	127.7	...	...
AM34	6 316	16.4	3 498	35.2	9 532	42.2	25 150	17.0
AM35	212	0.5	83	0.8	48	0.2	439	0.3
AM36	6 642	17.2	1 096	11.0	3 282	14.5	51 705	35.0
AM37	1 463	3.8	466	4.7	865	3.8	8 227	5.6
AM38	82	0.2	19	♦ 0.2	66	0.3	687	0.5
AM39	4 720	12.2	2 356	23.7	12 226	54.1	...	...
AM40	3 053	7.9	1 346	13.6	1 754	7.8	6 527	4.4
AM41	137	[4] 3.3	22	♦ [4] 1.6	552	[4] 19.1	1 858	...
AM42	4	♦ [5] 0.9	2	♦ [5] 1.8	51	[5] 22.0	148	...
AM43	16	♦ [5] 3.7	4	♦ [5] 3.6	44	[5] 19.0	...	...
AM44	1	♦ [5] 0.2	–	–	–	–	...	...
AM45	2 069	5.4	316	3.2	1 207	5.3	8 055	5.5
AM46	139	[5] 32.5	1	♦ [5] 0.9	124	[5] 53.6	1 215	...
AM47	2 585	[5] 603.7	303	[5] 274.5	1 218	[5] 526.5	8 679	...
AM48	33 872	87.7	12 701	127.9	751	3.3	92 594	62.7
AM49	15 999	41.4	9 858	99.3	15 254	67.5	...	...
AM50	6 596	17.1	2 238	22.5	...	...	28 792	19.5
AM51	4 699	12.2	553	5.6	1 843	8.2	7 740	5.2
AM52	7 352	19.0	897	9.0	...	...	129 453	87.6
AM53	5 446	14.1	653	6.6	2 828	12.5	57 812	39.1
AM54	1 016	2.6	131	1.3	851	3.8	39 083	26.5
AM55	2 113	5.5	1 323	13.3	65	0.3	44 344	30.0

21. Deaths and death rates by cause: latest available year (continued)

Décès selon la cause, nombres et taux: dernière année disponible (suite)

Part B: Classified according to Abbreviated International List, 1975 Revision

Partie B: Décès classés selon la Liste internationale abrégée de la révision de 1975

(See notes at end of table. – Voir notes à la fin du tableau.)

Cause of death abbreviated list number [1] / Cause de décès numéro dans la liste abrégée [1]	Slovakia – Slovaquie 1993		Slovenia – Slovénie 1996		Spain – Espagne 1995		Sweden – Suède 1996 [7]	
	Number Nombre	Rate Taux	Number Nombre	Rate Taux	Number Nombre	Rate Taux	Number Nombre	Rate Taux
TOTAL	52 707	989.9	18 620	935.1	346 227	883.0	93 815	1 060.9
AM 1	–	–	–	–	1	◆ 0.0	–	–
AM 2	–	–	–	–	–	–	–	–
AM 3	11	◆ 0.2	4	◆ 0.2	242	0.6	40	0.5
AM 4	88	1.7	28	◆ 1.4	603	1.5	39	0.4
AM 5	–	–	–	–	–	–	–	–
AM 6	2	◆ 0.0	2	◆ 0.1	49	0.1	9	◆ 0.1
AM 7	–	–	1	◆ 0.0	11	◆ 0.0	–	–
AM 8	70	1.3	38	1.9	2 232	5.7	292	3.3
AM 9	–	–	–	–	–	–	–	–
AM 10	–	–	–	–	2	◆ 0.0	–	–
AM 11	1	◆ 0.0	1	◆ 0.0	8	◆ 0.0	–	–
AM 12	27	◆ 0.5	15	◆ 0.8	1 199	3.1	391	4.4
AM 13	916	17.2	385	19.3	6 557	16.7	987	11.2
AM 14	689	12.9	320	16.1	7 557	19.3	1 650	18.7
AM 15	712	13.4	277	13.9	2 568	6.5	831	9.4
AM 16	2 190	41.1	908	45.6	16 510	42.1	2 900	32.8
AM 17	673	...	355	³ 41.8	6 026	³ 35.8	1 534	³ 41.8
AM 18	207	...	59	³ 6.9	596	³ 3.5	149	³ 4.1
AM 19	289	5.4	109	5.5	2 632	6.7	684	7.7
AM 20	4 979	93.5	2 128	106.9	44 458	113.4	12 022	136.0
AM 21	796	14.9	416	20.9	9 151	23.3	1 568	17.7
AM 22	3	◆ 0.1	–	–	4	◆ 0.0	25	◆ 0.3
AM 23	1	◆ 0.0	–	–	126	0.3	25	◆ 0.3
AM 24	39	0.7	18	◆ 0.9	881	2.2	246	2.8
AM 25	18	◆ 0.3	14	◆ 0.7	173	0.4	38	0.4
AM 26	1	◆ 0.0	2	◆ 0.1	11	◆ 0.0	5	◆ 0.1
AM 27	83	1.6	72	3.6	1 588	4.0	158	1.8
AM 28	1 621	30.4	385	19.3	4 212	10.7	680	7.7
AM 29	6 315	118.6	1 132	56.9	25 586	65.3	13 603	153.8
AM 30	7 110	133.5	1 244	62.5	12 102	30.9	9 457	106.9
AM 31	5 268	98.9	2 379	119.5	39 973	101.9	10 114	114.4
AM 32	4 456	83.7	351	17.6	5 850	14.9	2 551	28.8
AM 33	2 689	50.5	2 338	117.4	42 388	108.1	9 295	105.1
AM 34	2 978	55.9	592	29.7	7 103	18.1	4 415	49.9
AM 35	40	0.8	–	–	416	1.1	330	3.7
AM 36	648	12.2	281	14.1	3 556	9.1	1 275	14.4
AM 37	206	3.9	145	7.3	1 082	2.8	464	5.2
AM 38	7	◆ 0.1	1	◆ 0.0	79	0.2	14	◆ 0.2
AM 39	1 369	25.7	653	32.8	6 897	17.6	501	5.7
AM 40	642	12.1	114	5.7	5 203	13.3	545	6.2
AM 41	49	...	5	◆ ⁴ 2.0	154	⁴ 2.8	39	⁴ 2.8
AM 42	2	◆ ⁵ 2.7	–	–	1	◆ ⁵ 0.3	–	–
AM 43	6	◆ ⁵ 8.2	2	◆ ⁵ 10.6	10	◆ ⁵ 2.8	4	◆ ⁵ 4.2
AM 44	1	◆ ⁵ 1.4	1	◆ ⁵ 5.3	–	–	1	◆ ⁵ 1.0
AM 45	237	4.5	71	3.6	1 175	3.0	272	3.1
AM 46	–	–	–	–	52	⁵ 14.3	20	◆ ⁵ 21.0
AM 47	412	⁵ 562.4	40	⁵ 212.9	816	⁵ 224.5	119	⁵ 124.9
AM 48	599	11.2	536	26.9	6 477	16.5	1 671	18.9
AM 49	2 408	45.2	1 386	69.6	63 585	162.2	10 649	120.4
AM 50	782	14.7	362	18.2	5 752	14.7	489	5.5
AM 51	1 109	20.8	401	20.1	1 487	3.8	1 131	12.8
AM 52	935	17.6	363	18.2	5 470	13.9	809	9.1
AM 53	738	13.9	607	30.5	3 157	8.1	1 253	14.2
AM 54	128	2.4	42	2.1	353	0.9	110	1.2
AM 55	157	2.9	37	1.9	106	0.3	411	4.6

468

21. Deaths and death rates by cause: latest available year (continued)

Décès selon la cause, nombres et taux: dernière année disponible (suite)

Part B: Classified according to Abbreviated International List, 1975 Revision

Partie B: Décès classés selon la Liste internationale abrégée de la révision de 1975

(See notes at end of table. – Voir notes à la fin du tableau.)

Cause of death abbreviated list number [1] / Cause de décès numéro dans la liste abrégée [1]	The former Yugoslav Rep. of Macedonia – L'ex Rép. yougoslavie de Macédoin 1996		Ukraine 1996 [8]		United Kingdom – Royaume–Uni 1994		Former Yugoslavia – Ancienne Yougoslavie 1990	
	Number Nombre	Rate Taux	Number Nombre	Rate Taux	Number Nombre	Rate Taux	Number Nombre	Rate Taux
TOTAL	16 062	738.8	776 717	1 520.2	627 636	1 074.8	212 148	890.7
AM 1	–		...	...	–		–	
AM 2	–	–	1	♦ 0.0	–	–	1	♦ 0.0
AM 3	40	1.8	...	...	243	0.4	498	2.1
AM 4	111	5.1	8 233	16.1	475	0.8	1 224	5.1
AM 5	–	–	4	–	4	♦ 0.0	2	♦ 0.0
AM 6	4	♦ 0.2	204	0.4	161	0.3	26	♦ 0.1
AM 7	2	♦ 0.1	38	0.1	–	–	21	♦ 0.1
AM 8	7	♦ 0.3	588	1.1	1 119	1.9	198	0.8
AM 9	–		...	...			–	–
AM10	1	♦ 0.0	–	–	4	♦ 0.0	19	♦ 0.1
AM11	–	–	–	–	13	♦ 0.0	–	–
AM12	10	♦ 0.5	...	...	1 068	1.8	280	1.2
AM13	375	17.2	13 364	26.2	8 545	14.6	3 804	16.0
AM14	89	4.1	5 578	10.9	12 362	21.2	1 577	6.6
AM15	136	6.3	5 470	10.7	5 738	9.8	2 042	8.6
AM16	545	25.1	19 781	38.7	37 148	63.6	8 202	34.4
AM17	188	...	7 558	...	14 443	[3] 59.5	2 642	[3] 28.0
AM18	48	...	2 483	...	1 561	[3] 6.4	688	[3] 7.3
AM19	71	3.3	3 044	6.0	3 893	6.7	1 064	4.5
AM20	1 185	54.5	41 116	80.5	74 905	128.3	17 549	73.7
AM21	456	21.0	4 262	8.3	6 486	11.1	3 751	15.7
AM22	2	♦ 0.1	...	...	2	♦ 0.0	1	♦ 0.0
AM23	1	♦ 0.0	...	...	57	0.1	8	♦ 0.0
AM24	6	♦ 0.3	288	0.6	738	1.3	127	0.5
AM25	6	♦ 0.3	596	1.2	207	0.4	171	0.7
AM26	1	♦ 0.0	1 169	2.3	358	0.6	2	♦ 0.0
AM27	23	♦ 1.1	2 700	5.3	1 924	3.3	439	1.8
AM28	435	20.0	1 713	3.4	3 191	5.5	5 174	21.7
AM29	1 883	86.6	10 009	19.6	90 377	154.8	16 324	68.5
AM30	13	♦ 0.6	262 876	514.5	64 468	110.4	2 888	12.1
AM31	2 957	136.0	122 561	239.9	68 193	116.8	30 737	129.0
AM32	266	12.2	...	...	2 810	4.8	6 428	27.0
AM33	3 299	151.7	...	...	45 091	77.2	48 689	204.4
AM34	127	5.8	5 914	11.6	54 302	93.0	2 810	11.8
AM35	2	♦ 0.1	71	0.1	76	0.1	55	0.2
AM36	378	17.4	32 506	63.6	7 107	12.2	5 858	24.6
AM37	67	3.1	2 354	4.6	4 591	7.9	787	3.3
AM38	1	♦ 0.0	171	0.3	128	0.2	61	0.3
AM39	129	5.9	...	...	3 865	6.6	3 971	16.7
AM40	213	9.8	2 168	4.2	3 995	6.8	1 939	8.1
AM41	14	...	702	...	297	[4] 3.6	418	[4] 14.6
AM42	–	–	33	[5] 7.1	6	♦ [5] 0.8	7	♦ [5] 2.1
AM43	–	–	...	...	40	[5] 5.3	27	♦ [5] 8.1
AM44	–	–	...	...	13	♦ [5] 1.7	2	♦ [5] 0.6
AM45	74	3.4	3 128	6.1	2 059	3.5	1 168	4.9
AM46	10	♦ [5] 31.8	201	[5] 43.0	140	[5] 18.6	221	[5] 65.9
AM47	252	[5] 802.5	2 171	[5] 464.7	2 277	[5] 303.3	2 652	[5] 791.3
AM48	1 495	68.8	45 740	89.5	8 186	14.0	14 993	62.9
AM49	[18] 522	[5] 24.0	...	...	75 811	129.8	8 698	36.5
AM50	...	...	6 880	13.5	3 742	6.4	3 970	16.7
AM51	...	...	2 835	5.5	4 151	7.1	1 485	6.2
AM52	...	...	35 756	70.0	4 217	7.2	3 683	15.5
AM53	...	...	15 258	29.9	4 380	7.5	3 653	15.3
AM54	...	...	7 646	15.0	588	1.0	472	2.0
AM55	...	...	11 977	23.4	2 081	3.6	642	2.7

21. Deaths and death rates by cause: latest available year (continued)

Décès selon la cause, nombres et taux: dernière année disponible (suite)

Part B: Classified according to Abbreviated International List, 1975 Revision

Partie B: Décès classés selon la Liste internationale abrégée de la révision de 1975

(See notes at end of table. – Voir notes à la fin du tableau.)

Cause of death abbreviated list number [1] / Cause de décès numéro dans la liste abrégée [1]	Australia – Australie 1995+ [7]		New Zealand – Nouvelle–Zélande 1994+ [7]	
	Number Nombre	Rate Taux	Number Nombre	Rate Taux
TOTAL	125 106	692.3	27 093	775.6
AM 1	–	–	–	–
AM 2	–	–	–	–
AM 3	85	0.5	7	♦ 0.2
AM 4	26	♦ 0.1	17	♦ 0.5
AM 5	–	–	–	–
AM 6	22	♦ 0.1	9	♦ 0.3
AM 7	2	♦ 0.0	–	–
AM 8	505	2.8	45	1.3
AM 9	–	–	–	–
AM10	4	♦ 0.0	1	♦ 0.0
AM11	3	♦ 0.0	1	♦ 0.0
AM12	415	2.3	72	2.1
AM13	1 258	7.0	251	7.2
AM14	3 300	18.3	760	21.8
AM15	1 123	6.2	389	11.1
AM16	6 603	36.5	1 403	40.2
AM17	2 598	3 36.2	567	3 40.9
AM18	328	3 4.6	77	3 5.6
AM19	1 228	6.8	257	7.4
AM20	16 943	93.8	3 461	99.1
AM21	2 671	14.8	486	13.9
AM22	2	♦ 0.0	–	–
AM23	61	0.3	7	♦ 0.2
AM24	178	1.0	36	1.0
AM25	36	0.2	16	♦ 0.5
AM26	2	♦ 0.0	–	–
AM27	366	2.0	124	3.5
AM28	1 082	6.0	259	7.4
AM29	17 956	99.4	3 621	103.7
AM30	11 232	62.2	2 998	85.8
AM31	12 537	69.4	2 728	78.1
AM32	771	4.3	88	2.5
AM33	8 751	48.4	1 839	52.6
AM34	1 609	8.9	1 015	29.1
AM35	86	0.5	43	1.2
AM36	1 900	10.5	392	11.2
AM37	565	3.1	152	4.4
AM38	32	0.2	10	♦ 0.3
AM39	986	5.5	130	3.7
AM40	1 544	8.5	241	6.9
AM41	61	4 2.8	11	♦ 4 2.7
AM42	3	♦ 5 1.2	–	–
AM43	14	♦ 5 5.5	3	♦ 5 5.2
AM44	4	♦ 5 1.6	–	–
AM45	659	3.6	177	5.1
AM46	44	5 17.2	5	♦ 5 8.7
AM47	569	5 222.1	114	5 198.5
AM48	2 476	13.7	195	5.6
AM49	17 451	96.6	3 346	95.8
AM50	1 911	10.6	585	16.7
AM51	968	5.4	234	6.7
AM52	1 557	8.6	327	9.4
AM53	2 170	12.0	512	14.7
AM54	298	1.6	70	2.0
AM55	111	0.6	12	♦ 0.3

21. Deaths and death rates by cause : latest available (continued)

Décès selon la cause, nombres et taux : dernière année disponible (suite)

GENERAL NOTES

Data exclude foetal deaths. In Part A of this table, cause
of death is classified according to the Adapted Mortality List derived from the tenth
Revision. In Part B, data classified according to the 1975 (ninth) Revision are shown.
Rates are the number of deaths from each cause per 100 000 population except for
the rates for AM17–18, AM38–41 and AM43 in Part A and AM17–18, AM41–44
and AM46–47 in Part B where, as specified in footnotes, the base has been changed
in order to relate the deaths more closely to the population actually at risk. For
method of evaluation and limitations of data, see Technical Notes, page 77.

Italics: Data from civil registers which are incomplete or of unknown completeness.

FOOTNOTES

* Provisional.
♦ Rates based on 30 or fewer deaths.
+ Data tabulated by date of registration rather than occurrence.

1 For title of each cause group and detailed list categories included, see Technical Notes.
2 For Japanese nationals in Japan only; however, rates computed on total population.
3 Per 100 000 females of 15 years and over.
4 Per 100 000 males of 50 years and over.
5 Per 100 000 live–born.
6 Excluding Faeroe Islands and Greenland.
7 Source: Ministry of Health.
8 Excluding infants born alive after less than 28 weeks' gestation, of less than 1 000 grammes in weight and 35 centimetres in length, who die within seven days of birth.
9 Rates computed on population including civilian nationals temporarily outside the country.
10 For AM50 to AM55.
11 Including Canadian residents temporarily in the United States, but excluding United States residents temporarily in Canada.
12 Including deaths of foreigners temporarily in the country.
13 Excluding Indian jungle population.
14 Excluding deaths for which information by cause was not available.
15 Based on burial permits.
16 Excluding nomadic Indian tribes.
17 Including data for East Jerusalem and Israeli residents in certain other territories under occupation by Israeli military forces since June 1967.

18 For AM49 to AM55.
19 Excluding transients afloat and non–locally domiciled military and civilian services personnel and their dependants.
20 Including armed forces stationed outside the country, but excluding alien armed forces stationed in the area.
21 Including nationals temporarily outside the country.
22 Including armed forces outside the country.
23 Deaths registered within one year of occurrence.
24 Including residents outside the country if listed in a Netherlands population register.
25 Including residents temporarily outside the country.

NOTES GENERALES

Il n'est pas tenu compte des morts foetales. Dans la partie
A du tableau, les causes de décès sont classées selon la Liste adaptée des causes de
mortalité, dérivé de la dixième révision. Les données classées selon la neuviéme
révision figurent dans la partie B du tableau. Les taux représentent le nombre de
décès attribuables à chaque cause pour 100 000 personnes dans la population
totale. Font exception à cette règle les taux pour les catégories AM17–18,
AM38–41 et AM43 dans la partie A du tableau et pour les catégories AM17–18,
AM41–44 et AM46–47 dans la partie B du tableau, où comme il est indique dans les
notes, on a changé la base pour mieux relier les décès à la population effectivement
exposée au risque. Pour la méthode d'évaluation et les insuffisances des données,
voir Notes techniques, page 77.
Italiques: Données incomplètes ou dont le degré d'exactitude n'est pas connu
provenant des registres de l'état civil.

NOTES

* Données provisoires.
♦ Taux basés sur 30 décès ou moins.
+ Données exploitées selon la date de l'enregistrement et non la date de l'événement.
1 Pour le titre de chaque groupe de causes et les catégories de la nomenclature détaillée, voir Notes techniques.
2 Pour les nationaux japonais au Japon seulement, toutefois les taux sont calculés sur la base de la population totale.
3 Pour 100 000 personnes du sexe féminin âgées de 15 ans et plus.
4 Pour 100 000 personnes du sexe masculin âgées de 50 ans et plus.
5 Pour 100 000 enfants nés vivants.
6 Non compris les Iles Féroé et le Groenland.
7 Source: Ministère de la Santé.
8 Non compris les enfants nés vivants après moins de 28 semaines de gestation, pesant moins de 1 000 grammes, mesurant moins de 35 centimètres et décédés dans les sept jours qui ont suivi leur naissance.
9 Les taux sont calculés sur la base d'un chiffre de population qui comprend les civils nationaux temporairement hors du pays.
10 Pour AM50 à AM55.
11 Y compris les résidents canadiens temporairement aux Etats–Unis, mais non compris les résidents de Etats–Unis temporairement au Canada.
12 Y compris les décès étrangers temporairement dans le pays.
13 Non compris les Indiens de la jungle.
14 Non compris les décès dont il n'a pas été possible de connaître la cause.
15 D'après les permis d'inhumer.
16 Non compris les tribus d'Indiens nomades.
17 Y compris les données pour Jérusalem–Est et les résidents israéliens dans certains autres territoires occupés depuis juin 1967 par les forces armées israéliennes.
18 Pour AM49 à AM55.
19 Non compris les personnes de passage à bord de navires, les militaires et agents civils domiciliés hors du territoire et les membres de leur
20 Y compris les militaires nationaux hors du pays, mais non compris les militaires étrangers en garnison sur le territoire.
21 Y compris les nationaux temporairement hors du pays.
22 Y compris les militaires en garnison hors du pays.
23 Décès enregistrés dans l'année que suit l'événement.
24 Y compris les résidents hors du pays, s'ils sont inscrits sur un registre de population néerlandais.
25 Y compris les résidents temporairement hors du pays.

22. Expectation of life at specified ages for each sex: latest available year

(See notes at end of table.)

Continent, country or area, period and sex / Continent, pays ou zone, période et sexe	Age (in years)								
	0	1	2	3	4	5	10	15	20
AFRICA—AFRIQUE									
Algeria – Algérie 1990–1995 [1]									
1 Male – Masculin	66.00	...	...	...	...	...	...	...	...
2 Female – Féminin	68.30	...	...	...	...	...	...	...	...
Angola 1990–1995 [1]									
3 Male – Masculin	44.90	...	...	...	...	...	...	...	...
4 Female – Féminin	48.10	...	...	...	...	...	...	...	...
Benin – Bénin 1990–1995 [1]									
5 Male – Masculin	51.30	...	...	...	...	...	...	...	...
6 Female – Féminin	56.20	...	...	...	...	...	...	...	...
Botswana 1990–1995 [1]									
7 Male – Masculin	52.40	...	...	...	...	...	...	...	...
8 Female – Féminin	55.80	...	...	...	...	...	...	...	...
Burkina Faso 1990–1995 [1]									
9 Male – Masculin	45.40	...	...	...	...	...	...	...	...
10 Female – Féminin	47.60	...	...	...	...	...	...	...	...
Burundi 1990–1995 [1]									
11 Male – Masculin	43.00	...	...	...	...	...	...	...	...
12 Female – Féminin	46.10	...	...	...	...	...	...	...	...
Cameroon – Cameroun 1990–1995 [1]									
13 Male – Masculin	53.30	...	...	...	...	...	...	...	...
14 Female – Féminin	56.20	...	...	...	...	...	...	...	...
Cape Verde – Cap–Vert 1990									
15 Male – Masculin	63.53	65.00	...	...	...	62.76	58.33	53.71	49.07
16 Female – Féminin	71.33	72.90	...	...	...	71.29	66.70	62.03	57.35
Central African Republic – République centrafricaine 1990–1995 [1]									
17 Male – Masculin	45.90	...	...	...	...	...	...	...	...
18 Female – Féminin	50.90	...	...	...	...	...	...	...	...
Chad – Tchad 1990–1995 [1]									
19 Male – Masculin	45.10	...	...	...	...	...	...	...	...
20 Female – Féminin	48.30	...	...	...	...	...	...	...	...
Comoros – Comores 1990–1995 [1]									
21 Male – Masculin	55.00	...	...	...	...	...	...	...	...
22 Female – Féminin	56.00	...	...	...	...	...	...	...	...
Congo 1990–1995 [1]									
23 Male – Masculin	48.90	...	...	...	...	...	...	...	...
24 Female – Féminin	54.10	...	...	...	...	...	...	...	...
Côte d'Ivoire 1990–1995 [1]									
25 Male – Masculin	50.90	...	...	...	...	...	...	...	...
26 Female – Féminin	53.60	...	...	...	...	...	...	...	...
Democratic Rep. of the Congo – République démocratique du Congo 1990–1995 [1]									
27 Male – Masculin	50.30	...	...	...	...	...	...	...	...
28 Female – Féminin	53.70	...	...	...	...	...	...	...	...

22. Espérance de vie à un âge donné pour chaque sexe: dernière année disponible

r notes à la fin du tableau.)

					Age (en années)								
25	30	35	40	45	50	55	60	65	70	75	80	85	
...	...	...	...	...	...	...	...	...	...	...	...	...	1
...	...	...	...	...	...	...	...	...	...	...	...	...	2
...	...	...	...	...	...	...	...	...	...	...	...	...	3
...	...	...	...	...	...	...	...	...	...	...	...	...	4
...	...	...	...	...	...	...	...	...	...	...	...	...	5
...	...	...	...	...	...	...	...	...	...	...	...	...	6
...	...	...	...	...	...	...	...	...	...	...	...	...	7
...	...	...	...	...	...	...	...	...	...	...	...	...	8
...	...	...	...	...	...	...	...	...	...	...	...	...	9
...	...	...	...	...	...	...	...	...	...	...	...	...	10
...	...	...	...	...	...	...	...	...	...	...	...	...	11
...	...	...	...	...	...	...	...	...	...	...	...	...	12
...	...	...	...	...	...	...	...	...	...	...	...	...	13
...	...	...	...	...	...	...	...	...	...	...	...	...	14
44.68	40.81	37.24	33.24	29.94	26.20	22.91	19.36	15.99	11.95	9.32	6.95	...	15
53.03	48.47	44.26	39.85	35.75	31.31	26.77	22.53	18.83	14.61	11.91	9.65	...	16
...	...	...	...	...	...	...	...	...	...	...	...	...	17
...	...	...	...	...	...	...	...	...	...	...	...	...	18
...	...	...	...	...	...	...	...	...	...	...	...	...	19
...	...	...	...	...	...	...	...	...	...	...	...	...	20
...	...	...	...	...	...	...	...	...	...	...	...	...	21
...	...	...	...	...	...	...	...	...	...	...	...	...	22
...	...	...	...	...	...	...	...	...	...	...	...	...	23
...	...	...	...	...	...	...	...	...	...	...	...	...	24
...	...	...	...	...	...	...	...	...	...	...	...	...	25
...	...	...	...	...	...	...	...	...	...	...	...	...	26
...	...	...	...	...	...	...	...	...	...	...	...	...	27
...	...	...	...	...	...	...	...	...	...	...	...	...	28

22. Expectation of life at specified ages for each sex: latest available year (continued)

(See notes at end of table.)

Continent, country or area, period and sex / Continent, pays ou zone, période et sexe		0	1	2	3	4	5	10	15	20
		Age (in years)								

Continent, pays ou zone, période et sexe		0	1	2	3	4	5	10	15	20
AFRICA—AFRIQUE (Cont.–Suite)										
Djibouti 1990–1995 [1]										
1	Male – Masculin	46.70	...	...	...	...	...	...	...	...
2	Female – Féminin	50.00	...	...	...	...	...	...	...	...
Egypt – Egypte 1996										
3	Male – Masculin	65.15	66.84	...	...	...	64.01	59.33	54.57	49.82
4	Female – Féminin	69.00	70.81	...	...	...	68.08	63.33	58.50	53.69
Equatorial Guinea – Guinée équatoriale 1990–1995 [1]										
5	Male – Masculin	46.40	...	...	...	...	...	...	...	...
6	Female – Féminin	49.60	...	...	...	...	...	...	...	...
Eritrea – Erythrée 1990–1995 [1]										
7	Male – Masculin	48.00	...	...	...	...	...	...	...	...
8	Female – Féminin	51.20	...	...	...	...	...	...	...	...
Ethiopia – Ethiopie 1990–1995 [1]										
9	Male – Masculin	45.90	...	...	...	...	...	...	...	...
10	Female – Féminin	49.10	...	...	...	...	...	...	...	...
Gabon 1990–1995 [1]										
11	Male – Masculin	51.90	...	...	...	...	...	...	...	...
12	Female – Féminin	55.20	...	...	...	...	...	...	...	...
Gambia – Gambie 1990–1995 [1]										
13	Male – Masculin	43.40	...	...	...	...	...	...	...	...
14	Female – Féminin	46.60	...	...	...	...	...	...	...	...
Ghana 1990–1995 [1]										
15	Male – Masculin	54.20	...	...	...	...	...	...	...	...
16	Female – Féminin	57.80	...	...	...	...	...	...	...	...
Guinea – Guinée 1990–1995 [1]										
17	Male – Masculin	44.00	...	...	...	...	...	...	...	...
18	Female – Féminin	45.00	...	...	...	...	...	...	...	...
Guinea–Bissau – Guinée–Bissau 1990–1995 [1]										
19	Male – Masculin	41.30	...	...	...	...	...	...	...	...
20	Female – Féminin	44.40	...	...	...	...	...	...	...	...
Kenya 1990–1995 [1]										
21	Male – Masculin	52.70	...	...	...	...	...	...	...	...
22	Female – Féminin	55.40	...	...	...	...	...	...	...	...
Lesotho 1990–1995 [1]										
23	Male – Masculin	56.40	...	...	...	...	...	...	...	...
24	Female – Féminin	59.00	...	...	...	...	...	...	...	...
Liberia – Libéria 1990–1995 [1]										
25	Male – Masculin	38.00	...	...	...	...	...	...	...	...
26	Female – Féminin	41.00	...	...	...	...	...	...	...	...
Libyan Arab Jamahiriya – Jamahiriya arabe libyenne 1990–1995 [1]										
27	Male – Masculin	61.60	...	...	...	...	...	...	...	...
28	Female – Féminin	65.00	...	...	...	...	...	...	...	...

Voir notes à la fin du tableau.)

						Age (en années)							
25	30	35	40	45	50	55	60	65	70	75	80	85	
...	...	...	...	...	...	...	...	...	...	...	...	...	1
...	...	...	...	...	...	...	...	...	...	...	...	...	2
45.12	40.46	35.81	31.21	26.73	22.46	18.72	15.47	12.49	9.79	7.85	6.30	5.04	3
48.89	44.12	39.35	34.65	29.99	25.47	21.24	17.31	13.59	10.60	8.21	6.33	4.89	4
...	...	...	...	...	...	...	...	...	...	...	...	...	5
...	...	...	...	...	...	...	...	...	...	...	...	...	6
...	...	...	...	...	...	...	...	...	...	...	...	...	7
...	...	...	...	...	...	...	...	...	...	...	...	...	8
...	...	...	...	...	...	...	...	...	...	...	...	...	9
...	...	...	...	...	...	...	...	...	...	...	...	...	10
...	...	...	...	...	...	...	...	...	...	...	...	...	11
...	...	...	...	...	...	...	...	...	...	...	...	...	12
...	...	...	...	...	...	...	...	...	...	...	...	...	13
...	...	...	...	...	...	...	...	...	...	...	...	...	14
...	...	...	...	...	...	...	...	...	...	...	...	...	15
...	...	...	...	...	...	...	...	...	...	...	...	...	16
...	...	...	...	...	...	...	...	...	...	...	...	...	17
...	...	...	...	...	...	...	...	...	...	...	...	...	18
...	...	...	...	...	...	...	...	...	...	...	...	...	19
...	...	...	...	...	...	...	...	...	...	...	...	...	20
...	...	...	...	...	...	...	...	...	...	...	...	...	21
...	...	...	...	...	...	...	...	...	...	...	...	...	22
...	...	...	...	...	...	...	...	...	...	...	...	...	23
...	...	...	...	...	...	...	...	...	...	...	...	...	24
...	...	...	...	...	...	...	...	...	...	...	...	...	25
...	...	...	...	...	...	...	...	...	...	...	...	...	26
...	...	...	...	...	...	...	...	...	...	...	...	...	27
...	...	...	...	...	...	...	...	...	...	...	...	...	28

22. Expectation of life at specified ages for each sex: latest available year (continued)

(See notes at end of table.)

Continent, country or area, period and sex / Continent, pays ou zone, période et sexe	Age (in years)								
	0	1	2	3	4	5	10	15	20
AFRICA—AFRIQUE (Cont.–Suite)									
Madagascar									
1990–1995 [1]									
1 Male – Masculin	55.00	...	...	...	...	...	...	...	...
2 Female – Féminin	58.00	...	...	...	...	...	...	...	...
Malawi									
1992–1997									
3 Male – Masculin	43.51	49.98	...	...	...	52.08	49.54	45.70	41.89
4 Female – Féminin	46.75	52.41	...	...	...	54.49	51.99	48.22	44.39
Mali									
1990–1995 [1]									
5 Male – Masculin	44.40	...	...	...	...	...	...	...	...
6 Female – Féminin	47.60	...	...	...	...	...	...	...	...
Mauritania – Mauritanie									
1990–1995 [1]									
7 Male – Masculin	49.90	...	...	...	...	...	...	...	...
8 Female – Féminin	53.10	...	...	...	...	...	...	...	...
Mauritius – Maurice									
1994–1996									
9 Male – Masculin	66.56	67.03	...	...	...	63.20	58.29	53.38	48.60
10 Female – Féminin	74.28	74.43	...	...	...	70.60	65.70	60.80	55.94
Morocco – Maroc									
1990–1995 [1]									
11 Male – Masculin	62.80	...	...	...	...	...	...	...	...
12 Female – Féminin	66.20	...	...	...	...	...	...	...	...
Mozambique									
1990–1995 [1]									
13 Male – Masculin	44.40	...	...	...	...	...	...	...	...
14 Female – Féminin	47.50	...	...	...	...	...	...	...	...
Namibia – Namibie									
1990–1995 [1]									
15 Male – Masculin	54.60	...	...	...	...	...	...	...	...
16 Female – Féminin	57.20	...	...	...	...	...	...	...	...
Niger									
1990–1995 [1]									
17 Male – Masculin	44.90	...	...	...	...	...	...	...	...
18 Female – Féminin	48.10	...	...	...	...	...	...	...	...
Nigeria – Nigéria									
1990–1995 [1]									
19 Male – Masculin	48.80	...	...	...	...	...	...	...	...
20 Female – Féminin	52.00	...	...	...	...	...	...	...	...
Réunion									
1990–1995 [1]									
21 Male – Masculin	69.40	...	...	...	...	...	...	...	...
22 Female – Féminin	78.80	...	...	...	...	...	...	...	...
Rwanda									
1990–1995 [1]									
23 Male – Masculin	22.10	...	...	...	...	...	...	...	...
24 Female – Féminin	23.10	...	...	...	...	...	...	...	...
Senegal – Sénégal									
1990–1995 [1]									
25 Male – Masculin	48.30	...	...	...	...	...	...	...	...
26 Female – Féminin	50.30	...	...	...	...	...	...	...	...
Sierra Leone									
1990–1995 [1]									
27 Male – Masculin	32.90	...	...	...	...	...	...	...	...
28 Female – Féminin	35.90	...	...	...	...	...	...	...	...

	Age (en années)													
25	30	35	40	45	50	55	60	65	70	75	80	85	
...	...	...	...	...	...	...	...	...	...	...	...	...	1
...	...	...	...	...	...	...	...	...	...	...	...	...	2
38.38	34.81	31.18	27.57	24.04	20.58	17.26	14.08	11.16	8.55	6.34	4.39	...	3
40.62	36.88	33.20	29.55	25.90	22.18	18.56	15.11	11.94	9.15	6.77	4.63	...	4
...	...	...	...	...	...	...	...	...	...	...	...	...	5
...	...	...	...	...	...	...	...	...	...	...	...	...	6
...	...	...	...	...	...	...	...	...	...	...	...	...	7
...	...	...	...	...	...	...	...	...	...	...	...	...	8
43.92	39.23	34.71	30.37	26.17	22.27	18.62	15.43	12.49	9.90	7.71	5.94	4.67	9
51.09	46.27	41.49	36.75	32.12	27.68	23.50	19.53	16.02	12.79	9.91	7.48	5.78	10
...	...	...	...	...	...	...	...	...	...	...	...	...	11
...	...	...	...	...	...	...	...	...	...	...	...	...	12
...	...	...	...	...	...	...	...	...	...	...	...	...	13
...	...	...	...	...	...	...	...	...	...	...	...	...	14
...	...	...	...	...	...	...	...	...	...	...	...	...	15
...	...	...	...	...	...	...	...	...	...	...	...	...	16
...	...	...	...	...	...	...	...	...	...	...	...	...	17
...	...	...	...	...	...	...	...	...	...	...	...	...	18
...	...	...	...	...	...	...	...	...	...	...	...	...	19
...	...	...	...	...	...	...	...	...	...	...	...	...	20
...	...	...	...	...	...	...	...	...	...	...	...	...	21
...	...	...	...	...	...	...	...	...	...	...	...	...	22
...	...	...	...	...	...	...	...	...	...	...	...	...	23
...	...	...	...	...	...	...	...	...	...	...	...	...	24
...	...	...	...	...	...	...	...	...	...	...	...	...	25
...	...	...	...	...	...	...	...	...	...	...	...	...	26
...	...	...	...	...	...	...	...	...	...	...	...	...	27
...	...	...	...	...	...	...	...	...	...	...	...	...	28

(See notes at end of table.)

Continent, country or area, period and sex / Continent, pays ou zone, période et sexe	Age (in years)								
	0	1	2	3	4	5	10	15	20
AFRICA—AFRIQUE (Cont.–Suite)									
Somalia – Somalie 1990–1995 [1]									
1 Male – Masculin	45.40	...	...	...	...	...	...	...	...
2 Female – Féminin	48.60	...	...	...	...	...	...	...	...
South Africa – Afrique du Sud 1990–1995 [1]									
3 Male – Masculin	60.00	...	...	...	...	...	...	...	...
4 Female – Féminin	66.00	...	...	...	...	...	...	...	...
Sudan – Soudan 1990–1995 [1]									
5 Male – Masculin	49.60	...	...	...	...	...	...	...	...
6 Female – Féminin	52.40	...	...	...	...	...	...	...	...
Swaziland 1990–1995 [1]									
7 Male – Masculin	55.20	...	...	...	...	...	...	...	...
8 Female – Féminin	59.80	...	...	...	...	...	...	...	...
Togo 1990–1995 [1]									
9 Male – Masculin	49.50	...	...	...	...	...	...	...	...
10 Female – Féminin	52.60	...	...	...	...	...	...	...	...
Tunisia – Tunisie 1995									
11 Male – Masculin	69.55	70.98	...	...	...	67.46	62.68	57.88	53.13
12 Female – Féminin	73.14	74.18	...	...	...	70.66	65.86	61.00	56.17
Uganda – Ouganda 1990–1995 [1]									
13 Male – Masculin	40.00	...	...	...	...	...	...	...	...
14 Female – Féminin	42.00	...	...	...	...	...	...	...	...
United Rep. of Tanzania – Rép.–Unie de Tanzanie 1990–1995 [1]									
15 Male – Masculin	49.00	...	...	...	...	...	...	...	...
16 Female – Féminin	51.90	...	...	...	...	...	...	...	...
Western Sahara – Sahara Occidental 1990–1995 [1]									
17 Male – Masculin	57.30	...	...	...	...	...	...	...	...
18 Female – Féminin	60.60	...	...	...	...	...	...	...	...
Zambia – Zambie 1990–1995 [1]									
19 Male – Masculin	43.30	...	...	...	...	...	...	...	...
20 Female – Féminin	45.00	...	...	...	...	...	...	...	...
Zimbabwe 1990									
21 Male – Masculin	58.00	61.90	...	...	...	59.90	55.50	50.90	46.50
22 Female – Féminin	62.00	65.10	...	...	...	63.00	58.50	53.90	49.50
AMERICA, NORTH— AMERIQUE DU NORD									
Aruba 1991									
23 Male – Masculin	71.10	70.87	...	...	...	67.05	62.41	57.46	52.55
24 Female – Féminin	77.12	76.68	...	...	...	72.80	67.99	63.01	58.06
Bahamas 1989–1991									
25 Male – Masculin	68.32	68.86	...	...	...	64.75	59.96	55.09	50.30
26 Female – Féminin	75.28	75.53	...	...	...	71.48	66.58	61.63	56.78

(Voir notes à la fin du tableau.)

	Age (en années)													
25	30	35	40	45	50	55	60	65	70	75	80	85	
...	...	...	...	...	...	...	...	...	...	...	...	...	1
...	...	...	...	...	...	...	...	...	...	...	...	...	2
...	...	...	...	...	...	...	...	...	...	...	...	...	3
...	...	...	...	...	...	...	...	...	...	...	...	...	4
...	...	...	...	...	...	...	...	...	...	...	...	...	5
...	...	...	...	...	...	...	...	...	...	...	...	...	6
...	...	...	...	...	...	...	...	...	...	...	...	...	7
...	...	...	...	...	...	...	...	...	...	...	...	...	8
...	...	...	...	...	...	...	...	...	...	...	...	...	9
...	...	...	...	...	...	...	...	...	...	...	...	...	10
48.45	43.80	39.18	34.59	30.08	25.77	21.57	17.69	14.06	10.85	7.88	5.23	3.45	11
51.34	46.52	41.73	37.00	32.36	27.78	23.30	19.07	14.95	11.30	7.77	4.77	2.88	12
...	...	...	...	...	...	...	...	...	...	...	...	...	13
...	...	...	...	...	...	...	...	...	...	...	...	...	14
...	...	...	...	...	...	...	...	...	...	...	...	...	15
...	...	...	...	...	...	...	...	...	...	...	...	...	16
...	...	...	...	...	...	...	...	...	...	...	...	...	17
...	...	...	...	...	...	...	...	...	...	...	...	...	18
...	...	...	...	...	...	...	...	...	...	...	...	...	19
...	...	...	...	...	...	...	...	...	...	...	...	...	20
42.30	38.10	33.90	29.80	25.70	21.90	18.30	14.90	11.90	9.30	7.00	5.30	...	21
45.20	40.90	36.70	32.50	28.30	24.30	20.40	16.70	13.30	10.30	7.80	5.80	...	22
47.78	43.25	38.50	33.98	29.69	25.25	21.41	17.43	13.73	10.41	7.98	6.03	4.56	23
53.18	48.36	43.42	38.68	33.88	29.40	24.61	20.43	16.59	12.24	8.91	5.99	2.62	24
45.85	41.48	37.10	33.10	29.07	25.13	21.58	18.16	14.99	12.33	9.77	7.54	5.58	25
52.02	47.34	42.80	38.33	33.94	29.66	25.62	21.61	17.91	14.49	11.34	8.83	6.63	26

(See notes at end of table.)

Continent, country or area, period and sex	Age (in years)								
Continent, pays ou zone, période et sexe	0	1	2	3	4	5	10	15	
AMERICA,NORTH— (Cont.–Suite) AMERIQUE DU NORD									
Barbados – Barbade 1990–1995 [1]									
1 Male – Masculin	72.90	...	...	...	...	...	...	...	
2 Female – Féminin	77.90	...	...	...	...	...	...	...	
Belize 1991									
3 Male – Masculin	69.95	71.48	...	...	...	67.91	63.04	58.21	53.3
4 Female – Féminin	74.07	75.75	...	...	...	72.04	67.07	62.25	57.3
Bermuda – Bermudes 1991									
5 Male – Masculin	71.06	70.74	...	...	...	66.91	62.04	57.04	52.0
6 Female – Féminin	77.78	77.35	...	...	...	73.35	68.39	63.47	58.5
Canada 1992 [2]									
7 Male – Masculin	74.55	74.08	73.12	72.15	71.18	70.19	65.25	60.33	55.5
8 Female – Féminin	80.89	80.36	79.40	78.42	77.44	76.46	71.50	66.56	61.6
Costa Rica 1990–1995 [1]									
9 Male – Masculin	72.89	73.30	...	...	...	69.53	64.63	59.75	54.9
10 Female – Féminin	77.60	77.71	...	...	...	73.93	69.01	64.09	59.1
Cuba 1990–1995 [1]									
11 Male – Masculin	73.50	...	...	...	...	...	...	...	
12 Female – Féminin	77.30	...	...	...	...	...	...	...	
Dominican Republic – République dominicaine 1990–1995 [1]									
13 Male – Masculin	67.60	...	...	...	...	...	...	...	
14 Female – Féminin	71.70	...	...	...	...	...	...	...	
El Salvador 1990–1995 [1]									
15 Male – Masculin	64.10	...	...	...	...	...	...	...	
16 Female – Féminin	71.80	...	...	...	...	...	...	...	
Greenland – Groenland 1992–1996									
17 Male – Masculin	62.75	63.13	62.16	61.23	60.37	59.47	54.61	49.85	46.0
18 Female – Féminin	68.40	69.16	68.19	67.27	66.32	65.35	60.47	55.65	51.1
Guadeloupe 1990–1995 [1]									
19 Male – Masculin	71.10	...	...	...	...	...	...	...	
20 Female – Féminin	78.00	...	...	...	...	...	...	...	
Guatemala 1990									
21 Male – Masculin	62.41	64.86	...	...	...	63.13	58.73	54.04	49.5
22 Female – Féminin	67.33	69.43	...	...	...	67.91	63.54	58.84	54.2
Haiti – Haïti 1990–1995 [1]									
23 Male – Masculin	52.70	...	...	...	...	...	...	...	
24 Female – Féminin	56.10	...	...	...	...	...	...	...	
Honduras 1990–1995 [1]									
25 Male – Masculin	65.40	...	...	...	...	...	...	...	
26 Female – Féminin	70.10	...	...	...	...	...	...	...	
Jamaica – Jamaïque 1990–1995 [1]									
27 Male – Masculin	71.40	...	...	...	...	...	...	...	
28 Female – Féminin	75.80	...	...	...	...	...	...	...	

(Voir notes à la fin du tableau.)

						Age (en années)							
25	30	35	40	45	50	55	60	65	70	75	80	85	
...	...	...	...	...	...	...	...	...	...	...	...	...	1
...	...	...	...	...	...	...	...	...	...	...	...	...	2
48.80	44.54	40.11	35.27	30.81	26.67	22.55	18.91	15.21	12.18	9.41	6.26	...	3
52.45	47.68	42.98	38.43	34.37	29.77	25.51	21.47	17.27	13.84	10.33	7.03	...	4
47.33	42.64	38.06	33.72	29.53	25.45	21.46	17.78	14.37	11.49	9.02	6.89	4.57	5
53.59	48.73	44.01	39.34	34.68	30.13	25.74	21.52	17.49	13.71	10.42	7.54	4.87	6
50.89	46.17	41.45	36.77	32.14	27.65	23.35	19.35	15.72	12.46	9.61	7.24	5.36	7
56.77	51.89	47.02	42.20	37.44	32.80	28.30	23.98	19.88	16.03	12.50	9.42	6.85	8
50.26	45.55	40.84	36.18	31.59	27.12	22.83	18.79	15.09	11.80	9.07	6.91	...	9
54.31	49.44	44.63	39.86	35.15	30.58	26.15	21.90	17.87	14.09	10.74	7.84	...	10
...	...	...	...	...	...	...	...	...	...	...	...	...	11
...	...	...	...	...	...	...	...	...	...	...	...	...	12
...	...	...	...	...	...	...	...	...	...	...	...	...	13
...	...	...	...	...	...	...	...	...	...	...	...	...	14
...	...	...	...	...	...	...	...	...	...	...	...	...	15
...	...	...	...	...	...	...	...	...	...	...	...	...	16
42.54	38.49	34.26	29.88	25.60	21.18	17.23	13.44	10.42	7.77	5.68	4.95	4.71	17
46.52	41.82	37.05	32.53	28.06	23.73	19.52	16.00	12.60	9.82	7.41	5.42	3.93	18
...	...	...	...	...	...	...	...	...	...	...	...	...	19
...	...	...	...	...	...	...	...	...	...	...	...	...	20
45.33	41.22	37.14	33.10	29.10	25.21	21.43	17.83	14.47	11.56	9.11	7.19	...	21
49.73	45.26	40.84	36.49	32.19	27.96	23.83	19.90	16.24	13.05	10.37	8.20	...	22
...	...	...	...	...	...	...	...	...	...	...	...	...	23
...	...	...	...	...	...	...	...	...	...	...	...	...	24
...	...	...	...	...	...	...	...	...	...	...	...	...	25
...	...	...	...	...	...	...	...	...	...	...	...	...	26
...	...	...	...	...	...	...	...	...	...	...	...	...	27
...	...	...	...	...	...	...	...	...	...	...	...	...	28

(See notes at end of table.)

Continent, country or area, period and sex / Continent, pays ou zone, période et sexe	Age (in years)								
	0	1	2	3	4	5	10	15	2
AMERICA, NORTH— (Cont.–Suite) **AMERIQUE DU NORD**									
Martinique 1990–1995 [1]									
1 Male – Masculin	73.00	...	...	...	...	...	...	...	
2 Female – Féminin	79.50	...	...	...	...	...	...	...	
Mexico – Mexique 1990–1995 [1]									
3 Male – Masculin	68.50	...	...	...	...	...	...	...	
4 Female – Féminin	74.50	...	...	...	...	...	...	...	
Netherlands Antilles – Antilles néerlandaises 1981–1991									
5 Male – Masculin	72.28	72.23	...	...	...	68.35	63.44	58.53	53.6
6 Female – Féminin	77.87	77.99	...	...	...	74.10	69.16	64.24	59.3
Nicaragua 1990–1995 [1]									
7 Male – Masculin	63.50	...	...	...	...	...	...	...	
8 Female – Féminin	68.70	...	...	...	...	...	...	...	
Panama 1995 [3]									
9 Male – Masculin	71.78	72.43	...	...	...	68.96	64.13	59.26	54.5
10 Female – Féminin	76.35	76.92	...	...	...	73.39	68.55	63.67	58.8
Puerto Rico – Porto Rico 1990–1992									
11 Male – Masculin	69.60	69.62	...	...	...	65.76	60.84	55.92	51.3
12 Female – Féminin	78.50	78.42	...	...	...	74.54	69.61	64.66	59.7
Saint Kitts and Nevis – Saint–Kitts–et–Nevis 1994									
13 Male – Masculin	67.41	67.97	...	...	...	64.54	59.58	54.87	50.1
14 Female – Féminin	70.36	70.80	...	...	...	67.13	62.18	57.21	54.0
Trinidad and Tobago – Trinité–et–Tobago 1990									
15 Male – Masculin	68.39	68.28	...	...	...	64.51	59.64	54.76	50.0
16 Female – Féminin	73.20	72.91	...	...	...	69.10	64.21	59.33	54.4
United States – Etats–Unis 1995 [2]									
17 Male – Masculin	72.50	72.10	71.20	70.20	69.30	68.30	63.30	58.40	53.8
18 Female – Féminin	78.90	78.50	77.50	76.60	75.60	74.60	69.70	64.70	59.7
AMERICA, SOUTH— **AMERIQUE DU SUD**									
Argentina – Argentine 1990–1992 [2]									
19 Male – Masculin	68.42	69.33	68.49	67.56	66.61	65.64	60.76	55.89	51.1
20 Female – Féminin	75.59	76.30	75.45	74.53	73.57	72.60	67.70	62.79	57.9
Bolivia – Bolivie 1995–2000									
21 Male – Masculin	59.80	63.28	...	...	...	60.75	56.70	52.23	47.9
22 Female – Féminin	63.16	66.25	...	...	...	63.76	59.69	55.19	50.8
Brazil – Brésil 1996 [4]									
23 Male – Masculin	64.12	66.43	65.64	64.75	63.83	62.89	58.06	53.22	48.5
24 Female – Féminin	70.64	72.37	71.59	70.69	69.77	68.83	63.97	59.09	54.2
Chile – Chili 1997 [2]									
25 Male – Masculin	72.13	72.16	71.26	70.31	69.35	68.38	63.48	58.58	53.8
26 Female – Féminin	78.10	78.04	77.10	76.14	75.17	74.20	69.28	64.35	59.4

(Voir notes à la fin du tableau.)

					Age (en années)								
25	30	35	40	45	50	55	60	65	70	75	80	85	
...	...	...	...	...	...	...	...	...	...	...	...	...	1
...	...	...	...	...	...	...	...	...	...	...	...	...	2
...	...	...	...	...	...	...	...	...	...	...	...	...	3
...	...	...	...	...	...	...	...	...	...	...	...	...	4
48.98	44.37	39.63	34.95	30.43	26.09	22.03	18.27	14.84	11.92	9.24	7.07	5.30	5
54.52	49.70	44.86	40.13	35.49	30.92	26.55	22.30	18.25	14.57	11.42	8.53	6.08	6
...	...	...	...	...	...	...	...	...	...	...	...	...	7
...	...	...	...	...	...	...	...	...	...	...	...	...	8
49.99	45.44	40.84	36.27	31.76	27.35	23.14	19.19	15.54	12.28	9.46	7.02	...	9
54.03	49.24	44.50	39.80	35.17	30.64	26.24	21.99	17.97	14.20	10.80	7.83	...	10
46.89	42.69	38.68	34.77	30.79	26.83	22.99	19.33	16.03	12.94	10.26	7.86	5.99	11
54.95	50.22	45.53	40.87	36.23	31.64	27.20	22.94	18.91	15.20	11.88	8.94	6.63	12
45.34	40.67	36.08	31.60	27.08	22.93	19.03	15.66	13.20	10.47	8.38	6.20	4.74	13
49.14	44.50	39.79	35.08	30.89	26.81	22.84	18.93	15.49	12.03	9.09	6.60	4.95	14
45.53	41.02	36.57	32.12	27.75	23.63	19.88	16.50	13.52	10.81	8.56	6.76	...	15
49.73	44.96	40.24	35.60	31.06	26.86	22.91	19.28	15.91	12.82	10.23	8.03	...	16
49.20	44.60	40.10	35.60	31.30	27.00	22.90	19.10	15.60	12.40	9.70	7.20	5.20	17
55.02	50.20	45.40	40.70	36.00	31.40	27.00	22.90	18.90	15.30	11.90	8.90	6.30	18
46.51	41.85	37.20	32.64	28.24	24.08	20.23	16.73	13.51	10.62	8.14	6.03	4.46	19
53.11	48.31	43.55	38.86	34.26	29.79	25.45	21.26	17.26	13.53	10.19	7.34	5.23	20
43.73	39.50	35.29	31.15	27.11	23.23	19.48	15.89	12.67	9.81	7.50	5.94	...	21
46.48	42.13	37.81	33.55	29.36	25.33	21.41	17.59	13.99	10.82	8.26	6.49	...	22
44.19	39.90	35.64	31.46	27.40	23.51	19.87	16.48	13.36	10.55	8.13	6.15	...	23
49.51	44.80	40.14	35.57	31.12	26.84	22.74	18.87	15.23	11.93	9.04	6.64	...	24
49.17	44.56	39.95	35.37	30.86	26.54	22.42	18.57	15.06	11.93	9.23	6.98	5.18	25
54.57	49.70	44.87	40.08	35.39	30.81	26.41	22.22	18.31	14.74	11.58	8.86	6.62	26

(See notes at end of table.)

Continent, country or area, period and sex Continent, pays ou zone, période et sexe	Age (in years)								
	0	1	2	3	4	5	10	15	
AMERICA,SOUTH— (Cont.–Suite) **AMERIQUE DU SUD**									
Colombia – Colombie 1990–1995									
1 Male – Masculin	66.36	67.47	...	...	...	64.18	59.42	54.61	5
2 Female – Féminin	72.26	72.99	...	...	...	69.62	64.79	59.93	5
Ecuador – Equateur 1995 [5]									
3 Male – Masculin	67.32	69.92	...	...	...	67.04	62.32	57.56	5
4 Female – Féminin	72.49	74.51	...	...	...	71.56	66.81	62.00	5
Guyana 1990–1995 [1]									
5 Male – Masculin	59.80	...	...	...	...	...	...	...	
6 Female – Féminin	66.40	...	...	...	...	...	...	...	
Paraguay 1990–1995									
7 Male – Masculin	66.30	68.67	...	...	...	65.46	60.77	55.98	5
8 Female – Féminin	70.83	72.61	...	...	...	69.31	64.54	59.69	5
Peru – Pérou 1995–2000 [4]									
9 Male – Masculin	65.91	68.38	...	...	...	65.94	61.37	56.62	5
10 Female – Féminin	70.85	72.76	...	...	...	70.21	65.56	60.73	5
Suriname 1990–1995 [1]									
11 Male – Masculin	67.80	...	...	...	...	...	...	...	
12 Female – Féminin	72.80	...	...	...	...	...	...	...	
Uruguay 1990–1995 [1]									
13 Male – Masculin	69.30	...	...	...	...	...	...	...	
14 Female – Féminin	75.70	...	...	...	...	...	...	...	
Venezuela 1995–2000 [4]									
15 Male – Masculin	68.31	69.07	68.92	68.32	67.51	65.60	60.78	55.95	5
16 Female – Féminin	74.73	75.27	74.97	74.29	73.43	71.06	66.19	61.31	56
ASIA—ASIE									
Afghanistan 1990–1995 [1]									
17 Male – Masculin	43.00	...	...	...	...	...	...	...	
18 Female – Féminin	44.00	...	...	...	...	...	...	...	
Armenia – Arménie 1993–1994 [2]									
19 Male – Masculin	67.88	68.21	67.39	66.47	65.50	64.53	59.64	54.74	49
20 Female – Féminin	74.36	74.55	73.74	72.83	71.88	70.91	65.99	61.03	56
Azerbaijan – Azerbaïdjan 1997									
21 Male – Masculin	66.50	...	...	...	...	...	...	...	
22 Female – Féminin	74.00	...	...	...	...	...	...	...	
Bahrain – Bahreïn 1986–1991 [6]									
23 Male – Masculin	66.83	...	...	...	...	...	...	...	
24 Female – Féminin	69.43	...	...	...	...	...	...	...	
Bangladesh 1994									
25 Male -- Masculin	58.65	62.52	...	...	...	61.35	57.27	53.04	48
26 Female – Féminin	58.25	61.73	...	...	...	60.42	56.57	51.43	47

(Voir notes à la fin du tableau.)

					Age (en années)								
25	30	35	40	45	50	55	60	65	70	75	80	85	
45.96	41.93	37.79	33.55	29.32	25.23	21.26	17.66	14.35	11.59	9.28	7.51	...	*1*
50.38	45.65	40.96	36.33	31.82	27.47	23.31	19.44	15.83	12.72	10.05	8.01	...	*2*
48.36	43.89	39.47	35.13	30.89	26.74	22.74	18.94	15.37	12.11	9.31	6.95	...	*3*
52.59	47.45	43.34	38.77	34.29	29.90	25.62	21.54	17.69	14.18	10.98	8.19	...	*4*
...	...	...	...	...	...	...	...	...	...	...	...	...	*5*
...	...	...	...	...	...	...	...	...	...	...	...	...	*6*
46.71	42.11	37.49	32.93	28.48	24.23	20.21	16.51	13.16	10.20	7.66	5.55	...	*7*
50.11	45.36	40.67	36.01	31.46	27.03	22.77	18.70	14.91	11.51	8.51	6.25	...	*8*
47.43	42.94	38.47	34.07	29.78	25.65	21.71	18.06	14.69	11.74	9.19	7.02	...	*9*
51.21	46.53	41.89	37.34	32.87	28.50	24.27	20.26	16.54	13.26	10.40	7.83	...	*10*
...	...	...	...	...	...	...	...	...	...	...	...	...	*11*
...	...	...	...	...	...	...	...	...	...	...	...	...	*12*
...	...	...	...	...	...	...	...	...	...	...	...	...	*13*
...	...	...	...	...	...	...	...	...	...	...	...	...	*14*
46.96	42.51	38.05	33.58	29.21	25.01	21.06	17.41	14.06	11.07	8.33	...	...	*15*
51.69	46.91	42.18	37.49	32.91	28.45	24.16	20.11	16.30	12.78	9.58	...	...	*16*
...	...	...	...	...	...	...	...	...	...	...	...	...	*17*
...	...	...	...	...	...	...	...	...	...	...	...	...	*18*
45.46	41.01	36.57	32.19	27.89	23.69	20.06	16.43	13.64	10.71	7.94	5.64	3.64	*19*
51.26	46.42	41.59	36.80	32.09	27.48	23.13	18.87	15.03	11.47	8.23	5.41	3.19	*20*
...	...	...	...	...	...	...	...	...	...	...	...	...	*21*
...	...	...	...	...	...	...	...	...	...	...	...	...	*22*
...	...	...	...	...	...	...	...	...	...	...	...	...	*23*
...	...	...	...	...	...	...	...	...	...	...	...	...	*24*
44.02	40.13	34.77	30.83	26.04	22.03	18.57	15.14	12.13	9.05	6.35	4.62	...	*25*
42.62	38.35	34.12	29.95	26.25	22.29	18.52	14.99	11.92	8.63	5.92	4.02	...	*26*

22. Expectation of life at specified ages for each sex: latest available year (continued)

(See notes at end of table.)

Continent, country or area, period and sex / Continent, pays ou zone, période et sexe	Age (in years)								
	0	1	2	3	4	5	10	15	20
ASIA—ASIE (Cont.–Suite)									
Bhutan – Bhoutan 1990–1995 [1]									
1 Male – Masculin	49.10	...	...	...	...	...	...	...	...
2 Female – Féminin	52.40	...	...	...	...	...	...	...	...
Brunei Darussalam – Brunéi Darussalam 1990–1995 [1]									
3 Male – Masculin	72.40	...	...	...	...	...	...	...	...
4 Female – Féminin	77.10	...	...	...	...	...	...	...	...
Cambodia – Cambodge 1990–1995 [1]									
5 Male – Masculin	50.10	...	...	...	...	...	...	...	...
6 Female – Féminin	52.90	...	...	...	...	...	...	...	...
China – Chine [7] 1990									
7 Male – Masculin	66.85	68.08	67.44	66.64	65.77	64.87	60.17	55.38	50.65
8 Female – Féminin	70.49	71.92	71.36	70.57	69.70	68.79	64.03	59.20	54.45
Hong Kong SAR – Hong–kong RAS 1996 [2]									
9 Male – Masculin	76.34	75.68	74.71	73.73	72.75	71.76	66.80	61.85	56.98
10 Female – Féminin	81.82	81.11	80.13	79.14	78.16	77.17	72.21	67.27	62.35
Cyprus – Chypre 1994–1995 [8]									
11 Male – Masculin	75.31	74.98	...	...	...	71.05	66.08	61.14	56.45
12 Female – Féminin	79.75	79.41	...	...	...	75.47	70.54	65.58	60.66
East Timor – Timor oriental 1990–1995 [1]									
13 Male – Masculin	44.10	...	...	...	...	...	...	...	...
14 Female – Féminin	45.90	...	...	...	...	...	...	...	...
Georgia – Géorgie 1990–1995 [1]									
15 Male – Masculin	68.50	...	...	...	...	...	...	...	...
16 Female – Féminin	76.70	...	...	...	...	...	...	...	...
India – Inde 1986–1990									
17 Male – Masculin	57.70	62.20	...	...	...	60.90	56.70	52.10	47.50
18 Female – Féminin	58.10	62.60	...	...	...	62.50	58.50	54.00	49.70
Indonesia – Indonésie 1990–1995 [1]									
19 Male – Masculin	61.00	...	...	...	...	...	...	...	...
20 Female – Féminin	64.50	...	...	...	...	...	...	...	...
Iran (Islamic Republic of – Rép. islamique d') 1990–1995 [1]									
21 Male – Masculin	67.00	...	...	...	...	...	...	...	...
22 Female – Féminin	68.00	...	...	...	...	...	...	...	...
Iraq 1990									
23 Male – Masculin	77.43	77.77	...	...	...	74.11	69.25	69.40	59.52
24 Female – Féminin	78.22	78.41	...	...	...	74.78	69.86	65.01	60.17
Israel – Israël [9] 1994 [2]									
25 Male – Masculin	75.49	74.97	74.02	73.05	72.07	71.19	66.25	61.29	56.46
26 Female – Féminin	79.38	78.94	77.99	77.01	76.03	75.06	70.12	65.16	60.23

(Voir notes à la fin du tableau.)

						Age (en années)							
25	30	35	40	45	50	55	60	65	70	75	80	85	
...	...	...	...	...	...	...	...	...	...	...	...	...	1
...	...	...	...	...	...	...	...	...	...	...	...	...	2
...	...	...	...	...	...	...	...	...	...	...	...	...	3
...	...	...	...	...	...	...	...	...	...	...	...	...	4
...	...	...	...	...	...	...	...	...	...	...	...	...	5
...	...	...	...	...	...	...	...	...	...	...	...	...	6
45.97	48.31	36.66	32.07	27.59	23.29	19.24	15.51	12.18	9.31	6.93	5.06	3.74	7
49.75	45.05	40.34	35.67	31.08	26.62	22.37	18.38	14.74	11.51	8.26	6.53	4.88	8
52.17	47.36	42.54	37.76	33.08	28.49	24.11	19.99	16.21	12.86	9.86	7.36	5.32	9
57.45	52.54	47.64	42.79	37.99	33.25	28.58	24.05	19.71	15.66	11.96	8.91	6.39	10
51.81	47.11	42.39	37.67	33.05	28.49	24.09	20.10	16.29	12.89	10.12	7.77	...	11
55.81	50.97	46.07	41.26	36.45	31.81	27.20	22.91	18.62	14.63	11.33	8.46	...	12
...	...	...	...	...	...	...	...	...	...	...	...	...	13
...	...	...	...	...	...	...	...	...	...	...	...	...	14
...	...	...	...	...	...	...	...	...	...	...	...	...	15
...	...	...	...	...	...	...	...	...	...	...	...	...	16
43.10	38.60	34.10	29.80	25.60	21.70	18.00	14.70	11.90	9.40	...	...	...	17
45.40	41.10	36.70	32.30	28.00	23.70	19.80	16.10	12.90	10.10	...	...	...	18
...	...	...	...	...	...	...	...	...	...	...	...	...	19
...	...	...	...	...	...	...	...	...	...	...	...	...	20
...	...	...	...	...	...	...	...	...	...	...	...	...	21
...	...	...	...	...	...	...	...	...	...	...	...	...	22
54.88	50.19	45.56	40.79	36.34	32.39	28.81	24.77	21.32	18.00	15.64	13.11	...	23
55.32	50.43	45.52	40.77	36.04	31.12	26.61	22.03	17.65	12.92	8.74	4.21	...	24
51.73	46.95	42.15	37.39	32.72	28.16	23.78	19.70	15.98	12.60	9.72	7.27	5.41	25
55.32	50.41	45.51	40.63	35.84	31.16	26.58	22.22	18.12	14.34	10.96	8.11	5.89	26

(See notes at end of table.)

Continent, country or area, period and sex / Continent, pays ou zone, période et sexe	Age (in years)								
	0	1	2	3	4	5	10	15	2
ASIA—ASIE (Cont.–Suite)									
Japan – Japon 1996 [2] [10]									
1 Male – Masculin	77.01	76.33	75.38	74.42	73.44	72.46	67.51	62.56	57.7
2 Female – Féminin	83.59	82.88	81.92	80.95	79.97	78.98	74.03	69.06	64.1
Jordan – Jordanie 1990–1995 [1]									
3 Male – Masculin	66.20	...	...	...	...	...	...	...	
4 Female – Féminin	69.80	...	...	...	...	...	...	...	
Kazakhstan 1996 [2]									
5 Male – Masculin	58.47	59.23	58.53	57.65	56.69	55.73	50.90	46.09	41.5
6 Female – Féminin	69.95	70.55	69.86	68.97	68.01	67.05	62.18	57.31	52.5
Korea, Dem. People's Rep. of – Corée, rép. populaire dém. de 1990–1995 [1]									
7 Male – Masculin	67.70	...	...	...	...	...	...	...	
8 Female – Féminin	73.90	...	...	...	...	...	...	...	
Korea, Republic of– Corée, République de 1991 [2]									
9 Male – Masculin	67.66	67.33	66.43	65.49	64.55	63.60	58.80	53.94	49.2
10 Female – Féminin	75.67	75.38	74.48	73.54	72.59	71.64	66.80	61.91	57.0
Kuwait – Koweït 1992–1993									
11 Male – Masculin	71.77	71.68	...	...	...	67.86	62.99	58.15	53.5
12 Female – Féminin	73.32	73.08	...	...	...	69.21	64.31	59.42	54.5
Kyrgyzstan – Kirghizistan 1995 [2]									
13 Male – Masculin	61.41	62.43	61.94	61.15	60.23	59.29	54.47	49.63	44.9
14 Female – Féminin	70.38	71.09	70.71	69.89	68.99	68.04	63.20	58.29	53.4
Lao People's Dem. Rep. – Rép. dém. populaire Lao 1990–1995 [1]									
15 Male – Masculin	49.50	...	...	...	...	...	...	...	.
16 Female – Féminin	52.50	...	...	...	...	...	...	...	.
Lebanon – Liban 1990–1995 [1]									
17 Male – Masculin	66.60	...	...	...	...	...	...	...	.
18 Female – Féminin	70.50	...	...	...	...	...	...	...	.
Macau – Macao 1990–1995 [1]									
19 Male – Masculin	74.30	...	...	...	...	...	...	...	.
20 Female – Féminin	79.30	...	...	...	...	...	...	...	.
Malaysia – Malaisie 1996									
21 Male – Masculin	69.34	69.16	...	...	...	65.39	60.53	55.67	51.0
22 Female – Féminin	74.08	73.81	...	...	...	70.02	65.12	60.23	55.3
Maldives 1992									
23 Male – Masculin	67.15	68.36	...	...	...	65.67	60.96	56.24	51.5
24 Female – Féminin	66.60	67.28	...	...	...	63.92	59.30	54.41	49.5
Mongolia – Mongolie 1990–1995 [1]									
25 Male – Masculin	62.30	...	...	...	...	...	...	...	.
26 Female – Féminin	65.00	...	...	...	...	...	...	...	.

(Voir notes à la fin du tableau.)

	Age (en années)													
25	30	35	40	45	50	55	60	65	70	75	80	85	

25	30	35	40	45	50	55	60	65	70	75	80	85	
52.90	48.07	43.25	38.48	33.80	29.26	24.91	20.75	16.94	13.43	10.25	7.54	5.38	1
59.21	54.30	49.41	44.55	39.76	35.05	30.44	25.91	21.53	17.32	13.40	9.94	7.06	2
...	...	...	...	...	...	...	...	...	...	...	...	...	3
...	...	...	...	...	...	...	...	...	...	...	...	...	4
37.22	33.07	29.06	25.22	21.61	18.27	15.55	12.81	10.68	8.63	6.82	5.36	4.17	5
47.81	43.17	38.55	34.02	29.62	25.43	21.63	17.89	14.59	11.53	8.88	6.83	5.05	6
...	...	...	...	...	...	...	...	...	...	...	...	...	7
...	...	...	...	...	...	...	...	...	...	...	...	...	8
44.54	39.93	35.40	30.94	26.71	22.76	19.04	15.48	12.29	9.48	7.11	5.19	...	9
52.25	47.45	42.67	37.93	33.27	28.77	24.38	20.12	16.12	12.46	9.29	6.70	...	10
48.89	44.15	39.42	34.72	30.05	25.62	21.35	17.34	14.10	10.75	7.83	4.37	2.46	11
49.60	44.68	39.81	34.95	30.17	25.51	21.09	16.83	13.32	9.95	7.38	4.33	2.58	12
40.35	35.99	31.78	27.76	24.03	20.60	17.33	14.37	11.80	9.51	7.54	5.89	4.54	13
48.74	44.05	39.42	34.87	30.45	26.29	22.40	18.72	15.30	12.19	9.62	7.49	5.76	14
...	...	...	...	...	...	...	...	...	...	...	...	...	15
...	...	...	...	...	...	...	...	...	...	...	...	...	16
...	...	...	...	...	...	...	...	...	...	...	...	...	17
...	...	...	...	...	...	...	...	...	...	...	...	...	18
...	...	...	...	...	...	...	...	...	...	...	...	...	19
...	...	...	...	...	...	...	...	...	...	...	...	...	20
46.49	41.88	37.28	32.71	28.24	23.93	19.87	16.17	12.74	9.74	7.36	5.41	...	21
50.53	45.70	40.90	36.13	31.46	26.93	22.58	18.47	14.65	11.24	8.37	6.18	...	22
40.76	42.15	37.48	32.93	28.69	24.34	20.44	16.76	13.46	10.51	7.90	5.57	...	23
44.83	40.15	35.68	31.54	27.20	22.63	18.67	15.36	12.17	9.40	7.06	5.16	...	24
...	...	...	...	...	...	...	...	...	...	...	...	...	25
...	...	...	...	...	...	...	...	...	...	...	...	...	26

(See notes at end of table.)

Continent, country or area, period and sex / Continent, pays ou zone, période et sexe	Age (in years)								
	0	1	2	3	4	5	10	15	2
ASIA—ASIE (Cont.–Suite)									
Myanmar 1990–1995 [1]									
1 Male – Masculin	56.00	...	...	...	...	...	...	...	
2 Female – Féminin	59.30	...	...	...	...	...	...	...	
Nepal – Népal 1990–1995 [1]									
3 Male – Masculin	55.10	...	...	...	...	...	...	...	
4 Female – Féminin	54.10	...	...	...	...	...	...	...	
Oman 1990–1995 [1]									
5 Male – Masculin	67.70	...	...	...	...	...	...	...	
6 Female – Féminin	71.80	...	...	...	...	...	...	...	
Pakistan 1990–1995 [1]									
7 Male – Masculin	60.60	...	...	...	...	...	...	...	
8 Female – Féminin	62.60	...	...	...	...	...	...	...	
Philippines 1991									
9 Male – Masculin	63.10	65.70	65.20	64.40	63.60	62.80	58.20	53.50	48.9
10 Female – Féminin	66.70	68.70	68.20	67.40	66.60	65.70	61.10	56.30	51.7
Qatar 1990–1995 [1]									
11 Male – Masculin	68.80	...	...	...	...	...	...	...	
12 Female – Féminin	74.20	...	...	...	...	...	...	...	
Saudi Arabia – Arabie saoudite 1990–1995 [1]									
13 Male – Masculin	68.40	...	...	...	...	...	...	...	
14 Female – Féminin	71.40	...	...	...	...	...	...	...	
Singapore – Singapour 1997									
15 Male – Masculin	75.00	74.20	...	...	...	70.30	65.40	60.50	55.6
16 Female – Féminin	79.20	78.40	...	...	...	74.50	69.50	64.60	59.7
Sri Lanka 1990–1995 [1]									
17 Male – Masculin	69.70	...	...	...	...	...	...	...	
18 Female – Féminin	74.20	...	...	...	...	...	...	...	
Syrian Arab Republic – République arabe syrienne 1990–1995 [1]									
19 Male – Masculin	65.20	...	...	...	...	...	...	...	
20 Female – Féminin	69.20	...	...	...	...	...	...	...	
Tajikistan – Tadjikistan 1992									
21 Male – Masculin	65.40	67.60	...	...	...	...	60.50	...	50.9
22 Female – Féminin	71.10	72.80	...	...	...	...	65.70	...	56.0
Thailand – Thaïlande 1990–1995 [1]									
23 Male – Masculin	66.40	...	...	...	...	...	...	...	
24 Female – Féminin	71.70	...	...	...	...	...	...	...	
Turkey – Turquie 1990–1995 [1]									
25 Male – Masculin	65.00	...	...	...	...	...	...	...	
26 Female – Féminin	69.60	...	...	...	...	...	...	...	

(Voir notes à la fin du tableau.)

Age (en années)													
25	30	35	40	45	50	55	60	65	70	75	80	85	
...	...	...	...	...	...	...	...	...	...	...	...	...	1
...	...	...	...	...	...	...	...	...	...	...	...	...	2
...	...	...	...	...	...	...	...	...	...	...	...	...	3
...	...	...	...	...	...	...	...	...	...	...	...	...	4
...	...	...	...	...	...	...	...	...	...	...	...	...	5
...	...	...	...	...	...	...	...	...	...	...	...	...	6
...	...	...	...	...	...	...	...	...	...	...	...	...	7
...	...	...	...	...	...	...	...	...	...	...	...	...	8
44.50	40.10	35.60	31.20	27.00	22.90	19.10	15.50	12.30	9.50	7.10	5.10	...	9
47.20	42.70	38.20	33.80	29.40	25.20	21.20	17.30	13.70	10.60	7.90	5.60	...	10
...	...	...	...	...	...	...	...	...	...	...	...	...	11
...	...	...	...	...	...	...	...	...	...	...	...	...	12
...	...	...	...	...	...	...	...	...	...	...	...	...	13
...	...	...	...	...	...	...	...	...	...	...	...	...	14
50.80	46.00	41.20	36.40	31.70	27.10	22.80	18.80	15.20	12.10	9.30	6.90	4.40	15
54.80	49.90	45.00	40.10	35.30	30.60	26.10	21.70	17.60	13.90	10.60	7.60	4.60	16
...	...	...	...	...	...	...	...	...	...	...	...	...	17
...	...	...	...	...	...	...	...	...	...	...	...	...	18
...	...	...	...	...	...	...	...	...	...	...	...	...	19
...	...	...	...	...	...	...	...	...	...	...	...	...	20
...	42.00	...	33.30	...	25.00	...	17.70	...	11.70	...	7.30	...	21
...	46.60	...	37.40	...	28.40	...	20.40	...	13.50	...	8.50	...	22
...	...	...	...	...	...	...	...	...	...	...	...	...	23
...	...	...	...	...	...	...	...	...	...	...	...	...	24
...	...	...	...	...	...	...	...	...	...	...	...	...	25
...	...	...	...	...	...	...	...	...	...	...	...	...	26

22. Expectation of life at specified ages for each sex: latest available year (continued)

(See notes at end of table.)

Continent, country or area, period and sex / Continent, pays ou zone, période et sexe	Age (in years)								
	0	1	2	3	4	5	10	15	

ASIA—ASIE (Cont.–Suite)

Turkmenistan – Turkménistan
1990–1995 [1]

	0	1	2	3	4	5	10	15	
1 Male – Masculin	61.20	...	...	...	...	...	...	...	
2 Female – Féminin	68.00	...	...	...	...	...	...	...	

United Arab Emirates – Emirats arabes unis
1990–1995 [1]

| 3 Male – Masculin | 72.90 | ... | ... | ... | ... | ... | ... | ... | |
| 4 Female – Féminin | 75.30 | ... | ... | ... | ... | ... | ... | ... | |

Uzbekistan – Ouzbékistan
1990–1995 [1]

| 5 Male – Masculin | 64.30 | ... | ... | ... | ... | ... | ... | ... | |
| 6 Female – Féminin | 70.70 | ... | ... | ... | ... | ... | ... | ... | |

Viet Nam
1990–1995 [1]

| 7 Male – Masculin | 62.90 | ... | ... | ... | ... | ... | ... | ... | |
| 8 Female – Féminin | 67.30 | ... | ... | ... | ... | ... | ... | ... | |

Yemen – Yémen
1990–1995 [1]

| 9 Male – Masculin | 54.90 | ... | ... | ... | ... | ... | ... | ... | |
| 10 Female – Féminin | 55.90 | ... | ... | ... | ... | ... | ... | ... | |

EUROPE

Albania – Albanie
1990–1995 [1]

| 11 Male – Masculin | 68.00 | ... | ... | ... | ... | ... | ... | ... | |
| 12 Female – Féminin | 74.00 | ... | ... | ... | ... | ... | ... | ... | |

Austria – Autriche
1996 [2]

| 13 Male – Masculin | 73.93 | 73.33 | 72.36 | 71.39 | 70.41 | 69.42 | 64.47 | 59.54 | 54. |
| 14 Female – Féminin | 80.19 | 79.58 | 78.60 | 77.62 | 76.64 | 75.65 | 70.72 | 65.75 | 60. |

Belarus – Bélarus
1996 [2]

| 15 Male – Masculin | 62.98 | 62.86 | 61.94 | 61.00 | 60.05 | 59.09 | 54.19 | 49.29 | 44. |
| 16 Female – Féminin | 74.29 | 74.07 | 73.15 | 72.20 | 71.25 | 70.28 | 65.36 | 60.43 | 55. |

Belgium – Belgique
1994 [2]

| 17 Male – Masculin | 73.88 | 73.29 | 72.43 | 71.47 | 70.49 | 69.50 | 64.57 | 59.63 | 54. |
| 18 Female – Féminin | 80.61 | 79.95 | 79.06 | 78.09 | 77.11 | 76.12 | 71.17 | 66.22 | 61. |

Bosnia Herzegovina – Bosnie–Herzégovine
1990–1995 [1]

| 19 Male – Masculin | 69.50 | ... | ... | ... | ... | ... | ... | ... | |
| 20 Female – Féminin | 75.10 | ... | ... | ... | ... | ... | ... | ... | |

Bulgaria – Bulgarie
1993–1995 [2]

| 21 Male – Masculin | 67.11 | 67.29 | 66.39 | 65.46 | 64.53 | 63.57 | 58.72 | 53.84 | 49. |
| 22 Female – Féminin | 74.85 | 74.89 | 74.00 | 73.05 | 72.10 | 71.15 | 66.26 | 61.35 | 56. |

Czech Republic – Rép. tchèque
1996 [2]

| 23 Male – Masculin | 70.37 | 69.81 | 68.85 | 67.87 | 66.90 | 65.92 | 61.00 | 56.07 | 51. |
| 24 Female – Féminin | 77.27 | 76.72 | 75.76 | 74.79 | 73.81 | 72.83 | 67.88 | 62.92 | 58. |

Denmark – Danemark [11]
1994–1995 [2]

| 25 Male – Masculin | 72.62 | 72.06 | 71.10 | 70.12 | 69.14 | 68.15 | 63.22 | 58.27 | 53. |
| 26 Female – Féminin | 77.82 | 77.19 | 76.23 | 75.25 | 74.26 | 73.27 | 68.33 | 63.37 | 58. |

(Voir notes à la fin du tableau.)

					Age (en années)								
25	30	35	40	45	50	55	60	65	70	75	80	85	
...	...	...	...	...	...	...	...	...	...	...	...	...	1
...	...	...	...	...	...	...	...	...	...	...	...	...	2
...	...	...	...	...	...	...	...	...	...	...	...	...	3
...	...	...	...	...	...	...	...	...	...	...	...	...	4
...	...	...	...	...	...	...	...	...	...	...	...	...	5
...	...	...	...	...	...	...	...	...	...	...	...	...	6
...	...	...	...	...	...	...	...	...	...	...	...	...	7
...	...	...	...	...	...	...	...	...	...	...	...	...	8
...	...	...	...	...	...	...	...	...	...	...	...	...	9
...	...	...	...	...	...	...	...	...	...	...	...	...	10
...	...	...	...	...	...	...	...	...	...	...	...	...	11
...	...	...	...	...	...	...	...	...	...	...	...	...	12
50.09	45.32	40.57	35.89	31.33	26.97	22.83	18.85	15.27	12.07	9.21	6.73	4.78	13
55.92	51.00	46.13	41.32	36.55	31.93	27.44	23.03	18.79	14.81	11.18	8.03	5.47	14
40.13	35.80	31.54	27.46	23.62	20.11	17.04	14.19	11.64	9.30	7.20	5.41	3.94	15
50.75	45.95	41.17	36.48	31.90	27.52	23.35	19.29	15.52	12.11	9.14	6.65	4.66	16
50.22	45.52	40.81	36.14	31.59	27.15	22.93	18.88	15.17	11.87	9.04	6.67	4.81	17
56.44	51.57	46.71	41.91	37.21	32.60	28.11	23.73	19.48	15.49	11.84	8.65	6.04	18
...	...	...	...	...	...	...	...	...	...	...	...	...	19
...	...	...	...	...	...	...	...	...	...	...	...	...	20
44.43	39.77	35.19	30.76	26.56	22.64	18.99	15.70	12.63	9.87	7.18	5.19	3.79	21
51.63	46.79	41.99	37.24	32.57	28.02	23.61	19.41	15.47	11.88	8.49	5.89	4.12	22
46.50	41.75	37.03	32.41	27.93	23.71	19.84	16.25	13.09	10.28	7.93	5.94	4.39	23
53.10	48.19	43.31	38.49	33.76	29.15	24.69	20.39	16.36	12.65	9.42	6.74	4.61	24
48.68	43.95	39.24	34.63	30.14	25.73	21.52	17.61	14.18	11.15	8.59	6.44	4.74	25
53.55	48.65	43.81	39.03	34.36	29.86	25.51	21.38	17.58	14.15	10.96	8.15	5.82	26

(See notes at end of table.)

Continent, country or area, period and sex / Continent, pays ou zone, période et sexe	Age (in years)								
	0	1	2	3	4	5	10	15	2
EUROPE (Cont.–Suite)									
Estonia – Estonie 1996 [2]									
1 Male – Masculin	64.47	64.28	63.33	62.36	61.37	60.40	55.53	50.66	45.9
2 Female – Féminin	75.48	75.11	74.19	73.20	72.22	71.22	66.34	61.47	56.5
Finland – Finlande 1996 [2]									
3 Male – Masculin	73.02	72.35	71.37	70.38	69.39	68.40	63.45	58.53	53.7
4 Female – Féminin	80.52	79.80	78.81	77.84	76.85	75.87	70.92	65.97	61.0
France 1995 [2]									
5 Male – Masculin	73.92	73.32	72.35	71.38	70.40	69.41	64.47	59.54	54.7
6 Female – Féminin	81.86	81.22	80.25	79.27	78.29	77.30	72.35	67.41	62.5
Germany – Allemagne 1994–1996 [2]									
7 Male – Masculin	73.29	72.72	71.76	70.79	69.80	68.82	63.87	58.93	54.1
8 Female – Féminin	79.72	79.09	78.13	77.15	76.17	75.18	70.23	65.27	60.3
Greece – Grèce 1995 [2]									
9 Male – Masculin	75.02	74.70	73.72	72.74	71.76	70.77	65.83	60.91	56.1
10 Female – Féminin	80.20	79.78	78.80	77.82	76.83	75.85	70.90	65.95	61.0
Hungary – Hongrie 1996 [2]									
11 Male – Masculin	66.06	65.83	64.87	63.90	62.92	61.93	57.00	52.07	47.2
12 Female – Féminin	74.70	74.46	73.51	72.55	71.57	70.58	65.65	60.71	55.7
Iceland – Islande 1995–1996 [2]									
13 Male – Masculin	76.20	75.62	74.66	73.69	72.69	71.75	66.81	61.87	57.1
14 Female – Féminin	80.59	79.92	78.99	78.01	77.04	76.04	71.08	66.24	61.3
Ireland – Irlande 1990–1992 [2]									
15 Male – Masculin	72.30	71.89	70.94	69.98	69.00	68.02	63.09	58.16	53.3
16 Female – Féminin	77.87	77.37	76.43	75.47	75.50	73.53	68.58	63.63	58.7
Isle of Man – Ile de Man 1996 [2]									
17 Male – Masculin	73.72	72.72	71.72	70.72	69.72	68.72	63.72	58.72	53.7
18 Female – Féminin	79.81	79.00	78.00	77.00	76.00	75.00	70.00	65.00	60.0
Italy – Italie 1994 [2]									
19 Male – Masculin	74.34	73.91	72.94	71.96	70.99	70.00	65.06	60.14	55.3
20 Female – Féminin	80.74	80.23	79.27	78.29	77.32	76.33	71.39	66.44	61.5
Latvia – Lettonie 1996 [2]									
21 Male – Masculin	63.94	63.95	63.08	62.15	61.20	60.23	55.33	50.44	45.6
22 Female – Féminin	75.62	75.75	74.85	73.90	72.93	71.96	67.05	62.13	57.2
Lithuania – Lituanie 1995									
23 Male – Masculin	63.59	63.47	62.02	61.09	60.13	59.66	54.78	49.88	45.2
24 Female – Féminin	75.19	75.02	73.74	72.79	71.83	71.24	66.34	61.43	56.5
Luxembourg 1990–1995 [1]									
25 Male – Masculin	72.10	...	...	...	...	...	...	...	..
26 Female – Féminin	79.00	...	...	...	...	...	...	...	..
Malta – Malte 1996									
27 Male – Masculin	74.94	74.62	73.71	72.74	71.74	70.74	65.77	60.80	55.9
28 Female – Féminin	79.81	79.83	78.89	77.89	76.89	75.89	70.92	65.92	60.9

(Voir notes à la fin du tableau.)

					Age (en années)								
25	30	35	40	45	50	55	60	65	70	75	80	85	
41.38	36.86	32.47	28.38	24.48	20.95	17.77	14.78	12.16	9.80	7.65	5.81	4.30	1
51.69	46.82	42.02	37.40	32.81	28.42	24.16	20.07	16.19	12.68	9.62	7.11	5.11	2
49.00	44.31	39.64	35.07	30.64	26.36	22.18	18.29	14.63	11.46	8.71	6.47	4.66	3
56.14	51.22	46.35	41.54	36.82	32.15	27.56	23.09	18.74	14.70	11.04	7.92	5.46	4
50.07	45.43	40.85	36.32	31.91	27.65	23.55	19.67	16.11	12.84	9.84	7.27	5.17	5
57.64	52.79	47.97	43.20	38.50	33.88	29.34	24.89	20.59	16.48	12.62	9.21	6.38	6
49.40	44.63	39.90	35.26	30.74	26.36	22.19	18.28	14.75	11.61	8.85	6.52	4.77	7
55.47	50.57	45.70	40.89	36.18	31.56	27.05	22.66	18.49	14.58	11.06	8.02	5.60	8
51.44	46.74	42.03	37.35	32.74	28.27	23.94	19.87	16.13	12.77	9.78	7.29	5.71	9
56.13	51.23	46.35	41.51	36.72	31.98	27.32	22.78	18.41	14.37	10.68	7.75	5.62	10
42.43	37.70	33.13	28.82	24.87	21.25	17.91	14.88	12.11	9.63	7.50	5.55	3.86	11
50.89	46.02	41.23	36.58	32.07	27.73	23.51	19.44	15.63	12.15	9.04	6.37	4.28	12
52.40	47.64	42.84	38.00	33.33	28.68	24.20	20.10	16.18	12.59	9.54	7.09	5.29	13
56.43	51.50	46.61	41.74	36.93	32.28	27.80	23.45	19.11	15.17	11.50	8.58	5.99	14
48.64	43.92	39.15	34.40	29.72	25.22	20.90	16.95	13.43	10.39	7.84	5.74	4.15	15
53.81	48.92	44.04	39.20	34.45	29.84	25.36	21.09	17.10	13.46	10.20	7.35	5.16	16
49.17	44.75	40.31	35.94	31.30	26.73	22.43	18.45	15.15	12.09	9.38	7.50	5.64	17
55.00	50.00	45.00	40.09	35.25	30.55	26.05	21.89	18.30	14.44	11.30	8.58	6.07	18
50.61	45.90	41.25	36.56	31.92	27.39	23.08	19.03	15.36	12.11	9.24	6.80	4.88	19
56.61	51.73	46.87	42.03	37.24	32.54	27.95	23.48	19.20	15.16	11.49	8.29	5.72	20
41.07	36.71	32.57	28.65	24.91	21.36	17.99	14.83	11.94	9.36	7.14	5.31	3.86	21
52.43	47.61	42.87	38.22	33.69	29.31	25.14	21.22	17.59	1.43	11.39	8.89	6.81	22
40.74	36.36	32.15	28.19	24.66	21.42	18.48	15.60	12.94	10.66	8.64	6.93	5.56	23
51.72	46.92	42.15	37.55	33.11	28.84	24.69	20.69	16.87	13.27	10.21	7.54	5.39	24
...	...	...	...	...	...	...	...	...	...	...	...	...	25
...	...	...	...	...	...	...	...	...	...	...	...	...	26
51.14	46.39	41.64	36.96	32.16	27.45	22.83	18.51	14.71	11.69	9.02	6.98	5.16	27
56.04	51.13	46.23	41.39	36.57	31.80	27.14	22.65	18.45	14.71	11.30	8.34	6.24	28

22. Expectation of life at specified ages for each sex: latest available year (continued)

(See notes at end of table.)

Continent, country or area, period and sex / Continent, pays ou zone, période et sexe	Age (in years)								
	0	1	2	3	4	5	10	15	20
EUROPE (Cont.–Suite)									
Netherlands – Pays–Bas 1995–1996 [2]									
1 Male – Masculin	74.52	73.99	73.00	72.03	71.06	70.07	65.13	60.18	55.33
2 Female – Féminin	80.20	79.57	78.59	77.61	76.62	75.64	70.68	65.73	60.81
Norway – Norvège 1996 [2]									
3 Male – Masculin	75.37	74.73	73.75	72.77	71.79	70.81	65.86	60.93	56.09
4 Female – Féminin	81.07	80.38	79.39	78.40	77.41	76.42	71.45	66.48	61.57
Poland – Pologne 1996 [2]									
5 Male – Masculin	68.12	68.04	67.09	66.13	65.15	64.17	59.25	54.33	49.54
6 Female – Féminin	76.57	76.42	75.46	74.50	73.52	72.54	67.60	62.66	57.76
Portugal 1995–1996									
7 Male – Masculin	71.27	70.83	...	...	...	66.99	62.11	57.23	52.55
8 Female – Féminin	78.57	78.06	...	...	...	74.21	69.30	64.38	59.50
Republic of Moldova – République de Moldova 1994 [2]									
9 Male – Masculin	62.29	62.89	62.04	61.11	60.19	59.25	54.49	49.67	44.99
10 Female – Féminin	69.79	70.18	69.33	68.40	67.46	66.50	61.65	56.77	51.93
Romania – Roumanie 1993–1995 [2]									
11 Male – Masculin	65.70	66.39	65.54	64.64	63.72	62.79	58.05	53.20	48.42
12 Female – Féminin	73.36	73.90	73.04	72.12	71.18	70.24	65.42	60.52	55.64
Russian Federation – Fédération de Russie 1995 [2]									
13 Male – Masculin	58.27	58.49	57.61	56.67	55.73	54.78	49.97	45.12	40.64
14 Female – Féminin	71.70	71.83	70.95	70.02	69.07	68.11	63.25	58.37	53.60
Slovakia – Slovaquie 1995 [2]									
15 Male – Masculin	68.40	68.22	67.27	66.30	65.31	68.29	64.41	59.50	54.59
16 Female – Féminin	76.33	76.04	75.10	74.13	73.15	76.26	72.40	67.46	62.52
Slovenia – Slovénie 1995–1996									
17 Male – Masculin	70.79	70.22	69.26	68.28	67.31	66.32	61.38	56.46	51.72
18 Female – Féminin	78.25	77.58	76.60	75.63	74.63	73.64	68.69	63.74	58.84
Spain – Espagne 1990–1991 [2]									
19 Male – Masculin	73.40	73.02	72.09	71.12	70.14	69.17	64.26	59.36	54.62
20 Female – Féminin	80.49	80.06	79.11	78.14	77.16	76.19	71.26	66.33	61.44
Sweden – Suède 1996 [2]									
21 Male – Masculin	76.51	75.84	74.87	73.88	72.89	71.91	66.95	61.99	57.09
22 Female – Féminin	81.53	80.83	79.86	78.86	77.87	76.88	71.92	66.93	62.02
Switzerland – Suisse 1995–1996									
23 Male – Masculin	75.70	75.10	...	...	...	71.20	66.20	61.30	56.50
24 Female – Féminin	81.90	81.20	...	...	...	77.30	72.30	67.40	62.50
The former Yugoslav Rep. of Macedonia – L'ex Rép. yougoslavie de Macédoine 1990–1995 [1]									
25 Male – Masculin	69.30	...	...	...	...	...	...	...	...
26 Female – Féminin	73.60	...	...	...	...	...	...	...	...

(voir notes à la fin du tableau.)

					Age (en années)								
25	30	35	40	45	50	55	60	65	70	75	80	85	
50.52	45.68	40.87	36.10	31.43	26.88	22.50	18.36	14.60	11.29	8.49	6.27	4.54	1
55.90	51.00	46.13	41.32	36.60	31.95	27.44	23.06	18.89	15.02	11.42	8.28	5.74	2
51.31	46.56	41.79	37.05	32.37	27.84	23.47	19.29	15.49	12.03	9.14	6.74	4.84	3
56.64	51.74	46.85	42.02	37.25	32.58	28.08	23.68	19.45	15.48	11.79	8.57	5.97	4
44.86	40.18	35.57	31.13	26.89	22.91	19.26	15.93	12.93	10.26	7.94	6.00	4.51	5
52.85	47.95	43.09	38.31	33.66	29.14	24.75	20.52	16.53	12.87	9.65	6.96	4.91	6
48.02	43.54	39.06	34.62	30.22	25.92	21.76	17.87	14.28	11.03	8.18	5.71	3.85	7
54.64	49.79	45.00	40.21	35.50	30.87	26.34	21.91	17.66	13.64	10.04	6.95	4.55	8
40.50	36.05	31.73	27.59	23.72	20.11	16.79	13.83	11.17	8.75	6.58	4.66	3.22	9
47.11	42.27	37.52	32.90	28.45	24.21	20.23	16.55	13.19	10.10	7.49	5.42	3.81	10
43.73	39.08	34.57	30.29	26.26	22.47	19.01	15.80	12.82	10.09	7.71	5.71	4.17	11
50.78	45.94	41.16	36.47	31.91	27.50	23.25	19.16	15.30	11.77	8.75	6.30	4.50	12
36.48	32.40	28.51	24.85	21.47	18.43	15.70	13.13	10.79	8.74	6.96	5.47	4.23	13
48.87	44.17	39.53	35.00	30.63	26.47	22.47	18.62	14.86	11.56	8.76	6.46	4.64	14
49.78	45.04	40.32	35.64	31.10	26.80	22.74	19.06	15.71	12.84	10.27	8.13	6.28	15
57.61	52.68	47.79	42.93	38.13	33.42	28.82	24.46	20.24	16.36	12.84	9.79	7.17	16
47.05	42.35	37.68	33.06	28.66	24.46	20.50	16.81	13.59	10.81	8.32	6.38	4.24	17
53.96	49.07	44.20	39.42	34.71	30.19	25.79	21.45	17.34	13.52	18.06	7.12	4.56	18
50.04	45.48	40.88	36.27	31.74	27.32	23.15	19.20	15.53	12.21	9.29	6.89	4.97	19
56.56	51.71	46.86	42.04	37.26	32.55	27.96	23.49	19.17	15.07	11.35	8.18	5.71	20
52.25	47.44	42.63	37.88	33.19	28.61	24.22	19.98	16.10	12.60	9.47	6.86	4.86	21
57.10	52.18	47.30	42.43	37.63	32.95	28.40	23.99	19.73	15.71	12.02	8.75	6.09	22
51.90	47.20	42.50	37.80	33.20	28.70	24.30	20.20	16.30	12.80	9.80	7.20	5.30	23
57.60	52.70	47.90	43.10	38.30	33.60	29.10	24.60	20.30	16.20	12.40	9.00	6.20	24
...	...	...	...	...	...	...	...	...	...	...	...	...	25
...	...	...	...	...	...	...	...	...	...	...	...	...	26

(See notes at end of table.)

Continent, country or area, period and sex Continent, pays ou zone, période et sexe	Age (in years)								
	0	1	2	3	4	5	10	15	20
EUROPE (Cont.–Suite)									
Ukraine 1993–1994 [2]									
1 Male – Masculin	62.78	62.86	61.99	61.06	60.10	59.15	54.31	49.45	44.79
2 Female – Féminin	73.15	73.06	72.19	71.25	70.30	69.34	64.46	59.55	54.72
United Kingdom – Royaume–Uni 1996 [2]									
3 Male – Masculin	74.31	73.83	72.86	71.89	70.90	69.92	64.96	60.02	55.20
4 Female – Féminin	79.48	78.90	77.93	76.95	75.96	74.97	70.01	65.06	60.15
Yugoslavia – Yougoslavie 1994–1995									
5 Male – Masculin	69.88	70.24	...	...	...	66.45	61.54	56.63	51.79
6 Female – Féminin	74.67	74.88	...	...	...	71.06	66.13	61.19	56.29
OCEANIA—OCEANIE									
Australia – Australie 1994–1996 [2] [12]									
7 Male – Masculin	75.22	74.70	73.74	72.77	71.79	70.81	65.86	60.93	56.15
8 Female – Féminin	81.05	80.46	79.50	78.52	77.54	76.55	71.60	66.66	61.76
Fiji – Fidji 1990–1995 [1]									
9 Male – Masculin	69.50	...	...	...	...	...	...	...	...
10 Female – Féminin	73.70	...	...	...	...	...	...	...	...
French Polynesia – Polynésie française 1990–1995 [1]									
11 Male – Masculin	68.30	...	...	...	...	...	...	...	...
12 Female – Féminin	73.80	...	...	...	...	...	...	...	...
Guam 1990–1995 [1]									
13 Male – Masculin	72.20	...	...	...	...	...	...	...	...
14 Female – Féminin	76.00	...	...	...	...	...	...	...	...
Micronesia, Federated States of, – Micronésie Etats fédérés de 1991–1992									
15 Male – Masculin	64.40	66.70	...	...	...	63.60	59.00	54.20	49.60
16 Female – Féminin	66.80	68.80	...	...	...	65.90	61.20	56.50	51.90
New Caledonia – Nouvelle–Calédonie 1994									
17 Male – Masculin	67.70	67.40	66.60	65.60	64.70	63.70	59.10	54.10	49.60
18 Female – Féminin	73.90	73.60	72.80	72.00	71.00	70.00	65.10	60.20	55.30
New Zealand – Nouvelle–Zélande 1992–1994									
19 Male – Masculin	73.44	73.01	...	...	...	69.16	64.23	59.32	54.66
20 Female – Féminin	79.11	78.63	...	...	...	74.75	69.82	64.89	60.05
Papua New Guinea – Papouasie–Nouvelle– Guinée 1990–1995 [1]									
21 Male – Masculin	55.20	...	...	...	...	...	...	...	...
22 Female – Féminin	56.70	...	...	...	...	...	...	...	...
Samoa 1990–1995 [1]									
23 Male – Masculin	65.90	...	...	...	...	...	...	...	...
24 Female – Féminin	69.20	...	...	...	...	...	...	...	...

(Voir notes à la fin du tableau.)

25	30	35	40	45	50	55	60	65	70	75	80	85	
							Age (en années)						
40.33	35.96	31.75	27.70	23.90	20.36	17.15	14.21	11.53	9.18	7.06	5.25	3.83	1
49.91	45.13	40.38	35.72	31.18	26.81	22.60	18.64	14.88	11.49	8.55	6.14	4.31	2
50.13	45.45	40.68	36.13	31.48	26.94	22.59	18.53	14.84	11.59	8.88	6.63	4.90	3
55.24	50.34	45.47	40.65	35.89	31.24	26.74	22.42	18.33	14.63	11.34	8.49	6.20	4
47.02	42.27	37.55	32.94	28.52	24.28	20.36	16.80	13.68	10.88	8.43	6.10	4.22	5
51.39	46.51	41.67	36.91	32.26	27.70	23.35	19.20	15.33	11.83	8.89	6.27	4.38	6
51.48	46.79	42.10	37.41	32.75	28.18	23.78	19.62	15.82	12.45	9.51	7.04	5.15	7
56.87	51.98	47.11	42.28	37.49	32.80	28.24	23.83	19.61	15.67	12.07	8.92	6.38	8
...	...	...	...	...	...	...	...	...	...	...	...	...	9
...	...	...	...	...	...	...	...	...	...	...	...	...	10
...	...	...	...	...	...	...	...	...	...	...	...	...	11
...	...	...	...	...	...	...	...	...	...	...	...	...	12
...	...	...	...	...	...	...	...	...	...	...	...	...	13
...	...	...	...	...	...	...	...	...	...	...	...	...	14
45.20	40.70	36.20	31.80	27.40	23.30	19.40	15.90	12.70	9.90	7.50	5.60	...	15
47.30	42.80	38.40	34.00	29.60	25.40	21.30	17.50	13.90	10.80	8.10	6.00	...	16
45.40	40.80	36.40	32.00	27.60	23.50	...	15.80	...	10.10	...	5.60	...	17
50.50	45.70	40.90	36.20	31.80	27.40	...	19.50	...	12.70	...	7.60	...	18
50.11	45.48	40.78	36.11	31.49	26.97	22.69	18.71	15.04	11.85	9.08	6.82	5.06	19
55.21	50.35	45.50	40.69	35.97	31.35	26.95	22.74	18.80	15.04	11.66	8.75	6.41	20
...	...	...	...	...	...	...	...	...	...	...	...	...	21
...	...	...	...	...	...	...	...	...	...	...	...	...	22
...	...	...	...	...	...	...	...	...	...	...	...	...	23
...	...	...	...	...	...	...	...	...	...	...	...	...	24

22. Expectation of life at specified ages for each sex: latest available year (continued)

(See notes at end of table.)

Continent, country or area, period and sex / Continent, pays ou zone, période et sexe	Age (in years)								
	0	1	2	3	4	5	10	15	20
OCEANIA—OCEANIE(Cont.–Suite)									
Solomon Islands – Iles Salomon 1990–1995 [1]									
1 Male – Masculin	68.40	...	...	...	...	...	...	...	...
2 Female – Féminin	72.70	...	...	...	...	...	...	...	...
Vanuatu 1990–1995 [1]									
3 Male – Masculin	63.50	...	...	...	...	...	...	...	...
4 Female – Féminin	67.30	...	...	...	...	...	...	...	...

GENERAL NOTES

Average number of years of life remaining to persons surviving to exact age specified, if subject to mortality conditions of the period indicated. For limitations of data, see Technical Notes, page 81.

FOOTNOTES

* Provisional.
1 Estimates prepared in the Population Division of the United Nations.

2 Complete life table.
3 Excluding tribal Indian population.
4 Excluding Indian jungle population.
5 Excluding nomadic Indian tribes.
6 For Bahrain population only.

NOTES GENERALES

Nombre moyen d'années restant à vivre aux personnes ayant atteint l'âge donné si elles sont soumises aux conditions de mortalité de la période indiquée. Pour les insuffisances des données, voir Notes techniques, page 81.

NOTES

* Données provisoires.
1 Estimations établies par la Division de la population de l'Organisation des Nations Unies.
2 Tableaux complète de mortalité.
3 Non compris les Indiens vivant en tribus.
4 Non compris les Indiens de la jungle.
5 Non compris les tribus d'Indiens nomades.
6 Pour la population du Bahraïn seulement.

						Age (en années)							
25	30	35	40	45	50	55	60	65	70	75	80	85	
...	...	...	...	...	...	...	...	...	...	...	...	...	1
...	...	...	...	...	...	...	...	...	...	...	...	...	2
...	...	...	...	...	...	...	...	...	...	...	...	...	3
...	...	...	...	...	...	...	...	...	...	...	...	...	4

FOOTNOTES (cont.)

7 For statistical purposes, the data for China do not include those for the Hong Kong Special Administrative Region (Hong Kong SAR) and Taiwan province of China.

8 For government controlled areas.

9 Including data for East Jesuralem and Israeli residents in certain other territories under occupation by Israeli military forces since June 1967.

10 For Japanese nationals in Japan only.

11 Excluding the Faeroe Islands and Greenland.

12 Excluding full-blooded aborigines.

NOTES (suite)

7 Pour la présentation des statistiques, les données pour Chine ne comprend pas les Région Administrative Spéciale de Hong-kong (Hong Kong SAR) et Taïwan, province de Chine.

8 Pour les zones controlées par le gouvernement.

9 Y compris les données pour Jérusalem-Est et les résidents israéliens dans certains autres territoires occupés depuis juin 1967 par les forces armées israéliennes.

10 Pour les nationaux japonais au Japon seulement.

11 Non compris les îles Féroé et le Groenland.

12 Non compris les aborigènes purs.

(See notes at end of table. – Voir notes à la fin du tableau.)

Continent, country or area and urban/rural residence / Continent, pays ou zone et résidence, urbaine/rurale	Code [1]	Number – Nombre					Rate – Taux				
		1993	1994	1995	1996	1997	1993	1994	1995	1996	1997
AFRICA—AFRIQUE											
Algeria – Algérie [2]	...	153 137	147 851	...	...	...	5.7	5.4	...	...	...
Cape Verde – Cap–Vert	C	...	1 200	...	...	...		3.2	...	...	...
Egypt – Egypte [3][4]	+ ...	431 922	451 817	...	...	...	7.6	7.8	...	...	...
Mauritius – Maurice [4]	+ C	11 576	11 414	10 624	10 700	*10 887	10.5	10.3	9.5	9.4	*9.5
St. Helena ex. dep. – Sainte–Hélène sans dép.	...	26	19	18	35	...					
Tristan da Cunha	...	3	1	2	2	...					
Seychelles	+ C	813	937	878	875	...	11.3	12.7	11.7	11.4	...
South Africa – Afrique du Sud	...	120 159	133 309	148 148	...	...	3.0	3.3	3.6	...	...
Tunisia – Tunisie	...	54 120	52 431	53 726	*51 000	*57 100	6.3	5.9	6.0	*5.6	*6.2
AMERICA, NORTH— AMERIQUE DU NORD											
Anguilla	C	201	...	...	...	...	21.8	...	...	...	...
Antigua and Barbuda – Antigua–et–Barbuda	C	1 495	2 010	1 418	...	...	22.8	30.3	21.0	...	...
Aruba	C	643	620	591	*600	...	8.6	7.8	7.3	*7.0	...
Bahamas	C	2 620	2 537	2 508	2 628	...	9.7	9.3	9.0	9.3	...
Barbados – Barbade	C	...	2 963	3 564	...	...	...	11.2	13.5	...	...
Belize	+ C	1 094	1 597	1 347	1 274	...	5.3	7.6	6.2	5.7	...
Bermuda – Bermudes	C	940	982	1 004	945	...	15.9	16.5	16.8	15.7	...
Canada	C	159 316	159 959	160 256	...	...	5.5	5.5	5.4	...	...
Cayman Islands – Iles Caïmanes	+ ...	245	237	...	...	...	8.0	7.6	...	...	...
Costa Rica	C	21 715	21 520	24 274	23 574	...	7.2	6.6	7.3	6.9	...
Cuba [4]	C	135 138	116 935	70 413	65 009	*60 220	12.4	10.7	6.4	5.9	*5.4
Dominica – Dominique	+ C	297	...	...	230	...	4.1	...	...	3.1	...
Dominican Republic – République dominicaine	+ C	21 430	14 883	...	...	...	2.8	1.9	...	...	...
El Salvador	...	...	27 761	...	...	...	...	5.0	...	...	...
Greenland – Groenland	C	403	...	...	208	...	7.3	...	...	3.7	...
Guatemala	C	46 789	...	...	...	...	4.7	...	...	...	...
Jamaica – Jamaïque	+ C	14 352	15 171	16 515	18 708	...	5.9	6.1	6.6	7.4	...
Martinique	C	1 555	...	...	...	...	4.1	...	...	...	...
Mexico – Mexique [4]	+ C	659 567	671 640	658 114	670 523	...	7.2	7.2	7.3	6.9	...
Netherlands Antilles – Antilles néerlandaises	C	1 223	1 267	1 056	...	...	6.3	6.3	5.2	...	...
Panama [4][5]	C	13 744	13 523	8 841	...	...	5.4	5.2	3.4	...	...
Puerto Rico – Porto Rico	C	33 262	33 200	...	32 572	...	9.2	9.0	...	8.7	...
Saint Lucia – Sainte–Lucie	C	...	...	493	...	...	...	...	3.4	...	...
St. Pierre and Miquelon – Saint–Pierre–et–Miquelon	+ C	...	...	...	30	...					
St. Vincent and the Grenadines – Saint–Vincent–et–Grenadines	+ C	417	458	531	508	*516	3.8	4.2	4.8	4.6	*4.6
Trinidad and Tobago – Trinité–et–Tobago	+ C	7 011	6 662	6 646	7 118	...	5.6	5.3	5.3	5.6	...
United States – Etats–Unis	C	*2 334 000	*2 362 000	*2 336 000	*2 344 000	...	*9.0	*9.1	*8.9	*8.8	...
United States Virgin Islands – Iles Vierges américaines [6]	C	3 646	...	...	...	...	35.1	...	...	...	...
AMERICA, SOUTH— AMERIQUE DU SUD											
Argentina – Argentine	C	...	...	158 805	148 721	...	...	...	4.6	4.2	...
Brazil – Brésil [7]	U	747 151	763 129	...	...	...	4.9	5.0	...	...	...

(See notes at end of table. – Voir notes à la fin du tableau.)

Continent, country or area and urban/rural residence / Continent, pays ou zone et résidence, urbaine/rurale	Code [1]	Number – Nombre					Rate – Taux				
		1993	1994	1995	1996	1997	1993	1994	1995	1996	1997
AMERICA, SOUTH— (Cont.–Suite) **AMERIQUE DU SUD**											
Chile – Chili [4]	+C	92 821	91 555	87 205	83 547	...	6.7	6.5	6.1	5.8	...
Ecuador – Equateur [8]	U	68 193	71 289	70 480	72 094	...	6.2	6.4	6.1	6.2	...
Paraguay	+U		23 649	...	...	...	...	5.0	...	...	...
Peru – Pérou [7]	+C	90 000	...	...	...	...	4.1	...	...	...	...
Suriname	+U	1 944	2 017	2 249	...	...	4.8	5.0	5.5	5.5	...
Uruguay	C	19 064	18 872	17 504	17 596	...	6.1	6.0	5.5	5.5	...
Venezuela	C	100 942	97 674	83 735	81 951	...	4.9	4.6	3.8	3.7	...
ASIA—ASIE											
Armenia – Arménie [4]	C	21 514	17 074	...	...	...	5.8	4.6	...	...	...
Azerbaijan – Azerbaïdjan	C	60 028	47 147	...	...	*47 000	8.1	6.3	...	...	*6.2
Bahrain – Bahreïn	...	3 218	2 973	3 321	...	...	6.0	5.3	5.7	...	...
Bangladesh	...	1 300 000	1 350 000	1 320 000	...	*1 181 000	11.3	11.6	11.2	...	*9.7
Brunei Darussalam – Brunéi Darussalam	...	1 971	1 925	1 793	...	...	7.1	6.8	6.1	...	...
China – Chine [9]	...	9 121 622	...	...	...	...	46.5	...	...	...	...
Hong Kong SAR – Hong–kong RAS	C	41 681	38 264	38 786	37 045	...	...	...	6.3	5.9	...
Cyprus – Chypre [10]	...	6 078	6 200	6 669	5 761	...	8.5	8.5	9.1	7.8	...
Georgia – Géorgie	C	24 105	21 908	21 481	19 253	...	4.4	4.0	4.0	3.6	...
Iran (Islamic Republic of – Rép. islamique d')	+U	463 487	453 671	...	479 263	...	7.9	7.6	...	7.8	...
Israel – Israël [11]	C	34 344	36 035	34 051	34 561	*32 510	6.5	6.7	6.1	6.1	*5.6
Japan – Japon [4] [12]	+C	792 658	782 738	791 888	795 080	*781 000	6.3	6.3	6.3	6.3	*6.2
Jordan – Jordanie [4] [13]	+C	40 391	36 132	35 501	...	...	8.2	7.0	6.6	...	...
Kazakhstan [4]	C	146 161	123 280	116 380	102 558	...	8.9	7.6	7.2	6.4	...
Korea, Republic of– Corée, Rép. de [4]	U	380 453	368 110	320 395	...	...	8.6	8.2	7.1	...	...
Kuwait – Koweït	C	11 418	9 550	9 515	9 022	*9 612	7.8	5.9	5.6	5.1	*5.3
Kyrgyzstan – Kirghizistan [4]	C	36 874	26 097	26 866	...	...	8.2	5.8	6.0	...	...
Macau – Macao	...	3 397	2 742	2 146	2 106	...	8.9	6.9	5.2	5.1	...
Maldives	...	...	...	...	4 998	...	...	...	19.7	...	...
Mongolia – Mongolie	...	...	...	...	...	*14 200	...	...	...	*6.0	...
Philippines	U	474 407	...	...	1 641	...	7.1	...	...	2.9	...
Qatar	U	1 570	1 495	...	1 641	...	2.8	2.5	...	2.9	...
Singapore – Singapour [14] [15]	+C	25 306	24 662	24 974	24 111	*25 667	7.8	7.3	7.2	6.7	*6.9
Sri Lanka	+U	149 002	...	169 220	170 444	...	8.5	...	9.3	9.3	...
Syrian Arab Republic – République arabe syrienne [16]	+U	114 979	115 994	...	...	...	8.6	8.4	...	...	...
Tajikistan – Tadjikistan [4]	C	53 946	38 820	...	...	...	9.6	6.8	...	...	...
Thailand – Thaïlande	C	484 569	...	470 751	...	...	8.4	...	7.9	...	...
Turkey – Turquie [4] [17]	+U	460 002	462 415	463 105	486 734	...	7.7	7.6	7.5	7.8	...
United Arab Emirates – Emirats arabes unis	...	7 381	7 244	6 475	...	...	3.5	3.4	2.8	...	...
Uzbekistan – Ouzbékistan [4]	C	225 451	176 287	...	...	...	10.3	7.9	...	...	...
EUROPE											
Albania – Albanie	C	...	...	...	...	*25 260	...	...	...	...	*6.8
Andorra – Andorre	C	138	132	...	...	...	2.2	2.0	...	...	...
Austria – Autriche [18]	C	45 014	43 284	42 946	42 298	*41 217	5.6	5.4	5.3	5.2	*5.1
Belarus – Bélarus [4]	C	82 326	75 540	77 027	63 677	*69 735	7.9	7.3	7.5	6.2	*6.8
Belgium – Belgique [19]	C	54 176	51 978	51 402	50 601	...	5.4	5.1	5.1	5.0	...
Bulgaria – Bulgarie [4] [20]	C	40 022	37 910	36 795	...	*33 661	4.7	4.5	4.4	...	*4.1
Channel Islands – Iles Anglo–Normandes	C	881	908	...	...	...	6.2	6.3	...	...	...

23. Marriages and crude marriage rates, by urban/rural residence: 1993 – 1997 (continued)

Mariages et taux bruts de nuptialité, selon la résidence, urbaine/rurale: 1993 – 1997 (suite)

(See notes at end of table. – Voir notes à la fin du tableau.)

Continent, country or area and urban/rural residence / Continent, pays ou zone et résidence, urbaine/rurale	Code [1]	Number – Nombre					Rate – Taux				
		1993	1994	1995	1996	1997	1993	1994	1995	1996	1997
EUROPE (Cont.–Suite)											
Channel Islands – Iles Anglo–Normandes											
Guernsey – Guernesey	C	345	366	352	...	...	5.9	6.2	6.0	...	...
Jersey	+C	536	542	...	...	...	6.4	6.4	...	...	...
Croatia – Croatie [4]	C	23 021	23 966	24 385	24 596	*22 134	5.0	5.2	5.2	5.5	*4.9
Czech Republic – Rép. tchèque [4]	C	66 033	58 440	54 956	53 896	*57 084	6.4	5.7	5.3	5.2	*5.5
Denmark – Danemark [21]	C	31 638	35 321	34 736	35 993	*34 108	6.1	6.8	6.6	6.8	*6.5
Estonia – Estonie [4]	C	7 745	7 378	7 006	5 517	*5 578	5.1	4.9	4.7	3.8	*3.8
Finland – Finlande [4] [22]	C	24 660	24 898	23 737	24 464	*23 600	4.9	4.9	4.6	4.8	*4.6
France [4] [23]	C	255 190	253 746	254 651	*280 600	...	4.4	4.4	4.4	*4.8	...
Germany – Allemagne	C	442 605	440 244	430 534	427 297	*422 319	5.5	5.4	5.3	5.2	*5.1
Gibraltar [24]	C	758	697	767	722	...	27.0	25.7	28.2	26.7	...
Greece – Grèce [4]	C	62 195	56 813	63 987	47 000	...	6.0	5.4	6.1	4.5	...
Hungary – Hongrie [4]	C	54 099	54 114	53 463	48 930	*47 000	5.3	5.3	5.2	4.8	*4.6
Iceland – Islande [4] [25]	C	...	1 219	1 238	1 350	*1 460	...	4.6	4.6	5.0	*5.4
Ireland – Irlande	+C	16 824	16 621	15 623	16 255	*15 631	4.7	4.6	4.3	4.5	*4.3
Isle of Man – Ile de Man	C	415	452	424	448	...	5.9	6.4	5.9	6.3	...
Italy – Italie	C	302 230	285 112	290 009	272 049	*275 381	5.3	5.0	5.1	4.7	*4.8
Latvia – Lettonie [4]	C	14 595	11 572	11 072	9 634	...	5.6	4.5	4.4	3.9	...
Liechtenstein	C	...	396	...	...	...	...	12.9	...	...	...
Lithuania – Lituanie [4]	C	23 709	23 337	22 150	20 433	*18 769	6.4	6.3	6.0	5.5	*5.1
Luxembourg [25]	C	2 379	2 352	2 079	2 105	...	6.0	5.8	5.1	5.1	...
Malta – Malte [26]	C	2 476	2 483	2 317	2 370	*2 507	6.8	6.7	6.2	6.4	*6.7
Netherlands – Pays–Bas	C	88 251	82 982	81 469	85 140	*85 000	5.8	5.4	5.3	5.5	*5.4
Norway – Norvège [27]	C	19 464	20 000	21 677	23 172	...	4.5	4.6	5.0	5.3	...
Poland – Pologne [4]	C	207 674	207 689	207 081	203 641	...	5.4	5.4	5.4	5.3	...
Portugal	C	68 176	...	65 776	63 672	*63 542	6.9	...	6.6	6.4	*6.5
Republic of Moldova – [4] République de Moldova	C	...	33 742	32 775	26 089	...	...	7.8	7.5	6.0	...
Romania – Roumanie [4]	C	161 595	154 221	153 943	150 388	*147 105	7.1	6.8	6.8	6.7	*6.5
Russian Federation – [4] Fédération de Russie	C	1 106 723	1 080 600	1 075 219	...	...	7.5	7.3	7.3	...	...
San Marino – Saint–Marin	C	...	180	218	191	...	...	7.2	8.7	7.5	...
Slovakia – Slovaquie [4]	C	30 771	28 155	27 489	27 484	...	5.8	5.3	5.1	5.1	...
Slovenia – Slovénie [4]	C	9 022	8 314	8 245	7 555	...	4.5	4.2	4.1	3.8	...
Spain – Espagne	C	201 463	196 062	200 688	194 635	...	5.2	5.0	5.1	5.0	...
Sweden – Suède	C	34 005	34 203	33 496	33 484	...	3.9	3.9	3.8	3.8	...
Switzerland – Suisse [4]	C	43 257	42 411	40 820	40 649	*37 575	6.2	6.1	5.8	5.7	*5.3
The former Yugoslav Rep. of Macedonia– L'ex Rép. [4] yougoslavie de Macédoine	C	15 086	15 736	15 823	14 089	...	7.1	7.4	8.1	6.5	...
Ukraine	C	427 882	399 152	431 731	307 543	*345 000	8.2	7.7	8.4	6.0	*6.8
United Kingdom – Royaume–Uni	C	341 608	331 232	322 251	...	...	5.9	5.7	5.5	...	...
Yugoslavia – Yougoslavie [4]	C	62 045	59 803	60 325	56 719	*56 004	5.9	5.7	5.7	5.4	*5.3
OCEANIA—OCEANIE											
American Samoa – Samoa américaines	C	325	...	...	...	...	6.1	...	...	...	...
Australia – Australie	+C	113 255	111 174	109 386	106 103	...	6.4	6.2	6.1	5.8	...
Fiji – Fidji	+C	...	...	7 903	...	...	...	...	9.9	...	...
French Polynesia – Polynésie française	...	1 181	1 318	...	1 200	...	5.6	6.1	...	5.4	...
Guam [98]	C	...	...	1 507	...	...	...	...	10.1	...	...
Marshall Islands – Iles Marshall	...	...	170	...	...	...	...	3.1	...	...	...
Nauru	...	...	...	57	...	...	...	...	...	...	...
New Caledonia – Nouvelle–Calédonie	...	896	898	...	...	...	5.0	4.9	...	...	...
New Zealand – Nouvelle–Zélande	C	22 056	21 858	21 550	21 506	...	6.4	6.3	6.1	6.0	...
Norfolk Island – Ile Norfolk	+...	...	...	28	...	...	...	...	...	...	...
Tonga	...	728	748	...	...	...	7.5	7.7	...	...	...

23. Marriages and crude marriage rates, by urban/rural residence: 1993 – 1997 (continued)

Mariages et taux bruts de nuptialité, selon la résidence, urbaine/rurale: 1993 – 1997 (suite)

Data by urban/rural residence

Données selon la résidence urbaine/rurale

(See notes at end of table. – Voir notes à la fin du tableau.)

Continent, country or area and urban/rural residence / Continent, pays ou zone et résidence, urbaine/rurale	Code [1]	Number – Nombre					Rate – Taux				
		1993	1994	1995	1996	1997	1993	1994	1995	1996	1997
AFRICA—AFRIQUE											
Egypt – Egypte	+ ...										
Urban – Urbaine		175 891	190 220	...	...	...	7.1	7.5	...	...	...
Rural – Rurale		256 031	261 597	...	...	...	8.1	8.1	...	...	...
Mauritius – Maurice	+ C										
Urban – Urbaine		4 196	3 824	3 647	3 733	...	8.8	7.9	7.5	7.6	...
Rural – Rurale		7 380	7 590	6 977	6 967	...	11.9	12.1	11.0	10.9	...
AMERICA, NORTH— AMERIQUE DU NORD											
Cuba	C										
Urban – Urbaine		119 106	105 183	63 940	...	...	14.7	12.9	7.8	...	...
Rural – Rurale		16 032	11 752	6 473	...	...	5.7	4.2	2.3	...	...
Mexico – Mexique	+ C										
Urban – Urbaine		496 214	510 109	500 095	502 982	...	...	...	7.5	...	...
Rural – Rurale		156 867	153 125	150 419	161 244	...	...	...	6.2	...	...
Panama [5]	C										
Urban – Urbaine		10 137	9 922	6 161	...	...	7.3	7.0	4.3	...	...
Rural – Rurale		3 607	3 601	2 680	...	...	3.1	3.1	2.3	...	...
AMERICA, SOUTH— AMERIQUE DU SUD											
Chile – Chili	C										
Urban – Urbaine		81 236	79 495	75 746	72 852	...	7.0	6.7	6.3	6.0	...
Rural – Rurale		11 585	12 060	11 459	10 695	...	5.2	5.5	5.2	4.8	...
ASIA—ASIE											
Armenia – Arménie	C										
Urban – Urbaine		12 870	10 214	...	...	...	5.1	4.0	...	...	...
Rural – Rurale		8 644	6 860	...	...	...	7.2	5.7	...	...	...
Georgia – Géorgie	C										
Urban – Urbaine		...	12 495	11 933	10 409	...	...	4.1	4.0	...	...
Rural – Rurale		...	9 413	9 548	8 844	...	...	3.9	4.0	...	...
Japan – Japon [12]	+ C										
Urban – Urbaine		656 128	647 933	656 060	659 981	...	...	...	6.7	...	...
Rural – Rurale		136 530	134 805	135 828	135 099	...	...	...	4.9	...	...
Jordan – Jordanie [13]	+ C										
Urban – Urbaine		28 394	25 714	25 168	...	...	...	...	...	...	...
Rural – Rurale		11 997	10 418	10 333	...	...	...	...	...	...	...
Kazakhstan	C										
Urban – Urbaine		80 384	68 730	65 407	57 649	...	8.7	7.6	7.4	6.6	...
Rural – Rurale		65 777	54 550	50 973	44 909	...	9.1	7.5	7.1	6.3	...
Korea, Republic of— Corée, République de	...										
Urban – Urbaine		287 831	240 643	...	...	...	...	...	...	...	...
Rural – Rurale		82 361	63 503	...	...	...	...	...	...	...	...
Kyrgyzstan – Kirghizistan	C										
Urban – Urbaine		11 728	9 194	8 789	...	...	7.2	5.8	5.6	...	...
Rural – Rurale		25 146	16 903	18 077	...	...	8.8	5.8	6.2	...	...
Tajikistan – Tadjikistan	C										
Urban – Urbaine		15 033	11 831	...	...	...	9.1	7.3	...	...	...
Rural – Rurale		38 913	26 989	...	...	...	9.7	6.6	...	...	...
Turkey – Turquie [17]	+ U										
Urban – Urbaine		274 759	287 975	288 125	308 981	...	7.5	7.7	7.5	7.8	...
Rural – Rurale		185 243	174 440	174 980	177 753	...	8.0	7.6	7.6	7.7	...

23. Marriages and crude marriage rates, by urban/rural residence: 1993 – 1997 (continued)

Mariages et taux bruts de nuptialité, selon la résidence, urbaine/rurale: 1993 – 1997 (suite)

Data by urban/rural residence

Données selon la résidence urbaine/rurale

(See notes at end of table. – Voir notes à la fin du tableau.)

Continent, country or area and urban/rural residence / Continent, pays ou zone et résidence, urbaine/rurale	Code [1]	Number – Nombre					Rate – Taux				
		1993	1994	1995	1996	1997	1993	1994	1995	1996	1997
ASIA—ASIE (Cont.–Suite)											
Uzbekistan – Ouzbékistan	C										
Urban – Urbaine		82 428	66 964	...	...	...	9.6	7.8	...	...	...
Rural – Rurale		143 023	109 323	...	...	...	10.8	8.0	...	...	...
EUROPE											
Belarus – Bélarus	C										
Urban – Urbaine		59 419	54 903	56 887	47 026	...	8.4	7.8	8.0	6.6	...
Rural – Rurale		22 907	20 637	20 140	16 651	...	6.9	6.3	6.3	5.3	...
Bulgaria – Bulgarie [20]	C										
Urban – Urbaine		29 587	28 485	27 933	...	...	5.2	5.0	4.9	...	...
Rural – Rurale		10 435	9 425	8 862	...	...	3.8	3.5	3.3	...	...
Croatia – Croatie	C										
Urban – Urbaine		13 508	14 053	14 433	14 757	...	...	...	...	...	...
Rural – Rurale		9 513	9 913	9 952	9 839	...	...	...	...	...	...
Czech Republic – Rép. tchèque	C										
Urban – Urbaine		49 563	43 803	41 186	40 545	...	6.4	5.7	5.3	5.3	...
Rural – Rurale		16 470	14 637	13 770	13 351	...	6.3	5.6	5.3	5.1	...
Estonia – Estonie	C										
Urban – Urbaine		5 684	5 412	5 058	3 949	...	5.3	5.1	4.9	3.9	...
Rural – Rurale		1 726	1 670	1 664	1 314	...	3.8	3.7	3.7	2.9	...
Finland – Finlande [22]	C										
Urban – Urbaine		...	...	17 286	17 942	...	...	...	5.3	5.4	...
Rural – Rurale		...	...	6 451	6 522	...	...	...	3.6	3.6	...
France [23]	C										
Urban – Urbaine		184 969	181 446	181 382	...	...	4.3	...	...	...	...
Rural – Rurale		70 221	72 300	73 269	...	...	4.6	...	...	...	...
Greece – Grèce	C										
Urban – Urbaine		40 873	37 820	42 880	...	...	...	...	...	...	...
Rural – Rurale		21 322	18 993	21 107	...	...	...	...	...	...	...
Hungary – Hongrie	C										
Urban – Urbaine		33 808	33 976	33 214	30 621	...	5.1	5.2	5.1	4.8	...
Rural – Rurale		19 809	19 337	19 359	17 535	...	5.4	5.2	5.2	4.7	...
Iceland – Islande [25]	C										
Urban – Urbaine		...	1 158	1 164	1 291	...	...	...	...	5.2	...
Rural – Rurale		...	61	74	59	...	...	...	...	...	...
Latvia – Lettonie	C										
Urban – Urbaine		10 429	8 356	7 960	6 964	...	5.8	4.7	4.6	4.0	...
Rural – Rurale		4 166	3 216	3 112	2 670	...	5.2	4.1	4.0	3.5	...
Lithuania – Lituanie	C										
Urban – Urbaine		16 296	16 196	15 077	13 699	...	6.4	6.4	6.0	5.4	...
Rural – Rurale		7 413	7 141	7 073	6 734	...	6.2	6.0	5.9	5.7	...
Poland – Pologne	C										
Urban – Urbaine		119 616	120 338	120 949	120 459	...	5.0	5.1	5.1	5.0	...
Rural – Rurale		88 058	87 351	86 132	83 182	...	6.0	5.9	5.9	5.6	...
Republic of Moldova – République de Moldova	C										
Urban – Urbaine		...	...	15 960	...	...	...	...	7.9	...	...
Rural – Rurale		...	...	16 815	...	...	...	...	7.2	...	...
Romania – Roumanie	C										
Urban – Urbaine		85 505	82 263	83 381	84 864	...	6.9	6.6	6.7	6.8	...
Rural – Rurale		76 090	71 958	70 562	65 524	...	7.4	7.0	6.9	6.4	...
Russian Federation – Fédération de Russie	C										
Urban – Urbaine		827 728	816 599	818 647	...	...	7.6	7.6	7.6	...	...
Rural – Rurale		278 995	264 001	256 572	...	...	7.0	6.6	6.4	...	...
Slovakia – Slovaquie	C										
Urban – Urbaine		16 410	15 606	14 756	...	...	5.4	5.1	4.8	...	...
Rural – Rurale		14 361	12 549	12 733	...	...	6.3	5.5	5.5	...	...
Slovenia – Slovénie	C										
Urban – Urbaine		...	...	...	3 715	...	...	...	...	...	...
Rural – Rurale		...	...	...	3 840	...	...	...	...	...	...

23. Marriages and crude marriage rates, by urban/rural residence: 1993 – 1997 (continued)

Mariages et taux bruts de nuptialité, selon la résidence, urbaine/rurale: 1993 – 1997 (suite)

Data by urban/rural residence

Données selon la résidence urbaine/rurale

(See notes at end of table. – Voir notes à la fin du tableau.)

Continent, country or area and urban/rural residence / Continent, pays ou zone et résidence, urbaine/rurale	Code [1]	Number – Nombre					Rate – Taux				
		1993	1994	1995	1996	1997	1993	1994	1995	1996	1997
EUROPE (Cont.–Suite)											
Switzerland – Suisse	C										
Urban – Urbaine		30 081	29 216	28 125	28 076	...	6.4	6.2	5.9	5.9	...
Rural – Rurale		13 176	13 195	12 695	12 573	...	5.9	5.9	5.6	5.5	...
The former Yugoslav Rep. of Macedonia – L'ex Rép. yougoslavie de Macédoine	C										
Urban – Urbaine		...	...	8 991	...	...	...	...	...	...	...
Rural – Rurale		...	...	6 832	...	...	...	...	...	...	...
Ukraine	C										
Urban – Urbaine		304 155	281 359	308 337	...	...	8.6	8.0	8.9	...	...
Rural – Rurale		123 727	117 793	123 394	...	...	7.4	7.1	7.4	...	...
Yugoslavia – Yougoslavie	C										
Urban – Urbaine		33 475	32 336	32 996	31 073	...	6.2	6.0	6.1	...	...
Rural – Rurale		28 570	27 467	27 329	25 646	...	5.6	5.4	5.3	...	...

23. Marriages and crude marriage rates, by urban/rural residence: 1993 – 1997 (continued)

Mariages et taux bruts de nuptialité, selon la résidence, urbaine/rurale: 1993 – 1997 (suite)

GENERAL NOTES

Rates are the number of legal (recognized) marriages performed and registered per 1 000 mid–year population. Rates are shown only for countries or areas having at least a total of 100 marriages in a given year. For definitions of "urban", see end of table 6. For method of evaluation and limitations of data, see Technical Notes, page 83.

Italics: data from civil registers which are incomplete or of unknown completeness.

FOOTNOTES

* Provisional.
+ Data tabulated by date of registration rather than occurrence.

1 Code "C" indicates that the data are estimated to be virtually complete (at least 90 per cent) and code "U" indicates that the data are estimated to be incomplete (less than 90 per cent). For futher details, see Technical Notes.
2 For Algerian population only.
3 Including marriages resumed after "revocable divorce" (among Moslem population), which approximates legal separation.
4 For classification by urban/rural residence, see end of table.
5 Excluding tribal Indian population.
6 Based on marriage licenses issued.
7 Excluding Indian jungle population.
8 Excluding nomadic Indian tribes.
9 For statistical purposes, the data for China do not include those for the Hong Kong Special Administrative Region (Hong Kong SAR) and Taiwan province of China.
10 For government controlled areas.
11 Including data for East Jerusalem and Israeli residents in certain other territories under occupation by Israeli military forces since June 1967.

12 For Japanese nationals in Japan only, but rates computed on total population.

13 Excluding data for Jordanian territory under occupation since 1967 by Israeli military forces. Excluding foreigners, but including registered Palestinian refugees. For number of refugees, see table 5.
14 Rates computed on population excluding transients afloat and non–locally domiciled military and civilian services personnel and their dependants.

15 Registration of Kandyan marriages is complete; registration of Moslem and general marriages is incomplete.
16 Excluding nomads; however, rates computed on total population.

17 For provincial capitals and district centres only; however, rates computed on total population.
18 Excluding aliens temporarily in the area.
19 Including armed forces stationed outside the country and alien armed forces in the area unless marriage performed by local foreign authority.

20 Including Bulgarian nationals outside the country, but excluding aliens in the area.
21 Excluding Faeroe Islands and Greenland.
22 Marriages in which the bride was domiciled in Finland only.
23 Including armed forces stationed outside the country. Rates computed on population including armed forces stationed outside the country, but excluding alien armed forces living in military camps within the country.
24 Rates computed on population excluding armed forces.

25 For the de jure population.
26 Computed on population including civilian nationals temporarily outside the country.
27 Marriages in which the groom was domiciled in Norway only.
28 Including United States military personnel, their dependants and contract employees.

NOTES GENERALES

Les taux représentent le nombre de mariages qui ont été célébrés et reconnus par la loi pour 1 000 personnes au milieu de l'année. Les taux présentés ne se rapportent qu'aux pays ou zones où l'on a enregistré un total d'au moins 100 mariages dans une année donnée. Pour les définitions des "régions urbaines", se reporter à la fin du tableau 6. Pour la méthode d'évaluation et les insuffisances des données, voir Notes techniques, page 83.

Italiques: données incomplètes ou dont le degré d'exactitude n'est pas connu, provenant des registres de l'état civil.

NOTES

* Données provisoires.
+ Données exploitées selon la date de l'enregistrement et non la date de l'événement.

1 Le code "C" indique que les données sont jugées pratiquement complètes (au moins 90 p. 100) et le code "U" que les données sont jugées incomplètes (moins de 90 p. 100). Pour plus de détails, voir Notes techniques.
2 Pour la population algérienne seulement.
3 Y compris les unions reconstituées après un "divorce révocable" (parmi la population musulmane), qui est à peu près l'équivalent d'une séparation légale.
4 Pour le classement selon la résidence, urbaine/rurale, voir la fin du tableau.
5 Non compris les Indiens vivant en tribus.
6 D'après le nombre d'autorisations de mariages délivrées.
7 Non compris les Indiens de la jungle.
8 Non compris les tribus d'Indiens nomades.
9 Pour la présentation des statistiques, les données pour Chine ne comprend pas les Région Administrative Spéciale de Hong–kong (Hong Kong SAR) et Taïwan, province de Chine.
10 Pour les zones contrôlées par le Gouvernement.
11 Y compris les données pour Jérusalem–Est et les résidents israéliens dans certains autres territoires occupés depuis juin 1967 par les forces armées israéliennes.

12 Pour les nationaux japonais au Japon seulement, toutefois les taux sont calculés sur la base de la population totale.
13 Non compris les données pour le territoire jordanien occupé depuis 1967 par les forces armées israéliennes. Non compris les étrangers, mais y compris les réfugiés de Palestine immatriculés. Pour le nombre de réfugiés, voir le tableau 5.
14 Taux calculés sur la base d'un chiffre de population qui ne comprend pas les personnes de passage à bord de navires, les militaires et agents civils domiciliés hors du territoire et les membres de leur famille les accompagnant.

15 Tous les mariages de Kandyens sont enregistrés; l'enregistrement des mariages musulmans et des autres mariages est incomplet.
16 Non compris la population nomade; toutefois, les taux sont calculés sur la base de la population totale.
17 Pour les capitales de provinces et les chefs–lieux de districts seulement; toutefois, les taux sont calculés sur la base de la population totale.
18 Non compris les étrangers se trouvant temporairement sur le territoire.
19 Y compris les militaires nationaux hors du pays et les militaires étrangers en garnison sur le territoire, sauf si le mariage a été célébré par l'autorité étrangère locale.
20 Y compris les nationaux bulgares à l'étranger, mais non compris les étrangers sur le territoire.
21 Non compris les îles Féroé et le Groenland.
22 Mariages où l'épouse était domiciliée en Finlande seulement.
23 Y compris les militaires nationaux hors du pays. Taux calculés sur la base d'un chiffre de population qui comprend les militaires nationaux hors du pays, mais pas les militaires étrangers en garnison sur le territoire.
24 Taux calculés sur la base d'un chiffre de population qui ne comprend pas les militaires.
25 Pour la population de droit.
26 Calculés sur la base d'un chiffre de population qui comprend les civils nationaux temporairement hors du pays.
27 Mariages où l'époux était domicilié en Norvège seulement.
28 Y compris les militaires des Etats–Unis, les membres de le famille les accompagnant et les agents contractuels des Etats–Unis.
résidence.

24. Marriages by age of bridegroom and by age of bride: latest available year

Mariages selon l'âge de l'époux et selon l'âge de l'épouse: dernière année disponible

(See notes at end of table – Voir notes à la fin du tableau.)

Continent, country or area and year / Continent, pays ou zone et année	Age [1]	All ages Tous âges	Age(in years—en années)											
			–15	15–19	20–24	25–29	30–34	35–39	40–44	45–49	50–54	55–59	60+	Unknown Inconnu
AFRICA—AFRIQUE														
Egypt – Egypte														
1994+ [2]														
Groom – Epoux	18	451 817	*– 15	473 —*	97 182	167 983	99 275	30 935	14 273	8 008	5 343	4 290	8 965	90
Bride – Epouse	16	451 817	*– 50	764 —*	179 591	168 858	27 575	11 184	6 331	3 632	1 808	905	1 169	–
Mauritius – Maurice														
1996+														
Groom – Epoux	16	10 700	–	189	2 084	3 929	2 412	1 001	461	302	141	91	90	–
Bride – Epouse	16	10 700	–	2 755	3 783	1 996	1 104	522	280	146	58	29	27	–
Réunion														
1990														
Groom – Epoux	...	3 716	–	44	1 034	1 390	560	293	130	78	57	43	87	–
Bride – Epouse	...	3 716	–	464	1 503	978	385	157	82	52	35	17	43	–
South Africa – Afrique du Sud														
1995														
Groom – Epoux	...	148 148	–	428	19 247	39 561	32 794	21 082	12 605	8 351	5 045	3 673	5 362	–
Bride – Epouse	...	148 148	22	4 141	38 114	43 163	26 624	15 073	8 634	5 311	2 867	2 011	2 188	–
Tunisia – Tunisie														
1995														
Groom – Epoux	20	53 726	*——	6 372	——*	19 729	17 050	5 136	1 691	812	519	522	1 420	475
Bride – Epouse	17	53 726	–	9 189	20 203	14 136	5 562	2 195	925	339	151	110	201	715
AMERICA,NORTH— AMERIQUE DU NORD														
Bahamas														
1996														
Groom – Epoux	15	2 628	–	–	10	359	781	599	326	222	143	82	100	6
Bride – Epouse	15	2 628	–	1	85	601	779	516	288	165	92	49	46	6
Barbados – Barbade														
1991														
Groom – Epoux	18	1 979	–	7	221	582	474	247	158	101	72	35	81	1
Bride – Epouse	18	1 979	–	44	426	634	408	179	119	77	48	17	26	1
Belize														
1995+														
Groom – Epoux	...	1 347	–	85	457	329	203	86	57	34	35	13	45	3
Bride – Epouse	...	1 347	–	315	464	223	150	82	37	27	13	16	18	2

(See notes at end of table – Voir notes à la fin du tableau.)

Continent, country or area and year / Continent, pays ou zone et année	Age [1]	All ages Tous âges	–15	15–19	20–24	25–29	30–34	35–39	40–44	45–49	50–54	55–59	60+	Unknown Inconnu
AMERICA,NORTH— (Cont.–Suite) AMÉRIQUE DU NORD														
Canada														
1995														
Groom – Epoux	16	160 256	–	1 444	27 999	51 058	33 998	17 229	9 839	6 807	4 250	2 536	4 878	218
Bride – Epouse	16	160 256	1	5 772	44 333	48 520	26 716	13 975	8 011	5 556	3 015	1 569	2 620	168
Costa Rica														
1995														
Groom – Epoux	15	24 274	4	1 682	7 967	6 827	3 470	1 636	916	496	343	239	438	256
Bride – Epouse	15	24 274	151	6 246	7 973	4 656	2 297	1 167	645	339	206	118	182	294
Cuba														
1995														
Groom – Epoux	16	70 413	8	3 645	19 304	17 142	11 788	5 485	3 879	2 866	2 111	1 354	2 656	175
Bride – Epouse	14	70 413	451	12 205	20 716	14 062	9 497	4 269	3 128	2 217	1 491	922	1 275	180
Dominica – Dominique														
1993+														
Groom – Epoux	...	297	–	–	36	74	85	38	*–	25 –*	*–	19 –*	19	1
Bride – Epouse	...	297	–	8	78	89	50	29	*–	21 –*	*–	15 –*	6	1
El Salvador														
1992 [3]														
Groom – Epoux	*16*	*23 084*	*–*	*1 517*	*6 902*	*5 751*	*3 182*	*1 823*	*1 222*	*836*	*558*	*354*	*788*	*151*
Bride – Epouse	*14*	*23 084*	*241*	*4 731*	*7 384*	*4 483*	*2 317*	*1 318*	*885*	*571*	*359*	*211*	*283*	*301*
Guadeloupe														
1991 [4]														
Groom – Epoux	20	1 928	–	9	245	746	417	185	93	61	48	39	82	3
Bride – Epouse	19	1 928	–	139	594	590	268	114	76	48	40	20	39	–
Guatemala														
1993														
Groom – Epoux	16	46 789	97	8 135	17 581	8 616	4 333	2 392	1 650	1 088	792	651	1 358	96
Bride – Epouse	14	46 789	3 424	15 720	13 171	5 699	3 026	1 785	1 309	888	598	436	628	105
Mexico – Mexique														
1996+														
Groom – Epoux	17	670 523	495	93 475	268 310	168 326	67 859	29 150	14 470	8 558	5 605	4 249	10 026	–
Bride – Epouse	15	670 523	8 616	208 955	248 591	118 021	41 751	18 775	9 499	5 894	3 621	2 652	2 962	–
Panama														
1995 [5]														
Groom – Epoux	16	8 841	–	209	1 987	2 637	1 521	790	490	313	227	170	367	130
Bride – Epouse	14	8 841	29	893	2 607	2 453	1 091	592	351	234	166	104	152	169
Puerto Rico – Porto Rico														
1996														
Groom – Epoux	16	32 572	–	2 771	9 925	7 610	4 165	2 556	1 692	1 249	860	*– 1	744 –*	–
Bride – Epouse	14	32 572	200	6 111	9 742	6 307	3 716	2 283	1 532	1 092	679	*–	910 –*	–

24. Marriages by age of bridegroom and by age of bride: latest available year (continued)

Mariages selon l'âge de l'époux et selon l'âge de l'épouse: dernière année disponible (suite)

(See notes at end of table – Voir notes à la fin du tableau.)

Continent, country or area and year / Continent, pays ou zone et année	Age [1]	All ages Tous âges	−15	15–19	20–24	25–29	30–34	35–39	40–44	45–49	50–54	55–59	60+	Unknown Inconnu
AMERICA,NORTH— (Cont.–Suite) AMERIQUE DU NORD														
Trinidad and Tobago – Trinité–et–Tobago														
1995+														
Groom – Epoux	(6)	6 646	–	287	1 761	1 885	1 158	614	313	210	154	97	167	–
Bride – Epouse	(6)	6 646	67	1 262	2 101	1 410	808	420	246	140	91	43	58	–
United States – Etats–Unis														
1990 [7] [8] [9]														
Groom – Epoux	(6)	1 869 892	6 790	73 156	461 213	507 481	309 543	186 656	120 649	72 919	46 642	29 260	55 583	–
Bride – Epouse	(6)	1 869 892	44 392	159 462	547 411	459 064	265 661	158 856	101 889	56 132	28 865	16 206	31 954	–
United States Virgin Islands – Iles Vierges américaines														
1993														
Groom – Epoux	...	3 646	–	14	335	892	899	568	381 *——— ——			557 ———————*		–
Bride – Epouse	...	3 646	–	70	624	1 049	838	476	287 *——— ——			302 ———————*		–
AMERICA,SOUTH— AMERIQUE DU SUD														
Brazil – Brésil														
1994 [10]														
Groom – Epoux	14	763 129	112	53 168	293 624	230 518	97 727	36 665	16 552	9 542	6 741	5 362	13 118	–
Bride – Epouse	12	763 129	3 590	234 486	271 992	142 319	57 225	23 535	11 882	6 908	4 378	2 945	3 869	–
Chile – Chili														
1996+														
Groom – Epoux	14	83 547	1	3 955	29 264	27 073	12 490	4 688	2 062	1 072	774	584	1 584	–
Bride – Epouse	12	83 547	328	15 209	31 843	20 106	8 247	3 535	1 585	979	585	406	724	–
Ecuador – Equateur														
1996 [11]														
Groom – Epoux	14	72 094	31	9 020	26 535	17 970	8 739	4 018	2 045	1 287	810	561	1 078	–
Bride – Epouse	12	72 094	877	22 617	24 720	12 337	5 468	2 605	1 388	838	491	285	468	–
Paraguay														
1992+														
Groom – Epoux	14	16 042	–	673	5 610	4 784	2 263	1 017	553	365	236	170	369	2
Bride – Epouse	12	16 042	210	4 674	5 277	2 776	1 300	723	407	263	150	74	174	14
Uruguay														
1992*														
Groom – Epoux	14	19 400	56	1 276	5 880	5 216	2 676	1 432	744	488 *——	—	1 592 ——*		40
Bride – Epouse	12	19 400	176	4 380	6 064	3 912	1 832	984	584	428 *——	—	1 000 ——*		40
Venezuela														
1996 [10]														
Groom – Epoux	21	81 951	7	7 753	26 306	21 796	11 910	5 959	3 321	1 923	1 069	695	1 212	–
Bride – Epouse	18	81 951	1 502	21 401	25 595	16 738	7 995	4 067	2 026	1 140	574	318	595	–

24. Marriages by age of bridegroom and by age of bride: latest available year (continued)

Mariages selon l'âge de l'époux et selon l'âge de l'épouse: dernière année disponible (suite)

(See notes at end of table – Voir notes à la fin du tableau.)

Continent, country or area and year / Continent, pays ou zone et année	Age [1]	All ages Tous âges	Age(in years–en années)											
			−15	15–19	20–24	25–29	30–34	35–39	40–44	45–49	50–54	55–59	60+	Unknown Inconnu
ASIA—ASIE (Cont.–Suite)														
Armenia – Arménie														
1993														
Groom – Epoux	18	21 514	–	984	8 461	7 238	2 798	771	425	176	192	164	305	–
Bride – Epouse	17	21 514	–	9 131	7 934	2 123	1 008	526	280	132	120	107	153	–
Bahrain – Bahreïn														
1995														
Groom – Epoux	15	3 321	–	85	993	1 180	517	234	120	54	*——	137	——*	1
Bride – Epouse	...	3 321	28	903	1 253	561	328	142	53	21	*——	16	——*	16
Brunei Darussalam – Brunéi Darussalam														
1992														
Groom – Epoux	(6)	1 912	4	198	489	469	366	206	82	53	23	14	8	–
Bride – Epouse	(6)	1 912	6	212	516	529	316	159	78	42	19	13	22	–
China – Chine Hong Kong SAR – Hong–kong RAS														
1996														
Groom – Epoux	16	37 045	–	321	4 192	11 618	10 562	4 845	1 808	914	497	489	1 799	–
Bride – Epouse	12	37 045	–	1 126	9 379	14 151	6 887	2 225	893	494	388	389	1 113	–
Cyprus – Chypre														
1996 [12]														
Groom – Epoux	(6)	5 761	–	48	1 254	1 892	1 211	565	300	198	121	66	101	5
Bride – Epouse	(6)	5 761	–	467	1 959	1 740	760	361	200	130	71	28	37	8
Georgia – Géorgie														
1996														
Groom – Epoux	...	19 253	–	1 761	6 505	4 925	3 041	1 420	608	357	159	180	297	–
Bride – Epouse	...	19 253	–	6 301	6 838	3 010	1 461	758	353	203	80	106	143	–
Israel – Israël [13]														
1994														
Groom – Epoux	(14)	36 035	*–	1 249	—*	12 590	14 070	4 752	1 601	667	370	192	153	311	80
Bride – Epouse	17	36 035	*–	7 638	—*	16 969	7 632	1 987	779	396	204	113	82	131	104
Japan – Japon														
1996+ [15]														
Groom – Epoux	18	720 703	*–	8 666	—*	138575	305521	153192	57 668	24 208	16 100	7 403	4 534	4 831	5
Bride – Epouse	18	720 703	*–	18 759	—*	231165	324035	90 218	26 258	11 135	9 661	4 761	2 635	2 072	4
Jordan – Jordanie [16]														
1995+														
Groom – Epoux	18	35 501	–	1 582	11 767	13 072	5 050	1 628	781	491	374	278	478	–
Bride – Epouse	16	35 501	–	13 237	13 994	5 431	1 720	619	258	122	60	28	32	–

24. Marriages by age of bridegroom and by age of bride: latest available year (continued)

Mariages selon l'âge de l'époux et selon l'âge de l'épouse: dernière année disponible (suite)

(See notes at end of table – Voir notes à la fin du tableau.)

Continent, country or area and year / Continent, pays ou zone et année	Age [1]	All ages Tous âges	–15	15–19	20–24	25–29	30–34	35–39	40–44	45–49	50–54	55–59	60+	Unknown Inconnu
ASIA—ASIE (Cont.–Suite)														
Kazakhstan														
1996														
Groom – Epoux	18	102 558	361	5 805	47 423	25 898	9 819	4 924	2 702	1 666	764	1 297	1 894	5
Bride – Epouse	17	102 558	5 999	22 652	44 510	13 399	5 868	3 656	2 062	1 522	641	975	1 265	9
Korea, Republic of– Corée, République de														
1995														
Groom – Epoux	18	320 395	–	766	31 675	185266	71 410	15 989	6 254	3 640	2 355	*– 3 034 –*		6
Bride – Epouse	16	320 395	–	5 389	130501	145450	21 230	9 249	4 286	2 044	1 206	*– 1 007 –*		33
Kuwait – Koweït														
1992*														
Groom – Epoux	18	10 803	–	657	4 708	3 094	1 092	*–	807 –*	*——	——	445	———*	–
Bride – Epouse	15	10 803	–	3 874	4 159	1 605	630	*–	431 –*	*——	——	104	———*	–
Kyrgyzstan – Kirghizistan														
1995														
Groom – Epoux	18	26 866	13	1 447	14 214	7 009	1 935	882	444	280	164	205	270	3
Bride – Epouse	18	26 866	390	9 859	11 456	2 506	1 104	608	336	193	115	123	172	4
Macau – Macao														
1996														
Groom – Epoux	16	2 106	–	12	224	590	622	373	171	66	16	14	18	–
Bride – Epouse	16	2 106	–	59	478	743	496	230	67	15	9	3	6	–
Philippines														
1993														
Groom – Epoux	18	474 407	*– 23 416 —*		166779	147580	69 980	30 025	14 532	7 799	*——	14 241	———*	55
Bride – Epouse	18	474 407	*– 85 439 —*		187734	115090	46 162	19 572	9 187	4 552	*——	6 610	———*	61
Qatar														
1996														
Groom – Epoux	...	1 641	*– 81 —*		529	579	266	93	45	23	9	7	9	–
Bride – Epouse	...	1 641	*– 485 —*		638	342	104	44	18	7	2	–	–	1
Singapore – Singapour														
1997+														
Groom – Epoux	18	25 667	1	126	3 726	10 978	5 929	2 754	1 168	523	218	120	119	–
Bride – Epouse	18	25 667	–	784	8 850	10 281	3 396	1 358	589	256	93	31	29	–
Sri Lanka														
1995+ [17]														
Groom – Epoux	...	169 220	–	2 207	48 833	59 952	35 135	14 035	4 492	2 291	1 008	592	675	–
Bride – Epouse	...	169 220	123	28 225	72 503	40 987	16 783	6 263	2 357	1 066	481	215	217	–
Tajikistan – Tadjikistan														
1994														
Groom – Epoux	...	38 820	–	4 145	23 968	7 329	1 674	598	317	191	166	161	249	22
Bride – Epouse	...	38 820	–	19 278	15 135	2 590	857	351	199	133	75	92	84	26

24. Marriages by age of bridegroom and by age of bride: latest available year (continued)

Mariages selon l'âge de l'époux et selon l'âge de l'épouse: dernière année disponible (suite)

(See notes at end of table – Voir notes à la fin du tableau.)

Continent, country or area and year / Continent, pays ou zone et année	Age [1]	All ages Tous âges	–15	15–19	20–24	25–29	30–34	35–39	40–44	45–49	50–54	55–59	60+	Unknown Inconnu
ASIA—ASIE (Cont.–Suite)														
Turkey – Turquie														
1996+ [18]														
Groom – Epoux	17	486 734	–	28 892	188898	173591	55 572	16 641	8 057	4 159	2 724	3 046	5 154	–
Bride – Epouse	15	486 734	2 321	150743	209515	75 172	27 336	9 801	5 362	2 506	1 392	1 022	1 564	–
Uzbekistan – Ouzbékistan														
1994														
Groom – Epoux	17	176 287	454	19 338	115851	26 453	6 276	2 876	1 742	940	665	714	953	25
Bride – Epouse	17	176 287	22 198	64 656	69 594	10 323	4 270	2 100	1 075	629	436	427	538	41
EUROPE														
Albania – Albanie														
1991														
Groom – Epoux	18	24 853	*–	366 —*		8 513	11 474	3 373	654	208	96	*—— 164 ——*		5
Bride – Epouse	16	24 853	*–	5 967 —*		14 008	3 724	792	199	72	27	*—— 53 ——*		11
Austria – Autriche														
1996 [19]														
Groom – Epoux	18	42 298	–	452	6 069	15 052	10 096	4 416	2 180	1 515	1 117	785	616	–
Bride – Epouse	16	42 298	–	1 794	11 574	14 642	7 156	3 209	1 648	1 103	651	321	200	–
Belarus – Bélarus														
1996 [9]														
Groom – Epoux	18	63 677	313	3 094	31 271	13 183	5 814	3 518	2 063	1 382	700	910	1 428	1
Bride – Epouse	18	63 677	3 103	14 162	25 746	8 071	4 299	2 813	1 706	1 319	692	707	1 058	1
Belgium – Belgique														
1995 [20]														
Groom – Epoux	18	51 402	–	301	11 828	18 743	8 194	4 307	2 914	2 134	*— 2 003 —*		977	1
Bride – Epouse	15	51 402	–	2 060	19 226	14 844	6 215	3 496	2 371	1 637	*— 1 188 —*		357	8
Bosnia Herzegovina – Bosnie–Herzégovine														
1991														
Groom – Epoux	...	27 923	–	641	11 306	9 424	3 739	1 216	502	202	219	192	412	70
Bride – Epouse	...	27 923	2	7 996	11 419	5 023	1 681	680	331	179	165	122	203	122
Bulgaria – Bulgarie														
1995 [9][21]														
Groom – Epoux	18	36 795	64	1 180	15 711	11 187	4 022	1 936	1 050	665	352	215	413	–
Bride – Epouse	18	36 795	1 912	7 981	16 732	5 494	2 034	1 087	642	396	190	117	210	–
Croatia – Croatie														
1996														
Groom – Epoux	16	24 596	–	285	6 942	9 106	4 182	1 650	821	503	284	264	497	62
Bride – Epouse	16	24 596	–	3 419	10 203	6 225	2 199	897	551	379	217	182	237	87

24. Marriages by age of bridegroom and by age of bride: latest available year (continued)

Mariages selon l'âge de l'époux et selon l'âge de l'épouse: dernière année disponible (suite)

(See notes at end of table – Voir notes à la fin du tableau.)

Continent, country or area and year / Continent, pays ou zone et année	Age[1]	All ages Tous âges	−15	15–19	20–24	25–29	30–34	35–39	40–44	45–49	50–54	55–59	60+	Unknown Inconnu
EUROPE (Cont.–Suite)														
Czech Republic – Rép. tchèque														
1996														
Groom – Epoux	16	53 896	–	1 983	21 882	13 947	6 189	2 926	2 365	1 895	1 208	662	839	–
Bride – Epouse	16	53 896	–	8 070	26 445	9 034	3 558	1 877	1 713	1 608	850	369	372	–
Denmark – Danemark [22]														
1995														
Groom – Epoux	18	34 736	*—— 125 —*		2 292	10 280	8 077	4 686	2 889	2 233	1 467	804	821	1 062
Bride – Epouse	15	34 736	*—— 505 —*		4 964	11 661	6 820	3 719	2 196	1 792	1 040	449	470	1 120
Estonia – Estonie														
1996														
Groom – Epoux	18	5 517	–	178	1 795	1 319	690	420	324	302	145	135	209	–
Bride – Epouse	18	5 517	–	770	1 955	1 016	529	369	272	249	120	98	139	–
Finland – Finlande														
1996 [23]														
Groom – Epoux	18	24 464	–	246	3 464	8 054	5 700	2 736	1 656	1 203	647	353	405	–
Bride – Epouse	18	24 464	1	851	5 579	8 100	4 517	2 163	1 356	964	496	213	224	–
France														
1995 [4][24]														
Groom – Epoux	18	254 651	*– 429 —*		32 428	99 661	54 980	25 612	*– 26 878 –*		*– 9 471 –*		5 192	–
Bride – Epouse	18	254 651	*– 3 646 —*		67 287	93 668	40 424	20 449	*– 20 957 –*		*– 5 880 –*		2 340	–
Germany – Allemagne														
1996														
Groom – Epoux	18	427 297	–	2 987	49 170	141 300	109 739	48 192	24 843	17 238	12 350	10 595	10 883	–
Bride – Epouse	18	427 297	1	15 876	92 471	148 165	82 013	35 214	19 738	13 790	8 751	6 298	4 980	–
Greece – Grèce														
1995														
Groom – Epoux	18	63 987	7	545	8 949	25 347	15 864	6 790	2 684	1 450	713	573	1 065	–
Bride – Epouse	18	63 987	120	6 049	22 012	22 065	7 656	2 963	1 244	763	443	331	341	–

(See notes at end of table – Voir notes à la fin du tableau.)

Continent, country or area and year / Continent, pays ou zone et année	Age[1]	All ages Tous âges	–15	15–19	20–24	25–29	30–34	35–39	40–44	45–49	50–54	55–59	60+	Unknown Inconnu
EUROPE (Cont.–Suite)														
Hungary – Hongrie														
1996														
Groom – Epoux	16	48 930	–	1 790	18 964	14 868	4 898	2 589	2 006	1 340	913	588	974	–
Bride – Epouse	16	48 930	–	8 541	22 634	9 083	2 802	1 760	1 516	1 091	682	339	482	–
Iceland – Islande														
1996 [25]														
Groom – Epoux	18	1 350	–	1	140	410	349	195	101	61	40	20	32	1
Bride – Epouse	18	1 350	–	16	262	489	259	156	75	41	27	16	9	
Ireland – Irlande														
1994+														
Groom – Epoux	14	16 621	–	111	2 478	7 866	4 035	1 208	437	195	99	61	103	28
Bride – Epouse	12	16 621	–	273	4 533	7 876	2 771	683	234	83	51	34	56	27
Italy – Italie														
1995														
Groom – Epoux	16	290 009	–	1 581	37 038	126035	78 976	24 150	9 370	5 049	2 747	2 083	2 980	–
Bride – Epouse	16	290 009	–	13 894	90 893	116603	44 371	12 573	5 027	2 889	1 646	984	1 129	–
Latvia – Lettonie														
1996														
Groom – Epoux	18	9 634	–	412	3 624	2 356	957	598	384	340	263	272	428	–
Bride – Epouse	18	9 634	–	1 384	3 944	1 628	775	534	335	314	230	214	276	–
Lithuania – Lituanie														
1996														
Groom – Epoux	18	20 433	–	1 456	9 053	4 933	1 730	1 028	563	428	304	248	687	3
Bride – Epouse	18	20 433	6	4 695	8 839	2 962	1 301	802	475	409	248	243	452	1
Luxembourg														
1996 [25]														
Groom – Epoux	18	2 105	–	19	294	739	505	241	130	90	47	20	20	–
Bride – Epouse	15	2 105	–	84	539	757	348	200	86	53	20	9	9	–
Malta – Malte														
1996														
Groom – Epoux	16	2 370	–	47	769	984	328	107	47	36	18	8	26	...
Bride – Epouse	16	2 370	–	225	1 190	611	168	91	33	20	15	6	11	...
Netherlands – Pays–Bas														
1996														
Groom – Epoux	18	85 140	*–	458 —*	9 265	31 085	22 087	9 327	4 688	3 300	2 001	1 236	1 693	–
Bride – Epouse	18	85 140	*–	2 762 —*	19 650	32 155	15 822	6 282	3 279	2 398	1 336	704	752	–
Norway – Norvège														
1996 [4][26]														
Groom – Epoux	16	23 172	–	92	2 392	7 695	5 940	2 873	1 599	1 162	783	347	286	3
Bride – Epouse	16	23 172	–	486	4 971	8 726	4 388	2 022	1 136	780	412	149	102	–

(See notes at end of table – Voir notes à la fin du tableau.)

Continent, country or area and year / Continent, pays ou zone et année	Age [1]	All ages Tous âges	−15	15–19	20–24	25–29	30–34	35–39	40–44	45–49	50–54	55–59	60+	Unknown Inconnu
EUROPE (Cont.–Suite)														
Poland – Pologne														
1996														
Groom – Epoux	18	203 641	--	5 761	98 451	58 676	17 003	7 758	4 467	3 160	1 777	1 739	4 849	–
Bride – Epouse	16	203 641	–	33 879	113 000	30 580	8 255	5 046	3 795	3 052	1 798	1 547	2 689	–
Portugal														
1996 [27]														
Groom – Epoux	16	63 672	35	1 956	21 437	23 143	8 608	3 131	1 624	1 027	742	595	1 374	–
Bride – Epouse	16	63 672	701	8 177	26 048	17 270	5 450	2 375	1 212	808	527	377	727	–
Republic of Moldova – République de Moldova														
1995														
Groom – Epoux	18	32 775	159	2 507	16 730	6 219	2 498	1 423	891	624	384	484	852	4
Bride – Epouse	16	32 775	4 104	8 407	11 656	3 091	1 738	1 147	781	586	378	379	502	6
Romania – Roumanie														
1996														
Groom – Epoux	18	150 388	*–	3 922 —*	62 562	51 778	12 283	7 526	4 682	2 841	1 588	1 292	1 914	–
Bride – Epouse	16	150 388	*–	38 124 —*	65 511	27 873	6 536	4 237	3 198	2 072	1 077	830	930	–
Russian Federation – Fédération de Russie														
1995														
Groom – Epoux	18	1 075 219	8 044	62 087	493 772	199 655	104 298	65 871	44 105	30 508	15 543	21 706	29 586	44
Bride – Epouse	18	1 075 219	63 633	242 253	386 076	127 136	78 413	56 315	39 288	28 480	14 007	18 362	21 203	53
Slovakia – Slovaquie														
1995														
Groom – Epoux	16	27 489	–	1 649	14 172	6 769	2 313	1 074	591	389	203	137	192	–
Bride – Epouse	16	27 489	–	7 536	13 637	3 518	1 211	608	419	253	139	89	79	–
Slovenia – Slovénie														
1996														
Groom – Epoux	18	7 555	–	40	1 572	3 203	1 445	540	281	185	91	62	136	–
Bride – Epouse	18	7 555	–	441	3 098	2 393	844	300	184	115	61	49	70	–
Spain – Espagne														
1995 [28]														
Groom – Epoux	14	200 688	–	2 378	32 469	92 962	46 490	13 165	5 171	2 917	1 753	1 125	2 258	–
Bride – Epouse	12	200 688	36	9 900	58 823	87 322	28 866	8 219	3 166	1 786	1 057	564	949	–
Sweden – Suède														
1996 [3]														
Groom – Epoux	18	31 393	–	80	2 250	9 042	8 497	4 163	2 554	1 926	1 509	752	620	–
Bride – Epouse	18	31 393	–	483	4 674	10 727	6 961	3 288	1 990	1 594	1 035	341	300	–
Switzerland – Suisse														
1996														
Groom – Epoux	18	40 649	–	182	4 182	13 535	10 906	4 836	2 484	1 770	1 304	729	721	–
Bride – Epouse	17	40 649	–	1 136	8 905	14 983	8 149	3 374	1 648	1 173	744	312	225	–

Mariages selon l'âge de l'époux et selon l'âge de l'épouse: dernière année disponible (suite)

(See notes at end of table – Voir notes à la fin du tableau.)

Continent, country or area and year / Continent, pays ou zone et année	Age [1]	All ages Tous âges	−15	15–19	20–24	25–29	30–34	35–39	40–44	45–49	50–54	55–59	60+	Unknown Inconnu
EUROPE (Cont.–Suite)														
The former Yugoslav Rep. of Macedonia – L'ex Rép. yougoslavie de Macédoine														
1996														
Groom – Epoux	18	14 089	–	701	5 625	4 956	1 686	548	219	122	67	*–	159 –*	6
Bride – Epouse	18	14 089	–	3 734	6 442	2 543	696	275	158	105	46	*–	65 –*	25
Ukraine														
1995														
Groom – Epoux	18	431 731	*–	32 389 —*	215277	79 868	35 711	21 290	13 759	9 601	5 710	7 417	10 709	–
Bride – Epouse	17	431 731	*–	152 136 —*	152433	45 561	25 404	17 287	11 761	8 734	5 245	6 298	6 872	–
United Kingdom – Royaume–Uni														
1995 [17]														
Groom – Epoux	16	322 251	–	2 757	52 977	105218	68 245	33 773	19 577	15 472	9 314	5 887	9 031	–
Bride – Epouse	16	322 251	–	11 495	84 219	100644	54 819	27 080	16 035	12 757	6 963	3 188	5 051	–
Yugoslavia – Yougoslavie														
1995														
Groom – Epoux	18	60 325	–	1 389	18 174	20 756	9 972	4 021	1 900	1 031	636	628	1 519	299
Bride – Epouse	18	60 325	–	11 288	24 953	13 369	4 749	2 010	1 199	847	477	437	784	212
OCEANIA—OCEANIE														
Australia – Australie														
1996+														
Groom – Epoux	16	106 103	–	675	19 855	34 919	20 561	11 115	6 390	4 751	3 027	1 874	2 936	–
Bride – Epouse	16	106 103	–	3 411	31 882	32 980	15 973	8 308	5 022	3 699	2 121	1 098	1 609	–
Guam														
1992 [29]														
Groom – Epoux	15	1 477	–	44	459	360	265	146	89	39	33	8	34	–
Bride – Epouse	15	1 477	–	136	509	367	203	109	63	34	23	17	16	–
New Caledonia – Nouvelle–Calédonie														
1994														
Groom – Epoux	...	898	*–	1 —*	120	288	226	97	*–	98 –*	*–	47 –*	21	–
Bride – Epouse	...	898	*–	45 —*	256	294	138	63	*–	73 –*	*–	24 –*	5	–
New Zealand – Nouvelle–Zélande														
1993														
Groom – Epoux	16	22 056	–	172	4 512	6 953	4 410	2 131	1 319	944	606	343	666	–
Bride – Epouse	16	22 056	–	716	7 209	6 472	3 310	1 605	1 056	718	413	212	345	–

24. Marriages by age of bridegroom and by age of bride: latest available year (continued)

Mariages selon l'âge de l'époux et selon l'âge de l'épouse: dernière année disponible (suite)

(See notes at end of table – Voir notes à la fin du tableau.)

Continent, country or area and year / Continent, pays ou zone et année	Age [1]	All ages Tous âges	–15	15–19	20–24	25–29	30–34	35–39	40–44	45–49	50–54	55–59	60+	Unknown Inconnu
OCEANIA—OCEANIE(Cont.–Suite)														
Tonga														
1994														
Groom – Epoux	...	748	–	122	291	180	58	23	14	6	3	*–	5 –*	46
Bride – Epouse	...	748	–	38	264	222	78	41	25	9	15	*–	10 –*	46

GENERAL NOTES

Data are legal (recognized) marriages performed and registered. For method of evaluation and limitations of data, see Technical Notes, page 86.

Italics: data from civil registers which are incomplete or of unknown completeness.

NOTES GENERALES

Les données représentent le nombre de mariages qui ont été célébrés et reconnus par la loi. Pour la méthode d'évaluation et les insuffisances des données, voir Notes techniques, page 86.

Italiques: données incomplètes ou dont le degré d'exactitude n'est pas connu, provenant des registres de l'état civil.

FOOTNOTES

* Provisional.
+ Data tabulated by date of registration rather than occurrence.

1 Age below which marriage is unlawful or invalid without dispensation by competent authority.
2 Including marriages resumed after "revocable divorce" (among Moslem population), which approximates legal separation.
3 Including residents outside the country.
4 Age classification based on year of birth rather than exact date of birth.

5 Excluding tribal population.
6 Varies among major civil divisions, or ethnic or religious groups.

7 Marriages performed in varying number of states. These data are not to be considered as necessarily representative of the country.
8 Based on returns of sample marriage records.
9 For under 18 and 18–19 years, as appropriate.
10 Excluding Indian jungle population.
11 Excluding nomadic Indian tribes.
12 For government controlled areas.
13 Including data for East Jerusalem and Israeli residents in certain other territories under occupation by Israeli military forces since June 1967.

14 No minimum age has been fixed for males.
15 For Japanese nationals in Japan only. For grooms and brides married for the first time whose marriages occurred and were registered in the same year.

16 Excluding data for Jordanian territory under occupation since June 1967 by Israeli military forces. Excluding foreigners but including registered Palestinian refugees. For number of refugees, see table 5.

17 For under 16 and 16–19 years, as appropriate.
18 For provincial capitals and district centres only.
19 Excluding aliens temporarily in the area.
20 Including armed forces stationed outside the country and alien armed forces in the area unless marriage performed by local foreign authority.

21 Including Bulgarian nationals outside the country, but excluding aliens in the area.
22 Excluding Faeroe Islands and Greenland.
23 Marriages in which the bride was domiciled in Finland only.
24 Including armed forces stationed outside the country.
25 For the de jure population.
26 Marriages in which the groom was domiciled in Norway only.
27 For under 17 and 17–19 years, as appropriate.
28 Civil marriages only. Canonical marriages are void for males under 16 years of age and for females under 14 years of age.
29 Including United States military personnel, their dependants and contract employees.

NOTES

* Données provisoires.
+ Données exploitées selon la date de l'enregistrement et non la date de l'événement.
1 Age en–dessous duquel le mariage est illégal ou nul sans une dispense de l'autorité compétente.
2 Y compris les unions reconstituées après un "divorce révocable" (parmi la population musulmane), qui est à peu près l'équivalent d'une séparation légale.
3 Y compris les résidents à l'étranger.
4 Le classement selon l'âge est basé sur l'année de naissance et non sur la date exacte de naissance.
5 Non compris les Indiens vivant en tribus.
6 Varie selon les grandes divisions administratives ou selon les groups ethniques ou religieux.
7 Mariages célébrés dans un nombre variable d'Etats. Ces données ne sont donc pas nécessairement représentatives de l'ensemble des Etats–Unis.
8 D'après un échantillon extrait des registres de mariages.
9 Pour moins de 18 ans et 18–19 ans, selon le cas.
10 Non compris les Indiens de la jungle.
11 Non compris les tribus d'Indiens nomades.
12 Pour les zones contrôlées par le Gouvernement.
13 Y compris les données pour Jérusalem–Est et les résidents israéliens dans certains autres territoires occupés depuis juin 1967 par les forces armées israéliennes.
14 Il n'y a pas d'âge minimal pour les hommes.
15 Pour les nationaux japonais au Japon seulement. Pour les époux et épouses mariés pour la première fois, dont le mariage a été célébré et enregistré la même année.
16 Non compris les données pour le territoire jordanien occupé depuis juin 1967 par les forces armées israéliennes. Non compris les étrangers, mais y compris les réfugiés de Palestine immatriculés. Pour les nombres de réfugiés, voir le tableau 5.
17 Pour moins de 16 ans et 16–19 ans, selon le cas.
18 Pour les capitales de province et les chefs–lieux de district seulement.
19 Non compris les étrangers temporairement sur le territoire.
20 Y compris les militaires nationaux hors du pays et les militaires étrangers en garnison sur le territoire, sauf si le mariage a été célébré par l'autorité étrangère locale.
21 Y compris les nationaux bulgares à l'étranger, mais non compris les étrangers sur le territoire.
22 Non compris les îles Féroé et le Groenland.
23 Mariages où l'épouse était domiciliée en Finlande seulement.
24 Y compris les militaires nationaux hors du pays.
25 Pour la population de droit.
26 Mariages où l'époux était domicilié en Norvège seulement.
27 Pour moins de 17 ans et 17–19 ans, selon le cas.
28 Mariages civils seulement. Les mariages religieux sont nuls pour les hommes ayant moins de 16 ans et pour les femmes ayant moins de 14 ans.
29 Y compris les militaires des Etats–Unis, les membres de leur famille les accompagnant et les agents contractuels des Etats–Unis.

25. Divorces and crude divorce rates: 1993 – 1997

Divorces et taux bruts de divortialité: 1993 – 1997

(See notes at end of table. – Voir notes à la fin du tableau.)

Continent and country or area — Continent et pays ou zone	Code [1]	Number – Nombre					Rate – Taux				
		1993	1994	1995	1996	1997	1993	1994	1995	1996	1997
AFRICA—AFRIQUE											
Egypt – Egypte [2]	U	65 166	67 028	...	...	...	1.15	1.16	...	...	...
Mauritius – Maurice	+C	762	733	801	792	...	0.69	0.66	0.71	0.70	...
St. Helena ex. dep. – Sainte–Hélène sans dép.	...	5	10	1	13	...					
Seychelles	+C	81	62	92	72	...					
South Africa – Afrique du Sud	...	26 616	29 878	31 592	...	...	0.67	0.74	0.76	...	...
Tunisia – Tunisie	...	7 941	7 505	7 738	9 283	...	0.92	0.85	0.86	1.02	...
AMERICA, NORTH— AMERIQUE DU NORD											
Aruba [3]	+C	231	198	246	292	...	3.09	2.51	3.02	3.40	...
Bahamas [3]	...	403	474	360	388	...	1.50	1.73	1.29	1.37	...
Barbados – Barbade	C	...	...	393	...	...	...	...	1.49	...	...
Belize	+C	122	117	126	87	...	0.59	0.55	0.58		...
Bermuda – Bermudes	C	256	240	232	227	...	4.33	4.03	3.88	3.77	...
Canada	C	78 226	78 880	77 636	...	...	2.71	2.69	2.62	...	...
Cayman Islands – Iles Caïmanes	...	77	69	...	...	...					
Costa Rica	C	3 763	3 385	4 562	...	...	1.25	1.04	1.37	...	...
Cuba	C	64 938	56 712	40 418	*41 227	41 195	5.95	5.18	3.68	3.74	*3.72
Dominica – Dominique	...	25	...	...	55	...					
El Salvador	...	2 542	...	...	...	...	0.47				
Greenland – Groenland	...	109	...	...	51	...	1.97				
Guatemala	+C	1 516	...	...	...	...	0.15				
Jamaica – Jamaïque	C	1 439	1 343	1 332	1 391	...	0.59	0.54	0.53	0.55	...
Martinique	+...	333	...	...	...	...	0.88	...	...	...	...
Mexico – Mexique	+C	32 746	32 483	37 455	38 545	...	0.36	0.35	0.41	0.40	...
Netherlands Antilles – Antilles néerlandaises	+C	505	522	521	...	...	2.59	2.61	2.55	...	...
Panama [4]	C	2 203	2 140	1 400	...	...	0.87	0.83	0.53	...	...
Puerto Rico – Porto Rico	C	14 198	13 724	...	13 172	...	3.92	3.72	...	3.49	...
Saint Lucia – Sainte–Lucie	C	...	...	32	...	...					
St. Pierre and Miquelon – Saint–Pierre–et–Miquelon	C	...	...	...	14	...					
St. Vincent and the Grenadines – Saint–Vincent–et–Grenadines	...	86	79	54	69	*58					
Trinidad and Tobago – Trinité–et–Tobago	C	1 088	1 225	1 077	1 458	...	0.87	0.98	0.85	1.15	...
United States – Etats–Unis [5]	...	1 187 000	1 191 000	1 169 000	1 150 000	...	4.60	4.57	4.45	4.33	...
United States Virgin Islands – Iles Vierges américaines [6]	C	469	...	...	...	...	4.51	...	...	...	...
AMERICA, SOUTH— AMERIQUE DU SUD											
Brazil – Brésil [7]	...	...	95 971	...	...	...	...	0.62	...	...	...
Chile – Chili	...	6 405	6 216	6 451	6 195	...	0.46	0.44	0.45	0.43	...
Colombia – Colombie	...	3 077	3 667	...	...	...	0.09	0.11	...	...	...
Ecuador – Equateur [8]	...	7 302	...	7 123	8 750	...	0.66	...	0.62	0.75	...
Suriname	...	1 720	...	...	...	...	4.26	...	...	...	...
Venezuela [7]	...	16 979	18 830	14 282	17 627	...	0.82	0.89	0.65	0.79	...
ASIA—ASIE											
Armenia – Arménie	C	3 068	3 402	...	...	...	0.82	0.91	...	...	...
Azerbaijan – Azerbaïdjan	C	6 564	6 256	...	...	*5 800	0.89	0.84	...	...	*0.76
Bahrain – Bahreïn	...	636	663	691	...	...	1.18	1.19	1.20	...	...

25. Divorces and crude divorce rates: 1993 – 1997 (continued)

Divorces et taux bruts de divortialité: 1993 – 1997 (suite)

(See notes at end of table. – Voir notes à la fin du tableau.)

Continent and country or area Continent et pays ou zone	Code [1]	Number – Nombre					Rate – Taux				
		1993	1994	1995	1996	1997	1993	1994	1995	1996	1997
ASIA—ASIE (Cont.–Suite)											
China – Chine [9]	C	909 195	...	...	...	...	4.63	...	...	...	...
Hong Kong SAR – Hong–kong RAS	...	...	...	...	...	*10 492	...	...	...	...	*1.61
Cyprus – Chypre	C	504	555	757	725	...	0.70	0.76	1.03	0.98	...
Georgia – Géorgie	C	3 211	3 089	2 685	2 269	...	0.59	0.57	0.49	0.42	...
Iran (Islamic Republic of – Rép. islamique d')	+...	29 312	32 706	...	37 817	...	0.50	0.55	...	0.62	...
Israel – Israël [10]	C	7 324	8 232	...	...	...	1.39	1.52	...	...	...
Japan – Japon [11]	+C	188 297	195 106	199 016	*206 000	*225 000	1.51	1.56	1.59	*1.64	*1.79
Jordan – Jordanie [12]	+C	6 092	6 251	6 315	...	...	1.24	1.21	1.17	...	...
Kazakhstan	C	45 516	41 921	39 005	40 497	...	2.76	2.57	2.43	2.54	...
Korea, Republic of– Corée, Rép. de [13]	U	55 188	58 196	53 872	...	...	1.25	1.30	1.19	...	...
Kuwait – Koweït	C	2 594	3 032	3 015	3 195	*3 128	1.77	1.87	1.78	1.82	*1.73
Kyrgyzstan – Kirghizistan	C	7 321	5 536	6 001	...	...	1.63	1.24	1.33	...	...
Macau – Macao	...	174	253	249	320	...	0.45	0.64	0.61	0.77	...
Maldives	...	...	...	2 731	...	...	...	...	10.75	...	...
Qatar	...	432	515	...	460	...	0.77	0.87	...	0.82	...
Singapore – Singapour	...	3 826	3 585	4 110	4 444	*4 687	1.17	1.06	1.18	1.23	*1.25
Syrian Arab Republic – République arabe syrienne [14]	+...	10 343	9 982	...	...	...	0.77	0.72	...	...	...
Tajikistan – Tadjikistan	C	5 293	4 372	...	...	...	0.94	0.76	...	...	...
Thailand – Thaïlande	...	46 948	...	53 560	...	...	0.81	...	0.90	...	...
Turkey – Turquie	C	27 725	28 041	28 875	29 552	...	0.47	0.46	0.47	0.47	...
United Arab Emirates – Emirats arabes unis	...	2 121	2 301	...	...	...	1.01	1.07	...	...	...
Uzbekistan – Ouzbékistan	C	27 022	24 332	...	...	...	1.24	1.09	...	...	...
EUROPE											
Austria – Autriche [15]	C	16 299	16 928	18 204	18 079	...	2.04	2.11	2.26	2.24	...
Belarus – Bélarus	C	44 894	44 075	42 119	43 089	*47 301	4.33	4.27	4.10	4.20	*4.63
Belgium – Belgique [16]	C	...	...	34 983	...	...	...	...	3.45	...	...
Bulgaria – Bulgarie [17]	C	7 318	7 986	10 649	...	...	0.86	0.94	1.27	...	...
Channel Islands – Iles Anglo–Normandes Guernsey – Guernesey	C	147	155	...	...	...	2.53	...	...	...	...
Croatia – Croatie	C	4 667	4 630	4 236	3 612	*3 844	1.00	0.99	0.91	0.80	*0.85
Czech Republic – Rép. tchèque	C	30 227	30 939	31 135	33 113	*32 000	2.92	2.99	3.01	3.21	*3.10
Denmark – Danemark [18]	C	12 971	13 709	12 976	12 773	...	2.50	2.63	2.48	2.43	...
Estonia – Estonie	C	5 757	5 606	7 455	5 657	...	3.79	3.74	5.02	3.85	...
Finland – Finlande [19]	C	12 284	13 751	14 025	13 795	*13 800	2.42	2.70	2.74	2.69	*2.68
France [20]	C	110 759	115 658	117 045	110 745	...	1.92	2.00	2.01	1.90	...
Germany – Allemagne	C	156 425	166 052	169 425	175 550	...	1.93	2.04	2.07	2.14	...
Greece – Grèce	C	7 200	7 675	10 995	*9 000	...	0.69	0.74	1.05	*0.86	...
Hungary – Hongrie	C	22 329	23 402	24 850	22 560	...	2.17	2.28	2.43	2.21	...
Iceland – Islande [21]	C	537	480	472	530	*500	2.03	1.80	1.76	1.97	*1.84
Isle of Man – Ile de Man		...	299	332	287	...	...	4.20	4.62	4.04	...
Italy – Italie	...	23 863	27 510	27 038	...	...	0.42	0.48	0.47	...	...
Latvia – Lettonie	C	10 278	8 416	7 821	6 051	...	3.97	3.30	3.11	2.43	...
Liechtenstein	C	...	41	...	...	...	...	...	...	...	...
Lithuania – Lituanie	C	13 884	11 061	10 221	11 311	*11 371	3.72	2.97	2.75	3.05	*3.07
Luxembourg	C	751	700	727	817	...	1.89	1.73	1.77	1.97	...
Netherlands – Pays–Bas	C	30 597	36 182	34 170	34 871	*34 000	2.00	2.35	2.21	2.24	2.18
Norway – Norvège	C	10 943	11 000	10 360	9 982	...	2.54	2.54	2.38	2.28	...
Poland – Pologne	C	27 891	31 574	38 100	*40 000	...	0.72	0.82	0.99	*1.02	...
Portugal	C	12 093	...	12 322	13 429	...	1.22	...	1.24	1.35	...
Republic of Moldova – République de Moldova	C	...	13 811	14 617	13 439	...	...	3.18	3.36	3.10	...
Romania – Roumanie	C	31 193	39 663	34 906	35 586	...	1.37	1.74	1.54	1.57	...

25. Divorces and crude divorce rates: 1993 – 1997 (continued)

Divorces et taux bruts de divortialité: 1993 – 1997 (suite)

(See notes at end of table. – Voir notes à la fin du tableau.)

Continent and country or area / Continent et pays ou zone	Code [1]	Number – Nombre					Rate – Taux				
		1993	1994	1995	1996	1997	1993	1994	1995	1996	1997
EUROPE (Cont.–Suite)											
Russian Federation – Fédération de Russie	C	663 282	680 494	665 904	...	...	4.48	4.60	4.51	...	...
San Marino – Saint–Marin	C	...	31	28	42	...				...	...
Slovakia – Slovaquie	C	8 143	8 666	8 978	9 402	...	1.53	1.62	1.67	1.75	...
Slovenia – Slovénie	C	1 962	1 923	1 585	2 004	...	0.98	0.97	0.80	1.01	...
Spain – Espagne	...	28 854	31 522	33 104	32 571	...	0.74	0.80	0.84	0.83	...
Sweden – Suède	C	21 673	22 237	22 452	21 377	...	2.48	2.53	2.54	2.42	...
Switzerland – Suisse	C	15 150	15 634	15 703	16 172	...	2.18	2.23	2.23	2.29	...
The former Yugoslav Rep. of Macedonia – L'ex Rép. yougoslavie de Macédoine	C	636	612	710	705	...	0.30	0.29	0.36	0.32	...
Ukraine	C	218 974	207 577	198 300	193 030	*188 200	4.20	4.00	3.87	3.78	*3.71
United Kingdom – Royaume–Uni	C	179 539	173 604	169 621	...	...	3.08	2.97	2.89	...	...
Yugoslavia – Yougoslavie	C	7 394	7 005	7 962	7 896	*7 211	0.70	0.67	0.75	0.75	*0.68
OCEANIA—OCEANIE											
American Samoa – Samoa américaines	C	27	...	...	...	...					
Australia – Australie [22]	C	48 363	48 256	49 712	52 466	...	2.73	2.70	2.75	2.86	...
Guam [23]	C	...	...	648	...	...	...	...	4.34	...	...
Marshall Islands – Iles Marshall	...	...	18	...	...	...					
New Caledonia – Nouvelle–Calédonie	...	215	...	...	...	...	1.19	...	...	...	...
New Zealand – Nouvelle–Zélande	C	...	...	...	10 009	...	...	...	...	2.80	...
Tonga	...	84	75	...	...	...	...	...	...	...	...

25. Divorces and crude divorce rates: 1993 – 1997 (continued)

Divorces et taux bruts de divortialité: 1993 – 1997 (suite)

GENERAL NOTES

Data exclude annulments and legal separations unless otherwise specified. Rates are the number of final divorce decrees granted under civil law per 1 000 mid–year population. Rates are shown only for countries or areas having at least a total 100 divorces in a given year. For method of evaluation and limitations of data, see Technical Notes, page 88.

Italics: data from civil registers which are incomplete or of unknown completeness.

FOOTNOTES

* Provisional.
+ Data tabulated by date of registration rather than occurrence.

1 Code "C" indicates that the data are estimated to be virtually complete (at least 90 per cent) and code "U" indicates that the data are estimated to be incomplete (less than 90 per cent). For further details, see Technical Notes.
2 Including "revocable divorce" (among Moslem population), which approximates legal separation.
3 Petitions for divorce entered in courts.
4 Excluding tribal Indian population.
5 Estimates based on divorces and annulments reported by a varying number of states.
6 Including annulments. High numbers attributable to divorces among non–permanent residents.
7 Excluding Indian jungle population.
8 Excluding nomadic Indian tribes.
9 For statistical purposes, the data for China do not include those for the Hong Kong Special Administrative Region (Hong Kong SAR) and Taiwan province of China.
10 Including data for East Jerusalem and Israeli residents in certain other territories under occupation by Israeli military forces since June 1967.

11 For Japanese nationals in Japan only; however, rates computed on total population.
12 Excluding data for Jordanian territory under occupation since June 1967 by Israeli military forces. Excluding foreigner but including registered Palestinian refugees. For number of refugees, see table 5.
13 Excluding alien armed forces, civilian aliens employed by armed forces, and foreign diplomatic personnel and their dependants.

14 Excluding nomads; however, rates computed on total population.

15 Excluding aliens temporarily in the area.
16 Including divorces among armed forces stationed outside the country and alien armed forces in the area.
17 Including Bulgarian nationals outside the country, but excluding aliens in the area.
18 Excluding Faeroe Islands and Greenland.
19 Including nationals temporarily outside the country.
20 Rates computed on population including armed forces stationed outside the country, but excluding alien armed forces living in military camps within the country.
21 For the de jure population.
22 Excluding full–blooded aborigines estimated at 49 036 in June 1966.
23 Including United States military personnel, their dependants and contract employees.

NOTES GENERALES

Sauf indications contraires, il n'est pas tenu compte des annulations et des séparations légales. Les taux représentent le nombre de jugements de divorce définitifs prononcés par les tribunaux pour 1 000 personnes au milieu de l'année. Les taux présentés ne se rapportent qu'aux pays ou zones où l'on a enregistré un total d'au moins 100 divorces dans une année donnée. Pour la méthode d'évaluation et les insuffisances des données, voir Notes techniques, page 88.
Italiques: données incomplètes ou dont le degré d'exactitude n'est pas connu, provenant des registres de l'état civil.

NOTES

* Données provisoires.
+ Données exploitées selon la date de l'enregistrement et non la date de l'événement.
1 Le code "C" indique que les données sont jugées pratiquement complètes (au moins 90 p. 100) et le code "U" que les données sont jugées incomplètes (moins de 90 p. 100). Pour plus de détails, voir Notes techniques.
2 Y compris les "divorce révocable" (parmi population musulmane), qui sont à peu près l'équivalent de séparations légale.
3 Demandes de divorce en instance devant les tribunaux.
4 Non compris les Indiens vivant en tribus.
5 Estimations fondées sur les chiffres (divorces et annulations) communiqués par un nombre variable d'Etats.
6 Y compris les annulations. Les divorces parmi les résidennon permanents ont contribué au relèvement des chiffre
7 Non compris les Indiens de la jungle.
8 Non compris les tribus d'Indiens nomades.
9 Pour la présentation des statistiques, les données pour Chine ne comprend pas les Région Administrative Spéciale de Hong–kong (Hong Kong SAR) et Taïwan, province de Chine.
10 Y compris les données pour Jérusalem–Est et les résidents israéliens dans certains autres territoires occupés depuis juin 1967 par les forces armées israéliennes.
11 Pour les nationaux japonais au Japon seulement; toutefois, les taux sont calculés sur la base de la population totale.
12 Non compris les données pour le territoire jordanien occupé depuis juin 1967 par les forces armées israéliennes. Non compris les étrangers, mais y compris les réfugiés de Palestine immatriculés. Pour le nombre de réfugiés, voir le tableau 5.
13 Non compris les militaires étrangers, les civils étrangers employés par les forces armées ni le personnel diplomatique étranger et les membres de leur famille les accompagnant.
14 Non compris la population nomade; toutefois, les taux sont calculés sur la base de la population totale.
15 Y compris les étrangers se trouvant temporairement sur le territoire.
16 Y compris les divorces de militaires nationaux hors du pays et de militaires étrangers en garnison sur le territoire.
17 Y compris les nationaux bulgares à l'étranger, mais non compris les étrangers sur le territoire.
18 Non compris les îles Féroé et le Groenland.
19 Y compris les nationaux temporairement hors du pays.
20 Taux calculés sur la base d'un chiffre de population qui comprend les militaires nationaux hors du pays, mais pas les militaires étrangers en garnison sur le territoire.
21 Pour la population de droit.
22 Non compris les aborigènes purs, estimés à 49 036 personnes en juin 1966.
23 Y compris les militaires des Etats–Unis, les membres de leur famille les accompagnant et les agents contractuels des Etats–Unis.

Subject—matter index (continued)

(See notes at end of index)

Subject—matter index (continued)

(See notes at end of index)

Subject—matter index (continued)

(See notes at end of index)

Index

Subject–matter index (continued)

(See notes at end of index)

Subject–matter	Year of issue	Time coverage
Death rates (continued):		
–by cause and sex	1967	Latest
	1974	Latest
	1980	Latest
	1985	Latest
	1996	Latest
–by marital status, age and sex	1961	Latest
	1967	Latest
	1974	Latest
	1980	Latest
	1985	Latest
	1996	Latest
–by occupation, age and sex	1957	Latest
–by occupation and age, males	1961	Latest
	1967	Latest
–by urban/rural residence	1967	Latest
	1968	1964–68
	1969	1965–69
	1970	1966–70
	1971	1967–71
	1972	1968–72
	1973	1969–73
	1974	1965–74
	1975	1971–75
	1976	1972–76
	1977	1973–77
	1978	1974–78
	1979	1975–79
	1980	1971–80
	1981	1977–81
	1982	1978–82
	1983	1979–83
	1984	1980–84
	1985	1976–85
	1986	1982–86
	1987	1983–87
	1988	1984–88
	1989	1985–89
	1990	1986–90
	1991	1987–91
	1992	1983–92
	1993	1989–93
	1994	1990–94
	1995	1991–95
	1996	1987–96

Subject–matter	Year of issue	Time coverage
Death rates (continued):		
–by urban/rural residence (continued):	1997	1993–97
–estimated:		
for continents	1949/50	1947
	1956–1977	Latest
	1978–1979	1970–75
	1980–1983	1975–80
	1984–1986	1980–85
	1984–1986	1980–85
	1987–1992	1985–90
	1993–1997	1990–95
for macro regions	1964–1977	Latest
	1978–1979	1970–75
	1980–1983	1975–80
	1984–1986	1980–85
	1987–1992	1985–90
	1993–1997	1990–95
for regions	1949/50	1947
	1956–1977	Latest
	1978–1979	1970–75
	1980–1983	1975–80
	1984–1986	1980–85
	1987–1992	1985–90
	1993–1997	1990–95
for the world	1949/50	1947
	1956–1977	Latest
	1978–1979	1970–75
	1980–1983	1975–80
	1984–1986	1980–85
	1987–1992	1985–90
	1993–1997	1990–95
–of infants (see: Infant deaths)		
Density of population:		
–of continents	1949/50	1920–49
	1951–1997	Latest
–of countries	1948–1997	Latest
–of major areas	1964–1997	Latest
–of regions	1949/50	1920–49
	1952–1997	Latest

Subject–matter	Year of issue	Time coverage
Density of population: (continued):		
–of the world	1949/50	1920–49
	1952–1997	Latest
Disability (see: Population)		
Divorces	1951	1935–50
	1952	1936–51
	1953	1950–52
	1954	1946–53
	1955	1946–54
	1956	1947–55
	1957	1948–56
	1958	1940–57
	1959	1949–58
	1960	1950–59
	1961	1952–61
	1962	1953–62
	1963	1954–63
	1964	1960–64
	1965	1961–65
	1966	1962–66
	1967	1963–67
	1968	1949–68
	1969	1965–69
	1970	1966–70
	1971	1967–71
	1972	1968–72
	1973	1969–73
	1974	1970–74
	1975	1971–75
	1976	1957–76
	1977	1973–77
	1978	1974–78
	1979	1975–79
	1980	1976–80
	1981	1977–81
	1982	1963–82
	1983	1979–83
	1984	1980–84
	1985	1981–85
	1986	1982–86
	1987	1983–87
	1988	1984–88
	1989	1985–89
	1990	1971–90
	1991	1987–91
	1992	1988–92
	1993	1989–93
	1994	1990–94
	1995	1991–95
	1996	1992–96

Subject–matter index (continued)

(See notes at end of index)

Subject–matter index (continued)

(See notes at end of index)

Subject–matter index (continued)

(See notes at end of index)

Subject–matter	Year of issue	Time coverage	Subject–matter	Year of issue	Time coverage	Subject–matter	Year of issue	Time coverage
Marriage rates (continued):	1990	1971–90	Marriage rates (continued):			Maternal deaths (continued):		
	1991	1987–91	–by urban/rural residence (continued):	1990	1971–90	–by age..........	1951	Latest
	1992	1988–92		1991	1987–91		1952	Latest [4]
	1993	1989–93		1992	1988–92		1957	Latest
				1993	1989–93		1961	Latest
	1994	1990–94		1994	1990–94		1967	Latest
	1995	1991–95		1995	1991–95		1974	Latest
–	1996	1992–96		1996	1992–96		1980	Latest
–	1997	1993–97		1997	1993–97		1985	Latest
–							1996	Latest
–by age and sex..............	1948	1936–46						
	1949/50	1936–49	Marriage rates, first:			Maternal death rates..........	1951	1947–50
	1953	1936–51					1952	1947–51
	1954	1936–52	–by detailed age of groom and bride............	1982	1972–81		1953	Latest
	1958	1935–56		1990	1980–89		1954	1945–53
	1968	1955–67					1955–1956	Latest
	1976	1966–75	Married population by age and sex (see: Population by marital status)				1957	1952–62
	1982	1972–81					1958–1960	Latest
	1987	1975–86					1961	1955–60
	1990	1980–89					1962–1965	Latest
							1966	1960–65
–by sex among marriageable population......................			Maternal deaths................	1951	1947–50		1967–1973	Latest
	1958	1935–56		1952	1947–51		1974	1965–73
	1968	1935–67		1953	Latest			
	1976	1966–75		1954	1945–53	–by age..........	1957	Latest
	1982	1972–81		1955–1956	Latest		1961	Latest
	1990	1980–89		1957	1952–56			
				1958–1960	Latest	Maternal mortality rates.....	1958	Latest
–by urban/rural residence.......................	1968	Latest		1961	1955–60		1975	1966–74
	1969	1965–69		1962–1965	Latest		1976	1966–75
	1970	1966–70		1966	1960–65		1977	1967–76
	1971	1967–71		1967–1973	Latest		1978	1968–77
	1972	1968–72		1974	1965–73		1979	1969–78
	1973	1969–73		1975–1979	Latest		1980	1971–79
	1974	1970–74		1980	1971–79		1981	1972–80
	1975	1971–75		1981	1972–80		1982	1972–81
	1976	1957–76		1982	1972–81		1983	1973–82
	1977	1973–77		1983	1973–82		1984	1974–83
	1978	1974–78		1984	1974–83		1985	1975–84
	1979	1975–79		1985	1975–84		1986	1976–85
	1980	1976–80		1986	1976–85		1987	1977–86
	1981	1977–81		1987	1977–86		1988	1978–87
	1982	1963–82		1988	1978–87		1989	1979–88
	1983	1979–83		1989	1979–88		1990	1980–89
	1984	1980–84		1990	1980–89		1991	1981–90
	1985	1981–85		1991	1981–90		1992	1982–91
	1986	1982–86		1992	1982–91		1993	1983–92
	1987	1983–87		1993	1983–92		1994	1984–93
	1988	1984–88		1994	1984–93		1995	1985–94
	1989	1985–89		1995	1985–94		1996	1986–95
				1996	1986–95		1997	1987–96
				1997	1987–96			

Subject–matter index (continued)

(See notes at end of index)

(See notes at end of index)

Subject—matter	Year of issue	Time coverage	Subject—matter	Year of issue	Time coverage	Subject—matter	Year of issue	Time coverage
Population (continued):			Population (continued):			Population (continued):		
—by school attendance, age and sex (continued):	1971	1962–71	—by single years of age and sex (continued):	1993	1985–93	—economically active: (continued): by industry, age, sex and urban/rural residence......	1973	1965–74 [4]
	1973	1965–73 [4]	—cities (see: of cities, below)				1979	1970–79 [4]
	1979	1970–79 [4]					1984	1974–84
	1983	1974–83	—civil division (see: by major civil divisions, above)				1988	1980–88 [4]
	1988	1980–88 [4]					1994	1985–94
	1993	1985–93	—density (see: Density)			by industry, status and sex...............	1948	Latest
—by sex:			—Disabled......................	1991 PA [5]	Latest		1949/50	Latest
enumerated..................	1948–1952	Latest	—economically active:				1955	1945–54
	1953	1950–52					1964	1955–64
	1954–1959	Latest	by age and sex..............	1945	1945–54		1972	1962–72
	1960	1900–61		1956	1945–55	by industry, status and sex and urban/rural residence......................	1973	1965–73 [4]
	1961	Latest		1964	1955–64		1979	1970–79 [4]
	1962	1900–62		1972	1962–72		1984	1974–84
	1963	1955–63	by age and sex and urban/rural residence......................	1973	1965–73 [4]		1988	1980–88 [4]
	1964	1955–64		1979	1970–79 [4]		1994	1985–94
	1965–1969	Latest		1984	1974–84	by living arrangements, age, sex and urban/rural residence......	1987	1975–86
	1970	1950–70		1988	1980–88 [4]		1995	1985–95
	1971	1962–71		1994	1985–94			
	1972	Latest	by age and sex, per cent......................	1949/50	1930–48	by occupation, age and sex...............	1956	1945–55
	1973	1965–73		1954	Latest		1964	1955–64
	1974–1978	Latest		1955	1945–54		1972	1962–72
	1978HS [2]	1948–78		1956	1945–55			
	1979–1982	Latest		1964	1955–64	by occupation, age and sex and urban/rural residence......................	1973	1965–73 [4]
	1983	1974–83		1972	1962–72		1979	1970–79 [4]
	1984–1997	Latest	by age and sex, per cent and urban/rural residence......................	1973	1965–73 [4]		1984	1974–84
estimated......................	1948–			1979	1970–79 [4]		1988	1980–88 [4]
	1949/50	1945 and Latest		1984	1974–84		1994	1985–94
	1951–1954	Latest		1988	1980–88 [4]	by occupation, status and sex..........................	1956	1945–55
	1955–1959	Latest		1994	1985–94		1964	1955–64
	1960	1940–60					1972	1962–72
	1961–1969	Latest	by industry, age and sex..............................	1956	1945–55	by occupation, status and sex and urban/rural residence......................	1973	1965–73 [4]
	1970	1950–70		1964	1955–64		1979	1970–79 [4]
	1971	1962–71		1972	1962–72		1984	1974–84
	1972	Latest						
	1973	1965–73						
	1974–1997	Latest						
—by single years of age and sex...................	1955	1945–54						
	1962	1955–62						
	1963	1955–63 [4]						
	1971	1962–71						
	1973	1965–73 [4]						
	1979	1970–79 [4]						
	1983	1974–83						
	1988	1980–88 [4]						

Subject—matter index (continued)

(See notes at end of index)

Index

Subject–matter index (continued)

(See notes at end of index)

Subject–matter	Year of issue	Time coverage	Subject–matter	Year of issue	Time coverage	Subject–matter	Year of issue	Time coverage
Population (continued):			Population (continued):			Population (continued):		
–in households (see: by household type, above, also: Households)			–married female by present age and duration of marriage.......	1968	Latest	–of countries or areas (totals):		
–in localities (see: by localities and by locality size–classes, above)			–never married proportion by sex, selected ages..................	1976	1966–75	enumerated....................	1948	1900–48
				1978HS [2]	1948–77		1949/50	1900–50
–increase rates (see: growth rates, above)				1982	1972–81		1951	1900–51
				1990	1980–89		1952	1850–1952
–literacy rates: by sex (see also: illiteracy rates, above)................	1955	1945–54	–not economically active...	1972	1962–72		1953	1850–1953
			–not economically active by urban/rural residence......................	1973	1965–73 [4]		1954	Latest
–literacy rates, by sex and age..........................	1955	1945–54		1979	1970–79 [4]		1955	1850–1954
				1984	1974–84		1956–1961	Latest
–literate, by sex and age (see also: illiterate, above)........................	1948	Latest		1988	1980–88 [4]		1962	1900–62
	1955	1945–54		1994	1985–94		1963	Latest
	1963	1955–63	–of cities:				1964	1955–64
	1964	1955–64 [4]	capital city......................	1952	Latest		1965–1978	Latest
				1955	1945–54		1978HS [2]	1948–78
–literate, by sex and age by urban/rural residence......................	1971	1962–71		1957	Latest		1979–1997	Latest
	1973	1965–73 [4]		1960	1939–61			
	1979	1970–74 [4]		1962	1955–62	estimated.......................	1948	1932–47
	1983	1974–83		1963	1955–63		1949/50	1932–49
	1988	1980–88 [4]		1964–1969	Latest		1951	1930–50
	1993	1985–93		1970	1950–70		1952	1920–51
				1971	1962–71		1953	1920–53
	1987	1975–86		1972	Latest		1954	1920–54
–living arrangements........	1991PA [5]	1950–90		1973	1965–73		1955	1920–55
	1995	1985–95		1974–1997	Latest		1956	1920–56
							1957	1940–57
–localities see: by localities, above)							1958	1939–58
			of 100 000+ inhabitants......................	1952	Latest		1959	1940–59
–major civil divisions (see: by major civil divisions, above)				1955	1945–54		1960	1920–60
				1957	Latest		1961	1941–61
				1960	1939–61		1962	1942–62
				1962	1955–62		1963	1943–63
				1963	1955–63		1964	1955–64
				1964–1969	Latest		1965	1946–65
–married by age and sex (see also: by marital status, above):				1970	1950–70		1966	1947–66
				1971	1962–71		1967	1958–67
numbers and per cent......	1954	1926–52		1972	Latest		1968	1959–68
	1960	1920–60		1973	1965–73		1969	1960–69
	1970	1950–70		1974–1997	Latest		1970	1950–70
							1971	1962–71
			–of continents (see: of macro regions, below)				1972	1963–72
							1973	1964–73
							1974	1965–74
							1975	1966–75
							1976	1967–76
							1977	1968–77
							1978	1969–78
							1978HS [2]	1948–78
							1979	1970–79
							1980	1971–80
							1981	1972–81

546

Subject—matter	Year of issue	Time coverage	Subject—matter	Year of issue	Time coverage	Subject—matter	Year of issue	Time coverage
Population (continued):			Population (continued):			Population (continued):		
—of countries or areas			—of major regions 1			—of regions		
(totals) (continued):			(continued):	1981	1950–81	(continued):	1984	1950–84
estimated (continued):	1982	1973–82		1982	1950–82		1985	1950–85
	1983	1974–83		1983	1950–83		1986	1950–86
	1984	1975–84		1984	1950–84		1987	1950–87
	1985	1976–85		1985	1950–85		1988	1950–88
	1986	1977–86		1986	1950–86		1989	1950–89
	1987	1978–87		1987	1950–87		1990	1950–90
	1988	1979–88		1988	1950–88		1991	1950–91
	1989	1980–89		1989	1950–89		1992	1950–92
	1990	1981–90		1990	1950–90		1993	1950–93
	1991	1982–91		1991	1950–91		1994	1950–94
	1992	1983–92		1992	1950–92		1995	1950–95
	1993	1984–93		1993	1950–93		1996	1950–96
	1994	1985–94		1994	1950–94		1997	1950–97
	1995	1986–95		1995	1950–95			
	1996	1987–96		1996	1950–96	—of the world...................	1949/50	1920–49
	1997	1988–97		1997	1950–97		1951	1950
						1952	1920–51
			—of regions......................	1949/50	1920–49	1953	1920–52
				1952	1920–51	1954	1920–53
—of major regions 1...........	49/50	1920–49		1953	1920–52	1955	1920–54
	1951	1950		1954	1920–53	1956	1920–55
	1952	1920–51		1955	1920–54	1957	1920–56
	1953	1920–52		1956	1920–55	1958	1920–57
	1954	1920–53		1957	1920–56	1959	1920–58
	1955	1920–54		1958	1920–57	1960	1920–59
	1956	1920–55		1959	1920–58	1961	1920–60
	1957	1920–56		1960	1920–59	1962	1920–61
	1958	1920–57		1961	1920–60	1963	1930–62
	1959	1920–58		1962	1920–61	1964	1930–63
	1960	1920–59		1963	1930–62	1965	1930–65
	1961	1920–60		1964	1930–63	1966	1930–66
	1962	1920–61		1965	1930–65	1967	1930–67
	1963	1930–62		1966	1930–66	1968	1930–68
	1964	1930–63		1967	1930–67	1969	1930–69
	1965	1930–65		1968	1930–68	1970	1950–70
	1966	1930–66		1969	1930–69	1971	1950–71
	1967	1930–67		1970	1950–70	1972	1950–72
	1968	1930–68		1971	1950–71	1973	1950–73
	1969	1930–69		1972	1950–72	1974	1950–74
	1970	1950–70		1973	1950–73	1975	1950–75
	1971	1950–71		1974	1950–74	1976	1950–76
	1972	1950–72		1975	1950–75	1977	1950–77
	1973	1950–73		1976	1950–76	1978	1950–78
	1974	1950–74		1977	1950–77	1979	1950–79
	1975	1950–75		1978	1950–78	1980	1950–80
	1976	1950–76		1979	1950–79	1981	1950–81
	1977	1950–77		1980	1950–80	1982	1950–82
	1978	1950–78		1981	1950–81	1983	1950–83
	1979	1950–79		1982	1950–82	1984	1950–84
	1980	1950–80		1983	1950–83	1985	1950–85

Index

Subject–matter index (continued)

(See notes at end of index)

Subject–matter	Year of issue	Time coverage	Subject–matter	Year of issue	Time coverage	Subject–matter	Year of issue	Time coverage
Population (continued): –of the world (continued):	1986	1950–86	Population (continued): –urban/rural residence (continued):	1991	1982–91	Population (continued): –urban/rural residence (continued): by ethnic composition		
	1987	1950–87		1992	1983–92	and sex (continued):	1988	1980–88 [4]
	1988	1950–88		1993	1984–93		1993	1985–93
	1989	1950–89		1994	1985–94			
	1990	1950–90		1995	1986–95	by households, number		
	1991	1950–91		1996	1987–96	and size (see also:		
	1992	1950–92		1997	1988–97	Households)..................	1968	Latest
	1993	1950–93					1971	1962–71
	1994	1950–94	by age and sex:				1973	1965–73 [4]
	1995	1950–95	enumerated...................	1963	1955–63		1976	Latest
	1996	1950–96		1964	1955–64 [4]		1982	Latest
	1997	1950–97		1967	Latest		1987	1975–86
				1970	1950–70		1990	1980–89
–rural residence (see:				1971	1962–71		1995	1985–95
urban/rural residence,				1972	Latest			
below)				1973	1965–73	by language and sex.......	1971	1962–71
				1974–1978	Latest		1973	1965–73 [4]
–single, by age and sex				1978HS [2]	1948–77		1979	1970–79 [4]
(see also: by marital				1979–1996	Latest		1983	1974–83
status, above):				1979–1997	Latest		1988	1980–88 [4]
							1993	1985–93
numbers..........................	1960	1920–60	by age and sex:					
	1970	1950–70	estimated......................	1963	Latest	by level of education,		
				1967	Latest	age and sex..................	1971	1962–71
per cent..........................	1949/50	1926–48		1970	1950–70		1973	1965–73 [4]
	1960	1920–60		1971–1997	Latest		1979	1970–79 [4]
	1970	1950–70					1983	1974–83
			by country or area of				1988	1980–88 [4]
–urban/rural residence.....	1968	1964–68	birth and sex..................	1971	1962–71		1993	1985–93
	1969	1965–69		1973	1965–73 [4]			
	1970	1950–70				by literacy, age and		
	1971	1962–71	by country or area of			sex................................	1971	1962–71
	1972	1968–72	birth and sex and age......	1977	Latest		1973	1965–73 [4]
	1973	1965–73		1983	1974–83		1979	1970–79 [4]
	1974	1966–74		1989	1980–88		1983	1974–83
	1975	1967–75					1988	1980–88 [4]
	1976	1967–76	by citizenship and sex......	1971	1962–71		1993	1985–93
	1977	1968–77		1973	1965–73 [4]			
	1978	1969–78				by major civil divisions.....	1971	1962–71
	1979	1970–79	by citizenship and sex				1973	1965–73 [4]
	1980	1971–80	and age.........................	1977	Latest		1979	1970–79 [4]
	1981	1972–81		1983	1974–83		1983	1974–83
	1982	1973–82		1989	1980–88		1988	1980–88 [4]
	1983	1974–83					1993	1985–93
	1984	1975–84						
	1985	1976–85	by ethnic composition					
	1986	1977–86	and sex..........................	1971	Latest			
	1987	1978–87		1973	1965–73 [4]	by marital status, age		
	1988	1979–88		1979	1970–79 [4]	and sex.........................	1971	1962–71
	1989	1980–89		1983	1974–83		1973	1965–73 [4]
	1990	1981–90						

Index

Subject–matter index (continued)

(See notes at end of index)

Index

Subject—matter index (continued)

(See notes at end of index)

Subject—matter	Year of issue	Time coverage	Subject—matter	Year of issue	Time coverage	Subject—matter	Year of issue	Time coverage
Special text of each Demographic Yearbook:			Special text of each Demographic Yearbook: (continued):			Special text of each Demographic Yearbook: (continued):		
–Divorce:			–Natality:			–Population (continued):		
"Uses of Marriage and Divorce Statistics"...........	1958	..	"Graphic Presentation of Trends in Fertility".......	1959	..	"Statistical Concepts and Definitions of Urban and Rural Population".....	1967	..
–Marriage:			"Recent Trends in Birth Rates"............................	1965	..	"Statistical Concepts and Definitions of 'Household'".................	1968	..
"Uses of Marriage and Divorce Statistics"..........	1958	..	"Recent Changes in World Fertility"...............	1969	..	"How Well Do We Know the Present Size and Trend of the World's Population "...................	1970	..
–Households:			–Population					
"Concepts and definitions of households, householder and institutional population"....................	1987	..	"World Population Trends, 1920–1949"......	1949/50	..	"United Nations Recommendations on Topics to be Investigated in a Population Census Compared with Country Practice in National Censuses taken 1965–1971".................	1971	..
–Migration:			"Urban Trends and Characteristics"..............	1952	..			
"Statistics of International Migration"....................	1977	..	"Background to the 1950 Censuses of Population"....................	1955	..	"Statistical Definitions of Urban Population and their Use in Applied Demography"................	1972	..
–Mortality:			"The World Demographic Situation"......................	1956	..			
"Recent Mortality Trends"............................	1951	..	"How Well Do We Know the Present Size and Trend of the World's Population "...................	1960	..			
"Development of Statistics of Causes of Death"............................	1951	..	"Notes on Availability of National Population Census Data and Methods of Estimating their Reliability"..............	1962	..			
"Factors in Declining Mortality".....................	1957	..						
"Notes on Methods of Evaluating the Reliability of Conventional Mortality Statistics"........................	1961	..				"Dates of National Population and Housing Census carried out during the decade 1965–1974"..................	1974	..
			"Availability and Adequacy of Selected Data Obtained from Population Census Taken 1955–1963"........	1963	..	"Dates of National Population and/or Housing Censuses taken or anticipated during the decade 1975–1984".................		
"Recent Trends of Mortality".....................	1966	..						
"Mortality Trends among Elderly Persons"..	1991PA [5]	..	"Availability of Selected Population Census Statistics: 1955–1964"	1964	..		1979	..

Subject—matter	Year of issue	Time coverage	Subject—matter	Year of issue	Time coverage	Subject—matter	Year of issue	Time coverage
Special text of each Demographic Yearbook: (continued): –Population (continued): "Dates of National Population and/or Housing Censuses taken during the decade 1965–1974 and taken or anticipated during the decade 1975–1984"..................	1983	..	Special text of each Demographic Yearbook: (continued): –Population (continued): "Special Needs for the Study of Population Ageing and Elderly Persons".......	1991PA [5]	..			
"Dates of National Population and/or Housing Censuses taken during the decade 1975–1984 and taken or anticipated during the decade 1985–1994"..................	1988	..						
....	1993	..						
"Statistics Concerning the Economically Active Population: An Overview"...............	1984	..						
"Disability"....................	1991PA [5]	..						
"Population Ageing"......	1991PA [5]	..						

General Notes

This cumulative index covers the content of each of the 49 issues of the Demographic Yearbook. "Year of issue" stands for the particular issue in which the indicated subject—matter appears. Unless otherwise specified, "Time coverage" designates the years for which annual statistics are shown in the Demographic Yearbook referred to in "Year of issue" column. "Latest" or "2–Latest" indicates that data are for latest available year(s) only.

Footnotes

1 Only titles not available for preceding bibliography.
2 Historical Supplement published in separate volume.
3 Five–year average rates.
4 Only data not available for preceding issue.
5 Population ageing published in separate volume.

(Voir notes à la fin de l'index)

Sujet	Année de l'édition	Période considérée
Décès (suite):		
—d'enfants de moins d'un an (voir: Mortalité infantile)		
—selon l'âge et le sexe.......	1948	1936–47
	1951	1936–50
	1955–1956	Dernière
	1957	1948–56
	1958–1960	Dernière
	1961	1955–60
	1962–1965	Dernière
	1966	1961–65
	1978HS [1]	1948–77
—selon l'âge et le sexe et la résidence (urbaine/rurale)..............	1967–1973	Dernière
	1974	1965–73
	1975–1979	Dernière
	1980	1971–79
	1981–1984	Dernière
	1985	1976–84
	1986–1991	Dernière
	1992	1983–92
	1993–1995	Dernière
	1996	1987–95
	1997	Dernière
—selon la cause...............	1951	1947–50
	1952	1947–51 [2]
	1953	Dernière
	1954	1945–53
	1955–1956	Dernière
	1957	1952–56
	1958–1960	Dernière
	1961	1955–60
	1962–1965	Dernière
	1966	1960–65
	1967–1973	Dernière
	1974	1965–73
	1975–1979	Dernière
	1980	1971–79
	1981–1984	Dernière
	1985	1976–84
	1986–1995	Dernière
	1996	1987–95
	1997	Dernière
—selon la cause, l'âge et le sexe.........................	1951	Dernière
	1952	Dernière [2]
	1957	Dernière
	1961	Dernière
	1967	Dernière
	1974	Dernière
	1980	Dernière
	1985	Dernière
	1991 VP [5]	1960–90
	1996	Dernière

Sujet	Année de l'édition	Période considérée
Décès (suite):		
—selon la cause, l'âge et le sexe et la résidence (urbaine/rurale).............	1967	Dernière
—selon la cause et le sexe.........................	1967	Dernière
	1974	Dernière
	1980	Dernière
	1985	Dernière
	1991VP [5]	1960–90
	1996	Dernière
—selon la résidence (urbaine/rurale).............	1967	Dernière
	1968	1964–68
	1969	1965–69
	1970	1966–70
	1971	1967–71
	1972	1968–72
	1973	1969–73
	1974	1965–74
	1975	1971–75
	1976	1972–76
	1977	1973–77
	1978	1974–78
	1979	1975–79
	1980	1971–80
	1981	1977–81
	1982	1978–82
	1983	1979–83
	1984	1980–84
	1985	1976–85
	1986	1982–86
	1987	1983–87
	1988	1984–88
	1989	1985–89
	1990	1986–90
	1991	1987–91
	1992	1983–92
	1993	1989–93
	1994	1990–94
	1995	1991–95
	1996	1987–96
	1997	1993–97
—selon l'état matrimonial, l'âge et le sexe...............	1958	Dernière
	1961	Dernière
	1967	Dernière
	1974	Dernière
	1980	Dernière
	1985	Dernière
	1991VP [5]	1950–90
	1996	Dernière
—selon le mois.................	1951	1946–50
	1967	1962–66
	1974	1965–73
	1980	1971–79

Sujet	Année de l'édition	Période considérée
Décès (suite):		
—selon le mois (suite):	1985	1976–84
—selon la profession et l'âge (sexe masculin).......	1957	Dernière
	1961	1957–60
	1967	1962–66
—selon le type de certification et la cause:		
nombres.....................	1957	Dernière
	1974	1965–73
	1980	1971–79
	1985	1976–84
pourcentage.................	1957	Dernière
	1961	1955–60
	1966	1960–65
	1974	1965–73
	1980	1971–79
	1985	1976–84
Décès, taux de...............	1948	1932–47
	1949/50	1932–49
	1951	1905–30 [4]
		1930–50
	1952	1920–34 [4]
		1934–51
	1953	1920–39 [4]
		1940–52
	1954	1920–39 [4]
		1946–53
	1955	1920–34 [4]
		1946–54
	1956	1947–55
	1957	1930–56
	1958	1948–57
	1959	1949–58
	1960	1950–59
	1961	1945–59 [4]
		1952–61
	1962	1945–54 [4]
		1952–62
	1963	1945–59 [4]
		1954–63
	1964	1960–64
	1965	1961–65
	1966	1920–64 [4]
		1951–66
	1967	1963–67
	1968	1964–68
	1969	1965–69
	1970	1966–70
	1971	1967–71
	1972	1968–72
	1973	1969–73
	1974	1965–74
	1975	1971–75
	1976	1972–76

556

Index

Index par sujet (suite)

(Voir notes à la fin de l'index)

Sujet	Année de l'édition	Période considérée
Divortialité, taux de (suite):		
—pour la population mariée (suite):	1976	1966–75
	1978SR [1]	1948–77
	1982	1972–81
	1990	1980–89
—selon l'âge de l'épouse....	1968	Dernière
	1976	Dernière
	1982	Dernière
	1987	1975–86
	1990	1980–89
—selon l'âge de l'époux.....	1968	Dernière
	1976	Dernière
	1982	Dernière
	1987	1975–86
	1990	1980–89
Durée du mariage (voir: Divorces)		
E		
Emigrants (voir: Migration internationale)		
Enfants, nombre:		
—dont il est tenu compte dans les divorces............	1958	1948–57
	1968	1958–67
	1976	1966–75
	1982	1972–81
	1990	1980–89
—mis au monde, selon l'âge de la mère.............	1949/50	Dernière
	1954	1930–53
	1955	1945–54
	1959	1949–58
	1963	1955–63
	1965	1955–65
	1969	Dernière
	1971	1962–71
	1973	1965–73 [2]
	1975	1965–74
	1978SR [1]	1948–77
	1981	1972–80
	1986	1977–85
—vivants, selon l'âge de la mère.............	1940/50	Dernière
	1954	1930–53
	1955	1945–54
	1959	1949–58
	1963	1955–63
	1965	1955–65
	1968	1955–67

Sujet	Année de l'édition	Période considérée
Enfants, nombre: (suite):		
—vivants, selon l'âge de la mère (suite):	1969	Dernière
	1971	1962–71
	1973	1965–73 [2]
	1975	1965–74
	1978SR [1]	1948–77
	1981	1972–80
	1986	1977–85
Espérance de vie (voir: Mortalité, tables de)		
Etat matrimonial (voir la rubrique appropriée par sujet, p.ex., Décès, Population, etc.)		
F		
Famille vivante (voir: Dimension de la famille vivante)		
Fécondité, indice synthétique de...............	1986	1967–85
	1987–1997	Dernière
Fécondité proportionnelle..............	1949/50	1900–50
	1954	1900–52
	1955	1945–54
	1959	1935–59
	1963	1955–63
	1965	1955–65
	1969	Dernière
	1975	1966–74
	1978SR [1]	1948–77
	1981	1962–80
	1986	1967–85
Fécondité, taux global de...	1948	1936–47
	1949/50	1936–49
	1951	1936–50
	1952	1936–50
	1953	1936–52
	1954	1936–53
	1955–1956	Dernière
	1959	1949–58
	1960–1964	Dernière
	1965	1955–64
	1966–1974	Dernière
	1975	1966–74
	1976–1978	Dernière
	1978SR [1]	1948–77
	1979–1980	Dernière
	1981	1962–80
	1982–1985	Dernière

Sujet	Année de l'édition	Période considérée
Fécondité, taux global de (suite):	1986	1977–85
	1987–1991	Dernière
	1992	1983–92
	1993–1997	Dernière
I		
Illégitime (voir également: Naissances et morts foetales tardives):		
—morts foetales tardives....	1961	1952–60
	1965	5–Dernières
	1969	1963–68
	1975	1966–74
	1981	1972–80
	1986	1977–85
—morts foetales tardives, rapports de...................	1961	1952–60
	1965	5–Dernières
	1969	1963–68
	1975	1966–74
	1981	1972–80
	1986	1977–85
—naissances....................	1959	1949–58
	1965	1955–64
	1969	1963–68
	1975	1966–74
	1981	1972–80
	1986	1977–85
—naissances, rapports de...................	1959	1949–58
	1965	1955–64
	1969	1963–68
	1975	1966–74
	1981	1972–80
	1986	1977–85
Immigrants (voir: Migration internationale)		
Instruction, degré d' (voir: Population)		
L		
Langue et sexe (voir: Population)		
Localités (voir: Population)		
M		

Index par sujet (suite)

(Voir notes à la fin de l'index)

Index

Index par sujet (suite)

(Voir notes à la fin de l'index)

Sujet	Année de l'édition	Période considérée
Mortalité foetale tardive, rapports de (suite):		
		1953–62
	1964	1959–63
	1965	1950–64[4]
		1955–64
	1966	1950–64[4]
		1956–65
	1967	1962–66
	1968	1963–67
	1969	1950–64[4]
	1969	1959–68
	1970	1965–69
	1971	1966–70
	1972	1967–71
	1973	1968–72
	1974	1965–73
	1975	1966–74
	1976	1971–75
	1977	1972–76
	1978	1973–77
	1979	1974–78
	1980	1971–79
	1981	1972–80
	1982	1977–81
	1983	1978–82
	1984	1979–83
	1985	1975–84
	1986	1977–85
	1987	1982–86
	1988	1983–87
	1989	1984–88
	1990	1985–89
	1991	1986–90
	1992	1987–91
	1993	1988–92
	1994	1989–93
	1995	1990–94
	1996	1987–95
	1997	1993–96
–illégitimes.....................	1961	1952–60
	1965	5-Dernières
–légitimes......................	1959	1949–58
	1965	1955–64
	1969	1963–68
	1975	1966–74
	1981	1972–80
	1986	1977–85
–légitimes selon l'âge de la mère......................	1959	1949–58
	1965	1955–64
	1969	1963–68
	1975	1966–74
	1981	1972–80
	1986	1977–85

Sujet	Année de l'édition	Période considérée
Mortalité foetale tardive, rapports de (suite)		
–selon l'âge de la mère.....	1954	1936–53
	1959	1949–58
	1965	1955–64
	1969	1963–68
	1975	1966–74
	1981	1972–80
	1986	1977–85
–selon l'âge de la mère et le rang de naissance.....	1954	Dernière
	1959	1949–58
	1965	3-Dernières
	1969	1963–68
	1975	1966–74
	1981	1972–80
	1986	1977–85
	1996	1987–95
–selon la période de gestation......................	1957	1950–56
	1959	1949–58
	1961	1952–60
	1965	5-Dernières
	1966	1956–65
	1967–1968	Dernière
	1969	1963–68
	1974	1965–73
	1975	1966–74
	1980	1971–79
	1981	1972–80
	1985	1976–84
	1986	1977–85
	1996	1987–95
–selon la résidence (urbaine/rurale).............	1971	1966–70
	1972	1967–71
	1973	1968–72
	1974	1965–73
	1975	1966–74
	1976	1971–75
	1977	1972–76
	1978	1973–77
	1979	1974–78
	1980	1971–79
	1981	1972–80
	1982	1977–81
	1983	1978–82
	1984	1979–83
	1985	1975–84
	1986	1977–85
	1987	1982–86
	1988	1983–87
	1989	1984–88
	1990	1985–89
	1991	1986–90
	1992	1987–91
	1993	1988–92

Sujet	Année de l'édition	Période considérée
Mortalité foetale tardive, rapports de (suite):		
–selon la résidence (urbaine/rurale) (suite):	1994	1989–93
	1995	1990–94
	1996	1987–95
	1997	1993–96
Mortalité infantile (nombres)......................	1948	1932–47
	1949/50	1934–49
	1951	1935–50
	1952	1936–51
	1953	1950–52
	1954	1946–53
	1955	1946–54
	1956	1947–55
	1957	1948–56
	1958	1948–57
	1959	1949–58
	1960	1950–59
	1961	1952–61
	1962	1953–62
	1963	1954–63
	1964	1960–64
	1965	1961–65
	1966	1947–66
	1967	1963–67
	1968	1964–68
	1969	1965–69
	1970	1966–70
	1971	1967–71
	1972	1968–72
	1973	1969–73
	1974	1965–74
	1975	1971–75
	1976	1972–76
	1977	1973–77
	1978	1974–78
	1978SR[1]	1948–78
	1979	1975–79
	1980	1971–80
	1981	1977–81
	1982	1978–82
	1983	1979–83
	1984	1980–84
	1985	1976–85
	1986	1982–86
	1987	1983–87
	1988	1984–88
	1989	1985–89
	1990	1986–90
	1991	1987–91
	1992	1983–92
	1993	1989–93
	1994	1990–94
	1995	1991–95
	1996	1987–96
	1997	1993–97

Sujet	Année de l'édition	Période considérée
Mortalité infantile (nombres) (suite):		
–selon l'âge et le sexe.......	1948	1936–47
	1951	1936–49
	1957	1948–56
	1961	1952–60
	1962–1965	Dernière
	1966	1961–65
	1967	1962–66
–selon l'âge et le sexe et la résidence (urbaine/rurale).............	1968–1973	Dernière
	1974	1965–73
	1975–1979	Dernière
	1980	1971–79
	1981–1984	Dernière
	1985	1976–84
	1986–1991	Dernière
	1992	1983–92
	1993–1995	Dernière
	1996	1987–95
	1997	Dernière
–selon la résidence (urbaine/rurale).............	1967	Dernière
	1968	1964–68
	1969	1965–69
	1970	1966–70
	1971	1967–71
	1972	1968–72
	1973	1969–73
	1974	1965–74
	1975	1971–75
	1976	1972–76
	1977	1973–77
	1978	1974–78
	1979	1975–79
	1980	1971–80
	1981	1977–81
	1982	1978–82
	1983	1979–83
	1984	1980–84
	1985	1976–85
	1986	1982–86
	1987	1983–87
	1988	1984–88
	1989	1985–89
	1990	1986–90
	1991	1987–91
	1992	1983–92
	1993	1989–93
	1994	1990–94
	1995	1991–95
	1996	1987–96
	1997	1993–97
–selon le mois...................	1967	1962–66
	1974	1965–73
	1980	1971–79

Sujet	Année de l'édition	Période considérée
Mortalité infantile (nombres) (suite): –selon le mois (suite):	1985	1976–84
Mortalité infantile, taux de...........................	1948	1932–47
	1949/50	1932–49
	1951	1930–50
	1952	1920–34 [4]
		1934–51
	1953	1920–39 [4]
		1940–52
	1954	1920–39 [4]
		1946–53
	1955	1920–34 [4]
		1946–54
	1956	1947–55
	1957	1948–56
	1958	1948–57
	1959	1949–58
	1960	1950–59
	1961	1945–59 [4]
		1952–61
	1962	1945–54 [4]
		1952–62
	1963	1945–59 [4]
		1954–63
	1964	1960–64
	1965	1961–65
	1966	1920–64 [4]
		1951–66
	1967	1963–67
	1968	1964–68
	1969	1965–69
	1970	1966–70
	1971	1967–71
	1972	1968–72
	1973	1969–73
	1974	1965–74
	1975	1971–75
	1976	1972–76
	1977	1973–77
	1978	1974–78
	1978SR [1]	1948–78
	1979	1975–79
	1980	1971–80
	1981	1977–81
	1982	1978–82
	1983	1979–83
	1984	1980–84
	1985	1976–85
	1986	1982–86
	1987	1983–87
	1988	1984–88
	1989	1985–89
	1990	1986–90
	1991	1987–91
	1992	1983–92
	1993	1989–93
	1994	1990–94

Sujet	Année de l'édition	Période considérée
Mortalité infantile, taux de (suite):	1995	1991–95
	1996	1987–96
	1997	1993–97
–selon l'âge et le sexe.......	1948	1936–47
	1951	1936–49
	1957	1948–56
	1961	1952–60
	1966	1956–65
–selon l'âge et le sexe et la résidence (urbaine/rurale).............	1971–1973	Dernière
	1974	1965–73
	1975–1979	Dernière
	1980	1971–79
	1981–1984	Dernière
	1985	1976–84
	1986–1991	Dernière
	1992	1983–92
	1993–1995	Dernière
	1996	1987–95
	1997	Dernière
–selon la résidence (urbaine/rurale).............	1967	Dernière
	1968	1964–68
	1969	1965–69
	1970	1966–70
	1971	1967–71
	1972	1968–72
	1973	1969–73
	1974	1965–74
	1975	1971–75
	1976	1972–76
	1977	1973–77
	1978	1974–78
	1979	1975–79
	1980	1971–80
	1981	1977–81
	1982	1978–82
	1983	1979–83
	1984	1980–84
	1985	1976–85
	1986	1982–86
	1987	1983–87
	1988	1984–88
	1989	1985–89
	1990	1986–90
	1991	1987–91
	1992	1983–92
	1993	1989–93
	1994	1990–94
	1995	1991–95
	1996	1987–96
	1997	1993–97

Index par sujet (suite)

(Voir notes à la fin de l'index)

Index par sujet (suite)

(Voir notes à la fin de l'index)

Index

Index par sujet (suite)

(Voir notes à la fin de l'index)

Sujet	Année de l'édition	Période considérée
Natalité, taux de (suite):		
	1983	1979–83
	1984	1980–84
	1985	1981–85
	1986	1967–86
	1987	1983–87
	1988	1984–88
	1989	1985–89
	1990	1986–90
	1991	1987–91
	1992	1983–92
	1993	1989–93
	1994	1990–94
	1995	1991–95
	1996	1992–96
	1997	1993–97
—estimatifs:		
pour les continents...........	1949/50	1947
	1956–1977	Dernière
	1978–1979	1970–75
	1980–1986	1975–80
	1987–1992	1985–90
	1993–1997	1990–95
pour les grandes régions....................	1964–1977	Dernière
	1978–1979	1970–75
	1980–1983	1975–80
	1984–1986	1980–85
	1987–1992	1985–90
	1993–1997	1990–95
pour les régions..............	1949/50	1947
	1956–1977	Dernière
	1978–1979	1970–75
	1980–1983	1975–80
	1984–1986	1980–85
	1987–1992	1985–90
	1993–1997	1990–95
pour le monde.................	1949/50	1947
	1956–1977	Dernière
	1978–1979	1970–75
	1980–1983	1975–80
	1984–1986	1980–85
	1987–1992	1985–90
	1993–1997	1990–95
—illégitimes (voir également légitimes)........	1959	1949–58
—légitimes.......................	1954	1936–53
	1959	1949–58
	1965	Dernière
	1969	Dernière
	1975	Dernière
	1981	Dernière
	1986	Dernière

Sujet	Année de l'édition	Période considérée
Natalité, taux de (suite):		
—légitimes selon l'âge de la mère..........................	1954	1936–53
	1959	1949–58
	1965	Dernière
	1969	Dernière
	1975	Dernière
	1981	Dernière
	1986	Dernière
—légitimes selon l'âge du père..........................	1959	1949–58
	1965	Dernière
	1969	Dernière
	1975	Dernière
	1981	Dernière
	1986	Dernière
—légitimes selon la durée du mariage....................	1959	1950–57
	1965	Dernière
	1969	Dernière
	1975	Dernière
—selon l'âge de la mère.....	1948	1936–47
	1949/50	1936–49
	1951	1936–50
	1952	1936–50
	1953	1936–52
	1954	1936–53
	1955–1956	Dernière
	1959	1949–58
	1965	1955–64
	1969	1963–68
	1975	1966–74
	1976–1978	Dernière
	1978SR [1]	1948–77
	1979–1980	Dernière
	1981	1972–80
	1982–1985	Dernière
	1986	1977–85
	1987–1991	Dernière
	1992	1983–92
	1993–1997	Dernière
—selon l'âge de la mère et le rang de naissance........	1954	1948 et 1951
	1959	1949–58
	1965	1955–64
	1969	1963–68
	1975	1966–74
	1981	1972–80
	1986	1977–85

Sujet	Année de l'édition	Période considérée
Natalité, taux de (suite):		
—selon l'âge de la mère et la résidence (urbaine/rurale) (voir: (urbaine/rurale), ci-dessous)		
—selon l'âge du père........	1949/50	1942–49
	1954	1936–53
	1959	1949–58
	1965	1955–64
	1969	1963–68
	1975	1966–74
	1981	1972–80
	1986	1977–85
—selon la durée du mariage (voir: légitimes selon la duré du mariage)		
—selon le rang de naissance.......................	1951	1936–49
	1952	1936–50
	1953	1936–52
	1954	1936–53
	1955	Dernière
	1959	1949–58
	1965	1955–64
	1969	1963–68
	1975	1966–74
	1981	1972–80
	1986	1977–85
—selon la résidence (urbaine/rurale)..............	1965	Dernière
	1967	Dernière
	1968	1964–68
	1969	1964–68
	1970	1966–70
	1971	1967–71
	1972	1968–72
	1973	1969–73
	1974	1970–74
	1975	1956–75
	1976	1972–76
	1977	1973–77
	1978	1974–78
	1979	1975–79
	1980	1976–80
	1981	1962–81
	1982	1978–82
	1983	1979–83
	1984	1980–84
	1985	1981–85
	1986	1967–86
	1987	1983–87
	1988	1984–88
	1989	1985–89

Index

Index par sujet (suite)

(Voir notes à la fin de l'index)

Sujet	Année de l'édition	Période considérée	Sujet	Année de l'édition	Période considérée	Sujet	Année de l'édition	Période considérée
Population (suite):			Population (suite):			Population (suite):		
—accroissement, taux d':			—accroissement, taux d':			—active (suite):		
(suite):			(suite):			selon l'âge et le sexe en	1948	Dernière
annuels moyens pour			annuels moyens pour le			pourcentage	1949/50	1930–48
les pays ou zones			monde, les grandes				1955	1945–54
(suite):	1980	1975–80	régions (continentes) et				1956	1945–55
	1981	1975–81	les régions				1964	1955–64
	1982	1975–82	géographiques				1972	1962–72
	1983	1980–83	(suite):	1976	1965–76			
	1984	1980–84			1970–76	selon l'âge et le sexe en		
	1985	1980–85		1977	1965–77	pourcentage et la		
	1986	1980–86			1970–77	résidence (urbaine/		
	1987	1980–87		1978–1979	1970–75	rurale)	1973	1965–73 [2]
	1988	1985–88		1980–1983	1975–80		1979	1970–79 [2]
	1989	1985–89		1984–1986	1980–85		1984	1974–84
	1990	1985–90		1987–1992	1985–90		1988	1980–88 [2]
	1991	1985–91		1993–1997	1990–95		1994	1985–94
	1992	1985–92						
	1993	1990–93	—active:			selon la branche		
	1994	1990–94				d'activité économique,		
	1995	1990–95	féminin, selon l'état			le sexe, et l'âge	1956	1945–55
	1996	1990–96	matrimonial et l'âge	1956	1945–55		1964	1955–64
	1997	1990–97		1967	1955–64		1972	1962–72
				1968	Dernière			
				1972	1962–77	selon la branche		
annuels moyens pour le						d'activité économique,		
monde, les grandes			féminin, selon l'état			le sexe, et l'âge		
régions (continentes) et			matrimonial et l'âge			et la résidence		
les régions			et la résidence			(urbaine/rurale)	1973	1965–73 [2]
géographiques	1957	1950–56	(urbaine/rurale)	1973	1965–73		1979	1970–79 [2]
	1958	1950–57		1979	1970–79		1984	1974–84
	1959	1950–58		1984	1974–84		1988	1980–88 [2]
	1960	1950–59		1988	1980–88 [2]			
	1961	1950–60				selon la branche		
	1962	1950–61	née à l'étranger selon la			d'activité économique		
	1963	1958–62	profession, l'âge et le			la situation dans la		
		1960–62	sexe	1984	1974–84	profession et le sexe	1948	Dernière
	1964	1958–63		1989	1980–88		1949/50	Dernière
		1960–63					1955	1945–54
	1965	1958–64	née à l'étranger selon la				1964	1955–64
		1960–64	profession, l'âge et				1972	1962–72
	1966	1958–66	le sexe	1977	Dernière			
		1960–66				selon la branche		
	1967	1960–67	selon l'âge et le sexe	1955	1945–54	d'activité économique		
		1963–67		1956	1945–55	la situation dans la		
	1968	1960–68		1964	1955–64	profession et le sexe		
		1963–68		1972	1962–72	et la résidence		
	1969	1960–69				(urbaine/rurale)	1973	1965–73 [2]
		1963–69					1979	1970–79
	1970	1963–70					1984	1974–84
		1965–70					1988	1980–88 [2]
	1971	1963–71					1994	1985–94
		1965–71	selon l'âge et le sexe					
	1972	1963–72	et la résidence					
		1965–72	(urbaine/rurale)	1973	1965–73 [2]	selon l'état matrimonial		
	1973	1965–73		1979	1970–79 [2]	et l'âge (sexe féminin)	1956	1945–55
		1970–73		1984	1974–84		1964	1955–64
	1974	1965–74		1988	1980–88 [2]		1968	Dernière
		1970–74		1994	1985–94		1972	1962–72
	1975	1965–75						
		1970–75						

Sujet	Année de l'édition	Période considérée	Sujet	Année de l'édition	Période considérée	Sujet	Année de l'édition	Période considérée
Population (suite):			Population (suite):			Population (suite):		
–active (suite):			–active (suite):			–alphabète selon l'âge		
selon l'état matrimonial			selon la situation dans			et le sexe et la		
et l'âge (sexe féminin)			la profession et le sexe			résidence		
et la résidence			et l'âge...........................	1956	1945–55	(urbaine/rurale)..............	1973	1965–73 ²
(urbaine/rurale)...............	1973	1965–73 ²		1964	1955–64		1979	1970–79 ²
	1979	1970–79 ²		1972	1962–72		1984	1974–84
	1984	1974–84					1988	1980–88 ²
	1988	1980–88 ²	selon la situation dans				1993	1985–93
	1994	1985–94	la profession et le sexe					
			et l'âge et la			–alphabétisme selon le		
selon la profession, la			résidence (urbaine/			sexe, taux d' (voir		
l'âge et le sexe..............	1956	1945–55	rurale).........................	1973	1965–73 ²	également:		
	1964	1955–64		1979	1970–79 ²	analphabétisme, taux		
	1972	1962–72		1984	1974–84	d', ci–dessous)...............	1955	1945–54
				1988	1980–88 ²	–alphabétisme selon le		
selon la profession,				1994	1985–94	sexe et l'âge, taux d'.......	1955	1945–54
l'âge et le sexe								
et la résidence			selon la situation dans la			–analphabète selon le		
(urbaine/rurale)...............	1973	1965–73 ²	profession, la profession			sexe.............................	1948	Dernière
	1979	1970–79 ²	et le sexe.......................	1956	1945–55		1955	1945–54
	1984	1974–84		1964	1955–64		1960	1920–60
	1988	1980–88 ²		1972	1962–72		1963	1955–63
							1964	1955–64 ²
selon la profession, la			selon la situation dans la				1970	1950–70
situation dans la			profession, la profession					
profession et le sexe........	1956	1945–55	et le sexe et la			–analphabète selon le		
	1964	1955–64	résidence			sexe et la résidence		
	1972	1962–72	(urbaine/rurale)..............	1973	1965–73 ²	(urbaine/rurale)..............	1973	1965–73
				1979	1970–79 ²		1979	1970–79 ²
selon la profession, la				1984	1974–84		1983	1974–83
situation dans la				1988	1980–88 ²		1988	1980–88 ²
profession et le sexe				1994	1985–94			
et la résidence						–analphabète selon le		
(urbaine/rurale)...............	1973	1965–73 ²	selon le sexe...................	1948	Dernière	sexe et l'âge.................	1948	Dernière
	1979	1970–79 ²		1949/50	1926–48		1955	1945–54
	1984	1974–84		1955	1945–54		1963	1955–63
	1988	1980–88 ²		1956	1945–55		1964	1955–64 ²
	1994	1985–94		1960	1920–60		1970	1950–70
				1963	1955–63			
selon la situation dans				1964	1955–64	–analphabète selon le		
la profession, la				1970	1950–70	sexe et l'âge		
branche d'activité				1972	1962–72	et la résidence		
économique et le sexe......	1948	Dernière		1973	1965–73 ²	(urbaine/rurale)..............	1973	1965–73
	1949/50	Dernière		1979	1970–79 ²		1979	1970–79 ²
	1955	1945–54		1984	1974–84		1983	1974–83
	1964	1955–64		1988	1980–88 ²		1988	1980–88 ²
	1972	1962–72		1994	1985–94		1993	1985–93 ²
selon la situation dans			–alphabète selon l'âge et					
la profession, la			le sexe (voir également:			–analphabète selon le		
branche d'activité			analphabète,			sexe, taux d'...................	1948	Dernière
économique et le sexe			ci–dessous)....................	1948	Dernière		1955	1945–54
et la résidence				1955	1945–54		1960	1920–60
(urbaine/rurale)...............	1973	1965–73 ²		1963	1955–63		1963	1955–63
	1979	1970–79 ²		1964	1955–64 ²		1964	1955–64 ²
	1984	1974–84		1971	1962–71		1970	1950–70
	1988	1980–88 ²						
	1994	1985–94						

Index

Index par sujet (suite)

(Voir notes à la fin de l'index)

Sujet	Année de l'édition	Période considérée
Population (suite):		
–féminine (suite):		
selon le nombre total d'enfants nés vivants et l'âge (suite):	1981	1972–80
	1986	1977–85
selon le nombre total d'enfants vivants et l'âge............	1949/50	Dernière
	1954	1930–53
	1955	1945–54
	1959	1949–58
	1963	1955–63
	1965	1955–65
	1968–1969	Dernière
	1971	1962–71
	1973	1965–73 [2]
	1975	1965–74
	1978SR [1]	1948–77
	1981	1972–80
	1986	1977–85
–féminine mariée: selon l'âge actuel et la durée du présent mariage........	1968	Dernière
–fréquentant l'école selon l'âge et le sexe........	1956	1945–55
	1963	1955–63
	1964	1955–64 [2]
	1971	1962–71
	1973	1965–73 [2]
	1979	1970–79
	1983	1974–83
	1988	1980–88 [2]
	1993	1985–93 [2]
–indicateurs divers de conditions d'habitation....	1991VP [5]	Dernière
–inactive par sous–groupes, âge et sexe.........	1956	1945–55
	1964	1955–64
	1972	1962–72
	1973	1965–73 [2]
	1979	1970–79 [2]
	1984	1974–84
	1988	1980–88 [2]
	1994	1985–94
–mariée selon l'âge et le sexe (voir également: Population selon l'état matrimonial) nombres et pourcentages............	1954	1926–52
	1960	1920–60
	1970	1950–70

Sujet	Année de l'édition	Période considérée
Population (suite):		
–par année d'âge et par sexe............	1955	1945–54
	1962	1955–62
	1963	1955–63 [2]
	1971	1962–71
	1973	1965–73 [2]
	1979	1970–79 [2]
	1983	1974–83
	1988	1980–88 [2]
	1993	1985–93
–par groupes d'âge et par sexe:		
dénombrée....................	1948–1952	Dernière
	1953	1950–52
	1954–1959	Dernière
	1960	1940–60
	1961	Dernière
	1962	1955–62
	1963	1955–63
	1964	1955–64 [2]
	1965–1969	Dernière
	1970	1950–70
	1971	1962–71
	1972	Dernière
	1973	1965–73
	1974–1978	Dernière
	1978SR [1]	1948–77
	1979–1991	Dernière
	1991VP [5]	1950–90
	1992–1997	Dernière
estimée..........	1948–	
	1949/50	1945 et Dernière
	1951–1954	Dernière
	1955–1959	Dernière
	1960	1940–60
	1961–1969	Dernière
	1970	1950–70
	1971–1997	Dernière
pourcentage..................	1948–	
	1949/50	1945 et Dernière
	1951–1952	Dernière
–par ménages, nombres et dimension moyenne selon la résidence (urbaine/rurale)(voir aussi: Ménages)	1955	1945–54
	1962	1955–62
	1963	1955–63 [2]
	1968	Dernière
	1971	1962–71
	1973	1965–72 [2]
	1976	1ernière

Sujet	Année de l'édition	Période considérée
Population (suite):		
–par ménages, nombres et dimension moyenne selon la résidence (urbaine/rurale)(voir aussi: Ménages) (suite):	1982	Dernière
	1987	1975–86
	1990	1980–89
	1995	1985–95
–personnes âgées selon caractéristique socio–démographique.....	1991VP [5]	1950–90
selon caractéristique économique..................	1991VP [5]	1950–90
personnes atteintes d'incapacités..................	1991VP [5]	Dernière
–rurale (voir: urbaine/rurale (résidence), ci–dessous)		
–selon l'âge et le sexe (voir: par groupes d'âge et par sexe, ci–dessous)		
–selon la composition ethnique et le sexe..........	1956	1945–55
	1963	1955–63
	1964	1955–64 [2]
	1971	1962–71
	1973	1965–73 [2]
	1979	1970–79 [2]
	1983	1974–83
	1988	1980–88 [2]
	1993	1985–93
–selon l'état matrimonial, l'âge et le sexe (voir également: Population mariée et célibataire).......	1948	Dernière
	1949/50	1926–48
	1955	1945–54
	1958	1945–57
	1962	1955–62
	1963	1955–63 [2]
	1965	1955–65
	1968	1955–67
	1971	1962–71
	1973	1965–73 [2]
	1976	1966–75
	1978 SR [1]	1948–77
	1982	1972–81
	1987	1975–86
	1990	1980–89

Index

Index par sujet (suite)

(Voir notes à la fin de l'index)

Sujet	Année de l'édition	Période considérée	Sujet	Année de l'édition	Période considérée	Sujet	Année de l'édition	Période considérée
Population (suite):			Population (suite):			Population (suite):		
–urbaine/rurale			–urbaine/rurale			–urbaine/rurale		
(résidence)....................	1968	1964–68	(résidence)			(résidence)		
	1969	1965–69	(suite):			(suite):		
	1970	1950–70	par année d'âge			selon la langue et le		
	1971	1962–71	et par sexe.....................	1971	1962–71	sexe (suite):	1993	1985–93
	1972	1968–72		1973	1965–73 [2]			
	1973	1965–73		1979	1970–79 [2]	selon la nationalité		
	1974	1966–74		1983	1974–83	juridique et le sexe..........	1971	1962–71
	1975	1967–75		1993	1985–93		1973	1965–73 [2]
	1976	1967–76						
	1977	1968–77	selon la situation			selon la nationalité		
	1978	1969–78	familiale......................	1991VP [5]	Dernière	juridique et le sexe		
	1979	1970–79				et l'âge........................	1977	Dernière
	1980	1971–80	selon l'âge et le sexe:				1983	1974–83
	1981	1972–81	dénombrée....................	1963	1955–63		1989	1980–88
	1982	1973–82		1964	1955–64 [2]			
	1983	1974–83		1967	Dernière	selon le niveau		
	1984	1975–84		1970	1950–70	d'instruction, l'âge et le		
	1985	1976–85		1971	1962–71	sexe.............................	1971	1962–71
	1986	1977–86		1972	Dernière		1973	1965–73 [2]
	1987	1978–87		1973	1965–73		1979	1970–79 [2]
	1988	1979–88		1974–1978	Dernière		1983	1974–83
	1989	1980–89		1978SR [1]	1948–77		1988	1980–88 [2]
	1990	1981–90		1979–1991	Dernière		1993	1985–93
	1991	1982–91		1991 VP [5]	1950–90			
	1992	1983–92		1992–1997	Dernière	selon le pays ou zone de		
	1993	1984–93				naissance et le sexe.........	1971	1962–71
	1994	1985–94	selon l'âge et le sexe:				1973	1965–73 [2]
	1995	1986–95	estimée..........................	1963	Dernière			
	1996	1987–96		1967	Dernière	selon le pays ou zone de		
	1997	1988–97		1970	1950–70	naissance et le sexe		
				1971–1997	Dernière	et l'âge........................	1977	Dernière
féminine: selon le							1983	1974–83
nombre total d'enfants			selon l'alphabétisme,				1989	1980–88
nés vivants et l'âge..........	1971	1962–71	l'âge et le sexe...............	1971	1962–71			
	1973	1965–73 [2]		1973	1965–73 [2]			
	1975	1965–74		1979	1970–79 [2]			
	1978SR [1]	1948–77		1983	1974–83			
	1981	1972–80		1988	1980–88 [2]	selon les principales		
	1986	1977–85		1993	1985–93	divisions		
						administratives...............	1971	1962–71
féminine: selon le			selon la composition				1973	1965–73 [2]
nombre total d'enfants			ethnique et le sexe..........	1971	1962–71		1979	1970–79 [2]
vivants et l'âge...............	1971	1962–71		1973	1965–73 [2]		1983	1974–83
	1973	1965–73 [2]		1979	1970–79 [2]		1988	1980–88 [2]
	1975	1965–74		1983	1974–83		1993	1985–93
	1978SR [1]	1948–77		1988	1980–88 [2]			
	1981	1972–80		1993	1985–93	selon la religion et le		
	1986	1977–85				sexe.............................	1971	1962–71
			selon l'état matrimonial,				1973	1965–73 [2]
fréquentant l'école			l'âge et le sexe...............	1971	1962–71		1979	1970–79 [2]
selon l'âge et le sexe........	1971	1962–71		1973	1965–73 [2]		1983	1974–83
	1973	1965–73 [2]					1988	1980–88 [2]
	1979	1970–79 [2]	selon la langue et le				1993	1985–93
	1983	1974–83	sexe.............................	1971	1962–71			
	1988	1980–88 [2]		1973	1965–73 [2]	selon le sexe:		
	1988	1980–88 [2]		1979	1970–79 [2]	nombres.......................	1948	Dernière
	1993	1985–93		1983	1974–83		1952	1900–51
				1988	1980–88 [2]		1955	1945–54
							1960	1920–60

Sujet	Année de l'édition	Période considérée	Sujet	Année de l'édition	Période considérée	Sujet	Année de l'édition	Période considérée
Population (suite):			Population (suite):			Réfugiés selon le pays ou		
–urbaine/rurale			–urbaine/rurale			zone de destination:		
(résidence)			(résidence)			(suite):		
(suite):			(suite):			–réinstallés par		
selon le sexe:			selon le sexe:			l'Organisation		
nombres (suite):	1962	1955–62	pourcentage (suite):	1987	1978–87	Internationale pour les		
	1963	1955–63		1988	1979–88	réfugiés.................	1952	1947–51
	1964	1955–64 [2]		1989	1980–89			
	1967	Dernière		1990	1981–90	Religion (voir: Population)		
	1970	1950–70		1991	1982–91			
	1971	1962–71		1992	1983–92	Reproduction, taux bruts et	1948	1920–47
	1972	Dernière		1993	1984–93	nets de....................	1949/50	1900–48
	1973	1965–73		1994	1985–94		1954	1920–53
	1974	1966–74		1995	1986–95		1965	1930–64
	1975	1967–75		1996	1987–96		1969	1963–68
	1976	1967–76		1997	1988–97		1975	1966–74
	1977	1968–77					1978SR [1]	1948–77
	1978	1969–78	–Vieillissement				1981	1962–80
	1979	1970–79	indicateurs divers..........	1991VP [5]	1950–90		1986	1967–85
	1980	1971–80						
	1981	1972–81	–Villes (voir: des villes,			**S**		
	1982	1973–82	ci–dessus)					
	1983	1974–83				Sans abri (voir:		
	1984	1975–84	**R**			Population)		
	1985	1976–85						
	1986	1977–86	Rapports (voir: Fécondité			Sexe (voir: la rubrique		
	1987	1978–87	proportionnelle;			appropriée par sujet, p.		
	1988	1979–88	Mortalité foetale			ex., Immigrants;		
	1989	1980–89	(tardive), rapports de;			Mortalité, taux de;		
	1990	1981–90	Mortalité périnatale,			Naissance; Population,		
	1991	1982–91	rapports de; Natalité			etc.)		
	1992	1983–92	proportionnelle;					
	1993	1984–93	Rapports			Situation dans la		
	1994	1985–94	enfants–femmes)			profession (voir:		
	1995	1986–95				Population active)		
	1996	1987–96	Rapports enfants–femmes..	1949/50	1900–50			
	1997	1988–97		1954	1900–52	Sujet spécial des divers		
				1955	1945–54	Annuaires		
selon le sexe:				1959	1935–59	démographiques:		
pourcentage................	1948	Dernière		1963	1955–63			
	1952	1900–51		1965	1945–65	–Démographie générale...	1948	1900–48
	1955	1945–54		1969	Dernière		1953	1850–1953
	1960	1920–60		1975	1966–74			
	1962	1955–62		1978SR [1]	1948–77	–Divorce (voir: Mariage		
	1970	1950–70		1981	1962–80	et divorce, ci–dessous)		
	1971	1962–71		1986	1967–85			
	1973	1965–73				–Mariage et Divorce.........	1958	1930–57
	1974	1966–74	–dans les zones				1968	1920–68
	1975	1967–75	(urbaines/rurales)..........	1965	Dernière		1976	1957–76
	1976	1967–76		1969	Dernière		1982	1963–82
	1977	1968–77					1990	1971–90
	1978	1969–78	Réfugiés selon le pays ou					
	1979	1970–79	zone de destination:			–Migration		
	1980	1971–80				(Internationale).............	1977	1958–76
	1981	1972–81					1989	1975–88
	1982	1973–82	–rapatriés par					
	1983	1974–83	l'Organisation			–Mortalité......................	1951	1905–50
	1984	1975–84	Internationale pour les				1957	1930–56
	1985	1976–85	réfugiés.................	1952	1947–51		1961	1945–61
	1986	1977–86					1966	1920–66

Sujet	Année de l'édition	Période considérée	Sujet	Année de l'édition	Période considérée	Sujet	Année de l'édition	Période considérée
Texte spécial (voir liste détaillée dans l'Appendice de cet index)			Texte spécial de chaque Annuaire démographique (suite): —Mariage (suite): —Ménages:			Texte spécial de chaque Annuaire démographique (suite): —Population:		
U			"Concepts et définitions des ménages, du chef de ménage et de la population des collectivités"	1987	..	"Tendances démo— graphiques mondiales, 1920–1949"	1949/50	..
Urbaine/rurale (décès) (voir: Décès)								
Urbaine/rurale (ménages: dimension moyenne des) (voir: Ménages)			—Migration:			"Mouvements d'urbanisation et ses caractéristiques"	1952	..
Urbaine/rurale (mortalité infantile) (voir: Mortalité infantile)			"Statistiques des migrations internationales"	1977	..	"Les recensements de population de 1950"	1955	..
Urbaine/rurale (naissances) (voir: Naissances)			—Mortalité:			"Situation démographique mondiale"	1956	..
Urbaine/rurale (population) (voir: Population selon la résidence (urbaine/rurale))			"Tendances recentes de la mortalité"	1951	..	"Ce que nous savons de l'état et de l'évolution de la population mondiale"	1960	..
			"Développement des statistiques des causes de décès"	1951	..			
V			"Les facteurs du fléchissement de la mortalité"	1957	..	"Notes sur les statistiques disponibles des recensements nationaux de population et méthodes d'évaluation de leur exactitude"	1962	..
Vieillissement (voir : Population)			"Notes sur les méthodes d'évaluation de la fiabilité des statistiques classiques de la mortalité"	1961	..			
Villes (voir: Population)						"Disponibilité et qualité de certaines données statistiques fondées sur les recensements de population effectués entre 1955 et 1963"	1963	..
APPENDICE			"Mortalité: Tendances recentes"	1966	..			
Texte spécial de chaque Annuaire démographique			"Tendances de la mortalité chez les personnes âgées	1991VP [5]	..	"Disponibilité de certaines statistiques fondées sur les recensements de population: 1955–1964"	1964	..
—Divorce:			—Natalité:					
			"Presentation graphiques des tendances de la fécondité"	1959	..			
"Application des statistiques de la nuptialité et de la divortialité"	1958	..	"Taux de natalité: Tendances récentes"	1965	..	"Définitions et concepts statistiques de la population urbaine et de la population rurale"	1967	..
—Mariage:								
—"Application des statistiques de la nuptialité et de la divortialité"	1958	..	"Evolution récente de la fécondité dans le monde"	1969	..	"Définitions et concepts statistiques du ménage"	1968	..

Index

Index par sujet (suite)

(Voir notes à la fin de l'index)

Sujet	Année de l'édition	Période considérée	Sujet	Année de l'édition	Période considérée	Sujet	Année de l'édition	Période considérée
Texte spécial de chaque Annuaire démographique (suite):			Texte spécial de chaque Annuaire démographique (suite):			Texte spécial de chaque Annuaire démographique (suite):		
–Population (suite):			–Population (suite):					
"Ce que nous savons de l'état et de l'évolution de la population mondiale"......	1970	..	"Dates des recensements nationaux de la population et de l'habitation effectués ou prévus, au cours de la décennie 1975–1984"	1979	..	"Dates des recensements nationaux de la population et/ou de l'habitation.................... effectués au cours de la décennie 1975–1984 et effectués ou prévus au cours de la décennie.... 1985–1994"	1988 1993	.. ..
"Recommandations de l'Organisation des Nations Unies quant aux sujets sur lesquels doit porter un recensement de population, en regard de la pratique adoptée par les différents pays dans les recensements nationaux effectués de 1965 à 1971".................	1971	..	.... "Dates des recensements nationaux de la.............. population et/ou de l'habitation effectués au cours de la décennie 1965–1974 et effectués ou prévus au cours de la décennie.... 1975–1984"	1983	..	"Statistiques concernant la population active: un aperçu"...........................	1984	..
"Les définitions statistiques de la population urbaine et leurs usages en démographie appliquée"....................	1972	..				"Etude du vieillissement et de la situation des personnes âgées: Besoins.............. particuliers"	1991 VP [5]	..
"Dates des recensements nationaux de la population et se l'habitation effectués au cours de la décennie 1965–1974".................	1974	..				"Les incapacités" "Le vieillissement"	1991VP [5] 1991VP [5]	.. ..

Notes générales

Cet index alphabétique donne la liste des sujets traités dans chacune de 49 éditions de l'Annuaire démographique. La colonne "Année de l'édition" indique l'édition spécifique dans laquelle le sujet a été traité. Sauf indication contraire, lacolonne "Période considérée" désigne les années pour lesquelles les statistiques annuelles apparaissant dans l'Annuaire démographique sont indiquées sous la colonne "Année de l'édition". La rubrique "Dernière" ou "2–Dernières" indique que les données représentent la ou les dernières années disponibles seulement.

Notes

1 Le Supplément rétrospectif fait l'objet d'un tirage spécial.
2 Données non disponibles dans l'édition précédente seulement.
3 Titres non disponibles dans la bibliographie précédente seulement.
4 Taux moyens pour 5 ans.
5 Vieillissement de la population.

Litho in United Nations, New York   ISSN 0082-8041   United Nations publication
93201—December 1998—5,630   Sales No. E/F.99.XIII.1
ISBN 92-1-051088-7   ST/ESA/STAT/SER.R/28